EBERHARD PUNTSCH

DAS NEUE ZITATEN HANDBUCH

EBERHARD PUNTSCH

DAS NEUE ZITATEN HANDBUCH

EINE BESONDERE AUSWAHL AUS DREI JAHRTAUSENDEN

BECHTERMÜNZ VERLAG

Zitatenhandbuch Bd. 2 – 4554

Genehmigte Lizenzausgabe für
Bechtermünz Verlag im
Weltbild Verlag GmbH, Augsburg 1997

Einbandgestaltung: Atelier Bachmann, Reischach
Gesamtherstellung: Bercker Graphischer Betrieb GmbH, Kevelaer
Printed in Germany
ISBN 3- 86047-865-6

Vorwort

Zitat ist, was zitiert wird. Hier werden 9000 Literaturstellen, Briefpassagen, Gesprächsteile und Sprichwörter zitiert und zum Überdenken und Weiterzitieren empfohlen.

Bei der Auswahl habe ich mich auf Aussagen mit dem Anspruch auf Allgemeingültigkeit beschränkt: Gedanken, Ansichten, Einsichten, Urteile. Dazu ein wenig Lyrik, ein wenig Humor.

Es gibt viele Zitatensammlungen. Manche ordnen nach der Quelle, so daß nebeneinander steht, was vom selben Verfasser stammt. Andere ordnen nach Stichwörtern, so daß sich versammelt, was im ersten Satz den gleichen Schlüsselbegriff führt.

Ich bin anders vorgegangen. Ich habe zusammengefügt, was inhaltlich zusammengehört, ohne Rücksicht auf Verfasser, Herkunft und Formulierung. So entstanden 486 Sachgebiete und 42 Kapitel.

Innerhalb der Sachgebiete begegnet sich, was sich ergänzt oder widerspricht. Es werden bisher unbekannte Bezüge sichtbar. Verfasser, die sich weltenfern scheinen, kommen ins Gespräch.

Sie erwarten ein Nachschlagewerk. Sie bekommen es. Die Sachgebiete und das Autorenverzeichnis helfen Ihnen beim Suchen. Aber ich wollte Ihnen noch etwas mehr geben als ein Nachschlagewerk: Eine Auswahl von Antworten auf Fragen, die Ihnen vielleicht gestellt sind.

Viele Freunde haben mir geholfen; sie haben Zitate geschickt, Werke empfohlen, Quellen ermittelt. Allen danke ich. Besonders meiner Frau. Sie hat gelesen, ausgewählt, geschrieben, geordnet. Und Dank auch allen Autoren und Verlagen, die mir erlaubten, ihre Texte aufzunehmen.

Herrsching/Ammersee E.P.

I. Kapitel

Gott
Religion
Christentum
Glaube
Aberglaube
Unglaube
Frömmigkeit
Gottesdienst
Beten
Priester
Mönch
Theologie
Bibel

Gott

Das erfuhr ich unter Menschen als Wunder größtes
daß Erde nicht war noch Himmel drüber
noch irgendein Baum noch Berg nicht war
noch irgendein Stern noch Sonne schien
noch Mond nicht leuchtete noch das gewaltige Meer.
Als da nirgends nichts war an Enden und Wenden
da war doch der eine allmächtige Gott.

Wessobrunner Gebet

Gott ist die Liebe, und wer in der Liebe bleibet, er bleibet in Gott und Gott in ihm.

1. Brief des Johannes 4,16

Denn die Unsterblichen lieben der Menschen
weit verbreitete gute Geschlechter,
und sie fristen das flüchtige Leben
gerne dem Sterblichen, wollen ihm gerne
ihres eigenen, ewigen Himmels
mitgenießendes fröhliches Anschaun
eine Weile gönnen und lassen.
(Iphigenie)

Goethe, Iphigenie auf Tauris I, 4

Was für ein Gedanke, unter einem Allmächtigen zu leben, von dem man weiß, daß er lachen und singen kann!

Joachim Fernau, Rosen für Apoll 1

Es gibt unzählige Definitionen von Gott. Doch ich bete Gott nur als Wahrheit an.

Mahatma Gandhi

Ich frage nicht, ob dieses höchste Wesen Verstand und Vernunft habe, sondern ich fühle: Es ist der Verstand, es ist die Vernunft selber. Alle Geschöpfe sind davon durchdrungen, und der Mensch hat davon so viel, daß er Teile des Höchsten erkennen mag.

Goethe, zu Eckermann, 23. 2. 1831

Allwissenheit ist das Auge, Güte das Herz, Wahrheit der Mund, Allmacht die Hand Gottes.

Johann Michael Sailer,
Sprüche mit und ohne Glossen

Gott ist Licht.

Milton, Das Verlorene Paradies III, 3

Wir finden Gott zweimal, einmal in, einmal außer uns: In uns als Auge, außer uns als Licht.

Jean Paul, Levana III, 6

Halt an, wo laufst du hin, der Himmel ist in dir:
Suchst du Gott anderswo, du fehlst ihn für und für.

Angelus Silesius,

Nicht wer nach ihm sucht und ausschaut, sondern wer die Augen schließt, wird des Unsichtbaren gewahr.

Lao-Tse, Tao-Teh-King 14

Man empfindet Gott durch die Seele wie die Luft durch den Körper.

Joubert, Gedanken und Maximen

Es gibt nur Eine, alle Determination und Negation von sich ausschließende, unendliche Substanz, welche Gott genannt wird und das Eine Sein in allem Dasein ist.

Baruch Spinoza

Im Innern ist ein Universum auch.
Daher der Völker löblicher Gebrauch,
daß jeglicher das Beste, was er kennt,
er Gott, ja seinen Gott benennt.

Goethe, Gott und Welt, Prooemion

Seitdem sich die Menschen herausgenommen haben, Gott eine Sprache zu verleihen, hat ihn jeder auf seine Weise sprechen und sich von ihm sagen lassen, was er gewollt hat.

Rousseau, Émile IV, Glaubensbekenntnis des savoyischen Vikars

Ich denke Gott mir, sprach die Mücke,
viel tausendmal so groß wie mich;
in ewigem Glanz, in ewigem Glücke
susurrend tanzt und sonnt er sich.

Viktor von Scheffel, Der Trompeter von Säckingen, Lieder des Katers

Wenn Dreiecke einen Gott hätten, würden sie ihn mit drei Ecken ausstatten.

Montesquieu

Der Mensch dachte sich sein eignes Gegenteil; da hatte er seinen Gott.

Hebbel

Sollte nicht der Mensch seine Ideen von Gott ebenso zweckmäßig weben können wie die Spinne ihr Netz zum Fliegenfang?

Lichtenberg

Ein Wunder ist es, daß ein solcher Gedanke – der Gedanke der Notwendigkeit eines Gottes – einem so wilden und bösen Tier wie der Mensch in den Kopf kommen konnte: So heilig, so rührend, so weise und so ehrenvoll für den Menschen ist dieser Gedanke.

Dostojewski, Die Brüder Karamasow III, 3

Heute beim Aufstehen kam mir der Gedanke, wie es doch recht merkwürdig ist, daß gerade die Völker, denen die Sonne besonders heiß auf den Schädel brennt, sie als Gott verehren. Alle Sonnen- und Feueranbeter wohnten im heißen Süden, wie die Assyrer, Phönizier, Perser. Den Völkern des Nordens ist dieser Kult nicht in den Sinn gekommen, und doch hat man in unserem Klima gewiß mehr Grund zu Dankbarkeit und Freude, wenn die seltene Sonne am Himmel sich zeigt, als da, wo sie sengende Glut und oft Gefahr und Verderben bringt. Aber die alten Germanen verehrten nicht die Sonne, sondern den Blitz und den Donner. Auch hierin zeigt sich die Hundenatur der Menschen. Sie lieben und verehren den, vor dem sie sich fürchten.

Bismarck, zu Arthur von Brauer

Furcht, sagt Lukrez, hat die Götter geschaffen. Aber wer schuf diese allmächtige Furcht?

Lichtenberg, Miscellancen 16

Bei jeder menschlichen Unternehmung ist nämlich etwas, das nicht in unserer Macht steht und nicht in unsere Berechnung fällt. Der Wunsch, dieses für sich zu gewinnen, ist der Ursprung der Götter.

Schopenhauer,
Die Welt als Wille und Vorstellung I, Anhang

Zudem sind die Natur Gottes, die Unsterblichkeit, das Wesen unserer Seele und ihr Zusammenhang mit dem Körper ewige Probleme, worin uns die Philosophen nicht weiterbringen.

Goethe, zu Eckermann, 1. 9. 1829

Die Leute traktieren ihn, als wäre das unbegreifliche, gar nicht auszudenkende höchste Wesen nicht viel mehr als ihresgleichen. Sie würden sonst nicht sagen: „Der Herr Gott, der liebe Gott, der gute Gott." Er wird ihnen, besonders den Geistlichen, die ihn täglich im Munde führen, zu einer Phrase, zu einem bloßen Namen, wobei sie sich auch gar nichts denken. Wären sie aber durchdrungen von seiner Größe, sie würden verstummen und ihn vor Verehrung nicht nennen mögen.

Goethe, zu Eckermann, 31. 12. 1823

Der Tao, den man künden kann, ist nicht der absolute Tao. Der Name, den man nennen kann, ist nicht des Ewigen Name.

Lao-Tse, Tao-Teh-King 1

Name ist Begrenzung. Daß die olympischen Götter Namen hatten, trug zu ihrem Untergang bei. „Gott" lebt von seiner Anonymität.

Hans Kudszus

Wer Gott definiert, ist schon Atheist.

Oswald Spengler,
Gedanken, Von der Religion

Du willst mit nüchternem Verstand
das Göttliche beweisen?
Das heißt, nach einem Fabelland
auf Eisenbahnen reisen.

Leixner, Aus der Vogelschau

Ob es Gott gibt oder nicht, wissen wir nicht. Also lasset uns ihm Opfer bringen.

Konfuzius

Die Unmöglichkeit, in der ich mich befinde, zu beweisen, daß es keinen Gott gebe, tut mir eben seine Existenz dar.

La Bruyère,
Charaktere, Von starken Geistern

Gott ist das einzige Wesen, das, um zu herrschen, nicht selbst zu existieren braucht.

Baudelaire

Was Gott ist, wird in Ewigkeit
kein Mensch ergründen,
doch will er treu sich allezeit
mit uns verbünden.

Conrad Ferdinand Meyer,
In Harmesnächten

Der beste Prediger ist das Herz, der beste Lehrer die Zeit, das beste Buch die Welt, der beste Freund Gott.

Talmud

Ich sage, daß ein vollkommener Mensch sich so schwer von Gott scheiden und trennen würde, daß ihm eine Stunde ebenso schmerzlich wäre als tausend Jahre.

Meister Eckhart,
Buch der göttlichen Tröstung

Wer mit Gott Freund sein will, muß allein bleiben oder die ganze Welt zu seinem Freund machen.

Mahatma Gandhi

Der Gedanke Gott weckt einen fürchterlichen Nachbar auf. Sein Name heißt Richter. (Moser)

Schiller, Die Räuber V, 1

Es ist höchste Weisheit, an einen Gott zu glauben, welcher straft und belohnt.

Voltaire

Was kannst Du dafür, wenn Deine Pestilenz, Deine Teuerung, Deine Wasserfluten den Gerechten mit dem Bösewicht auffressen? Wer kann der Flamme befehlen, daß sie nicht auch durch die gesegneten Saaten wüte, wenn sie das Genist der Hornissel zerstören soll? (Moor)

Schiller, Die Räuber II, 3

Wie Sturm und Ungewitter
bin ich gezogen über deine Fluren;
du aber bist's allein, der stürmen kann,
denn du allein kannst heilen, großer Gott.
Und hab' ich auch das Schlimme nicht gewollt,
wer war ich, Wurm, daß ich mich unterwand,
dem Herrn der Welten frevelnd nachzuspielen,

durchs Böse suchend einen Weg zum Guten! (Ottokar)

Grillparzer, König Ottokars Glück und Ende V

Müssen denn die Götter gerecht sein? Eigensinnige Angewohnheit der Menschen, das von ihnen zu verlangen.

Geißler, Odysseus und die Frauen

Wo sich Götter offenbaren,
kündigt sie ein Schauder an. (König)

Grillparzer, Der Traum, ein Leben III

Gott schauen ist Tod, das wußten alle Völker. Gott erraten ist Leben.

Morgenstern, Tagebuch eines Mystikers

„Es ist ein Gott" kann, meiner Meinung nach, nichts anderes sagen als: Ich fühle mich, bei aller meiner Freiheit des Willens, genötigt, recht zu tun.

Lichtenberg

Den Menschen Liebe und den Göttern Ehrfurcht. (Melitta)

Grillparzer, Sappho V, 3

Religion

Unter der Hülle aller Religionen liegt die Religion selbst, die Idee eines Göttlichen.

Schiller, Die Braut von Messina, Über den Gebrauch des Chors

Jede Religion ist falsch, die in ihrem Glauben nicht einen Gott als Grund aller Dinge verehrt.

Pascal, Gedanken, Kennzeichen der wahren Religion

Die Religion ist nichts als der Schatten, den das Universum auf die menschliche Intelligenz wirft.

Victor Hugo

Die Religion ist das Gefühl der schlechthinnigen Abhängigkeit.

Schleiermacher, Der christliche Glaube I

Daß der Mensch ins Unvermeidliche sich füge, darauf dringen alle Religionen. Jede sucht auf ihre Weise, mit dieser Aufgabe fertig zu werden.

Goethe, Wilhelm Meisters Wanderjahre III, 11

Großen Dank verdient die Natur, daß sie in die Existenz eines jeden lebendigen Wesens auch so viel Heilungskraft gelegt hat, daß es sich, wenn es an dem einen oder dem anderen Ende zerrissen wird, selbst wieder zusammenflicken kann; und was sind die tausendfältigen Religionen anders als tausendfache Äußerungen dieser Heilungskraft.

Goethe, an Lavater, 4. 10. 1782

Was aber ist denn das Religiöse? Der Gedanke an den Tod.

Thomas Mann

Die Naturwissenschaft ohne Religion ist lahm, die Religion ohne Naturwissenschaft ist blind.

Albert Einstein

Petrus soll sogar Franklin, der ihm offen beichtete, daß er keine andere Religion habe als das Naturgesetz und die Menschenliebe, zugeflüstert haben: „Komm herein und nimm Platz, wo du willst!"

Karl Julius Weber, Demokritos, Weitere Religionsbetrachtungen eines einfältigen Laien

Es findet sich in dem Werke des Herrn Bourrienne eine Liste der Bücher, die Napoleon in Ägypten bei sich geführt, worunter denn auch der Werther steht. Das Merkwürdige an dieser Liste aber ist, wie die Bücher unter verschiedenen Rubriken klassifiziert werden. Unter der Aufschrift Politique zum Beispiel finden wir aufgeführt: Le vieux testament, le nouveau testament, le coran. Woraus man denn sieht, aus welchem Gesichtspunkt Napoleon die religiösen Dinge angesehen.

Goethe, zu Eckermann, 7. 4. 1829

Die Religion, sagt man, sei nur ein prächtiger Teppich, hinter dem man jeden gefährlichen Anschlag nur desto leichter ausdenkt. Das Volk liegt auf den Knien, betet die heiligen gewirkten Zeichen an, und hinten lauscht der Vogelsteller, der sie berücken will. (Egmont)

Goethe, Egmont IV, Der Culenburgische Palast

Freilich ist es für den Staat sehr bedeutsam, daß jeder Staatsbürger eine Religion habe, die ihn seine Pflichten lieben läßt.

Rousseau, Der Gesellschaftsvertrag IV, Über die staatsbürgerliche Religion

Sie sang vom irdischen Jammertal,
von Freuden, die bald zerronnen,
vom Jenseits, wo die Seele schwelgt,
verklärt in ewigen Wonnen.

Sie sang das alte Entsagungslied,
das Eiapopeia vom Himmel,
womit man einlullt, wenn es greint,
das Volk, den großen Lümmel.

Ich kenne die Weise, ich kenne den Text,
ich kenn' auch die Herren Verfasser;
ich weiß, sie tranken heimlich Wein
und predigten öffentlich Wasser.

Heine, Deutschland, ein Wintermärchen I

Dem Tyrannen steht es wohl an, religiöse Ergebung zu predigen, und die, denen er auf Erden kein Plätzchen verstatten will, an den Himmel zu verweisen.

Fichte, Reden an die deutsche Nation 8

Die Religion ist eine Art geistiger Fusel, in dem die Sklaven des Kapitals ihre Menschenwürde und ihren Anspruch auf eine halbwegs menschenwürdige Existenz ersäufen.

Lenin, Sozialismus und Religion

Die Religionen sind verschiedene Wege, die alle zu dem gleichen Punkt hinführen. Was bedeutet es, daß wir verschiedene Pfade benützen, wenn wir doch das gleiche Ziel erreichen? In Wirklichkeit gibt es ebensoviele Religionen als Individuen.

Mahatma Gandhi

Was mich Euch zum Christen macht,
das macht Euch mir
zum Juden! (Nathan)

Lessing, Nathan der Weise IV, 7

Auf dem Weg zum Herrgott fressen dich die Heiligen.

Aus Rumänien

Ich predige nicht die Duldsamkeit. Unbeschränkte Religionsfreiheit ist in meinen Augen ein so geheiligtes Recht, daß das Wort Duldsamkeit, als Ausdruck hierfür gebraucht, mir gewissermaßen selbst tyrannisch erscheint.

Mirabeau, Politische Diskurse

In jemanden dringen, die Religion, in der er geboren ist, zu verlassen, heißt, meinem Bedünken nach, ihn auffordern, ein Unrecht zu begehen.

Rousseau, Émile IV, Glaubensbekenntnis des savoyischen Vikars

Wo Religion ist, werden Menschen geliebt und Tiere und das All. Jedes Leben ist ja ein beweglicher Tempel des Unendlichen.

Jean Paul, Levana I, 2

Es ist ein Beweis für die wahre, für die richtig verstandene wahre Religion, wenn sie uns überall auf das Schöne zurückbringt.

Lessing, Wie die Alten den Tod gebildet, Schluß

Der Kluge sieht das Gemeinsame in den verschiedenen Religionen, der Dummkopf die Unterschiede.

Aus China

Die meisten Menschen treiben die Religion, wie man ein Handwerk treibt; sie ist aber durchaus eine freie Kunst.

Christian Friedrich Wilhelm Jacobs, Ährenlese

Wenn Religion der Menge schmecken soll, so muß sie notwendig etwas vom Hautgout des Aberglaubens haben.

Lichtenberg, Religiöses

Um sich ein richtiges Urteil über eine Religion zu bilden, muß man sie nicht aus den Büchern ihrer Bekenner studieren, sondern sie aus dem Verkehre mit denselben lernen.

Rousseau, Émile IV, Glaubensbekenntnis des savoyischen Vikars

Verlöscht den Glauben an Gott, und es wird Nacht in der Seele des Menschen.

Alphonse de Lamartine

Ohne Ahnung vom Übersinnlichen wäre der Mensch allerdings Tier; eine Überzeugung davon aber ist nur für den Toren möglich und nur für den Entarteten notwendig.

Grillparzer, Aphorismen, 1820

Viele Leute glauben, wenn man die Gottesvorstellung aufgäbe, müsse man notwendig allen religiösen Glauben und alle Moralbegriffe mit aufgeben. Das ist einfach nicht wahr.

Julian Huxley

In dunklen Zeiten wurden die Völker am besten durch die Religion geleitet, wie in stockfinstrer Nacht ein Blinder unser bester Wegweiser ist; er kennt dann Wege und Stege besser als ein Sehender. Es ist aber töricht, sobald es Tag ist, noch immer die alten Blinden als Wegweiser zu gebrauchen.

Heine, Aphorismen und Fragmente

Aufgabe der Erziehung wäre es, den metaphysischen Hunger der Menschheit durch Mitteilung von Tatsachen mit weisem Maß zu stillen, statt ihn durch Märchen, was ja die Dogmen sind, zu betrügen.

Schnitzler

Ich kann mir eine Zeit denken, welcher unsere religiösen Begriffe so sonderbar vorkommen werden als der unsrigen der Rittergeist.

Lichtenberg

Eine Religion, welche nicht oder nicht mehr fähig ist, sich auf die Höhe der erworbenen Wissenschaft zu erheben, ist eine tote Religion.

Leopold Zunz

Lebt das Wort, so wird es von Zwergen getragen; ist das Wort tot, so können es keine Riesen aufrechterhalten.

Heine, Deutschland I, Zur Geschichte der Religion

Es ist ein Irrtum, die Zivilisation eines Volkes der Einwirkung der Religion zuschreiben zu wollen, und eine Torheit, wenn die Regierungen eine Religion in Schutz zu nehmen suchen. Paßt dieselbe für das Volk, so wird sie keinen Schutz brauchen, paßt sie nicht dafür, so wird sie nichts Gutes wirken.

Buckle, Geschichte der Zivilisation 5

Wenn die Welt noch eine unzählbare Zahl von Jahren steht, so wird die Universal-Religion geläuterter Spinozismus sein.

Lichtenberg, Bemerkungen vermischten Inhalts 1, Philosophische Bemerkungen

Fahrt fort in unmittelbarer Beachtung der Pflicht des Tages und prüft dabei die Reinheit eures Herzens und die Sicherheit eures Geistes. Wenn ihr sodann in freier Stunde aufatmet und euch zu erheben Raum findet, so gewinnt ihr auch gewiß eine richtige Stellung gegen das Erhabene.

Goethe, Wilhelm Meisters Wanderjahre III, 13

Christentum

Ein irdisch Pfand bedarf der Glaube,
das hohe Himmlische sich zuzueignen.
Drum ward der Gott zum Menschen und verschloß
die unsichtbaren himmlischen Geschenke
geheimnisvoll in einen sichtbarn Leib.
(Maria)

Schiller, Maria Stuart V, 7

Christus dachte einen alleinigen Gott, dem er alle die Eigenschaften beilegte, die er in sich selbst als Vollkommenheiten empfand. Er ward das Wesen seines eigenen schönen Innern, voll Güte und Liebe wie er selber.

Goethe, zu Eckermann, 28. 2. 1831

Die christliche Religion ist ein mächtiges Wesen für sich, woran die gesunkene und leidende Menschheit von Zeit zu Zeit sich immer wieder emporgearbeitet hat. Und indem man ihr diese Wirkung zugesteht, ist sie über aller Philosophie erhaben und bedarf von ihr keiner Stütze.

Goethe, zu Eckermann, 4. 2. 1829

Das Christentum ist so tief in der menschlichen Natur und ihrer Bedürftigkeit begründet, daß auch in dieser Beziehung mit Recht zu sagen ist: Des Herrn Wort bleibet ewiglich.

Goethe, zu Karl Christian John, 2. 5. 1812

Das Heidentum hielt den am höchsten, der die meisten Vorzüge, das Christentum den, der die wenigsten Fehler hat.

Grillparzer, Studien zur Philosophie und Religion

Das Christentum predigt nur Knechtschaft und Unterwerfung. Sein Geist

ist der Tyrannei nur zu günstig, als daß sie nicht immer Gewinn daraus geschlagen hätte. Die wahren Christen sind zu Sklaven geschaffen.

Rousseau, Der Gesellschaftsvertrag IV,
Über die staatsbürgerliche Religion

Mein Bruder ist katholischer als ich.
Er ist's aus Furcht, indes ich's nur aus
Ehrfurcht. (Rudolf)

Grillparzer,
Ein Bruderzwist in Habsburg III

Der Katholik muß die Entscheidung, die man ihm gibt, annehmen. Der Protestant muß lernen, sich selbst zu entscheiden.

Rousseau, Bekenntnisse

Die Protestanten sind im allgemeinen viel unterrichteter als die Katholiken, und das erklärt sich dadurch, daß die Lehre der einen die kritische Besprechung verlangt, die Lehre der anderen hingegen blinde Unterwerfung fordert.

Rousseau, Bekenntnisse

Meiner Ansicht nach ist der Katholizismus nicht einmal ein Glaube, sondern einfach die Fortsetzung des weströmischen Kaisertums.

Dostojewski, Der Idiot IV, 7

Die arme Frau – ich sag' dir's ja –
ist eine Christin, muß aus Liebe
quälen,
ist eine von den Schwärmerinnen, die
den allgemeinen, einzig wahren Weg
nach Gott zu wissen wähnen! (Recha)

Lessing, Nathan der Weise V, 6

Da donnern sie Sanftmut und Duldung aus den Wolken und bringen dem Gott der Liebe Menschenopfer wie einem feuerarmigen Moloch, predigen Liebe des Nächsten und fluchen den achtzigjährigen Blinden von ihren Türen hinweg, stürmen wider den Geiz und haben Peru um goldner Spangen willen entvölkert. (Moor)

Schiller, Die Räuber II, 3

Ein Mensch, sonderlich ein Christ, muß ein Kriegsmann sein und mit den Feinden in Haaren liegen.

Luther, Tischreden 39, 22

Man weiß – die Welt hat es erfahren –,
daß einst der Glaub in Priesterhand
mehr Böses tat in achtzehnhundert
Jahren
als in sechstausend der Verstand.

Verfasser unbekannt

Ihr Stolz ist Christen sein, nicht Men-
schen. Denn
selbst das, was, noch von ihrem Stifter
her,
mit Menschlichkeit den Aberglauben
würzt,
das lieben sie, nicht weil es menschlich
ist:

Weil's Christus lehrt, weil's Christus hat getan. (Sittah)

Lessing, Nathan der Weise II, 1

Vor dem Glauben gilt keine Stimme der Natur. (Großinquisitor)

Schiller, Don Karlos V, 10

Will mir jemand nachfolgen, der verleugne sich selbst und nehme sein Kreuz auf sich und folge mir.

Matthäus 16, 24

Der Jude meint, er sei ein Christ,
wenn er nur Schweinebraten ißt.
Er sieht von Christi Wunderlehr'
an vielen Christen auch nicht mehr.

Wilhelm Müller,
Epigramme, Leichte Bekehrung

Da die Menschen in ihrem Tun sich ungern nach der Vorschrift Christi ausrichten ließen, haben sie seine Lehre wie einen Maßstab aus weichem Blei nach den Sitten gestreckt, damit eben beides noch einigermaßen übereinstimme. Ich weiß nicht, was sie damit erreichen, außer daß man mit besserem Gewissen Böses tun darf.

Thomas More, Utopia I

Immerhin kämpfte man mit der Welt um sein Christentum bis Konstantin. Seitdem war es entschieden, daß man es niemals zu etwas anderem bringen werde als zu einem Kulturchristentum, das sich mit der Einbildung zu begnügen hatte, die Welt erobert zu haben, während es in Wahrheit sich von ihr hatte erobern lassen.

Franz Overbeck, Christentum und Kultur

Es gehört kein Mut, kein Charakter, keine Anstrengung, kein Opfer dazu, Christ zu sein. Christentum und weltlicher Vorteil sind identisch.

Ludwig Feuerbach

Die christliche Religion, wie sie in Coaltown verzapft wurde, stellte eine anspornende Beziehung her zwischen Gottes Gunst und dem Geldverdienen. Armut war nicht bloß ein soziales Mißgeschick, sondern das sichtbare Zeichen eines Sturzes aus dem Stand der Gnade. Gott hatte versprochen, die Gerechten würden nie Not leiden.

Thornton Wilder,
Der achte Schöpfungstag, The Elms

Christus hat durch erstes Kommen
uns des Teufels Reich genommen.
Kommt er jetzt nicht bald hernieder,
kriegt der Teufel alles wieder.

Logau, Sinngedichte, Die Zukunft Christi

Der Messias wird erst kommen, wenn er nicht mehr nötig sein wird.

Franz Kafka

Sobald man die reine Lehre und Liebe Christi, wie sie ist, wird begriffen und in sich eingelebt haben, so wird man sich als Mensch groß und frei fühlen und auf ein bißchen so oder so im äußeren Kultus nicht mehr sonderlichen Wert legen. Auch werden wir alle nach und nach aus einem Christentum des Wortes und Glaubens immer mehr zu einem Christentum der Gesinnung und Tat kommen.

Goethe, zu Eckermann, 11. 3. 1832

Mag die geistige Kultur nun immer fortschreiten, mögen die Naturwissenschaften in immer breiterer Ausdehnung und Tiefe wachsen und der menschliche Geist sich erweitern, wie er will – über die Hoheit und sittliche Kultur des Christentums, wie es in den Evangelien schimmert und leuchtet, wird er nicht hinauskommen!

Goethe,
zu Eckermann, 11. 3. 1832

Glaube

Wohl aber gelingt es ihm, heimlich in die gemeinsame Behausung der Athene und des Hephaistos einzudringen, diese Werkstätte ihrer Kunstliebe. Da stiehlt er die Feuerkunst des Hephaistos und die anders geartete Kunst der Athene und macht sie dem Menschen zum Geschenk. Damit wird der Grund gelegt zu der leiblichen Wohlfahrt des Menschen. Den Prometheus aber traf später infolge der Torheit des Epimetheus, wie die Sage erzählt, die Strafe für den Diebstahl. Da aber der Mensch nun göttlicher Güter teilhaftig geworden war, war er unter allen Geschöpfen wegen dieser Verwandtschaft mit den Göttern das einzige, das an Götter glaubte. (Protagoras)

Platon, Protagoras 11/12

Glaube nennt man die Angewöhnung geistiger Grundsätze ohne Gründe.

Nietzsche

Der Glaube ist Liebe.

Pestalozzi

Wo Glaube, da Liebe;
wo Liebe, da Friede;
wo Friede, da Gott;
wo Gott keine Not.

Sprichwort

Glaube ist nur wahrer Glaube als von keinem Gedanken entweihtes Gefühl Gottes.

Morgenstern,
Stufen, Tagebuch eines Mystikers

Besser glauben als grübeln.

Aus Spanien

Wo das Wissen genügt, bedürfen wir freilich des Glaubens nicht, wo aber das Wissen seine Kraft nicht bewährt oder ungenügend erscheint, sollen wir auch dem Glauben seine Rechte nicht streitig machen. Sobald man nur von dem Grundsatz ausgeht, daß Wissen und Glauben nicht dazu da sind, um einander aufzuheben, sondern um einander zu ergänzen, so wird schon überall das Rechte ausgemittelt werden.

Goethe, zu Johann Daniel Falk, 25. 1. 1813

Sinnlich beginnt der Mensch, dann denkt er, endlich glaubt er.

Ludwig Börne

Ich glaube, daß trotz des offensichtlichen Unsinns das Leben dennoch einen Sinn hat. Ich ergebe mich darein, diesen letzten Sinn mit dem Verstand nicht erfassen zu können, bin aber bereit, ihm zu dienen.

Hermann Hesse

Glaube ist der Vogel, der singt, wenn die Nacht noch dunkel ist.

Rabindranath Tagore

Die Naturwissenschaften braucht der Mensch zum Erkennen, den Glauben zum Handeln.

Max Planck

Wenn Du an Gott glaubst, wird er die Hälfte Deines Werkes tun. Die zweite Hälfte.

Cyrus Curtis

Ist doch der Glaube
nur das Gefühl der Eintracht mit dir selbst,
das Zeugnis, daß du Mensch auf beiden Seiten:
Als einzeln schwach und stark als Teil des All. (Rudolf)

Grillparzer, Ein Bruderzwist in Habsburg III

Nur der Glaube aller stärkt den Glauben.
Wo Tausende anbeten und verehren,
da wird die Glut zur Flamme. (Maria)

Schiller, Maria Stuart V, 7

Bist du schon gut, weil du gläubig bist?
Der Teufel ist sicher kein Atheist.

Paul Heyse, Spruchbüchlein, Gott und Welt

Man merkt wie gegen Gott der Glaube sei bestellt
aus dem, wie Glaub' und Treu' man seinem Nächsten hält.

Logau, Sinngedichte, Geistlicher und weltlicher Glaube

Daß kein Christ jetzt Wunder tut,
macht, der Glaub ist nicht recht gut.
Drum ist rechter Glaub jetzunder
für sich selbst ein großes Wunder.

Logau, Wunderwerke

Es wachsen Glaub und Unschuld nur
am Baume
der Kindheit noch; jedoch sie währen
nicht.

Dante,
Die göttliche Komödie, Paradies XXVII, 127

Das Ziel der Philosophie ist einzig und allein die Wahrheit, das Ziel des Glaubens einzig und allein Gehorsam und Frömmigkeit.

Spinoza, Theologisch-politischer Traktat 14

Der Glaube einer gottesdienstlichen Religion ist ein Fron- und Lohnglaube (fides mercenaria, servilis) und kann nicht für den seligmachenden angesehen werden, weil er nicht moralisch ist. Dieser muß ein freier, auf lauter Herzensgesinnungen gegründeter Glaube (fides ingenua) sein.

Kant

Ihr könnt Menschen durch Gewinn oder Strafen dazu zwingen, daß sie sagen oder schwören, sie glaubten, und daß sie so tun, als ob sie glaubten. Aber weiter könnt ihr nichts.

Swift, Gedanken über Religion

Laßt euch nur einmal eine Offenbarung aufbürden, und man wird euch bald soviel Unsinn offenbaren, daß ihr vor Angst in der Nacht den Großen Bär und am Tage die Sonne nicht finden könnt.

Seume, Apokryphen

Du hältst das Evangelium, wie es steht, für die göttliche Wahrheit. Mich würde eine vernehmliche Stimme vom Himmel nicht überzeugen, daß das Wasser brennt und das Feuer löscht, daß ein Weib ohne Mann gebiert und daß ein Toter aufersteht. Vielmehr halte ich dieses für Lästerungen gegen den großen Gott und seine Offenbarung in der Natur.

Goethe, an Lavater, 9. 8. 1782

Den Ägyptern würde es nicht erlaubt gewesen sein, ihren Gott Apis zu verzehren. Nur die Christen behandeln den Beherrscher des Universums so.

Friedrich II. von Preußen,
an Voltaire, 19. 3. 1776

Der Gott, den ich anbete, ist nicht ein Gott der Finsternis; er hat mir den Verstand nicht gegeben, um mir den Gebrauch desselben zu untersagen. Von mir verlangen, meine Vernunft gefangen zu geben, heißt ihren Schöpfer beleidigen.

Rousseau, Émile IV,
Glaubensbekenntnis des savoyischen Vikars

Ich sehe nicht ein, warum es schwieriger sein sollte, die Auferstehung des Fleisches, die Empfängnis der Jungfrau zu glauben als die Schöpfung.

Pascal, Gedanken, Christliche Gedanken

Das strahlende Licht ihres Glaubens macht diese Frommen blind für die

Umwelt und für sich selbst. Mir hingegen ist nichts wichtiger, als klar zu erkennen, was ist, und ich stehe entsetzt vor der Undurchdringlichkeit der Lüge, in der ein Frommer sich wohlfühlen kann.

Gide, Falschmünzer I, 12

Die Geschichte des guten Jesus hab ich nun so satt, daß ich sie von keinem als allenfalls von ihm selbst hören möchte.

Goethe, an Charlotte von Stein, 6. 4. 1782

Es gibt keine andere Offenbarung als die Gedanken der Weisen.

Schopenhauer, Parerga und Paralipomena

Sollte jede Torheit, die im angenommenen Glauben der Nationen herrscht, auch durchgängig geübt werden, welch ein Unglück! Nun aber werden die meisten geglaubt und nicht befolgt, und dies Mittelding toter Überzeugung heißt eben auf der Erde Glauben.

Herder, Ideen zur Philosophie der Geschichte der Menschheit XI, 3

Denken ist eine Anstrengung, Glauben ein Komfort.

Ludwig Marcuse

Was nottut, ist nicht der Wille zu glauben, sondern der Wille zu entdecken, also genau das Gegenteil.

Bertrand Russell, Skepsis

Wenn wir von einem weisen Wesen auf diese Stelle gestellt worden sind, woran kein Zweifel ist, so laßt uns das Beste in dieser Situation tun und uns nicht durch Offenbarungen blenden, die alle betrügerisch sind. Was der Mensch zu seiner Glückseligkeit zu wissen nötig hat, das weiß er gewiß ohne alle Offenbarung.

Lichtenberg

Der Glaube an Gott ist wie das Wagnis des Schwimmens: Man muß sich dem Element anvertrauen und sehen, ob es trägt.

Hans Küng

Der christliche Glaube ist wie eine großartige Kathedrale mit herrlichen bunten Fenstern. Wer draußen steht, sieht sie nicht. Aber dem, der drinsteht, wird jeder Lichtstrahl zu einem unbeschreiblichen Glanz.

Nathaniel Hawthorne

Es ist nicht möglich, daß ein Glaube stirbt; es sei denn, daß ein neuer geboren würde.

Ortega y Gasset, Gott in Sicht

Ob ich gläubig bin? Das weiß nur Gott allein.

Lec, Unfrisierte Gedanken

Aberglaube

Stets liegt, wo das Banner der Wahrheit
wallt,
der Aberglaube im Hinterhalt.

von Platen, Die neuen Propheten

Der Aberglaube trauet den Sinnen bald zuviel, bald zuwenig.

Lessing, Das Testament Johannes

Der Aberglaube gehört zum Wesen des Menschen und flüchtet sich, wenn man ihn ganz und gar zu verdrängen denkt, in die wunderlichsten Ecken und Winkel, von wo er auf einmal, wenn er einigermaßen sicher zu sein glaubt, wieder hervortritt.

Goethe, Wilhelm Meisters Wanderjahre II, Betrachtungen im Sinne der Wanderer

Der Aberglaube gemeiner Leute rührt von ihrem frühen und allzu eifrigen Unterricht in der Religion her.

Lichtenberg, Allerhand

Unglaube

Ihr guten Götter! Arm ist, wer euch
nicht kennt,
im rohen Busen ruhet der Zwist ihm
nie,
und Nacht ist ihm die Welt, und keine
Freude gedeihet und kein Gesang ihm.

Hölderlin, Die Götter

Unsere Welt wird noch so fein werden, daß es so lächerlich sein wird, einen Gott zu glauben, als heutzutage Gespenster.

Lichtenberg

Im Unglauben liegt die größte denkbare Anstrengung des Menschen gegen seinen eigenen Instinkt und Geschmack.

Galiani, Gedanken, Beobachtungen, Dialoge

In dem öden ausgestorbenen Himmel sitzt auf eisernem Stuhl die letzte Göttin, die Notwendigkeit, mit ihrem traurigen Herzen.

Heinrich Heine, Aphorismen und Fragmente

Atheismus ist der Versuch, die Erde ohne die Sonne zu erklären.

Sigismund von Radecki, Als ob das immer so weiterginge. . .

Das Dasein eines Schöpfers zu leugnen, ist größerer Unsinn als der finsterste Aberglaube.

Gottfried Keller, Eine Nacht auf dem Uto

Man versteht unter Gott die verständige Ursache der Welt; also ist nur der ein Gottesleugner, der behauptet, daß die Welt keine Ursache oder diese Ursache keinen Verstand habe.

Karl Julius Weber,
Demokritos, Die Freigeisterei

Einen Gottlosen habe ich noch nie gesehen; nur Ruhelose sind mir begegnet.

Dostojewski, Der Jüngling III, 2

Verzweiflung ist der einzige echte Atheismus.

Jean Paul, Dämmerungen für Deutschland

Von einem französischen Atheisten, der Esprit hat, wird verlangt, daß er sich nur bei schmerzlichen Krankheiten und auf dem Todbette bekehrt. Unsere hingegen bekehren sich gemeiniglich bei jedem Donnerwetter.

Lichtenberg

Nur große Menschen haben Ketzereien hervorgebracht.

Augustinus, Enarratio in Psalm 124, 5

Er ist ein heller Geist und also ungläubig.

Goethe,
Wilhelm Meisters Wanderjahre III, 15

Es ist selten, daß ein Mensch weiß, was er eigentlich glaubt.

Oswald Spengler

Der Ungläubige glaubt mehr, als er meint,
der Gläub'ge weniger, als ihm scheint.

Grillparzer, Glaube

Wenn eine Zeit zuviel glaubt, ist es nur eine natürliche Reaktion, daß eine andere zuwenig glaubt.

Buckle, Geschichte der Zivilisation 7

Frömmigkeit

Als hohe in sich selbst verwandte Mächte
in heilger Ordnung bildend sich gereiht,
entzündete im wechselnden Geschlechte
die Liebe lebende Beweglichkeit

und ward im Beten tief geheimer Nächte
dem Menschen jene Fremde eingeweiht.
Ein stilles Heimweh ist mit dir geboren,
hast du gleich früh den Wanderstab verloren.

Clemens Brentano, Heimweh

Befiehl du deine Wege
und was dein Herze kränkt
der allertreusten Pflege
des, der den Himmel lenkt:
Der Wolken, Luft und Winden
gibt Wege, Lauf und Bahn,
der wird auch Wege finden,
da dein Fuß gehen kann.

Paul Gerhardt, Befiehl dem Herrn deine Wege

In ihm sei's begonnen,
der Monde und Sonnen
an blauen Gezelten
des Himmels bewegt.
Du, Vater, du rate!
Lenke du und wende!
Herr, dir in die Hände
sei Anfang und Ende,
sei alles gelegt!

Mörike, Zum neuen Jahr

Mensch, gibst du Gott dein Herz, er gibt dir seines wieder:
Ach, welch ein wertrer Tausch! Du steigest auf, er nieder.

Angelus Silesius, Der Cherubinische Wandersmann, Der gute Tausch

Alltagsmenschen suchen den Himmel. Sonntagsmenschen aber, die tiefen und auserwählten Geister, suchen Gott.

Rosegger, Der Gottsucher

Das Fromme ist ein Teil des Gerechten. (Sokrates)

Platon, Euthyphron

Fromm ist der, für den es etwas Heiliges gibt.

Nathan Söderblom

Des Glückes froh ehrt ihre Götter auch die Stadt. (Eteokles)

Aischylos, Die Sieben gegen Theben 78

Der heilige Benedikt wollte, daß die Menschen auf Erden so glücklich werden wie möglich – und gerade noch in den Himmel kommen.

Georg Lohmeier

Wir bilden uns ein, fromm zu sein, indem wir ohne Überlegung hinschlendern, uns durch angenehme Zufälle determinieren lassen und endlich dem Resultate eines solchen schwankenden Lebens den Namen einer göttlichen Führung geben.

Goethe, Wilhelm Meisters Lehrjahre I, 17

Wie der Adel, so bilden auch die Frommen eine gewisse Aristokratie.

Goethe, zu Eckermann, 25. 2. 1824

Die Frömmelei des einen Teils der vornehmen Weiber fließt aus derselben Quelle wie die Koketterie des andern Teils: Müßiggang und Langeweile. Sie vertrödeln den Tag an der geistlichen Toilette wie die andern an der leiblichen. Der Beichtvater ist ihre Marchande de modes, die Beichte ihr Ankleidspiegel, Kirchgänge sind ihre Rendezvous, Haß und Verfolgung Andersdenkender ihre Eifersüchteleien und dépits amoureux.

Grillparzer, Aphorismen, 1838

Des Buhlens satt will Martha nun, ihr Brüder,
sich bloß dem Dienst des Himmels weihn.
Der Teufel wird dabei nicht sehr gefährdet sein:
Zwar eine Metze geht ihm ein,
doch eine Heuchlerin ersetzt sie reichlich wieder.

Peter Wilhelm Hensler, Martha

Siccus ist ein frommer Mann, und es geht die Sage,
wenn er nichts zu beißen hat, fast' er manche Tage.

Logau, Sinngedichte, Siccus

Die Grausamkeit gehört zu den ältesten Festfreuden der Menschheit. Folglich denkt man sich auch die Götter erquickt und festlich gestimmt, wenn man ihnen den Anblick der Grausamkeit anbietet. Und so schleicht sich die Vorstellung in die Welt, daß freiwillige Leiden, die selbsterwählte Marter einen guten Sinn und Wert haben.

Nietzsche

Der mißversteht die Himmlischen, der sie
blutgierig wähnt: Er dichtet ihnen nur
die eignen grausamen Begierden an.
(Iphigenie)

Goethe, Iphigenie auf Tauris I, 3

Die gewöhnlichen Menschen trachten, so scheint es wenigstens, nach nichts weniger als nach einem der heiligen Schrift entsprechenden Leben. Vielmehr sehen wir, daß sie fast alle ihre Hirngespinste für Gottes Wort ausgeben und nur darauf bedacht sind, unter dem Deckmantel der Religion andere Leute zu zwingen, daß sie denken wie sie selbst.

Spinoza, Theologischer Traktat 7

Der Fanatismus ist verderblicher als der Atheismus.

Pierre Bayle

Das Wort Gottes ist nicht so schwer:
Wenn nur der Eigennutz nicht wär!

Markgraf Georg von Brandenburg

Gottesdienst

Vivos voco. Mortuos plango. Fulgura frango. Lebende rufe ich. Tote beklage ich. Blitze zerbreche ich.

Schiller, Das Lied von der Glocke, Motto nach der Inschrift der großen Glocke im Münster zu Schaffhausen

Wie wurde mir, als ich ins Innre nun
der Kirchen trat und die Musik der Himmel
herunterstieg und der Gestalten Fülle
verschwenderisch aus Wand und Dekke quoll,
das Herrlichste und Höchste, gegenwärtig,
vor den entzückten Sinnen sich bewegte,
als ich sie selbst nun sah, die Göttlichen,
den Gruß des Engels, die Geburt des Herrn,
die heil'ge Mutter, die herabgestiegene
Dreifaltigkeit, die leuchtende Verklärung –
als ich den Papst drauf sah in seiner Pracht
das Hochamt halten und die Völker segnen!
O, was ist Goldes, was Juwelen Schein,
womit der Erde Könige sich schmükken!
Nur er ist mit dem Göttlichen umgeben.
Ein wahrhaft Reich der Himmel ist sein Haus,
denn nicht von dieser Welt sind diese Formen. (Mortimer)

Schiller, Maria Stuart I, 6

Man baut niemals Kapellen ohne Grund. (Ernst)

Hebbel, Agnes Bernauer III, 6

Der bessere Sonntagsanzug gibt bei dem Volke der Kirche Heiligkeit und predigt früher als der Mantel des Pfarrers.

Jean Paul

Ach, wie erwähltet Ihr heut, Herr Pfarr, so erbauliche Lieder!
Grade die Nummern, seht her, die ich ins Lotto gesetzt.

Heinrich von Kleist,
Der Bauer, als er aus der Kirche kam

Predigen ist die Kunst, die Menschen zum Guten zu verführen.

Billy Graham

Solange das Wort „Gott" in einer Sprache noch dauert und tönt, richtet es das Menschenauge nach oben.

Jean Paul, Levana I, 2

In die Kirche ging ich morgens,
um Komödien zu schauen,
abends ins Theater, um mich
an der Predigt zu erbauen.

Heine, Reisebilder, Norderney

Frauen finden eine Predigt gut, wenn sie auf ihren Mann paßt.

Verfasser unbekannt

Klug hat Levin Theologie
und nicht die Schauspielkunst ergriffen;
denn auf der Kanzel wird man nie,
wie auf Theatern, ausgepfiffen.

Friedrich Haug, Schlaue Wahl

Wir vergessen, daß wir aus der Kirche nur eine glühende Kohle vom Altar heimholen sollen, um im gemeinen Leben Gott Opfer der Gerechtigkeit und der Menschlichkeit zu bringen.

Hippel,
Lebensläufe nach aufsteigender Linie

Das Wort Gottesdienst sollte verlegt und nicht mehr vom Kirchengehen, sondern bloß von guten Handlungen gebraucht werden.

Lichtenberg, Moralische Bemerkungen

Wer eine Messe verbietet, ist mehr Schwärmer als der, der darin kniet.

Weber, Demokritos, Die Toleranz

Beten

Das Gebet ist der Schlüssel für den Morgen und der Türriegel für den Abend.

Mahatma Gandhi

Das Werk, glaubt mir, das mit Gebet beginnt,
das wird mit Heil und Ruhm und Sieg sich krönen. (Kottwitz)

Heinrich von Kleist,
Prinz Friedrich von Homburg II, 2

Wie die Mutter sich freut, wenn sie das erste Lächeln ihres Kindes bemerkt, so freut sich Gott jedesmal, wenn er vom Himmel sieht, daß ein Sünder sich vor ihm aus vollem Herzen zum Gebet beugt.

Dostojewski, Der Idiot II, 4

Mein Gebet ist dann ein Untertauchen in Gott; es ist nur eine andere Art von Selbstmord. Ich springe in den Ewigen hinein wie Verzweifelnde in ein tiefes Wasser. (Judith)

Hebbel, Judith II

Große Gedanken und ein reines Herz, das ist's, was wir uns von Gott erbitten sollten!

Goethe, Wilhelm Meisters Wanderjahre I, 10

Der Mensch mag die Göttlichen verehren, aber Hilfe verlangen kann man nur von sich selbst.

Rosegger, Der Höllbart

Bete nicht um leichtere Lasten, sondern um einen stärkeren Rücken.

Verfasser unbekannt

Sokrates pflegte zu den Göttern nur schlechthin um „das Gute" zu beten, als wüßten sie am besten, was gut ist.

Xenophon, Memorabilien I, 3

Geschäftig sein ist gut, viel besser aber beten,
noch besser stumm und still vor Gott den Herren treten.

Angelus Silesius, Der Cherubinische Wandersmann

Ein Wunsch, der still für uns und andre fleht,
ein Seufzer, der dem Herzen leis entweht,
den keine Lippe spricht, ist ein Gebet.

Herder

Kindergebete sind leer und kalt und eigentlich nur Überreste des jüdisch-christlichen Opferglaubens, der durch Unschuldige statt durch Unschuld versöhnen und gewinnen will.

Jean Paul, Levana I, 2 ,4

Ein einziger dankbarer Gedanke gen Himmel ist das vollkommenste Gebet! (Fräulein)

Lessing, Minna von Barnhelm II, 7

Willst du Gott etwas sagen, so sage es dem Wind.

Aus Ghana

Die Gabe zu beten ist nicht immer in unserer Gewalt. Dem Himmel ist beten wollen auch beten. (Claudia)

Lessing, Emilia Galotti II, 6

Gott, inbrünstig möcht ich beten,
doch der Erde Bilder treten
immer zwischen dich und mich.

Eichendorff, Gebet

Wirst du deswegen zu beten unterlassen, weil du nicht ganz gewiß weißt, ob dir das Gebet helfen wird? (Philotas)

Lessing, Philotas 5

Wer kann die Gebete zählen, die zu nicht existierenden Göttern aufgestiegen sind?

Thornton Wilder, Der achte Schöpfungstag, Chikago

Der Mensch kann nicht bestehen, ohne etwas anzubeten.

Dostojewski, Der Jüngling III, 2, 3

Das Gebet kann keinen objektiven Erfolg, sondern nur eine subjektive Rückwirkung haben, nämlich Beruhigung und Aufrichtung des Gemüts.

Kant, Religion innerhalb der Grenzen der bloßen Vernunft

Dem Gebete andere als natürliche Folgen beizulegen, ist töricht und bedarf keiner ausführlichen Widerlegung. Man kann nur fragen: Ist nicht das Gebet seiner natürlichen Folgen wegen beizubehalten? Zu diesen natürlichen Folgen zählt man, daß durchs Gebet die in der Seele vorhandenen dunklen und verworrenen Vorstellungen deutlicher gemacht oder ihnen ein höherer Grad der Lebhaftigkeit erteilt werde, daß es den Beweggründen zur Tugend dadurch eine größere Wirksamkeit erteilt.

Kant, Acht kleinere Aufsätze, Vom Gebet

Das Gebet macht rein; es ist eine Selbstpredigt.

Jean Paul

Ich erinnere mich, einmal gelesen zu haben, daß die Götter, wenn sie uns strafen wollen, unsere Gebete erhören. (Sir Robert Chiltern)

Wilde, Ein idealer Gatte II

Priester

Er zeigte mir, daß grübelnde Vernunft
den Menschen ewig in der Irre leitet,
daß seine Augen sehen müssen, was
das Herz soll glauben, daß ein sichtbar Haupt
der Kirche not tut. (Mortimer)

Schiller, Maria Stuart I, 6

Das Licht ungetrübter göttlicher Offenbarung ist viel zu rein und glänzend, als daß es den armen gar schwachen Menschen gemäß und erträglich wäre. Die Kirche aber tritt als wohltätige Vermittlerin ein, um zu dämpfen.

Goethe, zu Eckermann, 11. 3. 1832

Will einer erst die Herrschaft Gott verschaffen,
sieht er in sich gar leicht des Herren Werkzeug
und strebt zu herrschen. (Klesel)

Grillparzer, Ein Bruderzwist in Habsburg V

Dadurch, daß der christlichen Kirche der Glaube beiwohnt, daß sie, als Nachfolgerin Christi, von der Last menschlicher Sünde befreien könne, ist sie eine sehr große Macht. Und sich in dieser Macht und diesem Ansehn zu erhalten und so das kirchliche Gebäude zu sichern, ist der christlichen Priesterschaft vorzügliches Augenmerk.

Goethe, zu Eckermann, 11. 3. 1832

Wenn uns Gott
durch einen seiner Engel – ist zu sagen,
durch einen Diener seines Worts – ein Mittel
bekannt zu machen würdiget, das Wohl
der ganzen Christenheit, das Heil der Kirche
auf irgend eine ganz besondre Weise
zu fördern, zu befestigen: Wer darf
sich da noch unterstehn, die Willkür des,
der die Vernunft erschaffen, nach Vernunft
zu untersuchen? (Patriarch)

Lessing, Nathan der Weise IV, 2

Wir werden ihnen beweisen, daß sie schwach sind, daß sie nur jämmerliche Kinder sind, daß jedoch das Glück des Kindes das süßeste ist. Sie werden schüchtern zu uns emporschauen und sich ängstlich an uns schmiegen wie Küken an die Henne. Sie werden uns anstaunen und stolz sein, daß wir so mächtig und so weise sind, daß wir eine so wilde tausendmillionenköpfige Herde bändigen konnten. Sie werden vor unserem Zorne zittern; ihr Geist wird verzagen, ihre Augen werden tränen, wie bei Kindern und Weibern; doch ebenso leicht werden sie auf ein Zeichen von uns sich dem Vergnügen und dem Lachen, lichter Freude und seligen Kinderliedern zuwenden. Ja, wir werden sie arbeiten lassen, doch in den arbeitsfreien Stunden werden wir ihr Leben gestalten wie ein Kinderspiel, mit Kinderliedern, Chorgesängen, unschuldigen Tänzen. (Großinquisitor)

Dostojewski, Die Brüder Karamasow III, 4

Es ist gar viel Dummes in den Satzungen der Kirche. Aber sie will herrschen, und da muß sie eine bornierte Masse haben, die sich duckt und die geneigt ist, sich beherrschen zu lassen. Die hohe, reich dotierte Geistlichkeit fürchtet nichts mehr als die Aufklärung der unteren Massen.

Goethe, zu Eckermann, 11. 3. 1832

Wenn Du glücklich sein willst, so halte Dich um Himmels willen mit Deinem Fuhrwerk auf der Chaussee, denn sonst riskierst Du, daß Dir die Pfaffen die Pferde ausspannen.

Lichtenberg,
an Georg Heinrich Hollenberg, 23. 9. 1788

Das Volk beurteilt die Macht Gottes nach der Macht seiner Priester.

Napoleon I., Maximen und Gedanken

Vom Vatikan herab sieht man die Reiche
schon klein genug zu seinen Füßen liegen,
geschweige denn die Fürsten und die Menschen. (Alfons)

Goethe, Torquato Tasso I, 4

Hört, ihr Herrn, so soll es werden:
Gott im Himmel, wir auf Erden,
und der König absolut,
wenn er unsern Willen tut.
Lobt die Jesuiten!

Chamisso, Nachtwächterlied

Auf dem Dorfe ist gut predigen.

Sprichwort

Welcher Kluge fänd im Vatikan nicht seinen Meister? (Antonio)

Goethe, Torquato Tasso I, 4

Ehrwürdig ist der Mantel, der euch ziert;
ihn zu verspotten, wäre Sünde.
Doch tragt ihn auch, wie sichs gebührt,
und hängt ihn niemals nach dem Winde.

Johann Georg Jacobi,
An die Herrn, die schwarze Mäntel tragen

Gute Priester sind täglich und stündlich im Dienste des Herren
fleißig begriffen und üben das Gute; der heiligen Kirche
sind sie nütze; sie wissen die Laien durch gutes Exempel
auf dem Wege des Heils zur rechten Pforte zu leiten.

Goethe, Reineke Fuchs 9

Sechs Dinge sind für einen Schriftgelehrten unschicklich: Er gehe nicht parfümiert auf die Straße; er gehe nicht nachts allein; er gehe nicht in geflickten Schuhen; er unterhalte sich nicht mit einem Weibe auf offener Straße; er weile nicht in einer Gesellschaft von Unwissenden, und er komme nicht als letzter ins Lehrhaus.

Babylonischer Talmud, Berakhot 6, 5

Was weiht den Priester ein zum Mund des Herrn?
Das reine Herz, der unbefleckte Wandel. (Maria)

Schiller, Maria Stuart V, 7

Aufopferung eigener Interessen ist ein Talent, das den Priestern der Liebe ebenso abgeht wie den sündigen Laien.

Heine,
Reisebilder, Englische Fragmente 11

Es ist üblich geworden, immer dann, wenn die Haltung der offiziellen katholischen Kirche in Deutschland während der Nazizeit angezweifelt wird, die Namen der Männer und Frauen zu zitieren, die in Konzentrationslagern und Gefängnissen gelitten haben und hingerichtet worden sind. Aber jene Männer, Prälat Lichtenberg, Pater Delp und die vielen anderen, sie handelten nicht auf kirchlichen Befehl, sondern ihre Instanz war eine andere, deren Namen auszusprechen heute schon verdächtig geworden ist: das Gewissen.

Heinrich Böll,
Brief an einen jungen Katholiken

Wer dem Altar dient, lebt vom Altar.

Aus Italien

Es haben die Pfaffen mitunter auch Böses im Sinne.

Goethe, Reineke Fuchs 3

Hüte dich vor lachenden Wirten und weinenden Pfaffen!

Agricola,
Dreihundert gemeine Sprichwörter 299

Es lernt die Gemeine das Böse;
denn man sieht, so hält es der Pfaffe,
da sündiget jeder.

Goethe, Reineke Fuchs 8

Freilich sollten die geistlichen Herren
sich besser betragen!
Manches könnten sie tun, wofern sie es
heimlich vollbrächten;
aber sie schonen uns nicht, uns andere
Laien, und treiben
alles, was ihnen beliebt, vor unseren
Augen, als wären
wir mit Blindheit geschlagen.

Goethe, Reineke Fuchs 8

Den ganzen Tag, hör ich, sei unter
euch die Frage:
Ob ich auch selbst das tue, was ich
sage?
Nein, ich, als Seelenarzt, treib's, wie's
ein Doktor treibt:
Kein Doktor in der Welt verschluckt,
was er verschreibt.

Lichtenberg,
Der Seelenarzt an seine Gemeine

Wißt ihr nicht, daß es, wie die Franzosen sagen, drei Geschlechter gibt: Männer, Frauen und Pfaffen?

Sidney Smith

Gern wird dein Pater dich der
schweren Schuld entbinden;
denn er vergibt zugleich mit deinen
seine Sünden.

Wilhelm von Kyaw,
Die beichtende Pfarrköchin

Sogar im Falle, daß ein Priester eine Missetat begangen hat, untersteht er keinem öffentlichen Gericht. Sie überlassen ihn Gott und sich selbst, weil sie glauben, die Hand eines Sterblichen dürfe auch den ärgsten Frevler nicht antasten, der Gott auf so besondere Weise wie eine Art Opfertier geweiht sei.

Thomas More, Utopia II

Die rechte, wahre Kirche ist gar ein kleines Häuflein, hat kein oder gar wenig Ansehn, liegt unter dem Kreuze. Aber die falsche Kirche ist prächtig, blühet und hat ein schön groß Ansehen wie Sodom.

Martin Luther

Nicht wie die Mumie sei, dem Phönix
gleiche die Kirche,
der sich den Holzstoß selbst türmt,
wenn die Kraft ihm erlahmt.
Freudig den sterblichen Leib, den gealterten, gibt er den Flammen,
weiß er doch, daß ihn die Glut jugendlich wiedergebiert

Emanuel Geibel

Die Kirche hat nicht den Auftrag, die Welt zu verändern. Wenn sie aber ihren Auftrag erfüllt, verändert sich die Welt.

Carl Friedrich von Weizsäcker

Mönch

Glaubt ihr, ein Asket wolle weniger herrschen als ein Weltmann?

Morgenstern, Stufen, Psychologisches, 1906

Wer in dem Kloster
gut zu schwatzen versteht, der wird im
Orden erhoben,
wird zum Lesemeister, zum Kustos
oder zum Prior.
Andere stehen beiseite. Die Schüsseln
werden gar ungleich
aufgetragen; denn einige müssen des
Nachts in dem Chore
singen, lesen, die Gräber umgehen; die
anderen haben
guten Vorteil und Ruh' und essen die
köstlichen Bissen.

Goethe, Reineke Fuchs 8

Drei Dinge können alles tragen, was man ihnen aufladet: Eines Weibsbilds Kopf, eines Esels Rücken, eines Mönchs Gewissen.

Geiler von Kaisersberg

Wohl weiß ich, daß man Gott nicht
dient, wenn man
die Ordnung der Natur verläßt, und
Lob
verdienen sie, die vor mir hier gewaltet,
daß sie die Klöster aufgetan und tausend
Schlachtopfer einer falschverstandnen
Andacht
den Pflichten der Natur zurückgegeben. (Elisabeth)

Schiller, Maria Stuart II, 2

Theologie

Theologie ist Anthropologie, das heißt in dem Gegenstande der Religion, den wir griechisch Theos, deutsch Gott nennen, spricht sich nichts andres aus als das Wesen des Menschen.

Ludwig Feuerbach,
Das Wesen der Religion, 3. Vorlesung

Die Poesie und die Theologie
sind eben beide Phantasie,
nur die eine erfindet ihre Gestalten,
die andre spielt mit den vorhandenen
alten.

Grillparzer (1864)

Wer sein eigenes Ich entfalten will, der soll nicht Theologe oder Theologin werden.

Otto Dibelius

Die Soziallehre der Kirche steht vielleicht links, ihre Theologie aber rechts.

Didier Lazard

Eine heillose Theologie führte viele zum Atheismus, welche gesunde Philosophie wieder zurückbrachte.

Weber, Demokritos, Die Freigeisterei

Wo sind die Theologen, die ihre Ehre in der ungeschminkten Aufrichtigkeit suchen?

Rousseau, Émile IV, Glaubensbekenntnis des savoyischen Vikars

Der nächste Weg zu Gott ist durch der Liebe Tür.
Der Weg der Wissenschaft bringt dich gar langsam für.

Angelus Silesius, Der Cherubinische Wandersmann

Bibel

Dein Wort ist meines Fußes Leuchte.

Psalm 119, 105

Es ist nichts Helleres denn die Sonne, das ist die Schrift. Ist aber eine Wolke davorgetreten, so ist doch nichts anderes dahinter denn dieselbe helle Sonne. Ist ein dunkler Spruch in der Schrift, so zweifelt nur nicht, es ist gewißlich dieselbe Wahrheit dahinter, die am andern Ort klar ist, und wer das Dunkle nicht verstehen kann, der bleibt bei dem Lichten.

Luther, Deutsche Schriften 39

Könnt ihr denn nicht begreifen, daß ich, ehe ich der Schrift, die ihr die heilige nennt und deren Inhalt mir unverständlich ist, Glauben zu schenken vermag, erst noch von anderen als euch erfahren muß, wann und von wem sie verfaßt, wie sie erhalten und zu euch gelangt ist und durch was für Gründe die Bewohner dieses Landes selbst zur Verwerfung derselben sich haben bewegen lassen, obwohl sie alles, was ihr mich lehrt, ebenso gut wissen wie ihr?

Rousseau, Émile 2, 4

Ich halte die Evangelien alle vier für durchaus echt; denn es ist in ihnen der Abglanz einer Hoheit wirksam, die von der Person Christi ausging und die so göttlicher Art ist, wie nur je auf Erden das Göttliche erschienen ist.

Fragt man mich, ob es in meiner Natur sei, ihm anbetende Ehrfurcht zu erweisen, so sage ich: Durchaus! Ich beuge mich vor ihm als der göttlichen Offenbarung des höchsten Prinzips der Sittlichkeit.

Goethe, zu Eckermann, 11. 3. 1832

Nicht durch die Lehrsätze, sondern durch die Geschichten der Bibel keimet lebendige Religion auf.

Jean Paul, Levana I, 2, 4

Es ist ein Meer auszutrinken, wenn man sich in eine historische und kritische Untersuchung der Bibel einläßt. Man tut immer besser, sich ohne weiteres an das zu halten, was wirklich da ist, und sich davon anzueignen, was man für seine sittliche Kultur und Stärkung gebrauchen kann.

Goethe, zu Eckermann, 13. 2. 1831

Die Bibel ist ein Buch, wo jeglicher,
was ihn gelüstet,
sucht und jeglicher auch, was ihn gelüstet, entdeckt.

Johann Heinrich Voss

Die Schrift hat Stellen genug, um alle Stände zu trösten und alle Stände zu erschrecken.

Pascal, Gedanken 318

Das gefährlichste aller Bücher in weltgeschichtlicher Hinsicht, wenn durchaus einmal von Gefährlichkeit die Rede sein sollte, ist doch wohl unstreitig die Bibel, weil wohl leicht kein anderes Buch so viel Gutes und Böses im Menschengeschlecht zur Entwicklung gebracht hat.

Goethe, zu Johann Daniel Falk, 10. 11. 1810

Ich kann überhaupt nicht begreifen, fuhr sie fort, wie man hat glauben können, daß Gott durch Bücher und Geschichten zu uns spreche. Wem die Welt nicht unmittelbar eröffnet, was sie für ein Verhältnis zu ihm hat, wem sein Herz nicht sagt, was er sich und andern schuldig ist, der wird es wohl schwerlich aus Büchern erfahren, die eigentlich nur geschickt sind, unsern Irrtümern Namen zu geben.

Goethe, Wilhelm Meisters Lehrjahre VII, 6

II. Kapitel

Welt
Firmament
Erde
Natur
Tiere

Welt

O Stern und Blume, Geist und Kleid,
Lieb, Leid und Zeit und Ewigkeit.

Clemens Brentano, Eingang

Das Universum ist ein Gedanke Gottes.

Schiller, Theosophie des Julius

Die Welt ist ein Transparent Gottes.

Rosegger, Auf fremden Straßen

Die Welt ist Gottes Sündenfall.

Hebbel, Tagebücher

Im Anfang war das Licht.

Anastasius Grün,
Im Pfarrhause, Nachtgedanken

Wenn uns einmal ein höheres Wesen sagte, wie die Welt entstanden sei, so möchte ich wohl wissen, ob wir imstande wären, es zu verstehen. Ich glaube nicht.

Lichtenberg

Der Begriff vom Entstehen ist uns ganz und gar versagt.

Goethe,
Wilhelm Meisters Wanderjahre III, Aus Makariens Archiv

Krankheit ist wohl der letzte Grund
des ganzen Schöpferdrangs gewesen:
Erschaffend konnte ich genesen,
erschaffend wurde ich gesund.

Heine, Neue Gedichte, Schöpfungslieder 7

Die Schöpfung ist ein Buch. Wer's weislich lesen kann,
dem wird darin gar fein der Schöpfer kund getan.

Angelus Silesius

Man erobert die Welt nicht bloß als Feldherr, indem man sie unterwirft, sondern auch als Philosoph, indem man sie durchdringt, und als Künstler, indem man sie in sich aufnimmt und sie wieder gebiert.

Hebbel, Tagebücher 1861

Die Welt in ihrer Tiefe verstehen heißt den Widerspruch verstehen.

Nietzsche

Die Vernunft des Menschen und die Vernunft der Gottheit sind zwei sehr verschiedene Dinge.

Goethe, zu Eckermann, 15. 10. 1825

Die Welt ist nicht da, um von uns erkannt zu werden, sondern um uns in ihr zu bilden.

Lichtenberg

Die größe Ersparnis, die sich im Bereich des Denkens erzielen läßt, besteht darin, die Nicht-Verstehbarkeit der Welt hinzunehmen und sich um die Menschen zu kümmern.

Albert Camus

Wenn die Welt für nichts anderes gut wäre, so ist sie doch ein ausgezeichneter Gegenstand der Betrachtung.

William Hazlitt

Ich weiß nicht, weshalb das Weltall da ist, aber ich werde nicht müde, die Veränderungen zu beobachten, welche in ihm vorgehen, werde nicht müde, mich an dem Anblick der innigen Beziehungen zu erfreuen, welche die Wesen dieser Welt antreibt, sich gegenseitig Hilfe zu leisten.

Rousseau, Émile IV,
Glaubensbekenntnis des savoyischen Vikars

Mein Bruder bat die Vögel um Verzeihung. Das scheint sinnlos, und doch hatte er recht; denn alles ist wie ein Ozean, alles fließt und grenzt aneinander; rührst du an ein Ende der Welt, so zuckt es am anderen. (Sosima)

Dostojewski, Die Brüder Karamasow VI, 3

Die Welt ist wie ein Meer: Ein jeder
geht und fischt,
nur daß den Walfisch der, den Stock-
fisch der erwischt.

Logau, Die Welt

Die Welt gehört, wie die Frauen, dem, der sie verführt, genießt und mit Füßen tritt.

Giacomo Leopardi, Gedanken

Von der Vernunfthöhe herunter sieht das ganze Leben einer bösen Krankheit und die Welt einem Tollhaus gleich.

Goethe,
an Christian Gottlob Voigt, 19. 12. 1798

Es kann so weit kommen, daß manchem die Welt, von der ästhetischen Seite betrachtet, als ein Karikaturenkabinett, von der intellektuellen als ein Narrenhaus und von der moralischen als eine Gaunerherberge erscheint.

Schopenhauer

Der Optimist erklärt, daß wir in der besten aller möglichen Welten leben, und der Pessimist fürchtet, daß dies wahr ist.

James Branch Cabell

Auf Erden ist einzig das Unglück vollkommen.

Honoré de Balzac

Weißt du, was in dieser Welt
mir am meisten wohlgefällt?
Daß die Zeit sich selbst verzehret
und die Welt nicht ewig währet.

Logau, Das Beste der Welt

Warum sollte es nicht Stufen von Geistern bis zu Gott hinauf geben und unsere Welt das Werk von einem sein können, der die Sache noch nicht recht verstand?

Lichtenberg

Du klagest, daß die Welt so unvollkommen ist,
und fragst warum? Weil du so unvollkommen bist.

Rückert, Weisheit des Brahmanen IV, 17

Den Klugen ist alles klug, dem Törichten töricht.

Goethe,
an Philipp Christoph Kayser, 15. 3. 1783

Firmament

Gelobt seist Du, mein Herr, samt all Deinen Kindern
und der Schwester Sonne besonders;
denn am Tage zündest Du für uns sie an.
Schön ist sie und strahlt in großem Glanze.
Von Dir, o Höchster, bringt sie Kunde.

Franz von Assisi

Die Sonne droben ist ein großer Blick der Liebe;
Gott schaut mit diesem Blick uns an.

Tiedge, Urania 4, Unsterblichkeit

Das Beste, was diese Welt bietet, ist die Sehnsucht nach einer anderen.

Martin Kessel

Die Welt ist meine See, der Schiffmann Gottes Geist,
das Schiff mein Leib; die Seel' ist's, die nach Hause reist.

Angelus Silesius, Der Cherubinische Wandersmann, Die geistliche Schiffahrt

Die Welt mit ihrem Gram und Glücke
will ich, ein Pilger, froh bereit
betreten nur wie eine Brücke
zu dir, Herr, übern Strom der Zeit.

Eichendorff, Morgengebet

Wo wir sein mögen, Luise, geht eine Sonne auf, eine unter – Schauspiele, neben welchen der üppigste Schwung der Künste verblaßt. (Ferdinand)

Schiller,
Kabale und Liebe III, 4

Wir merken erst, wie traurig und unangenehm ein trüber Tag ist, wenn ein einziger durchdringender Sonnenblick uns den aufmunternden Glanz einer heiteren Stunde darstellt.

Goethe,
Wilhelm Meisters Lehrjahre II, 2

Die Sonne ist die Universalarznei aus der Himmelsapotheke.

Kotzebue

Sonnenschein ist köstlich, Regen erfrischt, Wind kräftigt, Schnee erheitert. Es gibt kein schlechtes Wetter, es gibt nur verschiedene Arten von gutem.

John Ruskin

Es gibt kein schlechtes Wetter; es gibt nur ungeeignete Kleidung.

Johannes Müller, Grüne Blätter

Wenn das Abendrot niedergesunken,
keine freudige Farbe mehr spricht,
und die Kränze still leuchtender Funken
die Nacht um die schattichte Stirne flicht:
Wehet der Sterne
heiliger Sinn
leis durch die Ferne
bis zu mir hin.

Clemens Brentano, Sprich aus der Ferne

Sonnenschein ist Malerei, Mondschein Skulptur.

Nathaniel Hawthorne

Ich glaub' an Gott und nicht an jene Sterne,
doch jene Sterne auch, sie sind von Gott,
die ersten Werke seiner Hand, in denen
er seiner Schöpfung Abriß niederlegte,
da sie und er nur in der wüsten Welt.
Und hätt' es später nicht dem Herrn gefallen,
den Menschen hinzusetzen, das Geschöpf,
es wären keine Zeugen seines Waltens,
als jene hellen Boten in der Nacht.
Der Mensch fiel ab von ihm, sie aber nicht.
Wie eine Lämmerherde ihrem Hirten,
so folgen sie gelehrig seinem Ruf
so heut als morgen, wie am ersten Tag.
Drum ist in Sternen Wahrheit. (Rudolf)

Grillparzer, Ein Bruderzwist in Habsburg I

Das Ungeheure hört auf, erhaben zu sein. Es überreicht unsre Fassungskraft, es droht uns zu vernichten. Was bin ich denn gegen das All?

Goethe,
Wilhelm Meisters Wanderjahre I, 10

Nachts manchmal, wenn er am Fenster lehnte
und die ungezählten Sterne sah,
kam es vor, daß er sich sinnlos sehnte
und die Arme hob und sehnend dehnte:
Und dann stand er wie gekreuzigt da.

Erich Kästner,
Der Mensch ist sein eigenes Gefängnis

Erde

Du hast zu zeigen, daß die Erde ein Stern ist, und so den Adel unserer Welt zu erweisen.

Leonardo da Vinci

Merkwürdig, zu fühlen, wie man auf diesem seinem Erdboden nicht viel anders festgehalten wird als jene kleinen Saugnäpfchen aus Gummi, die man an die Wand preßt, um Uhren und Schlüssel dran aufzuhängen.

Morgenstern, Stufen, Natur, 1907

Das Prinzip aller Dinge ist das Wasser. Aus Wasser ist alles, und ins Wasser kehrt alles zurück.

Thales

Das Beste ist das Wasser.

Pindar, Olympia I, 1

Wenn der Sturm das Meer umschlinget,
schwarze Locken ihn umhüllen,
beut sich kämpfend seinem Willen
die allmächtge Braut und ringet,

küsset ihn mit wilden Wellen,
Blitze blicken seine Augen,
Donner seine Seufzer hauchen,
und das Schifflein muß zerschellen.

Clemens Brentano,
Wenn der Sturm das Meer umschlinget

Haben Sie nie bemerkt, daß die Leute draußen am offenen Meer einen besonderen Menschenschlag bilden? Es ist beinah, als lebten sie des Meeres eigenartiges Leben. Nicht bloß in ihrem Fühlen, auch in ihrem Denken ist Wellengang und Ebbe und Flut. (Wangel)

Ibsen, Die Meerfrau IV

Das Meer ist der Raum der Hoffnung. (Berengar)

Schiller, Die Braut von Messina I, 8

Es ist für die Vereinigten Staaten durchaus unerläßlich, daß sie sich eine Durchfahrt aus dem Mexikanischen Meerbusen in den Stillen Ozean bewerkstelligen, und ich bin gewiß, daß sie es erreichen. Dieses möche ich erleben, aber ich werde es nicht. Zweitens möchte ich erleben, eine Verbindung der Donau mit dem Rhein hergestellt zu sehen. Aber dieses Unternehmen ist gleichfalls so riesenhaft, daß ich an der Ausführung zweifle.

Goethe, zu Eckermann, 21. 2. 1827

Die Gebirge sind stumme Meister und machen schweigsame Schüler.

Goethe,
Wilhelm Meisters Wanderjahre II, 9

Auf einem Berge stehend umfassen wir die Natur wie das Kind, das auf einen

Stuhl gestiegen ist, um den Vater desto besser umarmen zu können.

Karl Julius Weber, Demokritos III, 11

An manchem Morgen, während ich minutenlang die Berge betrachte, ehe ich zum Pinsel greife, fühle ich den Drang, mich vor ihnen niederzuwerfen, als wären sie unter dem Himmel aufgerichtete Altäre.

Giovanni Segantini, Aufzeichnungen

Überhaupt hat das Gebirgsleben etwas Menschlicheres als das Leben auf dem flachen Lande. Die Bewohner sind einander näher und, wenn man will, auch ferner, die Bedürfnisse geringer, aber dringender.

Goethe, Wilhelm Meisters Wanderjahre I, 2

Der Mensch bringt sogar die Wüsten zum Blühen. Die einzige Wüste, die ihm noch Widerstand bietet, befindet sich in seinem Kopf.

Ephraim Kishon

Natur

Die Natur hat uns einen wißbegierigen Geist gegeben und hat uns im Bewußtsein ihrer edlen Bildung und Schönheit zu Zuschauern dieses herrlichen Schauspiels bestimmt. Sie würde sich nämlich um die Wirkung ihres Seins bringen, wenn sie alle diese großen, wundervollen, feinen, glänzenden und nicht nur auf eine Art schönen Erscheinungen lediglich dem öden Weltenraum darböte.

Seneca, an Lucilius

Ich spiele jetzt die Rolle eines Kunstmäzens und lasse mir vom lieben Gott täglich schöne Werke vormalen.

Hans Thoma, Briefe

Wenn der Mensch um jedem Preis nach anderen Sternen strebt, so kommt mir das so vor, als wollte ein Hawaiianer eine Erholungsreise in die Sahara buchen.

Evelyn Waugh

Wenn ein Mensch zu anderen Himmelskörpern fliegt und dort feststellt, wie schön es doch auf unserer Erde ist, hat die Weltraumfahrt einen ihrer wichtigsten Zwecke erfüllt.

Jules Romains

Müßten wir nicht enger zusammenhalten in der Solidarität dieser vier Milliarden Menschen, die einen Winkel der riesigen Welt bewohnen dürfen und nicht wissen, ob doch vielleicht dieses ganze Universum eine Wüste ist, in der uns die einzige Oase geschenkt wurde?

Joachim Illies

Wie es vor alten Zeiten, da die Menschen an der Erde lagen, eine Wohltat war, ihnen auf den Himmel zu deuten und sie auf's Geistige aufmerksam zu machen, so ist's jetzt eine größere, sie nach der Erde zurückzuführen.

Goethe, an Carl von Knebel, 17. 11. 1784

Naturfreund ist derjenige, der sich mit allem, was in der Natur lebt, innerlich verbunden weiß, an dem Schicksal der Geschöpfe teilnimmt, ihnen, soviel er kann, aus Leid und Not hilft, und es nach Möglichkeit vermeidet, Leben zu schädigen oder zu vernichten.

Albert Schweitzer

Die Menschen machen mir durch Wahrheiten und Fabeln den Kopf warm, und wenn es nicht noch Berg und Gestein gäbe, so wüßt' ich nicht, wohin flüchten.

Goethe, an Gräfin von Fritsch, 16. 6. 1813

Die Konsequenz der Natur tröstet schön über die Inkonsequenz der Menschen.

Goethe, an Carl von Knebel, 2. 4. 1785

In der Natur fühlen wir uns so wohl, weil sie kein Urteil über uns hat.

Nietzsche, Aphorismen

Wieviel ich Täuschung auch erfuhr
im Leben und im Lieben,
du bist mir allezeit, Natur,
du bist mir treu geblieben.

Geibel, Lieder aus alter und neuer Zeit 25

Es ist etwas so Unnützes, so Müßiges, ich möchte fast sagen Geckenhaftes im Reden, daß man vor dem stillen Ernste der Natur und ihrem Schweigen erschrickt, sobald man sich ihr vor einer einsamen Felsenwand oder in der Einöde eines alten Berges gesammelt entgegenstellt.

Goethe, zu Johann Daniel Falk, 14. 6. 1809

Es ist viel Tradition bei den Kunstwerken. Die Naturwerke sind immer wie ein erstausgesprochenes Wort Gottes.

Goethe, an die Herzogin Louise,
23. 12. 1786, Rom

Der Berg sollte seine Oreade, der Fluß seine Nymphe verlieren? Diese holde Verschwendung des Glaubens, die jeden Gegenstand zur Göttlichkeit erhebt, die den geringsten Blumen heilige Weihe gibt und ein Flüstern der Himmlischen im schwächsten Lüftchen vernimmt – sie möchtest Du verleugnen und die Erde zu bloßem Staub und Lehm machen? (Jone)

Bulwer, Die letzten Tage von Pompeji III, 5

Diejenige seelische Kraft, die am meisten geschädigt wird, wenn der Mensch nicht mehr naturgemäß lebt, nicht mehr in der Natur lebt, nicht mehr wandert und sich von der geheimen Seele der Landschaft umfassen läßt, ist die Phantasie. Stirbt aber die produktive Einbildungskraft ab, so sind alle höheren Kulturleistungen an der Wurzel bedroht, auch die technischen Konzeptionen und Erfindungen. Die Phantasie ist ja die Form, in der die schöpferische Natur mit ihren geheimsten Gesetzen unmittelbar durch uns hindurchwirkt.

Eduard Spranger

Was gegen die Natur ist, das ist gegen Gott. (Samaja)

Hebbel, Judith III

Wenn die Anmut einer herrlichen Gegend uns lindernd umgibt, wenn die Milde gefühlvoller Freunde auf uns einwirkt, so kommt etwas Eigenes über Geist und Sinn, das uns Vergangenes, Abwesendes traumartig zurückruft und das Gegenwärtige, als wäre es nur Erscheinung, geistermäßig entfernt.

Goethe,
Wilhelm Meisters Wanderjahre II, 7

Daher kommt es denn auch, daß man der Pflanzenwelt eines Landes einen Einfluß auf die Gemütsart seiner Bewohner zugestanden hat. Und gewiß, wer sein Lebenlang von hohen ernsten Eichen umgeben wäre, müßte ein anderer Mensch werden, als wer täglich unter luftigen Birken sich erginge.

Goethe, zu Eckermann, 2. 4. 1829

Ich habe ihm nun geraten, künftig in der Natur nie einen einzelnen Gegenstand alleine herauszuzeichnen, nie einen einzelnen Baum, einen einzelnen Steinhaufen, eine einzelne Hütte, sondern immer zugleich einigen Hintergrund und einige Umgebung mit. Und zwar aus folgenden Ursachen: Wir sehen in der Natur nie etwas als Einzelheit, sondern wir sehen alles in Verbindung mit etwas anderem, das vor ihm, neben ihm, hinter ihm, unter ihm und über ihm sich befindet. Auch fällt uns wohl ein einzelner Gegenstand als besonders schön und malerisch auf; es ist aber nicht der Gegenstand allein, der diese Wirkung hervorbringt, sondern es ist die Verbindung, in der wir ihn sehen.

Goethe, zu Eckermann, 5. 6. 1826

Macht euch vertraut mit Natur,
erkennt sie als eure Mutter;
ruhig sinket ihr dann in die Erde hinab.

Feuerbach, Satirisch-theologische Distichen

Der trübe Winter ist fürbei,
die Kranich wiederkehren;
nun reget sich der Vogel Schrei,
die Nester sich vermehren.
Laub mit Gemach
nun schleicht an Tag;
die Blümlein sich nun melden.
Wie Schlänglein krumb
gehn lächelnd umb
die Bächlein kühl in Wälden.

Friedrich Spee, Liebgesang der Gespons Jesu im Anfang der Sommerzeit

Die Folianten vergilben, der Städte gelehrter Glanz erbleicht, aber das Buch der Natur erhält jedes Jahr eine neue Auflage.

Hans Christian Andersen

Pfingsten, das liebliche Fest, war gekommen; es grünten und blühten
Feld und Wald. Auf Hügeln und Höhn, in Büschen und Hecken
übten ein fröhliches Lied die neuermunterten Vögel.
Jede Wiese sproßte von Blumen in duftenden Gründen,
festlich heiter glänzte der Himmel und farbig die Erde.

Goethe, Reineke Fuchs, Anfang

Die Sonne, die im Maien lacht,
zu Dichtern selbst die Laien macht.

Verfasser unbekannt

Wer nicht liebt, wird sich des schönen Maien
so gut er kann, doch leider halb nur freuen.

Goethe,
Die Romantische Poesie, Frühling

Geh aus, mein Herz, und suche Freud
in dieser lieben Sommerzeit
an deines Gottes Gaben.
Schau an der schönen Gärten Zier
und siehe, wie sie mir und dir
sich ausgeschmücket haben.

Paul Gerhardt, Sommerlied

Ein neues Frühjahr zu erleben, halte ich jedesmal für eine Gnade Gottes.

Helmuth von Moltke,
an seinen Bruder Ludwig, 1888

Die ständige Erneuerung der Natur hilft uns ein wenig über die Schrecken des eigenen Verfalls hinweg.

Harold Nicolson

Der Frühling ist zwar schön; doch wenn der Herbst nicht wär',
wär' zwar das Auge satt, der Magen aber leer.

Logau, Frühling und Herbst

Im Lenzen prangt die Welt mit zarter Jungfernschaft,
im Sommer ist sie Frau, mit Schwangersein verhaft,
wird Mutter in dem Herbst, gibt reiche Frucht heraus,
ist gute Wirtin, hält im Winter ratsam Haus.

Logau, Jahreszeiten

Mit den ersten Bäumen, die gefällt werden, beginnt die Kultur. Mit den letzten Bäumen, die gefällt werden, endet sie.

Verfasser unbekannt

Es ist, als ob jeder Baum auf dem Lande zu mir spräche: Heilig, heilig!

Beethoven, Briefe

Ich kann nicht leugnen, daß mein Vertrauen in den Charakter meines Nachfolgers einen Stoß erlitten hat, seit ich erfahren habe, daß er die uralten Bäume vor der Gartenseite seiner, früher meiner Wohnung hat abhauen lassen, welche eine erst in Jahrhunderten zu regenerierende, also unersetzbare Zierde der amtlichen Reichsgrundstücke in der Residenz bildeten.

Bismarck,
Gedanken und Erinnerungen, Fußnote

Du warest mir ein täglich Wanderziel,
viellieber Wald, in dumpfen Jugendtagen;
ich hatte dir geträumten Glücks so viel
anzuvertraun, so wahren Schmerz zu klagen.

Und wieder such ich dich, du dunkler Hort,
und deines Wipfelmeers gewaltig Rauschen –
jetzt rede du! Ich lasse dir das Wort!
Verstummt ist Klag und Jubel. Ich will lauschen.

Conrad Ferdinand Meyer, Jetzt rede du!

Nur der Einsame findet den Wald; wo ihn mehrere suchen, da flieht er, und nur die Bäume bleiben zurück.

Peter Rosegger,
Schriften des Waldschulmeisters

Ein Garten ist eine Kunstnatur.

Robert Musil

So wenig der Gärtner sich durch andere Liebhabereien und Neigungen zerstreuen darf, so wenig darf der ruhige Gang unterbrochen werden, den die Pflanze zur dauernden oder zur vorübergehenden Vollendung nimmt. Die Pflanze gleicht den eigensinnigen Menschen, von denen man alles erhalten kann, wenn man sie nach ihrer Art behandelt. Ein ruhiger Blick, eine stille Konsequenz, in jeder Jahreszeit, in jeder Stunde das ganz Gehörige zu tun, wird vielleicht von niemand mehr als vom Gärtner verlangt.

Goethe, Die Wahlverwandtschaften II, 9

Glaubt, Graben ist ein adelig Geschäft!
Was Ihr auch Großes wirkt und Großes fördert,
der Euch einst eingräbt, er besiegt doch alles. (Leon)

Grillparzer, Weh dem, der lügt! III

Die Rose stand im Tau,
es waren Perlen grau,
als Sonne sie beschienen,
wurden sie zu Rubinen.

Rückert, Ritornell

Die Ros' ist ohn Warum; sie blühet, weil sie blühet.
Sie acht't nicht ihrer selbst, fragt nicht, ob man sie siehet.

Angelus Silesius,
Der Cherubinische Wandersmann

Ich liebe die Rose als das Vollkommenste, was unsere deutsche Natur als Blume gewähren kann.

Goethe, zu Eckermann, 27. 4. 1825

Drei der Grazien gibt's, nur eine Venus! Die Veilchen
will ich zum Strauße gereiht, aber die Rose allein.

Hebbel,
Schön und lieblich

Unkraut ist die Opposition der Natur gegen die Regierung der Gärtner.

Oskar Kokoschka

Unkraut nennt man Pflanzen, deren Vorzüge noch nicht erkannt worden sind.

Emerson

Tiere

Der Gerechte erbarmet sich seines Viehes.

Sprüche Salomos 12,10

Mensch, erhebe dich nicht über die Tiere: Sie sind sündlos, du aber mit deiner Erhabenheit befleckst die Erde. (Sosima)

Dostojewski,
Die Brüder Karamasow VI, 3

Der untrüglichste Gradmesser für die Herzensbildung eines Volkes und eines Menschen ist, wie sie die Tiere betrachten und behandeln.

Berthold Auerbach, Schwarzwälder Dorfgeschichten

Man kann gar wohl fragen: Was wäre der Mensch ohne die Tiere? Aber nicht umgekehrt: Was wären die Tiere ohne den Menschen?

Hebbel, Tagebücher 1857

Jeder dumme Junge kann einen Käfer zertreten. Aber alle Professoren der Welt können keinen herstellen.

Arthur Schopenhauer

Goethe war ein Mensch im vollsten Sinne des Wortes, und als solcher konnte ihm nur der Mensch behagen, sein Studium und seine Neigung sein. Die Tiere waren ihm nur interessant als mehr oder mindere Approximationen in der Organisation und vorläufige Ankündigungen des endlich erscheinenden Herrn der Schöpfung. Er verachtete sie nicht; er studierte sie sogar; aber er bemitleidete sie eher als Wesen, die in solcher Vermummung und Maske ihren Gefühlen nicht den verständlichsten und geeignetsten Ausdruck zu geben vermochten.

Friedrich Wilhelm Riemer

Unmenschen gibt es, aber keine Untiere.

Karl Julius Weber, Demokritos

Ein gefährliches Tier nennt man in der deutschen Sprache ein Untier. Das zeigt, daß die Deutschen zum Tier doch eine sehr positive Einstellung haben.

Giorgio Pavone

Das Tier hat auch Vernunft,
das wissen wir, die wir die Gemsen jagen.
Die stellen klug, wo sie zur Weide gehn,
'ne Vorhut aus, die spitzt das Ohr und warnet
mit heller Pfeife, wenn der Jäger naht.
(Werni)

Schiller, Wilhelm Tell I,1

Fürstliche Personen werden so viel mit widerwärtigen Menschen geplagt, daß sie die widerwärtigeren Tiere als ein Heilmittel gegen dergleichen unangenehme Eindrücke betrachten. Uns anderen sind Affen und Geschrei der Papageien mit Recht widerwärtig, weil wir diese Tiere hier in einer Umgebung sehen, für die sie nicht gemacht sind. Wären wir aber in dem Fall, auf Elefanten unter Palmen zu reiten, so würden wir in einem solchen Element Affen und Papageien ganz gehörig, ja vielleicht gar erfreulich finden.

Goethe, zu Eckermann, 9. 7. 1827

O, wie er mit der Linken
vor über seiner Rosse Rücken geht!
Wie er die Geißel umschwingt über sie!
Wie sie, von ihrem bloßen Klang erregt,
der Erde Grund, die göttlichen, zerstampfen!
Am Zügel ziehn sie, beim Lebendigen,
mit ihrer Schlünde Dampf das Fahrzeug fort!
Gehetzter Hirsche Flug ist schneller nicht! (Der Myrmidonier)

Heinrich von Kleist, Penthesilea 3

Wenn ich wünschen sollt ein Pferd,
das des Wünschens wäre wert,
sollt' es sein, wann mir's nur bliebe,
wendig wie die Frauenliebe.

Logau, Eine Pferde-Tugend

Wenn ich verreiste, so suchte mich Sultan überall mit großer Traurigkeit. Endlich ergriff er dann zu seinem Troste meine weiße Militärmütze und ein Paar meiner hirschledernen Handschuhe, trug diese in den Zähnen nach meinem Arbeitszimmer und blieb dort, mit der Nase an meinen Sachen, liegen, bis ich wiederkam.

Bismarck, zu Hans Blum

Er schaffte sich einen Hund an, um die menschlichen Triebkräfte an der Quelle zu studieren.

Hans Arndt, Im Visier, Notlösung

Viele Menschen wissen von ihren Hunden nicht viel mehr, als was sie gekostet haben.

Horst Stern

Sogar aus Hunden läßt sich etwas machen, wenn man sie recht erzieht. Man muß sie nur nicht mit vernünftigen Leuten, sondern mit Kindern umgehen lassen, so werden sie menschlich.

Lichtenberg, Pädagogisches

Ein Hund spiegelt die Familie. Wer sah jemals einen munteren Hund in einer verdrießlichen Familie oder einen traurigen in einer glücklichen? Mürrische Leute haben mürrische Hunde, gefährliche Leute gefährliche. (Sherlock Holmes)

Conan Doyle

Wenn ein Hund dabei ist, werden die Menschen gleich menschlicher

Hubert Ries

Sie erinnern sich wohl, was ein Reisender von der Stadt Grätz erzählt: Daß er darin so viele Hunde und so viele stumme, halb alberne Menschen gefunden habe. Sollte es nicht möglich sein, daß der habituelle Anblick von bellenden unvernünftigen Tieren auf die menschliche Generation einigen Einfluß haben könnte?

Goethe, Die guten Weiber

Wundern darf es mich nicht, daß manche die Hunde verleumden;
denn es beschämt zu oft leider den Menschen der Hund.

Arthur Schopenhauer

Junge Gänschen sehen so altklug aus, besonders um die Augen, so vielgelebt, und werden doch mit jedem Tag wie größer, so dümmer.

Goethe, zu Riemer, 16. 10. 1809

III. Kapitel

Zeit
Vergangenheit
Gegenwart
Zukunft
Tag
Dauer
Wechsel
Fortschritt

Zeit

Die Zeit ist nur ein leerer Raum, dem Begebenheiten, Gedanken und Empfindungen erst Inhalt geben.

Wilhelm von Humboldt, Briefe an eine Freundin, 7. 4. 1833

Die Zeit ist Bewegung im Raum.

Joubert

Der Raum ist dem Ort, was die Ewigkeit der Zeit ist

Joubert

Uhren nehmen mit ihrem strengen Maß den Stunden jenes Schweben, das sie mit der Unendlichkeit verbindet. Sie zersägen den vollen Klang des Werdens.

Thomas Niederreuther, Aphorismen

Ich wundere mich oft darüber, wie leichtfertig man um Zeit bittet und sie anderen gewährt. Es ist gleichsam, als wenn um ein Nichts gebeten wird.

Seneca, Von der Kürze des Lebens 8, 1

Zeit urbar machen.

Lichtenberg

Die Deutschen haben ein gestörtes Verhältnis zur Zeit, sonst gäbe es in der deutschen Sprache nicht das gräßliche Wort Zeitvertreib.

Gino Pilfert

Es ist besser, das geringste Ding von der Welt zu tun, als eine halbe Stunde für gering halten.

Goethe, Wilhelm Meisters Wanderjahre III, Aus Makariens Archiv

Das Jahr hat ein weites Maul.

Aus der Schweiz

„Ach, wenn die Tage je mir wiederkehrten,
die nutzlos mir entschwunden sind!"
Du würdest, töricht' Menschenkind,
nur anders, doch kaum besser sie verwerten.

Friedrich Halm

Jede Zeit ist umso kürzer, je glücklicher man ist.

Plinius der Jüngere, Briefe 8,14

Das Leben der Kinderlein ist am allerseligsten und besten; denn sie haben keine zeitliche Sorge.

Martin Luther, Tischreden von der Schöpfung 57

So hat das Kind ein königliches Verhältnis zur Zeit, nämlich keins, wenn es spielt. Das ist es, was wir an der Kindheit bewundern: Ausstieg aus Zeit, Paradies.

Erhart Kästner,
Ölberge, Weinberge; Rhamnus

So überschlägt sich die Zeit wie ein Stein vom Berge herunter, und man weiß nicht, wo sie hinkommt und wo man ist.

Goethe,
an Johann Heinrich Meyer, 18. 3. 1797

Vergangenheit

Die Werke der Alten sind der Nordstern für jedes künstlerische oder literarische Streben. Geht der euch unter, so seid ihr verloren!

Schopenhauer

Wenn wir uns dem Altertum gegenüberstellen und es ernstlich in der Absicht anschauen, uns daran zu bilden, so gewinnen wir die Empfindung, als ob wir erst eigentlich zu Menschen würden.

Goethe,
Wilhelm Meisters Wanderjahre III, Aus Makariens Archiv

Die Schriften der Alten, die guten Schriften von Kraft und Saft, können mich fast zu allem bewegen, wozu sie wollen, und diejenige Schrift, die ich gerade lese, scheint mir jedesmal die überzeugendste. Ich finde, daß sie alle der Reihe nach Recht haben, mögen sie sich auch oft widersprechen.

Montaigne, Essais 2, 12

Ich kannte einen Gelehrten, der so oft den Homer las und so in der klassischen Welt lebte, daß er das Wort „angenommen“ nicht richtig lesen konnte, sondern stattdessen immer „Agamemnon“ las.

Lichtenberg, Vermischte Schriften II

Mir ist es immer vorgekommen, als wenn man den Wert der Neuern gegen die Alten auf einer sehr falschen Waage wäge und den letztern Vorzüge einräumte, die sie nicht verdienen. Die Alten schrieben zu einer Zeit, da die große Kunst, schlecht zu schreiben, noch nicht erfunden war, und bloß schreiben hieß gut schreiben.

Lichtenberg

Da stehen die Säulenstümpfe wie niedergebrannte Kerzen eines Gottesdiensts, der vorbei ist.

Erhart Kästner,
Ölberge, Weinberge; Olympia

Den allermeisten von denen, welche von ihrer Universitätszeit an so selbstgefällig und ohne Scheu in den erstaunlichen Trümmern jener antiken Welt herumwandern, sollte eigentlich aus jedem Winkel eine mächtige Stimme entgegentönen: „Weg von hier, ihr Uneingeweihten, ihr niemals Einzuweihenden! Flüchtet schweigend aus diesem Heiligtum!"

Nietzsche, Über die Zukunft unserer Bildungsanstalten, 3. Vortrag, 27. 2. 1872

Unter mancherlei wunderlichen Albernheiten der Schulen kommt mir keine so vollkommen lächerlich vor als der Streit über die Echtheit alter Schriften, alter Werke. Ist es denn der Autor oder die Schrift, die wir bewundern oder tadeln?

Goethe,
Wilhelm Meisters Wanderjahre III,
Aus Makariens Archiv

Chinesische, indische, ägyptische Altertümer sind immer nur Kuriositäten. Es ist sehr wohlgetan, sich und die Welt damit bekannt zu machen; zu sittlicher und ästhetischer Bildung aber werden sie uns wenig fruchten.

Goethe, Wilhelm Meisters Wanderjahre III,
Aus Makariens Archiv

Wann war die goldne Zeit? Welt hat ja allezeit
geklaget über Krieg, Not, Sünd und Sterblichkeit.

Logau, Die goldene Zeit

Man klagt, daß alte Lieb' und Treue sei verloren,
daß aller Segen sich verkehrt in einen Fluch;
allein, wenn ich die Zeit, die vorhergeht, durchsuch',
so dank' ich Gott, daß ich in dieser bin geboren.

Christian Wernicke,
Auf die unnützen Klagen über die jetzigen Zeiten

Die Welt ist nicht schlechter geworden. Nur die Nachrichtendienste wurden besser.

Verfasser unbekannt

Kein Mensch, der über die Vergangenheit genau Bescheid weiß, wird die Gegenwart düster oder verzagt sehen.

Macaulay

Ich möchte fast glauben, Herr Pastor, wir alle sind Gespenster. Nicht bloß das geht in uns um, was wir von Vater und Mutter geerbt haben. Es sind allerhand alte, abgestorbne Ansichten und allerlei alter, abgestorbner Glaube und dergleichen. Es lebt nicht in uns, aber dennoch sitzt es fest in uns, und wir können's nicht loswerden. (Frau Alwing)

Ibsen, Gespenster II

Gerade den besten Gesetzen der Vorfahren geben wir leichten Herzens den Abschied. Geht es aber um Verhältnisse, die sie klüger hätten gestalten können, da greifen wir sogleich und mit Freuden zu jener billigen Ausrede von der guten Tradition und verbeißen uns in das Althergebrachte wie wütende Köter.

Thomas More, Utopia I

Hier wird es deutlich, wie notwendig der Mensch neben der monumentalischen und antiquarischen Art, die Vergangenheit zu betrachten, oft genug eine dritte Art nötig hat: Die kritische. Und zwar auch diese wiederum im Dienste des Lebens. Er muß die Kraft haben und von Zeit zu Zeit anwenden, eine Vergangenheit zu zerbrechen und aufzulösen, um leben zu können. Dies erreicht er dadurch, daß er sie vor Gericht zieht, peinlich inquiriert und endlich verurteilt.

Nietzsche,
Unzeitgemäße Betrachtungen II, 3

Diejenigen, die sich nicht der Vergangenheit erinnern, sind verurteilt, sie erneut zu durchleben.

George Santayana

Spiegel der Zukunft sei das Vergangene? Doch die Geschichte
wirkt ins Gewebe der Zeit nimmer das nämliche Bild.

Leuthold, An einen Fatalisten

Der, dessen Vergangenheit frei ist von Schuld, kann sich in ihr ergehen wie in einem friedlichen Garten.

Rosegger, Heimgärtners Tagebuch

Die Vergangenheit sollte ein Sprungbrett sein, nicht ein Sofa.

Harold Macmillan

Gegenwart

„Das Gegenwärtige," sagte ein großer Weltweiser, „von dem Vergangenen geschwängert, gebiert das Künftige."

Lichtenberg, Über Physiognomik wider die Physiognomen

Ihr wärt modern? Daß doch die schlimme
Verwechslung immer mehr gedeiht!

Ihr lauscht des Tages lauter Stimme
und überhört den Ruf der Zeit.

Ludwig Fulda, Sinngedichte

Die Menschen sind ihrer Zeit ähnlicher als ihren Vätern.

Heinrich Leberecht Fleischer,
Alis hundert Sprüche

Unsere Zeit ist eine Parodie aller vorhergehenden.

Hebbel

Wer in der Zeit immer nur das Alte sieht, ist ein Pedant. Wer in ihr nur Neues erblickt, ist ein Dummkopf.

Grillparzer, Zur Lehre vom Staate, 1844 (?)

Denn wie der Jüngling in der Zukunft lebt,
so lebt der Mann mit der Vergangenheit.
Die Gegenwart weiß keiner recht zu leben. (Jason)

Grillparzer, Medea II

Wir halten uns niemals an die gegenwärtige Zeit. Wir nehmen die Zukunft voraus, da sie zu langsam kommt, gleichsam um ihren Lauf zu beschleunigen. Und wir rufen die Vergangenheit zurück, um sie aufzuhalten.

Pascal

Wir leben immer für die Zukunft: Ewiges Stimmen, und nie beginnt das Konzert.

Ludwig Börne

Kein Weiser, glaube mir, spricht: „Morgen will ich leben."
Der Morgen ist zu spät; heut ziemt sich's anzuheben.

Martin Opitz, Epigramme

Das Ei von heute ist mir lieber als das Huhn von morgen.

Aus Italien

Jeder Zustand, ja, jeder Augenblick ist von unendlichem Wert; denn er ist der Repräsentant einer ganzen Ewigkeit.

Goethe, zu Eckermann, 10. 11. 1823

Der Augenblick pocht wie ein Gläubiger und will, was sein. (Zawisch)

Grillparzer,
König Ottokars Glück und Ende II

Zwischen zu früh und zu spät liegt immer nur ein Augenblick.

Franz Werfel

Es ist viel später, als du denkst.

Aus China

Jede Gegenwart ist ein Verhör, jede Zukunft ein Urteil.

Martin Kessel, Gegengabe V

Vergangenheit laß deine Lehrerin sein,
in die Gegenwart streue den Samen ein;
ob die Zukunft belebe den zarten Keim,
das stelle Gott anheim.

Georg Keil, Lyra und Harfe

Jede Zeit ist ein Rätsel, das nicht sie selber, sondern erst die Zukunft löst.

Rudolf von Ihering,
Der Geist des römischen Rechts

Die Zeit ist wie ein Bild von Mosaik,
zu nah beschaut verwirrt es nur den Blick;
willst du des Ganzen Art und Sinn verstehn,
so mußt du's, Freund, aus rechter Ferne sehn.

Emanuel Geibel

Zukunft

Wenn ich einen Nagel einschlage, nur um etwas anzuheften, so denke ich immer: Was wird geschehen, ehe ich ihn wieder herausziehe?

Lichtenberg

Die Zukunft gehört keinem.

Aus Burundi

Die Zukunft ist als Raum der Möglichkeiten der Raum unserer Freiheit.

Karl Jaspers

Die Zukunft hat viele Namen. Für die Schwachen ist sie das Unerreichbare. Für die Furchtsamen ist sie das Unbekannte. Für die Tapferen ist sie die Chance.

Victor Hugo

Zukunft – das ist die Zeit, in der Du bereust, daß du das, was Du heute tun kannst, nicht getan hast.

Aus den USA

Man muß die Zukunft im Sinn haben und die Vergangenheit in den Akten.

Talleyrand

Sollten nicht, sagte er manchmal im stillen zu sich selbst, uns in der Jugend wie im Schlafe die Bilder zukünftiger Schicksale umschweben und unserm unbefangenen Auge ahnungsvoll sichtbar werden?

Goethe,
Wilhelm Meisters Lehrjahre IV, 9

Wie sich der Sonne Scheinbild in dem Dunstkreis
malt, eh sie kommt, so schreiten auch den großen
Geschicken ihre Geister schon voran,
und in dem Heute wandelt schon das Morgen. (Wallenstein)

Schiller, Wallensteins Tod V, 3

Wir sind von einer Atmosphäre umgeben, von der wir noch gar nicht wissen, was sich alles in ihr regt und wie es mit unserm Geiste in Verbindung steht. So viel ist wohl gewiß, daß in besonderen Zuständen die Fühlfäden unserer Seele über ihre körperlichen Grenzen hinausreichen können und ihr ein Vorgefühl, ja auch ein wirklicher Blick in die nächste Zukunft gestattet ist.

Goethe, zu Eckermann, 7. 10. 1827

Ich bin nicht abergläubisch, versetzte Charlotte, und gebe nichts auf diese dunklen Anregungen, insofern sie nur solche wären; aber es sind meistenteils unbewußte Erinnerungen glücklicher und unglücklicher Folgen, die wir an eigenen oder fremden Handlungen erlebt haben.

Goethe, Die Wahlverwandtschaften I, 1

Bisher mußte der Mensch mit dem Gedanken an seinen sicheren persönlichen Tod leben. Jetzt hat er sich auch noch mit dem Gedanken an den möglichen Untergang der ganzen Menschheit abzufinden.

Arthur Koestler

Die Frage heute ist, wie man die Menschheit überreden kann, in ihr eigenes Überleben einzuwilligen.

Bertrand Russell

In einem Theater brach hinter den Kulissen Feuer aus. Der Pierrot trat an die Rampe, um das Publikum davon zu unterrichten. Man glaubte, es sei ein Witz und applaudierte. Er wiederholte seine Mitteilung; man jubelte noch mehr. So, denke ich mir, wird die Welt eines Tages untergehen.

Kierkegaard,
Entweder – Oder I, Diapsalmata

Jeder Mensch ist des Tages einmal ein Prophet.

Lichtenberg, Über Physiognomik

Was heißt ein Seher? Der auf gutes Glück
für eine Wahrheit zehen Lügen sagt.
Gerät es, gut. Wo nicht, ihm geht es hin. (Achilles)

Schiller, Iphigenie in Aulis IV, 3

Die Vorsehung hat es nicht ihren Plänen gemäß gefunden, daß die Zukunft den Menschen klar vor Augen läge. Wenn sie es gewollt hätte, würde sie nicht dunkle und rätselhafte Andeutungen und Winke geben, sondern das geistige Auge des Menschen geradezu durch den verhüllenden Schleier dringen lassen.

Wilhelm von Humboldt,
Briefe an eine Freundin, 5. 2. 1831

Wer das Unheil voraussieht, leidet zweimal.

B. Porteus

Viele der erhabensten Unternehmungen in der menschlichen Geschichte wären niemals in Angriff genommen worden, wenn die Akteure alle Schwierigkeiten, die zu überwinden waren, vorhergesehen hätten.

Theodore Cuyler

„Es kommt immer ganz anders!" Das ist ein wahres Wort und im Grunde zugleich auch der beste Trost.

Wilhelm Raabe

Tag

Durch das lieblich Vögelsingen
ist die stille Ruh der Nacht
aufgelöset und erwacht,
Berg und Tal und Wäld' erklingen,
auch steht jetzt der Himmel leer,
man sieht nicht viel Sternen mehr.

Johann Matthias Schneuber, Morgengesang

Nun aber Eos, unaufhaltsam strebt sie an,
sprungweise, mädchenartig, streut aus voller Hand
purpurne Blumen. Wie an jedem Wolkensaum
sich reich entfaltend sie blühen, wechseln, mannigfach!
So tritt sie lieblich hervor, erfreulich immerfort,
gewöhnet Erdgeborner schwaches Auge sanft,
daß nicht vor Helios Pfeil erblinde mein Geschlecht,
bestimmt, Erleuchtetes zu sehen, nicht das Licht! (Prometheus)

Goethe, Pandora

Verschwunden ist die finstre Nacht,
die Lerche schlägt, der Tag erwacht,
die Sonne kommt mit Prangen
am Himmel aufgegangen.
Sie scheint in Königs Prunkgemach,
sie scheinet durch des Bettlers Dach,
und was in Nacht verborgen war,
das macht sie kund und offenbar.
(Pförtner)

Schiller, Macbeth II, 5

Der Morgen ist die schönste Zeit auf dem Land. In der Stadt gibt es keinen Morgen.

Danielle Darrieux

Frühmorgens im Bett auf dem Rücken zu liegen, die Hände unter dem Nakken verschränkt, und ernsthaft zur Stubendecke hinaufzublicken, ist eine fruchtbringende und anstrengende Tätigkeit.

Geißler, Ein schwarzes und ein weißes

Jeden Morgen sich ins Sterben hineindenken, das lehrt uns den neuen Tag richtig schätzen – nicht zu gering, weil er ein köstliches Geschenk ist, nicht zu hoch, weil er heute noch vergeht.

Peter Rosegger,
Die Schriften des Waldschulmeisters

Er verlor am Morgen eine Stunde und vergeudete den Rest des Tages damit, sie zu suchen.

Lord Chesterfield, über den Herzog von Newcastle

Denn aller Fleiß, der männlich schätzenswerteste,
ist morgendlich; nur er gewährt dem ganzen Tag
Nahrung, Behagen, müder Stunden Vollgenuß. (Prometheus)

Goethe, Pandora

Bei der Abendsonne Wandern
wann ein Dorf den Strahl verlor,
klagt sein Dunkeln es den andern
mit vertrauten Tönen vor.

Noch ein Glöcklein hat geschwiegen
auf der Höhe bis zuletzt.
Nun beginnt es, sich zu wiegen,
horch, mein Kilchberg läutet jetzt!

Conrad Ferdinand Meyer, Requiem

Der Feierabend ist gemacht,
die Arbeit schläft, der Traum erwacht,
die Sonne führt die Pferde trinken;
der Erdkreis wandert zu der Ruh,
die Nacht drückt ihm die Augen zu,
die schon dem süßen Schlafe winken.

Johann Christian Günther, Abendlied

Schweigt der Menschen laute Lust:
Rauscht die Erde wie in Träumen
wunderbar mit allen Bäumen,
was dem Herzen kaum bewußt,
alte Zeiten, linde Trauer,
und es schweifen leise Schauer
wetterleuchtend durch die Brust.

Eichendorff, Der Abend

Der goldne Tag ist heimgegangen;
ich sah ihn über die Berge ziehn,
und all mein sehnendes Verlangen
floh mit ihm hin.

Clemens Brentano,
Der goldne Tag ist heimgegangen

Meine eingelegten Ruder triefen,
Tropfen fallen langsam in die Tiefen.

Nichts das mich verdroß! Nichts das mich freute!
Niederrinnt ein schmerzenloses Heute.

Conrad Ferdinand Meyer,
Eingelegte Ruder

Alles ist freundlich wohlwollend verbunden,
bietet sich tröstend und trauernd die Hand,
sind durch die Nächte die Lichter gewunden,
alles ist ewig im Innern verwandt.

Clemens Brentano,
Sprich aus der Ferne

„Hat dir der Tag was gebracht?" So fragt sich am Abend der Jüngling.
„Hat dir der Tag was geraubt?" fragt sich der Mann und der Greis.

Hebbel, Unterschied der Lebensalter

Der Jugend Nachtgefährt ist Leidenschaft;
ein wildes Feuer leuchtet ihrem Pfad.
Der Greis hingegen wacht mit hellem Sinn,
und sein Gemüt verschließt das Ewige.

Goethe, Des Epimenides Erwachen 1, 2

In der dunklen Nacht der Seele ist es immer drei Uhr morgens.

Francis Scott Fitzgerald

Die Nacht entwaffnet erst den Menschen, dann
bekämpft sie ihn mit nichtigem Gebild.
(Eugenie)

Goethe, Die natürliche Tochter V, 7

Man steht so früh auf, weil man so viel zu tun hat, und man legt sich so früh zu Bett, weil man so gar nichts zu denken hat.

Oscar Wilde

Dauer

Wo schlägt ein Herz, das bleibend fühlt?
Wo ruht ein Grund, nicht stets durchwühlt?
Wo strahlt ein See, nicht stets durchspült?
Ein Mutterschoß, der nie erkühlt?
Ein Spiegel, nicht für jedes Bild?
Wo ist ein Grund, ein Dach, ein Schild,
ein Himmel, der kein Wolkenflug,
ein Frühling, der kein Vogelzug,
wo eine Spur, die ewig treu,
ein Gleis, das nicht stets neu und neu?
Ach, wo ist Bleibens auf der Welt,
ein redlich, ein gefriedet Feld,
ein Blick, der hin und her nicht schweift
und dies und das und nichts ergreift,
ein Geist, der sammelt und erbaut –
ach, wo ist meiner Sehnsucht Braut?

Clemens Brentano

Was ich besitze, mag ich gern bewahren:
Der Wechsel unterhält, doch nutzt er kaum. (Prinzessin)

Goethe, Torquato Tasso III, 2

Wenn ich beim Sonnenschein durch diese Straßen
bewundernd wandle, der Gebäude Pracht,
die felsengleich getürmten Massen schaue,
der Plätze Kreis, der Kirchen edlen Bau,
des Hafens masterfüllten Raum betrachte:
Das scheint mir alles für die Ewigkeit
gegründet und geordnet; diese Menge
gewerksam Tätiger, die hin und her

in diesen Räumen wogt, auch die
verspricht,
sich unvertilgbar ewig herzustellen.
Allein wenn dieses große Bild bei
Nacht
in meines Geistes Tiefen sich erneut,
da stürmt ein Brausen durch die düstre
Luft,
der feste Boden wankt, die Türme
schwanken,
gefugte Steine lösen sich herab,
und so zerfällt in ungeformten Schutt
die Prachterscheinung. (Mönch)

Goethe, Die natürliche Tochter V, 7

Du siehst, wohin du siehst, nur
Eitelkeit auf Erden.
Was dieser heute baut, reißt jener
morgen ein;
wo itzund Städte stehn, wird eine Wie-
se sein,
auf der ein Schäferskind wird spielen
mit den Herden.

Andreas Gryphius, Es ist alles eitel

Schätze haben Flügel,
Ehr' hat keinen Zügel,
Lust kommt aus dem Bügel,
alles deckt ein Hügel.

Verfasser unbekannt

Marmor, den wir behauen, zerbricht. Metall, das wir verzieren, löst sich auf. Tempel, die wir bauen, zerfallen. Wenn wir aber dem Geist des Menschen die Grundsätze des Guten einprägen, dann schreiben wir auf eine Tafel, die nicht gelöscht wird vom Wandel der Zeiten.

Daniel Webster

Wir müssen nicht klagen, daß alles vergänglich sei. Das Vergänglichste, wenn es uns wahrhaft berührt, weckt in uns ein Unvergängliches.

Hebbel, Tagebücher 1837

Wechsel

Die Zeit ist eine geräuschlose Feile.

Aus Italien

Wer lange lebt, sagte der Alte, sieht manches versammelt und manches auseinanderfallen.

Goethe,
Wilhelm Meisters Wanderjahre I, 12

So wie wir ein Paar Hosen verwachsen, so verwachsen wir Umgang, Bibliotheken, Grundsätze und dergleichen.

Lichtenberg

Nichts ist zählebiger als ein Provisorium

Aus Frankreich

Das Kalte wird warm,
der Reiche wird arm,
der Narre gescheit:
Alles zu seiner Zeit.

Goethe, auf dem Rhein, 20. 7. 1774

Siehe, kein Wesen ist so eitel und unbeständig wie der Mensch.

Homer, Odyssee 18, 129

Tempora mutantur et nos mutamur in illis. Die Zeiten ändern sich und wir uns in ihnen.

Verfasser unbekannt

Du schiltst den Unbestand der Güter,
und siehst dein eigen Herz nicht ein:
Veränderlich sind die Gemüter,
so mußten auch die Dinge sein.

Gellert, Das Kartenhaus

Weil die meisten Menschen selbst formlos sind, weil sie sich und ihrem Wesen selbst keine Gestalt geben können, so arbeiten sie, den Gegenständen ihre Gestalt zu nehmen, damit ja alles loser und lockerer Stoff werde.

Goethe, Wilhelm Meisters Lehrjahre VIII, 7

Das Schlimmste an der Wohlstandsgesellschaft ist die Wegwerf-Mentalität. Die erstreckt sich schließlich auch auf menschliche Bindungen – auf Liebe, Freundschaft und Vertrauen.

John F. Huntington

Du bist von der Menschenart, sprach er, die sich leicht an einen Ort, nicht leicht an eine Bestimmung gewöhnen. Allen solchen wird die unstete Lebensart vorgeschrieben, damit sie vielleicht zu einer sichern Lebensweise gelangen.

Goethe,
Wilhelm Meisters Wanderjahre II, 11

Alle unsere endgültigen Entschlüsse werden in einem sehr vergänglichen Gemütszustand gefaßt.

Marcel Proust

In einer Stunde rinnen
viel tausend Körner Sandes; schnell wie sie
bewegen sich im Menschen die Gedanken.
Nur eine Stunde! Euer Herz kann sich,
das seinige sich wenden – eine Nachricht
kann kommen – ein beglückendes Ereignis
entscheidend, rettend, schnell vom Himmel fallen –
o, was vermag nicht eine Stunde! (Gordon)

Schiller, Wallensteins Tod V, 6

Die Zeit verschiebt nicht nur die Zwekke,
auch andre Mittel fordert sie.

Goethe,
Maskenzug in Weimar 1818, Äon und Äonis

Wer neue Heilmittel scheut, muß alte Übel dulden.

Francis Bacon

Was gestern die Formel für den Erfolg war, wird morgen das Rezept für Niederlagen sein.

Arnold Glasow

Leben muß strömen. Wasser, das nicht fließt, bedeckt sich mit Schaum und fault.

Alphonse de Lamartine

Nur der Wechsel ist wohltätig. Unaufhörliches Tageslicht ermüdet.

Wilhelm von Humboldt,
Briefe an eine Freundin, 30. 9. 1829

Glücklich, wer mit den Verhältnissen zu brechen versteht, ehe sie ihn gebrochen haben.

Franz Liszt

Dem Unglück ist die Hoffnung zugesendet.
Furcht soll das Haupt des Glücklichen umschweben,
denn ewig wanket des Geschickes Waage. (Gordon)

Schiller, Wallensteins Tod V, 4

Die mit Tränen säen, werden mit Freuden ernten.

Psalm 126, 5

Was die Ebbe mitnimmt, bringt die Flut wieder.

Aus Afrika

Alle großen weltgeschichtlichen Vorgänge ereignen sich zweimal: Das eine Mal als Tragödie, das andere Mal als Farce.

Hegel

Man kann sich nicht auf einmal für zwei Tage sattessen.

Aus Togo

Fortschritt

Jede Zeit hat ihre Aufgabe, und durch die Lösung derselben rückt die Menschheit weiter.

Heine, Reisebilder II, Italien I,
Von München nach Genua

Inmitten unzähligem Hin- und Herredens der Einzelnen wächst still und groß das ewige Weisheitsgut der Menschen weiter.

Morgenstern, Stufen, Erkennen

Warum scheuen Sie es auch so sehr, etwas zu wiederholen, das schon vor Ihnen gesagt worden ist? In Verbindung mit Ihren eigenen Gedanken erscheint das Alte selbst doch immer von einer neuen Seite.

Moses Mendelssohn, an Kant, 25. 12. 1770

Der Mensch sieht nur das Spinnrad des Schicksals, aber nicht die Spindel. Daher sagt er: „Seht ihr nicht den ewigen leeren Kreislauf der Welt?"

Jean Paul, Museum

Die theoretische Arbeit bewegt mehr Zustände in der Welt als die praktische. Ist erst das Reich der Vorstellungen revolutioniert, so hält die Wirklichkeit nicht aus.

Hegel, an Niethammer, 28. 10. 1808

Eine flammende Riesin, schreitet die Zeit ruhig weiter, unbekümmert um das Gekläffe bissiger Pfäffchen und Junkerlein da unten.

Heine, Reisebilder, Die Stadt Lucca 15

Den Fortschritt verdanken wir den Nörglern. Zufriedene Menschen wünschen keine Veränderung.

Herbert Georg Wells

Der vernünftige Mensch paßt sich der Welt an; der unvernünftige besteht auf dem Versuch, die Welt sich anzupassen. Deshalb hängt aller Fortschritt von unvernünftigen Menschen ab.

Shaw

Fortschritt ist die Verwirklichung von Utopien.

Oscar Wilde

Fortschritt erwächst zu allen Zeiten aus dem Umstand, daß es einige Männer und Frauen gibt, die glauben, das, was eigentlich getan werden müßte, könne auch getan werden.

Russell W. Davenport

Der größte Feind des Fortschritts ist nicht der Irrtum, sondern die Trägheit.

Buckle, Geschichte der Zivilisation XX, 78

Sooft eine neue überraschende Erkenntnis durch die Wissenschaft gewonnen wird, ist das erste Wort der Philister, es sei nicht wahr. Das zweite, es sei gegen die Religion. Und das dritte, so etwas habe jedermann schon lange vorhergewußt.

Raabe, Gedanken und Einfälle 1864

Die eifrigsten Reformer haben lernen müssen, daß sie sich jeglicher Macht berauben, wenn sie den schwerfälligen Massen zu weit voraneilen.

Thomas Woodrow Wilson

Jedwede Zeit hat ihre Wehen.

Freiligrath, Der Phönix

Viele, die ihrer Zeit vorausgeeilt waren, mußten auf sie in sehr unbequemen Unterkünften warten.

Lec, Unfrisierte Gedanken

Los zu werden den alten Zopf
ist ein vernünftig Begehren,
aber wer wird darum den Kopf
gleich rattenkahl sich scheren!

Geibel, Spätherbstblätter 30

Avantgardisten sind Leute, die nicht wissen, wo sie hinwollen, aber als erste dasein möchten.

Verfasser unbekannt

Ist es ein Fortschritt, wenn ein Kannibale Messer und Gabel benutzt?

Lec, Unfrisierte Gedanken

Laß die Menschheit dauern, so lange sie will, es wird ihr nie an Hindernissen fehlen, die ihr zu schaffen machen, und nie an allerlei Not, damit sie ihre Kräfte entwickele. Klüger und einsichtiger wird sie werden, aber besser, glücklicher und tatkräftiger nicht.

Goethe, zu Eckermann, 23. 10. 1828

Fortschritt besteht nicht darin, daß wir in einer bestimmten Richtung unendlich weiterlaufen, sondern daß wir einen Platz finden, auf dem wir wieder eine Zeitlang stehenbleiben können.

Gilbert Keith Chesterton

Wer ununterbrochen vorwärts marschiert, steht die Hälfte seines Lebens auf einem Bein.

Manfred Bieler

Nicht fort sollt Ihr Euch entwickeln, sondern hinauf.

Nietzsche

Wie groß sind die Fortschritte der Menschheit, wenn wir auf den Punkt sehen, von dem sie ausging, und wie klein, betrachten wir den Punkt, wo sie hin will.

Grillparzer, Aphorismen, 1820

IV. Kapitel

Der Mensch
Die Menschen
Menschlichkeit
Mann
Frau
Wesen
Charakter
Individualität
Anlage
Menschenkenntnis
Menschenbeurteilung
Menschenbehandlung

Der Mensch

Doch noch fehlte ein Wesen, ein edleres, weise vernehmend
göttlichen Geist, zu herrschen ob allen Geschöpfen der Erde.
Da ward geboren der Mensch. Schuf ihn der Bildner der Welt aus
Samen der Gottheit? Schuf ihn aus Welle und Erde Prometheus
nach der Gestalt der mächtigen Götter, als noch die junge
Erde, sich lösend von himmlischem Äther, heilige Keime
barg? Zum Boden geneigt, blicken nieder die andern Geschöpfe,
aber dem Menschen gab der Gestalter erhabenes Antlitz,
hieß ihn den Himmel schaun.

Ovid, Die Schöpfung der Welt

Der Mensch ist ein Blinder, der vom Sehen träumt.

Hebbel

Denke dir ein Endliches ins Unendliche gebildet, so denkst du einen Menschen.

Friedrich Schlegel, Athenaeum 1798

Der Mensch ist für eine freie Existenz gemacht, und sein innerstes Wesen sehnt sich nach dem Vollkommenen, Ewigen und Unendlichen als seinem Ursprung und Ziel.

Matthias Claudius, Vorrede zu Fénélons Werken religiösen Inhalts

Der Mensch ist das Tier, das sich vervollkommnen kann.

Kant

Der Mensch ist kein vernünftiges, sondern eigentlich ein leidenschaftliches Tier, das hoffentlich einst zur Vernunft gelangen wird.

Karl Julius Weber, Demokritos IV, 8

Der Mensch ist das einzige Tier, das sich für einen Menschen hält.

Thomas Niederreuther, Aphorismen

Alle anderen Dinge müssen. Der Mensch ist das Wesen, welches will.

Schiller

Der Mensch, das sonderbare Wesen: Mit den Füßen im Schlamm, mit dem Kopf in den Sternen.

Else Lasker-Schüler

Der Mensch ist eine in der Knechtschaft seiner Organe lebende Intelligenz.

Aldous Huxley

Teufel und Gott sind die Extreme, aus denen der Mensch entsteht. Teufel ist die vernichtende, Gott die schaffende Kraft.

Novalis, Fragmente

Beim Menschen ist kein Ding unmöglich, im Schlimmen wie im Guten.

Morgenstern,
Stufen, Lebensweisheit-Ethisches

Der Mensch ist die Dornenkrone der Schöpfung.

Stanislaw Jerzy Lec

Es ist dem Menschen natürlich, sich als das Ziel der Schöpfung zu betrachten und alle übrigen Dinge nur in bezug auf sich und insofern sie ihm dienen und nützen. Er bemächtigt sich der vegetabilischen und animalischen Welt, und indem er andere Geschöpfe als passende Nahrung verschlingt, erkennt er seinen Gott und preiset dessen Güte, die so väterlich für ihn gesorget.

Goethe, zu Eckermann, 20. 2. 1831

Gott rührte den Lehm, aus dem er den Menschen schuf, nicht mit Wasser an, sondern mit Tränen.

Äsop

Was sind wir Menschen doch! Ein
Wohnhaus grimmer Schmerzen,
ein Ball des falschen Glücks, ein Irr-
licht dieser Zeit,
ein Schauplatz herber Angst, besetzt
mit scharfem Leid,
ein bald verschmelzter Schnee und ab-
gebrannte Kerzen.

Andreas Gryphius, Menschliches Elend

Auf, Sterbliche, blind hintappend Ge-
schlecht, Baumblättern im Herbst ver-
gleichbar,
ohnmächtige Brut, Bildwerke von
Ton, bleichsüchtige, wankende Schat-
ten,
eintägiges fitticheloses Gewürm,
traumähnliche Jammergestalten.

Aristophanes, Der Vogelstaat 685

Gott hat den Menschen erschaffen, weil er vom Affen enttäuscht war. Danach hat er auf weitere Experimente verzichtet.

Mark Twain

Eines Schatten Traum ist der Mensch.

Pindar

Was ist der Mensch? Ein Abfallprodukt der Liebe.

Stanislaw Jerzy Lec

Hängt nicht das Dasein der meisten Menschen mehrenteils an der Hitze eines Juliusmittags oder am anziehenden Anblick eines Bettuchs oder an der waagerechten Lage einer schlafenden Küchengrazie oder an einem ausgelöschten Licht? (Franz)

Schiller, Die Räuber IV, 2

Der Mensch ist dadurch groß, daß er sich elend weiß. Ein Baum weiß sich nicht elend.

Blaise Pascal

Was ist der Mensch? Die Tragödie Gottes.

Morgenstern

Wie der Schmerz entsteht? Nicht anders, mein Freund, als das Leben:
Tut der Finger dir weh', schied er vom Leibe sich ab,
und die Säfte beginnen, im Gliede gesondert zu kreisen.
Aber so ist auch der Mensch, fürcht' ich, ein Schmerz nur in Gott.

Hebbel, Das Urgeheimnis

Größe ist dem Schöpfer zur Last gefallen, und er hat Geister zu Vertrauten gemacht. (Verrina)

Schiller, Die Verschwörung des Fiesco zu Genua III, 1

Betrachte den Fühler dieses feingliedrigen Käfers! Was ist der Mensch anderes als solch ein Fühler, von unbekannter Urkraft ausgestreckt, tastend sich über die Dinge zu unterrichten suchend, zuletzt forschend zurückgekrümmt auf sich selbst? Der Mensch, ein Taster Gottes nach sich selbst.

Morgenstern, Stufen, Erkennen, 1907

Organe sind wir eines großen Körpers.

Seneca, Briefe an Lucilius 95

Maske: das alte Wort dafür ist Person. Ob es nun von durchtönen oder von prosopon kommt: Person ist in jedem Fall Maske.

Erhart Kästner, Ölberge, Weinberge; Der Maskengott

Das Beste gehört nicht uns zu, und wir wissen nicht, von wem wir's haben. Was sind wir allesamt anderes als Boten, die versiegelte Gaben zu unbekannten Leuten tragen?

Wilhelm Raabe

Nur ein Fremdling, sagt man mit Recht, ist der Mensch hier auf Erden.

Goethe, Hermann und Dorothea 9

Die Physiologen, Psychologen, Anthropologen und Anatomiker entziffern, beschreiben, erklären, zerschneiden den Menschen, um uns zu sagen, was der Mensch ist, woraus er besteht. Nur das können sie uns nicht sagen, was ihn zusammenbindet, was ihn zum Menschen macht. So sucht der Wilde die Musik in der Laute des Europäers, indem er sie zerschneidet.

Friedrich Maximilian Klinger, Betrachtungen und Gedanken

Was ist am Ende der Mensch anderes als eine Frage?

Rahel Varnhagen von Ense, Briefe

Ein Menschenleben – ach, es ist so wenig,
ein Menschenschicksal aber ist so viel!
(Leon)

Grillparzer, Weh dem, der lügt! V

Der Mensch ist dem Menschen das Interessanteste.

Goethe, Wilhelm Meisters Lehrjahre II, 4

Der Mensch ist ein Reichtum.

Aus Afrika

Die Menschen

Die Menschen sind des Herrgotts Spielkarten.

Sprichwort

Bilde dir ein, daß jemand einen großen Chor von Sängern auf die Bühne stellt und verlangt, daß, statt im Einklang zu singen, jeder seine besondere Melodie anstimmt, ohne sich an die übrigen zu kehren. Nun fangen sie an, und jeder läßt sich mit seinem eigenen Liede hören, und dabei greifen sie sich auch noch gegenseitig an und eifern um die Wette, wer den anderen am lautesten überschreien kann: Was meinst du, was da für ein Gesänge herauskäme? Alle Erdenbewohner aber sind solche Choristen.

Lukian, Ikaromenippus

Wir sind gleichzeitig Zuschauer und Schauspieler im großen Drama des Seins.

Niels Bohr

Die ganze Welt ist voll armer Teufel, denen mehr oder weniger angst ist.

Goethe, zu Riemer, August 1810

Die Menge fragt bei einer jeden neuen bedeutenden Erscheinung, was sie nutze, und sie hat nicht unrecht; denn sie kann bloß durch den Nutzen den Wert einer Sache gewahr werden.

Goethe, Wilhelm Meisters Wanderjahre III, Aus Makariens Archiv

Die Menschheit? Ein Magma von Wesen, die nicht wissen, was sie tun.

Henry de Montherlant

Die rohe Menge hast du nie gekannt.
Sie starrt und staunt und zaudert, läßt geschehn,
und regt sie sich, so endet ohne Glück,
was ohne Plan zufällig sie begonnen.
(Hofmeisterin)

Goethe, Die natürliche Tochter IV, 4

Bruder, ich habe die Menschen gesehen, ihre Bienensorgen und ihre Riesenprojekte, ihre Götterpläne und ihre Mäusegeschäfte, das wunderseltsame Wettrennen nach Glückseligkeit – dieser dem Schwung seines Rosses anvertraut, ein anderer der Nase seines Esels, ein dritter seinen eigenen Beinen – dieses bunte Lotto des Lebens, worein so mancher seine Unschuld und seinen Himmel setzt, einen Treffer zu haschen. Und Nullen sind der Auszug. (Moor)

Schiller, Die Räuber III, 2

Wenn sich die Mehrheit zur richtigen Ansicht bekehrt, dann sicherlich aus den falschen Gründen.

Lord Chesterfield

Nachahmen oder anfeinden ist der Charakter der Menge.

Grillparzer, Aphorismen, 1835

Erträglich ist der Mensch als einzelner,
im Haufen steht die Tierwelt gar zu nah. (Rudolf)

Grillparzer,
Ein Bruderzwist in Habsburg III

Des Noah Wunderschiff ist ähnlich unsrer Welt,
weil mehr sie wilde Tier' als Menschen in sich hält.

Logau, Die Welt und der Kasten Noahs

Oaner is a Mensch, mehra sein's Leut,
viel sein's scho Viecher.

Rosegger, Das Sünderglöckl

Die hohe Flut ist's, die das schwere Schiff
vom Strande hebt – und jedem einzelnen
wächst das Gemüt im großen Strom der Menge. (Illo)

Schiller, Die Piccolomini II, 6

Des Volkes Zunge ist Gottes Kesselpauke.

Aus Persien

Unsinn und Wut
durchflammt ein Volk weit eh'r als Lieb und Freude. (Polymetis)

Goethe, Elpenor II, 2

Seit jener Zeit, in welcher Tacitus ihn den Schandtaten der Kaiser Beifall klatschen sah, ist der gemeine Pöbel nicht anders geworden.

Adolphe Thiers, Geschichte der französischen Revolution

Das Volk ist aufgeregt; es liebt, als schwach,
die Schwäche gern zu prüfen an dem Schwächeren. (König)

Grillparzer, Die Jüdin von Toledo II

Willst du wissen, woraus die Menschheit besteht? Aus denen, die sich nicht um dich kümmern.

Martin Kessel, Gegengabe I

Allen Vorkommnissen des Lebens gegenüber hat man sich nur immer vorzuhalten, daß man sich doch nur in einer Kinderstube befinde, wo die unartigen vorwiegen.

Raabe, Gedanken und Einfälle

Wie? Die Menschheit willst du, der
Wichte wegen, verachten?
Bist du denn selbst auch ein Wicht?
Oder nicht selbst auch ein Mensch?

Hebbel, Auf einen Menschenfeind

Bist mit dem Glauben du gesegnet
an Menschen, gib ihn nicht verloren,
wenn unter einer Herde Toren
dir auch einmal ein Schuft begegnet!

Leuthold, Sprüche 31

Es gibt eine Vornehmheit, d. h. eine Unbefangenheit des Plebs, die dem Bourgeois ewig ein Rätsel bleibt.

Raabe, Gedanken und Einfälle

Im Schlechtesten der Menschen steckt noch soviel Gutes und im Besten noch soviel Böses, daß keiner befugt ist, zu urteilen und zu verurteilen.

Robert Louis Stevenson

Menschlichkeit

Der vornehmste Beruf ist der zum Menschen und eben darum auch der am häufigsten verfehlte.

Peter Sirius, Tausend und Ein Gedanken, Grundsätze und Beruf

Wie der Planet noch um seinen Zentralkörper kreist, außer daß er um die eigene Achse rotiert, so nimmt auch der einzelne Mensch am Entwicklungsgang der Menschheit teil, während er seinen eigenen Lebensweg geht.

Sigmund Freud, Unbehagen in der Kultur

Das Volk ist von Natur aus nicht gewalttätig, sondern friedlich.

Mahatma Gandhi

Nehmt jeden Tag ein Bad der Menschlichkeit!

Romain Rolland

Humanität besteht darin, daß niemals ein Mensch einem Zweck geopfert wird.

Albert Schweitzer

Mann

Die Frau hat mehr Geist, der Mann mehr Genie. Die Frau beobachtet, der Mann schließt.

Rousseau, Émile

Hört auf der klugen Frauen Urteil; denn ihnen schenkten die Götter die Gabe, mancherlei zu schauen, was unserem Auge entgeht. Sind unsere Blicke auch klarer, so sind sie in die Weite gerichtet; ihre Blicke aber sind schärfer für das, was im Umkreis geschieht.

Horaz

Der vielgerühmte weibliche Instinkt gleicht einem Seismographen, der den Sturz eines Blumentopfes anzeigt, aber beim Ausbruch des Ätna versagt.

Anna Magnani

Die vielgerühmte weibliche Intuition ist nichts anderes als die große Durchsichtigkeit der Männer.

George J. Nathan

Der Mann sagt, was er weiß, die Frau, was gefällt. Der eine bedarf, um zu sprechen, der Kenntnisse, die andere des Geschmacks. Ihre Reden sollen keine Formen miteinander gemeinsam haben als die der Wahrheit.

Rousseau, Émile

Ein Weib ist ein Komma, ein Mann ein Punkt. Hier weißt du, woran du bist; dort lies weiter!

Hippel

Auswendig hast du sie gekannt
wie einen schönen Spruch.
Und plötzlich bist du wie gebannt:
Es steht noch mehr in dem Buch.

Schlimm oder heiter –
lies leise weiter!

Gerhard Schumann,
Stachelbeeren-Auslese, Nach Jahren

Ob die Weiber soviel Vernunft haben wie die Männer, mag ich nicht entscheiden, aber sie haben ganz gewiß nicht soviel Unvernunft.

Seume, Apokryphen

Der Mann ist geschaffen, über die Natur zu gebieten, das Weib aber, den Mann zu regieren. Zum ersten gehört viel Kraft, zum anderen viel Geschicklichkeit.

Immanuel Kant

Es ist, als ob das Weib der dunkle Grund wäre, auf dem im Vordergrunde der helle Mann hin und hergeht, aber vom dunklen Grunde gehoben und getragen.

Gotthelf, Geld und Geist

Ihr strebt nach fernen Gütern,
und euer Streben muß gewaltsam sein.
Ihr wagt es, für die Ewigkeit zu handeln,
wenn wir ein einzig nah beschränktes Gut
auf dieser Erde nur besitzen möchten
und wünschen, daß es uns beständig bliebe. (Prinzessin)

Goethe, Torquato Tasso II, 1

O, daß die Männer nur ins Weite streben!
Sie nennen's Staat, das allgemeine Beste,
was doch ein Trachten nach dem Fernen nur.
Gibt's denn ein Bestes, das nicht auch ein Nächstes? (Lucretia)

Grillparzer,
Ein Bruderzwist in Habsburg IV

Ist die Frau weniger wert als der Mann? Wer diese Frage beantwortet, muß auch sagen, ob Feuer mehr wert ist als Wasser.

Carl Ludwig Schleich

Wie lächerlich gering ist der Unterschied zwischen Mann und Frau: Von 48 Chromosomen unterscheidet sich nur eines.

Germaine Greer

Ich würde mit Freuden zugeben, daß die Frauen uns überlegen sind, wenn sie nur den Versuch lassen wollten, uns gleich zu sein.

Sascha Guitry

Die Gleichberechtigung ist eine gefährliche Sache. Vielleicht fällt es den Männern jetzt ein, alle drei Tage zum Friseur zu gehen und jeden Monat einen neuen Anzug haben zu wollen und sofort eine Szene zu machen, wenn sie das nicht bekommen.

Cynthia Wells

Eine Frau, gleichgestellt, wird überlegen.

Sokrates

Es ist keine Frage, daß bei allen gebildeten Nationen die Frauen im ganzen das Übergewicht gewinnen müssen; denn bei einem wechselseitigen Einfluß muß der Mann weiblicher werden, und dann verliert er; denn sein Vorzug besteht nicht in gemäßigter, sondern in gebändigter Kraft. Nimmt dagegen das Weib von dem Manne etwas an, so gewinnt sie; denn wenn sie ihre übrigen Vorzüge durch Energie erheben kann, so entsteht ein Wesen, das sich nicht vollkommener denken läßt.

Goethe, Die guten Weiber

Für Männer gelten die Gesetze der Optik nicht: Wenn man sie unter die Lupe nimmt, werden sie plötzlich ganz klein.

Grethe Weiser

Ich habe nie verstanden, warum Frauen an talentierten Männern zunächst deren Fehler und an Narren deren Verdienste sehen.

Pablo Picasso

Ein Weiberfeind ist auch ein Menschenfeind.

Jean Paul

Gehorsam einer Frau gegenüber ist der Weg zur Hölle.

Aus Tunesien

Wenn dich die Frauen hassen, mußt du ohne Abendessen schlafen gehen.

Aus Tunesien

Am besten mit Frauen kommen diejenigen Männer aus, die ebenso gut ohne die Frauen auskommen.

Charles Baudelaire

Kennt eine Frau nur einen Mann, dann kennt sie keinen. Sie muß sich mit dem guten Glauben trösten, alle Männer seien gleich.

La Fontaine

Die meisten Männer, die Kluges über Frauen gesagt haben, waren schlechte Liebhaber. Die großen Praktiker reden nicht, sondern handeln.

Jeanne Moreau

Von Frauen spricht man nicht. Man beschäftigt sich mit ihnen.

Napoleon I.

Drei Arten von Männern tun sich schwer im Verstehen von Frauen: Junge Männer, Männer mittleren Alters und alte Männer.

Aus Irland

Frau

Die Schicklichkeit umgibt mit einer Mauer
das zarte, leicht verletzliche Geschlecht.

Wo Sittlichkeit regiert, regieren sie,
und wo die Frechheit herrscht, da sind sie nichts. (Prinzessin)

Goethe, Torquato Tasso II, 1

Je verdorbener ein Zeitalter, desto mehr Verachtung der Weiber.

Jean Paul, Levana II, 4

Ich habe nichts als Worte, und es ziemt dem edlen Mann, der Frauen Wort zu achten. (Iphigenie)

Goethe, Iphigenie auf Tauris V, 3

Die Naturforscher sagen, daß bei allen Tierarten die Degeneration bei den Weibchen beginne. Die Philosophen können die Moral aus dieser Beobachtung für die zivilisierte Gesellschaft verwenden.

Chamfort

Kommt ein Weib zu Falle,
so schielt man auf sie alle.

Freidank, Bescheidenheit, Von Liebe und Weibern

Wir Frauenzimmer sollten billig jede Beleidigung, die einer einzigen von uns erwiesen wird, zu Beleidigungen des ganzen Geschlechts und zu einer allgemeinen Sache machen. (Marwood)

Lessing, Miß Sara Sampson IV, 8

Wir sind Heldinnen, wenn wir unsre Tugend noch sicher wissen – wenn wir sie verteidigen, Kinder – Furien, wenn wir sie rächen. (Julia)

Schiller, Die Verschwörung des Fiesco zu Genua IV, 12

Liebe einzuflößen ist das unaufhörliche Bestreben der Weiber.

Börne, Fastenpredigt

Staub lieber als ein Weib sein, das nicht reizt! (Penthesilea)

Heinrich von Kleist, Penthesilea 9

Willst du mehr wissen, Spötter? Das Bekenntnis willst du noch haben, daß die ganze geheime Weisheit unsres Geschlechts nur eine armselige Vorkehrung ist, unsre tödliche Seite zu entsetzen, die doch zuletzt allein von euren Schwüren belagert wird, die (ich gesteh' es errötend ein) so gern erobert sein möchte, so oft beim ersten Seitenblick der Tugend den Feind verräterisch empfängt?

Schiller, Die Verschwörung des Fiesco zu Genua IV, 12

Jede war bereit, Ruf, Stellung, alles aufs Spiel zu setzen, wenn sie damit die Liebe gewann.

Otto Flake

Wenig versteht sich sonst das Weib auf Ehre. Aber dies sei Eure Ehre: Immer mehr zu lieben, als Ihr geliebt werdet!

Nietzsche, Zarathustra I, Von alten und jungen Weiblein

Der Mann ist für das Weib ein Mittel: Der Zweck ist immer das Kind.

Nietzsche, Zarathustra I, Von alten und jungen Weiblein

Frauen sind genannt vom Freuen,
weil sich freuen kann kein Mann
ohn' ein Weib, das stets vom neuen
Seel' und Leib erfreuen kann.

Rückert, Haus und Jahr, Kleines Frauenlob

Frauen vereinfachen unseren Schmerz, verdoppeln unsere Freude und verdreifachen unsere Ausgaben.

James Saunders

„Weib" muß der höchste Name für die Frauen sein
und ehret mehr als Frau.

Walther von der Vogelweide

Die Weiber, die Weiber! Man vertändelt gar zu viel Zeit mit ihnen. (Clavigo)

Goethe, Clavigo I, 1

Wenn ich ein Frauenzimmer kennenlerne, gebe ich nur darauf acht, wo sie herrscht; denn daß sie irgendwo herrsche, setze ich voraus. Ich finde durchgängig: Die Tätige, zum Erwerben, zum Erhalten Geschaffene, ist Herr im Hause, die Schöne, leicht und oberflächlich Gebildete, Herr in großen Zirkeln; die tiefer Gebildete beherrscht die kleinen Kreise.

Goethe, Die guten Weiber

Wir Frauenzimmer können nur zwischen Herrschen und Dienen wählen, aber die höchste Wonne der Gewalt ist doch nur ein elender Behelf, wenn uns die größere Wonne versagt wird, Sklavinnen eines Mannes zu sein, den wir lieben. (Lady)

Schiller, Kabale und Liebe II, 1

Das Weib ist glücklich nur an Gattenhand. (Mutter)

Grillparzer,
Des Meeres und der Liebe Wellen I

Schilt nicht, o König, unser arm Geschlecht!
Nicht herrlich wie die euern, aber nicht unedel sind die Waffen eines Weibes. (Iphigenie)

Goethe, Iphigenie I, 3

Der Frauen Zustand ist beklagenswert.
Zu Haus und in dem Kriege herrscht der Mann,
und in der Fremde weiß er sich zu helfen.
Ihn freuet der Besitz; ihn krönt der Sieg!
Ein ehrenvoller Tod ist ihm bereitet.
Wie eng-gebunden ist des Weibes Glück!
Schon einem rauhen Gatten zu gehorchen,
ist Pflicht und Trost. (Iphigenie)

Goethe, Iphigenie I, 1

Daß das Weib seiner Natur nach zum Gehorchen bestimmt sei, gibt sich daran zu erkennen, daß eine jede, welche in die ihr naturwidrige Lage gänzlicher

Unabhängigkeit versetzt wird, alsbald sich irgendeinem Mann anschließt, von dem sie sich lenken und beherrschen läßt, weil sie eines Herrn bedarf. Ist sie jung, so ist es ein Liebhaber, ist sie alt, ein Beichtvater.

Schopenhauer,
Parerga und Paralipomena I, 27, § 371

Die Frauen haben heute sicher mehr Rechte. Aber mehr Macht hatten sie früher.

Charles Aznavour

Früher haben die Frauen auf ihrem eigenen Boden gekämpft. Da war jede Niederlage ein Sieg. Heute kämpfen sie auf dem Boden der Männer. Da ist jeder Sieg eine Niederlage.

Coco Chanel, zu Georg Stefan Troller,
Pariser Gespräche 3

Eine Frau ohne Mann ist wie ein Fisch ohne Fahrrad.

Aus den USA

Die emanzipierte Frau wird zum dritten Geschlecht.

Erhard Blanck

Konserven und Waschmaschinen haben mehr zur Befreiung der Frau beigetragen als alle Revolutionen.

Jean Duché

Frauen sind nur Kinder von etwas größerem Wuchs.

Lord Chesterfield

Sind doch ein wunderlich Volk, die
Weiber so wie die Kinder!
Jedes lebet so gern nach seinem eignen
Belieben,
und man sollte hernach nur immer loben und streicheln.

Goethe, Hermann und Dorothea 3

Das edle Weib ist halb ein Mann, ja
ganz,
erst ihre Fehler machen sie zu Weibern.
(Garceran)

Grillparzer, Die Jüdin von Toledo III

Nicht Strenge legte Gott ins weiche
Herz
des Weibes. (Talbot)

Schiller, Maria Stuart II, 3

Das Herz vieler Frauen scheint von Schnee zu sein: Es ist kalt und schmilzt leicht.

Dorothea von Schlegel

Das Herz aus Wachs und das Köpferl aus Eisen – das ist der Grundriß der weiblichen Struktur.

Johann Nestroy

Ein Weib bleibt stets auf einem Sinn, den sie gefaßt. Du rechnest sicherer auf sie, im guten wie im bösen. (Pylades)

Goethe, Iphigenie auf Tauris II, 1

Seid ihr nicht wie die Weiber, die beständig
zurück nur kommen auf ihr erstes Wort,
wenn man Vernunft gesprochen stundenlang? (Wallenstein)

Schiller, Wallensteins Tod II, 3

Es ist schwer zu entscheiden, welches ein verdrießlicheres Geschäft sei: Die Lichter putzen oder Weiber durch Gründe belehren. Alle zwei Minuten muß die Arbeit wiederholt werden.

Börne, Fragmente und Aphorismen 8

Die Frauen haben zuviel Phantasie und Erregbarkeit, um viel Logik zu haben. Frauen sind gründefest.

Ludwig Börne

Wandelbarkeit ist die große Tugend der Frau. Wer ein echtes Weib hat, braucht keinen Harem.

Gilbert Keith Chesterton

Im besten Falle bleibt das Weib ein Widerspruch.

Pope, Moral Essays II

Eine Frau, die nicht rätselhaft ist, ist keine.

Fontane

Sind die Frauen tief? Daß man einem Wasser nicht auf den Grund blicken kann, beweist noch nicht, daß es tief ist.

Egon Friedell

Die große Frage, die niemals beantwortet worden ist und die ich trotz dreißig Jahre langer Erforschung der Frauenseele auch nicht beantworten konnte, lautet: Was wünscht sich eine Frau?

Sigmund Freud

Für einen Mann ist es oft viel billiger, die Frauen nicht zu verstehen.

Hubert Ries

Frauen sind wie Kreuzworträtsel: Senkrecht und waagrecht zusammen ergeben erst die Lösung.

Henry Miller

Die Frauen sind Sphinxe ohne Rätsel.

Oscar Wilde

Das Weib ist ein vernünftiges Märchen.

Peter Hille

Wer behauptet, die Frauen zu kennen, ist kein Gentleman.

Shaw

Gleichwie aus den Kleidern Motten kommen, also kommt von Weibern viel Böses.

Jesus Sirach 42, 13

Wenn ich mit einem Fuß im Grabe stehe, werde ich die Wahrheit über die Frauen sagen. Ich werde sie sagen, in meinen Sarg springen, den Deckel über mich ziehen und rufen: „Jetzt macht, was ihr wollt!"

Leo Tolstoi

Freilich bedeutet das Wort Schalk im gewöhnlichen Sinne eine Person, die mit Heiterkeit und Schadenfreude jemand einen Possen spielt; hier aber bedeutet's ein Frauenzimmer, das einer Person, von der es abhängt, durch Gleichgültigkeit, Kälte und Zurückhaltung, die sich oft in eine Art von Krankheit verhüllen, das Leben sauer macht. Es ist dies in jener Gegend etwas Gewöhnliches. Mir ist es einigemal vorgekommen, daß mir ein Einheimischer, gegen den ich diese und jene Frau schön pries, einwendete: „Aber sie ist ein Schalk." Ich hörte sogar, daß ein Arzt einer Dame, die viel von einem Kammermädchen litt, zur Antwort gab: „Es ist ein Schalk, da wird schwer zu helfen sein."

Goethe, Die guten Weiber

Unerträglich, daß Weiber für Weiberschwächen solche Luchsaugen haben! (Lady)

Schiller, Kabale und Liebe IV, 6

Über das Weib soll man nur zu Männern reden.

Nietzsche, Zarathustra I, Von alten und jungen Weiblein

Bei Weibern weiß man niemals, wo der Engel aufhört und der Teufel anfängt.

Heine, Atta Troll 19

Sind die Frauen gut, so stehen sie zwischen dem Mann und dem Engel; sind sie schlecht, so stehen sie zwischen dem Mann und dem Teufel.

Kotzebue, Ildegerte

„Der Zweck heiligt die Mittel". Dies muß sich der liebe Gott gedacht haben, als er das Weib erschuf.

Thomas Niederreuther, Aphorismen

Byrons Frauen sind gut. Es ist aber auch das einzige Gefäß, was uns Neueren noch geblieben ist, um unsere Idealität hineinzugießen. Mit den Männern ist nichts zu tun. Im Achill und Odysseus, dem Tapfersten und Klügsten, hat der Homer alles vorweggenommen.

Goethe, zu Eckermann, 5. 7. 1827

Wesen

Die Katze läßt das Mausen nicht.

Sprichwort

Vulpes pilum mutat, non mores. Der Fuchs wechselt den Balg, nicht die Sitten.

Sueton, Vespasian 16

Ein Baumstamm, der jahrelang im Wasser liegt, wird nie ein Krokodil.

Aus Afrika

Nur der größte Weise und der größte Tor können sich ändern.

Konfuzius

Bei reifer Erfahrung sehen wir die Unbiegsamkeit der menschlichen Charaktere ein, wie kein Flehen, noch Vorstellen, noch Beispielgeben, noch Wohltun sie dahin bringt, von ihrer Art zu lassen, sondern vielmehr ein jeder seine Handlungsweise, Denkungsart und Fähigkeit mit der Notwendigkeit eines Naturgesetzes durchführen muß.

Schopenhauer, Nachlaß, Neue Paralipomena 21

Der Charakter ist eine psychische Gewohnheit.

Goethe, zu Riemer, 27. 8. 1808

Von außen kann auf den Willen allein durch Motive gewirkt werden. Diese können aber nie den Willen selbst ändern: Denn sie selbst haben Macht über ihn nur unter der Voraussetzung, daß er gerade ein solcher ist, wie er ist. Alles, was sie können, ist also, daß sie die Richtung seines Strebens ändern, d. h. machen, daß er das, was er unveränderlich sucht, auf einem anderen Wege suche als bisher.

Schopenhauer, Die Welt als Wille und Vorstellung I, 4, 55

Der Sanguiniker ist der genießende, der Choleriker der tätige, der Melancholiker der sehnsüchtige und der Phlegmatiker der leidende Mensch.

Karl Julius Weber, Demokritos III, 4

Jeder Mensch hat die Keime aller menschlichen Eigenschaften in sich. Manchmal kommen die einen zum Vorschein, manchmal die anderen.

Tolstoi

Man ist manchmal von sich selbst so verschieden wie von andern.

La Rochefoucauld

Jeder ist ein Mond und hat eine dunkle Seite, die er niemandem zeigt.

Mark Twain

Wenn ein großer Mensch ein dunkel Eck hat, dann ist's recht dunkel!

Goethe, an Charlotte von Stein, 6. 4. 1782

Jeder trägt
den leid'gen Stein zum Anstoß in sich
selbst. (Adam)

Heinrich von Kleist,
Der zerbrochene Krug 1

Ein Mensch ohne Fehler ist kein vollkommener Mensch.

Alfred Polgar

Unter den Menschen und Borsdorfer Äpfeln sind nicht die glatten die besten, sondern die rauhen mit einigen Warzen.

Jean Paul, Hesperus II

Jedenfalls ist es besser, ein eckiges Etwas zu sein als ein rundes Nichts.

Friedrich Hebbel

Es gibt Menschen im Zopfstil: Viele hübsche Einzelheiten, das Ganze abgeschmackt.

Ebner-Eschenbach, Aphorismen

Ich bin kein ausgeklügelt Buch;
ich bin ein Mensch mit seinem Widerspruch.

Conrad Ferdinand Meyer,
Huttens letzte Tage 26

Unser Ich gleicht den Flüssen, die ihren Namen beibehalten und stets anderes Wasser rollen.

Karl Julius Weber, Demokritos IV, 9

Ein neues Lebensalter, eine neue Lebenslage – und derselbe Mensch wird ein ganz anderer.

Alexander Solschenizyn

Nicht was der Mensch ist, nur was er tut, ist sein unverlierbares Eigentum.

Friedrich Hebbel, Tagebücher 1840

Charakter

Sei wie ein Fels, an dem sich beständig die Wellen brechen! Er bleibt stehen, und rings um ihn legen sich die angeschwollenen Gewässer.

Mark Aurel, Selbstbetrachtungen 4, 49

Die meisten Menschen sind Münzen, nur wenige sind Prägestöcke.

Wilhelm Raabe

Ein wesentlicher Mensch ist wie die Seligkeit,
die unverändert bleibt von aller Äußerheit.

Angelus Silesius,
Der Cherubinische Wandersmann II

Persönlichkeit ist, was übrigbleibt, wenn man Ämter, Orden und Titel von einer Person abzieht.

Wolfgang Herbst

Für seine Handlungen sich allein verantwortlich fühlen und allein ihre Folgen, auch die schwersten, tragen, das macht die Persönlichkeit aus.

Ricarda Huch

Charakter ist die Fähigkeit, sich selbst im Wege zu stehen.

Verfasser unbekannt

Stärke des Charakters ist oft nicht anderes als eine Schwäche des Gefühls.

Arthur Schnitzler

In den meisten Fällen wird „Konsequenz“ des Wesens nur durch eitle Verkrampfung erzielt und auf Kosten jeglicher Natürlichkeit. Je reicher, je quellender an Möglichkeiten die Natur eines Menschen ist, um so wandlungsfähiger bleibt sie auch.

André Gide, Die Falschmünzer III, 12

Charakterlosigkeit ist ein Mythos, den biedere Individuen geschaffen haben, um damit die Faszinationskraft anderer Leute erklären zu können.

Oskar Wilde

Über der Pforte der antiken Welt stand geschrieben: „Erkenne dich selbst“. Über der Pforte unserer neuen Welt sollte geschrieben stehen: „Sei du selbst“.

Oscar Wilde

Recht hat jeder eigene Charakter,
der übereinstimmt mit sich selbst. Es gibt
kein andres Unrecht als den Widerspruch. (Gräfin)

Schiller, Wallensteins Tod I, 7

Wer ist weise, wer ist gut?
Wer nach seinem Wesen tut.

Paul Ernst, Gedichte und Sprüche

Wir wohnen alle in verschiedenen Stockwerken unseres Selbst.

Simonetta Fabiani,
1969 zu Georg Stefan Troller

Der Mensch ist wie eine Spieldose – ein unmerklicher Ruck, und es beginnt eine andere Melodie.

Börne

Individualität

Jeder Mensch ist ein besonderer Gedanke Gottes.

Paul de Lagarde

Zu jeder Seele gehört eine andere Welt; für jede Seele ist jede andere Seele eine Hinterwelt. Zwischen dem Ähnlichsten gerade lügt der Schein am schönsten.

Nietzsche, Zarathustra III, Der Genesende 2

Jeder Mensch ist ein anderes Land.

Aus Afrika

Die Welt hat soviele Mittelpunkte, als es Menschen gibt.

Gerhard Szczesny, Das sogenannte Gute 1

In jedermann ist etwas Kostbares, das in keinem anderen ist.

Martin Buber

Das Ich ist nichts anderes als Wollen und Vorstellen.

Novalis

Ein Käuzchen und eine Ohreule können bei Nacht ihre Flöhe fangen und die Spitzen eines Haares unterscheiden, aber bei Tage starren sie mit glotzenden Augen und können keinen Berg erblikken. So gibt's verschiedene Naturen.

Dschuang Dsi, Das wahre Buch vom südlichen Blütenland 17,4

Gedanken und Wege trennen die Menschen.

Aus Abessinien

Jeder außerordentliche Vorzug isoliert.

Hilty, Bausteine

Minderheiten sind die Sterne des Firmaments; Mehrheiten sind das Dunkel, in dem sie fließen.

Martin Henry Fischer

Es kommt für jeden der Augenblick der Wahl und der Entscheidung: Ob er sein eigenes Leben führen will, ein höchst perönliches Leben in tiefster Fülle, oder ob er sich zu jenem falschen, seichten, erniedrigenden Dasein entschließen soll, das die Heuchelei der Welt von ihm begehrt.

Oscar Wilde

Die meisten Menschen sind Mörder. Sie töten einen Menschen. In sich selbst.

Stanislaw Jerzy Lec, Unfrisierte Gedanken

Die Käuze verschwinden, weil das Risiko einer käuzischen Existenz heute allzu groß geworden ist. Sie fallen, die Käuze, die geborenen Einzelgänger, nicht mehr nur der Acht des Normalbürgers anheim, sondern auch dem Bann der sogenannten Nonkonformisten, die es längst dem Normalbürger nachgetan und ein penetrantes Herdenbewußtsein ausgebildet haben. Es gibt keine Käuze mehr, nur noch organisierte Narren.

Valentin Polcuch, in Die Welt, 21/1965

Was können wir denn unser Eigenes nennen als die Energie, die Kraft, das Wollen! Wenn ich sagen könnte, was ich alles großen Vorgängern und Mitlebenden schuldig geworden bin, so bliebe nicht viel übrig.

Goethe, zu Eckermann, 12. 5. 1825

Das Weib wird nie so individuell wie der Mann.

Jean Paul, Vorschule der Ästhetik

Unter den Menschen gibt es viel mehr Kopien als Originale.

Pablo Picasso

Originalität muß man haben, nicht danach streben.

Hebbel

Nonkonformismus ist die maulende Abhängigkeit von der herrschenden These.

Hans Kasper,
Abel, gib acht; Halbdenker

Anlage

Zu den Blitzen des Genies machen die Talente den Donner.

Peter Sirius, Genie und Talent

Begabungen sind produktive Gleichgewichtsstörungen.

Hans Kudszus

Talent ist nur große Geduld.

Anatole France

Von dem geringsten tierischen Handwerkstriebe bis zur höchsten Ausübung der geistigsten Kunst, vom Lallen und Jauchzen des Kindes bis zur trefflichsten Äußerung des Redners und Sängers, vom ersten Balgen der Knaben bis zu den ungeheuren Anstalten, wodurch Länder erhalten und erobert werden, vom leichtesten Wohlwollen und der flüchtigsten Liebe bis zur heftigsten Leidenschaft und zum ernstesten Bunde, von dem reinsten Gefühl der sinnlichen Gegenwart bis zu den leisesten Ahnungen und Hoffnungen der entferntesten geistigen Zukunft, alles das und weit mehr liegt im Menschen und muß ausgebildet werden; aber nicht in einem, sondern in vielen.

Goethe,
Wilhelm Meisters Lehrjahre VIII, 5

Jeder Mensch besitzt alle Talente, doch nur die hervorragendsten soll er ausbilden. Hier liegt aber der Grund, weshalb so viele hartnäckig ein unerreichbares Ziel verfolgen: Sie haben das Gefühl, nicht ganz auf dem falschen Wege zu sein.

Hebbel, Tagebücher, 1. 5. 1838

Die Verschiedenheit in den natürlichen Veranlagungen ist bei den Menschen in Wirklichkeit viel geringer, als wir gewöhnlich annehmen. Die stark unterschiedlichen Fähigkeiten, durch die sich Leute von verschiedenem Beruf offenbar voneinander unterscheiden, sind, wenn sie sich voll entwickelt haben, in vielen Fällen nicht so sehr die Ursache als vielmehr die Wirkung der Arbeitsteilung.

Smith, Natur und Ursachen
des Volkswohlstandes I, 2

Ein wirklich großes Talent ist nicht irrezuleiten und nicht zu verderben.

Goethe, zu Eckermann, 13. 2. 1831

Mein Talent ist zu groß, um unterdrückt, zu klein, um zum Mittelpunkt meiner Existenz gemacht zu werden.

Hebbel, Tagebücher, 20. 5. 1837

Mit einem Talent mehr steht man oft unsicherer als mit einem weniger: Wie der Tisch besser auf drei als auf vier Füßen steht.

Nietzsche,
Menschliches Allzumenschliches I, 560

Gleich dem Besitzer eines Terrains, der nichts von den darin schlummernden Bodenschätzen ahnt, bleiben auch dem Menschen seine geheimen Qualitäten meist unbekannt.

Jonathan Swift

Nutze die Talente, die Du hast. Die Wälder wären sehr still, wenn nur die begabtesten Vögel sängen.

Henry van Dyke

Es ist mit den Talenten wie mit der Tugend: Man muß sie um ihrer selbst willen lieben oder sie ganz aufgeben.

Goethe, Wilhelm Meisters Lehrjahre IV, 2

Man soll sich vor einem Talente hüten, das man in Vollkommenheit auszuüben nicht Hoffnung hat. Man mag es darin so weit bringen, als man will, so wird man doch immer zuletzt, wenn uns einmal das Verdienst des Meisters klar wird, den Verlust von Zeit und Kräften, die man auf eine solche Pfuscherei gewendet hat, schmerzlich bedauern.

Goethe, Wilhelm Meisters Lehrjahre VIII, 5

Glücklich, wer den Fehlschluß von seinen Wünschen auf seine Kräfte bald gewahr wird!

Goethe, Wilhelm Meisters Lehrjahre II,2

Wenn man es genau betrachtet, so wird jede, auch nur die geringste Fähigkeit uns angeboren.

Goethe, Wilhelm Meisters Lehrjahre VIII, 3

Wenn einen Menschen die Natur
erhoben,
ist es kein Wunder, wenn ihm viel
gelingt;
man muß in ihm die Macht des Schöpfers loben,
der schwachen Ton zu solcher Ehre
bringt.

Goethe, Die Geheimnisse 177

Wenn man eine Sache mit Klarheit zu behandeln vermag, ist man auch zu vielen anderen Dingen tauglich.

Goethe, zu Eckermann, 10. 6. 1823

Mit fünfundzwanzig Jahren kann jeder Talent haben. Mit fünfzig Jahren Talent zu haben, darauf kommt es an.

Edgar Degas

Der einzige Beweis für Fähigkeiten sind Leistungen.

Aus den USA

Der eigentliche Beweis, daß wir Talent besitzen, ist die Fähigkeit, das Talent in anderen Menschen zu entdecken.

Elbert Hubbard

Was muß der Chef entdecken?
Latente Talente.

Verfasser unbekannt

Große Talente sind wie große liegende Güter; sie lassen sich nicht zu jeder Zeit gehörig verwerten.

Mohr, Gedanken über Leben und Kunst

Viele sind berufen, aber wenige sind auserwählt.

Matthäus 20, 16

Wie oft verglimmen die gewaltigsten Kräfte, weil kein Wind sie anbläst!

Jeremias Gotthelf, Briefe

Das gewöhnliche Verhalten der Menschen ist eigentlich ein fortgesetztes Verbrechen gegen das keimende Leben ihrer Seele, ein fortwährendes Abtreiben dessen, was sie innerlich empfangen haben.

Johannes Müller, Grüne Blätter

Wer wie ich ein ganzes Leben lang kostbare Zeit und Geld mit der Protektion junger Talente verloren hat, und zwar Talente, die anfänglich die höchsten Hoffnungen erweckten, aus denen aber am Ende gar nichts geworden ist, dem muß wohl der Enthusiasmus und die Lust, in solcher Richtung zu wirken, nach und nach vergehen.

Goethe, zu Soret, 21. 8. 1830

Es kommt darauf an, daß in einer Nation viel Geist und tüchtige Bildung im Kurs sei, wenn ein Talent sich schnell und freudig entwickeln soll.

Goethe, zu Eckermann, 3. 5. 1827

Da mir alle Tugenden fehlen, werde ich mich auf die Talente legen. Aus dem Kopf kann was werden.

Goethe, zu Caroline Flachsland, Dezember 1772

Talente ohne Tugend sind Sklaven ohne Herren: Sie können sich nicht gut benehmen und sind zu allem fähig.

Aus China

Es ist ein Unglück, daß ein braves Talent und ein braver Mann so selten zusammen kommen!

Ebner-Eschenbach, Aphorismen

Menschenkenntnis

Mich erfreut's, in Herzen zu stöbern. Ich mag gern erfahren, was in ihnen vorgeht.

Rolland, Meister Breugnon, Die Zugvögel

Doch kennet kein Mensch weder die Liebe noch den Haß irgend eines, den er vor sich hat.

Prediger Salomo 9, 1

Ich weiß über die Gefühle anderer Menschen nicht gerne Bescheid. Nichts, was einen mehr hemmt. (Helena)

Giraudoux, Kein Krieg in Troja I, 8

Die Menschen sind nicht immer, was sie scheinen. (Daja)

Lessing, Nathan der Weise I, 6

Eines Menschen Vergangenheit ist das, was er ist. Sie ist der einzige Maßstab, an dem er gemessen werden kann. (Lady Chiltern)

Wilde, Ein idealer Gatte I

Wenn ich einen Menschen kennenlerne, frage ich sogleich, womit beschäftigt er sich und wie und in welcher Folge.

Goethe, Wilhelm Meisters Lehrjahre VI

Ich will, wenn ich über einen Mann urteilen soll, nicht allein wissen, welche Tat er ausgeführt, sondern wie und durch was für Mittel er sie ausgeführt hat. Dadurch kann eine kleine Tat zur großen und eine große zur kleinen werden.

Friedrich Maximilian Klinger,
Betrachtungen und Gedanken

Dem Menschen bring ich nur *die* Tat in Rechnung,
wozu ihn ruhig der Charakter treibt;
denn blinder Mißverständnisse Gewalt
drängt oft den Besten aus dem rechten Gleise. (Octavio)

Schiller, Wallensteins Tod II, 6

Man würde die Menschen leichter kennen, wenn man nicht jede Handlung als die Folge von Grundsätzen ansähe.

Jean Paul

Jeder Einzelne muß ja in seiner Eigentümlichkeit betrachtet werden, und man hat neben seinem Naturell auch noch seine frühern Umgebungen, seine Bildungsgelegenheiten und die Stufen, auf denen er gegenwärtig steht, in Anschlag zu bringen.

Goethe,
an Karl Friedrich von Reinhard, 8. 5. 1811

Nützlicher wäre ein anderer Weg, den Charakter der Menschen zu erforschen, und der sich vielleicht wissenschaftlich behandeln ließe: Nämlich aus bekannten Handlungen eines Menschen, und die zu verbergen er keine Ursache zu haben glaubt, andere, nicht eingestandene zu finden.

Lichtenberg, Über Physiognomik

Den guten Steuermann lernt man erst im Sturme kennen.

Seneca, an Lucilius

Wer in bedrängter Lage aus der Rolle fällt, dem war sie sicherlich nicht auf den Leib geschrieben.

Günter Vollrath,
Wer sicher ist, verhandelt besser I

Du lernst den Baum kennen, wenn du dich an ihn lehnen willst.

Aus Zaïre

Statt einen Scheffel Salz mit einem Freund zu essen, braucht man nur sechs Meilen mit ihm zu reisen.

Jean Paul

Was an dem Manne sei, weist seiner Augen Schein,
sein Amt, ein Beutel Geld und dann ein Becher Wein.

Logau, Deutsche Sinngedichte,
Merkzeichen des Gemüts

Durch nichts bezeichnen die Menschen mehr ihren Charakter als durch das, was sie lächerlich finden.

Goethe, Die Wahlverwandtschaften II, 4

Rede, damit ich dich sehe.

Sokrates

Fahre so fort, mit heiterem Sinn auf zwei Dinge zu achten: Erstlich, wo die Menschen hinauswollen, und zweitens, wie sie sich deshalb maskieren.

Goethe, an seinen Sohn, 14. 1. 1814

Wir müssen lernen, den Menschen weniger auf das, was er tut oder läßt, als auf das, was er leidet, anzusehen.

Dietrich Bonhoeffer

Unser Himmel ist die Zusammenfassung dessen, was wir zu bedürfen uns einbilden; unsre Hölle ist die Zusammenfassung dessen, was uns tatsächlich nicht gemäß ist. Wollen wir einen Menschen erkennen, so müssen wir ihn um eine Beschreibung seiner Hölle bitten.

Heinrich Wolfgang Seidel,
Tagebuch der Gedanken und Träume

Ein Talent können wir nach einer einzigen Manifestation anerkennen. Für die Anerkennung eines Charakters bedürfen wir eines langen Zeitraumes.

Heine, Gedanken und Einfälle

Die Zeit allein beweist den treuen Sinn; den schlechten offenbart ein kurzer Tag. (Kreon)

Sophokles, König Oedipus II

Eine gewisse Seelengröße macht zur Menschenkenntnis unfähig.

Jean Paul

Madame de Tencin sagte, daß geistreiche Leute viele Verstöße im Umgang begingen, weil sie die Welt niemals für so dumm hielten, wie sie in Wirklichkeit ist.

Chamfort, Charaktere und Anekdoten

Ich habe von Jugend auf die Augen meines Geistes mehr nach innen als nach außen gerichtet, und da ist es sehr natürlich, daß ich den Menschen bis auf einen gewissen Grad habe kennen lernen, ohne die Menschen im mindesten zu verstehen und zu begreifen.

Goethe, Wilhelm Meisters Lehrjahre IV, 16

Ich habe nicht leicht jemanden gesehen, der die Menschen mit denen er lebt, so wenig kennt, so von Grund aus verkennt, wie Sie. Erlauben Sie mir, es zu sagen: Wenn man Sie ihren Shakespeare erklären hört, glaubt man, Sie kämen eben aus dem Rate der Götter und hätten zugehört, wie man sich daselbst beredet, Menschen zu bilden. Wenn Sie dagegen mit Leuten umgehen, seh' ich in Ihnen gleichsam das erste groß geborene Kind der Schöpfung, das mit sonderlicher Verwunderung und erbaulicher Gutmütigkeit Löwen und Affen, Schafe und Elefanten anstaunt und sie treuherzig als seinesgleichen anspricht.

Goethe, Wilhelm Meisters Lehrjahre IV, 16

Wenn du einen Drachen malst, dann malst du seine Haut, nicht seine Knochen. Wenn du einen Menschen kennst, so kennst du sein Gesicht, nicht aber sein Herz.

Aus China

Niemand lernt jemals jemanden kennen. Wir sind alle zu lebenslänglicher Einzelhaft in unserer Haut verurteilt.

Tennessee Williams

Ist es doch immer die Individualität eines jeden, die ihn hindert, die Individualitäten der andern in ihrem ganzen Umfang gewahr zu werden.

Goethe, an Carl von Knebel, 3. 1. 1807

Die Menschen kennen sich einander nicht.
Nur die Galeerensklaven kennen sich,
die eng an eine Bank geschmiedet keuchen,
wo keiner was zu fordern hat und keiner
was zu verlieren. (Tasso)

Goethe, Torquato Tasso V. 5

Nur das Gemeine verkennt man selten. (Nathan)

Lessing, Nathan der Weise II, 6

Machen wir es nicht im Wachen wie im Traum? Immer erfinden und erdichten wir erst den Menschen, mit dem wir verkehren.

Nietzsche, Unschuld des Werdens I, 822

Menschenbeurteilung

Über nichts wird flüchtiger geurteilt als über die Charaktere der Menschen, und doch sollte man in nichts behutsamer sein.

Lichtenberg, Beobachtungen über den Menschen

Es liegt nicht genug Weisheit oder Tugend in unseren Urteilen und Gefühlen, wenn in ihnen nicht genug Geduld liegt.

Joubert

Um über andere zu urteilen und sie zu verurteilen, mußt du ein Heiliger sein.

Aus der Ukraine

Blick erst auf dich,
dann richte mich!

Sprichwort

Herze, willst du ganz genesen,
sei selber wahr, sei selber rein!
Was wir in Welt und Menschen lesen,
ist nur der eigne Widerschein.

Fontane, Ermannung

Um eine große Persönlichkeit zu empfinden und zu ehren, muß man auch wiederum selber etwas sein. Alle, die dem Euripides das Erhabene abgesprochen, waren arme Heringe und einer solchen Erhebung nicht fähig. Oder sie waren unverschämte Scharlatane.

Goethe, zu Eckermann, 13. 2. 1831

Ein falscher Mann denkt immer schlecht
von andern, tun sie noch so recht.

Freidank, Bescheidenheit, Argwohn

Arme Sünder allesamt: „Da ich mir selber nicht imponiere, braucht mir auch kein anderer zu imponieren."

Raabe, Gedanken und Einfälle

Das Volk ist in seinen Intrigen und Narrheiten so ersoffen, daß es überall nur Laffen und Werkzeuge zu sehen glaubt.

Goethe, an Kirms, 2. 4. 1799

Das Unglück ist, daß jeder denkt, der andere ist wie er, und dabei übersieht, daß es auch anständige Menschen gibt.

Heinrich Zille

Mögen wir noch soviele gute Eigenschaften haben – die Welt achtet vor allem auf unsere schlechten.

Molière

Es ist nicht klug, es ist nicht wohlgetan,
vorsätzlich einen Menschen zu verkennen. (Tasso)

Goethe, Torquato Tasso II, 3

Es ist leicht zu verachten, Sohn, aber verstehen ist viel besser.

Matthias Claudius,
An meinen Sohn Johannes

Sobald wir einen Menschen erblicken, so ist es allerdings dem Gesetz unseres Denkens und Empfindens gemäß, daß uns die nächstähnliche Figur, die wir gekannt haben, sogleich in den Sinn kommt und gemeiniglich auch unser Urteil sogleich bestimmt. Wir urteilen stündlich aus dem Gesicht und irren stündlich.

Lichtenberg, Über Physiognomik

Oft nennt die Welt im eitlen Trug
den Weisen dumm, den Narren klug.

Saadi, Rosengarten I

So muß ich ja wohl gar
schlecht handeln, daß von mir der
Schlechte nicht
schlecht denke? (Saladin)

Lessing, Nathan der Weise III, 4

Wer ein Pferd kaufen will und nicht das Pferd selbst, sondern nur Sattel und Zaumzeug betrachtet, ist ein Narr. Ein vollendeter Dummkopf aber ist, wer einen Menschen nach seiner Kleidung und äußeren Lebensstellung beurteilt.

Seneca, an Lucilius

Ein Rotnäsiger mag Abstinenzler sein – es glaubt ihm niemand.

Aus China

Einem Menschen, den Kinder und Tiere nicht leiden können, ist nicht zu trauen.

Hilty, Glück II

Glaube immer – und du wirst wohl dabei fahren –, daß die Menschen nicht halb so gut sind, wie ihre Freunde sie schildern, und nicht halb so böse, wie ihre Feinde sie ausschreien.

Adolf von Knigge

Ich habe immer gefunden: Die sogenannten schlechten Leute gewinnen, wenn man sie genauer kennenlernt, und die guten verlieren.

Lichtenberg

Wer die Menschen liebt, darf sie nur aus nächster Nähe betrachten oder ganz aus der Ferne.

Thomas Niederreuther, Aphorismen

Vollkommen liebenswert und vollkommen hassenswert sind nur die Menschen, die man nicht kennt.

Evelyn Waugh

Wer die Menschen wahrhaft kennt, der wird auf niemanden unbedingt bauen, aber auch niemanden vollständig aufgeben.

Josef von Eötvös, Gedanken

Wenn du dir selber eine Freude machen willst, dann denk an die Vorzüge deiner Mitmenschen.

Mark Aurel, Selbstbetrachtungen

Einen Menschen kennen, heißt ihn lieben oder ihn bedauern.

Ebner-Eschenbach, Aphorismen

Menschenbehandlung

Durch Vernunft, nicht aber durch Gewalt soll man die Menschen zur Wahrheit führen.

Diderot, Philosophische Gedanken

Leicht kann der Hirt eine ganze Herde Schafe vor sich hintreiben; der Stier zieht seinen Pflug ohne Widerstand. Aber dem edlen Pferde, das du reiten willst, muß du seine Gedanken ablernen; du mußt nichts Unkluges, nichts unklug von ihm verlangen. (Egmont)

Goethe, Egmont IV, Der Culenburgische Palast

Das ist der beste Führer, dessen Leute sagen, wenn er sie ans Ziel geführt hat: „Wir selbst haben den Erfolg zustande gebracht."

Lao-Tse

Milde erreicht mehr als Heftigkeit.

Lafontaine

Es lautet aller Meister Lehr:
Man gewinnt durch Güte mehr.

Sprichwort

Guter Verwalter waltet gewaltlos. Guter Kämpfer siegt kampflos. Guter Überwinder wendet widerstandslos. Guter Zwinger meistert zwanglos.

Lao-Tse, Tao-Teh-King 68

Autorität leidet am meisten, wenn von ihr zu oft Gebrauch gemacht wird. Ständiger Donner erregt nicht mehr Aufmerksamkeit als das Geklapper einer Mühle.

A. Kingston

Wer Menschen führen will, muß hinter ihnen gehen.

Laotse

Um Erfolg zu haben, muß du den Standpunkt des anderen einnehmen und die Dinge mit seinen Augen betrachten.

Henry Ford I, Erfolg im Leben

Die Menschen folgen mit Vorliebe denen, die ihnen dienen und sie gleichzeitig verachten.

Samuel Butler

Nicht alles dienet uns auf gleiche Weise.
Wer vieles brauchen will, gebrauche jedes
in seiner Art, so ist er wohl bedient.
(Alfons)

Goethe, Torquato Tasso V, 1

Die Seele aber wird immer tiefer in sich selbst zurückgeführt, je mehr man die Menschen nach ihrer und nicht nach seiner Art behandelt. Man verhält sich zu ihnen wie der Musikus zum Instrument.

Goethe, an Charlotte von Stein, 13. 5. 1782

Wenn man älter wird, so lernt man eben einsehen, daß man von einem Menschen nicht alles verlangen kann und daß man zufrieden sein muß, wenn ein Weinstock Trauben trägt. In jüngeren Jahren verlangt man auch noch Erd- und Himbeeren dazu.

Fontane

Gehe mit Menschen um wie mit Holz! Nur weil ein Stückchen wurmstichig ist, würdest du nie den ganzen Stamm wegwerfen.

Aus China

Es wäre eine Freude zu leben, wenn jeder die Hälfte von dem täte, was er von dem anderen verlangt.

Valerie von Martens

Muß nicht der, welcher die Menge bewegen will, der Schauspieler seiner selbst sein? Muß er sich nicht selber erst ins Grotesk-Deutliche übersetzen und seine ganze Person und Sache in dieser Vergröberung und Vereinfachung vortragen?

Nietzsche, Fröhliche Wissenschaft,
Um die Menge zu bewegen

Menschen, die Einfluß auf andere ausüben wollen, müssen dafür sorgen, daß sie nicht zu oft zu sehen sind.

Ricarda Huch

Man kann nur etwas aussprechen, was dem Eigendünkel und der Bequemlichkeit schmeichelt, um eines großen Anhanges in der mittelmäßigen Menge gewiß zu sein.

Goethe, zu Eckermann, 22. 3. 1831

Der Mensch ist ein Geschöpf, das nicht vom Brot allein lebt, sondern hauptsächlich von Schlagwörtern.

Robert Louis Stevenson

Wer so tut, als bringe er die Menschen zum Nachdenken, den lieben sie. Wer sie wirklich zum Nachdenken bringt, den hassen sie.

Aldous Huxley

Leicht ist zu lenken der Tor und leichter mit Gründen der Weise,
aber den Halbwisser lenkt selber die Gottheit nicht mehr.

Bhartrihari, Sprüche II, 3

Wer wirklich berufen ist, Menschen zu führen, der klagt nicht über das Ungeschick seiner Helfer, über die Undankbarkeit der Menschen und über mangelhafte öffentliche Würdigung. Alle diese Unerfreulichkeiten sind normale Hindernisse im großen Spiel des Lebens.

J. H. Boetcker

Schlage nur mit der Wünschelrut
an die Felsen der Herzen an!
Ein Schatz in jedem Busen ruht,
den ein Verständiger heben kann.

Rückert, Vierzeilen II, 37

Wenn wir, sagtest du, die Menschen nur nehmen, wie sie sind, so machen wir sie schlechter. Wenn wir sie behandeln, als wären sie, was sie sein sollten, so bringen wir sie dahin, wohin sie zu bringen sind.

Goethe, Wilhelm Meisters Lehrjahre VIII, 4

V. Kapitel

Genialität
Größe
Heldentum
Kleinheit
Gleichheit

Genialität

Talent ist spezifische, Genie allgemeine Befähigung.

Hegel

Verstand ist mechanischer, Witz ist chemischer, Genie ist organischer Geist.

Friedrich Schlegel, Athenaeum 1798

Das Talent stellt nur Teile dar, das Genie das Ganze des Lebens.

Jean Paul, Vorschule der Ästhetik

Demgemäß ist Simplizität stets ein Merkmal nicht allein der Wahrheit, sondern auch des Genies gewesen.

Schopenhauer,
Parerga und Paralipomena II, XXIX, § 377

Übrigens sprach Goethe von Dante mit aller Ehrfurcht, wobei es mir merkwürdig war, daß ihm das Wort Talent nicht genügte, sondern daß er ihn eine Natur nannte, als womit er ein Umfassenderes, Ahndungsvolleres, tiefer und weiter um sich Blickendes ausdrücken zu wollen schien.

Eckermann,
Gespräche mit Goethe, 3. 12. 1824

Das Genie ist ein Vorgebirge, das in die Unendlichkeit hineinragt.

Victor Hugo

Ein Genie ist ein Mensch, in dessen Kopfe die Welt als Vorstellung einen Grad mehr Helligkeit erlangt hat.

Schopenhauer

Das Talent gleicht dem Schützen, der ein Ziel trifft, welches die übrigen nicht erreichen können; das Genie dem, der eins trifft, bis zu welchem sie nicht einmal zu sehen vermögen.

Schopenhauer,
Welt als Wille und Vorstellung II, 3

Das Genie kommt mir immer vor wie eine Rechenmaschine: Die wird gedreht, und das Resultat ist richtig; sie weiß nicht warum.

Goethe, zu David Johann Veit, 19. 10. 1794

Genie ist das Vermögen, von eingebildeten Gegenständen wie von wirklichen zu handeln.

Novalis, Fragmente 1798

Genius: Die Einführung eines neuen Elementes in das intellektuelle Universum.

William Wordsworth

Völlige Ablösung und Sonderung des Intellekts vom Willen und seinem

Dienst ist der Vorzug des Genies. Genialität ist Objektivität.

Schopenhauer,
Über den Willen in der Natur

Genies gehen ihren eigenen Gang wie Ziegen. Daher nennt sie auch der Italiener capricciosi (Sonderlinge, eigentlich Sprüngemacher, von capra = Ziege). Sie klettern über Höhen und Abgründe leicht hinweg, während Schafe ruhig dem Leithammel folgen.

Karl Julius Weber,
Demokritos, Über Bücher

Genialität ist Eigentümlichkeit der Auffassung, Talent Fähigkeit des Wiedergebens.

Grillparzer, Ästhetische Studien, 1835

Das Talent faßt sein Ziel scharf und bestimmt ins Auge und sucht es auf dem nächsten Wege zu erreichen, was ihm, wenn es ein echtes ist, auch gelingt. Nie aber erreicht es mehr. Das Genie weiß auch recht gut, wohin es soll, aber vor innerem Drang und Überfülle macht es allerlei Kreuz- und Quersprünge, die es scheinbar vom Ziel entfernen, aber nur, damit es umso reicher ankomme.

Hebbel, Tagebücher, 20. 5. 1843

Das Genie entdeckt die Frage, das Talent beantwortet sie.

Waggerl, Kleine Münze

Eine Schablone schaffen, das ist Genie.

Baudelaire

Genius ist ewige Geduld.

Michelangelo

Gaben, wer hätte sie nicht, Talente,
Spielzeug für Kinder!
Erst der Ernst macht den Mann, erst
der Fleiß das Genie.

Fontane, Lieder und Sprüche

Wir unterscheiden uns weniger durch die Kräfte, die wir haben, als durch den Mut, von ihnen Gebrauch zu machen. Auch im Geistigen. Genialität ist Mut zu sich selbst.

Hans Kudszus

Eine französische vornehme Dame sagte einmal: „Wer geniert sich vor seinem Kammerdiener!" Das ist das Kennzeichen eines Genies, sich nicht vor der ganzen Nation zu genieren.

Raabe, Gedanken und Einfälle

Das Genie ist schamhaft, weil dies die Natur immer ist.

Schiller

Manchmal braucht der Genius den Sporn, meistens den Zügel.

Dionysius Cassius Longinus,
Über das Erhabene

Denn was man so Genie kurzweg genannt,
nicht immer ist's, wenn man es braucht, zur Hand.

Goethe, Was wir bringen, Halle 6

Man soll von jedermann Genie fordern, aber ohne es zu erwarten.

Friedrich Schlegel, Athenaeum 1797

Genius ist das Talent eines Menschen, der tot ist.

Edmond de Goncourt

Genie ist ein Schwung der Leidenschaften, welche selten mit der Weisheit vereinbar sind.

Helvetius

Genie kann im Schönen und Vollkommenen verbleiben oder darüber hinausgehen ins Absurde.

Goethe, zu Riemer, 9. 7. 1809

Versuch's und übertreib's einmal,
gleich ist die Welt von dir entzückt!
Das Grenzenlose heißt genial,
wär's auch nur grenzenlos verrückt.

Paul Heyse, Spruchbüchlein

Sie glauben oft, um ein schöner Geist zu sein, müsse man etwas liederlich leben und gleichsam das Genie mit verdorbenen Sitten fett machen.

Lichtenberg

Täglich zu sehen, wie Leute zum Namen Genie kommen wie die Kelleresel zum Namen Tausendfuß, nicht weil sie soviele Füße haben, sondern weil die meisten nicht bis auf 14 zählen wollen, hat gemacht, daß ich keinem mehr ohne Prüfung glaube.

Lichtenberg

Vielleicht ist derjenige, dem man Genie zuschreibt, übler daran als der, der nur gewöhnliche Fähigkeiten besitzt; denn jener kann leichter verbildet und viel heftiger auf falsche Wege gestoßen werden als dieser.

Goethe, Wilhelm Meisters Lehrjahre II, 9

Der Mensch ist verloren, der sich früh für ein Genie hält.

Lichtenberg

Zwischen genialen Männern und den echt weiblichen Frauen wird immer eine ganz natürliche Verbindung bestehen. Die Stärke des echten Weibes ist die Genialität des Verstehens, daher die immer wiederkehrende Erscheinung, daß die in Art und Unart bedeutenden Männer einen so starken Zug zu den Frauen gehabt und grade im Verkehr mit ihnen ihr Bestes und Edelstes gezeigt haben.

Treitschke, Politik 1, Die Familie

Wo ein Genie auftaucht, verbrüdern sich die Dummköpfe.

Jonathan Swift

Größe

Es ist eine Wollust, einen großen Mann zu sehn. (Martin)

Goethe, Götz von Berlichingen I, Herberge im Wald

Die großen Seelen sind wie hohe Berggipfel. Der Wind peitscht sie, die Wolken hüllen sie ein, aber man atmet leichter und kräftiger auf ihnen als anderswo.

Romain Rolland, Das Leben des Michelangelo

Ein bedeutendes Individuum weiß uns immer für sich einzunehmen, und wenn wir seine Vorzüge anerkennen, so lassen wir das, was wir an ihm problematisch finden, auf sich beruhen.

Goethe, an Karl Friedrich von Reinhard, 8. 5. 1811

Alles Große bildet, sobald wir es gewahr werden.

Goethe, zu Eckermann, 16. 12. 1828

Es ist nichts groß als das Wahre, und das kleinste Wahre ist groß.

Goethe, an Charlotte von Stein, 8. 6. 1787, Rom

Vielseitigkeit mag ich nicht recht oder glaube eigentlich nicht recht daran. Was eigentümlich und schön und groß sein soll, das muß einseitig sein.

Felix Mendelssohn, Reisebriefe

Klein ist der Mensch, der Vergängliches sucht, groß aber, wer das Ewige im Sinn hat.

Antonius von Padua, Predigten

Wie glänzend eine Handlung auch sei – sie kann nicht für eine große Tat gelten, wenn sie nicht aus einer großartigen Absicht entsprang.

La Rochefoucauld, Reflexionen

Damit ein Ereignis Größe habe, muß zweierlei dazukommen: Der große Sinn derer, die es vollbringen, und der große Sinn derer, die es erleben.

Nietzsche

Alles Menschenwerk, so es die gewöhnlichen Grenzen an Größe oder Vollendung überschreitet, hat etwas Erschreckendes an sich, und man muß lange dabei verweilen, ehe man es mit Ruhe und Trost genießen kann.

Clemens Brentano, Aus der Chronika eines fahrenden Schülers

Kleine Geister handeln, große wirken.

Waggerl, Kleine Münze

Groß ist ein Mensch, der nach seinem Tod die anderen in Verlegenheit läßt.

Paul Valéry

Größe besitzt, wer uns nie an andere erinnert.

Ralph Waldo Emerson

Was ist groß? Schicksalsschläge froh ertragen.

Seneca, an Lucilius

Wer im Handeln ein Zwerg ist, kann im Ertragen ein Riese sein.

Hans Kudszus,
Vielleicht nur „Irrungen und Wirrungen"

Einen wirklich großen Mann erkennt man an drei Dingen: Großzügigkeit im Entwurf, Menschlichkeit in der Ausführung und Mäßigkeit beim Erfolg.

Bismarck

Macht besitzen und nicht ausüben ist wahre Größe.

Friedl Beutelrock

Ein wahrhaft großer Mann wird weder einen Wurm zertreten, noch vor dem Kaiser kriechen.

Benjamin Franklin

Was ist für einen Großen denn zu klein? (Nathan)

Lessing,
Nathan der Weise III, 6

Ein großer Mann ist, wer ein Tongeschirr so benutzt, als wäre es Silber. Nicht weniger groß ist aber auch, wer Silber so benutzt, als sei es ein Tongeschirr.

Seneca, an Lucilius

Wer große Körbe flechten kann, flicht auch kleine.

Aus Afrika

Zu einem großen Mann gehört beides: Kleinigkeiten als Kleinigkeiten und wichtige Dinge als wichtige Dinge behandeln.

Lessing,
Hamburgische Dramaturgie

Was ist groß am Menschen? Nicht, daß er mit seinen Flotten die Meere erfüllt und am Gestade des roten Meeres seine Feldzeichen aufpflanzt, nicht, daß er auf der Suche nach Unbekanntem auf dem Ozean umherirrt, weil er auf dem Festland nicht genug Unrecht tun kann – sondern groß ist die klare Beurteilung alles dessen und die Überwindung der eigenen Fehler.

Seneca, an Lucilius

Es gibt ein sicheres Mittel, um große Männer von Scheingrößen zu unterscheiden: Alle großen Männer haben Humor.

Ludwig Reiners,
Stilkunst VI, Witz und Humor

Wen Götter sich zum Eigentum erlesen,
geselle sich zu Erdenbürgern nicht;
der Menschen und der Überird'schen Los,
es mischt sich nimmer in demselben Becher.
Von beiden Welten eine mußt du wählen. (Sappho)

Grillparzer, Sappho III, 2

Es ist leicht, in Gemeinschaft zu leben nach den Regeln der anderen. Es ist ebenso leicht, zurückgezogen zu leben nach den eigenen Vorstellungen. Größe aber bezeugt, wer inmitten der Menge freundlich die Unabhängigkeit des Einsamen bewahrt.

Ralph Waldo Emerson

Um Epoche in der Welt zu machen, dazu gehören bekanntlich zwei Dinge. Erstens, daß man ein guter Kopf sei, und zweitens, daß man eine große Erbschaft tue. Napoleon erbte die Französische Revolution, Friedrich der Große den Schlesischen Krieg, Luther die Finsternis der Pfaffen, und mir ist der Irrtum der Newtonischen Lehre zuteil geworden.

Goethe, zu Eckermann, 2. 5. 1824

Gelegenheit macht nicht Diebe allein; sie macht auch große Männer.

Lichtenberg, Über Physiognomik

Nicht alle Sterne lernten wir durch Aufblicken kennen. Mit manchen waren wir auf Du und Du, bis wir merkten, daß sie Sterne sind.

Ludwig Marcuse

Du siehst die leuchtende Sternschnuppe nur dann, wenn sie vergeht!

Hebbel, Tagebücher I

Das Menschengeschlecht erkennt seine Propheten nicht und tötet sie, doch es liebt seine Märtyrer. (Sosima)

Dostojewski, Die Brüder Karamasow IV, 3

In Hinsicht auf die Schätzung der Größe eines Menschen gilt für die geistige das umgekehrte Gesetz der physischen: Diese wird durch die Ferne verkleinert, jene vergrößert.

Schopenhauer, Parerga und Paralipomena

Der Preis der Größe heißt Verantwortung.

Churchill,
Rede an der Harvard-Universität, 6. 9. 1943

Weil der Elefant groß und fett ist, hat er auch große Sorgen.

Aus Zaïre

Auf ebnem Boden straucheln ist ein Scherz,
ein Fehltritt stürzt' vom Gipfel dich herab. (Gerichtsrat)

Goethe, Die natürliche Tochter IV, 2

Verräterische Hoheit!
Dem Wunsche süß, doch schmerzhaft dem Besitzer! (Agamemnon)

Schiller, Iphigenie in Aulis I, 1

Ach, was ist Menschengröße, Menschenruhm! (Natalie)

Heinrich von Kleist,
Prinz Friedrich von Homburg IV, 1

Manch einer ist ein großes Licht –
nur leuchten und wärmen kann er nicht.

Verfasser unbekannt

Das Allerseltenste aber ist bei weltgeschichtlichen Individuen die Seelengröße.

Jacob Burckhardt,
Weltgeschichtliche Betrachtungen V

Bei unseren größten Männern muß man immer noch sagen: Möchten sie etwas mehr Genie haben und etwas weniger Schauspieler sein!

Nietzsche, Unschuld des Werdens 2

Die wirklichen großen Herren in der Welt knöpfen erst im Tode ihren Oberrock auf, um ihren Stern zu zeigen.

Raabe, Gedanken und Einfälle

Wer auf Grund seines Reichtums und seiner Ehrenstellung einen höheren Rang einnimmt, ist nicht groß. Warum erscheint er aber als groß? Weil man ihn mit dem Sockel mißt.

Seneca, an Lucilius

Unter Blinden ist der Einäugige König.

Sprichwort

Wer lauter große Dinge sehen will, muß sich zu einer Mücke wünschen.

Wilhelm Heinse

Alles Unbekannte gilt für groß.

Tacitus, Agricola 30

Der große Mensch ist ein öffentliches Unglück.

Aus China

Außerordentliche Menschen, wie Napoleon, treten aus der Moralität heraus. Sie wirken zuletzt wie physische Ursachen, wie Feuer und Wasser.

Goethe, zu Riemer, 3. 2. 1807

Was war es denn, was Napoleon zu all seinen ungeheuren Unternehmungen antrieb? Frankreich, die Welt zu beglücken? Daran hat er wohl nie so eigentlich gedacht. Nachruhm? Er hat wohl nicht fest genug an die Unsterblichkeit der Seele geglaubt, als daß die Unsterblichkeit des Namens ein so gewaltiges Motiv für ihn sein konnte. Was also denn? Das Bedürfnis seines unablässig bewegten Geistes nach immer neuen, nach immer stärkeren Reizmitteln. Es fehlte ihm die Fähigkeit, zu genießen, darum mußte er immer handeln.

Grillparzer,
Historische und politische Studien, 1822

Das wäre so erhaben, lieber Ohm,
daß man es fast unmenschlich nennen
könnte. (Natalie)

Heinrich von Kleist,
Prinz Friedrich von Homburg IV, 1

Im Schatten eines mächtigen Baumes gedeihen keine saftigen Früchte.

Sprichwort

Mögest du in interessanten Zeiten leben!

Chinesischer Fluch

Heldentum

Der Held ist einer, der fünf Minuten länger tapfer ist als der gewöhnliche Mann.

Emerson

Ein Held ist jemand, der tut, was er kann! Die anderen tun dies nicht.

Romain Rolland

Es gibt Heldentaten, deren nur die ganz Schüchternen fähig sind.

Pierre Gascar

Heldentum ist Ausnahmezustand und meist Produkt einer Zwangslage.

Theodor Fontane

Das Volk besteht darauf, seine Wunder, seine Helden und Heldinnen, seine Heiligen, Märtyrer und Gottheiten zu haben, um die Kraft der Liebe, der Bewunderung und der Anbetung an ihnen üben zu können, und seine Judasse und Teufel, um die Möglichkeit zu haben, in Zorn zu entflammen und doch zu fühlen, daß dieser Zorn ein Gott wohlgefälliger Zorn ist.

Shaw, Warum für Puritaner?

Die Roheit kann des Höhern nicht
entbehren,
doch hat sie's angefaßt, will sie's in sich
verkehren. (Kascha)

Grillparzer, Libussa I

Ich mag keine Helden. Sie machen mir zuviel Lärm in der Welt.

Voltaire

Unglücklich das Land, das Helden nötig hat. (Galilei)

Brecht, Leben des Galilei 13

Kränz einen Welteroberer nicht!
Schlepp' lieber ihn zum Hochgericht.

Claudius, Ein gülden ABC

Es schwimmt der Held im eignen Blut?
Ende schlimm – alles gut!

Erich Kästner,
Der Selbstwert des Tragischen

Es ist immer die Leistung, die bestimmt, wer zur Elite zählt.

Ludwig Marcuse

Kleinheit

Wenn der Edelmann durch die Darstellung seiner Person alles gibt, so gibt der Bürger durch seine Persönlichkeit nichts und soll nichts geben. Jener darf und soll scheinen; dieser soll nur sein, und was er scheinen will, ist lächerlich und abgeschmackt. Jener soll tun und wirken, dieser soll leisten und schaffen; er soll einzelne Fähigkeiten ausbilden, um brauchbar zu werden, und es wird schon vorausgesetzt, daß in seinem Wesen keine Harmonie sei, noch sein dürfe, weil er, um sich auf eine Weise brauchbar zu machen, alles übrige vernachlässigen muß.

Goethe,
Wilhelm Meisters Lehrjahre V, 3

Es treibt sich der Bürgersmann, träg
und dumm,
wie des Färbers Gaul nur im Ring herum. (Wachtmeister)

Schiller, Wallensteins Lager 7

Wo sich die Elefanten bekämpfen, hat das Gras den Schaden.

Aus Tansania

In jedem Staat, besonders aber in einer Republik, ist es höchst wichtig, daß der Mittelstand geachtet werde und sich selbst achte.

Goethe, an Jeremias Bitaubé, 19. 11. 1800

Gott ist in den Schwachen mächtig.

Karl Julius Weber, Demokritos IV, 20

Es gibt vielleicht mehr oberflächliche Geister in der großen Welt als in den unteren Gesellschaftsschichten.

Vauvenargues, Reflexionen und Maximen

Auch der Armseligste hat noch Talente, die, so unbedeutend sie auch scheinen mögen, sinnvoll eingesetzt der ganzen Menschheit nützen.

John Ruskin

Klein ist das Eichhörnchen. Aber es ist kein Sklave des Elefanten.

Aus Nigeria

Der Wurm darf dem Adler um den Schnabel kriechen.

Lavater, an Wieland, Juni 1775

Auf tausend Menschen, die bereit sind, Großes zu tun, kommt höchstens einer, der bereit ist, Kleines zu tun. Das ist der Kern des Übels.

George MacDonald

Das ist auch eine Kunst, die nicht im Wirtshaus gelehrt wird: Im Kleinsten getreu sein und das Höchste im Herzen tragen.

Jeremias Gotthelf

Wer sich zuviel mit Kleinigkeiten befaßt, wird unfähig zum Großen.

La Rochefoucauld

Der gewöhnliche Kopf ist immer der herrschenden Meinung und der herrschenden Mode konform.

Lichtenberg,
Philosophische Bemerkungen

Die gefährlichste Waffe sind die Menschen kleinen Kalibers.

Wieslaw Brudzinski

Was die Menschen voneinander unterscheidet, ist eine Kleinigkeit. Was macht die Schönheit, die Häßlichkeit, die Gesundheit, die Krankheit, den Geist oder die Dummheit? Ein kleiner Unterschied der Organe, ein wenig mehr oder ein wenig weniger Galle.

Vauvenargues

Auch der tapferste Mann, den es gibt,
schaut mal unter's Bett.
Auch die nobelste Frau, die man liebt,
muß mal auf's Klosett.

Wer anläßlich dieser Erklärung
behauptet, das sei Infamie,
der verwechselt Heldenverehrung
mit Mangel an Fantasie.

Erich Kästner,
Helden in Pantoffeln

Gleichheit

Es regnet auf alle Dächer.

Aus Kamerun

Der Einzelwille strebt von Natur nach Auszeichnung und der Gemeinwille nach Gleichheit.

Rousseau, Der Gesellschaftsvertrag II, Daß die Souveränität unveräußerlich ist

Jeder Standesunterschied infolge der Geburt ist ein frecher Hohn der Christuslehre.

Levin Schücking, Die Ritterbürtigen

Die Ungleichheit der Stände ist aus der Ungleichheit der Begabungen und des Mutes entstanden.

Vauvenargues

Gott ist es selber, der die Ungleichheit der Menschen durch die Ungleichheit der Gaben, die er einem jeden von uns von innen verliehen, gegründet.

Pestalozzi, Rede über die Idee der Elementarbildung

Überdem ist die Ungleichheit der Menschen von Natur nicht so groß, als sie durch die Erziehung wird.

Herder, Ideen zur Philosophie der Geschichte der Menschheit IX, 4

Wenn wir über bürgerliche Ungleichheit klagen, so sind alsdann unsre Augen nach oben gerichtet. Wir sehen nur diejenigen, die über uns stehen und deren Vorrechte uns beleidigen. Abwärts sehen wir nie bei solchen Klagen.

Heine, Reisebilder II, Englische Fragmente 11

Daß vor Gott alle Menschen gleich sind, wie die Bibel lehrt, hat das Mißverständnis ausgestreut, auf der Erde seien alle Menschen gleich.

Hans Kasper, Abel, gib acht; Tausendundeine Moral

Chancengleichheit bedeutet Gelegenheit zum Nachweis ungleicher Talente.

Sir Herbert Samuel

Die Gleichheit, die der Mensch hier verlangen kann, ist sicherlich der erträglichste Grad der Ungleichheit.

Lichtenberg, Miscellaneen 16

Die Humanität erreichte mehr, wenn sie, statt die Gleichheit zu loben, zum Respekt vor dem Wunder der Vielfalt riete.

Hans Kasper, Abel, gib acht; Halbzeit der Emanzipationen

VI. Kapitel

Leben
Erlebnis
Erfahrung
Erinnerung
Reife
Sinn
Schicksal
Notwendigkeit
Freiheit I
Freiheit II
Abhängigkeit
Entscheidung

Leben

Lassen Sie uns hübsch diese Jahre daher als Geschenk annehmen, wie wir überhaupt unser ganzes Leben anzusehen haben, und jedes Jahr, das zugelegt wird, mit Dank erkennen.

Goethe,
an Catharina Elisabeth Goethe, 7. 12. 1783

Benimm dich im Leben wie bei einem Gastmahl. Eine Speise wird herumgetragen und gelangt zu dir: Du langst dir zu und nimmst mit Anstand davon. Sie wird vorübergetragen: Du hältst sie nicht zurück. Sie ist noch nicht an dich gekommen: Du unterdrückst dein Verlangen und wartest ruhig, bis sie an dich kommt. So mache es deinen Kindern, deinem Weibe, Ehrenstellen und Reichtümern gegenüber, und du wirst ein Tischgenosse der Götter sein.

Epiktet, Handbüchlein der Moral 15

Tritten des Wanderers über den Schnee
sei ähnlich mein Leben:
Es bezeichne die Spur, aber beflecke sie
nicht.

Carl Ludwig von Knebel,
zu Goethe, Ende 1804

Drei von zehn bejahen das diesseitige Leben. Drei von zehn bejahen das jenseitige Leben. Drei von zehn verneinen das Leben und fürchten den Tod. Diese neun sehen nur das äußere Leben und verfallen dem Tod.
Der Zehnte aber, der Weise, schreitet durchs äußere Leben ohne Ja und Nein, ohne Gier und Furcht, des inneren gewiß.

Lao-Tse, Tao-Teh-King 50

Gedenke zu leben.

Goethe, Wilhelm Meisters Lehrjahre VIII, 5

Unser ganzes Leben ist Gottesdienst.

Novalis

Das Leben lieben heißt Gott lieben.

Tolstoi, Krieg und Frieden

Das Leben eines jeden Menschen ist ein von Gotteshand geschriebenes Märchen.

Hans Christian Andersen

Das Leben ist Schlaf, dessen Traum die Liebe ist. Du wirst gelebt haben, wenn du geliebt haben wirst.

Alfred de Musset

Leben ist das Einatmen der Zukunft.

Pierre Leroux

Ist Leben doch des Lebens höchstes Gut! (Mortimer)

Schiller, Maria Stuart III, 6

Seit ich mein Grab sah, will ich nichts als leben
und frage nicht mehr, ob es rühmlich sei! (Prinz von Homburg)

Kleist, Prinz Friedrich von Homburg III, 5

Besser
in Schande leben als bewundert sterben. (Iphigenie)

Schiller, Iphigenie in Aulis IV, 3

Es ist erlaubt, das Leben zu lieben, wenn man es um seiner selbst willen liebt und nicht aus Angst vor dem Tod.

Vauvenargues

Schätze das Leben nicht höher
als ein anderes Gut, und alle Güter sind trüglich.

Goethe, Hermann und Dorothea 9

Wenn dem Menschen nicht immer etwas teurer ist als das Leben, so ist das Leben nicht viel wert.

Seume, Apokryphen

Das Leben ist viel wert, wenn man's verachtet! (Ottokar)

Kleist, Die Familie Schroffenstein IV, 5

Alles Leben ist Kampf des Individuellen mit dem Universum.

Hebbel

Lebenskunst besteht darin, die eigene Natur mit der eigenen Arbeit in Einklang zu bringen.

Luis Ponce de Leon

Trenne alles, was eigentlich Geschäft ist, vom Leben! Das Geschäft verlangt Ernst und Strenge, das Leben Willkür; das Geschäft die reinste Folge, dem Leben tut eine Inkonsequenz oft not, ja sie ist liebenswürdig und erheiternd.

Goethe,
Die Wahlverwandtschaften I, 4

Der alltägliche Weg hat keine Wegemarken.

Aus Afrika

Abwechslung ohne Zerstreuung wäre für Lehre und Leben der schönste Wahlspruch, wenn dieses löbliche Gleichgewicht nur so leicht zu erhalten wäre!

Goethe,
Die Wahlverwandtschaften II, 7

Das ganze Leben ist ein verdaulicher Widerspruch.

Hebbel, Tagebücher 1838

Ernst im bürgerlichen Leben ist nur das Gute und Böse, das Laster und die Tugend. Alles übrige soll nur ein Spiel sein.

Joubert

Lebenskunst ist nicht zuletzt die Fähigkeit, auf etwas Notwendiges zu verzichten, um sich etwas Überflüssiges zu leisten.

Vittorio de Sica

Das Leben ist viel leichter zu meistern, als man immer denkt. Man braucht nur das Unmögliche gelten zu lassen, auf das Unentbehrliche zu verzichten und das Unerträgliche zu dulden.

Kathleen Norris

Das Leben ist ein beschneites Feuerwerk.

Hebbel

Das Leben ist eine Tragödie, in der wir eine Weile als Zuschauer sitzen und dann unsre Rolle spielen.

Swift

Was ist das menschliche Leben anderes als eine Komödie oder ein Schauspiel, wo einer in dieser, der andere in jener Larve auftritt und seine Person agiert, bis ihn sein Prinzipal wieder abtreten heißt?

Erasmus von Rotterdam, Lob der Narrheit

Was ist Leben?
Ein Schatten, der vorüberstreicht! Ein armer Gaukler,
der seine Stunde lang sich auf der Bühne
zerquält und tobt; dann hört man ihn nicht mehr. (Macbeth)

Schiller, Macbeth V, 6

Unser Leben gleicht einem Schachspiel. Ist es zu Ende, so kommen alle Figuren – Könige, Königinnen, Läufer, Türme, Springer und Bauern – in einen Sack.

Verfasser unbekannt

Niemand, der sein inneres Bewußtsein aufrichtig fragt, wird seine Rolle auf der Welt wiederholen wollen.

Swift

Das Wesen des Lebens liegt in der Bewegung, die es weiterpflanzt.

Henri Bergson

Das Leben ist nur ein physikalisches Phänomen.

Ernst Haeckel

Unser Leben ist der Fluß, der sich ins Meer ergießt, das Sterben heißt.

Federico Garcia Lorca

Unser Leben kann man mit einem Wintertag vergleichen. Wir werden zwischen 12 und 1 des Nachts geboren, es wird 8 Uhr, ehe es Tag wird, vor 4 des Nachmittags wird es wieder dunkel, und um 12 sterben wir.

Lichtenberg

Das Leben nennt der Derwisch eine Reise,
und eine kurze. Freilich! Von zwei Spannen
diesseits der Erde nach zwei Spannen drunter. (Prinz von Homburg)

Kleist, Prinz Friedrich von Homburg IV, 3

Der hat lange gelebt, der gut lebte.

Thomas Wilson

Das Leben ist wie ein geschicktes Zahnausziehen. Man denkt immer, das Eigentliche solle erst kommen, bis man plötzlich sieht, daß alles vorbei ist.

Bismarck

Am Schluß ist das Leben nur eine Summe aus wenigen Stunden, auf die man zulebte. Sie sind; alles andere ist nur ein langes Warten gewesen.

Erhart Kästner, Ölberge, Weinberge; Aigina

Man lebt, glaube ich, in Abschnitten, von einem wichtigen Punkt zum andern.

Horst Wolfram Geißler, Wovon du träumst

Das Leben ist eine Brücke von Seufzern über einen Strom von Tränen.

Philip James Bailey

Was nützt alle das Leben? In Häusern wohnet die Sorge,
auf dem Lande die Müh', in den Geschäften der Neid,
auf dem Meere Gefahr. Besitzt du Habe, so droht dir
Schrecken, besitzest du nichts, quälet dich Mangel und Weh!
Lebe du unvermählt, so lebst du traurig und einsam,
nimm dir ein Weib, so nimmst du auch die Sorge mit ihr.
Kinder mühen, und ohne Kinder lebet sich halb nur;
Jüngling ist man ein Tor, weit in den Jahren ein Kind.
Dürft' ich wählen, ich würd' aus Zweien Eines mir wählen:
Nie geboren zu sein oder den frühesten Tod.

Herder, Das Unglück des Lebens

Das Leben ist eine Krankheit, und der einzige Unterschied zwischen den Menschen besteht darin, daß sie sich in verschiedenen Phasen dieser Krankheit befinden.

Shaw

„Wie geht's?" sagte ein Blinder zu einem Lahmen. „Wie Sie sehen", antwortete der Lahme.

Lichtenberg

Die erste Hälfte unseres Lebens wird uns von unseren Eltern verdorben und die zweite Hälfte von unseren Kindern.

Clarence Darrow

Der Lebenslauf der Menschen gleicht
meist mittelmäßigen Gedichten.
Genügt dir auch die Form vielleicht,
auf Poesie mußt du verzichten.

Friedrich Halm

Jedes Leben ist mehr oder weniger eine Ruine, unter deren Trümmern wir die eigentliche Bestimmung des Menschen entdecken müssen.

Ortega y Gasset

Wenn einer sagt, daß das Leben ein Dreck sei, da mag er schon recht haben. Das ist dann aber auch alles, was er hat.

Thomas Niederreuther, Aphorismen

Erlebnis

Alles prüfe der Mensch, sagen die Himmlischen,
daß er, kräftig genährt, danken für Alles lern
und verstehe die Freiheit
aufzubrechen, wohin er will.

Hölderlin, Lebenslauf

Das Leben ist eine mißliche Sache. Ich habe mir vorgesetzt, es damit hinzubringen, über dasselbe nachzudenken.

Schopenhauer

Das Leben, ob glücklich oder unglücklich, ob erfolgreich oder erfolglos, ist ungewöhnlich interessant.

Shaw

Das Leben gleicht einem Buche: Toren durchblättern es flüchtig; der Weise liest es mit Bedacht, weil er weiß, daß er es nur einmal lesen kann.

Jean Paul

Nur die Menschen, die für die Weisheit Zeit haben, sind frei von Unruhe. Sie allein leben.

Seneca, an Lucilius

Nur der Erkennende lebt.

Morgenstern, Stufen, Erkennen, 1906

Wer das Tiefste gedacht,
liebt das Lebendigste.

Hölderlin, Sokrates und Alkibiades

Vom Gesange lustger Finken
durch das Fenster aufgeweckt,
lasse ich den Schleier sinken,
der mir meine Seele deckt.

Nein, jetzt kann ich gar nicht trauern;
alles scheint mir lieb und gut,
und mir wächst da überm Lauern
auch ein Finkenliedermut.

Wie die kleinen Sänger schweben,
wie es sehnt und lockt und zirpt!
O wie herrlich ist das Leben,
wenns zu neuem Leben wirbt.

Clemens Brentano, Finkenlied

Ich bin gewiß, wenn einer von uns im Frühling über die Wiesen von Oberweimar herauf nach Belvedere geht, daß ihm tausendmal Merkwürdigeres in der Natur zum Wiedererzählen oder zum Aufzeichnen in sein Tagebuch begegnet, als dem Kotzebue auf seiner ganzen Reise bis ans Ende der Welt.

Goethe,
zu Johann Daniel Falk, Februar 1810

Die außerordentlichen Geister wenden sich vor allem den alltäglichen, vertrauten Dingen zu, während den gewöhnlichen Köpfen nur die außerordentlichen Dinge auffallen.

Rivarol

Man muß viel Ferne getrunken haben,
um den Zauber des Nächsten zu fassen.

Martin Kessel, Gegengabe III

Jeder bewahrt in seinem Gedächtnis eine Reihe von Tagen, an denen er durchzudringen vermochte und den Glanz der sieben Schöpfungstage erblickte. Die Knabenjahre waren reicher daran. Da war ein erster Sonnenaufgang, Tauwiesen, eine erste Hochgebirgsnacht mit brennenden Sternen, der Fall in einen Augusttag beim Baden am Fluß: Tage, in denen das Anschaun gelang.

Erhart Kästner,
Ölberge, Weinberge; Auf den ersten Blick

Das Höchste, wozu der Mensch gelangen kann, ist das Erstaunen.

Goethe, zu Eckermann, 18. 2. 1829

Alles, was uns begegnet, läßt Spuren zurück. Alles trägt unmerklich zu unserer Bildung bei.

Goethe,
Wilhelm Meisters Lehrjahre VII, 1

Erdachtes mag zu denken geben,
doch nur Erlebtes wird beleben.

Paul Heyse, Spruchbüchlein, Philosophie

Ein lebhafter Eindruck ist wie eine Wunde: Man fühlt sie nicht, indem man sie empfängt. Erst später fängt sie an zu schmerzen und zu eitern.

Goethe,
Wilhelm Meisters Wanderjahre I, 11

In unserem Seelenleben liegen zwischen Blitz und Donner oft viele Jahre.

Hans Arndt,
Im Visier, Bewegtes Grundwasser

Der Mensch ist so geschaffen, daß er von großen Erregungen betäubt, von kleinen aber in Bewegung gesetzt wird.

Otto Flake

Wer lange genug gelebt hat, hat alles gesehen und auch das Gegenteil von allem.

Talleyrand

Erfahrung

Erfahrung ist eine verstandene Wahrnehmung.

Kant

Erfahrung besteht aus Anschauungen, die der Sinnlichkeit angehören, und aus Urteilen, die lediglich ein Geschäft des Verstandes sind.

Kant

Ein einziges Blättchen Erfahrung ist mehr wert als ein ganzer Baum voll guter Ratschläge.

Aus Litauen

Geht der Weg über das Gebirge, nimm ein altes Maultier! Vielleicht trägt es dich nicht, aber es kennt den Pfad.

Aus Chile

Erfahrung bleibt die beste Wünschelrute.

Goethe,
Die ersten Erzeugnisse der Stotternheimer Saline

Erfahrung bleibt des Lebens Meisterin. (Eugenie)

Goethe, Die natürliche Tochter IV, 2

Erfahrung ist der beste Lehrmeister, aber das Schulgeld ist hoch.

Thomas Carlyle

Der Mensch hat viele Häute abzuwerfen, bis er seiner selbst und der weltlichen Dinge nur einigermaßen sicher wird.

Goethe,
an Viktor Leberecht Plessing, 26. 7. 1782

Erfahrung bedeutet ursprünglich immer schlechte Erfahrung.

Oswald Spengler, Gedanken, Streiflichter

Erst dann, wenn du dir die Knochen gebrochen hast, wirst du ein Reiter.

Aus Marokko

Erfahrungen – das sind die vernarbten Wunden unserer Dummheit.

John Osborne

Krieger, durch Wunden belehrt, schützen sich besser im Kampf.

Properz, Elegien III, 11, 5

Erfahrung ist ein Anzug, der mit den Jahren immer besser paßt.

Aus England

Erfahrungen sind Maßarbeit. Sie passen nur dem, der sie macht.

Carlo Levi

Wer deine Last nicht getragen hat, weiß nicht, was sie wiegt.

Aus Afrika

Wer etwas wert ist, den machen Erfahrung und Unglück besser.

Pestalozzi

Magst du auch aus dem Meere schöpfen, du bekommst doch nur so viel, als dein Krug fassen kann.

Aus Indien

Erfahrungen machen einen Mann klüger, eine Frau älter.

Henry de Montherlant

Der aus Büchern erworbene Reichtum fremder Erfahrung heißt Gelehrsamkeit. Eigene Erfahrung ist Weisheit.

Lessing

Wer sich mit reiner Erfahrung begnügt und darnach handelt, der hat Wahres genug. Das heranwachsende Kind ist weise in diesem Sinne.

Goethe,
Wilhelm Meisters Wanderjahre II,
Betrachtungen im Sinne der Wanderer

Die Weisheit eines Menschen mißt man nicht nach seiner Erfahrung, sondern nach seiner Fähigkeit, Erfahrungen zu machen.

Shaw

Der beste Teil im menschlichen Leben ist die Zeit, in der wir arbeiten und schöpferisch tätig sind. Kein Zweifel ist möglich – das wirkliche Abenteuer des Geistes und der Seele liegt im Schaffen.

Garson Kanin

Vieles erfahren haben, heißt noch nicht Erfahrung besitzen.

Ebner-Eschenbach, Aphorismen

Durchaus nicht jede Erfahrung lohnt. Wer sommers taube Nüsse sammelt, verhungert winters inmitten seiner Ersparnisse.

Hans Kasper, Abel, gib acht; Erfahrungen

Wohl! Die Erfahrung sei – Wer leugnet es? – Spiegel des Lebens.
Doch was strahlete je Blinden der Spiegel zurück?

Brinckmann, Geistlose Empiriker

Die meisten Menschen sind Uhren, die alle Minuten anzeigen, aber keine Stunden schlagen.

Samuel Johnson

Wie vieles lehrt ein Tag, und ach, wie wenig
gibt und vergißt ein Jahr. (Hero)

Grillparzer,
Des Meeres und der Liebe Wellen III

Wir machen keine neuen Erfahrungen. Aber es sind immer neue Menschen, die alte Erfahrungen machen.

Rahel Varnhagen von Ense

Wir glauben, Erfahrungen zu machen, aber die Erfahrungen machen uns.

Eugène Ionesco

Die Erfahrung gleicht einer unerbittlichen Schönen. Jahre gehen vorüber, bis du sie gewinnst, und ergibt sie sich endlich, seid ihr beide alt geworden, und ihr könnt euch nicht mehr brauchen.

Börne, Der Narr im weißen Schwan II

Erfahrung ist ein Kamm für die Glatzköpfigen.

Aus den USA

Der Gemeinplatz steht am Anfang und am Ende aller Erfahrung.

Hans Krailsheimer

Wenn du erfahren bist, sollst du nutzen.

Goethe, Wilhelm Meisters Wanderjahre II,
Betrachtungen im Sinne der Wanderer

Lebenskunst ist zu siebzig Prozent Verzicht auf Hast, zu zwanzig Prozent Verzicht auf „Dinge, die man unbedingt haben muß", und zu zehn Prozent Genuß an offenkundig Überflüssigem.

Otto Kornexl

Erinnerung

Man verringert seine Freuden allzusehr, wenn man nur von denen einen Genuß zu haben glaubt, die man hat und sieht. Bald verläßt uns ja jede Lust. Darum muß man die Seele in die Vergangenheit zurückweisen und, was uns je ergötzt hat, heraufbeschwören und es sich dadurch, daß man es sich oft vorstellt, recht zu eigen machen.

Seneca, Trostschreiben an Polybius 29

Erinnerung heißt die Kunst, einmal Genossenes nicht nur festzuhalten, sondern es immer reiner auszuformen.

Hermann Hesse

Eine liebevolle Aufmerksamkeit auf das, was der Mensch besitzt, macht ihn reich, indem er sich einen Schatz der Erinnerung an gleichgültigen Dingen dadurch anhäuft. Ich habe einen jungen Mann gekannt, der eine Stecknadel dem geliebten Mädchen, Abschied nehmend, entwendete, den Busenstreif täglich damit zusteckte und diesen gehegten und gepflegten Schatz von einer großen, mehrjährigen Fahrt wieder zurückbrachte.

Goethe,
Wilhelm Meisters Wanderjahre I, 12

Wir hören gerne das Lob dessen, was uns verlorenging. Sonderbar, indem es uns das Gefühl des Verlustes steigert, tröstet es uns.

Fontane, Vor dem Sturm

Wer so lebt, daß er mit Vergnügen auf sein vergangenes Leben zurückblicken kann, lebt zweimal.

Martial

Für angenehme Erinnerungen muß man im voraus sorgen.

Paul Hörbiger

Das Leben kann nur in der Schau nach rückwärts verstanden, aber nur in der Schau nach vorwärts gelebt werden.

Sören Kierkegaard

Wer das, was schön war, vergißt, wird böse.
Wer das, was schlimm war, vergißt, wird dumm.

Erich Kästner, In Memoriam Memoriae

Wer kann aber auf sein vergangenes Leben zurückblicken, ohne gewissermaßen irre zu werden, da er meistens finden wird, daß sein Wollen richtig, sein Tun falsch, sein Begehren tadelhaft und sein Erlangen dennoch erwünscht gewesen?

Goethe,
Wilhelm Meisters Wanderjahre I, 10

Eine Parfümflasche ist zerbrochen, das gute Laken hat einen grünlichen Fleck;

ein Geruch steigt auf, und jetzt erinnert sich die Nase. Die hat das beste Gedächtnis von allen! Sie bewahrt Tage auf und ganze Lebenszeiten. Personen, Strandbilder, Lieder, Verse, an die du nie mehr gedacht hast, sind auf einmal da.

Tucholsky,
Koffer auspacken, 1927

Man erzählt von Hallern, daß, als er einmal eine Treppe herunter und auf den Kopf gefallen war, er sogleich, nachdem er aufgestanden, sich die Namen der chinesischen Kaiser nach der Reihe hergesagt, um zu versuchen, ob sein Gedächtnis gelitten habe.

Goethe,
an Johann Friedrich Reichardt, 5. 2. 1801

Ehe man das Gedächtnis eines Menschen rühmt, sollte man feststellen, was dieses Gedächtnis zu behalten pflegt.

Heinrich Wolfgang Seidel,
Tagebuch der Gedanken und Träume

Seltsam ist es, daß wir in schlimmen Tagen uns die vergangenen glücklichen sehr lebhaft vergegenwärtigen können, hingegen in guten Tagen die schlimmen nur sehr unvollkommen.

Schopenhauer,
Parerga und Paralipomena II, 26, § 349

Das Gedächtnis ist ein sonderbares Sieb: Es behält alles Gute von uns und alles Üble von den anderen.

Wieslaw Brudzinski, Katzenjammer

Warum können wir uns an die kleinste Einzelheit eines Erlebnisses erinnern, aber nicht daran, wie oft wir es ein und derselben Person erzählt haben?

La Rochefoucauld

Das Gedächtnis ist der Diener unserer Interessen.

Thornton Wilder, Der achte Schöpfungstag, The Elms

Das Gedächtnis des Menschen ist das Vermögen, den Bedürfnissen der Gegenwart entsprechend die Vergangenheit umzudeuten.

George Santayana

Vergessen ist Mangel an Treue.

Gabriel Marcel

Methode ist die Mutter des Gedächtnisses.

Thomas Fuller

Wir werden alt, wenn die Erinnerung uns zu freuen beginnt. Wir sind alt, wenn sie uns schmerzt.

Peter Sirius,
1001 Gedanken, Jugend und Alter

Wenn ich nach einigen Jahren eine Person wiedersah, die ich jung gekannt hatte, kam es mir beim ersten Blick immer so vor, als begegnete ich jemand, der irgendein großes Unglück erlitten hätte.

Leopardi, Gedanken

Vor der Wirklichkeit kann man seine Augen verschließen, aber nicht vor der Erinnerung.

Lec, Unfrisierte Gedanken

Ein gutes Gedächtnis ist ein Fluch, der einem Segen ähnlich sieht.

Harold Pinter

Vergiß mein nicht, das ist ein schlechtes Fressen!
Wer will denn leben, kann er nicht vergessen? (Erster Jäger)

Goethe, Zu Wallensteins Lager

Ob du's im Tagebuch anmerkst? Handle! War es was Böses,
fühl' es, o Freund, und vergiß! Gutes? Vergiß es noch ehr!

Heinrich von Kleist, Freundesrat

Das Vergessen kann eine große produktive Tat sein.

Hans Arndt, Im Visier, Winke und Ausblick

Vergessenkönnen ist das Geheimnis ewiger Jugend. Wir werden alt durch Erinnerung.

Erich Maria Remarque

Keine Frau sollte mit der Gabe, sich zu erinnern, behaftet sein. Eine Frau, die sich erinnert, neigt bereits dazu, sich zu vernachlässigen. Man sieht es dem Hut einer Frau an, ob sie in Erinnerungen lebt.

Oscar Wilde

Reife

Da ich ein Kind war, redete ich wie ein Kind und war klug wie ein Kind und hatte kindische Anschläge. Da ich aber ein Mann ward, tat ich ab, was kindisch war.

1. Korinther 13, 11

Auf die Blüte folgt die unreife Frucht; die Blüte ist in sich eine Vollkommenheit. Ebenso ist es mit dem Menschen. Der Jüngling wird für vollkommener gehalten als der Mann von 30, 40 Jahren. Dann kommt erst wieder ein vollendeter Zustand, die Reife.

Lichtenberg

Reif sein heißt, in einer Isolierung leben, die sich selbst genügt.

Cesare Pavese

Reif ist, wer auf sich selbst nicht mehr hereinfällt.

Heimito von Doderer

In der Jugend ruft man sich zuzeiten zu: „Oh, daß du doch vernünftiger wärest!“ In reifern Jahren möchte man sich wohl manchmal zurufen: „Oh, daß du doch noch glauben könntest!“

Friedrich Maximilian Klinger,
Betrachtungen und Gedanken

Einfachheit ist das Resultat der Reife.

Schiller

Die Menschen, bei denen Verstand und Gemüt sich die Wage halten, gelangen spät zur Reife.

Ebner-Eschenbach, Aphorismen

Sinn

Wir sind auf einer Mission: Zur Bildung der Erde sind wir berufen.

Novalis, Fragmente 1798

Nach Wahrheit forschen, Schönheit lieben, Gutes wollen, das Beste tun – das ist die Bestimmung des Menschen.

Moses Mendelssohn

Wir sind nicht auf dieser Welt, um glücklich zu sein und zu genießen, sondern um unsere Schuldigkeit zu tun.

Bismarck,
an Johanna, 26. 6. 1851

Ich bin nicht auf die Welt gekommen, um das Leben zu genießen, sondern um anderen Menschen Freude zu bereiten.

Franz Lehar

Den Sinn erhält das Leben einzig durch die Liebe. Das heißt: Je mehr wir zu lieben und uns hinzugeben fähig sind, desto sinnvoller wird unser Leben.

Hermann Hesse

Nur durch Liebe, nicht durch deutsche Philosophie versteht man den Sinn dieser Welt.

Oscar Wilde

Die Aufgabe des Menschen ist nicht, ein Ziel zu erreichen, sondern einen Zweck zu erfüllen. Er soll nicht vollenden, sondern vollendet werden.

Charles E. Stanton

Ton knetend formt man Gefäße. Doch erst ihr Hohlraum, das Nichts, ermöglicht die Füllung.

Aus Mauern, durchbrochen von Türen und Fenstern, baut man ein Haus. Doch erst sein Leerraum, das Nichts, gibt ihm den Wert.

Das Sichtbare, das Seiende, gibt dem Werk die Form. Das Unsichtbare, das Nichts, gibt ihm Wesen und Sinn.

Lao-Tse, Tao-Teh-King 11

Die Entwicklung aller Keime aber, die in der individuellen Anlage eines Menschenlebens liegen, halte ich für den wahren Zweck des irdischen Daseins, nicht gerade das Glück.

Wilhelm von Humboldt,
Briefe an eine Freundin, 26. 6. 1832

Der Zweck deines Lebens sei Vervollkommnung im Guten! Gut ist alles, was zur Gesundheit deines eignen Körpers und Geistes wie jener anderer Menschen beiträgt.

Platen, Lebensregeln

Unsere Aufgabe als Menschen ist: Innerhalb unseres eigenen, einmaligen, persönlichen Lebens einen Schritt weiter zu tun vom Tier zum Menschen.

Hermann Hesse

Zuviele Leute beschweren sich, daß das Leben keinen Sinn habe, statt zu helfen, daß es einen Sinn erhält.

Anton Neuhäusler

Und du zweifeltest, Freund, am hohen inneren Weltsinn?
Hörst du die Harfe nicht? Willst du auch sehen den Ton?

Herder, Die Harmonie der Welt

In dem Augenblick, in dem ein Mensch den Sinn und den Wert des Lebens bezweifelt, ist er krank.

Sigmund Freud

Aller innerer Sinn ist Sinn für Sinn.

Novalis, Fragmente

Wie nutzlos, durch dieses Leben zu wandern,
wär's nicht die Brücke zu einem andern.

Bodenstedt,
Aus dem Morgenland und Abendland

Halte dich still, halte dich stumm,
nur nicht forschen: Warum? Warum?

Nur nicht bittre Fragen tauschen,
Antwort ist doch nur wie Meeresrauschen.

Fontane, Die Frage bleibt

Schicksal

Täglich, bei aller Mühe und Arbeit, sehe ich, daß nicht mein Wille, sondern der Wille einer höheren Macht geschieht, deren Gedanken nicht meine Gedanken sind.

Goethe, an Victor Leberecht Plessing, 26. 7. 1782

Wer wagt, ein Herrschendes zu leugnen, das
sich vorbehält, den Ausgang unsrer Taten
nach seinem einzgen Willen zu bestimmen?
Doch wer hat sich zu seinem hohen Rat
gesellen dürfen? Wer Gesetz und Regel,
wonach es ordnend spricht, erkennen mögen? (Sekretär)

Goethe, Die natürliche Tochter II, 1

Man kommt nicht in die Welt, um sich auszusuchen, sondern um „vorlieb" zu nehmen.

Raabe, Gedanken und Einfälle

Die Menschen, die nicht über den Sinn des Lebens nachdenken, sind die wahren Nutznießer auf Erden.

Hans Arndt, Im Visier, Chancen

Es kommt mir so vor, als ob ich nichts aus mir heraus willkürlich tun kann, als ob ich geführt werde, sanft, wenn ich mich füge, rauh, wenn ich widerstehe.

Walther Rathenau

Wie ein Kind, das von dem Vater
ließ auf einen Gaul sich heben,
also reitest du, o Bruder,
also reite ich durch's Leben.
Weil des Rosses Zaum wir halten,
glaubst du, daß wir es regieren?
Sieh, der Vater geht daneben,
an der Halfter es zu führen.

Wilhelm Müller, Epigramme, Menschenfreiheit

Es glaubt der Mensch, sein Leben zu leiten, sich selbst zu führen, und sein Innerstes wird unwiderstehlich nach seinem Schicksale gezogen. (Egmont)

Goethe, Egmont V, Gefängnis

Es ist deine Aufgabe, die erhaltene Rolle gut durchzuführen. Die Rolle auszuwählen kommt einem anderen zu.

Epiktet

Wie von unsichtbaren Geistern gepeitscht, gehen die Sonnenpferde der Zeit mit unsers Schicksals leichtem Wagen durch; und uns bleibt nichts, als mutig gefaßt die Zügel festzuhalten und bald rechts, bald links, vom Steine hier, vom Sturze da, die Räder wegzulenken. Wohin es geht, wer weiß es? Erinnert er sich doch kaum, woher er kam. (Egmont)

Goethe, Egmont II, Egmonts Wohnung

Je höher ein Mensch, desto mehr steht er unter dem Einfluß der Dämonen, und er muß nur immer aufpassen, daß sein leitender Wille nicht auf Abwege gerate.

Goethe, zu Eckermann, 24. 3. 1829

Die interessantesten Zeiten des Menschendaseins sind nicht die, in welchen man sich der Illusion hingibt, sein Leben selbst führen zu können, nach links oder rechts abzuweichen, zu beharren oder aufzugeben, sondern die, in denen man den Flügelschlag des Schicksals deutlich über seinem Kopfe rauschen hört.

Raabe, Gedanken und Einfälle

Es gibt keinen erkennbaren Weg vor uns, sondern nur hinter uns.

Waldemar Bonsels, Narren und Helden

Wie man den König an dem Übermaß
der Gaben kennt – denn ihm muß wenig scheinen,
was Tausenden schon Reichtum ist – so kennt
man euch, ihr Götter, an gesparten, lang
und weise zubereiteten Geschenken. (Iphigenie)

Goethe, Iphigenie auf Tauris III, 1

Ich habe bis jetzt keine Ursache, an der Vorsehung zu zweifeln.

Gottfried Keller, an die Mutter, 9. 9. 1841

Wie oft werden wir von einem scharf ins Auge gefaßten Ziel abgelenkt, um ein höheres zu erreichen! Der Reisende bricht unterwegs zu seinem höchsten Verdruß ein Rad und gelangt durch diesen unangenehmen Zufall zu den erfreulichsten Bekanntschaften und Verbindungen, die auf sein ganzes Leben Einfluß haben. Das Schicksal gewährt uns unsere Wünsche, aber auf seine Weise.

Goethe, Die Wahlverwandtschaften II, 10

In ganz gemeinen Dingen
hängt viel von Wahl und Wollen ab; das Höchste,
was uns begegnet, kommt, wer weiß, woher. (Gerichtsrat)

Goethe, Die natürliche Tochter IV, 1

Die Sterne sind nur der Vater Deines Schicksals. Die Mutter ist Deine eigene Seele.

Johannes Kepler

Die Menschen werfen alle ihre Dummheiten auf einen Haufen, konstruieren ein Ungeheuer und nennen es Schicksal.

John Oliver Hobbes

„Es kommt, wie es kommen muß", ist die Ausrede aller Faulpelze.

Wilhelm Raabe

Den einen trägt, den anderen ersäuft die Woge des Geschicks. (Vitry)

Grabbe, Napoleon oder Die hundert Tage I, 1

Wir gleichen den Lämmern, die auf der Wiese spielen, während der Metzger schon eines und das andere von ihnen mit den Augen auswählt; denn wir wissen nicht, in unseren guten Tagen, welches Unheil eben jetzt das Schicksal uns bereitet.

Schopenhauer, Parerga und Paralipomena II, 12

Willst du mit den Kinderhänden
in des Schicksals Speichen greifen?
Seines Donnerwagens Lauf
hält kein sterblich Wesen auf. (Graf)

Grillparzer, Die Ahnfrau IV

Du entgehst nicht dem Verhängnis!
Diesen Glauben hast du, merke,
nicht daß er dich in Bedrängnis
mutlos mache, sondern stärke.

Rückert, Nachlese

Das Schicksal prolongiert einen Wechsel meistens zweimal, bevor es ihn präsentiert.

Emile Zola

Noch niemand entfloh dem verhängten Geschick,
und wer sich vermißt, es klüglich zu wenden,
der muß es selber erbauend vollenden.
(Chor)

Schiller, Die Braut von Messina IV, 5

Denn wer im Wege steht dem Geschick, das dem endlichen Ziele
furchtbar zueilt, stürzt in den Staub, ihn zerstampfen die Rosse.

Goethe, Achilleis 275

Jeder außerordentliche Mensch hat eine gewisse Sendung, die er zu vollführen berufen ist. Hat er sie vollbracht, so ist er auf Erden in dieser Gestalt nicht weiter vonnöten, und die Vorsehung verwendet ihn wieder zu etwas anderem. Da aber hienieden alles auf natürlichem Wege geschieht, so stellen ihm die Dämonen ein Bein nach dem andern, bis er zuletzt unterliegt. So ging es Napoleon und vielen anderen.

Goethe, zu Eckermann, 11. 3. 1828

Die Götter wenden den guten Menschen gegenüber dasselbe Prinzip an wie die Lehrer bei ihren Schülern. Sie verlangen höhere Leistungen von denen, auf die sie größere Hoffnungen setzen.

Seneca, an Lucilius

Der Gladiator faßt es als Schande auf, wenn man ihm einen schlechten Partner zuteilt. Er weiß, daß ein Sieg ohne Gefahr auch ein Sieg ohne Ruhm ist. Das Schicksal verfährt ebenso: Es sucht sich die Tapfersten als Partner aus.

Seneca, an Lucilius

Weil es dem Narren geht wie mir, warum habe ich dann nach Weisheit gestanden?

Prediger Salomo 2, 15

Es ist manchmal, als wenn das, was wir Schicksal nennen, gerade an guten und verständigen Menschen seine Tücken ausübte, da es so viele Narren und Bösewichter ganz bequem hinschlendern läßt. Fromme Leute mögen das auslegen, wie sie wollen, und dadrin eine prüfende Weisheit finden; uns andern kann es nur verdrießlich und ärgerlich sein.

Goethe, an Charlotte von Stein, 16. 8. 1808

Reue zürnt man dem Himmel nicht ab. (Fiesco)

Schiller, Die Verschwörung des Fiesco zu Genua V, 13

Verehre die Wege der Vorsehung auch da, wo sie deinen blöden Augen ungerecht scheinen.

Herder, Palmblätter, 262

Notwendigkeit

Nicht ohne Grund kommt Wasser in Bewegung.

Aus Afrika

Höhere Geister sehen die zarten Spinneweben einer Tat durch die ganze Dehnung des Weltsystems laufen und vielleicht an die entlegensten Grenzen der Zukunft und Vergangenheit anhängen – wo der Mensch nichts als das in freien Lüften schwebende Faktum sieht.

Schiller, Die Verschwörung des Fiesco zu Genua, Vorrede

Rem viderunt, causam non viderunt. Die Sache haben sie gesehen, die Ursache haben sie nicht gesehen.

Augustinus, Contra Pelagium IV, 60

Glaubst du, es gäb' ein Sandkorn in der Welt,
das nicht gebunden an die ew'ge Kette
von Wirksamkeit, von Einfluß und Erfolg? (Rudolf)

Grillparzer, Ein Bruderzwist in Habsburg I

Leicht verschwindet der Taten Spur
von der sonnenbeleuchteten Erde
wie aus dem Antlitz die leichte Gebärde –
aber nichts ist verloren und verschwunden,
was die geheimnisvoll waltenden Stunden
in den dunkel schaffenden Schoß aufnahmen.
Die Zeit ist eine blühende Flur,
ein großes Lebendiges ist die Natur,
und alles ist Frucht, und alles ist Samen.

Schiller, Die Braut von Messina III, 5

Omnia rerum principia parva sunt. Der Ursprung aller Dinge ist klein.

Cicero, De finibus V, 21

Ich sage dir, wir sind nur Schatten,
ich, du und jene andern aus der Menge;
denn bist du gut: Du hast es so gelernt.
Und bin ich ehrenhaft: Ich sah's nicht anders.
Sind jene andern Mörder, wie sie's sind:
Schon ihre Väter waren's, wenn es galt.
(König)

Grillparzer, Die Jüdin von Toledo V

Es wird sehr vieles dem bösen oder guten Willen des einzelnen in die Schuhe geschoben, was doch nur das Schicksal ist und wofür und wogegen einer wie der andere nicht das geringste vermag.

Raabe, Gedanken und Einfälle

Man kann einräumen, daß, wenn es für uns möglich wäre, in eines Menschen Denkungsart so tiefe Einsicht zu haben, daß jede, auch die mindeste Triebfeder dazu uns bekannt würde, man eines Menschen Verhalten auf die Zukunft mit Gewißheit so wie eine Mond- oder Sonnenfinsternis ausrechnen könnte.

Kant,
Kritik der praktischen Vernunft

Denn was zum Glück erhebt, ins Unglück stürzt,
ist immer nur ein blindes Ungefähr.
(Bote)

Sophokles, Antigone 1144

Zufall ist ein Wort ohne Sinn; nichts kann ohne Ursachen existieren.

Voltaire

Das Wort Zufall ist Gotteslästerung. Nichts unter der Sonne ist Zufall.
(Orsina)

Lessing, Emilia Galotti IV, 3

Es gibt keinen Zufall,
und was uns blindes Ohngefähr nur dünkt,
gerade das steigt aus den tiefsten Quellen. (Wallenstein)

Schiller, Wallensteins Tod II, 3

Der Zufall ist das vereinzelte Faktum.

Kuno Fischer,
System der Logik und Metaphysik

Die Menschen haben sich im Zufall ein Trugbild geschaffen, eine Ausrede für ihre eigene Torheit.

Demokrit

Der Zufall ist ein Rätsel, welches das Schicksal dem Menschen aufgibt.

Hebbel, Tagebücher, 1841

Der Mensch ist ein Ursachen suchendes Wesen. Der „Ursachensucher" würde er im System der Geister genannt werden können.

Lichtenberg

Freiheit I

Sehen Sie sich um
in seiner herrlichen Natur! Auf Freiheit
ist sie gegründet, und wie reich ist sie
durch Freiheit! Er, der große Schöpfer, wirft
in einen Tropfen Tau den Wurm und läßt
noch in den toten Räumen der Verwesung
die Willkür sich ergötzen. (Marquis)

Schiller, Don Karlos III, 10

Die Freiheit ist eine neue Religion, die Religion unserer Zeit.

Heine, Reisebilder, Englische Fragmente 13

Nur der Mensch ist frei, der sich seine eigenen Gedanken im Kopfe ausbildet, niemand etwas nachspricht, was er nicht versteht und selber einsieht; der die Gesetze kennt, die Gott in seine Brust geschrieben hat, und ohne Menschenfurcht ihnen gerecht zu werden strebt.

Berthold Auerbach,
Das Schatzkästlein des Gevattersmanns

Auf die Frage „Was ist Freiheit?" antwortete ein Weiser: „Ein gutes Gewissen".

Hippel

Wer unter tausend, unter Millionen Wagenladungen nur auf den Scheffel sieht, der zu seinem Unterhalte ausreicht, wer in einem Palaste nur auf eine Schlafstelle für sich sieht, der ist ein freier Mann.

Mahâbhârata 12

Souveränität ist durchlittener Abstand.

Hans Arndt, Im Visier, Kristalle

Freiheit kann gar nichts anderes heißen als seiner innersten Natur sklavisch folgen zu dürfen.

Rahel Varnhagen von Ense

Wo dieses Freiheit ist, frei tun nach aller Lust,
so sind ein freies Volk die Säu in ihrem Wust.

Logau, Sinngedichte, Die Freiheit

Bediente, die keinen Herren haben, sind darum doch keine freien Menschen. Die Dienstbarkeit ist in ihrer Seele.

Heine, Aphorismen und Fragmente

Die Schwierigkeit bleibt immer, bei Jungen und Alten, daß derjenige, der sein eigner Herr sein will, sich auch selbst zu beherrschen wisse.

Goethe, an Zelter, 3. 11. 1802

Man ist in dem Maße zur Freiheit reif, als man zur Selbstkritik fähig ist.

Martin Kessel, Gegengabe II

Zur Aufklärung wird nichts erfordert als Freiheit, und zwar die unschädlichste unter allem, was nur Freiheit heißen mag, nämlich die: Von seiner Vernunft in allen Stücken öffentlich Gebrauch zu machen.

Kant

Die Freiheit ist eigentlich ein Vermögen, alle willkürlichen Handlungen den Bewegungsgründen der Vernunft unterzuordnen.

Kant

Freiheit ist die Eigenschaft der Wesen, bei denen das Bewußtsein einer Regel der Grund der Handlungen ist.

Kant

Ich habe vor dem Kategorischen Imperativ allen Respekt. Ich weiß, wieviel Gutes aus ihm hervorgehen kann. Allein man muß es damit nicht zu weit treiben; denn sonst führet diese Idee der ideellen Freiheit sicher zu nichts Gutem.

Goethe, zu Eckermann, 18. 1. 1827

In seinem reiferen Leben, wo Schiller der physischen Freiheit genug hatte, ging er zur ideellen über, und ich möchte fast sagen, daß diese Idee ihn getötet hat; denn er machte dadurch Anforderungen an seine physische Natur, die für seine Kräfte zu gewaltsam waren.

Goethe, zu Eckermann, 18. 1. 1827

Der Wert eines Menschen bestimmt sich nach seiner Freiheit – nach der, die er hat, und nach der, die er bewilligt.

Otto Flake, Erkennende Kindheit

Es gibt keinen Menschen, der nicht die Freiheit liebte; aber der Gerechte fordert sie für alle, der Ungerechte nur für sich allein.

Börne, Der Narr im weißen Schwan 2

Die Griechen waren Freunde der Freiheit, ja, aber jeder nur seiner eigenen. Daher steckte in jedem Griechen ein Tyrann, dem es nur an Gelegenheit fehlte, sich zu entwickeln.

Goethe, zu Riemer, 20. 11. 1813

Ei, seht mir doch den alten Freiheitsknaben,
wie seine Herrschsucht alles niederhaut!
Die Freiheit liebt er, traun, wie eine Braut:
Er möchte sie für sich alleine haben.

Otto Ernst, Auf einen Parteiführer

Man wird häufig finden, daß die Verteidiger der Freiheit nicht selten die größten Tyrannen in ihrem Hause sind.

Lichtenberg

Macht ist Pflicht – Freiheit ist Verantwortlichkeit.

Ebner-Eschenbach, Aphorismen

Als aber der Zirkel durchlaufen war, sah ich, daß das unschätzbare Glück der Freiheit nicht darin besteht, daß man alles tut, was man tun mag und wozu uns die Umstände einladen, sondern daß man das, ohne Hindernis und Rückhalt, auf dem geraden Wege tun kann, was man für recht und schicklich hält.

Goethe, Wilhelm Meisters Lehrjahre VI

Deo servire libertas est. Gott dienen ist Freiheit.

Seneca, Vom glücklichen Leben 15

Nicht das macht frei, daß wir nichts über uns anerkennen wollen, sondern eben daß wir etwas verehren, das über uns ist. Denn indem wir es verehren, heben wir uns zu ihm hinauf und legen durch unsere Anerkennung an den Tag, daß wir selber das Höhere in uns tragen und wert sind, seinesgleichen zu sein.

Goethe, zu Eckermann, 18. 1. 1827

Von Jugend auf hab ich gelernt gehorchen,
erst meinen Eltern und dann einer Gottheit,
und folgsam fühlt ich immer meine Seele
am schönsten frei. (Iphigenie)

Goethe, Iphigenie auf Tauris V, 3

Die Emanzipation des Menschen wird vollkommen sein, wenn ihm Bescheidung von neuem gebietet, in einer natürlichen Hierarchie zu dienen.

Hans Kasper, Abel, gib acht; Halbzeit der Emanzipation

Wer
sich Knall und Fall, ihm selbst zu leben, nicht
entschließen kann, der lebet Andrer Sklav'
auf immer. (Al-Hafi)

Lessing, Nathan der Weise II,9

Freiheit ist ein Gut, das durch Gebrauch wächst, durch Nichtgebrauch dahinschwindet.

Carl Friedrich von Weizsäcker

In der Freiheit liegt die Angst der Ohnmacht. (Klärchen)

Goethe, Egmont V, Klärchens Haus

Die Menschen waren ins Paradies gesetzt, doch sie verlangten nach Freiheit und stahlen das Feuer vom Himmel, obwohl sie wußten, daß sie unglücklich würden.

Dostojewski, Die Brüder Karamasow III, 3

Der Mensch ist zur Freiheit verurteilt.

Sartre, Kritik der dialektischen Vernunft

Mir ist die gefährliche Freiheit lieber als eine ruhige Knechtschaft.

Rousseau, Der Gesellschaftsvertrag III, Über die Demokratie

Wie ich die Menschen sehe, scheint mir in ihrer Natur immer eine Lücke zu bleiben, die nur durch ein entschieden ausgesprochenes Gesetz ausgefüllt werden kann.

Goethe, Wilhelm Meisters Lehrjahre VIII,3

Freiheit ist ein Gut, dessen Dasein weniger Vergnügen bringt als seine Abwesenheit Schmerzen.

Jean Paul

Freiheit existiert nicht; sie ist nur ein Wunsch der Seele.

Emile Henriot

Willensfreiheit ist keine Tatsache, sondern ein Gefühl.

Oswald Spengler, Gedanken, Vom Schicksal

Die Frage nach der Willensfreiheit ist wirklich ein Probierstein, an welchem man die tief denkenden Geister von den oberflächlichen unterscheiden kann, oder ein Grenzstein, wo beide auseinandergehen, indem die ersteren sämtlich das notwendige Erfolgen der Handlung, bei gegebenem Charakter und Motiv, behaupten, die letzteren hingegen, mit dem großen Haufen, der Willensfreiheit anhängen.

Schopenhauer

Die menschliche Freiheit besteht lediglich darin, daß sich die Menschen ihres Wollens bewußt und der Ursachen, von denen sie bestimmt werden, unbewußt sind.

Spinoza

Freiheit ist unbewußte Bindung.

Thomas Niederreuther, Aphorismen

Es ist mir klargeworden, daß das, was wir unseren Willen nennen, die Drähte sind, die uns Marionetten bewegen und an denen Gott zieht.

André Gide

Wer seine Schranken kennt, der ist der Freie,
wer frei sich wähnt, ist seines Wahnes Knecht. (Tetka)

Grillparzer, Libussa III

Freiheit II

Freiheit ist für die Gesellschaft, was die Gesundheit für den einzelnen ist.

Lord Bolingbroke

Die Freiheit ist ein Gut, das alle anderen Güter zu genießen erlaubt.

Montesquieu

Die äußere Freiheit der vielen leitet sich ab aus der inneren Freiheit der einzelnen.

Theodor Heuss

Aus der freien Narrheit der Individuen kann für den Staat große Weisheit gedeihen.

Seume, Apokryphen

Das Gesetz hat noch keinen großen Mann gebildet, aber die Freiheit brütet Kolosse und Extremitäten aus. (Moor)

Schiller, Die Räuber I, 2

Man kann nicht in den Menschen den Charakter und den Mut ausbilden, wenn man ihnen die Initiative und die Unabhängigkeit nimmt.

Abraham Lincoln

Zwang hindert vielleicht manche Vergehung, raubt aber selbst den gesetzmäßigen Handlungen von ihrer Schönheit. Freiheit veranlaßt vielleicht manche Vergehung, gibt aber selbst dem Laster eine minder unedle Gestalt.

Wilhelm von Humboldt, Sittenverbesserung

Stärke des Charakters und Erleuchtung des Kopfes müssen sich vereinigen, wenn politische Freiheit in großem Maße vorhanden sein soll, ohne eine Nation zugrunde zu richten.

Friedrich von Gentz, Politische Freiheit

Die Menschen können nicht frei werden, ohne zur Freiheit erzogen zu sein. Und diese Erziehung findet man nicht in Schulen und erlangt man nicht aus Büchern, sondern sie besteht aus Selbstbeherrschung, aus Selbstgefühl und aus Selbstregierung.

Buckle, Geschichte der Zivilisation 9

Die Volksbildung ist nicht nur die einzig sichere Basis, sondern auch die notwendige Vorbedingung der Freiheit und die beste Garantie gegen die Wiederkehr kirchlicher Verdummungspolitik.

Ludwig Büchner, Kraft und Stoff

Die individuelle Freiheit ist kein Kulturgut. Sie war am größten vor jeder Kultur.

Sigmund Freud

Das Beste auf der Welt ist die Redefreiheit.

Diogenes von Sinope

Ich bin zwar anderer Meinung als Sie, aber ich würde mein Leben dafür geben, daß Sie Ihre Meinung frei aussprechen dürfen.

René Descartes

In freien Staaten kann jeder seine Meinung sagen, und jeder andere ist befugt, nicht zuzuhören.

G. Norman Collie

In den Ländern des Westens hat jeder, dem etwas nicht gefällt, die Möglichkeit, fortzugehen. Das gilt für den einzelnen wie für ganze Gruppen. Das gilt für den Arbeiter, dem sein Arbeitsplatz nicht paßt. Das gilt für die Kommunisten, die in das kommunistische Paradies auswandern wollen. Hinter dem Eisernen Vorhang fehlt diese entscheidende Freiheit. Wer dort seine Arbeit, seine Wohnung, sein Land verlassen will, muß um Erlaubnis bitten – sonst wehe ihm!
Die Freiheit, fortzugehen, ist das grundlegende Menschenrecht. Sie entscheidet darüber, ob einer ein freier Mensch ist oder ein Sklave.

Mario Pei, Das Beste, Juli 1954

Die Geschichte der Freiheit ist eine Geschichte des Widerstandes. Die Geschichte der Freiheit ist eine Geschichte der Begrenzung der Regierungsgewalt.

Thomas Woodrow Wilson

Freiheit vom Staat ist noch nicht Freiheit im Staat.

Hans de With

Unersättlichkeit in der Freiheit und Gleichgültigkeit gegen alles andere verwandelt sie und macht die Menschen für die Gewaltherrschaft bereit.

Platon, Der Staat VIII

Die Dekadenz der Freiheit kündigt sich damit an, daß sie so lüstern wird, sich auch ihren Feinden hinzugeben.

Seneca

Das natürliche Recht aber ist die Freiheit, und die weitere Bestimmung derselben ist die Gleichheit in den Rechten vor dem Gesetz.

Hegel

Die Gesetzgebung geht von dem Prinzip aus, die Freiheit eines jeden auf die Bedingungen einzuschränken, unter denen sie mit jedes anderen Freiheit nach einem allgemeinen Gesetze zusammen bestehen kann.

Kant, Religion innerhalb der Grenzen der bloßen Vernunft

Das Recht, mit der Faust um sich zu schlagen, hört auf, wo die Nase des Mitmenschen anfängt.

Aus den USA

Die Freiheit stirbt zentimeterweise.

Aus England

Die Freiheit ist immer in der Defensive und daher in Gefahr. Wo die Gefahr in einer Bevölkerung nicht mehr gespürt wird, ist die Freiheit fast schon verloren.

Karl Jaspers

Auf seine Freiheit verzichten heißt auf seine Würde als Mensch, auf die Menschenrechte, ja sogar auf seine Pflichten verzichten.

Rousseau, Der Gesellschaftsvertrag I, Über die Sklaverei

Wer Freiheiten aufgibt, um Sicherheit zu gewinnen, verdient weder Freiheit noch Sicherheit.

Benjamin Franklin

Man sollte nie seine beste Hose anziehen, wenn man hingeht, um für Freiheit und Wahrheit zu kämpfen. (Stockmann)

Ibsen, Ein Volksfeind V

Man darf nicht warten, bis der Freiheitskampf Landesverrat genannt wird.

Erich Kästner

Solange die Freiheit nicht in allen Ländern blüht, kann sie in einem einzelnen nicht gedeihen.

John F. Kennedy

Frei seid ihr nun! Und Brüder! Gleich beglückt!
Sie sind gestürzt, die euch bisher gedrückt!
Was sie von euch so lange Zeit genommen,
das müssen wir und noch viel mehr bekommen.
Was eure Städte sonst geziert,
wird unsrer Hauptstadt zugeführt,
auch werdet ihr uns, die wir euch befrein,
voll Dankbarkeit gehorsam sein.

Gotthelf Kästner, Freiheitserklärung

Wenn wir die Freiheit jenen entziehen, die wir hassen, öffnen wir zugleich ein Tor, durch das die Freiheit derer entweicht, die wir lieben.

Wendell L. Willkie

Niemand kann das Ende einer Kette um den Hals seines Nächsten legen, ohne daß Gott zugleich das andere Ende um den Hals des Bedrückers schlingt.

Lamartine

Es ist tatsächlich wahr, daß niemand einem andern die Freiheit rauben kann, ohne die eigene Freiheit zu verlieren.

Milovan Djilas

Freiheit, die sich nicht ausbreiten will, verliert auch noch das eigene Terrain.

Hans Kasper, Abel, gib acht; Der Mantel

Die neue Generation ist der Meinung, daß sie freier lebt als die alte. Das ist ein Irrtum. Wir bekamen unsere Prügel von den Eltern. Die Jungen beziehen sie direkt vom Leben.

Waldemar Bonsels

Freiheit ist für drei Viertel der Menschheit das Recht, Hungers zu sterben.

Henri Linguet

Spricht der Hungrige von Freiheit, meint er Brot.

Hans Kasper

Das Volk will niemals die Freiheit. Erstens: Weil es gar keinen Begriff von ihr hat. Und zweitens: Weil es mit ihr gar nichts anfangen könnte.

Egon Friedell, Die Revolution

Sprech' er doch nie von Freiheit, als könn' er sich selber regieren!
Losgebunden erscheint, sobald die Schranken hinweg sind,
alles Böse, das tief das Gesetz in die Winkel zurücktrieb.

Goethe, Hermann und Dorothea 6

Die Sklaven verlieren in ihren Ketten alles, sogar den Wunsch, sie abzuschütteln; sie lieben ihre Knechtschaft wie die Genossen des Odysseus ihre Tiergestalt.

Rousseau, Der Gesellschaftsvertrag I, Über die ersten Gemeinschaften

Abhängigkeit

Der Mensch ist frei geboren, und überall liegt er in Ketten.

Rousseau, Der Gesellschaftsvertrag I, Der Gegenstand dieses Buches

Jeder Mensch findet sich von den frühesten Momenten seines Lebens an, erst unbewußt, dann halb, endlich ganz bewußt, immerfort bedingt.

Goethe, Wilhelm Meisters Wanderjahre III, 13

Kein Mann der Erde, wahrlich, ist ein freier Mann. (Hekabe)

Euripides, Hekabe 864

Zugleich bedenk' ich wirklich,
daß heilsam feste Nötigung der Abschluß
von jedem irdisch wanken, wirren Tun.
Du wähltest ewig unter Möglichkeiten,
wär' nicht die Wirklichkeit als Grenzstein hingesetzt. (Priester)

Grillparzer, Des Meeres und der Liebe Wellen I

Der Mensch ist nicht geboren, frei zu sein,
und für den Edlen ist kein schöner Glück,
als einem Fürsten, den er ehrt, zu dienen. (Tasso)

Goethe, Torquato Tasso II, 1

Marionetten lassen sich sehr leicht in Gehenkte verwandeln. Die Stricke sind schon da.

Lec, Unfrisierte Gedanken

Die große Notwendigkeit erhebt, die kleine erniedrigt den Menschen.

Goethe, zu Riemer, November 1803

Es ist kein großes Unglück, sich Undankbare zu verpflichten, aber ein unerträgliches, einem schlechten Menschen verpflichtet zu sein.

La Rochefoucauld

Das Brot der anderen hat sieben Krusten.

Aus der Schweiz

„Wes Brot ich esse, des Lied ich singe" ist ein Soldatenlied, das Ludwig XIV. mit Louvois und seinem Beichtvater Tellier gedichtet und in Musik gesetzt hat.

Klinger, Betrachtungen und Gedanken

Die Ohnmacht des Menschen in Mäßigung oder Hemmung der Affekte nenne ich Knechtschaft; denn der von seinen Affekten abhängige Mensch ist nicht Herr über sich selbst, sondern dem Schicksal untertan.

Spinoza, Nachlaß

Bei den wenigsten Gefängnissen sieht man die Gitter.

Oliver Hassencamp

Wir sind die Sklaven von dem, was uns nicht glücklich macht.

Hans Arndt, Im Visier, Aufgespürt

Alle Menschen machen sich, wie zu allen Zeiten, auch jetzt noch zu Sklaven und Freien; denn wer von einem Tag nicht mindestens ein Drittel für sich hat, ist ein Sklave, mag er Minister oder Arbeiter sein.

Nietzsche

Nur eine Kette ist es, die uns gebunden hält: Die Liebe zum Leben.

Seneca, an Lucilius

Die letzte Wahl steht auch dem
Schwächsten offen.
Ein Sprung von dieser Brücke macht
mich frei. (Gertrud)

Schiller, Wilhelm Tell I, 2

Es ist vielleicht das einzige Stück Freiheit, das man sein ganzes Leben ununterbrochen besitzt: Die Freiheit, das Leben wegzuwerfen.

Stefan Zweig

Entscheidung

Alles sei recht, was du tust, doch dabei
laß es bewenden,
Freund, und enthalte dich ja, alles, was
recht ist, zu tun.

Goethe und Schiller, Politische Lehre

Wer auf allen Wegen geht, verfehlt den Weg nach Hause.

Aus dem Senegal

Zwei Löffel passen nicht in einen Mund.

Aus Afrika

Wer zuviele Eisen im Feuer hat, dem werden einige kalt.

Verfasser unbekannt

Der echte Charakter liebt die Entscheidung; er legt sich fest, und zwar durch die Tat.

Martin Kessel, Gegengabe II

Die Klugheit gibt nur Rat, die Tat
entscheidet. (Leopold)

Grillparzer, Ein Bruderzwist in Habsburg II

Lernt einsehen, daß man bei Entschlüssen mit der Tat anfangen muß. (Graf)

Grillparzer, Melusina III

Wer darauf besteht, alle Faktoren zu überblicken, bevor er sich entscheidet, wird sich nie entscheiden.

Henri-Frédéric Amiel

Es ist besser, unvollkommene Entscheidungen durchzuführen, als beständig nach vollkommenen Entscheidungen zu suchen, die es niemals geben wird.

Charles de Gaulle

Solon hatte bekanntlich seinen Atheniensern ein Gesetz gegeben, daß bei Bürgerzwisten jeder Bürger eine Partei ergreifen mußte: Das liegt in der Menschennatur, und dadurch wird Vernunft und Freiheitssinn lebendig erhalten.

Seume, Apokryphen

Entschiedenheit und Folge sind nach meiner Meinung das Verehrungswürdigste am Menschen. Man kann die Ware und das Geld nicht zugleich haben.

Goethe, Wilhelm Meisters Lehrjahre VI

Ach, daß wir doch, dem reinen stillen Wink
des Herzens nachzugehn, so sehr verlernen!
Ganz leise spricht ein Gott in unsrer Brust,
ganz leise, ganz vernehmlich, zeigt uns an,
was zu ergreifen ist und was zu fliehen.
(Prinzessin)

Goethe, Torquato Tasso III, 2

Die ersten Entschließungen sind nicht immer die klügsten, aber gewöhnlich die redlichsten.

Lessing

Der Augenblick nur entscheidet
über das Leben des Menschen und über sein ganzes Geschicke;
denn nach langer Beratung ist doch ein jeder Entschluß nur
Werk des Moments.

Goethe, Hermann und Dorothea 5

Es ist besser, ein Problem zu erörtern, ohne es zu entscheiden, als zu entscheiden, ohne es erörtert zu haben.

Joubert

Wer zu einer übereilten Entscheidung gezwungen wird, sage lieber „Nein“ als „Ja“. Es ist leichter, ein Nein in ein Ja zu verwandeln als ein Ja in ein Nein.

Charles E. Nielson

„Vielleicht" ist ein schlauer Krebs, der vor- und rückwärts gehen kann.

Wilhelm Busch

Die Wahl ist schwerer als das Übel selbst,
die zwischen zweien Übeln schwankend bebt. (Eugenie)

Goethe, Die natürliche Tochter V, 6

Kluge schwanken, Weise fehlen,
doppelt ist dann ihre Qual.
Recht zu handeln,
grad zu wandeln,
sei des edlen Mannes Wahl.

Goethe, Der Zauberflöte zweiter Teil

Die Menschen, in der Regel,
verstehen sich aufs Flicken und aufs Stückeln
und finden sich in ein verhaßtes Müssen
weit besser als in eine bittre Wahl.
(Illo)

Schiller, Die Piccolomini I, 2

Erst die Dinge werden wesentlich, die einander vollkommen ausschließen.

Hans Arndt, Im Visier, Im rechten Winkel

VII. Kapitel

Geburt
Kindheit
Jugend
Mädchen
Altersstufen
Alter
Tod
Sterben
Begräbnis
Trauer
Unsterblichkeit
Jenseits
Nachlaß

Geburt

Mit Schmerzen sollst du Kinder gebären, sagte Gott zu dem pflichtvergessenen Weibe. Aber was haben ihm die Weibchen der Tiere getan, die auch mit Schmerzen gebären?

Denis Diderot, Philosophische Gedanken

Ich bin recht froh, daß das erste eine Tochter ist, aber wenn es auch eine Katze gewesen wäre, so hätte ich doch Gott auf meinen Knien gedankt in dem Augenblick, wo Johanna davon befreit war; es ist doch eine arg verzweifelte Sache.

Bismarck

Das Leben ahmt die Kunst weit mehr nach als die Kunst das Leben. Die Griechen mit ihrem hurtigen, künstlerischen Instinkt haben dies sehr wohl erkannt. Darum stellten sie in das Brautgemach die Bildsäule des Hermes oder des Apoll, auf daß dieses junge Weib Kinder gebäre von solchem Liebreiz wie die Werke der Kunst, auf die der Blick der Frau in ihren Verzückungen und Qualen fiel.

Oscar Wilde

Die Gegner der Geburtenkontrolle können entweder nicht rechnen oder sind mit Krieg, Seuchen und Hungersnot als dauerndem Zubehör des menschlichen Lebens einverstanden.

Bertrand Russell, Skepsis

Das einzige Bedenken gegen die ersatzlose Streichung des Abtreibungsparagraphen scheint mir darin zu bestehen, daß die Masse das, was der Staat nicht mehr bestraft, für eine allgemeine Empfehlung hält.

Sigmund Graff

Kindheit

Ein Kind ist eine sichtbar gewordene Liebe.

Novalis

Ich verzichte auf alle Weisheit, die nicht weinen, auf alle Philosophie, die nicht lachen, auf alle Größe, die sich nicht beugen kann – im Angesicht von Kindern.

Kahlil Gibran

Ich glaube, alle Empfängnisse sind unbefleckt.

Shaw

Ein Kind ist ein Engel, dessen Flügel im gleichen Maße schrumpfen, wie die Füße wachsen.

Aus Frankreich.

Ein Junge ist eine Haut, gespannt über einen Appetit, ein Lärm, bedeckt mit Schmutz.

Aus den USA

Die Kinder sollen besser werden, als die Eltern waren, und so ein jedes heranwachsende Geschlecht sein erziehendes überragen.

Schleiermacher

Aus der Art, wie das Kind spielt, kann man erahnen, wie er als Erwachsener seine Lebensaufgabe ergreifen wird.

Rudolf Steiner

Auf allen Gebieten ist die Einfachheit verschwunden, selbst aus der Kinderstube. Schellen von Silber, von Gold, von Korallen, von geschliffenem Kristall, Klappern von jedem Preise und jeder Gattung – was für unnützes und verderbliches Zeug! Fort mit all diesem Krame! Fort mit den Schellen! Fort mit den Klappern! Kleine Baumzweige mit ihren Früchten und Blättern, ein Mohnkopf, in welchem man die Samenkörner klappern hört, ein Stück Süßholz, an dem es saugen und kauen kann, werden das Kind in ebenso großes Entzücken versetzen.

Rousseau, Émile I

Spielende Kinder sind lebendig gewordene Freuden.

Hebbel, Tagebücher 1851

Kinder brauchen Liebe,
wär's eines wilden Tieres Lieb' auch nur,
in solchen Jahren mehr als Christentum. (Klosterbruder)

Lessing, Nathan der Weise IV, 7

Kann wohl etwas verkehrter sein, als den Kindern, die kaum in diese Welt treten, gleich von der anderen etwas vorzureden?

Kant, Fragmente 8

Der Kinder Herzen sind wie Wachs, und ein Stück Wachs läßt sich um die Finger wickeln, wenn es erwärmt wird.

Rosegger, Waldheimat

Der Mensch kommt moraliter ebenso nackt auf die Welt als physice. Daher ist seine Seele in der Jugend so empfindlich gegen die äußere Witterung.

Goethe, zu Riemer, 22. 6. 1810

Jeder Wolkendunst unserer Jugend, der sich harmlos zu verziehen schien, kommt irgendwann einmal als Gewitter wieder.

Schnitzler, an Hugo von Hofmannsthal

Kinder, die man nicht liebt, werden Erwachsene, die nicht lieben.

Pearl S. Buck

Mit einer Kindheit voll Liebe aber kann man ein halbes Leben hindurch für die kalte Welt haushalten.

Jean Paul, Levana III, 6, 4

Über die Kinder wie über die kleinen Bäume im Walde geht der Sturm hinweg, der in den Kronen der alten braust und sie beugt und bricht. Wenn sie größer werden, wachsen sie in die Sturmschicht hinein, und ihre Wurzeln müssen kräftiger werden.

Bismarck, an Johanna von Puttkammer, 17. Februar 1847

„Wirst du doch immer aufs neue hervorgebracht, herrlich Ebenbild Gottes," rief er aus, „und wirst sogleich wieder beschädigt, verletzt von innen oder von außen!"

Goethe, Wilhelm Meisters Wanderjahre III, 18

Getrennet lebte fern ich von den Meinen
in strenger und unmütterlicher Zucht.
Denk ich der Zeit, seh ich sich mir versteinen
die Tage in des Lebens Blumenflucht,
wie kleine Gärten zwischen steilen Mauern,
die nie ein Sonnenstrahl hat heimgesucht.

Clemens Brentano, Rückblick in die Jahre der Kindheit

Einen traurigen Mann erdulde ich, aber kein trauriges Kind.

Jean Paul, Levana I, 3, 2

Erbittert eure Kinder nicht, auf daß sie nicht scheu werden.

Kolosser 3, 21

Wehe dem, der ein Kind kränkt!
(Sosima)

Dostojewski, Die Brüder Karamasow VI, 3

Wer aus armen, niedern Häusern kommt, dem darf man es nicht vorwerfen, wenn er die erste Strecke seines Weges nur scheu und zögernd zurücklegt, wenn ihn Nichtigkeiten blenden, wenn ihn falsche Trugbilder verwirren, wenn ihn Irrlichter verlocken.

Wilhelm Raabe

Kinder sind die Stimme des Volkes.

Aus Liberia

Schlafe wohl, geliebtes Kind!
So viel tapfre Helden sterben,
ganze Völker gar verderben,
und die Zeit verstiebt wie Wind.

Wie soll denn ein Mensch bestehn,
muß dies Ganze doch vergehn?

Schlafe wohl, wir Armen, wir
bleiben, was wir immer waren:
Jung von Weisheit, alt von Jahren,
unverständig für und für,
stumm an Mund, an Augen blind,
Kinder, wie wir kommen sind.

Paul Fleming, Auf den Tod eines Kindes

Die Kinder sind die wirklichen Lehrmeister der Menschheit.

Rosegger, Das Buch von den Kleinen

Ohne das Kind, das ihm hilft, sich ständig zu erneuern, würde der Mensch degenerieren.

Maria Montessori, Selbsttätige Erziehung im frühen Kindesalter

O wie dankbar ist ein Kind!
Pflege ich die zarte Pflanze,
schütz ich sie vor Sturm und Wind,
wird's ein Schmuck im Himmelsglanze.

Wie gelehrig ist ein Kind!
So wie du es lehrest lesen
in dem Buch, in dem wir sind,
so wird einst sein ganzes Wesen.

Werden muß ich wie ein Kind,
wenn ich will zum Vater kommen;
Kinder, Kinder, kommt geschwind,
ich wär' gerne mitgenommen.

Clemens Brentano, Ermunterung zur Kinderliebe und zum Kindersinne

Laß mich ein Kind sein, sei es mit. (Maria)

Schiller, Maria Stuart III, 1

Jugend

Du bist doch des Lobes voll für den Homer, und dieser erklärte doch die erste Zeit des Bartsprossens für die lieblichste Zeit der Jugend. (Sokrates)

Platon, Protagoras 1

Die Jugend folgt, ein Rosenblatt, den Winden.

Nicolaus Lenau, Jugend und Liebe

Das Alter stockt wie ein bejahrter Baum,
und wenn er nicht verdorrt, scheint er derselbe.
Aus deiner lieblichen Gestalt, du süßer Knabe,
entwickelt jeder Frühling neue Reize.
Man möchte dich stets halten, wie du bist,
und immer, was du werden sollst, genießen. (Polymetis)

Goethe, Elpenor II, 2

Die sogenannte romantische Poesie zieht besonders unsere jungen Leute an, weil sie der Willkür, der Sinnlichkeit, dem Hange nach Ungebundenheit, kurz der Neigung der Jugend schmeichelt.

Goethe, zu Riemer, 28. 8. 1808

Wenn die Jugend das Wort „Ungebundenheit" auf ihre Fahne malt, so verrät sie dadurch nur, daß sie nach Gebundenheit und Führung verlangt.

Jakob Boßhart, Bausteine

Wer sich noch in dem Zustand befindet, wo andere für ihn sorgen müssen, der muß gegen seine eigene Handlungsweise ebenso geschützt werden wie gegen äußere Unbill.

John Stuart Mill,
Über Freiheit 1, Einleitung

Der Mensch löst sich freilich gar zu geschwind von denen los, denen er noch manchen Rat und Beistand verdanken könnte, doch diese Unart dient zu seinem Glück, wenn er sich dereinst selbst helfen muß.

Goethe, an Zelter, 3. 11. 1802

Ich habe keine Hoffnung mehr für die Zukunft unseres Volkes, wenn sie von der leichtfertigen Jugend von heute abhängig sein sollte. Denn diese Jugend ist ohne Zweifel unerträglich, rücksichtslos und altklug. Als ich noch jung war, lehrte man uns gutes Benehmen und Respekt vor den Eltern. Aber die Jugend von heute will alles besser wissen.

Hesiod

Was bei der Jugend wie Grausamkeit aussieht, ist meistens Ehrlichkeit.

Jean Cocteau

Jugend ist des Traurens Feind, schicket wider das ins Feld:
Musik, Buhlschaft, Wein und Spiel und den General, das Geld.

Logau, Sinngedichte, Feinde der Traurigkeit

Was für eine lasterhafte Jugend! Statt auf die Alten zu hören, ahmt sie die Alten nach!

Wieslaw Brudzinski, Katzenjammer

Deinen Jahren verzeiht man zehn Ausschweifungen vor einer einzigen Grille. (Präsident)

Schiller, Kabale und Liebe I, 7

Jüngling, trauerst du in Jahren,
wo die Pflicht sich freuen heißt?
Schäme dich – so frisch an Haaren,
Jüngling, und so schwach an Geist!

Lessing, Die 47. Ode Anakreons

Wie tumkühn ist doch die Jugend!

Rollenhagen, Froschmäuseler I, 2, 25

In der Jugend ist ihm ein froher Gefährte der Leichtsinn,
der die Gefahr ihm verbirgt und heilsam geschwinde die Spuren
tilget des schmerzlichen Übels, sobald es nur irgend vorbeizog.

Goethe, Hermann und Dorothea 1

Ist nicht das Jünglingsalter kühn
und bleibt nicht gern auf halbem Wege stehn,
vor allem wo Verbotnes lockt? (Priester)

Grillparzer, Des Meeres und der Liebe Wellen IV

Jungen Leuten ist Freude und Ergötzen
so vonnöten wie Essen und Trinken.

Luther

Die Finken, die im Lenz nicht singen,
die bringen's auf den Herbst dann ein.
Der muß dann alt erst rasend sein,
der jung es konnte nicht vollbringen.

Logau, Sitten der Jugend

Wehe dir, daß du kein Tor warst jung, da die Grazie dir Duldung
noch erflehte! Du wirst, Stax, nun im Alter es sein.

Heinrich von Kleist, Das Horoskop

Das Alter wägt und mißt es,
die Jugend spricht: So ist es.

August Graf von Platen

Der Jugend Kenntnis ist mit Lumpen gefüttert.

Goethe, zu Ernst von Pfuel, August 1810

Nur leidet er gar zu sehr an den affectionibus juventutis, indem er sich ein äußerst heftig absprechendes Urteil erlaubt, das denn doch oft eine große Beschränktheit andeutet. Dieses schadet ihm nicht allein innerlich, indem es ihn für guten, fördernden Rat unempfänglich macht, wie ich bei verschiedenen Gelegenheiten bemerken können, teils äußerlich, in bezug auf die Gesellschaft, indem er sich, ganz ohne Not und Zweck, Widersacher, Feinde und strenge Richter aufregt.

Goethe, an Humboldt, 29. 11. 1801

Sich bewundert die Jugend im Glanz ihrer Ideale, an
trüber Realität mißt sie der Alten Verdienst.

Puntsch, Ungleiche Maßstäbe

Eine große Reise zu tun ist für einen jungen Mann äußerst nützlich.

Goethe, Wilhelm Meisters Lehrjahre VIII, 7

Junge Menschen sollten ins Ausland reisen, damit sie aus eigener Anschauung erfahren, daß es überall Mut, Talente, Weisheit und Tatkraft gibt, und sie das Vorurteil ablegen, es sei anderswo schlechter als in ihrem Vaterland.

Diderot

Nach Ehre geizt die Jugend. (Paulet)

Schiller, Maria Stuart II, 7

Auszeichnen will sich die Jugend, Talente verströmen. Man baue
Mühlen oder die Kraft weist überflutend sich aus.

Puntsch, Jugend

Man muß jung sein, um große Dinge zu tun.

Goethe, zu Eckermann, 11. 3. 1828

Wie leicht der Jüngling schwere Lasten trägt
und Fehler wie den Staub vom Kleide schüttelt! (Antonio)

Goethe, Torquato Tasso II,4

Die Jugend verachtet die Folgen; darauf beruht ihre Stärke.

Martin Kessel, Gegengabe V

Wenn einem Manne, der zu einem Alter von vierzig Jahren gekommen ist, die grausamen Wahrheiten, die ärgerlichen Entdeckungen, die Geheimnisse der Gesellschaft, welche die Wissenschaft eines Weltmanns bilden, im Alter von zwanzig Jahren bekannt gewesen wären, so wäre er entweder in Verzweiflung verfallen oder er hätte sich selbst aus Vorsatz verdorben.

Chamfort

In der Jugend traut man sich zu, daß man den Menschen Paläste bauen könne, und wenn es um und an kömmt, so hat man alle Hände voll zu tun, um ihren Mist beiseitebringen zu können.

Goethe, an Lavater, 6. 3. 1780

Der Idealismus der Jugend ermöglicht die Weisheit des Alters.

Hans Arndt, Im Visier, Im Austausch

Wenn sich die Jugend der Geschlechtsreife nähert, tritt ein gewisser sonderbarer Ernst ein, Liebe zur Einsamkeit und Stille. Man hat den Glotzer, wie man im Süden spricht, starrt stundenlang auf einen Fleck, aber nicht in Gedanken, wohl aber in dunkeln, unbekannten Gefühlen verloren.

Karl Julius Weber, Demokritos II, 15

Der Jüngling reifet zum Manne;
besser im stillen reift er zur Tat oft als im Geräusche
wilden, schwankenden Lebens.

Goethe, Hermann und Dorothea 4

Es ist der Fehler des Jünglings, sich immer für glücklicher oder unglücklicher zu halten, als er ist. (Strato)

Lessing, Philotas 2

Die vielbesprochene Wertherzeit gehört, wenn man es näher betrachtet, freilich nicht dem Gange der Weltkultur an, sondern dem Lebensgang jedes

Einzelnen, der mit angeborenem freiem Natursinn sich in die beschränkenden Formen einer veralteten Welt finden und schicken lernen soll. Gehindertes Glück, gehemmte Tätigkeit, unbefriedigte Wünsche, sind nicht Gebrechen einer besonderen Zeit, sondern jedes einzelnen Menschen.

Goethe, zu Eckermann, 2. 1. 1824

Ich glaube, daß unsere Seelen sich bereits mit zwanzig Jahren zu dem Grade entwickelt haben, auf dem sie sein sollen und wo sie alles das versprechen, was sie vermögen. Eine Seele, die in diesem Alter noch keine überzeugende Hoffnung von ihren Kräften blicken läßt, gibt auch später keine Beweise mehr davon.

Montaigne, Essays I, 57

Wenn man mit der Welt nicht ganz fremd werden will, so muß man die jungen Leute gelten lassen für das, was sie sind, und muß es wenigstens mit einigen halten, damit man erfahre, was die übrigen treiben.

Goethe,
an Karl Friedrich von Reinhard, 8. 5. 1811

Mädchen

Wenn ihre kleinsten Mädchen sich mit Puppen herumtragen und einige Läppchen für sie zusammenflicken, wenn ältere Geschwister alsdann für die jüngeren sorgen und das Haus sich in sich selbst bedient und aufhilft: Dann ist der weitere Schritt ins Leben nicht groß, und ein solches Mädchen findet bei ihrem Gatten, was sie bei ihren Eltern verließ.

Goethe, Die Wahlverwandtschaften II, 7

Dienen lerne bei Zeiten das Weib nach ihrer Bestimmung;
denn durch Dienen allein gelangt sie endlich zum Herrschen,
zu der verdienten Gewalt, die doch ihr im Hause gehöret.
Dienet die Schwester dem Bruder doch früh, sie dienet den Eltern,
und ihr Leben ist immer ein ewiges Gehen und Kommen
oder ein Heben und Tragen, Bereiten und Schaffen für andre.
Wohl ihr, wenn sie daran sich gewöhnt, daß kein Weg ihr zu sauer
wird und die Stunden der Nacht ihr sind wie die Stunden des Tages,
daß ihr niemals die Arbeit zu klein und die Nadel zu fein dünkt,
daß sie sich ganz vergißt und leben mag nur in andern!
Denn als Mutter, fürwahr, bedarf sie der Tugenden alle,
wenn der Säugling die Krankende weckt und Nahrung begehret

von der Schwachen, und so zu Schmerzen Sorgen sich häufen.
Zwanzig Männer verbunden ertrügen nicht diese Beschwerde,
und sie sollen es nicht; doch sollen sie dankbar es einsehn.

Goethe, Hermann und Dorothea 7

Es gibt eine gewisse Jungfernschaft der Seele bei Mädchen und eine moralische Entjungferung. Diese findet bei vielen schon sehr frühzeitig statt.

Lichtenberg

Jedes Mädchen ist die Verwalterin der weiblichen Mysterien. Es gibt Stellen, wo Bauernmädchen aussehen wie Königinnen; das gilt von Leib und Seele.

Lichtenberg,
Beobachtungen über den Menschen

Ein twatsches Kind – Ihr seht's – gut, aber twatsch,
blutjung, gefirmelt kaum; das schämt sich noch,
wenn's einen Bart von weitem sieht. (Adam)

Heinrich von Kleist,
Der zerbrochene Krug 9

Der als Stier dich erschreckt, den pflegtest als Kalb du zu streicheln.

Ovid,
Liebeskunst II, 366

Jede Neigung zu verschließen,
hart und kalt zu sein wie Stein,
schöne Augen nicht zu grüßen,
fleißig und allein zu sein,
keiner Bitte nachzugeben:
Heißt das wohl ein Jugendleben?

Novalis, Heinrich von Ofterdingen,
Klage der Mädchen

Das Herz gefällt mir nicht, das streng und kalt
sich zuschließt in den Jahren des Gefühls. (Thibaut)

Schiller,
Die Jungfrau von Orleans, Prolog 2

Nicht leicht zu hüten ist des Gartens reife Frucht. (Danaos)

Aischylos, Die Schutzflehenden 999

Denn nach der Jungfraun schöngestalteter Zierlichkeit
pflegt jeder, der vorübergeht, den Zauberpfeil
des Blicks zu senden, vom Verlangen süß berauscht. (Danaos)

Aischylos, Die Schutzflehenden 1003/5

Der Keuschheit Schloß wohl zu verwahren,
war an Petulca ein Begehren.
Sie sagte: Fleiß will ich nicht sparen,
wann nur nicht soviel Schlüssel wären.

Logau, Auf Petulcam

Wassersucht ist schwer zu heilen.
Manchmal kümmt sie Jungfern an;
diese trägt man auf den Armen, bis sie
selbsten laufen kann.

Logau, Wassersucht

Denkt, wie gesund die Luft, wie rein
sie um dies Jungfernstift muß sein!
Seit Menschen sich besinnen,
starb keine Jungfrau drinnen.

Lessing, Auf das Jungfernstift zu . . .

Ein Mädchen vor dem Spiegel ist die Frucht, die sich selber ißt.

Hebbel, Tagebücher 1839

Ein Mädchen, kaum zwölf Moden alt.

Lichtenberg

Ein wanderndes Mädchen ist immer
von schwankendem Rufe.

Goethe, Hermann und Dorothea 7

Heute sehen viele Mädchen aus wie Männer, die wie Mädchen aussehen.

John Wayne

Kein Jahrmarkt ohne Diebe.
Kein Mädchen ohne Liebe.

Sprichwort

Altersstufen

Des Knaben Alter ist Idylle.
Der Jüngling braust des Herzens Fülle
in Oden aus und Dithyramben.
Der Mann schwankt hin und her in
Jamben.
Der Greis beklagt in Elegien
der guten Zeiten schnelles Fliehen.
Der Tod macht auf den ganzen Kram
ein bittres Epigramm.

August Langbein

Im zwanzigsten Lebensjahr regiert der Wille, im dreißigsten das Wissen, im vierzigsten das Urteil.

Benjamin Franklin, Selbstbiographie

Wie alt muß die Fichte sein, die zum Maste dienen soll?
Wie alt? Sie muß hoch genug und muß stark genug sein. (Philotas)

Lessing, Philotas 4

In der Jugend sind wir in der Regel sanguinisch, in späteren Jahren cholerisch, nach der Ernte der Erfahrungen mehr oder weniger melancholisch und im hohen Alter stumpf wie das Phlegma.

Karl Julius Weber,
Demokritos III, 4

Das Leben mit seinen verschiedenen Epochen ist eine Schatzkammer. Wir werden reich in jedem Gewölbe beschenkt; wie reich, das erkennen wir erst beim Eintritt in das nächste Gewölbe.

Hebbel

Des Kindes Hoffnung ist der Jüngling, des Jünglings der Mann. (Ferdinand)

Goethe, Egmont V, Gefängnis

Wer in einem gewissen Alter frühere Jugendwünsche und Hoffnungen realisieren will, betrügt sich immer; denn jedes Jahrzehnt des Menschen hat sein eigenes Glück, seine eigenen Hoffnungen und Aussichten.

Goethe, Die Wahlverwandtschaften II, 12

Man altert nur von 25 bis 30. Was sich bis dahin erhält, wird sich wohl auf immer erhalten.

Hebbel, Tagebücher 1838

Ein Mann mit dreißig steht einem mit fünfzig näher als einem mit zwanzig.

Thomas Niederreuther, Aphorismen

Das mittlere Alter ist nicht der Anfang vom Ende, sondern das Ende vom Anfang.

Eric Butterworth, How to avoid Middle-Age Letdown

Ein Mann ist jung, wenn eine Frau ihn glücklich oder unglücklich machen kann. Er kommt in die besten Jahre, wenn eine Frau ihn zwar glücklich, aber nicht mehr unglücklich machen kann. Er ist alt und verbraucht, wenn eine Frau ihn weder glücklich noch unglücklich machen kann.

Monz Rosenthal

Immer ist der Mann ein junger Mann,
der einem jungen Weibe wohl gefällt.
(Nausikaa)

Goethe, Nausikaa I, 3

Staatsmänner und schöne Frauen haben kein Gefühl für ihren allmählichen Verfall.

Lord Chesterfield

Wie aber den Frauen der Augenblick, wo ihre bisher unbestrittene Schönheit zweifelhaft werden will, höchst peinlich ist, so wird den Männern in gewissen Jahren, obgleich noch in völligem Vigor, das leiseste Gefühl einer unzulänglichen Kraft äußerst unangenehm.

Goethe, Wilhelm Meisters Wanderjahre II, 4

Je älter man wird, desto ähnlicher wird man sich selbst.

Maurice Chevalier

Am Anfang gehören alle Gedanken der Liebe. Später gehört dann alle Liebe den Gedanken.

Albert Einstein

Wenn man fühlt, daß man mit den Jahren vielleicht an Übersicht und Geschmack gewonnen hat, so glaubt man einigen Ersatz zu sehen, wenn sich Energie und Fülle nach und nach verlieren.

Goethe, an Carl von Knebel, 17. 9. 1799

Siehe, das nenn' ich doch würdig, fürwahr, sich im Alter beschäft'gen!
Er zerlegt jetzt den Strahl, den seine Jugend sonst warf.

Heinrich von Kleist, Herr von Goethe

Ein junger Mensch, der niemals weint, ist ein Ungeheuer. Ein alter Mensch, der nicht lacht, ist ein Narr.

George de Santayana

Eine gewisse Reibung zwischen den Generationen ist unvermeidlich; denn die Jugend und die Alten wiegen sich im Besitze der Antworten, und das Mittelalter hat die Fragen am Hals.

Aus den USA

Die Jugend, sehn Sie, das ist die Vergeltung. (Solness)

Ibsen, Baumeister Solness I

Da ich noch ein Kind war, hört ich stets,
der Jugend Führer sei das Alter; beiden sei,
nur wenn sie als Verbundne wandeln, Glück
beschert. (Neoterpe)

Goethe, Paläophron und Neoterpe

Zeige man doch dem Jüngling des edel reifenden Alters
Wert und dem Alter die Jugend, daß beide des ewigen Kreises
sich erfreuen und so sich Leben im Leben vollende!

Goethe, Hermann und Dorothea 9

Alter

Die Jahre meines Laufes sind am Ziel wie Pfeile, wenn sie stecken in der Scheibe.

Michelangelo, Kanzone

Bei den Großvätern ist die Weisheit und der Verstand bei den Alten.

Hiob 12, 12

Das Leben wird gegen Abend, wie die Träume gegen Morgen, immer klarer.

Weber, Demokritos, Das Alter, Schluß

Nimm die Erfahrung und die Urteilskraft der Menschen über 50 heraus aus der Welt, und es wird nicht genug übrigbleiben, um ihren Bestand zu sichern.

Henry Ford I.

Das Alter muß doch einen Vorzug haben,
daß, wenn es auch dem Irrtum nicht entgeht,
es doch sich auf der Stelle fassen kann.
(Antonio)

Goethe, Torquato Tasso III, 4

Alte Herren und Kometen werden aus dem gleichen Grund verehrt: Wegen ihrer langen Bärte und der Behauptung, daß sie die Ereignisse voraussagen.

Swift, Aphorismen

Nicht die jungen Glieder sind's,
in denen sich ein Witterungswechsel meldet.
Die alten Knochen spüren ihn zuerst.

Hebbel, Gyges und sein Ring I, Halle

Was alt ist, hat bewiesen, daß es lebensfähig ist.

Edward V. Rickenbacker

Wie gar manches in der Welt einen umgekehrten Gang nimmt, so häufen sich die Forderungen, die an uns geschehen, mit dem Alter, das uns, ihnen genug zu tun, unfähiger macht.

Goethe,
an Prinz August von Gotha, 6. 8. 1804

Im Alter
kommt der Psalter.

Sprichwort

Alte Kirchen haben trübe Augen.

Aus Holland

Alternde Menschen sind wie Museen: Nicht auf die Fassade kommt es an, sondern auf die Schätze im Innern.

Jeanne Moreau

Alle die Kränze der Lust, womit ich die Schläfe mir schmückte,
jede Salbe, die einst zierte mein lockiges Haar,
ist verflogen, o Freund; die Kränze sind alle verwelket.
Auch der Zunge Genuß, jegliche niedliche Kost
ging mit der Stunde dahin. Nur was die Seele mir schmückte,
was durch's Ohr ich dem Geist schenkte, das hab ich, o Freund.

Kallimachos, Das dauernde Vergnügen

Was kann, wenn man nahe dran ist, diese Welt zu verlassen, tröstender sein, als zu sehen, daß man nicht umsonst gelebt habe, weil man einige, wenngleich nur wenige, zu guten Menschen gebildet hat!

Kant, an Dr. Markus Herz

Vor einem grauen Haupte sollst du aufstehen und die Alten ehren.

3. Moses 19, 32

So lohnt die Welt für unsre Sorge:
Sie saugt uns aus und findet uns dann welk,
indes sie prangt mit unsern besten Kräften. (Rudolf)

Grillparzer,
Ein Bruderzwist in Habsburg IV

Nur den Göttern ist des Alters Bürde fremd. (Ödipus)

Sophokles, Ödipus auf Kolonos II

Hätt' ich für Altern auch ein Salben,
ich wollt' mich salben allenthalben.

Sprichwort

Ich würde Sie dringender einladen, wenn ich mir nicht allzusehr bewußt wäre, daß wir in dem Herbst und Winter des Lebens starrer und schroffer werden als billig ist: die Wirkung dieser Eigenschaften wird durch guten Willen, am besten aber durch Entfernung gemildert.

Goethe, an Christian Schlosser, 26. 9. 1813

Ein Pferd von dreißig Jahren verändert nicht mehr seinen Gang.

Aus Korsika

Feigherzig und geschwätzig ist das
Alter. (Cajetan)

Schiller, Die Braut von Messina I, 7

Frauen sind wie Zigaretten: Zuletzt sammelt sich das ganze Gift im Mundstück.

Shaw

Alternde Frauen sollten bedenken, daß ein Apfel nichts von seinem Wohlgeschmack verliert, wenn ein paar Fältchen die Schale kräuseln.

Auguste Brizeux

Man lacht nicht, weil du alt, glaub mir, man lacht allein,
weil du, die doch so alt, durchaus nicht alt willst sein.

Gryphius, Epigramme

Über ein altes Weib geht nix als ein Mann, der ein altes Weib ist. (Peter)

Nestroy, Der Unbedeutende I, 23

Wer will vergnüglich alten,
soll mit niemand Feindschaft,
mit jedermann Freundschaft,
mit wenigen Gemeinschaft,
mit vielen Kundschaft halten
und lassen Gott dann walten.

Weckherlin, Epigramme

Willst du alt werden, so werde balde alt.
Behalt den Kragen warm,
fülle nicht zu sehr den Darm,
mache dich der Greten nicht zu nah,
also wirst du langsam grau.

Luther, Tischreden 4, 46

Ehre, Geiz, Leid, Wein und Liebe
sind des Menschen Lebensdiebe.

Logau, Sinngedichte,
Des menschlichen Lebens Wegelagerer

Wenn man einen Alten höflich und glimpflich um das Leben bringen will, so soll man ihm ein junges Weib geben.

Kaiser Friedrich III.

Es gibt eine Art, das Leben zu verlängern, die ganz in unserer Macht steht: Früh aufstehen, zweckmäßiger Gebrauch der Zeit, Wählung der besten Mittel zum Endzweck und, wenn sie gewählt sind, muntere Ausführung.

Lichtenberg

Befehlen verlängert das Leben. Deswegen werden Generäle und Dirigenten so alt.

Howard T. Hunter

Altsein heißt für mich immer: Fünfzehn Jahre älter als ich.

Bernard Mannes Baruch

Altern ist eine schlechte Gewohnheit, die ein beschäftigter Mann gar nicht erst aufkommen läßt.

André Maurois

Schweigend Zeit vergehen lassen macht einzelne Menschen und Völker wieder jung.

Cesare Pavese, Das Handwerk des Lebens

Jimmy Carter hat zu mir gesagt: „Ich habe dich im Fernsehen wieder einmal auf einem Pferd gesehen. Wie kommt es bloß, daß du so jung aussiehst?" Darauf ich: „Das ist ganz einfach, Jimmy – ich nehme nur alte Pferde."

Ronald Reagan

Alles, was Spaß macht, hält jung.

Curd Jürgens, zu Georg Stefan Troller,
in Pariser Gespräche 11

Alter schützt vor Liebe nicht, aber Liebe vor dem Altern.

Coco Chanel

Der größte Irrtum junger Menschen ist ihre Vorstellung vom Alter. Ein gesunder alter Mann liebt wie mit zwanzig.

Hermann Kesten

Ein Mann mit weißen Haaren ist wie ein Haus, auf dessen Dach Schnee liegt. Das beweist aber noch lange nicht, daß im Herd kein Feuer brennt.

Maurice Chevalier

Die Menschen werden alt, weil sie ihre Ideale im Stich lassen.

Kenneth B. Haas

Das Alter will die Menschen vom Leben entwöhnen wie die Amme das Kind von der Brust: Durch allmähliches Entziehen.

C.F. Wilhelm Jakobs, Ährenlese

Gott schickt am End uns Leiden,
auf daß uns diese Welt,
wenn wir nun von ihr scheiden,
nicht mehr so mächtig hält.

Justinus Kerner, Religiöses

An diesem Bangen, an diesem Verwelken der Sinne,
an dieser Grabessehnsucht fühl' ich es,
daß mir nicht fern das Ende der Tage!
(Medea)

Grillparzer, Die Argonauten II

Wer könnte den Gedanken des Todes ertragen, wenn das Leben eine Freude wäre? So aber hat jener immer noch das Gute, das Ende des Lebens zu sein, und wir trösten uns über die Leiden des Lebens mit dem Tode und über den Tod mit den Leiden des Lebens.

Schopenhauer, Von der Richtigkeit und den Leiden des Lebens

Ich bin ermüdt, ich hab geführt
des Tages Bürd;
es muß einst Abend werden.
Erlös mich, Herr, spann aus den Pflug,
es ist genug!
Nimm von mir die Beschwerden.

Anton Ulrich von Braunschweig, Abschied

Jüngling wirst du nicht wieder noch Mann, wenn das Haar sich dir bleichte,
aber sobald du nur willst, wirst du von neuem ein Kind.

Hebbel, An S. Engländer, 9. 9. 1857

Bevor ich ein alter Mann wurde, war ich darauf bedacht, würdig zu leben. Jetzt, im Alter, richtet sich mein Streben darauf, würdig zu sterben.

Seneca, an Lucilius

Tod

Es ist ein Schnitter, der heißt Tod,
er mäht das Korn, wenns Gott gebot.
Schon wetzt er die Sense,
daß schneidend sie glänze;
bald wird er dich schneiden,
du mußt es nur leiden,
mußt in den Erntekranz hinein.
Hüte dich, schönes Blümelein!

Clemens Brentano, Der Tod

Der Tod zeigt dem Menschen, was er ist.

Hebbel, Tagebücher II, 1843

Memento mori! Gedenke des Todes!

Ordensgruß der Trappisten

Es ist ungewiß, wo uns der Tod erwartet. Erwarten wir ihn überall!

Montaigne, Essais I, 19

Laßt uns guten Muts sein in bezug auf den Tod, da das kein Übel für uns sein kann, was das natürliche Gesetz der Götter, die über das Wohl der Menschen walten, zu unserm Besten so eingesetzt hat.

Platon, Verteidigungsrede des Sokrates

Mors laborum ac miseriarum quies est. Der Tod ist ein Ausruhen von Mühe und Elend.

Cicero, In Catilinam IV, 4

Der Tod versetzt uns wieder in den Zustand der Ruhe, in dem wir uns befanden, ehe wir geboren wurden. Bedauert jemand die Gestorbenen, so muß er auch die Ungeborenen bedauern.

Seneca

Der Gedanke, nicht mehr zu sein, ist so süß! Welch tiefe Ruhe ist über alle Friedhöfe gebreitet!

Flaubert, November

Der Tod ist eine Selbstbesiegung, die, wie alle Selbstüberwindung, eine neue leichtere Existenz verschafft.

Novalis

Das Leben ist eine Krankheit, von der wir uns alle 16 Stunden durch den Schlaf erholen. Der Schlaf ist das Linderungsmittel, der Tod das Heilmittel.

Chamfort

Tod und Schlaf sind Kinder von zwei Vätern und einer guten Mutter.

Hippel,
Lebensläufe nach aufsteigender Linie 3

Ein mächtiger Vermittler ist der Tod.
Da löschen alle Zornesflammen aus,
der Haß versöhnt sich, und das schöne Mitleid
neigt sich, ein weinend Schwesterbild, mit sanft
anschmiegender Umarmung auf die Urne. (Don Cesar)

Schiller, Die Braut von Messina IV, 8

Gib deine Hand, du schön und zart Gebild!
Bin Freund und komme nicht zu strafen.
Sei gutes Muts. Ich bin nicht wild,
sollst sanft in meinen Armen schlafen!

Matthias Claudius,
Der Tod und das Mädchen

Nur ein heulender Sünder konnte den Tod ein Gerippe schelten. Es ist ein holder, niedlicher Knabe, blühend, wie sie den Liebesgott malen, aber so tükkisch nicht – ein stiller, dienstbarer Genius, der der erschöpften Pilgerin Seele den Arm bietet über den Graben der Zeit, das Feenschloß der ewigen Herrlichkeit aufschließt, freundlich nickt und verschwindet. (Luise)

Schiller, Kabale und Liebe V, 1

Des Todes rührendes Bild steht
nicht als Schrecken dem Weisen und
nicht als Ende dem Frommen.
Jenen drängt es ins Leben zurück und
lehret ihn handeln;
diesem stärkt es zu künftigem Heil im
Trübsal die Hoffnung;
beiden wird zum Leben der Tod.

Goethe, Hermann und Dorothea 9

Mensch, stirbest du nicht gern, so
willst du nicht dein Leben;
das Leben wir dir nicht als durch den
Tod gegeben.

Angelus Silesius

Der Tod ist ein Teil der Steuern.

Aus Sansibar

Für mich waren es sehr feierliche und nachdenkliche Stunden, als ich anfing, mich an den Gedanken des wahrhaften Todes zu gewöhnen.

Gottfried Keller, an Baumgartner, 28. 1. 1849

So suche dir in allen Fällen,
den Tod oft lebhaft vorzustellen,
so wirst du ihn nicht zitternd scheun.
So wird er dir ein Trost in Klagen,
ein weiser Freund in guten Tagen,
ein Schild in der Versuchung sein.

Christian Fürchtegott Gellert

Wollen wir unser Leben in Frieden hinbringen und mit den Göttern selbst in der Frage des Glückes in Wettstreit treten, dann müssen wir die Seele reisefertig halten.

Seneca, an Lucilius

Das Bewußtsein unserer Sterblichkeit ist ein köstliches Geschenk, nicht die Sterblichkeit allein, die wir mit den Molchen teilen, sondern unser Bewußtsein davon. Das macht unser Dasein erst menschlich.

Max Frisch, Tagebuch

Keinem ist das Leben so süß wie dem, welcher jede Todesfurcht verloren hat.

Smiles, Der Charakter 7, Pflicht

Bereite Dich auf den Tod vor. Das will sagen: Bereite Dich auf die Freiheit vor!

Seneca, an Lucilius

Wer sterben gelernt hat, hört auf, ein Knecht zu sein.

Epikur

Auf den Tod sinnen heißt auf Freiheit sinnen.

Montaigne, Essays

Tod, man kann dich nicht bannen,
doch dafür kann man dich rufen.
Weil du das Opfer verschmähst, bist du
zum Sklaven gemacht.

Hebbel, Auf den Tod

Nicht den Tod eracht ich als das
Schrecklichste,
nein, wenn man, selbst ihn suchend,
ihn nicht finden kann. (Chrysostemis)

Sophokles, Elektra 985

Den Menschen adelt,
den tiefstgesunkenen, das letzte
Schicksal. (Maria)

Schiller, Maria Stuart V, 6

Wem irgend noch von mir ein Ärgernis
geblieben,
dem sei der Spruch ans Herz wie mir an
Sarg geschrieben:
Oft ist ein guter Tod der beste Lebens-
lauf.

Johann Christian Günther, Bußgedanken

Richte dein Streben dahin, daß der Name des Todes seinen Schrecken für dich verliert. Mach ihn dir durch häufiges Nachdenken vertraut, damit du, wenn es die Umstände fordern, ihm sogar entgegengehen kannst.

Seneca

Den Tod fürchten, Ihr Männer, ist nichts anderes, als sich weise dünken und es doch nicht sein; denn es heißt, sich ein Wissen einzubilden, das man nicht hat.

Platon, Verteidigungsrede des Sokrates I, 17

Der Tod ist unter allem, was man für übel hält, das einzige, das, wenn es gekommen ist, nicht schmerzt und nur betrübt, solange es nicht da ist.

Arkesilaos, Trostschrift an Apollonios 15

Nicht nur einen Tod gibt es. Der uns dahinrafft, ist nur der letzte.

Seneca, Briefe III, 3

Das Leben ist
nur ein Moment, der Tod ist auch nur
einer! (Maria)

Schiller, Maria Stuart III, 6

Den Tod fürchten, das heißt dem Leben zu viel Ehre erweisen.

Théodore Simon Jouffroy

Habe keine Angst davor, daß Dein Leben eines Tages endet. Fürchte lieber, daß Du versäumst, es richtig zu beginnen.

Kardinal Newman

Die Alten fürchteten den Tod. Die Christen fürchten nur noch das Sterben.

Augustus Hare

Ich werde vielleicht in meiner Todesstunde zittern, aber vor meiner Todesstunde werde ich nie zittern.

Lessing, Theologische Streitschriften

Wer vor dem Tod flieht, läuft ihm nach.

Demokrit

Sterben

Endlich bleibt nicht ewig aus,
endlich wird der Trost erscheinen,
endlich grünt der Hoffnungsstrauß,
endlich hört man auf zu weinen,
endlich bricht der Tränenkrug,
endlich spricht der Tod: Genug!

Johann Christian Günther, Trost-Aria

Der Strom trug das ins Wasser gestreute
Laub der Bäume fort.
Ich dachte an alte Leute,
die auswandern ohne ein Klagewort.

Ringelnatz, Herbst im Fluß

Du kamst, du gingst mit leiser Spur,
ein flüchtger Gast im Erdenland.
Woher? Wohin? Wir wissen nur:
Aus Gottes Hand in Gottes Hand.

Ludwig Uhland, Auf den Tod eines Kindes

Licht, wie es mit der Finsternis die Farbe wirkt, ist ein schönes Symbol der Seele, welche mit der Materie den Körper bildend belebt. So wie der Purpurglanz der Abendwolke schwindet und das Grau des Stoffes zurückbleibt, so ist das Sterben des Menschen. Es ist ein Entweichen, ein Erblassen des Seelenlichts, das aus dem Stoffe weicht.

Goethe, zu Riemer, 3. 12. 1808

Wer jung die Erde verlassen,
wandelt auch ewig jung im Reiche Persephoneias,
ewig jung erscheint er den Künftigen.

Goethe, Achilleis 517

Es wird ein jeder so leicht oder so schwer sterben, als seiner Natur das Leben geworden ist, und wer das eine verstanden hat, wird auch das andere können.

Waldemar Bonsels, Indienfahrt

Festigkeit oder Schwäche im Tod hängt von der letzten Krankheit ab.

Vauvenargues

Man sagt, er stirbt bald, wenn einer etwas gegen seine Art und Weise tut.

Goethe, Die Wahlverwandtschaften II, 4

Wie ein Kind, umwunden von der Schlange, des erquickenden Schlafs genießt, so legt der Müde sich noch einmal vor der Pforte des Todes nieder und ruht tief aus, als ob er einen weiten Weg zu wandern hätte. (Egmont)

Goethe, Egmont V, Gefängnis

Man löst sich nicht allmählich von dem Leben!
Mit einem Mal, schnell, augenblicklich muß
der Tausch geschehen zwischen Zeitlichem
und Ewigem. (Kennedy)

Schiller, Maria Stuart V, 1

Der Bettler scheidet ebenso schwer von seiner Armut wie der König von seiner Herrlichkeit. (von Hutten)

Schiller, Der Menschenfeind 8

Nicht alle, die „Wohlgeboren" sind, sind „Wohlgestorben".

Lichtenberg, Witzige und komische Ausdrücke und Vergleiche

Sie glauben, Gott werde keine Freude an der Ankunft eines Menschen haben, der trotz ergangenem Ruf nicht herbeieilt, sondern unwillig und widerspenstig muß herangeschleppt werden. Sehen sie einem solchen Sterben zu, so schaudern sie.

Thomas More, Utopia II

Wann ich einmal soll scheiden,
so scheide nicht von mir!
Wann ich den Tod soll leiden,
so tritt du dann herfür!
Wann mir am allerbängsten
wird um das Herze sein,
so reiß mich aus den Ängsten
kraft deiner Angst und Pein!

Paul Gerhardt, An das Angesicht

Wir sollten das Leben verlassen wie ein Bankett: Weder durstig noch betrunken.

Aristoteles

Vom Leben muß man wie vom Mahle fortspazieren,
dem Wirte danken und sein Bündel schnüren.

Voltaire

Wenn dem Menschen am Ende seines Lebens ein Lächeln übrigbleibt, so ist das ein sehr anständiger Reingewinn.

Horst Wolfram Geißler, Die Glasharmonika

Es ist ein fröhlich Ding um eines Menschen Sterben.
Es freuen sich darauf die gerne reichen Erben.
Die Priester freuen sich, das Opfer zu genießen.

Die Würmer freuen sich an einem guten Bissen.
Die Engel freuen sich, die Seele raufzuführen.
Der Teufel freuet sich, wenn sie will ihm gebühren.

Logau, Fröhlicher Tod

Mit jedem Menschen verschwindet, er sei auch, wer er sei, ein Geheimnis aus der Welt, das vermöge seiner besonderen Konstruktion nur er entdecken konnte, das nach ihm niemand wieder entdecken wird.

Hebbel, Tagebücher 1837

Mit jedem Menschen sterben auch die Toten, die nur in ihm noch gelebt hatten.

Richard von Schaukal, Gedanken

Ich stehe schon dort, wo die Menschen wahrsagen: Wenn sie im Begriffe sind zu sterben.

Platon, Verteidigungsrede des Sokrates III, 30

Ich kann mir vorstellen, daß ein Mensch, der von einer Kanonenkugel tödlich getroffen wird, in einem sekundenlangen Beben seines Gehirns sein ganzes Leben in einem Punkt sieht und fühlt.

Lichtenberg

Wie süß ist's, eingewiegt zu werden in den Schlag des Todes von dem Gebet eines Sohnes! (Der alte Moor)

Schiller, Die Räuber II, 2

Sterben scheint mir in der Regel die letzte süße Empfindung des Lebens zu sein, und gar viele Sterbende haben sogar angenehme Ideen und Gefühle; daher das Lächeln, das Theologen oft so komisch gedeutet haben.

Karl Julius Weber, Demokritos, Todesbetrachtungen

Der Mensch tritt in die Welt mit geschlossenen Händen, als wolle er andeuten: Die ganze Welt ist mein; ich nehme sie in Besitz. Wenn er von der Welt scheidet, sind seine Hände ausgestreckt, als wolle er sagen: Ich habe von der Welt nichts mitgenommen; siehe, alles ist Dein.

Midrasch, Kohelet rabba 5, 14

Jetzt ist es Zeit, daß wir von hinnen gehen, ich um zu sterben, ihr um zu leben. Wer von uns aber einem besseren Lose entgegengeht, das weiß niemand als der Gott.

Platon, Verteidigungsrede des Sokrates, Schluß

Wir sind Bettler, das ist wahr.

Luther, Letzte Aufzeichnung an seinem Todestag, 18. 2. 1546

Laßt den Vorhang herunter; die Komödie ist zuende.

Rabelais, Letzte Worte, 9. 4. 1553

Vor dem Ziele am Ziele.

Tasso, Letzte Worte, 25. 4. 1595

Ich scheide endlich aus dieser Welt, wo das Herz entweder zerbrechen oder zu Erz werden muß.

Chamfort, Letzte Worte, 13. 4. 1794

Kein Grund zum Weinen.

Konrad Adenauer, Letzte Worte, 19. 4. 1967

Nun, o Unsterblichkeit, bist du ganz mein!
Du strahlst mir durch die Binde meiner Augen
mit Glanz der tausendfachen Sonne zu!
Es wachsen Flügel mir an beiden Schultern,
durch stille Aetherräume schwingt mein Geist;
und wie ein Schiff, vom Hauch des Winds entführt,
die muntre Hafenstadt versinken sieht,
so geht mir dämmernd alles Leben unter:
Jetzt unterscheid' ich Farben noch und Formen,
und jetzt liegt Nebel alles unter mir.
Ach, wie die Nachtviole lieblich duftet!
(Prinz von Homburg)

Heinrich von Kleist, Prinz Friedrich von Homburg V, 10

Begräbnis

Was mir nie war vergönnt bei meinem ganzen Leben,
das hat mir nun der Tod nach meinem Sinn gegeben:
Ich mein ein eigen Haus, daraus mich mehr kein Tod,
kein Teufel, kein Tyrann vertreibt und keine Not.

Logau, Ein Vertriebener redet nach seinem Tode

Neben denen dereinst zu ruhen, die man liebt, ist die angenehmste Vorstellung, welche der Mensch haben kann, wenn er einmal über das Leben hinausdenkt. Zu den Seinigen versammelt werden, ist ein so herzlicher Ausdruck.

Goethe, Die Wahlverwandtschaften II, 2

Doch aber ist so viel nicht an,
ob ich gesellt, ob einsam liege.
Herr! Wenn mein Geist nur stehen kann
und ich vor deinem Richtstuhl siege.

Gryphius, Gedanken: Über den Kirchhof und Ruhestätte der Verstorbenen

Ob einem reiche Totengabe wird zuteil,
das ist nur eitle Prahlerei der Lebenden.

Euripides, Die Troerinnen 1249/50

Man lobt im Tode manchen Mann,
der Lob im Leben nie gewann.

Freidank, Bescheidenheit 25, Vom Lobe

O Redner! Dein Gesicht zieht jämmerliche Falten,
indem dein Maul erbärmlich spricht.
Eh' du mir sollst die Leichenrede halten,
wahrhaftig, lieber sterb' ich nicht!

Lessing, Auf einen gewissen Leichenredner

Warum erweisen wir immer die letzte Ehre? Warum nie die vorletzte?

Nikolaus Cybinski, Wohin du schaust – lachende Dritte

Am Grabe der meisten Menschen trauert, tief verschleiert, ihr ungelebtes Leben.

Oscar Jellinek

Beim Verlassen des Grabes wechselt man den Schritt.

Hans Arndt, Im Visier, Dunkle Böen

Ich habe mich wohl in acht genommen, weder Herder, Schiller, noch die verwitwete Frau Herzogin Amalia im Sarge zu sehen. Der Tod ist ein sehr mittelmäßiger Porträtmaler. Ich will ein seelenvolleres Bild als seine Masken von meinen sämtlichen Freunden im Gedächtnis aufbewahren.

Goethe, zu Johann Daniel Falk, 25. 1. 1813

Ist's christlich, Christenvolk, dem Gott den Himmel schenkt,
daß dich nicht ohn' Entgelt man in die Erde senkt?

Logau, Sinngedichte, Begräbniskosten

Wie? Hundert Gulden wollt ihr haben,
um meine Frau mir zu begraben?
Das ist zu arg, bei meiner Ehre,
fast wünscht' ich, daß sie nicht gestorben wäre.

Castelli, Begräbniskosten

Die Lüge, Mensch, ist dein Vergnügen;
du lehrst sogar die Steine lügen.

Haug, Sinngedichte, Über Grabschriften

Hier ruht ein Wahrheitsfreund:
Wenn dies dir, Leser, seltsam scheint,
so wisse nur, man schrieb es her,
damit die Grabschrift lügt wie er.

Castelli, Grabschrift auf einen Lügner

Beim Lesen der Todesanzeigen wird man belehrt, daß nur engelsgleiche Wesen diese Welt verlassen.

Hans Arndt, Im Visier, Chancen

Ich will kein ander Wort auf meinem Leichstein haben
als dies: Der Kern ist weg, die Schalen sind vergraben.

Hofmannswaldau, Gedanken bei Antretung des fünfzigsten Jahres

Großer Männer Grab ist die ganze Erde.

Perikles, Rede auf die Gefallenen

O weiser Brauch der Alten, das Vollkommne,
das ernst und langsam die Natur geknüpft,
des Menschenbilds erhabne Würde, gleich
wenn sich der Geist, der wirkende, getrennt,
durch reiner Flammen Tätigkeit zu lösen!
Und wenn die Glut mit tausend Gipfeln sich
zum Himmel hob und zwischen Dampf und Wolken,
des Adlers Fittich deutend, sich bewegte,
da trocknete die Träne, freier Blick
der Hinterlaßnen stieg dem neuen Gott
in des Olymps verklärte Räume nach.
(Herzog)

Goethe, Die natürliche Tochter III, 4

Trauer

Sehn Geliebter Tod ist mehr als eigne Leiden.

Rückert, Die Weisheit des Brahmanen 311

Er fühlte tief, wie unempfindlich man oft Freunde und Verwandte, so lange sie sich mit uns des irdischen Aufenthaltes erfreuen, vernachlässigt und nur dann erst die Versäumnis bereut, wenn das schöne Verhältnis wenigstens für diesmal aufgehoben ist.

Goethe, Wilhelm Meisters Lehrjahre V, 1

Bleibe mir, du vielgeliebtes Bild,
vollkommen, ewig jung und ewig gleich!
Laß deiner klaren Augen reines Licht
mich immerfort umglänzen! Schwebe vor,
wohin ich wandle, zeige mir den Weg
durch dieser Erde Dornenlabyrinth!

Goethe, Die natürliche Tochter III, 4

Beweinet den, der leidet, nicht den, der scheidet!

Talmud

Tröste nur den, der Güter verlor, den Erwartungen täuschten,
aber entweihe durch Trost Gram um Verstorbene nie!

Brinckmann, Elegien und Arabesken

Siehe, die Trauer, sie ist Trauernden einziger Trost.

Robert Hamerling, Sinnen und Minnen, Der Tröster

Durch Trauren wird die Trauer zum Genuß. (Herzog)

Goethe, Die natürliche Tochter III, 4

Die Trauer der Braut drei Wochen war,
die Trauer der Schwester, die war drei Jahr,
die Mutter hat der Trauer gepflegt,
bis müde sie selbst ins Grab sich gelegt.

Chamisso, Der Sohn der Witwe

Trauernde sind überall sich verwandt. (Phaon)

Grillparzer, Sappho II,4

Es mehrt unendliche Trauer das Elend.

Homer, Odyssee XIX, 120

Das Gesetz verpflichtet die Witwen zu einem Trauerjahre, und gewiß ist eine solche Epoche, die den Wechsel aller irdischen Dinge in sich begreift, einem fühlenden Herzen nötig, um die schmerzlichen Eindrücke eines großen Verlustes zu mildern. Man sieht die Blumen welken und die Blätter fallen, aber man sieht auch Früchte reifen und neue Knospen keimen.

Goethe, Wilhelm Meisters Wanderjahre I, 2

Nicht in das Grab, nicht übers Grab verschwendet
ein edler Mann der Sehnsucht hohen Wert.
Er kehrt in sich zurück und findet staunend
in seinem Busen das Verlorne wieder.
(Weltgeistlicher)

Goethe, Die natürliche Tochter III, 4

Es heißt nicht sterben, lebt man in den Herzen der Menschen fort, die man verlassen muß.

Smiles, Der Charakter 3

Wenn längere Zeit nach dem Tode eines geliebten Wesens einen der alte Schmerz überkommt, so überlege man, was der Tote versäumt habe, während man selbst und die andern weiterlebten.

Raabe, Gedanken und Einfälle

Der Tod eines heißgeliebten Menschen ist die eigentliche Weihe für eine höhere Welt. Man muß auf Erden etwas verlieren, damit man in jenen Sphären etwas zu suchen habe.

Hebbel

Der Adler besucht die Erde,
doch säumt nicht, schüttelt vom Flügel
den Staub und kehrt zur Sonne zurück!

Matthias Claudius, An . . .

Unsterblichkeit

Zwar alles, was der Mensche trägt,
das Fleisch und seine Knochen,
wird, wenn er sich hin sterben legt,
zermalmet und zerbrochen
von Maden, Motten und was mehr
gehöret zu der Würme Heer.
Doch soll's nicht stets so bleiben.

Paul Gerhardt,
Ich weiß, daß mein Erlöser lebt

Untergehn und nicht vergehn
ist der Sonne Eigenschaft:
Durch des Schöpfers Will und Kraft
stirbt der Mensch zum Auferstehn.

Logau,
Der Sonne und des Menschen Untergang

Wie wir mitten im Leben vom Tode umfangen sind, so müßt ihr jetzt auch ganz fest überzeugt sein, daß wir mitten im Tode vom Leben umfangen sind.

Calvin

Unsterblichkeit ist uns geoffenbart durch eine unserem Geist eingeborene, uns verliehene Ahnung. Gott selbst, der ihn erschaffen hat, legt dieses Wort in ihn.

Joubert, Gedanken und Maximen

Der Mensch soll an Unsterblichkeit glauben; er hat dazu ein Recht; es ist seiner Natur gemäß.

Goethe, zu Eckermann, 4. 2. 1829

Wenn wir Menschen ein angeborenes Verlangen nach Unsterblichkeit haben, so ist es klar, daß wir in unsrer jetzigen Lage nicht sind, wo wir sein sollten. Wir zappeln auf dem Trocknen, und es muß irgendwo ein Ozean für uns sein.

Claudius, Über die Unsterblichkeit

Der Lichtabgrund des Tao ist aller Wesen Mutter. Wer die Mutter erkennt, weiß um seine Gotteskindschaft. Seiner Kindschaft bewußt, ist er auf dem Heimweg. Heimkehrend ist er dem Vergehen enthoben.

Lao-Tse, Tao-Teh-King 52

Jede Seele ist unsterblich; denn das Stetsbewegte ist unsterblich. (Sokrates)

Platon, Phädros 51

Ich zweifle nicht an unserer Fortdauer; denn die Natur kann die Entelechie nicht entbehren.

Goethe, zu Eckermann, 1. 9. 1829

Derjenige, der Gott auch nur einen Augenblick gedacht hat, sollte nicht unsterblich sein?

Klopstock

Wollen wir uns die Unsterblichkeit aus dem Weltplan wegdenken, dann ist die sittliche Schönheit auf eine zerfallende Seifenblase gemalt.

Jean Paul

Die aus dem Vertrauen auf eine Allgüte und Allgerechtigkeit entspringende Zuversicht, daß der Tod nur die Auflösung eines unvollkommenen, seinen Zweck nicht in sich tragenden Zustandes und der Übergang zu einem bessern und höhern ist, muß dem Menschen so gegenwärtig sein, daß nichts sie auch nur einen Augenblick verdunkeln kann. Sie ist die Grundlage der innern Ruhe.

Wilhelm von Humboldt,
Briefe an eine Freundin, 24. 12. 1829

Es hat wohl niemals eine rechtschaffene Seele gelebt, welche den Gedanken hätte ertragen können, daß mit dem Tode alles zu Ende sei, und deren edle Gesinnung sich nicht zur Hoffnung der Zukunft erhoben hätte.

Kant, Träume eines Geistersehers 2

Denn wer an Persephone Buße zahlt für alte Schuld,
des Seele gibt sie nach neun Jahren wieder
hinauf ans Sonnenlicht.
Da werden hehre Fürsten aus ihnen
und mächtige Herrscher und weisheitsvolle Männer.

Pindar

Bei keinem Volke ist der Glaube an Unsterblichkeit stärker gewesen als bei den Kelten; man konnte Geld bei ihnen geliehen bekommen, um es in der anderen Welt wiederzugeben.

Heine, Aphorismen und Fragmente

Tod ist der Sünden Sold, Gott ist der Tugend Lohn;
erwirbst du diesen nicht, so trägst du den davon

Angelus Silesius

Die größte Unbescheidenheit
ist der Anspruch auf Unsterblichkeit,
die Zumutung an die Natur,
diese dürftige Menschenkreatur
selbst in den mißlungensten Exemplaren
für Ewigkeiten aufzubewahren.

Leuthold, Sprüche 2

Ich weiß wohl, daß derjenige auf Ewigkeit hofft, der hier zu kurz gekommen ist. (Franz)

Schiller, Räuber V, 1

Gönnt doch den Wahn dem armen Schlucker,
der nur des Lebens Bitterkeit genießt!
Unsterblichkeit ist ja der Zucker,
der ihm den herben Trank der Zeit versüßt.

Paul Heyse, Spruchbüchlein, Gott und Welt

Für die, welche an keine Unsterblichkeit glauben, gibt es auch keine.

Börne, Fragmente und Aphorismen

Wir kümmern uns nicht, daß wir nicht dagewesen sind, ehe wir geboren wurden. Warum uns kümmern, nicht mehr da zu sein, wenn wir gestorben sind?

Karl Julius Weber, Demokritos, Der Tod

Jenseits

Wenn der jüngste Tag wird werden,
dann fallen die Sternlein auf die Erden:
Ihr Toten, ihr Toten sollt auferstehn,
ihr sollt vor das jüngste Gerichte gehn.

Clemens Brentano, Geschichte vom braven Kasperl und dem schönen Annerl

Ein großes Licht wird sein, und alles, was hier schön ist, wird dort nichts sein. Unsere Augen werden glänzen wie fein Silber, unser Leib wird leicht dem Willen folgen wie ein Flaum.

Martin Luther

Der Tag ist nun vergangen,
die güldnen Sterne prangen
am blauen Himmelssaal.
Also werd ich auch stehen,
wenn mich wird heißen gehen
mein Gott aus diesem Jammertal.

Paul Gerhardt, Nun ruhen alle Wälder

„Himmel" leitet die deutsche Sprache von dem alten Wort „Heime", „Heimat" ab.

Wilhelm Raabe, Halb Mär, halb mehr

Tag der Rache, Tag voll Bangen,
schaust die Welt in Glut zergangen,
wie Sibyll und David sangen.

Welch Entsetzen wird da walten,
wann der Richter kommt zu schalten,
streng mit uns Gericht zu halten!

Die Posaun im Wundertone
sprengt die Gräber jeder Zone,
fordert alle hin zum Throne.

Staunend sehen Tod und Leben
sich die Kreatur erheben,
Rechenschaft dem Herrn zu geben.

Und ein Buch wird aufgeschlagen,
da ist alles eingetragen,
Welt, daraus dich zu verklagen.

Thomas von Celano, Dies Irae

Die Idee eines bösen Geistes und eines Straf- und Quälortes nach dem Tode konnte keineswegs in dem Kreise meiner Ideen Platz finden. Ich fand die Menschen, die ohne Gott lebten, deren Herz dem Vertrauen und der Liebe gegen den Unsichtbaren zugeschlossen war, schon so unglücklich, daß eine Hölle und äußere Strafen mir eher für sie eine Linderung zu versprechen, als eine Schärfung der Strafe zu drohen schienen.

Goethe, Wilhelm Meisters Lehrjahre VI

Die Hölle, das sind wir selbst.

Thomas Stearns Eliot

Nichts lieben, das ist die Hölle.

Bernanos

Meine Hölle? Ein Land, in dem es keine Bäume gibt, ein Land, in dem ewig der Wind saust und die Hunde bellen.

Heinrich Wolfgang Seidel

Die Hölle stelle ich mir so vor: Ein schwedischer Steuereinnehmer, ein arabischer Automechaniker, ein englischer Koch, ein deutscher Vergnügungschef, ein kanadischer Polizist, ein Sahara-Gärtner und eine puritanische Nutte.

Billy Richards

Wenn einst der letzte Tag die Toten wird erwecken,
da trennen sich die Schafe von den Böcken.
Schwermütig wird nach den wohl manche Dame sehn,
wofern die Ziegen nicht schon bei den Böcken stehn.

Abraham Gotthelf Kästner, Über das Evangelium am 26. Sonntag nach Trinitatis

Zu wissen drängt euch euer Gemüt,
was nach dem Tod soll geschehen:
Ihr wißt gar nicht, was morgen geschieht,
und wollt so viel weiter sehen.

Grillparzer (1856)

Wir wissen nichts. Das ist alles, was man mit Bestimmtheit über das aussagen kann, was jenseits des Endlichen liegt.

Ernest Renan

Sei, wie du willst, namenloses Jenseits – bleibt mir nur dieses mein Selbst getreu! Sei, wie du willst, wenn ich nur mich selbst mit hinübernehme! (Moor)

Schiller, Die Räuber IV, 5

Nachlaß

Man fängt sein Testament gewöhnlich damit an, daß man seine Seele Gott empfiehlt. Ich unterlasse dieses mit Fleiß, weil ich glaube, daß solche Rekommendationen wenig fruchten, wenn sie nicht durch das ganze Leben vorausgegangen sind.

Lichtenberg

Gewiß bleibt es wunderbar, daß der Mensch das große Vorrecht, nach seinem Tode noch über seine Habe zu disponieren, sehr selten zu Gunsten seiner Lieblinge gebraucht und, wie es scheint aus Achtung für das Herkommen, nur diejenigen begünstigt, die nach ihm sein Vermögen besitzen würden, wenn er auch selbst keinen Willen hätte.

Goethe, Die Wahlverwandtschaften II, 7

Es muß ein Mensch, der seine Arbeit mit Weisheit, Vernunft und Geschicklichkeit getan hat, einem andern zum Erbteil lassen, der nicht daran gearbeitet hat. Das ist auch eitel und ein großes Unglück.

Prediger Salomo 2, 21

Warum sind die Menschen so dumm, so durch die Gewohnheit oder die Furcht unterjocht, mit einem Wort so blödsinnig, daß sie ihre Güter lieber denen hinterlassen, die sich über ihren Tod freuen, als denen, die sie beweinen?

Chamfort

Der Wirt räumt schon wieder auf in meiner Gegenwart, eben als wenn ich hinweg wäre, wie gefühllose, unvorsichtige Erben vor dem Abscheidenden die Anstalten, sich in Besitz zu setzen, nicht verbergen.

Goethe, Wilhelm Meisters Wanderjahre I, 1

Man soll seinen Kindern eine tüchtige Portion von Zucht und Sitte hinterlassen, nicht aber Gold.

Platon, Die Gesetze III, 5

Daß niemand Weisheit erben mag
noch Kunst, das ist ein harter Schlag!

Freidank,
Bescheidenheit, Von den Weisen und Toren

Wir überliefern Kenntnisse, wir übertragen Gesinnungen so gut als Besitz.

Goethe,
Wilhelm Meisters Wanderjahre I, 12

Was man erringt, behauptet man hartnäckiger als das, was man ererbt hat.

Goethe, Die guten Weiber

Ein kluger Knecht wird herrschen über unfleißige Erben und wird unter den Brüdern das Erbe austeilen.

Sprüche Salomos 17, 2

Das Erbe, darnach man zuerst sehr eilet, wird zuletzt nicht gesegnet sein.

Sprüche Salomos, 20, 21

Wer auf die Schuhe eines Verstorbenen wartet, wird wohl barfuß gehen müssen.

Aus Dänemark

Vor, wann nahe Freunde starben,
erbten wir, was sie erwarben.
Wer da wolle, sterbe heuer,
erbt man nichts als seine Steuer.

Logau, Erbschaft

VIII. Kapitel

Speisen
Mahlzeit
Getränke
Trinken
Tabak
Kleidung
Mode
Schmuck
Verkehr
Heim
Besuch

Speisen

Ein Tag ohne Brot ist lang.

Aus Rußland

Hunger ist der beste Koch;
dieses mangelt ihm nur noch,
daß er, wie sonst andre Sachen,
sich nicht selbst kann schmackhaft
machen.

Logau, Hunger

Essen muß der Mensch, das weiß ein
jeder,
und was er ißt, fließt ein auf all sein
Wesen.
Eßt Fastenkost, und ihr seid schwa-
chen Sinns;
eßt Braten, und ihr fühlet Kraft und
Mut. (Leon)

Grillparzer, Weh dem, der lügt! I

Der Hausfrau soll es nicht an Kohl noch an Rüben oder sonst einem Gemüse im Topf ermangeln, damit dem unseligen Kartoffelgenuß nur einigermaßen das Gleichgewicht gehalten werde.

Goethe,
Wilhelm Meisters Wanderjahre I, 6

In England gibt es drei Soßen und dreihundertsechzig Religionen, in Frankreich drei Religionen und dreihundertsechzig Soßen.

Talleyrand

Schon an der Suppe erkennt man die Hausfrau. Eine Suppe kann lachen.

Thomas Niederreuther, Aphorismen

Es ist besser ein Gericht Kraut mit Liebe, denn ein gemästeter Ochse mit Haß.

Sprüche Salomos 15, 17

Krebse man nicht gerne ißt,
wenn ein R im Monat ist.

Sprichwort

Der Käs erschreckt den Gast, dieweil
er wohl kann wissen,
daß er, wenn dieser kommt, den Ma-
gen nun soll schließen.

Logau, Käse

Es ist so vieles unvollkommen in dieser Welt. Warum, zum Beispiel, hat der Schweizer Käse Löcher, während der Limburger so dringend Belüftung braucht?

Verfasser unbekannt

Iß, mein Sohn, Honig, denn es ist gut, und Honigseim ist süß in deinem Halse.

Sprüche Salomos 24, 13

Alle Dinge sind Gift, und nichts ist ohne Gift. Allein die Dosis macht, daß ein Ding kein Gift ist.

Paracelsus

Unsere Nahrungsmittel sollen Heil-, unsere Heilmittel Nahrungsmittel sein.

Hypokrates

Mahlzeit

Gut gesessen ist halb gegessen. (Vater)

Goethe, Was wir bringen, Lauchstädt 3

Wenn mehrere Kinder zusammen essen, wird das Essen nicht kalt.

Aus Kenia

Mahlzeiten sind diejenigen Tageszeiten, zu welchen sich die Kinder niedersetzen, wenn sie essen.

Aus den USA

Wenn er von bestem Humor ist, mag er gern die Schrecknisse eines Familientisches lebhaft schildern, wo jedes Glied mit fremden Gedanken beschäftigt sich niedersetzt, ungern hört, in Zerstreuung spricht, muffig schweigt und, wenn gar das Unglück kleine Kinder heranführt, mit augenblicklicher Pädagogik die unzeitigste Mißstimmung hervorbringt.

Goethe,
Wilhelm Meisters Wanderjahre I, 6

Die Ambrosia der früheren Jahrhunderte ist das tägliche Brot der späteren.

Ebner-Eschenbach, Aphorismen

Man sieht dir auf den Kragen, aber nicht in den Magen.

Sprichwort

Eine gute Tafel stillt allen Groll des Spiels und der Liebe; sie versöhnt alle Menschen, bevor sie zu Bette gehen.

Vauvenargues

Und wie den Göttern wenig Weihrauch gnügen mag
zum frommen Opfer, also bleibt beim Tafelfest
zuletzt des Salzes Krume, die man prüfend streut,
ein trefflich Sinnbild dessen, was begeisternd wirkt,
Geselligkeit belebet, Freund und Feind bewährt.

Goethe, Prolog zum 6. August 1811 in Halle

Das reichste Mahl ist freudenleer, wenn nicht
des Wirtes Zuspruch und Geschäftigkeit
den Gästen zeigt, daß sie willkommen sind. (Lady)

Schiller, Macbeth III, 8

Wer seine Freunde zu Gast hat und sich in keiner Weise persönlich um das Mahl kümmert, das für sie bereitet wird, ist unwürdig, Freunde zu haben.

Anthelme Brillat-Savarin

Dies Geschlecht
kann sich nicht anders freuen als bei Tisch. (Wallenstein)

Schiller, Wallensteins Tod V, 4

Es ist traurig, wenn über einem Leben keine anderen Sterne stehen als Mahlzeiten!

Jeremias Gotthelf

Es gibt niemanden, der nicht ißt und trinkt, aber nur wenige, die den Geschmack zu schätzen wissen.

Konfuzius

Wenn wir aufrichtig sein sollen, so müssen wir gestehen, daß das Übermaß den erklärten Zweck aller Tafelfreuden bildet. Sie haben die Bestimmung, uns zu verlocken, das von der Natur durch den Zweck der Nahrung vorgezeichnete Maß zu überschreiten.

Ihering, Der Zweck im Recht 2, 9

Kattwald: So kannst du also kochen?
Leon: Ja, kochen, Herr! Doch nur für fränk'sche Gaumen,
die einer Brühe Reiz zu schmecken wissen,
die Zutat merken und die feine Würze.
Die – seht Ihr? – so das Haupt zurückgebogen,
das Aug' gen Himmel, halb den Mund geschlossen,
die Luft gezogen schlürfend durch die Zähne,
Euch fort und fort den Nachgeschmack genießen,
entzückt, verklärt.

Grillparzer, Weh dem, der lügt! II

Ein echter Feinschmecker, der ein Rebhuhn verspeist hat, kann sagen, auf welchem Bein es zu schlafen pflegte.

Brillat-Savarin

Ein lästiger und ungezogener Tischgenosse zerstört alle Lust.

Plutarch, Gastmahl der 7 Weisen 2

Heut, an Leanders Feste,
war alles, traun! aufs beste!
Denkt, fette Gänse drei,
beliebte Hasen zwei,
ein Dutzend stumme Fische
und gar ein wildes Schwein.

„Das gab er alles"? Nein!
Die saßen nur bei Tische.

Karl Friedrich Kretschmann, Das Gastgebot

Partner bei einem Liebesmahl sollten mit den Fingern essen, weil das die Sinnlichkeit vertieft.

Lyn Hall

Getränke

Alle waren geletzt und lobten das herrliche Wasser;
säuerlich war's und erquicklich, gesund zu trinken den Menschen.

Goethe, Hermann und Dorothea 7

Für die Toten Wein, für die Lebenden Wasser: Das ist eine Vorschrift für Fische.

Luther

Lach' der Ärzt' und ihrer Ränke!
Tod und Krankheit lauert,
wenn man bei dem Froschgetränke
seine Zeit vertrauert.

Ewald von Kleist, Dithyrambe

Wenn dir kalt ist, wird Tee dich erwärmen. Wenn du erhitzt bist, wird er dich abkühlen. Wenn du bedrückt bist, wird er dich aufheitern. Wenn du erregt bist, wird er dich beruhigen.

William E. Gladstone

Die Engländer haben die Tischreden erfunden, damit man ihr Essen vergißt.

Pierre Daninos

Nach einem guten Festmahl knausert man nicht mit Kleingeld. (Solness)

Ibsen, Baumeister Solness I

Drei Dinge auf dieser Welt sind höchst bedauernswert: Das Verderben bester Jugend durch falsche Erziehung, das Schänden bester Bilder durch gemeines Angaffen und die Verschwendung besten Tees durch unsachgemäße Behandlung.

Kaiser Hui-tsung

Der Kaffee muß heiß sein wie die Küsse eines Mädchens am ersten Tag, süß wie die Nächte in ihren Armen und schwarz wie die Flüche der Mutter, wenn sie es erfährt.

Aus Arabien

Leute, die den Zucker gegen den Uhrzeiger umrühren, erreichen im Leben fast alles.

Aus den USA

Gott macht nur das Wasser, doch der Mensch den Wein.

Viktor Hugo,
Das Fest bei Therese

Also schritt sie hinauf, sich schon des Herbstes erfreuend
und des festlichen Tags, an dem die Gegend im Jubel
Trauben lieset und tritt und den Most in die Fässer versammelt,
Feuerwerke des Abends von allen Orten und Enden
leuchten und knallen, und so der Ernte schönste geehrt wird.

Goethe,
Hermann und Dorothea 4

Man hätte wahrlich meinen können, die gute Mutter Erde wolle uns das Blut, so sie getrunken, in Wein zurückgeben. Und warum auch nicht? Nichts geht verloren; nichts darf verlorengehen? Ginge es verloren, wo wollte es da hingehen? Das Wasser kommt vom Himmel und steigt wieder zum Himmel. Warum sollte der Wein nicht gleicherweis solch Hin und Her zwischen der Erde und unserem Blut machen?

Romain Rolland, Meister Breugnon,
Der Possen, so man dem Herzog spielte

Kein Tropfen geht verloren
von dem, was Weise trinken!

Bodenstedt, Die Lieder des
Mirza Schaffy, Lieder zum Lobe des Weines

Wenn des Weines goldne Fluten aus dem Becher mich durchrinnen
und es mir im Freudenrausche schwindeln wird in allen Sinnen,
tausend Wunder seh ich dann und höre Stimmen, die in klaren
Worten mir das tiefste Wesen aller Dinge offenbaren.

Omar Chijam, Vierzeiler

Ein Dichten ist auch das Wein–Genießen,
nur daß die Verse nach innen fließen.

Verfasser unbekannt

Manche Köpfe tragen keine Früchte, wenn sie nicht wie Hyazinthenzwiebeln über Bouteillenhälsen stehen. Der Feige holt da seinen Mut, der Schüchterne Vertrauen auf die eigne Kraft und der Elende Trost.

Lichtenberg

Den Edeln erhebt der Wein, den Niedrigen entwürdigt er.

Talmud

Der Wein reizt zur Wirksamkeit, die Guten im Guten und die Bösen im Bösen.

Lichtenberg

Es liegen im Wein allerdings produktivmachende Kräfte sehr bedeutender Art; aber es kommt dabei alles auf Zustände und Zeit und Stunde an, und was dem einen nützet, schadet dem andern.

Goethe, zu Eckermann, 11. 3. 1828

Der Wein erfindet nichts, er schwatzt's nur aus. (Isolani)

Schiller, Die Piccolomini IV, 7

Im Wasser kannst du dein Antlitz sehn,
im Wein der anderen Herz erspähn.

Verfasser unbekannt

Wahrheit steckt in dir, o Wein!
Wie will der denn scheltbar sein,
der, die Wahrheit zu ergründen,
sich beim Bacchus viel läßt finden?

Logau, Die Wahrheit im Wein

Der Wein und die Wahrheit sind sich nur insofern ähnlich, als man mit beiden anstößt.

Moritz Saphir, Nachtschatten

Im Wein liegt Wahrheit; der Schwindel liegt im Etikett.

Verfasser unbekannt

Die Deutschen lieben Rheinwein. Er wird in schlanke Flaschen gefüllt und für ein gutes Getränk gehalten. Von Essig unterscheidet er sich durch das Etikett.

Mark Twain, Bummel durch Europa

Wein und Weiber sind auf Erden
aller Weisen Hochgenuß,
denn sie lassen selig werden,
ohne daß man sterben muß.

Verfasser unbekannt

Wein und schöne Mädchen
sind zwei Zauberfädchen,
die auch die erfahrnen
Vögel gern umgarnen.

Rückert, Östliche Rosen, Die zwei Mächte

Ein guter Wein und ein schönes Weib sind zwei süße Gifte.

Aus der Türkei

Wassertrinker Diogen
hatt' zur Wohnung doch
eine Tonn' sich ausersehn,
die nach Weine roch.

Friedrich Haug, Trinklied

Wodka macht aus allen Menschen Russen.

Iwan Rebroff

Das russische Volk trinkt nicht aus Not oder Unglück, sondern aus dem uralten Bedürfnis nach etwas Wunderbarem und Ungewöhnlichem.

Abram Terz

Trinken

Sorgsam brachte die Mutter des klaren herrlichen Weines
in geschliffener Flasche auf blankem zinnernem Runde
mit den grünlichen Römern, den echten Bechern des Rheinweins.

Goethe, Hermann und Dorothea 1

Der Wein schlich zwischen den Schüsseln und Blumen umher, schüttelte seine goldenen Flügel und stellte bunte Tapeten zwischen die Welt und die Gäste.

Novalis

Jedermann gibt zum ersten guten Wein und, wenn die Gäste trunken geworden sind, alsdann den schlechteren.

Johannes 2,10

Wer trinkt soll reines Herzens sein;
mit Wein ist nicht zu scherzen.

Rückert, Der Talisman des Weines

Laß mir die Knaben vom Feste,
denn sie haben noch nichts erlebt!
Das ist am Weine das beste,
daß die Erinnerung drüberschwebt.

Geibel, Aus dem Schenkenbuch 9

Trinke, wenn du glücklich bist, niemals wenn du unglücklich bist.

Gilbert K. Chesterton

Wer mir Gelahrtheit brockt in den Wein,
der soll mein Zechgenoß nicht sein!

Geibel, Aus dem Schenkenbuch 3

Die Weise guter Zecher ist
zu früh und später Stunde,
daß alter Wein im Becher ist
und neuer Witz im Munde.

Verfasser unbekannt

Die besten Vergrößerungsgläser für die Freuden der Welt sind die, aus denen man trinkt.

Joachim Ringelnatz

Nunc est bibendum, nunc pede libero
pulsanda tellus!
Jetzt laßt uns trinken, jetzo mit freiem Fuß
den Boden stampfen.

Horaz, Oden I, 37

Ein kluger Zecher steckt sich fein
den Schlüssel vom Haus schon morgens ein.

Im Berliner Ratskeller

Es schadet bei manchen Untersuchungen nicht, sie erst bei einem Räuschchen durchzudenken und dabei aufzuschreiben.

Lichtenberg

Sorgen ertrinken nicht in Alkohol. Sie können schwimmen.

Heinz Rühmann

Der Wein im eignen Faß ist dein;
laß ihn heraus, so bist du sein!

Friedrich Haug, Sinngedichte, An Bibulus

Wein ist stärker als das Wasser,
das gestehn auch seine Hasser.
Wasser reißt wohl Eichen um
und hat Häuser umgerissen;
und ihr wundert euch darum,
daß der Wein mich umgerissen?

Lessing, Die Stärke des Weins

Es säuft sich voll für sich kein unvernünftig Tier.
O, hätten sie Vernunft, sie tränken auch wie wir!

Logau, Trunkenheit

Der alte Hermann Mergel war in seinem Junggesellenstande ein sogenannter ordentlicher Säufer, das heißt einer, der nur an Sonn- und Feiertagen in der Rinne lag und die Woche hindurch so manierlich war wie ein anderer.

Droste-Hülshoff, Die Judenbuche

Es haben die Alten das Trinken taxiert:
Der erste Trunk dem Durste gebührt,
der zweite dich zur Freude führt.
Der dritte krönt dich zum huldvollen Fürsten,
und schön dünkt die Welt beim seligen Dürsten.
Der vierte erweckt des Zornes Gedanken,
der fünfte aber reizt zum Zanken.
Der sechste ist des Schlummers Trank,
dann schläfst du endlich, Gott sei Dank.

Verfasser unbekannt

In vino feritas! Der Wein macht wild.

Josef von Wernek,
Trinkspruch am 5. 12. 1659

Die Trunkenheit macht einen tollen Narren noch toller.

Jesus Sirach 31, 37

Erst Täubchen, Tiger dann und Schwein,
gefühlvoll erst, rauflustig dann,
unflätig zuletzt ist der trunkene Mann.

Anastasius Grün, Sprüche

Sie stritten sich beim Wein herum,
was das nun wieder wäre:
Das mit dem Darwin wär gar zu dumm
und wider die menschliche Ehre.

Sie tranken manchen Humpen aus,
sie stolperten aus den Türen,
sie grunzten vernehmlich und kamen nach Haus
gekrochen auf allen vieren.

Wilhelm Busch

Wie man vor Trunkenheit sich schützen kann?
Man sehe sich recht den Trunkenen an!

Aus China

Wenn einer in der Trunkenheit etwas Sträfliches begeht, so muß er doppelte Strafe leiden, als wenn er es in der Nüchternheit begangen hätte.

Plutarch, Gastmahl der 7 Weisen 13

Tabak

Da sagte der Schultheiß:
Guter Toback ist doch dem Reisenden immer willkommen.
Und es lobte darauf der Apotheker den Knaster.

Goethe, Hermann und Dorothea 6

Das, was allem Rauchen solchen Reiz verleiht, ist, daß sich der Raucher, wo auch immer, mit einer vertrauten Atmosphäre umgeben kann, einer mehr oder minder verklärten Zone, innerhalb der er ein bescheidenes Gefühl von Heimat empfinden darf.

Morgenstern, Stufen, Psychologisches 1906

Das Rauchen im Dunkeln ist wirklich eine angenehme Beschäftigung, und wenn man sonst wohl ist, so denke ich, kommt es unmittelbar nach dem Küssen im Dunkeln.

Lichtenberg,
an Johann Christian Dieterich, 17. 3. 1772

Im Dunkeln mit einer Frau zärtlich sein ist das gleiche wie im Dunkeln rauchen: Es schmeckt nicht.

Henry de Montherlant

Toleranz kann man von den Rauchern lernen. Noch nie hat sich ein Raucher über einen Nichtraucher beschwert.

Sandro Pertini

Kleidung

Ihre Kleider ziemten ihr; sie umhüllten jedes Glied, ohne es zu zwängen, und die reichlichen Falten des Stoffes wiederholten, wie ein tausendfaches Echo, die reizenden Bewegungen.

Goethe, Wilhelm Meisters Lehrjahre I, 8

Kleide eine Katze schön an, und sie wird eine Braut.

Aus Tunesien

Frauen sollten durchaus mannigfaltig gekleidet gehen, jede nach eigner Art und Weise, damit eine jede fühlen lernte, was ihr eigentlich gut stehe und wohl zieme.

Goethe, Die Wahlverwandtschaften II, 7

Ein Kleid ist etwas Lebendiges. Ein Mannequin kann kein Kleid tragen, niemals. Mannequins sind wandernde Kleiderständer; sie legen keine Seele in das Kleid. Ein gutes Kleid muß man zum Leben erwecken können. Nur die eigenständige Frau kann das, die Persönlichkeit.

Simonetta Fabiani,
1969 zu Georg Stefan Troller

Die schönsten Dinge der Welt sind einfach. Ich mag keine Muster, keine gemischten Farben, keine bedruckten Stoffe. Man muß den Schnitt sehen können. Im Schnitt liegt die Kunst.

Simonetta Fabiani,
1969 zu Georg Stefan Troller

An der Farbe läßt sich die Sinnesweise, an dem Schnitt die Lebensweise des Menschen erkennen.

Goethe,
Wilhelm Meisters Wanderjahre II, 2

Aus dem Bewußtsein, gut angezogen zu sein, empfängt eine Frau mehr innere Ruhe als aus religiösen Überzeugungen.

Emerson

Wer sich albern kleidet, ist albern. (Schneidermeister)

Grabbe,
Napoleon oder Die hundert Tage III, 1

Kleider machen Leute! Trifft es richtig ein,
werdet ihr, die Schneider, Gottes Pfuscher sein.

Logau, Sinngedichte, Kleider

Die Frauen zeigen mehr Geschmack, wenn sie eine andere, als wenn sie sich selbst anzukleiden haben, aber eben, weil es ihnen mit ihrem Körper geht wie mit ihrem Herzen: Im fremden lesen sie besser als im eigenen.

Jean Paul, Levana II, 4, 3

Ein neues Kleid ist fast schon eine neue Frau.

L. M. Poiret

Indem das Angenehme einer Person sich auch über ihre Hülle verbreitet, so glaubt man sie immer wieder von neuem und anmutiger zu sehen, wenn sie ihre Eigenschaften einer neuen Umgebung mitteilt.

Goethe, Die Wahlverwandtschaften I, 6

Hier trat ihm sein neuer Diener entgegen und machte ihm begreiflich, daß man sich durchaus abgewöhnen müsse, fertig werden zu wollen. Alles, was man tue, müsse man langsam und behaglich vollbringen, besonders aber die Zeit des Anziehens habe man als angenehme Unterhaltungsstunde mit sich selbst anzusehen.

Goethe,
Wilhelm Meisters Wanderjahre II, 3

Alle Frauenkleider sind nur Variationen des ewigen Streites zwischen dem eingestandenen Wunsch, sich zu kleiden, und dem uneingestandenen Wunsch, sich zu entkleiden.

Lin Yutang

Kleider sind die Waffen, womit die Schönen streiten und die sie, gleich den Soldaten, nur dann von sich werfen, wenn sie überwunden sind.

Jean Paul

Gut zurechtgemacht fürs Ausgehen ist eine Frau dann, wenn ihr Begleiter lieber mit ihr Zuhause bliebe.

Olga Tschechowa

Die Bauernmädchen gehen barfuß und die vornehmen barbrust.

Lichtenberg

Ein schönes Lendentuch macht nackt.

Aus Togo

Ihr Unterrock war rot und blau, sehr breit gestreift, und sah aus, als wenn er aus einem Theatervorhang gemacht wäre. Ich hätte für den ersten Platz viel gegeben, aber es wurde nicht gespielt.

Lichtenberg

Ein Mann, der seine Frau liebt, achtet nicht auf ihr Kleid, sondern auf seine Frau. Fängt er an, auf die Kleidung zu achten, hat seine Liebe schon nachgelassen.

Henry Miller

Auch das schönste Kleid kann man nicht essen.

Aus Zaïre

Gesundheit ist der beste Schmuck; den wirft man über Haufen
durch Geilheit, Mutwill, Müßiggang, durch Fressen und durch Saufen
und meint, es sei dann ausgericht durch schöne Kleider kaufen.

Logau, Kleider

Stets geht Amand mit unbedecktem Kopf.
Was soll der Deckel auch auf einem leeren Topf?

August Langbein, Der leere Topf

Der einzige, der einen Ozelotpelz wirklich braucht, ist der Ozelot.

Bernhard Grzimek

Wer die Uniform erfunden hat, wollte keine Gesichter mehr sehen.

Thomas Niederreuther, Aphorismen

Mode

Man will jetzt freilich, der Mann soll immer gehn im Surtout und in der
Pekesche sich zeigen,
immer gestiefelt sein; verbannt ist
Pantoffel und Mütze.

Goethe, Hermann und Dorothea 1

Mode heißt nicht „das Neue wollen", sondern „das Alte nicht mehr dürfen."

Verfasser unbekannt

Was ist die Mode für ein Ding? Wer
kennt sie von Gesicht?
Ich weiß nicht, wer sie kennen kann;
sie ist ja angericht
nie morgen, wie sie heute war: Sie
kennt sich selbsten nicht.

Logau, Die Mode

Mode ist so unerträglich häßlich, daß wir sie alle Halbjahre ändern müssen.

Oscar Wilde

In London ist die Mode eine Pflicht, in Paris ein Vergnügen.

Maurice Chevalier

Die Moden sind eigentlich nur eingeführte Epidemien.

Shaw

Jede neue Mode wird zuerst von den Frauen aufgegriffen, für die sie nicht geeignet ist.

Verfasser unbekannt

Schmuck

Vitus nennt sein Weib „Gemahlin".
Billig! Weil sie sich so malt,
daß für Weißes und für Rotes jährlich
er viel Taler zahlt.

Logau, Auf Vitum

Wenn sich Weiber schminken,
ist es wie ein Winken,
daß man aufgenommen,
wolle man nur kommen.

Logau

Die Frauen legen Rouge auf, um nicht zu erröten.

Aus Italien

Schäm dich! Es ist die billigste Art, sich zu schminken.

Hebbel

Die Damen, die sich gerne schminken,
die lassen sich wohl selbst bedünken,
daß die Natur an ihren Gaben
muß etwas übersehen haben.

Logau, Geschminkte Weiber

Schmieren und Salben
hilft allenthalben;
hilft's nicht beim Mädchen,
hilft's doch beim Rädchen.

Sprichwort

Sie war noch ungeschminkt auf Stirne, Hals und Wangen;
da fragt ich Julchen selbst: „Ist Julchen ausgegangen?"

Friedrich Haug, Verzeihlicher Irrtum

Wenn Lilla bei Tage Spaziergänge macht,
so strahlt sie in herrlichster Jugendpracht,
doch wenn ihr sie abends zu Hause erblickt,
wo keiner der künstlichen Reize sie schmückt,
da schwindet so schnell die erborgte Pracht,
und also verändert zeigt sich die Lage,
daß jedermann sagen wird: Lilla bei Nacht
sei nur die Großmutter Lillas bei Tage.

Castelli, Die Großmutter ihrer selbst

Die Frauen machen sich nur deshalb so hübsch, weil das Auge des Mannes besser entwickelt ist als sein Verstand.

Doris Day

Frauen benützen Parfüm, weil die Nase leichter zu verführen ist als das Auge.

Jeanne Moreau

Die gute Galatee! Man sagt, sie schwärz' ihr Haar,
da doch ihr Haar schon schwarz, als sie es kaufte, war.

Lessing, Auf die Galatee

Die Perücke ziert dich artig,
ist dir auch sehr wohl erlaubt;
denn ein falsches Haar gehöret
billig auf ein falsches Haupt.

Johann Grob, Auf einen Perückenträger

Die Grabsteine der Tugend werden gewöhnlich beim Juwelier gekauft.

Oskar Blumenthal

Die Utopier verstehen es nämlich nicht, wie ein Mensch, der doch einen Stern oder auch die Sonne selbst anzusehen Gelegenheit hat, an dem stumpfen Schimmer eines kleinen Edelsteins Gefallen finden mag.

Thomas More, Utopia II

Er für seine Person würde gern mehr Sorgfalt auf das Äußere verwenden, wenn nur nicht gleich die Menschen einen jeden, dem sie ein solches Bestreben anmerken, für eitel erklärten und ihm dadurch sogleich wieder an der sittlichen Achtung entzögen, was sie sich genötigt fühlten, an der sinnlichen ihm zuzugestehen.

Goethe, Wilhelm Meisters Wanderjahre II, 3

A scheens Leit braucht koan Putz.

Aus Bayern

Er behandelte die Angelegenheit auf seine Weise und gab zu bedenken, daß für einen Mann in gewissen Jahren das sicherste kosmetische Mittel sei, sich des schönen Geschlechts zu enthalten.

Goethe,
Wilhelm Meisters Wanderjahre II, 5

Eine liebenswürdige alte Quäkerin auf die Frage, mit welchen Mitteln sie ihre Schönheit erhalte: „Ich benutze Wahrheit für die Lippen, Gebet für die Stimme, Mitempfinden für die Augen, Mildtätigkeit für die Hände, Aufrichtigkeit für den Körper und Liebe für das Herz."

Verfasser unbekannt

Verkehr

Schon als wir in der Wiege lagen,
da träumten wir vom Liegewagen.
Jetzt kann man nachts im Wagen liegen
und sich in allen Lagen wiegen.

Verfasser unbekannt, Bundesbahnwerbung

Der größte Aberglaube der Gegenwart ist der Glaube an die Vorfahrt.

Jaques Tati

Mit dem Auto ist ja die Kunst des Ankommens verloren gegangen.

Erhart Kästner,
Ölberge, Weinberge;
Apollontempel von Bassai

In den öffentlichen Diskussionen über die deutsche Unfallstatistik wird nie darauf hingewiesen, daß rücksichtsloses Fahren typisch für die autoritäre Persönlichkeit ist. Hierzulande fordert der Stärkere die Anerkennung seiner Stärke, nicht nur auf der Straße.

Prodosh Aich

Niemand kann wissen, wem von seinen Passagieren der Steuermann genützt und wem er geschadet hat, indem er sie nicht ertrinken ließ. Er weiß, daß sie beim Aussteigen um kein Haar besser waren als beim Einschiffen, weder am Leib noch an der Seele. Er sagt sich: Wenn einer, der an schweren und unheilbaren körperlichen Krankheiten leidet, nicht ertrunken ist, dann ist das für ihn ein Unglück, daß er nicht sterben konnte, und ich habe ihm gar keinen Dienst erwiesen. Ist aber einer an dem Teil des Ich, das mehr wert ist als der Körper, an der Seele nämlich, mit vielen unheilbaren Krankheiten behaftet – kann für den das Leben lebenswert sein? (Sokrates)

Platon, Gorgias

Qui nescit orare, nescit navigare. Wer nicht beten kann, kann auch nicht zur See fahren.

Sprichwort

Heim

Ich hab mein Lehen, alle Welt, ich hab mein Lehen!
Nun fürcht ich nicht den Hornung an die Zehen
und brauche geizge Herren nicht mehr anzuflehen.

Walther von der Vogelweide, Ich hab mein Lehen

Hast du ein gegründet Haus,
fleh die Götter alle,
daß es, bis man dich trägt hinaus,
nicht zu Schutt zerfalle
und noch lange hinterdrein
Kindeskindern diene
und umher ein frischer Hain
immer neu ergrüne.

Goethe, Des Epimenides Erwachen II, 6

Wer an der Straßen bauen will,
der hat der Widersprecher viel.

Thomas Murner, Narrenbeschwörung 2, Verachtung des Dichters

Wer will bauen an der Straßen,
muß die Leute reden lassen.

Sprichwort

In ein reinliches Haus zu kommen ist eine Freude, wenn es auch sonst geschmacklos gebauet und verziert ist.

Goethe, Wilhelm Meisters Lehrjahre VI

Baue – das erste Haus für deinen Feind, das zweite Haus für deinen Freund, das dritte Haus für dich selbst.

Sprichwort

Das Haus ist eine Maschine zum Wohnen. Ein Sessel ist eine Maschine zum Sitzen.

Le Corbusier

Ein Haus, in dem man alle Räume kennt, ist nicht wert, bewohnt zu werden.

Tomasi di Lampedusa, Der Leopard

In einem Hause, wo so viele Zimmer sind, daß man einige derselben leer stehen läßt und im ganzen Jahr vielleicht nur drei-, viermal hineinkommt, mag eine solche Liebhaberei hingehen, und man mag auch ein gotisches Zimmer haben, so wie ich es ganz hübsch finde, daß Madam Panckoucke in Paris ein chinesisches hat. Allein sein Wohnzimmer mit so fremder und veralteter Umgebung auszustaffieren, kann ich gar nicht loben. Es ist immer eine Art von Maskerade, die auf die Länge in keiner Hinsicht wohltun kann, vielmehr auf den Menschen, der sich damit befaßt, einen nachteiligen Einfluß haben muß.

Goethe, zu Eckermann, 17. 1. 1827

Dieser Teekessel diente schon meinen Eltern und war ein Zeuge unserer abendlichen Familienversammlungen; dieser kupferne Kaminschirm schützt mich noch immer vor dem Feuer, das diese alte mächtige Zange anschürt; und so geht es durch alles durch. Anteil und Tätigkeit konnt' ich daher auf gar viel andere Gegenstände wenden, weil ich mich mit der Veränderung dieser äußeren Bedürfnisse, die so vieler Menschen Zeit und Kräfte wegnimmt, nicht weiter beschäftigte.

Goethe,
Wilhelm Meisters Wanderjahre I, 12

An einem roten Tisch fiel mir nichts ein,
ein blaubehangner führte grad ins Tollhaus,
doch grün, das stärkt das Aug' und den Verstand. (Max)

Grillparzer, Ein Bruderzwist in Habsburg II

Ein Foto aufstellen. Dann ist doch jemand im Zimmer, mit dem man reden kann und der nicht stört.

Erhart Kästner,
Ölberge, Weinberge; Eremiticum

Ich bin in einer prächtigen Wohnung, wie ich sie in Karlsbad gehabt, sogleich faul und untätig. Geringere Wohnung dagegen, wie dieses schlechte Zimmer, worin wir sind, ein wenig unordentlich ordentlich, ein wenig zigeunerhaft, ist für mich das Rechte. Es läßt meiner inneren Natur volle Freiheit, tätig zu sein.

Goethe, zu Eckermann, 23. 3. 1829

Mit vielem hält man haus,
mit wenigem kommt man aus.

Sprichwort

Wer in Zelten leben kann, steht sich am besten.

Goethe, zu Eckermann, 3. 3. 1831

Eine schlechte Wohnung macht brave Leute verächtlich. (Vater)

Goethe, Was wir bringen, Lauchstädt 3

Es ist das Unglück, daß Würde und Feinheit von Gedanken oft von den Raumverhältnissen eines Zimmers, einer beglückenden Fensteraussicht, einem gewissen Maß von Licht und Farbe abhängig sind, so daß einer, der sein Leben lang in einer Art von länglichen Schachteln gehaust hat und eines Tages ein edel proportioniertes Gemach betritt, sich zu glauben geneigt findet, wieviel er vielleicht allein durch den Charakter seiner Wohnräume geistig verloren haben könnte.

Morgenstern,
Stufen, Psychologisches, 1906

Man kann mit einer Wohnung einen Menschen genau so töten wie mit einer Axt.

Heinrich Zille

Des Hauses Auge heißt mir seines Herren Gegenwart. (Atossa)

Aischylos, Die Perser 169

Also wer dem Hause trefflich vorsteht,
bildet sich und macht sich wert, mit andern
dem gemeinen Wesen vorzustehen.
(Majestät)

Goethe, Vorspiel zur Eröffnung
des Weimarischen Theaters 1807

Alles Leben draußen ist nur wie ein Schlafen in Kleidern. Daheim erst liegt man im Bett.

Berthold Auerbach

Die schönste Rede, die man unseren Zeiten halten kann, wäre: Über die Kunst, zu Hause zu bleiben.

Karl Julius Weber, Demokritos, Rede in die zweiunddreißig Winde an Jünglinge und meine Zeit

Ich wohne nun völlig im Garten, eine vortreffliche Wohnung für ein ruhiges Gewissen.

Lichtenberg, an Johann Christian Dieterich,
8. 4. 1772

Ein neues Haus, ein neuer Mensch. (Vater)

Goethe, Was wir bringen, Lauchstädt 10

Den neuen Nachbarn muß bewähren
erst die Zeit. (Danaos)

Aischylos, Die Schutzflehenden 994

Ich habe schon seit mehreren Jahren ein gewisses Kleben am Wohnort, das vorzüglich daraus entspringt, weil in mir noch soviel Aufgeregtes und doch Unausgebildetes liegt.

Goethe, an Zelter, 15. 9. 1807

Der Mensch ist mit seinem Wohnorte so nah verwandt, daß die Betrachtung über diesen uns auch über den Bewohner aufklären muß.

Goethe,
an Carl von Knebel, 30. 12. 1785

Eine Kleinstadt ist eine Stadt, in der die wichtigsten Lokalnachrichten nicht gedruckt, sondern gesprochen werden.

Jaques Tati

Die Leute aus den großen Städten haben kein Verständnis für Maße und Größenverhältnisse in den Kleinstädten. Sie meinen, sie dürfen einfach kommen und sich auf den Marktplatz hinstellen und lächeln und überlegen tun.

Knut Hamsun, Die Weiber am Brunnen

Zur Weltstadt gehört nicht ein Volk, sondern eine Masse.

Spengler, Der Untergang des Abendlandes

Das Leben in den Wäldern, ein ärmliches und grauenhaftes, aber freies und an Abenteuern reiches Leben, hat etwas Verführerisches, einen geheimnisvollen Reiz für den, der es einmal erfahren hat.

Dostojewski,
Aufzeichnungen aus einem toten Hause

Besuch

Ungeladen erscheinen die Guten bei Guten zu Gaste.

Aus Griechenland

Wo zum Weib Du nicht die Tochter
wagen würdest zu begehren,
halte Dich zu wert, um gastlich
in dem Hause zu verkehren.

Storm, Für meine Söhne

Willst du wiederkommen zum
Schmaus,
singe beim ersten dein Lied nicht aus.

Wilhelm Müller, Epigramme II, 79

Wer Schlemmer nähret, schändet seinen Vater.

Sprüche Salomos 28, 7

In dem Hause, wo ich wohnte, hatte ich den Klang und die Stimmung jeder Stufe einer alten hölzernen Treppe gelernt und zugleich den Takt, in welchem sie jeder meiner Freunde, der zu mir wollte, schlug, und, ich muß gestehen, ich bebte allemal, wenn sie von einem Paar Füßen in einem mir unbekannten Ton heraufgespielt wurde.

Lichtenberg

Freund, nähmst du mir Juwelen, Geld und Kleid,
so würdest du vielleicht gehangen;
nun raubst du mir tagtäglich meine Zeit,
das Beste, was der Himmel mir verleiht,
und ach! ich darf dich nicht einmal deshalb belangen.

Christian Heinrich Zimmermann, Der Besucher

Oft quälen mich Durchreisende mit langweiligen Besuchen, und da ich mich jetzt mit Osteologie beschäftige, so lege ich ihnen zuweilen meine vorhandenen Knochen vor. Das erregt den Besuchenden Langeweile, und sie empfehlen sich.

Goethe, zu Dietmar, Juli 1786

Ein Gastgeber ist wie ein Feldherr: Erst wenn etwas schiefgeht, zeigt sich sein Talent.

Horaz

Wenn die Menschen warten müssen, zählen sie die Fehler derer, die sie warten lassen.

Aus Frankreich

IX. Kapitel

Sinne
Gesicht
Gehör
Antlitz
Leib
Seele
Gefühl
Geschmack
Verstand
Vernunft
Phantasie
Geist
Denken
Gedanke

Sinne

Der Mensch ist eine Sonne. Seine Sinne sind seine Planeten.

Novalis, Nachlaß

Die Sinne betrügen nicht. Nicht, weil sie immer richtig urteilen, sondern weil sie gar nicht urteilen; weshalb der Irrtum immer nur dem Verstande zur Last fällt.

Kant

Wenige Leute sehen, was sie sehen, oder hören, was sie hören. Sie sehen und hören so achtlos und obenhin, daß sie durch ihr Sehen und Hören nicht gebessert werden.

Chesterfield,
Briefe an seinen Sohn, 16. 12. 1749

Wir nehmen nichts Sicheres wahr, sondern unsere Wahrnehmungen sind abhängig von der Verfassung unseres Körpers.

Demokrit

Die alte Wahrheit behält ihr Recht, daß wir eigentlich nur Augen und Ohren für das haben, was wir kennen.

Goethe, zu Eckermann, 18. 5. 1824

Selig, wer ohne Sinne
schwebt wie ein Geist auf dem Wasser,
nicht wie ein Schiff – die Flaggen
wechselnd der Zeit und Segel
blähend, wie heute der Wind weht.
Nein, ohne Sinne, dem Gott gleich,
selbst sich nur wissend.

Clemens Brentano,
Nachklänge Beethovenscher Musik

Gesicht

Kennst du das Bild auf zartem Grunde?
Es gibt sich selber Licht und Glanz.
Ein andres ist's zu jeder Stunde,
und immer ist es frisch und ganz.
Im engsten Raum ist's ausgeführet,
der kleinste Rahmen faßt es ein;
doch alle Größe, die dich rühret,
kennst du durch dieses Bild allein.

Und kannst du den Krystall mir nennen?
Ihm gleicht an Wert kein Edelstein;
er leuchtet, ohne je zu brennen,
das ganze Weltall saugt er ein.
Der Himmel selbst ist abgemalet
in seinem wundervollen Ring;
und doch ist, was er von sich strahlet,
oft schöner, als was er empfing.
(Turandot)

Schiller, Turandot II, 4 (Das Auge)

Das Auge ist der Punkt, in welchem Seele und Körper sich vermischen.

Hebbel, Tagebücher 1839

Die Augen eines Frauenzimmers sind bei mir ein so wesentliches Stück, ich sehe oft danach, denke mir so vielerlei dabei, daß, wenn ich nur ein bloßer Kopf wäre, die Mädchen meinetwegen nichts als Auge sein könnten.

Lichtenberg

Ich sah in seine Augen – halte mir
den Rückfall in die Sterblichkeit zu
gut. (König)

Schiller, Don Karlos V, 10

Trinkt, o Augen, was die Wimper hält,
von dem goldnen Überfluß der Welt!

Gottfried Keller, Abendlied

Achtet auf eure Augen
öffentlich und heimlich,
laßt sie gute Sitten spähen
und die schlechten übersehen.

Walther von der Vogelweide, Erziehung der Jugend

Anzuschauen ist freilich in Kunst und
Leben das Höchste.

Hebbel, Epigramme, Einem Ursprünglichen

Echte Anschauungen sind nicht Gedanken, sondern Gedankenmütter.

Hebbel, Tagebücher 1856

Drauf – wie ich übern Lindengang mich nähere,
bei Marthens, wo die Reihen dicht gewölbt
und dunkel wie der Dom zu Utrecht sind,
hör' ich die Gartentüre fernher knarren.
Sieh da, da ist die Eve noch, sag ich
und schicke freudig Euch, von wo die Ohren
mir Kundschaft brachten, meine Augen nach
und schelte sie, da sie mir wiederkommen,
für blind und schicke auf der Stelle sie
zum zweitenmal, sich besser umzusehen,
und schimpfe sie nichtswürdige Verleumder,
Aufhetzer, niederträcht'ge Ohrenbläser
und schicke sie zum drittenmal und denke,
sie werden, weil sie ihre Pflicht getan,
unwillig los sich aus dem Kopf mir reißen
und sich in einen andern Dienst begeben:
Die Eve ist's, am Latz erkenn ich sie.
(Ruprecht)

Heinrich von Kleist, Der zerbrochene Krug 7

Wo zuviel zu sehen ist, sehen wir nichts.

Lichtenberg, Über Physiognomik

Wir haben verlernt, die Augen auf etwas ruhen zu lassen. Deshalb erkennen wir so wenig.

Jean Giono

Wenn das Aug' nicht sehen will,
helfen weder Licht noch Brill'.

Sprichwort

Mikroskope und Fernrohre verwirren eigentlich den reinen Menschensinn.

Goethe, Wilhelm Meisters Wanderjahre II, Betrachtungen im Sinne der Wanderer

So oft ich durch eine Brille sehe, bin ich ein anderer Mensch und gefalle mir selbst nicht. Ich sehe mehr, als ich sehen sollte; die schärfer gesehene Welt harmoniert nicht mit meinem Innern, und ich lege die Gläser geschwind wieder weg, wenn meine Neugierde, wie dieses oder jenes in der Ferne beschaffen sein möchte, befriedigt ist.

Goethe,
Wilhelm Meisters Wanderjahre I, 10

Es käme niemand mit der Brille auf der Nase in ein vertrauliches Gemach, wenn er wüßte, daß uns Frauen sogleich die Lust vergeht, ihn anzusehen und uns mit ihm zu unterhalten.

Goethe,
Die Wahlverwandtschaften II, 5

Der einzige Mensch, bei dem die Brille mich nicht geniert, ist Zelter. Bei allen anderen ist sie mir fatal. Es kommt mir immer vor, als sollte ich den Fremden zum Gegenstand genauer Untersuchung dienen und als wollten sie durch ihre gewaffneten Blicke in mein geheimstes Innere dringen und jedes Fältchen meines alten Gesichtes erspähen.

Goethe, zu Eckermann, 5. 4. 1830

An einer Stelle sahen wir einen gutgekleideten deutschen Herrn ohne jede Brille. Leider entkam er, bevor ich eine Skizze von ihm anfertigen konnte. Der Kapitän tröstete mich und sagte, der Mann sei gewiß ein Betrüger, der durchaus eine Brille besäße und sie lediglich in die Tasche gesteckt habe, um aufzufallen.

Mark Twain, Bummel durch Europa

Der Spiegel ist ein Beichtvater, der den Mund hält.

Madame de Staël

Im täglichen Leben ist ein gegenseitiges Anblicken von kurzer Dauer; ein wenig verlängert, ist es die Bestätigung reifen Vertrauens oder das Zeichen entschiedener Feindseligkeit.

Thornton Wilder, Der achte Schöpfungstag, Hoboken, New Jersey

Blick niemals einem Pferd oder einem Hund oder einem Kind länger als für ein paar Sekunden ins Auge; das beschämt sie.

Thornton Wilder,
Der achte Schöpfungstag, von Illinois nach Chile

Sterben ist nichts – doch leben und nicht sehen,
das ist ein Unglück. (Melchthal)

Schiller,
Wilhelm Tell I, 4

Ich habe die Augen verloren. Auch die Nacht hat ihre Schönheit. Weißt Du nicht, daß Blindheit eine Art Unschuld bedeutet?

Seneca, Briefe

Man sieht nur mit dem Herzen gut: Das Wesentliche ist für die Augen unsichtbar.

Antoine de Saint-Exupéry

Des Geistes Auge fängt erst dann an, scharf zu sehen, wenn das des Leibes seine Schärfe zu verlieren beginnt. (Alkibiades)

Platon, Das Gastmahl 34

Gehör

Zuhören können ist der halbe Erfolg.

Calvin Coolidge

Das Ohr ist älter als die Hörner.

Aus Afrika

Keiner ist so taub wie der, der nicht hören will.

Aus Frankreich

Ein hörendes Ohr und ein sehendes Auge, die macht beide der Herr.

Sprüche Salomos 20, 12

Der Tag ist zum Sehen und die Nacht zum Hören da.

Aus Marokko

Ich bin außerordentlich empfindlich gegen alles Getöse, allein es verliert ganz seinen widrigen Eindruck, sobald es mit einem vernünftigen Zweck verbunden ist.

Lichtenberg

Ich ärgerte mich über den Menschenlärm unter mir und konnte nicht eher schlafen, als bis ich wußte, es waren Pferde.

Jean Paul

Antlitz

Die Gesichter der gemeinen Leute auf einer Straße anzusehen, ist jederzeit eines meiner größten Vergnügen gewesen.

Lichtenberg, Über Physiognomik

Ihr liebes Angesicht war wie ein durchsichtiges Fensterlein ihres Herzens, aus dem ihre Seele, mit jeder inneren Bewegung errötend und erbleichend, zum Himmel schaute.

Clemens Brentano, Aus der Chronika eines fahrenden Schülers

Die Seele legt, so wie der Magnet den Feilstaub, das Gesicht um sich herum.

Lichtenberg

Das Gesicht ist das Protokoll des Charakters.

Weber, Demokritos, Subjektiver Unterschied des Lächerlichen in Ansehung der Temperamente

In unseren Gesichtern verlaufen die Züge regellos durch- und ineinander, oft ohne irgendeinen Charakter anzudeuten, oder es hält wenigstens schwer, das Original herauszufinden. Man kann sagen: In einem deutschen Gesicht ist die Hand Gottes weniger leserlich als auf einem italienischen.

Goethe, zu Falk, 17. 7. 1792

Es drückt ihr Gepräge die Welt
auf dein Antlitz wie Fürsten aufs Geld.

Bodenstedt, Die Lieder des Mirza Schaffy

In einem Städtchen, wo sich immer ein Gesicht aufs andere reimt.

Lichtenberg

Es gibt Gesichter in der Welt, wider die man schlechterdings nicht „du" sagen kann.

Lichtenberg, Über Physiognomik

Die verbitterten Gesichtszüge eines Mannes sind oft nur die festgefrorene Verwirrung eines Knaben.

Franz Kafka

Falten machen einen Mann männlicher, eine Frau älter.

Jeanne Moreau

Ich bin stolz auf die Falten. Sie sind das Leben in meinem Gesicht.

Brigitte Bardot

Das Gesicht eines Menschen verrät vielleicht dessen Magen, gewiß aber nicht sein Herz.

Erhard Blanck

Ich frage alle Physiognomen, ob sie nicht einmal aus den Gesichtern auf Vornamen geschlossen haben.

Lichtenberg, Über Physiognomik

Die Lippen erst machen die Zähne schön.

Aus Togo

Leib

Glücklich, wem doch Mutter Natur die rechte Gestalt gab;
denn sie empfiehlet ihn stets, und nirgends ist er ein Fremdling!

Goethe, Hermann und Dorothea 6

Alle Glieder am Menschen sind Zungen.

Sprichwort

Die hier überall gewöhnliche Sitte, jede Last auf dem Rücken zu schleppen, zerdrückt den Körperwuchs und bringt platte Physiognomien hervor. Bei den alten Griechen und in Italien tragen die Mädchen alles auf dem Kopf.

Goethe, zu Karl August Böttiger, 8. 10. 1791

Der Mensch ist das klügste aller Wesen, weil er Hände hat.

Anaxagoras

Alles Behaartsein ist tierisch. Die Rasur ist das Abzeichen höherer Zivilisation.

Schopenhauer

Wenn der Bart das Wichtigste wäre, könnten die Ziegen predigen.

Aus Dänemark

Nichts gibt mehr Ausdruck und Leben als die Bewegung der Hände; im Affekt besonders ist das sprechendste Gesicht ohne sie unbedeutend.

Lessing, Laokoon

Ein schöner Fuß ist eine große Gabe der Natur. Diese Anmut ist unverwüstlich.

Goethe, Die Wahlverwandtschaften I, 11

Suche dir also deinen Körper gehorsam zu machen! Wenn du ihn so in Trägheit läßt, so wird der Körper dir nicht gehorchen, sondern du wirst ihm gehorchen müssen.

Buch des Kabus 6

Die Seife ist ein Maßstab für den Wohlstand und die Kultur der Staaten.

Justus von Liebig, Chemische Briefe

Doch schmähn ob seiner Ungestalt den Nächsten ist
weitab vom Rechten, nicht gemäß dem Schicklichen. (Athena)

Aischylos, Die Eumeniden 413

„Hüte dich vor den Gezeichneten" ist ein Schimpfwort, dem die Gezeichneten von einer gewissen Klasse der Nicht-Gezeichneten in der Welt seit jeher ausgesetzt gewesen sind. Mit größerem Recht könnten also die Gezeichneten sagen: „Hüte dich vor den Nicht-Gezeichneten!"

Lichtenberg, Über Physiognomik

Oder wisset Ihr nicht, daß Euer Leib ein Tempel des heiligen Geistes ist, der in Euch ist, welchen Ihr habt von Gott?

1. Korinther 6, 19

Wir schlafen im Leibe wie Austern in der Schale.

Platon, Phaidros

Streitsücht'ge Nachbarsherrn sind Geist und Körper,
die Grenzen wechseln und verwirren sie.
Man weiß oft nicht, auf wessen Grund man steht. (Arzt)

Grillparzer,
Ein treuer Diener seines Herrn III

Wie es beim Weihrauch schwer nur gelingt, ihn des Dufts zu berauben,
ohne sein Wesen zugleich zu vernichten, so lassen vom Leibe
ohne Zerstörung des Ganzen sich Geist und Seele nicht scheiden.

Lukrez, Über die Natur der Dinge III

Ein gewisser Freund, den ich kannte, pflegte seinen Leib in drei Etagen zu teilen, den Kopf, die Brust und den Unterleib, und er wünschte öfters, daß sich die Hausleute der obersten und untersten Etage besser vertrügen.

Lichtenberg

So steht unser Körper zwischen Seele und der übrigen Welt in der Mitte, Spiegel der Wirkungen von beiden, erzählt nicht allein unsere Neigungen und Fähigkeiten, sondern auch die Peitschenschläge des Schicksals, Klima, Krankheit, Nahrung und tausend Ungemach.

Lichtenberg, Über Physiognomik

Mein bester Freund, mein Leib, der ist mein ärgster Feind;
er bindt und hält mich auf, wie gut er's immer meint.
Ich haß und lieb ihn auch, und wenn es kommt zum Scheiden,
so reiß ich mich von ihm mit Freuden und mit Leiden.

Angelus Silesius, Der Cherubinische Wandersmann, Der beste Freund und Feind

Seele

Meine Seele,
was denn bist du und woher gekommen
bist du? Wer hat dieses Leibes Last dir
aufgelegt? Tu kund mir, welche Macht ist's,
die dich band an dieses Lebens Ketten?
Wie bist du, der Hauch an diesen Körper,
an den Stoff der Geist gebunden?

Gregor von Nazianz

Die Seele ist ein entflammter Dunst, der brennt, ohne sich zu verzehren. Unser Körper ist die Leuchte dazu.

Joubert, Gedanken und Maximen

Manche Seelen entfallen dem Himmel wie Blüten; aber mit den weißen Knospen werden sie in den Erdenschmutz getreten und liegen oft besudelt und zerdrückt in den Fußstapfen eines Hufs.

Jean Paul, Der Mond

Es war, als wenn meine Seele ohne Gesellschaft des Körpers dachte; sie sah den Körper selbst als ein ihr fremdes Wesen an, wie man etwa ein Kleid ansieht.

Goethe, Wilhelm Meisters Lehrjahre VI

Die Seele ist die Masse, in welche Gottes Bildnis vornehmlich eingedrückt ist.

Zwingli,
Von der Klarheit des Wortes Gottes

Die Seele ist ein und dasselbe Wasser, das in uns allen enthalten ist; sie wechselt Form und Farbe, je nach der Form und Farbe der Flaschen.

Jean Cocteau

Füllt die Seele den Körper etwa wie ein elastisches Flüssiges, das allezeit die Form des Gefäßes annimmt, so daß, wenn eine platte Nase Schadenfreude bedeutet, der schadenfroh wird, dem man die Nase plattdrückt?

Lichtenberg, Über Physiognomik

Die Grenzen der Seele wirst du nicht finden, auch wenn du alle Wege durchwanderst. So tiefen Grund hat sie.

Heraklit, Fragmente

Jede Entelechie nämlich ist ein Stück Ewigkeit, und die paar Jahre, die sie mit dem irdischen Körper verbunden ist, machen sie nicht alt. Ist diese Entelechie geringer Art, so wird sie während ihrer körperlichen Verdüsterung wenig Herrschaft ausüben, vielmehr wird der Körper vorherrschen, und wie er altert, wird sie ihn nicht halten und hindern. Ist aber die Entelechie mächtiger Art, wie es bei allen genialen Naturen der Fall ist, so wird sie, bei ihrer belebenden Durchdringung des Körpers, nicht allein auf dessen Organisation kräftigend und veredelnd einwirken, sondern sie wird auch, bei ihrer geistigen Übermacht, ihr Vorrecht einer ewigen Jugend fortwährend geltend zu machen suchen.

Goethe, zu Eckermann, 11. 3. 1828

Die Seele kommt alt zur Welt, aber sie wächst und wird jung. Das ist die Komödie des Lebens. Der Leib kommt jung zur Welt und wird alt. Das ist die Tragödie unseres Daseins.

Oscar Wilde

Wir haben alle etwas von elektrischen und magnetischen Kräften in uns und üben, wie der Magnet selber, eine anziehende und abstoßende Gewalt aus.

Goethe, zu Eckermann, 7. 10. 1827

Ich habe in meinen Jünglingsjahren Fälle genug erlebt, wo auf einsamen Spaziergängen ein mächtiges Verlangen nach einem geliebten Mädchen mich überfiel und ich so lange an sie dachte, bis sie mir wirklich entgegenkam. „Es wurde mir in meinem Stübchen unruhig“, sagte sie, „ich konnte mir nicht helfen, ich mußte hierher.“

Goethe, zu Eckermann, 7. 10. 1827

Denkst du an Engel, so bewegen sie ihre Flügel.

Aus Israel

Es ist mir sehr oft passiert, daß, wenn ich mit einem guten Bekannten ging und lebhaft an etwas dachte, dieser über das, was ich im Sinne hatte, sogleich an zu reden fing. So habe ich einen Mann gekannt, der, ohne ein Wort zu sagen, durch bloße Geistesgewalt eine im heitern Gespräch begriffene Gesellschaft plötzlich stille zu machen imstande war. Ja, er konnte auch eine Verstimmung hineinbringen, so daß es allen unheimlich wurde.

Goethe, zu Eckermann, 7. 10. 1827

Man soll sich mehr um die Seele als um den Körper kümmern; denn Vollkommenheit der Seele richtet die Schwächen des Körpers auf.

Demokrit, Fragmente

Und war wiederum einer ein Sträfling und trug bei Lebzeiten Spuren der Schläge oder Narben von Peitschenhieben oder andere Wunden an seinem Körper, dann wird man diese auch am Körper des Toten sehen können. Oder wenn jemand im Leben gebrochene oder verrenkte Glieder hatte, dann ist das auch am Toten sichtbar. Mit einem Wort: Wie jemand in leiblicher Beziehung zu sein sich bemühte, so ist alles oder doch das meiste eine Zeitlang auch am Toten sichtbar.
Ich glaube nun aber, Kallikles, daß es mit der Seele ganz dasselbe ist. Wenn sie vom Körper befreit ist, dann wird an ihr alles sichtbar, sowohl ihre natürliche Anlage als auch die Merkmale, die der Mensch durch Beschäftigungen aller Art in seiner Seele empfangen hat. Wenn sie nun zum Richter kommen, so die aus Asien zu Rhadamanthys, so läßt dieser sie vor sich hintreten und betrachtet die Seele eines jeden, ohne zu

wissen, wem sie gehört. Da hat er vielleicht die Seele des Perserkönigs oder sonst eines Königs oder Herrschers vor sich und sieht gar nichts Gesundes an ihr, sondern findet sie durchgepeitscht und voll von Narben, die von Meineid und Ungerechtigkeit stammen und die ihm jede seiner Taten in die Seele eingeprägt hat, und alles ist schief vor Lüge und Hochmut, und nichts ist gerade, weil sie ohne Wahrheit aufgewachsen ist. (Sokrates)

Platon, Gorgias

Zuversicht wie ein Berg so groß, dem Tadel verschanzt sein,
vielverliebt in sich selbst: Daran erkenn' ich den Geck.

Heinrich von Kleist, Der Psycholog

Psychoanalyse ist mehr eine Leidenschaft als eine Wissenschaft.

Karl Kraus

Psychologie ist der Omnibus, der ein Luftschiff begleitet.

Karl Kraus

Die Psychologie befaßt sich mit den einzelnen Wellen des Baches. Aber hat ein Bach je aus Wellen bestanden?

Karl Kraus

Die Seel ist eine Flamm, aus Gott, dem Blitz, gegangen,
ach, sollte sie denn nicht in ihn zurückgelangen?

Angelus Silesius,
Der Cherubinische Wandersmann II

Das Tröpflein wird das Meer, wenn es ins Meer gekommen,
die Seele Gott, wenn sie in Gott ist aufgenommen.

Angelus Silesius,
Der Cherubinische WandersmannVI

Gefühl

Vernunft und Gefühl sind die Sonne und der Mond am moralischen Firmament. Immer nur in der heißen Sonne würden wir verbrennen; immer nur im kühlen Mond würden wir erstarren.

Friedrich Maximilian von Klinger,
Betrachtungen über Gegenstände der Welt und Literatur 5

Zum Lichte des Verstandes können wir immer gelangen; aber die Fülle des Herzens kann uns niemand geben.

Goethe, Wilhelm Meisters Lehrjahre IV, 16

Verstand und Vernunft sind ein formelles Vermögen. Das Herz liefert den Gehalt, den Stoff.

Goethe, zu Riemer, 15. 1. 1810

Wohl wär' es besser, überall dem Herzen
zu folgen, doch darüber würde man
sich manchen guten Zweck versagen
müssen. (Octavio)

Schiller, Die Piccolomini V, 1

Starke Empfindung, deren sich so viele rühmen, ist nur allzuoft die Folge eines Verfalls der Verstandeskräfte.

Lichtenberg

Die Hälfte aller Fehler entsteht dadurch, daß wir denken sollten, wo wir fühlen, und daß wir fühlen sollten, wo wir denken.

John Churton Collins

Der Mensch ist, der lebendig fühlende,
der leichte Raub des mächt'gen Augenblicks. (Burgund)

Schiller,
Die Jungfrau von Orleans III, 4

Des Menschen Herz ist wie Quecksilber, jetzt da, bald anderswo, heute so, morgen anders gesinnet.

Luther,
Tischreden von der Welt und ihrer Art 26

Das Herz redet uns gewaltig gern nach dem Maule. (Franziska)

Lessing, Minna von Barnhelm II, 1

Was man „Herz" nennt, liegt weit tiefer als der vierte Westenknopf.

Lichtenberg

Ein Mühlstein und ein Menschenherz wird stets herumgetrieben.
Wo beides nichts zu reiben hat, wird beides selbst zerrieben.

Logau, Ein unruhig Gemüte

Das Herz muß wie eine Ziege angebunden werden.

Aus Zaïre

Hast du Verstand und ein Herz, so zeige nur eines von beiden.
Beides verdammen sie dir, zeigest du beides zugleich.

Hölderlin, Guter Rat

Nur derjenige, der am empfindlichsten gewesen ist, kann der Kälteste und Härteste werden; denn er muß sich mit einem harten Panzer umgeben.

Goethe, zu Riemer, 24. 7. 1809

Eine feinfühlige Person ist eine Person, die immer anderen auf die Füße tritt, weil sie selbst Hühneraugen hat.

Oscar Wilde

Der Mensch hat ein hartes Herz und gefühlvolle Eingeweide.

Georges Bernanos

Manche Menschen haben ein Herz von Eisen und drin ein Fleckchen so weich wie Brei.

Ebner-Eschenbach, Aphorismen

Die Sentimentalität ist das Alibi der Hartherzigen.

Arthur Schnitzler

Sentimentalität nennen wir das Gefühl, das wir nicht teilen.

Graham Greene

Die Weiber müßten nur lieben oder hassen; da wären sie ganz charmant. Die Männer aber müßten weder lieben noch hassen. So käme alles wieder ins Gleichgewicht.

Goethe, zu Riemer, 17. 5. 1807

„Wenn mein Herz nicht spricht, dann schweigt auch mein Verstand," sagt die Frau. „Schweige, Herz, damit der Verstand zu Worte kommt," sagt der Mann.

Ebner-Eschenbach, Aphorismen

Die Sentiments der Weiber sind Aderlässe, und wie wir durch erhöhtes Empfinden gewinnen, so verlieren sie. Das Weib ist wie der Weinstock: Soll er Trauben bringen, so darf er nicht bluten.

Hebbel, an Gravenhorst, 19. 2. 1837

Die Weiber haben Launen, weil sie zu gut sind, das Böse nach Grundsätzen, und zu schwach, das Gute mit Dauer zu üben.

Börne, Fragmente und Aphorismen

Instinkt ist die Nase des Geistes.

Emile de Girardin

Der Instinkt ist nichts anderes als das von Generation zu Generation vererbte Gedächtnis des Menschengeschlechts.

François Alphonse Forel

Instinkt bezeichnet ein zweckgerichtetes Handeln, bei dem wir keine genaue Vorstellung davon haben, was der Zweck ist.

Nicolai Hartmann

Instinkt ist Intelligenz, die unfähig ist, sich ihrer selbst bewußt zu werden.

John Sterling

Die panische Aversion der Ratio gegen das Pathos verbirgt die Furcht, aus Mangel an Gefühl der Sentimentalität zu erliegen.

Hans Kasper, Abel, gib acht; Pathos

Wir geraten in Schulden, wenn wir unsere Empfindungen nicht ausfühlen.

Hans Arndt, Im Visier, Erfahrenes Wissen

Geschmack

Der gute Geschmack ist die Fähigkeit, fortwährend der Übertreibung entgegenzuwirken.

Hofmannsthal

Geschmack ist das Taktgefühl des Geistes.

Stanislas Jean de Boufflers

Geschmack ist Liebe zur Schönheit.

Emerson

Komisch ist, daß man das Gefühl für das Gerechte, Gute und Schöne mit dem Wort Geschmack, dem tierischsten aller Sinne, bezeichnet hat, das in die Küche gehörte, so komisch, als daß weite deutsche Länder die Blumen nicht riechen, sondern schmecken. Indessen trieben die Römer diesen Tropus noch weiter und leiteten von sapor (Geschmack) selbst sapientia (Weisheit) ab.

Karl Julius Weber, Demokritos I, 26

Geschmack ist die weibliche Form des Genius.

Edward Fitzgerald

Man muß viel Geschmack haben, um dem seines Zeitalters zu entgehen.

Simon-Théodore Jouffroy

Verstand

Habe Mut, dich deines eigenen Verstandes zu bedienen!

Kant, Was ist Aufklärung? 4

Um eine Sache bis auf den Grund durchzudenken, bedarf es oft mehr des Mutes als des Verstandes.

Hans Arndt, Im Visier, Erfahrenes Wissen

Aufklärung ist der Ausgang des Menschen aus seiner selbstverschuldeten Unmündigkeit. Unmündigkeit ist das Unvermögen, sich seines Verstandes ohne Leitung eines anderen zu bedienen. Selbstverschuldet ist diese Unmündigkeit, wenn die Ursache derselben nicht am Mangel des Verstandes, sondern der Entschließung und des Mutes liegt.

Kant, Was ist Aufklärung? 4

Intelligenz ist die Fähigkeit, seine Umgebung zu akzeptieren.

William Faulkner

Der Intellekt als bloßes Werkzeug des Willens ist von ihm so verschieden wie der Hammer vom Schmied.

Schopenhauer

Von jener geheimen und unmittelbaren Gewalt, welche der Wille über den Intellekt ausübt, ist ein kleinliches und lächerliches, aber frappantes Beispiel dieses, daß wir, bei Rechnungen, uns viel öfter zu unserm Vorteil als zu unserm Nachteil verrechnen, und zwar ohne die mindeste unredliche Absicht, bloß durch den unbewußten Hang, unser Debet zu verkleinern.

Schopenhauer,
Die Welt als Wille und Vorstellung II, 19

Intelligenz ist besser als Wissenschaft.

Aus Abessinien

Intellektuelle haben als Hofnarren der modernen Gesellschaft geradezu die Pflicht, alles Unbezweifelte anzuzweifeln, über alles Selbstverständliche zu erstaunen, alle Autorität kritisch zu relativieren und alle jene Fragen zu stellen, die sonst niemand zu stellen wagt.

Ralf Dahrendorf

Uns andern, die zum Erbteil keine politische Macht erhalten haben, die nicht geschaffen sind, um Reichtümer zu erwerben, ist nichts willkommener, als was die Gewalt des Geistes ausbreitet und befestigt.

Goethe, an Frau von Stein, 17. 6. 1784

Der gesunde Menschenverstand ist für den Geist, was die Anmut für den Körper ist.

La Rochefoucauld

Kein Ding auf dieser Welt ist besser verteilt als der gesunde Menschenverstand.

Descartes, Abhandlung über die Methode

Der Glaube an Vorurteile gilt in der Welt als gesunder Menschenverstand.

Claude Adrien Helvétius

Ein verständiger Mensch ist viel für sich, aber fürs Ganze ist er wenig.

Goethe, Wilhelm Meisters Lehrjahre VII, 3

Der Intellekt hat ein scharfes Auge für Methoden und Werkzeuge, aber er ist blind gegen Ziele und Werte.

Albert Einstein

Die Intelligenz verdirbt den Sinn für das Wesentliche.

Antoine de Saint-Exupéry

Die Intelligenz ist ein Heerführer, der immer zu spät in die Schlacht kommt und nach der Schlacht diskutiert.

Léon-Paul Fargue

Ich will leben, um meine ganze Lebenskraft sich auswirken zu lassen, nicht nur um meinen Verstandeskräften, das heißt kaum einem Zwanzigstel meiner ganzen Lebensfähigkeit, Genüge zu tun.

Dostojewski,
Aufzeichnungen aus dem Kellerloch I, 8

Ein Intellektueller ist ein Mensch, der nicht genug Körper hat, um seinen Geist zu bedecken.

Jean Giono

Scheinwerfern ähnelt mancher Verstand:
Ein Streifchen, so breit wie eine Hand,
beleuchtet er scharf mit grellem Gefunkel;
das übrige aber bleibt im Dunkel.

Ludwig Fulda

Ein schwacher Verstand ist wie ein Mikroskop, das Kleinigkeiten vergrößert und große Dinge nicht erfaßt.

Graf Chesterfield

Vernunft

Die Vernunft ist der Gott in uns.

Menander

Res dei ratio. Vernunft ist göttlichen Ursprungs und göttlichen Wesens.

Tertullian, Von der Reue I, 2

Das Vermögen, welches die Verbindung der Wahrheiten untereinander einsieht, heißt im eigentlichen Sinne Vernunft.

Leibniz

Der letzte Schritt der Vernunft ist die Erkenntnis, daß es eine Unendlichkeit von Dingen gibt, die sie übersteigen. Sie ist schwach, wenn sie nicht bis zu dieser Erkenntnis vordringt.

Pascal, Gedanken

Die Vernunft ist das Prinzip der allgemeinen Gleichheit, der Verstand ist das Prinzip der Ungleichheit unter den Menschen.

Schelling

Verstand dient der Wahrnehmung der eigenen Interessen. Vernunft ist Wahrnehmung des Gesamtinteresses.

Carl-Friedrich von Weizsäcker

„Was will ich?“ fragt der Verstand. „Worauf kommt es an?“ fragt die Urteilskraft. „Was kommt heraus?“ fragt die Vernunft.

Kant

Verstand ist die Erkenntnis des Allgemeinen. Urteilskraft ist die Anwendung des Allgemeinen auf das Besondere. Vernunft ist das Vermögen, die Verknüpfung des Allgemeinen mit dem Besonderen einzusehen.

Kant

Durch Verstand sind wir imstande zu erlernen (Regeln zu erfassen), durch Urteilskraft vom Erlernten Gebrauch zu machen (Regeln in concreto anzuwenden), durch Vernunft zu erfinden, Prinzipien für mannigfaltige Regeln auszudenken.

Kant

Die Vernunft ist nur der durch die Phantasie erweiterte Verstand.

Grillparzer, Aphorismen, 1832

Die Vernunft ist die höchste Vereinigung des Bewußtseins und des Selbstbewußtseins oder des Wissens von einem Gegenstande und des Wissens von sich.

Hegel

Vernünftige Gründe können viel. (Achilles)

Schiller, Iphigenie in Aulis IV, 3

Ich glaube an den Menschen, und das heißt, ich glaube an seine Vernunft! Ohne diesen Glauben würde ich nicht die Kraft haben, am Morgen aus meinem Bett aufzustehen. (Galilei)

Brecht, Leben des Galilei 3

Laßt uns vereint, ihr Könige, noch einmal
Vernunft keilförmig mit Gelassenheit
auf seine rasende Entschließung setzen.
(Diomedes)

Heinrich von Kleist, Penthesilea 1

Vernunft – das ist so etwas wie ansteckende Gesundheit.

Alberto Moravia

Die Vernunft beherrscht uns viel gebieterischer als ein Herr. Wenn wir diesem nicht gehorchen, sind wir unglücklich; wenn wir ihr nicht gehorchen, sind wir Dummköpfe.

Pascal, Gedanken

Die Vernunft ist des Herzens größte Feindin.

Casanova, Memoiren

Die Vernunft ist grausam, das Herz ist besser.

Goethe, Wilhelm Meisters Lehrjahre VII, 8

Unsere Vernunft macht uns oft unglücklicher als unsere Leidenschaften, und man kann sagen, daß der Mensch dem Kranken gleicht, den sein Arzt vergiftet hat.

Chamfort

Leidenschaften und Gefühle mögen populär werden, aber die Vernunft wird immer nur im Besitze einzelner Vorzüglicher sein.

Goethe,
zu Eckermann, 12. 2. 1829

Wenn der Mensch so viel Vernunft hätte wie Verstand, wäre alles viel einfacher.

Linus Pauling

Die meisten Menschen leben mehr nach der Mode als nach der Vernunft.

Lichtenberg, Von Menschenart

Es liegt in der menschlichen Natur, vernünftig zu denken und unvernünftig zu handeln.

Anatole France

Die Vernunft täuscht uns öfter als die Natur.

Vauvenargues

Ob die Weiber soviel Vernunft haben wie die Männer, mag ich nicht entscheiden, aber sie haben ganz gewiß nicht soviel Unvernunft.

Seume, Apokryphen

Phantasie

Holde Freundin Phantasie,
bleibst du mir zugegen,
fehlt ein tröstlich Licht mir nie
auch auf dunklen Wegen.

Karl von Gerok, Blumen und Sterne

Se non è vero, e molto ben trovato. Wenn es nicht wahr ist, ist es doch gut erfunden.

Giordano Bruno,
Über die heroischen Leidenschaften II, 3

Phantasie ist die Fähigkeit, in Bildern zu denken.

Ernst Hohenemser

Nicht bloß der Stolz des Menschen füllt den Raum
mit Geistern, mit geheimnisvollen Kräften,
auch für ein liebend Herz ist die gemeine
Natur zu eng, und tiefere Bedeutung
liegt in dem Märchen meiner Kinderjahre

als in der Wahrheit, die das Leben
lehrt. (Max)

Schiller, Die Piccolomini III, 4

Die Fabel ist der Liebe Heimatwelt,
gern wohnt sie unter Feen, Talismanen,
glaubt gern an Götter, weil sie göttlich
ist. (Max)

Schiller, Die Piccolomini III, 4

Romane und andere Lesereien haben schon manches gute Mädchen zur Schwärmerin und endlich zur alten Jungfer gemacht, wie jene Lebenspoesie manchen Jüngling zum Misanthropen, wenn die Übermacht der Wirklichkeit ihn aus seinen höheren Regionen herabstürzte, wo ein prosaischer Mensch aufrechtgeblieben wäre. Phantasie wirkt Schwindel.

Karl Julius Weber, Demotkritos I, 7

Den Phantasievollen quälen die Möglichkeiten.

Hans Arndt, Im Visier, Typen im Blitzlicht

Wenn durch die Phantasie nicht Dinge entständen, die für den Verstand ewig problematisch bleiben, so wäre überhaupt zu der Phantasie nicht viel. Dies ist es, wodurch sich die Poesie von der Prosa unterscheidet, bei welcher der Verstand immer zu Hause ist.

Goethe, zu Eckermann, 5. 7. 1827

In phantasiereichen Menschen liegen, wie in heißen Ländern oder auf Bergen, alle Extreme enger aneinander.

Jean Paul, Die unsichtbare Loge 2

Die Einbildungskraft ist ein schönes Vermögen, nur mag ich nicht gern, wenn sie das, was wirklich geschehen ist, verarbeiten will. Die luftigen Gestalten, die sie erschafft, sind uns als Wesen einer eigenen Gattung sehr willkommen; verbunden mit der Wahrheit bringt sie meist nur Ungeheuer hervor und scheint mir alsdann gewöhnlich mit dem Verstand und der Vernunft im Widerspruche zu stehen.

Goethe,
Unterhaltungen Deutscher Ausgewanderten

Menschen, die wenig Verstand haben, werden leicht viel Phantasie zu besitzen scheinen. Das kommt aber nicht daher, daß dies Vermögen bei ihnen wirklich in einem höheren als dem gewöhnlichen Grade vorhanden ist; es kommt nur daher, weil die Dinge auf sie verworrene Eindrücke machen, und eben, weil der Verstand, der alles auf seine ursprünglichen Erscheinungsgründe zurückzuführen sucht, bei ihnen nicht tätig ist, zu allerlei wunderlichen Kombinationen Gelegenheit geben.

Hebbel, Tagebücher 1840

Wer Phantasie ohne Erziehung besitzt, hat wohl Flügel, aber keine Füße.

Joubert, Gedanken und Maximen

Es ist nichts fürchterlicher als Einbildungskraft ohne Geschmack.

Goethe, Wilhelm Meisters Wanderjahre II, Betrachtungen im Sinne der Wanderer

Allegorie entsteht, wenn der Verstand sich vorlügt, er habe Phantasie.

Hebbel

Wie die Schwalbe nistet die Phantasie gern an alten Mauern.

Johann Jakob Mohr, Gedanken über Leben und Kunst

Wer die Phantasie der Menschen beherrscht, beherrscht auch ihren Willen.

Verfasser unbekannt

Eines Tages werden Maschinen vielleicht nicht nur rechnen, sondern auch denken. Mit Sicherheit aber werden sie niemals Phantasie haben.

Theodor Heuss

Der Verstand soll Fürst, der Wille Untertan, das Gewissen Richter sein.

Verfasser unbekannt

Geist

Geist ist nicht eine späte Blüte am Baume Mensch, sondern er ist das, was den Menschen als solchen konstituiert.

Martin Buber

Ziel aller Erziehung sollte sein, den Geist in eine Quelle zu verwandeln, nicht in eine Zisterne.

John M. Mason

Ich habe die feste Überzeugung, daß unser Geist ein Wesen ist, ganz unzerstörbarer Natur. Es ist ein fortwirkendes von Ewigkeit zu Ewigkeit. Es ist der Sonne ähnlich, die bloß unsern irdischen Augen unterzugehen scheint, die aber eigentlich nie untergeht, sondern unaufhörlich fortleuchtet.

Goethe, zu Eckermann, 2. 5. 1824

Geburt und Geist geben dem, der sie einmal besitzt, ein Gepräge, das sich durch kein Inkognito verbergen läßt. Es sind Gewalten wie die Schönheit, denen man nicht nahekommen kann, ohne zu empfinden, daß sie höherer Art sind.

Goethe, zu Eckermann, März 1832

Geist ist die Jugend des Alters.

Emanuel Wertheimer

Das französische „esprit“ kommt dem nahe, was wir Deutschen „Witz“ nennen. Unser „Geist“ würden die Franzosen vielleicht durch „esprit und âme“ ausdrücken. Es liegt darin zugleich der Begriff von Produktivität, welchen das französische „esprit“ nicht hat.

Goethe, zu Eckermann, 21. 3. 1831

Gelehrsamkeit entspricht dem Gedächtnis, Fähigkeit und Geschicklichkeit entsprechen dem Geist.

Novalis

Schließ mich, so streng du willst, in
tausend Eisen ein,
ich werde doch ganz frei und ungefesselt sein.

Angelus Silesius,
Der Cherubinische Wandersmann,
Der Geist bleibt allzeit frei

Der Geist hat die Aufgabe, die Macht zu zersetzen. Ich würde ihm die Parole geben: Libera et divide!

Otto Flake, Essay

Solange es menschliche Gesellschaften gibt, haben sie ihren gefährlichsten Feind im Geist gesehen. Sie haben ihn eingeschränkt, gebunden zu Religionen. Sie sind, sobald er sich freimachte, in Scharen, in Legionen, in Katarakten von Körpern über ihn hergefallen, wie die Heere des Xerxes über Griechenland.

Heinrich Mann,
Das Bekenntnis zum Übernationalen

Wenn man annehmen darf, daß die Wesen, insofern sie körperlich sind, nach dem Zentrum, insofern sie geistig sind, nach der Peripherie streben, so gehört unsere Freundin zu den geistigsten.

Goethe,
Wilhelm Meisters Wanderjahre III, 15

Fürst Metternich hatte mehr Geist als Talleyrand, weil er ihn weniger zeigte.

Graf von Rosaglia,
Aus dem Notizbuch eines alten Diplomaten

Das Geistreiche ist der Wahrheit sehr nahe.

Joubert

Es ist keine Kunst, geistreich zu sein, wenn man vor nichts Respekt hat.

Goethe, zu Eckermann, 29. 11. 1826

Geistreich ist nur, was nicht ganz ernst gemeint ist.

Thomas Niederreuther, Aphorismen

Nur die ganz Stumpfsinnigen sind schon beim Frühstück geistreich.

Oscar Wilde

Geistreiche Menschen sind meistens arm an Gemüt.

Theodor Fontane

Schöngeister sind wie Rosen: Einzeln machen sie Freude; in großer Zahl werden sie lästig.

Sophie Arnould

Es gibt Leute, die so in ihren Geist verliebt sind, daß sie darüber den Verstand verlieren. (Ottokar)

Curt Goetz, Ingeborg

Das Gehirn des zivilisierten Menschen ist ein Museum einander widersprechender Wahrheiten.

Remy de Gourmont

Man verfälscht seinen Geist, sein Gewissen, seine Vernunft, wie man sich den Magen verdirbt.

Chamfort

Mit dem Geist ist es wie mit dem Magen: Man sollte ihm nur Nahrung zumuten, die er verdauen kann.

Winston Churchill

Denken

Über alles, was du siehst, denke nach.

Aus Somalia

Denken ist Reden mit sich selbst.

Kant

Das Denken ist eine Lebensfunktion wie die Verdauung und der Blutkreislauf.

Ortega y Gasset

Denken als physiologischer Prozeß besteht in elektrochemischen Reaktionen, die sich in der Großhirnrinde und den mit ihr korrespondierenden Zentren abspielen.

Arthur Koestler

Denken ist die Erkenntnis durch Begriffe.

Kant

Wenn ich vor mir allein bin, erzähle ich mir, was ich gesehen habe, als wenn ich Dir's erzählen sollte, und es berichtigt sich alles.

Goethe, an Charlotte von Stein, 9. 4. 1782

Achte auf deine Gedanken, denn sie werden Worte. Achte auf deine Worte, denn sie werden Handlungen. Achte auf deine Handlungen, denn sie werden Gewohnheit. Achte auf deine Gewohnheiten, denn sie werden dein Charakter. Achte auf deinen Charakter, denn er wird dein Schicksal.

Verfasser unbekannt

Warten, geduldig sein, das heißt denken.

Nietzsche

Ein scheues Wild die Gedanken sind.
Jag ihnen nach, sie fliehen geschwind.
Siehst du sie hellen Auges an,
zutraulich wagen sie sich heran.

Paul Heyse

Das Schlimme aber ist, daß alles Denken zum Denken nichts hilft. Man muß von Natur richtig sein, so daß die guten Einfälle immer wie freie Kinder Gottes vor uns dastehen und uns zurufen: Da sind wir!

Goethe, zu Eckermann, 24. 2. 1824

Nicht die Klügsten allein haben die besten Einfälle. Gute Einfälle sind Geschenke des Glückes. (Philotas)

Lessing, Philotas 5

Wir kennen nur allein die Existenz unserer Empfindungen, Vorstellungen, Gedanken. „Es denkt" sollte man sagen, so wie man sagt: „Es blitzt". Zu sagen „Cogito" ist schon zuviel.

Lichtenberg

Im Herzen bewegen sich immer Gedanken.

Aus Kamerun

Eigentlich kommt alles auf die Gesinnungen an. Wo diese sind, treten auch die Gedanken hervor.

Goethe,
Wilhelm Meisters Wanderjahre III,
Aus Makariens Archiv

Wer nicht auf seine Weise denkt, denkt überhaupt nicht.

Oscar Wilde

Die Köpfe gleichen einander, aber die Gedanken in ihnen sind nicht gleich.

Aus Ghana

Jeder Mensch muß nach seiner Weise denken; denn er findet auf seinem Wege immer ein Wahres oder eine Art von Wahrem, die ihm durchs Leben hilft.

Goethe,
Wilhelm Meisters Wanderjahre II,
Betrachtungen im Sinne der Wanderer

Stellt einer die Behauptung auf, die Erde sei ein Würfel, so denkt er ohne Zweifel unabhängig. Allerdings auch falsch.

Hans Kasper, Abel, gib acht; Halbdenker

Das Denken gibt uns ein so reines und so lebhaftes Vergnügen, daß, wer es nur einmal in seinem Leben gekostet hat, es nie wieder entbehren kann.

Engel, Der Philosoph für die Welt I, 17

Wer denkt, wes Volkes er auch sei, ich will ihn Landsmann nennen.

Alphonse de Lamartine

Handeln ist leicht, Denken schwer, nach dem Gedanken handeln unbequem.

Goethe, Wilhelm Meisters Lehrjahre VII, 9

Im Moment, wo man sich hinsetzt, um zu denken, wird man nur Nase oder nur Stirn oder sonst etwas Greuliches. Sehen Sie sich doch einmal alle die Leute an, die in gelehrten Berufen etwas geleistet haben! Sie sind alle ausgesprochen häßlich. Natürlich mit Ausnahme der Geistlichen. Aber die Geistlichen denken eben nicht.

Oscar Wilde

Die Hottentotten nennen das Denken die Geißel des Lebens.

Lichtenberg

Nichts erhält die Gewohnheit nachzudenken besser, als wenn man mit sich selbst zufriedener als mit seinem Schicksale ist.

Rousseau, Émile IV, Glaubensbekenntnis des savoyischen Vikars

Wer glücklich ist, fühlt; wer unglücklich ist, denkt.

Joachim Fernau, Rosen für Apoll 24

Dieses Leben
ist reich genug an Qual, des Denkens Kreis
ganz auszufüllen.

Klopstock

Ich liebe die zerstreuten Menschen. Zerstreutheit ist ein Zeichen von Gedanken, von Güte. Die dummen und bösartigen Menschen sind immer geistesgegenwärtig.

Joseph von Ligne

Das Hängen an einsamem Sinnen, das Versenken in sich selbst ist auch nicht immer reines Metall ohne Schlacken. Es entspringt oft aus Apathie, aus Hang zum Müßiggange, und ist oft mehr ein weiches Träumen als ein fruchtbares Nachdenken.

Wilhelm von Humboldt, Briefe an eine Freundin, 12. 1. 1834

Denken und Tun, Tun und Denken, das ist die Summe aller Weisheit, von jeher anerkannt, von jeher geübt, nicht eingesehen von einem jeden. Beides muß wie Aus- und Einatmen sich im Leben ewig fort hin und wider bewegen; wie Frage und Antwort sollte eins ohne das andre nicht stattfinden. Wer sich zum Gesetz macht, was einem jeden Neugebornen der Genius des Menschenverstandes heimlich ins Ohr flüstert, das Tun am Denken, das Denken am Tun zu prüfen, der kann nicht irren.

Goethe,
Wilhelm Meisters Wanderjahre II, 9

Es ziemt dem Menschen, nicht mehr zu grübeln, wo er nicht mehr wirken soll. (Egmont)

Goethe, Egmont V, Gefängnis

Ein denkendes Nichtdenken wandelt mich manchmal an. Es ist eine Art von empfundener Gleichgültigkeit.

Goethe,
Wilhelm Meisters Wanderjahre III, 17

Viele Leute glauben, daß sie denken, während sie in Wirklichkeit nur ihre Vorurteile umschaufeln.

Edward R. Murrow

Manche Menschen würden eher sterben als nachdenken. Und sie tun es auch.

Bertrand Russell

Gedankenlosigkeit tötet. Andere.

Lec, Unfrisierte Gedanken

Gedanke

Im Gedanken fängt auf jeden Fall eine neue Welt an. Und selbst, wenn das Reiben der einen Gehirnfaser an der anderen ihn erzeugte, so ist er doch etwas anderes als die Gehirnfaser und als der Gehirnfaserstoff.

Hebbel, Tagebücher 1842

Die Gegenwart eines Gedankens ist wie die Gegenwart einer Geliebten.

Schopenhauer,
Aphorismen zur Lebensweisheit

Ein guter Gedanke stählet des Mannes Herz. (Fiesco)

Schiller, Die Verschwörung des Fiesco
zu Genua II, 19

In einer Stunde rinnen
viel tausend Körner Sandes. Schnell
wie sie
bewegen sich im Menschen die Gedanken. (Gordon)

Schiller, Wallensteins Tod V, 6

Die Gedanken eines Menschen sind sein Königreich.

Bantuweisheit

Wie auf dem Felde die Weizenhalme
so wachsen und wogen im Menschengeist
die Gedanken.
Aber die zarten Gedanken der Liebe
sind wie lustig dazwischenblühende
rot' und blaue Blumen.

Heine,
Buch der Lieder, Die Nordsee II, 10

Wie nah wohl zuweilen unsere Gedanken an einer großen Entdeckung hinstreichen mögen?

Lichtenberg

Gedanken sind Zeichen von einem Spiel und Kampf der Affekte.

Nietzsche

Wir spielen unsere Gedanken gegeneinander aus, in Wirklichkeit unsere Temperamente.

Christian Morgenstern,
Stufen, Psychologisches

Ein guter Einfall ist wie ein Hahn am Morgen. Gleich krähen andere Hähne mit.

Karl Heinrich Waggerl

Gedanken springen wie Flöhe von einem zum anderen, aber sie beißen nicht jeden.

Shaw

Einer erzeugt den Gedanken, der andere hebt ihn aus der Taufe, der dritte zeugt Kinder mit ihm, der vierte besucht ihn am Sterbebette, und der fünfte begräbt ihn.

Lichtenberg

Ein neuer Gedanke – das ist meist eine uralte Banalität in dem Augenblick, da wir ihre Wahrheit an uns selbst erfahren.

Arthur Schnitzler

Gedanken wollen oft – wie Kinder und Hunde –, daß man mit ihnen im Freien spazierengeht.

Morgenstern

Seine Gedanken flogen aus wie der Rabe aus der Arche, ahndeten, aber fanden nicht einen Grund, wo sich niederlassen, und kehrten zurück in sein Haupt ohne Trost.

Clemens Brentano, Der arme Raimondin

An Gedanken geht viel ein wie an rohem Tuch.

Christoph Lehmann,
Politischer Blumengarten I, Gedanken

X. Kapitel

Wahrheit I
Wahrheit II
Geheimnis
Wunder
Meinung
Vorurteil
Irrtum
Zweifel
Wissen
Klugheit
Schläue
Verstehen
Weisheit
Bildung
Kultur

Wahrheit I

Das Wahre ist das Seiende selber.

Thomas von Aquin

Wahr ist der Wolf, der brüllt, eh er verschlingt,
wahr ist der Donner, drohend, wenn es blitzt,
wahr ist die Flamme, die von fern schon sengt,
die Wasserflut, die heulend Wirbel schlägt.
Wahr sind sie, weil sie sind, weil
Dasein Wahrheit. (Gregor)

Grillparzer, Weh dem, der lügt! I

Ich verstehe unter dem Wahren etwas, was vor und außer dem Wissen ist, was dem Wissen und dem Vermögen des Wissens, der Vernunft, erst einen Wert gibt.

Friedrich Heinrich Jacobi

Wahr kann nur etwas sein, was auch ist, wenn wir es nicht erkennen; doch wie sollten wir erkennen, was wir nicht erkennen?

Thomas Niederreuther, Aphorismen

Andre Weiber hätten Spott,
wenn sie sollten nackend gehn,
Wahrheit aber färbt sich rot,
wenn sie soll in Kleidern stehn.

Logau, Die Wahrheit

Wahrheit heißt Übereinstimmung des Begriffs mit seiner Wirklichkeit.

Hegel

Irrtum ist Farbe, Wahrheit Licht.

Geibel, Neue Gedichte, Sprüche 1

Die Menschen sind verschieden, doch die Wahrheit ist Eine, und alle, die sie suchen, auf welchem Gebiet es sei, helfen einander.

Leibniz

Zwei Wahrheiten können sich nie widersprechen.

Galilei, an Pietro Castelli, 21. 12. 1613

Eine Wahrheit ist eine Wahrheit, und ich liebe sie, es sage sie gleich, wer da wolle.

Sebastian Franck

Hängt denn die Wahrheit von dem Munde desjenigen ab, der sie vorträgt? (Lisette)

Lessing, Der junge Gelehrte I, 4

Nichts gibt Sicherheit außer der Wahrheit. Nichts gibt Ruhe als das ehrliche Suchen nach der Wahrheit.

Pascal

Die Liebe zur Wahrheit ist die einzige, die einen nicht im Stich läßt. (Courvoisier)

Romain Rolland, Ein Spiel von Tod und Liebe

Nur den starken und tiefen Seelen steht es zu, die Wahrheit zum Hauptgegenstand ihrer Leidenschaften zu machen.

Vauvenargues, Reflexionen

Die Wahrheit, lieber Freund, die alle nötig haben,
die uns als Menschen glücklich macht,
ward von der weisen Hand, die sie uns zugedacht,
nur leicht verdeckt, nicht tief vergraben.

Gellert, Der Schatz

Die Wahrheit ist keine Dirne, die sich denen an den Hals wirft, welche ihrer nicht begehren: Vielmehr ist sie eine so spröde Schöne, daß selbst wer ihr alles opfert, noch nicht ihrer Gunst gewiß sein darf.

Schopenhauer

Die Wahrheit ist in dieser Zeit so sehr verdunkelt und die Lüge so allgemein verbreitet, daß man die Wahrheit nicht erkennen kann, wenn man sie nicht liebt.

Pascal, Gedanken

Ihren Unterricht in der Philosophie beginnen die Mohammedaner mit der Lehre, daß nichts existiere, wovon sich nicht das Gegenteil sagen lasse; und so üben sie den Geist der Jugend, indem sie ihre Aufgaben darin bestehen lassen, von jeder aufgestellten Behauptung die entgegengesetzte Meinung zu finden und auszusprechen, woraus eine große Gewandtheit im Denken und Reden hervorgehen muß. Nun aber, nachdem von jedem aufgestellten Satze das Gegenteil behauptet worden, entsteht der Zweifel, welches denn von beiden das eigentlich Wahre sei. Im Zweifel aber ist kein Verharren, sondern er treibt den Geist zu näherer Untersuchung und Prüfung, woraus denn, wenn diese auf eine vollkommene Weise geschieht, die Gewißheit hervorgeht.

Goethe, zu Eckermann, 11. 4. 1827

Um zur Wahrheit zu gelangen, sollte jeder die Meinung seines Gegners zu verteidigen suchen.

Jean Paul

Der Weg des Paradoxes ist der Weg zur Wahrheit. Um die Wirklichkeit zu prüfen, muß man sie auf dem Seil tanzen lassen.

Oscar Wilde

Ahimsa (Gewaltlosigkeit) und Wahrheit sind so sehr ineinander verflochten, daß es tatsächlich unmöglich ist, diese beiden Begriffe zu entwirren und zu trennen. Auf jeden Fall ist Ahimsa das Mittel und die Wahrheit das Ziel.

Mahatma Gandhi

Die einfachsten Wahrheiten sind es gerade, auf die der Mensch immer erst am spätesten kommt.

Ludwig Feuerbach, Zur Beurteilung der Schrift „Das Wesen des Christentums"

O welch ein Unterschied: Die Wahrheit aussprechen und die Wahrheit empfinden!

Lavater, Geheimes Tagebuch, 7. 1. 1769

Die einfachste und bekannteste Wahrheit erscheint uns augenblicklich neu und wunderbar, sobald wir sie zum erstenmal an uns selbst erleben.

Ebner-Eschenbach, Aphorismen

Auch die gelesene Wahrheit muß man hinterher erst selber erfinden. Die Gehirnhöhlen sind voll Samen, für welche das Gefühl erst die Blumenerde und die Treibscherben bildet.

Goethe, zu Jean Paul, September 1798

Der Irrtum strömt, die Wahrheit sikkert.

Peter Sirius, Tausend und Ein Gedanken, Wahrheit und Lüge

Die bloß erlernte Wahrheit klebt uns an wie ein angesetztes Glied, ein falscher Zahn oder eine wächserne Nase. Die durch eigenes Denken erworbene aber gleicht den natürlichen Gliedern.

Schopenhauer

Wenn der Mensch das Bedürfnis hat, etwas auszusprechen, was er in seinem eigenen Interesse besser verschweigt, dann ist das die Wahrheit.

Miroslav Krleza, Ohne mich

Die Wahrheit ist eine Arznei, die angreift.

Pestalozzi, Ein Schweizer Blatt

Es gibt Menschen, die sich immer angegriffen fühlen, wenn jemand eine Wahrheit ausspricht.

Morgenstern

„Soll es euch nach Wünschen ergehn,
so spart mir die Wahrheit!"
wiederholt ich ihm noch; denn führt sie
jemand beständig
unklug im Munde, der leidet Verfolgung, wohin er sich wendet.

Goethe, Reineke Fuchs 11

Wenn man eine Wahrheit entdeckt hat, muß man sie den anderen Menschen mitteilen? Wenn ihr sie bekannt macht, so werdet ihr von einer Unzahl von

Leuten verfolgt, die von dem entgegengesetzten Irrtum leben.

Bernardin de Saint-Pierre

Es ist fast unmöglich, die Fackel der Wahrheit durch ein Gedränge zu tragen, ohne jemandem den Bart zu versengen.

Lichtenberg,
Von Menschenart und Menschenunart

Ein vorzüglicher Kopf muß es immer sein, von dem die Wahrheit ohne Ohrfeige wegkommt. (Verrina)

Schiller,
Die Verschwörung des Fiesco zu Genua V, 16

Du kannst wählen zwischen der Wahrheit und der Ruhe, aber beides zugleich kannst du nicht haben.

Emerson

Wahrheit II

Tausend Spione lauern auf deine Spuren, o Wahrheit,
aber mit leisem Tritt schreitest du mitten hindurch.

Goethe und Schiller, Xenien, Die Forscher

Die Wahrheit leidet mehr unter dem Eifer ihrer Verteidiger als unter den Angriffen ihrer Feinde.

William Penn, Früchte der Einsamkeit

Einer neuen Wahrheit ist nichts schädlicher als ein alter Irrtum.

Goethe, Wilhelm Meisters Wanderjahre III,
Aus Makariens Archiv

Hüten wir uns, denen die Wahrheit mitzuteilen, die nicht imstande sind, sie zu fassen.

Rousseau, Émile 4

Die Wahrheit ist eine Braut ohne Aussteuer.

Francis Bacon

Die Wahrheit ist das Kostbarste, was wir haben. Gehen wir sparsam damit um!

Mark Twain

Wir sind dazu geschaffen, die Wahrheit zu suchen; sie zu besitzen ist das Vorrecht einer höheren Macht.

Montaigne, Essays

Wenn Gott in seiner Rechten alle Wahrheit und in seiner Linken den einzigen, immer regen Trieb nach Wahrheit, obschon mit dem Zusatze, mich immer und ewig zu irren, verschlossen hielte und spräche zu mir „Wähle!“ – ich fiele ihm mit Demut in seine Linke und sagte: „Vater, gib! Die reine Wahrheit ist ja doch nur für Dich allein!“

Lessing,
Theologische Streitschriften, Eine Duplik I

Die Wahrheit suchen ist das Leben des Denkers, sie finden sein Tod.

Hans Kudszus

Genauigkeit ist noch lange nicht die Wahrheit.

Henri Matisse

Wahrheit ist eine Sache des Temperaments. Darum kann man Wahrheit nicht lehren, nur zeugen.

Morgenstern, Stufen, Lebensweisheit, 1906

Was diesseits der Pyrenäen Wahrheit ist, ist jenseits Irrtum.

Pascal, Gedanken,
Von der menschlichen Schwachheit

Die Antwort auf eine Frage bei Tag oder bei Nacht – das sind zwei Antworten.

Erhard Blanck

Die Wahrheit ist die Meinung, die überlebt.

Elbert Hubbard

Die Wahrheit ist ein Verdacht, der andauert.

Ramón de Campoamor

Was ist Vernunft? Der Wahnsinn aller. Was ist Wahnsinn? Die Vernunft des einzelnen. Was nennt ihr Wahrheit? Die Täuschung, die Jahrhunderte alt geworden. Was Täuschung? Die Wahrheit, die nur eine Minute gelebt.

Spinoza

Die Wahrheiten des Menschen sind die unwiderlegbaren Irrtümer.

Nietzsche

Niemand weiß, welche Nachricht von Bedeutung ist, bevor hundert Jahre vergangen sind.

Nietzsche

Was ist Wahrheit? In Fragen der Religion jene Anschauung, welche den Sieg gewann. In der Wissenschaft bedeutet Wahrheit die jüngste Erfahrung, die eben Aufsehen macht. In der Kunst nennen wir unsere Stimmungen so.

Oscar Wilde

Die Wahrheiten sind nicht so zählebige Methusalems, wie sich die Menschen einbilden. Eine normal gebaute Wahrheit lebt – na sagen wir – in der Regel siebzehn bis achtzehn, höchstens zwanzig Jahre. (Stockmann)

Ibsen, Ein Volksfeind IV

Die Wahrheiten, die die Masse anerkennt, das sind jene, die die Vorpostenkämpfer in den Tagen unserer Großväter für sicher hielten. Wir, die jetzt lebenden Vorpostenkämpfer, erkennen sie nicht mehr an. (Stockmann)

Ibsen, Ein Volksfeind IV

Je mehr Leute es sind, die eine Sache glauben, desto größer ist die Wahrscheinlichkeit, daß die Ansicht falsch ist. Menschen, die recht haben, stehen meistens allein.

Soren Kierkegaard

Wer Wahrheit sucht, der darf die Stimmen nicht zählen.

Leibniz

Wenigen Sterblichen ist es um Wahrheit, aber den meisten
irgend um eine Partei, irgendein Dogma zu tun.

August von Platen, Verschiedene Ansichten

Noch niemals sah ich einen Menschen, der wirklich die Wahrheit sucht. Jeder, der sich auf den Weg gemacht hatte, fand früher oder später, was ihm Wohlbefinden gewährte. Und dann gab er die weitere Suche auf.

Mark Twain

Der mittelmäßige Mensch hält zu knapp nach dem richtigen Gedanken inne; daher die vielen Halbwahrheiten in der Welt.

Hugo von Hofmannsthal

Bei dem Streit um die Wahrheit bleibt der Streit die einzige Wahrheit.

Tagore

Ich weiß nicht, ob etwas demütigender für die Menschen sein kann als die Gewißheit, worin wir sind, daß nichts so Unsinniges und Lächerliches erträumt werden kann, das nicht zu irgendeiner Zeit oder auf irgendeinem Teile des Erdenrunds von einer beträchtlichen Anzahl von Menschen für wahr, ernsthaft und ehrwürdig wäre angesehen worden.

Wieland, Goldener Spiegel

Die Wahrheit triumphiert nie; ihre Gegner sterben nur aus.

Max Planck

Das Wahre währt.

Sprichwort

Die Wahrheit ist ein Öl, die Lügen Wasser, schwimmt
doch endlich obenauf, wieviel man Wasser nimmt.

Logau, Wahrheit und Lügen

Die Wahrheit geht manchmal unter, aber sie ertrinkt nicht.

Aus Ungarn

Der Wein ist stark, der König ist stärker, die Weiber noch stärker, die Wahrheit am allerstärksten.

Luther, Tischreden

Zum Begräbnis der Wahrheit gehören viele Schaufeln.

Sprichwort

Es verdrießt die Leute, daß die Wahrheit so einfach ist.

Goethe

Am Ende zwingt die Wahrheit jeden doch,
sie braucht nicht äußre Helfer und Beschützer.
Wär' sie auch Wahrheit sonst? (Gregor)

Grillparzer, Weh dem, der lügt! V

Keine große Wahrheit, einmal entdeckt, ist wieder verloren gegangen.

Buckle, Geschichte der Zivilisation in England 4

Wenn die Wahrheit zu schwach ist, sich zu verteidigen, muß sie zum Angriff übergehen. (Galilei)

Brecht, Leben des Galilei 3

Es setzt sich nur soviel Wahrheit durch, wie wir durchsetzen; der Sieg der Vernunft kann nur der Sieg der Vernünftigen sein. (Galilei)

Brecht, Leben des Galilei 8

Geheimnis

Der Sinn des Menschen strebet immer nach dem Unbegreiflichen, als sei dort das Ziel der Laufbahn.

Clemens Brentano, Aus der Chronika eines fahrenden Schülers

Alles, was wir wissen, bezieht sich auf etwas, was wir nicht wissen.

Rahel Varnhagen von Ense

Intelligenz ist jene Eigenschaft des Geistes, dank derer wir schließlich begreifen, daß alles unbegreiflich ist.

Émile Picard

Der Mensch ist nicht geboren, die Probleme der Welt zu lösen, wohl aber zu suchen, wo das Problem angeht, und sich sodann in der Grenze des Begreiflichen zu halten.

Goethe, zu Eckermann, 15. 10. 1825

Für uns Menschen muß überall der Punkt, bis zu dem wir vordringen können, anstatt der Wahrheit gelten.

Hebbel,
Tagebücher 1838

Geläng' es mir, des Weltalls Grund,
somit auch meinen, auszusagen,
so könnt' ich auch zur selben Stund
mich selbst auf meinen Armen tragen.

Grillparzer (1854)

Wunder

Ein Wunder ist eine Wirkung, welche die für sie eingesetzten natürlichen Mittel übersteigt.

Pascal

Ein Wunder ist ein Ereignis, das Glauben schafft.

Shaw

Ein sehr unwissendes Volk wird sich gerade wegen seiner Unwissenheit zu einer Religion voller Wunder neigen.

Buckle, Geschichte der Zivilisation 5

Die Wunder, die Christus und seine Jünger taten, waren das Gerüst und nicht der Bau. Das Gerüst wird abgerissen, sobald der Bau vollendet ist.

Lessing,
Theologische Streitschriften, Eine Duplik

Du wußtest also nicht, daß der Mensch, sobald er das Wunder verwirft, auch Gott verwirft; denn der Mensch verlangt nicht so sehr nach Gott als nach dem Wunder.

Dostojewski, Die Brüder Karamasow III, 3

Weise Regierungen haben zwar jederzeit eingeräumt, daß vor Alters Wunder geschehen wären, neue Wunder aber nicht erlaubt.

Kant, Religion
innerhalb der Grenzen der Vernunft

Es ist erbärmlich anzusehen, wie die Menschen nach Wundern schnappen, um nur in ihrem Unsinn und Albernheit beharren zu dürfen und um sich gegen die Obermacht des Menschenverstandes und der Vernunft wehren zu können.

Goethe, an Jacobi, 1. 6. 1791

Wunder müssen in der Ferne gesehen werden, wenn man sie für wahr, so wie Wolken, wenn man sie für feste Körper halten soll.

Lichtenberg, Philosophische Bemerkungen

Das größte unzerstörbare Wunder ist der Menschenglaube an Wunder.

Jean Paul

Das Wunder ist nicht ein Widerspruch zu den Naturgesetzen, sondern ein Widerspruch zu dem, was wir von diesen Gesetzen wissen.

Augustinus

Es gibt nichts Wunderbares: Alles, was geschieht, was geschehen ist und was geschehen wird, geschieht, geschah und wird geschehen auf eine natürliche Weise.

Ludwig Büchner, Kraft und Stoff

Erloschen ist der Wunder altes Licht.
Das Wirkliche dünkt sich allein das Wahre. (Raimund)

Grillparzer, Melusina I

Der Mensch ist verarmt, denn er hat verlernt, sich zu wundern.

Evelyn Waugh

Der Ausdruck „ein Wunder" entlockt mir immer ein inneres Lächeln über den Mangel an Logik; denn in jeder Minute sehen wir Wunder und nichts als solche.

Bismarck,
an Johanna von Puttkamer, 4. 3. 1847

Wunder ist nur der religiöse Name für Begebenheit.

Schleiermacher

Diejenigen, die nach Wundern verlangen, werden nicht gewahr, daß sie damit der Natur eine Unterbrechung ihrer Wunder abverlangen.

Rivarol

Wenn ein Wunder auf der Welt geschieht,
geschieht's durch liebevolle, treue Herzen. (Eugenie)

Goethe, Die natürliche Tochter V, 8

Meinung

Das charakteristische Merkmal der Geister ersten Ranges ist die Unmittelbarkeit aller ihrer Urteile. Alles, was sie vorbringen, ist Resultat ihres selbsteigenen Denkens und kündigt sich, schon durch den Vortrag, überall als solches an.

Schopenhauer,
Parerga und Paralipomena II, 22

Steigerung des Luxus: Eigenes Auto, eigene Villa, eigene Meinung.

Wieslaw Brudzinski, Katzenjammer

Die gesundesten und schönsten, regelmäßigst gebauten Leute sind die, die sich alles gefallen lassen. Sobald einer ein Gebrechen hat, so hat er seine eigene Meinung.

Lichtenberg

Wo alle das Gleiche denken, denkt keiner viel.

Walter Lippmann

Man sagt von den Blättern eines Baumes, daß deren kaum zwei vollkommen gleich befunden werden, und so möchten sich auch unter tausend Menschen kaum zwei finden, die in ihrer Gesinnungs- und Denkungsweise vollkommen harmonieren. Setze ich dieses voraus, so sollte ich mich billig weniger darüber wundern, daß die Zahl meiner Widersacher so groß ist, als vielmehr darüber, daß ich noch so viele Freunde und Anhänger habe.

Goethe, zu Eckermann, 14. 4. 1824

Die Menschen werden durch Gesinnungen vereinigt, durch Meinungen getrennt.

Goethe,
an Friedrich Heinrich Jacobi, 6. 1. 1813

Von jeder Sache gibt es zwei einander widersprechende Auffassungen.

Protagoras

Man sagt, zwischen zwei entgegengesetzten Meinungen liege die Wahrheit mitten inne. Keineswegs! Das Problem liegt dazwischen.

Goethe,
Wilhelm Meisters Wanderjahre II,
Betrachtungen im Sinne der Wanderer

Die Menschen denken über die Vorfälle des Lebens nicht so verschieden, wie sie darüber sprechen.

Lichtenberg

O, hätte doch jeder am Vorhaupt geschrieben,
wie er gedenkt!

Goethe, Reineke Fuchs 9

Es gibt eine Unbeständigkeit, welche von der Leichtigkeit des Geistes oder seiner Schwäche herkommt, welche ihn alle Meinungen anderer annehmen läßt, und eine andere, mehr entschuldbare, welche aus dem Ekel an den Dingen stammt.

La Rochefoucauld

Überzeugungen sind Meinungen, die durch die Umstände zeitweilig gestützt werden.

Henry Haskins

Die Überzeugung ist das Gewissen des Geistes.

Chamfort, Maximen und Gedanken

Überzeugungen sind Gefängnisse.

Nietzsche

Manche Leute unterhalten in ihren Köpfen Fremdenzimmer für die Meinungen anderer Menschen.

Joseph Joubert

Die Menschen neigen dazu, das Schlechte eher zu glauben als das Gute.

Boccaccio

Überzeugungen sind oft die gefährlichsten Feinde der Wahrheit.

Nietzsche

Auch im Rahmen des Weltbildes nisten Wanzen.

Lec, Unfrisierte Gedanken

Er hat keinerlei Überzeugung, aber die verteidigt er leidenschaftlich.

Jean Louis Forain,
über Raymond Poincaré

Es gehört oft mehr Mut dazu, seine Meinung zu ändern, als ihr treu zu bleiben.

Hebbel

Keine Meinung zu haben, das kann sich nur der ganz Unabhängige leisten.

Hans Krailsheimer

Wer seine Ansicht mit anderen Waffen als denen des Geistes verteidigt, von dem muß ich voraussetzen, daß ihm die Waffen des Geistes ausgegangen sind.

Bismarck, am 21. 3. 1849
vor dem preußischen Landtag

Hat das Denken Schlagseite, so greift es zum Schlagwort.

Hans Kudszus

Verallgemeinerungen sind Lügen.

Gerhart Hauptmann, Aufzeichnungen

Willst du einen Gegner überzeugen, so mußt du ihm die besten und edelsten Züge seines Charakters vor Augen führen. Umwirb ihn auf diese Weise. Halte ihm nicht seine Fehler vor.

Mahatma Gandhi

Jemand, der ganz unrecht hat, ist leichter zu überzeugen als einer, der zur Hälfte recht hat.

Emerson

Ist jemand einer Sache entgegen und man wünscht, ihn für sie zu gewinnen, so suche man ihn ein wenig an ihr tätig sein zu lassen. Das überzeugt tiefer als jeder unserer Überredungsversuche.

Wilhelm von Scholz, Lebensdeutung

Unter einer Demoskopin stellt man sich so etwas vor wie eine Pythia mit Computer.

Alberto Sordi

Vorurteil

Vorurteile sind vorläufige Urteile, insofern sie als Grundsätze angenommen werden.

Kant

Unsere innere Empfindung und die darauf gegründeten Urteile des Vernunftähnlichen führen, solange sie unverderbt sind, eben dahin, wo die Vernunft hinleiten würde, wenn sie erleuchteter und ausgebreiteter wäre.

Kant, Träume eines Geistersehers III

Das Vorurteil ist ein unentbehrlicher Hausknecht, der lästige Eindrücke von der Schwelle weist. Nur darf man sich von seinem Hausknecht nicht selber hinauswerfen lassen.

Karl Kraus

Die Meinung im guten Menschen ist Wissen im Werden.

John Milton

Die Ahnung trügt nicht, wenn vom Wunsch erzeugt. (Don Cäsar)

Grillparzer, Ein Bruderzwist in Habsburg IV

Vorurteil! Das Wort ist nicht übel, wollte nur das Urteil nachkommen.

Peter Hille, Aphorismen

Des tätgen Manns Behagen sei Parteilichkeit. (Prometheus)

Goethe, Pandora

Das Vorurteil ist die hochnäsige Empfangsdame im Vorzimmer der Vernunft.

Waggerl

Vorurteile ablegen heißt vereinsamen.

Emanuel Wertheimer

Der Ungebildete glaubt das, was ihm paßt.

Ariost

Vorurteil: Ein Grundsatz aus subjektiven Ursachen der Sinnlichkeit, welche fälschlich für objektive Gründe des Verstandes gehalten werden.

Kant

Das Vorurteil ist ein Floß, an das sich der schiffbrüchige Geist klammert.

Ben Hecht

Subjektivität: Eine Sonnenuhr mit Hilfe einer Taschenlampe ablesen.

Piet Hein

Vorurteil: Eine Meinung, die einen Menschen hat.

Verfasser unbekannt

Mache dich von den Vorurteilen los, und du bist gerettet.

Mark Aurel, Selbstbetrachtungen XII

Gegen ein Vorurteil im kleinen wie im großen ist's stets das Nützlichste, sich unter dem Winde anzuschleichen.

Raabe, Gedanken und Einfälle

Die Vorurteile hängen den Menschen an wie das Moos den Bäumen. Wer sie mit Gewalt auskratzen wollte, würde dem Baume schaden.

Carl Ludwig von Knebel, Properz

Ein Urteil läßt sich widerlegen, aber niemals ein Vorurteil.

Ebner-Eschenbach, Aphorismen

Welch triste Epoche, in der es leichter ist, ein Atom zu zertrümmern als ein Vorurteil!

Albert Einstein

Es gibt Menschen, die selbst für Vorurteile zu dumm sind.

Egon Friedell

Irrtum

In Zeitungen und Enzyklopädien, auf Schulen und Universitäten, überall ist der Irrtum obenauf, und es ist ihm wohl und behaglich im Gefühl der Majorität, die auf seiner Seite ist.

Goethe, zu Eckermann, 16. 12. 1828

Weil niemand Zweck und Ziel seines Daseins kennt, vielmehr das Geheimnis desselben von höchster Hand verborgen wird, so tastet er nur, greift zu, läßt fahren, steht stille, bewegt sich, zaudert und übereilt sich.

Goethe, Wilhelm Meisters Wanderjahre III, 13

Es gibt keine reine Wahrheit, aber ebensowenig einen reinen Irrtum.

Hebbel, Tagebücher 1837

Man irrt so hartnäckig, weil man selten gänzlich irrt.

Waggerl, Kleine Münze

Es gibt keine Wahrheit, die in einem Flachkopf nicht zum Irrtum werden könnte.

Vauvenargues, Reflexionen

Irrtum bedeutet Finsternis für den Geist und eine Falle für die Tugend.

Vauvenargues

Aller Irrtum besteht darin, daß wir unsere Art, Begriffe zu bestimmen oder abzuleiten oder einzuteilen, für Bedingungen der Sachen an sich selbst halten.

Kant

Man erkennt den Irrtum daran, daß alle Welt ihn teilt. (Hektor)

Giraudoux, Kein Krieg in Troja II, 13

Der Irrtum ist
zwar aller Menschen ganz gewisses Teil,
doch wer auch irrt, er bleibt nicht ohne Rat,
nicht ohne Segen, wenn er Heilung sucht
von seiner Krankheit, nicht in Starrsinn fällt. (Teiresias)

Sophokles, Antigone V

Irrend lernt man.

Goethe, an seinen Sohn, 14. 1. 1814

Der Irrtum kann nur durch das Irren geheilt werden.

Goethe, Wilhelm Meisters Lehrjahre VIII, 5

Einen Wahn verlieren macht weiser als eine Wahrheit finden.

Ludwig Börne, Fragmente und Aphorismen

Auf einen Irrtum aufmerksam gemacht, geht der Weise schweigend in sich, der Schlaue sucht eine Ausrede und der Narr beschönigt ihn.

Verfasser unbekannt

Jede Rückkehr vom Irrtum bildet mächtig den Menschen im einzelnen und ganzen aus, so daß man wohl begreifen kann, wie dem Herzensforscher ein reuiger Sünder lieber sein kann als neunundneunzig Gerechte.

Goethe, an Eichstädt, 15. 9. 1804

Die Engländer mögen keinen Mann, der immer behauptet, daß er recht hat, und sie sind ganz vernarrt in einen Mann, der zugibt, daß er unrecht hatte. (Lord Goring)

Wilde, Ein idealer Gatte II

In Täuschung lebt' ich manche Jahre
und brach zur Wahrheit spät mir Bahn;
nur wandelt jetzt die Furcht mich an,
ob ich dabei viel besser fahre!

Friedrich Halm

Nur männliche Geister werden durch Erkennen eines Irrtums erhöht und gestärkt.

Goethe, Wilhelm Meisters Wanderjahre II, 5

Ein begabter Irrtum kann in den Himmel der Fehler kommen, ein trockenes Rechthaben in die Hölle der Nichtigkeiten.

Hans Kasper,
Abel, gib acht; Die Kunst der Meinung

Auch eine schädliche Wahrheit ist nützlich, weil sie nur Augenblicke schädlich sein kann und alsdann zu andern Wahrheiten führt, die immer nützlich und sehr nützlich werden müssen. Umgekehrt ist ein nützlicher Irrtum schädlich, weil er es nur augenblicklich sein kann und in andre Irrtümer verleitet, die immer schädlicher werden.

Goethe, an Charlotte von Stein, 8. 6. 1787

Ein Mensch irrt in den entscheidenden Dingen seines Lebens entweder immer oder nie.

Waldemar Bonsels

Zweifel

Der Mensch war moralisch-tot geboren oder erschaffen worden, so sagt man, und das heißt: Er war vollkommen. Da beschlich der Zweifel seinen Geist, und er ward ein lebendiges, tätiges Wesen.

Klinger, Betrachtungen und Gedanken

Das Charakteristikum der Intelligenz ist Ungewißheit. Tasten ist ihr Werkzeug.

Henry de Montherlant

Skepsis ist das Zeichen und sogar die Pose des gebildeten Verstandes.

John Dewey

Skepsis ist der erste Schritt auf dem Wege zur Philosophie.

Diderot

Ich habe mir zur unverbrüchlichen Regel gemacht, aus Respekt schlechterdings nichts zu glauben.

Lichtenberg, Über die Macht der Liebe

Dinge zu bezweifeln, die ganz ohne weitere Untersuchung jetzt geglaubt werden, das ist die Hauptsache überall.

Lichtenberg

Skepsis ist, was die Opposition im Parlament. Sie ist ebenso wohltätig wie notwendig.

Schopenhauer

Der Widerspruch ist es, der uns produktiv macht.

Goethe, zu Eckermann, 28. 3. 1827

Alles ist von Skepsis und Ideologieverdacht angefressen. Der „warme unheimliche Atem des Tauwinds", den Nietzsche spürte, hat sein Werk getan.

Röpke, Gesellschaftskrisis, Einleitung 17

Wenn Zweifel Herzens Nachbar wird, die Seele sich in Leid verwirrt.

Wolfram von Eschenbach, Parzival I, 1

Die Erde ist der große Felsen, woran die Menschheit, der eigentliche Prometheus, gefesselt ist und vom Geier des Zweifels zerfleischt wird.

Heine, Gedanken und Einfälle 2, Religion und Philosophie

Der Zweifel zeugt den Zweifel an sich selbst. (Rudolf)

Grillparzer, Ein Bruderzwist in Habsburg III

Wer zuviel zweifelt, der verzweifelt.

Lehmann, Politischer Blumengarten 2

Der Zweifel an Dingen, deren Erkenntnis für uns wichtig ist, ist für den menschlichen Geist ein quälender Zustand. Er kann das nicht lange aushalten; er entscheidet sich so oder so, wohl oder übel. Lieber will er sich täuschen, als nichts glauben.

Rousseau, Émile 4

Der Skeptizismus ist der Anfang des Glaubens.

Wilde

Wissen

Tausend schöne, täuschende Genien umschweben unsere Jugend. Nach und nach entschwindet das Gedränge, und die Aussicht wird freier. Das nennen wir dann Erkenntnis.

Johann Jakob Mohr,
Gedanken über Leben und Kunst

Was verworren war, wird helle,
was geheim, ist's fürder nicht;
die Erleuchtung wird zur Wärme,
und die Wärme, sie ist Licht. (Rustan)

Grillparzer, Der Traum, ein Leben IV

Wissen ist ein Schatz, der seinen Besitzer überallhin begleitet.

Aus China

Lieber eine einzige Ursache verstehen als König von Persien sein.

Demokrit

Tatsachen sind für den Geist, was die Nahrung für den Körper ist.

Edmund Burke

Hast du Wissen erworben, was fehlt dir? Fehlt dir Wissen, was hast du erworben?

Talmud

Die gewöhnlichste Form des Wissens ist die ohne Bewußtheit. Bewußtheit ist Wissen um ein Wissen.

Nietzsche

Wir alle wissen mehr als das, wovon wir wissen, daß wir es wissen.

Thornton Wilder, Der achte Schöpfungstag,
Von Illinois nach Chile

Alles Wissen ist Erinnerung.

Hobbes

Da also die Seele unsterblich und oft wiedererstanden ist und, was hier auf Erden und was im Hades ist, kurz alle Dinge geschaut hat, gibt es nichts, was ihr unbekannt wäre. Mithin ist es kein Wunder, wenn sie imstande ist, sich wiederzuerinnern. Nichts hindert, daß man, wenn man sich nur an eines wiedererinnert – was die Leute dann Lernen nennen –, auch alles andere wieder auffindet, wenn man nur den Mut nicht verliert und die Mühe des Forschens nicht scheut. (Sokrates)

Platon, Menon 15

Wissen ist die niederste Art nicht vereinigten Wissens; Wissenschaft ist teilweise vereinigtes, Philosophie völlig vereinigtes Wissen.

Herbert Spencer

Auf Vergleichen, Gleichen läßt sich wohl alles Erkennen, Wissen zurückführen.

Novalis

Wahrlich ein köstliches Gut ist tief eingehendes Wissen,
aber zuletzt doch nur, weil es ein Können gebiert.

Geibel, Kleinigkeiten

Welches Wissen der Mensch am nötigsten brauche? Er lerne
Lagen meistern, die er niemals zu meistern gelernt.

Puntsch, Lehrziel

Unser Wissen ist Vermutung, und unser Tun ist Streben.

Hippel

Das Wissen ist ein Quell, der unversieglich quillt,
den nie der Durst erschöpft und der den Durst nie stillt.

Rückert,
Die Weisheit des Brahmanen 10, 40

Zuviel Wißbegierde ist ein Fehler, und aus einem Fehler können alle Laster entspringen, wenn man ihm zu sehr nachhängt.

Lessing, Doktor Faust, Vorspiel

Das Wissen gleicht der Speise; man bedarf
nur so viel, als die Mäßigkeit verlangt,
soviel, als wohl der Geist begreifen kann.
Die Überladung drückt ihn, und die Weisheit
wird Torheit, wie die Nahrung Ekel wird.

John Milton, Das Verlorene Paradies 7, 126

Das Wissen bläst auf, aber die Liebe bessert.

1. Korinther 8, 1

Wer viel weiß, hat viel zu sorgen. (Klosterbruder)

Lessing, Nathan der Weise IV, 1

Es sind nur wenige, die den Sinn haben und zugleich zur Tat fähig sind. Der Sinn erweitert, aber lähmt; die Tat belebt, aber beschränkt.

Goethe, Wilhelm Meisters Lehrjahre VIII, 5

Unwissen ist die Vorbedingung, ich sage nicht zum Glück, sondern zum Leben selbst. Wenn wir alles wüßten, könnten wir das Leben nicht eine Stunde lang ertragen.

Anatole France

Es ist vielleicht das schrecklichste Geschenk, das ein feindlicher Genius dem

Zeitalter machte: Kenntnisse ohne Fertigkeiten.

Pestalozzi

Das ist bitter für einen Menschen, bei allem Wissen keine Macht zu haben.

Herodot, Historien IX, 16

Dem Aste gleich, darauf der Vogel schlummert, ist
erlernte Weisheit dir ein Halt bei stiller Frist.
Doch in der Zeit des Sturms zerbricht gar leicht der Ast –
weh dir, wenn du alsdann nicht selber Flügel hast!

Geibel

Mein Wissen ist gegen das eure ein Kind,
fern sei, daß ich es leugne;
nur daß eure Gedanken fremde sind,
die meinen aber eigne.

Grillparzer, 1849

Was ich nicht weiß,
macht mich nicht heiß,
wenn ich nicht wüßte,
wie's werden müßte.

Goethe, Sprichwörtlich

Wie wenig wir wissen, erkennen wir, wenn unsere Kinder anfangen zu fragen.

Aus den USA

Wir lernen viel und wissen wenig.

Knebel, zu Goethe, Mai 1810

Je mehr ein Mensch fassen kann, deucht mir, desto dunkler, anstößiger wird ihm das Ganze, desto eher verfehlt man den ruhigen Weg. Gewiß hatten die gefallenen Engel mehr Verstand als die übrigen.

Charlotte von Stein, an Johann Georg von Zimmermann, 10. 5. 1776

Der Experte ist ein Mensch, der die kleinen Irrtümer vermeidet, während er dem großen Trugschluß entgegentreibt.

Benjamin Stolberg

Je weiter sich das Wissen ausbreitet, desto mehr Probleme kommen zum Vorschein.

Goethe, Wilhelm Meisters Wanderjahre II, Betrachtungen im Sinne der Wanderer

Je mehr man schon weiß, desto mehr hat man noch zu lernen. Mit dem Wissen nimmt das Nichtwissen in gleichem Grade zu oder vielmehr das Wissen des Nichtwissens.

Friedrich Schlegel, Athenaeum 1798

Was wir wissen, ist ein Tropfen, was wir nicht wissen, ein Ozean.

Newton

Wo das Wissen genügt, bedürfen wir freilich des Glaubens nicht. Wo aber das Wissen seine Kraft nicht gewährt oder ungenügend erscheint, sollen wir auch dem Glauben seine Rechte nicht streitig machen.

Goethe

Klugheit

Klug ist, wer unterscheiden kann.

Ludwig Reiners, Stilkunst V, Licht und Schatten der Fremdwörterei

Zwei Kluge gehen nicht den gleichen Weg.

Aus Afrika

Den Weisen kannst du an der Wahl der Zweck' entdecken,
den Klugen an der Wahl der Mittel zu den Zwecken.

Rückert, Die Weisheit des Brahmanen 16, 2

Der Weise ist selten klug.

Ebner-Eschenbach, Aphorismen

Die Hilfe Gottes, muß ich vermuten,
liegt für uns heute ein wenig im weiten;
denn nach diesem Leben hilft er den Guten,
in diesem Leben den Gescheiten.

Grillparzer, Feindesgefahr

Der kluge Mann sucht alles zu seinem Vorteil anzuwenden.

Herder, Palmblätter 4

Es ist nicht genug, daß man Talent habe. Es gehört mehr dazu, um gescheit zu werden. Man muß auch in großen Verhältnissen leben und Gelegenheit haben, den spielenden Figuren der Zeit in die Karten zu sehen und selber zu Gewinn und Verlust mitzuspielen.

Goethe, zu Eckermann, 13. 2. 1829

Lebensklugkeit bedeutet, alle Dinge möglichst wichtig, aber keines völlig ernst nehmen.

Arthur Schnitzler

Was ist des Menschen Klugheit, wenn sie nicht
auf jener Willen droben achtend lauscht? (Pylades)

Goethe, Iphigenie auf Tauris II, 1

Das Herz ist Gottes Stimme; Menschenwerk
ist aller Klugheit künstliche Berechnung. (Gordon)

Schiller, Wallensteins Tod IV, 8

Die Frauen sind klüger als die Männer, weil sie weniger wissen und mehr verstehen.

James Stephens

Klugheit ist ja doch
ein Notbehelf für Weisheit, wo sie fehlt. (Libussa)

Grillparzer, Libussa III

Man ist nicht klug, wenn man nur klügelt. (Leon)

Grillparzer, Weh dem, der lügt! IV

Leicht stumpf wird überfein, leicht töricht überklug,
weil stets ein Gegenteil ins andre überschlug.

Rückert, Weisheit des Brahmanen 4

Sei klüger als die anderen, wenn Du es kannst, aber sage es ihnen nicht.

Graf Chesterfield, Briefe an seinen Sohn

Wer die bessere Einsicht hat, darf sich nicht scheuen, unpopulär zu werden.

Winston Churchill

Weisheit ist der Hirte der Geheimnisse,
Klugheit der Jäger der Rätsel

Hans Kudszus

Wer allzu klug ist, findet keine Freunde.

Aus Japan

Es ist mancher scharfsinnig und doch ein Schalk und kann die Sache drehen, wie er es haben will.

Jesus Sirach 19, 22

Die höchste intellektuelle Eminenz kann zusammenbestehen mit der ärgsten moralischen Verworfenheit.

Schopenhauer,
Die Welt als Wille und Vorstellung II, 2, 19

Wie gefährlich auch Unwissenheit für die Welt sein mag –Wissen ohne Charakter ist noch weit gefährlicher.

John E. Grinell

Wer wird die Klugheit tadeln? Jeder Schritt
des Lebens zeigt, wie sehr sie nötig sei;
doch schöner ist's, wenn uns die Seele sagt,
wo wir der feinen Vorsicht nicht bedürfen. (Tasso)

Goethe, Torquato Tasso II, 3

Schläue

Mir scheinet List und Klugheit nicht den Mann
zu schänden, der sich kühnen Taten weiht. (Pylades)

Goethe, Iphigenie auf Tauris II,1

Falschheit ohne List zu begegnen, ist nicht ehrenhaft, sondern leichtsinnig.

Hans Kasper, Abel, gib acht; Lob der List

Gegen den Wind muß man kreuzen.

Hans Kasper, Abel, gib acht! Das kluge kleine Land

Die Frau ist listiger als ein König.

Aus Nigeria

Doch wann's Matthä' am letzten ist
trotz Raten, Tun und Beten,
so rettet oft noch Weiberlist
aus Ängsten und aus Nöten.

Bürger, Die Weiber von Weinsberg

Manche wittern pfiffig dreist
alle Finten, alle Schliche,
nichts ermangelt ihrem Geist
als der Sinn fürs Wesentliche.

Ludwig Fulda, Sinngedichte

Der Schlauberger gebiert oft ein stummes Kind.

Aus Afrika

Ein Schlauer und ein Schlauer können einander nicht betrügen.

Aus Abessinien

Wie lang' hat sich geübt im Täuschen und im Lügen,
wer endlich sagen darf: Mich kann man nicht betrügen?

Ebner-Eschenbach

Cleverness ist überall nützlich, aber nirgends ausreichend.

Henry F. Amiel

Verstehen

Was einer mit zwanzig weiß, beginnt er mit vierzig zu verstehen.

Thomas Niederreuther, Aphorismen

Klar sieht, wer von ferne sieht, und nebelhaft, wer Anteil nimmt.

Lao-Tse, Tao-Teh-King

Erkennen ist wie ein Nachdenken der Gedanken Gottes.

Karl Jaspers

Unser Begreifen ist Schaffen.

Morgenstern, Stufen, Erkennen, 1896

Über den Punkt, ob die Not oder das Glück zur Einsicht führt, ist schon entschieden; der eine erlangt sie durch den Schmerz, der andere durch das Licht.

Charlotte von Kalb, Aufzeichnungen aus den Jahren 1815-1842

Der Mensch ist zu einer beschränkten Lage geboren. Einfache, nahe, bestimmte Zwecke vermag er einzusehen, und er gewöhnt sich, die Mittel zu benutzen, die ihm gleich zur Hand sind. Sobald er aber ins Weite kommt, weiß er weder, was er will, noch was er soll.

Goethe, Wilhelm Meisters Lehrjahre VI

Wer zuhört, versteht.

Aus Liberia

Der Geist nützt sich durch Verstehen ab.

Henry de Montherlant

Ungläubigen die Wahrheit preisen,
heißt Blinden schöne Dirnen weisen.

Gryphius, Epigramme

Wer Dein Schweigen nicht versteht, versteht auch Deine Worte nicht.

Elbert Hubbard

Bringe Scharfsinniges vor, so wird dich
der Haufen beklatschen,
aber den Tiefsinn kann einzig die Tiefe
verstehn.

Geibel

Verstanden zu werden ist ein Luxus.

Emerson

Weisheit

Wer die Weisheit freien will, muß sie jung lieben.

Sprichwort

Du fragst, was wohl die weiteste Strekke sei, die einer im Leben zurücklegen kann? Bis zur Weisheit hinaufleben!

Seneca, an Lucilius

Der Weisheit Anfang ist, wenn man sie gerne höret und die Klugheit lieber hat, denn alle Güter.

Sprüche Salomos 4, 7

Weisheit kommt nach der Enttäuschung.

George Santayana

Wir werden nicht durch die Erinnerung an unsere Vergangenheit weise, sondern durch die Verantwortung für unsere Zukunft.

Shaw

Unsere Weisheit ist nicht weniger ein Ball des Zufalls als unser Vermögen.

La Rochefoucauld, Reflexionen

Die Furcht des Herrn ist der Weisheit Anfang.

Jesus Sirach 1,16

Der Weise fehlet nie; er trifft allzeit das Ziel:
Er hat ein Augenmaß, das heißet: Wie Gott will.

Angelus Silesius, Der Cherubinische Wandersmann, Der Weise fehlt nie des Ziels

Alle Weisheit ist im Kern ein Vorliebnehmen.

Hans Krailsheimer

Der weise Mann fügt sich den Verhältnissen, wie das Wasser sich der Form des Gefäßes fügt.

Aus China

Der Weise tut nichts wider Willen. Er entflieht der Notwendigkeit, weil er dasselbe will, wozu sie ihn zwingen würde.

Seneca, Briefe VI, 2

Weisheit ist die Kraft der Schwachen.

Joubert, Gedanken und Maximen

Der Weise ist auf alle Ereignisse vorbereitet.

Molière,
Les Femmes savantes V,1

Der Weise ist imstande, den Zufall einzubeziehen in sein System wie ein phantasierender Musiker einen fehlgegriffenen Ton, indem er ihn zur Eröffnung eines neuen Ausblickes, eines neuen harmonischen oder disharmonischen Reizes benutzt.

Martin Kessel, Gegengabe VI

Den Augenblick zu nützen, bei jedem Schritt auf dem Wege an den Abend zu denken, die größtmögliche Zahl glücklicher Stunden zu verleben, das ist Weisheit.

Emerson

Des Menschen wahre
Vorteile, die das Volk nicht kennt,
kennst du.
Hast du zu kennen wenigstens gesucht;
hast drüber nachgedacht; das auch allein
macht schon den Weisen. (Saladin)

Lessing, Nathan der Weise III, 5

Wie die Heilkunde die Krankheiten des Körpers heilt, so befreit die Weisheitslehre die Seele von den Leidenschaften.

Demokrit

Pracht, Reichtum, eitle Lust kann sie
uns nicht gewähren:
Was gibt die Weisheit uns? Den Geist,
das zu entbehren.

Abraham Gotthelf Kästner, Die Vorteile der Weisheit

Man wird immer finden, daß diejenigen, die wirklich wissen, die bescheidensten Menschen sind, und daß ihnen nichts ferner liegt als dasjenige, was die Menschen Machtgelüste nennen.

Rudolf Steiner

Das Herz des Weisen ist wie eine Waage.

Aus Abessinien

Weisheit ist Harmonie.

Novalis

Die Zunge der Weisen ist heilsam.

Sprüche Salomos 12, 18

Wer das Tiefste gedacht, liebt das Lebendigste.
Hohe Tugend versteht, wer in die Welt
geblickt,
und es neigen die Weisen oft am Ende
dem Schönen sich.

Hölderlin, Sokrates und Alkibiades

Ich stehe still, gelassen und wunschlos, wie ein Neugeborenes, das noch nicht lächelt, wie ein Heimatloser, den nichts mehr hält.

Lao-Tse, Tao-Teh-King 20

Der hat die Weisheit erfaßt, der ebenso sorglos stirbt, wie er geboren wurde.

Seneca

Keiner von den Göttern strebt nach der Weisheit oder begehrt, weise zu werden; denn er ist es schon, wie denn überhaupt, wer weise ist, nicht nach Weisheit sucht. (Diotima)

Platon, Das Gastmahl 23

Der Weise, wann er stirbt, begehrt in
Himmel nicht:
Er ist zuvor darin, eh ihm das Herze
bricht.

Angelus Silesius, Der Cherubinische Wandersmann, Der Weise begehrt nicht in Himmel

Es kommen Fälle vor im Menschenleben,
wo's Weisheit ist, nicht allzuweise sein.
(Achilles)

Schiller, Iphigenie in Aulis IV, 3

Je reifer die Weisheit, umso größer der Genuß an jenen Momenten, in denen sie auf eine Dokumentation ihrer selbst verzichtet.

Martin Kessel, Gegengabe VI

Wo viel Weisheit ist, da ist viel Grämens, und wer viel lehren muß, der muß viel leiden.

Prediger Salomo 1, 18

Ein Weiser ist man nur unter der Bedingung, in einer Welt voll Narren zu leben.

Schopenhauer, Neue Paralipomena § 628

Der Weise suchet Ruh und fliehet das Getümmel,
sein Elend ist die Welt, sein Vaterland der Himmel.

Angelus Silesius,
Der Cherubinische Wandersmann IV

Der Weise ist der ins Geheimnis der Welt Entrückte.

Martin Kessel, Gegengabe VI

Geben wir dem Weisen einen Staat, der seiner würdig ist, nämlich das Weltall, dann steht er auch in der Zurückgezogenheit nicht außerhalb aller Gemeinschaft.

Seneca, an Lucilius

Ein weiser Mann, der sich nicht brauchen läßt, und ein vergrabener Schatz – wozu sind die beiden nütze?

Jesus Sirach 20, 32

Denn die Weisheit, wandelt sie bescheiden
unter Menschen, lehrend, ratend, scheltend,
wenig achtet sie der Haufe, leider öfters
wird sie wohl verachtet und verstoßen!
Aber wenn sie sich zur Macht gesellet,
neiget gleich sich die erstaunte Menge,
freudig, ehrfurchtsvoll und hoffend nieder. (Die Majestät)

Goethe, Vorspiel zur Eröffnung
des Weimarischen Theaters 1807

Nach dem Glück wird unserer Weisheit Maß geschätzt. (Amme)

Euripides, Hippolyt 701

Mensch, steig' nicht allzu hoch, bild' dir nichts übriges ein!
Die schönste Weisheit ist: Nicht gar zu weise sein.

Angelus Silesius,
Der Cherubinische Wandersmann

Wer wähnet, daß er weise sei,
dem wohnt ein Tore nahe bei.

Freidank, Bescheidenheit

Dieser glaubt doch, etwas zu wissen, was er nicht weiß, ich aber, der ich nichts weiß, glaube auch nicht zu wissen. Ich scheine doch wenigstens um ein Kleines weiser zu sein als dieser, weil ich, was ich nicht weiß, auch nicht zu wissen glaube.

Platon, Verteidigungsrede des Sokrates I, 6

Weise sein heißt: Sich nicht darüber schämen, daß man nichts weiß; sich nicht davor fürchten, daß man nichts weiß, und nicht darauf stolz sein, daß man nichts weiß.

Hans Krailsheimer

Weisheit mit dem Sonnenblick,
große Göttin, tritt zurück,
weiche vor der Liebe!

Schiller,
Der Triumph der Liebe

Bildung

Willst du für ein Jahr vorausplanen, so baue Reis. Willst du für ein Jahrzehnt vorausplanen, so pflanze Bäume. Willst du für ein Jahrhundert planen, so bilde Menschen.

Tschuang-Tse

Der Mensch ist, was er als Mensch sein soll, erst durch Bildung.

Hegel

Jeder ungebildete Mensch ist die Karikatur von sich selbst.

Friedrich Schlegel,
Kritische Fragmente, Lyceum, 1797

So ein bißchen Bildung ziert den ganzen Menschen.

Heine,
Reisebilder, Die Bäder von Lucca VIII

Das Edle zu erkennen, ist Gewinst,
der nimmer uns entrissen werden kann.
(Leonore)

Goethe, Torquato Tasso III, 2

Beim Franzosen liegt der Bildungsschwerpunkt im Denken, beim Engländer in der Menschenerfahrung, beim Deutschen im Wissen.

Radecki, Als ob das immer so weiterginge

Einseitige Bildung ist keine Bildung. Man muß zwar von einem Punkte aus-, aber nach mehreren Seiten hingehen. Es mag gleichviel sein, ob man seine Bildung von der mathematischen oder philosophischen oder künstlerischen her hat.

Goethe, zu Riemer, 24. 7. 1807

Der Spezialist ist nicht gebildet; denn er kümmert sich um nichts, was nicht in sein Fach schlägt. Aber er ist auch nicht ungebildet; denn er ist ein Mann der Wissenschaft und weiß in seinem Weltausschnitt glänzend Bescheid. Wir werden ihn einen gelehrten Ignoranten nennen müssen, und das ist eine überaus ernste Angelegenheit; denn es besagt, daß er sich in allen Fragen, von denen er nichts versteht, mit der ganzen Anmaßung eines Mannes aufführen wird, der in seinem Spezialgebiet eine Autorität ist.

Ortega y Gasset, Aufstand der Massen,
Die Barbarei des Spezialistentums

Wahre Universalität besteht nicht darin, daß man vieles weiß, sondern daß man vieles liebt.

Carl Jacob Burckhardt

Bildung im zwanzigsten Jahrhundert erfordert vor allem und zunächst die instinktsichere Abwehr überzähliger Informationen.

Hans Kasper, Expedition nach innen,
Bildung und Information

Alles, was nur zu drei Vierteln verstanden ist, verschmilzt nicht mit der Person des Lernenden, sondern bleibt ein umgehängter Mantel ohne wirklichen Bildungswert.

Ludwig Reiners,
Stilkunst IV, Die Kunst zu lehren

Eine Katze, die einen Kanarienvogel gefressen hat, kann darum noch nicht singen.

Sprichwort

Bildung ist das, was die meisten empfangen, viele weitergeben und wenige haben.

Karl Kraus

Bildung ist das, was übrigbleibt, wenn wir vergessen, was wir gelernt haben.

Lord Halifax

Ein edler Mensch kann einem engen Kreise
nicht seine Bildung danken. Vaterland
und Welt muß auf ihn wirken. Ruhm und Tadel
muß er ertragen lernen. (Alfons)

Goethe, Torquato Tasso I, 2

Die beste Bildung findet ein gescheiter Mensch auf Reisen.

Goethe, Wilhelm Meisters Lehrjahre V, 2

Bildung geschieht durch Selbsttätigkeit und zweckt auf Selbsttätigkeit ab.

Fichte, Reden an die deutsche Nation

Gebildet ist ihr Geist, doch nicht zur Tat,
und wenn sie richtig fühlt und weise spricht,
so fehlt noch viel, daß sie gemessen handle. (Sekretär)

Goethe, Die natürliche Tochter II,1

Wer seinen Geist soviel gebildet hat,
wer jede Wissenschaft zusammengeizt
und jede Kenntnis, die uns zu ergreifen
erlaubt ist, sollte der, sich zu beherrschen,
nicht doppelt schuldig sein? (Antonio)

Goethe, Torquato Tasso V, 1

Erkenntnis macht frei, Bildung fesselt, Halbbildung stürzt in Sklaverei.

Raabe, Gedanken und Einfälle

Die Bildung eines Menschen zeigt sich am deutlichsten in seinem Verhalten gegenüber Ungebildeten.

Hans Kilian, Brevier für Vorgesetzte

Der Ungebildete sieht überall nur einzelnes, der Halbgebildete die Regel, der Gebildete die Ausnahme.

Grillparzer, Aphorismen, 1838

Die Ungebildeten haben das Unglück, das Schwere nicht zu verstehen. Dagegen verstehen die Gebildeten häufig das Leichte nicht, was ein noch viel größeres Unglück ist.

Grillparzer, Aphorismen, 1838

Wie aber Diamanten nur auf Kosten ihres Gewichts den kunstreichen Schliff erhalten, so bezahlen wir die Wohltaten der Bildung mit einem Teil unseres Wesens.

Otto Gumprecht,
Musikalische Charakterbilder, Schumann

Nicht allen Menschen ist es eigentlich um ihre Bildung zu tun. Viele wünschen nur so ein Hausmittel zum Wohlbefinden, Rezepte zum Reichtum und zu jeder Art von Glückseligkeit.

Goethe, Wilhelm Meisters Lehrjahre VIII, 5

Eine umfassende Bildung ist eine gut dotierte Hausapotheke. Aber es besteht keine Sicherheit, daß nicht für Schnupfen Zyankali gereicht wird.

Karl Kraus

Wir müssen die Bildungspolitik in Ruhe wie eine Pflanze wachsen lassen. Wir dürfen sie nicht alle vierzehn Tage ausbuddeln, um zu sehen, welche Wurzeln sie geschlagen hat.

Werner Remmers, Mensch, Remmers

Kultur

Kultur ist die Gesamtheit aller Formen der Kunst, der Liebe und des Denkens, die, im Verlaufe von Jahrtausenden, dem Menschen erlaubt haben, weniger Sklave zu sein.

André Malraux

Das Leben ist seinem inneren Wesen nach ein ständiger Schiffbruch. Aber schiffbrüchig sein heißt nicht ertrinken. Der arme Sterbliche, über dem die Wellen zusammenschlagen, rudert mit den Armen, um sich oben zu halten. Diese Reaktion auf die Gefahr des Untergangs ist die Kultur.

Ortega y Gasset,
Um einen Goethe von innen bittend

Kultur ist Einheit des künstlerischen Stils in allen Lebensäußerungen eines Volkes.

Nietzsche

Eine Kultur ist das Treibhaus, das es den menschlichen Fähigkeiten erlaubt, sich zu entwickeln, und zugleich das Gefängnis, das sie einengt.

Aldous Huxley

Kulturen sind Organismen. Weltgeschichte ist ihre Gesamtbiographie.

Oswald Spengler

Mit Politik kann man keine Kultur machen, aber vielleicht kann man mit Kultur Politik machen.

Theodor Heuss

In Zeiten, in denen jede Nation immer weniger Kultur für ihren eigenen Bedarf zur Verfügung hat, machen alle Nationen wütende Anstrengungen, um ihre Kultur zu exportieren, um einander ihre Leistungen im Bereiche der Kunst aufzudrängen.

Eliot, Die Gesellschaft und die Künste

Barbarei und Zivilisation – Vorgericht und Nachspeise der Kultur.

Hans Kasper

Worin besteht die Barbarei anders als darin, daß man das Vortreffliche nicht anerkennt?

Goethe, zu Eckermann, 22. 3. 1831

Zivilisation ist Bewegung, nicht Zustand, Reise, nicht Hafen.

Arnold Toynbee

Ein Gramm Intelligenz ist ein Pfund Bildung wert, denn wo Intelligenz ist, stellt sich die Bildung von selber ein.

Louis Bromfield

XI. Kapitel

Einfalt
Dummheit
Narrheit
Wahnsinn

Einfalt

Selig sind, die da geistlich arm sind; denn das Himmelreich ist ihr.

Matthäus 5, 3

Schüchterne Dummheit und verschämte Armut sind den Göttern heilig.

Ebner-Eschenbach, Aphorismen

Dem Toren ist die Torheit eine Freude.

Sprüche Salomos 15, 21

Das ist der Toren Torheit: Sie leben ohne Herzeleid.

Mechthild von Magdeburg,
Das fließende Licht der Gottheit I, 28

Es ist gut, wenn das Herz naiv ist, aber nicht der Kopf.

Anatole France

Fungus ist ein Witwer.
Nicht sein Weib ist hin,
nur er ist ein Witwer
an Verstand und Sinn.

Logau, Auf Fungum

Ein Tor geht zweimal zur Stadt.

Aus Togo

Für Leute, die nur einen Hammer als Werkzeug haben, ist jedes Problem ein Nagel.

Aus China

An der Rede erkenne ich Toren,
den Esel an den Ohren.

Freidank,
Bescheidenheit, Von den Weisen und Toren

Es sind viele Esel, die nicht Säcke tragen.

Christoph Lehmann,
Politischer Blumengarten I

Freuen wir uns darüber, daß Gott dem Esel keine Hörner gab.

Aus Nigeria

Wie weit ich ging und ritt von hinnen,
den Toren konnt ich nie entrinnen.

Freidank, Bescheidenheit,
Von den Weisen und den Toren

Wenn der Mensch über die Tölpeljahre hinüber ist, so hat er noch jährlich einige Tölpelwochen und Flegeltage zurückzulegen.

Jean Paul, Siebenkäs II, 5

Jeder Mensch ist mindestens fünf Minuten am Tag ein Narr. Weisheit besteht darin, die Zeit von fünf Minuten nicht zu überschreiten.

Elbert Hubbard

Kein weiser Mann ward je genannt,
bei dem man nicht ein Torheit fand.

Rollenhagen, Froschmeuseler 2, 5

Dumm ist nicht, wer etwas Dummes begeht, sondern wer seine Dummheit nachher nicht zu bedecken versteht.

Baltasar Gracián

Es gibt Torheiten, die nur ein Weiser begehen kann.

Sprichwort

Dummheit

Im Elend stirbt der Alchimiste,
der Dumme findet Gold im Miste.

Saadi, Rosengarten I

Die Dummheit ist die sonderbarste aller Krankheiten. Der Kranke leidet niemals unter ihr. Aber die anderen leiden.

Paul-Henri Spaak

Das Recht auf Dummheit wird von der Verfassung geschützt. Es gehört zur Garantie der freien Entfaltung der Persönlichkeit.

Mark Twain

Der Mangel an Urteilskraft ist eigentlich das, was man Dummheit nennt, und einem solchen Gebrechen ist gar nicht abzuhelfen.

Kant

Eine selbstbewußte Gesellschaft kann viele Narren ertragen.

John Steinbeck

Auch die Bretter, die man vor dem Kopf hat, können die Welt bedeuten.

Werner Finck

Dummheit ist auch eine Gabe Gottes, aber man muß sie nicht mißbrauchen.

Sprichwort

Unwissenheit ist die Nacht des Geistes, eine Nacht ohne Mond und Sterne.

Konfuzius

Keine größere Armut als Unwissenheit.

Aus der Türkei

Immer lernt der Kluge vom Dummen mehr als der Dumme vom Klugen.

Rosegger, Heimgärtners Tagebuch

Grausamkeit empört, Dummheit entmutigt.

Albert Camus

Stößt du an ein leeres Faß,
dröhnend wälzt sich's um und um;
ist mit Wein es angefüllt,
bleibt es liegen, fest und stumm.

Wilhelm Müller,
Epigramme, Leer lärmt am meisten

In der Kirche singen immer die am lautesten, die falsch singen.

Grillparzer, Aphorismen, 1834

Es ist nichts schrecklicher als eine tätige Unwissenheit.

Goethe, Maximen und Reflexionen,
Aus Kunst und Altertum

Die Dummheiten des Mannes sind nicht so bekannt wie die der Frau.

Aus Kamerun

Ein Dummkopf bleibt ein Dummkopf nur
für sich, in Feld und Haus;
doch wie du ihn zu Einfluß bringst,
so wird ein Schurke draus.

Grillparzer, 1845

Wenn fünfzig Millionen Menschen etwas Dummes sagen, bleibt es trotzdem eine Dummheit.

Anatole France

Man wisse, daß sich bei den Unverständigen hundertmal mehr Widerwille gegen den Verständigen findet, als der Verständige Abneigung gegen den Unverständigen hat.

Saadi, Rosengarten

Es ist nichts widerwärtiger als ein Dummkopf, der Glück hat.

Cicero

Mit raschem Schritt
ereilt der Götter Strafgericht den Unverstand.

Sophokles, Antigone 1078

Narrheit

Den Narren erkennst Du an sechs Zeichen: Furcht ohne Grund, Rede ohne Nutzen, Wechsel ohne Fortschritt, Frage ohne Ziel, Vertrauen zu Fremden und Freundschaft mit seinem Feind.

Aus Arabien

Es ist besser einem Bären begegnen, dem die Jungen geraubet sind, denn einem Narren in seiner Narrheit.

Sprüche Salomos 17, 12

Vieles, was Dummheit scheint, ist Narrheit, die gemeiner ist, als man denkt. Narrheit ist absolute Verkehrtheit der Tendenz, gänzlicher Mangel an historischem Geist.

Friedrich Schlegel

Nonsensualismus.

Thomas Niederreuther

Zwei Dinge sind gleicherweise für den Verstand unerklärlich und kein Gegenstand, über den man nachdenken soll: Die Weisheit Gottes und der Wahnwitz der Menschen.

Pope, Aphorismen

Von vorne flieh ein schön Gesicht,
von hinten trau dem Maultier nicht,
vermeide neben dir den Karren,
von allen Seiten flieh die Narren.

Ludwig Heinrich von Nicolay,
Guter Rat

Unter allem Diebsgesindel sind die Narren die schlimmsten. Sie rauben euch beides, Zeit und Stimmung.

Goethe,
Wilhelm Meisters Wanderjahre III,
Aus Makariens Archiv

Was die Schelme nicht stehlen, das verderben die Narren.

Droste-Hülshoff, Die Judenbuche

Narren reden tyrannisch.

Sprüche Salomos 14, 3

Es gibt zwei Arten von Narren. Die einen sagen: „Das war schon immer so, und deshalb ist es gut!“ Und die anderen sagen: „Das ist neu, und deshalb ist es besser.“

Dean William Inge

Halbe Narren sind wir alle,
ganze Narren sperrt man ein,
aber die Dreiviertelnarren
machen uns die größte Pein.

Friedrich von Bodelschwingh senior

Die beste Methode, einen Narren von seinem Irrtum zu überzeugen, besteht darin, ihn seine Dummheiten ausführen zu lassen.

Josh Billings

Mancher kluge Kerl fiel auf seinen Kopf und wurde ein Narr, und ich erinnere mich, in den Memoiren der Pariser Akademie gelesen zu haben, daß dort einmal ein Narr auf den Kopf stürzte und klug wurde.

Lichtenberg,
Über Physiognomik

Ich fürchte mich vor niemand mehr als vor einem Toren, der einen Anlauf nimmt, klug zu werden. (Magus)

Goethe, Lila III

Es gibt niemand, der nicht von irgendwelchen Leuten als Narr angesehen wird.

Aus Spanien

Was ist ein Narr? Vielleicht nichts als ein bescheidener Geist, der mit Wenigem zufrieden ist. Könnte es sein, daß ein Narr wirklich weise ist?

Paul Valéry

Lieber ein Narr und glücklich, als ein weiser Mann und unglücklich.

Horst Wolfram Geißler, Der Puppenspieler

Wahnsinn

An einem Verrückten erschrickt uns am meisten die vernünftige Art, auf die er sich unterhält.

Anatole France

Nur wer gesunden Menschenverstand hat, wird verrückt.

Lec, Unfrisierte Gedanken

Es bringt uns nichts näher dem Wahnsinn, als wenn wir uns vor andern auszeichnen, und nichts erhält so sehr den gemeinen Verstand, als im allgemeinen Sinne mit vielen Menschen zu leben.

Goethe, Wilhelm Meisters Lehrjahre V, 16

Ich finde die Mittel, vom Wahnsinne zu heilen, sehr einfach. Es sind eben dieselben, wodurch man gesunde Menschen hindert, wahnsinnig zu werden: Man errege ihre Selbsttätigkeit, man gewöhne sie an Ordnung, man gebe ihnen einen Begriff, daß sie ihr Sein und Schicksal mit so vielen gemein haben.

Goethe, Wilhelm Meisters Lehrjahre V, 16

Der Unterschied zwischen mir und einem Verrückten besteht darin, daß ich nicht verrückt bin.

Salvadore Dali

XII. Kapitel

Das Gute
Gutsein
Gutestun
Versprechungen
Hilfe
Freigebigkeit
Schenken
Leihen
Altruismus
Dank

Das Gute

Alles ist gut, wenn es aus den Händen des Schöpfers hervorgeht; alles entartet unter den Händen des Menschen.

Rousseau, Émile I

Ist aber das, was ich dir sage, gut,
wo anders als von oben konnt' ich's
schöpfen? (Johanna)

Schiller,
Die Jungfrau von Orleans II, 10

Uns rührt die Erzählung jeder guten Tat, uns rührt das Anschauen jedes harmonischen Gegenstandes; wir fühlen dabei, daß wir nicht ganz in der Fremde sind.

Goethe,
Wilhelm Meisters Lehrjahre VII, 1

In einem guten Gedanken ist Gutes für alle Menschen.

Indianisch

Jedes Volk hat seinen eigenen Begriff von Gut und Böse.

Dostojewski, Die Teufel II, 1, 7

Alles Edle ist an sich stiller Natur und scheint zu schlafen, bis es durch Widerspruch geweckt und herausgefordert wird.

Goethe, zu Eckermann, 1. 4. 1827

Das Gute ist leicht. Alles Göttliche läuft auf zarten Füßen.

Nietzsche, Nietzsche contra Wagner

Das Gute ist zweimal so gut, wenn es kurz ist.

Gracián, Handorakel der Weltklugkeit

Die Wegschaffung des Schlimmen wird schon das Gute bringen.

Seume, Apokryphen

In der Welt ist im Grunde des Guten so viel wie des Bösen; weil aber niemand leicht was Gutes erdenkt, dagegen jedermann sich einen großen Spaß macht, was Böses zu erfinden und zu glauben, so gibt's der favorablen Neuigkeiten so viel. (Baron)

Goethe, Lila I

„Alles ist gut" will weiter nichts besagen als, daß alles durch unwandelbare Gesetze regiert wird.

Voltaire, Philosophisches Wörterbuch

Es ist überall nichts in der Welt, ja überhaupt auch außer derselben zu denken möglich, was ohne Einschränkung für gut könnte gehalten werden, als allein ein guter Wille.

Kant, Metaphysik der Sitten

O Welt, vor deinem häßlichen Schlund
wird guter Wille selbst zunichte.
Scheint das Licht auf einen schwarzen
Grund,
so sieht man nichts mehr von dem
Lichte.

Goethe, Zahme Xenien

Gutsein

Nimm die Güte aus dem menschlichen Verkehr, und du hast die Sonne aus der Welt genommen.

Ambrosius

Es ist, nicht argen Sinns
zu sein, der Götter größt' Geschenk.
(Agamemnon)

Aischylos, Agamemnon 927

Gutmütigkeit ist eine alltägliche Eigenschaft. Güte die höchste Tugend.

Ebner-Eschenbach

Gutmütigkeit hat ihre Grenzen. Das unterscheidet sie von der Güte.

Waggerl, Kleine Münze

Die Gutmütigkeit gemeiner Menschen gleicht dem Irrlicht. Vertraue nur seinem gleißenden Scheine; es führt dich gewiß in den Sumpf.

Ebner-Eschenbach, Aphorismen

Ein bißchen Güte von Mensch zu Mensch ist besser als alle Liebe zur Menscheit.

Richard Dehmel

Wer gegen sein Gesinde gut ist, ist meistens im Grunde gut. Man verstellt sich nicht leicht gegen Leute, die man für ihre Dienste bezahlt.

Lichtenberg, Über Physiognomik

Wie dem Geiste nichts zu groß ist, so ist der Güte nichts zu klein.

Jean Paul

Mit Güte kann man fast jeden Menschen überraschen.

Pearl S. Buck

Ein guter Mensch verspricht durch seine Gegenwart nur immer zuviel! Das Vertrauen, das er hervorlockt, die Neigung, die er einflößt, die Hoffnungen, die er erregt, sind unendlich. Er wird und bleibt ein Schuldner, ohne es zu wissen.

Goethe, Wilhelm Meisters Lehrjahre VII, 8

Gute Menschen sind ansteckend.

Rosegger, Erdsegen

Wenn Güte von uns ausgeht, werden wir auch Güte erfahren. Wenn Schlechtigkeit von uns ausgeht, werden wir auch Schlechtigkeit erfahren.

Aus China

Eine sanfte Sprache zerreißt den Teufeln die Knochen.

Aus Abessinien

Du strebst so emsiglich nach einem
Flecklein Erden:
Durch Sanftmut könntest du der ganzen Erbherr werden.

Angelus Silesius,
Der Cherubinische Wandersmann III

Alles, was ich weiß, ist, daß man das Leben nicht verstehen kann ohne viel Güte, daß man es nicht leben kann ohne viel Güte. (Lord Goring)

Wilde, Ein idealer Gatte II

Man kann den Menschen nicht durch ein Gesetz vorschreiben, gut zu sein.

Oscar Wilde

Wer milde ist, nicht leicht zürnt und, zürnt er leicht, sich dessen im nächsten Augenblick schämt, dem sind die Götter auch milde. Und geht es nicht, haben sie nichts weiter für ihn, auch im längsten kummervollen Leben nicht, so schenken sie ihm doch einen leichten Tod, das Beste, was sie zu vergeben haben.

Raabe, Gedanken und Einfälle

Die Güte des Intellektuellen ist die Klarheit seiner Gedanken.

Hans Kudszus

Die Güte selbst erregt oft Widerstand.
(Herzog)

Goethe, Die natürliche Tochter I, 6

Güte steht über dem Gesetz.

Aus China

Gut sein ist edel. Andere lehren, gut zu sein, ist noch edler. Und leichter.

Mark Twain

Der Mensch nimmt nicht eher Anteil an anderer Glück oder Unglück, als bis er sich selbst zufrieden fühlt. Macht also, daß er mit wenigem zufrieden sei, so werdet ihr gütige Menschen machen.

Kant

Wie soll einer gegen andere Wohlwollen empfinden und ausüben, wenn es ihm selber nicht wohl ist?

Goethe, zu Eckermann, 12. 3. 1828

Nie besser ist
der Mensch, als wenn er es recht innig
fühlt,
wie schlecht er ist. (Eustache)

Kleist, Die Familie Schroffenstein IV, 1

Wenn wir einmal nicht grausam sind, dann glauben wir gleich, wir seien gut.

Tucholsky, Erfüllung, 1929

Wären die Menschen so schlimm, wie sie mancher denkt und malt, so ließe sich gar nicht mit ihnen leben; wären sie so gut, wie sie mancher haben will, so bliebe das Leben selbst stehen.

Klinger, Betrachtungen und Gedanken

Ein vollkommen guter Mensch wäre für nichts zu gebrauchen.

Waggerl, Kleine Münze

Der Mensch ist gut, er hat nur viel zu schaffen,
und wie er einzeln dies und das besorgt,
entgeht ihm der Zusammenhang des Ganzen. (Libussa)

Grillparzer, Libussa V

Der Mensch ist gut, nur die Nerven sind schlecht.

Mose Ben-Gavriêl,
Das Haus in der Karpfengasse

Gutestun

Alles nun, was ihr wollt, daß euch die Leute tun sollen, das tut ihr ihnen auch. Das ist das Gesetz.

Matthäus 7, 12

Es gibt nichts Gutes
außer: Man tut es.

Erich Kästner, Moral

Ein Mensch erschien vor dem Gericht des Herrn. „Sieh, lieber Gott," so sprach er, „ich habe Dein Gesetz beobachtet, habe nichts Unredliches, nichts Böses oder Frevelhaftes getan. Herr, meine Hände sind rein."
„Ohne Zweifel, ohne Zweifel," antwortete ihm der liebe Gott, „doch sie sind leer."

Raoul Follereau,
Revolution der Nächstenliebe

Das Böse, das wir tun, wird uns Gott vielleicht verzeihen. Aber unverzeihlich bleibt das Gute, das wir nicht getan haben.

Waggerl, Miniaturen, Mein Stock

Das Böse kann nicht mit der ganzen Seele getan werden; das Gute kann nur mit der ganzen Seele getan werden.

Martin Buber

Es mangelt nie Gelegenheit, was Gutes
zu verrichten;
es mangelt nie Gelegenheit, was Gutes
zu vernichten.

Logau, Sinngedichte, Die Gelegenheit

Es la Hora de Hacer el Bien. Das ist die Stunde, Gutes zu tun.

Auf einer argentinischen Turmuhr

Wohltun beginnt zuhause.

Aus England

Wer zum Glück der Welt beitragen möchte, der sorge zunächst einmal für eine glückliche Atmosphäre in seinem eigenen Haus.

Albert Schweitzer

Tag und Nacht wächst der Schatz guter Taten bei denen, welche Gärten und Haine anlegen, Brücken errichten, Brunnen und Wasserleitungen bauen.

Buddha, Samyutta-Nikâya I, 47

Ein Wort der Güte ist besser als eine dicke Pastete.

Aus Rußland

Die Sitten der Völker sind verschieden, aber gute Handlungen werden überall als solche anerkannt.

Aus Japan

Dem Nächsten nütze sein, den Höch-
sten recht verehren,
kann geben dorten Heil und hier den
Segen mehren.

Logau, Die Liebe Gottes und des Nächsten

Wohltaten, still und rein gegeben,
sind Tote, die im Grabe leben,
sind Blumen, die im Sturm bestehn,
sind Sternlein, die nicht untergehn.

Matthias Claudius, Der Wandsbecker Bote, Die Armen in Wandsbeck

Wohltat am falschen Orte ist gleich einer Übeltat.

Cicero, Von den Pflichten II, 18

Wär' auch ein böser Mensch gleich
einer lecken Bütte,
die keine Wohltat hält: Dem ungeach-
tet schütte –
sind beide, Bütt' und Mensch, nicht
allzumorsch und alt –
nur deine Wohltat ein! Wie leicht ver-
quillt ein Spalt!

Lessing, Sinngedichte

Auch wenn du mit deiner Wohltat übel angekommen bist, freue dich über sie. Der andere wird sich immer ärgern, wenn du deine Wohltat selbst in einem solchen Falle nicht bereust.

Seneca, Von den Wohltaten VII, 26

Wohlwollen und Liebe können nicht gehegt werden, ohne den Träger zu veredeln, und sie tun dieses am glänzendsten, wenn sie dem gelten, was man einen Feind oder Widersacher nennt.

Gottfried Keller, Der grüne Heinrich

Die meisten Menschen sind nur so lange gut, als sie andere für gut halten. Sie wollen nicht geben, sie wollen nur eine Schuldigkeit abtragen.

Hebbel, Tagebücher 1839

Die vielen Wohltätigkeiten sind ein Zeichen des bösen Gewissens. Wenn die Leute einander nicht so viel Böses antäten, brauchten sie einander nicht so viel Gutes zu tun.

Rosegger, Heimgärtners Tagebuch

Auf eine gute Handlung kommt's ihm nicht an, wenn dabei etwas zu gewinnen ist. (La Roche)

Schiller, Der Parasit I, 2

Unter hilfreichen und wohltätigen Menschen findet man jene plumpe Arglist fast regelmäßig vor, welche sich den, dem geholfen werden soll, erst zurechtmacht: Ob er zum Beispiel Hilfe „verdiene", gerade nach ihrer Hilfe verlange und für alle Hilfe sich ihnen tief dankbar, anhänglich, unterwürfig beweisen werde. Mit diesen Einbildungen verfügen sie über den Bedürftigen wie über ein Eigentum.

Nietzsche,
Jenseits von Gut und Böse 5

Dein Vorfahr, sprach er, war mir viel zu kalt,
zu rauh. Er gab so unhold, wenn er gab;
erkundigte so ungestüm sich erst
nach dem Empfänger; nie zufrieden, daß
er nur den Mangel kenne, wollt' er auch
des Mangels Ursach wissen, um die Gabe
nach dieser Ursach filzig abzuwägen.
(Derwisch)

Lessing, Nathan der Weise I, 3

Bedarf ein Armer der Hilfe dein,
so laß dir nicht erst seinen Lebenslauf lesen;
fürs Erste muß man wohltätig sein,
dann prüfen, ob man's mit Recht gewesen.

Ignaz Franz Castelli

Zur Rache eine Schnecke, zur Wohltat ein Vogel.

Sprichwort

Die Leute sollten nicht immer soviel darüber nachdenken, was sie tun sollen. Wären sie nur gut, so möchten ihre Werke selber leuchten.

Meister Eckhart

Das beste, was der Mensch für einen anderen tun kann, ist doch immer das, was er für ihn ist.

Adalbert Stifter

Versprechungen

Jedes Versprechen ist eine Schuld.

Aus Afrika

Es ist besser, du gelobest nichts, denn daß du nicht hältst, was du gelobest.

Prediger Salomo 5, 4

Den Mann bindet das Wort allein;
der Ochse will gekettet sein.

Sprichwort

Wenn er dem Teufel sein Wort darauf gegeben hätte, in die Hölle zu fahren, er würde nie beten, wenn er mit einem halben Vaterunser selig werden könnte! (Razmann)

Schiller, Die Räuber II, 3

Ein König sagt nicht, wie gemeine Menschen,
verlegen zu, daß er den Bittenden
auf einen Augenblick entferne, noch
verspricht er auf den Fall, den er nicht hofft:
Dann fühlt er erst die Höhe seiner Würde,
wenn er den Harrenden beglücken kann. (Iphigenie)

Goethe, Iphigenie auf Tauris V, 3

Taten sind männlich, Versprechungen weiblich.

Aus Frankreich

Wir machen große Versprechungen, um kleine Gaben zu vermeiden.

Aus Frankreich

Hüte dich vor Leuten, die dir Versprechungen machen, ohne Gegenleistungen zu fordern.

Bernard M. Baruch

Die Hindus der Wüste geloben gern, keine Fische zu essen.

Goethe

Sage nie: Dann soll's geschehen!
Öffne dir ein Hinterpförtchen
durch „Vielleicht", das nette Wörtchen,
oder sag: „Ich will mal sehen!"

Wilhelm Busch, Vielleicht

Wer sein Versprechen wiederholt, will es brechen

Max Halbe

Hilfe

Wir aber, die wir stark sind, sollen der Schwachen Unvermögen tragen und nicht uns selber zu Gefallen leben.

Römer 15, 1

Wer nur darüber nachdenkt, was er gewinnen und sich leisten kann, ist ein Teil des Problems. Wer die Verpflichtung fühlt zu geben und zu helfen, ist ein Teil der Lösung.

Roger Hull

Unglück hat mich gelehrt, Unglücklichen Hilfe zu leisten.

Vergil, Äneis I, 630

Sind wir, was Götter gnädig uns gewährt,
Unglücklichen nicht zu erstatten schuldig? (Iphigenie)

Goethe, Iphigenie auf Tauris V,3

Ich bin der Eimer, den das Schicksal in den Brunnen wirft, um euch herauszuziehen. (Lila)

Goethe, Lila III

Ein Tropfen Hilfe ist besser als ein Ozean voll Sympathie.

Verfasser unbekannt

Weit ist der Weg vom Ohr zum Herzen, aber noch weiter ist der Weg zu den helfenden Händen.

Josefine Baker

Der Rettende faß an und klügelt nicht. (Hofmeisterin)

Goethe, Die natürliche Tochter IV, 1

Wenn dein Nachbar hungert, kommen seine Mäuse in deinen Keller.

Hans Kasper, Nachrichten und Notizen

Es ist so schön, für andere zu leben. (Libussa)

Grillparzer, Libussa V

Den wir mit unsers Lebens
Gefahr erretteten, der ist uns teuer,
so wie dem Araber der teuer ist,
dem er ein Stück von seinem Brote gab.

Heinrich von Kleist, An Wilhelmine

Wer anderer Not löst, ist der Erlöste.

Lao-Tse, Tao-Teh-King 78

Suche Rat bei Gleichen, Hilfe bei Überlegenen.

Aus Dänemark

Es gibt kein größeres Unglück, als der Leute zu bedürfen, die geringer sind als wir.

Buch des Kabus 8,
Nuschirewans letzte Lehren

Ach, allzu lästig scheint, ich weiß es wohl,
uns unwillkommne Hilfe! Sie erregt
nur innern Zwiespalt. (Gerichtsrat)

Goethe, Die natürliche Tochter IV, 3

Seid spröde im Annehmen! Zeichnet aus damit, daß ihr annehmt!

Nietzsche,
Zarathustra II, Von den Mitleidigen

Man soll keinen guten Willen von sich weisen, wenn er einem auch grade nicht nottut, sonst möchte der liebe Freund ausbleiben, wenn er ein andermal gar willkommen wäre.

Clemens Brentano, Geschichte vom braven Kasperl und dem schönen Annerl

Anderer Leute Sachen ordnen ist nicht ratsam.

Aus Kamerun

Die Lage eines Menschen ändern, bessern wollen, heißt, ihm für Schwierigkeiten, in denen er geübt und erfahren ist, andere Schwierigkeiten anbieten, die ihn vielleicht noch ratloser finden.

Rainer Maria Rilke

Bei euch Menschen ist der immer willkommen, der sich unentbehrlich zu machen weiß.

Herder, Palmblätter I, 41

Eine Gunst empfangen bedeutet ein Stück Freiheit verkaufen.

Publilius Syrus

Die guten sozialen Einrichtungen vermögen den Menschen am ehesten seiner Natur zu entkleiden, ihm seine absolute Existenz zu rauben, um ihm dafür eine relative zu geben, und das Ich in die allgemeine Einheit zu versetzen, so daß sich jeder einzelne nicht mehr für eine Einheit, sondern für einen Teil der Einheit hält.

Rousseau, Émile I

Der Bürger des Wohlfahrtsstaates sehnt sich, wenn er satt ist, nicht nach der Moral, sondern nach der Siesta.

Ignazio Silone

Auch muß ich selbst sagen, halt ich es für wahr, daß die Humanität endlich siegen wird, nur fürcht ich, daß zu gleicher Zeit die Welt ein großes Hospital und einer des andern humaner Krankenwärter werden wird.

Goethe,
an Charlotte von Stein, 8. 6. 1787, Rom

Man hilft den Menschen nicht, wenn man für sie tut, was sie selbst tun können.

Abraham Lincoln

Freigebigkeit

So schön und einfach ist mein Leben:
Geben, immer nur geben.

An einem alten Dorfbrunnen

Ein Gotteskasten ist des Armen leerer Bauch,
und wer ihn füllt, erfüllt den Willen Gottes auch.

Rückert, Die Weisheit des Brahmanen 16, 3

Wer den Armen gibt, dem wird es nicht mangeln.

Sprüche Salomos 28,27

Der Mildtätige gibt sich reich, der Geizige nimmt sich arm.

Sprichwort

Ich habe noch niemals
euch so munter gesehn und eure Blicke so lebhaft.
Fröhlich kommt ihr und heiter; man sieht, ihr habet die Gaben
unter die Armen verteilt und ihren Segen empfangen.

Goethe, Hermann und Dorothea 2

Nicht darauf kommt es an, daß man ein argloses Menschenkind mit Schätzen überhäuft, als vielmehr einzig nur darauf, daß man seinen oft recht bescheidenen Wunsch erfüllt.

Rosegger, Waldheimat

Der Wille und nicht die Gabe macht den Geber. (Klosterbruder)

Lessing, Nathan der Weise I, 5

Denn der Anblick des Gebers ist, wie
die Gaben, erfreulich.

Goethe, Hermann und Dorothea 7

Freigebigkeit ist eine Tugend, die dem Mann ziemt, und Festhalten ist die Tugend eines Weibes.

Goethe, Die guten Weiber

Wenn die Leute zu Gottes Ehren und zu gemeinem Nutzen beisteuern sollen, so sucht ein jeder den Bettelmantel herfür.

Christoph Lehmann, Politischer Blumengarten

Wer wird einem Bettler soviel geben? Und ihm noch dazu die Erniedrigung, es erbettelt zu haben, zu ersparen suchen? Den Mildtätigen, der den Bettler aus Großmut verkennen will, verkennt der Bettler wieder. (Franziska)

Lessing, Minna von Barnhelm IV, 3

Viele, die über Ablaßkrämerei in der katholischen Kirche lachen, üben sie doch täglich selbst. Wie mancher Mann von schlechtem Herzen glaubt sich mit dem Himmel ausgesöhnt, wenn er Almosen gibt.

Lichtenberg, Moralische Bemerkungen

Während seines Lebens aber meint jeder Kaufmannn, Soldat oder Richter, daß er, wenn er nur ein kleines Geldstück von seinem Raube in die Büchse wirft, sämtliche Fehltritte und Vergehen mit einem Male wieder gutgemacht und alle Meineide, alle Unlauterkeiten, alle Schlemmereien, jeden Streit, jeden Mord, jeden Betrug, jede Treulosigkeit, jeden Verrat gleichsam vertragsmäßig gesühnt hat, und zwar so gut gesühnt, daß er sich sogleich wieder berechtigt glaubt, eine neue Reihe von Verbrechen zu begehen.

Erasmus von Rotterdam, Lob der Torheit

Großmut möchtest du üben, du möchtest verschwenden, doch leider
hat dir, klagst du, das Glück neidisch die Mittel versagt.
Wirb um Kenntnis und Weisheit, so kannst du alle, die darben,
reicher machen und wirst selber nicht ärmer dadurch.

Hebbel, An einen Jüngling

Schenken

Schenkens Lohn ist wie die Saat,
die aufgeht: Reiche Ernte naht,
wenn reichlich ausgestreut man hat.

Walther von der Vogelweide

Es bleibt einem im Leben nur das, was man verschenkt hat.

Robert Stolz

Wer nur halb schenkt, ist kein Wohltäter, sondern ein Bestohlener.

Thomas Niederreuther, Aphorismen

Man schenkt schon etwas, wenn man freundlich abschlägt.

Publilius Syrus

Die Finger reichen dar, aber das Herz schenkt.

Aus Afrika

Ein Geschenk ist genau soviel wert wie die Liebe, mit der es ausgesucht worden ist.

Thyde Monnier

Man irrt, wenn man glaubt, daß Schenken eine leichte Sache sei. Es hat recht viel Schwierigkeiten, wenn man mit Überlegung geben und nicht nach Zufall und Laune verschleudern will.

Seneca, Vom glückseligen Leben 24

Schenke mit Geist ohne List!
Sei eingedenk,
daß dein Geschenk
du selber bist!

Ringelnatz, Schenken

Es ist sonderbar, versetzte der Baron, welch ein wunderlich Bedenken man sich macht, Geld von Freunden und Gönnern anzunehmen, von denen man jede andere Gabe mit Dank und Freude empfangen würde.

Goethe, Wilhelm Meisters Lehrjahre IV, 1

Pfennigsalbe Wunder tut,
erweichet manchen harten Mut.

Freidank, Bescheidenheit 44

Vergeben Sie, versetzte Wilhelm, meiner Verlegenheit und meinen Zweifeln, dieses Geschenk anzunehmen. Es vernichtet gleichsam das wenige, was ich getan habe, und hindert das freie Spiel einer glücklichen Erinnerung. Geld ist eine schöne Sache, wo etwas abgetan werden soll.

Goethe, Wilhelm Meisters Lehrjahre IV, 1

Gold schenkt die Eitelkeit, der rauhe Stolz;
die Freundschaft und die Liebe schenken Blumen. (Phaon)

Grillparzer, Sappho II, 4

Ich habe heute ein paar Blumen für dich nicht gepflückt, um dir ihr Leben mitzubringen.

Morgenstern, Stufen, Natur, 1906

Da ich nicht reich bin, bring ich dir viel in der Seele mit.

Goethe,
an Charlotte von Stein, 2. 12. 1786, Rom

Wer zu schenken hat, dem ist es wie ein Edelstein; wo er sich hinkehret, ist er klug geachtet.

Sprüche Salomos 17, 8

Niemals leihe ich mehr aus, als wenn ich schenke.

Seneca, Vom glückseligen Leben 24

Des Narren Geschenk wird dir nicht viel frommen; denn mit einem Auge gibt er, und mit sieben Augen siehet er, was er dafür kriege.

Jesus Sirach 20, 14

Allzugern schenken ist krankhaft.

Epicharm, Fragmente

Leihen

Wer leiht, reißt sich den Bart aus.

Aus Spanien

Willst du etwas los sein, leihe es einem guten Freund.

Plautus

Daß man die Hälfte dir lieber schenkt
als das Ganze dir leihet,
wundert dich? Man verliert lieber die
Hälfte, Kotill.

Karl Wilhelm Ramler,
An den Kotill

Wer viel Geld hat wegzuleihen,
muß der Freundschaft sich verzeihen;
denn der Tag zum Wiedergeben
pflegt die Freundschaft aufzuheben.

Logau, Geldleihen

Der verstorbene Großherzog war Mercken sehr günstig, so daß er sich einst für eine Schuld von viertausend Talern für ihn verbürgte. Nun dauerte es nicht lange, so schickte Merck zu unserer Verwunderung die Bürgschaft zurück. Seine Umstände hatten sich nicht verbessert, und es war rätselhaft, welche Art von Negotiation er mochte gemacht haben.
Als ich ihn wiedersah, löste er mir das Rätsel in folgenden Worten: „Der Herzog," sagte er, „ist ein freigebiger, trefflicher Herr, der Zutrauen hat und den Menschen hilft, wo er kann. Nun dachte ich mir: Betrügst du diesen Herrn um das Geld, so wirkt das nachteilig für tausend andere; denn er wird sein köstliches Zutrauen verlieren, und viele unglückliche gute Menschen werden darunter leiden, daß einer ein schlechter Kerl war. Was habe ich nun getan? Ich habe spekuliert und das Geld von einem Schurken geliehen;

denn wenn ich diesen darum betrüge, so tut's nichts."

Goethe, zu Eckermann, 30. 3. 1831

Wer seine Schuld bezahlt, verringert sein Gut nicht.

Lehmann, Politischer Blumengarten II

Altruismus

Selbstaufopferung ist das wirkliche Wunder, aus dem alle anderen Wunder entspringen.

Emerson

Und so gewohnt, für andere zu leben,
schien Mühe nur ihm Fröhlichkeit zu
geben.

Goethe, Die Geheimnisse 207

Selbstaufopferung sollte polizeilich verboten sein. Sie wirkt so demoralisierend auf die Menschen, für die man sich aufopfert.

Oscar Wilde

Selbstlosigkeit ist ausgereifter Egoismus.

Herbert Spencer

Bis zu einem gewissen Grade selbstlos sollte man schon aus Selbstsucht sein.

Ebner-Eschenbach, Aphorismen

Dank

Verachte nicht die Höhle, in der du dich einmal versteckt hast.

Suaheliweisheit

Rechter Dank
wird nicht krank,
pflegt im Danken
nie zu wanken.

Logau, Sinngedichte, Dankbarkeit

Dankbarkeit ist das Gedächtnis des Herzens.

Jean Baptiste Massieu

Man darf wohl eine Bitte abweisen, aber nimmermehr darf man einen Dank abweisen oder, was dasselbe ist, ihn kalt und konventionell annehmen. Dies beleidigt tief.

Nietzsche

Die Menschen pflegen denen am dankbarsten zu sein, die ihnen helfen, sich selbst zu betrügen.

Peter Sirius, Tausend und ein Gedanke

Was ist vergeßlicher als Dankbarkeit? (König)

Schiller, Don Karlos III, 5

Jemandem große Verbindlichkeiten schuldig sein, hat nichts Unangenehmes; denn die Dankbarkeit ist eine süsse Pflicht. Nur kleine Verpflichtungen sind quälend.

Grillparzer, Aphorismen, 1817

Ich weiß wohl, daß man dem das Mögliche nicht dankt, von dem man das Unmögliche gefordert hat.

Goethe, an Karoline Herder, 30. 10. 1795

Nichts zieht den Undank so unausbleiblich nach sich als Gefälligkeiten, für die kein Dank zu groß wäre. (Marwood)

Lessing, Miß Sara Sampson II, 1

Einem warf ich im Schiffbruch ein Brett zu. Vom Tode gerettet,
sprach er: „Was kostet das Brett?
Dankbar bezahl' ich das Holz!"

Hebbel, Ausgleichung

Das Gefühl schuldiger Dankbarkeit ist eine Last, die nur starke Seelen zu ertragen vermögen.

Ebner-Eschenbach, Aphorismen

Erwarte keine Dankbarkeit, wenn Du einem Menschen Gutes tust: Du hast seine Schwächen aufgedeckt.

Elbert Hubbard

Daß für erwiesne Dienst' oft Cremon mich gepriesen,
ist keine Dankbarkeit und nichts als Gaukelei:
Er trachtet darzutun, was er, nicht was ich sei,
mehr, daß er sie verdient, als daß ich sie erwiesen.

Christian Wernicke,
Auf Cremons eitle Dankbarkeit

Der Wohltäter erntet Haß.

Aus Afrika

Gib einem Bär Honig, und du wirst deinen Arm einbüßen, wenn das Vieh Hunger hat! (Galilei)

Brecht, Das Leben des Galilei 11

Undank gräbt tiefer als des Totengräbers Spaten. (Rudolf)

Grillparzer,
Ein Bruderzwist in Habsburg IV

Wer treulos sich des Dankes will entschlagen,
dem fehlt des Lügners freche Stirne nicht. (Burgund)

Schiller, Die Jungfrau von Orleans II,2

Er übt allein,
was alle andern einzeln nur verüben,
er lügt, er raubt, betrügt, schwört falsche Eide,
verrät und tötet! – Undank. (Sappho)

Grillparzer, Sappho IV, 1

Undankbaren erweise nichts Gutes. Wie auf felsigem Boden der Samen verloren ist, so ist auch an undankbaren Menschen das Gute verloren.

Buch des Kabus 6

Der Narr klagt: Mir ist niemand treu, niemand dankt mir für meine Wohltat.

Jesus Sirach 20, 17

Man sollte sich über Eitelkeit beklagen. Nur ausgesprochene Schurken sind wissentlicher Undankbarkeit fähig; fast jedermann aber denkt, er habe mehr getan, als der andere verdient, während der andre denkt, er habe weniger empfangen, als er verdiene.

Pope, Aphorismen

Die Undankbarkeit ist eine Tochter des Stolzes.

Cervantes

Sittlich bedeutende Menschen werden meist undankbar gescholten, weil ihnen die Sache höher steht als die Person und sie zugunsten persönlicher Dankbarkeit ihrer sachlichen Pflicht auch nicht ein Titelchen abbrechen mögen. In Wahrheit aber sind sie viel dankbarer, weil sie nicht danach streben, ihre Dankesschuld nur recht bald und billig loszuwerden, sondern ruhig abwarten, bis eine Gelegenheit kommt, ihrem Wohltäter Gutes zu tun.

Nicolai Hartmann, Das sittliche Bewußtsein

Leider läßt sich eine wahrhafte Dankbarkeit mit Worten nicht ausdrücken.

Goethe, an die Fürstin Gallitzin, 6. 2. 1797

Die Welt ist undankbar, sagen viele. Ich habe noch nicht gefunden, daß sie undankbar sei, wenn man auf die rechte Art etwas für sie zu tun weiß.

Goethe, Wilhelm Meisters Lehrjahre I, 16

Verpflichtungen, welche Freundschaft und Liebe auferlegen, sind zu heilig, als daß man, wenn die Gelegenheiten zum Dank sich nicht von selbst darbieten, ihnen nachjagen dürfte.

Hebbel, Tagebücher, 1843

Undank ist ein arger Gast,
aber an den angetanen
Liebesdienst den Freund zu mahnen,
ist so arg wie Undank fast.

Geibel, Sprüche 15

Den Undank ans Licht ziehen geht nicht ohne Beschämung ab; denn die Klage über eine verlorene Wohltat ist ein Beweis, daß es beim Geben gefehlt hat. Soviel wie möglich müssen wir den Undankbaren bei uns selbst verteidigen.

Seneca, Von den Wohltaten VII, 29

Begegnet uns jemand, der uns Dank schuldig ist, gleich fällt es uns ein. Wie oft können wir jemand begegnen, dem wir Dank schuldig sind, ohne daran zu denken.

Goethe, Die Wahlverwandtschaften II, 4

Es wird keiner sein, der sich nicht über einen Undankbaren zu beschweren hätte. Es wäre aber nicht möglich, daß sich alle beschwerten, wenn man sich nicht über alle zu beschweren hätte. Folglich sind alle undankbar.

Seneca, Von den Wohltaten V, 17

Es ist besser, sich der Undankbarkeit auszusetzen, als Unglücklichen Unrecht zu tun.

La Bruyère, Charaktere 4

Der Lohn einer guten Handlung liegt darin, daß man sie vollbracht hat.

Seneca, an Lucilius

Wer nicht Undank leiden kann,
ist der Welt ein unnützer Mann.

Rollenhagen, Froschmeuseler I, 2, 20

Was die Menschen überhaupt betrifft, so tu ihnen nur soviel Gefälligkeiten, als du kannst, ohne Dank von ihnen zu erwarten. Im einzelnen hat man alsdann manchen Verdruß, im ganzen bleibt immer ein gutes Verhältnis.

Goethe, an Christiane Vulpius, 3. 10. 1799

Ich habe gelernt, ohne den Dank der Welt zu leben. Ich habe ihn erworben und verloren. Ich habe ihn wiedergewonnen; ich habe ihn wieder verloren. Ich mache mir gar nichts daraus; ich tue einfach meine Pflicht.

Bismarck

XIII. Kapitel

Lehren
Schule
Rat
Erziehung
Kindererziehung
Vorbild
Lernen
Fragen
Übung
Selbsterkenntnis
Selbstkritik
Streben
Vervollkommnung

Lehren

Ich bin meiner Weisheit überdrüssig, wie die Biene, die des Honigs zuviel gesammelt hat. Ich bedarf der Hände, die sich ausstrecken.

Nietzsche, Zarathustra, Vorrede 1

Die wahren Eroberungen, die keine Reue hinterlassen, sind Siege über die Unwissenheit.

Napoleon I.

Welches größere und bessere Geschenk können wir dem Staate darbringen, als wenn wir die Jugend unterrichten und erziehen?

Cicero, Von der Weissagung 2, 2

Wer einem Manne einen Fisch schenkt, gibt ihm für einen Tag zu essen. Wer ihn das Fischen lehrt, gibt ihm ein Leben lang zu essen.

Aus China

Lehre ist ein Blasebalg, die Funken der Natur brennend zu machen.

Lehmann, Politischer Blumengarten I, 5

Man muß stets positiv verfahren, stets aufbauen und sich nicht mit dem Niederreißen des Fremden zu lange aufhalten.

Goethe, zu Schopenhauer, 1814

Geistige Werte müssen uns ansprechen wie Könige. Sie dürfen nicht aufgedrängt werden.

Schopenhauer

Bei einem Argwöhnischen muß man eine Wahrheit so klug, mit soviel Vorsicht und Feinheit vortragen, als wäre es eine Lüge.

Jean Paul

Wer interessieren will, muß provozieren.

Salvadore Dali

Das Vergnügen, recht zu behalten, wäre unvollständig ohne das Vergnügen, andere ins Unrecht zu setzen.

Voltaire

Jeder, der etwas glaubt, hält es für einen Liebesdienst, andere davon zu überzeugen. Um dies zu bewerkstelligen, scheut er sich nicht, etwas von seiner eigenen Erfindung hinzuzutun, damit er dem Widerstande begegne, den er in der Fassungskraft des anderen voraussetzt.

Montaigne, Essais III, 11

Die Autorität des Lehrers schadet oft denen, die lernen wollen.

Cicero, Die natura deorum

Der Unwissende wird also bei den Unwissenden mehr Glauben finden als der Wissende. (Sokrates)

Platon, Gorgias

Sie lehren gut; denn sie sind ohne Leidenschaft. (Magus)

Goethe, Lila II

Nur der Überzeugte überzeugt.

Joseph Joubert

Der Mann wird es weitbringen, denn er glaubt, was er sagt.

Mirabeau, Über Robespierre

Zu überzeugen
fällt keinem Überzeugten schwer.
(Domingo)

Schiller, Don Karlos II, 10

Der Gläubige, der nie gezweifelt hat, wird schwerlich einen Zweifler bekehren.

Ebner-Eschenbach, Aphorismen

Die Verführung, die von einem Beweis ausgeht, ist zu groß. Ihr erliegen die meisten, auf die Dauer alle. (Galilei)

Brecht, Leben des Galilei 3

Niemand, der sich nicht selbst überzeugt, wird von dir überzeugt werden.

Platen, Lebensregeln 6

Doch ist es ja kein Geheimnis, daß niemand überzeugt wird, wenn er nicht will.

Goethe, an Rochlitz, 30. 1. 1812

Das wäre ja schön, Agathon, wenn es mit der Weisheit so stände, daß sie aus dem Volleren von uns in den Leeren flösse, wenn wir einander berühren, wie es bei den Bechern der Fall ist, wo vermittels eines Wollfadens das Wasser aus dem volleren in den leeren überfließt. (Sokrates)

Platon, Das Gastmahl 3

Alles, was gelehrt werden kann, ist nicht der Mühe wert, gelernt zu werden.

Lao-Tse, Tao-Teh-King

Schule

Langweilig zu sein ist die ärgste Sünde des Unterrichts.

Johann Friedrich Herbart

Nicht zu früh mit der Kunst buntscheckigen Wissens, ihr Lehrer,
nähret den Knaben mir auf; selten gedeiht er davon.

Kräftigt und übt ihm den Geist an wenigen, würdigen Stoffen;
euer Beruf ist erfüllt, wenn er zu lernen gelernt.

Geibel, Spätherbstblätter

Wenn ich Kinder und Geld hätte, so schickte ich sie bis ins 15. Jahr nach England, bis ihnen das Selbstdenken habituell würde und ihr natürlicher Verstand gesichert wäre und durch unsere polyhistorischen Schwatzmethoden nicht mehr verdorben werden könnte.

Lichtenberg, an Johann Andreas Schernhagen, 12. 8. 1776

Die gute Pädagogik ist also gerade das Umgekehrte von der guten Lebensart. In der Gesellschaft soll man auf nichts verweilen, und bei dem Unterricht wäre das höchste Gebot, gegen alle Zerstreuung zu arbeiten.

Goethe, Die Wahlverwandtschaften II, 7

So wahr und gut es wäre, den Kindern frühzeitig Geographie zu lehren, so bin ich doch der Meinung, daß man mit den nächsten Umgebungen der bildenden Natur anfangen müsse. Alles, was auf ihre Augen und Ohren Eindruck macht, erregt Aufmerksamkeit: Sonne, Mond und Sterne, Feuer, Wasser, Schnee, Eis, Wolken, Gewitter, Tiere, Pflanzen und Steine.

Goethe, zu Dietmar, Juli 1786

Ist es nicht lächerlich, unsere Schulen noch heute Gymnasien zu nennen, wo sich Knaben eher krumm sitzen und blaß und bleich lernen, während der Körper vergessen und verkrüppelt wird? Selbst das Wort Schule, das von griechisch scholé (Rast, Ruhe, Muße) herkommt, kann als Widerspruch angesehen werden.

Karl Julius Weber, Demokritos III, 14

Man treibt die jungen Leute herdenweise in Stuben und Hörsälen zusammen und speist sie in Ermangelung wirklicher Gegenstände mit Zitaten und Worten ab. Die Anschauung, die oft dem Lehrer selbst fehlt, mögen sich die Schüler hinterdrein verschaffen. Es gehört eben nicht viel dazu, um einzusehen, daß dies ein völlig verfehlter Weg ist.

Goethe, zu Johann Daniel Falk, 28. 2. 1809

Millionen von Arbeitsstunden gehen jedes Jahr durch unzureichende Lehrbücher verloren.

Ludwig Reiners, Stilkunst IV, Die Kunst zu lehren

Wenn man Kinder zwingt, Beobachtungen über Dinge zu schreiben, über die sie keine Gedanken haben können, so werden sie sich nie ihrer eigenen Sprache bedienen, sondern greifen zu einer künstlichen Lesebuchsprache, die ihnen feste, gefrorene Wendungen darbietet. Damit dieses hohle Gerede nach etwas aussieht, muß man es aufblasen: So wird aus dem Aufsatzdeutsch der Papierstil.

Ludwig Reiners,
Stilkunst III, Papierstil

Wir müssen der Jugend mehr Gelegenheit geben, während ihrer Ausbildungszeit persönliche Erfahrungen zu machen. Nur wenn wir sie selbst Tatsachen finden lassen, kann Wissen zur Weisheit werden.

Walter Gropius, Architektur

Lehr' nur die Jungen weisheitsvoll,
wirst ihnen keinen Irrtum sparen.
Was ihnen gründlich helfen soll,
das müssen sie eben selbst erfahren.

Geibel, Juniuslieder, Sprüche 13

Ein Schulmeister muß singen können.

Luther,
Tischreden von der Musik 1

Bei uns ist der Gesang die erste Stufe der Bildung; alles andere schließt sich daran und wird dadurch vermittelt. Der einfachste Genuß so wie die einfachste Lehre werden bei uns durch Gesang belebt und eingeprägt, ja selbst was wir überliefern von Glaubens- und Sittenbekenntnis, wird auf dem Wege des Gesangs mitgeteilt.

Goethe,
Wilhelm Meisters Wanderjahre II, 1

Ein ähnliches Ziel verfolgen auch die Lehrer des Saitenspiels; denn ihre Absicht ist auf Maß und Sittsamkeit gerichtet, sowie darauf, daß die Knaben nicht auf falsche Wege geraten. Zudem legen sie ihnen, wenn sie das Zitherspielen erlernt haben, auch Werke von Dichtern vor, und zwar von lyrischen Dichtern, sie der Melodie anpassend. Die Lehrer versäumen nichts, um den Seelen der Knaben den Sinn für Takt und Harmonie fest einzuprägen, auf daß sie sanfter, taktvoller und harmonischer werden und dadurch tauglicher zum Reden und Handeln. (Protagoras)

Platon, Protagoras 15

Ein Lehrer auf Schulen und Universitäten kann keine Individuen erziehen. Er erzieht bloß Gattungen.

Lichtenberg

Der Schüler sieht im Lehrer nur noch den Aufpasser und den Quälgeist seiner Kinderjahre; der Lehrer erblickt dagegen im Schüler nur noch eine drückende Last, nach deren Abnahme er sich herzlich sehnt.

Rousseau, Émile I

Schüler wollen nicht liebenswürdig behandelt sein. Sie verlangen, daß man ihnen unmittelbar alles heraussagt, was man denkt.

Paul Ernst, Jugenderinnerungen

Ein Finanzrat darf verdrossen sein, aber nicht ein Studienrat. Der eine sitzt über oft unfrohen Akten; der andere steht vor Kinderseelen, die froh sein wollen, um ernst werden zu können.

Theodor Heuss

Es ist nichts schrecklicher als ein Lehrer, der nicht mehr weiß, als die Schüler allenfalls wissen sollen. Wer andere lehren will, kann wohl oft das Beste verschweigen, was er weiß, aber er darf nicht halbwissend sein.

Goethe, Wilhelm Meisters Wanderjahre I, 4

An der lieben Dorfjugend kann man sogleich erkennen, ob das Dorf einen guten oder schlechten Schullehrer hat.

Karl Julius Weber,
Demokritos, Die Höflichkeit und Grobheit

Die Studenten sind die Fieberthermometer der Gesellschaft.

Alberto Moravia

Anders ist der Studierplan, den sich der Brotgelehrte, anders derjenige, den der philosophische Kopf sich vorzeichnet.

Schiller,
Was heißt und zu welchem Ende studiert man Universalgeschichte?

Eine Vorlesung ist jener Vorgang, bei dem die Notizen des Lehrers zu Notizen des Schülers werden, ohne daß sie den Geist der beiden passieren.

Mortimer J. Adler

Das Doktorwerden ist eine Konfirmation des Geistes.

Lichtenberg, Sudelbücher

Überall treibt man auf Akademien viel zuviel und gar zuviel Unnützes. Auch dehnen die einzelnen Lehrer ihre Fächer zu weit aus, bei weitem über die Bedürfnisse der Hörer.

Goethe, zu Eckermann, 24. 2. 1824

Der Zweck des Staates bei Errichtung und Erhaltung der Universitäten ist nicht die Bildung von Gelehrten.

Grillparzer, Zur Lehre vom Staate, 1847

Alle unsere Akademien haben noch barbarische Formen, in die man sich finden muß, und der Parteigeist, der meistens Kollegen trennt, macht dem Friedfertigsten das Leben am sauersten und füllt die Lustörter der Wissenschaften mit Hader und Zank.

Goethe,
an Gottfried August Bürger, 20. 2. 1782

In jeder Fakultät sollte wenigstens ein recht tüchtiger Mann sein. Wenn die Scharniere von gutem Metall sind, so kann das übrige von Holz sein.

Lichtenberg

Die Universitäten haben weder „staatsfeindliche" noch „staatsfreundliche" noch irgendwelche Weltanschauung zu lehren. Sie sind keine Anstalten, welche Gesinnungsunterricht zu treiben haben.

Max Weber

Eine Universität ist ein Ort, wo Kieselsteine geschliffen und Diamanten getrübt werden.

Robert Green Ingersoll

Man kann studieren und sich tief in den Irrtum hineinstudieren.

Lessing,
Hamburgische Dramaturgie 101 – 104

Akademische Bildung verringert nicht die Neigung zu Vernunftwidrigkeiten, sondern potenziert sie.

Manfred Rommel

Ich habe mir für die Einziehung des Lehrgeldes folgendes Verfahren zurechtgelegt: Hat jemand meinen Unterricht genossen, so zahlt er, wenn er einverstanden ist, den von mir geforderten Betrag; wo nicht, so verfügt er sich in einen Tempel, erklärt eidlich, wie hoch er den Wert meines Unterrichts schätzt, und erlegt die entsprechende Summe. (Protagoras)

Platon, Protagoras 16

Rat

Höret den Rat beständiger Freunde,
das hilft euch am besten.

Goethe, Reineke Fuchs 11

Ein guter Rat in spaßiger Form ist oft besser als ernste Belehrung.

Baltasar Gracián, Lebensregeln

Ein weiser Herre gerne hat
weite Freundschaft, engen Rat.

Freidank, Bescheidenheit 31

Uns Alten rechnet man den Irrtum zugute, weil wir die Wege nicht gebahnt fanden; wer aber später in die Welt eintritt, von dem verlangt man mehr. Der soll nicht abermals irren und suchen, sondern er soll den Rat der Alten nutzen.

Goethe, zu Eckermann, 18. 9. 1823

Wer dem Spiel zusieht, der kann es am besten.

Christoph Lehmann,
Politischer Blumengarten 2, Spiel

Oft kommt ein nützlich Wort aus
schlechtem Munde. (Gordon)

Schiller, Wallensteins Tod V, 5

Trost und Rat sind oft die Abwehr eines Nichtbetroffenen gegen das Leid eines Betroffenen.

Ludwig Marcuse

Mancher guter Rat ist eitel,
wenn ihm wohl nicht will der Beutel.

Logau, Rat im Beutel

Geflüsterter Rat ist keine Erbse wert.

Aus Spanien

Es gleicht, wer jedem zu raten,
statt einem zu helfen, wählt,
einer tüchtig sausenden Mühle,
der es an Steinen fehlt.

Hebbel, Flocken, Rat ohne Tat

Bildet Ihr vielleicht Euch ein,
wer Eures Gelds bedürftig sei, der werde
doch Eurem Rate wohl auch folgen? (Al-Hafi)

Lessing, Nathan der Weise II, 9

Schon lange kenn ich diese Tyrannei
der Freundschaft, die von allen Tyranneien
die unerträglichste mir scheint. Du denkst
nur anders, und du glaubst, deswegen
schon recht zu denken. Gern erkenn' ich an:
Du willst mein Wohl. Allein verlange nicht,
daß ich auf deinem Weg es finden soll.
(Tasso)

Goethe, Torquato Tasso IV, 4

Wenn ich ein Nachtwandler wäre und auf dem gefährlichen Gipfel eines Hauses spazierte – ist es freundschaftlich, mich beim Namen zu rufen und mich zu warnen, zu wecken und zu töten? Laßt jeden seines Pfades gehn, er mag sich wahren. (Egmont)

Goethe, Egmont II, Egmonts Wohnung

Ein Ruin kann drei Ursachen haben: Frauen, Wetten oder die Befragung von Fachleuten.

Georges Pompidou

Wer selbsten Witz nicht hat,
dem dient kein witzig Rat.

Logau, Ratgeben

Einem Unerfahrenen Lebensregeln geben, heißt einem Ungeübten Unterricht im Fechten durch Zuschauen geben.

Friedrich Maximilian Klinger, Betrachtungen und Gedanken

Wer kann erwarten, die Menschheit werde gute Ratschläge befolgen, wenn sie nicht einmal Warnungen zur Kenntnis nimmt?

Jonathan Swift

Wo Rat nicht wird gehört,
wo Rat nicht Folge hat,
allda ist gar kein Rat
der allerbeste Rat.

Logau, Deutsche Sinngedichte

Wer einen Narren lehret, der flicket Scherben zusammen.

Jesus Sirach, 22, 7

Glaubt ihr, daß ich in der Welt bin, um Rat zu geben? Das ist das dümmste Handwerk, das einer treiben kann. Gerät es gut, so freue er sich seiner Weisheit und seines Glücks; läuft's übel ab, dann bin ich bei der Hand.

Goethe, Die Wahlverwandtschaften I, 2

Erziehung

Der Mensch kann nur Mensch werden durch Erziehung.

Kant

Die Pädagogik ist die Kunst, die Menschen sittlich zu machen.

Hegel

Man veredelt die Pflanzen durch die Zucht und die Menschen durch Erziehung.

Rousseau, Émile I

Erziehung ist alles. Der Pfirsich war einst eine Bittermandel, und der Blumenkohl ist nichts als ein Kohlkopf mit akademischer Bildung.

Mark Twain

Der Erzieher verdient den Namen „Vater" mehr als der Erzeuger.

Talmud

Wer sich nicht ziehen läßt, der machet sich selbst zunichte.

Sprüche Salomos 15, 32

Ein Fürst soll einzeln nicht erzogen
werden.
Einsam lernt niemand je sich selbst,
noch wen'ger anderen gebieten.
(Evadne)

Goethe, Elpenor I, 2

Erziehung ist die billigste Verteidigung der Nationen.

Edmund Burke

Das Werk aller Erziehung ist, bewußte Tätigkeiten in mehr oder weniger unbewußte umzubilden.

Nietzsche

Wo nicht Vernunft innen ist, da läßt sich nichts ziehen.

Jesus Sirach 21, 14

Alle Erziehung, ja alle geistige Beeinflussung beruht vornehmlich auf Bestärken und Schwächen. Man kann niemanden zu etwas bringen, der nicht schon dunkel auf dem Wege dahin ist, und niemanden von etwas abbringen, der nicht schon geneigt ist, sich ihm zu entfremden.

Morgenstern

Erziehung gibt dem Menschen nichts, was er nicht auch aus sich selbst haben könnte, nur geschwinder und leichter.

Lessing, Theologische Streitschriften

Erziehung ist ein Verfahren, das einer riesigen Menschenschar das Lesen beibrachte, aber nicht imstande war, unterscheiden zu lehren, was lesenswert ist.

George M. Trevelyan

Unsere zweideutige zerstreute Erziehung macht die Menschen ungewiß. Sie erregt Wünsche, statt Triebe zu beleben, und anstatt den wirklichen Anlagen aufzuhelfen, richtet sie das Streben nach Gegenständen, die so oft mit der Natur, die sich nach ihnen bemüht, nicht übereinstimmen.

Goethe, Wilhelm Meisters Lehrjahre VIII, 3

Unser Hauptfehler liegt in dem Versäumnis, die in einem Menschen vorhandenen Tugenden zu fördern. Stattdessen verlangen wir von ihm Tugenden, die er nicht hat.

Kaiser Hadrian

Nicht vor Irrtum zu bewahren ist die Pflicht des Menschenerziehers, sondern den Irrenden zu leiten, ja ihn seinen Irrtum aus vollen Bechern ausschlürfen zu lassen.

Goethe, Wilhelm Meisters Lehrjahre VII, 9

Ihr müßt die Menschen lieben, wenn ihr sie ändern wollt.

Pestalozzi

Erziehen heißt vorleben. Alles andere ist höchstens Dressur.

Oswald Bumke,
Erinnerungen und Betrachtungen

Die Volksredner und die Sophisten haben kein Recht, dem Objekt ihrer Erziehung vorzuwerfen, es sei ihnen gegenüber schlecht – oder sie müssen denselben Vorwurf auch auf sich selbst beziehen, daß sie nämlich denen nicht genützt haben, denen sie zu nützen versprechen. (Sokrates)

Platon, Gorgias

Ein Hauptzug aller Pädagogik: Unbemerkt führen.

Morgenstern, Stufen, Erziehung, 1911

Das große Geheimnis der Erziehung besteht darin, daß die Übungen des Geistes und des Körpers einander wechselseitig entspannen.

Rousseau, Aphorismen

Jeder Mensch ist beschränkt genug, den andern zu seinem Ebenbild erziehen zu wollen. Glücklich sind diejenigen daher, deren sich das Schicksal annimmt, das jeden nach seiner Weise erzieht!

Goethe, Wilhelm Meisters Lehrjahre II, 9

Erziehst du einen Leoparden, so bricht er dir das Genick.

Aus Afrika

Ein Mensch mit der allerbesten Erziehung wird nichts Rechtes ohne nachfolgende Selbsterziehung.

Hilty, Glück II

Wer sich zum Lernen völlig unfähig erweist, lehrt sogleich. Aus dieser Tatsache entspringt unser Enthusiasmus für Erziehung.

Oscar Wilde

Über drei Dinge wird in unseren Tagen zuviel geschrieben und geredet: Über Kunst, Gesundheit und Erziehung. Folge davon, daß wir unkünstlerisch, kränkelnd und ungezogen geworden sind.

Rosegger, Höhenfeuer

Kindererziehung

Das erste Lebenszeichen, welches in dem jungen Menschenkinde die aufkeimende Seele von sich gibt, ist die Offenbarung der Selbstliebe. Ob Menschenliebe daraus wird oder Selbstsucht, das entscheidet die Erziehung.

Rosegger, Schriften des Waldschulmeisters

Nur in einer einzigen Wissenschaft muss man die Kinder unterweisen, in der Wissenschaft von den Pflichten des Menschen.

Rousseau,
Émile I

Die Seelen der Kinder sind dem Wachse gleich; man kann die Lehren gleich einem Siegel in dieselben eindrücken.

Plutarch,
Moralische Abhandlungen

Wie man einen Knaben gewöhnt, so läßt er nicht davon, wenn er alt wird.

Sprüche Salomos 22, 6

Wesentlich erzieht einzig die Kinderstube. Was aus einem Menschen wird, entscheidet sich grundsätzlich vor seinem achten Lebensjahr.

Hermann von Keyserling,
Reisetagebuch eines Philosophen

Das Kind wird von einem vernünftigen, wenn auch, was die Kenntnisse anlangt, etwas beschränkten Vater besser als von dem geschicktesten Lehrer der Welt erzogen werden; denn der Eifer wird das Talent eher als das Talent den Eifer ersetzen.

Rousseau, Émile I

Viele, die bei Kindern sind, tun ihre Pflicht, aber das Herz ist nicht dabei. Das merkt das Kind.

Wilhelm von Humboldt,
Briefe

Schulet Kinder durch Kinder!

Jean Paul, Levana I, 3, 3

Ich schreibe der Gegenwart schön gebildeter Gegenstände einen großen Einfluß auf den Menschen zu. So sollten wir die Möbel unserer Kinderzimmer mit außerordentlicher Sorgfalt auswählen. Irgend ein schöner, schlichter, ehrwürdiger Schrank, auf den der Blick unsres Kindes von seinem Lager aus fällt, ja kunstvolle Modelle bedeutender Bauwerke, z. B. eine kleine Nachbildung der Peterskuppel, eines griechischen Tempels, einer modernen Eisenbrücke würden ihm zweifellos eine Ahnung von großem Stil geben, die es sein ganzes Leben hindurch nachspüren und weiterentwickeln würde.

Morgenstern, Stufen, Erziehung, 1906

Wer Kindern was verspricht, sei es ein Spiel, ein Geschenk oder sei es die Rute, der halte es wie einen Eid.

Rosegger, Das Buch von den Kleinen

Es erhellt, daß die Menschen von Natur zu Haß und Neid geneigt sind, und die Erziehung befördert dies. Denn die Eltern pflegen die Kinder nur durch die Reizmittel der Ehre und des Neides zur Tugend anzuhalten.

Spinoza, Ethik

Die Aufgabe der Umgebung ist nicht, das Kind zu formen, sondern ihm zu erlauben, sich zu offenbaren.

Maria Montessori

Als neulich Schnee lag und meine Nachbarskinder ihre kleinen Schlitten auf der Straße ausprobieren wollten, sogleich war ein Polizeidiener nahe, und ich sah die armen Dingerchen fliehen, so schnell sie konnten. Jetzt, wo die Frühlingssonne sie aus den Häusern lockt und sie mit ihresgleichen vor ihren Türen gerne ein Spielchen machten, sehe ich sie immer geniert, als wären sie nicht sicher und als fürchteten sie das Herannahen irgendeines polizeilichen Machthabers. Es darf kein Bube mit der Peitsche knallen oder singen oder rufen, sogleich ist die Polizei da, es ihm zu verbieten. Es geht bei uns alles dahin, die liebe Jugend frühzeitig zahm zu machen und alle Natur, alle Originalität und alle Wildheit auszutreiben, so daß am Ende nichts übrigbleibt als der Philister.

Goethe,
zu Eckermann, 12. 3. 1828

Was bildet man nicht immer an unserer Jugend? Da sollen wir bald diese, bald jene Unart ablegen, und doch sind die Unarten meist eben soviele Organe, die dem Menschen durch das Leben helfen.

Goethe,
Briefe aus der Schweiz

Die Umgebung des Erwachsenen ist keine lebenbringende Umwelt für das Kind, sondern eher eine Anhäufung von Hindernissen, zwischen denen das Kind Abwehrkräfte entwickelt, zu verbildenden Anpassungen genötigt wird und allerlei Suggestionseinflüssen unterliegt.

Maria Montessori

Wenn unsern Pädagogen ihre Absicht gelingt, ich meine, wenn sie es dahin bringen können, daß sich die Kinder ganz unter ihrem Einfluß bilden, so werden wir keinen einzigen recht großen Mann mehr bekommen.

Lichtenberg

Ich fürchte, unsere allzu sorgfältige Erziehung liefert uns Zwergobst.

Lichtenberg

Erziehung ist organisierte Verteidigung der Erwachsenen gegen die Jugend.

Mark Twain

Eltern erziehen gemeiniglich ihre Kinder nur so, daß sie in die gegenwärtige Welt, sei sie auch verderbt, passen. Sie sollten sie aber besser erziehen, damit ein zukünftiger besserer Zustand dadurch hervorgebracht werde.

Kant

Unter Umständen ist es für manches Kind am besten, wenn es gar nicht erzogen wird.

Rosegger, Heimgärtners Tagebuch

Ein Kind, ein junger Mensch, die auf ihrem eigenen Wege irregehen, sind mir lieber als manche, die auf fremdem Wege rechtwandeln. Finden jene, entweder durch sich selbst oder durch Anleitung, den rechten Weg, das ist den, der ihrer Natur gemäß ist, so werden sie ihn nie verlassen, anstatt daß diese jeden Augenblick in Gefahr sind, ein fremdes Joch abzuschütteln und sich einer unbedingten Freiheit zu übergeben.

Goethe, Wilhelm Meisters Lehrjahre VIII, 3

Der Uniform sind wir durchaus abgeneigt; sie verdeckt den Charakter und entzieht die Eigenheiten der Kinder, mehr als jede andere Verstellung, dem Blicke der Vorgesetzten.

Goethe,
Wilhelm Meisters Wanderjahre II, 2

Die größte Kunst ist, den Kleinen alles, was sie tun oder lernen sollen, zum Spiel und Zeitvertreib zu machen.

Locke, Gedanken über Erziehung IV, 63

O, der Menschenkenner! Er stellt sich
kindisch mit Kindern,
aber der Baum und das Kind suchet,
was über ihm ist.

Hölderlin, Falsche Popularität

Es ist von der größten Wichtigkeit, daß Kinder arbeiten lernen.

Kant

Es ist in der Tat verkehrt, wenn man unsern Kindern alles mit Liebe beibringen will, da in dem höheren Leben, wenn wir älter werden, uns das wenigste zu Gefallen geht.

Lichtenberg

Alles geschieht doch mehr zu rechter Zeit, am rechten Ort und mit dem nötigen Nachdruck, wenn wir frühzeitig an ein bißchen Pedanterie gewöhnt werden.

Karl Julius Weber, Demokritos III, 14

Wir sollten uns weniger bemühen, den Weg für unsere Kinder vorzubereiten, als unsere Kinder für den Weg.

Aus den USA

Es wird sich einer gegen Unbilden nicht zu stellen wissen, wenn man ihm nie etwas abgeschlagen, wenn ihm das sorgliche Mütterchen immer die Tränen abgewischt, wenn man ihn immer gegen den Hofmeister in Schutz genommen hat.

Seneca, Drei Bücher über den Zorn II, 21

Wen seine Mutter nicht lehrt, den lehrt die Welt.

Aus Tansania

Man muß ein Kind manchmal schreien lassen, ohne darauf zu hören, sonst wird sein Geschrei, das anfangs Bitte war, Befehl, und es entstehen daraus die grands enfants, petits hommes.

Karl Julius Weber,
Demokritos, Der Eigensinn

Du hast bisher der Liebenden gefolgt;
geh, lerne nun gehorchen, daß du herrschen lernst. (Antiope)

Goethe, Elpenor I, 4

Biege die Rute, solange sie noch grün ist.

Aus Simbabwe

Die Strafe macht dich frei von dem Gefühl der Schuld;
drum straft dich, Kind, nicht Zorn des Vaters sondern Huld.

Rückert, Die Weisheit des Brahmanen

Ein Vater schilt, straft und stäubt sein Kind und ist ihm doch nicht feind; der ist ihm aber feind, der seiner Bosheit schweigt und nicht schilt noch straft.

Luther, Deutsche Schriften 53

Strafen heißt
dem Jüngling wohltun, daß der Mann
uns danke. (Antonio)

Goethe, Torquato Tasso II, 5

Überhaupt müssen Strafen den Kindern immer mit der Behutsamkeit zugefügt werden, daß sie sehen, daß bloß ihre Besserung der Endzweck derselben sei.

Kant

Deine rechte Hand schlägt das Kind, deine linke aber drückt es ans Herz.

Aus Afrika

Niemand kann erreichen
Kindeszucht mit Streichen.

Walther von der Vogelweide

Man schlägt sieben Teufel hinein, wenn man einen herausschlagen will.

Sprichwort

Ausholen ist so gut wie geschlagen.

Aus Afrika

Nichts ist so entsetzlich wie der Zusammenstoß zwischen roher Gewalt und kindlicher Hilflosigkeit.

Rita Bockelmann

Vermeide einerseits die bei Müttern so häufige schwache Triebhaftigkeit, die fast in einem Atem schilt und verzeiht! Anderseits zeige nicht ungebührlich lange eine Entfremdung deiner Liebe, damit du dein Kind nicht daran gewöhnst, ohne deine Freundschaft zu leben!

Spencer, Die Erziehung 3

Ein Kind soll Triebbeherrschung lernen. Ihm die Freiheit geben, daß es uneingeschränkt allen seinen Impulsen folgt, ist unmöglich. Die Erziehung hat also ihren Weg zu suchen zwischen der Scylla des Gewährenlassens und der Charybdis des Versagens.

Sigmund Freud

Wenn man einen jungen Burschen erzieht, erzieht man einen einzelnen Menschen. Wenn man ein Mädchen erzieht, erzieht man eine ganze spätere Familie.

Harold McIver

Es ist ausgemacht, daß eine schlechte Erziehung der Frauen viel mehr Unheil erzeugt als die der Männer.

Fénélon, Töchtererziehung III, 4

Erziehen heißt den Kampf gegen sich selbst in seinen Kindern weiterkämpfen.

Verfasser unbekannt

Unter den Fehlern, die wir in der Erziehung unserer Kinder machen, leiden am meisten unsere Enkel.

Imogene Fey

Erst wenn man genau weiß, wie die Enkel ausgefallen sind, kann man beurteilen, ob man seine Kinder gut erzogen hat.

Erich Maria Remarque

Die Welt, die ganze Masse von Objekten, die auf die Sinne wirken, hält und regiert an tausend Fäden das junge, die Erde begrüßende Kind. Von diesen Fäden, ihm um die Seele gelegt, ist allerdings die Erziehung einer, und sogar der wichtigste und stärkste; verglichen aber mit der ganzen Totalität, mit der ganzen Zusammenfassung der übrigen, verhält er sich wie ein Zwirnsfaden zu einem Ankertau.

Heinrich von Kleist,
Allerneuester Erziehungsplan, N. S.

Vorbild

Ein jeglicher muß seinen Helden wählen,
dem er die Wege zum Olymp hinauf sich nacharbeitet. (Pylades)

Goethe, Iphigenie auf Tauris II, 1

Der Priester suchte zunächst wieder Selbstliebe und Selbstachtung in ihm zu entfachen; er malte ihm aus, eine wie glückliche Zukunft er sich durch eine geschickte Anwendung seiner Talente bereiten könne, und verstand es, durch Erzählung guter Handlungen, welche andere ausgeübt hatten, sein Herz wieder für alles Edle zu erwärmen.

Rousseau, Émile IV

Ein edles Beispiel macht die schweren Taten leicht. (Neoterpe)

Goethe, Paläophron und Neoterpe

Wenige Dinge auf Erden sind lästiger als die stumme Mahnung, die von einem guten Beispiel ausgeht.

Mark Twain

Schlechte Beispiele verderben gute Sitten, gute Beispiele das gute Gewissen.

Robert Lembke

Lehrsätze reden, Beispiele sprechen.

Ludwig Reiners,
Stilkunst IV, Die Kunst zu lehren

Die Vorschrift mag uns den Weg weisen, aber das stille, fortwährende Beispiel bringt uns vorwärts.

Smiles, Die Selbsthilfe 12

Vor-Bild sein heißt in erster Linie vorleiden können.

Hans Kudszus

Die Kinder, als strebende Naturen, wählen sich gewöhnlich im Hause das Beispiel dessen, der am meisten zu leben und zu genießen scheint.

Goethe,
Unterhaltungen Deutscher Ausgewanderten

Auch in einem Königshaus lernt man, wie die Affen lernen: Indem man die Eltern beobachtet.

Prinz Charles

Nachahmung ist die aufrichtigste Form der Schmeichelei.

Charles Caleb Colton

Ein anderes ist Nachahmen, ein anderes nach Meistern, die gewisse Formen des Vortrags durchstudiert haben, sich bilden.

Goethe,
an Philipp Christoph Kayser, 25. 4. 1785

Es kommt nur immer darauf an, daß derjenige, von dem wir lernen wollen, unserer Natur gemäß sei.

Goethe,
zu Eckermann, 12. 5. 1825

Das Nachzuahmende wird nicht leicht erkannt.

Goethe, Wilhelm Meisters Lehrjahre VII, 9

Ich kann mich des Gedankens nicht erwehren, daß die Dämonen, um die Menschheit zu necken und zum besten zu haben, mitunter einzelne Figuren hinstellen, die so anlockend sind, daß jeder nach ihnen strebt, und so groß, daß niemand sie erreicht. So stellten sie den Raffael hin.

Goethe, zu Eckermann, 6. 12. 1829

Shakespeare ist gar zu reich und gewaltig. Eine produktive Natur darf alle Jahr nur ein Stück von ihm lesen, wenn sie nicht an ihm zugrundegehen will. Ich tat wohl, daß ich durch meinen Götz von Berlichingen und Egmont ihn mir vom Hals schaffte, und Byron tat sehr wohl, daß er vor ihm nicht zu großen Respekt hatte und seine eigenen Wege ging.

Goethe, zu Eckermann, 25. 12. 1825

Ein Mensch, der Ideale hat,
der hüte sich, sie zu erreichen.
Sonst wird er eines Tages statt
sich selber andren Menschen gleichen.

Erich Kästner, Variante zum „Abschied"

Eine kleinliche Natur wird durch einen selbst täglichen Verkehr mit der Großheit antiker Gesinnung um keinen Zoll größer werden. Allein ein edler Mensch, in dessen Seele Gott die Fähigkeit künftiger Charaktergröße und Geisteshoheit gelegt, wird durch die Bekanntschaft und den vertraulichen Umgang mit den erhabenen Naturen griechischer und römischer Vorzeit sich auf das herrlichste entwickeln.

Goethe, zu Eckermann, 1. 4. 1827

Daß ein Narr zehn andere macht, ist freilich schlimm genug; aber weit schlimmer ist es noch, daß auch ein Schurke zehn andere macht. Nur die Vernunft macht wenig Proselyten.

Seume, Apokryphen

Unter all meinen Freunden und Weggenossen
fand ich noch jeden froh entschlossen,
des andern Weisheit zu verlachen
und seine Torheit nachzumachen.

Oskar Blumenthal

Lernen

Viel könnten werden weis' und klug,
wenn sie nicht meinten, sie wären's genug.

Fischart

Zum steten Lernen bleibet auch das Alter jung. (Chorführer)

Aischylos, Agamemnon 584

Jeder, der aufhört zu lernen, ist alt, mag er zwanzig oder achtzig Jahre zählen. Jeder, der weiterlernt, ist jung, mag er zwanzig oder achtzig Jahre zählen.

Henry Ford I.

Sobald jemand in einer Sache Meister geworden ist, sollte er in einer neuen Sache Schüler werden.

Gerhart Hauptmann

In einem jeden neuen Kreise muß man zuerst wieder als Kind anfangen, leidenschaftliches Interesse auf die Sache werfen, sich erst an der Schale freuen, bis man zu dem Kerne zu gelangen das Glück hat.

Goethe, Wilhelm Meisters Wanderjahre I, 3

Je mehr wir in uns aufnehmen, um so größer wird unser geistiges Fassungsvermögen.

Seneca, an Lucilius

Von einem bestimmten Alter an schließt sich der menschliche Geist, und man lebt von seinem intellektuellen Fett.

William Lyon Phelps

Um einen Gegenstand ganz zu besitzen,zu beherrschen, muß man ihn um sein selbst willen studieren.

Goethe, Wilhelm Meisters Wanderjahre I, 4

In der Welt lernt der Mensch nur aus Not oder Überzeugung.

Pestalozzi, Über den Aufenthalt in Stans

Studium ist Balsam gegen die Leidenschaft.

Talmud

Das Studieren ist für mich das hauptsächlichste Mittel gegen Lebensüberdruß gewesen; denn nie habe ich Kummer gehabt, den eine Stunde, mit Lesen zugebracht, nicht verscheucht hätte.

Karl Julius Weber,
Demokritos I, 10

Lernen muß man mit dem ganzen Körper.

Friedrich Oberlin

Lebenstätigkeit und Tüchtigkeit ist mit auslangendem Unterricht weit verträglicher, als man denkt.

Goethe,
Wilhelm Meisters Wanderjahre II, 8

Gesagt ist nicht gehört. Gehört ist nicht verstanden. Verstanden ist nicht einverstanden. Einverstanden ist nicht behalten. Behalten ist nicht angewandt. Angewandt ist nicht beibehalten.

Heinz Goldmann

Überhaupt lernt niemand etwas durch bloßes Anhören, und wer sich in gewissen Dingen nicht selbst tätig bemüht, weiß die Sachen nur oberflächlich.

Goethe, zu Eckermann, 20. 2. 1831

Wir behalten von unseren Studien am Ende doch nur das, was wir praktisch anwenden.

Goethe, zu Eckermann, 24. 2. 1824

Zuviel Zeit auf Studien verwenden ist Faulheit.

Francis Bacon, Von den Studien

Es ist gewiß besser, eine Sache gar nicht studiert zu haben, als oberflächlich. Denn der bloße gesunde Menschenverstand, wenn er eine Sache beurteilen will, schießt nicht so sehr fehl als die halbe Gelehrsamkeit.

Lichtenberg

Es ist das Los des Menschen, daß die Wahrheit keiner hat. Sie haben sie alle, aber verteilt, und wer nur bei einem lernt, der vernimmt nie, was die andern wissen.

Pestalozzi, Lienhard und Gertrud

Weit größer ist die Gefahr beim Einkauf von Wissensvorräten als von Speisevorräten. Speisen und Getränke nämlich kann man, wenn man sie von einem Krämer oder Kaufmann eingehandelt hat, in besonderen Gefäßen forttragen und, bevor man sie durch Trinken oder Essen in den Leib aufnimmt, im Hause stehen lassen und unter Zuziehung eines Sachverständigen sich Rats holen, was davon sich zum Essen und Trinken empfiehlt und was nicht und wieviel und wann. Mit dem Kauf hat es also hier keine weitere Gefahr. Kenntnisse aber kann man nicht in einem besonderen Gefäße wegtragen, sondern hat man einmal den Kaufpreis erlegt, so muß man sie unmittelbar in die Seele aufnehmen und sich mit ihrem Besitze abfinden, gleichviel, ob es einem zum Schaden oder Nutzen ausschlägt. (Sokrates)

Platon, Protagoras 5

Des Schülers Kraft entzündet sich am Meister;
doch schürt sein jugendlicher Hauch
zum Dank des Meisters Feuer auch.

Geibel, Spätherbstblätter, Sprüche 3

Schlecht steht es um den Schüler, der seinen Meister nicht überflügelt.

Leonardo da Vinci

Nie Schüler irgendeines Mannes sein, aber Hörer aller.

Lavater

Das Gegenteil tun heißt auch nachahmen.

Lichtenberg

Fragen

Ein Fragender ist nie unwissend.

Aus Kamerun

Der Wissende weiß und erkundigt sich, aber der Unwissende weiß nicht einmal, wonach er sich erkundigen soll

Aus Indien

Wer sich des Fragens schämt, der schämt sich des Lernens.

Christoph Lehmann, Politischer Blumengarten I, Fragen

Wer fragt, geht nicht fehl, aber sein Geheimnis ist aufgedeckt.

Aus Liberia

Betrachte einmal die Dinge von einer anderen Seite, als du sie bisher sahst; denn das heißt ein neues Leben beginnen.

Mark Aurel, Selbstbetrachtungen VII, 2

Niemand ist so uninteressant wie ein Mensch ohne Interesse.

John Mason Brown

Wer nicht neugierig ist, erfährt nichts. (Sora)

Goethe, Triumph der Empfindsamkeit V

Lockte die Neugier nicht den Menschen mit heftigen Reizen,
sagt, erführ er wohl je, wie schön sich die weltlichen Dinge
gegeneinander verhalten? Denn erst verlangt er das Neue,
suchet das Nützliche dann mit unermüdetem Fleiße;
endlich begehrt er das Gute, das ihn erhebet und wert macht.

Goethe, Hermann und Dorothea 1

Wenn die Neugier sich auf ernsthafte Dinge richtet, dann nennt man sie Wissensdrang.

Ebner-Eschenbach, Aphorismen

Klug fragen können ist die halbe Weisheit.

Francis Bacon

Frage nur vernünftig, und du hörst Vernünftiges. (Agamemnon)

Euripides, Iphigenie in Aulis 1135

Wir entdecken mehr, sind wir
vorher gewiß, daß wir entdecken müssen. (Domingo)

Schiller, Don Karlos II, 10

Fragt nicht nach Dingen, die, so sie euch kund würden, euch wehe täten.

Koran 5

Der Blick des Forschers fand
nicht selten mehr, als er zu finden
wünschte. (Tempelherr)

Lessing,
Nathan der Weise II, 7

Prüfungen sind deshalb so scheußlich, weil der größte Trottel mehr fragen kann, als der klügste Mensch zu beantworten vermag.

Charles Caleb Colton

Übung

Es werden mehr Menschen durch Übung tüchtig als durch Naturanlage.

Demokrit

Die Übung ist
in allem beste Lehrerin den Sterblichen.

Euripides, Andromache 674

Ich bringe nichts vor mich im Zeichnen. Jetzt sehe ich täglich mehr, wie eine anhaltende mechanische Übung endlich uns das Geistige auszudrücken fähig macht, und wo jene nicht ist, bleibt es eine hohle Begierde, dieses im Flug schießen zu wollen.

Goethe, an Charlotte von Stein, 9. 4. 1782

Selbsterkenntnis

Einmal innerlich deine Affekte ganz ausreden lassen und sie abhören und ausfragen, was sie denn eigentlich wollen!

Jean Paul, Aphorismen

Ob ich gleich selbst am besten wissen muß, wo in meinem Stall die Zäume hängen, so ist es doch immer sehr interessant, sich mit einem verständigen und einsichtsvollen Manne über sich selbst zu unterhalten.

Goethe,
an Carl Friedrich von Reinhard, 22. 6. 1808

Um sich selbst zu erkennen, muß man handeln.

Albert Camus

Keiner weiß, was in ihm steckt, bevor er von der Macht gekostet hat.

Otto Flake, Erkennende Kindheit

Im Unglück lernt man sich selbst am besten kennen, weil man nicht mehr durch Freunde abgelenkt wird.

Samuel Johnson

Beim Lesen unserer alten Briefe erschauern wir über den späten Einblick in uns selbst.

Hans Arndt,
Im Visier, Erhellte Distanz

Wenn ich bedenke, wie man wenig ist, und was man ist, das blieb man andern schuldig. (Prinzessin)

Goethe, Torquato Tasso I, 1

Der, der ich bin, grüßt trauernd den, der ich sein möchte.

Karl Rahner,
am 4. 3. 1979 in der Katholischen Akademie München

Gerade das aber ist ein Beweis dafür, daß wir auf dem Weg der Besserung sind, wenn wir unsere Fehler, von denen wir bisher nichts wußten, klar erkennen. Manche Kranke beglückwünscht man, wenn sie anfangen, sich krank zu fühlen.

Seneca, an Lucilius

Ein schlechter Mensch kennt sich am besten.

Aus Simbabwe

Multi multa sciunt, se autem nemo. Viele wissen viel, sich selbst kennt niemand!

Wahlspruch Kaiser Heinrichs IV.

Nur die Oberflächlichen kennen sich selbst.

Oscar Wilde

Oh, die Natur schuf mich im Grimme!
Sie gab mir nichts als eine schöne Stimme.

Claudius, Der Esel

Cäsar wurde ermordet, da schrie sein Schneider nach Waffen.
„Wer ist noch sicher in Rom“, rief er, „wenn der es nicht war!“

Hebbel, Cäsar und sein Schneider

Man wirft den Menschen immer vor, daß sie ihre Mängel nicht erkennen. Noch weniger aber kennen sie ihre Stärken. Sie sind wie das Erdreich. In vielen Grundstücken sind Schätze verborgen, aber der Besitzer weiß nichts von ihnen.

Jonathan Swift, Aphorismen

Der Mensch ist ein dunkles Wesen. Er weiß nicht, woher er kommt, noch wohin er geht, er weiß wenig von der Welt und am wenigsten von sich selber.

Goethe, zu Eckermann, 10. 4. 1829

Man ist verloren, wenn man zu viel Zeit bekommt, an sich zu denken.

Lichtenberg

Selbstkritik

Zu welchen aber gehöre ich? Zu denen, die sich gerne widerlegen lassen, wenn sie etwas Falsches sagen. (Sokrates)

Platon, Gorgias

Diejenigen, die nicht mit Aufmerksamkeit den Bewegungen ihrer eigenen Seele folgen, geraten notwendig ins Unglück.

Mark Aurel,
Selbstbetrachtungen II, 8

Einem jeglichen dünkt sein Weg recht sein; aber allein der Herr macht die Herzen gewiß.

Sprüche Salomos 21, 2

Was ist wohl die schlechteste und welches ist die schönste Tat, die du in deinem Leben nach deinem Urteil begangen hast?

Lichtenberg

Schätze deine Größe nicht nach deinem Schatten.

Aus Zaïre

Selbst der bescheidenste Mensch hält mehr von sich, als sein bester Freund von ihm hält.

Ebner-Eschenbach, Aphorismen

Unschuldig ist der Hoffnung Schmeichelei. (Polymetis)

Goethe, Elpenor II, 3

Doch schienen mir, Ihr Athener, den gleichen Fehl wie jene Dichter auch die Meister des Handwerks zu haben: Weil sie so trefflich ihre Kunst ausübten, beanspruchte jeder von ihnen, auch sonst in den größten Dingen weise zu sein.

Platon,
Verteidigungsrede des Sokrates I, 8

Das Schlimme ist, daß man im Leben soviel durch falsche Tendenzen ist gehindert worden und daß man nie eine solche Tendenz erkannt, als bis man sich bereits davon frei gemacht.

Goethe, zu Eckermann. 12. 4. 1829

Man kann die Erfahrung nicht früh genug machen, wie entbehrlich man in der Welt ist.

Goethe, Wilhelm Meisters Lehrjahre VII, 8

Was siehest du aber den Splitter in deines Bruders Auge und wirst nicht gewahr des Balken in deinem Auge?

Matthäus 7, 3

Suche selbst deine Fehler zu erkennen; denn die Wohlwollenden machen dich nicht darauf aufmerksam, um dir nicht weh zu tun, die Feindseligen nicht, weil sie sich über diese Fehler freuen.

Grillparzer

Deine Tugenden halte für allgemeine des Menschen,
deine Fehler jedoch für dein besonderes Teil!

Hebbel, Ethischer Imperativ

„Ich weiß, ich habe viel und große Mängel!"
Er spricht es nicht mit Scham, nein, mit Erdreisten
und denkt bei sich: Ein so famoser Bengel
wie ich kann sich ein Schock von Fehlern leisten.

Otto Ernst, Der Bescheidene

Wenn sich ein Mensch „Realist" zu nennen beginnt, kann man sicher sein, daß er etwas vorhat, dessen er sich insgeheim schämt.

Sidney J. Harris

Den Schlechtesten selbst sollte man womöglich vor der Überzeugung schützen, daß er schlecht sei. Schon mancher ist schlecht geworden, weil er sich zu früh für schlecht hielt.

Hebbel, Tagebücher, 1. 5. 1838

Was ist schöner als die Gewohnheit, seinen Tag einer genauen Prüfung zu unterwerfen? Welch ein Schlaf folgt auf diese Selbstbetrachtung, wie ruhig und unbeschwert!

Seneca, an Lucilius

Die Zucht, die der Mensch an sich selbst übt, kann nur durch den Frohsinn, der sie begleitet, verdienstlich und beispielhaft werden.

Kant

In dem Maße, wie der Wille und die Fähigkeit zur Selbstkritik steigen, hebt sich auch das Niveau der Kritik am andern.

Morgenstern, Stufen, Ethisches, 1909

Streben

Wir sind nichts. Was wir suchen, ist alles.

Hölderlin, Nachlese

Ich bin wie eine Brieftaube, die man vom Urquell der Dinge in ein fremdes Land getragen und dort freigelassen hat. Sie trachtet ihr ganzes Leben nach der einstigen Heimat; ruhelos durchmißt sie das Land nach allen Seiten. Oft fällt sie zu Boden in ihrer großen Müdigkeit, und man kommt, hebt sie auf, pflegt sie und will sie ans Haus gewöhnen. Aber sobald sie die Flügel nur wieder fühlt, fliegt sie von neuem fort.

Christian Morgenstern

Der Strebende ist Gottes Freund.

Dschelal Eddin Rumi

Vor einer Anzahl von Leuten der „guten Gesellschaft“: Sind es nicht alles Menschen, die man in irgend einem Zuge ihres Wesens lieben kann? Alle sind so oder so ein wenig oder sehr liebenswert. Aber sie müßten auch fast alle mit dem Gift einer schwachen, doch steten Unruhe geimpft werden. Sie wollen zu wenig über sich hinaus; sie siedeln sich zu schnell bei sich selber an; sie haben zu wenig Wachstum und Wandertum in sich. Sie glauben, mit 30 Jahren sich gefunden zu haben.

Morgenstern,
Stufen, Tagebuch eines Mystikers

Wer nicht vorwärts geht, der kommt zurücke.

Goethe, Hermann und Dorothea 3

Wer sich am Ziele glaubt, geht zurück.

Lao-Tse, Tao-Teh-King 24

Zum Vorwärtskommen gehört Unangenehmes. Wenn du höher hinauf willst als die große Menge, so mache dich zum Leiden bereit.

Hilty, Glück III

Der Mensch soll
immer streben zum Besseren; und wie
wir sehen, er strebt auch
immer dem Höheren nach, zum
wenigsten sucht er das Neue.
Aber geht nicht zu weit! Denn neben
diesen Gefühlen
gab die Natur uns die Lust, zu
verharren im Alten
und sich dessen zu freuen, was jeder
lange gewohnt ist.

Goethe, Hermann und Dorothea 5

Den Gipfel im Auge wandeln wir gerne auf der Ebene.

Goethe, Wilhelm Meisters Lehrjahre VII, 9

Warum soll ich mich verändern, wenn ich mich wohlbefinde? (Firmin)

Schiller, Der Parasit I, 2

Die Botaniker haben eine Pflanzenabteilung, die sie Incompletae nennen; man kann eben auch sagen, daß es inkomplette, unvollständige Menschen gibt. Es sind diejenigen, deren Sehnsucht und Streben mit ihrem Tun und Leisten nicht proportioniert ist.

Goethe,
Wilhelm Meisters Wanderjahre II,
Betrachtungen im Sinne der Wanderer

Das ist ein Jagen auf dieser Erden
nach Rang und Würden und
gleißendem Schein.
Im hitzigen Fieber, etwas zu werden,
versäumen die Toren, etwas zu sein.

Oskar Blumenthal

Wer glaubt, sich im Streben Erlösung zu sichern oder die innere Freiheit, erweist damit nur, daß er nicht erkannt hat, was Erlösung ist. Es hat sich mit dieser irrtümlichen Auffassung die Meinung zum sittlichen Lebensgesetz erhoben, daß nur der tätige Mensch sich zu vollenden vermöchte.

Waldemar Bonsels

Kannst du kein Stern am Himmel sein,
so sei eine Lampe im Haus.

Aus Arabien

Vervollkommnung

Der Vollendete gleicht dem Wasser: Allen Wesen spendet es willig Erquikkung und Segen. Streitlos erfüllt es die Tiefen, die der Mensch flieht, und ist dem Tao am nächsten.

Lao-Tse, Tao-Teh-King 8

Vollkommen sein heißt Gott fürchten und lieben und dem Nächsten alles Gute tun.

Luther, Deutsche Schriften 3, 101

Omnia praeclara rara. Alles Vortreffliche ist selten.

Cicero, Laelius 21

Es ist verständlich, wenn der Mensch stolz darauf ist, daß er, obgleich nicht durch eigene Anstrengung, die höchste Sprosse der organischen Stufenleiter erklommen hat. Die Tatsache, daß er bis dahin gelangte, anstatt von Anfang an dahingestellt worden zu sein, gibt ihm die Hoffnung, daß er in ferner Zukunft noch höher gelangen werde.

Darwin,
Die Abstammung des Menschen

Die Evolution dauert immer noch fort. Nach einer Weile – vielleicht nach Millionen Jahren – wird sich eine neue Art von Mensch entwickelt haben. Alles, was wir gegenwärtig sehen, ist nur ein Stadium, das die Menschheit durchläuft – Besitzgier und Furcht und Grausamkeit. Die Menschen werden alledem entwachsen.

Thornton Wilder,
Der achte Schöpfungstag, Chikago

Es ist ein Artikel meines Glaubens, daß wir durch Standhaftigkeit und Treue in dem gegenwärtigen Zustande ganz allein der höheren Stufe eines folgenden wert und sie zu betreten fähig werden, es sei nun hier zeitlich oder dort ewig.

Goethe, an Carl von Knebel, 3. 12. 1781

Wenn Gott ein Feuer ist, so ist mein Herz ein Herd,
auf welchem er das Holz der Eitelkeit verzehrt.

Angelus Silesius

Vollkommenheit ist die Norm des Himmels, Vollkommenes wollen die Norm des Menschen.

Goethe, Maximen und Reflexionen, Nachlaß, Über Literatur und Leben

Gewinnst du nicht, so werde selbst Gewinn;
entwickle dich in Form und Licht und Tönen,
so wird der Heimat Bürgerkranz dich krönen.

Clemens Brentano, Heimweh

Wie sich im unbehaunen toten Stein,
je mehr der Marmor unterm Meißel schwindet,
anwachsend immer vollres Leben findet,
so mag es, edle Frau, mit mir auch sein.

Was Gutes in mir ist, es hüllt sich ein
tief in mein eigen Fleisch und so,umrindet
vom rauhen rohen Stoffe, der mich bindet,
drängt sich zu mir umsonst das Leben ein.

Zu matt und kraftlos fühl ich mich allein.
Das Ende naht, und Tag auf Tag verschwindet.
Nimm fort, was sich um meine Seele windet!
Ich könnt es nicht, doch du kannst mich befrein!

Michelangelo Buonarotti

Jeder von uns hat etwas Unbehauenes, Unerlöstes in sich, daran unaufhörlich zu arbeiten seine heimlichste Lebensaufgabe bleibt.

Morgenstern, Stufen, Erziehung – Selbsterziehung

Alles Vollkommene in seiner Art muß über seine Art hinausgehen, es muß etwas anderes Unvergleichbares werden. In manchen Tönen ist die Nachtigall noch Vogel; dann steigt sie über ihre Klasse hinüber und scheint jedem Gefiederten andeuten zu wollen, was eigentlich singen heiße.

Goethe, Die Wahlverwandtschaften II, 9

Das Leben ist ein ewiges Werden. Sich für geworden halten heißt sich töten.

Hebbel

Ein großer Teil des inneren Fortschrittes liegt schon im Willen zum Fortschritt.

Seneca, an Lucilius

Daß wir unvollkommen sind,
wenn wir dies erkennen,
kann man solch Erkenntnis schon
eine Beßrung nennen.

Logau, Menschliche Unvollkommenheit

Um seinen Verstand auszubreiten, muß man seine Begierden einschränken.

Lessing, an Nikolai

Wirf jeden Tag einen Ballast ab, der deine Seele beschwert und deine Tatkraft hemmt – eine Furcht, eine Sorge, einen Ärger, eine Enttäuschung, einen Haß, einen Neid, eine Trägheit.

Verfasser unbekannt

Man sollte, sagte er, alle Tage wenigstens ein kleines Lied hören, ein gutes Gedicht lesen, ein treffliches Gemälde sehen und, wenn es möglich zu machen wäre, einige vernünftige Worte sprechen.

Goethe, Wilhelm Meisters Lehrjahre V, 1

Um uns zu vervollkommnen, brauchen wir entweder aufrichtige Freunde oder hartnäckige Feinde. Sie öffnen uns die Augen für unsere guten und schlechten Handlungen – die einen durch ihre Ermahnungen, die anderen durch ihren Tadel.

Diogenes

Ein Messer wetzet das andere und ein Mann den anderen.

Sprüche Salomos 27, 17

Wenn man dich plagt, so segne doch,
wenn man dich haßt, so liebe noch:
Es kann ein guter Mensch auf Erden
durch böse Menschen besser werden.

Gerhard Terstegen, Blumengärtlein III, 183

Wer dem Licht entgegengeht, sieht seinen Schatten nicht.

Erhard Blanck

Manchen Menschen fehlen nur einige Laster, um vollkommen zu sein.

Madame de Sevigné

Der geringste Mensch kann komplett sein, wenn er sich innerhalb der Grenzen seiner Fähigkeiten und Fertigkeiten bewegt.

Goethe, Wilhelm Meisters Wanderjahre II,
Betrachtungen im Sinne der Wanderer

Wer es in etwas, sei es noch so gering, zur Vollkommenheit bringt, der ist für sein Leben geborgen.

Pestalozzi,
Der natürliche Schulmeister 3

XIV. Kapitel

Tugend
Moral
Gewissen
Sittlichkeit
Sittsamkeit
Lauterkeit
Redlichkeit
Wahrhaftigkeit
Offenheit
Ehre
Würde

Tugend

Tugend ist die moralische Stärke in Befolgung seiner Pflicht, die niemals zur Gewohnheit werden, sondern immer ganz neu und ursprünglich aus der Denkungsart hervorgehen soll.

Kant

Tu keinem etwas an, wovon du nicht willst, daß es dir geschehe – in diesem Grundsatz liegt alle Tugend, liegen alle Pflichten des Menschen gegen die Gesellschaft.

Friedrich II. von Preußen

Die größten Tugenden müssen diejenigen sein, welche den Nebenmenschen am nützlichsten sind.

Aristoteles, Rhetorik I, 9

Was immer das Leid der anderen lindert oder ihr Glück erhöht, das nenne ich Tugend. Alles, was die Gesellschaft im allgemeinen oder irgendeines ihrer Individuen verletzt, gilt für mich als Laster.

Robert Burns

Die wahrsten Tugenden sind die übermäßigen: Mitleid nicht mit den guten, sondern mit den Bösen, Großmut gegen die Undankbaren, Treue ohne förmliche Verpflichtung.

Thornton Wilder, Der achte Schöpfungstag, Von Illinois nach Chile

Man kann die Tugend meiner Ansicht nach kurz und gut definieren als die rechte Ordnung der Liebe.

Augustinus

Die Tugend, sagt man, ist Liebe zur Ordnung.

Rousseau, Émile IV, Glaubensbekenntnis des savoyischen Vikars

Die wahre Tugend ist das Leben unter der Leitung der Vernunft.

Spinoza, Posthum

Tugend ist zur Energie gewordene Vernunft.

Friedrich Schlegel, Athenaeum 1798

Muß der, welcher tugendhaft sein soll, keinen Fehler begangen haben? Hat ein einziger so unselige Wirkungen, daß er eine ganze Reihe unsträflicher Jahre vernichten kann? So ist kein Mensch tugendhaft. (Mellefont)

Lessing, Miß Sara Sampson I, 7

Von Natur besitzen wir keinen Fehler, der nicht zur Tugend, keine Tugend, die nicht zum Fehler werden könnte.

Goethe, Wilhelm Meisters Wanderjahre I, 10

Wir behaupten uns nicht aus eigener Kraft in der Tugend, sondern durch das Gegengewicht zweier entgegengesetzter Laster, so wie wir uns zwischen zwei entgegengesetzten Winden aufrecht erhalten. Nehmt eines der beiden Laster weg, und wir fallen in das andere.

Pascal, Gedanken

War einer je gerecht, der niemals hart?
Und der da mild, ist selten ohne Schwäche.
Der Tapfre wird zum Waghals in der Schlacht.
Besiegter Fehl ist all des Menschen Tugend. (König)

Grillparzer, Die Jüdin von Toledo I

Er war tiefe Weisheit, wenn die Römer Tapferkeit und Tugend mit einem und demselben Wort bezeichneten. Es gibt in der Tat keine Tugend, die mit Recht so genannt wird, ohne Sieg über uns selbst.

Smiles, Die Sparsamkeit 6

Auch die Tugend
hat ihre Helden, wie der Ruhm, das Glück. (Gräfin)

Schiller, Wallensteins Tod I, 7

Die Tugend besteht nicht im Verzicht auf das Laster, sondern darin, daß man es nicht begehrt.

Shaw, Der Katechismus des Umstürzlers

Tugend ist die Gesundheit der Seele.

Ariston von Chios

Die Tugend nackt und bloß kann nicht für Gott bestehn,
sie muß mit Liebe sein geschmückt, dann ist sie schön.

Angelus Silesius

Hart kann die Tugend sein, doch grausam nie,
unmenschlich nie. (Karlos)

Schiller, Don Karlos V, 1

Was man die Tugend nennt, sind Tugenden,
verschieden, mannigfalt nach Zeit und Lage. (König)

Grillparzer, Die Jüdin von Toledo IV

Einige Tugenden werden belohnt, andere verziehen.

Klopstock

Die Tugenden sind so verknüpfet und verbunden:
Wer ein' alleine hat, der hat sie alle funden.

Angelus Silesius

Das Volk und die Großen haben weder dieselben Tugenden noch dieselben Laster.

Vauvenargues

Die Tugend ist weiblichen Geschlechts, damit wir sie desto liebenswürdiger finden sollen.

Pythagoras

Die Tugend ist leicht wie eine Flaumfeder.

Aus China

Wem Tugend schwer ist, hat sie nie gekannt.

Schefer, Laienbrevier, August

Unserem Charakter ist der Samen der Tugenden eingeboren. Könnten diese heranreifen und gedeihen, so würde uns die Natur selbst zum seligen Leben hinführen. Aber wir befinden uns von dem Augenblicke an, wo wir ans Licht der Welt gebracht sind und als Kinder begrüßt werden, fortwährend mitten in aller Verderbnis und in höchster Verkehrtheit der Vorstellungen.

Cicero,
Tusculanae III, 2

Wenn wir aber jetzt in unserer Untersuchung durchweg richtig verfahren sind und die Wahrheit gesagt haben, dann dürfte die Tugend wohl weder ein Naturgeschenk noch lehrbar sein, vielmehr durch göttliche Schickung denen innewohnen, die ihrer teilhaftig sind. (Sokrates)

Platon, Menon 42

Und die Tugend, sie ist kein leerer Schall,
der Mensch kann sie üben im Leben.

Schiller, Die Worte des Glaubens

Das tugendhafte Herz wird, wie der Körper, mehr durch Arbeit als durch gute Nahrung gesund und stark.

Jean Paul, Hesperus, Dritter Schalttag

So wie die Flamme wächst bei Sturmes Wehn,
wird jede Tugend, die der Himmel preist,
durch jede Kränkung ihren Glanz erhöhn.

Michelangelo Buonarotti,
Von Kraft und Glanz der Tugend

Gebrauch schwächt den Magnet und auch die Tugend nie;
je mehr man beide nützt, je mehr vermögen sie.

Karl Friedrich Kretschmann, Epigramme

Der Tugendhafte ist weise. Der Weise ist gut. Der Gute ist glücklich.

Boethius

Aber auch Ihr, meine Richter, sollt voller Hoffnung an den Tod denken und dies als eine Wahrheit anerkennen: Daß es für den tüchtigen Mann kein Übel gibt weder im Leben noch nach dem Tode und seine Sache von den Göttern nicht vergessen wird.

Platon,
Verteidigungsrede des Sokrates III, 33

Wer Tugend hat und Kunst, wird nimmer nie vertrieben,
ist, wo er immer ist, als wie zu Hause blieben.

Logau, Vertriebene

Tugend schmückt den Leib, Reichtum das Zimmer.

Aus China

Die Tugend ist sich selbst ihr Lohn.

Seneca, Abhandlungen

In meine Tugend hüll' ich mich und schlafe! (Zelinde)

Platen, Der romantische Ödipus 2

Jetzt verstehe ich klar, was einst man vor allem suchte, wenn man Lehrer der Tugend suchte: Guten Schlaf suchte man sich und mohnblumige Tugenden dazu!

Nietzsche, Zarathustra I.
Von den Lehrstühlen der Tugend

Auch die Tugend ist eine Kunst, und auch ihre Anhänger teilen sich in Ausübende und bloße Liebhaber.

Ebner-Eschenbach, Aphorismen

Man spricht selten von der Tugend, die man hat; aber desto öfter von der, die uns fehlt. (Franziska)

Lessing, Minna von Barnhelm II, 1

Die Tugend ist bei einigen Furcht vor der Gerechtigkeit, bei vielen Schwäche, bei anderen Berechnung.

Gérard de Nerval

Diese Tugend,
ich fürchte sehr, ich kenne sie. Wie wenig
reicht sie empor zu jenem Ideale,
das aus der Seele mütterlichem Boden,
in stolzer, schöner Grazie empfangen,
freiwillig sproßt und ohne Gärtners Hilfe
verschwenderische Blüten treibt! Es ist
ein fremder Zweig, mit nachgeahmtem Süd
in einem rauhen Himmelsstrich getrieben,
Erziehung, Grundsatz, nenn' es, wie du willst,
erworbne Unschuld, dem erhitzten Blut
durch List und schwere Kämpfe abgerungen,
dem Himmel, der sie fordert und bezahlt,
gewissenhaft, sorgfältig angeschrieben.

Schiller, Don Karlos II, 15

Leichtes Leben verdirbt die Sitten, aber die Tugendkomödie verdirbt den ganzen Menschen.

Fontane

Jedwede Tugend
ist fleckenfrei – bis auf den Augenblick
der Probe. (Lerma)

Schiller, Don Karlos IV, 4

Das ist das höchste Verdienst, das sich die Natur um uns erworben hat: Daß die Tugend in alle Herzen ihr Licht hineinsendet. Auch wer ihr nicht nachgehen will, sieht sie doch.

Seneca, Abhandlungen

Eines Mannes Tugend
erprobt allein die Stunde der Gefahr.
(Maria)

Schiller, Maria Stuart I, 7

Moral

Man sollte nie etwas tun, worüber man nach Tisch nicht reden kann.

Wilde, Lehren und Sätze
zum Gebrauch für die Jugend

Man sollte der Moral im allgemeinen treu sein – schon um sich, ist man ihr einmal untreu, nicht des heimlichen Vergnügens zu berauben, daß man etwas Außergewöhnliches erlebt.

Hans Kasper, Abel, gib acht;
Das Kontingent der Fehler

Unsere moralische und politische Welt ist mit unterirdischen Gängen, Kellern und Kloaken miniert, wie eine große Stadt zu sein pflegt.

Goethe, an Lavater, 22. 6. 1781

Ich glaube, daß die moralische Empfindlichkeit im Menschen zu unterschiedenen Zeiten verschieden ist, des Morgens stärker als des Abends.

Lichtenberg

Jeder Mensch hat auch seine moralische backside, die er nicht ohne Not zeigt und die er solange wie möglich mit den Hosen des guten Anstandes zudeckt.

Lichtenberg

Es gibt keine unantastbaren Moralgesetze, aber es gibt unantastbare Spielregeln.

Hans Krailsheimer

Moral predigen ist leicht, Moral begründen schwer.

Schopenhauer,
Über die Grundlage der Moral

Die Kinder haben mehr für die Entwicklung der Moral getan als alle Prediger zusammen.

Thomas Niederreuther, Aphorismen

Die Jugend macht sich die Moral zu einfach. Ein Glück, daß wir Erwachsenen dafür eine doppelte haben.

Karl-Heinz Steeg

Moral ist, wenn man so lebt, daß es gar keinen Spaß macht, so zu leben.

Edith Piaf

Unmoral ist die Moral derer, die sich amüsieren.

Henry Louis Mencken

In der moralischen Entrüstung schwingt auch immer Besorgnis mit, vielleicht etwas versäumt zu haben.

Jean Genet

Bei uns sind diejenigen, die als moralische Leuchten gelten, Menschen, die selber auf gewöhnliche Freuden verzichten und, um sich schadlos zu halten, anderen die Freude verderben.

Bertrand Russell, Skepsis

Moralische Entrüstung ist der Heiligenschein der Scheinheiligen.

Helmut Qualtinger

Das, was man „Laxe Moral" nennt, ist dann und wann nur eine behagliche, gutmütige Teilnahme an der Komödie auf der Bühne der Menschheit.

Wilhelm Raabe

Man hört so oft über weitverbreitete Immoralität in unserer Zeit klagen, und doch wüßte ich nicht, daß irgendeiner, der Lust hätte, moralisch zu sein, verhindert würde.

Goethe, zu Riemer, 27. 6. 1810

Gewissen

Es ist ein Gott. Sein Bevollmächtigter ist das Gewissen.

Hippel,
Lebensläufe nach aufsteigender Linie

Gewissen! O du göttlicher Instinkt, ewige und himmlische Stimme, du zuverlässiger Führer eines zwar unwissenden und beschränkten, aber intelligenten und freien Wesens, du unfehlbarer Richter über Gut und Böse, der du dem Menschen Gottähnlichkeit verleihst!

Rousseau, Emile IV,
Glaubensbekenntnis des savoyischen Vikars

Laß alle Kirchen schließen
und jage Gott selbst aus:
Er kommt in die Gewissen.

Daniel von Czepko,
Wo Freiheit ist und Recht

Gewissen ist Gottes Gegenwart im Menschen.

Swedenborg

Das Gewissen hindert uns nicht, Sünden zu begehen. Aber es hindert uns, die Sünden zu genießen.

Salvadore de Madariaga

Das Gewissen warnt uns als Freund, bevor es uns als Richter straft.

Stanislaus I. von Polen

Gewissen ist das Bewußtsein eines inneren Gerichtshofes im Menschen.

Kant

Das strengste Gericht ist das eigene Gewissen. Hier wird kein Schuldiger freigesprochen.

Juvenal

Das Gewissen ist doch mehr als eine ganze uns verklagende Welt. (Waitwell)

Lessing, Miß Sara Sampson I, 1

Ungeheure
Verbrechen wecken unnatürliche
Gewissensangst, und die beladne Seele
beichtet
dem tauben Kissen ihre Schuld. (Arzt)

Schiller, Macbeth V, 1

Das Gewissen ist das Gesetz der Gesetze.

Lamartine

Ein böses Gewissen ist ein Ofen, der immer raucht.

Hippel,
Lebensläufe nach aufsteigender Linie

Das Gewissen ist die Wunde, die nie heilt.

Hebbel

Goethe erzählte mir von einem Knaben, der sich über einen begangenen kleinen Fehler nicht habe beruhigen können: „Es war mir nicht lieb, dieses zu bemerken; denn es zeugt von einem zu zarten Gewissen, welches das eigene moralische Selbst so hoch schätzt, daß es ihm nichts verzeihen will.“

Eckermann,
Gespräche mit Goethe, 29. 5. 1831

Zu strenge Fordrung ist verborgner Stolz. (Pylades)

Goethe, Iphigenie auf Tauris IV, 4

Das, was wir ein böses Gewissen nennen, ist immer ein gutes Gewissen. Es ist das Gute, was sich in uns erhebt und uns bei uns selber verklagt.

Fontane

Ich bin durch meine Laster Sklave und frei durch meine Gewissensbisse.

Rousseau, Émile IV, Glaubensbekenntnis des savoyischen Vikars

Wenn man ein recht kräftiges, von Gesundheit strotzendes Gewissen hätte, dann getraute man sich zu tun, was man am liebsten möchte. (Hilda)

Ibsen, Baumeister Solness II

Es ist jetzt Mode, Schnallen an den Beinkleidern zu tragen, womit man sie nach Belieben weiter und enger schnürt. Wir wollen uns ein Gewissen nach der neuesten Facon anmessen lassen. (Franz)

Schiller, Die Räuber I, 1

Das Gewissen ist der elastischste Stoff von der Welt. Heute kannst du es nicht über einen Maulwurfshügel spannen; morgen bedeckt es einen Berg.

Edward Bulwer, Ernst Maltravers I, 7

Das Gewissen des Menschen muß freibleiben von der Verquickung mit den Interessen einer religiösen Institution. Es kann nicht von einer Ideologie abhängig gemacht werden.

Guenter Lewy

Auch die Stimme des Gewissens macht einen Stimmbruch mit.

Lec, Unfrisierte Gedanken

Gewissen kann nur sein, wo Wissen ist.

Erhard Blanck

Die innere Stimme muß schon vorlaut werden, damit wir ihr folgen.

Hans Arndt, Im Visier, Aufgespürt

Sein Gewissen war rein. Er benutzte es nie.

Lec, Unfrisierte Gedanken

Es gibt drei Kräfte auf dieser Erde, die das Gewissen dieser schwächlichen Rebellen zu ihrem eigenen Glück für immer besiegen und fesseln können: Das Wunder, das Geheimnis und die Autorität.

Dostojewski, Die Brüder Karamasow III, 3

Sei deines Willens Herr und deines Gewissens Knecht.

Ebner-Eschenbach, Aphorismen

Sittlichkeit

Man nennt die bloße Übereinstimmung oder Nichtübereinstimmung einer Handlung mit dem Gesetz, ohne Rücksicht auf die Triebfeder derselben, Legalität (Gesetzmäßigkeit), diejenige aber, in welcher die Idee der Pflicht aus dem Gesetze zugleich die Triebfeder der Handlung ist, Moralität (Sittlichkeit) derselben.

Kant, Die Metaphysik der Sitten I, Metaphysische Anfangsgründe der Rechtslehre

Die vollendete sittliche Größe ist in keinem Individuum der Menschheit vorhanden, wird also nur gedacht und nirgends angeschaut.

Goethe, zu Karl Ernst von Hagen, August 1805

Auch die Begriffe von Tugend und Sittlichkeit sind der Mode unterworfen, und wer sich nicht nach den Modebegriffen seines Jahrhunderts schmiegen kann, der wird von den Zeitgenossen verkannt und verschrieen.

Moses Mendelssohn, an Hennings

Die Sittlichkeit ist ein Kind der Sitte. Die Sitte ist ein Kind der Geographie und Geschichte, des Klimas, der Religion, der Tradition und der Rasse.

Coudenhove-Kalergi, Held und Heiliger

Viele sind fähig, etwas Weises zu tun, noch mehr, etwas Schlaues, aber sehr wenige etwas Edles.

Pope, Aphorismen

Die Sittenlosigkeit der Völker ist so groß und ihre Euphemismen darüber sind so zahlreich, daß ein ehrlicher, in der Verderbtheit uneingeweihter Mann fast kein Wort sagen kann, ohne eine Zweideutigkeit zu sprechen.

Seume, Apokryphen

Unsittliche Frechheit könnte man mit Arseniksublimat vergleichen, das die Farbenstoffe glänzender macht, am Ende aber den Zeug zerfrißt und dessen Träger vergiftet.

Jean Paul, Vorschule der Ästhetik

Keine sittliche Ordnung kann durch Gewalt erzwungen werden.

Stefan Zweig

Die aktiven Faktoren der Menschennatur sind die Neigungen und Leidenschaften; ihr Übermaß zu hemmen, ist die Aufgabe des Sittlichen. Letzteres ist daher negativ und kann als solches nicht der Zweck des Menschen sein.

Grillparzer, Aphorismen, 1833

Wer Sittlichkeit zum alleinigen Zweck des Menschen macht, kommt mir vor wie einer, der die Bestimmung einer Uhr darin fände, daß sie nicht falsch gehe. Das erste bei der Uhr aber ist, daß sie gehe; das Nichtfalschgehen kommt dann erst als regulative Bestimmung hinzu.

Grillparzer, Aphorismen, 1820

Sittsamkeit

Du bist, du Heilige, vor jedem Zutritt
mit diamantnem Gürtel angetan.
Auch selbst der Glückliche, den du empfängst,
entläßt dich schuldlos noch und rein, und alles,
was sich dir nahet, ist Amphitryon.
(Jupiter)

Heinrich von Kleist, Amphitryon II, 5

Est verecundia pudicitiae comes. Die Schamhaftigkeit ist eine Begleiterin der Keuschheit.

Ambrosius, Von den Pflichten

Wahre Sittlichkeit im Geschlechtsleben, die sich von abergläubischen Vorstellungen freigemacht hat, beruht im wesentlichen auf Achtung der Persönlichkeit des anderen und einem inneren Widerstreben, diesen ohne Rücksicht auf seine eigenen Wünsche lediglich als Mittel zum Zwecke persönlicher Triebsättigung zu gebrauchen.

Bertrand Russell, Marriage und Morals 11

Es gibt kein Gesetz der Sittlichkeit, sondern Gott sagt einem jeden, was er darf und was er nicht darf.

Paul Ernst, Erdachte Gespräche

Rückt die Meinungen des Volkes zurecht, und seine Sitten werden sich von selbst bessern.

Rousseau, Der Gesellschaftsvertrag IV

Eine tugenhafte Frau hat im Herzen eine Fiber mehr oder weniger als die anderen. Sie ist entweder dumm oder erhaben.

Balzac, Physiologie der Ehe

Ein schönes Weib ohne Zucht ist wie eine Sau mit einem goldenen Haarband.

Sprüche Salomos 11, 22

Pfleg deiner Tugend,
nur führe sie nicht wie ein Schlittenpferd
stets durch die Straße! (Merkur)

Heinrich von Kleist, Amphitryon I, 5

Die Tugenden sind der Frauen Spielzeug.

Aus Madagaskar

Das ist die Art der tugendhaften Weiber,
daß ewig sie mit ihrer Tugend zahlen.
Bist du betrübt, so trösten sie mit Tugend,
und bist du froh gestimmt, ist's wieder Tugend,
die dir zuletzt die Heiterkeit benimmt,
wohl gar die Sünde zeigt als einz'ge Rettung. (König)

Grillparzer, Die Jüdin von Toledo IV

Himmel, welch eine Pein sie fühlt! Sie hat so viel Tugend
immer gesprochen, daß ihr nun kein Verführer mehr naht.

Heinrich von Kleist, Die Reuige

Prüderie ist Prätension auf Unschuld, ohne Unschuld.

Friedrich Schlegel, Athenaeum 1798

O prahle mit deiner Tugend nicht!
Das Sündigen wird dir sauer.
Wer keine Beine zum Gehen hat,
der springt nicht über die Mauer.

Wilhelm Müller, Verdienstlose Tugend

Als wenn die Resignation nicht ein integrierender Bestandteil wäre dessen, was man bei den Frauen 'Anständigkeit' nennt!

André Gide, Die Falschmünzer III, 10

Wenn einen Fehltritt Fraun getan,
des Mannes Bitt' war schuld daran.
Auch ein Mann dasselbe täte,
wenn man ihn so innig bäte.

Freidank, Bescheidenheit

Der ausgelassenste Bube ist zu verzagt, uns etwas Beschimpfendes zuzumuten, wenn wir ihm nicht selbst ermunternd entgegengehn. (Lady)

Schiller, Kabale und Liebe IV, 7

Sie habe gefunden, daß die Gefahren, die man für ihr Geschlecht befürchte, nur eingebildet seien, und daß die Ehre eines Weibes, selbst unter Straßenräubern, nur bei Schwäche des Herzens und der Grundsätze Gefahr laufe.

Goethe, Wilhelm Meisters Wanderjahre I, 5

Der Lebenskampf gibt der Hohen Schule des Anstandes seine Bewährungschance.

Hans Arndt, Im Visier, Im rechten Winkel

Macht uns nicht die Tugend glücklich, und ist tugendhaft handeln und vernünftig handeln nicht einerlei?

Ewald von Kleist,
Gedanken über verschiedene Gegenstände

Lauterkeit

Reines Herzens zu sein,
das ist das Höchste,
was Weise ersannen,
Weisere taten.

Hölderlin, An Diotima

Welch ein Geschenk für die Menschheit ist ein edler Mensch!

Goethe, an Charlotte von Stein, 9. 5. 1782

Dem Reinen ist alles rein.

Goethe, Wilhelm Meisters Wanderjahre III, 3

Das Gefühl vollständiger Ebenbürtigkeit, das Gefühl der seelischen und physischen Gemeinschaft mit allen Rassen und Arten, das ist Unschuld.

Jean Giraudoux

Was ist nicht sündigen? Du darfst nicht lange fragen:
Geh hin, es werden's dir die stummen Blumen sagen.

Angelus Silesius,
Der Cherubinische Wandersmann,

Die Sache, die zum bleibenden Sieg geführt werden soll, die muß von einem frohen, schuldlosen Manne getragen werden. (Rosmer)

Ibsen, Rosmersholm III

Beim Zerstören gelten alle falschen Argumente, beim Aufbauen keineswegs. Was nicht wahr ist, baut nicht.

Goethe, Maximen und Reflexionen

Die Unschuld hat im Himmel einen Freund. (Gertrud)

Schiller, Wilhelm Tell I, 2

Wer im Licht wandert, stolpert nicht.

Aus Togo

Bei allzu gerader Fahrt
treibet des Menschen Verhängnis
auf verborgene Scheiterklippen. (Chor)

Aischylos, Agamemnon 1003/5

Gerades Scheitern steht höher als ein krummer Sieg. (Neoptolemos)

Sophokles, Philoktet V, 94

Wenn einer von seiner Anständigkeit spricht, zähle die Löffel.

Aus Polen

Es ist gefährlich, nur in Unschuld leben zu wollen.

Livius

Sei artig und du wirst einsam sein.

Mark Twain

Redlichkeit

Ein jeder wackre Mann ist ein Mann von Wort. (Alcippe)

Corneille, Der Lügner III, 2

Nur der Mensch, der wahrhaft mit sich selbst ist, vermag es auch gegen andere zu sein.

Bentzel-Sternau, Weltansichten

Wer mich entbehren kann, wird Wahrheit für mich haben. (König)

Schiller, Don Karlos III, 5

Wer die Wahrheit verrät, verrät sich selbst. Es ist hier nicht die Rede vom Lügen, sondern vom Handeln gegen Überzeugung.

Novalis, Fragmente 1798

Wir sind nie so aufrichtig gegen uns selbst wie da, wo wir inkonsequent erscheinen.

Oscar Wilde

Vollkommene Aufrichtigkeit ist der Weg zur Originalität.

Baudelaire

Ehrlichkeit macht unbesonnen, auch wohl trotzig. (Vansen)

Goethe, Egmont IV, Straße

Die Derbheit ist nicht immer Redlichkeit. (Julius)

Grillparzer,
Ein Bruderzwist in Habsburg III

Was heißt du ehrlich? Reichen Filzen ein Dritteil ihrer Sorgen vom Hals schaffen, die ihnen nur den goldnen Schlaf verscheuchen, das stockende Geld in Umlauf bringen, das Gleichgewicht der Güter wieder herstellen, mit einem Wort, das goldne Alter wieder zurückrufen, dem lieben Gott von manchem lästigen Kostgänger helfen, ihm Krieg, Pestilenz, teure Zeit und Dokters ersparen – siehst du, das heiß' ich ehrlich sein, das heiß' ich ein würdiges Werkzeug in der Hand der Vorsehung abgeben. (Spiegelberg)

Schiller,
Die Räuber I, 2

So peinlich gewissenhaft sind wir, wenn es sich um ein Lot oder ein Quentchen handelt, aber wir werden zu Spitzbuben, wenn unser Vorteil sich nach Pfunden wiegen läßt.

Sterne,
Yoricks Predigten I, 4

Wenn es heißt, ein Mensch sei unbestechlich, so frage ich mich unwillkürlich, ob man ihm genug geboten hat.

Fouché

Jetzt kein Schelm und kein Lump zu werden, erfordert die Kraft schon,
welche in besserer Zeit Helden und Heil'gen genügt.

Hebbel, Das Dezennium

Man ist auch verzweifelt wenig, wenn man weiter nicht ist als ehrlich. (Franziska)

Lessing,
Minna von Barnhelm III, 2

Wahrhaftigkeit

Jeder sage, was ihn Wahrheit dünkt, und die Wahrheit selbst sei Gott empfohlen!

Lessing, an Matthias Claudius

Je mehr man die Wahrheit ehrt und liebt, je näher und ähnlicher ist man Gott.

Ulrich Zwingli

Was hat der Mensch dem Menschen Größeres zu geben als Wahrheit!

Schiller,
Was heißt und zu welchem Ende studiert man Universalgeschichte?

Aufrichtigkeit ist der Gipfel guter Manieren.

Shaw

Die Wahrheit sagen heißt mit Liebe reden.

Henry David Thoreau

Wie man seinen Charakter, daß er nicht zu nackt daherkomme, mit Manieren bekleiden soll, so die Wahrheit mit Konzilianz.

Hans Kasper, Abel, gib acht; Gefischtes

Die Wahrheit soll man sagen und dabei nicht viel Worte machen.

Demokrit

Wahrheit liebt Einfalt. Die gerechte Sache
hat künstlich schlauer Wendung nicht vonnöten. (Polynices)

Schiller, Szenen aus den Phönizierinnen des Euripides

Wer eine Hintertür in sein Leben einbaut, gebraucht sie eines Tages als Hauptportal.

Hans Arndt, Im Visier, Heimlich beobachtet

Zweierlei Arten gibt's, die treffende Wahrheit zu sagen:

Öffentlich immer dem Volk, immer
dem Fürsten geheim.

Goethe, Vier Jahreszeiten 84

Wahre Worte sind nicht schön. Schöne Worte sind nicht wahr.

Lao-Tse

Ich nahm die Wahrheit mal aufs Korn
und auch die Lügenfinten.
Die Lüge macht sich gut von vorn,
die Wahrheit mehr von hinten!

Wilhelm Busch, Spricker

Aufrichtigkeit ist wahrscheinlich die verwegenste Form der Tapferkeit.

William Somerset Maugham

Habe den Mut zur Wahrheit! Das kostet dich viele der Freunde,
aber es zeigt dir zugleich, was du an ihnen verlorst.

Leuthold, Distichen 14

Wer die Wahrheit geigt, dem schlägt man die Fiedel um den Kopf.

Christoph Lehmann, Politischer Blumengarten 2, Wahrheit

Der Wahrheitsliebende wird aus der Stadt gejagt.

Aus der Türkei

Besser ist, es gibt Skandal, als daß die Wahrheit zu kurz kommt.

Papst Gregor I.

Wer die Wahrheit nicht weiß, der ist bloß ein Dummkopf. Aber wer sie weiß und sie eine Lüge nennt, der ist ein Verbrecher! (Galilei)

Brecht, Leben des Galilei 9

Unsel'ge Falschheit, Mutter alles Bösen,
du jammerbringende, verderbest uns!
Wahrhaftigkeit, die reine, hätt' uns alle,
die welterhaltende, gerettet. (Max)

Schiller, Wallensteins Tod II, 7

Unwahrheit kann uns ebensosehr in Verlegenheit setzen als Wahrheit; und wenn wir abwägen, wie oft uns diese oder jene nutzt, so möchte es doch immer der Mühe wert sein, sich ein für allemal dem Wahren zu ergeben.

Goethe, Wilhelm Meisters Wanderjahre I, 11

Man soll die Wahrheit mehr als sich selbst lieben, aber seinen Nächsten mehr als die Wahrheit.

Romain Rolland

Besser eine Lüge, die schmeichelt, als eine Wahrheit, die verletzt.

Aus der Tschechoslowakei

Im Zweifelsfalle sprich die Wahrheit.

Mark Twain

Eine halbe Wahrheit ist eine ganze Lüge.

Aus den USA

Offenheit

Gott, wie leicht
mir wird, daß ich nun weiter auf der Welt
nichts zu verbergen habe! Daß ich vor
den Menschen nun so frei kann wandeln als
vor Dir, der Du allein den Menschen nicht
nach seinen Taten brauchst zu richten, die
so selten seine Taten sind. (Nathan)

Lessing, Nathan der Weise V, 4

Wenn Du etwas hast, was Du mir nicht erzählen kannst, dann sei dadurch vor Dir selbst und durch Dich selbst gewarnt.

Helmuth von Moltke, Briefe

Wer will, daß ihm die anderen sagen, was sie wissen, der muß ihnen sagen, was er selbst weiß. Das beste Mittel, Informationen zu erhalten, ist, Informationen zu geben.

Machiavelli

Der Zugeschlossene schließt alle zu, und der Offene öffnet, vorzüglich, wenn Superiorität in Beiden ist.

Goethe, an Charlotte von Stein, 12. 4. 1782

Offner spricht der Mann zum Mann.
(Orestes)

Aischylos, Die Grabesspenderinnen 666

Wenn dir einer mit dem Herzen in der Hand kommt, sieh dir zunächst einmal die Hand an.

Henry Benrath

Viel von sich reden, kann auch ein Mittel sein, sich zu verbergen.

Nietzsche, Jenseits von Gut und Böse IV, Sprüche und Zwischenspiele

Menschen führen einander durch ihre Seelen wie Potemkin die Kaiserin Katharina durch Taurien.

Hofmannsthal

Wir Deutschen fallen mit unserer Meinung gerne gerade heraus und haben es im Indirekten noch nicht sehr weit gebracht.

Goethe, zu Eckermann, 9. 7. 1827

Hehle nimmer mit der Wahrheit!
Bringt sie Leid, nicht bringt sie Reue.

Doch weil Wahrheit eine Perle,
wirf sie auch nicht vor die Säue.

Storm, Für meine Söhne

Du wirst kaum jemand finden, der bei offener Türe leben könnte.

Seneca

Zwar denke ich vieles mit der allerklärsten Überzeugung, was ich niemals den Mut haben werde zu sagen. Niemals aber werde ich etwas sagen, was ich nicht denke.

Kant, an Moses Mendelssohn, 8. 4. 1766

Es ist Pflicht, andern nur dasjenige zu sagen, was sie aufnehmen können.

Goethe, Wilhelm Meisters Wanderjahre I, 3

Freund, halte die Brust nicht allzu keck
den Pfeilen der Feinde offen;
denn hast du das Herz auf dem rechten Fleck,
so wird es sicher getroffen.

Otto Ernst, Schützensprüche

Wenn man dem Menschen gleich und immer sagt, worauf alles ankommt, so denkt er, es sei nichts dahinter.

Goethe, Wilhelm Meisters Wanderjahre II, 1

Das Geheimnis
ist für die Glücklichen; das Unglück braucht,
das hoffnungslose, keinen Schleier mehr. (Max)

Schiller, Wallensteins Tod III, 18

Ehre

Ehe man zu Ehren kommt, muß man zuvor leiden.

Sprüche Salomos 15, 33

Die Ehre!
Was ist ihr Wesen? Wo sind ihre Grenzen?
Habt ihr ein Maß für Schatten? Werden sie
nicht nach des Lichtes Stellung groß und klein?

Raupach, Kaiser Friedrich II. Tod II, 6

Der Ruhm glänzt wie die Sonne mit eignem Licht. Die Ehre gleicht der Erde, die mit geborgten Strahlen leuchtet.

Ludwig Börne

Es ist leichter, ein Held zu sein, als ein Ehrenmann. Ein Held muß man nur einmal sein, ein Ehrenmann immer.

Luigi Pirandello

Die Ehr ist wie ein Reh,
fleucht, als sie kommt, viel eh.

Logau, Ehre, durch Versetzung: Rehe

Die Ehre gleicht einer abschüssigen, unzugänglichen Insel. Man kann nicht wieder zu ihr zurück, wenn man sie einmal verlassen hat.

Nicolas Boileau, Satiren, Die Frauen

Die Ehre ist zwar der Tugend Sold,
doch ist die Ehre auch gleichwohl Schuld,
daß eines einzelnen Menschen Ehre
manchmal ein ganzes Land zerstöre.

Logau, Ehre und Ansehen

O, über die wilden, unbiegsamen Männer,die nur immer ihr stieres Auge auf das Gespenst der Ehre heften, für alles andere Gefühl sich verhärten! (Fräulein)

Lessing, Minna von Barnhelm IV, 6

Bequeme Sünd' ist, find' ich, soviel wert
als läst'ge Tugend, und mein Wahlspruch ist:
Nicht so viel Ehr' in Theben und mehr Ruhe! (Merkur)

Heinrich von Kleist, Amphitryon I, 5

Würde

Was einen Preis hat, an dessen Stelle kann etwas anderes als Äquivalent gesetzt werden; was dagegen über allen Preis erhaben ist, das hat seine Würde.

Kant, Grundlegung zur Methaphysik der Sitten

Die Menschheit selbst ist eine Würde; denn der Mensch kann von keinem Menschen bloß als Mittel, sondern muß jederzeit zugleich als Zweck gebraucht werden.

Kant, Grundlegung zur Metaphysik der Sitten

So wie die Anmut der Ausdruck einer schönen Seele ist, so ist Würde der Ausdruck einer erhabenen Gesinnung.

Schiller, Über Anmut und Würde, Würde

Wir handeln, wie wir müssen.
So laßt uns das Notwendige mit Würde,
mit festem Schritte tun. (Wallenstein)

Schiller, Wallensteins Tod II, 2

Die Pflicht gegen sich selbst besteht darin, daß der Mensch die Würde der

Menschheit in seiner eigenen Person bewahre.

Kant

Würde wird mehr im Leiden, Anmut mehr im Betragen gefordert und gezeigt; denn nur im Leiden kann sich die Freiheit des Gemüts und nur im Handeln die Freiheit des Körpers offenbaren.

Schiller, Über Anmut und Würde, Würde

Der vornehme Anstand ist schwer nachzuahmen, weil er eigentlich negativ ist und eine lange anhaltende Übung voraussetzt. Denn man soll nicht etwa in seinem Benehmen etwas darstellen, das Würde anzeigt; leicht fällt man dadurch in ein förmliches stolzes Wesen. Man soll vielmehr nur alles vermeiden, was unwürdig, was gemein ist.

Goethe, Wilhelm Meisters Lehrjahre V, 16

Das Edle liegt in der Art, wie einer Pflicht genügt wird.

Martin Kessel, Gegengabe II

Halte das Bild der Würdigen fest! Wie leuchtende Sterne
teilte sie aus die Natur durch den unendlichen Raum.

Goethe, Halte das Bild der Würdigen fest

Würde ist die Verstellungsform derer, welche im Grunde furchtsam sind.

Nietzsche

„Würde" ist die konditionale Form von dem, was einer ist.

Karl Kraus

Vornehmheit ist nichts als alter Reichtum.

John Gay

XV. Kapitel

Das Böse
Bosheit
Selbstsucht
Anfechtung
Fehler
Laster
Gewalt
Betrug
Lüge
Schuld

Das Böse

Der Mensch liebt zu schaffen und Wege zu bahnen, das ist nicht zu bestreiten. Aber weshalb liebt er auch die Zerstörung und das Chaos bis zur Leidenschaft? Vielleicht weil er instinktiv fürchtet, sein Ziel zu erreichen und das zu schaffende Gebäude zu vollenden? Woher wissen Sie, ob er nicht das Gebäude nur aus der Ferne und keineswegs in der Nähe liebt?

Dostojewski, Aufzeichnungen aus dem Kellerloch I, 9

Das Böse ist das Fehlen des Guten.

Tolstoi, Geschichte des gestrigen Tages

Gutes ohne Böses kann es geben; Böses ohne Gutes aber kann es nicht geben.

Thomas von Aquin

Niemand ist rein. Das Schlimme will sein Recht;
und wer's nicht beimischt tropfenweis dem Guten,
den wird's gesamt aus Eimern überfluten.

Grillparzer, Esther I

Wenn du von kalt und warm sprichst, so weisst du, was böse und gut bedeutet, und wenn du an lau denkst, so begreifst du vielleicht, was schlecht ist.

Waldemar Bonsels, Narren und Helden

Prüfe das Innere jedes beliebigen Menschen – in jedem wirst du wenigstens einen dunklen Punkt finden, den er verhüllen muß! (Bernick)

Ibsen, Die Stützen der Gesellschaft III

Das Schlimmste steht dem Besten oft zunächst. (Matthias)

Grillparzer, Ein Bruderzwist in Habsburg II

Jedem, auch dem Lasterhaftesten, ist gewissermaßen der Stempel des göttlichen Ebenbildes aufgedrückt, und vielleicht hat der große Bösewicht keinen so weiten Weg zum großen Rechtschaffenen wie der kleine; denn die Moralität hält gleichen Gang mit den Kräften, und je weiter die Fähigkeit, desto weiter und ungeheurer ihre Verirrung.

Schiller, Die Räuber, Vorrede

Böses erscheint dem als Gutes,
dem ein Gott seine Sinne
führt ins Verhängnis. (Chor)

Sophokles, Antigone II

Bosheit ist eine Art Delirium und verwirrt den Verstand.

Friedrich II. von Preußen

Die Sünden entstehen aus Unwissenheit.

Thomas von Aquin

Je mehr Erfahrungen ich sammle, um so klarer wird mir, daß so gut wie alles Böse, das in unserer Gesellschaft getan wird – und es wird nicht viel anderes getan –, aus Schwäche geschieht.

Ortega y Gasset

Ich fasse das Leid nicht, das der Mensch dem Menschen zufügt. Sind die Menschen von Natur so grausam? Sind sie nicht fähig, sich hineinzufühlen in die Vielfalt der Qualen, die stündlich, täglich Menschen erdulden? Ich glaube nicht an die „böse" Natur des Menschen. Ich glaube, daß er das Schrecklichste tut aus Mangel an Phantasie, aus Trägheit des Herzens.

Ernst Toller

Die großen Übel in dieser Welt sind nicht die Folgen böser Absichten, sondern die Folgen eines unbegrenzten Willens zum Guten.

Gerhard Szczesny, Das sogenannte Gute 1

Niemals tut man so vollständig und so gut das Böse, als wenn man es mit gutem Gewissen tut.

Pascal

Schwerlich täten so viel Schaden, die in
Fesseln sind gefangen,
als die oft auf Stühlen sitzen und mit
goldnen Ketten prangen.

Logau, Gefangene

Wahr aber bleibt, daß die größten Ungerechtigkeiten von denen ausgehen, die das Übermaß verfolgen, nicht von denen, die die Not treibt. Man wird ja nicht Tyrann, um nicht zu frieren.

Aristoteles, Politik II, 7

Das ist die Eigenschaft der Greueltat, daß sie auch Böses über den Unschuldigen, wie der guten Handlung, daß sie viele Vorteile auch über den Unverdienten ausbreitet.

Goethe,
Wilhelm Meisters Lehrjahre IV, 15

Gott ist widerlegt, der Teufel nicht.

Nietzsche, Unschuld des Werdens I, 675

Wenn man, wie ich, in ein Pfarrhaus hineingeboren wurde, macht man bald Bekanntschaft mit dem Teufel.

Ingmar Bergman

Der Satan der italienischen und englischen Dichter mag poetischer sein; aber der deutsche Satan ist satanischer; und insofern könnte man sagen, der Satan sei eine deutsche Erfindung.

Friedrich Schlegel,
Athenäumsfragmente 379

Schwarz wird der Teufel stets gemalt, rosig gesehn.

Aus Finnland

Der Name ist heutzutage das einzige, welches die Menschen am Teufel nicht mögen.

Hebbel, Tagebücher, 26. 3. 1885

Laß dich den Teufel bei einem Haare fassen, und du bist sein auf ewig. (Pirro)

Lessing, Emilia Galotti II, 3

Die schönste List des Teufels ist es, uns zu überzeugen, daß es ihn nicht gibt.

Baudelaire, Der freigebige Spieler

Luther hatte es verstanden, als er dem Teufel das Tintenfaß an den Kopf geworfen! Nur vor Tinte fürchtet sich der Teufel; damit allein verjagt man ihn.

Börne, Fragmente und Aphorismen

Der Teufel hat die Welt verlassen, weil er weiß,
die Menschen machen selbst die Höll' einander heiß.

Rückert, Die Weisheit des Brahmanen 16

Man muß in den Dreck hineingeschlagen haben, um zu wissen, wie weit er spritzt.

Raabe, Gedanken und Einfälle

Wer zulange gegen Drachen kämpft, wird selbst zum Drachen.

Strindberg, Totentanz

Darüber murren, daß Gott der Ausübung des Bösen nicht hindernd entgegentritt, heißt darüber murren, daß er dem Menschengeschlecht so hohe Gaben verliehen und mit den Handlungen der Menschen eine Moralität verbunden hat.

Rousseau, Émile IV, Glaubensbekenntnis des savoyischen Vikars

Das Negative interessiert mehr als das Positive. Das hat schon Shakespeare gewußt. Im Grunde ist das erfreulich; denn es beweist, daß das Negative immer noch die Ausnahme ist.

Tennessee Williams

Bosheit

Schon in der Überlegung liegt die böse Tat, selbst wenn sie nicht zur Ausführung gelangt. Man muß mithin so etwas, an dem schon die bloße Überlegung unsittlich ist, überhaupt gar nicht überlegen.

Cicero, Drei Bücher von den Pflichten III, 8

Wie man nicht wehren kann, daß einem die Vögel über den Kopf herfliegen, aber wohl, daß sie auf dem Kopfe nisten, so kann man auch bösen Gedanken nicht wehren, aber wohl, daß sie in uns einwurzeln.

Martin Luther

Wer Unheil ausbrütet, wird es auch fliegen lassen.

Wilhelm Raabe

Der Schurke gleicht jener Uhr mit der Inschrift: „Quieto fuor, commoto dentro!“ (Äußerlich ruhig, innerlich bewegt)

Karl Julius Weber, Demokritos IV, 8

Wenn der Dieb schläft, weiß er seine Beute in Sicherheit.

Aus dem Senegal

Ein Übertreter übertritt nicht nur einmal.

Aus Afrika

Man spuckt auf einen kleinen Schelm, aber man kann einem großen Verbrecher eine Art Achtung nicht verweigern. Sein Mut setzt Euch in Erstaunen, seine Grausamkeit macht Euch zittern. Man ehrt überall die Einheit des Charakters.

Diderot, Rameaus Neffe

Eine vollkommene Büberei ist auch eine Vollkommenheit. (Luise)

Schiller, Kabale und Liebe III, 6

Einen honetten Mann kann man aus jedem Weidenstotzen formen, aber zu einem Spitzbuben will's Grütz.

Schiller, Die Räuber II, 3

's wird keiner bös,
der nicht, bevor er's ward, erst gut gewesen! (Merenberg)

Grillparzer,
König Ottokars Glück und Ende I

Wenn du die Geschichte eines großen Verbrechers liest, so danke immer, ehe du ihn verdammst, dem gütigen Himmel, der dich mit deinem ehrlichen Gesicht nicht an den Anfang einer solchen Reihe von Umständen gestellt hat.

Lichtenberg

Heutzutage regiert der Rekord, die Sensation, die Freude am Sinnlosen. Die Zeit war nie so günstig für Verbrecher. (Landru)

Walter Hasenclever, Napoleon greift ein

Bosheit ist nichts als eine Gemütskrankheit.

Novalis

Seit dreißig Jahren versuche ich nachzuweisen, daß es keine Kriminellen gibt, sondern normale Menschen, die kriminell werden.

Georges Simenon

Glaubt ihr wirklich, Robespierre, Bonaparte, der Kaiser von Marokko, die Mörder, die ihr rädern seht, seien allein so schlecht unter allen? Seht ihr nicht, daß viele dasselbe wie jene täten, wenn sie nur könnten?

Schopenhauer,
Nachlaß, Neue Paralipomena 8

Der Räuber ist Bürger im Herzen. Seine Seele sehnt sich nach Plüsch und Kristall.

Hans Kasper, Expedition nach innen

Der Verbrecher von gestern ist der Held von heute. Der Held im Westen ist Verbrecher im Osten und umgekehrt.

Fritz Bauer

Bei einem großen Teil derjenigen afrikanischen Völker der Gegenwart, die sich einer Bantusprache bedienen, wird der Sachverhalt „Verbrechen" mit einem Wort ausgedrückt, das soviel bedeutet wie „Dinge, die dem Stamme verhaßt sind", will sagen, der öffentlichen Meinung zuwiderlaufen.

Ortega y Gasset

Der Schelm sitzt überall im Vorteil. (Vansen)

Goethe, Egmont IV, Straße

Der Teufel läßt keinen Schelmen sitzen. (Mohr)

Schiller, Die Verschwörung des Fiesco zu Genua IV, 9

Unkraut verdirbt nicht.

Sprichwort

Alltagsverbrechen bringen das Blut des Beleidigten in Wallung, und alles kann der Mensch. Außerordentliche Frevel machen es vor Schrecken gefrieren. (Gianettino)

Schiller, Die Verschwörung des Fiesco zu Genua III, 9

Böses Gewerbe bringt bösen Lohn. (Wachtmeister)

Schiller, Wallensteins Lager 10

Die Zeit entlarvt den Bösen.

Euripides, Hippolyt 426

Schlechte Bursche zu entlarven, ist ein gutes, ein verdienstliches Werk. (La Roche)

Schiller, Der Parasit I, 2

Selbstsucht

Du willst nicht Sklave sein, und doch ist's wahr, mein Christ,
daß deiner Selbstbegier du vielmal Sklave bist.

Angelus Silesius

Daß einst ein König jenes Wort gewagt
„Der Staat bin ich!", erscheint euch
ungebührlich;
doch daß ihr all' mehr oder wen'ger
sagt
„Die Welt bin ich!", das findet ihr natürlich!

Friedrich Halm

Egoisten sind wir alle, der eine mehr, der andere weniger. Der eine läßt seinen Egoismus nackend laufen, der andere hängt ihm ein Mäntelchen um.

Kotzebue, Menschenhaß und Reue

Der Egoismus kann logisch oder ästhetisch oder praktisch sein. Der logische Egoist hält es für unnötig, sein Urteil auch am Verstande anderer zu prüfen, gleich als ob er dieses Probiersteins nicht bedürfe. Der ästhetische Egoist ist derjenige, dem sein eigener Geschmack schon genügt. Endlich ist der moralische Egoist der, welcher allen Zweck auf sich selbst einschränkt, der keinen Nutzen worin sieht, als in dem, was ihm nützt.

Kant

Nur er ist da, er in der weiten Welt,
und alles andre nichts als Stoff zu Taten.
Voll Selbstheit, nicht des Nutzens,
doch des Sinns,
spielt er mit seinem und der andern
Glück. (Medea)

Grillparzer, Medea II

Keine Tugend ist doch weiblicher als die Sorge für das Wohl anderer, und nichts dagegen macht das Weib häßlicher und gleichsam der Katze ähnlicher als der schmutzige Eigennutz.

Kleist, an seine Braut, 20. 9. 1800

Ein Egoist ist ein Mensch, der nur zuhört, wenn er selbst redet.

Arno Sölter

Man wird in philisterhaften Äußerungen immer finden, daß der Kerl immer zugleich seinen eigenen Zustand ausspricht, indem er den fremden negiert, und daß er also den seinigen als allgemein sein sollend verlangt. Es ist der blindeste Egoismus, der von sich selbst nichts weiß.

Goethe, zu Riemer, 18. 8. 1807

Eigenliebe ist oft eher arrogant als blind. Sie verbirgt nicht unsere Fehler vor uns, sondern macht uns glauben, daß sie von anderen nicht bemerkt werden.

Samuel Johnson

Pedrill, der Egoist, wird doppelt lächerlich:
Er liebt sich nur allein und er allein nur
sich.

Karl Friedrich Kretschmann, Der Eitle

Egoismus ist Einsamkeit.

Schiller

Der Mensch, welcher nur sich liebt, fürchtet nichts so sehr, als mit sich allein zu sein.

Pascal, Gedanken, Über die Menschen

Die gewöhnliche Annahme, daß der Mensch von Natur selbstsüchtig sei und auch das Kind mit dieser Selbstsucht geboren werde, gründet sich auf eine sehr oberflächliche Beobachtung.

Fichte, Reden an die deutsche Nation 10

Ein Egoist ist ein unfeiner Mensch, der für sich selbst mehr Interesse hat als für mich.

Ambrose Bierce

Wenn die Selbstsucht erst einmal größer, klüger, feiner, erfinderischer geworden ist, wird die Welt selbstloser aussehen.

Nietzsche, Unschuld des Werdens 2

Anfechtung

Der Teufel schläft nicht.

Dostojewski

Wo Gott eine Kirche baut, stellt der Teufel eine Kapelle daneben.

Sprichwort

O über die schlaue Sünde, die einen Engel vor jeden Teufel stellt! (Fiesco)

Schiller, Die Verschwörung des Fiesco zu Genua II, 19

Die Gelegenheit ist der größte Dieb, ein Teufel über alle Teufel. Sie betört die Weisesten, befleckt die Keuschesten, hintergeht die Behutsamsten und verführt die Heiligsten.

Abraham a Santa Clara

Durch die Welt sich zu helfen ist ganz
was eignes; man kann sich
nicht so heilig bewahren als wie im
Kloster, das wißt ihr.
Handelt einer mit Honig, er leckt bis-
weilen die Finger.

Goethe, Reineke Fuchs 8

Verflucht, wer mit dem Teufel spielt! (Wallenstein)

Schiller, Wallensteins Tod I, 3

Der böse Trieb ist zuerst dünn wie Spinnfäden; bald aber wird er stark wie Wagenseile.

Talmud

Nur ein höherer Richter kennt die Schwere der Gewichte, die in weich organisierten Seelen so gerne nach unten ziehen.

Karl Julius Weber, Demokritos II, 6

Feigheit ist der wirksamste Schutz gegen die Versuchung.

Mark Twain

Denkst Du wirklich, es ist Schwäche, einer Versuchung nachzugeben? Es gibt furchtbare Versuchungen, denen zu unterliegen Kraft verlangt. Kraft und Mut. Sein ganzes Leben in einem einzigen Moment aufs Spiel zu setzen, alles in einem Wurf zu wagen – das ist keine Schwäche. (Sir Robert Chiltern)

Wilde, Ein idealer Gatte II

Den Anfechtungen deiner Sinnlichkeit siehe lachend so zu wie der Ausführung eines gegen dich verabredeten, dir aber gesteckten Schelmenstreichs!

Schopenhauer, Neue Paralipomena 21

Fehler

Die kleinste Quelle kann in ihrem Laufe der Zuflüsse so viele aufnehmen, daß sie zum wilden, verheerenden Strom wird, und der unbedeutendste Sittenfehler kann durch alle, die sich nach und nach ihm zugesellen, in die gehässigsten, verderblichsten Laster führen.

Engel, Fürstenspiegel, Sittenwert

Unwissenheit ist der schlimmste Fehler.

Aus Persien

Die schlimmsten Fehler werden gemacht in der Absicht, einen begangenen Fehler wieder gutzumachen.

Jean Paul

Ein kluger Entschluß reift unverhofft,
blitzschnell und ohne Erwägung,
doch Dummheiten machen wir allzuoft
nach reiflichster Überlegung.

Oskar Blumenthal

Dilettant heißt der kuriose Mann,
der findet sein Vergnügen dran,
etwas zu machen, was er nicht kann.

Heyse, Literatur und Kunst

Der Dilettant nimmt das Dunkle für das Tiefe, das Wilde für das Kräftige, das Unbestimmte für das Unendliche, das Sinnlose für das Übersinnliche.

Schiller, Über die notwendigen Grenzen beim Gebrauch schöner Formen

Jeder Fehler ist so groß wie derjenige, der ihn begeht.

Aus Spanien

Des reifen Mannes Fehltritt ist Verbrechen,
des Jünglings Fehltritt ein verfehlter Tritt. (Jason)

Grillparzer, Medea III

Alte Leute, alte Ränke,
junge Füchse, neue Schwänke.

Sprichwort

Fremde Fehler beurteilen wir als Staatsanwälte, die eigenen als Verteidiger.

Aus Brasilien

Wir sind gegen keine Fehler an anderen intoleranter, als welche die Karikatur unserer eigenen sind.

Grillparzer, Aphorismen, 1819

Der schlimmste Fehler in diesem Leben ist, ständig zu befürchten, daß man einen macht.

Elbert Hubbard

Hast du einen jungen Menschen davor bewahrt, Fehler zu machen, dann hast du ihn auch davor bewahrt, Entschlüsse zu fassen.

John Erskine

Es gibt vielleicht Frauen ohne Fehler. Aber es gibt sicher Frauen, deren größter Reiz in der Vollkommenheit ihrer Fehler liegt.

Gustave Flaubert

Vor Fehlern ist niemand sicher. Das Kunststück besteht darin, denselben Fehler nicht zweimal zu machen.

Edward Heath

Am auffälligsten unterscheiden sich die Leute darin, daß die Törichten immer wieder dieselben Fehler machen, die Gescheiten immer wieder neue.

Waggerl, Kleine Münze

Das Schaf blökt immer auf die gleiche Weise.

Aus Frankreich

Wer sich seiner Fehler schämt, macht sie zu Verbrechen.

Konfuzius

Ein Gerechter fällt siebenmal und stehet wieder auf.

Sprüche Salomos 24, 16

Das Vergnügen, das mir die genaue Bemerkung eines Fehlers an mir machte, war oft größer als der Verdruß, den der Fehler selbst bei mir erweckte.

Lichtenberg

Laster

Die Menschen sind die Gefangenen ihrer Laster und die Kerkermeister ihrer Tugenden.

Aus Japan

Wenn ein Weib einmal vom rechten Wege ab ist, dann geht es auch blind und rücksichtslos auf dem bösen fort.

Goethe,
zu Riemer, 8. 8. 1807

Laster, die auf einem Übermaß an Lebenskraft beruhen, verringern sich mit der Zeit. Laster dagegen, die auf Mangel an Vitalität beruhen, wie Geiz und Neid, werden im Alter schlimmer.

Ernst Jünger

Die Menschen verlieren zuerst ihre Illusionen, dann ihre Zähne und ganz zuletzt ihre Laster.

Hans Moser

Wie die Tugend hat das Laster seine Grade:
Nie sah man noch unschuld'ge Schüchternheit
zu wilder Frechheit plötzlich übergehn.
Ein Tag macht keinen Mörder. (Hippolyt)

Schiller,
Phädra IV, 2

Ist der Teufel in der Kirche, so will er auch die Messe lesen.

Sprichwort

Wo die Wollust kehret ein,
wird nicht weit die Unlust sein.

Logau, Lust und Unlust

Himmlisch war's, wenn ich bezwang
meine sündige Begier,
aber wenn's mir nicht gelang,
hatt' ich doch ein groß Pläsier.

Heine, Das Buch der Lieder,
Anhang, Zur Heimkehr

Es gibt läßliche Sünden, und es gibt unerläßliche.

Trude Hesterberg

Der Mensch möchte vor den Folgen seiner Laster bewahrt werden, aber nicht vor den Lastern selbst.

Emerson

Menschen, die keine Laster haben, haben auch nur wenige Tugenden.

Abraham Lincoln

Wenn ein Mann keine Laster hat, besteht die Gefahr, daß er seine Tugenden in Laster verwandelt.

Thornton Wilder

Gewalt

Wer dem Geringen Gewalt tut, der lästert desselben Schöpfer.

Sprüche Salomos 14, 31

Ich kenne keinen Unterschied zwischen gerechtem Töten und ungerechtem Töten.

Arthur Miller

Wer seine Schwiegermutter totschlägt, wird geköpft. Das ist ein uralter verständlicher Brauch. Wer aber Hunderttausende umbringt, erhält ein Denkmal.

Erich Kästner

Der Mensch, der nicht geachtet ist, bringt um.

Antoine de Saint-Exupéry

Was ist Gewalt anderes als Vernunft, die verzweifelt?

Ortega y Gasset

Beide Geschlechter besitzen eine Grausamkeit gegeneinander, die sich vielleicht in jedem Individuum zu Zeiten regt, ohne gerade ausgelassen werden zu können: Bei den Männern die Grausamkeit der Wollust, bei den Weibern die des Undanks, der Unempfindlichkeit, des Quälens.

Goethe, zu Riemer, 7. 7. 1811

Wenn Du sagst, immer waren nur schwache Menschen Tyrannen, so scheint es mir zu allgemein und gegen die Erfahrung zu sein. Gewaltsame, harte, rohe Naturen können und müssen physisch fest organisiert sein, können der regelmäßigsten Gesundheit genießen und doch, ja vielmehr eben deswegen grausame, selbstische Tyrannen sein.

Goethe, an Herder, 20. 3. 1783

Was Gewalt heißt, ist nichts: Verführung ist die wahre Gewalt. (Emilia)

Lessing, Emilia Galotti V, 7

Ist Roheit oder verfeinerte Schurkerei das Schlechtere?

Karl Julius Weber, Demokritos IV, 4

Was mit Gewalt erlangt worden ist, kann man nur mit Gewalt behalten.

Mahatma Gandhi

Gewalt zerbricht an sich selbst.

Lao-Tse, Tao-Teh-King 42

Zeigt mir einen Mann der Gewalttat, mit dem es ein gutes Ende genommen hat, und ich will ihn zu meinem Lehrer machen.

Lao-Tse, Tao-Teh-King

Betrug

Betrüge nicht; du hast nicht Rast
noch Ruh, wenn du betrogen hast.

Matthias Claudius, Ein silbern ABC

Was der Trug
gewann, der ungerechte, kann nicht
dauernd sein.

Sophokles, Ödipus auf Kolonos 1023

Verrat trennt alle Bande. (Isolani)

Schiller, Wallensteins Tod II, 5

Die Fälschung unterscheidet sich vom Original dadurch, daß sie echter aussieht.

Ernst Bloch

Wenn auch die Fähigkeit zu täuschen ein Zeichen von Scharfsinn und Macht zu sein scheint, so beweist doch die Absicht zu täuschen ohne Zweifel Bosheit oder Schwäche.

Descartes, Betrachtungen über die Grundlagen der Philosophie 4

Es ist ebenso leicht, sich selbst zu täuschen, ohne es zu merken, wie es schwer ist, die andern zu täuschen, ohne daß sie es bemerken.

La Rochefoucauld

Die Menschen sind so einfältig und hängen so sehr vom Eindrucke des Augenblickes ab, daß einer, der sie täuschen will, stets jemanden findet, der sich täuschen läßt.

Machiavelli, Der Fürst

Eine Frau kann jederzeit hundert Männer täuschen aber nicht eine einzige Frau.

Michèle Morgan

Es ist keine List über Frauenlist.

Jesus Sirach 25, 18

Wer eine Frau beim Wort nimmt, ist ein Sadist.

Jeanne Moreau

Nicht in den Worten suche die Wahrheit, sondern in den Augen.

Aus China

Die Übertreibung ist der Betrug der ehrlichen Leute.

Joseph Marie Comte de Maistre

Betrogene Betrüger schimpfen am lautesten.

Aus Jugoslawien

Einen Betrüger betrügt man nicht, sondern den hintergeht man nur. (Lisette)

Lessing, Der junge Gelehrte III, 10

Wenn du mich einmal betrügst – deine Schande. Wenn du mich zweimal betrügst – meine Schande.

Aus China

Lüge

Du sollst kein falsches Zeugnis reden wider deinen Nächsten.

2. Moses 20, 16

Unser ältestes Buch, die Bibel, läßt das erste Verbrechen, wodurch das Böse in die Welt kam, von der ersten Lüge ausgehen.

Heribert Rau, Der Fluch unserer Zeit

Zeige mir einen Lügner, und ich zeige dir einen Dieb.

Aus den USA

Ein Dieb ist nicht so böse wie ein Mensch, der sich zu Lügen gewöhnt.

Jesus Sirach 20, 27

Mehr als ein Speer verursacht die Lüge Schmerzen.

Aus Nigeria

Die Lüge ist der eigentliche faule Fleck in der menschlichen Natur.

Kant

Ein Mann wie du kann keinen Fehler
begehn, der ihn, wie schlimm er immer sei,
nicht doch noch besser kleidet als die Lüge,
womit er ihn bedecken will. (Kriemhild)

Hebbel,
Die Nibelungen 2, III

Der Mund, so da lüget, tötet die Seele.

Weisheit Salomos 1, 11

Die Fähigkeit zu lügen unterscheidet den Menschen vom Tier.

Claus Jacobi

Man muß die Tatsachen kennen, bevor man sie verdrehen kann.

Mark Twain

Wer lügen will, sagt man, muß sich erst selbst überreden. (Treufreund)

Goethe,
Die Vögel

Das Kind lügt selten früher, als bis es bei anderen die Lüge entdeckt hat.

Rosegger, Die Schriften des Waldschulmeisters

Leute von Witz und Phantasie werden Lügner, ohne es zu wollen.

Karl Julius Weber, Demokritos IV, 22

Wer keine Überzeugung hat, lügt immer, er mag sagen, was er will.

Ludwig Reiners, Stilkunst IV, Echtheit und Gewicht

Eine zweifelhafte Behauptung muß recht häufig wiederholt werden, dann schwächt sich der Zweifel immer etwas ab und findet Leute, die selbst nicht denken, aber annehmen, mit soviel Sicherheit und Beharrlichkeit könne Unwahres nicht behauptet oder gedruckt werden.

Bismarck

Die Lügen der Frauen unterscheiden sich von den Lügen der Männer, wie sich ein Florett von einem Kavalleriesäbel unterscheidet.

Sacha Guitry

Es lügt der Mensch mit Worten nicht allein,
auch mit der Tat. (Edrita)

Grillparzer, Weh dem, der lügt! III

Nehmen Sie einem Durchschnittsmenschen seine Lebenslüge, so nehmen Sie ihm zugleich sein Glück. (Relling)

Ibsen, Die Wildente V

Eine Lüge ist zuerst Honig, später Myrrhe.

Aus Somalia

Lüge mag siegen, aber die Triumphe der Lüge sind bloß die Triumphe eines Tages.

Macaulay, Rede zur Edinburger Wahl, 29. 5. 1839

Keines Menschen Gedächtnis ist so gut, daß er ständig erfolgreich lügen könnte.

Abraham Lincoln

Man kann mit der Zunge lügen, aber nicht mit den Augen.

Aus Belgien

Wer für dich lügt, wird auch gegen dich lügen.

Aus Jugoslawien

Es wird nie soviel gelogen wie vor einer Wahl, während eines Krieges und nach einer Jagd.

Verfasser unbekannt

Eine Lüge ist bereits dreimal um die Erde gelaufen, bevor sich die Wahrheit die Schuhe anzieht.

Mark Twain

Ein Gerücht, von einem Lügner dementiert, ist beglaubigt.

Verfasser unbekannt

Es gibt wenig Lügen, aber viele Worte mit doppeltem Gesicht.

Aus Madagaskar

Auf dem Kontinent sagen einem die Leute die Wahrheit oder sie lügen. In England lügen sie eigentlich kaum jemals, aber es würde ihnen nicht einfallen, einem die Wahrheit zu sagen.

George Mikes

Ein halbleeres Glas Wein ist zwar auch ein halbvolles, aber eine halbe Lüge ist mitnichten eine halbe Wahrheit.

Jean Cocteau

Auch das ist Lüge und oft die kläglichste von allen: Sich anzustellen, als wenn man einem Lügner seine Lüge glaubte.

Arthur Schnitzler

Ich kann alle Sünder zur Umkehr bringen, nur die Lügner nicht.

Rabbi Bunam

Der einzige Trost ist, daß Lügen vielen Menschen Brot geben und niemand gezwungen ist, sie zu glauben.

Karl Julius Weber, Demokritos IV, 22

Schuld

Illiacos intra muros peccatur et extra. Inner- und außerhalb der Mauern Ilions wird gesündigt.

Horaz, Episteln I, 2, 16

Eine Sünde heckt, deckt und weckt die andere.

Sprichwort

Es wachsen mir das ganze Jahr
die Sünd', die Nägel und das Haar.

Freidank, Bescheidenheit 10, Von Sünden

Die Sünde ist eine religiöse Vorstellung, die Schuld eine moralische.

Hermann Kesten

Die Sünde ist eben dies, was man seiner Art nach nicht mit dem ganzen Wesen tun kann: Es ist möglich, den Widerspruch in der Seele zum Schweigen zu bringen, aber es ist nicht möglich, ihn auszutilgen.

Martin Buber

Wer zu handeln versäumt, ist noch keineswegs frei von Schuld. Niemand erhält seine Reinheit durch Teilnahmslosigkeit.

Siegfried Lenz, Die Zeit der Schuldlosen

Hat sein Arm es nicht vollzogen,
tat's vielleicht sein Wort, sein Rat.
O, es gibt der Arten viele,
zu begehen eine Tat. (Rustan)

Grillparzer, Der Traum, ein Leben IV

Unschuld heißt willenlos sein, ohne böse und eben damit ohne gut zu sein.

Hegel

Die Unschuld eines Wesens ist die vollkommene Angepaßtheit an seine Welt.

Jean Giraudoux

Schuld ist wie heißes Wasser: Sie kühlt sich leicht ab.

Aus Togo

Die Zeit entschuldigt, wie sie tröstet.

Goethe, Wilhelm Meisters Lehrjahre VII, 5

Ei, wäre die Sünde
groß und schwer, wie hier und dort uns manche Gelehrte
predigen, würde der Pfaffe die Sünde selber vermeiden.

Goethe, Reineke Fuchs 8

Alte Schuld rostet nicht.

Sprichwort

Laß den Frevler sich keck auf das Beispiel berufen,
laß ihn um Geld und Gunst vom Richter als schuldlos erklären,
immer bleibt ihm gewiß das Unbehagen des Herzens,
immer der Pfeil in der Brust, daß er selbst sich
als schuldig verurteilt.

Juvenal, Satiren V, 13, 1

Wir werden nicht für unsere Sünden bestraft, sondern durch sie.

Elbert Hubbard

Wer sündigt, versündigt sich an sich selbst; denn durch die unrechte Handlung macht er sich schlecht und schadet also sich selbst.

Mark Aurel, Selbstbetrachtungen IX, 4

XVI. Kapitel

Geständnis
Ausrede
Reue
Besserung
Nachsicht
Verzeihung
Strafe
Todesstrafe
Rache

Geständnis

Einsicht ist der erste Schritt zur Besserung.

Sprichwort

Gesteh dir's selbst, hast du gefehlt,
füg nicht, wenn Einsicht kam,
zum falschen Weg, den du gewählt,
auch noch die falsche Scham.

Grillparzer (1849)

Das Schämen kann überall an seiner rechten Stelle sein, nur bei dem Bekenntnisse unserer Fehler nicht. (Sara)

Lessing,
Miß Sara Sampson III, 4

Wer wirklich Autorität hat, wird sich nicht scheuen, Fehler zuzugeben.

Bertrand Russell

Wer sich gar zu leicht bereit findet, seine Fehler einzusehen, ist selten der Besserung fähig.

Ebner-Eschenbach, Aphorismen

Der Kunstgriff täuscht mich nicht:
Du gibst dich strafbar, um dich rein zu waschen. (Theseus)

Schiller, Phädra IV, 2

Er hatte zu wenig Kenntnis der Welt, um zu wissen, daß eben ganz leichtsinnige und der Besserung unfähige Menschen sich oft am lebhaftesten anklagen, ihre Fehler mit großer Freimütigkeit bekennen und bereuen, ob sie gleich nicht die mindeste Kraft in sich haben, von dem Wege zurückzutreten, auf den eine übermächtige Natur sie hinreißt.

Goethe, Wilhelm Meisters Lehrjahre III, 10

Ausrede

Vor allem hass' ich den Ertappten, der sein Bubenstück noch zu beschönen sucht. (Kreon)

Sophokles, Antigone II

Ein Fehler, der abgestritten wird, wird zweimal begangen.

Aus Spanien

Frechheit noch zum Frevel hass' ich ganz.

Aischylos, Agamemnon 1612

Nicht einmal im ganzen Jahre fahre ich über die Fehler meiner Untergebenen auf, aber über ihre Ausflüchte, Entschuldigungen und Verteidigungen.

Montaigne, Essays 3, 8

Ein Dieb suchte einmal seinen Diebstahl zu rechtfertigen, ja zur Tugend zu erheben, indem er anführte: „Es ging einer hinter oder neben mir, der war ärger als ich und hätte nicht allein die Früchte gepflückt, sondern auch die Zweige geknickt."

Hebbel, Tagebücher 1836

Es ist einfacher, eine Sache richtig zu machen, als zu erklären, warum man sie falsch gemacht hat.

Longfellow, Hiawatha

Man glaubt gar nicht, mit welcher Schlauheit die Weibchen es fertig bringen, ihre dummen Streiche zu bemänteln.

Erasmus von Rotterdam, Lob der Torheit

Wer sich entschuldigt, klagt sich an.

Aus Frankreich

Je ungebildeter ein Mensch, desto schneller ist er mit einer Ausrede fertig.

Ebner-Eschenbach, Aphorismen

Was hätt' ein Weiberkopf erdacht, das er
nicht zu beschönen wüßte? (Saladin)

Lessing, Nathan der Weise III, 4

Löst mir das Rätsel, das dies Wort versteckt:
„Das Weib erfindet, wenn der Mann entdeckt."

Nietzsche, Spruchartiges, Rätsel

Reue

Wo ist ein Mensch, der von sich sagen könnte, er hätte nichts zu bereuen?

Elise Lensing, an Hebbel, 10. 4. 1853

Ein andres Antlitz, eh' sie geschehen,
ein anderes zeigt die vollbrachte Tat.

Schiller, Die Braut von Messina III, 5

Für jeden kommt der Zeitpunkt, an dem er von seinem Gewissen eingeholt wird.

Federico Fellini

Ruhlos statt des Schlafs quält das Herz
leidgedenk neu sich stets: Auch starrem Sinn
ist die Einsicht noch genaht.
Das ist Götterhuld! Erhaben steuern
sie die Welt mit harter Hand.

Aischylos, Agamemnon 179

Wer bereut, hat die Chance, daß er eine Gegenwart haben wird, deren er sich in Zukunft nicht ganz so sehr zu schämen braucht.

Ludwig Marcuse

Wenn das Schicksal ihn doch Reue empfinden ließe, brennende Reue, die das Herz zerbricht, die den Schlaf verscheucht, eine Reue, deren furchtbare Qualen einen vom Strick und vom Sturz ins Wasser träumen lassen! Oh, wie froh wäre er darüber gewesen! Qualen und Tränen sind doch auch Leben.

Dostojewski, Verbrechen und Strafe, Epilog

Wenn das Gesetz einen Menschen tötet, der sein Verbrechen bereut, tötet es einen Unschuldigen.

Lamennais, Kritische Erörterungen

Denn eine einzge Treue
ist aller Liebe wert,
und eine einzge Reue
zerbricht das Richterschwert.

Brentano, Des toten Bräutigams Lied

Reue ist die Unschuld der Gefallenen. (Eustache)

Kleist, Die Familie Schroffenstein IV, 1

Reue ist der feste Vorsatz, beim nächsten Mal keine Fingerabdrücke zu hinterlassen.

Marcel Achard

Besserung

Die höchste Empfindung, die der Mensch haben kann, ist die, wenn er sich von einem Hauptfehler, ja von einem Verbrechen, durch eigne Kraft erhebt und losmacht.

Goethe, Unterhaltungen Deutscher Ausgewanderten

Ein großer Sünder kann nimmermehr umkehren. (Moor)

Schiller, Die Räuber V, 2

Der Mensch, der es unternimmt, andere zu bessern, verschwendet seine Zeit, wenn er nicht bei sich selbst beginnt.

Ignatius von Loyola, Exerzitien

Legen Sie ja, mein lieber Freund, keinen alten Fehler ab. Sie fallen entweder in einen neuen, oder man hält Ihre neue Tugend für einen Fehler.

Goethe, an Zelter, Februar 1811

Nachsicht

Frühmorgens kam Jesus wieder in den Tempel, und alles Volk kam zu ihm, und er setzte sich und lehrte sie. Aber die Schriftgelehrten und Pharisäer brachten eine Frau zu ihm, im Ehebruch ergriffen, und stellten sie in die Mitte dar und sprachen zu ihm: „Meister, diese Frau ist auf frischer Tat im Ehebruch ergriffen worden; Moses aber hat uns im Gesetz geboten, solche zu steinigen. Was sagst du?“ Das sprachen sie aber, um ihn zu versuchen, auf daß sie eine Sache wider ihn hätten. Aber Jesus bückte sich nieder und schrieb mit dem Finger auf die Erde. Als sie nun anhielten, ihn zu fragen, richtete er sich auf und sprach zu ihnen: „Wer unter euch ohne Sünde ist, der werfe den ersten Stein auf sie.“

Johannes 8, 2

Du, selbst kein Engel, wohnst nicht unter Engeln.
Nachsicht erwirbt sich Nachsicht.

Goethe, Maskenzug in Weimar 1818

Verzeihe selbst, wenn du Verzeihung brauchst,
und soll ich deinen Höcker übersehen,
so halte meine Warzen mir zugut!

Horaz, Satiren I, 3

Um durch die Welt zu kommen, ist es zweckmäßig, einen großen Vorrat von Vorsicht und Nachsicht mitzunehmen.

Schopenhauer

Nachsicht ist ein Teil der Gerechtigkeit.

Mark Aurel

Man darf also den Menschen nicht mit Unrecht oder Übel vergelten, was man auch immer von ihnen erleidet. Doch gib wohl acht, Kriton, daß du nicht gegen deine Überzeugung nachgibst, wenn du dieses zugestehst. Denn ich weiß, daß nur wenige davon überzeugt sind.(Sokrates)

Platon, Kriton 10

Übet jemand Barmherzigkeit, so tue er es mit Lust.

Römer 12, 8

Bringst du Geld, so findest du Gnade; sobald es dir mangelt,
schließen die Türen sich zu.

Goethe, Reineke Fuchs 8

Sanftmut: Ungewöhnliche Geduld beim Planen einer wirklich lohnenden Rache.

Ambrose Bierce

Mein süßes Kind! Sieh, wär' ich ein Tyrann,
dein Wort, das fühl' ich lebhaft, hätte mir
das Herz schon in der ehrnen Brust geschmelzt.

Dich aber frag' ich selbst: Darf ich den Spruch,
den das Gericht gefällt, wohl unterdrücken? (Kurfürst)

Heinrich von Kleist, Prinz Friedrich von Homburg IV, 1

Durch strenge Strafen, Gefängnis und Zuchthaus, könntet ihr vielleicht die Hälfte von ihnen retten. Ihr würdet ihnen die Last leichter, nicht schwerer machen. Die Reinigung durch Leiden ist leichter als das Schicksal, das ihr vielen von ihnen durch den Freispruch vor Gericht bereitet.

Dostojewski, Tagebuch eines Schriftstellers, Umwelt und Verbrechen

Den Schuldigen zu schonen, ist Grausamkeit gegen den Unschuldigen.

John Locke

Der ist schuldig der Tat, der zu strafen Gewalt hat
und nicht strafet.

Goethe, Reineke Fuchs 7

Viele fordern laut, die Schuldigen zu bestrafen, aber wenige bemühen sich, die Unschuldigen zu rehabilitieren.

Daniel Defoe, Ein Appell an Würde und Gerechtigkeit

Verzeihung

Vergeben und vergessen ist die Rache eines braven Mannes. (Firmin)

Schiller, Der Parasit I, 2

Man soll niemandem etwas nachtragen. Wir haben alle schon genug zu schleppen.

Johannes Müller

Verzeih den anderen vieles, dir selbst nichts.

Aus Italien

Höher vermag sich
niemand zu heben, als wenn er vergibt.

Goethe, Reineke Fuchs 12

Irren ist menschlich und Vergeben göttlich.

Pope, Über die Kritik

Ist denn nicht das Vergeben für ein gutes Herz ein Vergnügen? (Waitwell)

Lessing, Miß Sara Sampson III, 3

Die äußerliche Vergebung, so ich mit der Tat erzeige, ist ein gewiß Zeichen, daß ich selbst Vergebung der Sünde bei Gott habe.

Luther, Deutsche Schriften 43

Zu der brüderlichen Vergebung gehört auch, daß der Bruder, dem ich vergeben soll, seine Fehler bekenne; denn die Sünde, welche nicht bekannt wird, kann ich nicht vergeben.

Luther, Tischreden von der Sünde 22

Einem Menschen verzeihen, der nicht bereut, ist wie Zeichnen im Wasser.

Aus Japan

Und erklärt mir, Oerindur,
diesen Zwiespalt der Natur!
Bald möcht' ich in Blut sein Leben
schwinden sehn, bald ihm vergeben.
(Valeros)

Adolf Müllner, Die Schuld II, 5

O, man sollte grollen können,
grollen, so wie andre fehlen,
lang und unabänderlich,
daß Verzeihung Preis der Bessrung
und nicht Lohn des Fehlers schiene;
denn es ist fürwahr nicht billig,
daß die Strafe der Beleid'gung
nicht einmal so lange währe,
ach, als der Beleid'gung Schmerz.
(Mirza)

Grillparzer, Der Traum ein Leben I

Allen soll ich vergeben? Mit Freuden,
wenn ich mich selber
bloß bedenke und nicht auch die beleidigte Welt.

Hebbel, Die Grenze des Vergebens

Wer immer verzeiht, der stärkt die Frechheit.

Lactantius, Vom Zorn Gottes 18

Gerechtigkeit ist besser als Pardon. Was hilft aller Pardon auf Erden? Wir müssen doch alle vor das Gericht.

Clemens Brentano, Geschichte vom braven Kasperl und dem schönen Annerl

Allen zu verzeihen, ist ebensowohl Grausamkeit, wie keinem zu verzeihen.

Seneca

Wir vergeben, solange wir lieben.

La Rochefoucauld

Den Menschen, die große Eigenschaften besitzen, verzeiht man ihre kleinen Fehler am schwersten.

Ebner-Eschenbach, Aphorismen

Wem man alles verziehen hat, mit dem ist man fertig.

Sigmund Freud

Strafe

Macbeth ist reif zum Schneiden, und die Mächte
dort oben setzen schon die Sichel an. (Malcolm)

Schiller, Macbeth IV, 7

Auge um Auge, Zahn um Zahn, Hand um Hand, Fuß um Fuß, Brand um Brand, Wunde um Wunde, Beule um Beule.

2. Moses 21, 24

Nicht der Gedanke wird bestraft, die Tat. (Jason)

Grillparzer, Medea III

Niemand straft den Missetäter, weil er sich vergangen hat – denn das Geschehene kann er nicht ungeschehen machen –, sondern um des Künftigen willen, auf daß weder der Täter selbst wieder Unrecht tue noch ein anderer, der Zeuge seiner Züchtigung war. (Protagoras)

Platon, Protagoras 13

Die Strafe muß sein wie eine vom Arzt gereichte bittere Medizin.

Amos Comenius, Unterrichtslehre 26, 3

Wo kein Maß ist, ist keine Vergeltung. (Medea)

Grillparzer, Medea IV

Allzuviel geht gleich mit allzuwenig. (Bancbanus)

Grillparzer, Ein treuer Diener seines Herrn II

Ein üppig lastervolles Leben büßt sich in Mangel und Erniedrigung allein. (Paulet)

Schiller, Maria Stuart I, 1

Wer sich gerne läßt strafen, der wird klug werden; wer aber ungestraft sein will, bleibet ein Narr.

Sprüche Salomos 12, 1

Nach dem, was wir zusammen festgestellt haben, verhalten sich die, welche sich der Strafe entziehen, etwa so, lieber Polos: Sie sehen nur das Schmerzhafte daran; dem Nutzen gegenüber sind sie blind und wissen nicht, wieviel trauriger es ist, mit einer kranken, ja verdorbenen, ungerechten und unfrommen Seele zusammenzuleben als mit einem kranken Körper. (Sokrates)

Platon, Gorgias

Strafen heißt, absichtlich ein Übel zufügen. Wer in diesem Sinne strafen will, muß sich eines höheren Auftrags zuversichtlich bewußt sein.

Gustav Radbruch

Wer Rügen und Strafen mit einem Gefühle austeilt, als bekomme er sie selber, der kann seiner Gerechtigkeit versichert sein.

Jean Paul

Freude am Strafen hat nur der Teufel.

Jean Paul

Ich bin gegen zehn Jahre bei Tütenkleben und Fernsehen und für drei Jahre bei harter Arbeitstherapie und anständiger Bezahlung.

Manfred Schreiber

Im Gefängnis gewesen zu sein, das ist ein großes Erlebnis, das kein politischer Mensch aus seinem Dasein streichen kann. Es ist die Berührung mit einer abgesonderten Welt, die eingemauert zwischen uns ragt und von der wir weniger wissen als von Tibet.

Carl von Ossietzky, Rückkehr

Es konnte im Zuchthaus vorkommen, daß man einen Menschen jahrelang kannte und der Meinung war, er sei kein Mensch, sondern ein Tier, und daß man ihn deshalb verachtete. Und dann kommt ein Augenblick, wo sich seine Seele, unwillkürlich fortgerissen, auftut, und man entdeckt in ihr einen solchen Reichtum, soviel Gefühl, Herz, ein so klares Verständnis des eigenen und des fremden Leidens, daß einem gleichsam die Augen aufgehen und man im ersten Augenblick nicht glauben möchte, was man selbst gesehen und gehört hat.

Dostojewski,
Aufzeichnungen aus einem toten Hause

Um einen Staat zu beurteilen, muß man sich seine Gefängnisse von innen ansehen.

Leo Tolstoi

Ein gut geleitetes Gefängnis sollte nicht nur sich selbst erhalten, sondern der Sträfling müßte auch in der Lage sein, seine Familie zu ernähren oder, wenn er keine hat, sich eine Summe zurückzulegen, die es ihm ermöglicht, sich nach der Entlassung wieder auf die Beine zu bringen.

Henry Ford I.

Ich bin zutiefst überzeugt, daß man in fünfzig oder hundert Jahren unsere lebenslangen Zuchthausstrafen mit demselben Staunen und Schauder betrachten wird, den wir heute empfinden, wenn wir uns vergegenwärtigen, wie man früher Nasen durchlöcherte oder einen Finger an der linken Hand abhackte.

Anton Tschechow

Die Vereinten Nationen sprechen nicht mehr von „Straf"-recht, „Straf"-prozeß und „Straf"-vollzug, sondern von sozialer Verteidigung.

Fritz Bauer

Todesstrafe

Den Totschläger soll man töten nach dem Munde zweier Zeugen.

4. Moses 35, 30

Blut kann versöhnen, was das Blut verbrach. (Melvil)

Schiller, Maria Stuart V, 7

Wenn sich die Sozietät des Rechtes begibt, die Todesstrafe zu verfügen, so tritt die Selbsthilfe unmittelbar wieder hervor. Die Blutrache klopft an die Tür.

Goethe, Wilhelm Meisters Wanderjahre III, Aus Makariens Archiv

Den blut'gen Spruch muß man nicht rasch vollziehn,
ein Wort nimmt sich, ein Leben nie zurück. (Gordon)

Schiller, Wallensteins Tod IV, 6

Übrigens ist die Häufigkeit der Hinrichtungen stets ein Zeichen der Schwäche oder Saumseligkeit innerhalb der Regierung.

Rousseau, Der Gesellschaftsvertrag II, Vom Recht über Leben und Tod

Die bequemste aller Theorien
ist: Menschen zu töten, statt zu erziehen.

Leuthold, Über die Todesstrafe

Die Menschheit verurteilt den einzelnen zur Todesstrafe und begeht dadurch gegen ihn ein größeres Verbrechen, als er gegen sie begangen hat, indem sie ihm die Besserung unmöglich macht.

Hebbel, Tagebücher 1839

Einer nur entscheidet über Leben und Tod. Wer an seiner Statt richtet und tötet, gleicht einem Blinden, der statt des Zimmermanns die Axt führt und sich selbst verletzt.

Lao-Tse, Tao-Teh-King 74

Nun hat aber Gott tatsächlich dem Menschen nicht nur die Verfügung über fremdes Leben, sondern selbst über das eigene genommen: Darf da eine Abmachung unter Menschen über gegenseitiges Töten die Schergen des Staates von jenem Verbot entbinden und ihnen erlauben, diejenigen hinzurichten, die ein irdisches Strafgesetz zu töten befiehlt? Würde dann jenes Gebot Gottes nicht nur gerade soviel gelten, als die Rechtsbücher der Menschen es dulden?

Thomas More, Utopia I

Ich würde die Todesstrafe in unserem Strafsystem auch deshalb als einen Fremdkörper empfinden, weil nach den Vorstellungen unserer Zeit die entscheidende, zumindest doch die wesentliche Aufgabe der Strafe ist, zu resozialisieren, den Menschen zu bessern.

Thomas Dehler

Das Gesetz will bloß die böse Gesinnung ausrotten; es verschont aber die Menschen und behandelt sie so, daß sie gut werden müssen und den Schaden, den sie anrichten, im Laufe ihres Lebens ersetzen.

Thomas More,
Utopia I

In der Regel ahnden sie selbst die schwersten Vergehen nur mit Versklavung; denn sie ist nach ihrer Meinung für die Verbrecher nicht weniger hart und doch für das Gemeinwesen ersprießlicher, als wenn man die Schuldigen hinrichten und augenblicklich beseitigen wollte. Ihre Arbeit ist nützlicher als der Tod, und als lebendes Beispiel schrecken sie andere länger von einer ähnlichen Missetat ab.

Thomas More, Utopia II

Die Angst vor dem Tod ist eine unbestreitbare Tatsache. Aber ebenso unbestreitbar ist, daß diese Angst, und mag sie noch so groß sein, noch nie stark genug war, um die Leidenschaft der Menschen einzudämmen.

Albert Camus,
Betrachtungen zur Todesstrafe

Die Wahrscheinlichkeit spricht dafür, daß der Wunsch zu töten sehr oft mit dem Wunsch, selber zu sterben oder sich zu vernichten, zusammenfällt.

Albert Camus,
Betrachtungen zur Todesstrafe

Mord und Todesstrafe sind nicht Gegensätze, die einander aufheben, sondern Ebenbilder, die ihre Art fortpflanzen.

Shaw

Die Guillotine ist eine Maschine, die den Kopf im Handumdrehen entfernt und das Opfer nichts anderes spüren läßt als ein Gefühl erfrischender Kühle.

Guillotin

Es ist in der Tat notwendig, entweder in aller Öffentlichkeit zu töten oder zuzugeben, daß man sich nicht berechtigt fühlt zu töten.

Albert Camus,
Betrachtungen über die Todesstrafe

Man darf nicht müde werden, unserem Volke immer wieder zu sagen, daß Henker und Fallbeil keine geeigneten Mittel sind, um die Probleme unserer Gesellschaft in der Mitte des zwanzigsten Jahrhunderts zu lösen.

Gustav Heinemann, in „Die Zeit", 38/1967

Rache

Die Rache ist mein; ich will vergelten, spricht der Herr.

Römer 12, 19

O über mich Narren, der ich wähnte, die Welt durch Greuel zu verschönern und die Gesetze durch Gesetzlosigkeit aufrecht zu halten! Ich nannte es Rache und Recht! Ich maßte mich an, o Vorsicht, die Scharten deines Schwerts auszuwetzen und deine Parteilichkeiten gut zu machen – aber – o eitle Kinderei – da steh' ich am Rand eines entsetzlichen Lebens und erfahre nun mit Zähnklappern und Heulen, daß zwei Menschen wie ich den ganzen Bau der sittlichen Welt zu Grund richten würden. Gnade – Gnade dem Knaben, der dir vorgreifen wollte – dein eigen allein ist die Rache! (Moor)

Schiller, Die Räuber V, 2

Wer sich rächet, an dem wird sich der Herr wieder rächen.

Jesus Sirach 28,1

Das Gesetz also und die Vollziehung desselben, die Strafe, sind wesentlich auf die Zukunft gerichtet, nicht auf die Vergangenheit. Dies unterscheidet Strafe von Rache, welche letztere lediglich durch das Geschehene, also das Vergangene als solches, motiviert ist. Alle Vergeltung des Unrechts durch Zufügung eines Schmerzes ohne Zweck für die Zukunft ist Rache und kann keinen anderen Zweck haben, als durch den Anblick des fremden Leidens, welches man selbst verursacht hat, sich über das selbst erlittene zu trösten. Solches ist Bosheit und Grausamkeit und ethisch nicht zu rechtfertigen.

Schopenhauer,
Die Welt als Wille und Vorstellung I, 4, 62

Rache bleibt nicht lange ungerächt.

Sprichwort

Wer auf Rache aus ist, grabe zwei Gräber.

Aus China

Rache ist teuer.

Aus Simbabwe

Verachtung ist die subtilste Form der Rache.

Baltasar Gracián,
Handorakel der Weltklugheit

XVII. Kapitel

Recht
Unrecht
Gerechtigkeit
Gesetz
Jurist
Gericht
Schwören

Recht

Willkür bleibet ewig verhaßt den Göttern und Menschen,
wenn sie in Taten sich zeigt, auch nur in Worten sich kundgibt;
denn so hoch wir auch stehn, so ist der ewigen Götter
ewigste Themis allein.

Goethe, Achilleis 282

Das Recht ist Inbegriff der Bedingungen, unter denen die Willkür des einen mit der Willkür des anderen nach einem allgemeinen Gesetz der Freiheit in Einklang gebracht werden kann.

Kant

Recht ist der Schutz des Menschen vor dem Menschen durch den Menschen um Gottes willen.

Franz Werfel

Denn selbst der Bösewicht will nur für sich
als einzeln ausgenommen sein vom Recht,
die andern wünscht er vom Gesetz gebunden,
damit vor Räuberhand bewahrt sein Raub.
Die andern denken gleich in gleichem Falle,
und jeder Schurk' ist einzeln gegen alle;
die Mehrheit siegt, und mit ihr siegt das Recht. (Julius)

Grillparzer,
Ein Bruderzwist in Habsburg IV

Wo man das Recht hinauswirft, kommt der Schrecken zur Tür herein.

Aus dem Sudan

Das Recht ist die Form der Macht. Es begrenzt die Macht wie die Form ihren Inhalt.

Rudolf Pannwitz

Rechtliche Freiheit: Die Befugnis, keinen äußeren Gesetzen zu gehorchen, als zu denen ich meine Bestimmung habe geben können.

Kant

Ihr kennt kein Völkerrecht ohne ein Volksrecht und kein Volksrecht ohne ein Menschenrecht.

Pestalozzi,
An die Unschuld, den Ernst und den Edelmut meines Zeitalters

Unser seitheriges Recht ist weitgehend Theologie und Moral, deren Magd es auch im Mittelalter gewesen ist.

Fritz Bauer

Sie wollen einen Richter, der entscheide,
nicht was da gut und billig, fromm und weise,

nein, nur was recht, wieviel ein jeder nehmen,
wieviel verweigern kann, ohn' eben Dieb
und Schelm zu heißen. (Libussa)

Grillparzer, Libussa III

Gerechtigkeit ist die Versicherung, die auf unserem Leben und auf dem Vermögen ruht. Gehorsam ist die Prämie, die wir dafür bezahlen.

William Penn

Von allen menschlichen Begabungen liegt keine dem Weibe so fern wie der Rechtssinn. Fast alle Frauen lernen, was Recht ist, erst durch ihre Männer.

Treitschke, Politik I, Die Familie

Was aber helfen die edelsten Rechte dem, der sie nicht handhaben kann?

Jacob Grimm

Um sicher Recht zu tun, braucht man sehr wenig vom Recht zu wissen. Allein, um sicher Unrecht zu tun, muß man die Rechte studiert haben.

Lichtenberg, Aphorismen

Sind Recht doch und Beweis die beiden Krücken,
an denen alles hinkt, was krumm und schief. (Libussa)

Grillparzer, Libussa II

Das Paragraphenzeichen allein sieht aus wie ein Folterwerkzeug.

Lec, Unfrisierte Gedanken

Wer nach seiner Überzeugung handelt, und sei sie noch so mangelhaft, kann nie ganz zugrundegehen, wogegen nichts seelentötender wirkt, als gegen das innere Rechtsgefühl das äußere Recht in Anspruch zu nehmen.

Droste-Hülshoff, Die Judenbuche

Wer immer auf sein Recht pocht, bekommt wunde Finger.

Volker Schlöndorff

Wer immer recht hat, wird sehr einsam.

Verfasser unbekannt

Von allen Worten, die die Sprache nennt,
ist keins mir so verhaßt als das von Recht.
Ist es dein Recht, wenn Frucht dein Acker trägt?
Wenn du nicht hinfällst tot zu dieser Frist,
ist es dein Recht auf Leben und auf Atem?
Ich sehe üb'rall Gnade, Wohltat nur
in allem, was das All für alle füllt,
und diese Würmer sprechen mir von Recht? (Libussa)

Grillparzer, Libussa II

Es gibt Taten, die sich keinem Menschenurteil mehr unterwerfen – nur den Himmel zum Schiedsmann erkennen. (Verrina)

Schiller, Die Verschwörung des Fiesco zu Genua III, 1

Die Energie der Liebe, mit der ein Volk seinem Rechte anhängt und es behauptet, bestimmt sich nach dem Einsatz an Mühe und Anstrengung, um den es dasselbe erworben.

Rudolf Ihering, Der Kampf ums Recht

Recht muß doch Recht bleiben.

Psalm 94, 15

Unrecht

Nur eine Schmach weiß ich auf dieser Erde,
und die heißt: Unrecht tun. (Bancbanus)

Grillparzer, Ein treuer Diener seines Herrn I

Niemand weiß, was er tut, wenn er recht handelt; aber des Unrechten sind wir uns immer bewußt.

Goethe, Wilhelm Meisters Lehrjahre VII, 9

Noch nie war einer glücklich, welcher unrecht tat. (Chor)

Euripides, Helena 1033

Das Unrecht ist um so viel älter als das Recht, wie der Angriff älter ist als die Verteidigung. Und wie jeder Verteidigung durch den Angriff, so wird dem Recht durch das Unrecht die Weise seines Verhaltens unentrinnbar vorgeschrieben.

Gustav Radbruch

Die Menschen schämen sich nicht des Unrechts, das sie tun, sondern dessen, das sie leiden.

Giacomo Leopardi, Gedanken

Wer die Krankheit hat, keine Ungerechtigkeiten ertragen zu können, darf nicht zum Fenster hinaussehen und muß die Stubentür zuschließen. Vielleicht tut er auch wohl, wenn er den Spiegel wegnimmt.

Seume, Apokryphen

Fürchterlich
ist der bedrängten Unschuld letzter Blick. (Eugenie)

Goethe, Die natürliche Tochter V, 5

Niemals empört etwas mehr als Ungerechtigkeit. Alle anderen Übel, die wir ausstehen, sind nichts dagegen.

Kant

Bei der Erzählung jeder ungerechten Handlung, wer auch ihr Opfer oder wo auch ihr Schauplatz sei, gerät mein Herz in Flammen, als ob die Wirkung auf mich zurückfiele.

Rousseau, Bekenntnisse I

Ich erlitt in dreiundfünfzig Jahren, da ich lebe, so viel Unrecht, daß meiner Seele Gefühl nun gegen seinen Stachel wie gepanzert ist. (Friedeborn)

Kleist, Das Käthchen von Heilbronn I, 1

Vergiß nicht, daß es besser ist, Opfer zu sein als Henker.

Anton Tschechow,
an seinen Bruder Alexander

Ein bestrafter Schuldiger ist ein Exempel für den Pöbel. Ein unschuldig Verurteilter geht alle ehrbaren Leute an.

La Bruyère, Charaktere 14

Gerechtigkeit wird nur dort herrschen, wo sich die vom Unrecht nicht Betroffenen genau so entrüsten wie die Beleidigten.

Platon

Wer das Unrecht nicht verbietet, wenn er kann, der befiehlt es.

Mark Aurel, Selbstbetrachtungen IX

Unrecht, durch Unrecht bekämpft, wird noch mächtiger.

Rosegger, I. N. R. I.

Dem Gegner Unrecht widerfahren zu lassen, kräftigt ihn moralisch.

Hans Kasper, Expedition nach innen

Gerechtigkeit

Des Gerechten Mund ist ein lebendiger Brunnen.

Sprüche Salomos 10, 11

So fragte denn Hermes den Zeus, auf welche Art er Gerechtigkeit und Besonnenheit an die Menschen verleihen solle. „Soll ich mich hierbei," fragte er, „nach dem Muster richten, das die Verteilung der Künste bietet? Diese Verteilung ist folgender Art: Ein Einzelner, der im Besitz der ärztlichen Kunst ist, reicht aus für viele Laien; und so steht es auch mit den anderen Werkmeistern. Soll ich es nun mit der Gründung von Gerechtigkeit und Besonnenheit ebenso halten oder soll ich sie an alle austeilen?" „An alle," erwiderte Zeus, „und jeder soll daran teilhaben. Denn nie wird es zum Bestehen von Staaten kommen, wenn nur wenige jener Güter teilhaftig sind.“ (Protagoras)

Platon, Protagoras 12

Gerechtigkeit und Treue sind bei allen Gesellschaften Bindemittel. Deshalb müssen selbst Ausgetretene und Räuber, die mit der ganzen übrigen Welt gebrochen haben, untereinander Treue halten.

Locke, Über den menschlichen Verstand I, 1, 3

Gerechtigkeit erhöhet ein Volk.

Sprüche Salomos 14, 34

Eigentlich ist es nur des Menschen, gerecht zu sein und Gerechtigkeit zu üben; denn die Götter lassen alle gewähren; ihre Sonne scheint über Gerechte und Ungerechte.

Goethe, zu Riemer, 6. 9. 1810

Man sagt, jeder müsse sich selbst für einen gerechten Mann ausgeben, gleichviel, ob er es wirklich ist oder nicht, und wer sich nicht für gerecht erkläre, der sei nicht bei Sinnen. (Protagoras)

Platon, Protagoras 12

Die Gerechtigkeit gleicht jenen chemischen Stoffen, die man nie völlig rein, sondern nur unter Beimischung eines anderen Stoffes darstellen kann.

Schopenhauer

Nicht Stimmenmehrheit ist des Rechtes Probe. (Talbot)

Schiller, Maria Stuart II, 3

Was gerecht ist, erkennt nur das Herz.

Thomas Niederreuther, Aphorismen

Bei allen Kämpfen dieses Lebens
den Anspruch bändigen der eignen Brust,
nicht mild, nicht gütig, selbst großmütig nicht,
gerecht sein gegen sich und gegen andere,
das ist das Schwerste auf der weiten Erde. (Primislaus)

Grillparzer, Libussa IV

Leichter ist es groß als recht zu handeln.

Tiedge, Urania 6, Freiheit

Es gibt ein unfehlbares Rezept, eine Sache gerecht unter zwei Menschen aufzuteilen: Einer von ihnen darf die Portionen bestimmen, und der andere hat die Wahl.

Gustav Stresemann

Ihr standet
vor Eurem Herrn und habt nichts für
Euch selbst
erbeten – nichts. Das ist mir neu – Ihr
werdet
gerecht sein. (König)

Schiller, Don Karlos III, 10

Nicht gegen den, der uns zuwider ist, sind wir am unbilligsten, sondern gegen den, welcher uns gar nichts angeht.

Nietzsche, Zarathustra II

Denn welcher Mensch bleibt, wenn er nichts mehr scheut, gerecht? (Athena)

Aischylos, Die Eumeniden 699

Gerechtigkeit ohne Gnade ist nicht viel mehr als Unmenschlichkeit.

Albert Camus

Das Gespinst der Lüge umstrickt den Besten; der Redliche kann nicht durchdringen; die kriechende Mittelmäßigkeit kommt weiter als das geflügelte Talent; der Schein regiert die Welt, und die Gerechtigkeit ist nur auf der Bühne. (Narbonne)

Schiller, Der Parasit, Schluß

Auf Erden herrscht die Liebe, im Himmel die Gnade, und nur in der Hölle gibt es Gerechtigkeit.

Anaklet II.

Man sagt, Ihr meint es gut
mit diesem Staat, mit Eurer Königin,
seid unbestechlich, wachsam, unermüdet –
ich will es glauben. Nicht der eigne
Nutzen
regiert Euch, Euch regiert allein der
Vorteil
des Souveräns, des Landes. Eben
darum
mißtraut Euch, edler Lord, daß nicht
der Nutzen
des Staats Euch als Gerechtigkeit erscheine. (Maria)

Schiller, Maria Stuart I, 7

Recht ist, was der proletarischen Klasse nützt.

Lenin

Das Recht und der Wille des Führers sind eins.

Hermann Göring

Wehe
dem armen Opfer, wenn derselbe
Mund,
der das Gesetz gab, auch das Urteil
spricht! (Maria)

Schiller, Maria Stuart I, 7

Die Gerechtigkeit ist wie das Licht: Man weiß nicht, was es ist, aber man merkt, wenn es fehlt.

Verfasser unbekannt

Recht ist, was der Freiheit dient.

Thomas Dehler

Der Gerechte geht heim, doch sein Licht bleibt.

Dostojewski, Die Brüder Karamasow IV, 3

Gesetz

Die Vernunft ist für den Weisen, das Gesetz für den Unweisen.

Aus China

Um sich greift der Mensch, nicht darf man ihn
der eignen Mäßigung vertraun. Ihn hält
in Schranken nur das deutliche Gesetz
und der Gebräuche tiefgetretne Spur.

Schiller, Wallensteins Tod IV, 2

In abgeschloßnen Kreisen lenken wir,
gesetzlich streng, das in der Mittelhöhe
des Lebens wiederkehrend Schwebende.
Was droben sich, in ungemeßnen Räumen,
gewaltig seltsam hin und her bewegt,
belebt und tötet ohne Rat und Urteil,
das wird nach anderm Maß, nach andrer Zahl
vielleicht berechnet, bleibt uns rätselhaft. (Gerichtsrat)

Goethe, Die natürliche Tochter IV, 2

Es soll dabei ganz ähnlich hergehen wie beim Elementarlehrer, der mit dem Griffel den noch nicht schreibfähigen Kindern Linien zieht und sie zwingt, sich mit ihren Schreibversuchen nach diesen Linien zu richten: So hat auch der Staat als Richtschnur die Gesetze aufgestellt. (Protagoras)

Platon, Protagoras 15

Das allein
ist's, was die Städte Sterblicher zusammenhält,
wenn treulich man bewahret ihre Satzungen. (Äthra)

Euripides, Die Schutzflehenden 380

Der Sieg ist glänzend dieses Tages,
und vor dem Altar morgen dank' ich Gott;
doch, wär' er zehnmal größer, das entschuldigt
den nicht, durch den der Zufall mir ihn schenkt.
Mehr Schlachten noch als die hab' ich zu kämpfen
und will, daß dem Gesetz Gehorsam sei.
Wer's immer war, der sie zur Schlacht geführt,
ich wiederhol's, hat seinen Kopf verwirkt. (Kurfürst)

Heinrich von Kleist,
Prinz Friedrich von Homburg II, 9

Den Sieg nicht mag ich, der, ein Kind des Zufalls,
mir von der Bank fällt; das Gesetz will ich,
die Mutter meiner Krone, aufrecht halten,
die ein Geschlecht von Siegen mir erzeugt. (Kurfürst)

Heinrich von Kleist, Prinz Friedrich von Homburg V, 5

Das Gesetz ist der Freund des Schwachen. (Einer aus dem Chor)

Schiller, Die Braut von Messina I, 8

Die Gesetze, glaube ich, sind von den schwachen Menschen und von der großen Masse gemacht. Zu ihren Gunsten und zu ihrem eigenen Nutzen stellen diese die Gesetze auf, sprechen sie Lob und Tadel aus! Die Stärkeren unter den Menschen und diejenigen, die imstande sind, ein Übergewicht zu erlangen, wollen sie einschüchtern. (Kallikles)

Platon, Gorgias

Bei keinem Volk hat es einen bedeutenden Gesetzgeber gegeben, der nicht auf Gott zurückgegangen wäre; denn andernfalls wären seine Gesetze nicht anerkannt worden.

Machiavelli, Discorsi sopra Tito Livio

Der Gesetzgeber soll denken wie ein Philosoph, aber reden wie ein Bauer.

Rudolf von Ihering, Römisches Recht

Das Bedürfnis zeuget die Gewohnheit,
und die Gewohnheit zeuget das Gesetz.

Ernst Raupach, Die Hohenstaufen, Kaiser Friedrich I. und Alexander III, 4

Wir fassen ein Gesetz begierig an,
das unsrer Leidenschaft zur Waffe dient. (Iphigenie)

Goethe, Iphigenie auf Tauris V, 3

Lykurg schuf nicht nur Gesetze für seine Bürger, sondern er schuf auch Bürger für seine Gesetze.

Schiller

Tausend Fälle können eintreten, die der Gesetzgeber nicht vorausgesehen hat. Das Gefühl dafür, daß man nicht alles voraussehen kann, ist eine sehr notwendige Voraussicht.

Rousseau, Der Gesellschaftsvertrag IV, Über die Diktatur

Niemand ist so rechtschaffen, daß er, wenn er alle seine Handlungen und Gedanken dem Gesetz unterwürfe, nicht zehnmal hängen müßte.

Montaigne

Die Unkenntnis des Gesetzes befreit nicht von der Verantwortung. Aber die Kenntnis oft.

Lec

Man sagt, wir bewegen uns zu wenig. Und das tägliche Umgehen der Gesetze?

Wieslaw Brudzinski, Katzenjammer

Wer kein Gesetz achtet, ist eben so mächtig, als wer kein Gesetz hat. (Odoardo)

Lessing, Emilia Galotti V, 4

Gesetze sind wie Kleider. Eine Zeitlang sitzen sie gut. Dann sind sie abgetragen, und es wird Zeit, sie auszuwechseln.

Jean Foyer

An ihren verbotenen Früchten werdet ihr sie erkennen.

Wieslaw Brudzinski, Katzenjammer

Wenn es nicht notwendig ist, ein Gesetz zu machen, dann ist es notwendig, kein Gesetz zu machen.

Montesquieu

Jurist

Justus lernet die Gesetze.
Ob er gleich nun alle kann,
meint er doch, daß keines sei,
das ihn selbsten gehet an.

Logau, Auf Justum

Juristen sind Leute, die die Gerechtigkeit mit dem Recht betrügen.

Harold Pinter

Jede noch so klare Bestimmung kann in irgendeiner Weise falsch ausgelegt werden. Ist man einmal entschlossen, sein Wort zu brechen, so findet man leicht einen Vorwand.

Ludwig XIV., Memoiren

Nie hat ein Dichter die Natur so frei ausgelegt wie ein Jurist die Wirklichkeit. (Hektor)

Jean Giraudoux, Kein Krieg in Troja

So leise solltest du zeitlebens sprechen müssen,
dann, Herr Justizrat, sprächst du just wie dein Gewissen.

Christoph Weisser, Der heisere Richter

Von Advokaten wollen sie rein gar nichts wissen, da deren Prozeßführung hinterlistig und ihre Rechtsauslegung verdreht sei. Sie halten es nämlich für zweckmäßig, daß jeder persönlich seine Sache führe und dem Richter dasselbe sage, was er seinem Anwalt würde erzählt haben; so gebe es weniger Umschweife und lasse sich die Wahrheit leichter herausbekommen.

Thomas More, Utopia II

Trotz seiner Torheiten hatte er zuviel gesunden Menschenverstand, um den edlen Advokatenberuf ernstnehmen zu können. Im übrigen stand sein Gerechtigkeitsgefühl nicht im Einklang mit den Gesetzen.

Flaubert, November

Es ist leichter, ohne Messer eine Auster zu öffnen als den Mund eines Anwalts ohne Honorar.

Barten Holyday

Überall hebt Konkurrenz das Ge-
schäft, auch bei den Juristen:
Jeder von ihnen schafft stets für zwei
andre Bedarf.

Puntsch, Juristen

Es ist nicht einzusehen, weshalb es neben den Rechtsanwälten, die unser Recht durchsetzen wollen, nicht auch Versöhnungsanwälte gibt, die uns Rechtsstreitigkeiten ersparen möchten.

Sigmund Graff

Ein guter Jurist kann nur der werden, der mit einem schlechten Gewissen Jurist ist.

Gustav Radbruch

Gericht

Vielleicht ist es das ärgste am Verbrechen, daß es Menschen zwingt, über Menschen zu urteilen.

Gerhard Manz, in „Der Spiegel"

Ich würde so gerichtet werden wie ein Arzt, wenn Kinder über ihn zu Gericht säßen und ein Koch der Ankläger wäre. Überlege dir, was so ein Mann zu seiner Verteidigung sagen könnte, wenn er vor einem solchen Gerichtshof stünde und ihn einer dann mit folgenden Worten anklagt: „Liebe Kinder, viel Übles hat dieser Mann euch zugefügt, und sogar die Jüngsten unter euch richtet er mit seinem Schneiden und Brennen zugrunde, bringt sie mit Magerkuren und Brechmitteln zur Verzweiflung. Er gibt euch die bittersten Tränklein und läßt euch hungern und dürsten – anders als ich, der ich euch mit vielen angenehmen Dingen aller Art bewirte." (Sokrates)

Platon, Gorgias

In eigener Sache kann niemand Richter sein.

Sprichwort

Es plädieren in Venedig in wichtigen Sachen gewöhnlich zwei Advokaten für den Kläger und zwei für den Angeklagten! Die ersten reden mehr statarisch und gemäßigt und haben nur die ruhigen Auseinandersetzungen der Tatsachen; die zwei letzteren aber wirken auf die Leidenschaften und wenden alle Redekünste an.

Goethe,
zu Karl August Böttiger, 28. 5. 1895

Man sagt zu einem Manne, wenn man seine Zeugenschaft zugunsten eines andern Mannes zurückweisen will: „Es ist Ihr Freund."
„Zum Teufel, ja, es ist mein Freund, weil das Gute, das ich von ihm sage, wahr ist, weil er so ist, wie ich ihn schildere. Sie nehmen die Ursache für die Wirkung und die Wirkung für die Ursache. Warum nehmen Sie an, daß ich Gutes von ihm sage, weil er mein Freund ist? Warum nehmen Sie nicht an, daß er mein Freund ist, weil er gut ist?"

Chamfort

Es scheint mir ungerecht, den Richter zu bitten und durch Bitten freizukommen, sondern belehren und überzeugen muß man ihn. Denn nicht dazu nimmt der Richter seinen Sitz ein, das Recht nach Wohlwollen zu verschenken, sondern um das Urteil zu finden, und er hat geschworen, nicht gefällig zu sein.

Platon, Verteidigungsrede des Sokrates I, 24

Eine der unangenehmsten Peinlichkeiten in deutschen Gerichtssälen ist die Überheblichkeit der Vorsitzenden im Ton den Angeklagten gegenüber. Diese Sechser-Ironie, verübt an Wehrlosen, diese banalen Belehrungen, diese Flut von provozierenden, beleidigenden und höhnischen Trivialitäten ist unerträglich.

Tucholsky,
Unart der Richter, 1929

Ein Prozeß ist eine so reizende Sache, daß, wenn ich reich wäre, ich eher einige kaufen würde, um nicht ganz ohne dieses Vergnügen zu leben.
(Amtmann)

Goethe,
Die Aufgeregten II, 2

Damit es später keinen mehr befremde,
weissagen redlich den Parteien wir:
Nach jeglichem Prozeß erscheinet ihr,
der eine nackt, der Sieger noch im
Hemde.

Friedrich Haug,
Inschrift an die Tore des Rathauses zu X.

Prozessieren müssen heißt auf dieser Welt schon verdammt sein. (Scapin)

Molière,
Die Späße des Scapin

Mancher Verwegene klagt, um seine Verbrechen zu decken.

Goethe, Reineke Fuchs 7

Schwören

Es ist nicht der Eid, der den Mann glaubhaft macht, sondern es ist der Mann, der den Eid glaubhaft macht.

Aischylos

Wenn einer schwört, so macht er sich dadurch nicht anheischig, daß er dich nicht betrügen will, sondern nur, daß er zugleich mit dir auch Gott betrügen will.

Hebbel

Hüte dich vor dem, der auf Gewissen schwört!

Aus Italien

Besser geschworen
als verloren. So sagte mir einst ein Weiser im Beichtstuhl:
Ein gezwungener Eid bedeute wenig.

Goethe, Reineke Fuchs 6

Mit Meineid hilft sich jeder Bösewicht. (Theseus)

Schiller, Phädra IV, 2

XVIII. Kapitel

Aufgabe
Pflicht
Plan
Zweck
Idee
Ideologie
Ideal
Illusion
Motiv
Grundsatz
Verantwortung

Aufgabe

Nicht wahr, o Mutter, wen die Götter lieben,
den führen sie zur Stelle, wo man sein bedarf? (Elpenor)

Goethe, Elpenor I,4

Tue das, wodurch du würdig wirst, glücklich zu sein.

Kant, Kritik der reinen Vernunft II,2

Wer sich dem Notwendigsten widmet, geht überall am sichersten zum Ziel.

Goethe, Wilhelm Meisters Wanderjahre III,9

Ich bin bereit, überallhin zu gehen, wenn es nur vorwärts ist.

David Livingstone

Wer sich zu groß fühlt, um kleine Aufgaben zu erfüllen, ist zu klein, um mit großen Aufgaben betraut zu werden.

Jacques Tati

Jeder trägt die Last, der er gewachsen ist.

Aus Ghana

Wer einen Stein nicht allein aufheben kann, der lasse ihn liegen.

Sprichwort

Wer niemals bereit ist, unter Umständen auch eine größere Aufgabe zu übernehmen, als er zu erfüllen vermag, wird niemals alles leisten, wozu er fähig ist.

C.C. McIntosh

Wie viel glücklicher war es, mich in ein Verhältnis gesetzt zu sehen, dem ich von keiner Seite gewachsen war, wo ich durch manche Fehler des Unbegriffs und der Übereilung mich und andere kennen zu lernen Gelegenheit genug hatte, wo ich, mir selbst und dem Schicksal überlassen, durch so viele Prüfungen ging.

Goethe,
an Catharina Elisabeth Goethe, 11. 8. 1781

Wer sich eine schwierige Aufgabe stellt, braucht keine Angst zu haben, daß er viel Konkurrenz bekommt.

Aus den USA

Wer sich jeder Aufgabe gewachsen glaubt, taugt meistens für keine.

Verfasser unbekannt

Wir sollten uns mit den großen Problemen beschäftigen, solange sie noch klein sind.

Jadwiga Rutskowska

Was man nicht gerne tut, soll man zuerst tun.

Sprichwort

Wer ein Problem definiert, hat es schon halb gelöst.

Julian Huxley

Aufgaben delegieren heißt: Nicht mehr Personen und Tätigkeiten überwachen, sondern nur noch Ergebnisse.

B. C. Forbes

Es ist ein gewisses Verhältnis nötig zwischen denen, die vornehmlich zum Denken, und zwischen jenen, die vornehmlich zur Tätigkeit geneigt sind.

Buckle,
Geschichte der Zivilisation XI, 5

Ein Mühlstein und ein Menschenherz
wird stets herumgetrieben.
Wo beides nichts zu reiben hat, wird
beides selbst zerrieben.

Logau,
Ein unruhig Gemüte

Pflicht

Gib mir ein Herz voll Zuversicht,
erfüllt mit Lieb' und Ruhe,
ein weises Herz, das seine Pflicht
erkenn' und willig tue!

Gellert, Morgengesang

Pflicht: Wo man liebt, was man sich selbst befiehlt.

Goethe, Maximen und Reflexionen

Ich gestehe gern, daß ich dem Pflichtbegriffe, gerade um seiner Würde willen, keine Anmut beigesellen kann; denn er enthält unbedingte Nötigung, womit Anmut in geradem Widerspruch steht.

Kant

Es klingt so kalt und spitz und stechend: Pflicht - Pflicht. (Hilda)

Ibsen, Baumeister Solness II

Pflicht ist die Notwendigkeit einer Handlung aus Achtung fürs Gesetz.

Kant

Unsere Pflichten - das sind die Rechte auf uns.

Nietzsche

Der Tücht'ge sieht in jedem Soll ein
Muß. (Priester)

Grillparzer,
Des Meeres und der Liebe Wellen I, 1

Wo viel Freiheit, ist viel Irrtum,
doch sicher ist der schmale Weg der
Pflicht. (Buttler)

Schiller, Wallensteins Tod IV, 2

Der Streit der Pflichten ist der schlimmste Streit.

Ernst Raupach,
Die Hohenstaufen, König Philipp III, 3

Von drückenden Pflichten kann uns nur die gewissenhafteste Ausübung befreien.

Goethe, Wilhelm Meisters Wanderjahre I, 7

Der Lohn für eine erfüllte Pflicht ist die Kraft, die nächste zu tun.

Rabbi Ben Azai

Erfüllte Pflicht empfindet sich immer noch als Schuld, weil man sich nie ganz genug getan.

Goethe, Wilhelm Meisters Wanderjahre II,
Betrachtungen im Sinne der Wanderer

Wir Deutsche leiden alle an der Hypochondrie der „Verpflichtungen". Sie macht unsere Stärke und unsere Schwäche.

Morgenstern, Stufen, Politisches, 1910

Ich habe nicht immer das Gefühl, als sei es gerade meine Pflicht und Schuldigkeit, dem Herrgott seine verpfuschte Welt wieder einzurenken.

Raabe, Gedanken und Einfälle

Plan

Präzise planen kostet in der Regel auch nicht mehr Energie als träumen, wünschen und hoffen.

Aus den USA

Gut ist der Vorsatz, aber die Erfüllung
schwer. (Paläophron)

Goethe, Paläophron und Neoterpe

Wir möchten jede Tat
so groß gleich tun, als wie sie wächst und wird,
wenn jahrelang durch Länder und Geschlechter
der Mund der Dichter sie vermehrend wälzt.
Es klingt so schön, was unsre Väter taten,
wenn es, in stillen Abendschatten ruhend,

der Jüngling mit dem Ton der Harfe
schlürft;
und was wir tun, ist, wie es ihnen war,
voll Müh und eitel Stückwerk! (Pylades)

Goethe, Iphigenie auf Tauris II, 1

Nichts auf der Welt ist so weit wie der Weg vom guten Vorsatz zur guten Tat.

Aus Norwegen

Weichliche Naturen machen gerne energische Programme von weit ausgreifendem Umfang und erschöpfen im Programm ihren momentanen Enthusiasmus.

Berthold Auerbach

Der Wille lockt die Taten nicht herbei. (Antonio)

Goethe, Torquato Tasso II, 3

Anschlag, der nicht Fortgang hat,
ist ein Wagen ohne Rad.

Logau, Rat ohne Tat

Der gute Vorsatz ist ein Gaul, der oft gesattelt, aber selten geritten wird.

Aus Mexiko

Unbeständigkeit gegen seinen Vorsatz heißt sich selber das Wort brechen.

Jean Paul

In Wahrheit heißt etwas wollen ein Experiment machen, um zu erfahren, was wir können.

Nietzsche

Je schöner ein Entwurf ist, um so weniger hat er Aussicht, ins Dasein gerufen zu werden. Hierin sind die Geschöpfe der Phantasie denselben Gesetzen unterworfen wie die wirklichen. Das Vollkommene sträubt sich gegen das Werden.

Taine, Essais, Goethes Iphigenie

Geht es doch unsern Vorsätzen wie unsern Wünschen: Sie sehen sich gar nicht mehr ähnlich, wenn sie ausgeführt, wenn sie erfüllt sind.

Goethe,
Wilhelm Meisters Lehrjahre VII, 8

In magnis et voluisse sat est. In großen Dingen ist schon der Wille genug.

Properz, Elegien III, 1, 6

Den Menschen macht sein Wille groß
und klein. (Buttler)

Schiller,
Wallensteins Tod IV, 8

Was du tun willst, darfst du nicht im voraus sagen; denn mißlingt es, wirst du ausgelacht.

Pittakos

Dort habe ich mir vorgenommen, allerlei wunderliche Dinge zu arbeiten, von denen ich zum voraus nichts erwähnen darf; denn gewöhnlich, was ich ausspreche, das tue ich nicht.

Goethe, an Friedrich von Reinhard, 8. 5. 1811

Nimmt man das Willkürliche aus dem Leben und Handeln und Verfahren hinweg, so hat man das Beste hinweggenommen.

Goethe, zu Riemer, 27. 8. 1808

Ich hatte mir manches zu arbeiten vorgesetzt, daraus nichts geworden ist, und manches getan, woran ich nicht gedacht hatte; das heißt also ganz eigentlich das Leben leben.

Goethe, an Friedrich August Wolf, 16. 12. 1807

Je planmäßiger die Menschen vorgehen, desto wirksamer trifft sie der Zufall.

Friedrich Dürrenmatt

Zweck

Nur wer das Ziel kennt, kann treffen.

Aus Griechenland

Vom Ziel haben viele Menschen einen Begriff, nur möchten sie es gern schlendernd auf irrgänglichen Promenaden erreichen.

Goethe, an Zelter, 30. 10. 1808

Die Menschen werden wohl über die Zwecke einig, viel seltener aber über die Mittel, dahin zu gelangen. Denn das wahre Große hebt uns über uns selbst hinaus und leuchtet uns vor wie ein Stern; die Wahl der Mittel aber ruft uns in uns selbst zurück.

Goethe, Wilhelm Meisters Wanderjahre III, 12

Jeder muß sich ein Ziel setzen, das er nicht erreichen kann, damit er stets zu ringen und zu streben habe.

Pestalozzi, Der natürliche Schulmeister

Ist' s gleich nicht gut und recht,
beim Anfang einer Bahn das Ziel so nah,
so ärmlich nahe sich das Ziel zu setzen.

Grillparzer, Des Meeres und der Liebe Wellen III

Am Fortschritt der Moral beteiligt,
sind wir darüber einig nun,
daß nicht der Zweck die Mittel heiligt.
Doch der Erfolg wird's ewig tun.

Ludwig Fulda

Idee

Die Idee ist das Absolute, und alles Wirkliche ist nur Realisierung der Idee.

Hegel

Ich verstehe unter einer Idee einen notwendigen Vernunftbegriff, dem kein kongruierender Gegenstand in den Sinnen gegeben werden kann.

Kant

Die Idee ist ein stehengebliebener Gedanke.

Henri Bergson

Sich schöne Träume zu bilden, mögen diese nun Realität haben oder nicht, ist doch immer ein herrliches Vermögen der Menschheit.

Hebbel, Tagebücher 1839

Wenn ich nicht immer neue Ideen zu bearbeiten habe, werde ich wie krank.

Goethe, an Frau von Stein, 28. 12. 1782

Die Ahnung ist des Herzens Licht.

Karl Leberecht Immermann, Gedichte

Ideen, ich gestehe es, interessieren mich mehr als Menschen, interessieren mich über alles. Ideen leben, kämpfen und sterben ganz wie die Menschen. Freilich kann man sagen, daß wir sie nur durch die Menschen kennenlernen, gleicherweise wie man das Wehen des Windes an der Bewegung des Schilfrohres erkennt, das er niederbeugt. Aber der Wind ist von größerer Bedeutung als das Schilf.

André Gide, Die Falschmünzer II, 3

Hat man sich einmal an dieses Leben in Ideen gewöhnt, so verlieren Kummer und Unglücksfälle ihren Stachel. Man ist wohl wehmütig und traurig, aber nie ungeduldig und ratlos.

Wilhelm von Humboldt,
Briefe an eine Freundin, 15. 5. 1825

Jede Produktivität höchster Art, jedes bedeutende Aperçu, jede Erfindung, jeder große Gedanke, der Früchte bringt und Folge hat, steht in niemandes Gewalt und ist über aller irdischen Macht erhaben. Dergleichen hat der Mensch als unverhoffte Geschenke von oben, als reine Kinder Gottes zu betrachten.

Goethe, zu Eckermann, 11. 3. 1828

Der Franzose sagt „l'appétit vient en mangeant", und dieser Erfahrungssatz bleibt wahr, wenn man ihn parodiert und sagt: „l'idée vient en parlant."

Heinrich von Kleist, Über die allmähliche Verfertigung der Gedanken beim Reden

Jeder Beginn einer Idee entspringt einer unmerklichen Verletzung des Geistes.

Emile M. Cioran

Dem Morgenrot einer neuen Idee geht es wie dem Morgenrot überhaupt: Die meisten Menschen findet es schlafend.

Peter Sirius, Tausend und Ein Gedanken, Denken und Empfinden

Jede große Idee, sobald sie in die Erscheinung tritt, wirkt tyrannisch; daher die Vorteile, die sie hervorbringt, sich nur allzubald in Nachteile verwandeln.

Goethe, Wilhelm Meisters Wanderjahre II, Betrachtungen im Sinne der Wanderer

Ein Mann mit einer neuen Idee ist ein Narr – so lange, bis die Idee sich durchgesetzt hat.

Mark Twain

Tatsachen werden eingeseift, Ideen rasiert.

Martin Kessel, Gegengabe II

Talent zu Einfällen ist nicht Genie zu Ideen.

Kant

Ein großes Übel in den Wissenschaften, ja überall, entsteht daher, daß Menschen, die kein Ideenvermögen haben, zu theoretisieren sich vermessen.

Goethe, Wilhelm Meisters Wanderjahre II, Betrachtungen im Sinne der Wanderer

Nur die Weisen sind im Besitz von Ideen. Die anderen Menschen sind von Ideen besessen.

Samuel Taylor Coleridge

Napoleon gibt uns ein Beispiel, wie gefährlich es sei, sich ins Absolute zu erheben und alles der Ausführung einer Idee zu opfern.

Goethe, zu Eckermann, 14. 2. 1830

Schiller war so wie alle Menschen, die zu sehr von der Idee ausgehen: Er hatte keine Ruhe und konnte nie fertig werden.

Goethe, zu Eckermann, 23. 3. 1829

Ideologie

Ideologie: Philosophie aus Fertigbauteilen.

Horst Dieter Schlosser

Ideologie ist Ordnung auf Kosten des Weiterdenkens.

Friedrich Dürrenmatt

Weltanschauung ist zeitgemäß gewordene Philosophie.

Hans Lohberger

Weltanschauung ist nicht selten Mangel an Anschauung.

Ludwig Marcuse

Ich kenne wenige Weltverbesserer, die imstande sind, einen Nagel richtig einzuschlagen.

Ibsen

Jeder revolutionäre Ideologe fühlt sich als Repräsentant der Sittlichkeit an sich.

Karl Schlechta

Wer mit Wut gegen ein Dogma streitet, hat immer schon ein anderes Dogma in der Tasche, mit dem er hausieren möchte.

Heinrich Wolfgang Seidel

Ideologien sind bewaffnete Ideen.

Martin Greifenhagen

Auch zur Bewachung von Gedanken verwendet man Eunuchen.

Stanislaw Jerzy Lec, Unfrisierte Gedanken

Was beweist die Geschichte der Ideen anderes, als daß die geistige Produktion sich mit der materiellen umgestaltet? Die herrschenden Ideen einer Zeit waren stets nur die Ideen der herrschenden Klasse.

Karl Marx

Ideologen sind wie Meteorologen: Ihre Vorhersage war richtig, bloß das Wetter ist falsch.

Henri Tisot

Das Dogma ist weniger wert als ein Kuhfladen.

Mao Tsetung

Ideal

Der Mensch kann nicht leben ohne das sittlich Große, ja, wenn es ihm entzogen wird, verlangt er danach mit heftigerem Hunger als nach jedem anderen Ding dieser Erde.

Stifter, an Gustav Heckenast, 8. 7. 1848.

Ideale sind wie Sterne. Wir erreichen sie niemals, aber wie die Seefahrer auf dem Meer richten wir unseren Kurs nach ihnen.

Carl Schurz,
Lebenserinnerungen

Sieh nach den Sternen, hab acht auf die Gassen.

Raabe, Die Leute aus dem Walde

Idealist sein heißt Kraft haben für andere.

Novalis

Ich bin ein Idealist: Ich liebe ohne Ansehen der Person.

Gerhard Uhlenbruck

Das Leben könnte noch ganz schön sein, wenn wir nur Ruhe hätten vor diesen verwünschten Bluthunden von Gläubigern, die uns armen Leuten das Haus einrennen mit der idealen Forderung. (Relling)

Ibsen, Die Wildente IV

Wenn wir die bisherige Menschheitsgeschichte, insbesondere die Geschichte unserer eigenen Zivilisation betrachten, so ist eines der auffälligsten Merkmale das Mißverhältnis zwischen den von Religionsstiftern, Philosophen und Staatsmännern postulierten Idealen und der von solchen Idealen nur wenig geprägten Realität.

Gerhard Szczesny, Das sogenannte Gute 4

Es ist der Sinn der Ideale, daß sie nicht verwirklicht werden können.

Fontane

Gebrauchen Sie doch nicht immer das Fremdwort „Ideale"! Wir haben doch das schöne germanische Wort „Lügen". (Relling)

Ibsen, Die Wildente V

Ideale haben merkwürdige Eigenschaften, unter anderem die, daß sie in ihr Gegenteil umschlagen, sobald man sie verwirklicht.

Robert Musil

Eine geheime Vorliebe für das, wofür wir einstmals gekämpft und gelitten, bleibt immer in unserem Herzen.

Heine, Deutschland I,
Zur Geschichte der Religion 2

Wir haben wohl das Wort gehört: Wer nach dem 34. Lebensjahr sich noch an das Kreuz schlagen lasse, der sei ein Narr. Das ist ein schlechtes Wort. Das Verdienst steigt da mit den Jahren. Im 34. Lebensjahr ist der Opfertod noch linder und kaum der Rede wert. Aber alt geworden zu sein und seine Ideale hochzuhalten und seinen Opfermut dafür zu erweisen: Das macht den Heros, den Menschheitserlöser.

Raabe, Gedanken und Einfälle

An seinen Idealen zugrundegehen können heißt lebensfähig sein.

Peter Altenberg

Wenn wir keine Zugeständnisse machen, so können wir wohl zugrunde – gehen, aber niemals verderben. Das Kompromiß verdirbt uns, die laue Mitte.

Waldemar Bonsels

Sagen Sie
ihm, daß er für die Träume seiner Jugend
soll Achtung tragen, wenn er Mann
sein wird,
nicht öffnen soll dem tötenden Insekte
gerühmter besserer Vernunft das Herz
der zarten Götterblume - daß er nicht
soll irre werden, wenn des Staubes
Weisheit
Begeisterung, die Himmelstochter, lästert. (Marquis)

Schiller, Don Karlos IV, 21

Illusion

Wer im Dunkeln sitzt, zündet sich einen Traum an.

Nelly Sachs

Illusion und Weisheit zusammen bilden das Entzücken des Lebens und der Kunst.

Joubert, Gedanken und Maximen

Durchsucht der Menschen ganzes
Leben,
was treibt zu großen Taten an?
Was pflegt uns Ruh und Trost zu
geben?
Sehr oft ein Traum, ein süßer Wahn.
Genug, daß wir dabei empfinden,
es sei auch tausendmal ein Schein!
Sollt aller Irrtum ganz verschwinden,
so wär es schlimm, ein Mensch zu sein.

Gellert,
Der süße Traum

Illusionen sind die Schmetterlinge des Lebensfrühlings.

Peter Sirius, Tausend und Ein Gedanken,
Vorurteil und Illusion

Die Einbildungskraft, die Illusionen hervorbringt, ist wie ein Rosenstrauch, der in jeder Jahreszeit Rosen blühen läßt.

Chamfort

Träumerei ist die Flucht vor der Anstrengung.

Nathalie Sarraute

Große Träume - ich kenne keine, die nicht im Morgengrauen enden.

Wieslaw Brudzinski,
Katzenjammer

Die Instandhaltung von Luftschlössern ist ein kostspieliges Vergnügen.

Edward Bulwer-Lytton

Aller Schwärmerei droht der Übergang in Fanatismus. Darum darf keine Schwärmerei Nachsicht finden vor den Denkern.

Johann Friedrich Herbart

Wer das Gewisse aufgibt und das Ungewisse verfolgt, der verliert das Gewisse, und auch das Ungewisse ist verloren.

Narajana, Hitopadesa I, 205

Wahres Unglück bringt der falsche Wahn. (Max)

Schiller, Die Piccolomini V, 1

Das Unmögliche wollen,
das Undenkbare denken
und das Unsägliche sagen,
haben stets gleiche Früchte getragen:
Du mußt, wenn die Träume sich scheiden,
zuletzt das Unleidliche leiden.

Grillparzer, Neuere Bestrebungen

Einen Wahn verlieren macht weiser als eine Wahrheit finden.

Börne, Fragmente und Aphorismen 17

Motiv

Die Bewegungsgründe, woraus man etwas tut, könnten so wie die 32 Winde geordnet und die Namen auf ähnliche Art formiert werden: Brotbrotruhm oder Ruhmruhmbrot, Furcht, Lust.

Lichtenberg

Wenige Unternehmungen, die mit großer Mühe und hohem Risiko verbunden sind, würden durchgeführt, wenn wir nicht die Vorteile, die sie abwerfen, überschätzten.

Samuel Johnson

Der hungrige Esel läuft schneller als das satte Rennpferd.

Aus der Türkei

Wenn ein Mann etwas ganz Blödsinniges tut, so tut er es immer aus den edelsten Motiven.

Wilde, Lehren und Sätze zum Gebrauch für die Jugend

Die größte Gefahr im Leben ist, daß man zu vorsichtig wird.

Alfred Adler

Wenn ein Mensch keinen Grund hat, etwas zu tun, hat er einen Grund, es nicht zu tun.

Walter Scott

Viele tun etwas nur deshalb nicht, weil keiner es ihnen verbietet.

Helmut Qualtinger

Grundsatz

Ohne Grundsätze ist der Mensch wie ein Schiff ohne Steuer und Kompaß.

Samuel Smiles, Charakter I, Der Einfluß des Charakters

Ich habe immer gesehen, versetzte Natalie, daß unsere Grundsätze nur ein Supplement zu unseren Existenzen sind.

Goethe, Wilhelm Meisters Lehrjahre VIII, 7

Der Mensch schneidet nicht seine Handlungen und Neigungen nach seinen Grundsätzen, sondern diese nach jenen zu.

Jean Paul

Man ehrt den Mann, der nach Grundsätzen handelt, allein man liebt ihn nicht.

Hippel, Über die Ehe 3

Grundsätze sind ein Korsett, das mit der Zeit immer enger wird.

Victor de Kowa

Prinzipienfragen sind unter Experten unbeliebt.

Volkmar Muthesius, Augenzeuge von drei Inflationen VIII

Grundsätze sind fürs Leben, was im Kabinett geschriebene Instruktionen für den Feldherrn sind.

Friedrich Schlegel, Athenaeum 1798

Nicht wer Grundsätze weiß, wird uns helfen, sondern wer Maße kennt.

Ludwig Strauss

Grundsätze sind das Höchste, was es gibt. Grundsätze muß man so hoch halten, daß man unter Umständen auch einmal darunter durchkriechen kann.

Michael Horlacher

Wer Grundsätze hat, darf auch einmal einen fallen lassen.

Otto Flake

Alles in der Welt geht in der Wellenlinie. Jede Landstraße und so weiter. Wehe dem, der überall das Lineal anlegt!

Raabe, Gedanken und Einfälle

Man kann Prinzipien aufstellen wie Wegweiser. Oder wie Galgen.

Hans Kasper,
Abel, gib acht; Dämon Theorie

Verantwortung

Mensch sein heißt verantwortlich sein.

Antoine de Saint-Exupéry

Bedenken Sie, Herr Firmin, daß man für das Gute, welches man nicht tut, so wie für das Böse, welches man zuläßt, verantwortlich ist. (Narbonne)

Schiller, Der Parasit III, 9

Wir wollen der Hausfrömmigkeit das gebührende Lob nicht entziehen. Auf ihr gründet sich die Sicherheit des einzelnen, worauf zuletzt denn auch die Festigkeit und Würde des Ganzen beruhen mag. Aber sie reicht nicht mehr hin. Wir müssen den Begriff einer Weltfrömmigkeit fassen, unsre redlichmenschlichen Gesinnungen in einen praktischen Bezug ins Weite setzen und nicht nur unsre Nächsten fördern, sondern zugleich die ganze Menschheit mitnehmen.

Goethe, Wilhelm Meisters Wanderjahre II, 7

Man darf niemandem seine Verantwortung abnehmen, aber man soll jedem helfen, seine Verantwortung zu tragen.

Heinrich Wolfgang Seidel,
Aus dem Tagebuch der Gedanken und Träume

Ein Pferd kommt vor Hunger um, wenn es von mehreren Leuten gehütet wird.

Aus Obervolta

XIX. Kapitel

Selbstvertrauen
Mut
Tapferkeit
Entschlossenheit
Besonnenheit
Vorsicht
Abwarten
Scham
Furcht
Flucht

Selbstvertrauen

Auf, o Seele, du mußt lernen,
ohne Sternen,
wenn das Wetter tobt und bricht,
wenn der Nächte schwarze Decken
uns erschrecken,
dir zu sein dein eigen Licht!

Christian Hofmann von Hofmannswaldau

Selbstvertrauen ist Vertrauen auf Gott: Er wird mich doch nicht stecken lassen.

Bettina von Arnim

Kannst du nicht stehn auf dich selbst
und bedarfst du der Hilfe von außen,
wahrlich, so bist du ein Mann wie ein
Arm ohne Hand.

Hebbel, Selbstvertrauen

Alles, was man im Leben braucht, sind Ignoranz und Selbstvertrauen.

Mark Twain

Es wird einem nichts erlaubt. Man muß es nur sich selber erlauben. Dann lassen sich's die andern gefallen oder nicht.

Goethe, zu Riemer, 6. 8. 1811

Gerechte Sache gibt auch Selbstgefühl. (Teukros)

Sophokles, Ajas 1113

Oft wird „auftreten" mit „aufstampfen" verwechselt.

Erhard Blanck

Die Saat des Skeptizismus ist aufgegangen. Tatsächlich besitzt der moderne Mensch kein geistiges Selbstvertrauen mehr. Hinter einem selbstsicheren Auftreten verbirgt er eine große geistige Unsicherheit. Trotz seiner großen materiellen Leistungsfähigkeit ist er ein in Verkümmerung begriffener Mensch.

Albert Schweitzer,
Aus meinem Leben und Denken 20

Die Menschen werden an sich und andern irre, weil sie die Mittel als Zweck behandeln.

Goethe, Wilhelm Meisters Wanderjahre II,
Betrachtungen im Sinne der Wanderer

Aufgeklärt sein heißt: Sich vor sich selbst nicht ängstigen.

Gerhard Szczesny,
Das sogenannte Gute 10

Stehe fest, wie das Gewölbe steht,
weil seiner Blöcke jeder stürzen will!
Beut deine Scheitel, einem Schlußstein
gleich,
der Götter Blitzen dar und rufe: Trefft!
(Prothoe)

Heinrich von Kleist, Penthesilea 9

Mut

O glücklich der, den keine Furcht berückt!
Sein Wille bleibt sich gleich, wie hoher Götter Wille,
selbst die Gefahr macht ihn beglückt. (Scapine)

Goethe, Scherz, List und Rache IV

Wage dein Leben und verlasse dein Haus.

Aus Afrika

Etwas wagen muß das Herz und früh auf sein, wenn es leben will.

Gottfried Keller, Der grüne Heinrich

Herzhaftigkeit ist bloß eine Temperamentseigenschaft. Der Mut dagegen beruht auf Grundsätzen und ist eine Tugend.

Kant

Mut und Bescheidenheit sind die unzweideutigsten Tugenden; denn sie sind von der Art, daß Heuchelei sie nicht nachahmen kann.

Goethe, Wilhelm Meisters Wanderjahre III, Aus Makariens Archiv

Behalte Deine Ängste für Dich, aber teile Deinen Mut mit anderen.

Robert Louis Stevenson

Ein „Nein", das dem Bösen ins Gesicht geschleudert wird, besitzt eine mystische, aus den Tiefen der Jahrhunderte herrührende Kraft.

André Malraux

Ein Mann mit Courage ist eine Majorität.

Andrew Jackson

Mut auf dem Schlachtfelde ist bei uns Gemeingut. Aber Sie werden nicht selten finden, daß es ganz achtbaren Leuten an Zivilcourage fehlt.

Bismarck, zu Robert von Keudell, 1864

Ein jeder Mann von Mut ist auch ein Mann von Wort. (Alcippe)

Corneille, Der Lügner III, 2

Unsere Toleranz wird getestet, wenn wir in der Mehrheit sind. Unser Mut wird getestet, wenn wir in der Minderheit sind.

Ralph W. Sockman

Wenn der Mut bleibt und nicht gebrochen wird, so bleibt der Leib auch stark.

Luther

Dem Blöden
wird das Glück nicht zuteil, der Kühne
sucht die Gefahr auf
und erfreut sich mit ihr.

Goethe, Reineke Fuchs 9

Wer nichts waget, der darf nichts hoffen. (Wachtmeister)

Schiller, Wallensteins Lager 7

Einen Versuch wagen und dabei scheitern bringt zumindest einen Gewinn an Wissen und Erfahrung. Nichts riskieren dagegen heißt einen nicht abschätzbaren Verlust auf sich nehmen - den Verlust des Gewinns, den das Wagnis möglicherweise eingebracht hätte.

Chester Barnard

Die Vorsehung will versucht werden. Das ist das Geheimnis jeden Erfolges.

Shaw

Der Mut stellt sich die Wege kürzer vor. (Antonio)

Goethe, Torquato Tasso II, 3

Der Leichtsinn auch erringt sich Diademe,
bis aufgebracht ein Gegner ihn entleibt.

Goethe, Maskenzug in Weimar 1818, Demetrius

Nur ein verzweifelter Spieler setzt alles auf einen einzigen Wurf. (Ferdinand)

Schiller, Kabale und Liebe V, 5

Wenn auf dem Brett alles liegt, ist jeder Wurf Gotteslästerung. (Leonore)

Schiller, Die Verschwörung des Fiesco zu Genua IV, 14

Wandere nicht mit einem Tollkühnen, daß er dich nicht ins Unglück bringe.

Jesus Sirach 8, 18

Wenn alle mutig sind, ist das Grund genug, Angst zu haben.

Gabriel Laub

Tapferkeit

Wo's not tut, Fährmann, läßt sich alles wagen. (Tell)

Schiller, Wilhelm Tell I, 1

Es gilt also wohl der Satz, daß die Tapferen kühn sind, nicht aber der, daß die Kühnen auch alle tapfer sind. Denn Kühnheit kann dem Menschen erwachsen sowohl aus kunstmäßiger Übung wie aus Zorneserregung und Raserei, die Tapferkeit dagegen erwächst aus natürlicher Anlage und richtiger Bildung der Seele. (Sokrates)

Platon, Protagoras 34

Durch die Ehr und reichen Lohn kann die Tapferkeit erwachen,
aber Ehr und reicher Lohn kann die Tapferkeit nicht machen.

Logau, Der Tugend Lohn

Der höchste Mut ist Unerschrockenheit angesichts des sicheren Todes.

Vauvenargues

Selbst den Geringsten erhebt der Todesgefahren Verachtung.

Goethe, Achilleis 542

Ja, so schätzet der Mensch das Leben als heiliges Kleinod,
daß er jenen am meisten verehrt, der es trotzig verschmähet.
Manche Tugenden gibt's der hohen verständigen Weisheit,
manche der Treu und der Pflicht und der alles umfassenden Liebe;
aber keine wird so verehrt von sämtlichen Menschen
als der festere Sinn, der, statt dem Tode zu weichen,
selbst der Keren Gewalt zum Streite mutig heranruft.

Goethe, Achilleis 528

Tapferkeit ist stets ein Widerspruch in sich. Sie ist der mächtige Wille, am Leben zu bleiben, gekleidet in die Bereitschaft zu sterben.

Chesterton

Es ist klug und kühn, dem unvermeidlichen Übel entgegenzugehen. (Oranien)

Goethe, Egmont II

Mors ipsa refugit saepe virum. Selbst der Tod flieht oft vor einem Mann.

Lucanus, Pharsalia II, 75

Der Nimbus der Tapferkeit erspart nicht selten, sie demonstrieren zu müssen.

Hans Kasper, Expedition nach innen, Der Ruf ist aus Glas

Wer tapfer ist, der ist auch geduldig.

Thomas von Aquin

Tapferkeit ist stets mit Menschlichkeit gepaart, während der Feige zur Grausamkeit neigt.

Peltzer, An den Rand geschrieben

Das Leben wagt der Mut, nicht das Gewissen. (Gordon)

Schiller, Wallensteins Tod IV, 6

Vor dem die Welt nicht zittern muß, der zittert auch nicht vor der Welt.

Bhagavadgita 12, 15

Die Tapferkeit schwindet, wenn sie keinen Gegner hat.

Seneca, an Lucilius

Entschlossenheit

Ich weiß recht gut, sagte Eduard, indem sie zusammen den Schloßberg wieder hinaufstiegen, daß alles in der Welt ankommt auf einen gescheiten Einfall und auf einen festen Entschluß.

Goethe, Die Wahlverwandtschaften I, 6

Der erste Vogel fängt den fettesten Wurm.

Aus Simbabwe

Die Überlegung findet ihren Zeitpunkt weit schicklicher nach als vor der Tat. Wenn sie vorher oder in dem Augenblick der Entscheidung selbst ins Spiel tritt, so scheint sie nur die zum Handeln nötige Kraft, die aus dem herrlichen Gefühl quillt, zu verwirren, zu hemmen und zu unterdrücken; dagegen sich nachher, wenn die Handlung abgetan ist, der Gebrauch von ihr machen läßt, zu welchem sie dem Menschen eigentlich gegeben ist, nämlich sich dessen, was in dem Verfahren fehlerhaft und gebrechlich war, bewußt zu werden und das Gefühl für andere künftige Fälle zu regulieren. Das Leben selbst ist ein Kampf mit dem Schicksal, und es verhält sich auch mit dem Handeln wie mit dem Ringen. Der Athlet kann in dem Augenblick, da er seinen Gegner umfaßt hält, schlechthin nach keiner andern Rücksicht als nach bloßen augenblicklichen Eingebungen verfahren, und derjenige, der berechnen wollte, welche Muskeln er anstrengen und welche Glieder er in Bewegung setzen soll, um zu überwinden, würde unfehlbar den kürzern ziehn und unterliegen.

Heinrich von Kleist, Von der Überlegung

Wer lange bedenkt, der wählt nicht
immer das beste.

Goethe, Hermann und Dorothea 4

Muß man nicht oft unbedachtsam handeln, wenn man das Glück anreizen will, etwas für uns zu tun?

Lessing, an Nicolai

Die Götter,
sie sind dem Festen, dem Entschiednen
hold. (Hero)

Grillparzer, Des Meeres und der Liebe Wellen V

Hier stehe ich. Ich kann nicht anders. Gott helfe mir. Amen.

Luther, Auf dem Reichstag zu Worms 1521

Es ist klug und kühn, dem unvermeidlichen Übel entgegenzugehn. (Oranien)

Goethe, Egmont II, Egmonts Wohnung

Lieber ein Ende mit Schrecken als ein Schrecken ohne Ende.

Ferdinand von Schill,
in Arneburg, 12. 5. 1809

Stets ist die Sprache kecker als die Tat. (Octavio)

Schiller, Die Piccolomini I,3

Als ich noch jünger war, faßte ich Entschlüsse, die ich für tugendhaft hielt. Es lag mir weniger daran, der zu sein, der ich war, als vielmehr der zu werden, der ich zu sein beabsichtigte. Heute bin ich beinahe so weit, in der Entschlußlosigkeit das Geheimnis des Nicht-Altwerdens zu erkennen.

André Gide, Die Falschmünzer III, 12

Was alle erfolgreichen Menschen miteinander verbindet, ist die Fähigkeit, den Graben zwischen Entschluß und Ausführung äußerst schmal zu halten.

Peter F. Drucker

Niemand hätte jemals den Ozean überquert, wenn er die Möglichkeit gehabt hätte, bei Sturm das Schiff zu verlassen.

Charles F. Kettering

Seien Sie fest in Ihren Entschlüssen. Wägen Sie das Für und Wider vorher ab; aber wenn Ihr Wille einmal erklärt ist, so gehen Sie um alles in der Welt nicht davon ab.

Friedrich II. von Preußen, an Karl von Württemberg

Besonnenheit

Willst du einen Wächter haben,
der vor Schaden wacht?
Nimm dir einen an zum Diener
namens Wohlbedacht!

Logau, Deutsche Sinngedichte

Für Menschen ist der edelste
Gewinn die Vorsicht und ein klugbedachter Sinn. (Chor)

Sophokles,
Elektra 993

Jedes Gewaltsame, Sprunghafte ist mir in der Seele zuwider; denn es ist nicht naturgemäß.

Goethe, zu Eckermann, 27. 4. 1825

Von je ist es meine Art, daß ich von meinen Regungen keiner anderen folge als dem Gedanken, der sich mir beim Nachdenken als der beste erweist. (Sokrates)

Platon, Kriton 6

Besonnenheit ist die seidene Schnur, die durch die Perlenkette aller Tugenden läuft.

Thomas Fuller

Weil er besonnen, zürnte nicht auf ihn der Gott. (Dareios)

Aischylos, Die Perser 772

Trage nicht Datteln nach Arabien.

Aus Togo

Verbrenne nicht deine Tür, wenn du dich wärmen willst.

Aus Botswana

Ein geschäftiges Weib tut keine Schritte vergebens.

Goethe, Hermann und Dorothea 4

Wo zwei zusammenstoßen, siegt der Besonnene.

Lao-Tse, Tao-Teh-King 69

Man muß wissen, wie weit man zu weit gehen kann.

Jean Cocteau

Was lange dauern soll, sei lang erwogen. (Priester)

Grillparzer, Des Meeres und der Liebe Wellen I

Leicht ist es, das noch Ruhende zu lenken, dem erst Kommenden zuvorzukommen, das noch Schwache zu beugen, das noch Kleine zu meistern. Darum ordne die Dinge in ihrem Noch-nicht-Sein! Lenke im Keim, was später ungelenk und unlenkbar ist!

Lao-Tse, Tao-Teh-King 64

Besser unbegonnen als unbesonnen.

Sprichwort

Wer zuviel ergreift, kann es schlecht umfassen.

Aus Frankreich

Angesichts von Hindernissen mag die kürzeste Linie zwischen zwei Punkten die krumme sein. (Andrea)

Brecht, Leben des Galilei 14

Das ganze Reich des Unbewußten kann einmal als Reich des Bewußten erobert werden; denn man weiß nicht, wie weit die Besonnenheit steigen kann in höheren Verhältnissen, da sie ja in unsern niederen, bekannten sich in den großen Unterschieden und Sprüngen von Wilden zu Weltweisen offenbart.

Jean Paul, Selina, Anhang

Vorsicht

Es ist der Witzigen Krone vorsichtiglich handeln.

Sprüche Salomos 14, 18

Der Mensch hat nur allzusehr Ursache, sich vor dem Menschen zu schützen. Der Mißwollenden gibt es gar viele, der Mißtätigen nicht wenige, und um zu leben, wie sich's gehört, ist nicht genug, immer wohlzutun.

Goethe, Wilhelm Meisters Wanderjahre I, 4

Die Vorsicht ist die rechte Tapferkeit!

Euripides, Die Schutzflehenden 510

Am Tage fliegen die Vögel überallhin; in der Nacht aber kehren sie zurück ins Nest.

Aus Afrika

Neben dem Schiff ist gut schwimmen.

Sprichwort

Mit der Linken übe dich, solange die Rechte noch da ist.

Aus Afrika

Das Große wie das Niedre nötigt uns,
geheimnisvoll zu handeln und zu wirken. (Herzog)

Goethe, Die natürliche Tochter I, 1

Ein Elefant, der im Sumpf Lärm macht, wird erlegt.

Aus Afrika

Tanze nicht, wenn du einen Korb mit Eiern trägst!

Aus Zaïre

Fürchte die schlechteste Fliege! Sie kann den edelsten Wein dir
doch verderben: Sie fällt eben hinein und ersäuft.

Hebbel, Mahnung

Achte beim Holzsammeln auf den Skorpion.

Aus Simbabwe

Vorsicht ist die Einstellung, die das Leben sicher macht, aber selten glücklich.

Samuel Johnson

Vorsicht ist das, was wir bei anderen Feigheit nennen.

Oscar Wilde

Wer sich schont, muß sich selbst verdächtig werden. (Egmont)

Goethe,
Egmont II, Egmonts Wohnung

Wenn wir immer nur vorsichtig sind, sind wir dann noch Menschen?

Alexander Solschenizyn

Voraussicht ist ja Vorsicht. (Leopold)

Grillparzer,
Ein Bruderzwist in Habsburg II

Abwarten

Eifersüchtig sind des Schicksals Mächte.
Voreilig Jauchzen greift in ihre Rechte.
(Wallenstein)

Schiller, Wallensteins Tod I, 7

Erst wenn das Kind geboren ist, bereitet die Mutter das Bett.

Pygmäenweisheit

Warte ab, wo die Prügel und wo die Früchte fallen.

Aus Simbabwe

Wenn man nichts Besseres an die Stelle zu setzen weiß für etwas, was einem nicht vollständig gefällt, so tut man immer, meiner Überzeugung nach, besser, der Schwerkraft der Ereignisse ihre Wirkung zu lassen und die Sache einstweilen so zu nehmen, wie sie liegt.

Bismarck

Die Kokosnüsse fallen nach und nach in den Korb.

Aus Afrika

Affen warten nicht auf reife Früchte.

Aus Simbabwe

In doubt do nothing. Im Zweifel tue nichts.

Aus England

Jedes Ding, so man übereilet, gebiert Fehler, die zu großem Schaden gereichen. Zögern aber bringt Heil, wenn es auch im Augenblick nicht so aussieht.

Artabanos

Auch zum Zögern muß man sich entschließen.

Lec, Unfrisierte Gedanken

Das ist ein Mann! Soll er was Rechtes tun,
so hält er's „jetzt noch nicht für opportun",
und hilft ihm keine Ausflucht dran vorüber,
so stellt er sich „sympathisch gegenüber".

Otto Ernst, Sankt Yoricks Glockenspiel, Auf einen Minister

Für diejenigen, die immer nur warten, kommt alles zu spät.

Elbert Hubbard

Die Zeit zum Handeln jedesmal verpassen,
nennt ihr „die Dinge sich entwickeln lassen".
Was hat sich denn entwickelt, sagt mir an,
das man zur rechten Stunde nicht getan?

Geibel, Spätherbstblätter, Sprüche

Das Zaudern, das in ruhigen Zeiten nützlich ist, bringt Männern in unruhigen Zeiten den Untergang.

Alphonse de Lamartine

Das Aufschieben wichtiger Geschäfte ist eine der gefährlichsten Krankheiten der Seele.

Lichtenberg

Manche Arbeiten muß man Dutzende Male verschieben, bevor man sie endlich vergißt.

Verfasser unbekannt

Scham

Um edel zu empfinden,
laßt Scham nicht aus der Seele schwinden! (Gurnemanz)

Wolfram von Eschenbach, Parzival III, 1631

Scham ist eine große Tugend.

Freidank, Bescheidenheit 18, Von Edelmut und Tugenden

Die Gewalt ihrer Reize zu verdoppeln, gab die Natur dem Weibe die Scham.

Wieland

Man schämt sich nur, wenn man liebt. (Phaidros)

Plato, Gastmahl

Schüchternheit ist die Begleiterin großer Leidenschaften.

Madeleine de Fontaine

Nur wer beim Anblick des Errötens selbst errötet, ist würdig, nicht zu erröten.

Erhard Blanck

Ein Erröten
zurückzunehmen, haben manche schon
der Schande sich geopfert. (Marquis)

Schiller, Don Karlos II, 15

Wer errötet, fühlt sich schon schuldig. Die wahre Unschuld schämt sich nicht.

Rousseau, Émile 4

Auch verschämt sein
hat sein gehörig Maß und seine Stunde.
(Achilles)

Schiller, Iphigenie in Aulis IV, 3

Wo wir uns nicht schämen sollten, da schämen wir uns, und wo wir uns schämen sollten, da schämen wir uns nicht.

Demophilos

Auch wenn du allein bist, solltest du nichts Böses tun oder sagen. Lerne, dich mehr vor dir selbst als vor anderen zu schämen!

Demokrit, Fragmente

Sie sei sonst, wie sie sei, die Zeit,
so liebt sie doch Schamhaftigkeit.
Sie kann die Wahrheit nackt nicht leiden;
drum ist sie emsig, sie zu kleiden.

Logau,
Die schamhaftige Zeit

Lieber sterben als beschämen.

Talmud

Furcht

Die Angst ist der Fluch des Menschen.

Dostojewski,
Die Teufel III, 6,2

Angst kann man in sich immer finden. Man muß nur tief genug suchen.

André Malraux

Viele glauben nichts, aber fürchten alles.

Hebbel

Der Feigling tanzt nicht am Morgen.

Aus Afrika

Ein bißchen Furcht vor etwas Bestimmtem ist gut. Sie dämpft die viel größere Furcht vor etwas Unbestimmtem.

Robert Musil

Das Grauenvolle – das ist das, was zugleich lockt und schreckt. (Ellida)

Ibsen, Die Meerfrau IV

Nicht jeder Stimme, find' ich, ist zu glauben,
die warnend sich im Herzen läßt vernehmen.
Uns zu berücken, borgt der Lügengeist
nachahmend oft die Stimme von der Wahrheit
und streut betrügliche Orakel aus. (Wallenstein)

Schiller, Wallensteins Tod III,4

Hat unsre Seele nur einmal Entsetzen genug in sich getrunken, so wird das Auge in jedem Winkel Gespenster sehen. (Luise)

Schiller, Kabale und Liebe III,5

Die Angst ist ein schlechter Ratgeber, aber ein guter Spion.

Aus Brasilien

Der Überfluß ist feig,
und eine böse Sache liebt das Leben. (Polynices)

Schiller, Szenen aus den Phönizierinnen des Euripides

Was der Gottlose fürchtet, das wird ihm begegnen.

Sprüche Salomos 10, 24

Betrüglich schloß die Furcht mit der Gefahr
ein enges Bündnis: Beide sind Gesellen. (Pylades)

Goethe, Iphigenie auf Tauris IV,4

Maßlose Furcht macht stets zum Handeln ungeschickt. (Pelasgos)

Aischylos, Die Schutzflehenden 514

Man verzählt sich stets, wenn man mit Angst und Hoffnung rechnet.

Françoise de Maintenon

Kleinmut ist die höchste Gefahr. (Fiesco)

Schiller, Die Verschwörung des Fiesco zu Genua IV, 14

Es gibt Lagen, in denen Furcht und Hoffnung eins werden, sich einander wechselseitig aufheben und in eine dunkle Fühllosigkeit verlieren. Wie könnten wir sonst die entfernten Geliebtesten in stündlicher Gefahr wissen und dennoch unser tägliches Leben immer forttreiben?

Goethe, Die Wahlverwandtschaften II,4

Die Glücklichen, die noch zu fürchten haben. (Herzog)

Goethe, Die natürliche Tochter III, 2

Was auf den ersten Blick wie Feigheit aussieht, ist möglicherweise Klugheit.

Jean Giono

Espen zittern unter jedem Regime. Aber zum Kuckuck! Sie grünen auch unter jedem.

Lec, Unfrisierte Gedanken

Tue, was Du fürchtest, und die Furcht wird Dir fremd!

Dale Carnegie

Ich habe keine Angst vor dem Morgen; denn ich habe das Gestern begriffen, und ich liebe das Heute.

William Allen White

Ich habe den Tod sehr nahe gesehen, und seit der Zeit sind mir eine Menge von Dingen, die die Welt fürchtet, eine Kleinigkeit.

Lichtenberg, an den Vetter, 20. II. 1795

Man erschrickt nur vor Drohungen; mit vollendeten Tatsachen findet sich der Mensch schnell ab.

Oswald Spengler, Gedanken, Streiflichter

Wer nichts fürchtet, ist nicht weniger mächtig als der, den alles fürchtet. (Franz)

Schiller, Die Räuber I,1

Nachdem er die Angst erfuhr, hatte er nurmehr Angst vor der Angst.

Hans Arndt, Im Visier, Gezeichnet

Flucht

Flucht ist erlaubt, wenn man Tyrannen flieht. (Aricia)

Schiller,
Phädra V, 1

Die Ausbürgerung ist ein Ehrenzeichen geworden – das einzige, das die Nazis zu verleihen imstande sind.

Ernst Bloch, 1936

Wenn das Reh flieht, sagte sie lächelnd, so ist es darum nicht schuldig.

Goethe, Wilhelm Meisters Wanderjahre I, 5

Emigranten waren diejenigen unserer Landsleute im vergangenen Jahrhundert, die nach Amerika ausgewandert sind, weil sie eine neue Heimat finden wollten. Diejenigen, die während der Nazizeit Emigranten genannt wurden, teils von der deutschen Propaganda, aber so übernommen auch in die Sprache des Volkes, waren nicht Emigranten, sondern waren politische oder rassische oder auch religiöse Flüchtlinge.

Willy Brandt

Entfliehen der Gefahr nennt Sieg der Kluge. (Garceran)

Grillparzer, Die Jüdin von Toledo II

Also führten auch hier mit unbesonnener Sorgfalt
schlechte Dinge sie fort, die Ochsen und Pferde beschwerend:
Alte Bretter und Fässer, den Gänsestall und den Käfig.
Auch so keuchten die Weiber und Kinder, mit Bündeln sich schleppend,
unter Körben und Butten voll Sachen keines Gebrauches;
denn es verläßt der Mensch so ungern das Letzte der Habe.

Goethe, Hermann und Dorothea 1

Eine gescheite Maus weiß mehr als ein Loch.

Plautus

Hoffen ist der Landesflücht'gen täglich Brot. (Aigisthos)

Aischylos, Agamemnon 1669

Alle denken gewiß, in kurzen Tagen zur Heimat
wiederzukehren; so pflegt sich stets der Vertriebne zu schmeicheln.

Goethe, Hermann und Dorothea 7

Kann uns zum Vaterland die Fremde werden? (Iphigenie)

Goethe, Iphigenie auf Tauris I, 2

Antwortet schamhaft, rührend, mit bescheidnem Wort
dem Herrn in diesem Lande, wie's Zuwandrern ziemt. (Danaos)

Aischylos, Die Schutzflehenden 194

Dem fliehenden Feind baue goldene Brücken.

Sprichwort

XX. Kapitel

Kraft
Begeisterung
Leidenschaft
Fanatismus
Beherrschtheit
Schwäche
Anstrengung
Fleiß
Eile
Ausdauer

Kraft

„Gib meinen guten Entschlüssen Kraft" ist eine Bitte, die im Vaterunser stehen könnte.

Lichtenberg

Ein Mann mit einer Überzeugung ist stärker als 99 Leute mit Interessen.

John Stuart Mill

Liebe und Kraft oder innere Harmonie und Tapferkeit sind Pole der Erziehung. So erlernte Achilles vom Zentaur zugleich das Lyraspielen und das Bogenschießen.

Jean Paul

Die Echtheit einer Tat zeigt sich an der Art, wie sie dem Täter die Kraft zurückgibt, ebenbürtig jener, die zur Vollbringung der Tat von ihm aufgewandt werden mußte.

Martin Kessel, Gegengabe II

Jede Neigung, die wir gegen unser Gewissen befriedigen, zwingt uns, ein Übermaß von physischer Stärke anzuwenden. Wir handeln wieder als wilde Menschen

Goethe,
Unterhaltungen Deutscher Ausgewanderten

Verwandte sind sich alle starken Seelen. (Illo)

Schiller, Die Piccolomini IV, 4

Immer zwingt der Stärkere den Schwächeren, über ihn nachzudenken.

Hans Kasper, Abel, gib acht; Die verdünnte Entschlossenheit

Kraft, die nicht wirkt, erschlafft.

Sprichwort

Den Menschen fehlt nicht die Kraft. Es fehlt ihnen der Wille.

Victor Hugo

Begeisterung

Begeisterung ist alles! Gib einem Menschen alle Gaben der Erde und nimm ihm die Fähigkeit der Begeisterung, und du verdammst ihn zum ewigen Tod.

Adolf von Wilbrandt

Begeisterung ist ein Feuer, das die Innenwelt in Fluß erhält. Aber Vernunft muß ihr die Gußform richten, in die sich das geschmolzene Metall ergießt.

Leixner,
Aus meinem Zettelkasten 1

Begeisterung ohne Wissen ist wie Rennen in der Dunkelheit.

Aus den USA

Begeisterung spricht nicht immer für den, der sie erweckt, und immer für den, der sie empfindet.

Ebner-Eschenbach, Aphorismen

Vor dem forcierten Schwärmer sei nicht bange.
Ein Eselstrab der dauert selten lange.

Wilhelm Müller, Eselstrab

Schnee, der sich leicht ballen läßt, schmilzt bald.

Jean Paul

Weiberart ist's, allzu schnell entflammt zu sein. (Klytaimestra)

Äschylos, Die Orestie, Agamemnon 592

Der Mensch wird wie der Stahl hart – durch öfteres Abkühlen nach Erhitzung.

Jean Paul

Leidenschaft

Leidenschaft ist in der moralischen Welt, was in der physischen die Bewegung.

Karl Julius Weber, Demokritos IV, 8

Der Orient ist das Vaterland der heißesten Leidenschaften und Schwärmereien und daher auch das Vaterland unserer Religionen, Wissenschaften, Künste und Erfindungen.

Karl Julius Weber, Demokritos IV, 8

Das Äußerste liegt der Leidenschaft zu allernächst.

Goethe, Die Wahlverwandtschaften I, 16

Wie unbedeutend erscheint dem Menschen in leidenschaftlichen Augenblikken alles, was ihn umgibt!

Goethe, Wilhelm Meisters Lehrjahre VIII, 2

Große Leidenschaften sind wie Naturkräfte. Ob sie nützen oder schaden, hängt von der Richtung ab, die sie nehmen.

Mohr, Gedanken über Leben und Kunst

Es gibt nur eine Leidenschaft, nämlich glücklich zu sein. Sie heißt je nach den Objekten anders: Laster oder Tugend, gemäß der Heftigkeit, den Mitteln und Effekten.

Denis Diderot

Leidenschaften sind die Pferde am Wagen des Lebens; aber wir fahren nur gut, wenn der Fuhrmann Vernunft die Zügel lenkt.

Karl Julius Weber,
Demokritos, Die Leidenschaften

Leidenschaft ist der Strom, Vernunft das Ufer, aber verdammt holländisch flach.

Karl Julius Weber, Demokritos IV, 8

Zu grelles Licht gefährdet das Sehen. Übermäßiger Lärm betäubt das Gehör. Zu stark Gewürztes verdirbt den Geschmack. Übergroße Erregung stumpft das Gefühl.

Lao-Tse, Tao-Teh-King 12

Sanfte Leidenschaften erheitern den Horizont des Daseins; bewegen, ohne zu ermüden; erwärmen, ohne zu verzehren.

Feuchtersleben,
Zur Diätetik der Seele 6

Leidenschaften sind wie Flüsse und Ströme: Die seichten plätschern, die tiefen bleiben still.

Walter Raleigh

Deine Begierden und dein Geschmack sind jetzt deine Tyrannen. Laß es gut sein; man muß sie austoben lassen. Sich ihnen widersetzen, ist Torheit. Sie werden am sichersten eingeschläfert und endlich gar überwunden, wenn man ihnen freies Feld läßt. (Marwood)

Lessing,
Miß Sara Sampson II, 3

Feuer läutert, verdeckte Glut frißt an.

Ebner-Eschenbach, Aphorismen

Wer seine Neigungen stutzt, schafft Triebe.

Charles Regnier

Wer die Leidenschaft als Jugendsünde abtut, degradiert die Vernunft zur Alterserscheinung.

Hans Kasper,
Abel, gib acht; Das Kontingent der Fehler

Die Leidenschaft ist immer ein Leiden, auch die befriedigte.

Ebner-Eschenbach, Aphorismen

Leidenschaftliche Wärme – leidenschaftliche Kälte.

Novalis, Nachlaß

Die Leidenschaft ist der Pöbel im Menschen, der einen Aufruhr gegen seine Vernunft herbeiführt.

William Penn

Durch Heftigkeit ersetzt der Irrende, was ihm an Wahrheit und an Kräften fehlt. (Antonio)

Goethe, Torquato Tasso IV, 4

Traue niemandem in Angelegenheiten, die seine Leidenschaft sind.

Graf Chesterfield

Fanatismus

Ein Fanatiker ist ein Mensch, der so handelt, wie er glaubt, daß Gott handeln würde, wenn Er ausreichend informiert wäre.

Finley Peter Dunne

Ein Radikaler ist ein Mensch, der mit beiden Beinen fest in der Luft steht.

Franklin D. Roosevelt

Fanatismus findet sich nur bei solchen, die einen inneren Zweifel zu übertönen suchen.

Carl Gustav Jung, Seelenprobleme der Gegenwart

Mit Fanatikern zu diskutieren, heißt mit einer gegnerischen Mannschaft Tauziehen spielen, die ihr Seilende um einen dicken Baum geschlungen hat.

Hans Kasper

Schlimm ist es, wenn man in seine eigenen Hände fällt.

Hubert Ries

Die beste Verwahrung gegen Leidenschaft aller Art ist nahe, gründliche Bekanntschaft mit dem Gegenstand.

Seume, Apokryphen

Strohköpfe fangen schnell Feuer.

Ludwig Fienhold

Echte Propheten haben manchmal, falsche Propheten haben immer fanatische Anhänger.

Ebner-Eschenbach, Aphorismen

Fanatismus besteht im Verdoppeln der Anstrengung, wenn das Ziel vergessen ist.

Santayana

Ein Fanatiker ist ein Mensch, der seine Ansicht nicht ändern kann, und das Thema nicht wechseln will.

Winston Churchill

Gib einem Fanatiker zur Hälfte recht, und du tötest ihn.

Hans Kasper, Nachrichten und Notizen

Beherrschtheit

Von der Gewalt, die alle Wesen bindet,
befreit der Mensch sich, der sich überwindet.

Goethe, Die Geheimnisse 191

Das Unterliegen im Kampf mit sich selbst ist nichts anderes als Unwissenheit, wie die Herrschaft über sich selbst nichts anderes ist als Weisheit. (Sokrates)

Platon, Protagoras 38

Wer sein selbst Meister ist und sich beherrschen kann,
dem ist die weite Welt und alles untertan.

Paul Fleming, An sich

In der Einsamkeit müssen wir unsere Gedanken überwachen, in der Familie unsere Launen und in Gesellschaft unsere Zungen.

Hannah More

Die Hälfte des Lebens ist Glück, die andere Disziplin – und die ist entscheidend; denn ohne Disziplin kann man mit seinem Glück nichts anfangen.

Carl Zuckmayer

Unzählige Menschen haben Völker und Städte beherrscht, ganz wenige nur sich selbst.

Seneca, an Lucilius

Wer seine Leidenschaften nicht bändigen kann, ist doch ein kleiner Mensch: Weiter nichts als ein Reiter, mit dem das Pferd, groß oder klein, stolz oder ungelenk, durchgeht.

Wilhelm Heinse

Neigungen zu haben und sie zu beherrschen ist rühmlicher, als Neigungen zu meiden.

Novalis, Nachlaß

Schwäche

Nicht ist's schwacher Spinnen Sache
jagend Beute zu erlangen;
sie zu nähren, müssen Fliegen
sich in ihren Netzen fangen.

Saadi, Aphorismen

Immer gleich zu reagieren ist das Kennzeichen des Schwäche. Jenes innere Crescendo der Empfindungen ist die Eigenheit energischer Naturen.

Friedrich Schlegel, Athenaeum 1798

Ohne Hilfe gegen Trutz und Härte
hat die Natur den Schwachen nicht gelassen.
Sie gab zur List ihm Freude, lehrt' ihn Künste:
Bald weicht er aus, verspätet und umgeht. (Iphigenie)

Goethe, Iphigenie auf Tauris V, 3

Der Stärkste unter den Schwachen ist, wer seine Schwäche nicht vergißt.

Aus Schweden

Geheimnisvolle Hilfe
kommt von dem Schwachen oft dem Stärkeren zugute. (Polymetis)

Goethe, Elpenor II, 2

Man kann noch weit gehen, wenn man müde ist.

Aus Frankreich

Aus Kraftmangel scheint alle Unzufriedenheit und mancher andre Fehler zu entstehn.

Novalis, Nachlaß

In der Erschöpfung erlahmen auch die Hemmungen.

Hans Arndt, Im Visier, Fakten

Will der Starke geliebt sein, so mag er seine Überlegenheit durch Grazie mildern! Will der Schwache geachtet sein, so mag er seiner Ohnmacht durch Würde aufhelfen.

Schiller,
Über Anmut und Würde, Würde

Die größte aller Schwächen ist, zu fürchten, schwach zu erscheinen.

Jacques Bénigne Bossuet

Anstrengung

Tantum quantum possum. Soviel ich kann.

Wahlspruch Friedrichs von Sachsen

Mit einem Finger allein kann man sich nicht das Gesicht waschen.

Aus Afrika

Die Katze in Handschuhen fängt keine Mäuse.

Benjamin Franklin, Selbstbiographie

Ohne Messer bekommst du den Kern nicht.

Aus Kamerun

Wer hoch zu steigen denkt, erreicht der
nicht die Spitze,
kommt er durch Steigen doch mehr
fort, als ob er sitze.

Logau, Sinngedichte, Versuchen

Wer recht sehen will, was der Mensch tun könnte, wenn er wollte, darf nur an die Personen denken, die sich aus Gefängnissen gerettet haben oder haben retten wollen. Sie haben mit einem einzelnen Nagel so viel getan wie mit einem Mauerbrecher.

Lichtenberg

Anstrengung ist für edle Geister eine Stärkung.

Seneca, an Lucilius

Nichts ist mühsam, was man willig tut.

Thomas Jefferson, Lebensregeln

Was man mühelos erreicht, ist gewöhnlich auch nicht der Mühe wert.

Verfasser unbekannt

Der Schweiß ist die Träne der Arbeit.

Peter Hille, Aphorismen

Leute, die darauf stolz sind, daß sie hart arbeiten, mag ich nicht. Wenn ihre Arbeit sie so hart ankommt, sollten sie sich eine andere suchen. Die Freude an unserer Arbeit ist das Zeichen, daß sie zu uns paßt.

André Gide

Fleiß

Sich regen bringt Segen.

Sprichwort

Ein Huhn sitzt nicht im leeren Nest.

Aus Afrika

Wir wollen von heut an immer eine Stunde früher anfangen! Niemand weiß, ob er nicht Feierabend machen muß, ehe er müde ist. (Ernst)

Hebbel, Agnes Bernauer III, 6

Wenn ein Jahr nicht leer verlaufen soll, so muß man beizeiten anfangen.

Goethe, an Carl von Knebel, 2. 1. 1798

Wer immer angelt,
dem nimmer mangelt.

Logau, Fleiß

Der Vogel, der nicht fliegt, weiß nicht, wo reife Früchte sind.

Aus Burundi

Doppelt genäht hält gut.

Sprichwort

Mäßigung im Willkürlichen, Emsigkeit im Notwendigen!

Goethe, Wilhelm Meisters Wanderjahre III, 11

Gaben, wer hätte sie nicht?
Talente – Spielzeug für Kinder.
Erst der Ernst macht den Mann,
erst der Fleiß das Genie

Fontane, Unter ein Bildnis Adolph von Menzels

Eifer ist Begeisterung, gemildert durch Vernunft.

Pascal

Was ihm aufgetragen wurde, besorgte und verrichtete er mit größtem Fleiß und Eifer. Freilich nicht mit dem heitern Fleiße, der zugleich dem Geschäftigen Belohnung ist, wenn wir dasjenige, wozu wir geboren sind, mit Ordnung und Folge verrichten, sondern mit dem stillen Fleiße der Pflicht, der den besten Vorsatz zum Grunde hat.

Goethe, Wilhelm Meisters Lehrjahre II, 2

Wenn man systematisch acht Stunden täglich arbeitet, kann man es dazu bringen, Chef zu werden und vierzehn Stunden täglich zu arbeiten.

Robert Frost

Frühzeitig wußt' ein Kind soviel als mancher Greis,
frühzeitig lag das Wunder auf der Bahre.
Sein Bruder sah den mörderischen Fleiß,
ward Sekretär und lebte achtzig Jahre.

Abraham Gotthelf Kästner, Sinngedichte, Das gelehrte Kind

Eile

Was ich einmal für recht erkenne, möcht ich auch gleich getan sehn. Das Leben ist so kurz, und das Gute wirkt so langsam. (Gräfin)

Goethe, Die Aufgeregten IV, 7

So leer sein Kopf an allen nützlichen Kenntnissen ist, so reich ist er an Kniffen. So, zum Beispiel, spielt er den Überhäuften, den Geschäftvollen, und weiß dadurch jeder gründlichen Unterredung zu entschlüpfen, wo seine Unwissenheit ans Licht kommen könnte.

Schiller, Der Parasit I, 2

Der Weise kennt keine Hast, und der Hastende ist nicht weise.

Aus China

Wo man nicht mit Vernunft handelt, da geht es nicht wohl zu; und wer schnell ist mit Füßen, der tut Schaden.

Sprüche Salomos 19, 2

Wer schnell geht, bekommt die Antilope nicht zu Gesicht.

Bantuweisheit

Man muß langsam gehen, sagt das Chamäleon, so wird man schon etwas zu essen finden.

Aus Afrika

Wer schnell ißt, beißt sich in die Finger.

Aus Zaïre

Ungeduld ist ein Hemd aus Brennesseln.

Aus Polen

Der Langsamste, der sein Ziel nur nicht aus den Augen verliert, geht noch immer geschwinder, als der ohne Ziel herumirret.

Lessing, Hamburgische Dramaturgie, Ankündigung

Ich habe keine Zeit, mich zu beeilen.

Igor Strawinsky, zu einem Verleger

Nur der Geduldige wird Sieger.

Aus Kamerun

Ausdauer

Fideliter et constanter. Treu und beständig.

Inschrift des ernestinischen Hausordens

Mit einem Beinahe darf man sich nie zufriedengeben.

Aus Frankreich

Noch einen Schritt vom Ziele oder noch gar nicht ausgelaufen sein, ist im Grunde eines. (Appiani)

Lessing, Emilia Galotti II, 8

Alles, worein der Mensch sich ernstlich einläßt, ist ein Unendliches.

Goethe, Wilhelm Meisters Wanderjahre III, 3

Ausdauer ist ein Talisman für das Leben.

Aus Afrika

Nichts auf der Welt geht über Beharrlichkeit. Talent nicht – es wimmelt von gescheiterten Existenzen mit Talent.

Genie nicht – das verkannte Genie wurde zum Begriff. Erziehung nicht – allerorten finden sich gut erzogene Versager. Zielstrebigkeit und Ausdauer allein verbürgen den Erfolg.

Calvin Cooligde

Man muß jedes Hindernis mit Beharrlichkeit und einer sanften Stimme angehen.

Thomas Jefferson

Ahme den Gang der Natur nach. Ihr Geheimnis ist Geduld.

Emerson

Steile Gegenden lassen sich nur durch Umwege erklimmen.

Goethe, Wilhelm Meisters Lehrjahre VII, 9

So schlecht von jenem Preis nicht wirst du denken,
um den du spielst, als daß du wähnen solltest,
das, was er wert, sei schon für ihn geschehn. (Prothoe)

Heinrich von Kleist, Penthesilea 9

Ausdauer übertrifft Stärke

Aus Kamerun

Ich will Euch mein Erfolgsgeheimnis verraten: Meine ganze Kraft ist nichts anderes als Ausdauer.

Louis Pasteur

Mit Geduld bekommst du von den unreifen Trauben Sirup.

Aus Arabien

Im Grunde ist ein Diamant auch nur ein Stück Kohle, das die nötige Ausdauer hatte.

Verfasser unbekannt

Es gibt Leute, denen man, wenn sie den einen Stiefel schon anhaben, nicht unbedingt zutrauen darf, daß sie auch den zweiten anziehen.

Hebbel, Tagebücher, 19. 5. 1849

Wer a sagt, der muß nicht b sagen. Er kann auch erkennen, daß a falsch war. (Der Knabe)

Bertolt Brecht, Der Neinsager

Die Deutschen haben eine Besessenheit, jede Sache so weit zu treiben, bis eine böse daraus geworden ist.

Shaw

XXI. Kapitel

Möglichkeit
Aufmerksamkeit
Tätigkeit
Arbeit
Beruf
Amt
Vorgesetzte
Mitarbeiter
Leistung
Erfolg
Karriere
Lohn
Wirtschaft
Geldwesen

Möglichkeit

Wer bist du, sprich, mit deren Reiz zu ringen
kein Weib vermag auf diesem Erdenrund?
Du ruhest nie? Wozu am Fuß die Schwingen?
„Gelegenheit werd ich benamt, doch kund
bin ich nur wengen; und des Rades Rollen,
auf dem ich steh, ist meines Schwankens Grund.
Kein Flug kann meinen Lauf erreichen wollen;
mit Schwingen sind die Füße mir versehn,
daß all in meiner Bahn sich täuschen sollen.
Die Locken, die mir vorn herniederwehn,
gebrauch ich, Stirn und Antlitz zu umwinden,
daß die mich nicht erkennen, die mich sehn.
Am Hinterhaupt ist mir kein Haar zu finden;
drum wird mir stets vergeblich nachgestellt,
wenn man mich einmal ließ vorüberschwinden."

Machiavelli, Die Gelegenheit

Nimm die Gelegenheit vorn bei dem kurzen Haar,
sonst beut sie hinten dir den kahlen Nacken dar.

Rückert, Die Weisheit des Brahmanen 16, 4

Jeder Weg trifft einmal einen anderen Weg.

Aus Madagaskar

Alles Vorhaben unter dem Himmel hat seine Stunde.

Prediger Salomo 3, 1

Was ist Zufall anders als der rohe Stein,
der Leben annimmt unter Bildners Hand?
Den Zufall gibt die Vorsehung – zum Zwecke
muß ihn der Mensch gestalten. (Marquis)

Schiller,
Don Karlos III, 9

Der Ausgangspunkt für die großartigsten Unternehmungen liegt oft in kaum wahrnehmbaren Gelegenheiten.

Demosthenes

Für jeden Menschen kommt der Augenblick,
in dem der Lenker seines Sterns ihm selbst
die Zügel übergibt. Nur das ist schlimm,
daß er den Augenblick nicht kennt, daß jeder
es sein kann, der vorüberrollt. (Mariamne)

Hebbel, Herodes und Mariamne III, 6

Die himmlischen Gestirne machen nicht
bloß Tag und Nacht, Frühling und Sommer – nicht
dem Sämann bloß bezeichnen sie die Zeiten
der Aussaat und der Ernte. Auch des Menschen Tun
ist eine Aussaat von Verhängnissen,
gestreuet in der Zukunft dunkles Land,
den Schicksalsmächten hoffend übergeben.
Da tut es not, die Saatzeit zu erkunden. (Wallenstein)

Schiller, Die Piccolomini II, 6

Mache Heu, solange die Sonne scheint!

Aus Simbabwe

O, nimm der Stunde wahr, eh' sie entschlüpft!
So selten kommt der Augenblick im Leben,
der wahrhaft wichtig ist und groß. (Illo)

Schiller, Die Piccolomini II, 6

Jetzt muß
gehandelt werden, schleunig, eh die Glücks-
gestalt mir wieder wegflieht überm Haupt;
denn stets in Wandlung ist der Himmelsbogen. (Wallenstein)

Schiller, Wallensteins Tod I, 1

Die Gelegenheit bedarf eines bereiten Geistes.

Louis Pasteur

Die Gelegenheit ist eine gleichgültige Göttin. Sie begünstigt das Gute wie das Böse.

Goethe, Unterhaltungen Deutscher Ausgewanderten

Es ist nicht wahr, daß man seine Zeit verpassen kann. Für den, der in Wahrheit etwas zu sagen hat, ist es immer Zeit.

Waldemar Bonsels

Man darf niemals „zu spät" sagen. Auch in der Politik ist es niemals zu spät. Es ist immer Zeit für einen neuen Anfang.

Konrad Adenauer

Wo ein Wille ist, da ist auch ein Weg.

Aus Frankreich

Kein Wind ist demjenigen günstig, der nicht weiß, wohin er segeln will.

Montaigne

Mitten im Wasser dürstet der Narr.

Aus Abessinien

Die zweitwichtigste Kunst nach der Fähigkeit, Gelegenheiten zu ergreifen, ist zu wissen, wann ein Vorteil ungenutzt bleiben muß.

Benjamin Disraeli

Aufmerksamkeit

Bei jeder Arbeit ist es vor allem wichtig, daß man zuerst einmal einfach irgendwie anfängt. Dann kommt die Sache in Fluß.

Karl Hilty, Für schlaflose Nächte

Unsre Neigungen, Gedanken,
scheinen gleich sie ohne Schranken,
gehn doch, wie die Rinderherde,
eines in des andern Tritt.
Drum, bei allem, was ihr macht,
sei der Anfang reif bedacht. (Zanga)

Grillparzer, Der Traum, ein Leben II

Wer hohe Türme bauen will, muß lange beim Fundament verweilen.

Anton Bruckner

Es ist besser, in einer Wüste wach zu sein, als in einem Paradies zu schlafen.

Waldemar Bonsels

Sammlung? Mein Kind, sprach das der Zufall bloß?
Wie, oder fühltest du des Wortes Inhalt,
das du gesprochen, Wonne meinem Ohr?
Du hast genannt den mächt'gen Weltenhebel,
der alles Große tausendfach erhöht
und selbst das Kleine näher rückt den Sternen.
Des Helden Tat, des Sängers heilig Lied,
des Sehers Schaun, der Gottheit Spur und Walten,
die Sammlung hat's getan. (Priester)

Grillparzer,
Des Meeres und der Liebe Wellen III

Unmöglich ist, was Edle nicht vermögen. (Eugenie)

Goethe, Die natürliche Tochter IV, 4

Unter den Mitteln, in dieses Leben Freude zu bringen, gibt es vor allem zwei: Gutes tun und dann etwas gut tun.

Sigismund von Radecki, Im Vorübergehen

Es gibt zwei menschliche Hauptsünden, aus welchen sich alle anderen ableiten: Ungeduld und Lässigkeit. Wegen der Ungeduld sind die Menschen aus dem Paradiese vertrieben worden, und wegen der Lässigkeit kehren sie nicht zurück.

Franz Kafka

Flüchtiges Arbeiten ist schlimmer als Sklaverei.

Aus Liberia

Was wichtig ist, kocht man in einem besonderen Topf.

Aus Togo

Jede Kleinigkeit, zu sehr
verschmäht, die rächt sich, Bruder. (Sittah)

Lessing, Nathan der Weise III, 4

Wenn ich so viele Dinge erreicht habe, so liegt das daran, daß ich immer nur eine Sache zur gleichen Zeit wollte.

William Pitt

Ich jage niemals zwei Hasen auf einmal.

Bismarck

Pedanten sind Menschen, für die der Weg wichtiger ist als das Ziel.

Verfasser unbekannt

Tätigkeit

Trachte jeder überall sich und andern zu nutzen!

Goethe,
Wilhelm Meisters Wanderjahre III, 9

Tätig zu sein ist des Menschen erste Bestimmung, und alle Zwischenzeiten, in denen er auszuruhen genötigt ist, sollte er anwenden, eine deutliche Erkenntnis der äußerlichen Dinge zu erlangen, die ihm in der Folge abermals seine Tätigkeit erleichtert.

Goethe, Wilhelm Meisters Lehrjahre VI

Wenn man sich nur bewegt, andere in Bewegung bringt, so fügt sich gar manches schön und gut.

Goethe,
an Friedrich Heinrich Jacobi, 18. 10. 1784

Wir sind Kinder unsrer Taten. (Rustan)

Grillparzer, Der Traum, ein Leben II

Schaffen führt zum Glauben an einen Schöpfer.

Ebner-Eschenbach, Aphorismen

Jedes Geschäft ward unter ihren Händen zur würdigen Handlung. Alles schien ihr gleich, wenn sie nur das verrichten konnte, was in der Zeit und am Platz war, und ebenso konnte sie ruhig, ohne Ungeduld, bleiben, wenn sich nichts zu tun fand. Diese Tätigkeit ohne Bedürfnis einer Beschäftigung habe ich in meinem Leben nicht wieder gesehen.

Goethe, Wilhelm Meisters Lehrjahre VI

Es ist nichts als die Tätigkeit nach einem bestimmten Ziel, was das Leben erträglich macht.

Schiller, an Körner, 27. 4. 1801

Die Manier will immer fertig sein und hat keinen Genuß an der Arbeit. Das echte, wahrhaft große Talent aber findet sein höchstes Glück in der Ausführung.

Goethe, zu Eckermann, 26. 2. 1824

Die Art, wie man eine Sache tut, ist oft wichtiger als die Sache selbst. Die nämliche Sache kann durch die Art, wie man sie tut oder sagt, entweder angenehm oder anstößig werden.

Chesterfield,
Briefe an seinen Sohn, 10. 5. 1748

Wer essen will, muß die Hand dazu nehmen.

Aus Togo

Die eigene Hand betrügt dich nicht.

Aus Togo

Wer eine Pfeife hat, pfeift nicht mit dem Mund.

Aus Togo

Alles, was wir tun, hat eine Folge. Aber das Kluge und Rechte bringt nicht immer etwas Günstiges und das Verkehrte nicht immer etwas Ungünstiges hervor.

Goethe, zu Eckermann, 25. 12. 1825

Zu Hause kann einer unnütz sein, ohne daß es eben sogleich bemerkt wird; außen in der Welt ist der Unnütze gar bald offenbar.

Goethe,
Wilhelm Meisters Wanderjahre III, 9

Die Absicht, Freund, ist ein vorsicht'ger Reiter
auf einem Renner feurig, der die Tat,
den spornt er an zu hastigem Vollzug.
Hat er das Ziel erreicht, zieht er die Zügel
und meint, nun wär's genug. Allein das Tier,
von seiner edlen Art dahingerissen
und von dem Wurf des Laufes und der Kraft,
es stürmt noch fort durch Feld und Busch und Korn. (Thurn)

Grillparzer,
Ein Bruderzwist in Habsburg IV

Unsere zwecklose Tätigkeit, unsere Griffe nach Lust müssen höhern Wesen vorkommen wie das Langen des Sterbenden nach dem Deckbett.

Jean Paul, Hesperus

Alles, was Männer tun, ist erhaben und lächerlich zugleich.

Marie Luise Kaschnitz

Neben der edlen Kunst, Dinge zu verrichten, gibt es die edle Kunst, Dinge unverrichtet zu lassen. Die Weisheit des Lebens besteht im Ausschalten des Unwesentlichen.

Lin Yu-Tang

Arbeit

Der Mensch ist zur Arbeit geboren wie der Vogel zum Fliegen.

Luther

Wo Arbeit das Haus bewacht, kann Armut nicht hinein.

Sprichwort

Labor omnia vincit improbus. Unablässige Arbeit besiegt alles.

Vergil, Georgica I, 146

Es gibt keinen größeren Segen für die Menschen als den Fluch des Paradieses: Im Schweiß deines Angesichts sollst du dein Brot essen!

Weber, Demokritos,
Rede in die zweiunddreißig Winde

Laßt uns arbeiten, ohne zu grübeln. Das ist das einzige Mittel, das Leben erträglich zu machen.

Voltaire, Candide

Arbeit ist oft die einzige Erholung von der Last des Daseins.

Rosegger, Martin der Mann

Nur Arbeit hebt dich sanft hinweg
aus dumpfem Weltverneinen:
Sie gibt der Stunde einen Zweck –
hat auch das Leben keinen.

Oskar Blumenthal

Langeweile ist eine Krankheit. Die Arbeit ist ihr Heilmittel. Das Vergnügen ist nur ein Linderungsmittel.

Gaston Herzog von Lévis

Arbeit ist das einzige, was mich nicht müde macht.

Paul Reynaud

Arbeiten, um nicht denken zu müssen, ist auch Faulheit.

Erhard Blanck

Wer keine Liebe hat, muß Arbeit haben.

Simonetta Fabiani,
1969 zu Georg Stefan Troller

Formel für gute Teamarbeit: 1 + 1 = 3.

Siegfried Vögele

Ich mag am Menschen gern ein Zeichen seines Tuns.
Wie du vor mir standst vorher, blank und bar,
du konntest auch so gut ein Tagdieb sein,
hinausgehn in den Wald, aufs Feld, auf Böses.
Die Schürze da sagt mir, du seist mein Koch,
und sagt dir's auch. (Gregor)

Grillparzer, Weh dem, der lügt! I

Es ist nötig, daß alle Rettungsringe um den Menschen her versagen, daß er nichts findet, woran er sich klammern kann. Dann werden seine Arme sich wieder rettend regen.

Ortega y Gasset,
Um einen Goethe von innen bittend

Ein Kamel ist ein Pferd, das von einem Ausschuß entworfen wurde.

Aus England

Ein Ausschuß ist eine Gruppe Unvorbereiteter, die von den Unwilligen ernannt werden, damit sie das Unnötige tun.

Frederick L. Allen

Die Zeit ist gekommen, um die aussaugende, tötende Arbeit aus dem werktätigen Leben zu entfernen. Wir werden solange kein Kulturvolk sein, bis nicht die Tretmühle aus dem Tagewerk entfernt worden ist.

Henry Ford I., Erfolg im Leben

Ich möchte nicht, daß es mir so geht wie vielen, die erst mit ihrer Gesundheit hinter dem Geld herjagen und dann später mit dem Geld hinter der Gesundheit.

Gerhard Kubetschek

Wer zusieht, dem ist keine Arbeit zu schwer.

Sprichwort

Beruf

Man kann einem jungen Menschen keine größere Wohltat erweisen, als wenn man ihn zeitig in die Bestimmung seines Lebens einweiht.

Goethe, Wilhelm Meisters Lehrjahre I, 11

Das Natürlichste jedoch wäre, daß der Sohn des Vaters Beschäftigung ergriffe. Hier ist alles beisammen: Eine vielleicht im besonderen schon angeborne, in ursprünglicher Richtung entschiedene Fähigkeit, sodann eine folgerecht stufenweise fortschreitende Übung und ein entwickeltes Talent, das uns nötigte, auch alsdann auf dem eingeschlagenen Wege fortzuschreiten, wenn andere Triebe sich in uns entwickeln.

Goethe, Wilhelm Meisters Wanderjahre II, 11

Laß jedermann das tun, was er am besten versteht!

Cicero

Kann ich nicht Dombaumeister sein,
behau' ich als Steinmetz einen Stein.
Fehlt mir auch dazu Geschick und Verstand,
trage ich Mörtel herbei und Sand.

Rudolf Baumbach, Krug und Tintenfaß

Es ist jetzo die Zeit der Einseitigkeiten; wohl dem, der es begreift, für sich und andere in diesem Sinne wirkt. Bei gewissen Dingen versteht sich's durchaus und sogleich. Übe dich zum tüchtigen Violinisten und sei versichert, der Kapellmeister wird dir deinen Platz im Orchester mit Gunst anweisen. Mach' ein Organ aus dir und erwarte, was für eine Stelle dir die Menschheit im allgemeinen Leben wohlmeinend zugestehen werde.

Goethe, Wilhelm Meisters Wanderjahre I, 4

Einen Beruf haben wir, um nützlich zu scheinen.

Erhard Blanck

Ein jeglicher bleibe in dem Beruf, darinnen er berufen ist.

1. Korinther 7, 20

Glücklich ist der, dem sein Geschäft auch zur Puppe wird, der mit demselben zuletzt noch spielt und sich an dem ergötzt, was ihm sein Zustand zur Pflicht macht.

Goethe, Wilhelm Meisters Wanderjahre I, 11

Leute, die ihren Beruf lieben, machen eine ständige Verjüngungskur durch.

Joseph Wechsberg

Amt

Der Mann von Talent, der sein Vaterland liebt, sucht selbst das Auge seines Chefs und bewirbt sich um die Stelle, die er zu verdienen sich bewußt ist. (Narbonne)

Schiller, Der Parasit III, 9

Der Lakedaimonier Phedaretes bewirbt sich um Aufnahme in den Rat der Dreihundert. Er wird verworfen. Voller Freude, daß es in Sparta dreihundert bessere Männer als ihn gibt, geht er wieder nach Hause.

Rousseau, Émile I

Tip für Stellungsuchende: Eine Fürsprache ist mehr wert als zwei Fremdsprachen.

Ruth Herrmann

In meinem Leben habe ich so oft bemerkt, daß Menschen, die sonst zuverlässig sind, gegen jemand, der eine Stelle zu vergeben hat, gar kein Gewissen haben. Man will die Leute anbringen, und wir mögen nachher sehen, wie wir sie los werden.

Goethe, an Kirms, 19. 9. 1798

Der Vollkommenheit am nächsten steht der Mensch, wenn er eine Stellenbewerbung schreibt.

Verfasser unbekannt

Mein Platz ist zu schlecht für mich? Immerhin, weit besser, als wenn ich zu schlecht für meine Stelle wäre! (Firmin)

Schiller, Der Parasit I, 1

Aufmerksamkeit ist das Leben.

Goethe, Wilhelm Meisters Wanderjahre I, 6

Eine kleine Stelle, die du ganz erfüllst, ist ein Ehrenplatz, die größte, der du nicht genügst, ein Pranger.

Otto von Leixner

Dem schlechtsten Manne diene, Sohn,
daß dir der beste lohne!

Walther von der Vogelweide,
Herr Otto und König Friedrich

Zuletzt ist jede Stelle gut, wenn man sie gut und treu ausfüllt.

Theodor Fontane, Briefe

Bin ich meinem Amte in der Tat nicht gewachsen, so ist der Chef zu tadeln, der es mir anvertraut.(Selicour)

Schiller,
Der Parasit II, 4

Schwer zu durchschauen ist der Bürger Sinn,
ihr Fühlen und ihr Trachten, eh man nicht
in Ämtern und Geboten sie erprobt. (Kreon)

Sophokles, Antigone I

Da kommt Rustan mit dem König,
tut schon vornehm, blickt schon stolz.
Ei, umgüldet's nur ein wenig,
dünkt sich Edelstein das Holz. (Zanga)

Grillparzer,
Der Traum, ein Leben III

Die Großen hindre nicht, weis ab die Kleinen,
sei derb, wenn einer höflich zu dir spricht,
und höflich, wenn er derb! Das ist im kurzen
die Weisheit jedes Amts. (Pförtner)

Grillparzer, Esther II

Ich hab hier bloß ein Amt und keine Meinung. (Wrangel)

Schiller, Wallensteins Tod I, 5

Sie taten Ihre Schuldigkeit. Ich weiß
den Mann von seinem Amt zu unterscheiden. (Wallenstein)

Schiller, Die Piccolomini II, 7

Zur Überlist wird allzuleicht
bald oder spät sich Bosheit halten.
Wer wie der Fuchs ein Amt erschleicht,
der wird es als ein Wolf verwalten.

Karl Friedrich Kretschmann, Amtsregel

Kein Mensch ist unersetzbar in Geschäften.

Wilhelm von Humboldt, Briefe an eine Freundin, 5. 5. 1832

Es ist eine ganz falsche Dankbarkeit, verdiente Männer so lange auf ihren Posten zu erhalten, bis sie ihre alten Verdienste durch neue Torheiten ausgelöscht haben.

Verfasser unbekannt

Vorgesetzte

Der beste Führer ist derjenige, der sich mit sicherem Instinkt gute Leute aussucht, die tun, was er getan haben möchte, und genügend Selbstbeherrschung besitzt, um sich nicht einzumischen, solange sie es tun.

Theodore Roosevelt

Ich arbeite nach dem Prinzip, daß man niemals etwas selbst tun soll, was jemand anderes für einen erledigen kann.

David Rockefeller

Was kümmert es den Mann in der Sänfte, wer die Sänfte trägt?

Tschu En-lai

Und ihren Rat, nicht acht' ich ihn gering.
Dann, glaubst du nicht, daß, wenn sie eingewilligt,
mit Doppelkraft sie an die Arbeit gehn?
Nicht nur den eignen Nutzen liebt der Mensch,
die eigne Meinung hat ihm gleichen Wert;

er hilft dir gern, sieht er im Werk das seine. (Primislaus)

Grillparzer, Libussa V

Entscheide nicht, wo Du nicht selbst entscheiden mußt. Wenn einer Deiner Mitarbeiter eine Frage stellt, frage ihn selbst nach der Antwort. Diese Methode entwickelt nicht nur die Fähigkeiten der Mitarbeiter; sie gibt Dir auch die Möglichkeit, sie richtig zu beurteilen.

Henry L. Doherty

Man ist schlecht beraten, wenn man nur mit Leuten zusammenarbeitet, die nie widersprechen.

Ludwig Rosenberg

Der Sauerteig eines widersprechenden Geistes scheint mir unentbehrlich, damit das Werk gedeihe und genießbar werde.

Ludwig Börne

Einem weisen Knechte muß der Herr dienen, und ein vernünftiger Herr murret nicht darum.

Jesus Sirach 10, 28

Gegenwart des Herrn
mehrt jedes Gute, steuert möglichem Verlust. (Prometheus)

Goethe, Pandora

Was dich, fragst du, verdammt, stets mit den Dienern zu hadern?
Freund, sie verstehen den Dienst, aber nicht du den Befehl.

Heinrich von Kleist, Der Aufschluß

Manche Chefs lassen ihre Mitarbeiter bereits bei der Auftragserteilung merken, daß sie davon überzeugt sind, die Arbeit am Ende selbst übernehmen zu müssen.

Günther F. Gross

Ein Chef ist ein Mensch wie alle anderen. Er weiß es nur nicht.

Verfasser unbekannt

Die unbedingte Unterordnung unter einen einzigen Willen ist für den Erfolg der Arbeitsprozesse, die nach dem Typus der maschinellen Großindustrie organisiert werden, eine absolute Notwendigkeit.

Lenin, Straffe Organisation und Diktatur

Das Sprichwort sagt: Mit vielen Händen
kann man ein Werk sehr schnell vollenden.
Mit vielen Köpfen doch und vielen Sinnen
wird Euch das Gute nie gelingen:
Wie Würmer mit zuvielen Füßen
nur desto sachter kriechen müssen.

Butler, Hudibras III, 2

Halte den Knecht zur Arbeit, so hast du Ruhe vor ihm. Lässest du ihn müßig gehen, so will er Junker sein.

Jesus Sirach 33, 26

Der beste Schutz gegen die Managerkrankheit ist eine gute Sekretärin.

Ferdinand Sauerbruch

Man kann es als eine Ironie ansehen, daß die führenden Männer der Industrie relativ wenig von den technischen Vorgängen der Produktion verstehen und hauptsächlich für die Manipulation und Koordinierung von Menschen bezahlt werden. Sie können deshalb fast nach Belieben von einer Industrie zur anderen wechseln.

Hans Kilian, Brevier für Vorgesetzte

Ich verachte das amerikanische „Big Business" mit seinem Manager-Komplex. Wer zahlt eigentlich die großen Gehälter, die riesigen Spesen, die phantastischen Bürohäuser? Natürlich der Aktionär! Das beste Büro kann man auf den hinteren Sitzen eines Autos unterbringen.

Jean Paul Getty

Die Unternehmer, das ist nicht ein kleiner Club exklusiver Manager an den vielzitierten Schalthebeln der Wirtschaft. Die Unternehmer: Das sind die Hunderttausende, die in Selbständigkeit ihrem Gewerbe nachgehen oder die verschiedenartigsten Führungsaufgaben in den modernen Unternehmen wahrnehmen.

Johann Philipp von Bethmann

Der deutsche Manager versteht nur etwas von Angriff. Von geordnetem Rückzug hat er keine Ahnung.

Carl Zimmerer

In guten Zeiten ist der Aufsichtsrat nutzlos, in schlechten hilflos.

Horst Schmitz

Der Arbeiter soll seine Pflicht tun; der Arbeitgeber soll mehr tun als seine Pflicht.

Ebner-Eschenbach, Aphorismen

Die Unternehmer selbst sind die schlechtesten Verfechter ihrer Sache. Sie sind krasse Individualisten, häufig politisch instinktlos, von Natur aus unsolidarisch.

Johann Philipp von Bethmann

Es ist gut, wenn wir die nicht immer kennen, für die wir arbeiten.

Goethe, Wilhelm Meisters Lehrjahre IV, 16

Wenn man an der Spitze steht, wird das Risiko geringer.

Fritz Karl Schulte

Die Menge sieht nur den erfolgreichen Unternehmer, weiß aber nicht nur wenig davon, was alles zu einem solchen Erfolg gehört, sondern auch davon, wie sich - immer die Konkurrenz vorausgesetzt - mit einer lautlosen Erbarmungslosigkeit fortgesetzt unter den Unternehmern ein Ausscheidungsprozeß vollzieht, dem diejenigen zum Opfer fallen, die auf der Waage des Marktes gewogen und zu leicht befunden wurden.

Röpke, Die Lehre von der Wirtschaft

Manche Manager handeln in ihren Betrieben nach dem Herodes-Prinzip: Den am besten geeigneten Nachfolger suchen und hinauswerfen.

George Bowles

Ein Stellvertreter ist ein Mann, der sich jeden Morgen nach unserem Befinden erkundigt und sehr enttäuscht ist, wenn man gut geschlafen hat.

Charles de Gaulle

Mitarbeiter

Ein gescheiter Mann muß so gescheit sein, Leute anzustellen, die viel gescheiter sind als er.

John F. Kennedy

Erstklassige Männer stellen erstklassige Männer ein, zweitklassige Männer jedoch nur drittklassige.

Verfasser unbekannt

Ich habe wohl oft gesehn, daß man Rinder und Pferde
so wie Schafe genau bei Tausch und Handel betrachtet;
aber den Menschen, der alles erhält, wenn er tüchtig und gut ist,
und der alles zerstreut und zerstört durch falsches Beginnen,
diesen nimmt man nur so auf Glück und Zufall ins Haus ein
und bereuet zu spät ein übereiltes Entschließen.

Goethe, Hermann und Dorothea 7

Es ist mir gleichgültig, ob einer aus Sing Sing kommt oder von Harvard. Ich suche Menschen, nicht Biographien.

Henry Ford

Mißtraust Du einem Menschen, so stelle ihn nicht ein. Stellst Du ihn aber ein, so mißtraue ihm nicht.

Aus China

Niemand dienet einem anderen aus freien Stücken; weiß er aber, daß er damit sich selber dient, so tut er es gern.

Goethe,
zu Eckermann, 6. 4. 1829

Leichter dient sich einem Glücklichen. (Evadne)

Goethe,
Elpenor I, 1

Großbetriebe sind deswegen weniger kreativ als Kleinbetriebe, weil in großen Unternehmen oft versucht wird, das nächste Problem nicht durch Denken zu lösen, sondern durch die Einstellung eines neuen Mitarbeiters.

Harald Jürgensen

Entweder ändern sich die Zahlen oder die Gesichter.

Verfasser unbekannt

Neue Besen kehren gut. Aber die alten kennen die Ecken.

Verfasser unbekannt

Es gibt zwei Arten von Mitarbeitern, aus denen nie etwas Richtiges wird: Diejenigen, die nie tun, was man ihnen sagt, und diejenigen, die nur tun, was man ihnen sagt.

Christopher Morley

Je unwichtiger man im Organisationsplan ist, desto mehr wird man vermißt, wenn man nicht zur Arbeit erscheint.

Bill Vaughan

Wer besser beschäftigt werden könnte, ist müßig.

Sokrates

Nichts schärft das Auge des Menschen mehr, als wenn man ihn einschränkt. Darum sind die Frauen durchaus klüger als die Männer; und auf niemand sind Untergebene aufmerksamer, als auf den, der befiehlt, ohne zugleich durch sein Beispiel vorauszugehen.

Goethe,
Unterhaltungen Deutscher Ausgewanderten

Behält die Subalternität einmal recht, kostet sie den Triumph aus – unbedacht zugebend, wie wenig selbstverständlich dieser Ausgang war.

Hans Kasper, Expedition nach innen,
Die Entscheidung der Entscheidungen

Wer es einem Vorgesetzten gleichtun will, beginnt mit den schlechten Eigenschaften.

Aus Japan

Wer vielen Herren dient, bekommt viele Orden und viele Fußtritte.

Aus dem Sudan

Leistung

Was wir am nötigsten brauchen, ist ein Mensch, der uns zwingt, das zu tun, was wir können.

Emerson

Wir liegen nicht im Wettbewerb mit anderen, sondern mit unseren Irrtümern.

Aus den USA

Alle großen Erfindungen, alle großen Werke sind das Resultat einer Befreiung, der Befreiung von der Routine des Denkens und Tuns.

Arthur Koestler

Vor dem Verdienen steht das Dienen.

Henry Ford I.

Alle wollen in den Himmel, aber niemand will sterben.

Aus den USA

Der Weg zum Erfolg führt bergauf. Versucht deshalb nicht, Geschwindigkeitsrekorde aufzustellen.

Sir Arthur Phelps

Nur ein mittelmäßiger Mensch ist immer in Hochform.

William Somerset Maugham

Tüchtigkeit ist weder Fähigkeit noch Begabung, sondern Gewohnheit.

Peter F. Drucker

In Irland gilt der Tüchtige, der geizig ist, gar nichts. In Spanien zählt die Tüchtigkeit ohne den Mut nichts. In Frankreich muß der Tüchtige auch Geist haben. Nur in Deutschland genügt die Tüchtigkeit allein.

Gudrun Tempel,
Deutschland? Aber wo liegt es?

Man muß Zustimmung für seine Arbeit suchen, nicht Beifall.

Montesquieu

Die Welt erwartet Ergebnisse. Sprich nicht über Deine Bemühungen. Zeige ihnen das Baby.

Arnold Glasow

Der Ausgang gibt den Taten ihre Titel. (Treufreund)

Goethe, Die Vögel

Man tut, was man kann, und legt sich dann schlafen. Und auf diese Weise geschieht es, daß man eines Tages etwas geleistet hat.

Paula Modersohn-Becker, Briefe

Was ich verstehe, versteh' ich mir, was mir gelingt, gelingt mir für andere.

Goethe,
Wilhelm Meisters Wanderjahre II, 9

Es wirkt der Mensch, der Himmel aber segnet. (Primislaus)

Grillparzer,
Libussa V

Erfolg

Wer Erfolg im Leben haben will, macht die Beharrlichkeit zu seinem Lehrer, die Erfahrung zu seinem Bruder, die Vorsicht zu seinem Wächter und die Hoffnung zu seiner Geliebten.

Verfasser unbekannt

Erfolgreich ist der Mensch, wenn er bei 100 Entscheidungen 51mal das Richtige trifft.

John Pierpont Morgan

Wer Erfolg haben will, darf keine Angst haben, Fehler zu machen.

Frank Tyger

Erfolg ist die Kunst, unbemerkt Fehler zu machen.

Verfasser unbekannt

Die Kühle ist das Klima des Erfolges. Am meisten erreicht man auf kaltem Wege.

George F. Kennan

Wenn A für Erfolg steht, gilt die Formel A=X+Y+Z. X ist Arbeit, Y ist Muße und Z heißt Mundhalten.

Albert Einstein

Man kann keinen schlechteren Gebrauch von seinem Erfolg machen, als sich damit zu brüsten.

Sir Arthur Phelps

Wer nicht die Frauen hinter sich hat, bringt es in der Welt zu keinem Erfolg.

Oscar Wilde

Eine Erfolgsformel kann ich dir nicht geben; aber ich kann dir sagen, was zum Mißerfolg führt: Der Versuch, jedem gerecht zu werden.

Herbert Swope

Nur Schurken sind vom Erfolg überzeugt. Deswegen haben sie Erfolg.

Charles Baudelaire

Wenn ich auf all dein Tun und Treiben zurückblicke, dann ist mir, als überschaute ich ein weites, überall mit vernichteten Menschenschicksalen bedecktes Schlachtfeld. (Gregor)

Ibsen, Die Wildente I

Erfolg wird ohne „h" geschrieben.

Erhard Blanck

Was die Ameise Vernunft mühsam zu Haufen schleppt, jagt in einem Hui der Wind des Zufalls zusammen. (Fiesco)

Schiller, Die Verschwörung des Fiesco zu Genua II, 4

Was rühmst du deinen schnellen Ritt!
Dein Pferd ging durch und nahm dich mit.

Geibel

Der große Erfolg ist oft nur ein glückliches Mißverständnis.

Darius Milhaud

Alles Gelingen hat sein Geheimnis, alles Mißlingen seine Gründe.

Joachim Kaiser

Göttergunst ist's, wenn Erfolg dem Menschen wird. (Eteokles)

Aischylos, Die Sieben gegen Theben 625

Erfolg bezeugt sich nicht so durch die Position, die jemand einnimmt, als durch die Widerstände, die er überwinden mußte, um diese Position zu erreichen.

Booker T. Washington

Korn, das auf der Straße wächst, reift nie.

Aus Dahome

Der Erfolg hat viele Väter. Der Mißerfolg ist eine Waise.

Sprichwort

Doch glaub, dem alles schön gelingt in seinem Leben,
für den hat bald der Weltkreis nicht mehr Raum. (Lodoiska)

Schiller, Demetrius

Erfolg verändert den Menschen nicht. Er entlarvt ihn.

Max Frisch

Wer sich auf seinen Lorbeeren ausruht, trägt sie an der falschen Stelle.

Mao Tse-Tung

Wenn der Erfolg im Leben zu spät kommt, verursacht er mehr Ungemach als Behagen.

Verfasser unbekannt

Karriere

Klug an Hirne,
schön an Stirne,
bringt den Mann
hoch hinan.

Logau, Deutsche Sinngedichte, Ansehen

Am sichersten macht man Karriere, wenn man anderen den Eindruck vermittelt, es sei für sie von Nutzen, einem zu helfen.

La Bruyère

Am sichersten reitet man auf dem Steckenpferd des Chefs.

Ralph Boller

Wer vorwärtskommen will, muß seine Frau fragen.

Aus England

Es gibt zwei Wege für den politischen Aufstieg: Entweder man paßt sich an oder man legt sich quer.

Konrad Adenauer

Man kann niemanden überholen, in dessen Fußstapfen man tritt.

Verfasser unbekannt

Jede Beförderung ist zugleich auch eine Forderung.

Erhard Blanck

Den Aufstieg einer Frau zu einer höheren Position hemmt nicht der Chef, sondern seine Sekretärin.

Lore Lorentz

Der Grund, warum manche Mitarbeiter auf der Leiter des Erfolgs nicht so recht vorankommen, ist darin zu suchen, daß sie glauben, sie stünden auf einer Rolltreppe.

Verfasser unbekannt

Wer ununterbrochen vorwärtsmarschiert, steht die Hälfte seines Lebens auf einem Bein.

Manfred Bieler

Wer den kalten Wind nicht aushält, der hat auf dem Gipfel nichts zu suchen.

Verfasser unbekannt

Der Gipfel zwingt erst zur Bewährung beim Blick in die Tiefe.

Hans Arndt, Im Visier, Erfahrenes Wissen

Die Waage gleicht der großen Welt:
Das Leichte steigt, das Schwere fällt.

Lessing, Die große Welt

Wenn man sich einmal über Vernunft, echte Freiheit und Liberalismus weggesetzt hat, kann man mit Klugheit und Kühnheit einen weiten Weg machen.

Seume, Apokryphen

Er stieg von Amt zu Amt mit stetem Glück,
verkehrte höflich selbst mit Erzhalunken,
wich freundlich hier und freundlich dort zurück,
und so ist er gemach emporgesunken.

Otto Ernst, Karriere

Drei Dinge sind bei Hofe unentbehrlich: Gesunde Beine, ein geschmeidiger Rücken und eine glatte Zunge.

Kotzebue, Der Verleumder II, 1

Formel für Karriere: Die rechte Phrase am rechten Platz.

Brudziński

Karriere macht man mit den Bonmots, die man unterdrückt.

Roger Peyrefitte

Was ein Streber werden will, krümmt sich beizeiten.

Peter Hille, Aphorismen

Schon in der Schule sah man, welch Früchtchen das geben würde! Das schwänzelte um den Lehrmeister herum und horchte und schmeichelte und wußte sich fremdes Verdienst zuzueignen und seine Eier in fremde Nester zu legen. (La Roche)

Schiller, Der Parasit I, 2

Die Manager: 20 Prozent ihrer Zeit verbringen sie mit produktiver Arbeit, 80 Prozent verbrauchen sie bei der Verteidigung ihrer Schreibtischsessel.

Götz Hohenstein

Wollen wir nicht lieber würfeln, damit der Beste auch seine Chance hat?

Thomas Finkenstaedt

Wer in der Hölle Litzen trug, trägt auch im Himmel Achselstücke.

Lec, Unfrisierte Gedanken

Doch was dem Abgrund kühn entstiegen,
kann durch ein ehernes Geschick
den halben Weltkreis übersiegen,
zum Abgrund muß es doch zurück. (Genien)

Goethe, Des Epimenides Erwachen II, 4

Beim gesellschaftlichen Aufstieg empfiehlt es sich, freundlich zu den Überholten zu sein. Man begegnet ihnen beim Abstieg wieder.

Jo Herbst

Lohn

Du sollst deinen Nächsten nicht Unrecht tun, noch ihn berauben. Es soll des Tagelöhners Lohn nicht bei dir bleiben bis an den Morgen.

3. Mose 19, 13

Solange einer lebt und sich rührt, findet er immer seine Nahrung, und wenn sie auch gleich nicht die reichlichste ist.

Goethe, Wilhelm Meisters Lehrjahre IV, 2

Ich verachte die Leute, deren Gehirn nicht fähig ist, ihren Magen zu füllen. (Galilei)

Brecht, Leben des Galilei 3

Das Gesetz der Arbeit scheint äußerst ungerecht, aber es ist da, und niemand kann es ändern: Je mehr Vergnügen du an deiner Arbeit hast, desto besser wird sie bezahlt.

Mark Twain

Oft ist die Ursache unserer Unzufriedenheit, daß wir statt belohnt nur entlohnt werden.

Erhard Blanck

Verwegner Dienst belohnt sich auch
verwegen! (Mortimer)

Schiller, Maria Stuart III, 6

Chef zum Angestellten: „Jetzt ist es endlich soweit, daß die Abzüge Ihr Gehalt übersteigen. Hier ist die Rechnung."

Verfasser unbekannt

Wirtschaft

Wenn der Daumen wird zunichten,
kann die Hand nicht viel verrichten.
Wenn man schwächt den Wirtschaftsstand,
da besteht nicht lang ein Land.

Logau,
Der Daumen

Wirtschaften ist nichts anderes als die fortgesetzte Wahl zwischen verschiedenen Möglichkeiten, und die Nationalökonomie ist im Grunde nichts anderes als die Lehre von den Alternativen.

Röpke, Die Lehre von der Wirtschaft I, 32

Die Wirtschaft ist die einzige Wissenschaft, in der jedes Jahr auf die gleichen Fragen andere Antworten möglich sind.

Ingrid Lorenzen

Die Nationalökonomie ist die Metaphysik des Pokerspielers.

Tucholsky

Solange die Nationalökonomen leben, nimmt niemand von ihnen Notiz, und wenn sie tot sind, richten sie großen Schaden an.

John Maynard Keynes

Ob ein Betrieb Bundes-, Staats- oder Gemeindeeigentum ist und so geführt wird, ob er eine AG, ob er eine Kommanditgesellschaft, ob er eine offene Handelsgesellschaft, ob er Privatbesitz ist, das ist dem darin Beschäftigten, man soll es mir glauben, verhältnismäßig zweitrangig, wenn ein anständiger Ton herrscht und ein anständiger Lohn bezahlt werden kann.

Theodor Heuss

Im Wirtschaftsleben wird die Abneigung des Volkes gegen viele Dinge dadurch gesteigert, daß sie mit unverständlichen Fremdwörtern bezeichnet werden. Die Dividenden und Tantiemen, das Rentabilitätsstreben, ja selbst die Generaldirektoren wären, wenn sie deutsche Bezeichnungen trügen, vielleicht nicht ganz so unbeliebt, wie sie es jetzt sind.

Ludwig Reiners,
Stilkunst V,
Licht und Schatten der Fremdwörterei

Wirtschaft, Industrie, Handel sind das Vernünftige, Aufbauende, Völkerverbindende.

Golo Mann

Nach Meinung der Sozialisten ist es ein Laster, Gewinne zu erzielen. Ich bin dagegen der Ansicht, daß es ein Laster ist, Verluste zu machen.

Winston Churchill

Der Reingewinn ist derjenige Teil des Gesamtgewinns, den der Vorstand beim besten Willen nicht mehr vor den Aktionären verstecken kann.

Verfasser unbekannt

Man hatte, wie sich im Gefolg des Gesprächs ergab, dem Oheim vorgeworfen, daß ihm seine Güter nicht eintrügen, was sie sollten. Er versetzte dagegen: Das Mindere der Einnahme betracht' ich als Ausgabe, die mir Vergnügen macht, indem ich andern dadurch das Leben erleichtere.

Goethe,
Wilhelm Meisters Wanderjahre I, 6

Gewinn ist so notwendig wie die Luft zum Atmen, aber es wäre schlimm, wenn wir nur wirtschaften würden, um Gewinne zu machen, wie es schlimm wäre, wenn wir nur leben würden, um zu atmen.

Hermann Josef Abs,
Lebensfragen der Wirtschaft

Wer nur um Gewinn kämpft, erntet nichts, wofür es sich lohnt zu leben.

Antoine de Saint-Exupéry

Eine auf dem Profit beruhende Industrie ist bestrebt, Menschen für den Kaugummi und nicht Kaugummi für die Menschen hervorzubringen.

Antoine de Saint-Exupéry

Ein Drittel, vielleicht die Hälfte der Weltarbeit geht auf, um der Menschheit Reizungs- und Betäubungsmittel, Schmuck, Spiel, Tand, Vergnügungen und Zerstreuungen zu schaffen, deren sie zur Erhaltung des leiblichen, zur Beglückung des seelischen Lebens nicht bedarf, die vielmehr dazu dienen, den Menschen dem Menschen und der Natur zu entfremden.

Walther Rathenau

Der Angestellte und der Arbeiter werden heute nicht mehr in der Produktion ausgebeutet. Die Zeit dieses naiven Kapitalismus ist vorbei. Heute werden sie als Konsumenten ausgebeutet. Durch raffiniert entwickelte Bedürfnisweckung werden sie zu Sklaven der oktroyierten Wünsche, die sie für ihre eigenen halten.

Martin Walser

In einer „Gesellschaft im Überfluß“ kann, da Vollbeschäftigung oberstes Wirtschaftsziel und schneller Verschleiß deswegen höchste Bürgerpflicht ist, der Geizkragen eines Tages asozialer als der Dieb sein.

Fritz Bauer

Mit dem Lächeln, das uns entlockt wird, wenn wir von der Freude ostafrikanischer Neger an preußischen Husarenjacken hören, werden unsere Nachkommen vernehmen, von welchem Warenhunger wir besessen waren.

Walther Rathenau

Jede Förderung der Wirtschaft hat dort eine Grenze, wo versucht wird, ihr Risiko auf den Staat zu verlagern.

Wilhelm Kaisen

Subventionen zu empfangen beruht auf der Kunst, so lange zu jammern, bis einem die Fettpolster als Hungerödeme angerechnet werden.

Raymond Leclere

Subventionen: Wirtschaftspolitischer Denkmalschutz.

Helmar Nahr

Wer sich in schlechten Zeiten den Staat ins Boot holt, wird ihn in guten Zeiten kaum mehr vom Steuer verdrängen können.

Walter Scheel

Der Wirtschaftsinterventionismus kann nicht als ein System von Dauer angesehen werden. Er ist lediglich eine Methode, um allmählich und stufenweise vom Kapitalismus zum Kommunismus überzugehen.

Ludwig von Mises

Wie die Geschichte der Kartellgesetzgebung zeigt, führt der sich selbst überlassene Kapitalismus in der Endphase zur Aufhebung gerade des Prinzips, das ihn legitimieren soll: Die Monopole, nicht der Markt bestimmt Angebot und Nachfrage. So kommt der Staat schließlich in die Lage, das Prinzip des Leistungswettbewerbs gegen den Kapitalismus verteidigen zu müssen.

Gerhard Szczesny, Das sogenannte Gute 16

In den Trusts schlägt die freie Konkurrenz um ins Monopol, kapituliert die planlose Produktion der kapitalistischen Gesellschaft vor der planmäßigen Produktion der hereinbrechenden sozialistischen Gesellschaft, allerdings zunächst noch zu Nutz und Frommen der Kapitalisten.

Engels, Entwicklung des Sozialismus von der Utopie zur Wissenschaft 3

Staatliche Planwirtschaft ist wie ein prachtvoller Baum mit weit ausladender Krone. Aber in seinem Schatten wächst nichts.

Harold Macmillan

Ein kapitalistisches Unternehmen wäre seit langem pleite, wenn es so wirtschaften wollte wie wir.

Nikita Chruschtschow

Die Geschichte hat ihre besondere Art zu scherzen. Eine der Leistungen des Kommunismus besteht beispielsweise darin, daß er den Kapitalismus vor der Verkalkung bewahrt hat.

Pietro Quaroni

Ein Kapitalist ist ein Mann, der hauptsächlich in seiner Freizeit Geld verdient.

Aneurin Bevan

Wir sollten die Schwächen der Kapitalisten nicht überschätzen. Jedes Jahr werden sie von der Einkommensteuer ausgerottet, und jedes Jahr sind sie wieder da.

Andreij Smirnow

Die Welt ist in keiner Weise auf den Untergang des Kapitalismus vorbereitet. Es könnte sehr unangenehm werden, wenn er jetzt schon in große oder gar tödliche Schwierigkeiten käme.

Robert Havemann

Geldwesen

Das Bemühen um ein stabiles Preisniveau steht an der Spitze der wirtschaftlichen Rangordnung. Auch eine nur leicht inflationäre Entwicklung ist so etwas wie eine entschädigungslose Enteignung zugunsten der Öffentlichen Hand.

Ludwig Erhard, 1963

Wenn die Regierung das Geld verschlechtert, um alle Gläubiger zu betrügen, so gibt man diesem Verfahren den höflichen Namen Inflation.

Shaw

Die ärgsten, wenn auch oft arglosesten Feinde der Währung sitzen auf den Bänken des Parlaments.

Karl Maria Hettlage

Inflation ist wie die Sünde. Jede Regierung verurteilt sie, und jede Regierung begeht sie.

Frederick Leith-Ross

Es sind die Volksvertreter, welche die Gesetze machen, aus denen die Verneinung der marktwirtschaftlichen Ordnung hervorgeht. Bleiben die Politiker auf diesem Kurs, so wird sich bald unausweichlich die ernste Frage stellen, ob die moderne Demokratie, die bereits in Entartung begriffen ist, und zwar durch Interessenteneinflüsse und durch die Bürokratisierung, zur Bewahrung guten Geldes überhaupt fähig ist. Ist sie das nicht, dann werden beide untergehen, die Währung und die Demokratie.

Volkmar Muthesius, Augenzeuge von drei Inflationen, Schluß

Wer die Kapitalisten vernichten will, muß ihre Währung zerstören.

Lenin

Eine harte Währung kann nicht mit weichen Maßnahmen gehalten oder verteidigt werden.

Wilhelm Vocke, 1962

Über die Währungen anderer Länder pflegte ich ebenso ungern zu sprechen wie über die Frauen meiner Freunde.

Hermann Josef Abs

Die praktischen Menschen zu dieser Zeit
sind die nötigsten und die wichtigsten weit.
Du kannst dich ihren Händen vertrauen,
nur mußt du ihnen auf die Finger schauen.

Grillparzer, Finanzmänner

Das Geheimnis des erfolgreichen Börsengeschäftes liegt darin, zu erkennen, was der Durchschnittsbürger glaubt, daß der Durchschnittsbürger tut.

John Maynard Keynes

Die Börse ist wie ein Paternoster. Es ist ungefährlich, durch den Keller zu fahren. Man muß nur die Nerven behalten.

Verfasser unbekannt

Aktionäre sind dumm und frech: Dumm, weil sie Aktien kaufen, und frech, weil sie Dividende haben wollen.

Carl Fürstenberg

Geben Sie mir eine gute Regierung, und wir haben eine gesunde Börse!

Hermann Josef Abs

Eine Bank lebt von den schlechten Geschäften, die sie unterläßt.

Verfasser unbekannt

Bankiers sterben nicht. Sie verlieren das Interesse am Leben.

Aus den USA

XXII. Kapitel

Bauer
Beamter
Handwerk
Geschäfte
Handel
Werbung

Bauer

Tempus in agrorum cultu consumere dulce est! Süß ist's, auf die Bearbeitung der Äcker die Zeit zu verwenden.

Ovid, Briefe aus dem Pontus II, 7

Von Dürfen wurden wohl die Dörfer einst genannt;
denn nichts als Dürftigkeit ist Dörfern jetzt bekannt.

Logau, Sinngedichte (1654), Dörfer

Lassen wir die Großen,
der Erde Fürsten um die Erde losen.
Wir können ruhig die Zerstörung schauen;
denn sturmfest steht der Boden, den wir bauen.
Die Flamme brenne unsre Dörfer nieder,
die Saat zerstampfe ihrer Rosse Tritt,
der neue Lenz bringt neue Saaten mit,
und schnell erstehn die leichten Hütten wieder.

Schiller, Die Jungfrau von Orleans, Prolog 3

Hat der Bauer Geld,
so hat's die ganze Welt.

Sprichwort

In der Tat, so dürfen wir zusammenfassen, stellt die bäuerliche Welt heute zusammen mit anderen kleineren Sektoren der Gesellschaft die letzte große Insel dar, die noch nicht von der Flut der Vermassung ergriffen worden ist, den letzten großen Bereich menschlicher Lebens- und Arbeitsform, die innere Stabilität besitzt und vital befriedigend ist.

Wilhelm Röpke, Gesellschaftkrisis der Gegenwart II, 3

Sind auch schwarz des Bauern Hände,
Weißbrot ißt er bis ans Ende.

Aus Jugoslawien

Der Weltmann kann von einem Bauern lernen, nicht aber der Bauer von einem Weltmann.

Thomas Niederreuther, Aphorismen

Man mag Amphion sein
und Fels und Wald bewegen,
deswegen kann man doch
nicht Bauern widerlegen.

Gellert, Fabeln und Erzählungen, Die Bauern und der Amtmann

Dümmer zu scheinen, als man ist – darin besteht die bäuerliche Taktik. Beim Städter ist es umgekehrt.

Thomas Niederreuther, Aphorismen

Beamter

Keine Pflicht einer Staatsregierung ist grundlegender als die, höchste Normen ethischen Verhaltens unter denjenigen aufrechtzuerhalten, die mit der Führung der öffentlichen Angelegenheiten betraut sind.

John F. Kennedy

Wer ein öffentliches Amt übernimmt, sollte sich als öffentliches Eigentum betrachten.

Thomas Jefferson

Verwaltung: Eine geniale Abstraktion in der Politik, dazu bestimmt, die Schläge und Stöße auszuhalten, die dem Premierminister oder Präsidenten gebühren. Ein Strohmann, dem faule Eier und Tomaten nichts anhaben.

Ambrose Bierce

Wer im Dienst des Staates reich wird, kann kein Mann von Charakter sein. Jeder Staat belohnt seine Diener so, daß sie anständig leben und höchstens einen Sicherheitspfennig sparen können, aber zu Reichtum kann es auf ehrenvolle Weise niemand bringen.

Seume

Die Pflicht zum Widerspruch ist im Gehalt inbegriffen.

Theodor Heuss,
zu einem Beamten im Bundespräsidialamt

Als Beamter hast du nicht das Recht, eine Separatüberzeugung zu hegen. (Bürgermeister)

Ibsen, Ein Volksfeind II

Ein Geheimrat erschrickt über nichts so sehr, als wenn er sich über einem eigenen Gedanken ertappt. Glücklicherweise passiert ihm das selten.

Hermann Wagener

Die Bürokratie ist ein gigantischer Mechanismus, der von Zwergen bedient wird.

Balzac

Schalter sind die Schließmuskeln der Bürokratie.

Wolfram Weidner

Daß man mit Dienst nach Vorschrift die Urheber der Vorschriften lächerlich machen kann, ist eine herrliche Pointe der Bürokratie.

Cyril N. Parkinson

Je zahlreicher also die Beamten sind, desto schwächer ist die Regierung.

Rousseau, Der Gesellschaftsvertrag III, Über das Prinzip, das den verschiedenen Regierungsformen zugrunde liegt

Handwerk

Allem Leben, allem Tun, aller Kunst muß das Handwerk vorausgehen, welches nur in der Beschränkung erworben wird. Eines recht wissen und ausüben gibt höhere Bildung als Halbheit im Hundertfältigen.

Goethe,
Wilhelm Meisters Wanderjahre I, 12

Als junge Mädchen werden wir gewöhnt, mit den Fingern zu tifteln und mit den Gedanken umherzuschweifen. Beides bleibt uns, indem wir nach und nach die schwersten und zierlichsten Arbeiten verfertigen lernen, und ich leugne nicht, daß ich an jede Arbeit dieser Art immer Gedanken angeknüpft habe, an Personen, an Zustände, an Freud und Leid. Und so ward mir das Angefangene wert und das Vollbrachte, ich darf wohl sagen, kostbar.

Goethe, Wilhelm Meisters Wanderjahre II, 4

Es kann niemand sich ins Leben wagen, als wenn er es im Notfall durch Handwerkstätigkeit zu fristen versteht.

Goethe,
Wilhelm Meisters Wanderjahre III, 4

Wandert auch der Schneider in die Ferne,
Not und Elend leidet er doch wenig.

Saadi, Rosengarten 3

Geschäfte

Ich wüßte nicht, wessen Geist ausgebreiteter wäre, ausgebreiteter sein müßte als der Geist eines echten Handelsmannes.

Goethe,
Wilhelm Meisters Lehrjahre I, 10

Wirf einen Blick auf die natürlichen und künstlichen Produkte aller Weltteile, betrachte, wie sie wechselweise zur Notdurft geworden sind! Welch eine angenehme geistreiche Sorgfalt ist es, alles, was in dem Augenblicke am meisten gesucht wird und doch bald fehlt, bald schwer zu haben ist, zu kennen, jedem, was er verlangt, leicht und schnell zu verschaffen, sich vorsichtig in Vorrat zu setzen und den Vorteil jedes Augenblickes dieser großen Zirkulation zu genießen!

Goethe, Wilhelm Meisters Lehrjahre I, 10

Ich habe niemals einen wirklich großen Geschäftsmann gesehen, dem das Verdienen die Hauptsache war.

Walther Rathenau

Jedes Geschäft muß künstlerisch behandelt werden, wenn es sicher und dauernd und durchaus zweckmäßig gelingen soll.

Novalis, Nachlaß

Wer seine Einbildungskraft und seine Fähigkeiten benutzt, um den Menschen nicht möglichst wenig, sondern möglichst viel für einen Dollar geben zu können, der ist auserwählt für den großen Erfolg.

Henry Ford I.

Ein Geschäft ist nur dann gesund, wenn man, wie die Hühner, erst eine Zeitlang scharren muß, bevor man einen Wurm findet.

Henry Ford I.

Ein Geschäft wird erst dann ein Geschäft, wenn man dem Finanzamt nachweisen kann, daß es kein Geschäft war.

Markus Ronner

Was der deutsche Geschäftsmann als geheim ansieht, erzählt der amerikanische seinem Friseur, seinem Kellner und seiner Putzfrau.

Verfasser unbekannt

Jammern ist der Gruß der Kaufleute.

Phönizisch

Ein gutes Leben hat nur selten einen Menschen ruiniert. Was den Menschen ruiniert, glaubt mir, sind die dummen Geschäfte.

Carl Fürstenberg

Sorgen hat ein Industrieller nur dann, wenn er keine Aufträge hat. Alles andere ist Ärger.

Heinrich Jakopp

Die Klage über die Schärfe des Wettbewerbs ist in Wirklichkeit meist nur eine Klage über den Mangel an Einfällen.

Walther Rathenau

An der Hunde Hinken,
an der Huren Winken,
an der Narren Dünken,
an der Weiber Zähren,
an der Krämer Schweren,
muß sich niemand kehren.

Gottlieb Stolle, Singgedichte

Geschäft ist eine Kombination von Krieg und Sport.

André Maurois

Wucher ist das sicherste Mittel zum Gewinn, obwohl eines der schlechtesten, da er nichts anderes bedeutet, als sein Brot zu essen „in sudore vultus alieni“, das heißt „im Schweiße des Angesichts eines andern“.

Bacon, Essays 34, Vom Reichtum

Der Mensch ist von Geburt an gut, aber die Geschäfte machen ihn schlecht.

Konfuzius

Man muß ein Geschäftsmann sein, um einen anderen zu schätzen.

Shaw

Handel

Macht der Staat erzwungene Preise, mit denen der Käufer oder Verkäufer nicht einverstanden ist, so verbirgt der Geldbesitzer sein Geld oder der Warenbesitzer seine Ware, und der Handel ist vernichtet. So läßt der Handel sich nicht berechnen oder unter Gesetze bringen. Er macht sich selbst Preis und Gesetz.

Fichte, Der geschlossene Handelsstaat 2,6

Kein Kunde kauft jemals ein Erzeugnis. Er kauft immer nur das, was das Erzeugnis für ihn leistet.

Peter F. Drucker

Man kann alles verkaufen, wenn es gerade in Mode ist. Das Problem besteht darin, es in Mode zu bringen.

Ernest Dichter

Wenn ich Hundefutter verkaufen will, muß ich erst einmal die Rolle des Hundes übernehmen; denn nur der Hund allein weiß ganz genau, was Hunde wollen.

Ernest Dichter

Ein Spitzenverkäufer ist ein Mann, der seiner Frau klarmacht, daß es eine Schande wäre, wenn sie ihre wunderschöne Figur unter einem Nerzmantel verbergen würde.

Verfasser unbekannt

Die Verkaufsabteilung ist nicht die ganze Firma, aber die ganze Firma sollte eine Verkaufsabteilung sein.

Peter Jessen

Einem Lässigen gerät sein Handel nicht.

Sprüche Salomos 12, 27

Probieren weckt die Lust zum Kauf.

Euripides, Cyklops 170

Mit Fristgeben gedeiht der Handel.

Aus Kamerun

Wenn ein Schlachter sich nicht badet, hat er keine Kundschaft.

Aus Afrika

Wer Lust zu tauschen hat, hat Lust zu täuschen.

Sprichwort

Richtige Waagschalen und volles Maß schaden keinem Händler.

Aus China

Falsche Waage ist dem Herrn ein Greuel.

Sprüche Salomos 11, 1

Es ist ein eigner Pflug, womit Verkäufer pflügen
das Feld der Kaufmannschaft. Wie heißt er denn? Das Lügen.

Logau, Sinngedichte, Handelsleute

In der Not ist schlecht handeln.

Benjamin Franklin

Wie ein Nagel in der Mauer zwischen zweien Steinen steckt, also steckt auch Sünde zwischen Käufer und Verkäufer.

Jesus Sirach 27, 2

Nur die Kunden können Könige sein, die sich wie Könige benehmen.

Erhard Blanck

Man soll erst siebenmal „Nein" sagen, bevor man „Ja" sagt.

Aus Rußland

Feuer, Sturm, Erdbeben mögen meine Gebäude zerstören, meine Einrichtungsgegenstände und meine Waren – ich verliere nicht viel, wenn mir das Vertrauen meiner Kunden erhalten bleibt.

John Wanamaker

Werbung

Wenn ein junger Mann ein Mädchen kennenlernt und ihr erzählt, was für ein großartiger Kerl er ist, so ist das Reklame. Wenn er ihr sagt, wie reizend sie aussieht, so ist das Werbung. Wenn Sie sich aber für ihn entscheidet, weil sie von anderen gehört habe, er sei ein feiner Kerl, so sind das Public Relations.

Alwin Münchmeyer

Wer die Werbung einstellt, um Geld zu sparen, handelt wie jemand, der die Uhr anhält, um Zeit zu sparen.

Verfasser unbekannt

Werbung ist Eigenlob, und dieses Eigenlob stinkt nicht mehr. Man hat sich so an diesen Geruch gewöhnt wie der

Kürbis an den penetranten Geruch des Misthaufens, auf dem er wächst.

G. F. Kittel

Die Massenirreführung durch Reklame oder die Vortäuschung von Qualitäten wird kaum von den Betrugsbestimmungen erfaßt.

Fritz Bauer

Werbung ist die Kunst, auf den Unterleib zu zielen und die Brieftasche zu treffen.

Peter Sellers

Die Werbung möchte uns einreden, daß man ohne Kopf weiterkomme als ohne Krawatte.

Rudolf Rolfs

XXIII. Kapitel

Freizeit
Feste
Spiel
Sport
Jagd
Reisen
Wandern
Muße
Müßiggang
Faulheit
Langeweile
Ruhe
Schlaf
Traum

Freizeit

Gewähre Erholung; der Acker, der sich erholt, gibt reichlich,
was er dir schuldet, zurück.

Ovid, Die Kunst zu lieben II, 351

Der Mensch ist ein beschränktes Wesen. Unsere Beschränkung zu überdenken, ist der Sonntag gewidmet. Sind es körperliche Leiden, die wir im Lebenstaumel der Woche vielleicht gering achteten, so müssen wir am Anfang der neuen alsobald den Arzt aufsuchen. Ist unsere Beschränkung ökonomisch und sonst bürgerlich, so sind unsere Beamten verpflichtet, ihre Sitzungen zu halten. Ist es geistig, sittlich, was uns verdüstert, so haben wir uns an einen Freund, an einen Wohldenkenden zu wenden, dessen Rat, dessen Einwirkung zu erbitten: Genug, es ist das Gesetz, daß niemand eine Angelegenheit, die ihn beunruhigt oder quält, in die neue Woche hinübernehmen dürfe.

Goethe, Wilhelm Meisters Wanderjahre I, 7

Der Unterschied zwischen existieren und leben liegt im Gebrauch der Freizeit.

Aus den USA

Das Schönste an jedem Feiertag ist die Aussicht auf einen zweiten. Daher ist der letzte stets ein Aschermittwoch.

Jean Paul, Gedanken

Erholung besteht weder in Untätigkeit noch in bloßem Sinnengenuß, sondern im Wechselgebrauch unserer Körper- und Geisteskräfte.

Karl Julius Weber, Demokritos, Rede in die 32 Winde an Jünglinge und meine Zeit

Die Natur des Geistes ist so geartet, daß uns der Wechsel meist mehr Erholung schafft als die Ruhe.

Feuchtersleben,
Zur Diätetik der Seele, Tagebuchblätter

Jeder Mensch, meine schönen Fräulein, treibt seine Liebhabereien sehr ernsthaft, meistens ernsthafter als seine Geschäfte. (Merkulo)

Goethe,
Triumph der Empfindsamkeit II

Meine übrigen Liebhabereien gehen nebenher, und ich erhalte sie immer durch ein oder die andere Zubuße, wie man gangbare Gruben nicht gerne auflässig werden läßt, solange noch einige Hoffnung von künftigen Vorteilen scheinen will.

Goethe,
an Johann Heinrich Merck, 14. 11. 1781

Nirgends strapaziert sich der Mensch mehr als bei der Jagd nach Erholung.

Laurence Sterne

Urlaub ist die Fortsetzung des Familienlebens unter erschwerten Bedingungen.

Verfasser unbekannt

Urlaub machen ist immer gefährlich, weil sich vielleicht herausstellt, daß man keine Lücke hinterläßt.

Vic Bradley

Zuviel Freizeit kann dazu führen, daß die Menschen in Zukunft dazu übergehen, das zu tun, was sie schon immer gern getan haben, nämlich sich gegenseitig umzubringen.

Alexander Mitscherlich

Er fiel in seinen Urlaub wie in eine Grube.

Hans Arndt, Im Visier, Quittungen

Wer am Freitag lacht, wird am Sonntag weinen.

Aus Frankreich

Feste

Sieh, ein Waldgebüsch bewegt sich
nach der Stadt hin; aller Gärten
froher blumenhafter Aufputz
reißt sich los, um sich ins grüne
Prachtgehäng hinein zu flechten,
das der Häuser, das der Hütten
Ansicht schön verhüllt und zieret,
das von Giebel sich zu Giebel
ziehend reicht und kranzbeladen,
schwankend, frischbelastet schwebt.
Bunter wird die tiefe Grüne,
muntrer immer; Band an Bändern
schlingt sich um, geknüpft zu Schleifen
krümmt sich's, und die losen Enden
flattern windbewegt. Zum Laubgang
siehst du Straßen umgewandelt
und zum Feiersaal den Marktplatz.
Außenseiten sind nun Wände,
Fenster volkverzierte Nischen;
unter ihnen schmückt die Brüstung
sich mit bunten Teppichen.
Hier mit holden Blumenzügen
spricht's dich an und dort mit goldnen,
so, als ob dir offne Herzen
überall begegneten. (Friede)

Goethe,
Vorspiel zur Eröffnung des Weimarischen Theaters 1807

Hinaus mir über die Gefilde, sag' ich,
und mir die Rosen, die der Lenz verweigert,
mit eurem Atem aus der Flur gehaucht!
An eurer Amt, ihr Priesterinnen der Diana,
daß eures Tempels Pforten rasselnd auf,
des glanzerfüllten, weihrauchduftenden,
mir, wie des Paradieses Tore, fliegen!

Zuerst den Stier, den feisten, kurzgehörnten,
mir an den Altar hin; das Eisen stürz' ihn,
das blinkende, an heil'ger Stätte lautlos,
daß das Gebäu erschüttere, darnieder!
Ihr Dienrinnen, ihr rüstigen, des Tempels,
das Blut – wo seid ihr? – rasch, ihr emsigen! –
mit Perserölen, von der Kohle zischend,
von des Getäfels Plan hinweggewaschen!
Und all ihr flatternden Gewänder, schürzt euch,
ihr goldenen Pokale, füllt euch an,
ihr Tuben, schmettert, donnert, ihr Posaunen,
der Jubel mache, der melodische,
den festen Bau des Firmamentes beben!
O Prothoe! Hilf jauchzen mir, frohlocken,
erfinde, Freundin, Schwesterherz, erdenke,
wie ich ein Fest jetzt göttlicher, als der Olymp durchjubelte, verherrliche.
(Penthesilea)

Heinrich von Kleist, Penthesilea 14

Der Geburtstag ist das Echo der Zeit.

Evelyn Waugh

Karneval ist vulgär, mit aller Größe und allem Schrecken des Vulgären, aber nie frivol.

Heinrich Böll, Was ist kölnisch?

O wär' im Februar doch auch,
wie's andrer Orten ist der Brauch,
bei uns die Narrheit zünftig!
Denn wer, solang das Jahr sich mißt,
nicht einmal herzlich närrisch ist,
wie wäre der zu andrer Frist
wohl jemals ganz vernünftig!

Theodor Storm, Februar

Jedes Jubiläum ist eine Vorfeier des Begräbnisses.

Heinrich Leo

Weil das ganze Jahr über die Liebe fehlt, werden zu Weihnachten die Kinder durch Geschenke bestraft.

Hubert Ries

Die schwierigste Aufgabe des Vaters zu Weihnachten: Den Kindern klarmachen, daß er der Nikolaus ist, und der Frau klarmachen, daß er es nicht ist.

Verfasser unbekannt

Wievielen Leuten Sie auch Weihnachtsgrüße geschickt haben mögen – die erste Karte, die Sie bekommen, stammt von jemand, den Sie vergessen haben.

Aus den USA

Wer das Fest verbietet, bereitet die Orgie vor.

Thomas Niederreuther, Aphorismen

Ein Fest, wenn es verdampft, ist grade wie
das letzte Glas Champagner, ohne Gischt,
der seinem Erstlingskelche Reiz verlieh.

Byron, Don Juan 16, 9

Was kündest du für Feste mir? Sie lieb ich nicht;
Erholung reichet Müden jede Nacht genug.
Des echten Mannes wahre Feier ist die Tat! (Prometheus)

Goethe, Pandora

Spiel

Der Mensch spielt nur, wo er in voller Bedeutung des Wortes Mensch ist, und er ist nur da ganz Mensch, wo er spielt.

Schiller, Über die ästhetische Erziehung des Menschen

Wo gespielt wird, da sind Kinder.

Aus Zaïre

Das Spiel zeigt den Charakter.

Sprichwort

Man sagt: Man könne den Menschen beim Spiel am besten kennenlernen; seine Leidenschaften zeigten sich da offen und wie in einem Spiegel. So habe ich auch gefunden.

Goethe, an Philipp Christoph Kayser, 15. 3. 1783

Spielen ist Experimentieren mit dem Zufall.

Novalis, Fragmente

Spielen soll Ergötzung sein!
Dieses will mir doch nicht ein,
wie daß der, der einbüßt viel,
glauben kann, es sei ein Spiel.

Logau, Spieler

Das Spiel soll den Mangel der Unterredung ersetzen. Es kann daher nur denen erlaubt sein, die Karten beständig in Händen zu haben, die nichts als das Wetter in ihrem Munde führen.

Lessing, Selbstbetrachtungen und Einfälle

Wenn sie nicht hören, reden, fühlen,
noch sehn, was tun sie denn? Sie spielen.

Lichtwer, Fabeln, Die seltsamen Menschen

Spiel und Scherz darf man üben, wie man dem Schlaf und anderen Erholungen sich hingibt: Wenn man den schweren und ernsten Pflichten Genüge getan hat.

Cicero, Von den Pflichten I, 29

Spiele, damit du ernst sein kannst! Das Spiel ist ein Ausruhen, und die Menschen bedürfen, da sie nicht immer tätig sein können, des Ausruhens.

Anacharsis

Wenn nicht Spiel und Scherz ein natürliches Vergnügen enthielten, würde nicht eine so heftige Begierde der Menschen nach ihnen streben.

Seneca, Von der Gemütsruhe 15

Sport

Damit hundert Menschen ihren Körper bilden, ist es nötig, daß fünfzig Sport treiben. Damit fünfzig Menschen Sport treiben, ist es nötig, daß zwanzig sich spezialisieren. Damit sich aber zwanzig Menschen spezialisieren, ist es nötig, daß fünf zu überragenden Gipfelleistungen fähig sind.

Pierre de Coubertin

Teilnehmen ist wichtiger als siegen.

Pierre de Coubertin

Zur Heilung des Mißverständnisses, als hätten unsere Olympiaden irgend etwas mit den antiken zu tun, muß man bedenken, daß keines Siegers Standbild seine eigenen Züge aufweisen durfte. Erst wenn ein Kämpfer in drei Spieljahren siegte, was so selten vorgekommen sein mag wie bei uns, war ein ähnliches Bildnis erlaubt,denn jetzt war es sicher: der Gott liebte ihn. Vordem hatte er sich seiner nur als irgendeines Namenlosen bedient.

Erhart Kästner, Ölberge, Weinberge; Aber die Götter sind nackt

Immer erinnerte man sich gern der alten Geschichte, wie einmal ein olympischer Kämpfer während des Wettlaufs den Gürtel löste, um schneller laufen zu können. Er siegte. Seitdem kämpfte man nackt.

Erhart Kästner, Ölberge, Weinberge; Aber die Götter sind nackt

Das hat die Eislust vor allen andern körperlichen Bewegungen voraus, daß die Anstrengung nicht erhitzt und die Dauer nicht ermüdet. Sämtliche Glieder scheinen gelenker zu werden und jedes Verwenden der Kraft neue Kräfte zu erzeugen, so daß zuletzt eine selig bewegte Ruhe über uns kommt.

Goethe, Wilhelm Meisters Wanderjahre II, 5

Keine Stunde im Leben, die man im Sattel verbringt, ist verloren.

Winston Churchill

Das Schöne beim Bogenschießen ist, daß es den Körper gleichmäßig entwikkelt und die Kräfte gleichmäßig in Anspruch nimmt. Da ist der linke Arm, der den Bogen hinaushält, straff, stark und ohne Wanken; da ist der rechte, der mit dem Pfeil die Sehne zieht und nicht weniger kräftig sein muß. Zugleich beide Füße und Schenkel stark zum Boden gestreckt, dem Oberkörper als feste Basis. Das zielende Auge, die Muskeln des Halses und Nackens, alles in hoher Spannung und Tätigkeit. Und nun das Gefühl und die Freude, wenn der Pfeil hinauszischt!

Eckermann, zu Goethe, 1. 5. 1825

Unser deutsches Kegelbahnvergnügen erscheint roh und ordinär und hat sehr viel vom Philister.

Goethe, zu Eckermann, 1. 5. 1825

Was den Beitrag des internationalen Sports zur Völkerverständigung betrifft, erlaube ich mir zu bemerken, daß der Sport den heftigen Haß zwischen den Nationen verstärkt und auch zwischen jenen Völkern Zwietracht sät, die ansonsten keinen natürlichen Grund haben, miteinander zu streiten.

Shaw

Das beste Mittel, das bisher gegen die Bevölkerungsexplosion gefunden worden ist, sind Sportsendungen im Fernsehen – rund um die Uhr.

Robert Finch

Mein körperliches Training besteht darin, daß ich die Särge der Freunde trage, die regelmäßig trainiert haben.

Chauncey Depew

Die schwierigste Turnübung ist immer noch, sich selbst auf den Arm zu nehmen.

Werner Finck

Jagd

Wenn ein Mensch einen Tiger töten will, spricht er von Sport. Wenn ein Tiger einen Menschen tötet, ist das Grausamkeit.

Shaw

Die ganze Ausübung der Jagd haben darum die Utopier als für die Freien entwürdigend den Metzgern zugewiesen. Wie ich früher sagte, besorgen Sklaven das Gewerbe. Dabei betrachten sie die Jagd als die unterste Stufe der Metzgerei, während deren übrige Abteilungen als nützlicher und weniger anstößig gelten, da sie einen sinnvollen Zweck haben und man im Schlachthaus die Tiere nur tötet, weil es nicht anders geht.

Thomas More, Utopia II

Jäger ist er nicht, aber der Hang zur Übertreibung ist da.

Bismarck,
im Reichstag, 10. 1. 1885

Reisen

In der Fremde hört man mehr als zu Hause.

Aus Tansania

Wie Blinde zu gut Sehenden, so verhalten sich die, die nie eine Reise gemacht haben, zu Vielgereisten.

Philo von Alexandrien,
Über Abraham 14

Reisen veredelt den Geist und räumt mit unseren Vorurteilen auf.

Oscar Wilde

Für Naturen wie die meine, die sich gerne festsetzen und die wichtigen Dinge festhalten, ist eine Reise unschätzbar; sie berichtigt, belehrt und bildet.

Goethe,
an Schiller, 1797

Darum hab ich gewünscht, es solle sich
Hermann auf Reisen
bald begeben und sehn zum wenigsten
Straßburg und Frankfurt
und das freundliche Mannheim, das
gleich und heiter gebaut ist;
denn wer die Städte gesehn, die großen
und reinlichen, ruht nicht,
künftig die Vaterstadt selbst, so klein
sie auch sei, zu verzieren.

Goethe, Hermann und Dorothea 3

Kleine Angler haben einen Vorteil: Der Fisch wirkt größer, wenn sie photographiert werden.

Aus den USA

Wenn mein Sohn von Frankfurt nach Mainz reist, so bringt er mehr Kenntnis heim als andere aus Amerika

Catharina Elisabeth Goethe

Viele Fächer werden an unseren Schulen gelehrt, aber eines der wichtigsten fehlt: Reisekunde. Denn das intelligente Reisen, das Verständnis für fremde Länder und Völker, will gelernt sein.

John Steinbeck

Wer reisen will, der muß zunächst Liebe zu Land und Leuten mitbringen, mindestens keine Voreingenommenheit. Er muß den guten Willen haben, das Gute zu finden, anstatt es durch kritische Vergleiche totzumachen.

Theodor Fontane

Ich will, solang ich hier bin, die Augen auftun, bescheiden sehen und erwarten, was sich mir in der Seele bildet.

Goethe, an Herders, 2. 12. 1786, Rom

Wir reisen nicht nur an andere Orte, sondern vor allem reisen wir in andere Verfassungen der eigenen Seele.

Werner Bergengruen, Badekur des Herzens

Jeder muß wissen, worauf er bei einer Reise zu sehen hat und was seine Sache ist.

Goethe, zu Eckermann, 3. 11. 1823

Toren besuchen im fremden Land die Museen, Weise gehen in die Tavernen.

Erhart Kästner,
Ölberge, Weinberge; Tavernen

Rechte Ferienfreuden sind nur dort zu genießen, wo andere im Alltag stehen und dessen Mechanik bestreiten. Da hat der Tourist sein Glück; er macht seine Funde, er blickt der Tätigkeit ins Herz, lernt Sitten und Gebräuche kennen. Gewiß, er bleibt an seine Optik gebunden, er ist stets nur Kalif und kann jederzeit wieder ausscheren aus dem Alltagsgefüge. Aber er sieht wenigstens, was zu sehen ist. Wo hingegen alle auf Urlaub sind, an Ferienplätzen, in Heimen, in Sanatorien, am Strand, dort herrscht nur der Maskenball.

Martin Kessel, Gegengabe III

Ich will euch keine Schmerzen, sondern Freuden, keine dunkle, sondern klare Begriffe mitbringen, euch nicht nur sagen „Ich hab es gesehn", sondern es euch sehen machen.

Goethe, an Charlotte von Stein, 27. 1. 1787, Rom

Nur wünschte ich, daß du als ein fleißiger Heftschreiber auch ein Reiseheft schriebst, nicht um die Gegenden zu beschreiben, sondern nur von manchen Lokalitäten, Menschen, Gasthöfen, Preisen, gegenwärtigen Zuständen, Gesinnungen und so weiter eine feste Notiz zu behalten. Dergleichen Aufsätze sind für uns und andre sehr belehrend und in der Folge, wenn wir wieder an solche Orte kommen, unschätzbar.

Goethe,
an seinen Sohn, 10. 7. 1809

Wer reisen will,
der schweig fein still
geh steten Schritt,
nehm nicht viel mit,
so darf er nicht viel sorgen.
Wer nichts hat, mag doch borgen.

Moscherosch,
Philander von Sittewald 2

Auf der Reise empfang' ich des Zufalls Gaben mit Freuden;
denn dem Reisenden ist dieser zum Gotte gesetzt.

Hebbel, An meine Frau

Der Schlüssel zum unbeschwerten Reisen liegt vielleicht darin, daß man es immer dort gut findet, wo man gerade ist. Das halte ich für eine große und nützliche Kunst. Wenn du das kannst, dann wirst du auch zu jenen gehören, die stets vergnügt reisen, zufrieden zurückkehren und es am Schluß daheim wieder schöner finden als auf der ganzen übrigen Welt.

Werner Kuhn

Erst eine gemächliche Reise ist eine Reise.

Aus Afrika

Wer sein Vaterland nicht kennt, hat keinen Maßstab für fremde Länder.

Goethe,
Wilhelm Meisters Lehrjahre VIII, 7

Aber was kommt schon dabei heraus, wenn sie alle in fremde Länder zu reisen anfangen! Nichts; sie tragen ja doch wie die Zinnsoldaten ihr bißchen Standort mit sich herum.

Erhart Kästner,
Ölberge, Weinberge;
Auf den ersten Blick

Um zu begreifen, daß der Himmel überall blau ist, braucht man nicht um die Welt zu reisen.

Goethe, Wilhelm Meisters Wanderjahre II,
Betrachtungen im Sinne der Wanderer

Klug ist der Reisende, der sein Herz zu Hause läßt.

Aus Afrika

Es fällt mir dabei jener junge Engländer in Rom ein, der abends, in einer Gesellschaft, sehr zufrieden erzählte, daß er doch heute sechs Kirchen und zwei Galerien beiseite gebracht habe. Man will mancherlei wissen und kennen und gerade das, was einen am wenigsten angeht.

Goethe,
Wilhelm Meisters Lehrjahre VI

Wir Deutschen reisen hauptsächlich deshalb, um den Baedeker auf seine Richtigkeit zu kontrollieren.

Anneliese Rothenberger

Nur wenige sind sich bewußt, daß sie nicht nur reisen, um fremde Länder kennenzulernen, sondern auch um fremden Ländern die Kenntnis des eigenen zu vermitteln.

Maugham

Kommt ein Ochs in fremdes Land,
wird er doch als Rind erkannt.

Freidank, Bescheidenheit 43

Wenn ein Reisender nach Hause zurückkehrt, soll er nicht die Bräuche seiner Heimat eintauschen gegen die des fremden Landes. Nur einige Blumen von dem, was er in der Ferne gelernt hat, soll er in die Gewohnheiten seines eigenen Landes einpflanzen.

Francis Bacon

Man muß sich hüten, nicht mit Gedanken zurückzukommen, die später für unsere Zustände nicht passen. So brachte ich aus Italien den Begriff der schönen Treppen zurück, und ich habe durchaus offenbar mein Haus verdorben, indem dadurch die Zimmer alle kleiner ausgefallen sind, als sie hätten sollen.

Goethe, zu Eckermann, 21. 3. 1830

Unvorbereitetes Wegeilen bringt unglückliche Wiederkehr.

Goethe,
Wilhelm Meisters Wanderjahre III, 13

Als Crato reisen wollt' und von uns Abschied nahm,
da war er noch zu jung für einen weiten Ritt;
drum bracht' er auch hernach, als er nach Hause kam,
aus fremden Ländern nichts als ihre Torheit mit:
Der Jeck war außer Lands des Vaterlandes Schande
und fremder Länder Schimpf in seinem Vaterlande.

Christian Wernicke,
Auf die törichten Reisen der Deutschen

Wer große Reisen unternimmt, bringt große Lügen heim.

Aus Spanien

Die Fremde hat ein fremdes Leben, und wir können es uns nicht zu eigen machen, wenn es uns gleich als Gästen gefällt.

Goethe, an Herder, 14. 10. 1786

Da reist man und reist man und wird sich eines Tages bewußt, daß man auf Reisen ununterbrochen Heimweh aussteht. Gibt man das zu, so ist man vielleicht auch zu dem Eingeständnis bereit, daß es überhaupt der verborgene Sinn allen Reisens ist, Heimweh zu haben.

Erhart Kästner,
Ölberge, Weinberge; Eremiticum

Menschen, die sich überall zu Hause fühlen, wenn sie verreisen, verdienen auch sonst nicht viel Vertrauen.

Shaw

Das Reisen, das gleichsam eine höhere und ernstere Wissenschaft ist, führt uns zu uns zurück.

Albert Camus

Alle Reisen haben eine heimliche Bestimmung, die der Reisende nicht ahnt.

Martin Buber, Baalschem

Wandern

Den ganzen Weg von Sankt Martin bis Sankt Andreas in Mantua habe ich, den Stock in der Faust, auf meinen zwei Beinen zurückgelegt. Es ist gar annehmlich zu sehen, wie sich die Erde unter den Schuhen dehnt, und herrlich, den Teig der Welt zu kneten.

Romain Rolland, Meister Breugnon, Der Bummler

Die Landschaft erobert man mit den Schuhsohlen, nicht mit den Autoreifen.

Georges Duhamel

Die erhabene Sprache der Natur, die Töne der bedürftigen Menschheit lernt nur der Wanderer kennen. (Sarastro)

Goethe,
Der Zauberflöte zweiter Teil

Viel wandern macht bewandert.

Peter Sirius, Tausend und ein Gedanken, Erfahrung und Lebensweisheit

Es gehört zum Begriff des Spazierengehens, daß man keinen ernsthaften Zweck damit verbindet.

Wilhelm von Humboldt,
Briefe an eine Freundin, 29. 5. 1830

Der Sinn des Reisens ist, an ein Ziel zu kommen, der Sinn des Wanderns, unterwegs zu sein.

Theodor Heuss

Die deutsche Wanderlust geht zuletzt aus dem abenteuerlichen Sehnen nach einem idealen Land hervor.

Gustav Freytag

Muße

Wer keine Muße kennt, lebt nicht.

Aus Sizilien

Nichtstun ist besser als mit vieler Mühe nichts schaffen.

Laotse,
Tao-Teh-King

Wir sollten wieder lernen, aus der Freizeit Muße zu machen.

Otto Flake

Muße ist das Kunststück, sich selbst ein angenehmer Gesellschafter zu sein.

Heinrich Waggerl

Oft sind es gut genutzte Mußestunden, in welchen der Mensch das Tor zu einer neuen Welt findet.

George M. Adams

Müßiggang, du heiliges Kleinod, einziges Fragment der Gottähnlichkeit, das uns noch aus dem Paradiese blieb!

Friedrich Schlegel

Müßiggang

Zeit haben heißt den Tod duzen.

Frank Thieß

Das Leben stimmt nicht mit der Philosophie überein: Es gibt kein Glück ohne Müßiggang, und nur das Nutzlose bereitet Vergnügen.

Anton Tschechow

Müßiggang ist nichts Übles, ja man muß sagen: Ein Mensch, der für diesen keinen Sinn hat, zeigt damit, daß er sich nicht zur Humanität erhoben hat.

Sören Kierkegaard

Um das Nichtstun wirklich zu genießen, muß man etwas tun. Faule wissen nichts von den Freuden des Müßiggangs.

Verfasser unbekannt

Otium sine litteris mors est et hominis vivi sepultura. Muße ohne geistige Tätigkeit ist Tod und Lebendig-Begrabensein.

Seneca, Über die Muße

Dem Müßiggänger fehlt es stets an Zeit zum Tun
und nie an einem Grund, warum er's lasse ruhn.

Rückert, Die Weisheit des Brahmanen 16, 5

Wer nichts zu tun hat, findet niemals Zeit,
weist alles von sich mit geschäft'gen Mienen.
Wer ernstlich wirkt und schafft, ist stets bereit,
auch anderen mit Rat und Tat zu dienen.

Bodenstedt, Aus dem Nachlasse des Mirza Schaffy 3, Buch der Sprüche

Kein Tagedieb wird überdrüssig,
sich abzuhasten um ein Nichts:
Sie gehn ein ganzes Leben müßig
im Schweiße ihres Angesichts.

Oskar Blumenthal

Müßiggang ist nicht nur, wie man sagt, aller Laster Anfang, sondern auch alles Glückes Ende.

Oskar von Redwitz, Hymen

Der Tätige wird nur von einem Teufel versucht, der Müßiggänger von Legionen.

Thomas Fuller

Der Teufel verführt alle Menschen, der Müßiggänger aber verführt den Teufel.

Aus der Türkei

Faulheit

Wenn Er bei Tage so hier säße, würde ich glauben, Er sei ein Lehnerich, so ein Tagedieb, der sich an die Häuser lehnt, damit er nicht umfällt vor Faulheit.

Clemens Brentano, Geschichte vom braven Kasperl und dem schönen Annerl

Faulheit ist der Hang zur Ruhe ohne vorhergehende Arbeit.

Kant

Faulheit ist die Furcht vor bevorstehender Arbeit.

Cicero

Trägheit ist der Schlummer des Geistes.

Vauvenargues

Das Sitzfleisch – ich sagte es schon einmal – ist die eigentliche Sünde wider den heiligen Geist.

Nietzsche, Ecce homo, Warum ich so klug bin 1

Gefühlsarmut nährt die Trägheit.

Vauvenargues

Der Weg des Faulen ist dornicht.

Sprüche Salomos 15, 19

Für faule Schweine ist die Erde stets gefroren.

Aus Dänemark

Wer's Unkraut läßt ein Jahr nur stehen, kann sieben Jahre jäten gehen.

Sprichwort

Faule Schäfer haben gute Hunde.

Sprichwort

In die Faulheit wächst man hinein. Sie bindet am Anfang mit Spinnweben und fesselt am Ende mit Ketten. Je mehr ein Mensch zu tun hat, um so mehr kann er leisten.

Thomas Buxton

Markus träumte vorlängst, er habe gelaufen. Nun schläft der
Faule nicht mehr, weil ihm bangt, ähnliche Träume zu sehn.

Friedrich Jacobs, Der Träge

Keinen Fehler gestehen wir lieber ein als Trägheit. Wir meinen, sie hinge mit allen stillen Tugenden zusammen und machte die übrigen, ohne sie ganz zu vernichten, nur zeitweilig unwirksam.

La Rochefoucauld

Es tut
im Grabe hier der gute Mann,
was er im Leben einst getan:
Er ruht.

Castelli, Grabschrift eines Faulenzers

Langeweile

Man kann die Menschen in drei Klassen einteilen: Solche, die sich zu Tode arbeiten, solche, die sich zu Tode sorgen, und solche, die sich zu Tode langweilen.

Winston Churchill

Langeweile ist ein schweres Problem. Mindestens die Hälfte aller menschlichen Sünden erwächst aus der Furcht vor Langeweile.

Bertrand Russell

Der Langweiler ist ein Mensch, der dich deiner Einsamkeit beraubt, ohne dir Gesellschaft zu bieten.

Gian Vincenzo Gravina

Der Langweiler ist ein Mensch, der, wenn du dich nach seinem Befinden erkundigst, es dir erklärt.

Channing Pollock

Ein Langweiler ist ein Mensch, der redet, wenn du wünschst, daß er zuhört.

Ambrose Bierce

Wie die Not die beständige Geißel des Volkes ist, so die Langeweile die der vornehmen Welt.

Schopenhauer, Die Welt als Wille und Vorstellung

Eine kleine Liebschaft ist das einzige, was uns einen Badeaufenthalt erträglich machen kann. Sonst stirbt man vor langer Weile.

Goethe, zu Soret, 20. 7. 1831

Nur für Dumme ist das Leben langweilig.

Horst Wolfram Geißler, Ein schwarzes und ein weißes

Ruhe

Unbewegt ist meine Seele und hell wie das Gebirge am Vormittag. Aber sie meinen, ich sei kalt und ein Spötter.

Nietzsche, Zarathustra, Vorrede 5

Die Strebenden, die mit Verstand begabt sind,
was suchen anders sie als schließlich Ruhe?

Nizami, Sprüche

Der größte Sinnengenuß, der gar keine Einmischung von Ekel bei sich führt, ist, im gesunden Zustande, Ruhe nach der Arbeit.

Kant, Anthropologie

Ruhe ist Glück, wenn sie ein Ausruhen ist.

Börne, Aus meinem Tagebuch, 22. 5. 1830

Strebe nach Ruhe, aber durch das Gleichgewicht, nicht durch den Stillstand deiner Tätigkeit.

Schiller

Wahre Ruhe ist nicht Mangel an Bewegung. Sie ist Gleichgewicht der Bewegung.

Feuchtersleben,
Zur Diätetik der Seele 6

Der höchste Friede, den die Seele kann genießen,
ist, wenn man sich kann eins mit Gottes Willen wissen.

Angelus Silesius,
Cherubinischer Wandersmann

Die größte Offenbarung ist die Stille.

Laotse

Um ruhig zu sein, muß der Mensch nicht denken, sondern träumen.

Engel, Der Philosoph für die Welt II, 28

Alle Unruhe im Menschen entspringt aus der Phantasie.

Grillparzer, Aphorismen, 1822

Gib den Füßen Ruhe, aber auch dem Herzen.

Aus Nigeria

Ruhe wirkt Ordnung.

Laotse, Tao-Teh-King 37

Wenn du im Recht bist, kannst du dir leisten, die Ruhe zu bewahren, und wenn du im Unrecht bist, kannst du dir nicht leisten, sie zu verlieren.

Gandhi, Erinnerungen

Der ruhig fließende Fluß trägt Leute.

Aus Tansania

Nur der Mensch ist ruhig, den, wie das Wasser, der Frost zusammenhält.

Hebbel, Tagebücher, 1840

Wir sollen eben nicht in Ruhe bleiben!
Gleich wird uns, wenn wir zu genießen denken,
zur Übung unsrer Tapferkeit ein Feind,
zur Übung der Geduld ein Freund gegeben. (Alfons)

Goethe, Torquato Tasso V, 1

Ein Seemann auf die Frage, wo er seinen Ruhestand verbringen werde: „Ich nehme ein Ruder über die Schulter, gehe landein, und dort, wo mich jemand fragt ‚Was schleppst Du da für ein Ding mit Dir herum?' dort lasse ich mich nieder."

Verfasser unbekannt

Quieta non movere! Was in Ruhe ist, nicht beunruhigen!

Sprichwort

Nach Ruh' sehnt sich die Menschenbrust vergeblich

Eichendorff, An die Freunde

Schlaf

Singet leise, leise, leise,
singt ein flüsternd Wiegenlied,
von dem Monde lernt die Weise,
der so still am Himmel zieht.

Singt ein Lied so süß gelinde,
wie die Quellen auf den Kieseln,
wie die Bienen um die Linde
summen, murmeln, flüstern, rieseln.

Clemens Brentano, Wiegenlied

Süßer Schlaf! Du kommst wie ein reines Glück ungebeten, unerfleht am willigsten. Du lösest die Knoten der strengen Gedanken, vermischest alle Bilder der Freude und des Schmerzes, ungehindert fließt der Kreis innerer Harmonien, und eingehüllt in gefälligen Wahnsinn versinken wir und hören auf zu sein. (Egmont)

Goethe, Egmont V, Gefängnis

Schließe mir die Augen beide
mit den lieben Händen zu!
Geht doch alles, was ich leide,
unter deiner Hand zur Ruh.
Und wie leise sich der Schmerz
Well' um Welle schlafen leget,
wie der letzte Schlag sich reget,
füllest du mein ganzes Herz.

Storm, Schließe mir die Augen beide

Schlaf ist ein Hineinkriechen des Menschen in sich selbst.

Hebbel, Tagebücher, 1839

Hoch vor allen
Gaben der Himmlischen
sei mir gepriesen
du, der Seele
labendes Wasser,
gliederlösender
heiliger Schlaf.

Geibel, Juniuslieder, An den Schlaf

Dir ist die Erde noch verschlossen,
du hast noch keine Lust genossen,
noch ist kein Glück, was du empfingst.
Wie könntest du so süß denn träumen,
wenn du nicht noch in jenen Räumen,
woher du kamest, dich ergingst?

Hebbel, Auf ein schlummerndes Kind

Der Schlaf borgt vom Tode zur Aufrechterhaltung des Lebens. Oder: Er ist der einstweilige Zins des Todes, welcher selbst die Kapitalabzahlung ist. Diese wird um so später eingefordert, je reichlicher und je regelmäßiger jener gezahlt worden.

Schopenhauer,
Aphorismen zur Lebensweisheit VI

Alles wird uns Genuß, so schön ist das
Leben gerundet,
selbst der Tod; denn der Schlaf ist der
genossene Tod.

Hebbel, Der Schlaf

Schlafende und Tote sind nur Gemälde. (Lady)

Schiller, Macbeth II, 4

Was ist der Mensch im Schlaf? Er ist eine bloße Pflanze.

Lichtenberg

Wer arbeitet, dem ist der Schlaf süße.

Prediger Salomo 5, 11

Schlafen die Gedärme nicht, schläft auch der Mensch nicht.

Aus Afrika

Aber schlecht schläft es sich ohne einen guten Namen und einen kleinen Schatz.

Nietzsche, Zarathustra I,
Von den Lehrstühlen der Tugend

Beim Schlafengehen sollten wir uns sagen: Ich habe gelebt und den mir vom Schicksal bestimmten Weg zurückgelegt. Wenn Gott uns noch einen Morgen schenkt, werden wir ihn mit dem Gefühl, daß uns unerwarteter Gewinn zufällt, freudig entgegennehmen.

Seneca

Man muß darauf achten, richtig im Leibe der Landschaft zu sein. Nachts muß man liegen, daß man den Zug der rinnenden Wasser einhält, mit den Füßen dem Mündenden zu, im Gefälle der Quellen.

Erhart Kästner, Ölberge, Weinberge; An den Türkenbergen

Mit einem fremden Menschen in einem engen Raum zusammen zu schlafen, ist bedrückend. Man fühlt die fremde Atmosphäre, störende Gedankenkräfte, und ist nicht nur körperlich, auch seelisch eingeengt und gehemmt.

Siegfried von Vegesack, Liebe am laufenden Band 2

Im Alter schläft man eigentlich nicht. Der Schlaf zieht sich nur über die Gegenstände des Tages wie eine Art von Flor und läßt sie durchscheinen.

Goethe,
zu Riemer, 21. 5. 1807

Kein weiser und verständger Mann
die ganze Nacht durchschlafen kann.
Wer aber schläft dahin ohn' Sorgen,
der weiß oft nicht wohin am Morgen.

Fischart,
Das philosophische Ehzuchtbüchlein

In unseren Träumen sind wir große Gönner: Wir erteilen unseren Feinden die Rollen von Herrschern und Diktatoren.

Hans Arndt,
Im Visier, Vertauschte Rollen

Der Schlaflose multipliziert die Ereignisse.

Hans Arndt, Im Visier,
Typen im Blitzlicht

Oft schläft erst ein am Morgen sacht,
wer sich des Nachts noch Sorgen
macht.

Verfasser unbekannt

Wenn man aus inneren Gründen nicht schlafen kann: Um Himmels willen nicht schlafen wollen, nicht mit geballten Fäusten bis siebenunddreißigtausendvierhundertundsechsundachtzig zählen! Sondern aus der Not eine Tugend machen! Man braucht ja nicht zu schlafen. Es ist auch so ganz hübsch. Nur nicht Wollen wollen; der Wille ist der ärgste Widersacher des Schlafes.

Heinrich Spoerl, Vom Schlafen

Es sitzt der Schlaf am Zoll, hat einen
guten Handel.
Sein ist der halbe Teil von unserm ganzen Wandel.

Logau, Schlaf

Wenn Schlaf und Wachen ihr Maß überschreiten, sind beide böse.

Hippokrates,
Lehrsprüche II, 3

Vom zu vielen Schlafen hat die Schlange ihre Füße verloren.

Aus Afrika

Traum

Mein Herz im Traume Wunder sieht,
was nie geschah und nie geschieht.

Freidank, Bescheidenheit 128

Wären die Träume vielleicht nur unvollkommne Gedichte?
Ist ein gutes Gedicht ein vollkommener Traum?
In die wirkliche Welt sind viele mögliche andre
eingeschachtelt, der Schlaf läßt sie wieder heraus,
sei es der tiefe der Nacht, der alle Menschen bewältigt,
sei es der helle des Tags, der nur den Dichter befällt.

Hebbel, Traum und Poesie

Wenn der Mensch im Schlaf liegt, aufgelöst, nicht mehr zusammengehalten durch das Bewußtsein seiner selbst, dann verdrängt ein Gefühl der Zukunft alle Gedanken und Bilder der Gegenwart, und die Dinge, die kommen sollen, gleiten als Schatten durch die Seele, vorbereitend, warnend, tröstend. (Judith)

Hebbel, Judith II

Der Traum ist der beste Beweis dafür, daß wir nicht so fest in unsere Haut eingeschlossen sind, wie es scheint.

Hebbel, Tagebücher, 1844

Dazu sind eben Wünsch' und Träume dir verliehen,
um alles, was dir fehlt, in deinen Kreis zu ziehen.

Rückert, Weisheit des Brahmanen 6

Schlafen ist Verdauen der Sinneseindrücke. Träume sind Exkremente.

Novalis

Denken ist die Arbeit des Intellekts, Träumen sein Vergnügen.

Victor Hugo

Was die Brust im Wachen enget,
aber treu verschließt der Mund,
hat der Schlaf das Band gesprenget,
tut es sich in Träumen kund. (Zu vier)

Grillparzer, Melusina I

Bedeutend fand ich stets
die sanften Träume, die der Morgen uns
ums Haupt bewegt. (Eurymedusa)

Goethe, Nausikaa I, 3

Ich weiß aus unleugbarer Erfahrung, daß Träume zu Selbsterkenntnis führen.

Lichtenberg

Doch vergiß es nicht: Die Träume
sie erschaffen nicht die Wünsche,
die vorhandenen wecken sie,
und was jetzt verscheucht der Morgen,
lag als Keim in dir verborgen. (Massud)

Grillparzer, Der Traum, ein Leben IV

Der Schlaf heißt rücklings „falsch“;
denn er betrügt uns oft,
gibt Gold im Traume, gibt, wenn wir
erwachen, Luft.

Logau, Schlaf

Wenn ich nur deiner Frau wie auch der Frau von Stein die verwünschte Aufmerksamkeit auf Träume wegnehmen könnte! Es ist doch immer das Traumreich wie ein falscher Lostopf, wo unzählige Nieten und höchstens kleine Gewinstchen untereinander gemischt sind.

Goethe, an Herder, 27. 12. 1788

Nichts Ewiges kann das Glück uns geben;
denn flüchtiger Traum ist Menschenleben,
und selbst die Träume sind ein Traum!
(Sigismund)

Calderon, Das Leben ein Traum

Was dir begegnen wird, wie sollte der
Traum es dir sagen?
Was du tun wirst, das zeigt er schon
eher dir an.

Hebbel, Der Traum als Prophet

Schlaf ohne Traum dünkt uns das
höchste Glück
nach eines sauren Tages Last und Plage.

Byron, Don Juan 14, 4

Manche Leute schlafen nur deshalb so gut, weil sie so langweilige Träume haben.

Germaine de Staël

So wie nicht jeder träumt, der schläft,
so schläft auch nicht jeder, der träumt.

Lichtenberg, Über Physiognomik

XXIV. Kapitel

Lob
Kompliment
Schmeichelei
Bewunderung
Auszeichnung
Kritik
Tadel
Namen
Ansehen
Popularität
Ruhm

Lob

Den Göttern Weihrauch, den Menschen Lob!

Pythagoras

Daß ich meine zwölf Stunden des Tags seinen Garten beschicke, daß ich ihm nichts veruntreue und Ordnung unter meinen Leuten erhalte, das bezahlt mir der gnädige Herr mit Geld. Aber daß ich es mit Freuden tue, weil ich es ihm tue, daß ich des Nachts davon träume, daß es mich mit der Morgensonne heraustreibt – das, mein Fräulein, muß er mir mit seiner Zufriedenheit lohnen. Ein einziger Besuch in seinem Park tut hier mehr als alle sein Mammon. (Biber)

Schiller, Der Menschenfeind 1

Es gibt nur einen richtigen Weg für jedes Lob, nämlich darzulegen, welcher Art der ist, von dem die Rede ist, und welche Wirkungen von ihm ausgehen. (Agathon)

Platon, Das Gastmahl 18

Wir sind nur insofern zu achten, als wir zu schätzen wissen.

Goethe, Wilhelm Meisters Lehrjahre VIII, 5

Indem wir uns gewöhnen, über die Vorzüge anderer zu denken, stellen sich die unsern unvermerkt selbst an ihren Platz.

Goethe, Wilhelm Meisters Lehrjahre VIII, 5

Die zuletzt tanzen, bekommen den meisten Beifall.

Aus Simbabwe

Mattes Lob ist Tadel.

Aus den USA

Ein Mann wird durch den Mund des Lobers bewähret wie das Silber im Tiegel und das Gold im Ofen.

Sprüche Salomos 27, 21

Nur dem nützt das Lob, der den Tadel zu schätzen versteht.

Robert Schumann

Lob gleicht dem Ambra: Ein wenig daran riechen und ein kleines Stück davon ist sehr angenehm; hält man aber einen ganzen Klumpen vor die Nase, so stinkt es und streckt einen zu Boden.

Alexander Pope, Gedanken über verschiedene Gegenstände

Wer gelobt wird, der wird bucklig.

Aus Kamerun

Ein Frommer frömmer wird,
ein Arger aber schlimmer,
ein Kluger klüger und
ein Narr durch Lob nur dümmer.

Valentin Loeber,
Lob verrichtet ungleiche Dinge

Der Edle kümmert sich nicht darum, wenn ihm die Anerkennung vorenthalten wird; denn er ist damit beschäftigt, Dinge zu tun, die Anerkennung verdienen.

Konfuzius

Wer da fährt nach großem Ziel,
lern' am Steuer ruhig sitzen,
unbekümmert, wenn am Kiel
Lob und Tadel hochauf spritzen!

Geibel,
Spätherbstblätter, Sprüche 12

Nicht der Beifall des gegenwärtigen Jahrhunderts, das wir sehen, sondern des künftigen, das uns unsichtbar ist, soll uns begeistern.

Johann Georg Hamann,
an Kant, Dezember 1759

Die Zeichen des Beifalls sind mir ebensoviel schmerzliche Zeichen davon, daß das einfachste Handeln nach Pflicht und Gewissen unter uns auffällig und selten ist.

Georg Gottfried Gervinus

Wem sein eigener Beifall nicht genügt, macht an dem Beifall der Welt einen schlechten Gewinn.

Seume, Apokryphen

Wer Lob empfängt, tut immer wohl, es mehr als eine freiwillige Gabe anzusehen denn als einen verdienten Lohn.

Wilhelm von Humboldt, Briefe an eine Freundin, 13. 11. 1824

Leichter gönnen sogar gute Menschen dem andern jedes Glück, sogar das unverdiente, aber nie das unverdiente Lob.

Jean Paul,
Der Komet

Die Welt tut ihr möglichstes, uns gegen Lob und Tadel gleichgültig zu machen; aber es gelingt ihr denn doch nicht, und wir kehren, wenn wir günstige und zugleich im ganzen mit unseren Überzeugungen zusammentreffende Urteile vernehmen, immer gar zu gern aus unserer Resignation zum Genuß zurück.

Goethe,
an Adam Müller, 28. 8. 1807

Wer mich ständig lobt, ist entweder ein Narr, der mich verachtet, oder ein Schurke der mich betrügen will.

Aus China

Wenn mich meine Feinde loben, kann ich sicher sein, einen Fehler gemacht zu haben.

August Bebel

Sage mir, wer dich lobt, und ich sage dir, worin dein Fehler besteht.

Lenin

Zuvieles Loben, weiß ich wohl, macht dem,
der edel denkt, den Lober nur zuwider.

Schiller, Iphigenie in Aulis IV, 3

Gewöhnlich lobt man nur, um gelobt zu werden.

La Rochefoucauld, Reflexionen

Kompliment

Kompliment - ein Kuß durch einen Schleier.

Victor Hugo

Ein hübsches Kompliment ist eine glaubwürdige Übertreibung.

Peter Alexander

Die kluge Frau freut sich, wenn man sie für schön hält. Die schöne Frau freut sich, wenn man sie für klug hält.

Aus Norwegen

Keine Schmeichelei ist für die Frauen zu hoch oder zu niedrig. Sie werden die höchste begierig verschlucken und dankbar die niedrigste annehmen. Du kannst ganz sicher einer jeden von ihrem Verstande an bis herunter auf den auserlesenen Geschmack ihres Fächers schmeicheln. Unstreitig Schönen oder unstreitig Häßlichen schmeichelt man am besten wegen ihres Verstandes. Den Durchschnittlichen schmeichelt man mit größtem Erfolg wegen iher Schönheit oder wenigstens wegen ihrer Anmut; denn jede, die nicht schlechterdings häßlich ist, hält sich für schön. Da sie es aber selten zu hören bekommt, so ist sie umso dankbarer gegen diejenigen, die ihr es sagen.

Chesterfield,
Briefe an seinen Sohn, 5. 9. 1748

Frauen werden nie durch Komplimente entwaffnet. Männer immer.

Oscar Wilde

Wir sind so eitel, daß uns sogar an der Meinung der Leute, an denen uns nichts liegt, etwas gelegen ist.

Ebner-Eschenbach, Aphorismen

Schmeichelei

Der Schmeichler ist jemand, der dir ins Gesicht sagt, was er nicht hinter deinem Rücken sagen würde.

Henry Millington

Der Schmeichler ist ein Mensch, der seiner Meinung nach deine Fähigkeiten außerordentlich übertreibt, so daß sie näher an deine eigene Vorstellung von ihnen herankommen.

Oscar Wilde

Nichts wie die Schmeichelei ist si gefährlich dir.
Du weißt es, daß sie lügt, und dennoch glaubst du ihr.

Rückert, Die Weisheit des Brahmanen

Die Schmeichelei ist wie Kölnischwasser: Zum Riechen, nicht zum Schlucken.

Josh Billings

Ohren melken ist eine Kunst,
die manchem bringt vor Herren Gunst.

Thomas Murner, Narrenbeschwörung 91

Jedes Lob, auch wenn es noch so verdient ist, ist Schmeichelei, wenn man es an die Großen richtet. (Karl)

Schiller, Der Parasit III, 5

Der Schmeichler ist dem Herren lieb,
doch stiehlt er die Ehr ihm wie ein Dieb.

Freidank, Bescheidenheit 15

Schmeicheleien sind wie Falschgeld: Sie machen denjenigen ärmer, der sie empfängt.

Herbert George Wells

Herr Luchs spricht keinem Menschen nach dem Mund,
und doch gelang es ihm, so hoch zu steigen?
Ja, denn der Schalk versteht die feinre Kunst,
den großen Herren nach dem Ohr zu schweigen.

Otto Ernst, Der Diplomat

Wer zu schmeicheln versteht, versteht auch zu verleumden.

Napoleon I.

Wenn jemand dir die Stiefelsohle leckt, setze den Fuß auf ihn, bevor er anfängt, dich zu beißen.

Paul Valéry

Schmeichler, Ja-Herrn nähren die Ehrsucht und sind die Verderber der Großen und Mächtigen.

Kant, Anthropologie

Bewahr deine Zung' und Herzenspfort;
vor Lästermaul und Schmeichlerwort.

Sprichwort

Je mehr wir einen Menschen lieben, desto weniger sollten wir ihm schmeicheln.

Molière

Die Schmeichelei legt ihre sanften Bande,
ihr glattes Joch nur eitlen Seelen an.

Hagedorn, Der Weise

Im Alter sind wir der Schmeichelei viel zugänglicher als in der Jugend.

Ebner-Eschenbach, Aphorismen

Völkern schmeicheln ist ein ebenso niedriges Geschäft wie Fürsten schmeicheln.

Friedrich von Gentz, Betrachtungen über die französische Revulution

Es gibt kein anderes Mittel, sich gegen Schmeichler zu schützen, als zu verstehen zu geben, daß uns niemand kränkt, wenn er uns die Wahrheit sagt.

Machiavelli, Der Fürst

Bewunderung

Bewundern kann der Mensch allein, und alles Bewunderung Erregende ist ein Bote Gottes.

Clemens Brentano,
Aus der Chronika eines fahrenden Schülers

Lieben heißt mit dem Herzen bewundern. Bewundern heißt mit dem Geist lieben.

Théophile Gautier

Es ist immer bezeichnend, was einer bewundert: Das, was er kann, oder das, was er nicht kann.

Heinrich Seidel

Staunen ist unfreiwilliges Lob.

Edward Young

Bewunderung ist eine sehr kurzlebige Leidenschaft, die sofort verfällt, sobald man mit ihrem Gegenstand näher bekannt wird.

Joseph Addison

Man lobt oder tadelt, je nachdem das eine oder das andere mehr Gelegenheit gibt, unsere Urteilskraft leuchten zu lassen.

Nietzsche,
Menschliches Allzumenschliches I, 86

Auszeichnung

Was bedeutend schmückt,
es ist durchaus gefährlich. (Eugenie)

Goethe, Die natürliche Tochter II, 5

Die Fassung der Edelsteine erhöht ihren Preis, nicht ihren Wert.

Börne, Denkrede auf Jean Paul, 2. 12. 1825

Jedes Geheimwesen ehrt seine lebenden Biedermänner und seine toten Störenfriede.

Verfasser unbekannt

Wie die Verrückte im Hamlet die Blumen verteilt ihr die Kränze
unter die „Männer der Zeit", aber ihr seid bei Verstand.

Hebbel, Ophelia in der Literatur

Nur Anmerkungen sind sie, die Herrn, zum Text der Geschichte.
Darum hat man sie auch alle mit Sternchen versehn.

Georg Herwegh, Die Dekorierten

Als man mir das Adelsdiplom gab, glaubten viele, wie ich mich dadurch möchte erhoben fühlen. Allein, unter uns, es war mir nichts, gar nichts! Wir Frankfurter Patrizier hielten uns immer dem Adel gleich.

Goethe, zu Eckermann, 26. 9. 1827

Ein Man ohne Orden macht bei Hofe immer einen bedeutenden Eindruck.

Hans Kilian, Brevier für Vorgesetzte

Nimm mir ein Nu,
so bleib ich ein Nu.

Schleiermacher, Monument

Das ist ein elendes Volk an Heldenmut und Verstand, wo bei jeder Kleinigkeit eine Ehrensäule muß aufgerichtet werden.

Wilhelm Heinse, Ardinghello I

Sie steinigten ihn mit einem Denkmal.

Lec, Unfrisierte Gedanken

Ich verurteile mit Ihnen die Unsitte, Objekten aller Art Namen zu geben von Personen, die noch leben. Der Tod allein siegelt den Ruf eines ehrenwerten Mannes; denn er nimmt ihm die Macht, ihn zu verspielen.

Thomas Jefferson, an Benjamin Rush, 1800

Solange vor dem Standbild Wachen stehen, lauert die Stunde. Zu Füßen steinerner Unsterblichkeit spielen Kinder.

Hans Kasper, Abel, gib acht; Mehr Sorgfalt für den Sockel

Das größte Denkmal ist das Gedächtnis.

Perikles, Rede auf die Gefallenen

Mir scheint eine Tat nur wieder durch eine Tat geehrt werden zu können.

Perikles, Rede auf die Gefallenen

Kritik

Im Leben wie in der Kunst muß man mit sich zu Rate gehen, wenn man etwas tun und hervorbringen soll; wenn es aber getan und vollendet ist, so darf man mit Aufmerksamkeit nur viele hören, und man kann sich mit einiger Übung aus diesen vielen Stimmen gar bald ein ganzes Urteil zusammensetzen.

Goethe, Wilhelm Meisters Lehrjahre VII, 8

Was in den neueren Versuchen Erträgliches ist, davon bin ich mir selbst bewußt, daß ich es einzig und allein der Kritik zu verdanken habe. Ich fühle die lebendige Quelle nicht in mir, die durch eigene Kraft sich emporarbeitet, durch eigene Kraft in so reichen, so frischen, so reinen Strahlen aufschießt; ich muß alles durch Druckwerk und Röhren aus mir heraufpressen. Ich würde so arm, so kalt, so kurzsichtig sein, wenn ich nicht einigermaßen gelernt hätte, fremde Schätze bescheiden zu borgen, an fremdem Feuer mich zu wärmen und durch die Gläser der Kunst mein Auge zu stärken. Ich bin daher immer beschämt oder verdrießlich geworden, wenn ich zum Nachteil der Kritik etwas las oder hörte.

Lessing, Hamburgische Dramaturgie 101/4

Man gewinnt immer, wenn man erfährt, was andere von uns denken.

Goethe, Die guten Weiber

Das Urteil der Welt über sich ganz und gar vernachlässigen beweist nicht nur Anmaßung, sondern sogar große Leichtfertigkeit.

Cicero,
Drei Bücher von den Pflichten I, 28

Das Urteil der Menge mache dich immer nachdenklich, aber niemals verzagt.

Platen, Lebensregeln 60

Ich möchte die Kritik ein Schaffen aus Geschaffenem nennen.

Oscar Wilde

Kritik soll zur rechten Zeit erfolgen. Man darf sich nicht angewöhnen, erst dann zu kritisieren, wenn das Unheil passiert ist.

Mao Tse-tung

Wir alle tun in Acht und Bann
als Grobian den dreisten Mann,
der sich vermißt, von unsern Schwächen
das Nämliche schon heut zu sprechen,
was wir nach einer Flucht von Tagen
uns heimlich selbst darüber sagen.

Oskar Blumenthal

Die meisten Menschen wollen lieber durch Lob ruiniert als durch Kritik gerettet werden.

Aus den USA

Der Mensch verträgt eher Kritik an dem, was er meisterlich beherrscht, als an dem, was er mangelhaft leistet.

Wolf Schirrmacher

Unser Zeitalter ist das eigentliche Zeitalter der Kritik, der sich alles unterwerfen muß.

Kant, Kritik der reinen Vernunft III, 7

Die Zeit ist ein wunderlich Ding. Sie ist ein Tyrann, der seine Launen hat und der zu dem, was einer sagt und tut, in jedem Jahrhundert ein ander Gesicht macht.

Goethe, zu Eckermann, 25. 2. 1824

Es wird selten eine Handlung begangen, die nicht irgend jemand für ein Bubenstück und zur nämlichen Zeit ein anderer für eine schlechte Tat hielte. Ein sicherer Beweis, daß sie schlecht war, ist, wenn der Täter den andern das Urteil darüber wehren will.

Seume, Apokryphen

Dieselbe Tat wird oft, je nachdem ihr Urheber berühmt oder unberühmt ist, entweder bis zum Himmel erhoben oder in den Abgrund verdammt.

Plinius, An Macer

Niemand war und ist mir eine empfindliche Geißel als der richterlich geartete Mitmensch. Er ist für mich der personifizierte böse Blick. Vor ihm erschrickt alles Lebendige in mir so tief, als hätte der Tod selbst es gestreift. So mag eine Pflanze aufhören zu wachsen, wenn sie ein schlimmer Zauberer anhaucht. Sie will gern von Wind, Regen und Kälte vernichtet werden, und wenn sie jemand zertritt, so wird sie es als etwas Natürliches hinnehmen; aber sich bei lebenndigem Leibe von einem anderen lebenden Wesen schlechtweg in Frage stellen, verneinen, für unfähig, für einen Irrtum erklären lassen zu müssen und das nicht etwa unter einem Feuer von Leidenschaft, sondern kalt, vorbedacht - das ist unerträglich.

Morgenstern, Stufen, In me ipsum, 1906

Mancher findet nur darum ein Haar in jeglicher Suppe,
weil er das eigene Haupt schüttelt, solange er ißt.

Hebbel, Das Haar in der Suppe

Ein reines Urteil ist nur möglich, wenn man jedweden nach dessen eigenem Standpunkt, nach dem ihm innewohnenden Bestreben würdigt.

Ranke,
Englische Geschichte

Der Vorteil übt eine geheime Macht über unser Urteil aus; was ihm gemäß ist, scheint uns alsbald billig, gerecht, vernünftig.

Schopenhauer,
Die Welt als Wille und Vorstellung

Ich mißtraue jedem Urteil, das in einer Angelegenheit gefällt wird, welche die Interessen des Urteilenden berührt.

Herzog von Wellington

Wer nicht das Mechanische vom Handwerk kennt, kann nicht urteilen.

Goethe, zu Riemer, November 1803

Es ist leicht, ein Werk zu kritisieren. Aber es ist schwer, es zu würdigen.

Vauvenargues, Reflexionen und Maximen

Tadel

Ne Jupiter quidem omnibus. Nicht einmal Jupiter kann es allen rechtmachen.

Sprichwort

Was unsere Epoche kennzeichnet, ist die Angst, für dumm zu gelten, wenn man etwas lobt, und die Gewißheit, für gescheit zu gelten, wenn man etwas tadelt.

Jean Cocteau

Wo man irgendeine Mißbilligung, einen Tadel, auch nur ein Bedenken aussprechen soll, nehme ich nicht gern die Initiative; ich suche mir eine Autorität, bei welcher ich mich beruhigen kann, indem ich finde, daß mir ein anderer zur Seite steht. Loben tu' ich ohne Bedenken.

Goethe, Wilhelm Meisters Wanderjahre I, 10

Tadle an dir, was du an andern tadelst, und entschuldige an andern, was du an dir entschuldigst.

Aus China

Das faßt die Jugend heut beim ersten Wink:
Die Ruhmbekränzten muß man dreist vermöbeln!
Selbst kann man nichts, so bleibt nur eins: Sich flink
an Männern von Verdienst emporzupöbeln.

Otto Ernst, Beliebtes Rezept

Man muß nicht unbedingt das Licht des anderen ausblasen, damit das eigene recht hell leuchtet.

Aus Griechenland

Wir tadeln an anderen nur die Fehler, von welchen wir keinen Nutzen ziehen.

Alexander Dumas

Ich schelte das an manchem Mann,
was ich selber nicht vermeiden kann.

Freidank, Bescheidenheit

Wie rasch wir sind, an andern das zu tadeln,
was selber wir, wenn minder gleich, verübt! (Margareta)

Grillparzer, König Ottokars Glück und Ende I

Ich kannte die Welt genug und wußte, daß man oft von eben den Personen über das getadelt wird, wozu man sich durch sie hat bereden lassen.

Goethe, Wilhelm Meisters Lehrjahre VI

Von diesen Leuten hört man die bittersten Klagen über den verworrenen Lauf der Welthändel, über die Seichtigkeit der Wissenschaften, über den Leichtsinn der Künstler, über die Leerheit der Dichter und was alles noch mehr ist. Sie bedenken am wenigsten, daß eben sie selbst und die Menge, die ihnen gleich ist, gerade das Buch nicht lesen würden, das geschrieben wäre, wie sie es fordern.

Goethe, Wilhelm Meisters Lehrjahre VI

Bösen mißfallen ist so gut wie ein Lob.

Aus Polen

So wunderlich ist der Mensch gesinnt, daß er von dem Unwert irgendeines geliebten Gegenstandes zwar überzeugt sein, sich von ihm abwenden, sogar ihn verwünschen kann, aber ihn doch nicht von andern auf gleiche Weise behandelt wissen will.

Goethe, Wilhelm Meisters Wanderjahre II, 8

Durus hört manch spitzig Wort,
wird dadurch doch nicht bewogen,
hat den Ohren, wie man meint,
einen Harnisch angezogen.

Logau, Auf Durum

Bekommt ihr eines Versehens wegen einen Verweis, so brummt, wenn ihr zum Zimmer hinaus- und die Treppe hinuntergeht, so laut darüber, daß es eure Herrschaft deutlich hören kann! Dies wird sie von eurer Unschuld überzeugen.

Swift, Klugheitsregeln für Befehlende und Dienende 26

Nicht nur Lob, sondern auch Tadel zur Unzeit bringt Schaden.

Plutarch

Ehe man tadelt, sollte man immer erst versuchen, ob man nicht entschuldigen kann.

Lichtenberg

Wohlwollen zeigt den Weg, bevor es tadelt.

Publilius Syrus

Eine Kerze anzünden ist besser, als die Dunkelheit zu verwünschen.

Aus China

Das Schelten ist für die Weiber, das Bessermachen für die Männer. (Ernst)

Hebbel,
Agnes Bernauer III, I

Die großen Geister schaffen nur, ohne zu tadeln.

Lichtenberg

Namen

Die Familiennamen sind wie Blumen: Sie blühen in Büscheln.

Aus Ghana

Gutes Gerücht macht das Gebeine fett.

Sprüche Salomos 15, 30

Erst wenn du deinem guten Ruf zuwiderhandelst, erfährst du, daß du einen hast.

Jose Iturbi

Ein guter Name geht in Augenblicken verloren; ein schlechter wird in Jahren nicht zu einem guten.

Jeremias Gotthelf

Frankreich ist das Modeland, England das Land der Launen, Spanien das Ahnenland, Italien das Prachtland, Deutschland das Titelland.

Kant

Daß Thrax mit seinem Kleid und vielen Titeln prahlt,
wär nichts, hätt er nur das und diese nicht bezahlt.

Christian Wernicke,
Auf den hoffärtigen Thrax

Höhern Titel einen spenden,
als ihm gebührt, heißt einen schänden

Johann Friedrich Fischart, Kehrab

Ansehen

Machen Sie sich erst einmal unbeliebt,
dann werden Sie auch ernstgenommen.

Konrad Adenauer

Der Mann muß der öffentlichen Meinung trotzen, das Weib sich ihr unterwerfen.

Germaine de Staël, Delphine

Wer eine Zeitlang Skandal erregt,
glaube nicht, daß er die Welt bewegt.

Friedrich von Sallet,
Epigrammatisches und Lehrhaftes

Die Ehre wohnt beim Reichtum. Reichtum übt
die größte Herrschaft über Menschenseelen. (Polynices)

Schiller, Szenen
aus den Phönizierinnen des Euripides

Wir sind weniger beleidigt von der Verachtung der Dummköpfe als von der nur mittelmäßigen Schätzung durch geistreiche Leute.

Vauvenargues

Wer sich darüber Sorgen macht, was seine Freunde von ihm denken, wäre erstaunt, wenn er wüßte, wie selten sie es tun.

Verfasser unbekannt

Was ist ohne Liebe Ehre? (Juno)

Schiller, Semele 1

Wohl besser ist's, ohn' Anerkennung leben
und durch Verdienst des Höchsten wert zu sein,
als unverdient zum Höchsten sich erheben,
groß vor der Welt und vor sich selber klein.

Bodenstedt, Die Lieder des Mirza Schaffy,
Vermischte Gedichte und Sprüche 30

Ich mußte also, den Orakelspruch und seinen Sinn vor Augen, zu allen wandern, die etwas zu wissen schienen. Und beim Hunde, Ihr Athener – denn Euch muß ich die Wahrheit gestehen, mir widerfuhr wahrlich solches: Die Berühmtesten schienen mir beinahe die Dürftigsten, wenn ich, dem Gotte folgend, prüfte, andere aber, die als geringer galten, noch brauchbare Männer zu sein, wenn es auf das einsichtige Verhalten ankommt.

Platon, Verteidigungsrede des Sokrates I, 7

Ach, wie nichtig, ach, wie flüchtig
ist des Menschen Ehre!
Über den, dem man hat müssen
heut' die Hände höflich küssen,
geht man morgen gar mit Füßen.

Michael Frank, Von der Eitelkeit

Popularität

Schön ist es doch, wenn auf dich gezeigt wird und der Ruf ertönt: Der ist es!

Aulus Persius Flaccus, Satiren I, 28

Popularität ist in Kupfer umgemünzter Ruhm. (Don Sallust)

Victor Hugo, Ruy-Blas III, 5

Auf große Popularität kann nur derjenige rechnen, der seinen Zeitgenossen Gemeinplätze in volltönenden Worten zum besten gibt. Das Publikum liebt jene Schriftsteller am meisten, in deren Werken es seine eigene Weisheit anstaunen kann.

Josef von Eötvös, Gedanken

Popularität setzt immer Mittelmäßigkeit voraus.

Oscar Wilde

Vielleicht darf man nicht viel Hochachtung verdienen, wenn man sehr beliebt sein will. Jede Überlegenheit zieht uns Ehrfurcht und Feindschaft zu.

Helvétius, Über den Menschen IV, 6

Daß allen er gefallen kann,
geht schwerlich, glaub ich, jedem an
als dem, bei dem hat gleichen Preis
Gott, Teufel, recht, krumm, schwarz und weiß.

Logau, Allengefallenheit

Er ist ein ganz erbärmlicher Mensch,
ein Schelm und überdies ein Narr,
so recht ein Kerl,
von dem die Leute gerne glauben,
es stecke etwas hinter ihm verborgen.
(Scapin)

Goethe, Scherz, List und Rache I

Das wahre Große in der Welt
ist immer nur das, was nicht gleich gefällt.
Und wen der Pöbel zum Gotte weiht,
der steht auf dem Altar nur kurze Zeit.

August Mahlmann, Gedichte

Lieber Attentate als Ovationen.

Ludwig II. von Bayern

Das Publikum hat eine eigene Art, gegen öffentliche Menschen von anerkanntem Verdienst zu verfahren. Es fängt nach und nach an, gleichgültig gegen sie zu werden, und begünstigt viel geringere, aber neu erscheinende Talente; es macht an jene übertriebene Forderungen und läßt sich von diesen alles gefallen.

Goethe, Wilhelm Meisters Lehrjahre V, 16

Stars haben mit Sternen gemeinsam, daß sie weit entfernt sind. Kommen sie näher, so sind sie bereits im Fallen.

Wolfgang Fiebig

Der Menschen Augen auf sich ziehn? Ist das
das Herrliche? Das ist ja nichts! Bei vielen
Besitzungen viel Müh' und Angst empfinden? (Jokaste)

Schiller, Szenen aus den Phönizierinnen des Euripides

Leute, die einen Namen haben, müssen gefaßt sein auf Zuschriften, die keinen haben.

Rosegger, Das Sünderglöckl

Ruhm

Reizvoll klinget des Ruhms lockender Silberton
in das schlagende Herz, und die Unsterblichkeit
ist ein großer Gedanke.

Klopstock, Zürchersee

Der Ruhm ist der Schatten der Tugend; er folgt ihr auch ungeheißen.

Seneca

Ruhm ist, mitgedacht zu werden, wenn an ein ganzes Volk gedacht wird.

Wilhelm Raabe, Gedanken und Einfälle

Wir besitzen so wenig Tugend, daß es uns lächerlich erscheint, den Ruhm zu lieben.

Vauvenargues

Der Ruhm ist die Sonne des Todes.

Balzac

Non omnis moriar. Ich werde nicht ganz sterben.

Horaz, Oden III, 30, 6

Das Zeugnis, einige Wahrheiten entdeckt und einige Irrtümer zerstört zu haben, ist nach meiner Meinung die schönste Trophäe, welche die Nachwelt zum Ruhme eines großen Mannes errichten kann.

Friedrich II. von Preußen

Lorbeer ist ein gutes Kraut
für die Saucenköche.
Wer's als Kopfbedeckung wünscht,
wisse, daß es steche.

Otto Julius Bierbaum, Vom Lorbeer

Wenn du bescheiden ruhig das Talent,
das dir die Götter gaben, tragen
kannst,
so lern auch diese Zweige tragen.
(Prinzessin)

Goethe, Torquato Tasso I, 3

Ruhm ist ein Vergrößerungsglas.

Thomas Fuller

Der Ruhm ist wie ein Fluß, der leichte und aufgedunsene Dinge hochspült und schwere und feste Dinge untergehen läßt.

Francis Bacon

Hätte der König Augias nicht einen Weltrekord an Schlamperei aufgestellt in der Kunst, einen Kuhstall verdrekken zu lassen – niemand mehr dächte an ihn. So jedoch merken sich alle Schulkinder der Welt seinen Namen. Was aber wird aus denen, die ihren Kuhstall brav sauber halten?

Horst Wolfram Geißler, Grillenkonzert

Ich kann das Mittel nie verzeih'n,
wodurch sich so viele Nachruhm erwarben:
Sie mußten, um selber unsterblich zu sein,
bewirken, daß Hunderttausende starben.

Castelli, Nachruhm

Es ist eine verabscheuenswerte Schwäche der Menschen, bewundernd zu jenen emporzuschauen, die ihnen auf glänzende Art Böses angetan haben. Sie sprechen lieber vom Zerstörer eines Reiches als von dessen Gründer.

Voltaire

Die Götter geben dir Gelegenheit
und hohen Sinn, das Rühmliche
von dem Gerühmten rein zu unterscheiden! (Evadne)

Goethe, Elpenor I, 2

Über Nacht wird man nur dann berühmt, wenn man tagsüber hart gearbeitet hat.

Howard Carpendale

Soll Ruhm mir blühn, komm er beizeit!
Was hat die Nachwelt mir zu geben?
Ich möchte von meiner Unsterblichkeit
doch ein paar Jährchen miterleben.

Paul Heyse, Spruchbüchlein, Persönliches

Den Ruhm kann man den Winterbirnen vergleichen, die im Sommer wachsen, aber im Winter genossen werden.

Schopenhauer, Aphorismen

Den Himmel hätte das Talent hienieden schon auf Erden,
könnt' zehen Jahr nach seinem Tod es erst geboren werden.

Grillparzer, Xenien 1844

Ruhm, mein Knabe, entstand aus ru-
mor. Erstere Silbe
ward den Deutschen. Das or ließ man
in Frankreich zurück.

Karl Gutzkow, Ruhm und Gold

Fünfzig Jahre bleibt der Name vorzüglicher Menschen in der Erinnerung des Volks. Weiterhin verschwindet er oder wird märchenhaft.

Goethe, Wilhelm Meisters Wanderjahre I, 9

Jeder Unsterbliche ist ein unverdauter Stein im Magen der Menschheit.

Hebbel

Alles besiegt und raubt die geizende
Zeit,
den Ruhm auch, und schafft uns ein
zweites Sterben.

Petrarca, Trionfi

XXV. Kapitel

Demut
Bescheidenheit
Selbstachtung
Eitelkeit
Eigenlob
Ehrgeiz
Hochmut
Stolz

Demut

Wenn wir in raschen, mutigen Momenten
auf unsern Füßen stehen, strack und kühn,
als eigner Stütze froh uns selbst vertraun,
dann scheint uns Welt und Himmel zu gehören.
Doch was in Augenblicken der Entzückung
die Kniee beugt, ist auch ein süß Gefühl. (Eugenie)

Goethe, Die natürliche Tochter I, 5

Demut ist eigentlich nichts anderes als eine Vergleichung seines Wertes mit der moralischen Vollkommenheit.

Kant

Demut ist die dem Menschen eigentümliche Würde vor Gott.

Gertrud von Le Fort

Wer sich selbst erhöht, der wird erniedrigt, und wer sich selbst erniedrigt, der wird erhöht.

Matthäus 23, 12

Demut und die mit ihr verwandte Geduld sind Eselstugenden, die die Spitzköpfe den Plattköpfen gar zu gern einprägen.

Seume, Apokryphen

Alle Wege bahnen sich vor mir, weil ich in der Demut wandle.

Goethe, an Herder, 13. 1. 1787, Rom

Woher sollen die Menschen, denen gesagt wurde, sie seien Ebenbilder Gottes, ihre Demut nehmen?

Erhard Blanck

Demut soll nie etwas anderes sein als die Verneinung von Hochmut. Sonst wird sie Kleinmut.

Ludwig Marcuse

Doch hängt ein Nebenvorteil manchmal noch
der Demut an, die nur Gehorsam schien. (Matthias)

Grillparzer, Ein Bruderzwist in Habsburg II

Der getretene Wurm krümmt sich. So ist es klug. Er verringert damit die Wahrscheinlichkeit, von neuem getreten zu werden. In der Sprache der Moral: Demut.

Nietzsche

Übrigens sind diese Affekte, nämlich Demut und Kleinmut, sehr selten; denn die menschliche Natur widerstrebt ihnen.

Spinoza, Ethik III, 59

Bescheidenheit

Bescheidenheit, die liebenswürdigste Tochter der Selbstkenntnis und durchaus verschieden von der Kuttentugend Demut, haschet nicht nach Auszeichnungen, drängt sich nicht zu, und werden sie ihr, so nimmt sie solche mit Dank an, ohne sich zu erheben.

Karl Julius Weber,
Demokritos, Die Selbstsucht

Bescheidenheit ist der Zaun der Weisheit.

Aus Israel

Simplex sigillum veri. Schlichtheit ist das Siegel des Wahren.

Sprichwort

Alle großen Männer sind bescheiden.

Lessing, Briefe, die neueste Literatur betreffend IV, 65

Also der Erwachte: Weil er nicht scheinen will, leuchtet er. Weil er von sich absieht, wird er beachtet. Weil er nichts für sich will, hat er Erfolg. Weil er nichts aus sich macht, hat er Macht. Weil er nicht widersteht, widersteht ihm nichts.

Laotse,
Tao-Teh-King 22

Unbescheiden heißt auch unverständig sein.

Pope

Wenig hervortreten, viel leisten, mehr sein als scheinen.

Alfred von Schlieffen

Die Bescheidenheit ist eine Eigenschaft, die vom Bewußtsein der eigenen Macht herrührt.

Paul Cézanne

Wodurch wird Würd' und Glück erhalten lange Zeit?
Ich meine durch nichts mehr als durch Bescheidenheit.

Logau,
Sinngedichte, Bescheidenheit

Es muß einen wundernehmen, daß fast allen Männern von großer Tüchtigkeit einfache Sitten eigen sind und daß fast immer einfache Sitten als Zeichen von geringer Tüchtigkeit gelten.

Leopardi, Gedanken 110

Bescheidenheit ist weniger Unterschätzung unserer selbst, als Hochschätzung anderer. Der Bescheidene ist der Ehrfürchtige.

Hans Margolius

Wo unter Menschen die Ehrfurcht schwindet, schwillt die Furcht.

Laotse, Tao-Teh-King 72

Er suchte gern einen Halt für seine Bescheidenheit in der Achtung der anderen. Fehlte es einmal an dieser Achtung, so war es auch mit der Bescheidenheit schnell vorbei.

André Gide, Die Falschmünzer II, 3

Bescheidenheit ist eine Eigenschaft, für die der Mensch bewundert wird, falls die Leute je von ihm hören sollten.

Edgar Watson Howe

Der Schein, was ist er, dem das Wesen fehlt?
Das Wesen, wär es, wenn es nicht erschiene? (Eugenie)

Goethe, Die natürliche Tochter II, 5

Willst die Bescheidenheit du des Bescheidenen prüfen, so forsche nicht, ob er Beifall verschmäht, ob er den Tadel erträgt.

Grillparzer, Votivtafeln 3

Leicht ist's, törichtes Lob zu verschmähn. Erst wer den gerechten Tadel zu ehren versteht, wird als bescheiden gerühmt.

Geibel, Kleinigkeiten 33

Mea parvitas, tenuitas. Meine Wenigkeit.

Valerius Maximus, Denkwürdigkeiten

Die Ruhmlosen haben gewiß recht, wenn sie von Bescheidenheit predigen. Es wird ihnen so leicht, diese Tugend auszuüben.

Heine, Gedanken und Einfälle, Staat und Gesellschaft

Es ist so schwer oft, zu entscheiden,
ob dumm, ob weise, wer bescheiden.

Erhard Blanck

Bescheidenheit ist immer falsche Bescheidenheit.

Jules Renard

Mache dich nicht so klein! Du bist gar nicht so groß!

Aus Israel

Selbst der bescheidenste Mensch hält mehr von sich, als sein bester Freund von ihm hält.

Ebner-Eschenbach, Aphorismen

Nun der Bescheidenheit genug!
Denn sie nur immerdar zu hören, wo
man trockene Vernunft erwartet, ekelt.
(Saladin)

Lessing, Nathan der Weise III, 5

Selbstachtung

Nihil contra Deum, nisi Deus ipse. Ein herrliches Dictum von unendlicher Anwendung. Gott begegnet sich immer selbst, Gott im Menschen sich selbst wieder im Menschen: Daher keiner Ursache hat, sich gegen den Größten gering zu achten.

Goethe,
zu Riemer, 3. 7. 1810

Die Selbsthochachtung wird zur Selbstverachtung treiben,
wie endlich Asche wird vom Feuer übrigbleiben.
Ein Göttliches, o Mensch, mußt du in dir erkennen;
doch mußt du's nicht dein Selbst, du selbst mußt sein dich nennen.

Rückert,
Die Weisheit des Brahmanen 4

Wenn man sich selbst einig ist und mit seinen Nächsten, das ist auf der Welt das beste.

Goethe,
an Christiane Vulpius, 3. 10. 1799

Das große Geheimnis des Erfolges ist: Man muß durch das Leben schreiten als ein Mann, der sich nicht vernutzen und verbrauchen läßt.

Albert Schweitzer

Wer auf großem Fuße lebt, dem bezahlen sie auch den größten Stiefel.
(Galilei)

Brecht, Leben des Galilei 7

In der großen Welt gefällt nichts so sehr wie die Gleichgültigkeit dagegen, ob man ihr gefällt.

Ebner-Eschenbach, Aphorismen

Eitelkeit kann die schlechtesten Streiche unternehmen, um irgendeinen Prunk zu erhalten. Wahre Selbstliebe weicht nie vom Adel.

Wilhelm Heinse

Wir verbringen einen großen Teil des Lebens damit, die Achtung anderer zu erwerben. Aber Selbstachtung zu gewinnen, darauf verwenden wir wenig Zeit.

Josef von Sternberg

Wer nicht zu sich selbst steht, verliert sich am Beispiel anderer.

Hans Arndt, Im Visier, Im rechten Winkel

Wer sich aus der Welt wegdenken und seinen Ersatzmann nennen kann, der gehört nicht mehr hinein. (Holofernes)

Hebbel, Judith IV

Eitelkeit

Wieviel jemand auf Erden auch besitzen mag, welcher Gesundheit und wahrhafter Annehmlichkeiten er sich auch erfreuen mag, er ist nicht zufrieden, wenn er bei den Menschen keine Achtung genießt. Dies geht so weit, daß selbst diejenigen, welche den Menschen am meisten verachten und ihn den Tieren gleichsetzen, doch noch von ihm bewundert sein wollen.

Pascal, Gedanken

Die Erbsünde Eitelkeit spricht sich am schönsten in dem größten aller Ansprüche aus, daß wir Ebenbilder Gottes sein wollen.

Karl Julius Weber,
Demokritos, Die Eitelkeit

O stelle dich, Narziß, doch morgen bei mir ein!
Mein großer Spiegel soll für dich zu Hause sein.

Friedrich von Hagedorn, Hilar an Narziß

Eine eitle Frau braucht einen Spiegel. Ein eitler Mann ist sein eigener Spiegel.

Françoise Sagan

Männliche Eitelkeit ist nicht, in den Spiegel zu sehen, sondern nicht in den Spiegel zu sehen.

Erhard Blanck

Jeder Mensch besitzt gerade soviel Eitelkeit, wie ihm an Verstand und Urteilskraft fehlt.

Swift,
Gedanken über verschiedene Gegenstände 6

Was glänzt, hat kein eigenes Licht.

Waggerl, Kleine Münze

Es scheint wirklich, als ob die Natur, um uns über unseren elenden und erbärmlichen Zustand zu trösten, uns den Eigendünkel zum Erbteil gegeben habe.

Montaigne, Essais II, 12

Wir finden, daß alle geistig wie körperlich durchaus naturkräftig ausgestatteten Menschen in der Regel die bescheidensten sind, dagegen alle besonders geistig Verfehlten weit eher einbilderischer Art. Es scheint, daß die gütige Natur allen denen, die bei ihr in höherer Hinsicht zu kurz gekommen sind, die Einbildung und den Dünkel als versöhnendes Ausgleichungs- und Ergänzungsmittel gegeben hat.

Goethe,
zu Eckermann, 5. 4. 1830

Man vergötzt das Image, weil man kein Gesicht mehr hat.

René Huysmans

Die Eigenliebe läßt uns sowohl unsre Tugenden als unsre Fehler viel bedeutender, als sie sind, erscheinen.

Goethe,
Wilhelm Meisters Lehrjahre IV, 12

Wer mit der Eitelkeit schwanger geht, der gebiert Lügen.

Christoph Lehmann,
Politischer Blumengarten

Es ist gefährlich, anderen etwas vorzumachen; denn es endet damit, daß man sich selbst etwas vormacht.

Eleonora Duse

Warum du wider alles Hoffen
noch niemals mitten ins Schwarze getroffen?
Weil du's nicht lassen konntest, beim Zielen
immer ins Publikum zu schielen.

Geibel, Sprüche 11

Es gehört Stolz zum Beten; es gehört Stolz zum Arbeiten. Ein eitler Mensch kann weder das eine noch das andere.

Johann Georg Hamann,
an Kant, Dezember 1759

Wichtigtuer sind Leute, die nie etwas Wichtiges tun.

Verfasser unbekannt

Solange du glaubst, ohne dich ginge es nicht, solange geht es ohne dich besser.

Verfasser unbekannt

Wie viele treue und besorgte Blicke aus lieben Augen gehen einem verloren, während man auf das Zwinkern, das Schielen und Blinzeln der Welt rundum nur zu genau achtet!

Wilhelm Raabe, Die Akten des Vogelsangs

Wer seine Tür hoch macht, ringet nach Unglück.

Sprüche Salomos 17, 19

Die Eitelkeit frühstückt mit dem Überfluß, speist zu Mittag mit dem Mangel und abends mit der Schande.

Karl Julius Weber, Demokritos I, 11

Die Eitelkeit anderer Menschen wird uns unerträglich, weil sie unsere eigene verletzt.

La Rochefoucauld

Eitelkeit ist darum so schwer abzulegen, weil man sie, unter allen Lastern allein, den ganzen Tag genießen kann.

Jean Paul

Man kann niemandem beibringen, wie er es anstellen soll, nicht eitel zu sein. Man kann nur lehren, Eitelkeit zu verbergen.

Karl Gutzkow

Was ist denn das, was man oft als Eitelkeit verrufen möchte? Jeder Mensch soll Freude an sich selbst haben, und glücklich, wer sie hat. Hat er sie aber, wie kann er sich verwehren, dieses angenehme Gefühl merken zu lassen?

Goethe,
Wilhelm Meisters Wanderjahre II, 3

Ein Mensch, der eitel ist, kann nie ganz roh sein; denn er wünscht zu gefallen, und so akkomodiert er sich anderen.

Goethe, zu Riemer, 9. 7. 1811

Snobismus ist eine Leidenschaft, eine edle Leidenschaft, die zwischen Äußerlichkeiten in die Irre gegangen ist. Er entspringt dem Verlangen, der Gewöhnlichkeit zu entfliehen.

Thornton Wilder, Der achte Schöpfungstag, Hoboken, New Jersey

Wie kann ein junger Mann sich bilden, der nicht eitel ist? Eine leere, hohle Natur wird sich wenigstens einen äußern Schein zu geben wissen, und der tüchtige Mensch wird sich bald von außen nach innen bilden.

Goethe,
Wilhelm Meisters Wanderjahre II, 3

Sei, was Du scheinen willst!

Sokrates

Das Gefallen an sich selbst, das Verlangen, dieses Selbstgefühl andern mitzuteilen, macht gefällig.

Goethe,
Wilhelm Meisters Wanderjahre II, 3

Die Weiber, sagt man, sind eitel von Hause aus. Doch es kleidet sie, und sie gefallen uns um so mehr.

Goethe,
Wilhelm Meisters Wanderjahre

Wollte Gott, alle Menschen wären eitel, wären es aber mit Bewußtsein, mit Maß und im rechten Sinne: So würden wir in der gebildeten Welt die glücklichsten Menschen sein.

Goethe,
Wilhelm Meisters Wanderjahre II, 3

Eigenlob

Wenn deine Taten für dich sprechen, unterbrich sie nicht!

Henry J. Kaiser

Das Würdige beschreibt sich nicht. (Herold)

Goethe, Faust II, 1

Immer am lautesten hat sich der Unversuchte entrüstet,
immer der Ungeprüfte mit seiner Stärke gebrüstet,
immer der Ungestoßne gerühmt, daß er niemals gefallen.

Werner Bergengruen

Wer sich rühmt, dem traut man nicht.

Laotse, Tao-Teh-King

Man tadelt den, der seine Taten wägt. (Iphigenie)

Goethe,
Iphigenie auf Tauris I, 2

Wen nennst du schlecht? Den, der immer beschämen will.

Nietzsche,
Fröhliche Wissenschaft 273

Daß sich Bruno gerne lobet,
solches halt' ich ihm für gut,
denn er muß es selbst verrichten,
weil es niemand anders tut.

Johann Grob,
Von dem Bruno

Doppler, nicht ein einzler Mund
gibt der Wahrheit ihren Grund.
Drum kann der nicht gelten viel,
der sich selbst nur loben will.

Logau, Eigenlob

Wenn vorschnell ihr euch selber Kränze wobt,
verzeihlich scheint es und erklärlich:
Daß man den Tag schon vor dem Abend lobt,
ist Eintagsfliegen unentbehrlich.

Ludwig Fulda, Reklame

Mich dünkt, wenn Coridon von andern Leuten spricht,
daß es ihm an Verstand gebricht,
und wenn er, was er selbst verrichtet hat, erzählt,
daß es ihm an Gedächtnis fehlt.

Christian Wernicke, Auf Coridon

Mit dem Wind, den man selber macht,
lassen sich die Segel nicht füllen.

Waggerl, Kleine Münze

Wer stolz auf Vorzüg' ist, fühlt irgendein Gebrechen,
und wer sich brüsten mag, ist sich bewußt der Schwächen.

Rückert,
Die Weisheit des Brahmanen IV

Viel von sich reden machen kann auch ein Mittel sein, sich zu verbergen.

Nietzsche

Es ist nicht nötig, den Männern auf die Schliche zu kommen. Früher oder später brüsten sie sich doch damit.

Verfasserin unbekannt

Wer zu laut und zu oft seinen eigenen Namen kräht, erweckt den Verdacht, auf einem Misthaufen zu stehen.

Leixner, Aus meinem Zettelkasten

Die Leute können ein Großmaul nicht ausstehen, aber zuhören werden sie immer.

Cassius Clay

Ehrgeiz

Ehrgeiz heißt die Leidenschaft, die alle anderen Leidenschaften im Zaum hält.

La Bruyère

Ehrgeiz ist ein großes,
ein weites Wort, worin unendlich viel
noch liegen kann. (Alba)

Schiller, Don Carlos III, 3

Ehrgeiz muß in Einklang mit einer natürlichen Fähigkeit stehen, sonst ist er gräßlich.

Martin Kessel, Gegengabe II

Wo der Ehrgeiz endet, fängt das Glück an.

Aus Ungarn

Ehrgeiz: Ein übermächtiges Verlangen, von seinen Feinden bei Lebzeiten geschmäht und von seinen Freunden nach dem Tode verlacht zu werden.

Ambrose Bierce

Weh dem, den aus der Seinen stillem Kreise
des Ruhms, der Ehrsucht eitler Schatten lockt!
Ein wild bewegtes Meer durchschiffet er
auf leicht gefügtem Kahn. Da grünt kein Baum,
da sprosset keine Saat und keine Blume,
ringsum die graue Unermeßlichkeit.
Von ferne nur sieht er die heitre Küste,
und mit der Wogen Brandung dumpf vermengt
tönt ihm die Stimme seiner Lieben zu.
(Sappho)

Grillparzer, Sappho I, 5

Die Leidenschaft tyrannisiert den Menschen; der Ehrgeiz aber hält in ihm die übrigen Leidenschaften zurück und gibt ihm eine Zeitlang den Anschein aller Tugenden.

La Bruyère, Charaktere

Ehrgeiz ist nur eine besondere Form der allgemeinen Menschensehnsucht nach Glück.

Heyse, Die Kinder der Welt

Hochmut

Verachten ist ein Wohlgefühl
und fördert das Verdauen:
So hoch und frei, so stolz und kühl
vom Berg hinabzuschauen!
Sogar der Käfer auf dem Mist
blickt wohlgefällig tiefer
und nennt, was dort versammelt ist,
elendes Ungeziefer.

Ludwig Fulda

Der Hochmut ist ein Ansinnen an andere, sich selbst im Vergleich mit uns gering zu schätzen.

Kant

Wer ist so gebildet, daß er nicht seine Vorzüge gegen andre manchmal auf eine grausame Weise geltend machte?

Goethe, Die Wahlverwandtschaften I, 2

Hochmut ist der zur Schau getragene Stolz. Echter Stolz verbirgt sich.

Ernst Hohenemser

Weise Macht und gesitteter Reichtum,
sie werden ertragen.
Prahlender Hochmut weckt Lust zur
Revolution.

Puntsch, Hochmut

Arroganz ist die Karikatur des Stolzes.

Feuchtersleben

Gar nicht von sich reden ist eine sehr vornehme Heuchelei.

Nietzsche

Hochmut ist, wenn ein Mensch sich eine Vollkommenheit beimißt, die bei ihm nicht zu finden ist.

Spinoza

Herrenmenschen sind in der Regel weder Herren noch Menschen.

Werner Mitsch

Was uns als Größenwahn erscheint, ist nicht immer eine Geisteskrankheit. Oft genug ist es nur die Maske eines Menschen, der an sich verzweifelt.

Arthur Schnitzler

Arroganz ist das Selbstbewußtsein des Minderwertigkeitskomplexes.

Jean Rostand

Triumph ist der Gegenausschlag zur Angst. Die zittert mit im Triumph.

Walter Hilsbecher

Es setzt der Hochmut, aufgeblüht, die
Ähre an
der Schuld, die bald zu tränenreicher
Ernte reift. (Dareios)

Aischylos, Die Perser 820

Hochmut ist's, wodurch die Engel fielen,
woran der Höllengeist den Menschen faßt. (Thibaut)

Schiller, Die Jungfrau von Orleans, Prolog

Hochmut ist oft nur die Weigerung, sich unter sein eigenes Niveau hinabdrücken zu lassen. Dann gilt: Hochmut schützt vor dem Fall.

Hans Kudszus

Stolz

Denke bescheiden, fühle stolz!

Aus Bulgarien

Der dem Stolz wesensgemäße Ort ist die Weisheit: Denn man kann einem Menschen nicht zugestehn, daß er weise geworden ist, und ihm zugleich sagen, daß er unrecht hat, sich dessen zu rühmen.

Pascal, Gedanken

Höchsten Stolz beweist ein Mensch, der das Gute auch dann tut, wenn es niemand bemerkt.

Aus den USA

Aller Stolz ist defensiv, ein Verteidiger der Stelle, die leer ist.

Carl Ludwig von Knebel, Elegien des Properz

Wird ein Stolz,
der es verschmäht, sich zu verteidigen,
es nicht noch mehr verschmähn, sich zu beflecken? (Herodes)

Hebbel, Herodes und Mariamne III, 6

Eines Tages richtete sich der Hahn auf dem Kirchturm nicht mehr nach dem Winde. Da hielten ihn alle Leute für stolz. In Wahrheit war er nur verklemmt.

Gaspard

Bei seinem Stolz den Narrn man kennt,
denn Stolz von stultus wird genennt.

Sprichwort

Der Bettler ist stolz, kein Dieb zu sein.

Aus Japan

Und da keiner wollte leiden,
daß der andre für ihn zahl',
zahlte keiner von den beiden –
ein System, das ich empfahl.

Heine, Romanzero, Zwei Ritter

Stolz gegen Stolz, wie Kiesel gegen Stahl,
erzeugt, was beiden feind, den Feuerstrahl. (Biwoy)

Grillparzer, Libussa III

Unter den Stolzen ist immer Hader.

Sprüche Salomos 13, 10

Demütigung beschleicht die Stolzen oft. (Hofmeisterin)

Goethe, Die natürliche Tochter II, 5

In Wirklichkeit ist vielleicht keine unserer natürlichen Leidenschaften so schwer zu überwinden wie der Stolz.

Benjamin Franklin, Lebenserinnerungen II

Hochmut läßt sich köpfen. Stolz beugt sich der Stunde, die vergeht.

Hans Kasper, Abel, gib acht; Das kluge kleine Land

XXVI. Kapitel

Begehren
Habgier
Neid
Hoffnung
Bitten
Borgen
Diebstahl
Erfüllung
Genuß
Zufriedenheit
Entsagung

Begehren

Menschen sind wie Pferde, die zu allen Zeiten
mit dem schärfsten Sporne die Begierden reiten.

Logau,
Sinngedichte, Begierden

Befriedigt ist das Tier nur und der Weise,
den Menschen, die gleich mir und gleich den meisten,
ward das Bedürfnis als ein Reiz und Stachel
von ew'gen Mächten in die Brust gelegt. (Primislaus)

Grillparzer, Libussa V

Wünsche können ohne Kraft und Talent sein, aber nie sind Kraft und Talent ohne Wünsche.

Engel, Fürstenspiegel, Jugendfleiß

Nach Minne und Gewinne
stehn aller Welt die Sinne.

Freidank, Bescheidenheit 21

Das Leben ist ein Krankenhaus, in dem jeder Patient den Wunsch hat, sein Bett zu wechseln. Der eine möchte lieber vor dem Kaminfeuer leiden, der andere ist überzeugt, daß er nahe dem Fenster gesund werden würde.

Charles Baudelaire

Wünschen ist ein Anzeichen von Genesung oder Besserung.

Nietzsche

Er streckte
schon als Knabe die Hände nicht aus nach diesem und jenem.
Was er begehrte, das war ihm gemäß.

Goethe, Hermann und Dorothea 5

Es ist der Stümper Sache, nicht die deine,
des Schicksals höchsten Kranz erringen wollen;
du nahmst bist heut noch stets, was es dir bot. (Kottwitz)

Heinrich von Kleist,
Prinz Friedrich von Homburg V, 5

Es ist besser, das gegenwärtige Gut gebrauchen, denn nach anderm denken.

Prediger Salomo 6, 9

Danke Gott erst für das Brot, bevor du um Kuchen bittest!

Aus Rußland

Genieße den Reiz, ohne ihn zu begehren, dann bleibst Du sein Meister.

Hans Arndt, Im Visier, Belichtet

Ich bin nicht, wie die Menschen oft wohl sind:
Ei, das ist schön, das soll nur mir gehören,
und das ist gut, das eign' ich rasch mir zu.
Ich kann am Guten mich und Schönen freun,
wie man genießt der Sonne goldnes Licht,
das niemands ist und allen doch gehört.
(Edrita)

Grillparzer, Weh dem, der lügt! III

Wir sollten uns bei all unseren Vorhaben und Handlungen ebenso verhalten, wie wir das in einem Ladengeschäft zu tun pflegen. Wir sollten genau darauf sehen, zu welchem Preis verkauft wird, was wir verlangen.

Seneca, an Lucilius

Mancher Stein wird nach einer Kuh geworfen, der wertvoller ist als die Kuh.

Aus der Schweiz

Wer kauft, was er nicht braucht, wird verkaufen müssen, was er nötig hat.

Aus Japan

Was man zu teuer erkauft, besitzt man nie ganz.

Hans Arndt

Ein jeder achte wohl darauf, welche Träume er im heimlichen Winkel seiner Seele hegt; denn wenn sie erst großgewachsen sind, werden sie leicht seine Herren!

Gustav Freytag,
Soll und Haben I, 1

Es ist leichter, den ersten Wunsch zu unterdrücken, als die folgenden zu erfüllen.

Benjamin Franklin,
Selbstbiographie

Gewöhnt sich
ungenügsam das Herz, so muß es vieles vermissen.

Goethe, Reineke Fuchs 11

Die schönsten Mädchen gehen immer auf der anderen Straßenseite.

Sprichwort

Wessen Augen nicht sehen, dessen Mund nicht wässert.

Aus China

Unsere Hoffnungen und Wünsche sind von so kindischer Natur, daß ihnen Mögliches und Unmögliches beides von einer Art zu sein scheint. (Baron)

Goethe, Lila I

Wer ein Übel los sein will, der weiß immer, was er will. Wer was Besseres will, als er hat, der ist ganz starblind.

Goethe, Wahlverwandtschaften I, 2

Wir leben in einer Zeit, in der die Menschen nicht wissen, was sie wollen, aber alles tun, um es zu bekommen.

Don Marquis

Um Ungewisses zu suchen,
das Gewisse zu lassen ist weder rätlich
noch rühmlich.

Goethe, Reineke Fuchs 6

Viele Menschen verwenden die Hälfte ihrer Zeit dazu, sich Dinge zu wünschen, die sie bekommen würden, wenn sie nicht die Hälfte ihrer Zeit dazu verwendeten, sie sich zu wünschen.

Alexander Woollcott

Was man Gott nimmt, das holt der Teufel wieder.

Sprichwort

Unsere Träume können wir erst dann verwirklichen, wenn wir uns entschließen, einmal daraus zu erwachen.

Josephine Baker

Zwei Tragödien gibt es im Leben: Die eine, nicht zu bekommen, was das Herz wünscht, die andre, es zu bekommen.

Shaw, Man and Superman IV

Das Verlangen läßt alle Dinge blühen, der Besitz zieht alle Dinge in den Staub.

Marcel Proust

Gespannte Erwartung wird selten befriedigt.

Goethe,
Unterhaltungen Deutscher Ausgewanderten

Mein einz'ger Wunsch ist meiner Wünsche Ruh.

Rückert,
Die Weisheit des Brahmanen 17, 21

Habgier

Wer Geld liebt, wird Geldes nimmer satt.

Prediger Salomo 5, 9

Der Armut fehlt einiges, der Habsucht alles.

Friedrich Wilhelm Jacobs, Ährenlese 2

Wenn er an den Füßen auch Hände gehabt hätte, würde er auch damit zugegriffen haben. Es juckt diesem Affengeschlecht in allen zwanzig Fingern.

Raabe, Gedanken und Einfälle

Wer aber eilet, reich zu werden, wird nicht unschuldig bleiben.

Sprüche Salomos 28, 20

Nicht Ehrfurcht vor den Gesetzen, nicht Scheu, noch Scham besitzt, wer gierig Schätzen nachjagt.

Juvenal, Satiren 14, 177

Habgier im Alter ist eine Narrheit. Vergrößert man denn seinen Reiseproviant, wenn man sich dem Ziel nähert?

Cicero

Neid

Die Menschen tun mancherlei, um geliebt zu werden. Alles aber setzen sie daran, um beneidet zu werden.

Mark Twain

Wie kommt es, Milady, daß Ihr gepriesenes Glück das Elend so gern um Neid und Bewunderung anbettelt? Hat Ihre Wonne die Verzweiflung so nötig zur Folie? (Luise)

Schiller, Kabale und Liebe IV, 7

Der Neider steht als Folie des Glücks. (Eugenie)

Goethe, Die natürliche Tochter II, 5

Ungleiche Schüsseln machen schiele Augen.

Sprichwort

Nur seltnen Menschen ist es angeborne Art,
den hochbeglückten Freund zu ehren sonder Neid. (Agamemnon)

Aischylos, Agamemnon 832

Der Neid schwärzt wie die Flamme alles, was über ihn hinweggeht und er nicht erreichen kann.

Petit-Senn, Geistesfunken und Gedankensplitter

Beneiden heißt Unterlegenheit bekennen.

Claire Françoise Lespinasse

Neid ist Ärger über den Mangel an Gelegenheit zur Schadenfreude.

Verfasser unbekannt

Iß nicht Brot bei einem Neidischen.

Sprüche Salomos 23, 6

Der Bettler beneidet den Bettler, der Sänger den Sänger.

Hesiod, Werke und Tage

Gott gebe allen, die mich kennen,
zehnmal mehr, als sie mir gönnen!

Siebenbürgischer Hausspruch

Du kannst dir jeden Feind versöhnen und verbinden,
nur bei dem Neider wirst du niemals Gnade finden.

Andreas Tscherning, Deutscher Gedichte-Frühling

Neid ist Eiter in den Beinen.

Sprüche Salomos 14, 30

Ein freier Mensch ist nicht neidisch.

Hegel

Hoffnung

O Hoffnung, holde, gütig geschäftige,
die du das Haus der Trauernden nicht verschmähst
und gerne dienend, Edle, zwischen Sterblichen waltest und Himmelsmächten!

Hölderlin, An die Hoffnung

Hoffnung ist der Pfeiler der Welt.

Aus Südafrika

Wir stärken, solange wir jung sind, unsere Seelen mit Hoffnung; die Stärke, die wir so erwerben, befähigt uns später, Verzweiflung zu ertragen.

Thornton Wilder, Der achte Schöpfungstag, Prolog

Hoffnung ist der feste Stab
und Geduld ein Reisekleid,
da man mit durch Welt und Grab
wandert in die Ewigkeit.

Logau, Hoffnung und Geduld

Hoffnung gießt in Sturmnacht Morgenröte! (Proserpina)

Goethe, Triumph der Empfindsamkeit IV

Die Hoffnung ist der Regenbogen über den herabstürzenden Bach des Lebens.

Nietzsche

Ein nebliger Morgen ist noch kein wolkiger Tag.

Aus den USA

Die Hoffnung ist wie Zucker im Kaffee: Auch wenn sie klein ist, versüßt sie alles.

Aus Lettland

Die Hoffnung ist ein umgekehrter Don Quichotte, der feindliche Schwerbewaffnete zu Windmühlen erklärt.

Gabriel Laub

Die Hoffnung ist ein schlechter Führer, aber ein guter Gesellschafter unterwegs.

Edward Wood Halifax

Die Hoffnung ist eine Anleihe auf das Glück.

Joubert

Hoffnung ist eine Art Glück, vielleicht das größte Glück, das diese Welt bereit hat.

Samuel Johnson

Hoffen ist oft besser als Finden.

Aus Abessinien

Die Hoffnung ist das gemeinste; wer auch sonst nichts hat, der hat doch wenigstens diese.

Thales

Die Menschen heben auch ihren Blick zu Sternen auf, die schon lange nicht mehr über ihnen stehen.

Hans Arndt,
Im Visier, Verhüllte Tragik

Hoffnung wird manchmal geacht
als ein Traum bei dem, der wacht.

Logau, Hoffnung

Hoffnung, die so ziellos schweift,
vielen Menschen gereicht sie zum Segen,
vielen ist sie nur Trug ihrer eitlen Begier. (Chor)

Sophokles,
Antigone II

Die Hoffnung ist ein gutes Frühstück, aber ein schlechtes Abendessen.

Francis Bacon

Erhoffe das Beste und sei gefaßt auf das Schlimmste.

Sprichwort

Warum hofft der Mensch nur in die Nähe? Da muß er handeln und sich helfen. In die Ferne soll er hoffen und Gott vertrauen.

Goethe,
Wilhelm Meisters Wanderjahre III, 13

Hoffnung bleibt mit dem Leben vermählt.

Goethe, Achilleis 236

Die Hoffnung wie die Furcht sind zwei leere Wesen.

Goethe, an Zelter, 30. 10. 1809

Wer von der Hoffnung lebt, wird wenigstens nicht dick.

Verfasser unbekannt

Für trügende Hoffnungen entschädigen oft trügende Erinnerungen.

Peter Sirius

Bitten

Niemand sieht erbärmlich aus, der sich einiges Recht fühlt, fordern zu dürfen.

Goethe,
Die Wahlverwandtschaften II, 9

Bitte nie um Dinge, die du dir selbst erwerben kannst.

Cervantes

Die wahre Freundschaft zeigt sich im Versagen
zur rechten Zeit, und es gewährt die Liebe
gar oft ein schädlich Gut, wenn sie den Willen
des Fordernden mehr als sein Glück bedenkt. (Antonio)

Goethe, Torquato Tasso IV, 4

Wer selbst bittet, dem soll man nicht geben.

Aus Burundi

Ein erbetteltes Kleid stillt nicht die Begierde.

Suaheliweisheit

Faulenz und schrei,
du bekommst für zwei!

Wilhelm Müller, Epigramme

Besser betteln als borgen,
so brauchen nicht zwei zu sorgen.

Sprichwort

Wer seine Ohren verstopfet vor dem Schreien des Armen, der wird auch rufen und nicht erhöret werden.

Sprüche Salomos 21, 13

Wer die Bitte bekümmerter Unschuld verachtet, wird einst selbst bitten und nicht erhört werden.

Goethe, Wilhelm Meisters Wanderjahre I, 5

Borgen

Gut schießen, gut reiten, nicht borgen und nicht lügen!

Aus Persien

Wer borgt, ist des Lehners Knecht.

Sprüche Salomos 22, 7

Schulden sind die Sklavenfessel des Freien.

Publilius Syrus

Er glaubte mit den alten Persern, daß ein verschuldeter Mann in ganz notwendiger Folge zuletzt ein Lügner und der Knecht von solchen werden müsse, die noch schlechter als er selbst seien.

E. M. Arndt, Meine Wanderungen und Wandelungen mit dem Reichsfreiherrn vom Stein

Borgen ist die Erstgeburt der Armut.

Aus Kamerun

Borgen ist
viel besser nicht als betteln, so wie leihen,
auf Wucher leihen, nicht viel besser ist als stehlen. (Al-Hafi)

Lessing, Nathan der Weise II, 9

Sonst hat der leichtsinnige Sohn Schulden gemacht, die der Vater bezahlen mußte; heute macht der leichtsinnige Vater Schulden, die der Sohn wird bezahlen müssen.

Rosegger, Das Sünderglöckl

Man muß nicht borgen, wenn man nicht wiederzugeben weiß. (Tellheim)

Lessing, Minna von Barnhelm III, 7

Gewiß ist ein ungeheurer Unterschied zwischen dem letzten Taler, den man borgt, und zwischen dem ersten, den man abbezahlt.

Goethe, Unterhaltungen Deutscher Ausgewanderten

Kredite wirken wie Drogen. Die Dosen erhöhen sich, die Wirkung läßt nach. Man kommt schwer davon los. Die Entziehungskur ist schmerzlich.

Hartmut Perschau

Nur, Hafi, borge nicht
bei denen, die ich reich gemacht. Denn borgen
von diesen möchte wiederfordern heißen. (Saladin)

Lessing, Nathan der Weise II, 2

Wer seine Schuld bezahlt, verringert sein Gut nicht.

Christoph Lehmann, Politischer Blumengarten 2, Schulden

Diebstahl

Wieder ein Gebot ist: Du sollst nicht stehlen.
Ja, das befolgt ihr nach dem Wort;
denn ihr tragt alles offen fort.
Vor euren Klauen und Geiersgriffen,
vor euren Praktiken und bösen Kniffen
ist das Geld nicht geborgen in der Truh,
das Kalb nicht sicher in der Kuh;
ihr nehmt das Ei und das Huhn dazu.
(Kapuziner)

Schiller, Wallensteins Lager 8

Ein Dieb hält keine Rede.

Aus Afrika

Stiehl ein Kamel, und sie hängen dich. Stiehl eine Herde, und sie verhandeln mit dir.

Hans Kasper

Raubt der König ja selbst so gut als einer, wir wissen's.
Was er selber nicht nimmt, das läßt er Bären und Wölfe
holen und glaubt, es geschähe mit Recht. Da findet sich keiner,
der sich getraut, ihm die Wahrheit zu sagen, so weit hinein ist es
böse, kein Beichtiger, kein Kaplan; sie schweigen! Warum das?
Sie genießen es mit, und wär nur ein Rock zu gewinnen.

Goethe, Reineke Fuchs 8

Die Asch' eines Diebes liegt hier in dem Krug;
ihn ließ der Senat seines Städtchens verbrennen.
Der Mensch hatte noch nicht gestohlen genug,
um seine Unschuld beweisen zu können.

Castelli, Grabschrift auf einen kleinen Dieb

Finden und verhehlen
ist so gut wie stehlen.

Sprichwort

Mit Dieben fängt man Diebe.

Sprichwort

Was zu zwölfen wird gestohlen,
bleibt nicht leicht ein Jahr verhohlen.

Freidank, Bescheidenheit, Von Dieben

Wer einmal stiehlt, ist immer ein Dieb.

Sprichwort

Ein fauler Dieb ist besser denn ein lässiger Knecht.

Sprichwort

Erfüllung

Die Seele, der im Leben ihr göttlich Recht
nicht ward, sie ruht auch drunten im Orkus nicht;
doch ist mir einst das Heilige, das am Herzen mir liegt, das Gedicht, gelungen,
willkommen dann, o Stille der Schattenwelt!
Zufrieden bin ich, wenn auch mein Saitenspiel
mich nicht hinabgeleitet. Einmal
lebt ich wie Götter, und mehr bedarf's nicht.

Hölderlin,
An die Parzen

Unbefriedigte Lust welkt nie in dem Busen des Mannes.

Goethe, Achilleis 187

Wohl ist sie schön, die Welt! In ihrer Weite
bewegt sich so viel Gutes hin und her.
Ach, daß es immer nur um einen Schritt
von uns sich zu entfernen scheint
und unsre bange Sehnsucht durch das Leben
auch Schritt vor Schritt bis nach dem Grabe lockt! (Prinzessin)

Goethe,
Torquato Tasso III, 2

Einen Bruchteil deiner Wünsche
wird man höchstens dir gewähren.
Willst du einen Baum erlangen,
mußt du einen Wald begehren.

Aus Rußland

Jedes Bedürfnis ist, wenn es befriedigt wird, eigentlich nur Stillegung eines Schmerzes.

Wilhelm von Humboldt,
Briefe an eine Freundin, 10. 7. 1822

Tausend Libellen umgaukeln den Menschen und schillern und locken,
aber die schönste ist grau, wenn er sie endlich erhascht.

Hebbel,
Der Mensch und die Güter des Lebens

Unsere Zeit ist eine Zeit der Erfüllung, und Erfüllungen sind immer Enttäuschungen.

Robert Musil

Das Höchste, Schönste, wenn es nun erscheint,
indem es anders kommt, als wir's gedacht,
erschreckt beinah. (Hero)

Grillparzer,
Des Meeres und der Liebe Wellen III

Zu späte Erfüllung einer Sehnsucht labt nicht mehr! Die lechzende Seele zehrt sie auf wie glühendes Eisen einen Wassertropfen.

Ebner-Eschenbach, Aphorismen

Danke den Göttern, o Mensch, wenn das, worum du am Morgen
kämpftest auf Leben und Tod, dich nicht am Abend erdrückt.

Hebbel, Zur Erinnerung

Widerrufe
die blut'gen Wünsche! Fürchte, daß der Himmel
so sehr dich hasse, um sie zu gewähren.
Oft nimmt er unser Opfer an im Zorn
und straft durch seine Gaben unsre Frevel. (Aricia)

Schiller, Phädra V, 3

„Und ich habe mich so gefreut!" sagst du vorwurfsvoll, wenn dir eine Hoffnung zerstört wurde. Du hast dich gefreut – ist das nichts?

Ebner-Eschenbach, Aphorismen

Wenn wir die Hälfte unserer Wünsche erfüllen, verdoppeln wir unsere Sorgen.

Benjamin Franklin

Wer seine Wünsche alle erfüllt, verliert seine Ehre.

Aus dem Senegal

Was für ein ärmlich Wesen ist der Mensch,
wenn, was als Hoffnung seine Sinne weckte,
ihm als Erfüllung sie in Schlaf versenkt! (Phaon)

Grillparzer, Sappho II, 1

Genuß

Es wechselt Pein und Lust.
Genieße, wenn du kannst, und leide, wenn du mußt.

Goethe, Maskenzug in Weimar 1818

Es braucht zu allem ein Entschließen,
selbst zum Genießen.

Eduard von Bauernfeld

Wer nicht, was ihm Gott beschert,
frohen Muts und flott verzehrt,
wird von Reu und Spott versehrt.

Aus Persien

Der Kluge ißt den Braten sofort und das Brot später.

Aus Korsika

Die Seele vom Genuß,
o Freund, ist dessen Kürze.
Die Furcht des Todes ist
des Lebens scharfe Würze.
Ein Tor klagt überm Schmaus,
daß er so früh sei aus.
Ein Weiser ißt sich satt
und geht vergnügt nach Haus.

Rückert, Die Weisheit des Brahmanen

Das Leben muß wie ein kostbarer Wein mit gehörigen Unterbrechungen Schluck für Schluck genossen werden. Auch der beste Wein verliert für uns allen Reiz, wenn wir ihn wie Wasser hinunterschütten.

Ludwig Feuerbach,
Schriftsteller und Mensch

Beschränktheit sucht sich der Genießende. (Hofmeisterin)

Goethe, Die natürliche Tochter II, 5

Kein Genuß der Gegenwart ist vollkommen, dem nicht Erinnerung und Hoffnung zur Folie dienen.

Friedrich Wilhelm Jakobs, Ährenlese

Kein Genuß ist vorübergehend; denn der Eindruck, den er zurückläßt, ist bleibend.

Goethe,
Wilhelm Meisters Lehrjahre V, 10

Er lernte das Leben genießen, nachdem er es genossen hatte.

Hans Arndt, Im Visier, Genuß

Alle sinnlichen Genüsse regen bei edlen Naturen den Geist an. Bei unedlen Naturen jagen sie ihn davon.

Waldemar Bonsels,
Runen und Wahrzeichen

Zufriedenheit

Am guten Tage sei guter Dinge, und den bösen Tag nimm auch für gut; denn diesen schafft Gott neben jenem, daß der Mensch nicht wissen soll, was künftig ist.

Prediger Salomo 7, 14

Zufriedenheit ist der Stein der Weisen. Zufriedenheit wandelt in Gold, was immer sie berührt.

Benjamin Franklin

Der Mensch hat wohl täglich Gelegenheit, in Emmendingen und Gundelfingen so gut als in Amsterdam Betrachtungen über den Unbestand aller irdischen Dinge anzustellen, wenn er will, und zufrieden zu werden mit seinem Schicksal, wenn auch nicht viel gebratene Tauben für ihn in der Luft herumfliegen.

Hebel,
Kannitverstan, Anfang

Laetus sorte tua vives sapienter.
Froh des bescheidenen Loses lebst du ein Weiser.

Horaz, Epoden 14, 15

Genug ist Überfluß für den Weisen.

Euripides

Nie schenkt der Stand, nie schenken Güter
dem Menschen die Zufriedenheit.

Gellert, Geistliche Oden

Allzu viel ist ungesund.

Sprichwort

Halte stets das Maß!

Hesiod, Werke und Tage

Wer klein Spiel spielt, hat immer Freude, auch am kleinen Gewinn, und der kleine Verlust ist zu verschmerzen. (Wilhelm)

Goethe, Die Geschwister

Mit leichtem Mute knüpft der arme Fischer
den kleinen Nachen an im sichern Port,
sieht er im Sturm das große Meerschiff stranden. (Gordon)

Schiller, Wallensteins Tod V, 4

Nur durch Mäßigung erhalten wir uns.

Goethe, Wilhelm Meisters Wanderjahre I, 7

Genügsamkeit ist natürlicher Reichtum, Luxus künstliche Armut.

Sokrates

Es ist ein Gesetz im Leben: Wenn sich eine Tür vor uns schließt, öffnet sich eine andere. Die Tragik ist jedoch, daß man nach der geschlossenen Tür blickt und die geöffnete nicht beachtet.

André Gide

Wie selten ist der Mensch mit dem Zustande zufrieden, in dem er sich befindet! Er wünscht sich immer den seines Nächsten, aus welchem sich dieser ebenfalls heraussehnt.

Goethe, Wilhelm Meisters Lehrjahre I, 14

Hütet euch,
der Gegenwart Genuß verschmähend, fremden Glücks
begierig, umzustürzen eignes größres Glück. (Dareios)

Aischylos, Die Perser 823

Wer nicht schon in der Arbeit Genugtuung findet, der wird nie zur Zufriedenheit gelangen.

Rosegger, Heimgärtners Tagebuch

Entsagung

Ihr sollt euch nicht Schätze sammeln auf Erden, da sie die Motten und der Rost fressen und da die Diebe nachgraben und stehlen.

Matthäus 6, 19

Man verliert nicht immer, wenn man entbehrt.

Goethe, Wilhelm Meisters Lehrjahre VII, 3

Selbst als Mann und Hausvater pflegte er sich manchmal etwas, das ihm Freude würde gemacht haben, zu versagen, um nur nicht aus der Übung einer so schönen Tugend zu kommen, und seine ganze Erziehung bestand gewissermaßen darin, daß seine Kinder sich gleichsam aus dem Stegreife etwas mußten versagen können. Auf eine Weise, die ich im Anfang nicht billigen konnte, untersagte er zum Beispiel einem Knaben bei Tische, von einer beliebten Speise zu essen. Zu meiner Verwunderung blieb der Knabe heiter, und es war, als wenn weiter nichts geschehen wäre.

Goethe,
Unterhaltungen Deutscher Ausgewanderten

Ach, und wo kein Schatten,
da ist auch kein Licht;
Lust muß doch ermatten,
reizt Entbehrung nicht.

Grillparzer, Melusina II

Du bist uneigennützig, sagte sie,
das ist recht schön; allein so sehr bist du's,
daß du auch das Bedürfnis deiner Freunde
nicht recht empfinden kannst.
(Prinzessin)

Goethe, Torquato Tasso III, 2

Einige Menschen können jedes Gut verachten, sobald sie es nicht haben, andere nur, wenn sie es haben. Letztere sind unglücklicher und edler.

Schopenhauer, Neue Paralipomena 20

XXVII. Kapitel

Werte
Besitz
Eigentum
Reichtum
Überfluß
Geld
Gold
Sparsamkeit
Geiz
Verlust
Armut

Werte

Was macht die edlen Stein' und klare Perlen wert?
Ihr Wert nicht, sondern das, daß man sie so begehrt.

Logau, Sinngedichte, Edelgestein und Perlen

Es ist nicht alles Talmi, was glänzt.

Peter Hille, Aphorismen

Denn das Erworbne, wär's mit einem Tropfen Schweiß
auch nur erworben, ist uns mehr als das Gefundne wert.

Heinrich von Kleist, An Wilhelmine

Nichts in der Welt ist wirklich erstrebenswert, das nicht in der Reichweite liegt eines klaren Verstandes und einer umsichtigen Tatkraft.

Edmund Burke

Alles, was uns wirklich nützt, ist für wenig Geld zu haben. Nur das Überflüssige kostet viel.

Axel Munthe

Drei Haare in der Suppe sind relativ viel, drei Haare auf dem Kopf relativ wenig.

Verfasser unbekannt

Was Menschen und Dinge wert sind, kann man erst beurteilen, wenn sie alt geworden.

Ebner-Eschenbach, Aphorismen

Besitz

Das Vermögen soll durch Mittel erworben werden, die von Unsittlichkeit frei sind. Erhalten aber soll man es durch Genauigkeit und Sparsamkeit.

Cicero, De officiis II, 24

Durch Liebe wird uns erst etwas zum Besitz.

Goethe, zu Riemer, 4. 7. 1811

Jede Art von Besitz soll der Mensch festhalten; er soll sich zum Mittelpunkt machen, von dem das Gemeingut ausgehen kann. Er muß zusammenhalten, damit er spenden könne.

Goethe, Wilhelm Meisters Wanderjahre I, 6

Wer ein Bündel hat, sucht nach einer Schnur.

Aus Afrika

Wer früh erwirbt, lernt früh den hohen Wert
der holden Güter dieses Lebens schätzen;
wer früh genießt, entbehrt in seinem Leben
mit Willen nicht, was er einmal besaß. (Alfons)

Goethe, Torquato Tasso I, 3

Wer kann den Wert und Unwert irdischer Dinge besser kennen, als der sie zu genießen von Jugend auf im Falle war, und wer kann seinen Geist früher auf das Notwendige, das Nützliche, das Wahre leiten, als der sich von vielen Irrtümern in einem Alter überzeugen muß, wo es ihm noch an Kräften nicht gebricht, ein neues Leben anzufangen.

Goethe, Wilhelm Meisters Lehrjahre III, 2

Die Beharrlichkeit auf dem Besitz, gibt uns in manchen Fällen die größte Energie.

Goethe, Wilhelm Meisters Wanderjahre I, 12

Wenn man die Menschheit zu etwas Besserem umwandeln, aus halben Tieren Menschen machen will, so gebe man ihnen Land.

Dostojewski, Tagebuch eines Schriftstellers

Wer ein Kleid trägt, weigert sich nicht, ein anderes dazuzunehmen.

Aus Ruanda

Hat auch das Land, was ihm zur Not genug;
an unsern Grenzen wohnen andre Völker,
die streben vor und mehren ihre Macht.
Das Viel und Wenig liegt in der Vergleichung,
und in der Truhe mindert sich der Schatz.
Wer Hundert hat und sich damit begnügt,
er hat's nicht mehr, zählt jeder Nachbar Tausend. (Primislaus)

Grillparzer, Libussa V

Der Besitz besitzt. Er macht die Menschen kaum unabhängiger.

Nietzsche

Es gibt keine „toten" Gegenstände. Jeder Gegenstand ist eine Lebensäußerung, die weiter wirkt und ihre Ansprüche geltend macht wie ein gegenwärtig Lebendiges. Und je mehr Gegenstände du daher besitzest, desto mehr Ansprüche hast du zu befriedigen. Nicht nur sie dienen uns, sondern auch wir müssen ihnen dienen. Und wir sind oft viel mehr ihre Diener, als sie die unsern.

Morgenstern, Stufen, Lebensweisheit, 1908

Die Menschen, die einen großen Wert auf Gärten, Gebäude, Kleider, Schmuck oder irgendein Besitztum legen, sind weniger gesellig und gefällig; sie verlieren die Menschen aus den Augen.

Goethe, Wilhelm Meisters Lehrjahre II, 4

Der Unterschied zwischen einer notwendigen Anschaffung und einer überflüssigen liegt darin: Die eine machst du, die andere machen deine Freunde.

Aus den USA

Würde alles Geld und Gut dieser Welt an einem beliebigen Tag um drei Uhr nachmittags gleichmäßig unter die Erdenbewohner verteilt, so könnte man schon um halb vier erhebliche Unterschiede in den Besitzverhältnissen der Menschen feststellen.

Paul Getty

Mußt du denn besitzen,
was dich erfreuet? Unerreichbar wandeln
die Sterne ihre Bahn und jeder freut
sich ihrer dennoch. (Donna Anna)

Grabbe, Don Juan und Faust II, 2

Der Berufene häuft keinen Besitz auf. Je mehr er für andere tut, desto mehr besitzt er.

Laotse

Aller Besitz ist vom Schicksal geborgt.

Seneca, an Lucilius

Nur durch Eifersucht auf den Besitz erhält man die Besitztümer.

Goethe, an Frau von Stein, 8. 3. 1781

Wüßt ich mein Herz an zeitlich Gut gefesselt,
den Brand würf ich hinein mit eigner Hand! (Gertrud)

Schiller, Wilhelm Tell I, 2

Zeiten fordern wieder, was die Zeiten gaben;
drum ist nur geliehen, was wir Menschen haben.

Logau, Die Zeiten

Schätze sind kein Eigentum des Menschen;
der Mensch verwaltet nur, was ihm die Götter
verliehn und, wenn sie wollen, wieder nehmen.
Ein Tag macht den Begüterten zum Bettler. (Jokaste)

Schiller, Szenen aus den Phönizierinnen des Euripides

Ich bin nackend von meiner Mutter Leib gekommen, nackend werde ich wieder dahinfahren. Der Herr hat es gegeben, der Herr hat es genommen; der Name des Herrn sei gelobt!

Hiob 1, 21

Eigentum

Durch das Eigentum wird der Besitz veredelt, wie durch die Ehe der körperliche Genuß.

Novalis, Nachlaß

Das Eigentum ist nur heilig als Amt von Gott. Es ist nur heilig wegen der Pflichten, in Beziehung auf die Pflichten und in engster Verbindung mit den Pflichten, die darauf haften. Es ist nur heilig in den Händen derer, die es nicht für sich besitzen. Wie der Adel nicht um der Edelleute, so ist der Besitz nicht um der Besitzenden willen da.

Ernst Ludwig von Gerlach,
Kreuzzeitungs-Rundschau, Mai 1850

Ich glaube, daß jedes Recht eine Verantwortung, jede Gelegenheit eine Aufgabe und jeder Besitz eine Verpflichtung auferlegt.

John D. Rockefeller

Nimm, was dein; und scheint's zuviel,
dieses als zuviel Erkennen
macht dich wert, es dein zu nennen.
(König)

Grillparzer, Der Traum, ein Leben III

Lasse deine Freunde deine Vermögensverhältnisse nicht wissen! Wenn du reich bist, beneiden sie dich, und wenn du arm bist, verlassen sie dich.

Mohammed

Geben ist Sache des Reichen.

Goethe, Hermann und Dorothea 1

Ist das Maisfeld fern vom Haus, fressen die Vögel die Frucht.

Pygmäenweisheit

Wer besitzt, der muß gerüstet sein.
(Alfons)

Goethe, Torquato Tasso I, 3

Mensch, wenn du so genau das Deine willst beschützen,
so wirst du nimmermehr in wahrem Frieden sitzen.

Angelus Silesius,
Wer Frieden sucht, muß viel übersehn

Wir haben nur, was wir nicht halten.

Thornton Wilder, Der achte Schöpfungstag, Coaltown

Omnia mea mecum porto. Alles Meinige trage ich mit mir.

Bias

Reich ist, wer weder schmeicheln noch borgen muß.

Sprichwort

Reichtum

In einem gut regierten Land ist Armut eine Schande, in einem schlecht regierten Reichtum.

Konfuzius

Wer reich ist, kann das Leben zu seinem Beruf machen.

Nubar Gulbenkian, Wir, die Gulbenkians

Wozu, in Teufels Namen, soll man denn sein Geld verwenden, als auf einen guten Tisch, gute Gesellschaft, gute Weine, schöne Weiber, Vergnügen von allen Farben, Unterhaltungen aller Art? Ebenso gerne möchte ich ein Bettler sein, als ein großes Vermögen ohne diese Genüsse zu besitzen.

Diderot, Rameaus Neffe

Vermögen dient zur Bequemlichkeit des Lebens, nicht das Leben zur Anhäufung des Vermögens.

Saadi, Rosengarten 8

Es muß Menschen und Menschengruppen geben, die ohne Rücksicht auf materielle Umstände alle Möglichkeiten der Verfeinerung der Geschmackskultur erproben und repräsentieren können, um Maßstäbe zu setzen, Anreize zu geben und auch die Schaulust zu befriedigen.

Gerhard Szczesny, Das sogenannte Gute 11

Reich ist man erst dann, wenn man sich bei der Bilanz um einige Millionen Dollar irren kann, ohne daß es auffällt.

Paul Getty

Willkürlich handeln ist des Reichen Glück!
(Sekretär)

Goethe, Die natürliche Tochter II, 1

Der Reiche läßt den Hut auf dem Kopfe.

Aus Kamerun

Die Scherze reicher Leute sind immer witzig.

Oliver Goldsmith, Der Landprediger von Wakefield 7

Der größte Fortschritt der Zeit liegt darin, daß jeder anständige Mensch, der jetzt viel Geld erworben oder überkommen hat, das Gefühl in sich trägt, als ob er sich auf irgendeine Weise deswegen entschuldigen müsse.

Raabe, Gedanken und Einfälle

Das Geheimnis des finanziellen Erfolges besteht darin, sich um nichts anderes als um ihn zu kümmern und für nichts anderes als für ihn zu arbeiten.

Shaw, Warum für Puritaner?

Niemand kann zweien Herren dienen. Entweder er wird den einen hassen und den anderen lieben oder wird dem einen anhangen und den anderen verachten. Ihr könnet nicht Gott dienen und dem Mammon.

Matthäus 6,24

Zum Reichtum führen viele Wege, und die meisten von ihnen sind schmutzig.

Cicero

Kleines Wasser macht niemand reich, best fischen ist im großen Teich.

Rollenhagen, Froschmeuseler I, 2

Sicher verdanken einige Millionäre ihren Erfolg ihren Frauen. Aber die meisten verdanken ihre Frauen dem Erfolg.

Danny Kaye

Wohlhabend ist jeder, der dem, was er besitzt, vorzustehen weiß; vielhabend zu sein ist eine lästige Sache, wenn man es nicht versteht.

Goethe, Wilhelm Meisters Lehrjahre VII, 5

In den Händen von Menschen mit schwachen Grundsätzen oder geringer Selbstbeherrschung oder schlecht gezügelten Leidenschaften ist der Reichtum bloß eine Versuchung, eine Schlinge und vielleicht eine Quelle unendlichen Unglücks für sie selbst, oft auch für andere.

Smiles, Der Charakter 1

Vermögen zu bewahren ist schwerer als zu gewinnen. Viele Leute erwerben Vermögen, aber sind selbst durch Geiz nicht imstande, es zu bewahren.

Buch des Kabus 21

Die erste Generation schafft Vermögen, die zweite verwaltet Vermögen, die dritte studiert Kunstgeschichte, und die vierte verkommt.

Bismarck

Nicht das Sparen allein, um spät zu genießen,
macht das Glück, es macht nicht das Glück der Haufe beim Haufen,
nicht der Acker am Acker.

Goethe, Hermann und Dorothea 4

Wem ererbte Reichtümer eine vollkommene Leichtigkeit des Daseins verschafft haben, wer sich, wenn ich mich so ausdrücken darf, von allem Beiwesen der Menschheit von Jugend auf reichlich umgeben findet, gewöhnt sich meist, diese Güter als das erste und größte zu betrachten, und der Wert einer von der Natur schön ausgestatteten Menschheit wird ihm nicht so deutlich.

Goethe, Wilhelm Meisters Lehrjahre IV, 2

Die meisten reichen Müßiggänger leiden unsäglich unter der Langeweile, die den Preis dafür darstellt, daß sie aller Sorgen um den Lebensunterhalt enthoben sind.

Bertrand Russell

Der Wohlhabende weiß nicht, ob er geliebt wird.

Marcus Annaeus Lucanus

Ein reicher Mann ist oft nur ein armer Mann mit sehr viel Geld.

Aristoteles Onassis

Reichtum macht ein Herz schneller hart als kochendes Wasser ein Ei.

Ludwig Börne

Ja, die reichen Leut' wissen nicht, in was für enorme Verlegenheit sie oft die Armen stürzen, bloß durch das, daß sie in ihrer glücklichen Gedankenlosigkeit Kleinigkeiten schuldig bleiben.

Nestroy, Die beiden Herren Söhne

Die sich Reichtum unerwartet ernteten,
sind ihren Sklaven immer hart. (Klytaimestra)

Aischylos, Agamemnon 1044/45

Unverträglich ohnegleichen
sind Arme, werden sie zu Reichen.

Freidank, Bescheidenheit 11

Arm sein, ohne zu klagen, ist leichter als reich sein, ohne zu prahlen.

Aus China

Wo der Geldsack ist daheim, ist die Kunst verreiset.
Selten daß sich Wissenschaft, wo viel Reichtum, weiset.
Ob nun gleich ein goldnes Tuch kann den Esel decken,
sieht man ihn doch immerzu noch die Ohren recken.

Logau, Reich und grob

Eck hew emmer Onglück, säd' de rike Bur, as he sik den Stromp verkehrt antrog.

Sprichwort (Danzig)

In Deutschland hat mehr als in irgendeinem andern Lande der Welt nur der Pöbel Geld und wendet es in seiner Weise an.

Raabe, Gedanken und Einfälle

Armut ist eine Sandbank, Reichtum ein Felsen im Meer des Lebens. Die Glücklichen schiffen hindurch.

Ludwig Börne

Wohlstand ist das Durchgangsstadium zwischen Armut und Unzufriedenheit.

Helmar Nahr

Wer sich zwischen den Sternen bewegt, kann nur noch lächeln über die kostbaren Fußböden der Reichen.

Seneca, an Lucilius

Arm und Reich benützen im Urwald denselben Pfad.

Aus Ghana

Wer seine Wünsche zähmt, ist immer reich.

Voltaire

Nur die Sehnsucht macht reich.

Ludwig Börne

Was hülfe es dem Menschen, so er die ganze Welt gewönne und nähme doch Schaden an seiner Seele?

Matthäus 16, 26

Überfluß

Luxus ist nicht das Gegenteil von Armut, sondern von Vulgarität. Luxus heißt ein Stoffmantel mit Seidenfutter oder mit Pelz, aber innen. Man wirft den Mantel auf einen Stuhl, und das Futter kommt zum Vorschein. Sonst nicht. Die Dame allein weiß, daß sie Seide oder Pelz trägt. Sie hat es nicht nötig, darauf hinzuweisen. Das ist Luxus.

Coco Chanel, zu Georg Stefan Troller, in Pariser Gespräche 3

Nur dem im Überfluß Geborenen steht der Luxus gut. Wer sich ein Vermögen verdient hat, weiß fast nie, wie er davon leben soll.

Flaubert, November

Sah ich eure Betten gar so weich,
dacht' ich: Ihr Schlaf ist schlecht wohl, weil so wählig.
Und die Geräte in den Küchenräumen,
verfälschend das Bedürfnis mit der Kunst,
zu sagen schienen sie: Hier fehlt der Hunger,
der beste Koch und auch der beste Gast.
In meiner Hütte ißt und schläft sich's wohl;
der Überfluß ist schlechtverhüllter Mangel. (Primislaus)

Grillparzer, Libussa IV

Mit zwei Ohren hörst du nicht doppelt.

Aus Zaïre

Überfluß schafft Überdruß.

Sprichwort

Ex oriente lux, ex occidente luxus.

Lec

Geld

Das Leben ist ein Meer, der Fährmann ist das Geld.
Wer diesen nicht besitzt, schifft übel durch die Welt.

Weckherlin, Epigramme

Wenn einer Geld hat, kann er dem Teufel Beine machen; wenn er keines hat, kommt nicht einmal der Mann, den er ruft.

Aus China

Geld macht schön.

Federico Garcia Lorca, In seinem Garten liebt Don Perlimplin Belisa

Wenn mit dem Taler geläutet wird, öffnen sich alle Türen.

Sprichwort

Zu dem Hund, der Geld hat, sagen die Leute „Herr Hund".

Aus Tunesien

Mit Geld kommen ist besser als bald kommen.

Aus Nigeria

Die Fähigkeit, auf welche die Menschen den meisten Wert legen, ist die Zahlungsfähigkeit.

Oskar Blumenthal

Da Geld oft noch das einzige Mittel ist, sich Respekt zu verschaffen, vorzüglich im Alter, so ist einige Liebe zum Geld höchst verzeihlich.

Karl Julius Weber, Demokritos IV, 24

Geld ist der sechste Sinn. Der Mensch muß ihn haben; denn ohne ihn kann er die anderen fünf nicht voll ausnützen.

Somerset Maugham

Geld spricht alle Sprachen.

Sprichwort

Geld ist geprägte Freiheit.

Dostojewski

Dem Geld darf man nicht nachlaufen. Man muß ihm entgegengehen.

Aristoteles Onassis

Eines der wirklichen Dinge, die man mit Geld kaufen kann, ist Lebensraum. Ein Mann mit Geld kann sich Raum kaufen, wo er und seine Familie sich ausdehnen können.

Nubar Gulbenkian, Wir, die Gulbenkians

Zeit ist Geld - das ist der vulgärste Ausspruch, den je ein Zeitalter oder ein Volk gekannt hat. Dreh ihn um, und du erhältst eine kostbare Wahrheit - Geld ist Zeit.

George Gisling

Geld ist Verantwortung.

Walter Hasenclever, Napoleon greift ein

Der oberste Zweck des Kapitals ist nicht, mehr Geld zu schaffen, sondern zu bewirken, daß sich das Geld der Verbesserung des Lebens widmet.

Henry Ford I.

Wenn man das Geld richtig behandelt, ist es wie ein folgsamer Hund, der einem nachläuft.

Howard Hughes

Der wahrhaft Geldgläubige verehrt das Geld nicht, weil man sich damit alles kaufen kann, sondern weil es seine höchste Instanz, sein Polarstern, der Sinngeber seines Daseins ist.

Egon Friedell

Die richtige Einstellung dem Geld gegenüber ist die einer begehrlichen Verachtung.

Henry Miller

Geld macht nicht reich,
es sei denn reich
das Herz zugleich.

Sprichwort

Das Geld macht keine Narren. Es enthüllt sie nur.

Frank McKinney Hubbard

Geld hat keinen Wert für denjenigen, der mehr als genug davon hat, und die Weisheit, mit der er es ausgibt, ist die einzige soziale Rechtfertigung dafür, daß man es in seinem Besitz läßt.

Shaw

Er fühlte in seiner Brieftasche die Geldscheine zittern wie Vollblutpferde hinter dem starting-gate.

Montherlant, Erbarmen mit den Frauen

Das Geld ist ganz bestimmt kein Übel. Sonst könnten wir es ja nicht so leicht loswerden.

Alex Möller

Wo das Geld spricht, schweigt die Wahrheit.

Aus Rußland

Wer alles bloß des Geldes wegen tut, wird bald des Geldes wegen alles tun.

Aus Italien

Mirabeau ist für Geld zu allem fähig, selbst zu einer guten Tat.

Rivarol

Wo viel Geld ist, geht immer ein Gespenst um.

Theodor Fontane

Kein schlimmres Gut erwuchs uns als das Geld!
Das Geld hat ganze Städte ausgelöscht,
die Menschen fort von Haus und Hof gejagt,
hat Redliche verführt, das reine Herz
verwirrt und auf den bösen Pfad gebracht,
den Menschen jede Schurkerei gezeigt.

Sophokles, Antigone I

Mache das Geld zu Deinem Gott, und es wird Dich Quälen wie der Teufel.

Henry Fielding

Wer weiß nicht, daß Betrug, Diebstahl, Raub, Streit, Tumult, Beleidigung, Empörung, Totschlag, Verrat und Giftmord - durch die üblichen Strafen mehr geahndet als verhütet - ausstürben, wenn das Geld erwürgt wäre?

Thomas More,
Utopia II

Ich glaube, daß auf die Dauer nichts so teuer ist wie das Geld.

Juliette Gréco

Liebe zum Geld erzeugt die eine Hälfte der Übel in dieser Welt, Mangel an Geld die andere.

Aus den USA

Gold

Der Mensch liebt Gold so sehr
und darf die Luft doch mehr.
Ein Dieb, der dies bedenkt,
wird selten aufgehenkt.

Logau, Aurum et aura, Gold und Luft

Denen, die ein Vergehen ehrlos gemacht hat, hängen von den Ohren goldene Ringe herab, umgibt Gold die Finger, umfaßt eine Goldkette den Hals und umspannt ein Goldstreifen den Kopf. So sorgen sie auf jede Art dafür, daß bei ihnen Gold und Silber in Verruf stehen.

Thomas More,
Utopia II

Sparsamkeit

Einen Teil sollst du ausgeben, einen Teil sollst du weggeben, einen Teil sollst du sparen.

Aus Persien

Man soll einen Speicher nie ganz leeren.

Aus Simbabwe

Sorglichkeit erhält, was Fleiß verdient.

Smiles, Die Sparsamkeit 10

Ich bitte Gott, daß er mich täglich haushälterischer werden lasse, um freigebig sein zu können, es sei mit Geld oder Gut, Leben oder Tod.

Goethe, an Charlotte von Stein, 10. 12. 1781

Gib auf den Groschen acht. Der Taler wird auf sich selbst achtgeben.

Shaw, Pygmalion

Ein guter Sparer ist gleich einem guten Gewinner.

Johann Geiler von Kaisersberg

Die meisten tragen ihr Geld zur Bank, um es vor sich selbst in Sicherheit zu bringen.

Sigmund Graff

Sparen ist ein großer Zoll und Eintrag, doch soll man bey Zeit anfahen und nit erst, wenn der Garten gar bis an den Zaun und das Haus bis in Grund vertan ist.

Sebastian Franck, Sprichwörter

Uns erfreut das bloße Sparen.
Geld persönlich macht nicht froh.
Regelmäßig nach paar Jahren
klaut ihr's uns ja sowieso.

Erich Kästner, Auf einer kleinen Bank vor einer großen Bank

Was man sparen nennt, heißt nur, einen Handel für die Zukunft abschließen.

Shaw

Man muß immer etwas haben, auf das man sich freut, und das ist schon eine gescheite Gewohnheit, sich einen Wunsch vorzunehmen, auf dessen Erfüllung man spart.

Eduard Mörike

Das beste Maß des Geldes ist, ohne zur Armut herabzusinken, sich nicht weit von ihr zu entfernen. Dieses Maß wird uns gefallen, wenn wir zuvor an der Sparsamkeit Gefallen finden.

Seneca,
Von der Gemütsruhe

Liegt schon in dem großen Bemühen, für einen würdigen Zweck zu sparen, Würde, so erzeugt Sparsamkeit auch ein wohlgeregeltes Gemüt; sie gewährt der Klugheit einen Triumph über die Ausschweifung, gibt der Tugend allmählich die Herrschaft über das Laster und stellt die Leidenschaft unter Aufsicht.

Smiles, Die Sparsamkeit 6,
Methoden der Sparsamkeit

Sparsamkeit in allen Dingen ist die vernünftige Handlung eines rechtdenkenden Menschen.

Kant

Sparsam sein ist nicht in erster Linie eine national-ökonomische Funktion, sondern eine menschliche Haltung. Ich spare nicht nur, wenn ich Sparmarken klebe oder etwas in die Büchse tue, auf die Sparkasse oder die Bank laufe oder meine Prämie der Lebensversicherung abfertige, sondern indem ich mit meinen Sachen achtsam umgehe, indem ich nichts verkommen lasse, die Lebensführung in einem mir, meinem Volk, meiner Zeit gemäßen Rahmen halte.

Theodor Heuss, am 30. 10. 1952

Verschwender werden selten alt. Gewöhnung
läßt sie die Tage so vertun wie Geld.

Leopold Schefer, Laienbrevier, März XXIII

Für altes Geld ist junge Hand
gemeiniglich kein festes Band.

Logau, Verschwendung

Nun kannst Du Dir auf Deine alten Tage auch etwas mehr zugutetun als bisher. Ich habe mir das auch selbst vorgenommen, aber es gehört Entschluß dazu. Man hat sich die verwünschte Sparsamkeit so angewöhnt, daß nur schwer davon loszukommen ist.

Moltke,
an seinen Bruder Ludwig, 12. 4. 1882

Geiz

Einem Knauser stehet nicht wohl an, daß er reich ist, und was soll Geld und Gut einem kargen Hunde?

Jesus Sirach 14, 3

Geiz ist die regelmäßigste Leidenschaft und daher leichter zu betrachten als Ehrgeiz, Liebe, Wollust und andere.

Karl Julius Weber, Demokritos IV, 24

Ein Geiziger ißt nicht am hellen Tag.

Aus Afrika

Geizig in einem so zarten Alter! Andere Laster kann man verringern, dieses wächst.

Sophie Charlotte von Preußen, über ihren 14jährigen Sohn Friedrich Wilhelm

Der Geiz ist die kälteste aller Leidenschaften. Wenn die anderen mit den Jahren abnehmen, nimmt diese zu; daher sie auch wohl die verächtlichste und lächerlichste unter allen ist.

Karl Julius Weber, Demokritos IV, 24

Geiz zerstört die Seele und den Körper.

Aus Abessinien

Geiz und Verschwendung sind beide keine Laster, sondern Torheiten. Weil aber der Verschwender den Genuß des Augenblicks so überschätzt, daß er sein dauerndes Wohl ihm hintansetzt, der Geizige die Sicherung wider Mangel so überschätzt, daß er sein gegenwärtiges Wohlsein dafür hingibt, so wird dieselbe unrichtige Schätzung dieser Dinge sie wahrscheinlich auch hart gegen fremde Not machen und so Quelle des Lasters sein.

Schopenhauer, Anmerkungen zu Kants Tugendlehre

Ich dich beneiden? Tor! Erspar, ererb', erwirb,
hab' alles! Brauche nichts, laß alles hier und stirb!

Lessing, An einen Geizigen

Geizhälse sind unangenehme Zeitgenossen, aber angenehme Vorfahren.

Eberhard Morr

Wann ein Geizhals ist gestorben,
hebt sein Schatz erst an zu leben.
Jeder will bei diesem Kinde
willig einen Paten geben.

Logau, Ein Geiziger

Verlust

Geld in des Armen Hand und Geduld in des Liebenden Seele
und das Wasser im Sieb eilen und fließen davon.

Herder, Das Rosental

Was man nicht zu verlieren fürchtet, hat
man zu besitzen nie geglaubt und nie
gewünscht. (Tempelherr)

Lessing, Nathan der Weise V, 8

Verliere gerne dein Geld um deines Bruders und Nächsten willen und vergrabe es nicht unter einen Stein.

Jesus Sirach 29, 13

Verlust will Vorwand. (Saladin)

Lessing,
Nathan der Weise II, 1

Wer möchte nicht lieber durch Glück dümmer als durch Schaden klug werden?

Salvadore Dali

Wenn jemand seine verlorenen Pfründe, seine gestörte Karriere schmerzlich empfindet, so wäre es unmenschlich, nicht mitzufühlen; wenn er aber glaubt, daß der Welt auch nur im mindesten etwas dadurch verloren geht, so kann ich unmöglich mit einstimmen.

Goethe, an Zelter, 27. 7. 1807

Wo viel verloren wird, ist manches zu gewinnen.

Goethe, Maskenzug in Weimar 1818,
Wallensteins Lager

Gewinnen kann, wer viel verloren,
schnell. (Hofmeisterin)

Goethe, Die natürliche Tochter IV, 3

Doppelt gewinnt, wer vergißt, was verloren! (zu dreien)

Grillparzer, Melusina III

Armut

So geht es in der Welt:
Der eine hat den Beutel,
der andre hat das Geld.

Sprichwort

Schwer drückt ein voller Beutel. Schwerer ein leerer.

Haug,
Epigrammatische Spiele III, 29

Es gibt keinen ehrlicheren Weg zur Armut, als in ihr geboren zu sein; denn auch unser Heiland ward in ihr geboren.

Clemens Brentano,
Aus der Chronika eines fahrenden Schülers

Armut selbst macht stolz, die unverdiente.

Goethe, Hermann und Dorothea 6

Manchem wehret seine Armut, daß er nichts Übles tut. Davon hat er den Vorteil, daß er kein böses Gewissen hat.

Jesus Sirach 20, 23

Am Ganges nur gibt's Menschen. (Al-Hafi)

Lessing, Nathan der Weise II, 9

Man sagt, der Hölle Glut vermeidet,
wer Armut wegen Treue leidet.

Wolfram von Eschenbach, Parzival III

Dem Armen läuft die Armut nach, dem Reichen der Reichtum.

Talmud

Manche Menschen bleiben arm, weil sie alles daran setzen, als reich zu gelten.

Verfasser unbekannt

Das ist der Fluch der Armut, daß alle ihre Handlungen, mögen sie noch so uneigennützig sein, niedrigem Interesse zugeschrieben werden.

Bodenstedt, 1001 Tag im Orient

Wußt ich doch, daß allezeit
ein Armer von den Freunden scheu
gemieden wird. (Jason)

Euripides, Medea 560

Das ist das Verdammte an den kleinen Verhältnissen, daß sie die Seele kleinmachen.

Ibsen, an Magdalene Thoresen, 15. 10. 1867

Es ist für den Reichen viel leichter, Gutes zu tun, als für den Armen, sich vom Bösen fernzuhalten.

Petit-Senn,
Geistesfunken und Gedankensplitter

Für einen leeren Sack ist es schwer, aufrecht zu stehen.

Benjamin Franklin, Lebenserinnerungen III

Hinter dem Reichen steht ein Teufel, hinter dem Armen stehen zwei.

Aus Spanien

Arm und fromm war nur bei Joseph im Stall.

Sprichwort

Fürchterlich
ist einer, der nichts zu verlieren hat.
(König)

Goethe, Die natürliche Tochter I, 3

Wer Zahnweh hat, hält jeden, dessen Zähne gesund sind, für glücklich. Der an Armut Leidende begeht denselben Irrtum dem Reichen gegenüber.

Shaw

Wer nämlich meint, die Armut des Volkes gewährleiste die Ruhe, irrt sich gewaltig, wie die Tatsachen lehren; denn wo findet man mehr Gezänk als unter den Bettlern? Wer sinnt eifriger auf eine Änderung der Dinge als der Mensch, dem es in seiner Haut nicht wohl ist?

Thomas More, Utopia I

Es gibt nur eine Klasse in der Gesellschaft, die mehr an Geld denkt, als die Reichen. Das sind die Armen.

Oscar Wilde

Man kann den Armen nicht helfen, indem man die Reichen vernichtet.

Abraham Lincoln

In der Marktwirtschaft ist niemand arm, weil einige Leute reich sind. Der Reichtum der Reichen ist nicht die Ursache der Armut anderer Leute. Der Vorgang, der einige Leute reich macht, ist im Gegenteil die Begleiterscheinung des Vorgangs, der vieler Leute Bedürfnisse befriedigt.

Ludwig von Mises

Wenn eine freie Gesellschaft den vielen, die arm sind, nicht helfen kann, kann sie auch die wenigen nicht retten, die reich sind.

John F. Kennedy

XXVIII. Kapitel

Glück I

Alles Dichten und Trachten der Menschen, wie es sich in ihren so mannigfaltigen Bestrebungen bestätigt, schlägt zwar äußerlich sehr verschiedene Wege ein, aber schließlich läuft es doch immer auf das eine letzte Ziel hinaus, die Erlangung der Glückseligkeit.

Boethius, Tröstungen der Philosophie 3

Ist doch das, worüber wir uns streiten, nichts Kleines, sondern eigentlich das, worüber Bescheid zu wissen das Schönste, nicht Bescheid zu wissen das Beschämendste ist. In der Hauptsache geht es nämlich darum, zu wissen oder nicht zu wissen, wer glücklich ist und wer nicht. (Sokrates)

Platon, Gorgias

Fruchtreiche Arbeit, Müh und Fleiß,
ein wohlverdienend frommer Wandel,
nicht köstlich doch gut Trank und Speis,
errungner Reichtum ohn Rechtshandel.

Gesund- und freier Geist und Leib,
Behaus- und Kleidung, rein und tüchtig,
ein freundlich, keusch und kluges Weib,
ein Ehbett, fröhlich und doch züchtig.

Trostreicher Schlaf, sorglose Nacht,
Lieb allen, niemand Leid zufügen,
ein Herz und Mund, ohn Klag und Pracht,
mit seinem Stande sich vergnügen.

Gedanken, Freund und Bücher gut,
was recht stets lernen oder lehren,
der Stirn und Zunge gleicher Mut,
den Tod nicht fürchten noch begehren.

Martial/Weckherlin,
Wunsch, was das Leben glücklich mache

Der ist am glücklichsten, er sei
ein König oder ein Geringer, dem
in seinem Hause Wohl bereitet ist. (Thoas)

Goethe, Iphigenie auf Tauris I, 3

Gott, was ist Glück! Eine Grießsuppe, eine Schlafstelle und keine körperlichen Schmerzen – das ist schon viel.

Fontane

Glück besteht aus einem soliden Bankkonto, einer guten Köchin und einer tadellosen Verdauung.

Jean-Jaques Rousseau

Gibt's kein Paradies,
gibt's doch Paradiese!

Bodenstedt, Aus dem Nachlasse des Mirza Schaffy 1, Lieder der Liebe

Bekommen, was man sich wünscht, ist Erfolg. Sich wünschen, was man bekommen kann, ist Glück.

Charles F. Kettering

Des Menschen Wille ist sein Himmelreich.

Wilhelm Heinse

Daß ich fröhlich bin, die Sachen leicht nehme, rasch lebe, das ist mein Glück. (Egmont)

Goethe, Egmont II, Egmonts Wohnung

Dein wahres Glück, o Menschenkind,
o, glaube doch mitnichten,
daß es erfüllte Wünsche sind:
Es sind erfüllte Pflichten.

Karl von Gerok, Palmblätter

Was ist das höchste Glück des Menschen, als daß wir das ausführen, was wir als recht und gut einsehen?

Goethe, Wilhelm Meisters Lehrjahre VII, 6

Glück heißt, das Ich vergessen bei einer nützlichen Tätigkeit.

Elbert Hubbard

Nur eins beglückt zu jeder Frist:
Schaffen, wofür man geschaffen ist.

Heyse, Cottascher Musen-Almanach für 1896

Wer die Befriedigung des Schaffens einmal erfahren hat, für den sind alle anderen Befriedigungen nicht mehr vorhanden.

Anton Tschechow

Es gibt keine Wollust, die an das Hochgefühl geistiger Zeugung heranreicht.

Karl Kraus, Sprüche und Widersprüche

Glück ist, seinen Anlagen gemäß verbraucht zu werden.

Frank Wedekind

Glück ist ein Abfallprodukt des Strebens nach Vollendung.

Coudenhove-Kalergi

Des Menschen Herz kann am glücklichsten sein, wenn es sich so recht sehnt.

Raabe, Der Hungerpastor

Freundschaft und Liebe erzeugen das
Glück des menschlichen Lebens
wie zwei Lippen den Kuß, welcher die
Seele entzückt.

Hebbel, Freundschaft und Liebe

Das höchste Glück des Lebens besteht in der Überzeugung, geliebt zu sein.

Victor Hugo

Kummer läßt sich allein tragen. Für das Glück sind zwei Menschen erforderlich.

Elbert Hubbard

Größtes Glück auf Erden ist es, eine Nacht zwischen einer schönen Frau und einem schönen Himmel zu teilen.

Napoleon I.

Alles, was die Seele durcheinanderrüttelt, ist Glück.

Arthur Schnitzler

Das Glück des Menschen beruht darauf, daß es für ihn eine undiskutierbare Wahrheit gibt.

Nietzsche

Formel meines Glücks: Ein Ja, ein Nein, eine gerade Linie, ein Ziel.

Nietzsche

Glück – das ist vor allem das stille, frohe, sichere Bewußtsein der Schuldlosigkeit. (Rosmer)

Ibsen,
Rosmersholm III

Eines nur ist Glück hienieden,
eins: Des Innern stiller Frieden
und die schuldbefreite Brust!

Grillparzer,
Der Traum, ein Leben IV

Glück ist Selbstgenügsamkeit.

Aristoteles

Wenn es einen Menschen gibt, der die Gewalt des Schicksals, die Wechselfälle des Lebens, die Wirkung aller denkbaren Ereignisse erträglich findet, der sich infolgedessen weder von Furcht noch von Angst berühren läßt, sich keiner Begierde hingibt und keinem leeren Wonnerausch anheimfällt: Warum soll der nicht glückselig heißen?

Cicero, Tusculanae 5, 17

Du wirst keine deiner Torheiten bereuen und keine zurück wünschen – kein glücklicheres Schicksal kann einem Menschen werden.

Goethe, Wilhelm Meisters Lehrjahre VII, 9

Glück heißt seine Grenzen kennen und sie lieben.

Romain Rolland

Bei dem kleinsten aber und bei dem größten Glücke ist immer eins, wodurch Glück zum Glücke wird: Das Vergessenkönnen oder, gelehrter ausgedrückt, das Vermögen, während seiner Dauer unhistorisch zu empfinden. Wer sich nicht auf der Schwelle des Augenblicks, alle Vergangenheiten vergessend, niederlassen kann, wer nicht auf einem Punkte wie eine Siegesgöttin ohne Schwindel und Furcht zu stehen vermag, der wird nie wissen, was Glück ist.

Nietzsche,
Unzeitgemäße Betrachtungen II, 1

Das Glück ist ein Zustand der Ruhe, der weder Vergnügen noch Schmerzen hervorbringt.

Gaston de Lévis

Erstorben ist im Herzen eigner Wille,
Entscheidung hoffst du dir vom Waltenden.
Jawohl! Das ewig Wirkende bewegt,
uns unbegreiflich, dieses oder jenes
als wie von ohngefähr zu unserm Wohl,
zum Rate, zur Entscheidung, zum Vollbringen,
und wie getragen werden wir ans Ziel.
Dies zu empfinden, ist das höchste Glück. (Mönch)

Goethe, Die natürliche Tochter V, 7

Mit Koffern, Schachteln, Reisesäcken
dein Glück zu suchen, ziehst du aus?
Freund, nimm den leichten Wanderstecken,
du bringst es wahrlich eh'r nach Haus.

Rückert

Das schönste Gefühl auf dieser Erde: Nicht mehr nötig zu sein. Nicht mehr gebraucht zu werden.

Raabe, Gedanken und Einfälle

Glück und Unglück sind zwei Zustände, deren äußerste Grenzen wir nicht kennen.

Locke, Über den menschlichen Verstand I, 2

Glück II

Ich wandte mich und sahe, wie es unter der Sonne zugehet, daß zum Laufen nicht hilft schnell sein, zum Streit hilft nicht stark sein, zur Nahrung hilft nicht geschickt sein, zum Reichtum hilft nicht klug sein. Daß einer angenehm sei, hilft nicht, daß er ein Ding wohl könne; sondern alles liegt an Zeit und Glück.

Prediger Salomo 9, 11

Wer Glück hat, dem kälbert ein Ochs.

Sprichwort

Zum Segen des Glücks bekennen sich nur die Unglücklichen; die Glücklichen führen alle ihre Erfolge auf Klugheit und Tüchtigkeit zurück.

Jonathan Swift

Glück, sie nennen dich blind und werden nicht müde zu schelten.
Frage doch endlich zurück: Könnt ihr denn selber auch sehn?

Hebbel,
An das Glück

Glück ist Scharfblick für Gelegenheiten und die Fähigkeit, sie zu nutzen.

Samuel Goldwyn

Der Empfänger erst macht das Geschenk.
So wie das Brot, das uns die Erde spendet,
den Starken stärkt, des Kranken Siechtum mehrt,
so sind der Götter hohe Gaben alle
dem Guten gut, dem Argen zum Verderben. (Jason)

Grillparzer, Die Argonauten II

Das Glück ist gut und fromm;
gleich teilt es seine Gaben:
Die Reichen läßt es Furcht,
die Armen Hoffnung haben.

Verfasser unbekannt

Glaube nicht, du seist von Gott gesegnet,
bleibst du trocken, wenn der Himmel regnet.

Wilhelm Müller, Unseliger Segen

Lache nicht, wenn du schon am Morgen Glück hattest.

Aus Zaïre

Ein zu reicher Fang schädigt das Netz.

Aus Kamerun

Was einem in den Schoß fällt, verliert man leicht.

Aus Schweden

Zuviel Glück macht wahnsinnig

Aus Zaïre

Erdenglück ist eine Leiter:
Steig gedankenlos nicht weiter,
denk nur stets an den Verdruß,
daß man wieder abwärts muß.

Verfasser unbekannt

Fortune Infortune Font Une. Glück und Unglück sind eines.

In der Kirche von Brou in Bourg-en-Bresse

Glücklichwerden

Jeder hat sein eigen Glück unter den Händen, wie der Künstler eine rohe Materie, die er zu einer Gestalt umbilden will. Aber es ist mit dieser Kunst wie mit allen: Nur die Fähigkeit dazu wird uns angeboren; sie will gelernt und sorgfältig ausgeübt sein.

Goethe,
Wilhelm Meisters Lehrjahre I, 17

Ihn, der aus jeglichem Tag sich sein
Glück holt,
ihn allein nur preise ich glücklich.

Euripides, Die Bacchantinnen, Schlußgesang

Man muß das Glück aus sich selbst schöpfen, aus einem reichen Arbeitstag und der Erhellung, die er in den Nebel um uns hineintragen konnte.

Henri Matisse

Nicht aus des Herzens bloßem Wunsche keimt
des Glückes schöne Götterpflanze auf.
Der Mensch soll mit der Mühe Pflugschar sich
des Schicksals harten Boden öffnen, soll
des Glückes Erntetag sich selbst bereiten
und Taten in die offnen Furchen streun.

Heinrich von Kleist, An Wilhelmine

Ich wünsche, daß du durch Tätigkeit dein inneres, sowie durch Belohnung und Anerkennung derselben dein äußeres Glück gründen und erreichen mögest.

Goethe, an Friedrich von Stein, 21. 12. 1798

Der Einsichtige beherrscht sich selbst. Wer sich selbst beherrscht, bleibt charakterfest. Wer charakterfest ist, läßt sich nicht aus der Ruhe bringen. Wer sich nicht aus der Ruhe bringen läßt, kennt keine Traurigkeit. Wer keine Traurigkeit kennt, ist glücklich. Mithin ist der Einsichtige glücklich.

Seneca, Briefe an Lucilius

Glück und Unglück sind meiner Meinung nach zwei souveräne Mächte. Es ist Torheit, anzunehmen, daß menschliche Klugheit die Rolle des Glücks spielen könne.

Montaigne, Essais III, 8

Der Mensch ist nicht eher glücklich, als bis sein unbedingtes Streben sich selbst seine Begrenzung bestimmt.

Goethe,
Wilhelm Meisters Lehrjahre VIII, 5

Um glücklich zu sein, muß man seine Vorurteile abgelegt und seine Illusionen behalten haben.

Marquise du Chatelet

Nur die ungebildete Seite an uns ist es, von der her wir glücklich sind.

Goethe,
zu Riemer, 1. 2. 1808

Glück entsteht oft durch Aufmerksamkeit in kleinen Dingen, Unglück oft durch die Vernachlässigung kleiner Dinge.

Wilhelm Busch

Wenn du die Menschen glücklich machen willst, dann beschenke sie nicht, sondern nimm ihnen einige ihrer Wünsche.

Epikur

Solange einer hungert, weiß er den Weg zum Glück.

Thomas Niederreuther,
Aphorismen

Einen Schuß Wüste braucht der Mensch – um des Glücks der Oase willen.

Martin Kessel,
Gegengabe VI

Der Mann braucht zum vollkommenen Glück einen zuverlässigen Freund, die Frau eine zuverlässige Feindin.

Tennessee Williams

Der Anblick eines wahrhaft Glücklichen macht glücklich. (Almaide)

Goethe, Lila II

Ich begegne lieber einem glücklichen Menschen, als daß ich eine Fünf-Pfund-Note finde. Ein heiterer Mensch verbreitet gute Laune um sich, und wenn er in ein Zimmer kommt, ist es, als sei ein Licht angezündet worden.

Robert Louis Stevenson,
Aber nicht allzu geschäftig

Tugend nennt ihr's, die Freude des andern wie eigne zu fühlen?
Unermeßliches Glück scheint mir's und großes Talent!

Hebbel, Epigramme

Der Mensch ist gerade so glücklich, wie er sich zu sein entschließt.

Abraham Lincoln

Nie kommt das Glück allein,
es folgt ihm stets, mit reicher Gaben Fülle
beladen, die Begleitung nach. (Altoum)

Schiller, Turandot V, 1

Grata superveniet quae non sperabitur hora! Unverhofft wird dereinst die glückliche Stunde dir kommen.

Horaz, Episteln I, 4

Das weitaus schönste Glück – das plötzliche. (Wächter)

Sophokles, Antigone II

Rasch im Fluge die Freud' umarmen, leise
nur den Mund ihr berühren, wie die Biene
Nektarblumen berührt, o Freund, versetzt uns
unter die Götter.

Matthisson, Genuß der Gegenwart

Glücklichsein

Keine Pflicht wird so sehr vernachlässigt wie die Pflicht, glücklich zu sein.

Robert Louis Stevenson

Wer glücklich ist, der ist auch gut,
das zeigt auf jedem Schritt sich;
denn wer auf Erden Böses tut,
trägt seine Strafe mit sich.

Bodenstedt, Die Lieder des Mirza Schaffy, Glaube und Leben

Wenn wir glücklich sind, sind wir immer gut. Aber nicht jeder, der gut ist, ist glücklich.

Oscar Wilde

Der Glückliche nur fühlt sich Wert und Kraft. (Herzog)

Goethe, Die natürliche Tochter III, 4

Der Mensch kann groß, ein Held, im Leiden sein,
doch göttlich ist er, wenn er selig ist! (Penthesilea)

Heinrich von Kleist, Penthesilea 14

Wer Glück erfuhr,
soll mit Beglückung niemals geizig sein! (Antigone)

Sophokles, Oidipus auf Kolonos IV

Übermütig sind meist in guten Zeiten die Herzen.
Schwer ist's, Tage des Glücks tragen mit ruhigem Sinn.

Ovid, Ars amandi II, 437

Das fortwährende Zusammenwohnen mit dem Glück verblendet einen unverständigen Menschen; das Glück fegt seine Besonnenheit hinweg wie der Wind die Wolke im Herbst.

Mahâbhârata 12

Nichts ist dem Menschen schwerer zu tragen
als eine Last von guten Tagen.

Wilhelm Müller, Die schwerste Last

Die Jugend und das Alter sollten glückliche Abschnitte sein: Die Jugend weiß noch nicht, wieviel Unannehmlichkeit ihr bevorsteht, und das Alter weiß, wieviel Unannehmlichkeit überwunden wurde.

Viscount Castlerosse

Alles Glücklichsein ist das eines Kindes im Theater. Das Alter weiß, wie die Dekoration von hinten aussieht und der Schauspieler zu Hause. Freilich bleiben die meisten bis zu ihrem Tode große Kinder.

Raabe, Gedanken und Einfälle

Anscheinend fühlt sich der glückliche Mensch nur deshalb wohl, weil die Unglücklichen ihre Last schweigend tragen und ohne dieses Schweigen das Glück unmöglich wäre.

Anton Tschechow

Mit dem Glück muß man es machen wie mit der Gesundheit: Es genießen, wenn es günstig ist, Geduld haben, wenn es ungünstig ist, und zu gewaltsamen Mitteln nur im äußersten Notfall greifen.

La Rochefoucauld,
Reflexionen und Maximen

Am glücklichsten ist der Mensch immer nur – kurz vorher.

Thomas Niederreuther, Aphorismen

Dauer des Glücks

In den meisten Fällen ist Glück kein Geschenk, sondern ein Darlehen.

Albrecht Goes

Ein langes Glück verliert schon allein durch seine Dauer.

Lichtenberg,
Von Menschenart

Geflügelt ist das Glück und schwer zu binden,
nur in verschloßner Lade wird's bewahrt;
das Schweigen ist zum Hüter ihm gesetzt,
und rasch entfliegt es, wenn Geschwätzigkeit
voreilig wagt, die Decke zu erheben.
(Don Manuel)

Schiller,
Die Braut von Messina I, 7

Das Glück ist eine leichte Dirne
und weilt nicht gern am selben Ort;
sie streicht das Haar dir von der Stirne
und küßt dich rasch und flattert fort.

Frau Unglück hat im Gegenteile
dich liebefest ans Herz gedrückt;
sie sagt, sie habe keine Eile,
setzt sich zu dir ans Bett und strickt.

Heine,
Romanzero 2, Lamentationen, Motto

Es gibt kein unbedingtes und ungetrübtes Glück, das länger als fünf Minuten dauert.

Fontane

Es ist wahr, ich schmeckte schon
Augenblicke voll Entzücken,
aber Gott! – in Augenblicken
steht denn da dein ganzer Lohn?

Funken waren das von Freuden,
Vögel, die verkündten Land,
wenn die Seele ihrer Leiden
Höh' und Tief' nicht mehr verstand.

Jakob Michael Reinhold Lenz,
Eduard Allvills einziges geistliches Lied

Des Glückes Welle hebt, die Welle stürzt
den Hohen und den Niedern immerzu;
kein Seher weiß, wann sie zur Ruhe kommt. (Bote)

Sophokles, Antigone VI

Der Glücklichste denke zum Streite
immer gerüstet zu sein, und jeder gleiche dem Krieger,
der von Helios' Blick zu scheiden immer bereit ist.

Goethe, Achilleis 609

Fortuna setzt uns auf ein Rad.
Wer heute den Lustsitz oben hat,
liegt morgen unten. Bist du klug,
so schicke dich in den Betrug.

Julius Wilhelm Zinkgref,
Deutsche Apophthegmata

Unerspäht den Göttern
bleibt nimmermehr, wer Blut vergoß,
und der Erinnyen schwarze Schar
raubt dem, der glücklich ohne Recht,
in rückgewandtem Schicksalsgang
des Glückes Glanz.

Aischylos, Agamemnon 461

Ich kenne nun sehr wohl die vielgestaltigen Trugkünste jenes seltsamen Wesens, des Glücks, und ich weiß, daß es mit denen, die es zum besten haben will, so lange in schmeichelnder Vertraulichkeit lebt, bis es sie durch sein unvermutetes Verschwinden in unerträglichen Schmerz versetzt.

Boethius, Tröstungen der Philosophie II

Wer glücklich war, der wiederholt sein
Glück im Schmerz. (Prometheus)

Goethe, Pandora

Ihr alle kennt die wilde Schwermut, die uns bei der Erinnerung an Zeiten des Glückes ergreift.

Ernst Jünger,
Auf den Marmorklippen, Anfang

Glück gleicht durch Höhe aus, was ihm an Länge fehlt.

Robert Frost

Den Mann voll Willenskraft, der klüglich handelt,
der treue Freundschaft hält, der frei von Lastern wandelt,
nicht aufschiebt, dankbar ist, vor Kampf nicht bebt zurück,
bei ihm zu wohnen, sucht ihn selber auf das Glück.

Naràjana, Hitopadesa I, 6

Nicht-Glücklichwerden

Versperrt ist mir des Glückes Tor,
ich stehe wie verwaist davor,
vergeblich ist und nutzlos all mein Klopfen.
Könnt wohl ein Wunder größer sein:
Es regnet rechts und links, allein
ich Dürstender bekomme keinen Tropfen.

Walther von der Vogelweide,
an Leopold von Österreich

Glück ist wie ein Maßanzug. Unglücklich sind meistens die, die den Maßanzug eines andern tragen möchten.

Karl Böhm

Nach meiner Ansicht, Polos, ist aber der Übeltäter und Ungerechte in jedem Falle unglücklich. Besonders unglücklich ist er aber, wenn er für sein Unrecht nicht bestraft wird. (Sokrates)

Platon, Gorgias

Viele suchen ihr Glück, wie sie einen Hut suchen, den sie auf dem Kopfe tragen.

Nikolaus Lenau

Es ist sehr schwer, das Glück in uns zu finden, und es ist ganz unmöglich, es anderswo zu finden.

Chamfort

Glücke kennt man nicht, drinne man geboren;
Glücke kennt man erst, wenn man es verloren.

Logau,
Gegenwärtiger und vergangener Zustand

Glücksgefühle sind wohltätig für den Körper, aber die Kräfte des Geistes werden durch Kummer entwickelt.

Marcel Proust

Das Glück beruht oft nur auf dem Entschluß, glücklich zu sein.

Lawrence Durrell

Mancher träumt solange vom Glück, bis er es schließlich verschläft.

Sprichwort

Das ist der wahre Empörergeist, hier in diesem Leben Glück zu beanspruchen. Was für ein Recht haben wir Menschen auf Glück? Nein, Frau Alwing, unsere Pflicht sollen wir tun. (Pastor Manders)

Ibsen, Gespenster I

Die Absicht, daß der Mensch glücklich sei, ist im Plan der Schöpfung nicht enthalten.

Sigmund Freud

Freude

Wenn uns der Morgen nicht zu neuen Freuden weckt, am Abend uns keine Lust zu hoffen übrigbleibt, ist's wohl des An- und Ausziehens wert? (Egmont)

Goethe, Egmont II, Egmonts Wohnung

Alle Dinge werden zu einer Quelle der Lust, wenn man sie liebt.

Thomas von Aquin

Meine Freude ist
so groß, daß sie vom Kummer Tränen borgt,
sich zu entladen. (König)

Schiller, Macbeth I, 8

Freuden sind unsere Flügel, Schmerzen unsere Sporen.

Jean Paul

Ein ganz klein wenig Süßes kann viel Bitteres verschwinden machen.

Petrarca

Die Freude verallgemeinert, der Schmerz individualisiert den Menschen.

Hebbel, Tagebücher 1847

Es ist so traurig, sich allein zu freuen. (Fräulein)

Lessing, Minna von Barnhelm II, 3

Die Freude ist schwatzhaft. (Lisette)

Lessing, Der junge Gelehrte III, 11

Was anders wäre Freud' als Freude machen? (Adah)

Byron, Kain I, 1

Große, lebhafte Freude läßt sich schlechterdings nur denken als Folge großer vorhergegangener Not; denn zu einem Zustande dauernder Zufriedenheit kann nichts hinzukommen als etwas Kurzweil oder auch Befriedigung der Eitelkeit.

Schopenhauer, Welt als Wille und Vorstellung II, 46

Nur unbewußte Freude ist
von trüben Wolken frei;
denn wer die Schatten nur vermißt,
der ruft sie schon herbei.

Oskar Blumenthal

Die meisten Freuden des Menschen sind bloße Zurüstungen zur Freude.

Jean Paul, Siebenkäs II

Wenn du an dir nicht Freude hast,
die Welt wird dir nicht Freude machen.

Paul Heyse, Spruchbüchlein, Was nottut

Die wahre Freude ist die Freude am anderen.

Antoine de Saint-Exupéry

Wer darf sagen, daß er an der Freude verzweifle, solange noch Arbeiten lohnen und Hoffnungen einschlagen? (Biber)

Schiller, Der Menschenfeind 1

Farbe nur sei die Freude, der Ernst sei
die Zeichnung des Lebens.

Karl Gustav von Brinckmann, Elegien und Arabesken

Freud' und Leid sind Reiseleute,
ziehen immer aus und ein;
doch will dieses immer länger,
jene kürzer bei uns sein.

Logau, Sinngedichte, Lust und Schmerz

„Sage", sprach ich, „holde Freude,
sage doch, was fliehst du so?
Hat man dich, so fliehst du wieder!
Niemals wird man deiner froh."
„Danke", sprach sie, „dem Verhängnis!
Alle Götter lieben mich.
Wenn ich ohne Flügel wäre,
sie behielten mich für sich."

Johann Nikolaus Götz

An eine ungetrübte Freude glaubt nur der Neider.

Hans Arndt, Im Visier

Späte Freuden sind die schönsten; sie stehen zwischen entschwundener Sehnsucht und kommendem Frieden.

Ebner-Eschenbach, Aphorismen

Von einem gewissen Alter ab tut auch die Freude weh.

Charlie Chaplin

Diese Freude – sie gleicht unserer Freude über die langen, hellen Sommertage. Unabweisbar mischt sich mit ihr die Ahnung der kommenden finsteren Tage. (Ellida)

Ibsen, Die Meerfrau III

Das Wort Schadenfreude gibt es nur im Deutschen.

Chandra Singh

Ist wirklich die Welt so schadenfroh,
wie du sie schilderst in scharfen Zügen,
was ärgerst du über die Menschen dich so
und machst ihnen dadurch soviel Vergnügen?

Leuthold, Sprüche 23

Vergnügung

Man muß oft etwas Tolles unternehmen, um nur wieder eine Zeitlang leben zu können.

Goethe, zu Soret, 21. 12. 1823

Gelegentliche Ausschweifungen wirken anregend. Sie verhüten, daß Mäßigkeit zur Gewohnheit abstumpft.

Somerset Maugham

Zerstreuung ist wie eine goldene Wolke, die den Menschen, wär' es auch nur auf kurze Zeit, seinem Elend entrückt. (Verazio)

Goethe, Lila I

Das Schicksal zieht,
gleich einem strengen Lehrer, kaum ein freundlich
Gesicht, sogleich erhebt der Mutwill wieder
sein keckes Haupt. (Ottokar)

Kleist, Die Familie Schroffenstein III, 1

Vergnügen ist nichts als ein höchst angenehmer Schmerz.

Heine, Reisebilder II, Italien I, 18

Der Unterschied zwischen Glück und Vergnügen besteht darin, daß man sich das Vergnügen selber wählen kann.

Gustav Knuth

Er behauptete, nur ein seltsames Vergnügen könne bei den Menschen einen Wert haben; Kinder und Alte wüßten nicht zu schätzen, was ihnen Gutes täglich begegnete.

Goethe, Wilhelm Meisters Lehrjahre I, 4

Man muß etwas wirklich ernstnehmen, wenn man irgendein Vergnügen am Leben genießen will.

Oscar Wilde

Ein Vergnügen erwarten ist auch ein Vergnügen. (Fräulein)

Lessing, Minna von Barnhelm IV, 6

Das volle Herz,
es sucht oft lauter Freude vollen Jubel,
um in der allgemeinen Lust Gewühl
recht unbemerkt, recht stille sich zu freun. (Sappho)

Grillparzer, Sappho II, 6

Man findet das Vergnügen nur sehr selten dort, wo man es sucht.

Lloyd George

Die Lust hat ihren Tag, so wie die Sonne,
doch auch wie jene einen Abend: Reue.

Grillparzer,
Des Meeres und der Liebe Wellen I

Nicht dem Vergnügen, sondern der Schmerzlosigkeit geht der Vernünftige nach.

Aristoteles, Nikomachische Ethik 7, 12

Es kommt für alle Menschen eine Zeit, wo sie sich vor nichts mehr fürchten als vor dem, was man in der Welt Vergnügen zu nennen pflegt.

Wilhelm Raabe, Alte Nester

Manches Vergnügen besteht darin, daß man mit Vergnügen darauf verzichtet.

Peter Rosegger

Scherz

Hat man einen Bogen, so spanne man ihn ab. Bleibt er die ganze Zeit gespannt, so zerspringt er und ist nicht mehr zu gebrauchen, wenn man ihn nötig hat. So ist auch der Mensch eingerichtet. Wollte er immer ernsthaft arbeiten und gar nicht scherzen, so muß er eines Tages stumpfsinnig werden.

Herodot, König Amasis von Ägypten

Cum grano salis. Mit einem Körnchen Salz.

Plinius der Ältere, Naturgeschichte 23, 8, 77

Der Witz ist das Salz der Unterhaltung, nicht die Nahrung.

William Hazlitt

Ein guter Witz geht immer für ein Stück Brot.

Gottfried Keller

Witz hascht nach Einfällen; Urteilskraft strebt nach Einsichten. Witz geht mehr nach der Brühe, Urteilskraft nach der Nahrung.

Kant, Anthropologie III

Der Scherz kennt kein anderes Ziel als sein eigenes Dasein. Die poetische Blüte seiner Nesseln sticht nicht.

Jean Paul, Vorschule der Ästhetik

Noch nehm' ich nicht dem Ernste seine Lust,
indem ich mit des Scherzes Lust sie menge. (Hero)

Grillparzer,
Des Meeres und der Liebe Wellen I

Des vernünftigen Mannes Scherze sind vernünftigen Leuten eine lehrreiche Unterhaltung.

John Milton

Witzige Einfälle sind die Sprichwörter der gebildeten Menschen.

Friedrich Schlegel

Der Witz gehört unter den Spielbetrieb. Das Spiel offenbart die große Freiheit des Geistes.

Goethe,
zu Riemer, 20. 2. 1809

Witz ist ein Intellekt auf dem Bummel.

Oscar Wilde

Jeder Witz ist nur für den Unterrichteten.

Goethe, Die guten Weiber

Der Witz ist eine geistige Elektrizität. Dazu sind feste Körper nötig.

Novalis, Fragmente

Manche witzigen Einfälle sind wie das überraschende Wiedersehen zweier befreundeter Gedanken nach langer Trennung.

Friedrich Schlegel

Die Römer wußten, daß der Witz ein prophetisches Vermögen ist; sie nannten ihn Nase.

Friedrich Schlegel,
Athenaeum 1797

Die echten Witze überraschen den Sprecher wie den Hörer. Sie entstehen gleichsam wider Willen.

Joubert

Witz ist ein schelmischer Pfaff', der
keck zu täuschendem Eh'bund
zwei Gedanken, die nie früher sich
kannten, vermählt;
aber der nächste Moment schon zeigt
dir im Hader die Gatten,
und vor dem schreienden Zwist stehst
du betroffen und lachst.

Geibel,
Ethisches und Ästhetisches in Distichen 32

Der Witz ist der verkleidete Pastor, der jedes Paar traut.

Jean Paul

Witz ist eine Null. Unseren moralischen Qualitäten angefügt, multipliziert sie. Allein ist sie nichts wert.

C. Jordan

In heiteren Seelen gibt es keinen Witz. Witz zeigt ein gestörtes Gleichgewicht an. Er ist die Folge der Störung und zugleich das Mittel der Herstellung.

Novalis

Witz ist das Epigramm auf den Tod eines Gefühls.

Nietzsche

Der Witz setzt immer ein Publikum voraus. Darum kann man den Witz auch nicht bei sich behalten. Für sich allein ist man nicht witzig.

Goethe, zu Riemer, 20. 2. 1809

Frauenzimmer haben in der Regel keinen Sinn für den Scherz. Sie goutieren ihn nur, wenn sie gerade in lustiger Stimmung sind.

Grillparzer, Aphorismen, 1823

Scherze nicht mit einem groben Menschen!

Jesus Sirach 8, 5

Der Scherz ist ein Versuch, Ungleichheit gleichzustellen.
Drum scherzen ungestraft nur unter sich Gesellen.
Mit Kleinerm scherze nicht, er wird sich überheben,
und nicht mit Größerem, er wird dir's nicht vergeben!

Rückert, Die Weisheit des Brahmanen I

Ihr seid glücklich und froh, wie sollt' ein Scherz euch verwunden!
Doch der Krankende fühlt auch schmerzlich die leise Berührung.

Goethe, Hermann und Dorothea 9

Der Witz ist die Krätze des Geistes.

Seume, Apokryphen

Ein witziger Mund, ein schlechter Charakter.

Pascal, Moralische Gedanken

Es gibt hundert Witzige gegen einen, der Verstand hat.

Lichtenberg

Ich finde, ein leidlich gebildeter Mensch kann über jedes Thema witziger schreiben als über den Witz.

Cicero

Heiterkeit

Frohsinn im Herzen ist Leben für den Menschen, und Frohlocken verschafft einem Manne langes Leben.

Jesus Sirach 30, 22

Was kann der Schöpfer lieber sehen als ein fröhliches Geschöpf! (Fräulein)

Lessing, Minna von Barnhelm II, 7

Ich fand mich sicher nie frömmer, als wenn ich so recht fröhlich im Gemüte war.

Jeremias Gotthelf

Die Heiterkeit allein ist gleichsam die bare Münze des Glückes und nicht, wie alles andere, bloß der Bankzettel.

Schopenhauer

Lust'ge Leute kennen ihren Vorteil.
(Kattwald)

Grillparzer, Weh dem, der lügt! II

Wir müssen die Dinge lustiger nehmen, als sie es verdienen; zumal wir sie lange Zeit ernster genommen haben, als sie es verdienen.

Nietzsche, Morgenröte 567

Willenspassion und Heiterkeit vertragen sich nur sehr zeitweilig.

Morgenstern, Stufen, Politisches, 1907

In dem Bach sind wenig Fische, welcher immer klar und licht.
Stirn, die immer heiter lächelt, viel Gedanken hast du nicht.

Wilhelm Müller, Die helle Stirn

Wir sollten vorsichtig sein, in heiterer Laune Geschichten zu erzählen, in welchen wir eine unvorteilhafte Rolle spielen. Die Leute amüsieren sich, sie lachen jetzt, aber sie behalten die Sache im Gedächtnis und werden sie gegen uns verwenden, wenn ihnen die Umstände gelegen sind.

Samuel Johnson

Ich bin mein ganzes Leben durch die heiße Hand an der Gurgel mit der Frage „Was wird mit dir und den Deinen morgen?" nicht los geworden. Und so ist das, was ihr meine komische Heiterkeit nennt, nichts als das Atemschöpfen eines dem Ertrinken Nahen.

Raabe,
Gedanken und Einfälle

Humor

Wo Phantasie und Urteilskraft sich berühren, entsteht Witz, wo sich Vernunft und Willkür paaren, Humor.

Novalis,
Fragmente 1798

Humor ist das umgekehrt Erhabene. Er erniedrigt das Große, um ihm das Kleine, und erhöht das Kleine, um ihm das Große an die Seite zu setzen und so beide zu vernichten, weil vor der

Unendlichkeit alles gleich und nichts ist.

Jean Paul

Humor ist die Einheit von Witz und Liebe.

Thackeray

Kein Geist ist in Ordnung, dem der Sinn für Humor fehlt.

Samuel Taylor Coleridge

Der Humor ist mit Recht als die feinste Vollendung des dichterischen Geistes betrachtet worden. Wer ihn nicht besitzt, wie reich er auch begabt sein möge, besitzt nur die Hälfte der gestaltenden Kraft.

Thomas Carlyle

Humor ist der Milchbruder des Glaubens.

Martin Buber

Ein wertvoller Schutz vor Feinden ist der Humor.

Aus Liberia

Es sitzt ein Vogel auf dem Leim,
er flattert sehr und kann nicht heim.
Ein schwarzer Kater schleicht herzu,
die Krallen scharf, die Augen gluh.
Am Baum hinauf und immer höher
kommt er dem armen Vogel näher.
Der Vogel denkt: Weil das so ist
und weil mich doch der Kater frißt,
so will ich keine Zeit verlieren,
will noch ein wenig quinkelieren
und lustig pfeifen wie zuvor.
Der Vogel, scheint mir, hat Humor.

Wilhelm Busch

Humor ist die Höflichkeit der Verzweiflung.

Chaval

Während dem gewöhnlichen Menschen der heutige Alltagsärger erst nach einem Jahr belanglos erscheinen und zum heiteren Gesprächsstoff herabsinken wird, betrachtet der Humor die Widerwärtigkeiten der Welt schon heute aus jener Entfernung, in der die Dinge auf ihr wirkliches Maß zusammenschrumpfen.

Ludwig Reiners, Stilkunst VI, Witz und Humor

Humor ist überwundenes Leiden an der Welt.

Jean Paul

Gibt es schließlich eine bessere Form, mit dem Leben fertig zu werden, als mit Liebe und Humor?

Charles Dickens, David Copperfield, Schluß

Er suchte sich durch eine Art von Humor zu helfen, der aber, weil er ohne Liebe war, auch der gewohnten Anmut ermangelte.

Goethe, Die Wahlverwandtschaften I, 13

Der englische Humor macht Spaß. Der deutsche Humor dient dem Zwecke der Erheiterung.

Werner Mitsch

Ein Komiker ist ein Mensch, der nichts ernstnimmt außer sich selbst.

Danny Kaye

Es ist schlimm, in einem Lande zu leben, in dem es keinen Humor gibt. Aber noch schlimmer ist es, in einem Lande zu leben, in dem man Humor braucht.

Bertolt Brecht

Optimismus

Ich bin mein ganzes Leben Optimist gewesen und habe an die Vernunft, die Intelligenz des Menschen und sein Gewissen geglaubt.

Julian Huxley

Ein Optimist ist ein Mann, der Kreuzworträtsel sofort mit dem Kugelschreiber ausfüllt.

Karl Farkas

Ein Optimist ist in der Regel ein Zeitgenosse, der ungenügend informiert ist.

John B. Priestley

Die wahren Optimisten sind nicht überzeugt, daß alles gutgehen wird. Aber sie sind überzeugt, daß nicht alles schiefgehen wird.

Verfasser unbekannt

Ein Optimist ist jemand, der genau weiß, wie traurig die Welt sein kann, während ein Pessimist täglich neu zu dieser Erkenntnis gelangt.

Peter Ustinov

Er ist ein Optimist. Er glaubt, daß es von ihm abhängt, wann er Selbstmord begehen will.

Gabriel Laub

Der Optimist und der Pessimist haben einen gemeinsamen Nenner: Den Mist.

Carl Fürstenberg

Spott

Ich mag lieber leiden, daß man lehrreich spottet, als daß man unfruchtbar lobt.

Goethe, Briefe aus der Schweiz

Feiner Spott ist ein Dorn, der etwas vom Duft der Blume konserviert hat.

Alfred d'Houdetot

Spötteleien sind Blitze, die blenden, ohne zu zünden.

Madeleine de Fontaine

Spott untergräbt keine echte Autorität, weil er sie nicht treffen kann. Aber dem auf Äußerlichkeiten ruhenden, konventionell festgehaltenen, dem übertriebenen und angemaßten Ansehen tut er Abbruch.

Ludwig Thoma

Ich leugne nicht, daß ein schöner Mund, der sich ein wenig spöttisch verziehet, nicht selten um so viel schöner ist. (Prinz)

Lessing, Emilia Galotti I, 4

Am wahren Spötter lächelt das ganze Gesicht, der Mund ausgenommen.

Jean Paul,
Bemerkungen über den Menschen

Halt deine Oberlippe fest, Ulyß!
Es steckt mich an, bei den gerechten Göttern,
und bis zur Faust gleich zuckt es mir herab. (Achilles)

Heinrich von Kleist, Penthesilea 21

Es war wohl niemals ein Mann von irgendeinem Wert, auf den kein Pasquill gemacht worden wäre.

Lichtenberg,
Beobachtungen über den Menschen

Krieg führt der Witz auf ewig mit dem Schönen,
er glaubt nicht an den Engel und den Gott.

Schiller, Das Mädchen von Orleans

Die Ironie ist der Kaktus, der auf dem Grab unserer Illusionen wuchert.

Elbert Hubbard

Die Ironie ist oft nichts als verschämte Zärtlichkeit.

Etienne Rey

Zyniker ist, wer niemals eine gute Eigenschaft eines Menschen sieht, wohl aber jede schlechte.

Henry Ward Beecher

Der Zyniker, dieser Schmarotzer der Zivilisation, lebt davon, sie zu verneinen, weil er überzeugt ist, daß sie ihn nicht im Stich lassen wird.

Ortega y Gasset

Zynismus entsteht, wenn ein heißes Gefühl kalt geduscht wird.

Alberto Sordi

Das Zynische ist das nichts als Gekonnte.

Martin Kessel, Gegengabe IV

Die Satire hat auszugraben, was das Pathos zugeschüttet hat.

Stanislaw Jerzy Lec

Es ist der Satire wesenseigen, daß sie mehr oder weniger stark übertreibt, d. h. dem Gedanken, den sie ausdrücken will, einen scheinbaren Inhalt gibt, der über den wirklich gemeinten hinausgeht, jedoch in einer Weise, daß der des Wesens der Satire kundige Leser oder Beschauer den geäußerten Inhalt auf den ihm entweder bekannten oder erkennbaren tatsächlich gemeinten Gehalt zurückzuführen vermag.

Reichsgericht,
Grundsatzentscheidung vom 5. 6. 1928

Ein Satiriker ist ein Irrer, der dem Elefanten Mausefallen stellt.

Adolf Neuwert Nowaczynski

Die Satire bessert selten. Darum sei sie nicht bloß lächelnd, sondern bitter, um die Toren, die sie nicht bessern kann, wenigstens zu bestrafen.

Jean Paul

Große Satire begnügt sich nie damit, darzustellen was, sondern macht sichtbar, warum es miserabel ist. Das gerade stört ja die Dummen, die darum Humor fordern.

Helmut Arntzen

Der Satiriker ist ein gekränkter Idealist.

Tucholsky

„Mach doch nicht immer dieselben Witze", baten die Leser den Satiriker, und der Satiriker bat die Leser: „Macht doch nicht immer dieselbe Wirklichkeit."

Peter Maiwald

Die Parodie stellt das Gemeine groß und wichtig, ernst und feierlich dar, die Travestie, welche gerade umgekehrt verfährt, das Große und Wichtige gemein und pöbelhaft.

Karl Julius Weber, Demokritos,
Über die Kunst

Wer Stil hat, ist parodierbar.

Joachim Kaiser,
Was ist Parodie?

Man soll an seine Schriften keinen Essig tun. Man soll Salz hineinstreuen.

Montesquieu

Solange du selbst bartlos bist, verspotte nicht den mit dem dünnen Barte.

Aus Arabien

Spott ist oft Mangel an Geist.

La Bruyère

Affen verspotten sich gegenseitig.

Aus Simbabwe

Wer heute über die Fehler anderer lacht, macht morgen die gleichen.

Aus Simbabwe

Vergiß es nie: Die Götter sperrn
das Paradies dem Spötter gern.

Verfasser unbekannt

Lachen

Wer viel lacht und viel weint, wird sehr alt.

Aus China

Laßt ja die Kinder viel lachen, sonst werden sie böse im Alter! Kinder, die viel lachen, kämpfen auf der Seite der Engel.

Hrabanus Maurus

Ein freundliches Lächeln ist mehr wert als ein gutes Essen.

Aus Obervolta

Wer lächelt, statt zu toben, ist der Stärkere.

Aus Japan

Lächle! Deine Gläubiger werden warten, weil sie glauben, es könne dir nicht schlecht gehen. Deine Feinde werden dich meiden, weil sie glauben, du seiest ihnen überlegen. Der Arzt wird dir weniger berechnen, weil er denkt, du seiest nicht sehr krank gewesen.

Aus Korea

Männer von großem Geist sind selten große Lacher und mehr zur Melancholie geneigt, wie schon Aristoteles wußte.

Karl Julius Weber, Demokritos II, 14

Die Leidenschaft des Lachens ist nichts anderes als ein plötzliches Hochgefühl, das entsteht, wenn wir unverhofft in uns selbst eine Überlegenheit gegenüber der Schwäche eines anderen oder einer eigenen früheren Schwäche entdecken.

Thomas Hobbes

Der Verständige findet fast alles lächerlich, der Vernünftige fast nichts.

Goethe, Die Wahlverwandtschaften II, 4

Das Lächeln ist nur ein gut ausgetrocknetes Weinen.

Albert Paris Gütersloh

Viel Gelächter stiftet Unfrieden.

Aus Somalia

Der Ehrgeizige und der Würdige lachen nur aus Versehen.

Hans Arndt, Im Visier, Typen im Blitzlicht

Es gibt ein Lachen, das sich wie der Klang gefälschter Münzen anhört.

Edmond de Goncourt

Wer auf fremde Kosten lacht, macht Schulden.

Aus Polen

Wer nach allen Seiten immer nur lächelt, bekommt nichts als Falten im Gesicht.

Aus Arabien

Der weiße Zahn lacht nicht immer nur aus Freude.

Aus Togo

XXIX. Kapitel

Gefahr
Schwierigkeiten
Mißerfolg
Übel
Unglück
Not
Leid
Schmerz
Sorge
Traurigkeit
Pessimismus
Unmut
Zorn
Klage
Träne
Resignation
Verzweiflung
Unterliegen

Gefahr

„Wird's besser? Wird's schlimmer?"
fragt man alljährlich.
Seien wir ehrlich:
Leben ist immer
lebensgefährlich.

Erich Kästner, Zum Neuen Jahr

Und wie wir eben Menschen sind,
wir schlafen sämtlich auf Vulkanen.

Goethe, Zahme Xenien III

Wer edel ist, den suchet die Gefahr.

Goethe, Elpenor I, 4

Locket Übung des Gefährlichen
nicht die Gefahr an uns heran? (Herzog)

Goethe, Die natürliche Tochter I, 6

Die Fallen der Weiber und der Dummköpfe sind am schwersten zu vermeiden.

Aus China

Vergnügen sucht der Mann sich in Gefahren. (Elpenor)

Goethe, Elpenor I, 2

Das Bewußtsein des Geborgenseins tötet das Leben.

Ortega y Gasset

Jede Gefahr ist in der Vorstellung fürchterlicher als in re.

Lichtenberg,
an Johann Daniel Ramberg, 6. 8. 1786

Ich finde, daß das Glück zu einem kleinen Schlage, den es uns versetzen will, oft schrecklich weit ausholt. Man sollte glauben, es wolle uns zerschmettern, und hat uns am Ende nichts als eine Mücke auf der Stirne totgeschlagen. (Parmenio)

Lessing, Philotas 5

Das bedeutet Verdruß, so sagen bedenkliche Leute,
wenn beim Eintritt ins Haus nicht fern von der Schwelle der Fuß knackt.

Goethe, Hermann und Dorothea 8

Gut ist die redliche Warnung des Freundes.

Homer, Ilias XI, 793

Der Tor hält Warnung für Feindschaft.

Koran

Ach, nur
zu glaubhaft ist der Mund, der Böses meldet. (Kalaf)

Schiller, Turandot IV, 8

Wer die Gefahr verheimlicht, ist ein Feind. (Herzog)

Goethe, Die natürliche Tochter I, 6

Es ist denkbar, daß jemand auf dem Bahnhof in New York einen Koffer mit einer Atombombe aufgibt.

Carl Friedrich von Weizsäcker

Schwierigkeiten

Was hilft mir die Weite des Weltalls, wenn meine Schuhe zu eng sind?

Aus Armenien

Die meisten Mißhelligkeiten im Leben rühren daher, daß wir nachdenken, wo wir empfinden sollten, und empfinden, wo wir nachdenken sollten.

Verfasser unbekannt

Was uns den Weg verlegt, bringt uns voran.

Aus China

Wohlbehagen ermattet den Geist, Schwierigkeiten erziehen und kräftigen ihn.

Francesco Petrarca

Wenn Du eine glühende Masse Eisen auf dem Herde siehst, so denkst Du nicht, daß soviel Schlacken drin stekken, als sich erst offenbaren, wenn es unter den großen Hammer kommt. Dann scheidet sich der Unrat, den das Feuer selbst nicht absonderte, und fließt und stiebt in glühenden Tropfen und Funken davon, und das gediegene Erz bleibt dem Arbeiter in der Zange. Es scheint, als wenn es eines so gewaltigen Hammers bedurft habe, um meine Natur von den vielen Schlacken zu befreien und mein Herz gediegen zu machen.

Goethe,
an Friedrich Heinrich Jacobi, 17. 11. 1782

Krise ist ein produktiver Zustand. Man muß ihr nur den Beigeschmack der Katastrophe nehmen.

Max Frisch

Der Mann, den kein Hunger plagt, sagt von der Kokosnuß, daß sie eine harte Schale hat.

Aus Äthiopien

Das Wort Schwierigkeit muß gar nicht für einen Menschen von Geist als existent gedacht werden. Weg damit!

Lichtenberg

Die beste Zeit, ein Problem anzupakken, ist die Zeit vor seiner Entstehung.

Ray Freeman

In Liebe sind fast alle Schwierigkeiten löslich.

Annemarie Selinko

Mißerfolg

Du bist's, der, was wir bauen,
mild über uns zerbricht,
daß wir den Himmel schauen –
darum so klag ich nicht.

Eichendorff, Der Umkehrende

Man verirrt sich nie so leicht, als wenn man glaubt, den Weg zu wissen. Nichts mißglückt so schnell, als wenn man keine Schwierigkeiten sieht.

Aus China

Der Narr scheitert, weil er schwierige Dinge für leicht hält. Der kluge Mann scheitert, weil er leichte Dinge für schwierig hält.

John Churton Collins

Der Unterschied zwischen Erfolg und Mißerfolg ist der Unterschied zwischen Richtigtun und Fast-Richtigtun.

Edward Simmons

Je näher
dem Gipfel, desto schwerer ist der Fall.
(Altoum)

Schiller, Turandot II, 4

Der Mißerfolg hat einen Segen,
der mir verklärt den trübsten Tag:
Er macht uns beliebter bei den Kollegen,
als ein Erfolg es je vermag.

Oskar Blumenthal

Wer aus allen Himmeln fällt, bringt den Engeln Erleichterung.

Aus Israel

Ist der Wagen einmal umgekippt, so fehlt es nicht an Ratschlägen.

Aus Bulgarien

„Wie kamst du zu dem Glücke?"
fragt staunend jeder Mund.
Von deinem Mißgeschicke
weiß jeder gleich den Grund.

Josef Sami Tauber, Quinten, Frage

In der Fechtkunst hat jeder Treffer zweierlei Voraussetzung: Den Stoß, den der eine führt, und die Parade, die der andere unterläßt.

Hans Kasper,
Abel, gib acht; Die Niederlage

Wenn wir andern die Schuld an einem Mißlingen (vielleicht sogar unsres ganzen Lebens) zuschieben, leugnen wir die menschliche Freiheit und treten damit die einzige Krone in den Staub, die Gott uns gewährt hat.

Heinrich Wolfgang Seidel

Wer andere Leute für seine Mißerfolge verantwortlich macht, muß auch seine Erfolge anderen zuschreiben.

Verfasser unbekannt

Leute, die sich die Finger verbrennen, verstehen nichts vom Spiel mit dem Feuer.

Oscar Wilde

Du bist auf dem Wege zum Erfolg, wenn du begriffen hast, daß Verluste und Rückschläge nur Umwege sind.

C. W. Wendte

Der Mensch kann viele Male hinfallen. Ein Versager ist er erst dann, wenn er behauptet, man habe ihn umgestoßen.

Elmer G. Letterman

Ein Durchgang durch Schmach ist namentlich für Menschen notwendig, die nachher viel Ehre ohne Schaden ertragen sollen.

Carl Hilty,
Glück II

Die Hauptsache ist nicht der Erfolg, nicht der Ruhm, nicht das, wovon ich früher träumte, sondern die Kunst zu leiden. (Nina)

Tschechow, Die Möwe IV

Man müßte Gott selber sein, um Erfolge und Mißerfolge unterscheiden zu können.

Anton Tschechow

Übel

Des Übels Quelle findest du nicht aus, und aufgefunden fließt sie ewig fort. (Gerichtsrat)

Goethe,
Die natürliche Tochter IV, 2

Jedwedes Übel ist ein Zwilling. (Adam)

Kleist, Der zerbrochene Krug 10

Es ist gut, in Bedrängnis zu leben. Das wirkt wie eine gespannte Feder.

Montesquieu

Widerwärtig nennen wir das Traurige, dem es nicht vergönnt ist, sich auf irgendeine Weise in Schönheit aufzulösen.

Arthur Schnitzler

Ein Mann in der Falle ist kein guter Anblick.

Aus Togo

Denn dies ist für die Menschen die Ursache allen Übels, daß sie nicht imstande sind, die allgemeinen Begriffe auf die einzelnen Fälle anzuwenden.

Arrian, Epiktetäische Abhandlungen IV, 1

Was die großen Konflikte in der Welt und im Menschenleben bewirkt, ist nicht die Eigenliebe, sondern der Selbsthaß.

Eric Hoffer

Die meisten Mißlichkeiten der Welt scheinen mir von Menschen herzurühren, die zu geschäftig sind.

Evelyn Waugh

Man muß sich bei jedem Erdentummel, in den man persönlich mit verwickelt wird, nur immer sofort deutlich machen, wie das nur ein Augenblicksbild ist.

Raabe, Gedanken und Einfälle

Je mehr ihr das Ding rüttelt und schüttelt, desto trüber wird's. (Jetter)

Goethe,
Egmont I, Armbrustschießen

Das Mißbehagen der Menschen steigt verhältnismäßig. Ein Glücklicher wird grade so arg durch eine kleine Unbequemlichkeit gequält wie ein Unglücklicher durch großes Malheur.

Raabe, Gedanken und Einfälle

Wenn alle Menschen ihr Mißgeschick auf einen einzigen großen Haufen legten, von dem sich jeder den gleichen Anteil zu nehmen hätte – die meisten Menschen wären froh, wenn sie ihren eigenen Beitrag zurückbekommen und verschwinden könnten.

Sokrates

Unglück

Alle Lebewesen erscheinen mir gleich unglücklich, vom Engel bis zur Auster. Das Übel ist, geboren zu sein.

Marquise du Deffand, an Voltaire

Wenn dir das Unglück auf dem Nacken sitzt, beißt dich der Hund auf dem Kamele.

Aus dem Iran

Hat ein Gott erst das Haus erschüttert,
so häuft sich
des Unheils volles Maß auf ferne Geschlechter. (Chor)

Sophokles, Antigone II

Fliehst du vor dem Loche, fällst du in den Brunnen.

Aus Afrika

Der Unglückliche
muß auch Unmöglich's fürchten. Gegen ihn erheben
die stummen Steine selber sich als Zeugen;
die Wand hat Ohren, Mauern sind Verräter. (Barak)

Schiller, Turandot III, 3

Es gibt Schicksale, die der Mensch nicht zu fürchten hat, weil er nur Mensch ist. Wem Götterwollust versagt ist, wird keine Teufelqual zugemutet. (Fiesco)

Schiller, Die Verschwörung des Fiesco zu Genua V, 12

Sich elend zu sehn
durch eigene, nicht durch andere Schuld,
das bereitet die bittersten Qualen. (Tekmessa)

Sophokles, Ajax 258

Unter den Unglücklichen beklagt man die am wenigsten, die es durch ihre Schuld geworden sind. Sie sind daher aber am meisten zu beklagen. Der Trost eines guten Gewissens fehlt ihnen.

Ewald von Kleist, Gedanken über verschiedene Gegenstände

Manchmal sieht unser Schicksal aus wie ein Fruchtbaum im Winter. Wer sollte bei dem traurigen Ansehn desselben wohl denken, daß diese starren Äste, diese zackigen Zweige im nächsten Frühjahr wieder grünen, blühen, sodann Früchte tragen könnten?

Goethe, Wilhelm Meisters Wanderjahre I, 12

Wer den Schaden hat, darf für den Spott nicht sorgen.

Wilhelm Heinse

So sind die Menschen fürwahr, und einer ist doch wie der andre,
daß er zu gaffen sich freut, wenn den Nächsten ein Unglück befället!

Goethe, Hermann und Dorothea I

Die Meinung hält es
mit dem Unglücklichen; es wird der Neid
stets den obsiegend Glücklichen verfolgen. (Burleigh)

Schiller, Maria Stuart I, 8

Wer in Unglück fällt, verliert
sich leicht aus der Erinnerung der Menschen. (Kalaf)

Schiller, Turandot III, 3

Ungerecht, Ihr wißt es, macht das
Unglück. (Isabeau)

Schiller, Die Jungfrau von Orleans II, 2

Der Unglückliche wird argwöhnisch. Er kennt weder die gute Seite des Menschen noch die günstigen Winke des Schicksals. (Magus)

Goethe, Lila II

Es ist des Unglücks eigentlichstes Unglück,
daß selten drin der Mensch sich rein bewahrt.
Hier gilt's zu lenken, dort zu biegen, beugen,
hier rückt das Recht ein Haar und dort ein Gran,
und an dem Ziel der Bahn steht man ein anderer,
als der man war, da man den Lauf begann;
und dem Verlust der Achtung dieser Welt
fehlt noch der einz'ge Trost, die eigne Achtung. (Jason)

Grillparzer, Medea II

Die Unglücklichen ketten sich so gern aneinander. (Orsina)

Lessing, Emilia Galotti IV, 7

Wenn das Unglück dem Verbrechen folgt,
folgt öfter das Verbrechen noch dem Unglück! (Medea)

Grillparzer, Medea IV

Zwei Unglückliche sind wie zwei schwache Bäumchen, die, sich gegen einander lehnend, dem Sturme schon kräftigen Widerstand leisten.

Voltaire, Zadig oder das Schicksal

Der Himmel führt oft Unglückliche zusammen, daß beider Elend gehoben werde. (Lila)

Goethe, Lila III

Eines Tages stolperte ich und fiel hin. Als Onkel Pieter mich aufhob, hatte ich blutige Knie und ein verstauchtes Handgelenk.
„Du hast dir weh getan," sagte er, „weil du nicht richtig hinfallen kannst. Das ist das erste, was du im Leben lernen mußt – stürzen, ohne dich zu verletzen! Vom Stuhl, vom Pferd, von der Höhe des Erfolges."

Vicki Baum, Ein alter Strumpf

Das Unglück ist ein gewaltiger Schullehrer, wie mancher arme Tropf weiß, der vor dessen gefürchtetem Stuhle seine Lektion hergewinselt hat.

Thakeray, Heinrich Esmond II, 4

Verzage nicht! Vielleicht ist das Unglück die Quelle deines Glücks.

Menander

Welchen der Herr lieb hat, den züchtigt er.

Hebräer 12, 6

Unglück – der erste Weg zur Wahrheit.

Byron

Ich halte Dich für unglücklich, weil Du niemals unglücklich warst. Ohne auf Widerstand zu stoßen, bist Du durchs Leben geschritten. Niemand kann beurteilen, was in Deinen Kräften steht, nicht einmal Du selbst.

Seneca, an Lucilius

Im Unglück lernt man sich selbst am besten kennen, weil man nicht mehr durch Freunde abgelenkt wird.

Samuel Johnson

Unglück ist gesund zum Frühstück, zu Mittag gleichgültig, aber tödlich beim Abendessen.

Aus Schottland

Unglück macht Menschen. Wohlstand macht Ungeheuer.

Victor Hugo

Im Feuer erweist sich das Gold als echt, im Unglück der tapfere Mann.

Seneca, an Lucilius

Dem Tapferen sind Glück und Unglück wie seine rechte und linke Hand; er bedient sich beider.

Katharina von Siena

O du heiliges Unglück, welch einen Zauber lässest du aufleuchten, wenn deine geheimnisvolle Hand eine reine schuldlose Stirn berührt!

Wilhelm Raabe, Halb Mähr, halb mehr

Kleine Seelen fühlen in ihrem Unglück nur ihren Zustand, große noch Zusammenhang, ihr Ich.

Jean Paul

Jeder ist so unglücklich, als er es zu sein glaubt.

Seneca, an Lucilius

Das Unglück, das wir mit Augen sehen, ist geringer, als wenn unsere Einbildungskraft das Übel gewaltsam in unser Gemüt einsenkt.

Goethe, Wilhelm Meisters Lehrjahre VIII, 5

Zwischen Unglück haben und unglücklich sein ist, Gott sei Dank, ein himmelweiter Unterschied.

Karl Julius Weber, Demokritos I, 6

Im Unglück finden wir meistens die Ruhe wieder, die uns durch die Furcht vor dem Unglück geraubt wurde.

Ebner-Eschenbach, Aphorismen

Not

Not ist unser sechster Sinn,
hat im Augenblick erfunden,
wo zuvor die andren fünf
in Gedanken stille stunden.

Logau, Die Notwendigkeit

Kälte lehrt Kohlen stehlen.

Aus Marokko

Wem es nie richtig gut geht, der verbittert. Wem es nie richtig schlecht geht, der versauert.

Hans Krailsheimer

Als wir noch dünner waren, standen wir uns näher.

Georg Kreisler

Der Glückliche glaubt nicht,
daß noch Wunder geschehn; denn nur im Elend erkennt man
Gottes Hand und Finger, der gute Menschen zum Guten leitet.

Goethe, Hermann und Dorothea 2

Wenn eine verzweifelte Situation ein besonderes Können erfordert, dann bringt man dieses Können auch auf, obwohl man vorher keine Ahnung davon hatte.

Napoleon I.

Ich habe geweint, weil ich keine Schuhe hatte, bis ich einen traf, der keine Füße hatte.

Verfasser unbekannt

Leid

Alles, was lebt, wird mit Gottes Geißel auf die Weide getrieben.

Heraklit

Die Vögel sind geboren zu fliegen und die Menschen zu leiden.

Aus den Niederlanden

Es ist kein Wehe so groß als Herzeleid.

Jesus Sirach 25, 17

Das größte Elend hienieden ist nicht das soziale, sondern die Verkümmerung so mancher Menschenseele.

Jakob Boßhart, Bausteine

Blumenkränze entführt dem Menschen
der leiseste Westwind,
Dornenkronen jedoch nicht der gewaltigste Sturm.

Hebbel, Blumen und Dornen

Leiden ist wie Geld. Es kursiert von Hand zu Hand. Wir geben weiter, was wir empfangen.

Thornton Wilder, Der achte Schöpfungstag, Von Illinois nach Chile

Das Elend wohl, doch nicht das Leid der Welt läßt sich mehren oder mindern.

Oskar Loerke, Der Silberdistelwald

Welchen der Herr liebet, den strafet er.

Sprüche Salomos 3, 12

Leid ist auch nur Liebe. Warte eine kleine Weile, und du wirst es erfahren.

Gertrud von Le Fort

Unsere Söhne halten wir in strenger Disziplin. Nimm nun das Gleiche von Gott an: Er verzärtelt den guten Menschen nicht, er legt ihm Prüfungen auf, er läßt ihn durch harte Proben hindurchgehen, er formt ihn nach seiner Idee.

Seneca, an Lucilius

Was trägst du denn, das mehr als
menschlich wäre? (Theseus)

Sophokles, Ödipus in Kolonos 594

Ein Mensch kann viel ertragen, solange er sich selbst ertragen kann.

Axel Munthe

Könnt ich mich selber ganz besiegen,
ich hätt' die Not bald überstiegen.

Freidank, Bescheidenheit 113

Wer nicht ein kleines Leid zu ertragen versteht, muß sich darauf gefaßt machen, viele Leiden über sich ergehen zu lassen.

Rousseau, Émile IV, Glaubensbekenntnis des savoyischen Vikars

Wenn Gott zu dir kommen will, verläßt er dich.

Waggerl, Kleine Münze

Ists wahr, o Herr, warst du mir nah,
warum willst du denn scheiden?
Umfing mich Leid, als ich dich sah,
o Herr, so gib mir Leiden!

Clemens Brentano,
O wär ich diese Welt doch los

Das Leid ist das schnellste Tier, das euch trägt zur Vollkommenheit.

Meister Eckhart

Leiden sollen läutern, sonst hat man gar nichts von ihnen.

Jean Paul, Brocardica

„Wie ganz anders würde ich vorwärtskommen, läge nicht soviel Schweres auf mir!“ sagte der Mensch. „Und wieviel besser würde ich mein Werk tun, hätte ich nicht die närrischen Gewichte an mir hängen!“ sagte die Schwarzwälder Uhr.

Michael Bauer

Das Leben vergewaltigte ihn zu einer nicht erstrebten Reife.

Hans Arndt, Im Visier, Gezeichnet

Wo das Leid ist, da kommen leicht auch die Liebe und der Glaube.

Rosegger, Erdsegen

Unverträglich fürwahr ist der Glückliche! Werden die Leiden
endlich euch lehren, nicht mehr wie sonst mit dem Bruder zu hadern?

Goethe, Hermann und Dorothea 5

Das Glück trennt die Menschen, aber das Leid macht sie zu Brüdern.

Rosegger, I. N. R. I.

Ich habe mein Elend nicht wie ein weiser Mann benutzt.

Laurence Sterne

Schmerz

Der Schmerz ist das, was wir als das uns Eigenste und als das Fremdeste empfinden.

Paul Valéry

Man kann großen und tiefen Schmerz haben und sich doch darum nicht unglücklich fühlen, da man diesen Schmerz so mit dem eigensten Wesen verbunden empfindet, daß man ihn nicht trennen möchte von sich.

Wilhelm von Humboldt,
Briefe an eine Freundin, 18. 5. 1829

So tiefer Schmerzen heiße Qual verbürgt
dem Augenblick unendlichen Gehalt.
(Weltgeistlicher)

Goethe, Die natürliche Tochter III, 4

Je vollkommener, desto mehr Schmerzen.

Michelangelo, Sonette, Über Dante

Wie ein Adler aus dem Blauen
ist der Schmerz, der seine Klauen
jählings scharf ins Fleisch dir schlägt,
aber dann mit starkem Flügel
über Wipfel dich und Hügel
zu des Lebens Gipfeln trägt.

Geibel, Neue Gedichte, Spruch 47

In starken Menschen werden große Schmerzen und Freuden zu überschauenden Anhöhen des ganzen Lebensweges.

Jean Paul, Titan

Der Schmerz, der uns zugefügt wird, ist nicht die schwerste Last des Lebens. Viel schwerer legt sich eines Tages auf unsre Schultern der Schmerz, den wir den anderen zugefügt haben.

Hermann Bang

Die Schmerzen sind's, die ich zu Hilfe rufe;
denn es sind Freunde, Gutes raten sie.
(Arkas)

Goethe, Iphigenie auf Tauris IV, 2

Schmerz ist der Durst nach Wonnen.
Willst du den Durst verfluchen?
Er deutet auf den Bronnen;
den Bronnen sollst du suchen.

Friedrich Hebbel

Man sollte stolz auf den Schmerz sein. Jeder Schmerz ist eine Erinnerung unseres hohen Ranges.

Novalis

In gutgearteten Seelen ist ein wahrer Schmerz, was auch seine Ursache sein möge, immer ewig. Und wenn man behauptet, daß die Zeit oder andere Umstände ihn minderten, so sind das Worte, die nur für die schwächliche Empfindung Geltung haben.

Wilhelm von Humboldt,
Briefe an eine Freundin, Juli/August 1829

Daß die Schmerzen miteinander abwechseln, macht das Leben erträglich.

Hebbel, Tagebücher 1838

Man macht sich den Schmerz leicht, wenn man ihn für leicht hält.

Seneca, an Lucilius

Sorge

Die Fische scherzen in der Flut,
die Herden auf der Weide,
es schwärmt der Bienen junge Brut
auf der beblümten Heide.

Der Mensch allein, der Schöpfung Haupt,
vergräbet sich in Sorgen,
ist immer seiner selbst beraubt,
lebt immer nur für morgen.

Ihn weckt Auroras güldner Strahl,
ihm lacht die Flur vergebens,
er wird, nach selbstgemachter Qual,
der Henker seines Lebens.

Robert Roberthin, Frühlingslied

Die Sorge ist das Verhältnis zum Leben.

Kierkegaard,
Die Krankheit zum Tode

Es ist umsonst, daß ihr früh aufstehet und hernach lange sitzet und esset euer Brot mit Sorgen; denn seinen Freunden gibt er's schlafend.

Psalm 127,2

Immer fließen meine Tränen,
was auch die Erfahrung spricht;
für den Mut gibt's ein Gewöhnen,
aber für die Sorge nicht. (Mirza)

Grillparzer, Der Traum, ein Leben I

Die Sorge verleiht kleinen Dingen einen großen Schatten.

Aus Schweden

In manchen Farben schillert Menschenleid,
die Sorgen tragen gleich Gefieder nimmermehr. (Chorführerin)

Aischylos,
Die Schutzflehenden 152

Am schwersten trägt der Mensch an den Sorgen von übermorgen.

Aus Griechenland

Kleine Sorgen machen viele Worte, große sind stumm.

Sprichwort

Sich sorgen ist fast so gut wie sich freuen. Unerträglich wird das Leben für den, der weder Freuden noch Sorgen hat.

Henry Wadsworth Longfellow

Wenn ganz ohne Sorgen die Tage verschweben,
das ist ein hohles, ein halbes Leben,
doch glücklich ist der begnadete Mann,
der seine Sorgen sich wählen kann.

Oskar Blumenthal

Glücklich heißt, wer sorgenfrei;
glücklicher doch, mein ich, sei,
wer voll Sorgen, wenn's die rechten:
Sorgen, andrer Leid zu mindern,
Sorgen, Unrecht zu verhindern,
fremdem Wert den Kranz zu flechten;
Sorgen, in den schwersten Tagen
fremde Sorgen selbst zu tragen.

Anastasius Grün, Sprüche

Die Sorge geziemt dem Alter, damit die Jugend eine Zeitlang sorglos sein könne.

Goethe,
Wilhelm Meisters Lehrjahre VIII, 7

Das beste Mittel gegen viele Sorgen ist eine einzige Sorge.

Guy de Maupassant

Sorgen sind wie der Sand in der Muschel. Ein Körnchen läßt eine Perle entstehen, mehrere töten das Tier.

Verfasser unbekannt

Besser als durch Aderlassen mag man
säubern sein Geblüte,
wenn man kann die Sorgen meiden und
sich freuen im Gemüte.

Logau, Ein freies Gemüt

Traurigkeit

So traurig stund er da wie das Trinkschälchen eines krepierten Vogels.

Lichtenberg

Es gibt Tage, wo man so traurig ist, daß man sich noch trauriger machen möchte.

Flaubert,
November

Wahrhaft große Leute müssen in dieser Welt immer eine große Traurigkeit empfinden.

Dostojewski,
Verbrechen und Strafe III, 5

Der wahre Mensch ist immer traurig; seine Freuden sind Blitze in der Nacht.

Wilhelm Heinse, Ardinghello

Freude dauert sieben Tage, Traurigkeit aber ein Leben lang.

Aus Tunesien

Traure mit dem Traurigen.

Jesus Sirach 7, 38

Wenn das Herz traurig ist, so hilft keine äußerliche Freude.

Sprüche Salomos 14, 10

Durch Trauern wird das Herz gebessert.

Prediger Salomo 7, 4

Gott hat die Wehmut zu einer Art Vermittlerin zwischen dem Glück und dem Unglück, der Süßigkeit und dem Schmerz geschaffen.

Wilhelm von Humboldt,
Briefe an eine Freundin, 26. 1. 1830

Wer mit dem Geist der Traurigkeit geplagt wird, der soll aufs höchste sich hüten und vorsehen, daß er nicht allein sei.

Luther, Deutsche Schriften 60, 129

Nepos geht in großem Kummer,
aber nur bis an die Knie,
weiter läßt er ihn nicht dringen;
bis zum Herzen kommt er nie.

Logau, Auf Nepotem

Melancholie ist das Vergnügen, traurig zu sein.

Victor Hugo

Mein bewährtes Rezept gegen Trübsinn: Diät, Beschäftigung, Einschränkung der Begierden.

Johannes von Müller

Seele, wirf den Kummer hin,
deiner Hoheit nachzudenken,
und laß dir den freien Sinn
durch des Leibes Last nicht kränken;
diese Bürde, so man trägt,
wird in kurzem abgelegt.

Die Gefangenschaft vergeht,
Stahl und Fessel müssen brechen;
unsers Lebens Alphabet
ist ja noch wohl auszusprechen;
macht doch auch die ganze Zeit
keinen Punkt der Ewigkeit.

Johann Christian Günther,
Der Seelen Unsterblichkeit

Pessimismus

Der Optimist sieht in jeder Schwierigkeit eine Gelegenheit. Der Pessimist sieht in jeder Gelegenheit eine Schwierigkeit.

Günter F. Gross

Wenn Unglück durch die Welt gewittert
und in den Tiefen uns erschüttert –
dem Pessimisten bleibt die Freude:
Es fügt sich in sein Lehrgebäude.

Oskar Blumenthal

Der Pessimist findet zu jeder Lösung ein passendes Problem.

Verfasser unbekannt

Die große Mode ist jetzt pessimistischer Optimismus: Es ist zwar alles heilbar, aber nichts heil.

Ludwig Marcuse

Wenn man sich erst an den Pessimismus gewöhnt hat, dann ist er genauso angenehm wie der Optimismus.

Arnold Bennett

Es gibt keinen traurigeren Anblick als einen jungen Pessimisten – mit Ausnahme eines alten Optimisten.

Mark Twain

Unmut

Die Depression gleicht der Ebbe, die traurig vergangenes Leben bloßlegt.

Hans Arndt, Im Visier, Umwölkt

Hartnäckige Übellaunigkeit ist ein klares Symptom dafür, daß ein Mensch gegen seine Bestimmung lebt.

Ortega y Gasset,
Um einen Goethe von innen bittend

Das Behagen am Dasein verdirbt sich der Mensch sehr häufig durch seine sogenannten „starken Seiten".

Raabe,
Gedanken und Einfälle

Man wird am meisten durch dasjenige aufgereizt, was gegen alles Hoffen und Erwarten geschieht. Aus diesem Grunde wird man im Hauswesen über Kleinigkeiten aufgebracht und nennt bei Freunden eine Beleidigung, was nur Mangel an Aufmerksamkeit ist.

Seneca, Drei Bücher vom Zorn II, 30

Henry erregt sich nur über Belanglosigkeiten. In großen Dingen ist er ganz ruhig.

Nancy Kissinger

Was mag wohl die Ursache sein, daß unangenehme Gedanken viel lebhafter schmerzen des Morgens, wenn man erwacht, als einige Zeit nachher, wenn man weiß, daß alles wacht, oder auch wenn man aufgestanden ist oder mitten am Tage oder auch des Abends?

Lichtenberg

Ärger ist die Unfähigkeit, Wut in Aktion umzusetzen.

Wolfgang Herbst

Der Ekel ist das Merkmal eines verdorbenen Magens oder verwöhnter Einbildungskraft.

Johann Georg Hamann, an Kant, 1759

Der Traurigkeit kann kein Mensch sich erwehren, der Verdrießlichkeit jeder.

Sprichwort

„Ich ärgere mich." Wohlgesprochen. Weißt du jetzt, wer dich ärgert?

Verfasser unbekannt

Geh zu Bett mit deinem Ärger, dann wird dich am Morgen die Reue nicht quälen!

Aus Marokko

Die Kranken heilt man, doch die Mißgestimmten
vertraut man hoffnungsvoll der Welt und Zeit. (Esther)

Grillparzer, Esther II

Das Schmollen der Weiber ist nichts als ein Guerillakrieg, den sie gegen die konzentrierte Macht der Männer führen.

Börne, Über das Schmollen der Weiber 17

Manche Mißstimmung von Frauen, der auch beste Psychiater nicht beizukommen vermögen, kann schon ein mittelmäßiger Friseur beseitigen.

Mary McCarthy

Zorn

Ich habe kein besser Werk denn Zorn und Eifer; denn wenn ich wohl dichten, schreiben, beten und predigen will, so muß ich zornig sein. Da erfrischet sich mein ganzes Geblüt, mein Verstand wird geschärft, und alle unlustigen Gedanken und Anfechtungen weichen.

Luther

Jedermann kann zornig werden. Das geht leicht. Aber der richtigen Person gegenüber zornig werden, im richtigen Maß, zur rechten Zeit, zum rechten Zweck und auf die richtige Weise – das liegt nicht in der Macht des einzelnen.

Aristoteles

Für deine Person sollst du mit niemandem zürnen, wie hoch du beleidiget bist. Wo es aber dein Amt fordert, da mußt du zürnen, ob dir wohl für deine Person kein Leid geschehen ist.

Luther, Deutsche Schriften 43

Der Mann, dem du zürnest, muß deines Zornes wert sein.

Friedrich Maximilian von Klinger

Man soll, wenn einen der Zorn übermannt, höflich bleiben.

Bismarck, im Reichstag, 14. 6. 1882

Hüte dich vor einem Mann,
der im Zorne lächeln kann!

Sprichwort

Brüllt ein Mann, ist er dynamisch.
Brüllt eine Frau, ist sie hysterisch.

Hildegard Knef

Im Unglück ist der Trotz nicht förderlich! (Theseus)

Sophokles,
Ödipus auf Kolonos 592

Wenn wir zürnen, hat unser Gegner seinen Zweck erreicht: Wir sind in seiner Gewalt.

Feuchtersleben, Zur Diätetik der Seele,
Temperament, Leidenschaft

Der erste Zorn spricht manches sprudelnd aus,
was, reifer überdacht, er nimmer übt. (Jason)

Grillparzer, Medea III

Fahre nicht aus der Haut, wenn du kein Rückgrat hast.

Lec, Unfrisierte Gedanken

Zornig sein heißt den Fehler anderer an sich selbst rächen.

Pope,
Gedanken über verschiedene Gegenstände

Nicht Wurzeln auf der Lippe schlägt das Wort,
das unbedacht dem schnellen Zorn entflohen;
doch von dem Ohr des Argwohns aufgefangen,
kriecht es wie Schlingkraut endlos treibend fort. (Don Cesar)

Schiller, Die Braut von Messina I, 6

Wirf das Messer nicht fort, womit du dich geschnitten hast!

Aus Zaïre

Wer zornig ist, verbrennt oft an einem Tag das Holz, das er in vielen Jahren gesammelt hat.

Aus China

Des Narren Zorn entbrennt noch mehr,
wenn er nichts hat, ihn auszublasen,
und bloß darüber raset er,
daß er nicht Ursach hat zu rasen.

Lichtwer, Der Löwe und der Ziegenbock

Eifer und Zorn verkürzen das Leben.

Jesus Sirach 30, 26

Wo Zorn nimmt Überhand,
da steigt ein Nebel auf,
der den Verstand verblend
und wehrt ihm seinen Lauf.

Logau, Zorn

Der Zorn ist höllisch Feuer. Wenn er in dir entbrennt,
so wird dem heilgen Geist sein Ruhbettlein geschänd't.

Angelus Silesius,
Der Cherubinische Wandersmann I

Manche weise Männer haben den Zorn als eine vorübergehende Geistesstörung bezeichnet.

Seneca, an Lucilius

Der Zorn verrät ein böses Gewissen. (La Roche)

Schiller, Der Parasit III, 2

Wer seinen Kopf verlor, merkt den Verlust als letzter.

Aus den USA

Der Zornige wird gegen sich selbst wüten, wenn er zur Vernunft zurückgekehrt ist.

Publilius Syrus

Des Zornes Ende ist der Reue Anfang.

Bodenstedt, Die Lieder des Mirza Schaffy,
Lieder und Sprüche 33

Lasset die Sonne nicht über eurem Zorn untergehn!

Epheser 4, 26

Das Aufbrausen ist die Lebensäußerung des Zorns und zugleich sein Tod.

Hebbel

Eine gelinde Antwort stillet den Zorn.

Sprüche Salomos 15, 1

Der Rausch des Zorns ist wie ein andrer Rausch:
Das beste Mittel ist die frische Luft.
(Zawisch)

Grillparzer,
König Ottokars Glück und Ende I

Willst du nicht zornig sein, so sei nicht neugierig.

Seneca,
Drei Bücher vom Zorne III, 11

Halte dich nicht zu einem grimmigen Manne; du möchtest seinen Weg lernen und deiner Seele Ärgernis empfangen.

Sprüche Salomos 22, 24

Klage

Gib deinem Schmerze Worte.
Harm, der nicht spricht, erstickt das volle Herz
und macht es brechen. (Malcolm)

Schiller, Macbeth IV, 7

Man sollte wirklich nicht alles mit sich selbst verarbeiten, sondern manchmal eine kleine Beschwerde führen, damit man so freundlich zurechtgewiesen und über sich selbst aufgeklärt würde.

Goethe, an Charlotte von Schiller, 5. 5. 1810

Gestern Abend habe ich ein recht psychologisches Kunststück gemacht. Die Herder war immer noch auf das Hypochondrischste gespannt über alles, was ihr in Karlsbad Unangenehmes begegnet war. Besonders von ihrer Hausgenossin. Ich ließ mir alles erzählen und beichten, fremde Unarten und eigene Fehler, mit den kleinsten Umständen und Folgen, und zuletzt absolvierte ich sie und machte ihr scherzhaft unter dieser Formel begreiflich, daß diese Dinge nun abgetan und in die Tiefe des Meeres geworfen seien. Sie ward selbst lustig darüber und ist wirklich kuriert.

Goethe, an Frau von Stein, 5. 9. 1785

Es ist ein wollüstig süßes Gefühl, sich als Märtyrer zu fühlen.

Raabe, Gedanken und Einfälle

Räder, die quietschen, bekommen das meiste Fett.

Aus den USA

Klage nicht. Ein Schaf, das blökt, verpaßt ein Maul voll Heu.

Aus den USA

Träne

Die Träne hat uns die Natur verliehen,
den Schrei des Schmerzes, wenn der Mann zuletzt
es nicht mehr trägt. (Tasso)

Goethe,
Torquato Tasso V, 5

Die ewige
Beglaubigung der Menschheit sind ja Tränen.
Sein Aug' ist trocken, ihn gebar kein Weib. (Karlos)

Schiller, Don Karlos II, 2

Wenn du weinen kannst, so danke
Gott!

Goethe, Epilog zu „Essex"

Einen Verlorenen zu beweinen, ist auch männlich. (Oranien)

Goethe, Egmont II, Egmonts Wohnung

Die Tränen der Gekränkten fallen nicht daneben. Sie fallen immer auf das Haupt des Schuldigen. (Akim)

Leo Tolstoi, Die Macht der Finsternis

Schrecklich blicket ein Gott da, wo
Sterbliche weinen.

Goethe, Achilleis 385

In dem ersten Weinen der Kinder liegt eine Bitte; sowie man aber die Vorsicht außer acht läßt, verwandelt sie sich in einen Befehl.

Rousseau, Émile I

Die Frauen haben dreierlei Tränen: Des Leids, der Ungeduld und des Betrugs.

Aus den Niederlanden

Der Liebsten Tränen sind's, die oft den
klügsten Mann
betören, daß er schwarz von weiß nicht
sondern kann.

Logau, Jungferntränen

Niemals fehlt es Frauen an einer Träne bei ihren Schalkheiten, niemals an einer Entschuldigung ihres Unrechts.

Goethe, Wilhelm Meisters Wanderjahre I, 5

Mir ist unleidlicher nichts als Tränen
der Weiber,
leidenschaftlich Geschrei, das heftig
verworren beginnet,
was mit ein wenig Vernunft sich ließe
gemächlicher schlichten.

Goethe, Hermann und Dorothea 9

Viele Frauen schießen mit Tränen wie der Jäger mit Blei.

Ninon de Lenclos

Nur Frauen können leiden und dazu lächeln, als ginge sie das gar nichts an.

Alberto Moravia

Tränen mögen fließen für kleinre Leiden! (Königin)

Schiller, Don Karlos V, 11

Weinen bringt nichts in Ordnung.

Aus Burundi

Wenn die Träne ein Heilmittel des Leidens wäre und den Weinenden vom Leid befreite, dann würden wir gern Gold umtauschen gegen Tränen.

Philemon, Fragmente

Nu weine man nich,
nu weine man nich,
in der Röhre stehn Klöße,
die siehste bloß nich.

Kinderreim

Die Träne des Grams ist nur eine Perle vom zweiten Wasser, aber die Freudenträne ist eine vom ersten.

Jean Paul, Kampaner Tal 3

Resignation

Das Angenehme dieser Welt hab ich genossen,
die Jugendstunden sind, wie lang! wie lang! verflossen,
April und Mai und Junius sind ferne,
ich bin nichts mehr, ich lebe nicht mehr gerne.

Hölderlin, Das Angenehme dieser Welt

Tot ist nun, die mich erzog und stillte,
tot ist nun die jugendliche Welt,
diese Brust, die einst ein Himmel füllte,
tot und dürftig wie ein Stoppelfeld.

Hölderlin, An die Natur

Die einzige
Ausbeute, die wir aus dem Kampf des Lebens
wegtragen, ist die Einsicht in das Nichts
und herzliche Verachtung alles dessen,
was uns erhaben schien und wünschenswert. (Talbot)

Schiller, Die Jungfrau von Orleans III, 6

Was ist das Größte, das ihr erleben könnt? Das ist die Stunde der großen Verachtung. Die Stunde, in der euch auch euer Glück zum Ekel wird und ebenso eure Vernunft und eure Tugend.

Nietzsche, Zarathustra, Vorrede 3

Zur Resignation gehört Charakter.

Goethe, zu Sulpiz Boisserée, 4. 5. 1811

Anpassung fordert die Welt, Charakter
will sich verweigern. Das
Unversöhnliche eint heitere Resignation.

Puntsch, Die Lösung

Schändlich ist es, wenn deine Seele ermüdet, bevor der Leib müde ist.

Mark Aurel, Selbstbetrachtungen VI

Schwächliche Grämlichkeit, die alle fünf gerade sein läßt, ist die Karikatur der Resignation.

Ebner-Eschenbach, Aphorismen

Verzweiflung

Steigend immer mehrt sich ihre Angst.
Bald stürzt sie sich im heftigen Gefühl
auf ihre Kinder, badet sie in Tränen,
als brächt es Lindrung ihrem großen
Schmerz,
und plötzlich stößt sie sie mit Grauen
weit
von sich, das Herz der Mutter ganz
verleugnend.
Sie schweift umher mit ungewissem
Schritt,
ihr irrer Blick scheint uns nicht mehr
zu kennen. (Panope)

Schiller, Phädra V, 5

Si non pugnare vis, licet fugere, patet janua. Exi! Wenn Du nicht kämpfen willst, so kannst Du ja fliehen. Die Tür steht offen. Geh!

Seneca

Niemals und auf keine Weise sollten wir uns entmutigen lassen. Gerade dann, wenn wir unsere Mängel und Fehler zu erkennen in der Lage sind, haben wir den allerwenigsten Grund, unzufrieden zu sein.

François Fénelon

Verzweiflung ist die Schlußfolgerung der Narren.

Disraeli

Verzweiflung ist auch Mangel an Dankbarkeit.

Hans Kudszus

Wo der Mensch verzweifelt, lebt kein Gott. (Epimenides)

Goethe, Des Epimenides Erwachen II, 6

Das menschliche Leben beginnt jenseits der Verzweiflung.

Jean-Paul Sartre, Die Fliegen III, 2

Es hat Verzweiflung oft die Schlachten schon gewonnen.

Voltaire, Die Henriade X

Ihr Verzweifelnden! Wieviel Mut macht ihr denen, die euch zuschaun!

Nietzsche, Bruchstücke
zu den Dionysos-Dithyramben 53

Unterliegen

Menschen stolpern nicht über Berge, sondern über Maulwurfshügel.

Konfuzius

Ertrinke lieber in einem großen Gewässer als in einem kleinen.

Aus Nigeria

Immer heißt der Besiegte Verräter und der Sieger treu.

Calderon de la Barca

Gestürzte trifft
ein Fußtritt obendrein noch, das ist Menschenart. (Klytaimestra)

Aischylos, Agamemnon 884

Wenn der Wolf erlegt ist, beißen ihn alle Hunde.

Aus Frankreich

Nicht jeden Schlag ertragen soll der Mensch,
und welchen Gott faßt, denk' ich, der darf sinken. (Silvester)

Heinrich von Kleist,
Die Familie Schroffenstein II, 2

Erliegen kann ein Mann, nicht sich unmännlich halten.
Erlöschen kann ein Feu'r, doch nie kann es erkalten.

Rückert, Die Weisheit des Brahmanen 16, 2

Selbstmord ist das größte Kompliment, das man der Gesellschaft machen kann.

Oscar Wilde

In der Verbitterung schwelt verborgen der Schmerz über unser Versagen.

Hans Arndt, Im Visier, Brandmale

Darfst du mit Frevelmut dich selbst zerstören?
Das heißt den Göttern trotzen, ist Verrat
am Gatten, dem du Treue schwurst, Verrat
an deinen Kindern. (Oenone)

Schiller, Phädra I, 3

Ist nicht Werther der blödeste, feigherzigste Mann? Aber es scheint, der Verfasser halte die Feigheit, welche den Schmerzen der Liebe durch den Tod entflieht, für Stärke der Seele.

Johann Jakob Bodmer, Juni 1775

Soll ich vor Furcht eines qualvollen Lebens sterben? Soll ich dem Elend den Sieg über mich einräumen? Nein, ich will's dulden. Die Qual erlahme an meinem Stolz! Ich will's vollenden. (Moor)

Schiller, Die Räuber IV, 5

Wer Selbstmord begeht, will immer zwei töten.

Arthur Miller, Nach dem Sündenfall VIII

XXX. Kapitel

Gleichmut
Geduld
Trost
Mitleid
Überwinden
Sicherheit

Gleichmut

Sei dennoch unverzagt! Gib dennoch unverloren!
Weich keinem Glücke nicht, steh höher als der Neid,
vergnüge dich an dir und acht es für kein Leid,
hat sich gleich wider dich Glück, Ort und Zeit verschworen!

Paul Fleming, An sich

Man soll die Dinge nicht so tragisch nehmen, wie sie sind.

Karl Valentin

Dauerhaftem schlechtem Wetter
mußt du mit Geduld begegnen.
Mach' es wie die Schöppenstetter:
Regnet es, so laß es regnen!

Wilhelm Busch, Sinnsprüche

Es freut mich, daß ich gegen alle Unbequemlichkeit völlig gleichgültig bin, sobald es sein muß und das Unternehmen einen Zweck hat.

Goethe, an Charlotte von Stein, 2. 4. 1782

Diese Pythagoräer richteten ihr Augenmerk darauf, daß ihr Körper stets in derselben Verfassung wäre und nicht etwa bald mager, bald fett. Ebenso beherrschten sie ihre Seelenverfassung. Sie waren nicht bald heiter, bald niedergeschlagen, sondern ihr Wesen war gleichmäßig von einer verhaltenen Freudigkeit getragen. Wenn ihnen aber doch einmal widerfuhr, daß sie in Zorn oder Kummer oder ähnliche Gemütsbewegungen gerieten, dann gingen sie in die Einsamkeit. Dort versuchte ein jeder, mit sich allein ins Gericht gehend, seine Leidenschaft zu meistern und zu heilen.

Jamblichos, Das Leben des Pythagoras

Das Ferne, Künftige beängstigt
ihr fürchtend Herz; was unabänderlich
und wirklich da ist, trägt sie mit Ergebung. (Gräfin)

Schiller, Wallensteins Tod III, 2

Gib mir die Gelassenheit, Dinge hinzunehmen, die ich nicht ändern kann. Gib mir den Mut, Dinge zu ändern, die ich ändern kann. Und gib mir die Weisheit, das eine vom anderen zu unterscheiden.

Friedrich Christoph Oetinger

Nie habe ich gefunden, daß der Mann, der das Spiel der Ebbe und Flut seiner Launen war, ein Mann von großem Geiste gewesen wäre.

Karl Julius Weber,
Demokritos II, 1

Wie dem, der in einer schnellen Kreisbewegung drehend geworden, auch da noch, wenn er schon wieder still sitzt, die äußeren Gegenstände mit ihm herumzugehen scheinen, so wird auch das Herz, das zu heftig erschüttert worden, nicht auf einmal wieder ruhig. (Mellefont)

Lessing,
Miß Sara Sampson IV, 1

Schlaf ist mir lieb, doch über alles preise
ich, Stein zu sein. Währt Schande und Zerstören,
nenn ich es Glück: Nicht sehen und nicht hören.

Michelangelo Buonarotti, Antwort

Geduld

Fang alles an nur mit Bedacht, führ alles mit Bestand!
Was drüber dir begegnen mag, da nimm Geduld zur Hand.

Logau

Überall bedarf der Mensch Geduld, überall muß er Rücksicht nehmen.

Goethe, Wilhelm Meisters Wanderjahre I, 7

Denn still zu dulden lehrte mich ein Mißgeschick,
des Lebens lange Dauer und ein edler Sinn. (Ödipus)

Sophokles, Ödipus auf Kolonos 7

Nichts ist beständig! Manches Mißverhältnis
löst unbemerkt, indem die Tage rollen,
durch Stufenschritte sich in Harmonie.

Goethe, Die natürliche Tochter IV, 2

Die Zeit heilt alle Wunden.

Sprichwort

Es ist die Zeit ein milder Gott.

Sophokles, Elektra 179

Oft nach einem Tag, oft schon nach einer Stunde
belächelst du den Schmerz und fühlst nicht mehr die Wunde.

Rückert, Die Weisheit des Brahmanen 4

Wenn die Wunde geheilt ist, schwirren die Fliegen ab.

Aus Afrika

Entweder ist nichts verloren oder alles. Ruhig sein können und ruhig sein müssen – kömmt es nicht auf eines?

Lessing, Emilia Galotti V, 7

Weiber sind im Unglück größer als Männer vermöge der weiblichen Kardinaltugend Geduld.

Karl Julius Weber,
Demokritos IV, 17

Geduld ist gezähmte Leidenschaft.

Lymann Abbott

Gebeugt erst zeigt der Bogen seine Kraft! (Sappho)

Grillparzer, Sappho V, 6

Wer Geduld sagt, sagt Mut, Ausdauer, Kraft.

Ebner-Eschenbach, Aphorismen

Geduld ist die Stütze der Schwäche, Ungeduld der Ruin der Stärke.

Charles Caleb Colton

Hammer zu sein scheint jedem rühmlicher und wünschenswerter als Amboß, und doch – was gehört nicht dazu, diese unendlichen, immer wiederkehrenden Schläge auszuhalten!

Goethe,
zu Riemer, April 1806

Ein Geduldiger ist besser denn ein Starker.

Sprüche Salomos 16, 32

Geduld ist nicht der tränenverhangene Spiegel eines zerbrochenen Lebens, sondern der strahlende Inbegriff letzter Unverwundbarkeit.

Johannes Chrysostomus

Geduld ist zweierlei: Ruhige Ertragung des Mangels und ruhige Ertragung des Übermaßes.

Novalis

Der Geduldige hat allen Reichtum der Welt.

Aus Liberia

Ich hatt' es nie so ganz erfahren, jenes alte, feste Schicksalswort, daß eine neue Seligkeit dem Herzen aufgeht, wenn es aushält und die Mitternacht des Grams durchduldet, und daß, wie Nachtigallgesang im Dunkeln, göttlich erst in tiefem Leid das Lebenslied der Welt uns tönt.

Hölderlin, Hyperion, Schluß

Geduld verlieren heißt Würde verlieren.

Aus Indien

Wer geduldig ist, der ist weise; wer aber ungeduldig ist, der offenbaret seine Torheit.

Sprüche Salomos 14, 29

Ungeduld ist Angst.

Stefan Zweig

Wer ungeduldig ist, lästert Gott.

Aus Arabien

Es ist leicht, geduldig zu sein, wenn man ein Schaf ist.

Sprichwort

Die gemeine Geduld ist meist Gefühllosigkeit, Trägheit und Feigheit. Nur diejenige Geduld, die dem Druck der Umstände klug entgegenwirkt und die Zeit abwartet, wenn Mut und Stärke jetzt nicht zum Ziele führen, ist allein Tugend.

Karl Julius Weber, Demokritos, Die Geduld

Ob Geduld eine Tugend ist, hängt vom Objekt ab.

Hans Kasper,
Expedition nach innen, Der Floh im Talar

Hütet euch vor der Wut eines Geduldigen!

John Dryden

Trost

Gegen Schmerzen der Seele gibt es nur zwei Heilmittel: Hoffnung und Geduld.

Pythagoras

Der Himmel hat den Menschen als Gegengewicht zu den vielen Mühseligkeiten des Lebens drei Dinge gegeben: Die Hoffnung, den Schlaf und das Lachen.

Kant

Sahst du ein Glück vorübergehn,
das nie sich wiederfindet,
ist's gut, in einen Strom zu sehn,
wo alles wogt und schwindet.

Hinträumend wird Vergessenheit
des Herzens Wunde schließen;
die Seele sieht mit ihrem Leid
sich selbst vorüberfließen.

Lenau, Blick in den Strom

Im Bitteren findest du Süßigkeit.

Aus Madagaskar

Was im weinenden Auge mir oft die Tränen zurückhält,
ist ein spielendes Kind oder ein Vogel im Flug.

Kerner, Tröstung

Die Musik allein
die Tränen abwischet,
die Herzen erfrischet,
wenn sonst nichts hilflich will sein.

Inschrift an einer Orgel von 1762

Des Nächsten Leid zu lindern hilft einem, das eigene zu vergessen.

Abraham Lincoln

Wer sich sein eigenes Leiden klagt, klagt es sicherlich vergeblich. Wer es der Frau klagt, klagt es einem Selbst, das helfen kann und schon durch die Teilnahme hilft.

Lichtenberg,
Bemerkungen vermischten Inhalts 3

Frauenmünze heilt viel Leid,
wer sie braucht mit Maß und Zeit.

Logau, Münze wider Traurigkeit

Wenn ich erregt bin, gibt es nur ein Mittel, mich völlig zu beruhigen: Essen.

Oscar Wilde

Brennt unser Haus und können wir nicht löschen,
so laßt uns wenigstens die Hände wärmen. (Zawisch)

Grillparzer,
König Ottokars Glück und Ende I

Hundert Unglückliche gehen verloren, weil sie niemand zum Gefühl dessen, was sie noch sind, emporhebt.

Pestalozzi,
Ein Schweizer Blatt

Das schwere Herz wird nicht durch Worte leicht. (Tell)

Schiller, Wilhelm Tell I, 3

Gegen die Erde gibt es keinen Trost als den Sternenhimmel.

Jean Paul,
Quintus Fixlein III, 1

In der Scheidung von Himmel und Erde liegt der Trost, nicht in der Mischung.

Waldemar Bonsels

Mitleid

Mich schmerzt der Anblick des Jammers.

Goethe, Hermann und Dorothea 1

Zum Mitleiden gab die Natur vielen ein Talent, zur Mitfreude wenigen.

Hebbel, Tagebücher 1836

Ich bin sehr viel mitleidiger in meinen Träumen als im Wachen.

Lichtenberg

Kind, mache dich gemein mit der Barmherzigkeit.
Sie ist die Pförtnerin im Schloß der Seligkeit.

Angelus Silesius,
Cherubinischer Wandersmann

Grenzenloses Mitleid mit allen lebenden Wesen ist der festeste und sicherste Bürge für das sittliche Wohlverhalten und bedarf keiner Kasuistik. Wer davon erfüllt ist, wird zuverlässig keinen verletzen, keinen beeinträchtigen, keinem wehetun, vielmehr mit jedem Nachsicht haben, jedem verzeihen, jedem helfen, soviel er vermag, und alle seine Handlungen werden das Gepräge der Gerechtigkeit und Menschenliebe tragen.

Schopenhauer,
Die beiden Grundprobleme der Ethik

Das Mitleid ist die natürliche Grundlage für die soziale Tugend des tätigen Wohlwollens, aber keineswegs ist es selber eine Tugend.

Friedrich Paulsen,
System der Ethik

Mitleid sieht die Not, nicht die Ursache.

Sprichwort

Das Mitleid des Schwächlings ist eine Flamme, die nicht wärmt.

Ebner-Eschenbach, Aphorismen

Mitgefühl ist nie verschwendet, es sei denn, man hat Mitleid mit sich selbst.

Igor Strawinsky

Mitleid widerspricht nicht dem Egoismus. Im Gegenteil: Wir sind froh über die Gelegenheit, unsere Freundschaft beweisen und in den Ruf des Empfindsamen gelangen zu können, ohne daß wir dafür etwas geben müssen.

Pascal

Eines andern Pein empfinden heißet nicht barmherzig sein.
Recht barmherzig sein will heißen: Wenden eines andren Pein.

Logau, Erbarmung und Barmherzigkeit

Die Empörung über das Unglück des anderen ist der männliche Bruder des Mitleidens.

Nietzsche

Wenn Fremde sich in unsre Lage fühlen,
sind sie wohl näher als die Nächsten, die
oft unsern Gram als wohlbekanntes Übel
mit lässiger Gewohnheit übersehn.

Goethe, Die natürliche Tochter IV, 2

Die Leute haben Mitleid mit anderen nur in dem Maß, wie sie Mitleid mit sich selbst hätten. (Helena)

Giraudoux, Kein Krieg in Troja II, 8

Nur wer vom gleichen Leid gezeichnet ist, darf mit dem Schwergeprüften traurig sein. (Ödipus)

Sophokles, Ödipus auf Kolonos IV

Überwinden

Die Götter stürzen, richten wieder auf. (Ismene)

Sophokles, Ödipus auf Kolonos I

Wenn du stille bist, wird dir geholfen.

Goethe, zu Caroline Herder, 8. 8. 1788

Der beste Rat ist in der Not:
Mensch, hilf dir selbst, so hilft auch Gott!

Sprichwort

Es gibt Schmerzen, wo der Mensch sich selbst nur helfen kann. (Wallenstein)

Schiller, Wallensteins Tod IV, 9

Das Kreuz, wohl gefaßt, ist halb getragen.

Sprichwort

Gehst du furchtsam und zart mit deinen Leiden um, so stechen sie heißer als Brennesseln, wenn man sie bloß leise berührt. Aber gleich ihnen verletzen sie wenig, wenn du sie herzhaft und derb handhabst.

Jean Paul, Levana, Ergänzblatt 8

Seelenleiden, in die wir durch Unglück oder eigne Fehler geraten, sie zu heilen vermag der Verstand nichts, die Vernunft wenig, die Zeit viel, entschlossene Tätigkeit hingegen alles.

Goethe, Wilhelm Meisters Wanderjahre II, 11

Brich nur die Dielen auf, wenn es um dich stinkt. Die tote Maus wird sich finden.

Eduard Mörike, Briefe

Wer sich entschließen kann, besiegt den Schmerz. (Leonore)

Goethe, Torquato Tasso III, 2

Ich weiß aus eigener Erfahrung, daß das Denken eine Heilkraft habe. Aber dieses Mittel läßt sich nicht bei allen auf die gleiche Weise anwenden. Einige, zu welchen auch Sie gehören, helfen ihrem Übel dadurch ab, daß sie ihre Aufmerksamkeit davon abwenden. Ich habe den meinigen, zum Beispiel Zahnschmerzen, dadurch am besten abhelfen können, indem ich meine Aufmerksamkeit darauf konzentriert und an nichts als an meinen Schmerz gedacht habe.

Christian Garve,
an Kant, September 1798

Nur, wer verzagend
das Steuer losläßt, ist im Sturm verloren. (Sophonisbe)

Geibel, Sophonisbe II, 6

Bei furchtbaren Schicksalsschlägen das ganz Gewöhnliche tun, das hilft uns über den Abgrund.

Martin Kessel, Gegengabe V

Einen verwickelten Gemütszustand, gewisse Schmerzen, Überraschungen und Verlegenheiten verarbeitet man weit leichter in irgendeiner fremden, ungestörten Umgebung als innerhalb der eigenen Wände.

Eduard Mörike, Briefe

Man muß verstehen, die Früchte seiner Niederlagen zu ernten.

Otto Stoessl

Der Mann weicht dem Stein, der ihn zu zerschmettern droht, aus und vermauert ihn in sein Gebäude!

Hebbel, Tagebücher 1840

Widerstehe wie das Wasser!

Aus China

Der den Umständen am besten Angepaßte überlebt, nicht der Stärkste.

Dane E. Smalley

O, verzeih, mein trefflicher Freund,
daß ich, selbst an dem Arm dich
haltend, bebe! So scheint dem endlich
gelandeten Schiffer
auch der sicherste Grund des festesten
Bodens zu schwanken.

Goethe, Hermann und Dorothea 9

Wer zwei Hungersnöte überwand, der hat etwas, was ihm hilft.

Aus Botswana

Den Schmuck der Zweige habt ihr abgehauen,
da steh' ich, ein entlaubter Stamm!
Doch innen
im Marke lebt die schaffende Gewalt,
die sprossend eine Welt aus sich geboren. (Wallenstein)

Schiller,
Wallensteins Tod III, 13

Sicherheit

Ein Weiser gewinnet die Stadt der Starken und stürzet ihre Macht durch ihre Sicherheit.

Sprüche Salomos 21, 22

Nun lerne, wenn dich's nicht verdrießt,
wie nah der Fall dem Sichern ist.

Gellert,
Fabeln, Die Wachtel und der Hänfling

Es gibt keine Sicherheit, nur verschiedene Grade der Unsicherheit.

Anton Neuhäusler

Kein Mensch darf sagen: Solches trifft mich nie.

Menander

Ein gottgesendet Übel sieht der Mensch,
der klügste, nicht voraus und wendet's nicht vom Hause. (Nausikaa)

Goethe, Nausikaa I, 3

Wer sollte glauben, der Widder
würde Lampen ermorden und euch der Schätze berauben?
Hüte sich einer, wo niemand Gefahr und Tücke vermutet!

Goethe, Reineke Fuchs 9

Lieber sich bestehlen lassen, als Vogelscheuchen um sich zu haben – das ist mein Geschmack.

Nietzsche, Fröhliche Wissenschaft, Justiz

Die bestverschlossene Tür ist die, welche man offenlassen kann.

Aus China

Wer keinen Zaun hat, hat keine Feinde.

Aus Burundi

Er will mein Leben und mein Glück und fühlt nicht, daß der schon tot ist, der um seiner Sicherheit willen lebt. (Egmont)

Goethe, Egmont II, Egmonts Wohnung

Leb ich nur, um aufs Leben zu denken? Soll ich den gegenwärtigen Augenblick nicht genießen, damit ich des folgenden gewiß sei? (Egmont)

Goethe, Egmont II, Egmonts Wohnung

Wir leben, solange wir nicht sicher sind.

Graham Greene

XXXI. Kapitel

Fremdheit
Gemeinsamkeit
Umgang
Gemeinschaft
Gesellschaft
Ordnung
Sitte
Gewohnheit
Manieren
Höflichkeit
Takt
Anpassung
Verstellung
Toleranz

Fremdheit

Dann wirst du spüren, nach wie
salz'gen Teigen
das fremde Brot schmeckt, und wie
hart es ist,
die fremden Treppen auf- und abzu-
steigen.

Dante,
Göttliche Komödie, Paradies XVII, 58

In der Fremde ist das Haus dunkel.

Aus Liberia

Wenn du unter Fremden bist, singe nicht allein, sondern mit im Chor.

Aus Afrika

Der Fremdling ist ein fließendes Wasser.

Aus Togo

Gedenkt man, wie viel Menschen man gesehen, gekannt, und gesteht sich, wie wenig wir ihnen, wie wenig sie uns gewesen, wie wird uns da zu Mute! Wir begegnen dem Geistreichen, ohne uns mit ihm zu unterhalten, dem Gelehrten, ohne von ihm zu lernen, dem Gereisten, ohne uns zu unterrichten, dem Liebevollen, ohne ihm etwas Angenehmes zu erzeigen.

Goethe,
Die Wahlverwandtschaften II, 1

Es ist schauerlich, an Toren zu rütteln, die verschlossen sind; noch schauerlicher aber, wenn sie nur aus dünnem Seelenstoff, ja, wenn sie nur aus den kühlen, harten Blicken einer Seele bestehen, die dich nicht in sich eindringen lassen will.

Morgenstern, Stufen, Psychologisches, 1906

Es ist erstaunlich, wie wenig die Menschen einander verstehen, aber noch viel erstaunlicher, wie wenig es darauf ankommt.

Hans Krailsheimer

Gar zu leicht mißbrauchen und vernachlässigen uns die Menschen, sobald wir mit ihnen in Vertraulichkeit verkehren. Um angenehm zu leben, muß man fast immer als ein Fremder unter den Leuten erscheinen. Dann wird man geschont, geehrt, aufgesucht.

Adolf von Knigge

So sehr ein Mann sich auch selbst empfiehlt, so sehr begünstigt die Empfehlung eines Freundes die ersten Augenblicke der Bekanntschaft.

Goethe,
an Wilhelm von Humboldt, 29. 11. 1801

Der ist nicht fremd, wer teilzunehmen
weiß. (Gerichtsrat)

Goethe, Die natürliche Tochter IV, 2

Gemeinsamkeit

Jeder ist jedermanns Verwandter, wenn nicht durch das Blut, so doch durch Taten oder Gedanken.

Aus Simbabwe

Ich bin ein Teil von allen, denen ich begegnet bin.

Alfred Lord Tennyson

Was die Menschen trennt, ist gering, gemessen an dem, was sie einen könnte.

Halldor Kiljan Laxness

Völlig fremde und gegen einander gleichgültige Menschen, wenn sie eine Zeitlang zusammenleben, kehren ihr Inneres wechselseitig heraus, und es muß eine gewisse Vertraulichkeit entstehen.

Goethe, Die Wahlverwandtschaften II, 13

Jakobi hatte mich persönlich lieb, ohne an meinen Bestrebungen teilzunehmen oder sie wohl gar zu billigen. Es bedurfte daher der Freundschaft, um uns aneinander zu halten. Dagegen war mein Verhältnis mit Schiller so einzig, weil wir das herrlichste Bindungsmittel in unseren gemeinsamen Bestrebungen fanden und es für uns keiner sogenannten besonderen Freundschaft weiter bedurfte.

Goethe, zu Eckermann, 11. 4. 1827

Mitwollende gibt's wenig, Mißwollende viel.

Goethe,
an Karl Friedrich von Reinhard, 21. 2. 1810

Wir sind zur Gemeinschaft geschaffen wie Füße, wie Hände, wie die untere und die obere Reihe unserer Zähne.

Mark Aurel, Selbstbetrachtungen

Es ist eine unaussprechliche Glückseligkeit, wenn Gesinnungen und Empfindungen zwischen zwei Wesen wechseln, ohne irgend anzustoßen.

Goethe, an Charlotte von Stein, 14. 7. 1782

Was ich dir wünsche, mein Freund?
Ich wünsche allen dasselbe:
Finde jeglicher den, der ihm im Innersten gleicht!
Bist du ein Guter, so kann dich der Himmel nicht besser belohnen,
bist du ein Schlimmer, so straft ärger die Hölle dich nicht.

Hebbel, Jedermann ins Album

Im Umgang zieht jeder den ihm Ähnlichen entschieden vor; so daß einem Dummkopf die Gesellschaft eines anderen Dummkopfes ungleich lieber ist als die aller großen Geister.

Schopenhauer,
Parerga und Paralipomena II, 20

Nichts entfernt zwei innerlich wenig verwandte Menschen mehr voneinander als das Zusammenleben.

Ebner-Eschenbach,
Aphorismen

Wir standen uns so nah, daß es zwischen uns keinen Platz mehr gab für Gefühle.

Lec, Unfrisierte Gedanken

Wenn du manches an mir dulden mußt, so ist es billig, daß ich auch wieder von dir leide. Es ist auch so viel besser, daß man freundlich abrechnet, als daß man sich immer einander anähnlichen will und, wenn das nicht reüssiert, einander aus dem Wege geht.

Goethe,
an Charlotte von Stein, Februar 1789

Es ist schwer, mit Menschen zu leben, weil schweigen so schwer ist.

Nietzsche,
Zarathustra II, Von den Mitleidigen

Es ist nicht immer Heuchelei, wenn derselbe Mann, der im Hause tobt, in fremder Gesellschaft mild erscheint. Zu Hause findet er eingewurzelte, wiederholte Fehler, die er zu bestrafen hat.

Jean Paul

Nichts ist bedeutender in jedem Zustande als die Dazwischenkunft eines Dritten. Ich habe Freunde gesehen, Geschwister, Liebende, Gatten, deren Verhältnis durch den zufälligen oder gewählten Hinzutritt einer neuen Person ganz und gar verändert, deren Lage völlig umgekehrt wurde.

Goethe, Die Wahlverwandtschaften I, 1

Umgang

Im Grunde sind es doch die Verbindungen mit Menschen, welche dem Leben seinen Wert geben.

Wilhelm von Humboldt,
Briefe an eine Freundin, 21. 9. 1827

Was bleibt uns denn viel Reelles vom Leben als das Verhältnis zu vorzüglichen Gleichzeitigen?

Goethe, an Herzog Karl August, 29. 6. 1797

Antworte dem, der dich ruft.

Aus Tansania

Die Notwendigkeit, immer unter Menschen zu sein, hat mir gut getan. Manche Rostflecken, die eine zu hartnäckige Einsamkeit über uns bringt, schleifen sich da am besten ab.

Goethe,
an Herzog Carl August, 15. 8. 1785

Sage mir, mit wem du umgehst, und ich sage dir, wer du bist.

Aus Arabien

Sage mir, mit wem du umgehst, und ich werde mich schwer hüten, dir zu sagen, wer du bist.

Verfasser unbekannt

Ein jegliches Tier hält sich zu seinesgleichen.

Jesus Sirach 13, 19

Was fang' ich mit Leuten an, deren Seelen so gleich als ihre Sackuhren gehen? Kann ich eine Freude daran finden, sie was zu fragen, wenn ich voraus weiß, was sie mir antworten werden? Oder Worte mit ihnen wechseln, wenn sie das Herz nicht haben, andrer Meinung als ich zu sein? (Lady)

Schiller, Kabale und Liebe II, 1

Drei Arten von Menschen gibt es, mit denen es gut ist, Umgang zu pflegen: Die innerlich Starken, die Aufrichtigen und die, welche viel gelernt haben.

Aus China

Guten Menschen Gesellschaft zu leisten ist die beste Methode, selbst ein guter Mensch zu werden.

Cervantes

Das Edle, Hohe kauft sich nicht, man
tauscht es,
und man erhält so viel nur, als man
gibt. (Esther)

Grillparzer, Esther II

Nur von den Besten erlernst du das
Beste; verkehrst du mit Schlechten,
dann ist bald auch dahin, was du besaßt
an Vernunft.

Theognis, Elegien

Befleckter Nähe, merk' ich, ist gefährlich. (König)

Grillparzer, Medea V

Der Weg zur Hölle ist mit guten Bekannten gepflastert.

Kurt Kluge, Der Herr Kortüm

Wir alle hungern nach Menschenliebe, und wenn man hungert, schmeckt auch schlecht gebackenes Brot.

Maxim Gorki

Man sollte nur den Umgang solcher Menschen suchen, denen gegenüber man sich zusammennehmen muß.

Feuchtersleben, Diätetik der Seele 14

Jeder wählt, durch einen geheimen Zug bewogen, zu seinem nähern Umgange am liebsten jemanden, dem er an Verstande ein wenig überlegen ist; denn nur bei diesem fühlt er sich behaglich.

Schopenhauer,
Die Welt als Wille und Vorstellung II, 2, 19

Man muß sich nie zu dem gesellen, durch den man in den Schatten gestellt wird.

Baltasar Gracián,
Handorakel der Weltklugkeit

Der Umgang mit Unwissenden ist kein Umgang und verschafft auch ihnen kein Vergnügen.

Chesterfield,
Briefe an seinen Sohn, 4. 10. 1746

Es ist doch eine wahre Pein,
mit Lindorn umzugeh'n:
Man findet sich nicht ganz allein
und ist auch nicht zu zween.

Gottlieb Konrad Pfeffel, Auf Lindorn

Die Männer, die mit den Frauen am besten auskommen, sind dieselben, die wissen, wie man ohne sie auskommt.

Charles Baudelaire

Man soll die Männer so nehmen, wie sie sind, und die Frauen, wie sie sein möchten.

Frank Wedekind

Wenn man in Liebe und Freundschaft glücklich ist, daß unser Herz in der weiten Welt nichts zu suchen braucht, so hat man mit den Menschen einen guten Stand, und man kann sich der Wahrheit gemäß mit ihnen betragen.

Goethe, an Charlotte von Stein, 2. 4. 1782

Ich habe einen Menschen immer nur als ein für sich bestehendes Individuum angesehen, das ich zu erforschen und das ich in seiner Eigentümlichkeit kennenzulernen trachtete, wovon ich aber durchaus keine weitere Sympathie verlangte. Dadurch habe ich es nun dahin gebracht, mit jedem Menschen umgehen zu können.

Goethe, zu Eckermann, 2. 5. 1824

Man muß den Leuten nur ein bißchen verrückt vorkommen, dann kommt man schon weiter.

Wilhelm Raabe, Hastenbeck

Wenn ich auf mein früheres und mittleres Leben zurückblicke und nun in meinem Alter bedenke, wie wenige noch von denen übrig sind, die mit mir jung waren, so fällt mir immer der Sommeraufenthalt in einem Bade ein. Sowie man ankommt, schließt man Bekanntschaften und Freundschaften mit solchen, die schon eine Zeitlang dort waren und die in den nächsten Wochen wieder abgehen. Der Verlust ist schmerzlich. Nun hält man sich an die zweite Generation, mit der man eine gute Weile fortlebt und sich auf das innigste verbindet. Aber auch diese geht und läßt uns einsam mit der dritten, die nahe vor unserer Abreise ankommt und mit der man auch gar nichts zu tun hat.

Goethe, zu Eckermann, 27. 1. 1824,

Die Seelen werden zueinander geführt und voneinander gerissen mit der Gewalt von Sternenbahnen.

Hrabanus Maurus,
Michaelsberger Handschrift

Gemeinschaft

Es ist nicht gut, daß der Mensch alleine sei, und besonders nicht, daß er alleine arbeite; vielmehr bedarf er der Teilnahme und Anregung, wenn etwas gelingen soll.

Goethe,
zu Eckermann, 7. 3. 1830

Vereint wirkt also dieses Paar,
was einzeln keinem möglich war.

Gellert,
Der Blinde und der Lahme

Wenn die oberen und unteren Zähne zusammenbeißen, brechen sie sogar Knochen.

Aus Afrika

Als sie die ersten Kommunisten holten, habe ich geschwiegen; denn ich war kein Kommunist. Als sie die ersten Juden holten, habe ich geschwiegen; denn ich war kein Jude. Als sie die ersten Katholiken holten, habe ich geschwiegen; denn ich war kein Katholik. Als sie mich holten, war niemand mehr da, der seine Stimme hätte erheben können.

Martin Niemöller

Man muß auf Nebenmann denken, nicht auf Vordermann.

Heinz Kühn

Was dem Schwarm nicht nützt, das nützt auch der einzelnen Biene nicht.

Mark Aurel, Selbstbetrachtungen VI

In früheren Zeiten konnte einer ruhig vor seinem vollen Teller sitzen und sich's schmecken lassen, ohne sich darum zu kümmern, daß der Teller seines Nachbarn leer war. Das geht jetzt nicht mehr, außer bei den geistig völlig Blinden. Allen übrigen wird der leere Teller des Nachbarn den Appetit verderben.

Ebner-Eschenbach,
Das Gemeindekind

Den Gebrauch der Kräfte, die man hat, ist man denen schuldig, die sie nicht haben.

Carl Schurz

Der Reifegrad einer Gemeinschaft zeigt sich darin, wie sie mit Fehltritten in den eigenen Reihen fertig wird.

Gottfried Edel

Viele klagen über die menschliche Gesellschaft, ohne zu bedenken, daß diese Gesellschaft in einem Tage mehr für sie tat, als sie ihr ganzes Leben hindurch für sie getan haben. Die heftig Klagenden sind diejenigen, die ganz auf Kosten derselben gelebt, die Allerlautesten aber die, welche ihr geschadet haben.

Klinger, Betrachtungen und Gedanken

Das Ei tanzt nicht mit einem Stein zusammen.

Aus Obervolta

Eier und Eisen steckt man nicht in denselben Sack.

Pygmäenweisheit

Das Widerstrebende fügt sich zusammen wie ein gespannter Bogen.

Heraklit

Gesellschaft

Gesellschaft bleibt eines wackern Mannes höchstes Bedürfnis. Alle brauchbaren Menschen sollen in Bezug untereinander stehen, wie sich der Bauherr nach dem Architekten und dieser nach Maurer und Zimmermann umsieht.

Goethe,
Wilhelm Meisters Wanderjahre III, 9

Die Gesellschaft ist wie die Luft: Notwendig zum Atmen, aber nicht ausreichend, um davon zu leben.

George Santayana

Der Mensch liebt die Gesellschaft, und sollte es auch nur die von einem brennenden Rauchkerzchen sein.

Lichtenberg,
Beobachtungen über den Menschen

Ein Ball ist eine Gesellschaft von Füßen, ein Gastmahl eine Gesellschaft von Mägen. Es gibt nicht viele Gesellschaften von Köpfen und noch weniger von Herzen.

Abraham Gotthelf Kästner,
Zweierlei Paroxysmen

Sobald man in Gesellschaft ist, nimmt man vom Herzen den Schlüssel ab und steckt ihn in die Tasche. Diejenigen, welche ihn stecken lassen, sind Dummköpfe.

Goethe, zu Lavater, 26. 6. 1774

Wie sehr hütete man sich sonst in der Gesellschaft, irgendetwas zu berühren, was einem oder dem andern unangenehm sein konnte! Der Protestant vermied in Gegenwart des Katholiken, irgendeine Zeremonie lächerlich zu finden, der eifrigste Katholik ließ den Protestanten nicht merken, daß die alte Religion eine größere Sicherheit ewiger Seligkeit gewähre. Man unterließ vor den Augen einer Mutter, die ihren Sohn verloren hatte, sich seiner Kinder lebhaft zu freuen, und jeder fühlte sich verlegen, wenn ihm ein solches unbedachtsames Wort entwischt war.

Goethe,
Unterhaltungen Deutscher Ausgewanderten

Der Mensch ist die Medizin des Menschen.

Aus Afrika

Aufrichtigkeit in der Gesellschaft ist wie ein Eisenträger in einem Kartenhaus.

Somerset Maugham

Wir andern, die wir von der Gesellschaft abhängen, müssen uns nach ihr bilden und richten, ja wir dürfen eher etwas tun, das ihr zuwider ist, als was ihr lästig wäre, und lästiger ist ihr in der Welt nichts, als wenn man sie zum Nachdenken und zu Betrachtungen auffordert.

Goethe,
Unterhaltungen Deutscher Ausgewanderten

Du bist die unbedeutende Sprache der Galanterie zu wenig gewohnt. Eine Höflichkeit wird in ihr zur Empfindung, eine Schmeichelei zur Beteuerung, ein Einfall zum Wunsche, ein Wunsch zum Vorsatz. (Claudia)

Lessing, Emilia Galotti II, 6

Übrigens werden in solchen Zusammenkünften meist die Abwesenden verletzt! Deren Leben, Worte und Handlungen werden untersucht, beurteilt, verdammt oder zu beißenden Scherzen benutzt. Ja selbst die Genossen werden nicht geschont; sobald sie zur Tür hinaus sind, müssen sie gleiches erleiden. Deshalb war es gar kein törichter Einfall, aus solchen Klatschgesellschaften immer als der letzte fortzugehen.

Hobbes, Vom Bürger 1, 2

Er scheint mir einer von den Menschen zu sein, die einen guten moralischen Magen haben, um an dem großen Welttische immer mitgenießen zu können.

Goethe,
an Charlotte von Stein, 1. 6. 1787, Neapel

Wenn man jederzeit auf unserer Stirne lesen könnte, wo unsere Gedanken sind – kein Mensch möchte mit uns die Gegenwart teilen.

Max Frisch, Tagebuch 1946-49

Wenn sie zusammensein mußten, so nahm man geschwind seine Zuflucht zur Musik, um alle zu verbinden, indem man jeden sich selbst wiedergab.

Goethe,
Wilhelm Meisters Lehrjahre VIII, 10

Diese Erörterungen über Poesie scheinen mir eine starke Ähnlichkeit zu haben mit den Trinkgelagen unbedeutender Alltagsmenschen. Da diese nämlich ihre Unterhaltung beim Becher nicht durch sich selbst und ihre eigene Stimme und Rede bestreiten können infolge ihrer mangelhaften Bildung, so schrauben sie die Preise für die Flötenbläserinnen in die Höhe: Um hohen Preis mieten sie sich die fremde Stimme der Flöten, und deren Stimme ist es dann, durch die sie sich miteinander unterhalten. Wo aber wohlerzogene und gebildete Trinkgenossen beisammen sind, da siehst du dich vergeblich um nach Flötenbläserinnen, Tänzerinnen und Lautenschlägerinnen; vielmehr sind sie sich selbst genug zur Unterhaltung. (Sokrates)

Platon, Protagoras 32

Künste, die zu Hof im Brauch,
wollt ich, dünkt mich, können auch,
wann nur eine mir wollt' sein,
nämlich unverschämt zu sein!

Logau, Sinngedichte I, 7

Die Gesellschaft ist eine verfeinerte Horde, die sich aus zwei mächtigen Stämmen zusammensetzt: Den Langweiligen und den Gelangweilten.

Byron

Wo nur Standesgenossen zusammenkommen, da wird immer sehr bald die Langeweile präsidieren und die Dummheit das Protokoll führen.

Börne

Sie sind mir vorgekommen wie die Billardkugeln, die auf der grünen Decke blind durcheinanderlaufen, ohne voneinander zu wissen, und die, sobald sie sich berühren, nur desto weiter auseinander fahren.

Goethe, zu Eckermann, 11. 4. 1827

Geselligkeit will uns nicht glücken,
uns fehlen dazu der Anmut Gaben.
Nie harmlos sich in andere schicken,
das heißt in Deutschland Charakter haben.

Paul Heyse,
Spruchbüchlein, Die Ungeselligen

Ordnung

Ordnung ist das erste Gesetz des Himmels.

Alexander Pope

Ordnung ist die Verbindung des Vielen nach einer Regel.

Kant

Alles Behagen am Leben ist auf eine regelmäßige Wiederkehr der äußeren Dinge gegründet.

Goethe, Dichtung und Wahrheit III, 13

Ich wünsche herzlich, du möchtest Dich von vornherein bemühen, ein Mann von Methode zu werden; denn nichts trägt mehr zur Erleichterung und Beschleunigung der Geschäfte bei als Ordnung und Methode. Beachte dies in Deinen Rechnungen, bei Deiner Lektüre, bei Deiner Zeiteinteilung, kurz, bei jeder Gelegenheit.

Chesterfield, Briefe an seinen Sohn

Ordnung ist das halbe Leben.

Sprichwort

Nichts ist leichter, als Tabus zu zerbrechen, und nichts schwieriger, als ein vernünftiges Zusammenleben zu organisieren.

Alexander Mitscherlich

Wären wir von Kindheit an gewohnt, unsere Umgebung zu einer freundlichen Ordnung zu gestalten, so würde auch unser Inneres diese Ordnung durch eine harmonische Stimmung der Seele abspiegeln.

Feuchtersleben, Zur Diätetik der Seele 5

Alle bedeutenden Menschen, die in ihrer Lebensweise eine gewisse Regelmäßigkeit und feste Grundsätze besitzen, die viel nachgedacht haben und mit den Angelegenheiten des Lebens kein Spiel treiben, können sehr leicht in den Augen oberflächlicher Beobachter als Pedanten erscheinen.

Goethe, zu Soret, 3. 2. 1830

Wo nicht immer von oben die Ordnung und Reinlichkeit wirket,
da gewöhnet sich leicht der Bürger zu schmutzigem Saumsal,
wie der Bettler sich auch an lumpige Kleider gewöhnet.

Goethe, Hermann und Dorothea 3

Die Ordnung ist die Lust der Vernunft, aber die Unordnung ist die Wonne der Phantasie.

Paul Claudel

Nur diejenige Verworrenheit ist ein Chaos, aus der eine Welt entspringen kann.

Friedrich Schlegel, Athenaeum 1798

Sitte

Zwischen den Gesetzen und den Sitten besteht der Unterschied, daß die Gesetze mehr die Handlungen des Bürgers und die Sitten mehr die Handlungen des Menschen regeln. Zwischen den Sitten und Gebräuchen besteht der Unterschied, daß erstere mehr das innere Verhalten, letztere mehr das äußere betreffen.

Montesquieu, Der Geist der Gesetze 19, 16

Ein tiefer Sinn wohnt in den alten Bräuchen. (Maria)

Schiller, Maria Stuart I, 7

Wo man lobt den alten Brauch,
schilt man damit den neuen auch.

Freidank, Bescheidenheit 17

Konvention heißt Übereinkommen in Worten und Handlungen ohne Übereinkommen des Gefühls.

Nietzsche

Aber der Mann und mehr noch das Weib, die angeklagt werden, etwas getan zu haben, „was niemand tut“, oder etwas unterlassen zu haben, „was jeder tut“, werden zum Gegenstand so wegwerfender Bemerkungen, als ob er oder sie ein schweres sittliches Verbrechen begangen hätten. Man muß Titel oder sonst Rang besitzen oder bei Leuten von Rang etwas gelten, um sich, ohne in der Achtung zu sinken, dem Luxus, einigermaßen nach Belieben handeln zu dürfen, hingeben zu können.

John Stuart Mill, Über Freiheit 3

Gewohnheit

Der Mensch mache sich nur irgendeine würdige Gewohnheit zu eigen, an der er sich die Lust in heiteren Tagen erhöhen und in trüben Tagen aufrichten kann. Er gewöhne sich zum Beispiel, täglich in der Bibel oder im Homer zu lesen oder Medaillen oder schöne Bilder zu schauen oder gute Musik zu hören.

Goethe,
zu Friedrich von Müller, 30. 5. 1814

Gewohnheit ist eine subjektive Notwendigkeit.

Hegel

Eine Angewohnheit kann man nicht aus dem Fenster werfen. Man muß sie die Treppe hinunterboxen, Stufe für Stufe.

Mark Twain

Eine alte Gewohnheit legt sich so leicht nicht ab, und eine Richtung, die wir früh genommen, kann wohl einige Zeit abgelenkt, aber nie ganz unterbrochen werden.

Goethe,
Unterhaltungen Deutscher Ausgewanderten

Gewohnheiten sind die Fingerabdrükke des Charakters.

Alfred Polgar

Die Gewohnheit ist das Band der Schwäche. (Ferdinand)

Grillparzer,
Ein Bruderzwist in Habsburg V

Ein Schritt aus dem Gewohnten, merk' ich wohl,
er zieht unhaltsam hin auf neue Bahnen. (Libussa)

Grillparzer,
Libussa I

Manieren

Gutes Benehmen ist wie ein vollendeter Faltenwurf.

Aus Japan

Jeder Weltmann verkehrt lieber mit einem wohlerzogenen Bösewicht als mit einem schlechterzogenen Heiligen.

Ebner-Eschenbach,
Aphorismen

Selbst die Tugend beleidigt, wenn sie mit einer abstoßenden Manier verbunden ist.

Smiles, Der Charakter 9

Wer wie ich sein ganzes Leben hindurch mit hohen Personen zu verkehren gehabt, für den ist es nicht schwer. Das einzige dabei ist, daß man sich nicht durchaus menschlich gehen lasse, vielmehr sich stets innerhalb einer gewissen Konvenienz halte.

Goethe, zu Eckermann, 12. 4. 1829

Nicht aufzufallen ist das erste Gesetz des guten Tones.

Langbehn, Rembrandt als Erzieher

Der herrschende Ton ist immer der gute Ton, wenn es auch nicht der rechte ist.

Karl Julius Weber,
Demokritos, Der gute Ton

Wie man in den Wald hineinruft, so schallt es heraus.

Sprichwort

Rücksicht ist Voraussicht.

Paul Valéry

Die Mehrzahl der Menschen ist so: Macht man ihnen bescheiden Platz, so werden sie unverschämt. Versetzt man ihnen aber Ellenbogenstöße und tritt ihnen auf die Füße, so ziehen sie den Hut.

Nestroy, Aphorismen 26

Es ist seltsam, aber es ist doch so, daß es Naturen gibt, welche in dem Maße, als ihre Gefühle zarter werden, gröberer Worte sich bedienen.

Jeremias Gotthelf

Glücklichsein ist die beste Schule für gute Manieren. Nur Unglückliche sind grob.

Christopher Morley

Nur der Müde ist vornehm.

Thomas Niederreuther, Aphorismen

Der Gentleman ist ein Mann der Wahrheit, Herr über sein eigenes Handeln und fähig, dieses Herrentum in seinem Benehmen zum Ausdruck zu bringen. Er macht sich in keiner Weise abhängig und ist weder Personen noch Meinungen noch dem Reichtum dienstbar.

Emerson

Ein Gentleman ist ein Mensch, der selbst jenen Leuten Respekt entgegenbringt, die für ihn keinerlei Nutzen haben.

William Lyon Phelps

Ein Merkmal des Gentleman ist seine Weigerung, von jeder Meinungsverschiedenheit Notiz zu nehmen.

Arnold H. Glasow

Ein Gentleman ist ein Herr, der sich sogar dann, wenn er allein ist, der Zukkerzange bedient.

Alphonse Allais

Heutzutage gilt ein Mann schon als Gentleman, wenn er die Zigarette aus dem Mund nimmt, bevor er eine Frau küßt.

Barbra Streisand

Feine Leute sind solche, die nur in feiner Umgebung ordinär werden.

Wolfgang Herbst

Achte auf die Gesichter derer, die sich verneigen.

Aus Spanien

Das Tadellose mancher Bürger erinnert an die verdächtige Perfektion falscher Gebisse.

Hans Arndt, Im Visier, Peinliche Entdeckungen

Höflichkeit

Das Leben ist kurz, aber man hat immer Zeit für Höflichkeit.

Emerson

Wissen, Fertigkeiten, Erfahrung sind nichts wert, wo die Höflichkeit fehlt. Höflichkeit ist der einzige Paß, der in jedem Land, in jedem Amt, in jedem Heim und in jedem Herzen Zutritt verschafft.

George D. Powers

Die Höflichkeit ist eigentlich weiter nichts als ein vorsichtiges Bestreben, gegen niemand Verachtung und Geringschätzung zu zeigen.

Locke

Das Hutabnehmen ist eine Abkürzung unsres Körpers, ein Kleinermachen.

Lichtenberg

Je vornehmer einer ist, desto höflicher behandelt er den Niedrigen.

Börne, Schilderungen aus Paris I, Französische Sprache

Sei höflich gegenüber jedermann: Nicht weil der Partner eine Lady oder ein Gentleman ist, sondern weil du selbst eine Lady oder ein Gentleman bist.

Aus den USA

Ein rechter Mann ehrt sich in andern auch. (Hannibal)

Grillparzer, Hannibal und Scipio

Die Höflichkeit ist eine Gymnastik gegen Leidenschaften.

Alain

Höflichkeit ist als künstliche Liebenswürdigkeit definiert worden. Mit mehr Recht kann gesagt werden, daß Liebenswürdigkeit die natürliche Höflichkeit ist.

Stanislaus Leszczynski

Gut gehauene Steine schließen sich ohne Mörtel aneinander.

Cicero

Ich weiß vielmehr, daß wir bei Menschen höherer Art die Fesseln jener leeren Konvenienz, die sich in jedem Land verändert und die zwischen gemeinen Menschen oft heilsame Schranken setzt, kühn zerbrechen können und daß gebildetere Wesen sich an die Sache selbst halten.

Sophie Mereau, an Kant, Dezember 1795

Wenn du dich verbeugst, dann verbeuge dich tief.

Aus China

Übertriebene Höflichkeit ist Unhöflichkeit.

Aus Japan

Unbeliebten Personen rechnen wir die Artigkeiten, welche sie uns erweisen, zum Vergehen an.

Nietzsche,
Menschliches Allzumenschliches I, 309

Der Knabe
Don Karl fängt an, mir fürchterlich zu werden.
Er meidet meine Gegenwart, seitdem
er von Alcalas hoher Schule kam.
Sein Blut ist heiß, warum sein Blick so kalt?
So abgemessen festlich sein Betragen?
Seid wachsam. (König)

Schiller, Don Karlos I, 6

Unhöflich sind der Niedrigkeit Genossen.

Goethe, Divan,
Buch der Betrachtungen, Fünf Dinge

Takt

Takt ist der auf das Benehmen angewandte gute Geschmack.

Chamfort

Höflichkeit ist Klugheit. Folglich ist Unhöflichkeit Dummheit. Sich mittels ihrer unnötiger- und mutwilligerweise Feinde machen ist Raserei.

Schopenhauer,
Aphorismen zur Lebensweisheit V, 36

Vor Zeiten stunden Junge den Alten höflich auf.
Jetzt heißt es: Junger sitze und alter Greiner lauf!

Logau, Das Alter

Ich gehe oft, wenn ein Bekannter vorbeigeht, vom Fenster weg, nicht sowohl, um ihm die Mühe einer Verbeugung, als vielmehr mir die Verlegenheit zu ersparen, zu sehen, daß er mir keine macht!

Lichtenberg

Höflichkeit ist Wohlwollen in Kleinigkeiten.

Thomas Babington Macaulay

Der Takt kommt immer in Grau daher.

Thomas Niederreuther, Aphorismen

Takt ist das absolute Gehör des Herzens.

Verfasser unbekannt

Takt ist die Fähigkeit, die Leute so zu behandeln, als wüßten sie, worüber sie sprechen.

Franklin P. Jones

Im Hause des Gehängten soll man nicht vom Strick sprechen.

Sprichwort

Höflichkeit ist die Kunst des Zuhörens, Takt die Kunst des Weghörens.

Verfasser unbekannt

Takt besteht darin, daß man weiß, wieweit man zu weit gehen darf.

Jean Cocteau

Gegen Herzlose kannst du dich schützen,
gib ihnen nur dein Herz nicht preis!
Geistlose mögen dir auch wohl nützen,
da mancher manches kann und weiß.
Wenn aber Taktlose dich umringen,
das wird dich zur Verzweiflung bringen.

Paul Heyse, Das Ärgste

Anpassung

Die Wahrheit richtet sich nicht nach uns, lieber Sohn, sondern wir müssen uns nach ihr richten.

Matthias Claudius, An meinen Sohn Johannes

Ein man die nüschel kere,
als in daz weter lere.
Den Mantel soll man kehren,
wie Wind und Wetter lehren.

Freidank, Bescheidenheit 38

Wenn ein Baum sich zu beugen versteht, wird er nie vom Winde gebrochen.

Aus Afrika

Die Bäume, die
sich schmiegen, stehn an ihren Zweigen unversehrt,
und die sich sträuben, kommen samt der Wurzel um. (Haimon)

Sophokles, Antigone 706

In einem wankenden Schiff fällt um, wer stillesteht, nicht wer sich bewegt.

Ludwig Börne

Tu, was deine Nachbarn tun, oder ziehe weg.

Aus Marokko

Wenn du ins Wasser gesprungen bist, so benimm dich wie ein Fisch.

Aus Afrika

Man muß sein Brot mit dem Messer schneiden, welches einem das Schicksal, ob stumpf oder scharf, dazu in die Hand gibt.

Raabe, Gedanken und Einfälle

Met alle Pläsir, sege de Burn, wenn se mösse.

Sprichwort (Aachen)

Der Mensch wird, wie der Bach, krumm, wenn er stets nur den geringsten Widerstand sucht.

Aus den USA

Weil ich gelernt, wie ich mit Wölfen belle,
bin ich noch lange nicht ihr Spielgeselle.

Gerhard Schumann, Stachelbeeren-Auslese, Abstand

Lebe mit deinem Jahrhundert, aber sei nicht sein Geschöpf.

Schiller, Über die ästhetische Erziehung des Menschen 9

Ein Opportunist ist ein Mann, der, wenn er in warmes Wasser fällt, beschließt, ein Bad zu nehmen.

Aus den USA

Opportunist = Jenachdemer.

Wilhelm Busch

Opportunisten sind Leute, die von unten nach oben tauchen.

Jo Herbst

Opportunisten sind Raubvögel, die kriechen.

Rudolf Rolfs

Opportunismus: Treue zur Macht.

Michael Schiff

Verstellung

Sein wahres Gesicht zu zeigen, ist von allen Entblößungen die unschicklichste.

Hans Krailsheimer

Ach! Demaskiert den Schelm doch nicht:
Die Larv' ist mir lieber als sein Gesicht.

Verfasser unbekannt

Hast du Verstand und Herz, so zeige nur keines von beiden!
Beides verdammen sie dir, zeigest du beides zugleich.

Hölderlin

Wer aus sich kein Hehl macht, empört.

Nietzsche, Zarathustra I, Vom Freunde

Die Natur hat den Frauen nur ein Mittel gegeben, sich zu verteidigen und zu schützen: Die Verstellung. Diese ist ihnen angeboren und ihre Verwendung so natürlich wie für das Tier die Anwendung seiner Waffen; ja, sie fühlt sich hierbei bis zu einem gewissen Grade im Recht.

Schopenhauer, Parerga und Paralipomena

Nur Frauen beherrschen die Kunst, sich so zu verstellen, wie sie wirklich sind.

Tristan Bernard

Tiefdenkende Menschen kommen sich im Verkehr mit anderen als Komödianten vor, weil sie sich da, um verstanden zu werden, immer erst eine Oberfläche anheucheln müssen.

Nietzsche,
Menschliches Allzumenschliches II, 232

Ob wir nun jung sind oder alt, wir sind alle mehr oder weniger Chamäleons. Wir ändern unsere Meinungen und Gewohnheiten nach unserer Umgebung.

Herbert N. Casson,
Die menschliche Natur 3

Ich bin von Hofe kommen,
hab Hoffart abgenommen,
was meine Zunge spricht,
will drum das Herze nicht.

Georg Greflinger,
Der ungetreue Hylas

Verstellt man sich denn einzig auf dem Thron?
Dort spielt ein Kind, und das verstellt sich schon

Goethe, Epilog zu „Essex“

Die Welt ist voll von Leuten, die Wasser predigen und Wein trinken.

Giovanni Guareschi

Wer eine Eigenschaft affektiert, gibt zu, sie nicht zu besitzen.

Ludwig Reiners,
Stilkunst III, Stilgecken und Stilgaukler

Einen Schmerz zu zeigen,
von dem das Herz nichts weiß, ist eine Pflicht,
die dem Unredlichen nicht schwer ankommt. (Malcolm)

Schiller, Macbeth II, 11

Die Verstellung bleibt immer kalt. (Sara)

Lessing, Miß Sara Sampson III, 5

Wer schon so früh der Täuschung schwere Kunst
ausübte, der ist mündig vor der Zeit. (Elisabeth)

Schiller, Maria Stuart II, 5

Wer spät im Leben sich verstellen lernt, der hat den Schein der Ehrlichkeit voraus. (Tasso)

Goethe, Torquato Tasso V, 3

Du verleugnest dich selbst? Warum denn? „Ich will mich behaupten,
und man duldet mich nicht, zeig' ich mein wahres Gesicht!"
Aber behauptest du dich, indem du dich heuchelnd vernichtest?
Lebst du noch selber? Es spukt dann ja ein Schatten für dich!

Hebbel, Selbstvernichtung in der Selbsterhaltung

Ein Heuchelmaul richtet Verderben an.

Sprüche Salomos 26, 28

Die Laster stritten, wer von ihnen
am eifrigsten gewesen sei,
dem Bösen in der Welt zu dienen.
Den Sieg erhielt – die Heuchelei.

Gleim, Sinngedichte

Die Freude des Heuchlers währet einen Augenblick.

Hiob 20, 5

Die menschliche Gesellschaft hätte sich nie höher entwickelt ohne dieses Nachahmen von Ordnung und Anstand, das mit den Namen Snobismus und Heuchelei abgetan wird.

Thornton Wilder, Der achte Schöpfungstag, St. Kitts

Heucheln: Dem Charakter ein sauberes Hemd anziehen.

Ambrose Bierce

Toleranz

Laß du nur die Leute ihre Wege gehen, so werden sie dich wohl auch deine Wege wandeln und deine Geschäfte treiben lassen!

Thomas a Kempis, Die Nachfolge Christi I, 21

Leben und leben lassen.

Sprichwort

Ignorieren ist noch keine Toleranz.

Theodor Fontane

Was dir als Höchstes gilt, die Überzeugung,
acht sie in andern auch, sie ist von Gott,
und er wird selbst die Irrenden belehren. (Rudolf)

Grillparzer, Ein Bruderzwist in Habsburg IV

Ich bin Gott darin ähnlich, daß er immer geschehen läßt, was er nicht will.

Goethe, zu Riemer, 1. 2. 1808

Schutz gegen die Tyrannei der Behörde ist nicht genug; es braucht auch Schutz gegen die Tyrannei der vorherrschenden Meinungen und Gefühle. Es gibt eine Grenze, welche die Einmischung der Gesamtmeinung in die persönliche Unabhängigkeit berechtigterweise nicht überschreiten darf, und diese Grenzen zu finden, sie gegen Angriffe zu schützen, ist für den gesunden Zustand der menschlichen Angelegenheiten eben so unerläßlich wie der Schutz gegen politischen Despotismus.

John Stuart Mill, Über Freiheit 1, Einleitung

Toleranz ist nicht nur die Duldung der Meinung des anderen, sondern Bescheidenheit. Ich gestehe dem anderen die Möglichkeit der Wahrheit zu, weil ich mir die Möglichkeit des Irrtums eingestehe.

Anton Neuhäusler

Wer selbst erfahren hat, wie schwer es ist, die Wahrheit zu finden und sich davon zu überzeugen, daß man sie gefunden habe, der ist allezeit geneigter, gegen diejenigen tolerant zu sein, die anders denken.

Moses Mendelssohn, an Kant, 25. 12. 1770

Die große Bekämpferin der Unduldsamkeit ist nicht die Humanität, sondern die Wissenschaft.

Buckle, Geschichte der Zivilisation 4, 20

Unduldsamkeit und Dummheit sind Vettern.

Rivarol

Das einzige, was noch schwieriger ist, als ein geordnetes Leben zu führen: Es anderen nicht aufzuzwingen.

Marcel Proust

Um sanft, tolerant, weise und vernünftig zu sein, muß man über eine gehörige Portion Härte verfügen.

Peter Ustinov

Toleranz ist immer das Zeichen, daß sich eine Herrschaft als gesichert betrachtet.

Max Frisch, Tagebuch 1948-49

Im Praktischen ist doch kein Mensch tolerant! Denn wer auch versichert, daß er jedem seine Art und sein Wesen gerne lassen wolle, sucht doch immer diejenigen von der Tätigkeit auszuschließen, die nicht so denken wie er.

Goethe, Wilhelm Meisters Lehrjahre VI

Teufel weinen nicht, wenn Nonnen tanzen.

Aus Rußland

Je älter man wird, desto toleranter wird man gegen das Herz und desto intoleranter gegen den Kopf.

Jean Paul

XXXII. Kapitel

Sympathie
Vertrauen
Verehrung
Freundschaft
Freunde
Dauer der Freundschaft
Treue
Abschied
Zurückgezogenheit
Einsamkeit

Sympathie

Schöneres ist nichts in der Welt als Neigung, durch Vernunft und Gewissen geleitet.

Goethe, Unterhaltungen Deutscher Ausgewanderten

Sie hatte in ihrem Leben genugsam einsehen gelernt, wie hoch jede wahre Neigung zu schätzen sei, in einer Welt, wo Gleichgültigkeit und Abneigung eigentlich recht zu Hause sind.

Goethe, Die Wahlverwandtschaften I, 3

Eine Unze Gunst ist mehr als ein Pfund Gerechtigkeit.

Aus Frankreich

Ein Tag der Gunst ist wie ein Tag der Ernte:
Man muß geschäftig sein, sobald sie reift. (Antonio)

Goethe, Torquato Tasso IV, 4

Dadurch
gibt Neigung sich ja kund, daß sie bewilligt
aus freier Gunst, was sie auch nicht gebilligt. (Elisabeth)

Schiller, Maria Stuart II, 9

Der Frauen Gunst wird nicht so leicht verscherzt. (Leonore)

Goethe, Torquato Tasso IV, 2

Suche in der Welt weniger selbst zu glänzen, als anderen Gelegenheit zu geben, sich von ihrer vorteilhaften Seite zu zeigen, wenn du gefallen willst.

Knigge

Bringe die Menschen dazu, daß sie von sich selbst eine höhere Meinung bekommen, und Du schaffst dir bleibende Freunde.

Chesterfield, Briefe an seinen Sohn

Teilnahme ist der goldene Schlüssel, der die Herzen anderer öffnet.

Smiles

Was gefällt uns am besten an einem Menschen? Daß wir ihm gefallen.

Paul Ree, Philosophie

Wenn du willst, daß dir jemand nicht mehr unsympathisch ist, tue ihm Gutes, und du wirst sehen, daß er dir sympathisch wird!

Jacinto Benavente

Sei nicht ganz Zucker, oder die Welt wird dich verschlucken! Sei nicht ganz Wermut, oder sie wird dich ausspukken!

Aus dem Iran

Was mich am meisten auf meinem Wege gehindert hat, das ist die unglückselige Gabe, bei jedem, was mich betrifft und woran aber auch andere beteiligt sind, mich in die Seele und die Zustände dieser anderen zu versetzen.

Raabe,
Gedanken und Einfälle

Vertrauen

Oh, das Wohlgefühl, das unaussprechliche Wohlgefühl, sich bei einem Menschen sicher zu fühlen, weder Gedanken zügeln, noch Worte wägen zu müssen, sondern sie aussprechen zu dürfen, wie sie kommen, Spreu und Weizen in einem, und zu wissen, eine brüderliche Hand werde sie aufnehmen und sondern – bewahren, was des Bewahrens wert ist, und das übrige mit gütigem Hauch hinwegblasen!

George Eliot

Werner bemerkte seit einiger Zeit, daß Wilhelms Besuche seltner wurden, daß er in Lieblingsmaterien kurz und zerstreut abbrach, daß er sich nicht mehr in lebhafte Ausbildung seltsamer Vorstellungen vertiefte, an welcher sich freilich ein freies, in der Gegenwart des Freundes Ruhe und Zufriedenheit findendes Gemüt am sichersten erkennen läßt.

Goethe,
Wilhelm Meisters Lehrjahre I, 15

Mancher glaubt, beliebt zu sein, aber man hat sich nur an seine Art gewöhnt.

Upton Sinclair

Alle anziehenden Leute sind immer im Kern verdorben. Darin liegt das Geheimnis ihrer sympathischen Kraft.

Oscar Wilde

Der seltne Mann will seltenes Vertrauen. (Max)

Schiller, Die Piccolomini I, 4

Ein Frauenzimmer, das eine andere leidenschaftlich geliebt sieht, bequemt sich gern zu der Rolle einer Vertrauten. Sie hegt ein heimlich, kaum bewußtes Gefühl, daß es nicht unangenehm sein müßte, sich an die Stelle der Angebeteten leise, leise gehoben zu sehen.

Goethe, Wilhelm Meisters Wanderjahre II, 5

Vertrauen wird dadurch erschöpft, daß es in Anspruch genommen wird. (Galilei)

Brecht, Leben des Galilei 7

Halte es mit jedermann freundlich, vertraue aber unter Tausenden kaum einem.

Jesus Sirach 6, 6

Vor dem, welchem ich vertraue, hüte mich Gott. Vor dem, welchem ich nicht vertraue, werde ich mich selbst hüten.

Aus Italien

Vertrauen ist gut, Kontrolle ist besser,

Lenin, Reden

Es ist ein Narr, der an die Hand gelobet und Bürge wird für seinen Nächsten.

Sprüche Salomos 17, 18

Vertraue keinem Freunde, du habest ihn denn erkannt in der Not!

Jesus Sirach 6, 7

Wer andern gar zu wenig traut,
hat Angst an allen Ecken;
wer gar zu viel auf andre baut,
erwacht mit Schrecken.

Es trennt sie nur ein leichter Zaun,
die beiden Sorgengründer:
Zuwenig und zuviel Vertraun
sind Nachbarskinder.

Wilhelm Busch, Die Nachbarskinder

Verehrung

Ungern entschließt sich der Mensch zur Ehrfurcht oder vielmehr entschließt sich nie dazu; es ist ein höherer Sinn, der seiner Natur gegeben werden muß.

Goethe,
Wilhelm Meisters Wanderjahre II, 1

Nur dienend ehrt der Diener seinen Herrn. (Rhamnes)

Grillparzer, Sappho I, 1

„Eins bringt niemand mit auf die Welt, und doch ist es das, worauf alles ankommt, damit der Mensch nach allen Seiten zu ein Mensch sei. Könnt ihr es selbst finden, so sprecht es aus." Wilhelm bedachte sich eine kurze Zeit und schüttelte sodann den Kopf. Jene, nach einem anständigen Zaudern, riefen: „Ehrfurcht!"

Goethe,
Wilhelm Meisters Wanderjahre II, 1

Die gescheiten und die dummen Leute erkennt man unter andern auch daraus, daß die Dummen das verehren, was in ihrer eigenen Richtung liegt, die Gescheiten aber, was sie fühlen, daß ihnen abgeht.

Grillparzer, Aphorismen 1846

Was setzt ihr ihnen Bilder von Stein,
als könnten sie jemals vergessen sein?
Wollt ihr sie aber wirklich ehren,
so folgt ihrem Beispiel und horcht ihren Lehren!

Grillparzer, Goethe und Schiller

Wenn er's erlebt noch hätte,
der längst nun lebt im Licht,
er spräche vom Sterbebette
nur müde noch: „Mehr nicht!"

Theodor Haering, Haeringssalat, Zum Goethe-Jubiläum 1949

Freundschaft

Es gibt einige Freundschaften, die im Himmel beschlossen und auf Erden vollzogen werden.

Matthias Claudius, Von der Freundschaft

Es gehört nicht immer ein Scheffel Salz zu dem Bündnisse, das man Freundschaft nennt.

Johann Georg Hamann, an Kant, Dezember 1759

Welch ein Unterschied zwischen Freundschaft und Liebe! Die eine ein lichter Tempel, die andere ein ewig verhülltes Mysterium.

Eduard von Hartmann, Philosophie des Unbewußten

Freundschaft ist partiale Ehe, und Liebe ist Freundschaft von allen Seiten und nach allen Richtungen, universelle Freundschaft.

Friedrich Schlegel, Athenaeum 1798

Die Freundschaft fließt aus vielen Quellen, am reinsten aber aus dem Respekt.

Daniel Defoe

Wenn du ein Weib wählst, steig eine Stufe hinab, wenn du einen Freund wählst, eine Stufe hinauf.

Talmud

So ist ein Weib der beste Freund, den's gibt,
falls ihr sie nicht geliebt habt oder liebt.

Byron, Don Juan 14, 93

Freundliche Worte sind leicht, Freundschaft ist schwer.

Aus Uganda

Freundschaft ist ein Band der Vernunft.

Richard Brinsley Sheridan

Die Freundschaft ist ein Vertrag, durch den wir uns verpflichten, kleine Dienste zu erweisen, damit wir in den Genuß größerer kommen.

Montesquieu

Der Bach ist dem Müller befreundet, dem er nutzt, und er stürzt gern über die Räder. Was hilft es ihm, gleichgültig durchs Tal hinzuschleichen?

Goethe, Wilhelm Meisters Wanderjahre II, Betrachtungen im Sinne der Wanderer

„Freund in der Not" will nicht viel heißen;
hilfreich möchte sich mancher erweisen.
Aber die neidlos dein Glück dir gönnen,
die darfst du wahrlich Freunde nennen.

Paul Heyse, Sprüche

Wer Freunde ohne Fehler sucht, bleibt ohne Freund.

Buch des Kabus

Der Zustand der Freundschaft tritt ein, wenn beide glauben, dem anderen gegenüber eine leichte Überlegenheit zu besitzen.

Balzac

Jedes zu großes Übergewicht von einer Seite stört die Freundschaft.

Knigge

Mit einem Menschen, der nur Trümpfe hat, kann man nicht Karten spielen.

Hebbel

Wer sich leicht loskaufen kann, wird so leicht versucht, sich auch der Erkenntlichkeit zu überheben. Ja, in diesem Sinne glaube ich behaupten zu können, daß ein Großer wohl Freunde haben, aber nicht Freund sein könne.

Goethe, Wilhelm Meisters Lehrjahre IV, 2

Der stolzen Brust wird Freundschaft nicht entsprossen.

Goethe, Divan, Buch der Betrachtungen, Fünf Dinge

Nur uns Armen, die wir wenig oder nichts besitzen, ist es gegönnt, das Glück der Freundschaft in reichem Maße zu genießen. Wir können unsere Geliebten weder durch Gnade erheben, noch durch Gunst befördern, noch durch Geschenke beglücken. Wir haben nichts als uns selbst.

Goethe, Wilhelm Meisters Lehrjahre IV, 2

Inter dispares mores non potest esse amicitia. Bei entgegengesetzten sittlichen Lebensanschauungen kann keine Freundschaft bestehen.

Ambrosius, Von den Pflichten 3, 22

Wähle niemand zum Freund, von dem du nicht weißt, wie er seine bisherigen Freunde behandelt.

Isokrates

Mit einem wilden Tier ist leichter Freundschaft zu halten als mit einem neugierigen Menschen.

Aus Mauretanien

Freundschaft zwischen Frauen ist nur ein Waffenstillstand.

Aus Frankreich

Die Fertigkeit zweier Menschen, einander die Stichworte zu liefern, wird nicht selten mit Freundschaft und sogar mit Liebe verwechselt.

Hans Krailsheimer

Wenn du Paul den Peter rühmen hörst, so, wirst du finden, rühmt Peter den Paul wieder, und das heißen sie denn Freunde. Und ist oft zwischen ihnen weiter nichts, als daß einer den anderen kratzt, damit er ihn wieder kratze, und sie sich so einander wechselweise zu Narren haben. Denn, wie du siehst, ist hier, wie in vielen anderen Fällen, ein jeder von ihnen nur sein eigener Freund und nicht des anderen. Ich pflege solch Ding „Holunderfreundschaften" zu nennen. Wenn du einen jungen Holunderzweig ansiehst, so sieht er fein stämmig und wohlgegründet aus; schneidest du ihn aber ab, so ist er inwendig hohl.

Matthias Claudius, Von der Freundschaft

Vermeinst du wohl, daß der ein treues Herze sei,
den dir zum Freunde macht dein ofte Gasterei?
Dein Austern liebt er nur, dein Wildbret, gar nicht dich;
auch mein Freund würd er bald, wann so wie du lebt ich.

Logau, Tisch-Freundschaft

Freunde

Wie entzückend
und süß ist es, in einer schönen Seele
verherrlicht uns zu fühlen, es zu wissen,
daß unsre Freude fremde Wangen rötet,
daß unsre Angst in fremdem Busen zittert,
daß unsre Leiden fremde Augen wässern! (Karlos)

Schiller, Don Karlos II, 2

Denn über alles Glück geht doch der Freund,
der's fühlend erst erschafft, der's teilend mehrt. (Wallenstein)

Schiller, Wallensteins Tod V, 3

Amicus alter ego. Der Freund ist ein zweites Ich.

Cicero, Laelius XXI, 80

Wer nicht die Welt in seinen Freunden sieht,
verdient nicht, daß die Welt von ihm erfahre. (Tasso)

Goethe, Torquato Tasso I, 3

Wir haben, so lange unser Freund hat. (Werner)

Lessing, Minna von Barnhelm III, 7

Ein Stein aus Freundes Hand ist ein Apfel.

Aus Mauretanien

Ein Freund ist nützer nahebei
als in der Ferne ihrer drei.

Freidank, Bescheidenheit 36

Freunde können und müssen Geheimnisse voreinander haben; sie sind einander doch kein Geheimnis.

Goethe, Wilhelm Meisters Lehrjahre VIII, 5

Freunde offenbaren einander gerade das am deutlichsten, was sie einander verschweigen.

Goethe,
Wilhelm Meisters Wanderjahre III, 13

Die besten Freunde sind diejenigen, mit denen man über dieselben Dinge schweigen kann.

Verfasser unbekannt

Dein wahrer Freund ist nicht, wer dir den Spiegel hält
der Schmeichelei, worin dein Bild dir selbst gefällt.
Dein wahrer Freund ist, wer dich sehn läßt deine Flecken
und sie dir tilgen hilft, eh' Feinde sie entdecken.

Rückert,
Die Weisheit des Brahmanen

Sind das unsere Freunde, die unseren Lastern dienen? (Narbonne)

Schiller, Der Parasit V, 5

Etwas Sinnlichkeit und Parteilichkeit für den Freund scheint mir zur Freundschaft in dieser Welt zu gehören. Denn wolltest du an ihm nur die wirklich ehr- und liebenswürdigen Eigenschaften ehren und lieben, wofür wärest du dann sein Freund? Das soll ja jeder wildfremde unparteiische Mann tun.

Matthias Claudius,
Von der Freundschaft

Will man einen Freund haben, so muß man auch für ihn Krieg führen wollen, und um Krieg zu führen, muß man Feind sein können.

Nietzsche

„Wer keinen Freund hat, verdient keinen" – ein halbwahrer Satz. „Wer keinen Feind hat, verdient keinen Freund" möchte eher zu beweisen sein.

Seume, Apokryphen

Ehe man anfängt, seine Feinde zu lieben, sollte man seine Freunde besser behandeln.

Mark Twain

Wohl ihm, dem's nicht an Freunden fehlt,
weh ihm, der zu sehr auf sie zählt!

Freidank, Bescheidenheit 36

Freund: Ein Mensch, der dir völlig selbstlos schadet.

Wieslaw Brudzinski, Katzenjammer

Es sorgt ein jeder doch zunächst für sich.
Der Freund ist mehr als meiner noch sein eigner. (Klesel)

Grillparzer, Ein Bruderzwist in Habsburg V

Der Freunde Eifer ist's, der mich
zu Grunde richtet, nicht der Haß der Feinde. (Wallenstein)

Schiller, Wallensteins Tod III, 16

Freunde pflegt man zu erwählen
nur nach Wägen, nicht nach Zählen.

Logau, Freunde

Freunde hast du so viele wie Tage im Jahre, doch leider
schließt der Plural hier meistens den Singular aus.

Hebbel, Fatale Konsequenz

Ich habe nur drei oder vier wirkliche Freunde. Kein Mensch hat mehr.

Nubar Gulbenkian

Dauer der Freundschaft

Auf den Wegen der Freundschaft soll man kein Gras wachsen lassen.

Marie-Thérèse Geoffrin

Das sicherste Mittel, ein freundschaftliches Verhältnis zu hegen und zu erhalten, finde ich darin, daß man sich wechselweise mitteile, was man tut.

Denn die Menschen treffen viel mehr zusammen in dem, was sie tun, als in dem, was sie denken.

Goethe, an August Wolfgang Herder, Dezember 1798

Wenn wir immer vorsichtig genug wären und uns mit Freunden nur von einer Seite verbänden, von der sie wirklich mit uns harmonieren, und ihr übriges Wesen weiter nicht in Anspruch nähmen, so würden die Freundschaften weit dauerhafter und ununterbrochener sein.

Goethe, an August Wolfgang Herder, Dezember 1798

Ältere Bekanntschaften und Freundschaften haben vor neuen hauptsächlich das voraus, daß man sich einander schon viel verziehen hat.

Goethe, an Dorothea von Knabenau, 14. 10. 1808

Die Liebe gleicht dem Schatten des Morgens, der immer kleiner wird, echte Freundschaft, im Geiste der Alten, dem Schatten des Abends, der wächst, bis die Sonne des Lebens hinabsinkt.

Karl Julius Weber, Demokritos, Die Liebe

Wie unser Schatten ist so mancher treue Freund:
Er bleibt solang, als uns des Glückes Sonne scheint.

Ephraim Moses Kuh, Freundestreue

„Deine Freunde sind jung, es wird dir mit ihnen ergehen,
wie mit den Früchten dem Baum: Reifen sie, fallen sie ab!"

Hebbel, Prophezeiung

Die Meisterung des Schicksals besteht aus rechtzeitigen Absprüngen.

Hans Arndt, Im Visier, Erfahrenes Wissen

Treue

Wenn Doktor Luther sich auf Unser Kaiserlich Wort und versprochen Geleit hierhero begeben, als wollen Wir in keinem Weg gestatten, daß ihm das geringste Leid zugefügt werde; denn, wenn schon Treu und Glauben von der ganzen Welt vertrieben sein sollte, will es sich doch gebühren, daß derselbige noch bei einem Kaiser gefunden werde.

Kaiser Karl V.

Gunst, die kehrt sich nach dem
Glücke,
Geld und Reichtum, das zerstäubt.
Schönheit läßt uns bald zurücke;
ein getreues Herze bleibt.

Paul Fleming,
Ein getreues Herze wissen

In welchen seligen Zustand versetzt uns die Treue? Sie gibt dem vorübergehenden Menschenleben eine himmlische Gewißheit.

Goethe,
Wilhelm Meisters Lehrjahre IV, 2

Wüßte ich nicht, daß die Treue so alt ist wie die Welt, so würde ich glauben, ein deutsches Herz habe sie erfunden.

Heine, Die Harzreise

Liebe schwärmt auf allen Wegen,
Treue wohnt für sich allein;
Liebe kommt euch rasch entgegen,
aufgesucht will Treue sein.

Herder, Bilder und Sprüche 28

Treue ist eine Schwester der Liebe, Wankelmut ein Bruder der Wollust.

Aus Rußland

Die Treue warnt vor drohenden Verbrechen,
die Rachgier spricht von den begangenen. (König)

Schiller, Don Karlos III, 4

Treue im Kleinsten macht die Treue dir leicht im Größten.

Lavater, Worte des Herzens

Wie du dir selbst getreu bleibst, bist du's mir. (Thekla)

Schiller,
Wallensteins Tod III, 21

Wer sich selbst treu bleiben will, kann nicht immer anderen treu bleiben.

Christian Morgenstern

Eine Treue kann die andere ausschließen. Wo die Bewährung der einen durch die Verletzung der anderen erkauft werden muß, da wird freilich immer ein bitterer Beigeschmack bleiben; aber gerade der, der diesen Beigeschmack am bittersten empfindet, wird aus den reinsten Beweggründen heraus gehandelt haben.

Fontane,
Vor dem Sturm

Treu bis in den Tod sind nur Dummköpfe. Die Treue hat ihre Grenze im Verstand.

Talleyrand

Gefolgschaft, mit Geld erkauft, wird von Geld zerstört.

Seneca

Die Wahrheit schwindet von der Erde,
auch mit der Treue ist's vorbei.
Die Hunde wedeln noch und stinken
wie sonst, doch sind sie nicht mehr treu.

Heine, Zeitgedichte, Entartung

Die schlechteste Charaktereigenschaft eines Menschen ist die natürliche Untreue. Dagegen helfen alle sonstigen sogenannten guten Eigenschaften nicht. Sie machen ihn nur gefährlicher.

Hilty, Glück II

Die Treulosigkeit ist sozusagen eine Lüge der ganzen Person.

La Bruyère, Charaktere, Von den Frauen

Ich finde, Gott sei Dank! kein deutsches Wort, um „perfid" in seinem ganzen Umfange auszudrücken. Unser armseliges „treulos" ist ein unschuldiges Kind dagegen. Perfid ist treulos mit Genuß, mit Übermut und Schadenfreude.

Goethe, Wilhelm Meisters Lehrjahre V, 16

Abschied

Vergiß mein nicht, du treues Herz,
bleib treu mir in der Ferne,
ohn dich ist alle Freude Schmerz,
ohn dich sind dunkel die Sterne.

Clemens Brentano, Scheidelied

Es gehört zu den traurigsten Bedingungen, unter denen wir leiden, uns nicht allein durch den Tod, sondern auch durch das Leben von denen getrennt zu sehen, die wir am meisten schätzen und lieben und deren Mitwirkung uns am besten fördern könnte.

Goethe, an Zelter, 4. 8. 1805

Nur in den Minuten des Wiedersehens und der Trennung wissen es die Menschen, welche Fülle der Liebe ihr Busen verbarg, und nur darin wagen sie es, der Liebe eine zitternde Zunge und ein überfließendes Auge zu geben.

Jean Paul

Diejenigen, die gehen, fühlen nicht den Schmerz des Abschieds. Der Zurückbleibende leidet.

Longfellow, Michelangelo

Finales gibt es ja doch nur in den Opern. Man steigt aus – und weiß nicht, daß es das letztemal gewesen sein soll. Denn dann kam vielleicht die Krankheit, die lange Bettlägerigkeit

...nie wieder ein Automobil. Zum letztenmal in seinem Leben Sauerkraut gegessen. Zum letztenmal telefoniert. Zum letztenmal geliebt. Zum letztenmal Goethe gelesen. Vielleicht lange Jahre vor dem Tode. Und man weiß es nicht.

Tucholsky, Nachher

Viele Worte frommen nicht den Scheidenden. (Antiope)

Goethe, Elpenor I, 6

Ein Mann muß scheiden, eh' ins Auge ihm
die Tränen treten. (Siegfried)

Hebbel,
Genoveva I, 2

Wie tröstlich ist es, einem Freunde, der
auf eine kurze Zeit verreisen will,
ein klein Geschenk zu geben, sei es nur
ein neuer Mantel oder eine Waffe! (Prinzessin)

Goethe, Torquato Tasso V, 4

Gar freundliche Gesellschaft leistet uns ein ferner Freund, wenn wir ihn glücklich wissen. (Leonore)

Goethe,
Torquato Tasso IV, 2

Durch längeres Zusammenleben können wir einen Freund verlieren, durch Trennung nie.

Johannes Müller

Für mein Gefühl ist man noch immer in der Nähe seiner Lieben, solange die Ströme von uns zu ihnen laufen.

Goethe,
Wilhelm Meisters Wanderjahre I, 1

Man muß manchmal von einem Menschen fortgehen, um ihn zu finden.

Heimito von Doderer

Der größte Schritt ist der aus der Tür.

Sprichwort

Was nicht zusammen kann
bestehen, tut am besten, sich zu lösen. (Lionel)

Schiller, Die Jungfrau von Orleans II, 2

Lieben! Hassen!
Gibt es kein Drittes mehr? Du warst mir wert
und bist es noch und wirst mir's immer sein,
gleich einem lieben Reis' genossen, den
auf kurzer Überfahrt des Zufalls Laune
in unsern Nachen führte, bis das Ziel erreicht
und scheidend jeder wandelt seinen Pfad. (Sappho)

Grillparzer, Sappho V, 6

Es ist Unsinn, Türen zuzuschlagen, wenn man sie angelehnt lassen kann.

James William Fulbright

Mit meinem Glücke
schloß er den Bund und bricht ihn,
nicht mit mir.
War ich ihm was, er mir? Das Schiff
nur bin ich,
auf das er seine Hoffnung hat geladen,
mit dem er wohlgemut das freie Meer
durchsegelte; er sieht es über Klippen
gefährlich gehn und rettet schnell die
Ware. (Wallenstein)

Schiller, Wallensteins Tod III, 7

Sehr oft ist das Wiedersehen erst die rechte Trennung.

Hebbel, Tagebücher 1835

Rückkehr, die frohe, reicher Ernte
gleichet sie,
wo scheidend herzlich stille Tränen wir
gesät. (Majestät)

Goethe, Vorspiel zur Eröffnung des Weimarischen Theaters 1807

Es ist unmöglich, daß ein alter Freund,
der, lang entfernt, ein fremdes Leben
führte,
im Augenblick, da er uns wiedersieht,
sich wieder gleich wie ehmals finden
soll. (Prinzessin)

Goethe, Torquato Tasso II, 1

Zurückgezogenheit

Lebe von der Welt geschieden,
und du lebst mit ihr in Frieden.

Rückert, Friede mit der Welt

Die Welt ist ein Gefängnis, in dem Einzelhaft vorzuziehen ist.

Karl Kraus

Stets zu Schwärmen gesellt sich das
Volk der geschwätzigen Stare,
einsam sucht sich der Aar über den
Wolken die Bahn.

Emanuel Geibel

Wer nach den Sternen reisen will, der sehe sich nicht nach Gesellschaft um.

Hebbel, Tagebücher

In der Ferne zeigt sich alles reiner,
was in der Gegenwart uns nur verwirrt.
(Leonore)

Goethe, Torquato Tasso IV, 2

Ein Teppich lag auf einem Wege, den viele gingen. Am Abend war er grau und staubig wie der Weg. Da sprach ich zu meiner Seele: „Dieser Teppich ist dein Gleichnis, wenn du die Ereignisse des Marktes über dich ergehen läßt."

Fu-Kiang

Was man gewöhnlich Menschenfeinde nennt, sind Menschenscheuende und sie Fürchtende. Der wahre Menschenfeind glänzt und prangt in den Gesellschaften und ist der beredteste Lobredner der Menschen, die er so gut zu benutzen weiß.

Friedrich Maximilian Klinger,
Betrachtungen und Gedanken

Allein sein müssen ist das Schwerste, allein sein können das Schönste.

Hans Krailsheimer

Der Mensch, welcher nur sich liebt, fürchtet nichts so sehr, als mit sich allein zu sein.

Pascal, Gedanken, Über den Menschen

Nec vixit male, qui natus moriensque fefellit. Wer unbemerkt sich in die Welt hinein- und wieder hinausgeschlichen hat, lebte nicht schlecht.

Horaz, Briefe I, 17

Es ist schlimm, wenn man gewissermaßen an der Welt zu verzweifeln anfängt und sich das Gemüt der freien Mitteilung verschließt. Man bewahrt dadurch Übel, die sich doch vielleicht lindern ließen.

Carl Ludwig von Knebel,
Aufzeichnung am 21. 5. 1807

Man soll sich nicht isolieren, denn man kann nicht isoliert bleiben. In Gesellschaft lernt man eher sich und andre tragen.

Goethe,
an Carl von Knebel, 19. 2. 1787, Rom

Es hält der Mensch mit Recht von seinem Wesen
jegliche Störung fern; allein sein Leben,
ablehnend alles andre, nur auf sich,
des eignen Sinns Bewahrung zu beschränken,
scheint widrig, unerlaubt. (Priester)

Grillparzer,
Des Meeres und der Liebe Wellen I

Er war eitel genug zu dem Glauben, daß die Menschen ihn nicht mochten.

Flaubert, November

Die bösartigsten Cliquen bestehen nur aus einem einzelnen.

Shaw

Einsamkeit

Seit du von mir gefahren,
singt stets die Nachtigall,
ich denk bei ihrem Schall,
wie wir zusammen waren.

Gott wolle uns vereinen,
hier spinn ich so allein,
der Mond scheint klar und rein,
ich sing und möchte weinen.

Clemens Brentano, Der Spinnerin Lied

Wehe dem, der allein ist; wenn er fällt, so ist kein anderer da, der ihm aufhelfe.

Prediger Salomo 4, 10

Einsamkeit, wie bist du übervölkert!

Lec, Unfrisierte Gedanken

Ein Weib, vereinsamt, ist ein Nichts. (Chor)

Äschylos, Die Schutzflehenden 715

Zum Baum, der keine Früchte trägt, führt kein Weg.

Aus Zaïre

Eremit: Ein Mensch, dessen Laster und Torheiten ungeselliger Art sind.

Ambrose Bierce

Einsam lerne zu sein, denn du weißt
nicht, wie früh dich im Leben
heißet Gewissen und Pflicht wandeln
und handeln allein.

Hoffmann von Fallersleben

Wenn's so recht schwarz wird um mich herum, hab' ich meine besten Besuche. (Luise)

Schiller, Kabale und Liebe V, 1

Ich habe begonnen, mir selbst ein Freund zu sein. Damit ist schon viel gewonnen, denn man kann dann nie mehr einsam sein.

Seneca, an Lucilius

Die Einsamkeit ist wie der Duft einer Giftpflanze, süß, aber betäubend und mit der Zeit geradezu verderblich.

Friedrich Spielhagen, Problematische Naturen

Wenn ein Zahn, der aus dem Kiefer geschlagen wurde, ein Gefühl hätte, würde er sich zweifellos ebenso allein fühlen wie ich.

Maxim Gorki

XXXIII. Kapitel

Gleichgültigkeit
Eigensinn
Mißtrauen
Geringschätzung
Nachrede
Verleumdung
Haß
Feindschaft
Beleidigung
Drohung
Herausforderung
Streit
Kampf
Nachgiebigkeit
Versöhnung

Gleichgültigkeit

Wenn die Dardanerburg, Laertiade,
versänke, du verstehst, so daß ein See,
ein bläulicher, an ihre Stelle träte;
wenn graue Fischer bei dem Schein des Monds
den Kahn an ihre Wetterhähne knüpften;
wenn im Palast des Priamus ein Hecht
regiert', ein Ottern- oder Ratzenpaar
im Bette sich der Helena umarmten:
So wär's für mich gerad' so viel als jetzt. (Achilles)

Heinrich von Kleist, Penthesilea 21

Das größte Übel, das wir unseren Mitmenschen antun können, ist nicht, sie zu hassen, sondern ihnen gegenüber gleichgültig zu sein. Das ist absolute Unmenschlichkeit.

Shaw

Lau ist schlimmer noch als kalt. (Tempelherr)

Lessing, Nathan der Weise V, 5

Vielleicht war meine Gleichgültigkeit nur ein Übermaß an Begierde.

Flaubert, November

Viele halten die Unparteilichkeit ihres Herzens für die ihres Kopfes.

Karl Julius Weber, Demokritos I, 28

Eigensinn

Aller Eigensinn beruht darauf, daß der Wille sich an die Stelle der Erkenntnis gedrängt hat.

Schopenhauer

Leute ohne Bildung beharren desto eigensinniger bei ihrem Willen, je weniger sie dafür zu sagen wissen.

Jeremias Gotthelf, Der Bauernspiegel

Der Eigensinn bekennt den Unverstand. (Teiresias)

Sophokles, Antigone V

Wen Gott verderben will, den schlägt er mit Blindheit. (Chor)

Sophokles, Antigone 622

Die Willenskraft der Schwachen heißt Eigensinn.

Ebner-Eschenbach, Aphorismen

Wer aus Charakter oder Maxime beharrlich verneint, hat eine größere Gewalt, als man denkt.

Goethe, Die guten Weiber

Mißtrauen

Der dich betrügt, ist nahe bei dir.

Aus Uganda

Niemand glaube seinem Nächsten; niemand verlasse sich auf Fürsten. Bewahre die Tür deines Mundes vor der, die in deinen Armen schläft.

Micha 7, 5

Ist Zutraun blind, sieht Argwohn leicht zuviel. (Priester)

Grillparzer, Des Meeres und der Liebe Wellen IV

Schon wenn man niemanden für schlechter hält als sich selbst – reicht's nicht zum Mißtrauen?

Hans Kasper, Expedition nach innen, Ich empfehle Mißtrauen

Starrköpfigkeit repräsentiert den Charakter ungefähr so wie das Temperament die Liebe.

Chamfort

Querulanten sind Bürokraten, die es nicht geschafft haben.

Hans Kasper

Was der Bauer nicht kennt, das ißt er nicht.

Sprichwort

Immer zu mißtrauen, ist ein Irrtum, wie immer zu trauen. (Magus)

Goethe, Lila II

Fürchte den am meisten, der dir verwandt ist.

Aus Kenia

Wer in sich selbst nicht das Gefühl für Würde findet, sondern sie in der Meinung anderer suchen muß, der liest stets in den Augen anderer Menschen, wie jemand, der falsche Haare trägt, in jeden Spiegel sieht, ob sich auch nicht etwas verschoben habe.

Moltke, an seine Frau

Laß Argwohn, willst du nicht in Angst
und Kummer schweben;
denn Furcht und Argwohn sind ein
steter Tod im Leben.

Opitz, Distichen

Wachsamkeit ist die Tugend des Lasters.

Karl Julius Weber, Demokritos IV, 8

Das Mißtraun ist die schwarze Sucht
der Seele,
und alles, auch das Schuldlosreine,
zieht
fürs kranke Aug' die Tracht der Hölle
an. (Silvester)

Kleist, Die Familie Schroffenstein I, 2

Pfui, Argwohn, Spürhund von des
Teufels Meute! (Ottokar)

Grillparzer,
König Ottokars Glück und Ende II

Argwohn wiegt in der reinsten Sphäre
sich
wie in dem lichten Himmelsblau die
Krähe.

Shakespeare, Sonette

O, hättest du vom Menschen besser
stets
gedacht, du hättest besser auch gehandelt!
Fluchwürd'ger Argwohn! (Max)

Schiller, Wallensteins Tod II, 7

Geringschätzung

Mir ist, als schnitte ich in mein eigenes Fleisch hinein, wenn ich jemanden verachten muß. (Judith)

Hebbel, Judith II

Ein leichtsinniger Mensch darf andere zum besten haben, erniedrigen, wegwerfen, weil er sich selbst einmal preisgibt. Wer auf sich etwas hält, scheint dem Rechte entsagt zu haben, andere gering zu schätzen.

Goethe,
an Friedrich Heinrich Jacobi, 5. 5. 1786

Wer mit sich selbst im Frieden lebt, denkt von niemandem Arges.

Thomas a Kempis,
Über die Nachfolge Christi II, 3

Man verachtet nur dort, wo man nicht stark genug ist, zu lachen.

Martin Kessel, Gegengabe IV

Verachtung ist schlechtgelaunter Egoismus.

Coleridge

Verachtung: Das Gefühl eines vorsichtigen Mannes für einen Feind, der zu mächtig ist, als daß man ihm gefahrlos entgegentreten könnte.

Ambrose Bierce

Warum dir der und jener grollt?
Weil er dir eigentlich danken sollt'.

Karl Weitbrecht, Sonnenwende 3

Wir verachten vieles, um uns nicht selbst verachten zu müssen.

Vauvenargues

Sagt, ist noch ein Land außer Deutschland, wo man die Nase eher rümpfen lernt als putzen?

Lichtenberg, Pädagogisches

Nachrede

Die Zunge ist ein Dolch aus Fleisch.

Aus Spanien

Eine Zunge wie eine Zange.

Aus Italien

Eine scharfe Zunge ist das einzige Schneidewerkzeug, daß durch ständigen Gebrauch schärfer wird.

Verfasser unbekannt

Gerüchte sind Lügen mit Widerhaken.

Aus Belgien

Gerüchte sind die Rauchfahnen der Wahrheit.

Montherlant

Das Gerücht hat tausend Zungen, und nur mit einer spricht es die Wahrheit: Wer will die herausfinden? (Ernst)

Hebbel, Agnes Bernauer III, 6

Im Dunkeln
ist gut munkeln.

Moscherosch, Philander von Sittewald I, 3

Weiber schmähen gern. (Hofmeister)

Schiller, Szenen aus den Phönizierinnen des Euripides

Manche Leute glauben jedem. Vorausgesetzt, er flüstert.

Aus den USA

Ein Mensch, der selber keine guten Eigenschaften besitzt, beneidet die Tugenden anderer; denn das menschliche Herz weidet sich gern an den eigenen Vorzügen oder an der Schlechtigkeit der anderen.

Francis Bacon, Über den Neid

Lothar sei ein Mann von Ehre,
sagt die ganze Stadt,
und ich weiß nicht in der Tat,
wie das zu bezweifeln wäre:
Leicht ist er dazu gekommen,
da er andern sie genommen.

Castelli, Auf einen Verleumder

Man muß nicht unbedingt das Licht des Nächsten ausblasen, um das eigene leuchten zu lassen.

Aus Griechenland

Doch hab' ich immer sagen hören, daß
Gebärdenspäher und Geschichtenträger
des Übels mehr auf dieser Welt getan,
als Gift und Dolch in Mörders Hand
nicht konnten. (Karlos)

Schiller, Don Karlos I, 1

Ja, was hilft dich's, der Beste zu sein, es bleiben die Besten
doch nicht unberedet in diesen Zeiten vom Volke.

Goethe, Reineke Fuchs 8

Der Vorzug ist's der Worte vor den Taten,
sie schäd'gen nur, wenn man sich ihnen leiht. (Bancbanus)

Grillparzer,
Ein treuer Diener seines Herrn I

Ich verzeihe meinen Freunden, die Schlechtes über mich sagen, aber nicht denen, die es mir überbringen.

André Malraux

Freundschaft kann's nicht sein, die Märchen und Tischreden zuträgt.

Johann Heinrich Merck,
an Nicolai, Herbst 1775

Wer die Gefahr nicht scheut, fürchtet doch, verunziert zu werden. (Treufreund)

Goethe, Die Vögel

Wer schuldig ist, wittert überall üble Nachrede.

Aus Italien

Niemand spricht in unserer Gegenwart so von uns wie in unserer Abwesenheit.

Pascal, Gedanken

Alles kann man sauber machen, nur nicht einen schmutzigen Mund.

Aus Afrika

Wenn ich nicht da bin, Thrax, so tadl'
und schelte mich immer;
nur verbitt' ich mir auch, bin ich zugegen, dein Lob.

Herder, Abwesenheit und Gegenwart

Laß die Menschen reden, was sie wollen. Du weißt ja die Art des ganzen Geschlechts, daß es lieber beunruhigt und hetzt, als tröstet und aufrichtet.

Goethe,
an Christiane Vulpius, 24. 8. 1797

Verleumdung

Ein Dieb ist ein schändliches Ding, aber ein Verleumder ist viel schändlicher.

Jesus Sirach 5, 17

Der Name des Weibes heißt Verleumdung. (König)

Schiller, Don Karlos III, 2

Die Mücken singen erst, bevor sie
einen stechen;
Verleumder lästern bald, die erst so
lieblich sprechen.

Logau, Verleumder

Drei Menschen auf einmal verdirbt
Verleumdungsgift:
Den, der sie spricht, den, der sie hört,
den, so sie trifft.

Rückert, Die Weisheit des Brahmanen,
Aus dem Talmud 10

Gewissen Verleumdern zu erwidern
hieße, sich bis zu ihnen erniedern.

Leuthold, Sprüche

Die schönste Antwort auf Verleumdung ist, daß man sie stillschweigend verachtet.

Engel,
Fürstenspiegel, Rache

Wer die Wahrheit nicht fürchtet, braucht auch die Lüge nicht zu fürchten.

Thomas Jefferson

Wenn uns die Verleumdung schlägt,
heilen letztlich gleich die Wunden,
wird, wieviel man Pflaster legt,
immer doch die Narbe funden.

Logau, Die Verleumdung

Haß

Was kriechet unde flieget
und Bein zur Erde bieget,
das sah ich unde sag euch das:
Der keines lebet ohne Haß.

Walther von der Vogelweide,
Ich hört ein Wasser rauschen

Töricht ist's
in allen Stücken billig sein; es heißt
sein eigen Selbst zerstören. Sind die Menschen
denn gegen uns so billig? Nein, o nein!
Der Mensch bedarf in seinem engen Wesen
der doppelten Empfindung, Lieb und Haß. (Tasso)

Goethe, Torquato Tasso IV, 2

Das Böse, das der Mann, der mündige,
dem Manne zufügt, das, ich will es glauben,
vergibt sich und versöhnt sich schwer. Der Mann
will seinen Haß. (Isabella)

Schiller,
Die Braut von Messina I, 4

Der Haß gewährt gewiß den süßern Trank:
Wir lieben flüchtig, doch wir hassen lang.

Byron,
Don Juan 13, 6

Meine Liebe mag die Freunde erfreun;
meinen Haß genieß' ich für mich allein.

Paul Heyse, Spruchbüchlein, Persönliches

Der Hasser lehrt uns immer wehrhaft bleiben. (Eugenie)

Goethe, Die natürliche Tochter II, 5

Der Haß der Größe gegen die Kleinheit ist Ekel, der Haß der Kleinheit gegen die Größe Neid.

Schnitzler

Haß ist gescheiterte Liebe.

Kierkegaard

Sie wissen ja: Wenn ich Sie hasse, liebe ich Sie bis zu einem Grade der Leidenschaft, der den Verstand verwirrt.

Julie de L' Espinasse, Briefe

Das Weib lernt hassen in dem Maße, in dem es zu bezaubern verlernt.

Nietzsche, Jenseits von Gut und Böse 4, 84

Es gibt keinen Menschenhasser in der Natur, als wer sich allein anbetet oder sich selbst verachtet. (Rosenberg)

Schiller, Der Menschenfeind 3

Der Haß ist eine lästge Bürde.
Er senkt das Herz tief in die Brust hinab
und legt sich wie ein Grabstein schwer auf alle Freuden. (Antiope)

Goethe, Elpenor I, 6

Dein Haß ist deine Strafe.

Bodenstedt, Die Lieder des Mirza Schaffy, Glaube und Leben

Haß macht häßlich.

Eberhard Puntsch

Wenn man ein Kind einen Menschen hassen lehrt, der ihm nichts getan, so lernt es die übrigen Menschen auch hassen.

Jean Paul

Wenn wir unsere Feinde hassen, geben wir ihnen große Macht über unser Leben: Macht über unseren Schlaf, unseren Appetit, unsere Gesundheit und unsere Geistesruhe.

Andrew Carnegie

Es bringt
nicht gute Frucht, wenn Haß dem Haß begegnet. (Shrewsbury)

Schiller, Maria Stuart III, 3

Haß zeugt Haß! (Chorführerin)

Aischylos, Die Grabesspenderinnen 211

Haß beruht meistens auf Gegenseitigkeit, Liebe nur manchmal.

Erhard Blanck

Es ist besser frei strafen, denn heimlich Haß tragen.

Jesus Sirach 20, 2

Wen du der Liebe nicht würdigst, den würdige auch nicht des Hasses,
Sache nur sei er für dich, aber mitnichten Person!

Hebbel, Haß und Liebe

Überlasse das Hassen denen, die zu schwach sind, um lieben zu können.

Michel del Castillo

Setzten wir uns an die Stelle anderer Personen, so würden Eifersucht und Haß wegfallen, die wir so oft gegen sie empfinden.

Goethe, Wilhelm Meisters Wanderjahre III, Aus Makariens Archiv

Produktiver als der Haß ist das Sich-wieder-Erkennen.

Thomas Mann, Bruder Hitler

Feindschaft

Wer ist Feind? Der mir nicht gönnet,
was mir Gott und Glücke schenkt,
der bei Tag und Nachte sinnet,
wie er Herz und Sinn mir kränkt,
der nach meinem Leben trachtet,
der nach meiner Wohlfahrt strebt.
O, wird der für Feind geachtet,
so ist Feind, wer immer lebt.

Logau,
Feind

Es gibt dreierlei Feinde: Den Feind selbst, den Freund des Feindes und den Feind des Freundes.

Aus dem Iran

Tausend Freunde – das ist wenig. Ein Feind – das ist viel.

Aus der Türkei

Viele Hunde sind des Hasen Tod.

Sprichwort

Nur nach dem Baum, der Früchte trägt, wirft man mit Steinen.

Aus Arabien

Mancher dienet dem andern zu unrechten Sachen, und eben darum kriegt er ihn zum Feinde.

Jesus Sirach 20, 25

Der Feind ist ein Freund, der dich zum Handeln anstachelt.

Elbert Hubbard

Nicht größern Vorteil wüßt' ich zu nennen,
als des Feindes Verdienst erkennen.

Goethe, Sprichwörtlich

Zwischen Männern wirkt der Groll anziehender zuweilen als die Liebe.

Platen,
Der Schatz des Rhampsinit

Eine der fröhlichsten Erfahrungen im Leben ist es, als Zielscheibe zu dienen, ohne getroffen zu werden.

Winston Churchill

Eine Biene, die versucht zu stechen, bringt keinen Honig mehr nach Haus.

Geibel

Sieh doch, wie fern du noch bist von der wahren Liebe und Demut, die über keinen Menschen zornig oder unwillig werden kann als nur über sich selbst!

Thomas a Kempis,
Über die Nachfolge Christi II, 3

Beleidigung

Wer noch niemals anderen Leuten auf die Füße getreten, hat sich vermutlich noch niemals von der Stelle bewegt.

Franklin P. Jones

So wie es selten Komplimente gibt ohne alle Lügen, so finden sich auch selten Grobheiten ohne alle Wahrheit.

Lessing, Hamburgische Dramaturgie

Selten hat ein Grobian Galle. (Just)

Lessing, Minna von Barnhelm I, 1

Warum sie doch zu Schutz und Trutz
die Tonart stets verschärfen?
Nicht formen läßt sich jeder Schmutz,
doch jeder läßt sich werfen.

Ludwig Fulda

Auch Kränkungen wollen gelernt sein. Je freundlicher, desto tiefer trifft's.

Martin Walser

Verfahre wie ein raffinierter Kutscher, der seine Pferde nicht einfach auf den Rücken peitscht, sondern dort, wo es fühlbar ist: Auf den Bauch oder zwischen die Ohren! Das heißt: Greife nicht deines Nächsten Fehler an, sondern seine Ideale!

Sigismund von Radecki,
Die Kunst, sich zu ärgern

Es hat der frech
Beleidigte den Nachteil, daß die Tat
ihm die Besinnung selbst der Rache raubt
und daß in seiner eignen Brust ein Freund
des Feindes aufsteht wider ihn, die Wut. (Eustache)

Kleist, Die Familie Schroffenstein I, 1

Die Krankheiten des Herzens sind seine Kränkungen. Das weiß die Sprache seit langem.

Nikolaus Cybinski,
Wohin du schaust – lachende Dritte

Nur die Wahrheit beleidigt.

Aus Frankreich

Stößt dich ein Blinder, so ärgere dich nicht.

Aus Kenia

Nichts zeugt von größerer Bildung, als grobes Schelten ruhig zu ertragen. Wenn der Gescholtene gar nicht so tut, als ob er gescholten wird, dann ist der Scheltende der Gescholtene.

Philemon, Fragmente 23

Der Pfeil des Schimpfs kehrt auf den Mann zurück,
der zu verwunden glaubt. (Tasso)

Goethe, Torquato Tasso IV, 4

Ein Guter ließ sich einst von einem Bösen schmähn.
Er trug es still und sprach: „Mög' es dir glücklich gehn!
Viel schlimmer bin ich noch, als du es ausgesprochen;
denn besser ja als du weiß ich, was ich verbrochen."

Saadi, Rosengarten I

An einer Verwünschung stirbt kein Elefant.

Aus Kamerun

Bei einer Beleidigung besteht die Absicht, ein Übel zuzufügen. Ein Übel aber kann die Weisheit nicht treffen. Für die Weisheit gibt's nur ein Übel, die Schande. Diese aber kann da nicht Zutritt gewinnen, wo Tugend und Ehre schon sind. Beleidigung reicht also nicht an den Weisen heran.

Seneca, Von der Stärke des Weisen 5

Wer über eine Beleidigung weint, dem werden mehrere begegnen.

Goethe, Wilhelm Meisters Wanderjahre I, 5

Kränkungen haben ihr Gutes: Sie setzen einen ins Recht.

Henry de Montherlant

Rücksichtslosigkeiten, die edle Menschen erfahren haben, verwandeln sich in Rücksichten, die sie erweisen.

Ebner-Eschenbach, Aphorismen

Drohung

Schon viele Droher haben viel Geschwätz
im blinden Zorn gedroht, doch wenn Vernunft
zurückkam, war es mit der Drohung aus. (Theseus)

Sophokles, Oidipus auf Kolonos II

Ein brüllender Löwe zerreißt keinen Menschen.

Aus Zaïre

Der Feige droht nur, wo er sicher ist. (Antonio)

Goethe, Torquato Tasso II, 3

In der Politik heißt drohen, ohne zu treffen, soviel wie sich eine Blöße geben.

Lamartine, Geschichte der Girondisten

Herausforderung

Reize keinen stillen Teich.

Aus Afrika

Nicht hoffe, wer des Drachen Zähne
sät,
Erfreuliches zu ernten. (Wallenstein)

Schiller, Wallensteins Tod I, 7

Fache den Funken nicht an, der zwischen Freunden erglimmt ist.
Leicht versöhnen sie sich, und du bist beiden verhaßt.

Herder, Blumenlese aus morgenländischen Dichtern, Feindschaft zwischen Freunden

Das Feuer verzehrt den, der es entfachte.

Aus Simbabwe

Sie säen Wind und werden Sturm ernten.

Hosea 8, 7

Wer auf seine Nacktheit stolz ist, der ist frech, wenn er Kleidung trägt.

Aus dem Senegal

Der Provokation ist ein Hundeinstinkt eingeboren, der sie beim leisesten Schwächezeichen des Gegners zubeißen läßt.

Hans Kasper, Abel, gib acht; Provokation und Warnung

Es gibt Menschen, die sich immer angegriffen fühlen, wenn jemand eine Meinung ausspricht.

Christian Morgenstern

Streit

Du weißt es am besten, lieber Bruder, daß, wo Menschen zusammen zu schaffen haben, es mehr oder weniger Friktion gibt. Je älter man wird, desto gewisser sieht man das Wie und Wo voraus und kann sie doch weder bei sich selbst noch andern immer, so gern man wollte, verhüten.

Goethe, an Lavater, 4. 10. 1782

Die Menschen sind wie das Rote Meer: Der Stab hat sie kaum auseinander gehalten, gleich hinterher fließen sie wieder zusammen.

Goethe, zu Riemer, Mai 1810

Die Leute streiten, weil sie nicht gelernt haben zu argumentieren.

Gilbert Keith Chesterton

Die Toren meinen, um das Kapitol zu erobern, müsse man zuerst die Gänse angreifen.

Heine, Aphorismen und Fragmente

Wenn zwei sich streiten, lächelt die Wahrheit.

Hans Arndt

Man widerspricht oft einer Meinung, während uns eigentlich nur der Ton mißfällt, in dem sie vorgetragen wurde.

Nietzsche

Widersprich nicht, bevor du nicht widerdacht hast.

Martin Andersen-Nexö

Das Vergnügen, recht zu behalten, wäre unvollständig ohne das Vergnügen, andere ins Unrecht zu setzen.

Voltaire

Beim Schluß des Krachs ist Türenzuschlagen sehr vorteilhaft; denn mit der Klinke hast Du auch das letzte Wort in der Hand. Und das letzte Wort hat beim Krach bekanntlich eine Art mystischer Qualität: Wer es spricht, ist Sieger. Der andere ist es nicht losgeworden, und es bleibt ihm als ewiger Adamsapfel im Halse stecken. Manchmal rennt er darum noch schnell zur zugeworfenen Tür, reißt sie auf, brüllt es hinaus und schlägt sie nun selber zu.

Radecki, Die Kunst, sich zu ärgern

Der kluge Mann entschuldigt sich, wenn er beim Streit mit einer hübschen Frau recht behalten hat.

Danny Kaye

Der störrische Bock hat gebrochene Hörner.

Aus Zaïre

Wer mit dem Kaminkehrer ringt, wird schwarz, unabhängig davon, ob er gewinnt oder verliert.

Aus den USA

Zanke nicht mit einem Schwätzer, daß du nicht Holz zutragest zu seinem Feuer.

Jesus Sirach 8, 1

Und wo ein Weiser streitet und ein Tor,
schiebt jener leis auch einen Riegel vor.
Doch wo zwei Toren miteinander zanken,
da tobt der Kampf, und niemand setzt ihm Schranken,

Rückert, Erbauliches und Beschauliches aus dem Morgenland, Gewahrter Anstand

Geduld mit der Streitsucht der Einfältigen! Es ist nicht leicht zu begreifen, daß man nicht begreift.

Ebner-Eschenbach, Aphorismen

Des Himmels Sinn ist segnen, ohne zu schaden. Des Berufenen Sinn ist wirken, ohne zu streiten.

Laotse

Wer rechtzeitig fortgeht, bekommt keinen Streit.

Bantu-Weisheit

Die bittersten Worte, die Menschen einander sagen, wirken selten so entzweiend wie die ungesprochenen, die der eine vom andern vergeblich erwartet.

Carossa, Geheimnisse des reifen Lebens

Mit Churchill habe ich mich viel und bitter gestritten, aber wir sind immer miteinander ausgekommen. Mit Roosevelt habe ich mich niemals gestritten, aber ich bin niemals mit ihm ausgekommen.

Charles de Gaulle

Nicht diejenigen sind zu fürchten, die anderer Meinung sind, sondern diejenigen, die anderer Meinung sind und zu feige, es zu sagen.

Napoleon I.

Es sei, daß noch durch keinen Streit die Wahrheit ausgemacht worden, so hat dennoch die Wahrheit bei jedem Streit gewonnen. Der Streit hat den Geist der Prüfung genährt, hat Vorurteil und Ansehen in einer beständigen Erschütterung erhalten; kurz, hat die geschminkte Unwahrheit verhindert, sich an die Stelle der Wahrheit zu setzen.

Lessing

Ich habe es oft gesagt und werde es noch oft wiederholen: Die Causa finalis der Welt- und Menschenhändel ist die dramatische Dichtkunst. Denn das Zeug ist sonst absolut zu nichts zu brauchen.

Goethe, an Frau von Stein, 3. 3. 1785

Kampf

Ich rede nicht dem Wahn das Wort, daß der Tod vor dem Feind köstlich sei. Ich rede einer Wahrheit das Wort: Daß es zu allen Zeiten ein unentrinnbarer Zwang ist, das, was man liebt, verteidigen zu müssen – auch mit dem Leben.

Perikles, Rede auf die Gefallenen

Wo lebt denn
das friedsame Geschöpf, das seines Lebens
sich nicht mit allen Lebenskräften wehrt? (Gräfin)

Schiller,
Wallensteins Tod I, 7

Wer nicht vertrieben sein will, muß vertreiben. (Wallenstein)

Schiller, Wallensteins Tod II, 2

Wer weder widerstehen will noch fliehen – wie ist dem zu helfen?

Montaigne

Wir kämpfen mehr für unsere Vorurteile als für unsere Bedürfnisse.

William Feather

Auch durch Beifall kann man Feinde aus dem Konzept bringen.

Erhard Blanck

Die geschickteste Art, einen Konkurrenten zu besiegen, ist, ihn in dem zu bewundern, worin er besser ist.

Peter Altenberg

Was schrumpfen soll, laß sich erst aufblähen! Was schwach werden soll, laß zuvor stark werden! Was fallen soll, laß zuerst aufsteigen!

Laotse, Tao-Teh-King 36

Das Los der Waffen wechselt hin und her:
Kein kluger Streiter hält den Feind gering. (Iphigenie)

Goethe, Iphigenie auf Tauris V, 3

Churchill war ein großer Kämpfer, aber kein großer Hasser, was ihn von Bismarck unterscheidet, der beides war.

Golo Mann

Wer einen ebenbürtigen Gegner überlebt, wird entdecken, daß ihm etwas fehlt.

Bismarck

Nachgiebigkeit

Dem Friedlichen gewährt man gern den Frieden. (Tell)

Schiller, Wilhelm Tell I, 3

Friedfertigkeit ermüdet den Streit.

Aus Kamerun

Immer bemüht sein, lieber sich selbst als das Schicksal zu besiegen, und lieber die eigenen Wünsche als die Weltordnung ändern! Begreifen, daß außer unseren eigenen Gedanken nichts vollständig in unserer Gewalt steht!

Descartes, Methode des richtigen Vernunftgebrauchs 3, 3. Regel

Ein durchdachter Angriffsplan schließt die Rückzugsmöglichkeit ein.

Hans Kasper, Abel, gib acht; Die Intrige und der Diplomat

Ein edles Herz
bekennt sich gern von der Vernunft besiegt. (Talbot)

Schiller, Die Jungfrau von Orleans II, 2

Wer Gründe anhört, kommt in Gefahr, nachzugeben. (Dritter Vogel)

Goethe, Die Vögel

Ein gekonnter Rückzug birgt mehr Siegeschancen als ein dilettantischer Vormarsch. Aber wie sich jeder Verrückte das Handwerk der Aggression zutraut, so glaubt leider jeder Zaghafte, die Kunst des Retirierens zu beherrschen.

Hans Kasper, Abel, gib acht; Die Niederlage

Man muß den Punkt kennen, bis zu dem man zurückweichen kann.

Ernst Jünger

Hüte dich vor einem Menschen, der dir einen Schlag nicht heimzahlt! Er wird dir weder verzeihen noch erlauben, daß du dir selbst verzeihst.

Shaw

Hat man eine erste Demütigung stillschweigend hingenommen, wird man künftig mit weiteren rechnen müssen. Die Verachtung wächst, und die Skrupel unserer Widersacher schwinden dahin. Wie eine Dirne sinken wir von Stufe zu Stufe.

Jonathan Swift

Nachgiebigkeit gegen Unverschämtheit führt doch immer zuletzt zum Bruch, und es ist besser und anständiger, gleich zu brechen.

Fontane, Briefe

Die Leute, denen man nie widerspricht, sind entweder die, welche man am meisten liebt, oder die, welche man am geringsten achtet.

Ebner-Eschenbach, Aphorismen

Manche Leute drücken nur deshalb ein Auge zu, damit sie besser zielen können.

Billy Wilder

Ich bin zu schwach, um mich beugen zu können.

Charles de Gaulle

Nichts lernen wir so spät und verlernen wir so früh, als zugeben, daß wir unrecht haben.

Ebner-Eschenbach, Aphorismen

Versöhnung

Besänftigen ist eine rare Kunst. Um sie zu üben, muß man das Herz, welches man besänftigen will, vollständig kennen und aller seiner Schwingungen Meister sein.

Jeremias Gotthelf, Uli der Pächter

Die Dichter sagen uns von einem Speer,
der eine Wunde, die er selbst geschlagen,
durch freundliche Berührung heilen konnte.
Es hat des Menschen Zunge diese Kraft. (Tasso)

Goethe, Torquato Tasso IV, 4

Liebenswürdige Kinder sind schon oft die Mittelspersonen zwischen verunreinigten Vätern gewesen. (Aridäus)

Lessing, Philotas 7

Wenn einem Vermittler beide Parteien mißtrauen, ist das nicht schlecht. Wenn ihm beide vertrauen, ist das noch besser.

Gunnar Jarring

Ein Kompromiß ist dann vollkommen, wenn beide das erhalten, was sie nicht haben wollen.

Edgar Faure

Der Kompromiß ist ein guter Schirm, aber ein schlechtes Dach.

James Russel Lowell

Wo du streiten siehst zwei Drachen,
tritt als Mittler nicht dazwischen;
denn sie möchten Friede machen
und dich selbst beim Kopf erwischen.

Rückert,
Erbauliches und Beschauliches aus dem Morgenlande, Arabische Volkslieder

Einen versöhnten Freund fürchte wie den Teufel.

Aus Spanien

Pack schlägt sich,
Pack verträgt sich.

Sprichwort

XXXIV. Kapitel

Liebe I

Alle Körper zusammen wiegen nicht die kleinste Regung von Geist auf. Alle Körper und aller Geist zusammen wiegen nicht die kleinste Regung von Liebe auf.

François Mauriac

Lieb ist, der nichts gleich zu schätzen.
Wenn man alles Gold der Welt
gleich wollt auf die Waage setzen,
Lieb ist, die den Ausschlag hält.

Andreas Gryphius, Auf seine und seiner Ehegeliebten Vermählung

Nicht das Denken erlöst die Welt, sondern die Liebe.

Manfred Kyber

Es wird kein stolzes Schloß gebauet,
es wird kein edles Bild geschnitzt,
die Liebe hat es durchgeschauet,
die Liebe hat hindurchgeblitzt.

Clemens Brentano, Alles lieben oder Eins lieben – All-Eins

Die Liebe ist das Wohlgefallen am Guten; das Gute ist der einzige Grund der Liebe. Lieben heißt jemanden Gutes tun wollen.

Thomas von Aquin

Es gilt also, um alles zusammenzufassen, die Liebe dem dauernden Besitz des Guten. (Diotima)

Platon, Das Gastmahl 24

Die Liebe eng verbundener Freunde, wie wir es sind, ist ein Wunder.

Eduard Mörike, an Luise Rau

Übrall Nacht ist ohne Liebe,
übrall Tag, wo Liebe lacht;
wenn die Sonne fern auch bliebe,
Lieb' ist Mond in sel'ger Nacht.
(Melusina)

Grillparzer, Melusina I

Jeder geliebte Gegenstand ist der Mittelpunkt eines Paradieses.

Novalis, Fragmente 1798

Du fragst mich Kind, was Liebe ist?
Ein Stern in einem Haufen Mist.

Heine, Neue Gedichte, Unstern

Was Prügel sind, weiß jeder; was Liebe ist, hat noch niemand herausgefunden.

Heine

Es ist schwer, die Liebe zu definieren. In der Seele ist sie eine Leidenschaft zu herrschen, im Verstande Sympathie, im Körper ein geheimnisvoller Drang zu besitzen.

La Rochefoucauld, Reflexionen

Liebe ist die Anziehungskraft des Geistes, wie die Schwerkraft die Anziehungskraft der Körper ist.

Valentin-Marie Breton

Liebe ist Verzicht auf Widerstand, und Widerstand ist das Grundprinzip des Geistes. Deshalb vertragen sich Liebe und Geist so schlecht.

Otto Flake

Ich will geliebt sein oder ich will begriffen sein. Das ist eins.

Bettina von Arnim

Hat die Liebe, die Christus verkündete, die Gesetzgeber überflüssig gemacht? Seine eigene Kirche hat sich die Inquisitoren gegeben. Wo kämen wir hin, wenn wir alle nur die Liebe zueinander übten? Wir hätten keinen Charakter mehr; wir stürzten in das Chaos.

Otto Flake

„Mich dünkt", sprach Zeus im Rat der Götter, „ich habe ein Mittel, daß es weiterhin Menschen gibt, aber sie schwächt, damit sie von ihrem wüsten Wesen ablassen. Ich schneide einen jeden mitten durch."
Sprach's und schnitt die Menschen, die Mann und Weib in einem Körper waren, so der Länge nach durch, wie man Birnen zum Einlegen durchschneidet. Als nun das ursprüngliche Wesen entzweigeschnitten war, ging jede Hälfte voller Sehnsucht nach ihrem Gegenstück auf die Suche.
Sie umschlangen sich mit den Armen und verflochten sich miteinander im Verlangen zusammenzuwachsen. Sehnsucht und Drang, ein Ganzes zu sein, heißt Eros. (Aristophanes)

Platon, Gastmahl 16

Es ist ein holder, freundlicher Gedanke,
daß über uns, in unermeßnen Höhn,
der Liebe Kranz aus funkelnden Gestirnen,
da wir erst wurden, schon geflochten ward. (Thekla)

Schiller, Die Piccolomini III, 4

Die Liebe ist vielleicht der höchste Versuch, den die Natur macht, um das Individuum aus sich heraus zu dem anderen hinzuführen. Im Wunsch suche ich den Gegenstand zu mir zu ziehen, in der Liebe werde ich zu ihm hingezogen.

Ortega y Gasset

So schauert vor der Lieb ein Herz,
als wie von Untergang bedroht.
Denn wo die Lieb erwachet, stirbt
das Ich, der dunkele Despot.

Rückert, Nach Dschelaladdin Rumi

Eigennützige Liebe ist ein Widerspruch.

Jean Paul

Wir alle benutzen einander und nennen es Liebe. (Catherine)

Tennessee Williams, Plötzlich im letzten Sommer

Der Gegensatz von Egoismus und Altruismus ist in der Liebe restlos aufgehoben.

Thomas Mann, Adel des Geistes, Goethe und Tolstoi

Liebet eure Feinde; segnet, die euch fluchen; tut wohl denen, die euch hassen; bittet für die, so euch beleidigen und verfolgen, auf daß ihr Kinder seid eures Vaters im Himmel; denn er läßt die Sonne aufgehen über die Bösen und über die Guten, und läßt regnen über Gerechte und Ungerechte.

Matthäus 5, 44

Wer wollte den Gutartigen, den Begabten, den Wunderlichen nicht lieben! Aber den Böswilligen, den Ungeistigen, den Langweiligen zu lieben gilt es. Nicht so sehr ein jovialer Wirt sein allen, die ihre Zeche mehr oder minder bezahlen, als der barmherzige Samariter derer, die nichts haben als ihr schmerzliches Schicksal.

Morgenstern, Stufen, Ethisches, 1912

Gott hat neben sich gesetzet
auch den Nächsten; wird verletzet
durch den Dienst, der ihn gleich liebet
und den Nächsten übergibet.
Halbe Christen sind zu nennen,
die da Gott und Nächsten trennen.

Logau, Heuchler

Wenn wir ihn über dem Gemälde vernachlässigen, findet sich ja der Künstler am feinsten gelobt. Wenn meine Freude über sein Meisterstück mich ihn selbst übersehen macht, Vater, muß das Gott nicht ergötzen? (Luise)

Schiller, Kabale und Liebe I, 3

Es ist leichter, alle zu lieben als einen. Die Liebe zur ganzen Menschheit kostet gewöhnlich nichts als eine Phrase; die Liebe zum Nächsten fordert Opfer.

Rosegger, Mein Himmelreich

Hört erst auf mich,
die ich Euch liebe, nicht wie Gott uns liebt,
im ganzen, großen, wo des einen Nachteil
des andern Vorteil wird, nein, einzeln Euch,
nicht willens, für die Wohlfahrt einer Welt
nur ein Atom von Eurem Sein zu geben. (Esther)

Grillparzer, Esther I

Selbst die Götter dehnen sich und wachsen
und mischen sich in einen Riesengott;
und allgemeine Liebe wird er heißen.
Doch, teilst du deine Liebe in das All,
bleibt wenig für den einzelnen, den nächsten,
und ganz dir in der Brust nur noch der Haß.
Die Liebe liebt den nahen Gegenstand,
und alle lieben ist nicht mehr Gefühl.
Was du Empfindung wähnst, ist nur Gedanke,
und der Gedanke schrumpft dir ein zum Wort,
und um des Wortes willen wirst du hassen,
verfolgen, töten! (Libussa)

Grillparzer, Libussa V

Nehmt euch vor diesen Kosmopoliten in acht, die in ihren Schriften aus weiter Ferne Pflichten herholen, deren Erfüllung sie in Bezug auf ihre eigene Umgebung verächtlich zurückweisen. Ein solcher Philosoph liebt die Tataren, um überhoben zu sein, seine Nachbarn zu lieben.

Rousseau, Émile I

Es ist mit der Liebe wie mit den Pflanzen: Wer Liebe ernten will, muß Liebe säen.

Jeremias Gotthelf

Liebe ist höchste Tapferkeit: Sie ist zu jedem Opfer bereit.

Emanuel von Bodman

Was ich aus Trutz vollbracht,
wuchs voll Pracht
über Nacht
und ward verregnet.

Was ich aus Lieb' gesät,
keimte stet,
reifte spät
und ist gesegnet.

Rosegger, Spruchverse

Liebe ist das einzige, was nicht weniger wird, wenn wir es verschwenden.

Ricarda Huch

Liebe ist alles was unser Leben steigert, erweitert, bereichert. Nach allen Höhen und Tiefen. Die Liebe ist so unproblematisch wie ein Fahrzeug. Problematisch sind nur die Lenker, die Fahrgäste und die Straße.

Franz Kafka

Die Menschen haben es jetzt in der Beherrschung der Naturkräfte so weit gebracht, daß sie es mit deren Hilfe leicht haben, einander bis auf den letzten Mann auszurotten. Sie wissen das – daher ein gut Stück ihrer gegenwärtigen Unruhe, ihres Unglücks, ihrer Angststimmung. Und nun ist zu erwarten, daß die andere der beiden „himmlischen Mächte", der ewige Eros, eine Anstrengung machen wird, um sich im Kampf mit seinem ebenso unsterblichen Gegner zu behaupten.

Sigmund Freud,
Das Unbehagen in der Kultur

Liebe II

Als einst die Götter, müde dieser Welt,
sich flüchteten hinauf ins Sternenzelt,
mitnehmend, was auf Erden sie besessen,
da haben sie die Liebe hier vergessen.
(Parthenia)

Friedrich Halm, Der Sohn der Wildnis II

Drum Lieb' ist wohl wie Wind im Meer:
Sein Sausen ihr wohl hört,
allein, ihr wisset nicht, woher,
wißt nicht, wohin er fährt.

Gottfried August Bürger, Schön Suschen

Die Lieb' ist's schnellste Ding; sie kann für sich allein
in einem Augenblick im höchsten Himmel sein.

Angelus Silesius,
Der Cherubinische Wandersmann

Liebe ist etwas Ernsteres und Bedeutungsvolleres als das Entzücken über die Linien eines Gesichtes und die Farbe einer Wange. Sie ist die Entscheidung für eine gewisse Ausprägung des Menschlichen, die sich symbolisch in den Einzelheiten des Gesichtes, der Stimme, der Gebärde ankündigt.

Ortega y Gasset

Liebe ist die Poesie der Sinne.

Balzac

Liebe ist der Entschluß, das Ganze eines Menschen zu bejahen, die Einzelheiten mögen sein, wie sie wollen.

Otto Flake

Lebe wohl, Du Einzige, in die ich nichts zu legen brauche, um alles in Dir zu finden.

Goethe, an Charlotte von Stein, 21. 3. 1782

Jemand sagte: „Über zwei Personen habe ich nie gründlich nachgedacht: Es ist das Zeugnis meiner Liebe zu ihnen."

Nietzsche,
Menschliches Allzumenschliches II, 2, 301

Die Männer, mit denen man wirklich leben kann, das müssen solche sein, denen man alles zugesteht. Sie sind, wie sie sind, schwarz und weiß gemischt, genau wie man es braucht, wie es einen ergänzt, und das ist die Liebe. Ich kann mir nicht vorstellen, daß ich einen Mann verändern will, den ich liebe: Das und das ist in Ordnung, aber das nicht mehr. So kann man nicht lieben.

Françoise Gilot, zu Georg Stefan Troller,
in Pariser Gespräche 2

Lieben bedeutet: Niemals um Verzeihung bitten müssen.

Erich Segal, Love Story

Geduld ist die halbe Liebe schon, und manchmal denke ich, sie sei die ganze.

Otto Flake

Nein, ich liebte nicht, wenn Liebe darin besteht, nicht zu tadeln, was am geliebten Wesen ungerecht ist, wenn Liebe darin besteht, nicht zu fordern, daß das geliebte Wesen dem schönen Bild entspreche, das wir von ihm hegen.

Albert Camus

Darin besteht die Liebe: Daß sich zwei Einsame beschützen und berühren und miteinander reden.

Rainer Maria Rilke

Liebe ist ein privates Weltereignis.

Alfred Polgar

Die Liebe ist ein Stoff, den die Natur gewebt und die Phantasie bestickt hat.

Voltaire

Einen Menschen lieben heißt ihn so sehen, wie Gott ihn gemeint hat.

Dostojewski

Die Liebe beruht auf einer starken Übertreibung des Unterschiedes zwischen einer Person und allen anderen.

Shaw

Und wenn das Herz dich zu dem Weibe zieht,
so fragst du nicht, ob sie der Frauen Erste,
das Mal auf ihrem Hals wird dir zum Reiz,
ein Fehler ihrer Zunge scheint Musik.
(Rudolf)

Grillparzer,
Ein Bruderzwist in Habsburg III

Der Haß ist parteiisch, aber die Liebe ist es noch mehr.

Goethe,
Die Wahlverwandtschaften I, 13

Sie waren einander verfallen und vermieden, sich kennenzulernen.

Hans Arndt,
Im Visier, Kompliziert

Die Liebe ist der Triumph der Einbildungskraft über die Intelligenz.

Henry Louis Mencken

Am Tag ist die Eule blind, bei Nacht die Krähe. Wen aber die Liebe verblendet, der ist blind bei Tag und Nacht.

Aus Indien

Sei nicht allzu froh, wenn du liebst; denn in der Liebe ist auch Täuschung.

Aus Nigeria

Liebe ist Eigenliebe zu zweit.

Madame de Staël

Die Liebe ist der Wunsch, geliebt zu werden.

Jean Giraudoux

Die Liebe ist eine Gemütskrankheit, die durch die Ehe oft schnell geheilt werden kann.

Sacha Guitry

Liebe
kennt der allein, der ohne Hoffnung
liebt. (Karlos)

Schiller, Don Karlos II, 8

An Rheumatismus und an wahre Liebe glaubt man erst, wenn man davon befallen wird.

Ebner-Eschenbach, Aphorismen

Viel falsche Münz' in unsern Tagen
ist nach der Minne Bild geschlagen.

Walther von der Vogelweide

Die Liebe ist die Geschichte des Lebens einer Frau, die Episode im Leben eines Mannes.

Madame de Staël

Für Männer ist die Liebe in der Regel nur eine Episode, die sich in die anderen Begebenheiten des Tages einfügt, und die Betonung, die man ihr in Romanen gibt, verleiht ihr eine Wichtigkeit, die sie im Leben nicht hat. Es gibt nur wenige Männer, für die die Liebe das höchste in der Welt ist, und diese sind gewiß nicht die interessantesten.

William Somerset Maugham

Viele, die ihr ganzes Leben auf die Liebe verwendeten, können uns weniger über sie sagen als ein Kind, das gestern seinen Hund verloren hat.

Thornton Wilder

Wer noch die Kraft hat zu lieben oder wer die Schönheit hat, dem obliegt es nicht, zu erläutern, was Liebe und Schönheit ist. (Hekuba)

Giraudoux, Kein Krieg in Troja I, 6

Lieben

Des Verliebten Seele lebt in einem fremden Leibe.

Plutarch, Cato 8

Lieben – das heißt Seele werden wollen in einem anderen.

Schleiermacher

Du bist mîn, ich bin dîn:
des solt dû gewis sîn.
dû bist beslozzen
in mînem herzen:
verlorn ist das slüzzelîn:
dû muost immer drinne sîn.

Verfasser unbekannt

Du bist mein, und nun ist das Meine
meiner als jemals.

Goethe, Hermann und Dorothea 9

Mein ganzes Wollen soll ihr Sklave sein
und all mein höchstes Wünschen ihre Liebe.
Wer eine Gunst bei mir erlangen will,
wird keines andern Fürspruchs nötig haben
als eines Winks aus ihrem schönen Auge.
Kein Nein aus meinem Munde soll sie kränken,
solang die Parze meinen Faden spinnt;
so weit die Welle meines Lebens rinnt,
soll sie mein einzig Träumen sein und Denken. (Kalaf)

Schiller, Turandot V, 1

Lebe mir und liebe mich.

Goethe, an Frau von Stein, 2. 2. 1787, Rom

Wär' auch die ganze Welt mit Dornen rings umstellt,
ein Herz, das Liebe fühlt, bleibt stets ein Rosenfeld.

Dschelal ed-Din Rumi, Diwan

Küsset dir ein Lüftelein
Wangen oder Hände,
denke, daß es Seufzer sein,
die ich zu dir sende;
tausend schick ich täglich aus,
die da wehen um dein Haus,
weil ich dein gedenke.

Unbekannter Barockdichter,
Morgen muß ich fort von hier

Es ist gewiß, meine Liebste, meine Sinne gehören Dir so zu eigen, daß nichts bei mir ein kann, ohne Dir Zoll und Akzise zu bezahlen.

Goethe, an Charlotte von Stein, 12. 5. 1782

Lieben heißt: In dem anderen sich selbst erobern.

Hebbel, Tagebücher 1840

Du allein durchdrangst das gräßliche Geheimnis,
dir und den Göttern nur kann ich mich öffnen.
Dir konnt' ich nicht verbergen, was ich gern
mir selbst verbarg – urteil', ob ich dich liebe! (Hippolyt)

Schiller, Phädra V, 1

Scharf sieht die Liebe. (Kalaf)

Schiller, Turandot I, 1

Die Liebe ist der Blick der Seele.

Simone Weil

Wie könnte ich an deiner Liebe zweifeln, da ich der meinigen mir so innig bewußt bin! (Melusina)

Grillparzer, Melusina II

Was ist der eitle Ruhm, wenn Liebe spricht?
Gesteht es, eure Stunde ist gekommen!
Weg mit dem Stolze! Weicht der stärkeren
Gewalt. (Zelima)

Schiller, Turandot III, 2

Wir sind kalt, stolz, hoch, klar, klug, wenn wir verdienen, Weiber zu heißen, und alle diese Vorzüge legen wir euch zu Füßen, sobald wir lieben.

Goethe, Wilhelm Meisters Lehrjahre IV, 20

Vergangen sei vergangen
und Zukunft ewig fern:
In Gegenwart gefangen
verweilt die Liebe gern.

Clemens Brentano, Wenn der Sturm das Meer umschlingt

Liebesentzückung ist Ausstieg aus Zeit.

Erhart Kästner, Ölberge, Weinberge; Rhamnus

Man liebt einen Menschen nicht alle Tage.

Aus Ghana

Greif zu, hat dir die Zeit, was Liebes zugewandt!
Die Lieb' erfordert Mut und eine schnelle Hand.

Andreas Tscherning, Deutscher Gedichte Frühling

Nur übereilt bestimmt die Neigung sich. (Hofmeisterin)

Goethe, Die natürliche Tochter IV, 1

Die Liebe ist schlauer als die Bosheit und kühner. (Luise)

Schiller, Kabale und Liebe V, 1

Der Weg zur Geliebten ist dornenlos.

Aus Kamerun

Sieh da, wie der verliebte Mann
ins Vogelbauer ist getan,
die Stangen hin und wider springt
und stets dasselbe Liedchen singt.

Paul Ernst, Gedichte und Sprüche

Deut' mir eins der Liebe Werke,
ob Verlust sie, ob Gewinn?
Gibt dem Weibe Männerstärke
und dem Manne Weibersinn. (Zanga)

Grillparzer, Der Traum, ein Leben I

Liebe ist die Tat der Seele.

Hans Lohberger

Auch zu der Liebe schwimmt nicht
stets das Glück,
wie zu dem Kaufmann nicht der Indus
schwimmt.
Sie muß sich ruhig in des Lebens Schiff
des Schicksals wildem Meere anvertraun,
dem Wind des Zufalls seine Segel
öffnen,
es an der Hoffnung Steuerruder lenken
und, stürmt es, vor der Treue Anker
gehn;
sie muß des Wankelmutes Sandbank
meiden,
geschickt des Mißtrauns spitzen Fels
umgehn
und mit des Schicksals wilden Wogen
kämpfen,
bis in des Glückes sichern Port sie
läuft.

Heinrich von Kleist, An Wilhelmine

In der Liebe soll man nicht alles sagen; denn eine Gefühlsbindung braucht Unausgesprochenes, um das die Gefühle kreisen.

Sigrid Undset

Das ist das Eigentümliche an der Liebe, daß sie sich niemals gleich bleiben kann; sie muß unaufhörlich wachsen, wenn sie nicht abnehmen soll.

André Gide, Die Falschmünzer III, 5

Wer liebt, hat ein großes Geschenk zu verwalten.

Martin Kessel, Gegengabe III

Man kann nur lieben, wenn man religiös ist.

Robert Musil

Es ist was Schönes, sein eigenes Bild im liebenden Auge zu erblicken.

Goethe,
Wilhelm Meisters Wanderjahre III, 17

Jede Frau liebt, was an einem Mann unbewußt und sehnsüchtig ist.

Otto Flake, Erotische Freiheit

Zärtlichkeit ist das Ruhen der Leidenschaft.

Joubert

Zärtlichkeit ist verwandelte Kraft.

Hans Arndt, Im Visier, Kristalle

Venus und Bacchus sind gerne beisammen, wie das Sprichwort sagt. Bei mir ist Venus munterer, wenn sie von der Nüchternheit begleitet ist.

Montaigne, Essais II, 33

Liebe ist ein wahrer Fieber-Paroxysmus, nur daß dieser mit Kälte anfängt und mit Hitze endigt, die Liebe aber den umgekehrten Weg geht.

Karl Julius Weber, Demokritos, Die Liebe

Wie Männer Weiber lieben:
Keusch und das Herz voll Sehnsucht doch; in Unschuld
und mit der Lust doch, sie darum zu bringen. (Achilles)

Heinrich von Kleist, Penthesilea 13

Drauf fühlt ich einen Trieb, vermischt von Lust und Leiden,
den ich bekennen muß, doch nicht zu nennen weiß,
ein Mengsel von Begier, Bedenken, Furcht und Freuden,
bald ward mir wohl, bald weh, bald kalt, bald wieder heiß.

Hofmannswaldau, Emma an Eginhard

Liebe ist eine Art von Kriegszustand.

Ovid

Die wahre Tragödie des Don Juan liegt darin, daß er nur Beute, niemals Jäger war.

Shaw

Die Frau wünscht den Mann überlegen, aber ihr Mittel, um seine Überlegenheit anzustacheln, ist der Versuch, ihn zu unterjochen. Läßt er sich unterjochen, so ist es um ihn geschehen; sie kann ihn nur mehr verachten. Aber gleichzeitig findet auch das Umgekehrte statt: Der Drang des Mannes, die Frau zu seinem Eigentum zu machen. Läßt sie das geschehen, so verliert er das Interesse an ihr und wendet sich, zumindest in seinem Verlangen, anderen Eroberungen zu.

Troller, Pariser Gespräche 1

Mit den schlanken Frauen geben die Männer an, aber die molligen nehmen sie mit nach Hause.

Régine

Küsse, Schwüre, Scharwenzeln kannst du von jedem Mann haben, Ohrfeigen nur von einem Mann, der dich liebt.

Lukian, Hetärengespräche

Es gibt immer einen Besiegten in der Liebe: Den, der mehr liebt.

Franz Blei

Ich habe mein ganzes Leben einen idealen Wunsch gehabt, wie ich geliebt sein möchte, und habe die Erfüllung immer im Traume des Wahns vergebens gesucht.

Goethe, an Charlotte von Stein, 20. 3. 1782

Es ist der Fluch sinnlicher Menschen, erst zu lieben, wenn die Freuden der Sinne schwächer zu werden anfangen.

Bulwer, Die letzten Tage von Pompeji II, 8

Liebende

Ein ernstlich Verliebter ist in Gegenwart seiner Geliebten verlegen, ungeschickt und wenig einnehmend.

Kant,
Anthropologie

Er ist ein Kranker, den ein sinnlich
Fieber plaget,
ein Jäger, so allzeit auf einem Hirsche
jaget,
ein Wetterhahn, der stets nach einem
Winde steht,
ein Schiff, so ungehemmt nach Cypris
Hafen geht.
Ein Märtyrer der Brunst, den Freund
und Feind belachet,
ein Morpheus, der ihm selbst bei Tage
Träume machet,
ein arm Gefangener, der seine Fessel
liebt
und seinen Henker ehrt, wenn er ihm
Streiche gibt.
Ein Aetna, der voll Glut, läßt Flut und
Ströme fließen,
ein Hungriger, der bloß will rohes
Fleisch genießen,
ein Welt-Sebastian, den Venus' Schütze
trifft,
ein rechter Adamssohn, den Frauen-
hand vergift.

Christian Hofmann von Hofmannswaldau,
Abriß eines Verliebten

Ein Verliebter will stets liebenswerter sein, als er ist. Darum sind fast alle Verliebten lächerlich.

Chamfort

Ich liebe sie persönlich.

Heine, Aphorismen und Fragmente

Viele Männer erscheinen schroff und kalt, weil sie in ihrem innersten Wesen etwas Weibliches haben und, statt zu lieben, geliebt sein wollen. Fällt auf sie dieser Sonnenstrahl, so tauen sie überraschend auf.

Karl Gutzkow

Der Verliebte hat keine Zeit, geistreich zu sein.

Stendhal

Er machte es wie alle Männer, spottete über gelehrte Frauen und bildete unaufhörlich an mir.

Goethe, Wilhelm Meisters Lehrjahre VI

Der kleine Unterschied: ER denkt beim Lieben; SIE liebt beim Denken.

Oliver Hassencamp

Wie die Römer ihre Monarchen lieber für Götter als für Herren erkannten, so wollen die Männer die Direktrice ihres Herzens lieber ihre Göttin nennen als ihre Herrin. Weil es leichter ist anzubeten, als zu gehorchen.

Jean Paul, Aphorismen

Er ist unglücklicherweise von jenen Liebhabern, die nichts als ihr Herz bringen, und eben diese haben die meisten Prätensionen.

Goethe,
Wilhelm Meisters Lehrjahre I, 12

Wie ich
aus jenen alten Büchern mir gelesen,
war Liebe stets mit hoher Rittertat
gepaart, und Helden, hat man mich gelehrt,
nicht Schäfer saßen an der Tafelrunde.
Wer nicht die Schönheit tapfer kann beschützen,
verdient nicht ihren goldnen Preis.
(Dunois)

Schiller,
Die Jungfrau von Orleans I, 2

Jedes Weib hat ein Recht, von jedem Mann zu verlangen, daß er ein Held sei. (Judith)

Hebbel, Judith III

Wie süß ist's, das Geliebte zu beglücken
mit ungehoffter Größe. (Don Manuel)

Schiller, Die Braut von Messina I, 7

Sie fordert von ihm den Glanz der Schöpfung und gewährt dafür die Gunst des Augenblicks.

Hans Arndt,
Im Visier, Bereiter Eros

Frauen scheinen weniger der Liebe im eigentlichen Sinn zu bedürfen, als der Zuneigung und der Zärtlichkeit.

Henry de Montherlant

Für viele Frauen ist der Geliebte ein Spiegel, in dem sie sich selbst bewundern.

Fernandel

Frauen sind die Chamäleons der Liebe. Wir Männer sind für sie nur die Farbe, der sie sich jeweils anpassen.

Albert Chevalier

Eine verliebte Frau ist eine Sklavin, die ihre Ketten von ihrem Geliebten tragen läßt.

Etienne Rey

Wie vertraut ein Mann mit Frauen sei,
es bleibt viel Fremdes doch dabei.

Freidank, Bescheidenheit 37

Ach! wir kennen uns wenig;
denn es waltet ein Gott in uns.

Hölderlin, Die Liebenden

Willst du dein Herz mir schenken,
so fang es heimlich an,
daß unser beider Denken
niemand erraten kann.

Die Liebe muß bei beiden
allzeit verschwiegen sein,
drum schließ die größten Freuden
in deinem Herzen ein.

Verfasser unbekannt

Mägdlein, schlag die Augen nieder!
Blicke, die zu heftig steigen,
plaudern alles fälschlich wieder,
was die Lippen zart verschweigen.

Mägdlein woll die Augen senken
nach dem Schlüssel an der Erde;
sie wird ihn der Demut schenken,
daß der Himmel offen werde.

Clemens Brentano,
Mägdlein, schlag die Augen nieder

Blamier mich nicht, mein schönes Kind,
und grüß mich nicht unter den Linden;
wenn wir nachher zu Hause sind,
wird sich schon alles finden.

Heine,
Buch der Lieder, Anhang, Zur Heimkehr 9

Das sittsamste Mädchen bleibt nicht Herr seiner Augen. Wer kann den Wein im Glase hindern, daß seine Perlen aufwärts steigen?

Kotzebue, Der deutsche Mann und die vornehmen Leute

Ein liebend Weib soll einen Schleier tragen.

Fürst zu Lynar, Die Mediceer I, 5

Minne niemand pflegen mag
so heimlich einen halben Tag,
daß es nicht wissen längst vorher
vier oder sechs, vielleicht noch mehr.

Freidank, Bescheidenheit 37

Niemand weiß, wie schwer mir's fällt,
Flammen in der Brust zu hegen
und sie dennoch vor der Welt,
nicht ans freie Licht zu legen.
Feuer läßt sich nicht verhehlen,
denn sein Glanz ist allzu klar,
und die Glut verliebter Seelen
macht sich selber offenbar.

Christian Hofmann von Hofmannswaldau,
Strophe

Fanden sie sich in einem Saale, so dauerte es nicht lange, und sie standen, sie saßen nebeneinander. Nur die nächste Nähe konnte sie beruhigen, aber auch völlig beruhigen, und diese Nähe war genug; nicht eines Blickes, nicht eines Wortes, keiner Gebärde, keiner Berührung bedurfte es, nur des reinen Zusammenseins. Dann waren es nicht zwei Menschen, es war nur ein Mensch im bewußtlosen vollkommenen Behagen, mit sich selbst zufrieden und mit der Welt.

Goethe,
Die Wahlverwandtschaften II, 17

Liebende mitzulieben, ist artig.

Bion,
An den Abendstern

Wie sich Beruf und Liebe, die Allesfordernden, einen?
Liebt den Gefährten und liebt seine Berufung dazu.

Puntsch, Versöhnung

Wenn nichts zu tun ist, habe ich nichts, was ich zwischen mein Verlangen zu Dir legen kann, als die Kunst.

Goethe,
an Charlotte von Stein, 20. 3. 1782

Partnerwahl

Ein Mann, der dich gesehen, irrt nicht mehr. (Gerichtsrat)

Goethe, Die natürliche Tochter IV, 2

Eine Geliebte wählt man nicht; sie bricht über einen herein.

Claude Anet

Das hat man doch nicht in seiner Macht, in wen man sich verliebt! (Hilda)

Ibsen, Baumeister Solness II

Sorge, sie steiget mit dir zu Roß, sie steiget zu Schiffe;
viel zudringlicher noch packet sich Amor uns auf.

Goethe, Vier Jahreszeiten, Sommer 24

Liebe auf den ersten Blick ist ungefähr so zuverlässig wie Diagnose auf den ersten Händedruck.

Shaw

Die Frauen geben wenig auf ein schönes Gesicht; was sie verführt, ist Kraft und Mut. Intellektuelle Eigenschaften üben keinen unmittelbaren Einfluß auf sie. Dummheit ist durchaus kein Hindernis in der Erlangung der Weibergunst.

Schopenhauer, Parerga und Paralipomena

Es gibt wenige Frauen, welche fähig sind, den Mann um des Genius willen zu lieben. Es ist die Person und der Erfolg, was sie begehren.

Anselm Feuerbach, Ein Vermächtnis

Mir gnügt die leichte Ehre nicht, ein Herz
zu fesseln, welches Tausende gewannen.
Den Mut zu brechen, welchen nichts gebeugt,
ein Herz zu rühren, welches nie gefühlt,
den stolzen Mann als Siegerin zu fesseln,
der nicht begreift, wie ihm geschieht, umsonst

sich seinem Joch entwindet, das er liebt,
das lockt mich an. (Aricia)

Schiller, Phädra II, 1

Denn nur die Starke kann die Freundin sein
des starken Mannes. (Dunois)

Schiller, Die Jungfrau von Orleans III, 1

Da die Frau sich vermännlicht, sucht sie instinktiv einen Männertyp, der weiblicher ist als die früheren Helden.

Marcello Mastroianni

Ein Kavalier von Kopf und Herz
ist überall willkommen;
er hat mit feinem Witz und Scherz
manch Weibchen eingenommen.
Doch wenn's ihm fehlt an Faust und Kraft,
wer mag ihn dann beschützen?
Und wenn er keinen Hintern hat,
wie mag der Edle sitzen?

Goethe, Totalität

Frauen lieben die Besiegten, aber sie betrügen sie mit den Siegern.

Tennessee Williams

Als Zeus Europen lieb gewann,
nahm er, die Schöne zu besiegen,
verschiedene Gestalten an,
verschieden ihr verschiedlich anzuliegen.
Als Gott zuerst erschien er ihr,
dann als ein Mann und endlich als ein Tier.
Umsonst legt er als Gott den Himmel ihr zu Füßen:
Stolz fliehet sie vor seinen Küssen.
Umsonst fleht er als Mann in schmeichelhaftem Ton:
Verachtung war der Liebe Lohn.
Zuletzt – mein schön Geschlecht, gesagt zu deinen Ehren! –
ließ sie – von wem? – vom Bullen sich betören.

Lessing,
Auf die Europa

Den einen liebt man, und mit dem anderen möchte man gern zusammen sein. (Nora)

Ibsen, Nora II

Die Ausdrücke „Herz verschenken", „Gunst verschenken" sind poetische Blümchen. Kein Mädchen schenkt ihr Herz weg; sie verkauft es entweder für Geld oder Ehre oder vertauscht es gegen ein anderes, wobei sie Vorteil hat oder doch zu haben glaubt.

Lichtenberg,
Über die Macht der Liebe

Jede Frau erwartet von einem Mann, daß er hält, was sie sich von ihm verspricht.

Chariklia Baxevanos

Eine wahre Liebe ist zum Exempel was Vortreffliches; aber eine wahre Liebe mit einem wohlgespickten Beutel, darüber geht gar nichts. (Merkulo)

Goethe,
Triumph der Empfindsamkeit III

Wenn eine Frau die Wahl hat zwischen Liebe und Reichtum, versucht sie immer, beides zu wählen.

Marcel Achard

Frauen schätzen einen raffinierten Mann nur stundenweise.

Hans Arndt,
Im Visier, Frauen

Ein kluger häßlicher Mann hat hin und wieder Erfolg bei den Frauen, aber ein hübscher Dummkopf ist unwiderstehlich.

William Makepeace Thackeray

Dumme Frauen werden mit gescheiten Männern fertig, aber es bedarf einer sehr klugen Frau, um einen Dummkopf zu lenken.

Rudyard Kipling

Keine Frau trägt gerne ein Kleid, das eine andere abgelegt hat. Mit Männern ist sie nicht so wählerisch.

Françoise Sagan

Eines Fehlers wegen entsagt man keinem Manne. (Fräulein)

Lessing, Minna von Barnhelm III, 12

Es gibt eine geheimnisvolle Neigung jüngerer Männer zu älteren Frauen.

Goethe,
Wilhelm Meisters Wanderjahre II, 10

Zwar lieb ich auch große Fraun und bin
kein Kostverächter,
doch tauscht man sie für kleine, so ist
der Tausch kein schlechter.

Juan Ruiz,
Von den Vorzügen der kleinen Frauen

Auch in der Liebe haben die feinsten Austernesser manchmal Appetit auf a paar Knödl und a G'selchts.

Nestroy

Veränderung nur ist das Salz des Vergnügens. (Ferdinand)

Schiller, Kabale und Liebe V, 7

„Ihr Menschen, liebet euren Nächsten
stets!"
befiehlt der Kirche heiliges Gesetz.
Seht, wie gehorsam ihm die fromme
Suse ist:
Sie liebet immer den, der ihr der
nächste ist.

Castelli, Nächstenliebe

Gebet einer Jungfrau: Lieber der Spatz in der Hand sein als die Taube auf dem Dach.

Hans Kasper, Nachrichten und Notizen

Liebesursache

Sie war doch sonst ein wildes Blut;
nun geht sie tief in Sinnen,
trägt in der Hand den Sommerhut
und duldet still der Sonne Glut
und weiß nicht, was beginnen.

Das macht, es hat die Nachtigall
die ganze Nacht gesungen;
da sind von ihrem süßen Schall,
da sind in Hall und Widerhall
die Rosen aufgesprungen.

Storm, Die Nachtigall

Anschauen macht Liebe,
Gelegenheit Diebe.

Sprichwort

Auf das Mäuerchen setzten
beide sich nieder des Quells. Sie beugte sich über, zu schöpfen;
und er faßte den anderen Krug und beugte sich über.
Und sie sahen gespiegelt ihr Bild in der Bläue des Himmels
schwanken und nickten sich zu und grüßten sich freundlich im Spiegel.

Goethe, Hermann und Dorothea 7

Mehrere Frauen gleichzeitig zu lieben, gelingt leichter, als zwei Herren zu dienen.

Arndt, Im Visier, Aufgefallen und fixiert

Das Verstummen, das Erstaunen,
bildet sich als Liebe fort.

Goethe, Maskenzug in Weimar 1818, Schluß

Auch der Geist kann eine erogene Zone sein.

Raquel Welsh

Wahre Liebe geht aus der Harmonie der Gedanken und dem Gegensatz der Charaktere hervor.

Théodore Simon Jouffroy

Die einzigen Menschen auf der Welt, die wirklich geliebt werden, sind diejenigen, deren Herzen weise sind.

Thornton Wilder, Der achte Schöpfungstag, Von Illinois nach Chile

Als ob die Liebe etwas mit dem Verstande zu tun hätte! Wir lieben an einem jungen Frauenzimmer ganz andere Dinge als den Verstand. Wir lieben an ihr das Schöne, das Jugendliche, das Neckische, das Zutrauliche, den Charakter, ihre Fehler, ihre Kapricen und Gott weiß was alles Unaussprechliche sonst. Aber wir lieben nicht ihren Verstand.

Goethe, zu Eckermann, 2. 1. 1824

Wie kann ein Mann ein Ding lieben, das ihm zum Trotze auch denken will? Ein Frauenzimmer, das denkt, ist eben so ekel als ein Mann, der sich schminkt. Lachen soll es, nichts als lachen, um immerdar den gestrengen Herrn der Schöpfung bei guter Laune zu erhalten. (Orsina)

Lessing, Emilia Galotti IV, 3

Eine Frau wird umso begehrenswerter, je stärker die Natur in ihr entfaltet und je nachdrücklicher sie in ihr gebändigt erscheint.

Simone de Beauvoir

Ihr Mannspersonen müßt doch selbst nicht wissen, was ihr wollt! Bald sind es die schlüpfrigsten Reden, die buhlerhaftesten Scherze, die euch an uns gefallen, und bald entzücken wir euch, wenn wir nichts als Tugend reden und alle sieben Weisen auf unserer Zunge zu haben scheinen. (Marwood)

Lessing,
Miß Sara Sampson II, 3

Du weißt allzu gut, daß unser Herz an natürlichen Trieben so fest als an Ketten liegt. (Luise)

Schiller,
Kabale und Liebe III, 6

In Frauen wird man oft aus Langeweile verliebt – man weiß nichts mit ihnen weiter anzufangen.

Jean Paul

Die Weiber lieben die Stärke, ohne sie nachzuahmen, die Männer die Zartheit, ohne sie zu erwidern.

Jean Paul, Herbst-Blumine

Man liebt einen Menschen nicht wegen seiner Stärke, sondern wegen seiner Schwächen.

Tilla Durieux

Auf Schwächen und Blößen gründet sich die Liebe.

Johann Georg Hamann,
an Kant, Dezember 1759

Der Anblick der Imhof hat mir wehgetan, da sie Dir so ähnlich ist und doch nicht Du. Sie ist wie eine Septime, die das Ohr nach dem Akkorde verlangen macht.

Goethe,
an Frau von Stein, 10. 10. 1785

Am liebsten erinnern sich die Frauen an die Männer, mit denen sie lachen konnten.

Anton Tschechow

Wenn Lust und Freude sehr geschickt sind, die Liebe zuerst zu erzeugen und im stillen zu nähren, so wird sie, die von Natur herzhaft ist, durch den Schrecken am leichtesten angetrieben, sich zu entscheiden und zu erklären.

Goethe, Wilhelm Meisters Lehrjahre VI

Die Weiber sind am gefälligsten, wenn sie Furcht haben; darum fürchten sie sich auch so leicht.

Börne, Fragmente und Aphorismen 264

Was im Lebensgange
dem Gatten seine Gattin fesselnd eignet,
ein Sicherheitsgefühl, ihr werd es nie
an Rat und Trost, an Schutz und Hilfe fehlen,
das flößt im Augenblick ein kühner Mann
dem Busen des gefahrumgebnen Weibes
durch Wagetat auf ewge Zeiten ein.
(Gerichtsrat)

Goethe, Die natürliche Tochter IV, 2

Sie akzeptierte ihn als Mann und liebte ihn als zukünftigen Vater ihrer Kinder.

Hans Arndt, Im Visier, Realität

Dessen ungeachtet verfolgte er seinen Weg, ob ihm gleich nicht unbekannt war, daß Güte, ja Vermögen selbst nur Reizungen sind, denen sich ein Frauenzimmer mit Vorbedacht hingibt, die jedoch unwirksam bleiben, sobald Liebe sich mit den Reizen und in Begleitung der Jugend zeigt.

Goethe, Wilhelm Meisters Wanderjahre I, 5

Nicht wer gibt, sondern wer fordert, wird geliebt.

Cesare Pavese, Handwerk des Lebens

Die Eitelkeit stürzt mehr Frauen in den Abgrund als die Liebe.

Marquise du Deffand

Eifersucht ist die abgefeimteste Kupplerin. (Calcagno)

Schiller, Die Verschwörung des Fiesco zu Genua I, 3

Für mich sind die Männer die schönsten und gefährlichsten Raubtiere der Welt. Ich liebe sie, wie der Dompteur seine Tiger liebt.

Eartha Kitt

Vergangnes Jahr in Liebesweh,
in neuen Flammen heuer?
Das Sprichwort lügt, so viel ich seh:
Gebrannte Kinder lockt das Feuer.

Paul Heyse

Ihr andern liebt meistenteils an den Männern, was Männer an sich untereinander nicht leiden können.
(Andrason)

Goethe, Triumph der Empfindsamkeit I

Wohl jedem, der nur liebt, was er darf,
und nur haßt, was er soll.

Ebner-Eschenbach, Aphorismen

Der Graf von Strahl: Was fesselt dich an meine Schritte an?
Käthchen: Mein hoher Herr! Da fragst du mich zuviel.
Und läg' ich so, wie ich vor dir jetzt liege,
vor meinem eigenen Bewußtsein da,
auf einem goldnen Richtstuhl laß es thronen
und alle Schrecken des Gewissens ihm
in Flammenrüstungen zur Seite stehn,
so spräche jeglicher Gedanke noch
auf das, was du gefragt: Ich weiß es nicht.

Kleist, Das Käthchen von Heilbronn I, 2

Liebeswerbung

Überall herrschet der Zufall. Laß deine Angel nur hängen;
wo du's am wenigsten glaubst, sitzt im Strudel der Fisch.

Ovid, Liebeskunst 3, 425

Ein neu Gefühl, ein fremdes, sprech ich aus,
und sprech ich's übel, denke, Königin,
daß du die erste bist, die mich's gelehrt.
(Hippolyt)

Schiller, Phädra II, 2

Die Werbung besteht aus einer Anzahl stiller Aufmerksamkeiten, die weder so stark hervortreten, daß sie alarmieren, noch so vage sind, daß sie nicht verstanden werden.

Laurence Sterne

Galanterie ist ein völlig selbstloses Handeln aus eigensüchtigen Motiven.

Elbert Hubbard

Koketterie ist Egoismus in der Form der Schönheit.

Goethe, zu Riemer, 13. 8. 1807

Fortes adiuvat ipsa Venus. Venus selbst hilft den Kühnen.

Tibull

Einem Liebhaber, der den Vater zu Hilfe ruft, trau ich – erlauben Sie – keine hohle Haselnuß zu. (Miller)

Schiller,
Kabale und Liebe I, 2

Weh dem Manne,
den weibliches Erröten mutig macht!
(Karlos)

Schiller, Don Karlos II, 8

Das Geschenk der Liebe kann man nicht geben. Es wartet darauf, angenommen zu werden.

Rabindranath Tagore

Ihn fragte ich einmal: „Gibt es eigentlich ein Wort, eine Geste, ein Gambit sozusagen, das Ihnen schon in den Anfangszügen Ihre Chancen für das kommende Spiel verrät?" – „Allerdings," informierte er mich mit leichter Herablassung, wie ein Einstein, den man um das kleine Einmaleins angeht. „Es ist die Frage an die betreffende Dame: Wie alt sind Sie? Fordert die Dame mich auf, ihr Alter zu erraten, so deutet das auf die Lust hin, sich auf das Spiel einzulassen. Macht sie sich jünger, so hat der Tanz schon begonnen. Antwortet sie aufrichtig, so ist die Hingabe in der Phantasie bereits vollzogen. Weist sie aber die Frage als ungehörig zurück, so kann man ebenso gut einpacken."

Troller, Pariser Gespräche 1

Mit Humor kann man Frauen am leichtesten verführen; denn die meisten Frauen lachen gerne, bevor sie anfangen zu küssen.

Jerry Lewis

Bei den Damen kommt man mit Chopin viel weiter als mit Mozart.

Arthur Rubinstein

Wer einen Gruß an das liebe Fleisch zu bestellen hat, darf nur das gute Herz Boten gehen lassen. (Miller)

Schiller, Kabale und Liebe I, 1

Alle großen Verführer wissen, daß Diskretion Voraussetzung des Erfolges ist. Die selbstauferlegte Schweigepflicht der wahren Frauenhelden ist kaum weniger streng als die der Ärzte.

André Maurois

Hat er sie am Brunnen getroffen, wenn sie Wasser schöpfte, und gesagt: Lieb' Mädel, wer bist du? Hat er sich an den Pfeiler gestellt, wenn sie aus der Mette kam, und gefragt: Lieb' Mädel, wo wohnst du? Hat er sich bei nächtlicher Weile an ihr Fenster geschlichen und, indem er ihr einen Halsschmuck umgehängt, gesagt: Lieb' Mädel, wo ruhst du? Ihr hochheiligen Herren, damit war sie nicht zu gewinnen! Den Judaskuß erriet unser Heiland nicht rascher als sie solche Künste. (Theobald)

Kleist, Das Käthchen von Heilbronn I, 1

Versagen ist der Frauen Sitte,
doch lieben sie, daß man sie bitte.

Freidank, Bescheidenheit 37

Der Widerstand, den eine Frau leisten wird, läßt sich berechnen. Er ist gleich dem Quotienten aus den Wünschen der Frau und der Angst vor dem schlechten Ruf, multipliziert mit der Chance, das Ganze geheimzuhalten.

John Osborne

Eine Frau, die ihr „Nein" begründet, hat es bereits halb zurückgenommen.

Sigmund Graff

Frauen verteidigen sich, indem sie angreifen, und greifen an, indem sie sich ergeben.

Oscar Wilde

Am Anfang widersteht eine Frau dem Ansturm des Mannes, und am Ende verhindert sie seinen Rückzug.

Oscar Wilde

Frauen, die sich zu schnell erobern lassen, organisieren den Widerstand später im Untergrund.

Jean-Paul Belmondo

Ich wag' mich nicht an Inge ran,
die kommt gleich mit dem Ringe an.

Verfasser unbekannt

Eine Liebeserklärung ist wie die Eröffnung beim Schach: Die Konsequenzen sind unabsehbar.

Hans Söhnker

Junggesellen wissen, daß man einer Frau nicht zu lange den Hof machen darf, weil man ihn sonst kehren muß.

Peter Weck

Die Frau ist, grundsätzlich gesehen, verführbar, jede. Aber nicht zu jeder Zeit und nicht von jedem.

Otto Flake

Leicht zu gewinnender Ruhm ist's,
gläubige
Mädchen zu täuschen.

Ovid, Heroiden 2, 63

Frauen bis 25 erwarten die Verführung – danach unterliegen sie Vereinbarungen.

Hans Arndt, Im Visier, Frauen

Bei an Weib Glück habn,
das kann jeder Bua,
aber mit an Weib glücklich sein,
da ghört viel dazua.

Rosegger,
Am Tage des Gerichts

Liebesleidenschaft

Mir aber schreckt es das Herz im
Busen; denn wenn ich nur flüchtig
blicke zu dir hinüber, dann
bricht mir die Stimme.

Lahm ist die Zunge und ein
feines Feuer rinnt über die
Haut, nichts mehr vermag das
Auge zu sehen.

Dröhnen ist in den Ohren, und der
Schweiß rinnt herab, Zittern befällt den
Leib; ich bin bleicher als Gras, dem
Tod nah
schein ich, Agallis.

Sappho

Ich sah ihn, ich errötete, erblaßte
bei seinem Anblick, meinen Geist
ergriff
unendliche Verwirrung; finster ward's
vor meinen Augen, mir versagt' die
Stimme.
Ich fühlte mich durchschauert und
durchflammt,
der Venus furchtbare Gewalt erkannt'
ich
und alle Qualen, die sie zürnend
sendet.
Durch fromme Opfer hofft' ich sie zu
wenden;
ich baut' ihr einen Tempel, schmückt'
ihn reich.
Ich ließ der Göttin Hekatomben fallen;
im Blut der Tiere sucht' ich die
Vernunft,
die mir ein Gott geraubt. (Phädra)

Schiller, Phädra I, 3

Man sollt' ihm Maine und Anjou
übergeben.
Was weiß ich, was er alles
mocht' erstreben!
Und jetzt begehrt er nichts mehr
als die eine –
ihr Menschen, eine Brust her,
daß ich weine!

Kleist, Katharina von Frankreich

Leidenschaft ist ein süßer Wein,
geschlürft aus glühendem Becher.
Er labt bis ins innerste Mark hinein
und versengt die Lippe dem Zecher.

Paul Heyse, Spruchbüchlein, Frauen

Bist du die erste, die der Liebe Macht
empfindet? Schwache Menschen sind
wir alle. (Oenone)

Schiller, Phädra IV, 6

Echte Leidenschaft ist in keinem Alter lächerlich. Ich sehe nichts Komisches in Goethes letzter Liebe.

François Mauriac

Der Liebeswahn des Alters verschwindet in Gegenwart leidenschaftlicher Jugend. Die Fichte, die im Winter frisch und kräftig erscheint, sieht im Frühling verbräunt und mißfärbig aus neben hellaufgrünender Birke.

Goethe, Wilhelm Meisters Wanderjahre II, 5

Wer in der Brunst steckt, ist wie ein brennendes Feuer.

Jesus Sirach 23, 22

Die Liebe wird leicht zur Wut in heftigen Naturen. (Isabella)

Schiller, Die Braut von Messina IV, 1

Jede Bedingung, die unseren aufkeimenden Leidenschaften in den Weg tritt, schärft sie, anstatt sie zu dämpfen.

Goethe,
Wilhelm Meisters Wanderjahre II, 7

Zwang erbittert die Schwärmer immer, aber bekehrt sie nie. (Wurm)

Schiller,
Kabale und Liebe III, 1

Der gereizten Leidenschaft ist keine Torheit zu bunt. (Wurm)

Schiller,
Kabale und Liebe III, 1

Ihr spielet mit der Leidenschaft? O Graus,
wenn ihr erkennt, wie schwer ihr euch vermessen.
„Ich spiele mit dem Kater", sprach die Maus,
als der gerad' begann, sie aufzufressen.

Ludwig Fulda,
Singgedichte

Ein Mann hat immer Angst vor einer Frau, die ihn zu sehr liebt. (Polly)

Bertolt Brecht, Die Dreigroschenoper

Die Beziehungen zwischen zwei Menschen müssen an der Oberfläche bleiben. Wenn sie einander verfallen, richten sie unabsehbaren Schaden an.

Leo Lehman, Quartett bei Claudia

Liebesschwüre dringen nicht zum Himmel.

Sprichwort

Liebesschwüre sind wie die Gelübde der Matrosen auf hoher See: Nach dem Orkan ist alles vergessen.

John Webster

Die Wollust ist die Prämie der Natur für die Mühen von Zeugungen und Geburt.

Sigmund Freud

Ihrer zwei sind, die sich hassen
und einander doch nicht lassen:
Wo die Wollust kehret ein,
wird nicht weit die Unlust sein.

Logau, Lust und Unlust

Die große Leidenschaft ist das Privileg derer, die sonst nichts zu tun haben.

Oscar Wilde

Ein Mädchen sollte imstande sein, mit ihren Reizen einem Manne seine Ruhe zu rauben, daß kein anderes Vergnügen mehr Geschmack für ihn hätte, und es stehe nicht in seiner Gewalt, sich diesem Zug zu widersetzen, dem Manne, der Armut, Hunger, Verachtung seines Verdienstes ertragen, ja seiner Ehre wegen in den Tod gehen kann? Das glaube ich ewig nicht. Dem Gecken wohl, dem weichlichen Schwachen, der nie in irgendetwas Widerstand versucht hat, oder dem Wollüstling, der höhere Vergnügen des Geistes nicht kennt.

Lichtenberg, Über die Macht der Liebe

Wenn einer meint, daß er ohne „sie" nicht leben kann, kann er's mit ihr erst recht nicht.

Thomas Niederreuther, Aphorismen

Kuß

Die süße Näscherei, ein lieblich Mündleinkuß
macht zwar niemanden satt, stillt aber viel Verdruß.

Logau, Sinngedichte, Ein Kuß

Küsse sind das, was von der Sprache des Paradieses übriggeblieben ist.

Joseph Conrad

Der Jüngling küßt,
wenn er des Mädchens denkt, die eigne Hand,
die sie ihm drückte, als sie von ihm schied.
Der Mann braucht etwas mehr. (Kandaules)

Hebbel, Gyges und sein Ring III

Nirgends hin als auf den Mund,
da sinkt's in des Herzens Grund.
Nicht zu frei, nicht zu gezwungen,
nicht mit gar zu fauler Zungen.

Nicht zu harte, nicht zu weich,
bald zugleich, bald nicht zugleich,
nicht zu langsam, nicht zu schnelle,
nicht ohn Unterschied der Stelle.

Halb gebissen, halb gehaucht,
halb die Lippen eingetaucht,
nicht ohn Unterschied der Zeiten,
mehr alleine, denn bei Leuten.

Paul Fleming, Wie er wolle geküsset sein

Der Kuß ist ein schlau erfundenes Verfahren, welches das Reden stoppt, wenn Worte überflüssig sind.

Oliver Herford

Sie legen Lipp' an Lippe –
ich sah es wohl – und flüstern so sich zu,
was zu geheim für die geschwätz'ge Luft.
Mein Mund sei Mund, der deine sei dein Ohr!
Leih mir dein Ohr für meine stumme Sprache! (Leander)

Grillparzer, Des Meeres und der Liebe Wellen III

Ein Kuß ist eine Sache, für die man beide Hände braucht.

Mark Twain

Es gehört Erfahrung dazu, wie eine Anfängerin zu küssen.

Zsa Zsa Gabor

Zehn Küsse werden leichter vergessen als ein Kuß.

Jean Paul

Wie willst du weiße Lilien zu roten Rosen machen?
Küß eine weiße Galatee, sie wird errötend lachen.

Logau, Frage

Küsse, Bisse,
das reimt sich, und wer recht von Herzen liebt,
kann schon das eine für das andre greifen. (Penthesilea)

Heinrich von Kleist, Penthesilea 24

Es müßt einen sehr gelüsten,
daß er eine Alte küßte,
da er eine Jungfrau wüßte.

Christoph Lehmann, Politischer Blumengarten 1, 54

Ein Kuß klingt nicht so laut wie eine Kanone. Aber das Echo lebt länger.

Oliver Wendell Holmes, Der Professor beim Frühstück

Beischlaf

Under der linden
an der heide,
dâ unser zweier bette was,
dâ muget ir vinden
schône beide
gebrochen bluomen unde gras.
Vor dem walde in einem tal,
tandaradei,
schône sanc diu nahtegal.

Walther von der Vogelweide

In seiner Liebsten Armen
entschlafen und erwarmen
ist, was in dieser Zeit
uns einzig noch erfreut.

Simon Dach, Hochzeitslied

Wenn zwei beieinander liegen, wärmen sie sich; wie kann ein einzelner warm werden?

Prediger Salomo 4, 11

Es sind gewiß wenige Pflichten in der Welt so wichtig wie die, die Fortdauer des Menschengeschlechts zu befördern und sich selbst zu erhalten, denn zu keiner werden wir durch so reizende Mittel gezogen wie zu diesen beiden.

Lichtenberg

Sex ist die Reibfläche, an der wir versuchen, das Feuer der Liebe zu entzünden.

Gerhard Uhlenbruck

Alle Verliebtheit, wie ätherisch sie sich auch gebärden mag, wurzelt allein im Geschlechtstriebe, ja ist durchaus nur ein näher bestimmter, spezialisierter, wohl gar im strengsten Sinne individualisierter Geschlechtstrieb.

Schopenhauer, Die Welt als Wille und Vorstellung II, 4, 44

Lüsternheit ist ein Spiel mit dem zu Genießenden und mit dem Genossenen.

Goethe, Maximen und Reflexionen 7

Ich glaube, daß man die sexuelle Befreiung gründlich mißverstanden hat. Porno tötet den Sex.

Henry Miller

Mit dem Gewähren der Liebesgunst steht es, wie ich gleich zu Anfang sagte: Es ist an und für sich weder schön noch häßlich, ist also nicht ein Gegenstand einfacher Beurteilung, sondern in schöner Weise vollzogen ist es schön, in häßlicher dagegen häßlich. (Pausanias)

Platon, Das Gastmahl 10

Durch die Bewegung im Beischlaf unterscheidet sich ein Alkibiades vom Bauer.

Wilhelm Heinse

Von schlechter Art aber ist jener gemeine Liebhaber, der den Körper mehr liebt als die Seele. Ist er doch nicht einmal beständig, denn was er liebt, hat ja selbst keinen Bestand; denn zugleich mit dem Hinschwinden der Blüte des Körpers, dem seine Liebe galt, macht er sich auf und davon, allen seinen Reden und Versprechungen zum Hohn. Wer dagegen der Seelenschönheit eines anderen in Liebe huldigt, der verharrt in Treue bis ans Lebensende; denn er ist verschmolzen mit etwas, das Bestand hat. (Pausanias)

Platon, Das Gastmahl 10

Wer die Seele einer Frau sucht, ist nicht immer enttäuscht, ihren Körper zu finden.

Jean Paul

Sex ist sehr unkompliziert, wenn man von keinem Komplex, sondern von einem Bedürfnis geleitet wird.

Georges Simenon

Die Franzosen sind kein dualistisches Volk, keine gespaltenen Menschen, in denen Geist und Fleisch miteinander im Kriege liegen, in denen der Geist die leibliche Liebe ankränkelt und diese wiederum das geistige Band in den Schmutz zieht. Sie sehen das eine nicht ohne das andere, und die Nacht, die man miteinander verbringt, ist bei ihnen vielleicht häufiger als anderswo der Beginn einer langen Beziehung als deren Kulminierung und Höhepunkt. Sie ist die Probe, ob man an dem Punkt zusammenpaßt, den sie als den wichtigsten erkannt zu haben glauben.

Georg Stefan Troller,
Pariser Gespräche 9

Je höher das geistige Niveau des Individuums, desto größer die sexuelle Mobilität.

Henri Amoroso

Viele Männer vergessen in der Liebe das Dessert. Das ist schade; denn die meisten Frauen sind naschsüchtig.

Mariella Pozzo

Platonische Liebe kommt mir vor wie ein ewiges Zielen und Niemals-Losdrücken.

Wilhelm Busch

Wirkung der Liebe

Du allein warst es, nach der mich verlangte. Bei dir nur empfand ich diese ruhige, frohe, wunschlose Glückseligkeit. (Rosmer)

Ibsen, Rosmersholm III

Durch Dich habe ich einen Maßstab für alle Frauen, ja für alle Menschen, durch Deine Liebe einen Maßstab für alles Schicksal.

Goethe, an Frau von Stein, 17. 6. 1784

Edle Liebe reinigt, wie die Tragödie, die Leidenschaften des Menschen.

Jean Paul

Das Spiel des Lebens sieht sich heiter an,
wenn man den sichern Schatz im Herzen trägt. (Thekla)

Schiller, Die Piccolomini III, 4

Vermag die Liebe alles zu dulden, so vermag sie noch viel mehr alles zu ersetzen.

Goethe,
Die Wahlverwandtschaften II, 14

Treue Lieb' hilft alle Lasten heben! (Thibaut)

Schiller,
Die Jungfrau von Orleans, Prolog I

Erst seit ich liebe, weiß ich, daß ich lebe. (Helene)

Theodor Körner, Zriny II, 8

Die dummen Leute glauben immer, die Liebe sei nur eine Tugend, während sie die Kraft ist, welche einzig zur Ausübung der Tugenden befähigt.

Jeremias Gotthelf,
an J. Burkhalter, 5. 2. 1836

Hinter jedem großen Mann stand immer eine liebende Frau, und es ist viel Wahrheit in dem Ausspruch, daß ein Mann nicht größer sein kann, als die Frau, die er liebt, ihn sein läßt.

Pablo Picasso

Freundschaft addiert, Neid subtrahiert, Haß dividiert, Liebe multipliziert.

Verfasser unbekannt

Die Liebe herrscht nicht, aber sie bildet, und das ist mehr.

Goethe, Das Märchen

Große Seelen macht die Liebe größer. (Marquis)

Schiller,
Don Karlos IV, 5

Kann doch der denkbar beste Leitstern des ganzen Lebens für alle, denen es auf eine schöne Lebensführung ankommt, uns weder durch Verwandtschaft noch durch Ehrenstellen noch durch Reichtum noch durch sonst etwas so schön zuteil werden wie durch die Liebe. Und was ist dies? Die Scham vor dem Häßlichen und der Wetteifer um das Schöne. (Phaidros)

Platon,
Das Gastmahl 6

Wahre Neigung vollendet sogleich zum Manne den Jüngling.

Goethe, Hermann und Dorothea 5

Von Männern großgezogen und gepflegt,
genährt vorzeitig mit der Weisheit Früchten,
selbst seine Ehe treibend als Geschäft,
kommt ihm zum erstenmal das Weib entgegen,
das Weib als solches, nichts als ihr Geschlecht,
und rächt die Torheit an der Weisheit Zögling. (Garceran)

Grillparzer, Die Jüdin von Toledo III

Schöner, als er dich von sich ließ, soll der Himmel dich wieder haben und mit Verwunderung eingestehn, daß nur die Liebe die letzte Hand an die Seelen legt. (Ferdinand)

Schiller, Kabale und Liebe I, 4

Unwillkürlich, unbewußt bilden zwei Wesen, die sich lieben, sich jedes nach den Ansprüchen des anderen. Ein jedes ist bemüht, dem Idol zu gleichen, das es im Herzen des anderen erspäht.

Gide, Die Falschmünzer I, 8

Wo wir lieben, gedeiht auch unser Talent.

Martin Kessel, Gegengabe III

Was dich die Liebe nicht lehrt, das sollst du nicht wissen.

Waldemar Bonsels, Eros und die Evangelien

Den größten Abstand weiß die Liebe,
die Erde mit dem Himmel auszugleichen. (Gerichtsrat)

Goethe, Die natürliche Tochter IV, 2

Der Stände Gleichheit ist der Liebe Possenspiel.

Hofmannswaldau, Eginhard an Emma

Die Liebe ist ein Kind der Ewigkeit. Sie verwischt die Erinnerung an den Anfang und nimmt die Angst vor dem Ende.

Madame de Staël

Alter schützt vor Liebe nicht, aber Liebe vor dem Altern.

Coco Chanel

Durch die Liebe und den Tod berührt der Mensch das Unendliche.

Alexander Dumas der Jüngere

Hab ich Lieb, so hab ich Not.
Meid ich Lieb, so bin ich tot.
Nun eh ich Lieb um Leid wollt lan,
eh will ich Lieb in Leiden han.

Dichter unbekannt

Eifersucht

Eifersucht ist die Seele der Liebe.

Aus Japan

Wer nicht eifersüchtig ist, liebt nicht.

Augustinus

Die Eifersucht ist Demut. (Don Cäsar)

Grillparzer, Ein Bruderzwist in Habsburg IV

Ein bißchen Eifersucht ist das Salz in der Suppe. Aber man kann bekanntlich eine Suppe auch versalzen.

Alberto Sordi

Eifersucht ist Beschämung, Beschämung, die Rechnung ohne den Wirt gemacht zu haben. Unsere Wünsche, unsere Neigung brachten wir in Anschlag, nicht die des anderen.

Rahel Varnhagen von Ense, Briefe

Der Eifersüchtige ereifert sich weniger über den Verlust seiner Geliebten als darüber, daß ein anderer ihm vorgezogen wird.

Paul Rée

Eifersüchtig sein heißt: Nicht an seiner Frau, sondern an sich selbst zweifeln.

Balzac

Eifersucht ist die Gelbsucht der Seele.

John Dryden

Wenn ich einmal zu fürchten angefangen,
hab' ich zu fürchten aufgehört. (König)

Schiller, Don Karlos I, 6

Kein Weib hält übrigens ihren Mann für echt klug, wenn er eifersüchtig ist; er habe dazu Ursache oder nicht.

Hippel, Über die Ehe IV

Weiber sind zum Zürnen hurtig, und ihr Zorn ist nicht zu sagen,
wenn der Mann aus ihrer Küche Feuer will in fremde tragen.

Logau, Singgedichte, Weibereifer

Eifersucht ist Angst vor dem Vergleich.

Max Frisch, Tagebuch 1946-49

Eine Frau ist erledigt, wenn sie Angst vor ihrer Rivalin hat.

Madame Dubarry

Eine Frau ohne Rivalin altert schnell.

Charles Baudelaire

Seligkeit zerstören ist auch Seligkeit. (Lady)

Schiller, Kabale und Liebe IV, 7

Du, Eifersucht, wärst Amors Kind?
So sei von mir bewundert.
Dein Vater, saget man, ist blind;
du hast der Augen hundert.

Gerhard Anton von Halem, Eifersucht

Die fürchtende Liebe sieht weit. (Marinelli)

Lessing, Emilia Galotti V, 1

Ich bleibe bei der Liebe,
wie Wasser in dem Siebe.
Die mich zu lieben meint,
die liebet Freund und Feind.

Georg Greflinger, Der ungetreue Hylas

Liebesleid

Mein Schatz ist ausgeblieben,
ich bin so ganz allein,
im Lieben wohnt Betrüben
und kann nicht anders sein.

Clemens Brentano,
Ich wollt ein Sträußlein binden

Doch ewig bleibt der Pfeil in deiner Brust;
ich kenn' ihn, nie vernarben seine Wunden.
Dein Frieden ist vorbei: Du hast empfunden! (Adelma)

Schiller, Turandot III, 1

Der Liebe Leid, dies heilet so bald mir nicht,
dies singt kein Wiegensang, den tröstend
Sterbliche singen, mir aus dem Busen.

Hölderlin, Die Heimat

Weißt du, was das heißt, zu lieben und verschmäht zu werden? Das ist nicht wie sonst ein Leid. Nimmt man mir sonst etwas, so lern' ich morgen, daß ich's entbehren kann. Schlägt man mir eine Wunde, so hab' ich Gelegenheit, mich im Heilen zu versuchen. Aber, behandelt man meine Liebe wie eine Torheit, so macht man das Heiligste in meiner Brust zur Lüge. Denn wenn das Gefühl, das mich zu dir hinzieht, mich betrügt, welche Bürgschaft hab' ich, daß das, was mich vor Gott darnieder wirft, Wahrheit ist? (Ephraim)

Hebbel,
Judith II

Der Schmerz um Liebe, wie die Liebe, bleibt
unteilbar und unendlich. (Herzog)

Goethe,
Die natürliche Tochter III, 2

Für das Geliebte leiden ist so süß!

Grillparzer, Sappho IV, 2

Trostlos zu sein ist Liebenden der schönste Trost,
Verlornem nachzustreben selbst schon mehr Gewinn,
als Neues aufzuhaschen. (Epimetheus)

Goethe, Pandora

Ich weiß, daß alle Männer treulos sind,
nichts lieben können als sich selbst; hinweg-
geworfen ist an dies verrätrische Geschlecht
die schöne Neigung. (Turandot)

Schiller, Turandot III, 2

Männer und Frauen sind nur mit Willen ungetreu.

Goethe, Wilhelm Meisters Wanderjahre I, 5

Reich aus dem Vorrat ihrer tiefsten Wünsche
bekleiden sie der Neigung Gegenstand.
Was irgend schön, und wär' es unvereinbar,
vereinen sie ob dem geliebten Haupt.
Doch kommt der Tag, der sie des Irrtums zeiht,
zerstreut, was sie Unmögliches verbunden,
dann gärt's in ihnen, und der Eigenwille
stößt feindlich aus, was sonst so freundlich schien. (Zares)

Grillparzer, Esther I

Sie war nicht liebenswürdig, wenn sie liebte, und das ist das größte Unglück, das einem Weibe begegnen kann.

Goethe, Wilhelm Meisters Lehrjahre VII, 7

Hoffnungslose Liebe macht den Mann kläglich und die Frau beklagenswert.

Marie von Ebner-Eschenbach, Aphorismen

Nichtverliebte Menschen können nicht verstehen, wieso ein intelligenter Mann wegen einer ganz gewöhnlichen Frau leiden kann. Das ist, als ob man überrascht ist, daß jemand der Cholera zum Opfer fällt wegen einer so unbedeutenden Kreatur, wie es der Kommabazillus ist.

Marcel Proust,
Auf der Suche nach der verlorenen Zeit

Wenn sie aus Liebe närrisch wird, so wäre sie es früher oder später auch ohne Liebe geworden. (Prinz)

Lessing, Emilia Galotti I, 6

Nun, ihr Musen, genug. Vergebens strebt ihr zu schildern,
wie sich Jammer und Glück wechseln in liebender Brust.
Heilen könnet ihr nicht die Wunden, die Amor geschlagen,
aber Linderung kommt einzig, ihr Guten, von euch.

Goethe, Alexis und Dora, Schluß

Dauer der Liebe

Wie du zum ersten Male mir erschienen,
erscheinst du bleibend mir, ein Gegenstand
der Neigung, der Verehrung. Deinetwillen
wünsch ich zu leben, du gebietest mir.
Und wenn der Priester sich, sein Leben lang,
der unsichtbaren Gottheit niederbeugt,
die im beglückten Augenblick vor ihm
als höchstes Musterbild vorüberging,
so soll von deinem Dienste mich fortan,
wie du dich auch verhüllest, nichts zerstreun. (Gerichtsrat)

Goethe, Die natürliche Tochter V, 9

Schweig Herz, kein Schrei!
Denn alles geht vorbei!
Doch daß ich auferstand
und wie ein Irrstern ewig sie umrunde,
ein Geist, den sie gebannt,
das hat Bestand.

Ja, alles geht vorbei,
nur dieses Wunderband,
aus meines Wesens tiefstem Grunde
zu ihrem Geist gespannt,
das hat Bestand.

Clemens Brentano,
Schweig Herz, kein Schrei

Kein Unfall, keine Zeit wird rechte Liebe trennen;
die Liebe, so zergeht, war Liebe nicht zu nennen.

Andreas Tscherning, Beständige Liebe

Ich sterbe dir, und soll ein fremder Sand
den oft durch dich ergötzten Leib bedecken,
so gönne mir das letzte Liebespfand
und laß ein Kreuz mit dieser Grabschrift stecken:
„Wo ist ein Mensch, der treulich lieben kann?
Hier liegt der Mann."

Johann Christian Günther,
Abschiedsaria

Die Liebe ist nicht imstande, von Wohltaten, Dank oder Güte zu leben. Sie lebt nur von Liebe.

Waldemar Bonsels,
Menschenwege

Es rauschen die Wasser,
die Wolken vergehn;
doch bleiben die Sterne,
sie wandeln und stehn.
So auch mit der Liebe
der Treuen geschieht:
Sie wegt sich, sie regt sich
und ändert sich nicht. (Jery)

Goethe,
Jery und Bätely

Liebe ist nur dann von Dauer, wenn die Liebenden mehr Gemeinsamkeiten haben als die gegenseitige Zuneigung.

Walter Lippmann

Gleichheit ist immer das festeste Band der Liebe. (Tellheim)

Lessing, Minna von Barnhelm V, 5

Frisch erhält sich nur eine Liebe, der ein bißchen Kühle beigemischt ist.

Michèle Morgan

Was die Liebe betrifft, so ist es leichter, auf ein Gefühl zu verzichten, als eine Gewohnheit aufzugeben.

Guy de Maupassant

Der Mensch wirft alles, was er sein nennt, in eine Pfütze, aber kein Gefühl. (Freiburg)

Heinrich von Kleist, Das Käthchen von Heilbronn II, 6

Treue ist meist nur noch die zur Moral erstarrte Liebe von gestern.

Hans Lohberger

Die Leute, die nur einmal im Leben wirklich lieben, sind die wirklich Oberflächlichen. Was sie ihre Treue nennen, nenne ich entweder die erschlaffende Wirkung der Gewohnheit oder einen Mangel an Einbildungskraft.

Oscar Wilde

Wer ein lebenslängliches Glück mit einem schönen Weibe wünscht, gleicht dem Trinker, der den Geschmack des Weines dadurch dauernd zu genießen sucht, daß er seinen Mund immer voll davon behält.

Shaw

Hier kosen sie, dort schaun sie hin,
den Dritten haben sie im Sinn,
und sie betrügen alle drei:
Das ist der Weiber Liebestreu.

Bhartrihari, Sprüche I, 81

Flirt ist Training mit dem Unrichtigen für den Richtigen.

Senta Berger

Der Seelen
entzückender Zusammenklang – ein Kuß –,
der Schäferstunde schwelgerische Freuden,
der Schönheit hohe, himmlische Magie
sind eines Strahles schwesterliche Farben,
sind einer Blume Blätter nur. Ich sollte,
ich Rasende! ein abgerißnes Blatt
aus dieser Blume schönem Kelch verschenken?
Ich selbst des Weibes hohe Majestät,
der Gottheit großes Meisterstück, verstümmeln,
den Abend eines Prassers zu versüßen?
(Prinzessin)

Schiller, Don Karlos II, 8

Bedauernswert die Frau, die nichts zu bereuen hat.

Jeanne Moreau

Auch mich hat ein liebes Abenteuer erwartet. Abenteuer? Warum brauche ich das alberne Wort? Es ist nichts Abenteuerliches in einem sanften Zuge, der Menschen zu Menschen hinzieht. Unser bürgerliches Leben, unsere falschen Verhältnisse, das sind die Abenteuer, das sind die Ungeheuer!

Goethe, Briefe aus der Schweiz

Ende der Liebe

Liebe wächst und blüht. Warum sollte sie nicht auch welken wie alles andere auf Erden?

Jeanne Moreau

Die Liebe ist Sehnsucht, und gestillte Sehnsucht vergeht.

Hans Christian Andersen

Denn Liebe, sagt man, ist nur Hoffen
und wird, gewährt, vom Tod betroffen.

Karl Immermann,
Tristan und Isolde, Die Meerfahrt

Die Damen sind allein schuld; sie wollen zu lange, oft ganze Wochen, ganze Monde geliebt werden. Dergleichen geht über unsere Kräfte.

Jean Paul

Viele Verlobungen sind ein Rätsel. Deshalb werden sie auch gelöst.

Ralph Boller

Die Liebe stirbt niemals an Hunger, wohl aber an Übersättigung.

Ninon de Lenclos

Männer und Frauen, die zuviel geliebt worden sind, verlieren oft die Fähigkeit, selber zu lieben.

Leixner, Aus meinem Zettelkasten
Weib, Liebe, Ehe

Junge Liebhaber sind wie der Camembert: Wenn sie reif werden, laufen sie einem davon.

Françoise Rosay

Aus den Augen, aus dem Sinn.

Goethe, Faust I, Garten

Mäßig und geschäftig leben
heißt der Liebe Gift eingeben.

Logau,
Liebesarznei

Liebende, die der Versuchung erliegen, sich ganz auf sich selbst zurückzuziehen und sich von der Außenwelt abzuschließen, kommen mit der Zeit an den Punkt, wo sie sich nichts mehr zu sagen haben.

Ignace Lepp,
Psychoanalyse der Liebe

Wenn Liebe das Schulmeistern anfängt, hat sie bald Ferien.

Peter Sirius,
Tausend und Ein Gedanken, Liebe und Ehe

Die Lüge tötet die Liebe. Aber die Aufrichtigkeit tötet sie erst recht.

Ernest Hemingway

Die Liebe beginnt damit, daß man sich selbst betrügt, und sie endet damit, daß man andere betrügt.

Oscar Wilde

Der Mann denkt beim Anfang schon an das Ende. Die Frau erinnert sich am Ende noch an den Anfang.

Micheline Presle

Der Mann weiß nicht, wie er Schluß machen soll. Die Frau weiß nicht, wann sie Schluß machen soll.

Helen Rowland

Weiber, die in der Jugend Charakter haben, werden Schälke, wenn die Liebhaber sich verlieren.

Goethe, zu Riemer, 27. 4. 1814

Es ist eine sehr angenehme Empfindung, wenn sich eine neue Leidenschaft in uns zu regen anfängt, ehe die alte noch ganz verklungen ist. So sieht man bei untergehender Sonne gern auf der entgegengesetzten Seite den Mond aufgehn und erfreut sich an dem Doppelglanze der beiden Himmelslichter.

Goethe, Dichtung und Wahrheit III, 13

Was in der Jugend ein Abenteuer war, wird in späteren Jahren nur noch ein teurer Abend.

Carl Raddatz

Wer gesteht sich frei,
daß diese Liebe nun die letzte sei,
daß sich kein Auge mehr mit froher Glut
zu unserm wendet, kein erregtes Blut,
das überraschtem Herzen leicht entqoll,
verrätrisch mehr die Wange färben soll,
daß kein Begegnen möglich, das entzückt,
kein Wiedersehn zu hoffen, das beglückt?

Goethe, Epilog zu „Essex“

Erste Liebe

Der Zauber der ersten Liebe liegt darin, daß man sich nicht vorzustellen vermag, sie könnte jemals enden.

Disraeli

Die ersten Schritte, die uns in den Irrgarten der Liebe bringen, sind so angenehm, die ersten Aussichten so reizend, daß man sie gar zu gern in sein Gedächtnis zurückruft.

Goethe, Wilhelm Meisters Lehrjahre I, 15

Wilhelm befand sich noch in den glücklichen Zeiten, da man nicht begreifen kann, daß an einem geliebten Mädchen, an einem verehrten Schriftsteller irgend etwas mangelhaft sein könne. Unsere Empfindung von ihnen ist so ganz, so mit sich selbst übereinstimmend, daß wir uns auch in ihnen eine solche vollkommene Harmonie denken müssen.

Goethe, Wilhelm Meisters Lehrjahre V, 4

Von unerfahrenen Frauen kann man viel lernen.

Casanova

Jeder Mann liebt nur einmal. Und zwar zwischen zwölf und fünfzehn. Später bildet er es sich nur noch hin und wieder ein.

Curt Goetz

Nicht-Lieben

Freue dich deines Bildes in dem spiegelnden Wasser, aber stürze dich nicht hinab, es zu umfassen; in seinen Wellen ergreift dich der Tod. Liebe nennen sie diesen schmeichelnden Wahnsinn. Hüte dich, an dieses Blendwerk zu glauben, das uns die Dichter so lieblich malen. Das Geschöpf, das du anbetest, bist du selbst; was dir antwortet, ist dein eignes Echo aus einer Totengruft, und schrecklich allein bleibst du stehen. (v. Hutten)

Schiller, Der Menschenfeind 8

Niemand ist ein seliger Mann
auf dieser Welte, denn der Eine,
der niemals Liebes Teil gewann,
der auch darnach gedenket kleine.
Des Herz ist frei von sehnender Not,
die manchen bringet auf den Tod.

Hartmann von Aue

Man soll nicht alles lieben, was man gern hat.

Hubert Ries

Ich will auch nimmer
ein Lieb mir wünschen, weder jetzt
noch sonst.
Besitzen ist wohl schön, allein verlieren –! (Janthe)

Grillparzer,
Des Meeres und der Liebe Wellen V

Der einzige Mann, der wirklich nicht ohne Frauen leben kann, ist der Frauenarzt.

Schopenhauer

Wer nie liebte, kann sich leicht einbilden, er liebte stets.

Hebbel, Tagebücher 1840

Der moderne Mensch „läuft" zu leicht „heiß". Ihm fehlt zu sehr das Öl der Liebe.

Morgenstern, Stufen, Kritik der Zeit, 1910

Wenn so viele Menschen, die gut oder durchschnittlich begabt sind, so armselig verkümmern, so häufig deshalb, weil sie niemals mit einer zärtlichen und anspruchsvollen Liebe geliebt wurden.

Ignace Lepp, Psychoanalyse der Liebe

Ein liebeleeres Menschenleben
ist wie ein Quell, versiegt im Sand,
weil er den Weg zum Meer nicht fand.

Bodenstedt, Die Lieder
des Mirza Schaffy, Verschiedenes 12

Des Manns entbehren ist der Frau gar schwer, o Kind! (Klytaimestra)

Aischylos, Die Grabesspenderinnen 920

Auch der Olymp ist öde ohne Liebe.
(Jupiter)

Heinrich von Kleist, Amphitryon II,5

XXXV. Kapitel

Gattenwahl
Heiraten
Mitgift
Ehe
Ehemann
Ehefrau
Ehekrise
Ehebruch
Scheidung
Kinder
Sohn
Tochter
Eltern
Mutter
Vater
Familie
Vorfahren
Dienstpersonal
Ledige
Witwe

Gattenwahl

Ehestand, Wehestand,
wenn du freist mit Unverstand;
wählst du wohl, ist er gewiß
dir ein irdisch Paradies.

Verfasser unbekannt

Die Ehe ist eine recht hübsche Sache, nur dauert sie ein bißchen lange; deshalb kann auch nur derjenige sich darin zufrieden fühlen, der sich beim Eingehen dieses Verhältnisses durch Eigenschaften bestimmen ließ, welche von Dauer sind.

Eötvös, Gedanken

An der Braut, die der Mann sich erwählt, läßt gleich sich erkennen,
welches Geistes er ist.

Goethe, Hermann und Dorothea 9

Suche, willst du glücklich sein,
nicht wie tausend Toren
nur mit deinen Augen, nein,
auch mit deinen Ohren!

Friedrich Haug, Epigramme

Eine Mutter gab ihrer Tochter diese Lehre: Sie sollte keinen heiraten, sie hätte ihn denn trunken, verspielt und zornig gesehen. Wann er ihr in solchen Begebenheiten noch gefiele, möchte sie kühnlich zupacken.

Unbekannter Verfasser (Barock)

Die Äcker grenzen nachbarlich zusammen,
die Herzen stimmen überein – das stiftet
ein gutes Ehband! (Thibaut)

Schiller, Die Jungfrau von Orleans, Prolog I

Eine stille, ernsthafte Frau ist übel daran mit einem lustigen Mann, ein ernsthafter Mann nicht so mit einer lustigen Frau.

Goethe, zu Riemer, 5. 3. 1809

Will man heiraten, muß man sich meistens entscheiden zwischen irdischem und himmlischem Geflügel: Gans oder Engel.

Curt Goetz

Ich fügte hinzu, daß zwar der Verstand der Männer sich nach Haushälterinnen umsehe, daß aber ihr Herz und ihre Einbildungkraft sich nach anderen Eigenschaften sehne.

Goethe, Wilhelm Meisters Lehrjahre VII, 6

Aus Liebe und Vernunft zu frein,
wie sollt' das nicht dasselbe sein,
da es doch nichts so Vernünftiges gibt,
als eine zu freien, die man liebt?

Paul Heyse, Spruchbüchlein

Es zeigt die Schwärmerei und vielleicht die höhere Gesinnung des Mannes, daß er das Weib schön will. Es zeigt den größeren Verstand und die Nüchternheit der Weiber (vielleicht auch ihren Mangel an ästhetischem Sinne), daß sie auch die häßlichen Männer annehmen; sie sehen mehr auf die Sache.

Nietzsche, Unschuld des Werdens I, 868

Man soll nur schöne Frauen heiraten. Sonst hat man keine Aussicht, sie wieder loszuwerden.

Danny Kaye

Heirate ein schönes Weib, und du hast Verdruß.

Aus Liberia

Man hoffe nie, mit einer Frau sich zu vertragen, mit der man sich als Braut gezankt hat.

Jean Paul, Gedanken

Wer's aber mit sich selbst gut meint,
der nehme
ja eine Gattin, die gefällig ist
und sanften Herzens – oder lieber keine! (Agamemnon)

Schiller, Iphigenie in Aulis III, 4

Wer sechzig Jahre alt und heiratet eine junge Frau, der lädt den Tod zu Gast.

Christoph Lehmann, Politischer Blumengarten I, 31

Wen man zu lange kennt, den soll man nicht heiraten.

Aus Afrika

Du sollst dein Weib aus einem andern Volke als dem eigenen nehmen.

Nietzsche, Unschuld des Werdens I, 1053

Ein Narr ist, wer eine Fremde heiratet, wenn seine Base ihn erwartet.

Aus Tunesien

Je mehr ein Mann weiß und je weiter er reist, desto wahrscheinlicher ist es, daß er einmal ein Mädchen vom Lande heiratet.

Shaw

Der Freier könnte eine gute Heirat machen, wenn er nur über eine Warze im Gesicht oder eine Zahnlücke seiner Geliebten wegsehen könnte. Es ist aber eine besondere Unart unseres Attentionsvermögens, gerade darauf, was fehlerhaft an anderen ist, auch unwillkürlich seine Aufmerksamkeit zu heften.

Kant, Anthropologie I, 1, 3

Wer ein übersehenes Mädchen heiratet, der bekommt eine auserlesene Frau.

Aus Finnland

Was verschlägt es denn Ihm, ob Er die Karolin frisch aus der Münze oder vom Bankier bekommt? Tröst' Er sich mit dem hiesigen Adel: Wissentlich oder nicht – bei uns wird selten eine Mariage geschlossen, wo nicht wenigstens ein halb Dutzend der Gäste – oder der Aufwärter – das Paradies des Bräutigams geometrisch ermessen kann. (Präsident)

Schiller, Kabale und Liebe I, 5

Hinunter soll kein Mann die Blicke wenden,
hinauf zur höchsten Frauen kehr er sich!
Gelingt es ihm, sie zu erwerben, schnell
geebnet zeigt des Lebens Pfad sich ihm.
(Hofmeisterin)

Goethe, Die natürliche Tochter IV, 4

Der Fürst verklärt die Gattin, die er wählt,
die Königin erniedrigt den als Mann,
den wählend sie als Untertan erhöht.
(Primislaus)

Grillparzer, Libussa III

Bin ich nicht glücklich vermählt? Ich heiße Herkules' Ehweib,
und mit dem schnellen Gespann donnert im Himmel mein Schwähr.
Aber wie an den Pflug ungleiche Stiere nicht taugen,
ist dem geringeren Weib drückend der große Gemahl.

Ovid, Deianira an Herkules

Die Könige sind nur Sklaven ihres Standes,
dem eignen Herzen dürfen sie nicht folgen. (Elisabeth)

Schiller, Maria Stuart II, 2

Ein Mädchen, das einen Soldaten heiratet, macht keine schlechte Partie. Ein Soldat versteht zu kochen, kann nähen, muß gesund sein. Und das Wichtigste: Er ist gewöhnt zu gehorchen!

Charles de Gaulle

Wer seine Tochter an einen ungebildeten Menschen verheiratet, der wirft sie gleichsam gebunden einem Löwen vor.

Talmud

Wie kann der Priester segnen, wenn das Ja
der holden Braut nicht aus dem Herzen quillt.
Er soll nicht Widerwärtges aneinander
zu immer neu erzeugtem Streite ketten.

Goethe, Die natürliche Tochter V, 7

Einen Mann, der zum Ehemann paßt, wollen die wenigsten Mädchen heiraten.

Moritz Goldschmidt

Die meisten Frauen wählen ihr Nachthemd mit mehr Verstand als ihren Mann.

Coco Chanel

Man kann anderen Leuten erklären, warum man seinen Mann geheiratet hat, aber sich selbst kann man das nicht erklären.

George Sand

Ist es schon hart genug, daß wir den Mann,
den übermütigen, zum Herrn uns geben,
so liegt doch Trost darin, daß wir uns selbst
mit freier Wahl und Gunst an ihn verschenken. (Adelma)

Schiller, Turandot III, 2

Für andere frein ist bedenklich.

Goethe, Hermann und Dorothea 6

Hatten die Eltern die Braut für ihren Sohn sich ersehen,
ward zuvörderst ein Freund vom Hause vertraulich gerufen.
Diesen sandte man dann als Freiersmann zu den Eltern
der erkorenen Braut, der dann in stattlichem Putze
sonntags etwa nach Tische den würdigen Bürger besuchte,
freundliche Worte mit ihm im allgemeinen zuvörderst
wechselnd und klug das Gespräch zu lenken und wenden verstehend.
Endlich nach langem Umschweif ward auch der Tochter erwähnet,
rühmlich, und rühmlich des Manns und des Hauses, von dem man gesandt war.
Kluge Leute merkten die Absicht; der kluge Gesandte
merkte den Willen gar bald und konnte sich weiter erklären.
Lehnte den Antrag man ab, so war auch ein Korb nicht verdrießlich.
Aber gelang es denn auch, so war der Freiersmann immer
in dem Hause der Erste bei jedem häuslichen Feste;
denn es erinnerte sich durch's ganze Leben das Ehpaar,
daß die geschickte Hand den ersten Knoten geschlungen.

Goethe,
Hermann und Dorothea 6

Es ist nichts leichter als aufs Freien reisen.
Man lebt auf fremde Kosten, tut sich gütlich,
legt sich dem künftigen Schwäher in das Haus,
und mancher jüngre Sohn und Krippenreiter,
der alle seine Staaten mit sich führt
im Mantelsack, lebt bloß vom Körbeholen. (Truffaldin)

Schiller,
Turandot II, 1

Heiraten

Eins achte ferner nicht gering:
Wo eines guten Weibes Ring
du kannst erwerben und ihr Grüßen,
so nimm's; es wird dir Leid versüßen.

Wolfram von Eschenbach, Parzival III, 351

Wenn unsere märkischen Leute sich verheiraten, so reden sie nicht von Leidenschaft und Liebe, sie sagen nur: „Ich muß doch meine Ordnung haben."

Fontane, Irrungen, Wirrungen

Es ist besser freien, denn Brunst leiden.

1. Korinther 7, 9

Falsche Liebe fürchtet die Ehe, echte sucht sie.

Rosegger, Höhenfeuer

Die Jugend und die schöne Liebe, alles hat sein Ende, und es kommt eine Zeit, wo man Gott dankt, wenn man irgendwo unterkriechen kann. (Mutter)

Goethe, Egmont III, Klärchens Wohnung

Führt, sternenreine Engelein,
die Braut auf guter Weide,
durch Lieb und Leid, bis klar und rein
der Geist im Lilienkleide
sich scheidet von dem Dornental
und mit uns singt beim Hochzeitsmahl:
„O Stern und Blume, Geist und Kleid,
Lieb, Leid und Zeit und Ewigkeit!"

Clemens Brentano, Brautgesang

Frommer Augen helle Lust
überstrahlt an voller Brust
blitzendes Geschmeide -
geh und lieb und leide!

Merke dir's, du blondes Haar:
Schmerz und Lust Geschwisterpaar,
unzertrennlich beide –
geh und lieb und leide!

Conrad Ferdinand Meyer, Hochzeitslied

Denn es löset die Liebe, das fühl ich, jegliche Bande,
wenn sie die ihrigen knüpft, und nicht das Mädchen allein läßt
Vater und Mutter zurück, wenn sie dem erwähleten Mann folgt,
auch der Jüngling, er weiß nichts mehr von Mutter und Vater.

Goethe, Hermann und Dorothea 4

Der Ring macht Ehen,
und Ringe sind's, die eine Kette machen. (Elisabeth)

Schiller, Maria Stuart II, 2

Ringlein sehn heut lieblich aus,
morgen werden Fesseln draus.

Clemens Brentano, Brautgesang

Wenn ein Mädchen heiratet, tauscht es die Aufmerksamkeiten vieler Männer gegen die Unaufmerksamkeit eines einzigen ein.

Helen Rowland

Die Heirat in China ist, als ob man einen Kessel mit kaltem Wasser auf das Feuer stellt. Es kommt sehr bald ins Kochen und bleibt dann lange heiß. Die Heirat im Westen jedoch ist, als setze man auf einen kalten Ofen einen Kessel mit siedendem Wasser, das sich allmählich abkühlt.

Li Hung Tschang

Sara Sampson, meine Geliebte! Wieviel Seligkeiten liegen in diesen Worten! Sara Sampson, meine Ehegattin! Die Hälfte dieser Seligkeiten ist verschwunden, und die andre Hälfte wird verschwinden. (Mellefont)

Lessing, Miß Sara Sampson IV, 2

Eine heilige Handlung wird durch das Feierliche nicht kräftiger. (Sara)

Lessing, Miß Sara Sampson I, 7

Die Musik bei einem Hochzeitszug erinnert mich immer an die Musik von Soldaten, die in den Krieg ziehen.

Heine

Briganten verlangen Geld oder Leben, Frauen beides.

Samuel Butler

Heiraten ist, als stecke man eine Schlange in seine Tasche.

Bantuweisheit

Jeder, der heiratet, ist wie der Doge, der sich mit dem adriatischen Meer vermählt. Er weiß nicht, was drin ist, was er heiratet: Schätze, Perlen, Ungetüme, unbekannte Stürme.

Heine, Gedanken und Einfälle 5

Wenn wir heiraten, übernehmen wir ein versiegeltes Schreiben, dessen Inhalt wir erst erfahren, wenn wir auf hoher See sind.

Lilli Palmer

Familienoberhaupt wird man auch ohne Inanspruchnahme des Hauptes.

Hans Arndt, Im Visier, Blattschüsse

Die Heirat ist die einzige lebenslängliche Verurteilung, bei der man auf Grund schlechter Führung begnadigt werden kann.

Alfred Hitchcock

Die zweite Ehe ist der Triumph der Hoffnung über die Erfahrung.

Samuel Johnson

Mitgift

Sie hat nichts und du desgleichen,
dennoch wollt ihr, wie ich sehe,
zu dem Bund der heil'gen Ehe
Euch bereits die Hände reichen.

Kinder, seid ihr denn bei Sinnen?
Überlegt euch das Kapitel!
Ohne die gehör'gen Mittel
soll man keinen Krieg beginnen.

Wilhelm Busch

Nicht umsonst bereitet durch manche Jahre die Mutter
viele Leinwand der Tochter von feinem und starkem Gewebe;
nicht umsonst verehren die Paten ihr Silbergeräte,
und der Vater sondert im Pulte das seltene Goldstück:
Denn sie soll dereinst mit ihren Gütern und Gaben
jenen Jüngling erfreun, der sie vor allen erwählt hat.

Goethe, Hermann und Dorothea 2

Ein wackerer Mann verdient ein begütertes Mädchen.

Goethe, Hermann und Dorothea 2

Ja, ich weiß, wie behaglich ein Weibchen im Hause sich findet,
das ihr eignes Gerät in Küch und Zimmern erkennet
und das Bette sich selbst und den Tisch sich selber gedeckt hat.

Nur wohl ausgestattet möcht ich im Hause die Braut sehn;
denn die Arme wird doch nur zuletzt vom Manne verachtet,
und er hält sie als Magd, die als Magd mit dem Bündel hereinkam.

Goethe, Hermann und Dorothea 2

Verlangt dein Kind ein Freier,
der wenig nach der Mitgift fragt,
so denke, was das Sprichwort sagt:
Sehr wohlfeil ist sehr teuer.

Lessing, An einen geizigen Vater

Niemand arbeitet so hart für sein Geld,
wie der, der es geheiratet hat.

Kin Hubbard

Des Weibes große Gift ist recht des Mannes Gift,
das nicht den Leib so sehr als seine Freiheit trifft.

Logau, Eine stattliche Mitgift

Unerträglicher nichts als ein Weib mit großem Vermögen.

Juvenal, Satiren 2, 6

Eine schöne Jungfrau trägt ihr Heiratsgut im Angesicht.

Christoph Lehmann,
Politischer Blumengarten 2

Ein Frauenzimmer, das einen jungen Menschen des Geldes wegen heiratet, setzt sich selbst zur Konkubine herab.

Hippel,
Über die Ehe 7

Keine Frau schließt eine Ehe aus Berechnung. Alle haben das Glück, sich, ehe sie einen Millionär heiraten, in ihn zu verlieben.

Cesare Pavese, Das Handwerk des Lebens

Ehe

Die Ehe ist die exemplarische Bindung. Sie trägt uns wie keine andere in die große Gebundenheit. Und nur als Gebundene können wir in die Freiheit der Kinder Gottes gelangen.

Martin Buber

So ist der Begriff der Heiligkeit der Ehe eine solche Kulturerrungenschaft des Christentums und von unschätzbarem Werte, obgleich die Ehe eigentlich unnatürlich ist.

Goethe,
zu Friedrich von Müller, 1830

Grundsätzlich gesehen ist die Ehe eine Notkonstruktion, durch die ein Ort geschaffen werden soll, an dem der Versuch, gegensätzliche Ideen oder Triebe zu versöhnen, Aussicht hat, sich annähernd zu verwirklichen. Wenn die Kirche die Ehe zum Sakrament macht, will sie den Zwang schaffen, ohne den dem Versuch die Zeit fehlt, die er braucht, um zum Erfolg zu führen.

Otto Flake

Einer von meinen Freunden, dessen Laune sich meist in Vorschlägen zu neuen Gesetzen hervortat, behauptete: Eine jede Ehe solle nur auf fünf Jahre geschlossen werden. Es sei, sagte er, dies eine schöne, ungerade heilige Zahl und ein solcher Zeitraum eben hinreichend, um sich kennen zu lernen, einige Kinder heranzubringen, sich zu entzweien und, was das Schönste sei, sich wieder zu versöhnen. Gewöhnlich rief er aus: Wie glücklich würde die erste Zeit verstreichen! Zwei, drei Jahre wenigstens gingen vergnüglich hin. Dann würde doch wohl dem einen Teil daran gelegen sein, das Verhältnis länger dauern zu sehen, die Gefälligkeit würde wachsen, je mehr man sich dem Termin der Aufkündigung näherte. Der gleichgültige, ja selbst der unzufriedene Teil würde durch ein solches Betragen begütigt und eingenommen. Man vergäße, wie man in guter Gesellschaft die Stunden vergißt, daß die Zeit verfließe, und fände sich aufs angenehmste überrascht, wenn man nach verlaufenem Termin erst bemerkte, daß er schon stillschweigend verlängert sei.

Goethe, Die Wahlverwandtschaften I, 10

Die Ehe ist ein Bauwerk, das jeden Tag neu errichtet werden muß.

André Maurois

Die Ehe ist und bleibt die wichtigste Entdeckungsreise, die der Mensch unternehmen kann.

Sören Kierkegaard

Verliebte gehen aufeinander zu, sie treffen einander; Verheiratete sind parallel ausgerichtet; sie begegnen einander erst wieder bei Scheidung oder Tod.

Martin Kessel, Gegengabe VIII

Die Ehe ist eine polizeilich anerkannte Freundschaft.

Robert Louis Stevenson

Eine jegliche Person in der Ehe soll ihr Amt tun, das ihr gebührt. Der Mann soll erwerben, das Weib aber soll ersparen.

Luther, Tischreden vom Ehestande 45

Das Weib wird durch die Ehe frei; der Mann verliert dadurch seine Freiheit.

Kant, Anthropologie 2, B

Die Ehe gibt dem Einzelnen Begrenzung und dadurch dem Ganzen Sicherheit.

Hebbel, Tagebücher 1839

Georgen wünsche ich Glück zur Liebschaft. Laß ihn bald heiraten, so ist für seine Erziehung gesorgt, wenn er einige Anlage hat, vernünftig zu werden.

Goethe,
an Friedrich Heinrich Jacobi, 7. 7. 1793

In der Familie ist der Mann der Bürger und die Frau der Proletarier.

Friedrich Engels

Gleichberechtigung zwischen Mann und Frau ist nur möglich, wenn die Frau sich unterordnet.

Martial

Nimm den Ehefrauen das letzte Wort und erinnere die Ehemänner an ihr erstes.

Bergische Volkszeitung, 31. 12. 1864,
Wünsche an das neue Jahr

Im Mittelalter hat man ein Leben, reich an Taten und noch reicher an Untaten, unter anderem auch als Einsiedler abgebüßt. Jetzt hat man bloß die Zweisiedelei des Ehestandes, um Jugendtorheiten abzubüßen.

Johann Nestroy

Viele, von denen man glaubt, sie seien gestorben, sind bloß verheiratet.

Françoise Sagan

Die Ehe ist recht dazu gemacht, die Flügel der Einbildungskraft zu beschneiden und uns auf die Erde zu bringen.

Hippel, Über die Ehe VII

Die Ehe ist ein Spielplan mit gleichbleibendem Repertoire. Folglich sollte man wenigstens die Inszenierung ändern.

Federico Fellini

Die Ehe ist der Sonderfall eines Abonnements, das mehr Geld kostet, als wenn man einzeln zahlen müßte.

Gabriel Laub

Elf Ehstandsjahr' erschöpfen das Gespräch. (Merkur)

Heinrich von Kleist, Amphitryon I, 5

Ein Leib sind Mann und Weib!
Kein Sprichwort ist so wahr.
Bewiesen wird es uns
durch manches Ehepaar;
denn er ist sie, und sie ist er,
er ist das Weib und sie der Herr.

Ignaz Franz Castelli

Wünscht bis zum Hochzeitsglücke
den Freiern Argusblicke,
doch in der Ehe taugen
am besten Maulwurfsaugen.

Haug, Epigramme

Die hauptsächlichste Gefahr der Ehe liegt darin, daß man selbstlos wird. Selbstlose Leute sind farblos.

Oscar Wilde

Die deutsche Ehe ist keine wahre Ehe. Der Ehemann hat keine Ehefrau, sondern eine Magd und lebt sein isoliertes Hagestolzleben im Geiste fort, selbst im Kreis der Familie. Ich will darum nicht sagen, daß er der Herr sei, im Gegenteil, er ist zuweilen nur der Bediente seiner Magd, und den Servilismus verleugnet er auch im Hause nicht.

Heine, Aphorismen und Fragmente

Die eigentliche Grundlage der Ehe ist tiefes Einander-Mißverstehen.

Oscar Wilde

Den Weg von einer glücklichen Ehe zu einer guten schafft nur eine große Liebe.

Nikolaus Cybinski,
Wohin du schaust – lachende Dritte

Mit der zweiten Phase beginnt der mehr oder weniger wissende Verzicht auf die Möglichkeit, immer wieder dem Eros zu begegnen, nämlich einen neuen Partner zu suchen. Jeder Verzicht aber lähmt, sei es auch noch so leise, den Schwung, die Intensität des Eros. Das Bedürfnis nach menschlicher, seelischer Wärme wird stärker als der nach dem Erlebnis.

Otto Flake

Ehemann

Gewaltige Macht ist Weib und Kind für einen Mann.

Euripides, Ödipus

Wer Weib und Kinder besitzt, hat dem Schicksal Geiseln gegeben.

Bacon, Essays 8

Der Gatte zieht sein Weib unwiderstehlich
in seines Kreises abgeschloßne Bahn.
Dorthin ist sie gebannt, sie kann sich nicht
aus eigner Kraft besondre Wege wählen:
Aus niedrem Zustand führt er sie hervor,
aus höhern Sphären lockt er sie hernieder. (Eugenie)

Goethe, Die natürliche Tochter IV, 4

O der unbeugsam unbezähmte Mann!
Was hab ich nicht getragen und gelitten
in dieser Ehe unglücksvollem Bund!
Denn gleich wie an ein feurig Rad gefesselt,
das rastlos eilend, ewig, heftig treibt,
bracht' ich ein angstvoll Leben mit ihm zu,
und stets an eines Abgrunds jähem Rande
sturzdrohend, schwindelnd riß er mich dahin. (Herzogin)

Schiller, Wallensteins Tod III, 3

Eugenie: Bist du in deinem Hause Fürst?
Gerichtsrat: Ich bin's,
und jeder ist's, der Gute wie der Böse.
Reicht eine Macht denn wohl in jenes Haus,
wo der Tyrann die holde Gattin kränkt,
wenn er nach eignem Sinn verworren handelt,
durch Launen, Worte, Taten jede Lust
mit Schadenfreude sinnreich untergräbt?
Wer trocknet ihre Tränen? Welch Gesetz,
welch Tribunal erreicht den Schuldigen?
Er triumphiert, und schweigende Geduld
senkt nach und nach verzweifelnd sie ins Grab.
Notwendigkeit, Gesetz, Gewohnheit gaben
dem Mann so große Rechte; sie vertrauten
auf seine Kraft, auf seinen Biedersinn.

Goethe,
Die natürliche Tochter IV, 2

Der Ausspruch „Er soll dein Herr sein" ist die Formel einer barbarischen Zeit, die lange vorüber ist.

Goethe, Die guten Weiber

Den idealen Gatten gibt es nicht. Der ideale Gatte bleibt ledig.

Oscar Wilde

Ein Ehemann ist Rohstoff, kein Fertigprodukt!

Grete Weiser

Jeder Mann muß, darüber sollte sich eine Frau klar sein, erst einmal zu einem Ehemann entwickelt werden. Was eine Frau heiratet, ist ein Junggeselle, der momentan das Junggesellendasein satt hat.

Sabine Sanders

Im ersten Ehejahr strebt der Mann die Vorherrschaft an. Im zweiten kämpft er um Gleichberechtigung. Im dritten ringt er um die nackte Existenz.

Verfasser unbekannt

Da siehst du, Kamerad, wie gut und ehrlich
es die Prinzeß mit ihrem Freier meint,
daß sie die Rätsel vor der Hochzeit aufgibt.
Nachher wär's noch viel schlimmer. Löst er sie
jetzt nicht, ei nun, so kommt er schnell und kurz
mit einem frischen Gnadenhieb davon.
Doch wer die stachelichten Rätsel nicht
auflöst, die seine Frau ihm in der Eh'
aufgibt, der ist verlesen und verloren.
(Truffaldin)

Schiller, Turandot II, 1

Die Eheherren sollten künftig die Trauringe statt auf dem Finger in der Nase tragen, zum Zeichen, daß sie doch an der Nase geführt werden. (Don Juan)

Grabbe,
Don Juan und Faust I, 1

Der Mann, er ist der Kopf, nach ihm muß alles gehen.
Die Frau, sie ist der Hals, sie weiß den Kopf zu drehen.

Verfasser unbekannt

Es gibt Gänse, die einen Fuchs zur Strecke bringen.

Aus Litauen

Die Sonne geht in meinem Staat nicht unter –
doch alles das besaß ein andrer schon,
wird nach mir mancher andre noch besitzen.
Das ist mein eigen. Was der König hat,
gehört dem Glück – Elisabeth dem Philipp.
Hier ist die Stelle, wo ich sterblich bin.
(König)

Schiller,
Don Karlos I, 6

Männer, die behaupten, sie seien die uneingeschränkten Herren im Haus, lügen auch bei anderer Gelegenheit.

Mark Twain

Sobald eine Frau aus einem Mann einen Esel gemacht hat, redet sie ihm ein, er sei ein Löwe.

Balzac

Sich von einem Weibe beherrschen zu lassen, ist für einen Mann die ärgste Schmach.

Demokrit

Cato schloß seine Rede mit dem Refrain „Delendam esse Carthaginem" und ich alle Reden und Briefe mit „Uxorem esse ducendam."

Lichtenberg, an Johann Georg Forster, 30. 8. 1790

Darum tat jener Bräut'gam wohl,
welcher gab seiner Frau einmol
ein Ehring, darauf stund erhaben
ein Schneckenhäuslein schön gegraben,
daran zu sehen für und für,
was sei ihr Amt und Ehgebühr.

Fischart, Das philosophische Ehzuchtbüchlein, Hausschneck

Ehefrau

Hinter einer langen Ehe steht immer eine sehr kluge Frau.

Ephraim Kishon

Wenn der Mann sich mit äußern Verhältnissen quält, wenn er die Besitztümer herbeischaffen und beschützen muß, wenn er sogar an der Staatsverwaltung Anteil nimmt, überall von Umständen abhängt und, ich möchte sagen, nichts regiert, indem er zu regieren glaubt, immer nur politisch sein muß, wo er gern vernünftig wäre, versteckt, wo er offen, falsch, wo er redlich zu sein wünschte; wenn er um des Zieles willen, das er nie erreicht, das schönste Ziel, die Harmonie mit sich selbst, in jedem Augenblicke aufgeben muß: Indessen herrscht eine vernünftige Hausfrau im Innern wirklich und macht einer ganzen Familie jede Tätigkeit, jede Zufriedenheit möglich.

Goethe, Wilhelm Meisters Lehrjahre VII, 6

So ist sie von niemand abhängig und verschafft ihrem Manne die wahre Unabhängigkeit, die häusliche, die innere. Das, was er besitzt, sieht er gesichert, das, was er erwirbt, gut benutzt, und so kann er sein Gemüt nach großen Gegenständen wenden und, wenn das Glück gut ist, das dem Staate sein, was seiner Gattin zu Hause so wohl ansteht.

Goethe, Wilhelm Meisters Lehrjahre VII, 6

Ich habe mein Leben damit verbracht, das Leben Winstons auszupolstern.

Clementine Churchill

Das Eheweib ist der Bruder des Mannes.

Aus Afrika

Wenn sie den Mann nachher zu pflegen und zu erfreuen sucht, so ist das vor dem sittlichen Gesetz durchaus nicht mehr, als wenn sie als Mädchen den Blumenstrauß, der ihr gefiel, mit Wasser begoß. Es geschieht, damit die Blumen ihr umso länger duften.

Hebbel, an Elise Lensing, 6. 2. 1845

Man nimmt ein falsches Kleid, ein Hausgerät;
doch einen Mann greift man im Finstern. (Charis)

Heinrich von Kleist, Amphitryon II, 4

Für den erfolgreichen Mann ist die Frau eine Art Litfaßsäule, die seinen Wohlstand plakatiert.

Gino Marchi

Ein Weib glaubt gern an ihres Mannes Unschuld. (Eustache)

Heinrich von Kleist, Die Familie Schroffenstein IV, 1

In allen diesen Beziehungen ist die Leitung einer Familie und eines Haushaltes ebensogut eine Geschäftssache wie die Leitung eines Ladens oder einer Wechselbank. Sie verlangt Methode, Genauigkeit, Organisation, Fleiß, Sparsamkeit, Ordnung, Takt, Wissen und Fähigkeit, die Mittel den Zwecken anzupassen. Und deshalb müssen Frauen, welche die Angelegenheiten des Hauses gut führen wollen, eben sowohl geschäftliche Gewohnheiten pflegen wie Männer, welche einen Handel oder ein Gewerbe betreiben.

Smiles, Der Charakter

Das Weib kann aus dem Haus mehr in der Schürze tragen,
als je einfahren kann der Mann im Erntewagen.

Rückert, Die Weisheit des Brahmanen III, 34

Die meisten Frauen haben am Geldende zuviel Monat übrig.

Toni Gellert

Ein Weib möchte immer alles gern selber verrichten, aber zugleich immer einen haben, dem es die Verantwortung dafür in die Schuhe schieben könnte.

Raabe, Gedanken und Einfälle

Er begriff, daß ein junges Weib nicht wie Juwelen und Perlen verwahrt werden könne; er wußte, daß sie vielmehr einem Garten voll schöner Früchte gleicht, die für jedermann so wie für den Herrn verloren wären, wenn er eigensinnig die Türe auf einige Jahre verschließen wollte.

Goethe, Unterhaltungen Deutscher Ausgewanderten

Wen Gott strafen will, dem schenkt er eine geltungsbedürftige Frau.

Lavater, Fragmente

Eine Frau muß schweigen können. Eine Ehe ohne Schweigen ist wie ein Auto ohne Bremsen.

Charles Aznavour

Wenn eine Frau mit den Kindern nicht fertig wird, fängt sie an, den Mann zu erziehen – ein Erfolgserlebnis braucht ja schließlich jeder.

Stella Bing

Jede Frau hofft, ihren Mann beherrschen zu können, aber für ihren Sohn hofft sie, daß er seine Frau beherrscht.

Verfasser unbekannt

Das größte häusliche Unglück, das einem Mann begegnen kann, ist, wenn seine Frau einmal gegen ihn Recht hat, nachdem er es ihr abgestritten. Dieses einzige kleine Recht dient ihr wie ein Fläschchen Rosenöl; damit macht sie zwanzig Jahre all ihr Geräte und Gerede wohlriechend.

Börne, Fragmente und Aphorismen 10

Wärst du ein wenig minder Frau von Ehre
und rissest mir dafür die Ohren nicht
mit deinen ew'gen Zänkereien ab!
(Merkur)

Heinrich von Kleist, Amphitryon I, 5

Mir wäre es fast lieber, meine Frau versuchte, mich in einem wütenden Moment einmal im Jahre zu erdolchen, anstatt mich jeden Abend übellaunig zu empfangen.

Stendhal, Über die Liebe II, 55

Ich wollte lieber bei Löwen und Drachen wohnen, denn bei einem bösen Weibe. Wenn sie böse wird, so verstellet sie ihre Gebärde und wird so scheußlich wie ein Sack. Ihr Mann muß sich ihrer schämen, und wenn man es ihm vorwirft, so tut es ihm im Herzen wehe.

Jesus Sirach 25, 22

Ein einzig böses Weib lebt höchstens in der Welt.
Nur schlimm, daß jeder seins für dieses einz'ge hält.

Lessing, Epigramme 41

Frauen feiern Ehegedenktage wie Regierungsjubiläen.

Wim Koester

Kann man Vertrauen zu einer Frau haben, die einen selber zum Mann nimmt?

Curt Götz

Eine Frau, die die Stellung ihres Mannes bei seinen Vorgesetzten festigt, festigt auch ihre eigene im Haus.

Otto Flake

Die erste Frau scheuert die Bank, die zweite setzt sich darauf.

Sprichwort

Ehekrise

Die Ehe ist ein Hafen im Sturm, öfters aber ein Sturm im Hafen.

Petit-Senn, Geistesfunken

Das Drama einer Ehe, das ist nicht die ganz große Erschütterung – das sind die vielen kleinen Irritationen, die sich summieren.

Liv Ullmann

Wenn die Frau die Tür schlägt und der Mann sie sacht schließt, gibt es, wenn nicht eine Musterehe, so doch eine erträgliche. Schlagen sie beide die Tür, so ist das freilich schon so etwas wie die „Hölle auf Erden". Schlägt der Mann sie und die Frau schließt sie sacht, dann ist's manchmal der Himmel, aber manchmal auch die Langeweile auf Erden.

Raabe, Gedanken und Einfälle

Bei Unverträglichkeit gedeiht kein Feu'r im Haus:
Der eine bläst es an, der andre bläst es aus.

Rückert, Die Weisheit des Brahmanen 6

Kein kluger Mann widerspricht seiner Frau. Er wartet, bis sie es selbst tut.

Humphrey Bogart

Im Ehestand muß man sich manchmal streiten; denn dadurch erfährt man was voneinander.

Goethe, Die Wahlverwandtschaften I, 2

Eine Ehe ohne die Würze kleiner Mißhelligkeiten wäre fast so etwas wie ein Gedicht ohne „r".

Lichtenberg, Aphorismen

Glück in der Ehe hängt weniger davon ab, ob ein Paar sich streitet, als davon, worum der Streit geht. Eine höflich geführte Auseinandersetzung über Geld ist häufig ein Anzeichen für eine schlechte Ehe, während ein heftiges Wortgefecht, welche Blumen neben die Rosen gepflanzt werden sollen, ein sicherer Beweis für eine glückliche Ehe ist.

Das Beste, Oktober 1955

Der Zank ist das Band vieler bürgerlichen Ehen.

Stendhal, Über die Liebe I, 39

Die einen verführen und lassen sitzen; die anderen heiraten und lassen liegen. Diese sind die Gewissenloseren.

Karl Kraus,
Sprüche und Widersprüche

Viel Frauen kastrieren ihre Ehemänner durch ständige Kritik und Herabsetzung.

George Belham

Wer die Einsamkeit fürchtet, sollte nicht heiraten.

Anton Tschechow

Manche Ehe ist ein Todesurteil, das jahrelang vollstreckt wird.

August Strindberg

Ich getraue mir zu behaupten, daß die Männer und nicht die Weiber an den meisten unglücklichen Ehen schuld sind.

Hippel, Über die Ehe IV

Ich hab es hier so gut bei dir gehabt, wie ein Mensch es sich nur wünschen kann. Aber ich kam nicht freiwillig in dein Haus. Das ist die Sache. (Ellida)

Ibsen, Die Meerfrau IV

Manche Frau weint, weil sie den Mann ihrer Träume nicht bekommen hat, und manche weint, weil sie ihn bekommen hat.

Annette Kolb

Was gewisse Ehen so kompliziert, ist, daß eine Frau heimlich ihren Mann doch liebt.

Ernst Freiherr von Feuchtersleben

Ehe ist, wenn man trotzdem liebt.

Sigismund von Radecki,
Als ob das immer so weiterginge...

Es gibt Eheleute, die ihr Glück auswärts suchen, und in ihrem Hause liegt es aufgebahrt, scheintot. Auferstehen würde es durch den Ruf eines einzigen liebevollen Wortes, aber dieses Wort wird nicht gesprochen.

Rosegger, Heimgärtners Tagebuch

Heute ist eine Ehe schon glücklich, wenn man dreimal die Scheidung verschiebt.

Danny Kaye

Was Männer und Frauen im Himmel tun, wissen wir nicht; sicher ist nur, daß sie sich nicht heiraten.

Jonathan Swift

Unbequem mag es manchmal sein, das glaub ich wohl, und das ist eben recht.

Sind wir nicht auch mit dem Gewissen verheiratet, das wir oft gerne los sein möchten, weil es unbequemer ist, als uns je ein Mann oder eine Frau werden könnte?

Goethe, Die Wahlverwandtschaften I, 9

Die erste Stelle im Paradiese werden diejenigen einnehmen, die sich in der Ehe getäuscht haben und doch ausharren.

Karl Gutzkow

Ehebruch

Das Hauptmotiv für den Ehebruch ist das Verlangen nach dem unverbindlichen, ja dem anonymen Urerlebnis.

Otto Flake

Die Ehemänner wollen nicht ausbrechen, sondern anschließen.

Sigmund Graff

Warum suchen wir das Vergnügen bei anderen Frauen? Weil die eigene nicht die Kunst versteht, sich zu erneuern.

Beaumarchais

Waren, die man aus der ersten Hand nicht haben kann, kauft man aus der zweiten – und solche Waren nicht selten aus der zweiten um soviel wohlfeiler. (Marinelli)

Lessing,
Emilia Galotti I, 6

Viele Ehen brauchen die Untreue, damit sie Bestand haben.

Alexander Comfort

Natürlich find ich's, daß die Frauen
Zorn ergreift,
wofern um andre Bräute buhlt der Ehgemahl. (Jason)

Euripides, Medea IV, 1

Sie äußerte oft, daß eine Frau, die das Hauswesen recht zusammenhalte, ihrem Manne jede kleine Phantasie nachsehen und seiner Rückkehr jederzeit gewiß sein könne.

Goethe, Wilhelm Meisters Lehrjahre VII, 6

An den Sünden der Frau ist der Mann nicht unschuldig.

Aus Italien

Entwöhne,
Geliebte, von dem Gatten dich
und unterscheide zwischen mir und ihm!
Sie schmerzt mich, diese schmähliche Verwechslung,
und der Gedanke ist mir unerträglich,
daß du den Laffen bloß empfangen hast,
der kalt ein Recht auf dich zu haben wähnt! (Jupiter)

Heinrich von Kleist, Amphitryon I, 4

Wenn eine Frau ihren Mann mit dessen bestem Freund betrügt, so beruht das hauptsächlich darauf, daß Männer selten ihre Feinde nach Hause mitbringen.

Marcello Mastroianni

Das Herz einer leichtlebigen Frau gleicht der Rose, von der jeder Liebhaber ein Blatt abreißt. Dem Gatten bleibt nur der Dorn.

Sophie Arnould

Die Frau:
Verschönern Sie, ich bitte, keinen Zug,
mein treues Bild nur wünsch' ich ganz allein.
Der Mann:
Die Ähnlichkeit, Herr Maler, ist genug,
sie treu zu malen wird unmöglich sein.

Castelli, Das Porträt

Willst du Treue, so vertrau'!
Dem Verrat kein Riegel wehrt.
Die du hüten mußt, die Frau,
ist des Hütens nicht mehr wert.

Anastasius Grün, Sprüche

Den Mann vielmehr beneid' ich, dem ein Freund
den Sold der Ehe vorschießt; alt wird er
und lebt das Leben aller seiner Kinder. (Merkur)

Heinrich von Kleist, Amphitryon I, 5

Es ist kein Kompliment für eine ungetreue Frau, wenn der Gatte glücklicher aussieht als der Liebhaber.

Chamfort

Wenn ich nochmal eine Frau entführen sollte, würde ich den Gatten mitnehmen.

Franz Liszt

Du sollst nicht ehebrechen, fuhr Mittler fort: Wie grob, wie unanständig! Klänge es nicht ganz anders, wenn es hieße: Du sollst Ehrfurcht haben vor der ehelichen Verbindung. Wo Du Gatten siehst, die sich lieben, sollst du dich darüber freuen und teil daran nehmen wie an dem Glück eines heitern Tages. Sollte sich irgend in ihrem Verhältnis etwas trüben, so sollst du suchen, es aufzuklären: Du sollst suchen, sie zu begütigen, sie zu besänftigen, ihnen ihre wechselseitigen Vorteile deutlich zu machen, und mit schöner Uneigennützigkeit das Wohl der andern fördern, indem du ihnen fühlbar machst, was für ein Glück aus jeder Pflicht und besonders aus dieser entspringt, welche Mann und Weib unauflöslich verbindet.

Goethe, Die Wahlverwandtschaften II, 18

Scheidung

Ruf sie zurück, mit ihr rufst du dein Glück.
Ein neues Band, es wär' ein neu Beginnen,
mit ihr nur setzest du dein Leben fort.
Und wie die Wunde, die, von kluger Hand
geschlossen, allgemach, verborgen heilt,
die abgerißnen Fäserchen sich suchen
und eigne Heilkraft, selbsterzeugte Säfte
hinüber und herüber Brücken baun,
bis selbst der Narbe letzte Spur verschwunden,
so wirst du stehen, ein gesunder Leib,
in deiner frühern Kraft und deiner Schöne.
Sag nicht, sie habe Fehler, dies und das.
Es ist das Weib vom Selbst des Manns ein Teil.
Und wer hat seinen Arm sich abgehauen,
weil er ihm nicht gefiel, den Fuß gekürzt,
weil er zu lang, das Auge ausgebohrt,
weil braun es war, nicht blau? Ertrag das Leichte,
damit dir jemand tragen hilft, was schwer!
Und findest du die Beste des Geschlechts,
kannst du ihr geben die Erinnerungen,
die jene mitträgt aus dem Lenz der Tage,
wo noch das Leben grün, die Wünsche biegsam,
von einem Schnitt der bittersüßen Neigung
sich Pfropfreis fügt und Stämmchen hold in eins,
zu eines Daseins ungeteilten Früchten?
Das Alter, Herr, ich seh's an meinem Ohm,
ist weis' und klug, die Jugend aber heilig;
erhalt sie in der Jugendfreundin dir!
(Esther)

Grillparzer, Esther II

Jahre, neben einem Menschen verbracht, kann man nicht wegwerfen. Das muß man wissen.

Walther von Hollander, Der Mensch über vierzig

Wir meinen, daß die katholische Kirche vollkommen im Recht ist, wenn sie ihren wahren Gliedern die Scheidung verbietet. Aber sie sollte nicht danach streben, eine solch schwere Bürde denen aufzuladen, die nicht in der Lage sind, all jener geistlichen Hilfen teilhaftig zu werden, die den wahrhaft Glaubenden zur Verfügung stehen.

Ignace Lepp, Psychoanalyse der Liebe

In Frankreich geht die Trennung von den Frauen aus, und das ist nicht zu verwundern, da sie wenig Temperament besitzen und nur Huldigungen verlangen. Werden ihnen diese von den Gatten nicht mehr zuteil, so kümmern sie sich wenig um seine Person. In anderen Ländern geht dagegen die Trennung vom Manne aus, und auch das kann nicht auffallen, weil die Frauen zwar treu, aber auch zudringlich sind und folglich, weil sie mit ihrem geschlechtlichen Verlangen lästig fallen, schließlich ermüden und Unlust erwecken.

Rousseau, Émile II, 5

Zählt man die Gründe auf, die zwei Menschen bewogen haben, die Ehe einzugehen, und hält man dagegen, womit sie ihre Scheidung begründen, so wird man staunen, wie vieles sich da deckt.

Verfasser unbekannt

Die Scheidung bringt den Frauen Schmach. (Medea)

Euripides, Medea 236

Trotz allem möchte ich die Männer, mit denen ich verheiratet war, wieder heiraten. Aber nicht in der gleichen Reihenfolge.

Mae West

Kinder

Vier Menschen sind tot bei lebendigem Leibe: Der Arme, der Blinde, der Aussätzige und der Kinderlose.

Talmud

Eine Ehe, in der Kinder nicht gewünscht oder nicht vermißt werden, ist ein Konkubinat.

Oswald Spengler, Gedanken, Streiflichter

Ein Mann ist entbehrlich, ein Kind nicht.

Juliette Gréco

Denn toten Manns Gedächtnis, in den Kindern lebt
es fort! Korkstücke tragen schwimmend so das Netz,
aus Meergrund treu bewahrend seines Fadens Zug. (Orestes)

Aischylos, Die Grabesspenderinnen 505

Für einen Vater, dessen Kind stirbt, stirbt die Zukunft. Für ein Kind, dessen Eltern sterben, stirbt die Vergangenheit.

Berthold Auerbach

Er war im Ernst der Meinung, daß es weniger schlecht sei, einen Menschen umzubringen, als einen zu erzeugen. Im ersten Falle nimmt man zwar ein Leben, aber kein ganzes, sondern nur die Hälfte oder ein Viertel oder ein Hundertstel jenes Daseins, das ohnehin, auch ohne Nachhilfe, zuendegehen würde. Aber ist man im zweiten Falle, so pflegte er zu sagen, nicht verantwortlich für alle Tränen, die der Gezeugte von der Wiege bis zum Grabe vergießen wird?

Flaubert, November

Wer Kinder hat, hat auch Segen.

Aus Kamerun

Nur durch der Jugend frisches Auge mag
das längst Bekannte neuerlebt uns rühren,
wenn das Erstaunen, das wir längst verschmäht,
von Kindes Munde hold uns widerklingt. (Herzog)

Goethe, Die natürliche Tochter III, 4

Bei Feldfrüchten hält man die des Nachbarn für die besten, bei Kindern die eigenen.

Aus China

Was sogar die Frauen an uns ungebildet zurücklassen, das bilden die Kinder aus, wenn wir uns mit ihnen abgeben.

Goethe, Wilhelm Meisters Lehrjahre VII, 7

Sparen und arbeiten muß freilich die Ordre du Jour sein, und in der Welt gibt es dazu für Menschen von Gefühl kein größeres Reizmittel als Kinder.

Lichtenberg, an Ludwig Christian Lichtenberg, 15. 6. 1795

Unsere Nachbarn, die Franken, in ihren früheren Zeiten
hielten auf Höflichkeit viel; sie war dem Edlen und Bürger
wie den Bauern gemein, und jeder empfahl sie den Seinen.
Und so brachten bei uns auf deutscher Seite gewöhnlich

auch die Kinder des Morgens mit Händeküssen und Knixchen
Segenswünsche den Eltern.

Goethe, Hermann und Dorothea 8

Die Kinder haben wie die Hunde einen so scharfen und feinen Geruch, daß sie alles entdecken und auswittern und das Schlimme vor allem anderen. Sie wissen auch immer ganz genau, wie dieser oder jener Hausfreund zu ihren Eltern steht.

Goethe, zu Soret 17. 3. 1830

Die Kinder haben, fuhr Wilhelm fort, in wohleingerichteten und geordneten Häusern eine Empfindung, wie ungefähr Ratten und Mäuse haben mögen: Sie sind aufmerksam auf alle Ritzen und Löcher, wo sie zu einem verbotenen Naschwerk gelangen können; sie genießen es mit einer solchen verstohlenen wollüstigen Furcht, die einen großen Teil des kindischen Glücks ausmacht.

Goethe, Wilhelm Meisters Lehrjahre I, 5

Du siehst es an den Schößlingen, ob die Mutterpflanze gut ist.

Bantuweisheit

Es ist die Strafe unserer eignen Jugendsünden, daß wir gegen die unserer Kinder nachsichtig sein müssen. (Ernst)

Hebbel, Agnes Bernauer III, 6

Kinder sind Schauspieler: Sie ahmen ihren Eltern nach – allen Versuchen zum Trotz, ihnen gute Manieren beizubringen.

Verfasser unbekannt

Kann wohl ein Kind empfinden, wie den Vater
die Sorge möglichen Verlustes quält?
(Herzog)

Goethe, Die natürliche Tochter I, 6

Der Vater ernährt eher zehn Kinder als zehn Kinder einen Vater.

Sprichwort

Die Undankbarkeit unserer Kinder erinnert uns an die Liebe unserer Eltern.

Aus den USA

In Deutschland wird die Verfügungsgewalt über das Kind mit der gleichen Rücksichtslosigkeit ausgeübt, die man auch sonst Minoritäten gegenüber für angebracht hält.

Alexander Mitscherlich,
Von der Unwirtlichkeit unserer Städte

Erst bei den Enkeln ist man dann so weit, daß man die Kinder ungefähr verstehen kann.

Erich Kästner

Sohn

Wie schön ist es und herrlich, Hand in Hand
mit einem teuern, vielgeliebten Sohn
der Jugend Rosenbahn zurückzueilen,
des Lebens Traum noch einmal durchzuträumen. (Karlos)

Schiller, Don Karlos II, 2

Wenn dein Sohn groß wird, mache deinen Bruder daraus.

Aus Arabien

Wie der Acker, so die Ruben,
wie der Vater, so die Buben.

Sprichwort

Was der Vater schwieg, das kommt im Sohne zum Reden, und oft fand ich den Sohn als des Vaters entblößtes Geheimnis.

Nietzsche, Zarathustra II

Schwerlich
wird mich des herzlichsten Wunsches Erfüllung jemals erfreuen,
daß der Sohn dem Vater nicht gleich sei, sondern ein Beßrer.

Goethe, Hermann und Dorothea 3

Die Zeit rückt fort und in ihr Gesinnungen, Meinungen, Vorurteile und Liebhabereien. Fällt die Jugend eines Sohnes gerade in die Zeit der Umwendung, so kann man versichert sein, daß er mit seinem Vater nichts gemein haben wird.

Goethe, Die Wahlverwandtschaften II, 8

Und wer, wenn noch so stumpf,
erfreute sich an seinem Kinde nicht,
wenn es einhergeht auf der Hoheit Spuren? (Vater)

Grillparzer,
Des Meeres und der Liebe Wellen I

Keine Übereilung, mein Vater! Wenn Sie sich selbst lieben, keine Gewalttätigkeit! Es gibt eine Gegend in meinem Herzen, worin das Wort Vater noch nie gehört worden ist. Dringen Sie nicht bis in diese! (Ferdinand)

Schiller, Kabale und Liebe II, 6

Ich weiß ja nicht, was Vater heißt – ich bin
ein Königssohn. (Karlos)

Schiller, Don Karlos I, 2

Gewöhnlich zerstreut der Sohn, was der Vater gesammelt hat, sammelt etwas anderes oder auf andere Weise. Kann man jedoch den Enkel, die neue Generation abwarten, so kommen dieselben Neigungen, dieselben Ansichten wieder zum Vorschein.

Goethe,
Wilhelm Meisters Wanderjahre I, 12

Tochter

Für einen greisen Vater gibt's
nichts Holderes als eine Tochter. Höher zwar
ist Knabensinn, doch minder hold zu Zärtlichkeit. (Iphis)

Euripides, Die Schutzflehenden 119

Ein übertriebenes Vertrauensverhältnis zwischen Mutter und Tochter läßt darauf schließen, daß sie zum mindesten einen Mann an der Nase herumgeführt haben.

Hans Arndt, Im Visier, Frauen

Eine Mutter, die sich nicht in jeder Ballsaison mit ihrer Tochter entzweit, empfindet für diese keine wirkliche Zuneigung.

Oscar Wilde

Wem der Teufel ein Ei in die Wirtschaft gelegt hat, dem wird eine hübsche Tochter geboren. (Miller)

Schiller, Kabale und Liebe II, 4

„Seid lustig, seid lustig," sprach Marcus, „ihr Kinder!
Seid lustig, wie ich, euer Vater, nicht minder!"
„Ei Vater, ei wisset, das beste Gelächter
ist, daß Ihr uns Männer gebt", sprachen die Töchter.

Logau, Von des Marci Töchtern

Eine Tochter ist für einen Vater ein beunruhigender Schatz. Aus Besorgnis für sie findet er nachts keinen Schlaf: Solange sie klein ist, daß sie nicht verführt werde; wenn sie erwachsen ist, daß sie nicht verhure; wenn sie mannbar ist, daß sie nicht sitzenbleibe; wenn sie alt ist, daß sie nicht Zauberei treibe.

Babylonischer Talmud, Sanhedrin

Halse deine Tochter einem Manne auf und befreie dich von einer großen Plage.

Buch des Kabus 27

Eltern

Man muß vergessen,
daß Mühe für die Eltern Mühe ist. (Ismene)

Sophokles, Ödipus in Kolonos 501

Eltern verzeihen ihren Kindern die Fehler am schwersten, die sie selbst ihnen anerzogen haben.

Ebner-Eschenbach, Aphorismen

Ich behaupte immer, eine schlechte Ehe sei für Kinder, insbesondere für Einzelkinder, vorzuziehen. Die Verschwörung eines sich immer einigen Ehepaares macht das Kind klein und hilflos, macht, daß es sich vor Eifersucht verzehrt.

Marie Luise Kaschnitz

Es ist bloß ein Dünkel der Eltern, versetzte Eduard, wenn sie sich einbilden, daß ihr Dasein für die Kinder so nötig sei. Alles, was lebt, findet Nahrung und Beihilfe, und wenn der Sohn, nach dem frühen Tode des Vaters, keine so bequeme, so begünstigte Jugend hat, so gewinnt er vielleicht eben deswegen an schnellerer Bildung für die Welt.

Goethe, Die Wahlverwandtschaften II, 12

Eure Kinder zu bilden bemüht Ihr
Euch, Eltern, vergeblich,
wenn Ihr nicht auch den Staat bildet,
der sie empfängt.

Puntsch, Halbe Sache

Mutter

O Mutter, halte dein Kindlein warm,
die Welt ist kalt und helle,
und trag es fromm in deinem Arm
an deines Herzens Schwelle.

Clemens Brentano,
Aus der Chronika eines fahrenden Schülers

Mit der Mutter und ihren Söhnen
krönt sich die herrlich vollendete Welt.
Selber die Kirche, die göttliche, stellt nicht
Schöneres dar auf dem himmlischen Thron;
Höheres bildet selber die Kunst nicht,
die göttlich geborne,
als die Mutter mit ihrem Sohn.

Schiller, Die Braut von Messina I, 3

Es ist nichts reizender, als eine Mutter zu sehen mit einem Kinde auf dem Arme, und nichts ehrwürdiger, als eine Mutter unter vielen Kindern.

Goethe, Wilhelm Meisters Lehrjahre VII, 7

Jedes, auch das verächtlichste Tier, sobald es mir als aufmerksame Mutter erscheint, ist mir gleich so achtungswürdig.

Johann Jakob Engel,
Der Philosoph für die Welt I, 15

Die erste Erziehung ist am wichtigsten, und diese erste Erziehung gebührt unstreitig den Frauen. Wenn der Schöpfer der Natur gewollt hätte, daß sie den

Männern zukäme, würde er ihnen Milch zur Ernährung der Kinder gegeben haben.

Rousseau, Émile I

Die Natur hat das Weib unmittelbar zur Mutter bestimmt, zur Gattin bloß mittelbar.

Jean Paul, Levana 2, 4, 3

Der gemeine Mann nennt sein Weib, sobald sie ihm mehr als ein Kind geschenkt hat, „Mutter". Dieser Titel gilt ihm mehr als Weib.

Hippel, Über die Ehe I

Der Name Mutter ist süß; aber „Frau Mutter" ist wahrer Honig mit Zitronensaft.

Lessing, Hamburgische Dramaturgie 20

Es ist die Mutter dessen, den ihr Kind sie nennt,
nicht Zeugerin, nur Pfleg'rin eingesäten Keims.
Es zeugt der Vater, aber sie bewahrt das Pfand,
dem Freund die Freundin. (Apollon)

Aischylos, Die Eumeniden 658

Ein schlechter Ehemann ist zuweilen ein guter Vater, aber eine schlechte Gattin ist nie eine gute Mutter.

Aus China

Die Erinnerung an meine Mutter und ihre Tugend ist bei mir gleichsam zum Kordial geworden, das ich immer mit dem besten Erfolg nehme, wenn ich irgend zum Bösen wankend werde.

Lichtenberg

Wenn man der unbestrittene Liebling der Mutter gewesen ist, so behält man fürs Leben jenes Eroberergefühl, jene Zuversicht des Erfolges, welche nicht selten wirklich den Erfolg nach sich zieht.

Sigmund Freud

Wer nicht gelächelt der Mutter,
den nicht würdigt des Tisches der Gott, des Lagers die Göttin.

Vergil, Vierte Ekloge

Die Trauer der Braut drei Wochen war,
die Trauer der Schwester, die war drei Jahr';
die Mutter hat der Trauer gepflegt,
bis müde sie selbst ins Grab sich gelegt.

Chamisso, Der Sohn der Witwe

An verblendeter Mutterliebe sind mehr Menschen zugrundegegangen als an der gefährlichsten Kinderkrankheit.

Leixner, Aus meinem Zettelkasten, Erziehung und Selbsterziehung

Vor allen sind in Ehren hochzuhalten
Stiefmütter, die als zweite Mütter walten.

Daniel Sanders,
366 Sprüche, Stiefmütter

Der darf fürwahr der Göttergunst sich rühmen,
dem in der zweiten Gattin sie die Mutter
für einer Ersten Kinder zugeführt.

Ernst Raupach, Themisto I, 1

Vater

Der Kinder Ehre sind ihre Väter.

Sprüche Salomos 17, 6

Wer seinen Vater ehret, der wird auch Freude an seinen Kindern haben.

Jesus Sirach 3, 6

Ein Vater allein fühlt den Respekt, den man einem Vater schuldig ist.

Goethe,
Wilhelm Meisters Wanderjahre I, 9

Ein Vater soll zu Gott an jedem Tage beten:
Herr, lehre mich dein Amt beim Kinde recht vertreten!

Rückert

Wer eine Stiefmutter hat, hat auch einen Stiefvater.

Sprichwort

Vergleiche doch die jugendliche Glut,
die selbstischen Besitz verzehrend hascht,
nicht dem Gefühl des Vaters, der entzückt,
in heilgem Anschaun stille hingegeben,
sich an Entwicklung wunderbarer Kräfte,
sich an der Bildung Riesenschritten freut.
Der Liebe Sehnsucht fordert Gegenwart;
doch Zukunft ist des Vaters Eigentum.
Dort liegen seiner Hoffnung weite Felder,
dort seiner Saaten keimender Genuß.
(Herzog)

Goethe,
Die natürliche Tochter III, 2

Wie die Mutter die eigentliche Amme ist, so ist der Vater der eigentliche Lehrer. Ein Kind wird von einem vernünftigen, wenn auch, was die Kenntnisse betrifft, etwas beschränkten Vater besser als von dem geschicktesten Lehrer der Welt erzogen werden.

Rousseau, Émile I, I

Muß ich doch heute erfahren, was jedem Vater gedroht ist:
Daß den Willen des Sohns, den heftigen, gerne die Mutter
allzugelind begünstigt.

Goethe, Hermann und Dorothea 5

Der Helden Söhne werden Taugenichtse.

Goethe, Wilhelm Meisters Wanderjahre I, 11

Ein Vater bleibt auch Vater noch im Strafen. (Oenone)

Schiller, Phädra III, 3

Mit Vorliebe behaupten überbürdete Männer der Geschäftswelt, sie hätten sich ihr Lebtag nur deshalb abgerakkert, damit ihre Kinder es einmal recht gut hätten. Denen aber wäre es viel lieber, der Vater gäbe ihnen bei Lebzeiten dann und wann einmal einen Zehnmarkschein und ein freundliches Wort, statt ihnen nach seinem Tod ein Vermögen zu hinterlassen. Zudem fühlen die Kinder ganz richtig heraus, daß der Vater seinen Geschäften nachgeht, weil er nicht anders kann und durchaus nicht aus elterlicher Liebe zu ihnen. Der Sohn ist daher ebenso durchdrungen davon, daß sein Vater ein leerer Schwätzer, wie der Vater, daß sein Sohn ein Nichtsnutz ist.

Bertrand Russell, Marriage and Morals 14

Und so wuchs ich heran, um viel vom Vater zu dulden,
der statt anderer mich gar oft mit Worten herum nahm,
wenn bei Rat ihm Verdruß in der letzten Sitzung erregt ward;
und ich büßte den Streit und die Ränke seiner Kollegen.

Goethe, Hermann und Dorothea 4

Es gibt Väter, deren ganzes Leben damit erfüllt ist, ihren Kindern Gründe zu verschaffen, sich über ihren Tod zu trösten.

La Bruyère, Charaktere XI

Die strengsten Richter eines Mannes sind seine Kinder.

Thornton Wilder, Der achte Schöpfungstag, St. Kitts

Wie die Väter meist sind, ist es selten ein Unglück, keinen Vater zu haben, und betrachtet man die allgemeine Beschaffenheit der Söhne, so ist es ebenso selten ein Unglück, ohne Kinder zu sein.

Chesterfield, Briefe an seinen Sohn, 18. 7. 1751

Wenn man keinen guten Vater hat, so soll man sich einen anschaffen.

Nietzsche, Menschliches Allzumenschliches I, 381

Macht denn nur das Blut den Vater? (Recha)

Lessing, Nathan der Weise V, 7

Nicht Fleisch und Blut, das Herz macht uns zu Vätern und Söhnen. Liebt Ihr ihn nicht mehr, so ist diese Abart auch Euer Sohn nicht mehr. (Franz)

Schiller, Die Räuber I, 1

Nicht wissen, wen man zum Vater hat, ist ein Mittel gegen die Furcht, ihm ähnlich zu sein.

Gide, Falschmünzer I, 1

Die Vaterschaft beruht überhaupt nur auf der Überzeugung.

Goethe, Wilhelm Meisters Lehrjahre VIII, 6

So lange war ich Vater und mußte erst kinderlos werden, um zu wissen, was ein Vater ist.

Leisewitz, Julius von Tarent V, 2

Mit dem Gefühl des Vaters hatte er auch alle Tugenden eines Bürgers erworben.

Goethe, Wilhelm Meisters Lehrjahre VIII, 1

Familie

Die Familie ist die älteste aller Gemeinschaften und die einzige natürliche.

Rousseau, Der Gesellschaftsvertrag I, Über die ersten Gemeinschaften

Wenn alle Bande sich auflösen, wird man zu den häuslichen zurückgewiesen.

Goethe, an Karl August, 25. 12. 1806

Denn zu Zeiten der Not bedarf man seiner Verwandten.

Goethe, Reineke Fuchs XI, 210

Das Wort „Familienbande“ hat einen Beigeschmack von Wahrheit.

Karl Kraus

Die Familie ist ein steuerlich begünstigter Kleinbetrieb zur Fertigung von Steuerzahlern.

Wolfram Weidner

Nur um eine liebende Frau her kann sich eine Familie bilden.

Friedrich Schlegel, Athenaeum 1798

Die Familie ist das Vaterland des Herzens.

Guiseppe Mazzini

Ein Bruder ist wie eine Schulter.

Aus Somalia

Die Neigung gibt
den Freund, es gibt der Vorteil den Gefährten;
wohl dem, dem die Geburt den Bruder gab!
Ihn kann das Glück nicht geben. Anerschaffen
ist ihm der Freund. (Isabella)

Schiller, Die Braut von Messina I, 4

Eltern, Lehrer und Diener haben die törichte Gewohnheit, zwischen Brüdern während der Kinderzeit einen Wetteifer zu erzeugen und zu nähren, der oft in Zwietracht ausartet, wenn sie herangewachsen sind.

Bacon, Essays 7

Soll ich meines Bruders Hüter sein?

1. Moses 4, 9

Wie unglückbringend, liebe Mutter,
ist Feindschaft zwischen Brüdern, und wie schwer
hält die Versöhnung. (Polynices)

Schiller, Szenen aus den Phönizierinnen des Euripides

Die Schwiegermutter ist gegen die Schwiegertochter und die Schwiegertochter gegen die Schwiegermutter zum Verdacht geneigt.

Aus Arabien

Familiensinn ist relativ. In Italien ist der angeheiratete Neffe eines armen Großonkels noch ein lieber Verwandter, in Amerika ist die Schwiegertochter eines Millionärs bereits eine Fremde.

Roberto Rossellini

Verwandte sind selten mehr als Bekannte.

Kotzebue

Entfernte Verwandte haben eine merkwürdige Eigenschaft: Je reicher sie werden, desto entfernter werden sie.

Robert Rocca

Wenn Verwandte
ums Mein und Dein gefühllos hadern, trifft
den Fremden, der sich eingemischt, der Haß
von beiden Teilen. (Gouverneur)

Goethe, Die natürliche Tochter V, 2

Das Schicksal des Staates hängt vom Zustand der Familien ab.

Alexander Vinet, Die Erziehung

Vorfahren

Wohl dem, der seiner Väter gern gedenkt,
der froh von ihren Taten, ihrer Größe
den Hörer unterhält und, still sich freuend,
ans Ende dieser schönen Reihe sich
geschlossen sieht! Denn es erzeugt nicht gleich
ein Haus den Halbgott, noch das Ungeheuer:
Erst eine Reihe Böser oder Guter
bringt endlich das Entsetzen, bringt die Freude
der Welt hervor. (Iphigenie)

Goethe, Iphigenie I, 3

Adel ist eine Würde, die auf der Vermutung beruht, daß wir edel handeln, weil es unsere Vorfahren taten.

Joseph Joubert

Wahren Adel verleiht uns nicht eine Vorhalle mit rauchgeschwärzten Bildern unserer Vorfahren. Niemand hat zu unserem Ruhme gelebt.

Seneca, an Lucilius

Mit ihren Vorfahren prahlen am meisten diejenigen, die ihrer am wenigsten würdig sind.

Aus Dänemark

»Ich bin aus sehr großem Stamm und sehr altem Blut geboren.«
Recht, es ist kein Blut so alt und so mächtig als der Toren.

Andreas Gryphius, An Flaccum

Es gibt Leute, welche den Vogel ganz genau zu kennen glauben, weil sie das Ei gesehen haben, woraus er hervorgekrochen ist.

Heine, Aphorismen und Fragmente

Es macht die Geburt uns weder edel noch gut, noch kann sie zur Schande gereichen.
Aber Tugend und Laster, sie unterscheiden die Menschen.

Goethe, Reineke Fuchs 8

Dienstpersonal

Unsere Dienstboten sind nicht Seelen, mit denen wir uns vorübergehend vereinigen, um es bequemer zu haben, sondern solche, denen wir, wenn irgend möglich, noch mehr und besser dienen sollen als sie uns. Nicht umsonst und ohne Sinn muß die eine Seele noch äußerlich dienen, während die andere schon mehr innerlich dienen kann und darf. Sie muß noch grobe Arbeit verrichten und hat noch wenig Einsicht in den Sinn der Verschiedenheit aller Lebensverhältnisse; wir aber sind zur Feinarbeit – auch an ihnen – verpflichtet; wir wissen schon mehr vom Sinn des Lebens und müssen sie darum mit soviel Weisheit und Liebe behandeln, wie uns nur immer möglich ist.

Morgenstern, Stufen,
Politisches, 1912

Laß dir den Menschen Mensch sein,
und den Diener
acht als ein Spargut für die Zeit der
Not. (Bancbanus)

Grillparzer,
Ein treuer Diener seines Herrn V

Einige Zierde verlangt der gute Vater
im Leben,
wünschet äußere Zeichen der Liebe,
sowie der Verehrung,
und er würde vielleicht vom schlechteren Diener befriedigt,
der dies wüßte zu nutzen, und würde
dem besseren gram sein.

Goethe, Hermann und Dorothea 8

Durch fortdauernde Anhänglichkeit und Liebe wird der Diener seinem Herrn gleich.

Goethe,
Wilhelm Meisters Lehrjahre IV, 2

Wer einen treuen Diener hat, der hat einen Schatz im Hause.

Sprichwort

Der ist wahrlich zu beklagen,
der zum Diener ward verdammt:
Mag man noch so Kluges sagen,
hat der Herr allein Verstand. (Troll)

Grillparzer, Melusina I

Sind doch nicht das Schwerste des
Diensts die ermüdenden Wege,
nicht der bittere Schweiß der ewig
drängenden Arbeit;
denn mit dem Knechte zugleich bemüht sich der tätige Freie:
Aber zu dulden die Laune des Herrn,
wenn er ungerecht tadelt
oder dieses und jenes begehrt, mit sich
selber im Zwiespalt,
und die Heftigkeit noch der Frauen,
die leicht sich erzürnet,
mit der Kinder roher und übermütiger
Unart –
das ist schwer zu ertragen.

Goethe,
Hermann und Dorothea 9

Die Prügel, die ein Bedienter von seinem Herrn bekommt, gehören nicht in das Recht der Natur, sondern in das bürgerliche Recht. Wenn sich ein Bedienter vermietet, so vermietet er auch seinen Buckel mit. (Damis)

Lessing, Der junge Gelehrte II, 4

Euch Bedienten, deren Herrschaften auf dem Lande wohnen, gebe ich den guten Rat, daß, wenn ihr von fremden Besuchern Trinkgelder haben wollt – ohne welche ein Bedienter wohl nicht leben kann –, ihr euch allezeit, wenn der Besuch sich wieder empfiehlt, in zwei Reihen hinstellt, so daß er schlechterdings zwischen euch hindurchpassieren muß. Er müßte äußerst unverschämt sein oder weniger Geld als üblich bei sich haben, wenn er alsdann einem von euch entwischen sollte.

Swift, Klugheitsregeln für Befehlende und Dienende 30

Der ist der wirkliche Amphitryon,
bei dem zu Mittag jetzt gegessen wird.
(Sosias)

Heinrich von Kleist, Amphitryon III, 5

Die neuen Diener können gar viel:
Sie treffen zehn Kegel in jedem Spiel.

Wilhelm Müller, Epigramme, Neue Diener

Im Essen bist du schnell,
im Gehen bist du faul.
Iß mit den Füßen, Freund,
und nimm zum Gehn das Maul.

Lessing, Auf einen unnützen Bedienten

Aber du hast gewiß auch erfahren, wie sehr das Gesinde
bald durch Leichtsinn und bald durch Untreu plaget die Hausfrau,
immer sie nötigt zu wechseln und Fehler um Fehler zu tauschen.

Goethe, Hermann und Dorothea 7

Im Dienste deines Herrn berufe
dich auf getane Dienste nicht!
Sei still und tu auf jeder Stufe
von neuem immer deine Pflicht.

Rückert, Erbauliches und Beschauliches aus dem Morgenlande II

Man muß der Unehrlichkeit oder Unvorsichtigkeit seines Bedienten immer ein wenig Spielraum lassen.

Montaigne, Essais III, 9

Ledige

Und so sprech' ich es aus, daß Sterbliche, die
nie Ehe gekannt, nie Kinder begehrt,
weit glücklicher sind. (Chor)

Euripides, Medea 1090

Eh in das offne Grab
mich stürzen als in eines Mannes Arme! (Turandot)

Schiller, Turandot III, 2

Frei nur will ich leben;
bloß keines andern will ich sein; dies Recht,
das auch dem Allerniedrigsten der Menschen
im Leib der Mutter anerschaffen ist,
will ich behaupten, eines Kaisers Tochter.
Ich sehe durch ganz Asien das Weib
erniedrigt und zum Sklavenjoch verdammt,
und rächen will ich mein beleidigtes Geschlecht
an diesem stolzen Männervolke, dem
kein andrer Vorzug vor dem zärtern Weibe
als rohe Stärke ward. (Turandot)

Schiller, Turandot II, 4

Ich will nun einmal von dem Mann nichts wissen,
ich haß' ihn, ich verachte seinen Stolz
und Übermut. Nach allem Köstlichen
streckt er begehrlich seine Hände aus;
was seinem Sinn gefällt, will er besitzen.
Hat die Natur mit Reizen mich geschmückt,
mit Geist begabt – warum ist's denn das Los
des Edlen in der Welt, daß es allein
des Jägers wilde Jagd nur reizt, wenn das Gemeine
in seinem Unwert ruhig sich verbirgt?
Muß denn die Schönheit eine Beute sein
für einen? Sie ist frei so wie die Sonne,
die allbeglückend herrliche am Himmel. (Turandot)

Schiller, Turandot II, 4

Heil, wer die Grabschrift sich erwarb:
„Er lebte, nahm kein Weib und starb."

Friedrich Haug, Ausruf eines Ehemanns

Das ist der Vorteil
von uns verrufnen hagestolzen Leuten,
daß wir, was andre knapp und kummervoll
mit Weib und Kindern täglich teilen müssen,
mit einem Freunde zur gelegnen Stunde
vollauf genießen. (Adam)

Kleist, Der zerbrochene Krug 10

Junggesellen sind für Frauen so etwas wie Feldherren, die noch keine Schlacht verloren haben.

Maurice Chevalier

Ein rechtes Weib schafft dir Bequemlichkeit,
ein kluges Weib vertreibt die lange Zeit,
ein Weib von hohem Rang und vielen Ahnen
kann uns den Weg zum Ehrentempel bahnen.
Die Vorteil, ich gestehs, sind Vorteil in der Tat,
doch lange nicht so groß, als wenn man keines hat.

Barthold Heinrich Brockes, Die Frau

Man hat immer etwas Nötigeres zu tun, als sich zu verheiraten.

Nietzsche, Unschuld des Werdens I

Man soll immer von Liebesgedanken erfüllt sein. Dies ist der Grund, warum man nicht heiraten sollte.

Oscar Wilde

Das ist der Weisheit Quintessenz,
die viele zu freien hindert:
Die Schönheit dauert einen Lenz,
die Dummheit überwintert.

Rudolf Presber

Schwerlich hat je ein Mann bereut, irgendeine Frau nicht geheiratet zu haben.

Jean Paul

Der Zölibat hat seine Annehmlichkeiten, solange man jung ist.

Johann Heinrich Kant,
an seinen Bruder Immanuel, 13. 5. 1775

Ohne Zweifel sind die besten und für das Gemeinwohl verdienstvollsten Werke von ledigen oder kinderlosen Männern vollbracht worden.

Bacon, Essays 8

Viele Hagestolze waren und sind die sichersten Freunde und Nachbarn, die besten Herren und Diener, und wem fiele nicht Jesus ein, Plato und Aristoteles, Rousseau und Voltaire und die obengenannten drei Heroen (Newton, Leibniz, Kant)? Wer zählte nicht unter seinen eigenen Bekannten Wohltäter im Stillen? Ich selbst kannte mehr als einen unverheirateten Staatsdiener von höchster Uneigennützigkeit, während verheiratete nicht genug für die ganze Sippschaft zusammenraffen konnten.

Karl Julius Weber, Demokritos II, 4

Man ist denn doch nur ein vagierender Räuber und Spitzbube, wenn man das dreißigste Jahr überschritten hat, ohne verheiratet zu sein.

Grillparzer, Tagebuchblätter, 9. 8. 1830

Junggesellen sind Männer, die sich zuallererst über den Notausgang informieren.

Richard Attenborough

Ein Junggeselle ist ein Mann, der erst heiratet, wenn er eine Frau findet, die ihn so liebt, wie er sich selbst liebt.

Verfasser unbekannt

Ist wohl der ein würdiger Mann, der,
im Glück und im Unglück,
sich nur allein bedenkt und Leiden und
Freuden zu teilen
nicht verstehet?

Goethe, Hermann und Dorothea 2

Wer sich hat vorgenommen,
der Heirat zu entkommen,
der siehet würdig nicht
der Sonne güldnes Licht.

Simon Dach, Hochzeitslied

Zur Hölle, in den tiefsten Schlund
hinab
mit diesen Ungeheuern der Natur,
die kalt und herzlos nur sich selber
lieben! (Kalaf)

Schiller, Turandot I, 1

Wer unverehelicht bleibt, verdient nicht den Namen Mensch; denn es heißt: Mann und Weib schuf er sie, und er nannte ihren Namen Mensch.

Talmud

Witwe

Der Unterschied zwischen Witwe und Strohwitwe: Die eine weiß, wo ihr Mann liegt.

Markus M. Ronner

Eine Witwe versäumt keinen Tanz.

Aus Afrika

Es ist nicht schwer, die Netze einer Witwe zu zerreißen.

Aus Nigeria

XXXVI. Kapitel

Nation
Vaterland
Heimat
Staat
Staatshaushalt
Gesellschaftsordnung
Monarchie
Diktatur
Demokratie
Partei
Macht
Obrigkeit
Regierung
Staatsmann
Politiker
Diplomat
Staatsdiener
Bürger
Politik
Menschenführung
Gehorsam
Opposition
Öffentliche Meinung
Presse
Revolution
Entmachtung

Nation

Die Nation ist ein sich täglich wiederholendes Plebiszit.

Ernest Renan, Was ist eine Nation?

So viel ist gewiß, daß außer dem Angeborenen der Rasse sowohl Boden und Klima als Nahrung und Beschäftigung einwirkt, um den Charakter eines Volkes zu vollenden. Auch ist zu bedenken, daß die frühesten Stämme meistenteils von einem Boden Besitz nahmen, wo es ihnen gefiel und wo also die Gegend mit dem angeborenen Charakter der Menschen bereits in Harmonie stand.

Goethe,
zu Eckermann, 2. 4. 1829

Ein großes Volk sowie ein selbständiger Staat wird nicht allein daran erkannt, daß es seine Feinde an den Grenzen abzuwehren wisse. Die Bedingung seiner Existenz ist, daß es dem menschlichen Geiste einen neuen Ausdruck erschaffe, ihn in neuen eigenen Formen ausspreche.

Ranke, Frankreich und Deutschland

Ein kleiner Staat muß heute eine moralische Macht sein, wenn er das Recht zum Fortbestand besitzen will.

Hilty,
Politisches Jahrbuch der Schweizerischen Eidgenossenschaft 1909

Das Volk ist das Herz des Landes; man darf es nur rühren, und es quellen Schätze von Uneigennützigkeit, Ergebung und Mut hervor.

Lamartine, Revolution von 1848

Auch für Völker bleibt die Gärtnerregel bewährt, daß man Bäume, wenn sie nicht blühen wollen, durch starke Verletzungen zum Blühen nötigen kann.

Jean Paul,
Politische Fastenpredigten während Deutschlands Marterwoche

Was die Völker groß macht, sind in erster Linie nicht ihre großen Männer. Es ist die Höhe des Mittelmäßigen.

Ortega y Gasset,
Triumph des Augenblicks – Glanz der Dauer

Ein Volk, in so viel Häuptern rings versammelt,
bleibt einem Meere gleich, wenn es auch ruht,
und immer rauschet seiner Wellen Schlag. (Helena)

Heinrich von Kleist, Robert Guiskard 3

Die Erde ist lange verlost. Schlechte Plätze brauchen kluge Völker.

Hans Kasper,
Abel, gib acht; Das kluge kleine Land

Das Volk ist der Tugend fähig, aber nicht der Weisheit.

Joubert

Unsinn und Wut
durchflammt ein Volk weit eh'r als
Lieb' und Freude. (Polymetis)

Goethe, Elpenor II, 2

Man verdirbt das Volk niemals, aber man täuscht es oft, und allein dann scheint es zu wollen, was schlecht ist.

Rousseau,
Der Gesellschaftsvertrag II,
Ob der Gemeinwille irren kann

Es ist kein Ausdruck im letzten Jahre mehr mißbraucht worden als das Wort „Volk". Jeder hat das darunter verstanden, was gerade in seinen Kram paßte, gewöhnlich einen beliebigen Haufen von Individuen, die es ihm gelungen war, für seine Ansicht zu gewinnen.

Bismarck,
im preußischen Landtag, 21. 3. 1849

Das Volk! Das sind die vielen leeren Nullen,
die gern sich beisetzt, wer sich fühlt als Zahl,
doch wegstreicht, kommt's zum Teilen. (Kaiser Rudolf)

Grillparzer,
Ein Bruderzwist in Habsburg III, 1

Das Volk hat keine politische Einsicht, aber ein dunkles politisches Gefühl.

Lamartine, Die Revolution von 1848

Das Volk ist derjenige Teil des Staates, der nicht weiß, was er will.

Hegel

Das Volk ist immer zu rasch oder zu langsam. Zuweilen wirft es mit hunderttausend Armen alles über den Haufen, und zuweilen kriecht es mit hunderttausend Beinen.

Montesquieu, Geist der Gesetze II, 2

Es kann das Volk sein eigener Tyrann sein und ist es oft gewesen.

Börne,
Kritiken, Nouvelles lettres provinciales

Jedes Volk hat die naive Auffassung, Gottes bester Einfall zu sein.

Theodor Heuss

Die Deutschen arbeiten an ihrer Nationalität, kommen aber damit zu spät. Wenn sie dieselbe fertig haben, wird das Nationalitätswesen in der Welt aufgehört haben, und sie werden auch ihre Nationalität gleich wieder aufgeben müssen, ohne, wie Franzosen oder Briten, Nutzen davon gezogen zu haben.

Heine, Aphorismen und Fragmente

Wenn man in neuester Zeit gar so viel Wesens von der Bewahrung der Nationalitäten macht, so sollte man bedenken, daß, was die Nationen voneinander unterscheidet, mehr ihre Fehler als ihre Vorzüge sind.

Grillparzer, Aphorismen, 1838

Jede Nation ist im Ausland hauptsächlich durch ihre Untugenden bekannt.

Joseph Conrad

Keine Nation der Erde wird geliebt. Man liebt Individuen. Man liebt eine Landschaft. Man liebt Musik. Aber man liebt nicht Kollektive.

William S. Schlamm

Was ist Nationalismus? Das ist ein Patriotismus, der seine Vornehmheit verloren hat.

Albert Schweitzer

Eine der großen Attraktionen des Patriotismus: Er erfüllt unsere übelsten Wünsche. In der Person unserer Nation sind wir imstande, durch einen Stellvertreter zu tyrannisieren und zu betrügen. Und dies obendrein mit einem Gefühl, daß wir im Tiefsten tugendhaft sind.

Aldous Huxley, Geblendet in Gaza

Der Nationalismus, das ist die Liebe, die mich mit den Dummköpfen meines Landes verbindet, mit den Beleidigern meiner Sitten und mit den Schändern meiner Sprache.

Karl Kraus,
Sprüche und Widersprüche

Von allen Ursachen des Nationalhasses ist die Unwissenheit die mächtigste. Wenn der Verkehr zunimmt, nimmt die Unwissenheit ab, und so vermindert sich der Haß.

Buckle,
Geschichte der Zivilisation 4

Es ist mit dem Nationalhaß ein eigenes Ding. Auf den untersten Stufen der Kultur werden Sie ihn immer am stärksten und heftigsten finden. Es gibt aber eine Stufe, wo er ganz verschwindet und wo man gewissermaßen über den Nationen steht und man ein Glück oder ein Wehe seines Nachbarvolkes empfindet, als wäre es dem eigenen begegnet.

Goethe,
zu Eckermann, 14. 3. 1830

Große Völker vergessen Leiden, nicht aber Demütigungen.

Winston Churchill

Die UNO wurde nicht gegründet, um uns den Himmel zu bringen, sondern um uns vor der Hölle zu bewahren.

Winston Churchill

Vaterland

Bereits mit der Geburt geht man seinem Vaterlande gegenüber eine Schuld ein, von der man sich niemals ganz befreien kann.

Montesquieu, Vom Geist der Gesetze

Ich bin mit Rußland durch Geburt, Leben und Arbeit verbunden. Ich kann mir mein Schicksal ohne es und getrennt von ihm nicht vorstellen. Die Ausreise aus den Grenzen meiner Heimat ist für mich gleichbedeutend mit dem Tode, und deshalb bitte ich darum, diese äußerste Maßnahme gegen mich nicht anzuwenden.

Boris Pasternak, an Chruschtschow

Das Vaterland kann einen jeden von uns entbehren, aber keiner von uns das Vaterland.

Turgenjew

Im Grunde ist dem Menschen nur der Zustand gemäß, worin und wofür er geboren worden. Wen nicht große Zwecke in die Fremde treiben, der bleibt weit glücklicher zu Hause.

Goethe, zu Eckermann, 22. 2. 1824

So sehnt sich der unruhigste Vagabund zuletzt wieder nach seinem Vaterlande und findet in seiner Hütte, an der Brust seiner Gattin, im Kreise der Kinder, in den Geschäften zu ihrer Unterhaltung die Wonne, die er in der weiten Welt vergebens suchte.

Goethe, Die Leiden des jungen Werthers, 21. Juni 1771

Vaterlandsliebe ist erweiterte Familienliebe.

Ebner-Eschenbach, Aphorismen

Patriotismus heißt, für sich selbst sorgen, indem man für sein Land sorgt.

Calvin Coolidge

Wer, wenn das Vaterland in Not ist, einen anderen Gedanken als dessen Rettung fühlt, ist nicht wert, in einem freien Staate zu leben.

Friedrich Maximilian von Klinger

Der Patriotismus ist die mächtigste Offenbarung der Seele einer Rasse. Er repräsentiert einen kollektiven Beharrungsinstinkt, der sich im Falle nationaler Gefahr an die Stelle des individuellen Erhaltungsinstinktes setzt.

Le Bon

Ich wage zu sagen, daß Patriotismus nicht ein kurzer und wütender Ausbruch des Gefühls ist, sondern stille und unerschütterliche Hingabe des ganzen Lebens.

Adlai Stevenson

In Zeiten der Begeisterung für das Vaterland zu sterben ist leichter, als in den nüchternen Tagen dafür zu leben mit Gedanken, Wort und Tat.

Leixner, Aus meinem Zettelkasten, Öffentliches Leben

Was ist Patriotismus anderes als die Liebe zu den guten Dingen, die wir in unserer Kindheit gegessen haben?

Lin Yutang

Patriot: Jemand, für den die Interessen eines Teils höher stehen als die Interessen des Ganzen. Das Opfer der Politiker und das Werkzeug der Eroberer.

Ambrose Bierce

Ein großer Teil von dem, was heutzutage für Vaterlandsliebe ausgegeben wird, besteht aus bloßem Pharisäertum und aus Engherzigkeit, die sich als nationale Vorurteile, nationale Eitelkeit und nationaler Haß äußern.

Smiles, Der Charakter I

Right or wrong, my country! Recht oder Unrecht – mein Vaterland!

Aus England

Was mir „Patriotismus" ist?
Ein Gefühl, das zehn andere frißt.

Morgenstern

Man soll das Vaterland nicht mehr lieben als einen Menschen.

Dürrenmatt

Ich wollte das Vaterland küssen, aber ich weiß nicht, wo sein Kopf ist.

Miodrag Bulatovic

Ubi libertas, ibi patria. Wo die Freiheit ist, dort ist Vaterland.

Verfasser unbekannt

Wie dem Adler der ganze Himmel offensteht, so ist dem tüchtigen Mann die ganze Welt das Vaterland.

Euripides, Fragmente

Wo wir uns bilden, da ist unser Vaterland.

Goethe, Was wir bringen, Lauchstädt, Prolog in Weimar

Man hat gesagt und wiederholt: Wo mir's wohlgeht, ist mein Vaterland! Doch wäre dieser tröstliche Spruch noch besser ausgedrückt, wenn es hieße: Wo ich nütze, ist mein Vaterland!

Goethe, Wilhelm Meisters Wanderjahre III, 9

Dort, wo das Recht, ist unser Vaterland. (Lenox)

Schiller, Macbeth V, 2

Schnell knüpfen sich der Liebe zarte Bande.
Wo man beglückt, ist man im Vaterlande. (Genius)

Schiller, Die Huldigung der Künste

Mein Vaterland ist nicht Gestern, mein Vaterland ist Morgen.

Romain Rolland

Heimat

Jede Stadt hat ihre besondere Art, Hühner aufzuschneiden.

Aus Togo

Heimat ist ein geistiger Raum, in den wir mit einem jeden Jahre tiefer eindringen.

Reinhold Schneider

Die wahre Heimat ist eigentlich die Sprache. Sie bestimmt die Sehnsucht danach, und die Entfernung vom Heimischen geht immer durch die Sprache am schnellsten.

Wilhelm von Humboldt,
Briefe an eine Freundin, 21. 8. 1827

Am Tage, da ich meinen Paß verlor, entdeckte ich mit achtundfünfzig Jahren, daß man mit seiner Heimat mehr verliert als einen Fleck umgrenzter Erde.

Stefan Zweig, Erinnerungen

Prag läßt nicht los. Dieses Mütterchen hat Krallen.

Franz Kafka

Der Fisch stirbt, wenn ihn der Fluß verschmäht.

Aus Nigeria

Weh dem, der fern von Eltern und Geschwistern
ein einsam Leben führt! Ihm zehrt der Gram
das nächste Glück vor seinen Lippen weg,
ihm schwärmen abwärts immer die Gedanken
nach seines Vaters Hallen, wo die Sonne
zuerst den Himmel vor ihm aufschloß, wo
sich Mitgeborne spielend fest und fester
mit sanften Banden aneinander knüpften. (Iphigenie)

Goethe, Iphigenie auf Tauris I, 1

Ohne Heimat sein heißt leiden.

Dostojewski, an Majkow, 28. 8. 1867 (Genf)

Die Heimat ist ja nie schöner, als wenn man in der Fremde von ihr spricht.

Horst Wolfram Geißler,
Die Frau, die man liebt

Heimat ist der Mensch, dessen Wesen wir vernehmen und erreichen.

Max Frisch

In der Fremde erfährt man, was die Heimat wert ist.

Ernst Wichert, Heinrich von Plauen

Ein schönes Herz hat bald sich heimgefunden,
es schafft sich selbst, still wirkend, seine Welt. (Genius)

Schiller, Die Huldigung der Künste

Alle diese vortrefflichen Menschen, zu denen Sie nun ein angenehmes Verhältnis haben, das ist es, was ich eine Heimat nenne.

Goethe, zu Eckermann, 3. 11. 1823

Wer Tugend hat und Kunst, wird nimmer nie vertrieben,
ist, wo er immer ist, als wie zu Hause blieben.

Logau, Vertriebene

Staat

Staaten sind Gedanken Gottes.

Ranke

Der Staat ist die Wirklichkeit der sittlichen Idee.

Hegel, Philosophie des Rechts

Der Staat beruht so wenig auf einem bloßen Vertrag wie der Mensch.

Hebbel

Der Staat dagegen kennt keine selbständigen Individuen, von denen jedes nur sein eigenes Wohl im Auge haben und verfolgen dürfte. Im Staate ist das ganze Zweck und der Einzelne Mittel.

Hegel

Der Staat ist sich selbst Zweck wie alles Lebendige; denn wer darf leugnen, daß der Staat ein ebenso wirkliches Leben führt wie jeder seiner Bürger?

Treitschke

Die Idee des Staates würde vernichtet werden, wenn er die Welt umfassen wollte: Staaten sind viele. Die Staaten sind geistige Wesenheiten, notwendig und in der Idee voneinander verschieden.

Ranke

Der Staat ist ein Volk, das sich selbst beherrscht.

Kant

Große Staaten, Nationen, sind an sich nichts Naturgegebenes, sondern menschliche Kunstwerke.

Golo Mann

Der Endzweck des Menschengeschlechts ist die Erreichung der vollkommenen Staatsverfassung.

Kant

Diese nur kann ich dafür erkennen, die jedem erleichtert,
gut zu denken, doch nie, daß er so denke, bedarf.

Goethe und Schiller,
Xenien, Die gute Staatsverfassung

Laßt Toren streiten, welche Verfassung die beste sei! Wo am besten regiert wird, dort ist die Verfassung die beste.

Alexander Pope,
Essay über den Menschen 3

Der Staat ist eine Notverordnung Gottes, um Böses zu verhindern. Man darf ihn nicht mit Gemütswerten behängen.

Gustav Heinemann

Der Staat ist die eiserne Klammer, die der Gesellschaftsprozeß erzwingt.

Nietzsche

„Organisation" ist das große Wort, dem die Zukunft gehört.

Morgenstern, Stufen, Politisches, 1907

Die legislative Gewalt ist das Herz des Staates, die exekutive Gewalt ist sein Gehirn.

Rousseau, Der Gesellschaftsvertrag III,
Über den Tod des Staatskörpers

Bei der Geburt der Gesellschaften schaffen die Führer der Republiken die Institution, und alsbald bildet die Institution die Führer der Republiken.

Rousseau, Der Gesellschaftsvertrag II,
Über den Gesetzgeber

Der moderne Staat ist ein untermenschliches Wesen mit einem riesigen Leib und einem winzigen Kopf, mit einem unstillbaren Hunger nach Geld und Macht und sehr wenig Vernunft, sehr wenig Gewissen, sehr wenig Charakter.

Coudenhove-Kalergi, Held und Heiliger

Das „Staatsschiff" – wie bezeichnend trifft
das Bild hier den Gedanken!
Daß wir seit langem eingeschifft,
man fühlt's am steten Schwanken.

Anastasius Grün, Sprüche

Zwei auf einem Pferd bei einer Prügelei – ein schönes Sinnbild für eine Staatsverfassung.

Lichtenberg

Der Staat ist eine Maschine zur Aufrechterhaltung der Herrschaft einer Klasse über eine andere.

Lenin, Über den Staat

Für die Sicherheit und Fortbildung des Staates ist das Übergewicht derer, die den Besitz vertreten, das nützlichere.

Bismarck, Gedanken und Erinnerungen

Wenn ich alle diese heutigen Gemeinwesen ringsherum vor meinem Geiste vorbeiziehen lasse, kann ich – so wahr mir Gott helfe – nichts anderes sehen als die reinste Verschwörung der Reichen, die unter dem Namen und Titel des Staates für ihren eigenen Vorteil tätig sind.

Thomas More, Utopia II

Der Zweck des Staates ist jedoch die Verschönerung des Lebens.

Aristoteles, Politik 3, 9

Der einzig und allein gerechte und einzig und allein zu rechtfertigende Endzweck des Staates ist: Das größte Glück der größten Zahl.

Jeremy Bentham

Salus populi suprema lex esto. Das Wohl des Volkes soll oberstes Gesetz sein.

Cicero, De legibus III, 3, 8

Freiheit und Wahrheit – das sind die Stützen der Gesellschaft! (Lona)

Ibsen, Die Stützen der Gesellschaft, Schluß

Daß jedes Individuum, jeder engere Kreis das Maß der Freiheit besitzt, welches überhaupt mit der Ordnung des Gesamtstaatswesens verträglich ist – das zu erreichen, diesem Zweck möglichst nahe zu kommen, halte ich für die Aufgabe jeder vernünftigen Staatskunst.

Bismarck

Unter Verfassung muß die Bestimmung der Rechte, das ist der Freiheiten überhaupt, und die Organisation der Verwirklichung derselben verstanden werden.

Hegel

Wenn der Staat eine Angelegenheit des Volkes ist und es kein Volk gibt, das nicht durch die Übereinstimmung des Rechts geeint wird, das Recht aber dort nicht vorhanden ist, wo es keine Gerechtigkeit gibt, so folgt daraus ohne Zweifel der Schluß, daß da kein Staat vorhanden ist, wo es keine Gerechtigkeit gibt.

Augustinus, Vom Gottesstaat

In dem Staat, wo die Guten nichts voraus haben wollen und die Schlechten nichts voraus haben können, herrschen Friede und Eintracht.

Aristoteles

Vatersinn bildet Regenten, Brudersinn Bürger. Beide erzeugen Ordnung im Hause und im Staate.

Pestalozzi,
Die Abendstunde eines Einsiedlers

Wenn Willigkeit im Leisten und Billigkeit im Heißen
nur recht zusammenhalten, wer will das Land zerreißen?

Logau,
Das beste Band zwischen oben und unten

Der Staat – das ist die große Fiktion, daß jedermann auf Kosten von jedermann leben kann.

Frédéric Bastiat

Der Staat – das sind die anderen.

Erhard Blanck

Der Staat ist eine Anstalt zum Schutz, nicht zur Versorgung. Helfen sollen die Einzelnen.

Grillparzer, Zur Lehre vom Staate

Es geht nicht darum, Wohlstand zu verteilen, sondern Chancen.

Arthur H. Vandenberg

Die Menschen werden nicht als Staatsbürger geboren, sondern erst dazu gemacht.

Spinoza, Politischer Traktat

Die einen haben Furcht vor dem Staat, die anderen haben Furcht um den Staat.

Walter Scheel

Frage nicht, was dein Vaterland für dich tun kann. Frage, was du für dein Vaterland tun kannst.

John F. Kennedy, am 20. 1. 1961

Nicht was wir gestern waren, sondern was wir morgen zusammen sein werden, vereinigt uns zum Staat.

José Ortega y Gasset

Staatshaushalt

Der Staat ist ein gewaltiges Röhrensystem, das Einkommensteile abwechselnd aus den Taschen der Bürger heraus- und in sie hineinpumpt.

Schulze-Delitzsch

Das Geld ist das Fett des politischen Körpers. Ein Zuviel behindert seine Beweglichkeit, ein Zuwenig macht ihn krank.

William Petty

Finanzpolitik – das ist die Auseinandersetzung zwischen jenen Leuten, die eine Mark haben und zwei ausgeben wollen, und jenen anderen, die wissen, daß das nicht geht.

Manfred Rommel

Eher legt sich ein Hund einen Wurstvorrat an als eine demokratische Regierung eine Budgetreserve.

Joseph Alois Schumpeter

Wem der Staat auch zuprostet – der Geehrte zahlt die Getränke.

Hans Kasper

Die Versprechen von heute sind die Steuern von morgen.

W. L. Mackenzie King

Das schwierigste Problem für den Politiker besteht darin, den Steuerzahler zu schröpfen, ohne den Wähler zu schädigen.

Aus den USA

Ein hoher und dabei friedliebender Steuerzahler ist immer für den ministeriellen Standpunkt der angenehmste Staatsbürger.

Bismarck, im Reichstag, 2. 4. 1881

Dat census honores. Die Steuerklasse bringt Ehren.

Ovid, Amores III, 8, 55

Im Steuer-Almanach ist keine rote Schrift;
sie feiert, seit die Welt steht, keine Stunde nicht.

Logau, Steuer-Kalender

Wenn so oft an Gott man dächte,
als man an die Steuer denkt,
wär uns, glaub ich, längst zu rechte
Fried und Ruh von Gott geschenkt.

Logau, Steuer

Vom 10. August an bis zum Jahresende arbeiten die Steuerzahler nur noch für den Fiskus und für die Sozialversicherung.

Willi Haubrichs

Um eine Einkommensteuererklärung abgeben zu können, muß man Philosoph sein; es ist zu schwierig für einen Mathematiker.

Albert Einstein

Finanzbeamte sind Leute, die das Doppelte von dem glauben, was man ihnen sagt.

Ugo Tognazzi

Ein Finanzminister ist ein gesetzlich autorisierter Taschendieb.

Paul Ramadier

Ich glaube, Ihr könntet Eure Finger nicht einmal vom Ranzen des Diogenes lassen, wenn Ihr ihn zu fassen bekämt. Auch ihm würdet Ihr ein Gewerbe andichten, ihm seinen abgeschabten Rock besteuern, seinen Stock, ja selbst dies, daß er von einer Tür zur anderen wandert, um sein Leben zu fristen, weil er aus seiner Philosophie nichts besitzt.

Gregor von Nazianz

Der zweite rät ihm, er solle tun, als gäbe es Krieg, und solle Steuern unter diesem Vorwand erheben, im gegebenen Moment aber Frieden schließen mit gewaltigem Zeremoniell: So falle das dumme Volk auf den Hokuspokus herein und meine, er wolle Menschenblut sparen, der barmherzige, pflichtbewußte Fürst.

Thomas More, Utopia I

Steuergerechtigkeit ist das Gleichgewicht der Lobbies.

Helmar Nahr

Vor den Steuern fliehen fast ebenso viele Menschen ins Ausland wie vor Diktatoren.

James Newman

Wie der nur ein guter Vater ist, der bei Tische erst seinen Kindern vorlegt, so ist der nur ein guter Bürger, der vor allen andern Ausgaben das, was er dem Staate zu entrichten hat, zurücklegt.

Goethe, Wilhelm Meisters Lehrjahre VIII, 2

Gesellschaftsordnung

Der Liberalismus ist weit eher eine tiefeingewurzelte Vorstellung vom Leben als eine Frage der Politik. Er ist der Glaube, daß jedes menschliche Wesen frei sein muß, um sein individuelles, unübertragbares Schicksal zu erfüllen.

Ortega y Gasset

Das Wesen der liberalen Anschauungsweise liegt nicht so sehr in den Meinungen, die vertreten werden, als in der Art und Weise, wie sie vertreten werden. Nicht dogmatisch, sondern mit dem Bewußtsein, daß neues Beweismaterial zu ihrer Aufgabe führen kann.

Bertrand Russell,
Unpopuläre Betrachtungen

Liberal ist, wer die Zeichen der Zeit erkennt und danach handelt.

Stresemann

Der wahre Liberale sucht mit den Mitteln, die ihm zu Gebote stehen, soviel Gutes zu bewirken, als er nur immer kann; aber er hütet sich, die oft unvermeidlichen Mängel sogleich mit Feuer und Schwert vertilgen zu wollen. Er ist bemüht, durch ein kluges Vorschreiten die öffentlichen Gebrechen nach und nach zu verdrängen, ohne durch gewaltsame Maßregeln zugleich oft ebensoviel Gutes mit zu verderben. Er begnügt sich in dieser stets unvollkommenen Welt so lange mit dem Guten, bis ihn, das Bessere zu erreichen, Zeit und Umstände begünstigen.

Goethe, zu Soret, 3. 2. 1830

Und wenn alles vorüber ist, wenn sich das alles totgelaufen hat, der Hordenwahnsinn, die Wonne, in Massen aufzutreten, in Massen zu brüllen und in Gruppen Fahnen zu schwenken, wenn diese Zeitkrankheit vergangen ist, die die niedrigen Eigenschaften des Menschen zu guten umlügt; wenn die Leute zwar nicht klüger, aber müde geworden sind; wenn alle Kämpfe um den Faschismus ausgekämpft und wenn die letzten freiheitlichen Emigranten dahingeschieden sind: Dann wird es eines Tages wieder sehr modern werden, liberal zu sein.

Tucholsky, Blick in ferne Zukunft, 1930

Das Ende vom Liede ist: Irgendwo wird die menschliche Ungleichheit wieder zu Ehren kommen. Was aber Staat und Staatsbegriff inzwischen durchmachen werden, wissen die Götter.

Jacob Burckhardt,
Weltgeschichtliche Betrachtungen III, 4

Um etwas zu gelten, müssen sich die Nullen immer hübsch rechts halten.

Adolf Glaßbrenner

Man kann die faschistische Revolution nicht verstehen, wenn man sie nur unter negativen Aspekten sieht oder sie allein nach jener Vorherrschaft beurteilt, die der Nationalsozialismus Ende der dreißiger Jahre erreichte. Für Millionen erfüllte sie tatsächlich ein tief empfundenes Bedürfnis nach Aktivität, verbunden mit Selbstidentifizierung, und sie schien ihre Vorstellung von einer klassenlosen Gesellschaft zu verkörpern.

George L. Mosse,
Internationaler Faschismus

Der Sozialismus ist eine Reaktion gegen das Individuellwerden.

Nietzsche

Der Sozialismus muß eine Sache der Menschheit sein und darf nicht zur Sache einer Klasse herabgewürdigt werden.

Jakob Boßhart, Bausteine

Nicht das industrielle Proletariat ist es, aus dem der Sozialismus mit einer gewissen Notwendigkeit herauswächst, sondern das akademische und intellektuelle.

Wilhelm Röpke, Gesellschaftskrisis der Gegenwart II, 1

Kommunismus – das ist Sowjetmacht plus Elektrifizierung.

Lenin

Der erste Akt, worin der Staat wirklich als Repräsentant der ganzen Gesellschaft auftritt – die Besitzergreifung der Produktionsmittel im Namen der Gesellschaft – ist zugleich sein letzter selbständiger Akt als Staat. Das Eingreifen einer Staatsgewalt in gesellschaftliche Verhältnisse wird auf einem Gebiete nach dem anderen überflüssig und schläft dann von selbst ein. An die Stelle der Regierung über Personen tritt die Verwaltung von Sachen und die Leitung von Produktionsprozessen. Der Staat wird nicht „abgeschafft", er stirbt ab.

Engels, Herrn Eugen Dührings Umwälzung der Wissenschaft

Was der Sozialismus will, ist nicht Eigentum aufheben, sondern im Gegenteil individuelles Eigentum, auf Arbeit gegründetes Eigentum erst einführen.

Ferdinand Lassalle

Mir scheint im Gegenteil, daß sich dort unmöglich zufrieden leben läßt, wo alles Gemeineigentum ist. Denn woher sollte die erforderliche Menge der Produkte kommen, wenn sich jeder um die Arbeit drückt, weil ihn ja doch keine Sorge um sein tägliches Brot anspornt und die Spekulation auf den Fleiß der andern ihn faul macht?

Thomas More, Utopia I

Wer vor seinem dreißigsten Lebensjahr niemals Sozialist war, hat kein Herz. Wer nach seinem dreißigsten Lebensjahr noch Sozialist ist, hat keinen Verstand.

Benedetto Croce

Solange es mehr faule als fleißige Menschen gibt, bleibt der sozialistische Staat eine Utopie.

Ebner-Eschenbach, Aphorismen

Dem Kapitalismus wohnt ein Laster inne: Die ungleichmäßige Verteilung der Güter. Dem Sozialismus hingegen wohnt eine Tugend inne: Die gleichmäßige Verteilung des Elends.

Winston Churchill

Kommunismus: Ausbeutung der Starken durch die Schwachen.

Proudhon

Die Mauer ist die abscheulichste und stärkste Demonstration für das Versagen des kommunistischen Systems.

John F. Kennedy, 1963

Die Vorstellung von einem nicht-totalitären Kommunismus erinnert mich an geröstete Schneebälle.

Leszek Kolakowski

In Osteuropa gibt es kaum noch Marxisten, nur mehr Häretiker. Marxisten gibt es nur noch im Westen.

Milovan Djilas

Die sowjetischen und die europäischen Ideale sind so verschieden, daß jeder Sozialist gezwungen ist, sich zu entscheiden, für welche Lebensform er eintritt: Ob er die europäische Tradition fortentwickeln oder vernichten will.

Coudenhove-Kalergi, Held und Heiliger

Wer für den Kommunismus kämpft,
hat von allen Tugenden nur eine:
Daß er für den Kommunismus kämpft.
(Der Kontrollchor)

Brecht,
Die Maßnahme

Das Proletariat soll weder herrschen, noch soll es überhaupt bestehen. Es kämpfe, um sich selbst zu überwinden, nicht aber, um alle in sich einzubeziehen.

Heinrich Mann

Wir wollen nicht die Verstaatlichung des Menschen, sondern die Vermenschlichung des Staates.

Pestalozzi

Während die unter Gottes Gebot stehende Gesellschaft nur autoritär war, ist die wissenschaftlich geplante Gesellschaft totalitär.

Gerhard Sczcesny,
Das sogenannte Gute 6

Wenn unsere Gesellschaftsordnung schlecht ist und eine kleine Anzahl von Menschen Macht über die Mehrheit hat und sie unterdrückt, dann wird jeder Sieg über die Natur unvermeidlich nur dazu dienen, diese Macht und die Unterdrückung zu verstärken.

Leo Tolstoi

Alle Utopisten scheitern an dem simplen Faktum, daß sie zwar logisch funktionierende Systeme vollkommener Gerechtigkeit und Freiheit ausdenken, aber nicht zugleich einen perfekten Menschen herstellen können, für den allein ein solches System erstrebenswert wäre und der allein es funktionsfähig machen könnte.

Szczesny, Das sogenannte Gute 14

Die vollkommenste politische Gemeinschaft ist die, in der eine Mittelklasse herrscht, die den beiden anderen Klassen zahlenmäßig überlegen ist.

Aristoteles

Wollt Ihr also dem Staat Beständigkeit verleihen? Nähert die äußersten Rangunterschiede einander so weit wie möglich. Duldet weder schwerreiche Leute noch Bettler. Aus dem einen Stand gehen die Helfershelfer der Tyrannen hervor, aus dem anderen die Tyrannen. Der Ausverkauf der öffentlichen Freiheit spielt sich immer unter diesen ab: Der eine kauft, der andere verkauft.

Rousseau,
Der Gesellschaftsvertrag II, Anmerkungen

Untertanen sind Verschwender. Sie verschwenden ihre Macht.

Rudolf Rolfs

Monarchie

Die beste Staatsform ist das Königtum. Die Entartung des Königtums, die Tyrannis, ist die schlechteste. Unter den nicht guten Verfassungen ist am erträglichsten die Demokratie.

Aristoteles, Politik IV, 2

Das Königtum ist die nach dem Bilde Gottes gemachte Regierung.

Lamartine, Geschichte der Girondisten

Die Staatsgeschäfte teilten sich in mehrere Kammern. Wölfe besorgten die Finanzen, Füchse waren ihre Sekretäre. Tauben führten das Kriminalgericht, Tiger die gütlichen Vergleiche, Böcke schlichteten Heiratsprozesse. Soldaten waren die Hasen; Löwen und Elefant blieben bei der Bagage; der Esel war Gesandter des Reichs, und der Maulwurf Oberaufseher über die Verwaltung der Ämter. Genueser, was hofft ihr von dieser weisen Verteilung? Wen der Wolf nicht zerriß, den prellte der Fuchs. Wer diesem entrann, den tölpelte der Esel nieder. Tiger erwürgten die Unschuld; Diebe und Mörder begnadigte die Taube, und am Ende, wenn die Ämter niedergelegt wurden, fand sie der Maulwurf alle unsträflich verwaltet. Die Tiere empörten sich.

Laßt uns einen Monarchen wählen, riefen sie einstimmig, der Klauen und Hirn und nur einen Magen hat – und einem Oberhaupt huldigten alle. (Fiesco)

Schiller, Die Verschwörung des Fiesco zu Genua II, 8

Eine Zeit des Geistes wird von selbst zur Monarchie zurückkehren. Laßt erst einmal Einen Geist über die Völker kommen, und sie werden nicht mehr begehren, als sich in ihren geborenen Führern auch sichtbarlich zu gipfeln.

Morgenstern, Stufen, Politisches, 1909

An der Krone funkeln
die Perlen nur und freilich nicht die Wunden,
mit denen sie errungen ward. (Alba)

Schiller, Don Karlos II, 5

Das Ideal in der Kunst, Größe in Ruhe darzustellen, sei das Ideal auf dem Throne!

Jean Paul, Levana II, 5, 1

Ein konstitutioneller Thron ist ein Armsessel, ein absoluter ein Stuhl ohne Lehne.

Börne, Fragmente und Aphorismen 13

Der muß viel fürchten, der da will,
daß ihn auch sollen fürchten viel.

Sebastian Brant, Das Narrenschiff 37

Zweifellos ist die Macht, die aus der Liebe des Volkes stammt, die größte; aber sie ist unsicher und bedingt. Nie werden sich Fürsten damit begnügen. Die besten Könige wollen böse sein dürfen, wenn es ihnen beliebt.

Rousseau, Der Gesellschaftsvertrag III, Über die Monarchie

O, der ist noch nicht König, der der Welt
gefallen muß. Nur der ist's, der bei seinem Tun
nach keines Menschen Beifall braucht zu fragen. (Elisabeth)

Schiller, Maria Stuart IV, 10

Menschen sind
für Sie nur Zahlen, weiter nichts. Muß ich
die Elemente der Monarchenkunst
mit meinem grauen Schüler überhören?
Der Erde Gott verlerne zu bedürfen,
was ihm verweigert werden kann. Wenn Sie
um Mitgefühle wimmern, haben Sie
der Welt nicht Ihresgleichen zugestanden?
Und welche Rechte, möcht' ich wissen, haben
Sie aufzuweisen über Ihresgleichen? (Großinquisitor)

Schiller, Don Karlos V, 10

Es ist mir vollständig gleichgültig, ob in dem Reichtagskäfig rote, schwarze oder gelbe Affen herumspringen.

Wilhelm II., Telegramm an Reichskanzler von Bülow, 1903

Wie ein Meer sind Königsgnaden:
Perlen fischt man, wo es ruht,
aber hüte dich vor Schaden,
wenn ein Sturm erregt die Flut.

Rückert, Erbauliches und Beschauliches aus dem Morgenlande

Der Himmel ist hoch und die Erde tief, aber der Könige Herz ist unerforschlich.

Sprüche Salomos 25, 3

Ist es denn eine Wollust, der Fuß des trägen, vielbeinigten Tiers Republik zu sein? Dank' es dem, der ihm Flügel gibt und die Füße ihrer Ämter entsetzt. (Fiesco)

Schiller, Die Verschwörung des Fiesco zu Genua I, 7

Der Wille des Monarchen
verleiht die Tugend wie das Glück. (Domingo)

Schiller, Don Karlos III, 4

Eine Dynastie selbst ist im Grund nichts anderes als ein beständiger und geregelter Terrorismus.

Renan, Antichrist

Wie selten kommt ein König zu Verstand. Und sollen sich viele nicht lieber vielen vertrauen als einem? (Egmont)

Goethe, Egmont IV, Der Culenburgische Palast

In der Demokratie ist die Entscheidung stets bei der Mehrheit, das heißt beim Unsinn. In der Monarchie kann die Entscheidung wenigstens zuweilen an einen Vernünftigen gelangen.

Friedrich II. von Preußen

Mein Name herrscht, das ist zur Zeit genug.
Glaubst: In Voraussicht lauter Herrschergrößen
ward Erbrecht eingeführt in Reich und Staat?
Vielmehr nur: Weil ein Mittelpunkt vonnöten,
um den sich alles schart. (Rudolf)

Grillparzer, Ein Bruderzwist in Habsburg III

Hohe Ämter scheinen einmal nicht für Philosophen gemacht, und auf Thronen waren Genies meist ein Unglück.

Karl Julius Weber, Demokritos, Der Ehrgeiz, Fortsetzung

Ich hatte vor der bloßen Fürstlichkeit als solcher, wenn nicht zugleich eine tüchtige Menschennatur und ein tüchtiger Menschenwert dahinter steckte, nie viel Respekt.

Goethe, zu Eckermann, 26. 9. 1827

Ein Fürst ist zwar ein Herr, doch herrscht er gut und recht,
so ist er seinem Volk nur ein getreuer Knecht.

Logau, Sinngedichte, Des Fürsten Amt

Wir werden diesen Herbst den Tag feiern, an welchem der Großherzog seit fünfzig Jahren regiert und geherrscht hat. Allein, wenn ich es recht bedenke, dieses sein Herrschen, was war es weiter als ein beständiges Dienen?

Goethe, zu Eckermann, 27. 4. 1825

Denn kann gleich jedem einzelnen von euch
den Kopf ich schleudern vor die eignen Füße,
zusammen seid ihr mächtiger als ich.
Ihr seid mein Aug', ihr seid mein Ohr, durch euch
gelangt des Flehens Stimme bis zu mir.
Ihr sammelt meinem Blick die schwachen Strahlen,
die, sich durchkreuzend und wie oft gebrochen,
aus ferner Niedrung schimmern bis zum Thron.
Ihr seid die Arme meiner Macht, die Boten,
die meinen Segen tragen übers Land.

Grillparzer, Esther I

Am Throne gibt es fast für niemanden Geheimnisse als für den, der darauf sitzt.

Jean Paul, Titan

Arm sind wir Fürsten, wissen das Geheime,
allein das Offenkund'ge, was der Bettler weiß,
der Tagelöhner, bleibt uns ein Geheimnis. (Rudolf)

Grillparzer,
Ein Bruderzwist in Habsburg III

Das ist das Unglück der Könige, daß sie die Wahrheit nicht hören wollen.

Johann Jacoby, zu Friedrich Wilhelm IV. von Preußen, 2. 11. 1848

Es gibt in dem Zeitalter, in dem wir leben, nur eine einzige, echt schmeichelhafte Art, einen Monarchen zu verehren: Daß man ihn für würdig erkenne, die Wahrheit zu vernehmen.

Friedrich von Gentz

Das ist kein Staat, was einem Mann gehört! (Haimon)

Sophokles, Antigone 735

Du sagst, der Thron sei lockend? Für den weisen Mann
mitnichten! (Hippolytos)

Euripides, Hippolytos 1013

Diktatur

Hoc volo, sic iubeo; sit pro ratione voluntas. Dies will ich, so befehle ich; statt eines Grundes gelte mein Wille.

Juvenal, Satiren 6

Der König will seinen Willen. (Alba)

Goethe, Egmont IV, Der Culenburgische Palast

Herrscher heißt, wer herrscht nach eignem Willen. (Leopold)

Grillparzer, Ein Bruderzwist in Habsburg II

Wo das Recht endet, beginnt Tyrannis.

William Pitt senior

Neid, Furcht, Verwünschung sind die traurigen Spiegel, worin sich die Hoheit eines Herrschers belächelt. Tränen, Flüche, Verzweiflung die entsetzliche Mahlzeit, woran diese gepriesenen Glücklichen schwelgen. (Ferdinand)

Schiller, Kabale und Liebe I, 7

Wer könnte noch von einem Staate sprechen, wenn durch die Grausamkeit eines einzigen alle unterdrückt werden und nicht ein Band des Rechts alle gemeinsam verbindet?

Cicero, Über den Staat

Hat ein Kannibale das Recht, im Namen dessen zu sprechen, den er gefressen hat?

Lec, Unfrisierte Gedanken

Das schlimmste, was Hitler uns angetan hat – und er hat uns viel angetan –, ist doch dies gewesen, daß er uns in die Scham gezwungen hat, mit ihm und seinen Gesellen gemeinsam den Namen Deutsche zu tragen.

Theodor Heuss, 7. 12. 1949

Analphabeten müssen diktieren.

Lec, Unfrisierte Gedanken

Der Tyrann fällt den Geist früher als den Körper an. Ich meine, er versucht, seine Sklaven vorher dumm zu machen, ehe er sie elend macht, weil er weiß, daß Leute, die einen Kopf haben, ihre Hände damit regieren und sie gegen den Tyrannen aufheben.

Jean Paul, Fragmente

Die Despotie stempelt gewöhnlich die Begriffe wie die Münze.

Seume, Apokryphen

Mein Gewissen heißt Adolf Hitler.

Robert Ley

Ich war wirklich der Meinung, daß der Eichmann ein Hanswurst ist, und ich sage Ihnen: Ich habe sein Polizeiverhör, 3600 Seiten, gelesen, und sehr genau gelesen, und ich weiß nicht, wie oft ich gelacht habe, aber laut!

Hannah Arendt, zu Günter Gaus in der Fernsehsendung „Zur Person"

Wotansfurz.

Alfred Kerr, über Joseph Goebbels

Adolf Hitler mag in seinen Anfängen in ehrlicher Verbohrtheit gehandelt haben. Heute ist er nur noch eine Kreatur der Industrie.

Carl von Ossietzky, 1930

Es gibt keine grausamere Tyrannei als die, welche unter dem Deckmantel der Gesetze und mit dem Scheine der Gerechtigkeit ausgeübt wird; denn das heißt sozusagen Unglückliche auf der Planke ertränken, auf die sie sich gerettet haben.

Montesquieu, Betrachtungen über die Ursachen der Größe der Römer und ihren Verfall 14

Es ist nur noch ein Ungeheuer, welches gräßlicher ist als Tyrannenunvernunft: Die Volkswut. Nur die Furcht vor der letzten macht die erste erträglich.

Seume, Apokryphen

Ein Tyrann ist durch seine Spione und Kreaturen überall.

Seume, Spaziergang nach Syrakus, Bologna

Der despotische Thron ist die hervorragende Turmspitze eines von Bergen verschütteten Dorfes.

Jean Paul, Gesammelte Aufsätze

Pickt ein Huhn an einem Knochen, so ist der Hund damit einverstanden.

Aus Afrika

In Elis nämlich und bei den Böotiern und wo man sonst von Beredsamkeit nichts weiß, hat die Sitte einfach dahin entschieden, daß es schön sei, den Liebhabern zu willfahren; keiner, weder jung noch alt, würde es für schimpflich erklären; man wollte sich, denk ich, bei dem Unvermögen zum Reden die Mühe ersparen, die Jünglinge durch schöne Worte für sich zu gewinnen. In Jonien dagegen sowie vielfach anderwärts im Bereich der Barbarenherrschaft gilt es für schimpflich. In den Augen der Barbaren nämlich ist dies infolge des tyrannischen Grundzuges ihres Staatswesens ebenso schimpflich wie die Liebe zur Weisheit und zur Gymnastik. Denn für Herrscher ist es wohl nicht von Vorteil, wenn bei den Beherrschten sich ein starkes Selbstbewußtsein sowie kräftige Freundschaften und Gemeinschaften bilden. (Pausanias)

Platon, Das Gastmahl 9

Wenn ihr Schweres erfuhrt durch eigene Schuld und Verkehrtheit,
klagt um euer Geschick nicht die Unsterblichen an,
selbst ja zogt ihr sie groß und machtet sie stark, die Tyrannen,
und nun seufzt ihr dafür unter dem schmählichen Joch.

Solon, An die Athener

Nicht die Diktatoren schaffen Diktaturen, sondern die Herden.

Georges Bernanos

Aus einer Reihe von Nullen macht man leicht eine Kette.

Lec, Unfrisierte Gedanken

Die Vernunft ist immer republikanisch, aber die Menschen scheinen, wenn man die Synopse ihrer Geschichte nimmt, doch durchaus zum Despotismus geboren zu sein.

Seume, Apokryphen

Dasselbe Tor, durch welches der Despotismus und die Willkür einziehen, steht auch dem auswärtigen Feind offen.

Rudolf Ihering, Der Kampf ums Recht

Das Seltenste, was ich gesehen: Ein alter Tyrann.

Thales

Kaum ein Tyrann, der sich im Trabrennen der Geschichte nicht galoppierend disqualifiziert.

Hans Kasper,
Abel, gib acht; Die Kunst zu siegen

Gleichwie in der Karwoche bei Nacht viel Gepolter pflegt vorzugehen und doch gleichwohl der Tag darum nicht ausbleibt sondern, sobald er anbricht, das Gepolter aufhöret: Also, wenn schon die Tyrannen viel pochen und poltern, kömmt doch endlich wieder eine Stille darauf.

Geiler von Kaysersberg

Demokratie

Government of the people, by the people, for the people. Regierung des Volkes, durch das Volk, für das Volk.

Lincoln, in Gettysburg 19. 11. 1863

Demokratie heißt Entscheidung durch die Betroffenen.

Carl Friedrich von Weizsäcker

Alle Zivilisation fängt mit der Theokratie an und hört mit der Demokratie auf.

Victor Hugo, Notre Dame 5, 2

Das demokratische System, zu dem unser Staat sich bekennt, beruht auf der Überzeugung, daß man den Menschen die Wahrheit sagen kann.

Carl Friedrich von Weizsäcker

Man nahm als ausgemacht an, daß unter guten Menschen die republikanische Form die beste sei.

Goethe, Wilhelm Meisters Lehrjahre IV, 2

Demokratie heißt nicht „Ich bin so gut wie du", sondern „Du bist so gut wie ich".

Theodore Parker

Das ist ein eigner Reiz der Republik, daß sich alles in ihr viel freier äußert. Tugenden und Laster, Sitten und Unarten, Geist und Dummheit, Talent und Ungeschicklichkeit treten viel stärker hervor, und so gleicht eine Republik dem tropischen Klima.

Novalis, Nachlaß

Rechtsstaat ist wie das tägliche Brot, wie Wasser zum Trinken und wie Luft zum Atmen, und das Beste an der Demokratie ist, daß nur sie geeignet ist, den Rechtsstaat zu sichern.

Gustav Radbruch

Die Überlegenheit der Demokratie allen autoritären und totalitären Systemen gegenüber beruht auf dieser Unabgeschlossenheit, die ein kontinuierliches und elastisches Sichanpassen an die allgemeinen Umwandlungsprozesse erlaubt.

Szczesny, Das sogenannte Gute 10

Daß mittels der wählenden Demokraten der Wille eines Volkes ermittelt werden könne, ist natürlich eine Täuschung. Aber sieht man den Versuch vor sich, die Fragen divergierender Interessen nicht mit Messer und Pistole, sondern mittels einer Abstimmung zu entscheiden, so ist das natürlich doch ein humaneres und gesitteteres Verfahren.

Robert Musil

Die Demokratie schafft kein starkes Band zwischen den Menschen. Sie erleichtert ihnen aber den Umgang miteinander.

Alexis de Tocqueville

Demokratie ist die Vorstufe des Sozialismus.

Lenin

Das Problem der Demokratie liegt darin, außergewöhnliche Menschen von gewöhnlichen wählen zu lassen.

Golo Mann

Die Demokratie setzt die Wahl durch die beschränkte Mehrheit an die Stelle der Ernennung durch die bestechliche Minderheit.

Shaw

Mache zum Herrscher sich der, der seinen Vorteil verstehet:
Doch wir wählen uns den, der sich auf unsern versteht.

Goethe, Epigramme 16

Das Volk sollte jenen wählen, der offen zugibt, Fehler gemacht zu haben, und nicht denjenigen, der alle List darauf verwendet, begangene Fehler zu vertuschen.

Benedetto Croce

Eine ernsthafte Schwäche der Demokratie ist, daß sie sich danach richten muß, was der Bürger denkt, ehe Gewißheit besteht, ob er es überhaupt tut.

Hans Kasper

Ich denke, wir alle sind uns darin einig, daß die Dummen die geradezu überwältigende Majorität bilden rings um uns her auf der ganzen weiten Erde. Aber zum Donnerwetter, das kann doch nie und nimmer das Richtige sein, daß die Dummen über die Klugen herrschen sollen. (Stockmann)

Ibsen, Ein Volksfeind IV

Das allgemeine Stimmrecht gab der Masse nicht das Recht zu entscheiden, sondern die Entscheidung der einen oder andern Elite gutzuheißen.

Ortega y Gasset,
Aufstand der Massen, Eine statistische Tatsache

Ein Demokrat braucht nicht zu glauben, daß eine Mehrheit immer eine weise Entscheidung treffen wird. Woran er glauben soll, ist die Notwendigkeit, daß der Mehrheitsbeschluß, ob klug oder unklug, angenommen werden muß, bis die Mehrheit einen anderen Beschluß faßt.

Bertrand Russell,
Unpopuläre Betrachtungen

Die demokratische Wahlperiodizität hat den Nachteil, möglichen Talenten zu wenig Zeit zu lassen, und den vielleicht wichtigeren Vorteil, niemandem Spielraum zu geben, sich ungebührlich in der Macht einzurichten.

Hans Kasper,
Expedition nach innen, Zivilisationstest

Eine Republik zu bauen aus den Materialien einer niedergerissenen Monarchie ist freilich ein schweres Problem. Es geht nicht, ohne bis erst jeder Stein anders gehauen ist, und dazu gehört Zeit.

Lichtenberg

Ohne politische Erziehung ist das souveräne Volk ein Kind, das mit dem Feuer spielt und jeden Augenblick sein Haus in Gefahr bringt.

Pestalozzi

Der gefährlichste Feind der Wahrheit und der Freiheit – das ist die kompakte Majorität. (Stockmann)

Ibsen, Ein Volksfeind IV

Die Majorität hat viele Herzen, aber ein Herz hat sie nicht.

Bismarck

Demokratie heißt nicht Massenherrschaft, sondern Aufbau, Sicherung, Bewährung der selbstgewählten Autoritäten.

Theodor Heuss, vor der Deutschen Demokratischen Partei, Stuttgart, 17. 1. 1919

Das allgemeine Wahlsystem in einem gleichgültigen Land läuft immer darauf hinaus, die Macht in die Hände deklassierter Schwätzer zu legen.

Taine

Der Politiker, der ehemals lernen mußte, wie man Königen schmeichelt, muß jetzt lernen, wie man die Phantasie der Wähler bezaubert, unterhält, bestrickt, beschwindelt, erschreckt oder sonst irgendwie verblüfft.

Shaw

Die Demokratie ist in Wirklichkeit nicht mehr als die Aristokratie der Redner.

Thomas Hobbes

Wir sollten wählen, um regiert zu werden. Heute werden wir regiert, um zu wählen.

Theodor Eschenburg

Was könnten die Politiker vor der nächsten Wahl noch versprechen, wenn sie, was sie vor der letzten versprachen, hielten?

Verfasser unbekannt

Am faulsten sind die Parlamente, die am stärksten besetzt sind.

Winston Churchill

Wahlen sind Sache des Volkes. Die Entscheidung liegt in seiner Hand. Wenn sie dem Feuer den Rücken kehren und sich den Hintern verbrennen, werden sie eben auf den Blasen sitzen müssen.

Abraham Lincoln

Die Demokratie ist ein Verfahren, das garantiert, daß wir nicht besser regiert werden, als wir verdienen.

Shaw

Partei

Partei ist organisierte Meinung.

Benjamin Disraeli

Wie die Partei sich am besten zu nützen vermöchte? Sie nütze selbstlos dem Staat, und sie ist unentbehrlich dem Volk.

Puntsch, Sprung über den Schatten

Selbst bei einer absoluten Mehrheit ist es Aufgabe der Partei, weiter zu denken, als die Regierung handeln kann. Ist die Regierung zufrieden mit der Partei, dann hat die Partei nicht weit genug gedacht.

Egon Bahr

Alle, ganz gleich, ob Wirtschaftsvereinigung, Gewerkschaft, politische Partei oder Kirche, machen sich der gleichen Sünde schuldig: Des Selbstgesprächs. Sozialisten gehen in sozialistische Versammlungen, Demokraten in demokratische, Gewerkschaftler besuchen ihre Zusammenkünfte und Geschäftsleute die ihren. Dort hören sie Rednern zu, deren Ansichten sie ohnehin teilen, und die Redner freuen sich, weil sie so herzlichen Beifall finden. Niemand aber hat ihrer Meinung eine andere entgegengesetzt und niemand ihre Glaubenssätze angezweifelt.

Das Beste, August 1951

Wie einfältig würde sich mancher, der sich in der Mitte seiner Anhänger mit seinen Beweisgründen bläht, mit den nämlichen Beweisen unter den Mitgliedern einer anderen Partei ausnehmen!

Rousseau, Émile IV, Glaubensbekenntnis des savoyischen Vikars

Sonst leidlich vernünftige Leute – sobald sie aufs Kampffeld der politischen Parteien kommen, sind sie blinde Zänker, Spitzbuben und Toren.

Rosegger, Höhenfeuer

Die größte Partei ist immer eine Art Verschwörung gegen den Rest der Nation.

Lord Halifax

Koalition ist das Kunststück, den rechten Schuh auf dem linken Fuß zu tragen, ohne Hühneraugen zu bekommen.

Guy Mollet

In einer Koalition liegt immer die Versuchung nahe, den Eindruck zu erwekken, daß man selber den Käse produziert und nur die Löcher vom Partner stammen.

Hector Minguez

Die große Koalition ist die formierte Gesellschaft des Parlaments zur Abwehr mißgünstiger Wählereinflüsse.

Helmar Nahr

Nach „rechts" gehören alle Ideologien und Programme, die entschlossen sind, sich zur Aufrechterhaltung der bestehenden oder zur Durchsetzung einer neuen Ordnung über das konkrete Wohl der konkreten Mitglieder einer Gesellschaft hinwegzusetzen. Als „links" wären nur solche Forderungen zu bezeichnen, die die tatsächliche Existenzverbesserung, Bewußtseinserweiterung, Entfaltungsfreiheit des tatsächlich hier und heute lebenden Menschen im Sinne haben. Dort, wo die Linke die Durchsetzung eines Systems über das Wohl des einzelnen stellt, wird aus ihr eine rechte Position.

Szczesny, Das sogenannte Gute 1

Die Welt der jugendlichen Neolinken ist die alte romantische Welt des Knabenalters: Sie wollen spielen oder spektakuläre Taten tun, nicht aber acht Stunden täglich an einer Maschine stehen, an einem Schreibtisch sitzen, irgendeine banale und mühselige Kleinarbeit verrichten.

Szczesny, Das sogenannte Gute 1

Es liegt im Wesen der Parteiflügel, daß sie mehr Luftzug als Bewegung erzeugen.

Alberto Sordi

Immer wieder dasselbe: Rechtsaußen sind sie dumm – linksaußen sind sie hysterisch.

Lore Lorentz

Der Radikale steht mit beiden Beinen fest in der Luft.

Franklin D. Roosevelt

Es ist gut, daß es Radikale gibt, auch wenn sie nur selten in der Lage sind, etwas aufzubauen.

Carlo Schmid

Der Kommunist ist ein Sozialist in großer Eile.

G. W. Gough

Ein Kommunist ist ein Sozialist ohne Humor.

George Barton Cutten

Ein Konservativer ist ein Mensch, der glaubt, daß nichts zum ersten Mal getan werden sollte.

Alfred E. Wiggam

Revolutionäre versuchen, neue Fehler auszudenken, Konservative versuchen, mit den vorhandenen auszukommen.

Hans Kasper, Nachrichten und Notizen

Ein Konservativer ist ein Mensch mit zwei völlig gesunden Beinen, der nie gehen gelernt hat.

Franklin D. Roosevelt

Fast jede politische Partei hat irgendwo ein Skelett im Schrank, von dem sie hofft, daß es niemals gefunden wird.

Carlo Nervi

Wer einer Partei treu bleiben will, muß oft seine Meinung ändern.

Verfasser unbekannt

Macht

Sieh, Mutter, zu den Sternen dort – ich sag'
es ohne Scheu – dort, wo der Tag anbricht,
stieg' ich hinauf, vermöchten's Menschenkräfte,
und in der Erde Tiefen taucht' ich unter,
die höchste der Göttinnen, die Gewalt,
mir zu erringen! Mutter, und dies Gut
sollt' ich in andern Händen lieber sehn
als in den meinigen? Der ist kein Mann,
der, wo das Größre zu gewinnen ist,
am Kleinen sich genügen läßt. (Eteokles)

Schiller, Szenen aus den Phönizierinnen des Euripides

Den begünstigten Sohn der Götter beneid' ich,
den beglückten Besitzer der Macht!
Immer das Köstlichste ist sein Anteil,
und von allem, was hoch und herrlich
von den Sterblichen wird gepriesen,
bricht er die Blume sich ab. (Chor)

Schiller, Die Braut von Messina II, 4

Macht hat Legitimität nur im Dienst der Vernunft. Allein von hier bezieht sie ihren Sinn. An sich ist sie böse.

Karl Jaspers,
Wohin treibt die Bundesrepublik?

Es ist eine ewige Erfahrung, daß jeder Mensch, der Macht in Händen hat, geneigt ist, sie zu mißbrauchen. Er geht soweit, bis er Schranken findet.

Montesquieu, Vom Geist der Gesetze XI

Macht ist ihrem Wesen nach expansiv und läßt sich durch nichts sonst beschränken als durch andere Mächte von gleicher oder wenigstens ähnlicher Größe.

Aldous Huxley,
Wissenschaft, Freiheit und Frieden

Die Ersetzung der Macht des Einzelnen durch die der Gemeinschaft ist der entscheidende kulturelle Schritt. Sein

Wesen besteht darin, daß sich die Mitglieder der Gemeinschaft in ihren Befriedigungsmöglichkeiten beschränken, während der Einzelne solche Schranken nicht kannte.

Sigmund Freud, Unbehagen in der Kultur

Herrschaft und Gewalt,
ob du sie wen'gen wünschest oder vielen –
mißbrauchen wird sie stets, wer sie besitzt.

Leopardi, Palinodia

Noch nie waren so viele so sehr wenigen ausgeliefert.

Aldous Huxley,
Wissenschaft, Freiheit und Frieden

Drei sind, die da herrschen auf Erden:
Die Weisheit, der Schein und die Gewalt.

Goethe, Das Märchen

Wer anders macht ihn als seine Soldaten
zu dem großmächtigen Potentaten?
Verschafft und bewahrt ihn weit und breit
das große Wort in der Christenheit?
(Erster Kürassier)

Schiller,
Wallensteins Lager II

Nicht, wo die goldene Ceres lacht
und der friedliche Pan, der Flurenbehüter,
wo das Eisen wächst in der Berge Schacht,
da entspringen der Erde Gebieter.
(Zweiter Chor)

Schiller,
Die Braut von Messina I, 3

Die politische Macht kommt aus den Gewehrläufen.

Mao Tse-tung

Die politische Gewalt im eigentlichen Sinne ist die organisierte Gewalt einer Klasse zur Unterdrückung einer anderen.

Karl Marx

Nur das zu tun, was alle wollen, ist das Geheimnis jeder Macht.

Johann Gottfried Kinkel

Ich herrschen, ich ein Reich mir unterwerfen
und bin nicht Meister meiner selbst?
(Phädra)

Schiller, Phädra III, 1

Wer andere besiegt, ist stark. Wer sich selbst besiegt, hat Macht.

Lao-Tse,
Tao-Teh-King 33

Wer die Gewalt hat, doch ihr Wirken hemmt,
der ist des Himmels Liebling.

Shakespeare, Sonette 4

Ein Diadem erkämpfen ist groß. Es wegwerfen ist göttlich. (Fiesco)

Schiller, Die Verschwörung des Fiesco zu Genua II, 19

Auch ein einzelner Mann kann eine Großmacht sein.

François Mauriac

Ich fühlte eine tiefe Erleichterung. Endlich hatte ich die Macht über das Ganze und konnte Befehle geben. Ich hatte das Gefühl, mit dem Schicksal zu wandeln. Mein ganzes vergangenes Leben schien mir jetzt nichts als eine Vorbereitung gewesen zu sein, eine Vorbereitung auf diese Stunde.

Churchill, zu seiner Wahl am 10. 5. 1940

Sei immer menschlich, Herr, im Glück, wie du's
im Unglück warst – und auf der Größe Gipfel
vergiß nicht, was ein Freund wiegt in der Not. (Johanna)

Schiller, Die Jungfrau von Orleans III, 4

Wer keinen Menschen zu fürchten braucht, wird er sich eines Menschen erbarmen? Wer an jeden Wunsch einen Donnerkeil heften kann, wird er für nötig finden, ihm ein sanftes Wörtchen zum Geleite zu geben? (Leonore)

Schiller, Die Verschwörung des Fiesco zu Genua IV, 14

Don Philipp stirbt. Karl erbt das größte Reich
der Christenheit. – Ein ungeheurer Spalt
reißt vom Geschlecht der Sterblichen ihn los,
und Gott ist heut, wer gestern Mensch noch war.
Jetzt hat er keine Schwächen mehr. Die Pflichten
der Ewigkeit verstummen ihm. Die Menschheit
– noch heut ein großes Wort in seinem Ohr –
verkauft sich selbst und kriecht um ihren Götzen.
Sein Mitgefühl löscht mit dem Leiden aus,
in Wollüsten ermattet seine Tugend,
für seine Torheit schickt ihm Peru Gold,
für seine Laster zieht sein Hof ihm Teufel.
Er schläft berauscht in diesem Himmel ein,
den seine Sklaven listig um ihn schufen. (Marquis)

Schiller, Don Karlos I, 9

Ein an die Macht gekommener Freund ist ein verlorener Freund.

Henry Adams

Ei was! – Es wär nicht Geckerei,
bei Hunderttausenden die Menschen drücken,
ausmergeln, plündern, martern, würgen und
ein Menschenfreund an Einzeln scheinen wollen? (Derwisch)

Lessing, Nathan der Weise I, 3

In dieser stürmischen Zone des Throns verdorret das zarte Pflänzchen der Liebe. Das Herz eines Menschen ist zu enge für zwei allmächtige Götter – Götter, die sich so gram sind. Liebe hat Tränen und kann Tränen verstehen; Herrschsucht hat eherne Augen, worin ewig nie die Empfindung perlt. Liebe hat nur ein Gut, tut Verzicht auf die ganze übrige Schöpfung; Herrschsucht hungert beim Raube der ganzen Natur. Herrschsucht zertrümmert die Welt in ein rasselndes Kettenhaus; Liebe träumt sich in jede Wüste Elysium. (Leonore)

Schiller, Die Verschwörung des Fiesco zu Genua IV, 14

Alle Mächtigen, die ich näher beobachtet habe, sind ungeduldig und intolerant geworden, haben eitel das Maß ihrer Möglichkeit überschätzt und Prinzipien sowie Freunde selbstherrlich aufgegeben.

Schimon Peres

Gerade aus den Mächtigen gehen auch die besonders lasterhaften Menschen hervor. Freilich hindert nichts, daß sich auch unter diesen gute Menschen finden, und die, welche es sind, verdienen ganz besondere Bewunderung. Denn es ist schwer, Kallikles, und hohen Lobes wert, wenn er die große Macht zum Unrechttun besitzt und sein Leben trotzdem gerecht verbringt. (Sokrates)

Platon, Gorgias

Selten stiegen Engel auf den Thron, seltener herunter. (Leonore)

Schiller, Die Verschwörung des Fiesco zu Genua IV, 14

Man sollte Mitleid haben mit denjenigen, die sich alles erlauben können. (Karl)

Anouilh, Könige sterben einsam

Im Jesuitenorden gibt es eine vernünftige Regelung: Keiner, der nach Macht strebt (auch wenn sie sich als Führungswille kaschiert), darf Vorgesetzter werden. Dahinter steht die jahrhundertelange Erfahrung christlicher Orden, daß die Pathologie des nach Macht Strebenden ihn ungeeignet macht, Herrschaft auszuüben.

Rupert Lay

Mit der Macht kann man nicht flirten. Man muß sie heiraten.

André Malraux

Muß Unrecht sein, so sei's um eine
Krone;
in allem andern sei man tugendhaft.
(Eteokles)

Schiller, Szenen aus den Phönizierinnen des Euripides

Unter allen Räuschen ist der Herrschaftsrausch der schlimmste. Wer vom Herrschaftsrausch befallen ist, erwacht nicht vor seinem Sturze.

Sanskrit

Doch eh ich sinke in die Nichtigkeit,
so klein aufhöre, der so groß begonnen,
eh mich die Welt mit jenen Elenden
verwechselt, die der Tag erschafft und stürzt,
eh spreche Welt und Nachwelt meinen Namen
mit Abscheu aus. (Wallenstein)

Schiller, Wallensteins Tod I, 7

Der wirklich Mächtige trägt seine Macht unter dem Revers, nicht im Knopfloch.

Roger Peyrefitte

Wenn wir Macht besitzen, nennen wir sie Einfluß. Wenn sie aber ein anderer besitzt, belassen wir es bei dem häßlichen Wort Macht.

Arthur F. Corey

Mächtige verstehen einander immer, mögen sie auch verfeindet sein.

Georges Clemenceau

Wer die Macht hat, dem soll man sie nicht auch noch versüßen.

Lord Beaverbrook

Die Herrschenden müssen bewacht werden, nicht die Beherrschten.

Friedrich Dürrenmatt

Obrigkeit

Das größte Bedürfnis eines Staates ist das einer mutigen Obrigkeit.

Goethe, Wilhelm Meisters Wanderjahre III, 11

Wenn aber die Gewaltigen klug sind, so gedeiht die Stadt.

Jesus Sirach 10, 3

Vernünftige Leute können viel tun. (Egmont)

Goethe, Egmont II, Platz in Brüssel

Friede auf Erden war immer dann, wenn die Vernünftigen Vergnügen an der Macht hatten.

Hans Kasper, Expedition nach innen, Das Messer und die Moral

Jetzt ist der Tag da, wo Anwendung von Gewalt gegen ein anderes menschliches Wesen als ebenso verwerflich angesehen werden muß wie Menschenfresserei.

Martin Luther King

Wer als Herr sich mild erzeigt,
auf den herab sieht mild und gnadenreich der Gott. (Agamemnon)

Aischylos, Agamemnon 951

Die moralischen Qualitäten der führenden Persönlichkeiten sind für eine Generation und für den Lauf der Geschichte vielleicht von noch größerer Bedeutung als rein intellektuelle Leistungen.

Albert Einstein

Der Fisch beginnt meist am Kopf zu stinken.

Sprichwort

Wo die Regenten schlecht sind, kommt schwerlich eine Nation in die Höhe, es mag soviel Tugendprediger geben als möglich.

Carl Ludwig von Knebel, zu Goethe, März 1810

Der Arrivierte ist zur Ehrsamkeit verurteilt.

William Faulkner

Ein Feldherr ohne Heer scheint mir ein Fürst,
der die Talente nicht um sich versammelt. (Alfons)

Goethe, Torquato Tasso V, 1

Leute, die am höchsten stehn,
müßten auch am weitsten sehn.
Wenn's in solcher Wolkensphäre
nur nicht oft so neblig wäre!

Ludwig Fulda, Sinngedichte

Ich brauche Wahrheit. Ihre stille Quelle
im dunklen Schutt des Irrtums aufzugraben,
ist nicht das Los der Könige. Gib mir
den seltnen Mann mit reinem, offnem Herzen,
mit hellem Geist und unbefangnen Augen,
der mir sie finden helfen kann! (König)

Schiller, Don Karlos III, 5

Es ist der Fluch der Hohen, daß die Niedern
sich ihres offnen Ohrs bemächtigen. (Don Manuel)

Schiller, Die Braut von Messina I, 5

Mir graut
vor dem Gedanken, einsam und allein,
auf einem Thron allein zu sein. (Karlos)

Schiller, Don Karlos II, 2

Die Freundschaft
ist wahr und kühn. Die kranke Majestät
hält ihren fürchterlichen Strahl nicht aus. (Marquis)

Schiller, Don Karlos I, 9

Fürsten, diese mißratenen Projekte der wollenden und nicht könnenden Natur, sitzen so gern zwischen Menschheit und Gottheit nieder. (Leonore)

Schiller, Die Verschwörung des Fiesco zu Genua IV, 14

Man kann den einzelnen Menschen betrachten a) als kleinen Mann, b) als Helden und c) als Rädchen einer Maschine. Der erste Weg führt zur altmodischen Demokratie, der zweite Weg zum Faschismus, der dritte Weg zum Kommunismus.

Bertrand Russell, Warum ich kein Christ bin

So steige ich durch alle Stände aufwärts, sehe den Bauersmann der Erde das Notdürftige abfordern, das doch auch ein behaglich Auskommen wäre, wenn er nur für sich schwitzte. Du weißt aber, wenn die Blattläuse auf den Rosenzweigen sitzen und sich hübsch dick und grün gesogen haben, dann kommen die Ameisen und saugen ihnen den filtrierten Saft aus den Leibern. Und so geht's weiter, und wir haben es so weit gebracht, daß oben immer in einem Tage mehr verzehrt wird, als unten in einem beigebracht werden kann.

Goethe, an Carl von Knebel, 17. 4. 1782

Die Verdammnis, daß wir des Landes Mark verzehren, läßt keinen Segen der Behaglichkeit grünen.

Goethe, an Charlotte von Stein, 3. 4. 1782

Fort ist fort, und was einmal
dir ein Mächtiger nimmt, das hast du besessen. Der Klage
gibt man wenig Gehör, und sie ermüdet am Ende.

Goethe, Reineke Fuchs 8

Die Fürsten geben mir vollauf, wenn sie mir nichts nehmen, und tun mir Gutes genug, wenn sie mir nichts Übles tun.

Montaigne, Essays

Eine schlimmere Rotte gewohnheitsmäßiger Verbrecher als unsere Fürsten kennt die Geschichte nicht. Juristisch betrachtet, gehören sie fast alle ins Zuchthaus.

Chamberlain,
Die Grundlagen des XIX. Jahrhunderts II, 2, 3

Es ist ein Unglück, das ich sahe unter der Sonne, nämlich Unverstand, der unter den Gewaltigen gemein ist.

Prediger Salomo 10, 5

Jetzt fühlt er, daß der angemaßte Purpur
der Majestät so schlotterig und lose
um ihn herumhängt wie des Riesen Rock
um eines Zwerges Schulter. (Rosse)

Schiller, Macbeth V, 3

Was sind wir Großen auf der Woge der Menschheit? Wir glauben, sie zu beherrschen, und sie treibt uns auf und nieder, hin und her. (Regentin)

Goethe,
Egmont I, Palast der Regentin

O Sklaverei des Volksdiensts! Schmähliche
Knechtschaft – Wie bin ich's müde, diesem Götzen
zu schmeicheln, den mein Innerstes verachtet!
Wann soll ich frei auf diesem Throne stehn!

Die Meinung muß ich ehren, um das Lob
der Menge buhlen, einem Pöbel muß ich's
recht machen, dem der Gaukler nur gefällt. (Elisabeth)

Schiller, Maria Stuart IV, 10

Häuptlingsschaft ist Knechtschaft.

Aus Sambia

Uns hat
das Volk zu seinen Sklaven groß gemacht. (Agamemnon)

Schiller, Iphigenie in Aulis II, 4

Bei neuen Herrn forscht man nach Recht und Grund,
die alten aber sind wie Wind und Regen:
Er bläst, er näßt und niemand fragt warum. (Pförtner)

Grillparzer, Esther II

Ein alter König drängt die Hoffnungen der Menschen
in ihre Herzen tief zurück
und fesselt dort sie ein.
Der Anblick aber eines neuen Fürsten
befreit die lang' gebundnen Wünsche.
(Polymetis)

Goethe, Elpenor II, 2

Regierung

Die Regierung ist zuerst formelle Ausübung der Gesetze und Aufrechterhaltung derselben. Nach außen hin verfolgt sie den Staatszweck, welcher die Selbständigkeit der Nation als eine Individualität gegen andre ist. Endlich nach innen hat sie das Wohl des Staates und aller seiner Klassen zu besorgen und ist Verwaltung.

Hegel

Weihen Sie
dem Glück der Völker die Regentenkraft,
die – ach, so lang – des Thrones Größe nur
gewuchert hatte! Stellen Sie der Menschheit
verlornen Adel wieder her! Der Bürger
sei wiederum, was er zuvor gewesen,
der Krone Zweck. (Marquis)

Schiller, Don Karlos III, 10

Erobern ist leichter als regieren.

Rousseau, Der Gesellschaftsvertrag III, Über die Monarchie

Matthias herrsche denn. Er lerne fühlen,
daß Tadeln leicht und Besserwissen trüglich,
da es mit bunten Möglichkeiten spielt,
doch Handeln schwer, als eine Wirklichkeit,
die stimmen soll zum Kreis der Wirklichkeiten. (Rudolf)

Grillparzer, Ein Bruderzwist in Habsburg IV

Alles Weltregiment, muß Er wissen,
von dem Stock hat ausgehen müssen;
und das Zepter in Königs Hand
ist ein Stock nur, das ist bekannt.
Und wer's zum Korporal erst hat gebracht,
der steht auf der Leiter zur höchsten Macht. (Wachtmeister)

Schiller, Wallensteins Lager 7

Herrschen ist Unsinn, aber Regieren ist Weisheit. Man herrscht also, weil man nicht regieren kann.

Seume, Apokryphen

Weisheit waltet durch Nicht-Tun. Woher ich das weiß? Weil es so ist: Je mehr Verwaltung und Verbote, umso mehr Gewalt und Armut. Je mehr Gewalt und Waffen, umso mehr Unruhe und Widerstand. Je mehr Schlauheit und Berechnung, umso mehr Verschlagenheit und Rückschläge. Je mehr Verordnungen, umso mehr Feinde der Ordnung.

Lao-Tse, Tao-Teh-King 57

Die deutschen Kaiser zogen umher, und diese Einrichtung ist dem Sinne freier Staaten am allergemäßesten. Wir fürchten uns vor einer Hauptstadt.

Goethe,
Wilhelm Meisters Wanderjahre III, 11

Regieren besteht im Festsetzen von Prioritäten.

Harold Wilson

Schlummerlosen Augenlids
muß stets der Wächter, der das Steuerruder lenkt
am Bord des Staates, künden, was die Stunde heischt. (Eteokles)

Äschylos,
Sieben vor Theben, Anfang

Es wird zugleich erwähnt, daß das Regierungsgeschäft ein sehr großes Metier sei, das den ganzen Menschen verlange, und daß es daher nicht gut, wenn ein Regent zu große Nebenrichtungen wie zum Beispiel eine vorwaltende Tendenz zu den Künsten habe, wodurch nicht allein das Interesse des Fürsten, sondern auch die Kräfte des Staates gewissen nötigeren Dingen entzogen würden.

Eckermann,
Gespräche mit Goethe, 18. 2. 1831

Regieret jemand, so sei er sorgfältig.

Römer 12, 8

Wenn man den effektiven Stundenlohn als Vergleichsmaßstab nimmt, ist der Unterschied zwischen einem Volvo-Arbeiter und mir nicht sehr groß.

Olof Palme

Regieren heißt voraussehen.

Robert Jungk

O Weisheit rüste mich mit Kraft,
daß meine Stimme Nutzen schafft
in Kirche, Schul' und Staate!
Und da mein Wissen Stückwerk ist,
so gib, daß ich zu jeder Frist
das Beste wenigstens errate!

Peter Wilhelm Hensler, Der neue Ratsherr

Ein guter Nachrichtendienst ist der Scheibenwischer der Regierung.

George F. Kennan

Die Nachrichtendienste aller Länder würden sofort einen großen Teil ihres Einflusses und ihrer Macht verlieren, wenn Seitensprünge von Politikern nicht mehr als unanständig gelten würden.

John Osborne

In der Strategie wie in der Diplomatie wird es immer schwerer, die einmal eingeschlagene Richtung zu ändern.

John H. Herz

Der Weg, auf dem eine Regierung zugrundegeht, ist der, wenn sie bald dies, bald jenes tut, wenn sie heute etwas zusagt und dies morgen nicht mehr befolgt.

Bismarck,
Im preußischen Landtag, 6. 2. 1868

Der Senat befolgt sogar den Brauch, kein Geschäft an dem Tage zu besprechen, an dem es zum ersten Male vorgelegt wird: Er verschiebt es auf die nächste Sitzung, damit nicht ein Redner, der unüberlegt gesagt hat, was ihm gerade in den Mund kam, nachher eifriger auf die Rechtfertigung seiner Meinung als auf das Interesse des Staates bedacht sei.

Thomas More, Utopia II

Es ist nichts schrecklicher als Macht und Übereilung. (Luise)

Goethe, Die Aufgeregten II, 1

Man kann die Welt nicht nach dem Evangelium regieren; denn das hieße die wilden Tiere losbinden.

Luther,
Von weltlicher Obrigkeit

Die Barockpoetik behielt den Standespersonen das Trauerspiel vor, das Lustspiel den unteren Schichten. Wahrlich, es ist immer ein Trauerspiel, mitanzusehen, wie man regiert wird, und immer ein Lustspiel, mitzuerleben, wie man sich trotzdem durchschlägt.

Martin Kessel,
Gegengabe III

Qui nescit dissimulare nescit regnare!
Wer sich nicht zu verstellen versteht, versteht nicht zu regieren.

Ludwig XI.

Sieht man am Hause doch gleich so
deutlich, wes Sinnes der Herr sei,
wie man, das Städtchen betretend, die
Obrigkeiten beurteilt.
Denn wo die Türme verfallen und
Mauern, wo in den Gräben
Unrat sich häufet und Unrat auf allen
Gassen herumliegt,
wo der Stein aus der Fuge sich rückt
und nicht wieder gesetzt wird,
wo der Balken verfault und das Haus
vergeblich die neue
Unterstützung erwartet: Der Ort ist
übel regieret.

Goethe,
Hermann und Dorothea 3

Sie haben den Entschluß gefaßt, unentschlossen zu sein. Sie sind willens, keinen Willen zu haben. Mit eiserner Energie lassen sie die Zügel schleifen, allmächtig in ihrer Ohnmacht.

Churchill,
über das Kabinett Chamberlain 1937

Der Minister des Äußern
kann sich nicht äußern,
der Minister des Innern
ist schwach im Erinnern,
der Kriegsminister
trägt Scepter und Kron' im Tornister,
der Minister der Finanzen
muß nach jedes Pfeife tanzen,
der Minister des Handels
ist unsichtbaren Wandels,
der Minister der Justiz
hat nicht Stimme, nur Sitz,
der Minister des Kultus
ändert Kultus in stultus,
der Chef der Polizei
schüttelt den Kopf dabei.

Grillparzer, Niederöstreichisch

Nicht jeder ist Zar, der im Kreml wohnt.

Aus Rußland

Eine schwache Regierung ist ein Unglück für jedes Land und eine Gefahr für den Nachbar.

Moltke

Wenn Regierungen krank sind, müssen die Völker das Bett hüten.

Börne, Der Narr im weißen Schwan 2

Schlechte Regenten sind gottgeschickte Geißeln für die Sünden der Untertanen.

Francisco Gómez de Quevedo, Politik Gottes

Wenn eine Regierung nicht regieren kann, hört sie auf, legitim zu sein, und es hat, wer die Macht, auch das Recht, sie zu stürzen.

Mommsen, Römische Geschichte

Zwanzig Jahre nach dem Tode Friedrichs des Großen kam Jena, und zwanzig Jahre nach meinem Ableben wird Deutschland zusammenbrechen, wenn es weiter so regiert wird.

Bismarck, zu seiner Schwiegertochter, 1898

Regieren ist keine Sache für Leute von Charakter und Erziehung.

Aristophanes, Die Ritter V, 191

Senatores sunt boni viri, senatus est mala bestia. Die Senatoren sind gute Leute, aber der Senat ist eine Bestie.

Verfasser unbekannt

Männer von Zünften
regieren mit schlechten Vernünften.

Sprichwort

Wie tausenderlei Vorkommnisse die Verhältnisse eines Volkes verändern können, so können nicht allein unterschiedliche Regierungen für verschiedene Völker gut sein, sondern auch für das gleiche Volk zu unterschiedlichen Zeiten.

Rousseau, Der Gesellschaftsvertrag III, Über die Regierung im allgemeinen

Staatsmann

Die Staatsweisheit ist verschieden von Staatsklugheit; dieser ist jedes Mittel gleichviel, das zum Zweck führt, jener aber sind es nur richtige Mittel zu heiligen Zwecken.

Karl Julius Weber, Demokritos, Staatsbetrachtungen eines alten Welt- und Mondbürgers

Nichts wird in den menschlichen Dingen, namentlich in der Staatskunst und der Diplomatie, so häufig verwechselt wie die Verständigkeit und die Schlauheit. Sie unterscheiden sich darin, daß die Schlauheit nur das Gegenwärtige im Auge hat und Mittel sucht, das Nächstliegende zu Nutzen und Vorteil zu bringen, indes die Verständigkeit das Gegenwärtige aus dem Vergangenen herleitet und die wahrscheinliche Zukunft nicht aus dem Auge verliert. Die Schlauheit ist daher oft scharfsichtiger und fast immer geschickter als ihr verständiges Gegenbild, eben weil sie einen engern Gesichtskreis hat und man Weniger leichter übersieht als Viel. Nur zu oft aber entgeht ihr der kaum errungene Nutzen, und der Held von heute ist das Gespött von morgen.

Grillparzer, Zur Lehre vom Staate, 1861

Napoleon war mit erstaunlich großen Fähigkeiten ausgestattet, aber er hat seine Mission nicht verstanden; denn seine moralische Kraft war zu gering, gleich Null. Er konnte sein Glück nicht mit Mäßigung, sein Unglück nicht mit Würde tragen, und eben weil ihm die moralische Kraft fehlte, hat er das Unglück Europas und sein eigenes verschuldet.

Talleyrand, Memoiren II

Ich bin da, um moralisches Gewicht für die Bundesrepublik und für meine Nachfolger zu sammeln.

Theodor Heuss

Neigung zum Erhalten und Geschicklichkeit zum Verbessern sind die beiden Elemente, deren Vereinigung in meinen Augen den Charakter des großen Staatsmannes bildet.

Burke, Betrachtungen über die Revolution in Frankreich

Der Regent muß sich in die Lage eines Landmanns oder eines Handwerkers versetzen und sich dann fragen: „Wenn du in dieser Klasse von Menschen geboren wärst, was würdest du von dem Regenten verlangen?"

Friedrich II. von Preußen

Der größte Staatsmann ist derjenige, welcher der humanste ist.

Anselm Feuerbach, Ein Vermächtnis, Lebensregeln

Er ehrt die Wissenschaft, sofern sie nutzt
den Staat regieren, Völker kennen lehrt;
er schätzt die Kunst, sofern sie ziert, sein Rom
verherrlicht und Palast und Tempel
zu Wunderwerken dieser Erde macht.
In seiner Nähe darf nichts müßig sein!
(Antonio)

Goethe, Torquato Tasso I, 4

Dadurch unterscheidet sich der vorausdenkende Staatsmann von dem schwatzenden Pöbel oder der Leidenschaft der Partei, daß er die Elemente der Gefahr von ferne erkennt und ihnen vorzubeugen versucht.

Ranke, Über die Zeiten Ferdinands I. und Maximilians II.

Ich stehe immer wie über einem Schachspiele und halte keinen Zug des Gegners für unbedeutend. (Oranien)

Goethe, Egmont II, Egmonts Wohnung

Früher war es für einen Staatsmann genug, die Geschehnisse der Kabinette zu wissen, indes man jetzt die Geheimnisse der Völker kennen muß.

Grillparzer

Sehr eminente Köpfe jedoch übersehen die Verhältnisse und deren wahrscheinliche Entwicklung in solcher Schnelligkeit und Sicherheit, daß sie, wenn nur noch von einigem Mut unterstützt, dadurch diejenige rasche Entschlossenheit und Festigkeit erlangen, welche sie befähigt, eine bedeutende Rolle in den Welthändeln zu spielen.

Schopenhauer, Die Welt als Wille und Vorstellung II, 2, 16

Von einem Staatsmann in erster Linie „Konsequenz" zu verlangen, heißt ihm die Freiheit nehmen, sich nach den wechselnden Bedürfnissen des Staates, dem veränderten Verhalten des Auslandes oder nach sonstigen wichtigen Gründen zu entscheiden.

Bismarck, zu Hermann Hofmann

Es ist schwer, in großen Weltgeschäften ein ruhiges Gewissen zu behalten.

Liselotte von der Pfalz

Staatsmänner sind wie Chirurgen: Ihre Irrtümer sind tödlich.

François Mauriac

Die großen und glänzenden Taten, welche das Auge blenden, werden von den Politikern als die Wirkungen großer Pläne hingestellt, obwohl sie gewöhnlich nichts anderes sind als die Wirkungen von Launen und Leidenschaften.

La Rochefoucauld

Rathenau war kein Staatsmann; ihm fehlte die liebende Verachtung, die verachtende Liebe. Ihm fehlte der heroische Zynismus, dessen es bedarf, ein Volk und eine Zeit zu gestalten. Er meinte es gut mit seinem Vaterlande; er wollte ihm dienen, und das wird nicht verziehen.

Moritz Heimann

Die Staatsleitung also jener Männer, eines Themistokles und der anderen, die Anytos eben nannte, hatte nichts mit Weisheit zu tun und ging nicht von weisen Männern aus. Darum sind sie auch nicht imstande, andere zu ihresgleichen zu machen; denn ihre Bedeutung beruht nicht auf Wissen. Wenn aber nicht auf Wissen, so bliebe nur die Treffsicherheit in wahrer Meinung übrig. Diese also wäre, was die Staatsmänner befähigt, die Staatsgeschäfte richtig zu führen, wobei sie, was das Verhältnis zur richtigen Einsicht anlangt, durchaus nichts voraus haben vor den Wahrsagern und gottbegeisterten Sehern. Denn auch diese verkünden Wahres, und zwar in reichlicher Fülle, ohne doch wirkliche Einsicht zu haben. (Sokrates)

Platon, Menon 41

Ein Mann ohne Urteilskraft mag bis zur Spitze aufsteigen, aber er wird sich dort nicht sehr lange halten.

Clement Attlee

Staatsmännische Kunst ist der weise Einsatz individueller Unzulänglichkeiten für das Gemeinwohl.

Abraham Lincoln

Ein Staatsmann ist ein Politiker, der seit zehn oder fünfzehn Jahren tot ist.

Truman

Wir alle geben zu, daß der Tüchtigste und von Natur Trefflichste herrschen sollte und daß allein das Gesetz herrsche und der aus der Vernunft entspringende Gedanke.

Aristoteles

Nur wer im eignen Hause sich bewährt,
stellt auch im Staate wahrhaft seinen Mann. (Kreon)

Sophokles, Antigone III

Wer ein guter Schildknappe gewesen ist, wird auch ein guter Statthalter sein.

Cervantes, Don Quijote II, 33

Das vornehmste Bestreben der Welt sei darauf gerichtet, keines Herkules zu bedürfen. Das ist die einzige Klugheitsmaßregel, die ich zur Zeit zugestehe. Es gilt nicht, einen Augiasstall zu misten, sondern aufzupassen, daß keiner entstehe.

Hebbel, Tagebücher 1836

Keiner sollte ein Land zu regieren wagen, der es nicht für einige Zeit von außen gesehen hat.

Hermann Josef Abs

Wo nur ein einziger Mann den Staat erhalten kann, ist der Staat in seiner Fäulnis kaum der Erhaltung wert.

Seume, Apokryphen

Politiker

Zu einem guten Politiker gehören die Haut eines Nilpferdes, das Gedächtnis eines Elefanten, die Geduld des Bibers, das Herz des Löwen, der Magen des Vogels Strauß und der Humor einer Krähe. Diese Eigenschaften sind allerdings noch nichts wert ohne die Sturheit des Maulesels.

Winston Churchill

Als ich jung war, glaubte ich, ein Politiker müsse intelligent sein. Jetzt weiß ich, daß Intelligenz wenigstens nicht schadet.

Carlo Schmid

Die Politik sagt: „Seid klug wie die Schlangen!“ Die Moral setzt hinzu: „Und ohne Falsch wie die Tauben!“

Kant

In London verlangt man sogar von Politikern, daß sie moralisch sind. Die Folgen sind verheerend: Einer nach dem anderen verschwindet in der Versenkung.

Oscar Wilde

Mancher ausscheidende Politiker hinterläßt eine Lücke, die ihn voll ersetzt.

Henri Tisot

Ein Politiker ist ein Mensch, mit dessen Politik du nicht übereinstimmst; wenn du es tust, dann ist er ein Staatsmann.

Lloyd George

Der erfolgreichste Politiker ist derjenige, der das sagt, was alle denken, und der es am lautesten sagt.

Theodore Roosevelt

Daß er dies all aus Überzeugung spricht,
die Meinung laß' ich mir nicht rauben:
Wer eine Lüge Tag für Tag verficht,
der muß sie schließlich selber glauben.

Ludwig Fulda, Auf einen Agitator

Und so hab ich die verständ'ge
Politik mir angeeignet,
mit dem Betenden zu beten,
mit dem Keifenden zu keifen. (Crespo)

Calderon, Der Richter von Zalamea II

Sonntäglich in der Kirche erscheinen, auf die Gemeinde herabsehen und von ihr ein Stündchen sich anblicken lassen, ist das trefflichste Mittel zu Popularität.

Goethe, zu Eckermann, 3. 4. 1829

Das Geheimnis, tausend Hände am Tag schütteln zu können, besteht darin, selbst zu schütteln, nicht schütteln zu lassen.

Eleanor Roosevelt

Anders sein und anders scheinen,
anders reden, anders meinen,
alles loben, alles tragen,
allen heucheln, stets behagen,
allem Winde Segel geben,
Bös- und Guten dienstbar leben,
alles Tun und alles Dichten
bloß auf eignen Nutzen richten:
Wer sich dessen will befleißen,
kann politisch heute heißen.

Logau, Heutige Weltkunst

Was heißt politisch sein? Versteckt im Strauche liegen,
fein zierlich führen um und höflich dann betrügen.

Logau, Ein Weltmann

In öffentlichen Angelegenheiten handeln nur wenige aus bloßer Rücksicht auf das Wohl ihres Landes, was sie auch immer vorschützen mögen, und wenn ihre Handlungen auch wirklich dem Lande zum Nutzen gereichen, haben die Menschen doch ursprünglich erwogen, daß ihr eigener Vorteil und derjenige des Landes eins seien.

Benjamin Franklin, Lebenserinnerungen III

Politisches Theater: Auf einen Darsteller zehn Souffleure.

Wieslaw Brudzinski

Ist jene Zeit dir noch
erinnerlich, da du der Griechen Führer
in den Trojanerkrieg zu heißen branntest?
Sehr ernstlich wünschtest du, was du in schlauer
Gleichgültigkeit zu bergen dich bemühtest.
Wie demutsvoll, wie kleinlaut warst du da!
Wie wurden alle Hände da gedrücket!
Da hatte, wer es nur verlangte, wer's
auch nicht verlangte, freien Zugang, freies
und offnes Ohr bei Atreus' Sohn! Da standen
geöffnet allen Griechen deine Tore.
So kauftest du mit schmeichlerischem Wesen
den hohen Rang, zu dem man dich erhoben.
Was war dein Dank? Des Wunsches kaum gewährt,
sieht man dich plötzlich dein Betragen ändern.
Der Freunde wird nicht mehr gedacht.
(Menelaus)

Schiller, Iphigenie in Aulis II, 2

Marionetten lassen sich sehr leicht in Gehängte verwandeln. Die Stricke sind schon da.

Stanislaw Jerzy Lec

Die angeblichen Volksführer müssen selbst dem Mob folgen.

Oscar Wilde

Der Führer ist die Welle, die durch das Schiff vorwärtsgetrieben wird.

Tolstoi

Die besondere Fertigkeit des Politikers besteht darin, daß er weiß, welche Leidenschaften am leichtesten zu erregen sind und wie sich, sobald sie erregt sind, verhindern läßt, daß sie ihm und seinen Anhängern schaden.

Bertrand Russell, Skepsis

Unter Politik verstehen manche Leute die Kunst, Brände zu löschen, die sie selbst gelegt haben.

Lawrence Durell

Ich kenne Anwälte der Unterdrückten, die traurig sind, wenn niemand unterdrückt wird.

Wieslaw Brudzinski, Katzenjammer

Die Politik ist das Paradies zungenfertiger Schwätzer.

Shaw

Politik besteht nicht selten darin, einen simplen Tatbestand so zu komplizieren, daß alle nach einem neuen Vereinfacher rufen.

Giovanni Guareschi

Ihr, die ihr das Volk in Unwissenheit erhalten wollt, seid am meisten bedroht. Seht Ihr denn nicht, mit welcher Leichtigkeit man ein unvernünftiges Tier zum reißenden Tiere macht?

Mirabeau,
Politische Diskurse

Ich gedenke oft solcher Politiker, wenn ich im Dorfe von einem Hund angebellt werde, der zweite nachbellt, und alle bellen, und keiner kann sagen warum.

Karl Julius Weber,
Demokritos, Der Staat und seine Formen

Politiker sollten auch einmal Betroffenheit zeigen und nicht immer so verdammt siegessicher sein.

Günter Grass

Daß er beim Spiel das Trumpf-As aus dem Ärmel zieht, will ich ihm verzeihen. Aber daß er immer behauptet, der liebe Gott habe es ihm persönlich hineingesteckt, das ist unerträglich.

Unbekannter Verfasser
über William Gladstone

Ich glaube, einer der wenigen Athener – wenn nicht der einzige – zu sein, der sich um die wahre Staatskunst bemüht, und der einzige unter meinen Zeitgenossen, der für das Staatswohl tätig ist. Denn ich richte meine Worte nicht danach, daß sie Gefallen finden, sondern ich bezwecke damit das Gute.
(Sokrates)

Platon, Gorgias

Gelehrten, welche Politiker werden, wird gewöhnlich die komische Rolle zugeteilt, das gute Gewissen einer Politik sein zu müssen.

Nietzsche

Politiker sollten nicht schlank sein. Schlanke Leute in führender Stellung erwecken kein Vertrauen. Außerdem schafft Schlankheit ein gefährliches Gefühl der Überlegenheit den Dicken gegenüber.

Norman Mailer

Es gibt kein besseres Vorzimmer zur Macht als die Zelle eines politischen Gefängnisses.

Lal Bahadur Shastri

Verdienst erhöht die Politiker. Es macht sie weithin sichtbar – wie Zielscheiben.

Christian Bovee

Die Politik ist wie eine große Forelle, welche die kleine Forelle auffrißt; denn die Forellen gehören zu den Raubfischen, wie Sie wissen. So hat die Politik jedes andere Steckenpferd, das ich jemals gehabt habe, verschlungen.

Bismarck, zu Sidney Whitman

Diplomat

Beratschlagen Große, so sprechen sie in Gleichnissen.

Aus Tansania

Ein wahrer Diplomat ist ein Mann, der zweimal nachdenkt, bevor er nichts sagt.

Winston Churchill

Wir sind Diplomaten. Das heißt: Wenn wir sagen, was wir denken, haben wir uns versprochen.

Henry Morton Robinson, Der Kardinal

Ein Diplomat ist ein Mensch, der offen ausspricht, was er nicht denkt.

Giovanni Guareschi

Diplomatie ist die Kunst, mit hundert Worten zu verschweigen, was man mit einem Wort sagen könnte.

Saint-John Perse

Der wahre Diplomat kann mit Leichtigkeit beweisen, daß es falsch wäre, das Richtige zu tun.

Verfasser unbekannt

Wenn man sagt, daß man einer Sache grundsätzlich zustimmt, so bedeutet dies, daß man nicht die geringste Absicht hat, sie in der Praxis durchzuführen.

Bismarck

Unter einem Dementi versteht man in der Diplomatie die verneinende Bestätigung einer Nachricht, die bisher lediglich ein Gerücht gewesen ist.

John B. Priestley

Ein Dementi ist nach den Spielregeln der hohen Politik ein halbes Eingeständnis einer ganzen Dummheit.

Saint-John Perse

Mit Aufrichtigkeit kann man bei diplomatischen Verhandlungen die verblüffendsten Wirkungen erzielen.

André François-Poncet

Diplomaten sehen mit den Ohren. Die Luft ist ihr Element, nicht das Licht.

Börne, Fragmente und Aphorismen 4

Ein Diplomat, der sich über Intrigen beschwert, beschwert sich über sein Metier.

Hans Kasper, Abel, gib acht; Die Intrige und der Diplomat

Diplomaten ärgern sich nie. Sie machen sich Notizen.

Charles Talleyrand

Diplomatie ist die Kunst, einen Hund so lange zu streicheln, bis Maulkorb und Leine fertig sind.

Fletcher Knebel

Diplomatie ist die Kunst, seinem verhaßten Nachbarn die Kehle durchzuschneiden, ohne ein Messer zu benutzen.

Talleyrand

Die Pflicht des Diplomaten besteht in wechselseitigen und unaufhörlichen Konzessionen.

Bismarck

Ultimatum in der Diplomatie: Eine letzte Forderung, bevor man seine Zuflucht zu Konzessionen nimmt.

Ambrose Bierce

Staatsdiener

Mit dem besten Willen leisten wir
so wenig, weil uns tausend Willen kreuzen.
O wäre mir zu meinen reinen Wünschen
auch volle Kraft auf kurze Zeit gegeben:
Bis an den letzten Herd im Königreich
empfände man des Vaters warme Sorge. (König)

Goethe, Die natürliche Tochter I, 5

Dem reinen Trachten eines Edlen,
kann er's nicht selbst vollführen, er allein,
mischt von der Leidenschaft, der bösen Selbstsucht
der andern, die als Werkzeug ihm zur Hand,
so viel sich bei, daß, hat er nun vollbracht,
ein Zerrbild vor ihm steht, statt seiner Tat. (Rudolf)

Grillparzer,
Ein Bruderzwist in Habsburg IV

Am Ende hängen wir doch ab
von Kreaturen, die wir machten. (Mephistopheles)

Goethe, Faust 2, II, Laboratorium

Gewisse Dienste Königen zu leisten,
ist mißlich, Herzog – ein gewagter Wurf,
der, fehlt er seine Beute, auf den Schützen
zurücke prallt. (Domingo)

Schiller, Don Karlos II, 10

Das Gebot des Herrschers
kann auch den Besten in Versuchung führen. (Malcolm)

Schiller, Macbeth IV, 6

In einen Taumel treibt uns ihre Gunst,
und wir gewöhnen uns leicht zu vergessen,
was wir der eignen Würde schuldig sind.
Die Gnade scheinet ein so hoher Preis,
daß wir den ganzen Wert von unsrem Selbst
zur Gegengabe viel zu wenig achten.
(Polymetis)

Goethe, Elpenor II, 1

Ich kann nicht Fürstendiener sein. Ich will
den Käufer nicht betrügen, Sire. Wenn Sie
mich anzustellen würdigen, so wollen
Sie nur die vorgewogne Tat. Sie wollen
nur meinen Arm und meinen Mut im Felde,
nur meinen Kopf im Rat. Nicht meine Taten.
Der Beifall, den sie finden an dem Thron,
soll meiner Taten Endzweck sein. Mir aber,

mir hat die Tugend eignen Wert. Das
Glück,
das der Monarch mit meinen Händen
pflanzte,
erschüf' ich selbst, und Freude wäre
mir
und eigne Wahl, was mir nur Pflicht
sein sollte.
Und ist das Ihre Meinung? Können Sie
in Ihrer Schöpfung fremde Schöpfer
dulden?
Ich aber soll zum Meißel mich ernie-
dern,
wo ich der Künstler könnte sein? – Ich
liebe
die Menschheit, und in Monarchieen
darf
ich niemand lieben als mich selbst.
(Marquis)

Schiller, Don Karlos III, 10

Die Dienste der Großen sind gefährlich und lohnen der Mühe, des Zwanges, der Erniedrigung nicht, die sie kosten. (Tellheim)

Lessing, Minna von Barnhelm V, 9

Wir Subalternen haben keinen Willen;
der freie Mann, der mächtige, allein
gehorcht dem schönen menschlichen
Gefühl.
Wir aber sind nur Schergen des
Gesetzes,
des grausamen; Gehorsam heißt die
Tugend,
um die der Niedre sich bewerben darf.
(Gordon)

Schiller, Wallensteins Tod IV, 2

Der edle König, er liebt sich
ganz besonders Leute, die bringen und
die nach der Weise,
die er singt, zu tanzen verstehen.

Goethe, Reineke Fuchs 8

Jeder Staatsdiener hat doppelte Pflicht: Gegen den Landesherrn und gegen das Land. Kann wohl vorkommen, daß die nicht vereinbar sind, dann aber ist die gegen das Land die höhere.

Friedrich Wilhelm III. von Preußen

Wenn ich am Kaiser unrecht handle,
ist's
mein Unrecht, nicht das deinige. Ge-
hörst
du dir? Bist du dein eigener Gebieter,
stehst frei da in der Welt wie ich, daß
du
der Täter deiner Taten könntest sein?
Auf mich bist du gepflanzt, ich bin
dein Kaiser,
mir angehören, mir gehorchen, das
ist deine Ehre, dein Naturgesetz. (Wal-
lenstein)

Schiller, Wallensteins Tod III, 18

Wer die Macht übt, ist ihr Knecht nicht weniger, als wer sie duldet. Der Tyrann leidet unter der Menschheit, wie sie unter ihm.

Heinrich Mann,
in „Die Aktion", 1912

Erdengötter sind die Fürsten. Glaubt
es, mancher Diener spricht's.
Und wieviele Kreaturen schaffte nicht
ihr Wort aus nichts?

Ephraim Moses Kuh, Epigramme

Die großen Herren sind so selten dabei, wenn sie Böses tun. (Verrina)

Schiller, Die Verschwörung des Fiesco zu Genua V, 16

Ist es, zum Unglücke so mancher, nicht genug, daß Fürsten Menschen sind? Müssen sich auch noch Teufel in ihren Freund verstellen? (Prinz)

Lessing, Emilia Galotti, Schluß

Man hat Exempel,
daß man den Mord liebt und den Mörder straft. (Deveroux)

Schiller, Wallensteins Tod V, 2

Nicht ein Zehnteil würd'
ein Herr des Bösen tun, müßt er es selbst
mit eignen Händen tun. (Rupert)

Kleist, Die Familie Schroffenstein IV, 1

Immer schon hatten die Narren am Sockel des Throns gesessen. Deshalb sahen sie auch als erste, wenn er zu wackeln anfing.

Lec, Unfrisierte Gedanken

Das Gleiche kann nur vom Gleichen erkannt werden, und nur ein Fürst, der selber große Fähigkeiten besitzt, wird wiederum große Fähigkeiten in seinen Untertanen und Dienern gehörig erkennen und schätzen.

Goethe, zu Eckermann, 11. 3. 1828

Wer alt mit Fürsten wird, lernt vieles, lernt
zu vielem schweigen. (Evadne)

Goethe, Elpenor I, 2

Bürger

Eine Regierung ist so schlecht, wie die Bürger es zulassen, und so gut, wie die Bürger es erzwingen.

Pierre Salinger

Natürlich ist's, daß der Bürger von dem regiert sein will, der mit ihm geboren und erzogen ist, der gleichen Begriff mit ihm von Recht und Unrecht gefaßt hat, den er als seinen Bruder ansehen kann. (Egmont)

Goethe,
Egmont IV, Der Culenburgische Palast

Ich stehe hinter jeder Regierung, bei der ich nicht sitzen muß, wenn ich nicht hinter ihr stehe.

Werner Finck

Die Menge hat immer Sinn genug, wenn die Obern damit begabt sind.

Goethe,
Wilhelm Meisters Wanderjahre II, 9

Meint ihr, ein jeder sei dazu geschickt,
daß er das Staatswohl überwache?
Ein jeder weiß zwar, wo der Schuh ihn drückt,
doch Rat zu schaffen ist des Schusters Sache.

Heyse, Spruchbüchlein, Politik

Es lastet schwer Volkes Stimme grollerfüllt.

Äschylos, Agamemnon 458

Der Völker Herz ist wankelmütig, Fürstin!
Sie lieben die Veränderung. Sie glauben durch eine neue Herrschaft zu gewinnen. (Hiob)

Schiller, Demetrius II, 1

Gerne tadelt ja das Volk die Herrn. (Pelasgos)

Äschylos, Die Schutzflehenden 485

Die Menge geht nach dem Glück. (Wallenstein)

Schiller, Wallensteins Tod III, 13

Verstehet wohl, Ihr Athener, wenn ich schon frühe mich darauf eingelassen hätte, die staatlichen Geschäfte zu betreiben, so wäre ich schon frühe umgekommen, ohne Euch das Geringste zu nützen noch auch mir selber. Werdet nicht zornig, daß ich die Wahrheit sage. Es ist ja doch nicht möglich, daß irgendein Mann am Leben bleibe, der sich Euch oder irgendeiner anderen Volksmenge ehrlich widersetzt, um vielerlei Unrecht und Gesetzwidrigkeiten in der Stadt zu verhindern.

Platon,
Verteidigungsrede des Sokrates I, 19

Wenn die Repräsentanten dieses Staates etwas Dummes tun und ich mich als Bürger nicht davon betroffen fühle, dann lebe ich in keinem demokratischen Staat.

Alexander Mitscherlich

Ein Führer entsteht nur, wenn eine Gefolgschaft bereits da ist.

Ludwig Marcuse, Argumente und Rezepte

Idiotes nannte man in Griechenland Leute, die weder wählen durften noch zur Ausübung eines staatlichen Amtes zugelassen waren. Heute bedarf es der Schaffung einer solchen Menschenkategorie nicht, weil es von Idioten wimmelt, die ihre staatsbürgerlichen Rechte freiwillig nicht ausüben.

Fritz Diettrich

Wer sich nicht mit Politik befaßt, hat die politische Parteinahme, die er sich sparen möchte, bereits vollzogen: Er dient der herrschenden Partei.

Max Frisch, Tagebuch 1946-49

Sobald einer über die Staatsangelegenheiten sagt „Was geht's mich an?", muß man damit rechnen, daß der Staat verloren ist.

Rousseau, Der Gesellschaftsvertrag III, Über die Abgeordneten oder Repräsentanten

Der ist kein Bürger, der die eigne Sorge vergißt nicht in der Not des Allgemeinen. (Prokop)

Grillparzer,
Ein Bruderzwist in Habsburg IV

Kannst du nicht mit der Wurzel die falschen Ansichten ausrotten und Mißstände, die längst eingerissen sind, nicht ganz nach deinem Wunsche beheben, so darfst du deswegen dem Staat nicht den Rücken kehren, so wenig du das Schiff im Sturm sich selbst überläßt, weil du die Winde nicht am Blasen hindern kannst.

Thomas More, Utopia I

Demokratie heißt: Die Spielregeln einhalten, auch wenn kein Schiedsrichter zusieht.

Manfred Hausmann

Politik

Politik ist die Geschichte in Aktion.

Roger Butterfield

Politik ist, daß man Gottes Schritt durch die Weltgeschichte hört, dann zuspringt und versucht, einen Zipfel seines Mantels zu fassen.

Bismarck

Politik ist ein Streit der Interessen, der sich als Wettstreit der Prinzipien maskiert.

Ambrose Bierce

Innenpolitik ist die Kunst, verschiedene Meinungen unter einen Hut zu bringen, der kein Helm ist.

Hans Henny Jahnn

Ein Kompromiß ist dann vollkommen, wenn beide das bekommen, was sie nicht haben wollen.

Edgar Faure

Politik ist nicht die Kunst des Kompromisses, sondern die Kunst der Synthese. Kompromiß bedeutet Einigung, die Halbierung beider Positionen. Synthese heißt Einigung nach dem Prinzip der Vermehrung: Sie komponiert aus zwei Positionen eine dritte.

Hans Kasper

Lebensstandard ist kein würdiger Ehrgeiz für eine Nation.

Charles de Gaulle

Der hohe Lebensstandard ist ein Ziel, für das zwar viele leben wollen, für das aber im Ernstfall niemand sterben wird.

Malcolm Muggeridge

Ich hasse alle Pfuscherei wie die Sünde, besonders aber die Pfuscherei in Staatsangelegenheiten, woraus für Tausende und Millionen nichts als Unheil hervorgeht.

Goethe, zu Eckermann, März 1832

Es mag fünfzig Jahre dauern, bis politische Mißgriffe offenkundig werden und ihre letzten Konsequenzen tragen, aber schließlich legt die Geschichte Rechnung für jeden Fehler vor, und sie ist peinlicher dabei als unsere preußische Oberrechnungskammer.

Bismarck

In einundeinhalb Jahren, meine Herren, läßt sich viel Böses tun, aber nur wenig Gutes schaffen.

Bismarck,
im Reichstag, 25. 11. 1871

In der Politik ist es manchmal wie bei der Grammatik. Ein Fehler, den alle begehen, wird schließlich als Regel anerkannt.

André Malraux

Der Mensch kann den Strom der Zeit nicht schaffen und nicht lenken, sondern nur auf ihm fahren und steuern, um mit mehr oder weniger Erfahrung und Geschick den Schiffbruch zu vermeiden.

Bismarck,
zu Studenten, 1. 4. 1895

Die Aufgabe der Politik liegt in der möglichst richtigen Voraussicht dessen, was andere Leute unter gegebenen Umständen tun werden.

Bismarck,
Gedanken und Erinnerungen III, 12

Grundsätze, Freund, Prinzipien
sind's, die den Staatsmann führen,
sie geben Haltung, hält man sie,
und lassen sich ignorieren.

Grillparzer, Politisch

Meine Gegner werfen mir vor, ich stelle die Segel nach dem Winde. Darin besteht ja gerade die Kunst des Segelns!

Bismarck

In der Politik darf man nicht versuchen, mit dem Kinn eine Faust k.o. zu schlagen.

Olof Palme

Unwandelbarkeit in der Politik ist nur ein anderer Ausdruck für Mangel an Verstand.

Talleyrand

Wir können die Uhren vorstellen, die Zeit geht aber deshalb nicht rascher, und die Fähigkeit zu warten, während die Verhältnisse sich entwickeln, ist eine Vorbedingung praktischer Politik.

Bismarck, an Freiherr von Werthern, 1869

Geduld ist eine Grundtugend der Politik – solange man sie nicht mit der Ausdauer verwechselt, Fehlschläge in unbegrenzter Zahl hinzunehmen.

Hans Kasper

In der Politik wird Ratlosigkeit oft mit Geduld verwechselt.

Roger Peyrefitte

When in trouble, travel. Wenn Du in Schwierigkeiten bist, gehe auf Reisen.

Aus den USA

Vollkommene Politik besteht darin, niemals das letzte Motiv zu enthüllen.

Benjamin Disraeli

Er wird ein großer König werden; er sagt kein Wort von dem, was er denkt.

Mazarin, über Ludwig XIV.

Was mich an unserem politischen Betrieb in der Bundesrepublik am meisten niederdrückt, ist die Verarmung der Sprache.

Rudolf Augstein

Verständliche Sprache bei einem Politiker zeugt von gutem Gewissen.

André Malraux

In der Politik ist es wie in der Elektrizität: Wo es Kontakte gibt, gibt es auch Spannungen.

Pierre Mendés France

Ihr Könige und Herrscher,
fürchtet die Zwietracht! Wecket nicht den Streit
aus seiner Höhle, wo er schläft; denn, einmal
erwacht, bezähmt er spät sich wieder! Enkel
erzeugt er sich, ein eisernes Geschlecht. (Johanna)

Schiller, Die Jungfrau von Orleans III, 4

Man muß sich von einem politischen Gegner nicht unbedingt mit einem Fußtritt verabschieden, wenn man es mit einem Händedruck tun kann.

Edgar Faure

Zur Politik gehört auch die Gabe, selbst zu jammern, wenn man anderen auf die Füße tritt.

Henri Tisot

Politik, das ist die Freistatt, wo Verbrechen, die sonst Gefängnis oder Tod zur unvermeidlichen Folge hätten, wo Verrätereien, die sonst zu flammender Empörung aufriefen, wo Lügen, die sonst im allgemeinen Hohngelächter untergingen, nicht nur von diesen sonst natürlichen Konsequenzen bewahrt zu bleiben pflegen, sondern wo all diese Verbrechen, Verrätereien und Lügen als durchaus natürliche, wenn nicht gar rühmenswerte Bestätigungen der menschlichen Natur angesehen werden.

Arthur Schnitzler

Entworfen bloß ist's ein gemeiner Frevel,
vollführt ist's ein unsterblich Unternehmen;
und wenn es glückt, so ist es auch verziehn,
denn aller Ausgang ist ein Gottesurteil.
(Gräfin)

Schiller, Wallensteins Tod I, 7

Konferenzen sind die Bremsspuren der Geschichte.

Henri Troyat

Zwang und Not, nicht geschriebene Verträge und Verpflichtungen treiben den Herrscher dazu, sein Wort zu halten.

Machiavelli, Florentiner Geschichte VIII

Der Vertrag ist ein System, unter dem die Treuen immer gebunden, die Treulosen immer frei sind.

Robert Gilbert Vansittart

Am längsten halten die Bündnisse, deren Partner einander nicht umarmen, sondern auf Tuchfühlung bleiben.

Malcolm Muggeridge

In der Politik darf man keine Vorliebe für ein Volk und keine Abneigung gegen ein anderes haben.

Friedrich II. von Preußen,
Politisches Testament

Zwischen Staaten gibt es keine Freundschaft, sondern nur Allianzen.

Charles de Gaulle

Für eine Nation ist nur das gut, was aus ihrem eigenen allgemeinen Bedürfnis hervorgegangen, ohne Nachäffung einer anderen. Denn was dem einen Volk auf einer gewissen Altersstufe wohltätige Nahrung sein kann, erweist sich vielleicht für ein anderes als ein Gift. Alle Versuche, irgendeine ausländische Neuerung einzuführen, wozu das Bedürfnis nicht im tiefen Kern der eigenen Nation wurzelt, sind daher töricht.

Goethe, zu Eckermann, 4. 1. 1824

Was fremde Hilfe sei, das fühlst du, Land, allhier:
Die Hilfe half sich selbst; das Fremde ließ man dir.

Logau, Fremde Hilfe

Prestige nennt man die Daumenschrauben, die man auch einer Weltmacht anlegen kann.

George F. Kennan

Die Arbeit als Außenminister wäre sehr schön, wenn es das Inland nicht gäbe.

Joseph Luns

Menschenführung

Wen das höchste Gelingen seines Vorhabens nicht verwirrt macht und wen ebenso eine zeitweilige Notlage nicht verwirrt macht, wer vielmehr Lust und Leid sowie den mittleren Zustand ruhig hinnimmt, der Mann ist ein Führender.

Mahâbhârata 12

Eine gute Herde wird nicht von einem Hammel geführt, sondern von einem Hirten.

Thomas Niederreuther, Aphorismen

Führen heißt wissen, was man will.

Thomas Ellwein

Wohl dem Ganzen, findet
sich einmal einer, der ein Mittelpunkt
für viele tausend wird, ein Halt, – sich hinstellt
wie eine feste Säul', an die man sich
mit Lust mag schließen und mit Zuversicht. (Max)

Schiller, Die Piccolomini I, 4

Der Blinde wirft sich gern zum Führer auf.

Sprichwort

Es ist nicht wohlgetan,
zum Führer den Verzweifelnden zu wählen. (Max)

Schiller, Wallensteins Tod III, 23

Ich habe in meinem Leben die Erfahrung gemacht, daß man mit kleinen Dingen allzu leicht scheitert, daß aber große Pläne von jener Faszination erfüllt sind, die auch die Menschen rührt und die schon einen Teil des Gelingens ausmacht.

Ludwig Erhard

Wer Menschen führen will, muß ein Praktiker und ein Realist sein. Aber er muß die Sprache sprechen des Idealisten und des Sehers.

Eric Hoffer

Decies repetita placebit. Zum zehntenmal wiederholt, wird es gefallen.

Horaz, Ars poetica

Die Aufnahmefähigkeit der großen Masse ist nur sehr beschränkt, das Verständnis klein, dafür jedoch die Vergeßlichkeit groß. Aus diesen Tatsachen heraus hat sich jede wirkungsvolle Propaganda auf nur sehr wenige Punkte zu beschränken und diese schlagwortartig so lange zu verwerten, bis auch bestimmt der Letzte unter einem solchen Wort das Gewollte sich vorzustellen vermag.

Adolf Hitler,
Mein Kampf

Die Arbeit der philosophischen, theologischen, politisch-pathologischen Volksführer ist fast durchaus, Rauch zu machen und darin Gespenster und Schreckgestalten zu zeigen, damit man sich an ihre Heilande halten soll.

Seume,
Apokryphen

Das Geheimnis des Agitators ist, sich so dumm zu machen, wie seine Zuhörer sind, damit sie glauben, sie seien so gescheit wie er.

Karl Kraus,
Sprüche und Widersprüche

Wer besaß bis jetzt die überzeugendste Beredsamkeit? Der Trommelwirbel. Solange die Könige diesen in der Gewalt haben, sind sie immer noch die besten Redner und Volksaufwiegler

Nietzsche

Das Fundament aller Staatskunst besteht darin, die Menschen zu täuschen über das, was ihr eigner Vorteil ist.

Johann Jakob Mohr,
Gedanken über Leben und Kunst

Man spricht entweder zum Volk oder zur Sache.

Hans Kasper, Nachrichten und Notizen

Wenn die Reklame keinen Erfolg hat, muß man die Ware ändern.

Edgar Faure

Das rechte Wort, am rechten Platz vom rechten Mann gesprochen, erspart fast immer den Einsatz der Polizei.

Carlo Schmid

Den Völkern schmeicheln bei politischen Stürmen, heißt den Wogen sagen, daß sie das Schiff lenken sollen.

Joubert

Nichts beklagen, nichts erklären.

Winston Churchill

Weit besser ist's, sie einzuengen, daß man sie wie Kinder halten, wie Kinder zu ihrem Besten leiten kann. Glaube nur, ein Volk wird nicht alt, nicht klug, ein Volk bleibt immer kindisch. (Alba)

Goethe, Egmont IV, Der Culenburgische Palast

Wenn du willst, daß sie dich hassen, dann schenke ihnen Brot. Wenn du willst, daß sie dich lieben, zwinge sie, einen Turm zu bauen.

Aus China

Die große Majorität der Menschheit würde der trostlosesten Langeweile verfallen, wenn sie nicht durch tausend Zwangsmaßregeln von sich selbst und ihrer inneren Leere abgelenkt würde.

Egon Friedell, Die Revolution

Völker sind wie die Oliven: Dem leichten Drucke geben sie süßes Öl, dem starken bitteres.

Ludwig Börne

Wenn Haupt und Glieder sich trennen, da wird sich zeigen, wo die Seele wohnte. (Wallenstein)

Schiller, Wallensteins Tod III, 13

Mit dem Einfluß ist es wie mit dem Sparguthaben: Je weniger man davon Gebrauch macht, desto mehr hat man.

Andrew Young

Man beherrscht die Menschen nur, indem man ihnen dient. Diese Regel hat keine Ausnahme.

Victor Cousin, Politische Diskurse

Wann haben wohl die Großen und Menschenführer Bücher um Rat gefragt, wie sie ihr Geschäft treiben sollten?

Friedrich Maximilian Klinger, Betrachtungen und Gedanken

Gehorsam

Weißt du nicht, wer allen am nötigsten tut? Der Großes befiehlt.

Nietzsche, Zarathustra II, Die stillste Stunde

Wo Verstand befiehlt, ist der Gehorsam leicht.

Fontane, Quitt 14

Es ist kein schönrer Anblick in der Welt,
als einen Fürsten sehn, der klug regiert,
das Reich zu sehn, wo jeder stolz gehorcht,
wo jeder sich nur selbst zu dienen glaubt,
weil ihm das Rechte nur befohlen wird.
(Antonio)

Goethe, Torquato Tasso I, 4

Es ist immer verkehrt zu befehlen, wenn man des Gehorsams nicht gewiß ist.

Mirabeau

Immer wo ein Staat gedeiht,
hat der Gehorsam ihm das Haus gebaut. (Kreon)

Sophokles, Antigone III

Stille Unterordnung unter Willkür schwächt, stille Unterordnung unter Notwendigkeit stärkt.

Jean Paul, Levana VI, 2

Leider ist es eine typisch deutsche Eigenschaft, den Gehorsam schlechthin für eine Tugend zu halten. Wir brauchen die Zivilcourage, „Nein“ zu sagen.

Fritz Bauer

Euch, Alter, soll es zum Lobe gereichen, wenn Ihr Euch auf die hiesige Landsart und auf die Witterung versteht und Euer Säen und Ernten danach einrichtet. Fremde Länder laßt für sich sorgen und den politischen Himmel betrachtet allenfalls einmal sonn- und festtags. (Edelmann)

Goethe, Der Bürgergeneral 14

Euer Gehorsam ist grenzenlos, und er wird, daß ich es euch nur sage, von Tag zu Tag unverzeihlicher.

Thomas Mann,
Rede an die Deutschen, Weihnachten 1940

Wer sich zum Wurm macht, kann nachher nicht klagen, wenn er mit Füßen getreten wird.

Kant, Metaphysik der Sitten

Der Grund der Unterwerfung ist Selbstsorge.

Pestalozzi, Meine Nachforschungen über den Gang der Natur in der Entwicklung des Menschengeschlechts

Gewisse Dinge will ich lieber schlecht nach andrer Willen machen als allein nach meinem gut. (Tempelherr)

Lessing, Nathan der Weise IV, 1

Die meisten Menschen haben das starke Bedürfnis nach einer Autorität, die sie bewundern und der sie sich unterwerfen können, die sie beherrscht und manchmal sogar mißhandelt. Von der Psychologie des Individuums haben wir gelernt, woher dieses Verlangen kommt: Es ist die Sehnsucht nach dem Vater.

Sigmund Freud

Nur wer Gewissen hat, kennt Verantwortung; nur wer Verantwortung hat, kennt die Sorge. Deshalb lebt es sich am sorglosesten auf Befehl.

Thomas Niederreuther, Aphorismen

Opposition

Opposition ist dic Kunst, der Regierung so das Bein zu stellen, daß der Wähler als Schiedsrichter darin kein Foul sieht.

Henri Tisot

Wenn der Bürgermeister seine Pflicht tut, werden kaum vier da sein, die ihn mögen.

Luther, Predigt vom 22. 8. 1529

Intellektuelle haben als die Hofnarren der modernen Gesellschaft geradezu die Pflicht, alles Unbezweifelte anzuzweifeln, über alles Selbstverständliche zu erstaunen, alle Autorität kritisch zu relativieren, alle jene Fragen zu stellen, die sonst niemand zu stellen wagt.

Ralf Dahrendorf

Dem Geist ist jederzeit die souveräne Verachtung der jeweils Regierenden sicher. Entfällt sie, wird entweder nicht regiert oder nicht gedacht.

Gerhard Zwerenz, Ärgernisse

Jeder Mensch unter dreißig, der einige Kenntnis der bestehenden Gesellschaftsordnung besitzt und keinen Drang zur Veränderung hat, ist minderwertig.

Shaw

Der Deutsche hat an und für sich eine starke Neigung zur Unzufriedenheit. Ich weiß nicht, wer von uns einen zufriedenen Landsmann kennt.

Bismarck, im Reichstag, 9. 10. 1878

Je mehr sich die Ansichten der Einstimmigkeit nähern, umso mehr ist der Gemeinwille leitend. Die langen Debatten, die Zwistigkeiten, die Tumulte kündigen den Anstieg der Sonderinteressen und den Abstieg des Staates an.

Rousseau,
Der Gesellschaftsvertrag IV, Über das Stimmrecht

Die Ursache der Zwietracht in Republiken sind größtenteils Muße und Friede, die Ursache der Einigkeit sind Furcht und Kriege.

Machiavelli,
Vom Staate II, 25

Verrat, Sire, ist nur eine Frage des Datums.

Talleyrand,
zu Zar Alexander I., Wiener Kongreß

Illegalität in einer hoch technisierten Welt mit ihren Fahndungsmöglichkeiten ist der schärfste Druck, den man sich vorstellen kann.

Horst Mahler

Wer über sich haut – weißt du das nicht? –
dem fallen die Späne ins Gesicht.

Fischart, Kehrab

Öffentliche Meinung

Die Regierungen, welche die Freiheit der Rede unterdrücken, weil die Wahrheiten, die sie verbreitet, ihnen lästig sind, machen es wie die Kinder, welche die Augen zuschließen, um nicht gesehen zu werden.

Börne, Die Freiheit der Presse in Bayern

Ich war immer der Meinung, daß uneingeschränkte Redefreiheit auch die größte Sicherheit bedeutet. Narren muß man zum Reden auffordern, damit sie erkannt werden.

Woodrow Wilson

Der Hund, dem man einen Maulkorb anlegt, bellt mit dem Hintern.

Heine, Aphorismen und Fragmente

Wo Informationen fehlen, wachsen die Gerüchte.

Alberto Moravia

Redefreiheit gibt nicht das Recht, in einem vollen Theater „Feuer“ zu brüllen.

Morris Seidman

Die öffentliche Meinung ist ein Vexierspiegel, welcher die Dinge bald zu groß, bald zu klein zeigt.

Johann Jakob Mohr,
Gedanken über Leben und Kunst

In der Öffentlichen Meinung ist alles Falsche und Wahre; aber das Wahre in ihr zu finden, ist die Sache des großen Mannes.

Hegel, Zusatz zur Rechtsphilosophie, § 318

Die Popularität einer Sache macht mich viel eher zweifelhaft und nötigt mich, mein Gewissen noch einmal zu fragen: Ist sie auch wirklich vernünftig?

Bismarck, Im Reichstag, 12. 6. 1882

Selten entscheidet die öffentliche Meinung unmoralisch und unweise, und wer sich von ihr entfernt, sollte sich mißtrauen.

Thomas Jefferson,
an William Findlay, März 1801

Wo Freiheit ist, kann man seine Meinung über einen öffentlichen Mann nie zu früh äußern; man läuft leicht Gefahr, zu spät zu kommen. Tut man ihm durch falschen Argwohn unrecht, desto besser für ihn und das Vaterland! Wenn er sich für beleidigt hält, hat man ihm nicht ganz unrecht getan.

Seume, Apokryphen

Es ist schwer, die Volksmeinung zu erkennen.

Bismarck

Eine Meinung, von energischen Männern ausgehend, verbreitet sich kontagios über die Menge, und dann heißt sie herrschend.

Goethe,
Wilhelm Meisters Wanderjahre III, 14

Der Druck der Öffentlichen Meinung ist wie der atmosphärische Druck: Man kann ihn nicht sehen, aber nichtsdestoweniger beträgt er 16 Pfund je Quadratzoll.

James Russell Lowell

Die öffentliche Meinung ist die unsichtbare Rüstung des Volkes.

Börne

Die öffentliche Meinung ist jene politische Macht, die in der Demokratie sicherlich das Schlimmste verhindert. Mit derselben Sicherheit verhindert sie das Beste.

Helmar Nahr

Die öffentliche Meinung ist eine Buhlerin: Man sucht ihr zu gefallen, ohne sie zu achten.

Petit-Senn,
Geistesfunken und Gedankensplitter

Nichts ist älter als die Zeitung von gestern.

Verfasser unbekannt

Ein Regierungssprecher ist ein Mann, der aufstoßen muß, wenn andere gegessen haben.

Norman Mailer

Ein guter Regierungssprecher versteht es, aus Magermilch Schlagsahne zu machen.

George Kennan

Kommuniqué: Gerücht mit Epauletten.

Arthur Baer

Presse

Die Tinte ist das fünfte Element und die Presse die Artillerie der Gedanken.

Karl Julius Weber,
Demokritos, Über Bücher

Journalismus ist Literatur in Eile.

Matthew Arnold

Ich nenne „Journalismus" alles, was morgen weniger interessant ist als heute.

André Gide

In Amerika kann man den Journalismus als Fortsetzung der Geschichte betrachten, in England als Fortsetzung der Unterhaltung.

Anthony Sampson

Die Journalisten sind die Geburtshelfer und die Totengräber der Zeit.

Gutzkow

Die Presse muß die Freiheit haben, alles zu sagen, damit gewissen Leuten die Freiheit genommen wird, alles zu tun.

Terrenoire

Despotismus und Pressefreiheit können nicht nebeneinander bestehen.

Leon Gambetta

Rede- und Pressefreiheit bedeuten in erster Linie Recht und Kritik. Niemand hat jemals das Lob der Regierung verboten.

Wladimir Bukowski, Schlußwort
vor dem Moskauer Stadtgericht, 1967

Wenn ich zu wählen hätte zwischen einem Land mit Regierung aber ohne Zeitungen und einem Lande mit Zeitungen aber ohne Regierung, dann würde ich das Land ohne Regierung wählen.

Thomas Jefferson

Preßzwang ist eine moralische Stallfütterung, wo allenfalls etwas mehr Mist gewonnen, das Vieh aber ungesunder wird.

Karl Julius Weber, Demokritos, Preßzwang

Gerade Gedanken, die ganze Haufen von Vorurteilen umstürzen und wie Blitze in der Finsternis leuchten würden, sind einem dummen Zensor neu, ungewohnt, gefährlich. Er streicht. Es ist leichter als denken und auf jeden Fall das sicherste für ihn.

Weber, Demokritos, Preßzwang

Ich will keine Zensur, weil ich nicht für Dummheiten, die man drucken darf, verantwortlich sein will.

Napoleon I., zu Fouché

Wollte Gott, Gedrucktes und Geschriebenes hätte so viel Einfluß auf die Menschen, als die Regenten und ihre Zensoren fürchten! Bei den unzähligen guten Schriften, die wir haben, müßte dann die Welt schon lange besser geworden sein.

Grillparzer, Zur Lehre vom Staate, 1821

Bücher, Zeitungen und Zeitschriften machen nicht gut oder schlecht, aber besser oder schlechter machen sie doch.

Jean Paul

Ich glaube, daß ein leidenschaftlicher Journalist kaum einen Artikel schreiben kann, ohne im Unterbewußtsein die Wirklichkeit ändern zu wollen.

Rudolf Augstein

Die Zeitungsschreiber haben sich ein hölzernes Kapellchen erbaut, das sie auch den Tempel des Ruhmes nennen, worin sie den ganzen Tag Porträts anschlagen und abnehmen.

Lichtenberg, Witzige und satirische Einfälle und Bemerkungen

Pressefreiheit ist die Freiheit von zweihundert reichen Leuten, ihre Meinung zu verbreiten.

Paul Sethe

Mit Schlagzeilen erobert man Leser. Mit Information behält man sie.

Lord Northcliffe

Faulenzt das Geschehen, ist die Zeitung fad. Langweilt sich der Leser, hat er Grund zu guter Laune.

Hans Kasper, Abel, gib acht; Neuigkeiten

Hat die Welt Schnupfen, niest sie Neuigkeiten.

Hans Kasper,
Abel, gib acht; Neuigkeiten

Bad news are good news. Schlechte Neuigkeiten ergeben gute Meldungen.

Aus den USA

Daß das Böse immer noch einen höheren Nachrichtenwert hat als das Gute, ist kein schlechtes Zeichen. Es beweist, daß das Gute auch weiter die Regel ist, das Böse dagegen die Ausnahme.

Nils Jonsson

Ich lese den Sportteil der Zeitung immer zuerst; denn er verzeichnet menschliche Leistung. Auf der ersten Seite stehen immer nur die Fehlleistungen.

Earl Warren

Wenn man mit Presseleuten spricht, fällt einem auf, daß sie nicht viel Phantasie haben. Alle stellen immer die gleichen Fragen.

Marlene Dietrich

Die Zeitungen sind der Sekundenzeiger der Geschichte. Derselbe aber ist meistens nicht nur von unedlerem Metalle als die beiden anderen, sondern geht auch selten richtig.

Schopenhauer

„Sag mir, warum dich keine Zeitung freut?"
Ich liebe sie nicht, sie dienen der Zeit!

Goethe,
Epigrammatisch, Zeit und Zeitung

Die Öffentlichkeit hat eine unersättliche Neugier, alles zu wissen, nur nicht das Wissenswerte.

Oscar Wilde

Da eine Folge von Neuigkeiten immer von einem Gegenstande zum andern fortreißt, so kann der großen Menschenmasse nichts willkommener sein, als ein solcher Anlaß zu ewiger Zerstreuung und eine solche Gelegenheit, Tücke und Schadenfreude auf eine bequeme und immer sich erneuernde Weise auszulassen.

Goethe,
Unterhaltungen Deutscher Ausgewanderten

Dank Dir, o Herr, für die Brutalitäten!
Du hast in unendlicher
Güte erschaffen noch miesere Typen
als mich.

Puntsch, Gebet vor der Zeitung

Es ist an Mord und Totschlag noch nicht genug, an Brand und Untergang; die Bänkelsänger müssen es an jeder Ecke wiederholen. Die guten Menschen wollen eingeschüchtert sein, um hinterdrein erst recht zu fühlen, wie schön und löblich es sei, frei Atem zu holen.

Goethe, Novelle

Ich lese keine Zeitung. Was wirklich wichtig ist, erfahre ich an der Börse.

Amschel Meyer Rothschild

Nachrichten interessierten Thomas Mann im Fernsehen überhaupt nicht; die kurze Information war ihm unheimlich.

Katja Mann

Rauchen Sie Tabak, mein Gemahl, er verdirbt höchstens die Tapeten. Aber unterstehen Sie sich nicht, jemals eine Zeitung anzusehen; die verdirbt Ihren Charakter.

Gustav Freytag, Die Journalisten II, 1

Ein Funkhaus ist Dantes Inferno in der Inszenierung von Willy Millowitsch.

Herbert John

Es ist wohl gerade in unserer aufgeregten Epoche mehr denn je nötig, den Blick aus den Tagesaffären emporzuheben und ihn von der Tageszeitung weg auf jene ewige Zeitung zu richten, deren Buchstaben die Sterne sind, deren Inhalt die Liebe und deren Verfasser Gott ist.

Christian Morgenstern

Revolution

Zu einem zügellosen, aufrührerischen Volke kann ein wohlmeinender Mann sprechen und es leicht wieder auf den rechten Weg führen. Zu einem schlechten Fürsten kann niemand reden. Gegen ihn gibt es kein Mittel als das Eisen.

Machiavelli, Discorsi 1, 58

Auch war ich vollkommen überzeugt, daß irgendeine große Revolution nie Schuld des Volkes ist, sondern der Regierung. Revolutionen sind ganz unmöglich, sobald die Regierungen fortwährend gerecht und fortwährend wach sind, so daß sie ihnen durch zeitgemäße Verbesserungen entgegenkommen.

Goethe, zu Eckermann, 4. 1. 1824

Wer eine friedliche Revolution unmöglich macht, macht eine gewaltsame unvermeidbar.

John F. Kennedy

War eine Regierung so schlecht, daß sie den Aufstand hervorgerufen hat, zu schwach, um ihn aufzuheben, so war der Aufstand gerechtfertigt wie die Krankheit; denn die Krankheit ist das letzte Mittel der Natur.

Rivarol

Ist denn jede Bewegung eine Erhebung? Erhebt sich, wer gewaltsam aufgestöbert wird?

Goethe, zu Heinrich Luden, 13. 12. 1813

Revolution ist nicht Barrikade; Revolution ist ein Geisteszustand.

Ortega y Gasset

Der echte Revolutionär rebelliert nicht gegen Mißbräuche, sondern gegen Bräuche.

Ortega y Gasset

Die Abtrünnigkeit der Armee ist nicht eine der Ursachen der Revolution: Sie ist die Revolution selbst.

Ortega y Gasset

Nach Ansicht der „herrschenden Klasse" ist die Triebfeder aller Revolutionäre der Neid.

Angus Wilson

Wenn das Volk aufbrauset, übermannt
vom Zorn,
ist's schwer zu dämpfen, fessellosem
Feuer gleich. (Menelaus)

Euripides, Orestes 696

Freilich, ein Fieber des Volks, das revolutionäre,
aber, wie seltsam, es stirbt immer der
König daran!

Hebbel, Das revolutionäre Fieber

Jede Revolution ist viel weniger Bauplatz der Zukunft als Auktion der Vergangenheit.

Heimito von Doderer

Wenn's gut Aderlassen ist, gut Purgieren, gut Schröpfen, das steht im Kalender, und darnach weiß ich mich zu richten; aber wenn's just gut Rebellern sei, das, glaub ich, ist viel schwerer zu sagen. (Peter)

Goethe, Die Aufgeregten I, 7

Symbol der Revolution: Katzen drehen Wollkugeln um, ohne zu wissen, was sie da machen.

Lichtenberg

Jede Revolution zieht Leute an, die mit den Ideen der Revolution nicht das Geringste zu tun haben, die aus Abenteuerlust, aus unklarer, nebuloser Stimmung, aus Freude an Bewegung, aus Sucht, sich zu berauschen, aus Haltlosigkeit und aus vielen Motiven, deren „Schmutzigkeit" ich hier nicht darstellen möchte, zur Revolution stoßen.

Ernst Toller

Es gibt den Revolutionär, den Söldner und Abenteurer, der vor privaten Lebensproblemen in ein Kollektiv, in den Dienst einer Institution oder Idee flieht. Er ist damit den Schwierigkeiten eines Lebens mit einer Familie, den Anforderungen eines Berufes und selbständiger alltäglicher Entscheidungen enthoben.

Szczesny,
Das sogenannte Gute 17

Eine Staatsveränderung soll mir Luft machen, hoff' ich. Wenn sie mir auch nicht zum Bezahlen hilft, soll sie doch meinen Gläubigern das Fordern entleiden. (Sacco)

Schiller,
Die Verschwörung des Fiesco zu Genua I, 3

Republikaner aus ihrem Schlaf aufzujagen, das Roß an seine Hufe zu mahnen, ist kein Spaziergang, Fiesco. Traue diesen Rebellen nicht! Die Klugen, die dich aufhetzten, fürchten dich. Die Dummen, die dich vergöttern, nützen dir wenig. (Leonore)

Schiller, Die Verschwörung des Fiesco zu Genua IV, 14

Revolutionen sind Zeiten, in denen der Arme seiner Rechtschaffenheit, der Reiche seines Reichtums und der Unschuldige seines Lebens nicht sicher ist.

Joubert

In jeder militanten Bewegung, die den Umsturz der bestehenden Verhältnisse anstrebt, werden in letzter Instanz immer die Extremisten an die Spitze gelangen.

C. L. Sulzberger

Staatliche Grundveränderungen gleichen den chirurgischen Operationen: Heilbringend für die Zukunft, verdoppeln sie das Übel in der Gegenwart, und mehr als ein Patient ist schon am Wundfieber gestorben.

Grillparzer,
Zur Lehre vom Staate

Eine Verschwörung hat nie zur Freiheit geführt. Wo Wünsche und Kräfte der Mehrzahl eines Volkes für die Freiheit reif sind, da bedarf es keiner Verschwörung; wo dieses nicht ist, nützt sie nicht.

Börne,
Geschichte der Wiedergeburt Griechenlands

Die lächerliche Wut
der Neuerung, die nur der Ketten Last,
die sie nicht ganz zerbrechen kann,
vergrößert,

wird mein Blut nie erhitzen. Das Jahrhundert
ist meinem Ideal nicht reif. Ich lebe
ein Bürger derer, welche kommen werden. (Marquis)

Schiller,
Don Karlos III, 10

Blut ist das rote Wachs, das jede Lüge zur Wahrheit stempelt. (Rudolf)

Grillparzer,
Ein Bruderzwist in Habsburg III

Die Rebellen von heute sind die Despoten von morgen.

Johannes Scherr

Bedeutende Künstler hatten vor ihr revolutionäre Szenen gemalt und gezeichnet, hatten leidenschaftdurchflammte Barrikadenkämpfer und Märtyrer dargestellt. Käthe Kollwitz schaffte etwas ganz Neues. Sie sprach das Wort Revolution aus und weinte dabei.

Erich Knauf

Wir beklagen die Gewalttaten, welche Revolutionen begleiten. Aber je heftiger die Gewalttaten sind, desto mehr erhellt es für uns, daß eine Revolution notwendig war.

Macaulay,
Kritische und historische Essays, Milton

Ich hasse jeden gewaltsamen Umsturz, weil dabei ebensoviel Gutes vernichtet als gewonnen wird. Ich hasse die, welche ihn ausführen, wie die, welche dazu Ursache geben.

Goethe, zu Eckermann, 27. 4. 1825

In Deutschland kann es keine Revolution geben, weil man dazu den Rasen betreten müßte.

Josef Stalin

Seltsam! Wenn ich der Dei von Tunis wäre,
schlüg' ich bei so zweideut'gem Vorfall Lärm;
die seidne Schnur legt' ich auf meinen Tisch,
und vor das Tor, verrammt mit Palissaden,
führt' ich Kanonen und Haubitzen auf.
Doch weil's Hans Kottwitz aus der Priegnitz ist,
der sich mir naht, willkürlich, eigenmächtig,
so will ich mich auf märk'sche Weise fassen:
Von den drei Locken, die man silberglänzig
auf seinem Schädel sieht, fass' ich die eine
und führ' ihn still mit seinen zwölf Schwadronen
nach Arnstein in sein Hauptquartier zurück.
Wozu die Stadt aus ihrem Schlafe wekken. (Kurfürst)

Kleist, Prinz Friedrich von Homburg V, 2

Luthers Reformation war unsere einzige wirkliche Revolution.

Martin Walser

Es ist keine große Entfernung vom tarpejischen Felsen zum Kapitol.

Mirabeau, am 22. 5. 1790

Entmachtung

Revolte: Eine fehlgeschlagene Revolution. Der gescheiterte Versuch der Unzufriedenen, eine schlechte Regierung durch Mißwirtschaft zu ersetzen.

Ambrose Bierce

Es ist Menschenbrauch, den umzubringen, den man fallen sieht.

Aischylos

Ach, wo verbärg sich ein gefallner König? (Kalaf)

Schiller, Turandot I, 1

Ich bin von der Bühne in eine Proszeniumsloge gegangen und sehe mir nun an, wie andere in meiner Rolle auf der Bühne agieren.

Metternich, zu Bismarck

Kein Abschied auf der Welt fällt schwerer, als der Abschied von der Macht.

Talleyrand

Wer zu herrschen gewohnt ist, wer's hergebracht hat, daß jeden Tag das Schicksal von Tausenden in seiner Hand liegt, steigt vom Throne wie ins Grab. (Regentin)

Goethe, Egmont III, Palast der Regentin

Neu Regiment bringt neue Menschen auf,
und früheres Verdienst veraltet schnell.

Schiller, Die Piccolomini II, 7

Sie hätten doch der Stadt viel Gutes erwiesen und würden nun ungerechterweise durch sie vernichtet, so lautet ihre Klage. Das ist aber ganz falsch; denn kein Leiter eines Staates kann je ungerechterweise durch den Staat selbst, den er leitet, den Untergang finden. (Sokrates)

Platon, Gorgias

Ein König aber, einer, der es ist,
ward nie besiegt noch als durch seinesgleichen. (Wallenstein)

Schiller, Die Piccolomini II, 7

XXXVII. Kapitel

Militär
Krieg
Feldherr
Frieden

Militär

Wo man anfängt, den Krieger von dem Bürger zu trennen, ist die Sache der Freiheit und Gerechtigkeit schon halb verloren.

Seume, Apokryphen

Wo ist denn bei uns überhaupt die Rede von einem Gegensatz zwischen Militär und Volk? Derselbe Mann, der voriges Jahr Volk war, ist dieses Jahr Militär und in zwei Jahren wieder Volk.

Moltke,
am 28. 5. 1869 im norddeutschen Reichstag

Eine Armee ist bestimmt dann ganz demokratisch, wenn ein Oberleutnant damit rechnen muß, daß sein Rekrut von heute sein Bürovorsteher von morgen ist.

Dwigth D. Eisenhower

Man braucht die Wolle von zehn Schafen, um einen Soldaten einzukleiden, und das Fell von zwanzig Steuerzahlern, um ihn zu erhalten.

Verfasser unbekannt

Ich muß doch wiederholt davor warnen, im Publikum die Meinung zu verbreiten, daß die Ausgaben für die Armee unproduktive Ausgaben seien.

Bismarck,
am 22. 5. 1869 im norddeutschen Reichstag

Es leben die Soldaten,
der Bauer gibt den Braten,
der Winzer gibt den Most,
das ist Soldatenkost.

In Wäldern gehn wir pirschen
nach allen alten Hirschen
und bringen frank und frei
den Männern das Geweih.

Wir schmausen wie Dynasten,
und morgen heißt es fasten,
früh reich und abends bloß,
das ist Soldatenlos.

Goethe, Soldatenlied aus Wallensteins Lager

Unsre Miliz war doch noch ein lustig Volk. Sie nahmen sich was heraus, stunden mit ausgegrätschten Beinen da, hatten den Hut überm Ohr, lebten und ließen leben; diese Kerle aber sind wie Maschinen, in denen ein Teufel sitzt. (Jetter)

Goethe, Egmont IV, Straße

Alles, was man aus dem Soldaten machen kann, ist, ihm Korpsgeist zu geben, d. h. eine höhere Meinung von seinem Regiment als von allen anderen Truppen des Erdreichs.

Friedrich II. von Preußen

Ich war Soldat aus Parteilichkeit, ich weiß selbst nicht für welche politischen Grundsätze, und aus der Grille, daß es für jeden ehrlichen Mann gut sei, sich in diesem Stande eine Zeitlang zu versuchen, um sich mit allem, was Gefahr heißt, vertraulich zu machen und Kälte und Entschlossenheit zu lernen. (Tellheim)

Lessing, Minna von Barnhelm V, 9

Ein zahlreich Heer, der heimatlichen Sorgen
entschlagen, trägt sich gar zu gern, das kenn' ich,
mit häm'schen, ehrenrührigen Gerüchten. (Achilles)

Schiller, Iphigenie in Aulis IV, 3

Jedwedes Heer liebt, weißt du, seinen Helden. (Feldmarschall)

Heinrich von Kleist,
Prinz Friedrich von Homburg V, 3

Aus der Erfahrung weiß man, daß die Güte der Truppen einzig und allein in dem Werte ihrer Offiziere besteht.

Friedrich II. von Preußen

Dumme und gleichzeitig fleißige Offiziere sind gemeingefährlich; sie müssen sofort entlassen werden, während faule Dumme in untergeordneter Stellung niemand schaden. Fleißige Kluge taugen für mittlere, aber nicht für höchste Stellen, in die kluge und faule Offiziere gehören.

von Hammerstein-Equord

Ich habe Sie zum Stabsoffizier gemacht, damit Sie wissen, wann Sie nicht gehorchen sollen.

Friedrich II. von Preußen

Zu einem recht vollkommenen Kriegsheere pflege ich gern zu nehmen ein italienisches Haupt, spanische Hände und Arme, ein deutsches Herz, den Bauch und die Füße aber aus den übrigen Völkern.

Karl V.

Eine Armee ohne Kultur ist eine unwissende Armee, und eine unwissende Armee kann vom Feind besiegt werden.

Mao Tse-Tung

Wer einen Staat verteidigen will, muß ihn verteidigungswürdig machen.

Jean Monnet

Das Militär ist eine Pflanze, die man sorgfältig pflegen muß, damit sie keine Früchte trägt.

Jacques Tati

Daß eine Armee nicht auffällt, ist das Beste, was man von ihr sagen kann.

Lore Lorentz

Wer das Schwert nimmt, der soll durch das Schwert umkommen.

Matthäus 26, 52

Wer Waffen schmiedet, bereitet Krieg.

Goethe, Achilleis 120

Die Dummweisen meinten nämlich, das Heil des Staates beruhe darauf, daß immer eine starke schlagfertige Truppe zur Hand sei, vor allem altbewährte Krieger; den Ungeübten trauen sie gar nichts zu. Und so müssen sie schon deswegen beständig Kriegshändel suchen, um keine untrainierten Soldaten zu haben.

Thomas More, Utopia I

Eine Waffe ist nirgends gefährlicher als in der Hand des Schwachen.

Emmanuel Mounier, vor der Unesco 1947

So lange die Atombombe sich nur in Händen der beiden Großmächte befindet, gibt es keinen Krieg. Gefährlich wird es erst, wenn sich jeder das dazu notwendige Plutonium aus der Drogerie holen kann.

Otto Hahn

Es gibt nichts, kein Recht und keine Sache in der Welt, die die Anwendung der Atombombe rechtfertigen könnte.

Heinrich Böll

Wir haben nur die Wahl, im nächsten Krieg als Mitschuldige oder als Unschuldige umzukommen. Wem da die Wahl schwerfällt, der mag seine dumme Hoffnung auf Atomwaffen bauen.

Martin Walser

Der einzige „Gewaltverzicht" sind leere Kasernen.

Sigmund Graff

Wer seine Grenzen gut vor Einfall will bewahren,
mag alle Kosten nur, mag Bau, Volk, Fürsicht sparen.
Was sind Besatzung, Wacht, Schloß, Mauern, Wall und Schutt?
Bei Gott und Nachbarn Lieb ist rechte Landeshut.

Logau,
Landeshut und Liebe

Wer sich der Norm des Waffentragens unterwirft, trägt, wenn er es gewissenhaft tut, dazu bei, eine Ordnung zu schützen, die wir noch nicht durch eine neue Ordnung zu ersetzen vermocht haben. Wer sich der Norm des Waffenverzichts unterwirft, muß hoffen, heute schon ein Beispiel der Ethik zu geben, die eines Tages die allgemeine sein wird.

Carl Friedrich von Weizsäcker,
Friede und Wahrheit,
in „Die Zeit", 26/1967

Krieg

Der ewige Friede paßt als Aufschrift über Kirchhofspforten; denn nur die Toten schlagen sich nicht mehr.

Leibniz

Es ist, als ob die Völker die Gefahren liebten, weil sie sich solche schaffen, wenn es keine gibt.

Joubert

Krieg kommt, wenn die Menschen ihn haben wollen, wobei die Angst, die sie vor ihm haben, die lüsterne Angst, die Lust selber nicht widerlegt.

Golo Mann

Menschen ist die große Lust
gegeben, daß sie selber sich verjüngen,
und unbesiegbar groß, wie aus dem Styx
der Götterheld, gehn Völker aus dem Tode,
den sie zur rechten Zeit sich selbst bereitet. (Empedokles)

Hölderlin,
Der Tod des Empedokles

Es gibt keine kriegslüsternen Völker. Es gibt nur kriegslüsterne Führer.

Ralph J. Bunche

Ich frage euch: Wollt ihr den totalen Krieg? Wollt ihr ihn, wenn nötig totaler und radikaler, als wir ihn uns heute überhaupt noch vorstellen können?

Joseph Goebbels, Sportpalastrede

Der ewige Friede ist ein Traum, und nicht einmal ein schöner. Ohne den Krieg würde die Welt im Materialismus versumpfen.

Moltke, an Bluntschli, 11. 12. 1880

Im übrigen müssen wir gestehen, daß wir allmählich auch an eine göttliche Mission des Kaisers Napoleon glauben. Wer große Fischhaltereien kennt, wird wissen, daß die Karpfen leicht Krankheiten preisgegeben sind, wenn sie gar zu faul im Schlamm liegen. Da pflegt man dann nach Bedürfnis Hechte in den Karpfenteich zu setzen, um die Karpfen munter zu halten. Und da nun einmal Europa zu dem stillen Wasser eines Zivilisations-Karpfenteiches ausgebildet worden ist und unser Herrgott noch nicht Zeit zu haben scheint zum jüngsten Tag, hat er einstweilen einen Haupthecht in den Teich hineingesetzt.

Heinrich Leo,
Volksblatt für Stadt und Land, Juli 1859

Der Krieg ist der Kaiserschnitt der Menschheit: Er entbindet gewaltsam die Geister.

Jean Paul, Fragmente

Es ist doch fast in jedem Jahrhundert einmal ein großer deutscher Krieg gewesen, der die deutsche Normaluhr richtiggestellt hat für hundert Jahre.

Bismarck,
im Reichstag, 14. 3. 1885

Alle Kriege, die dem Fortschritt dienen, sind gerecht, und alle Kriege, die den Fortschritt behindern, sind ungerecht. Wir Kommunisten sind gegen alle den Fortschritt behindernden, ungerechten Kriege, jedoch nicht gegen fortschrittliche, gerechte Kriege.

Mao Tse-Tung

Was ist so ein unbedeutendes Gemetzel wie bei Cannä, Leipzig oder Sedan gegen die fort und fort um den Erdball tosende Schlacht des Daseins?

Raabe,
Gedanken und Einfälle

Jedes schwankende Regime hat bisher versucht, als letzten Ausweg seine Untertanen durch einen Krieg an sich zu fesseln.

Shaw,
Warum für Puritaner?

Die Sünd' ist der Magnetenstein,
der das Eisen zieht ins Land herein.
(Kapuziner)

Schiller, Wallensteins Lager 8

Die schlimmsten Streitigkeiten entstehen erst dann, wenn beide Seiten gleichermaßen im Recht und im Unrecht sind.

Churchill,
Der zweite Weltkrieg I

Wenn sich aber das Schicksal seit Jahren zwei Völker ausersah, wenn es beiden dieselbe Anwartschaft auf erfinderischen Geist und auf Vorherrschaft eröffnete, wenn es, wie vorhin, uns beiden auf der Waagschale kostbare Gewichte, die aber völlig verschieden wiegen, zuerteilte, um die Freude, das Gewissen und die Natur selbst zu werten, wenn es dem einen wie dem anderen durch seine Architekten, Dichter, Maler ein Königreich von Inhalten, Tönen und Nuancen geschenkt hat, das dem anderen völlig entgegengesetzt ist, wenn es sie das trojanische Balkendach und das thebanische Gewölbe, das phrygische Recht, das griechische Indigo erfinden ließ, so weiß das Weltall wohl, daß es hiermit den Menschen nicht zweierlei Farben und Entwicklungsarten zudachte, sondern sich ein Festspiel vorenthielt: Das der Entfesselung jener Hoheit, jenes menschlichen Irrsinns, aus der allein die Götter Zuversicht schöpfen. (Ulysses)

Giraudoux,
Kein Krieg in Troja II, 13

Nicht, wer zuerst die Waffen ergreift, ist Anstifter des Unheils, sondern wer dazu nötigt.

Machiavelli, Florentiner Geschichte VII

Wer nicht Lust zum Frieden hat, der findet leicht Ursache zum Krieg.

Lehmann, Politischer Blumengarten 1, 101

Es gehört zum Wesen des Krieges, daß seine wirklichen Gründe und Ziele nicht dem entsprechen, was als casus belli proklamiert wird.

Shaw

Am Vorabend eines Krieges pflegen zwei führende Staatsmänner von zwei im Streit befindlichen Völkern allein in einem harmlosen Dorf, auf einer Terrasse am Ufer eines Sees oder in der Ecke eines Gartens zusammenzutreffen. Ab und zu weht eine leichte Brise. Sie sind einer Meinung, daß der Krieg die ärgste Geißel auf der Welt ist. Und beide, während sie die Reflexe auf den Fluten betrachten, während Magnolienblätter auf ihre Schultern fallen, sind friedlich, bescheiden, loyal. Sie beobachten einander. Sie sehen sich an. Von der Sonne durchwärmt, von dem hellen Landwein weich gestimmt, entdeckt keiner in dem Gesicht vor ihm einen einzigen Zug, der hassenswert, einen einzigen, der nicht liebenswert wäre! Nichts Unverträgliches in ihren Sprachen, in ihrer Art, sich die Nase zu reiben oder zu trinken. Sie sind vom Frieden wie von den Friedenswünschen wirklich erfüllt. Sie scheiden mit einem Händedruck und fühlen sich als Brüder. In ihren Wagen noch drehen sie sich um, um sich anzulächeln. Und am nächsten Tag bricht dennoch der Krieg aus. (Ulysses)

Giraudoux, Kein Krieg in Troja II, 13

Wir wählen Regierungen, die unser Heim und unser Leben schützen sollen. Und dann müssen wir unser Heim verlassen und unser Leben geben, um diese Regierungen zu schützen.

Curt Goetz

Wenn man als junger Bursche in den Krieg zieht, hat man die große Illusion der Unsterblichkeit. Die anderen werden getötet; man selbst nicht.

Ernest Hemingway

Krieg ist zuerst die Hoffnung, daß es einem besser gehen wird, hierauf die Erwartung, daß es dem anderen schlechter gehen wird, dann die Genugtuung, daß es dem anderen auch nicht besser geht, und hernach die Überraschung, daß es beiden schlechter geht.

Karl Kraus

Nur die Fahnen zählt der schnelle Blick des Feldherrn, er bemerkt kein einzeln Haupt;
streng herrscht und blind der eiserne Befehl,
es kann der Mensch dem Menschen hier nichts gelten. (Wallenstein)

Schiller, Wallensteins Tod III, 15

In einer Schlacht brauchen die Menschen, um zum Kämpfen gebracht zu werden, nichts als ein wenig heißes

Blut und das Bewußtsein, daß es gefährlicher ist, eine Schlacht zu verlieren, als sie zu gewinnen.

Shaw

Auf den Schlachtfeldern herrscht gegenseitige Achtung. Der Haß staut sich dafür in den Schulen, den Salons und bei den Krämern. (Der Geometer)

Giraudoux, Kein Krieg in Troja II, 4

Im Krieg gilt jeder Vorteil. (Wrangel)

Schiller, Wallensteins Tod I, 5

Überall raste die Wut und die feige, tückische Schwäche.
Möcht ich die Menschen doch nie in dieser schnöden Verirrung
wiedersehn! Das wütende Tier ist ein besserer Anblick.

Goethe, Hermann und Dorothea 6

Wir fressen einander nicht, wir schlachten uns nur.

Lichtenberg, Von Menschenart

Der Krieg ernährt den Krieg. (Isolani)

Schiller, Die Piccolomini I, 2

Der Krieg macht Sinnen voller Lüste,
die Länder aber öd und wüste.
Wenn aber dieses nur nicht wär:
Er machet auch den Himmel leer.

Logau, Krieg

Wenn du daheim bleibst, richte nicht mit dem, der kämpft! (Orestes)

Aischylos,
Die Grabesspenderinnen 919

Loslassen
kann der Gewaltige den Krieg; doch nicht
gelehrig, wie der Falk sich aus den Lüften
zurückschwingt auf des Jägers Hand, gehorcht
der wilde Gott dem Ruf der Menschenstimme. (Erzbischof)

Schiller,
Die Jungfrau von Orleans III, 3

Warum kann der Mensch
nur töten, nicht die Toten wieder wecken?
Er sollte beides können oder keins. (Herodes)

Hebbel,
Herodes und Mariamne III, 6

Mars ist ein Gewissens-Mann,
der sich nimmt der Menschheit an:
Schlägt er Menschen häufig nieder,
zeugt er Menschen häufig wieder.

Logau,
Gewissenhafter Krieg

Babies satisfactorily born!

Meldung an Präsident Truman nach dem Abwurf der ersten Atombombe

Dulce et decorum est pro patria mori. Süß und ruhmvoll ist es, fürs Vaterland zu sterben.

Horaz, Oden III, 2, 13

Fürs Vaterland sein Blut vergießen
hat weiland man zu rühmen wissen;
das Blut dem Vaterland ersparen,
ist jetzt ein Ruhm bei unsren Jahren.

Logau, Eben selbige

Die Rede auf die Gefallenen des Krieges ist ein heuchlerisches Plädoyer zugunsten der Lebenden. (Hektor)

Giraudoux,
Kein Krieg in Troja II, 5

Das größte Unglück ist eine verlorene Schlacht, das zweitgrößte eine gewonnene.

Herzog von Wellington

Solange man den Krieg als ein Verbrechen betrachtet, wird er die Menge immer geheimnisvoll anlocken. Wenn er etwas Vulgäres geworden ist, wird man aufhören, sich um ihn zu kümmern.

Oscar Wilde

Im Kampf gegen den Krieg sollten die Frauen die Führerinnen sein. Es ist die ihnen gemäße Aufgabe.

Mahatma Gandhi

Jeder Krieg ist eine Niederlage des menschlichen Geistes.

Henry Miller, Der Koloß von Maroussi

Das große Karthago führte drei Kriege. Nach dem ersten war es noch mächtig. Nach dem zweiten war es noch bewohnbar. Nach dem dritten war es nicht mehr aufzufinden.

Bertolt Brecht,
Offener Brief an die deutschen Künstler und Schriftsteller, 1951

Erst nach dem Verlust des zweiten Weltkrieges hat man in Deutschland erkannt, daß man den ersten verloren hat.

Ossip K. Flechtheim

Im nächsten Krieg werden die Überlebenden die Toten beneiden.

Nikita Chruschtschow

Der übernächste Krieg wird nur noch mit Pfeil und Bogen entschieden.

Albert Einstein

Zu lang, zu lang schon treten die Sterblichen
sich gern aufs Haupt und zanken um Herrschaft sich,
den Nachbar fürchtend, und es hat auf
eigenem Boden der Mann nicht Segen.

Hölderlin, Der Frieden

Feldherr

Manch blutig Treffen wird um nichts gefochten,
weil einen Sieg der junge Feldherr braucht.
Ein Vorteil des bewährten Feldherrn ist's,
daß er nicht nötig hat, zu schlagen, um
der Welt zu zeigen, er versteh' zu siegen. (Wallenstein)

Schiller, Die Piccolomini II, 7

Um eines Siegs,
der deine junge Seele flüchtig reizt,
willst du das Spiel der Schlachten neu beginnen?
Weil unerfüllt ein Wunsch, ich weiß nicht welcher,
dir im geheimen Herzen blieb, den Segen,
gleich einem übellaun'gen Kind, hinweg,
der deines Volks Gebete krönte, werfen? (Prothoe)

Heinrich von Kleist, Penthesilea 5

Als ich noch nicht Reichskanzler war, habe ich gemeint, der Generalstab gleiche einem Fleischerhund, den man fest am Halsband haben müsse, weil er sonst jeden Menschen anzufallen drohe. Nachdem ich Reichskanzler geworden war, habe ich feststellen müssen, daß der deutsche Generalstab nichts weniger als ein Fleischerhund ist. Dieser Generalstab hat mich immer gehindert, das zu tun, was ich für nötig halte. Der Generalstab hat der Aufrüstung, der Rheinlandbesetzung, dem Einmarsch nach Österreich, der Besetzung der Tschechei und schließlich sogar dem Krieg gegen Polen widersprochen. Der Generalstab hat mir abgeraten, gegen Frankreich offensiv vorzugehen. Der Generalstab hat mir abgeraten, gegen Rußland Krieg zu führen. Ich bin es, der diesen Fleischerhund immer erst antreiben muß.

Adolf Hitler

Jeder Soldat soll den Marschallstab im Tornister tragen. Aber wehe, wenn der Gefreite ihn dort findet.

Gabriel Laub

Kein Kriegsmann hat im Kriege Glück,
steht ihm ein Staatsmann nicht zur Seit'.
Der eine, der versteht den Krieg,
der andre, der versteht die Zeit.

Christian Wernicke, Ex utroque Caesar

Krieg ist ein zu ernstes Geschäft, als daß man ihn den Generälen überlassen dürfte.

Georges Clemenceau

Ein Feldherr ist der natürliche Nebenbuhler des Königs.

Schlieffen

Guter Feldherr sagt
dem Heer nur Gutes, schweigt vom Mißlichen. (Polyneikes)

Sophokles, Oidipus auf Kolonos V

Der rauhe Krieger wird sein eignes Weh
geduldig tragen, sieht er seinen König,
dem Ärmsten gleich, ausdauern und entbehren! (Sorel)

Schiller, Die Jungfrau von Orleans I, 4

Der feine Griff und der rechte Ton,
das lernt sich nur um des Feldherrn Person. (Wachtmeister)

Schiller, Wallensteins Lager 6

Veni, vidi, vici. Ich kam, sah, siegte.

Cäsar, Nach der Schlacht bei Zela, 2. 8. 47 vor Christus

Der junge Alexander eroberte Indien. Er allein? Cäsar schlug die Gallier. Hatte er nicht wenigstens einen Koch bei sich?

Brecht, Fragen eines lesenden Arbeiters

Ein preußischer General stirbt, aber er hinterläßt keine Memoiren.

Constantin von Alvensleben

Generäle und Dirigenten leben länger; denn sie sind gewohnt, daß man ihnen nicht widerspricht.

David Frost

Frieden

Es gab nie einen guten Krieg oder einen schlechten Frieden.

Benjamin Franklin, an Josiah Quincy, 11. 9. 1773

Den ungerechtesten Frieden finde ich immer noch besser als den gerechtesten Krieg.

Cicero

Erzwungen ist zuletzt ein jeder Frieden:
Der Schwächere gibt nach. (Klesel)

Grillparzer, Ein Bruderzwist in Habsburg V

Frieden ist die Fortsetzung des Krieges mit anderen Mitteln.

Oswald Spengler

Parcere subiectis et debellare superbos. Die Unterworfenen schonen und die Hochmütigen züchtigen.

Vergil, Äneis VI, 854

Wir wollen's machen wie alle Eroberer: Die Leute totschlagen, um es mit ihrer Nachkommenschaft gut zu meinen.

Goethe, Die Vögel

Köpfe abschlagen ist nicht sehr klug.
Die Stecknadel, der man den Kopf abschlug,
fand, der Kopf sei völlig entbehrlich,
und war nun vorn und hinten gefährlich.

Erich Kästner, Aktuelle Albumverse

Dieser Krieg wäre nie ausgebrochen, wenn wir nicht unter dem Druck der Amerikaner und neumodischer Gedankengänge die Habsburger aus Österreich-Ungarn und die Hohenzollern aus Deutschland vertrieben hätten. Indem wir in diesen Ländern ein Vakuum schufen, gaben wir dem Ungeheuer Hitler die Möglichkeit, aus der Tiefe der Gosse zum leeren Thron zu kriechen.

Winston Churchill, 1945

Wer sich mit einem halben Siege begnügt, handelt allzeit klug; denn immer verliert, wer einen Sieg bis zur Vernichtung des Gegners anstrebt.

Machiavelli, Florentiner Geschichte IV

Das siegreiche Volk hat niemals einen Vorteil von den Trümmern des besiegten Volkes. Es bezahlt alles. Es leidet, auch wenn seine Waffen siegreich sind.

Voltaire, Das Zeitalter Ludwigs XIV.

Kluge Sieger essen Eier, dumme Sieger die Hühner.

Hans Kasper,
Nachrichten und Notizen

Wer einen Sieg verewigen will, muß ihn vergessen machen.

Hans Kasper,
Abel gib acht; Die Kunst zu siegen

Die fremden Eroberer kommen und gehen;
wir gehorchen, aber wir bleiben stehen. (Erster Chor)

Schiller, Die Braut von Messina I, 3

Friede ist nicht Abwesenheit von Krieg. Friede ist eine Tugend, eine Geisteshaltung, eine Neigung zu Güte, Vertrauen, Gerechtigkeit.

Spinoza

Aber die Zeiten vergehn, es vernarben die Wunden, und arglos
über die Stätten des Mords wandelt ein junges Geschlecht.

Geibel, 4. Elegie

Zwischen Völkern, die sich lange bekriegt haben, bilden sich echte Bündnisse. Der Krieg ist eine Art Handel, der diejenigen vereinigt, die er entzweit.

Joubert

Die unwandelbare Freundschaft und der ewige Friede zwischen allen Völkern – sind das denn Träume? Nein, der Haß und der Krieg sind Träume, aus denen man einst erwachen wird.

Ludwig Börne

Wer ein Volk verachtet oder haßt, der beweist, daß er dasselbe nicht genügend kennt oder daß Leidenschaft ihm das Verständnis verschließt. Um aber eine solche Leidenschaft, gegen welche kein Mensch gefeit ist, zu überwinden, kenne ich kein besseres Mittel, als das Privatleben eines Volkes, seinen Kampf mit der Natur, seine Sorgen um das tägliche Brot und vor allem seine Leiden zu beobachten. Da werden uns die Leute verwandt, und man kann ihnen nie mehr gründlich gram werden.

Spitteler,
Politische Tagesberichte,
Politische Sympathien und Antipathien

Friede ist niemals durch Koexistenz, sondern nur in Kooperation.

Karl Jaspers,
Die Atombombe und die Zukunft des Menschen

Dies ist's, was am meisten aufheitert, wenn man an Orte kommt, wo der Krieg wirklich getobt hat, und doch noch alles auf den Füßen findet.

Goethe,
an Christiane von Goethe, 21. 4. 1813

Der Frieden ist dem Lande eine Amme.

Hesiod

Im Frieden schmeckt die Milch süß.

Aus Somalia

Wir leben die Übergangszeit zwischen der bisherigen Geschichte, die eine Geschichte der Kriege war, und einer Zukunft, die entweder das totale Ende oder einen Weltfriedenszustand bringen wird.

Karl Jaspers, Die Atombombe
und die Zukunft des Menschen

Nur wer denkt und die Menschen liebt, kann ihnen den Frieden bringen. Wir denken nicht und lieben nur uns selbst.(Die Kriegswitwe)

Leonhard Frank, Der Mensch ist gut

Wir können das Arsenal der Waffen nicht aus der Welt schreiben, aber wir können das Arsenal der Phrasen, die man hüben und drüben zur Kriegführung braucht, durcheinanderbringen.

Max Frisch

Die größte Gefahr sind heute die Leute, die nicht wahrhaben wollen, daß das jetzt anhebende Zeitalter sich grundsätzlich von der Vergangenheit unterscheidet. Mit den überkommenen politischen Begriffen werden wir mit dieser Lage nicht fertig werden. Der Bankrott der traditionellen Vorstellung von Krieg, Angriff und Verteidigung ist offenbar. Ohne Umdenken ist kein Ausweg aus der Gefahr möglich.

Max Planck

XXXVIII. Kapitel

Afrika
Amerika
Europa
Deutschland
Deutsches Land
Deutsche Politik
Österreich
England
Frankreich
Italien
Rußland
Juden

Afrika

Für manches unterentwickelte Land ist das Geschenk der völligen Unabhängigkeit so sinnvoll wie ein Rasiermesser in der Hand eines Kindes.

Lord Beaverbrook

Bei der Entwicklungshilfe handelt es sich um Geld, das von den armen Menschen in den reichen Ländern aufgebracht wird für die reichen Menschen in den armen Ländern.

Alfred Mozer

Es steht uns nicht frei, den Völkern Afrikas Wohltaten zu erweisen oder nicht zu erweisen. Es ist unsere Pflicht. Alles, was wir ihnen geben, ist keine Wohltat, sondern eine Sühne.

Albert Schweitzer

Amerika

Das amerikanische Grundgefühl ist eine seiner Zukunft sichere Gegenwärtigkeit.

Theodor Heuss

Wir sind im Guten wie im Schlechten eine zutiefst konservative Gesellschaft.

James William Fulbright

Amerikaner werden mißtrauisch, wenn man nicht einer von ihnen werden will – im Gegensatz zu den Franzosen, Engländern, Schweden und den meisten anderen Völkern, die es gerade mißtrauisch macht, wenn man zu ihnen gehören möchte.

Billy Wilder

In jedem Amerikaner, selbst wenn er alle Klugheiten mit dem Löffel gegessen und alle Dünkel der Welt durchschaut hätte, steckt irgendwo die Provinz.

Witold Gombrowicz,
Aus dem Tagebuch des...

Wir Pioniere und Cowboys sind Tatmenschen und keine Denker.

Barry Goldwater

Amerika hat noch nicht gelitten. Man täuscht sich, wenn man ihm schon die hohe Fähigkeit des Herrschens zubilligen möchte.

Ortega y Gasset, Der Aufstand der Massen

Langsam, aber unverkennbar erliegen wir dem Hochmut der Macht.

James William Fulbright

Die gefährlichsten Männer der Welt leben heute nicht in Rußland, auch nicht in China, sondern in unserem Pentagon.

Wayne Morse

Es ist ein großer Schock, wenn man im Alter von fünf oder sechs Jahren feststellt, in einer Welt Gary Coopers der Indianer zu sein.

James Baldwin

Gewaltlosigkeit ist die Antwort des Negers auf seine Not. Sie wird vielleicht auch die Antwort auf die verzweifelte Not der Menschheit sein.

Martin Luther King

In Amerika sind die Aussichten für eine Revolution ungefähr so groß wie für eine Ausbreitung des Buddhismus.

Henry Miller, Land der Erinnerung

Es ist keine Beleidigung, sondern ein Lob, wenn man sagt, Amerika sei es wert, kritisiert zu werden.

James William Fulbright

Europa

Es gibt gewisse Grunderscheinungen, die spezifisch europäischen Charakter tragen: Die systematische und kritische Auflehnung gegen alle Gesetze eines sakrosankten Kollektivs; den Begriff des Individuums, der Persönlichkeit, der persönlichen Berufung im Gegensatz zu allen irrationalen Riten und Gebräuchen und zu guter Letzt die Überzeugung, daß in der Mannigfaltigkeit der Sprache, der Parteien, der Nationen und selbst der Religionen die Grundvoraussetzung jedes schöpferischen und erfinderischen Geistes enthalten sei.

Denis de Rougemont

Unser Hausherr, als Jüngling nach Europa gelangt, fand sich hier ganz anders. Diese unschätzbare Kultur, seit mehreren tausend Jahren entsprungen, gewachsen, ausgebreitet, gedämpft, gedrückt, nie ganz erdrückt, wieder aufatmend, sich neu belebend und nach wie vor in unendlichen Tätigkeiten hervortretend, gab ihm ganz andere Begriffe, wohin die Menschheit gelangen kann. Er zog vor, an den großen, unübersehlichen Vorteilen sein Anteil hinzunehmen und lieber in der großen, geregelt tätigen Masse mitwirkend sich zu verlieren, als drüben über dem Meere, um Jahrhunderte verspätet, den Orpheus und Lykurg zu spielen.

Goethe, Wilhelm Meisters Wanderjahre I, 7

Das zutiefst pessimistische Urteil über die Menschen, die Dinge, das Leben und seinen Wert läßt sich wunderbar vereinen mit der Tat und dem Optimismus, den diese erfordert. Das ist europäisch.

Paul Valéry

Es gibt nur ein Bündnis, das gut und organisch gewachsen wäre: das deutsch-französische. Das wäre die erste und einzige unter allen alten und neuen Allianzen, die sich nicht gegen einen Dritten richtet. Es wäre die Allianz für Europa.

Carl von Ossietzky

Ex oriente lux, ex occidente luxus!

Lec, Unfrisierte Gedanken

Ostwärts fällt in Europa das Dach des
Prestiges. Vermindert,
Einheit zu schaffen, Komplex drüben
und hier Arroganz.

Puntsch, Europa

Die Einigung Europas mit den bisherigen Methoden gleicht dem Versuch, ein Omelett zu backen, ohne die Eier zu zerschlagen.

Paul Lacroix

Frankreich ist das Modenland, England das Land der Launen, Spanien das Ahnenland, Italien das Prachtland und Deutschland das Titelland.

Kant

Die Franzosen sind witzig vor der Tat, die Welschen bei der Tat, die Deutschen nach der Tat.

Johann Geiler von Kaysersberg

Mrs. Ashley – als Germanin das Kind von Ohrenmenschen – hatte keine Begabung dafür, sich zu kleiden, aber eine bezaubernde Sprechstimme, und sie bewegte sich wie eine Königin. Mrs. Lansing – als Romanin das Kind von Augenmenschen – besaß Feingefühl für Farben und Linien, doch ihre Stimme hatte etwas Schneidendes und ihr Gang wenig Anmut.

Thornton Wilder,
Der achte Schöpfungstag, St. Kitts

Der Deutsche ist am sympathischsten mit siebzehn, der Engländer mit dreißig, der Franzose mit sechzig Jahren.

Thomas Niederreuther,
Aphorismen

Griechenland braucht keine Archäologen – es braucht Forstmeister. Ein grünes Griechenland könnte einer Welt, die jetzt vom Rost zerfressen wird, wieder Hoffnung verleihen.

Henry Miller,
Der Koloß von Maroussi

Auskünfte haben weniger den Wert einer Information als den eines Trosts. Ein Grieche sagt niemals „nie“, höchstens „avrio“, morgen.

Erhart Kästner,
Ölberge, Weinberge; Thron des Zeus

Wer aus England nach Holland kommt, glaubt aus einer Gesellschaft wohlerzogener Offiziere unter Tamboure und Profosse versetzt zu sein.

Lichtenberg, an Gottfried Hieronymus Amelung, 21. 4. 1786

Befriedigen können wir die Ansprüche, welche dieser neue Nachbar Polen auf unsere Kosten erheben würde, niemals. Sie würden außer Posen und Danzig sich demnächst auf Schlesien und Ostpreußen richten, und die Landkarten, in welchen die Träume der polnischen Insurrektion ihren Ausdruck finden, bezeichnen Pommern bis an die Oder als polnische Provinz.

Bismarck, Erlaß an den Londoner Gesandten Graf Bernstorff, 7. 2. 1863

Stolz will ich den Spanier. (König)

Schiller, Don Karlos III, 10

Stolz ist der vorherrschende Charakterzug der Spanier. Selbst in ihrer Leidenschaft für Gold liegt mehr Stolz als Habsucht.

Joubert, Gedanken und Maximen

Was diesseits der Pyrenäen Wahrheit, ist jenseits Irrtum.

Pascal

Granada ist eine Stadt der Muße, eine Stadt für die Beschaulichkeit und die Phantasie, eine Stadt, darin der Verliebte besser als irgendwo anders den Namen seiner Liebe auf den Boden schreibt. Die Stunden sind dort länger und gehaltvoller als in jeder anderen Stadt Spaniens.

Federico Garcia Lorca

Ich weiß wohl, was ihr mögt, ihr alten Böhmen:
Gekauert sitzen in verjährtem Wust,
wo kaum das Licht durch blinde Scheiben dringt,
verzehren, was der vor'ge Tag gebracht,
und ernten, was der nächste soll verzehren,
am Sonntag Schmaus, an Kirchmeß plumpen Tanz,
für alles andre taub und blind!
So möchtet ihr. Ich aber mag nicht so!
Wie den Ertrinkenden man faßt am Haar,
will ich euch fassen, wo's am meisten schmerzt:
Den Deutschen will ich setzen euch in Pelz,
der soll euch kneipen, bis euch Schmerz und Ärger
aus eurer Dumpfheit wecken und ihr ausschlagt
wie ein gesporntes Pferd. (Ottokar)

Grillparzer,
König Ottokars Glück und Ende I

Deutschland

Das große deutsche Volk der Dichter und Denker.

Edward Bulwer,
Ernest Maltravers, Widmung

Die Germanen brachten uns die Idee der persönlichen Freiheit, welche diesem Volke vor allem eigen war. Die Reformation kam aus dieser Quelle wie die Burschenverschwörung auf der Wartburg, Gescheites wie Dummes. Auch das Buntscheckige unserer Literatur, die Sucht unserer Poeten nach Originalität und daß jeder glaubt, eine neue Bahn machen zu müssen, sowie die Absonderung und Verisolierung unserer Gelehrten, wo jeder für sich steht und von seinem Punkte aus sein Wesen treibt.

Goethe,
zu Eckermann, 6. 4. 1829

Ein Deutscher braucht nicht alt zu werden, und er findet sich von Schülern verlassen; es wachsen ihm keine Geistesgenossen nach. Jeder, der sich fühlt, fängt von vorn an.

Goethe, an Franz Bernhard von Bucholtz,
14. 2. 1814

Sagt, ist noch ein Land außer Deutschland, wo man die Nase eher rümpfen lernt als putzen?

Lichtenberg

Je tiefer wir auf der Stufenleiter der Bildung hinabsteigen, um so beharrlicher finden wir noch heutzutage den Deutschen, je höher wir aber dieselbe Leiter hinaufsteigen, um so veränderlicher.

Grillparzer, Zur Lehre vom Staate

Wir sind viel zu höflich, um vor ansehnlichen Leuten ein Ich zu haben. Ein Deutscher ist mit Vergnügen alles, nur nicht er selber.

Jean Paul

Narrenkappe samt den Schellen, wenn ich ein Franzose wär',
wollt' ich tragen; denn die Deutschen gingen stracks wie ich daher.

Logau, Sinngedichte, Franzosenfolge

Amerika ist Amerika. Deutschland aber will Deutschland und außerdem noch Amerika sein.

Jean Cocteau

Der Gipfel aber unseres Triumphs ist es, wenn man uns gar nicht mehr für Deutsche, sondern etwa für Spanier oder Engländer hält, je nachdem nun einer von diesen gerade am meisten in Mode ist.

Fichte,
Reden an die deutsche Nation 5

Und es mag am deutschen Wesen
einmal noch die Welt genesen.

Geibel,
Heroldsrufe, Deutschlands Beruf

Sie möchten alle Fragen möglichst mit Ja oder Nein, gut oder schlecht, Recht oder Unrecht klar und deutlich entschieden haben. Etwas unklar lassen, abwarten, bis Natur oder Zeit alles erledigen – das können die Deutschen einfach nicht.

Kazuo Kani

Die Deutschen sind übrigens wunderliche Leute! Sie machen sich durch ihre tiefen Gedanken und Ideen, die sie überall suchen und überall hineinlegen, das Leben schwerer als billig. Ei, so habt doch endlich einmal die Courage, euch den Eindrücken hinzugeben, euch ergötzen zu lassen, euch rühren zu lassen, euch erheben zu lassen, ja euch belehren zu lassen und zu etwas Großem entflammen und ermutigen zu lassen! Aber denkt nur nicht immer, es wäre alles eitel, wenn es nicht irgend abstrakter Gedanke und Idee wäre.

Goethe,
zu Eckermann, 6. 5. 1827

Es ist der Charakter der Deutschen, daß sie über allem schwer werden, daß alles über ihnen schwer wird.

Goethe,
Wilhelm Meisters Lehrjahre IV, 20

Mücken seihen und Kamele schlucken
waren stets des deutschen Geistes
Mucken.

Grillparzer (1846)

Er war am Ende doch ein Deutscher, und diese Nation gibt sich gern Rechenschaft von dem, was sie tut.

Goethe, Wilhelm Meisters Lehrjahre V, 6

Uns Deutschen geht es um die Sache! Wir können keine Zeit damit verschwenden, auch noch zu eruieren, um was für eine Sache es sich jeweils handelt.

Hans Kasper, Abel, gib acht; Unsereins

Deutschland, wo die Kräftigen ohne Geist und die Geistigen ohne Kraft sind.

Grillparzer, Zur Zeitgeschichte 1841

Ein Deutscher ist großer Dinge fähig, aber es ist unwahrscheinlich, daß er sie tut.

Nietzsche

Könnte man nur den Deutschen, nach dem Vorbilde der Engländer, weniger Philosophie und mehr Tatkraft, weniger Theorie und mehr Praxis beibringen, so würde uns schon ein gutes Stück Erlösung zuteil werden.

Goethe, zu Eckermann, 12. 3. 1828

Der Scharfsinn war nie ein Nationalbesitz der Teutonen.

Chamberlain,
Grundlagen des 19. Jahrhunderts I, 1

Da es der Charakter unserer Landsleute ist, das Gute ohne viel Prunk zu tun und zu leisten, so denken sie selten daran, daß es auch eine Art gebe, das Rechte mit Zierlichkeit und Anmut zu tun.

Goethe,
Wilhelm Meisters Lehrjahre II, 7

Die Deutschen sind im Durchschnitt rechtliche, biedere Menschen, aber von Originalität, Erfindung, Charakter, Einheit und Ausführung eines Kunstwerks haben sie nicht den mindesten Begriff. Das heißt mit einem Worte: Sie haben keinen Geschmack.

Goethe,
an Johann Friedrich Reichardt, 28. 2. 1790

Diese Bündel von mächtigen, aber ungeordneten Instinkten! Diese geborenen Künstler ohne Geschmack!

Charles de Gaulle

Sie sind ernsthaft, sie sind tüchtig, sie arbeiten wie keine Nation auf der Welt, sie erreichen das Unglaubliche – aber es ist keine Freude, unter ihnen zu leben.

Hugo von Hofmannsthal

Juden und Deutsche haben vieles gemeinsam. Sie sind strebsam, tüchtig, fleißig und gründlich verhaßt bei den anderen. Juden und Deutsche sind Ausgestoßene.

Franz Kafka

Erklimmt die deutsche Tüchtigkeit einen Berg, nimmt sie so viel Anlauf, daß sie gleich auf der anderen Seite den Abhang wieder hinunterpurzelt.

Hans Kasper,
Abel, gib acht; Unsereins

Das Erbübel der Deutschen ist, daß sie sich zu ernst nehmen. Uns mangelt die Selbstironie, die beispielsweise die Franzosen in so hohem Maße besitzen.

Walter Hasenclever

Ungleich dem Süden ist der Deutsche weniger ein redseliges als ein schreibseliges Volk, wie seine Registraturen und Bücherschränke ansagen.

Jean Paul,
Levana I, 1, 2

Interessanterweise hat die deutsche Sprache kein entsprechendes Wort für das englische „fairness". Das macht mißtrauisch bei einer Sprache der Dichter und Philosophen.

Prodosh Aich

Ein guter Mensch zu sein, gilt hierzulande
als Dummheit, wenn nicht gar als Schande.

Erich Kästner

Wie schön Deutschland ist, wenn man ganz weit weg ist und nur immer dran denkt!

Carl Zuckmayer,
Der Hauptmann von Köpenick

Scheltet mir nicht die Deutschen! Wenn sie auch Träumer sind, so haben doch manche unter ihnen so schöne Träume geträumt, daß ich sie kaum vertauschen möchte gegen die wachende Wirklichkeit unserer Nachbarn.

Heine,
Reisebilder, Gespräch auf der Themse

Deutsches Land

Wie begrüßt ich so oft mit Staunen die Fluten des Rheinstroms,
wenn ich, reisend nach meinem Geschäft, ihm wieder mich nahte!
Immer schien er mir groß und erhob mir Sinn und Gemüte.

Goethe, Hermann und Dorothea 1

Preußen ist wie eine neue Wolljacke: Es kratzt ein bißchen, hält aber warm.

Bismarck

Das Talent zur Disziplin ist die Wurzel von Preußens Größe.

Morgenstern, Stufen, Politisches, 1905

Es lebt aber, wie ich an allem merke, in Berlin ein so verwegener Menschenschlag beisammen, daß man mit der Delikatesse nicht weit reicht, sondern daß man Haare auf den Zähnen haben und mitunter etwas grob sein muß, um sich über Wasser zu halten.

Goethe,
zu Eckermann, 4. 12. 1823

Wer Berlin zur neuen Hauptstadt macht, schafft geistig ein neues Preußen.

Konrad Adenauer

Die Leipziger sind als eine kleine moralische Republik anzusehen. Jeder steht für sich, hat einige Freunde und geht in seinem Wesen fort. Kein Oberer gibt einen allgemeinen Ton an, und jeder produziert sein kleines Original, er sei nun verständig, gelehrt, albern oder abgeschmackt, tätig, gutherzig, trokken oder eigensinnig und was der Qualitäten mehr sein mögen. Reichtum, Wissenschaft, Talente, Besitztümer aller Art geben dem Ort eine Fülle, die ein Fremder, wenn er es versteht, sehr wohl geniessen und nutzen kann.

Goethe, an Frau von Stein, 29. 12. 1782

Der Bajuware achtet den am meisten, der ihn am meisten in Ruhe läßt.

Thomas Niederreuther, Aphorismen

Das Bayerische ist eine Denkweise. Ein guter Bayer kann auch aus Afrika sein.

Georg Lohmeier

Wer behauptet, München sei eine Weltstadt mit Herz, der hat keines.

Oliver Hassenkamp,
High Life Barometer

Der Oberbayer ist ein Wilderer mit Ehrfurcht vor dem Gesetz.

Thomas Niederreuther, Aphorismen

Die Franken sind die Sanguiniker unter den Deutschen.

Theodor Heuss

Würzburg – das größte Pfarrhaus Deutschlands.

Napoleon I.

Deutsche Politik

Wodurch ist Deutschland groß als durch eine bewundernswürdige Volkskultur, die alle Teile des Reiches gleichmäßig durchdrungen hat? Sind es aber nicht die einzelnen Fürstensitze, von denen sie ausgeht und welche ihre Träger und Pfleger sind? Gesetzt, wir hätten in Deutschland seit Jahrhunderten nur die beiden Residenzstädte Wien und Berlin oder gar nur eine, da möchte ich doch sehen, wie es um die deutsche Kultur stände.

Goethe,
zu Eckermann, 23. 10. 1828

Wiß', daß man zwölf Parteien find't,
wo nur ein Dutzend Deutsche sind,
und, wenn sie sich erst unterhalten,
dann wollen sie sich auch noch spalten.

Daniel Sanders, 366 Sprüche, 111

Sich voneinander abzusondern ist die Eigenschaft der Deutschen; ich habe sie noch nie verbunden gesehen als im Haß gegen Napoleon. Ich will nur sehen, was sie anfangen werden, wenn dieser über den Rhein gebannt ist.

Goethe, an Carl von Knebel, 24. 11. 1813

Es bricht der Wolf, o Deutschland,
in deine Hürde ein, und deine Hirten
streiten
um eine Handvoll Wolle sich. (Wolf)

Heinrich von Kleist,
Die Hermannschlacht I, 1

Und als ich auf dem Sankt Gotthard
stand,
da hörte ich Deutschland schnarchen:
Es schlief da unten in guter Hut
von sechsunddreißig Monarchen.

Heine, Neue Gedichte, Tannhäuser

Ich liebe Deutschland. Ich liebe es so sehr, daß ich zufrieden bin, weil es gleich zwei Deutschland gibt.

François Mauriac

Eine geteilte deutsche Nation: Das ergibt nichts Besseres als zwei Nationen von Landsknechten.

Alfred Andersch, 1947

Da wir, gemessen an unserer Veranlagung, keine Nation bilden können, da wir, belehrt durch geschichtliche Erkenntnis und unserer kulturellen Vielgestalt bewußt, keine Nation bilden sollten, müssen wir endlich den Föderalismus als einzige Chance begreifen. Nicht als geballte Nation, nicht als zwei wider einander gesetzte Nationen, nur als friedlich wettstreitende Länderbünde können wir unseren Nachbarn in Ost und West Sicherheit bieten.

Günter Grass,
Sollen die Deutschen eine Nation bilden?

Man berührt wohl die wundeste Stelle der Deutschen, wenn man sie darauf aufmerksam macht, daß es in ihrem Lande noch immer weit mehr autoritäre als demokratisch eingestellte Persönlichkeiten gibt.

Prodosh Aich

Adenauer hat mit großer Zustimmung autoritär regiert; um ihn sind mehr Zerfallsformen autoritärer Herrschaft als demokratische Sitten entstanden.

Alexander Mitscherlich

Ich bekenne mich tief überzeugt, daß das deutsche Volk die politische Demokratie niemals wird lieben können, aus dem einfachen Grunde, weil es die Politik selbst nicht lieben kann, und daß der vielverschrieene „Obrigkeitsstaat“ die dem deutschen Volk angemessene, zukömmliche und von ihm im Grunde gewollte Staatsform ist.

Thomas Mann,
Betrachtungen eines Unpolitischen

In diesem Volk, das nie die Sehnsucht nach einem starken Mann verloren hat und diejenigen Kanzler am meisten schätzt, denen es das Beiwort „eisern" verleihen könnte, in einem solchen Volk ist es politisch lebensgefährlich, der Schwäche geziehen zu werden.

Paul Sethe, über Ludwig Erhard

Das ist der größte Vorwurf an die Deutschen: Daß sie trotz ihrer Intelligenz und trotz ihres Mutes immer die Macht anhimmeln.

Winston Churchill

Cicero ist nach Goethe ein blöder Mann, weil er nicht Cato war. Es ist sonderbar, daß ein Deutscher, der die Untertänigkeit mit der äußersten Unempfindlichkeit duldet, solche Ideale von Unerschrockenheit hat.

Johann Jakob Bodmer, Juni 1775

Warum sollen wir nicht unterjocht werden? Physisch eignen wir uns vortrefflich zum Unterjochtwerden. Wir haben eine Hundenatur, sind feig und servil. Nur unser Geist ist was nütz.

Oskar Panizza,
Über das Unsichtbare

Selbst im Fall einer Revolution würden die Deutschen sich nur Steuerfreiheit, nie Gedankenfreiheit zu erkämpfen suchen.

Hebbel,
Tagebücher 1836

Wir können durch Liebe und Wohlwollen leicht bestochen werden, vielleicht zu leicht, aber durch Drohungen ganz gewiß nicht! Wir Deutsche fürchten Gott, aber sonst nichts in der Welt.

Bismarck,
im Reichstag, 6. 2. 1888

Und wenn wir Deutschen Gott und sonst nichts in der Welt fürchten, so respektieren wir selbst ihn nicht um seiner Persönlichkeit willen, sondern wegen des Geräusches seiner Donner.

Karl Kraus

Man hat die Deutschen entweder an der Gurgel oder zu Füßen.

Winston Churchill

Wer die dreißiger und vierziger Jahre als Deutscher durchlebt hat, der kann seiner Nation nie mehr völlig trauen. Der kann der Demokratie so wenig trauen wie einer anderen Staatsform. Der kann dem Menschen überhaupt nicht mehr trauen.

Golo Mann

Ich sah aus Deutschlands Asche keinen Phönix steigen, doch ich sah einen Pfau.

Christoph Meckel

Die deutsche Geschichte ist ohne Gleichgewicht und Kontinuität. Allenthalben verläuft sie in Kontrasten und Extremen. Deutschland ist das Land der wunderbaren Aufstiege und der apokalyptischen Katastrophen.

Pierre Gaxotte

Die letzten anderthalb Jahrhunderte deutscher Geschichte lassen sich auf die Formel bringen: Von I.G. Cotta zu I.G. Farben.

Werner Bergengruen, 1950

Deutschland ist eine anatomische Merkwürdigkeit: Es schreibt mit der Linken und tut mit der Rechten.

Tucholsky

Die Deutschen kommen immer zu spät. Sie sind spät wie die Musik, die immer von allen Künsten die letzte ist, einen Weltzustand auszudrücken – wenn dieser Weltzustand schon im Vergehen begriffen ist.

Thomas Mann,
Deutschland und die Deutschen

In diesem Land kann man keine Politik machen! Da sind ja selbst die Juden dumm!

Max Weber

Es ist nicht schwer, in diesem Lande den Propheten zu spielen, aber es bereitet wenig Vergnügen.

Theodor Fontane

Österreich

's ist möglich, daß in Sachsen und beim Rhein
es Leute gibt, die mehr in Büchern lasen;
allein, was not tut und was Gott gefällt,
der klare Blick, der offne, richt'ge Sinn,
da tritt der Österreicher hin vor jeden,
denkt sich sein Teil und läßt die andern reden! (Horneck)

Grillparzer,
König Ottokars Glück und Ende III

In Österreich wird man nur zum großen Mann, wenn man etwas auffällig nicht tut.

Egon Friedell,
Aphorismen

Das österreichische Antlitz lächelte, weil es keine Muskeln mehr im Gesicht hatte.

Robert Musil, 1918

Charme zur Haltung gemacht, ist etwas Fürchterliches: Waffenstillstand mit der eigenen Lüge.

Max Frisch, Tagebuch, Wien, 1946–49

Man muß die Sache mit unseren Hauptstädten nicht allzu tragisch nehmen. Es gibt noch eine deutsche Hauptstadt. Sie heißt Wien.

Erich Kuby

Was ein rechter Wiener ist, der rührt keinen Finger. Der geht lieber mit offener Hose spazieren. Vielleicht fliegt ihm eine gebratene Taube hinein. (Golo)

Walter Hasenclever, Die Rechtlosen

Wir Wiener blicken vertrauensvoll in unsere Vergangenheit.

Karl Farkas

In Österreich resigniert man schon so lange und so erfolgreich, daß daraus Zerfallsenergie entsteht.

Erich Sokol

England

Für Großbritannien ist der Ärmelkanal immer noch breiter als der Atlantik.

Jaques Baumel

Die Natur
warf diese beiden feur'gen Völkerschaften
auf dieses Brett im Ozean; ungleich
verteilte sie's und hieß sie darum kämpfen.
Der Tweede schmales Bette trennt allein
die heft'gen Geister; oft vermischte sich
das Blut der Kämpfenden in ihren Wellen.
Die Hand am Schwerte, schauen sie sich drohend
von beiden Ufern an seit tausend Jahren.
Kein Feind bedränget Engelland, dem nicht
der Schotte sich zum Helfer zugesellte;
kein Bürgerkrieg entzündet Schottlands Städte,
zu dem der Brite nicht den Zunder trug,
und nicht erlöschen wird der Haß, bis endlich
ein Parlament sie brüderlich vereint. (Maria)

Schiller, Maria Stuart I, 7

Die Engländer überhaupt scheinen vor vielen anderen etwas voraus zu haben. Wir sehen hier in Weimar ja nur ein

Minimum von ihnen und wahrscheinlich keineswegs die besten; aber was sind das alles für tüchtige Leute! Und so jung und siebzehnjährig sie hier auch ankommen, so fühlen sie sich doch in dieser deutschen Fremde keineswegs fremd und verlegen. Vielmehr ist ihr Auftreten und ihr Benehmen in der Gesellschaft so voller Zuversicht und so bequem, als wären sie überall die Herren und als gehöre die Welt überall ihnen.

Goethe, zu Eckermann, 12. 3. 1828

Man kann nicht behaupten, das englische Volk sei sehr intelligent. Nicht, daß es ihm überhaupt an Intelligenz mangelt, nein, aber es besitzt sie auch nicht im Übermaß. Es besitzt davon gerade so viel, wie zum Leben notwendig ist.

Ortega y Gasset

Kein Volk ist im privaten Leben so wahrheitsliebend wie das englische. Keins aber bedient sich im öffentlichen Leben so bewußt oder doch mit so instinktiver Sicherheit der Lüge.

Karl Scheffler, Zeit und Stunde

London ist allzusehr erfüllt von Nebel und ernsthaften Leuten. Ob die Nebel die ernsthaften Leute oder die ernsthaften Leute die Nebel hervorbringen, weiß ich nicht genau.

Oscar Wilde

So sind sie nun, Britanniens Kinder, alle:
Trifft man aufs Haar nicht den gewohnten Brauch,
so weisen sie's zurück und lächeln vornehm. (König)

Grillparzer, Die Jüdin von Toledo I

Die Engländer betrachten einen Greis wie ein seltenes Möbelstück aus der guten alten Zeit, und ihre Augen verweilen zärtlich darauf, wenn auch der Gegenstand selbst nicht mehr tipptopp erhalten ist. Im Herzen sind sie alle Antiquare.

Godfried Bomans

Bei den regierenden Klassen Englands kann man jede politische Reform durchsetzen, wenn sie so ausgeführt wird, daß alles beim alten bleibt.

Shaw, 1919

In Frankreich wird ein Mann, der sich für eine Frau ruiniert, bewundert; in England hält man ihn für einen Verrückten. Was der Engländer für Liebe hält, reicht gerade aus, um die Rasse fortzupflanzen.

Maugham

Wohl taugt ihr, mit dem Schwerte drein zu schlagen,
der Franke nur weiß Zierliches zu sagen. (Isabeau)

Schiller, Die Jungfrau von Orleans II, 2

Frankreich

Es ist ein gutes Volk, in seiner Liebe raschlodernd wie in seinem Zorn. (Karl)

Schiller, Die Jungfrau von Orleans III, 2

Wir führen doch im Grunde alle ein isoliertes armseliges Leben! Aus dem eigenen Volke kommt uns sehr wenig Kultur entgegen, und unsere sämtlichen Talente und guten Köpfe sind über ganz Deutschland ausgesäet. . . . Nun aber denken Sie sich eine Stadt wie Paris, wo die vorzüglichsten Köpfe eines großen Reiches auf einem einzigen Fleck beisammen sind und in täglichem Verkehr, Kampf und Wetteifer sich gegenseitig belehren und steigern; wo das Beste aus allen Reichen der Natur und Kunst des ganzen Erdbodens der täglichen Anschauung offen steht; diese Weltstadt denken Sie sich, wo jeder Gang über eine Brücke oder einen Platz an eine große Vergangenheit erinnert und wo an jeder Straßenecke ein Stück Geschichte sich entwickelt hat.

Goethe, zu Eckermann, 3. 5. 1827

Die Pariser sind keine Gefühlsmenschen. Sie sind kalt; es ist eine Stadt der Vernunft, des Kopfes. Sie halten sich immer zurück; sie lassen sich nicht gehen, außer vielleicht im Zorn. Sogar im Café, sogar wenn sie betrunken sind, lassen sie sich nicht gehen. Sie sind nie richtig verrückt; sie schließen ihr Herz nicht auf; sie sind zurückhaltender als die Engländer. Aber wenn man das einmal begriffen hat, dann läuft alles glatt. Man diskutiert, man argumentiert stundenlang, man bleibt immer höflich und freundlich; man appelliert immer an die Vernunft, und am Ende bekommt man, was man will.

Simonetta Fabiani,
zu Georg Stefan Troller, 1969

Die Franzosen haben Verstand und Geist, aber kein Fundament und keine Pietät. Was ihnen im Augenblick dient, was ihrer Partei zugutekommen kann, ist ihnen das Rechte. Sie loben uns daher auch nie aus Anerkennung unserer Vedienste, sondern nur, wenn sie durch unsere Ansichten ihre Partei verstärken können.

Goethe, zu Eckermann, 24. 11. 1824

Im Gegensatz zum Deutschen hat der Franzose nicht die Sucht, sein Denken um jeden Preis mit der Wirklichkeit zur Deckung zu bringen.

Armin Mohler

Nicht das Erfassen ist das Anliegen der Pariser, sondern das Erfahren. Nicht das Durchdringen, sondern das Auskosten.

Troller, Pariser Gespräche 1

In Paris gibt es wenig Moralprediger und wenig verbotene Genüsse. Ist man deswegen dort verruchter als anderswo? Nein, nur ehrlicher. Die Franzosen haben ihre Sehnsüchte wie andere Menschen auch. Aber wenn eine Straßenbahn Begierde heißt, so nennt man sie so, und nicht Sehnsucht.

Troller, Pariser Gespräche 1

Die Frauen sind wie die Öfen. Die deutschen Öfen wärmen besser als die französischen Kamine. Aber daß man hier das Feuer lodern sieht, ist angenehmer.

Heinrich Heine

Der Franzose ist ein sehr angenehmer Mann um die Zeit, wo er zum zweiten Mal anfängt, an Gott zu glauben.

Lichtenberg

Der jetzige Franzose will auf dem Throne große Eigenschaften, obgleich er selber gerne mitherrscht und selber gerne ein Wort mitredet.

Goethe,
zu Eckermann, 4. 5. 1827

Die politische Weisheit der Franzosen besteht darin, genau zu wissen, wann sie aufhören müssen zu denken.

Armin Mohler

Frankreich! Du warst der Glockenturm der Welt, von dessen Höhe einstmals über die ganze Erde hin drei Glockenschläge der Gerechtigkeit hallten, drei Schreie erklangen, die den jahrhundertelangen Schlaf der Völker aufweckten – Freiheit, Gleichheit, Brüderlichkeit.

Maxim Gorki

Die Bestimmung Frankreichs ist, der Welt lästig zu fallen.

Jean Giraudoux

Italien

Man mag so alt, so gelehrt, so weise und geschmackvoll sein, als man will – eine Reise nach Italien gibt immer noch dem Geist ein neues Gepräge.

Lichtenberg,
an Thomas von Sömmering, 7. 1. 1785

Bei dem Namen Rom hört alles Träumen auf, und die Selbsterkenntnis fängt an. Die alte Zauberin weist jeglichem Menschen seinen Platz an. Mein hiesiger Aufenthalt ist eine Entwicklungsgeschichte.

Anselm Feuerbach, Ein Vermächtnis

Der Italiener hat überhaupt ein tieferes Gefühl für die hohe Würde der Kunst als andere Nationen. Jeder, der nur irgend etwas treibt, will Künstler, Meister und Professor heißen.

Goethe, Wilhelm Meisters Lehrjahre VIII, 7

Wir betreten Rom in einer erhöhten Verfassung des Gemüts, wie keine andere Stadt des Erdkreises sie unserer Natur abzunötigen vermöchte. Und etwas von dieser Verfassung wird für immer zurückbleiben.

Werner Bergengruen

Ich kann sagen, daß ich nur in Rom empfunden habe, was eigentlich ein Mensch sei. Zu dieser Höhe, zu diesem Glück der Empfindung bin ich später nie wieder gekommen.

Goethe, zu Eckermann, 9. 10. 1828

Das schlechteste Dorf ist ein kleines Reich.
In Rom ist der zweite dem letzten gleich.

Chamisso, Vetter Anselmo 3

Wer in Rom bleiben und sich ansiedeln will, muß heiraten und katholisch werden, sonst hält er es nicht aus und hat eine schlechte Existenz.

Goethe, zu Eckermann, 10.4.1829

In Rom fließen alle Sünden und Laster zusammen, um verherrlicht zu werden.

Tacitus, Annalen 15, 44

In Rom ist keine Débauche mit ledigen Frauenzimmern, aber desto hergebrachter mit verheirateten. Umgekehrt ist es in Neapel.

Schiller,
an Christian Gottfried Körner, 7. 9. 1788

Die Männer lenken das Land, doch die Frauen lenken die Männer. In Italien herrscht das geheime Mutterrecht.

Luigi Barzini

Jahrhunderte katholische Erziehung haben im italienischen Mann eine enorme, nie zu stillende Gier nach dem Weib ausgelöst.

Federico Fellini

Rom ist wie die Löwenhöhle in der Fabel: Man sieht die Fußstapfen von vielen, die hineingegangen sind, aber von niemand, der zurückgekommen ist.

Kaiser Rudolf I.

Rom, wenn, gebläht von Glück, du mit drei Würfeln doch
nicht neunzehn Augen werfen wolltest!
(Varus)

Heinrich von Kleist,
Die Hermannschlacht V, 21

Rußland

Rußland ist ein Rätsel innerhalb eines Geheimnisses, umgeben von einem Mysterium.

Winston Churchill

Die Vorsichtsmaßregeln, die man in Rußland anwendet, um sogenannte Staatsgeheimnisse zu verbergen, befestigen mich mehr, als es offene barbarische Handlungen vermöchten, in dem Gedanken, daß dieses Land nichts als eine heuchlerische Tyrannei ist. Verheimlichung ist die Maske einer großen Unmenschlichkeit; denn das Gute verschleiert man nicht so sorgfältig.

Astolphe de Custine,
La Russie en 1839, 20. Brief

In Rußland besteht der Despotismus noch, weil er das Wesentliche meiner Regierung ist, aber er steht im Einklang mit der Volksgunst.

Zar Nikolaus I., zu Astolphe de Custine,
La Russie en 1839, 13. Brief

Der politische Gehorsam ist für die Russen ein Kultus, eine Religion geworden. Nur in diesem Lande, wenigstens glaube ich es, hat man die Märtyrer ihre Henker fast anbeten sehen.

Astolphe de Custine,
La Russie en 1839

Das russische Volk ist von allen zivilisierten Völkern dasjenige, bei welchem das Rechtsgefühl am schwächsten und unklarsten ist.

Astolphe de Custine,
La Russie en 1839, Anhang

Besonders auffällig ist die Hast, mit der der russische Mensch sich mitunter kundgibt, in gewissen bezeichnenden Augenblicken seines oder des völkischen Lebens, kundgibt im Guten oder im Gemeinen. Oft ist hier überhaupt kein Halten mehr.

Dostojewski,
Tagebuch eines Schriftstellers, Wlas

Ich bin blindlings überzeugt, daß es keinen Lumpen und Schuft im russischen Volke gibt, der nicht wüßte, daß er ein Lump und Schuft ist, während anderswo einer eine Gemeinheit begeht und sich dann noch lobt.

Dostojewski, Tagebuch
eines Schriftstellers, Februar 1876

Vielleicht ist Christus die einzige Liebe des russischen Volkes, und es liebt sein Bild auf seine eigene Weise, das heißt bis zur Leidensbereitschaft.

Dostojewski,
Tagebuch eines Schriftstellers, Wlas

Die russische Literatur ist die pessimistischste Literatur Europas. Bei uns werden alle Bücher über ein und dasselbe Thema geschrieben, darüber, wie wir leiden.

Maxim Gorki

Wir Großrussen haben uns immer roh gegen unterworfene Völker benommen. Das einzige, was wir gekonnt haben, war, sie zu unterdrücken.

Lenin

In der Beurteilung der Sowjets habe ich mich niemals Illusionen hingegeben. Ich wußte, daß sie kein moralisches Gesetz anerkannten und ausschließlich auf ihre eigenen Interessen bedacht waren.

Churchill, Zweiter Weltkrieg I, 2

Aber selbst auf ideologischem Gebiet beweisen uns die Ereignisse, daß die große russische Einigung sich ganz und gar nicht um die sozialistische Idee herum vollzog und weiter vollziehen kann, sondern nur um eine Restauration der Idee des Vaterlandes.

André Gide, So sei es

Schon Stalin hat, wenn er zwischen Rußland und der Weltrevolution zu wählen hatte, durchweg Rußland gewählt.

Rudolf Augstein

Wir wissen jetzt, daß wir keine Europäer sein können, daß wir nicht imstande sind, uns in eine der westlichen Lebensformen zu pressen, die Europa aus seinen eigenen nationalen Prinzipien heraus geschaffen und erlebt hat, Prinzipien, die uns fremd und zuwider sind.

Dostojewski,
Ankündigung seiner Zeitschrift „Wremia", 1860

Dem echten Russen sind Europa und das Schicksal der ganzen großen arischen Rasse ebenso teuer wie Rußland selbst, wie das Schicksal seines eigenen Vaterlandes; denn unser Schicksal ist eben die Universalität, die aber nicht durch das Schwert gewonnen wird, sondern durch die Kraft der Brüderlichkeit.

Dostojewski,
Festrede zur Puschkin-Feier in Moskau, 1880

Juden

Wir Juden sind doch die wahren Kosmopoliten, die Weltbrüder von Gottes Gnaden oder, wenn du willst, von Gottes Ungnaden.

Raabe, Der Hungerpastor

Ein Jude sieht immer voraus und geht immer entgegen.

Roman Brandstaetter

Ich selber lieb' es nicht, dies Volk, doch weiß ich,
was sie verunziert, es ist unser Werk:
Wir lähmen sie und grollen, wenn sie hinken.
Zudem ist etwas Großes, Garceran,
in diesem Stamm von unstet flücht'gen Hirten:
Wir andern sind von heut, sie aber reichen
bis an der Schöpfung Wiege, wo die Gottheit
noch menschengleich in Paradiesen ging. (König)

Grillparzer, Die Jüdin von Toledo II

Das israelitische Volk hat niemals viel getaugt, wie es ihm seine Anführer, Richter, Vorsteher, Propheten tausendmal vorgeworfen haben; es besitzt wenig Tugenden und die meisten Fehler anderer Völker: Aber an Selbständigkeit, Festigkeit, Tapferkeit und, wenn alles das nicht mehr gilt, an Zäheit sucht es seinesgleichen. Es ist das beharrlichste Volk der Erde. Es ist, es war, es wird sein, um den Namen Jehovah durch alle Zeiten zu verherrlichen.

Goethe,
Wilhelm Meisters Wanderjahre II, 2

Dieses Volk ist – wie Michelangelo, Chopin und Beethoven – Dekadenz, die sich in Schaffen und Fortschritt umgestaltet. Dieses Volk hat keinen leichten Zutritt zum Leben, ist in Zwietracht mit dem Leben. Daher wird es zur Kultur.

Witold Gombrowicz

Der moderne Jude – als Denker – wird selten glauben, das heißt ahnend ergreifen könne. Aller Gottesgedanke könnte nämlich, so fürchtet er, doch am Ende nur die feinste Blüte einer großen Dummheit sein. Sich dem Hineinfall auf eine Dummheit aber auch nur auszusetzen, dünkt seiner mißtrauisch gewordenen Seele unerträglich. Er hat, wie Peer Gynt, nicht den Mut, durch das Anonyme hindurchzustürmen.

Morgenstern, Stufen, Politisches, 1908

Die Abneigung der Juden gegen die Germanen war in der Zeit der materiellen Bedrückung lebhaft, ja leidenschaftlich. Seit zwei bis drei Menschenaltern stirbt sie ab und weicht bei den jüngeren Geschlechtern einer rückhaltlosen Anerkennung der Nation, der sie den wertvollsten Teil ihrer Geistesgüter verdanken.

Walter Rathenau

Wir Juden, wenn man uns nur läßt, sind das staatserhaltende Element!

Robert Neumann

Selbsthaß ist der Patriotismus der Juden.

Arthur Koestler

In den Jugendjahren eines jeden deutschen Juden gibt es einen schmerzlichen Augenblick, an den er sich zeitlebens erinnert: Wenn ihm zum erstenmal bewußt wird, daß er als ein Bürger zweiter Klasse in die Welt getreten ist und keine Tüchtigkeit und kein Verdienst ihn daraus befreien kann.

Walther Rathenau

Es hat mich oft
geärgert, hat mir Tränen gnug gekostet,
wenn Christen gar so sehr vergessen konnten,
daß unser Herr ja selbst ein Jude war.
(Klosterbruder)

Lessing, Nathan der Weise IV, 7

Und hat es, Esau gleich, sein Recht verscherzt,
wir kreuz'gen täglich zehenmal den Herrn
durch unsre Sünden, unsre Missetaten,
und jene haben's einmal nur getan.
(König)

Grillparzer, Die Jüdin von Toledo II

Wir sind – als die Juden abtransportiert wurden – nicht auf die Straße gegangen, haben nicht geschrieen, bis man uns auch vernichtete. Daß wir noch leben, ist unsere Schuld.

Karl Jaspers

Wer verschont wurde, während man die Seinigen gemordet hat, kann mit sich und der Welt keinen Frieden machen.

Marcel Reich-Ranicki

Man hat noch niemals die Bedeutung eines Menschentyps in dem Grade übertrieben, wie der Antisemit seinen Juden übertreibt.

Heinrich Mann, Gut geartete Menschen

Auch die Antisemiten erkennt man an ihren Nasen. Den witternden.

Lec, Unfrisierte Gedanken

Die Judenfrage ist ein verschlepptes Stück Mittelalter.

Theodor Herzl, an Bismarck, 1895

XXXIX. Kapitel

Sprache
Sprachen
Wort
Stil
Klarheit
Kürze
Beredsamkeit
Gespräch
Gesprächspartner
Bedachtsamkeit
Schweigen
Verschwiegenheit
Schreiben

Sprache

Die Sprache ist äußeres Denken, das Denken innere Sprache.

Rivarol

Die Sprache ist gleichsam der Leib des Denkens.

Hegel

Zeichnung ist Sprache für die Augen, Sprache Malerei für das Ohr.

Joubert

Die Sprache ist wie Raum und Zeit eine dem menschlichen Geist notwendige Anschauungsform, die uns die unsrer Fassungskraft fort und fort sich entziehenden Objekte dadurch näher bringt, daß sie sie bricht und zerbricht.

Hebbel, Tagebücher 1847

Mit dem Zauberstab des Wortes bildet der Mensch aus der Formlosigkeit und Bewegtheit der Welt die ordnenden Gestalten der Begriffe.

Ludwig Reiners,
Stilkunst, Die Bedeutung der Sprache

Das Wort reißt Klüfte auf, die es in Wirklichkeit nicht gibt. Sprache ist in unsere termini zerklüftete Wirklichkeit.

Morgenstern, Stufen, Sprache, 1906

Alles Sprechen und Schreiben heißt Würfeln um den Gedanken. Wie oft fällt nur ein Auge, wenn alle sechs fallen sollten.

Hebbel,
Tagebücher 1845

Sobald unser Denken Worte gefunden hat, ist es schon lange nicht mehr innig, noch im tiefsten Grunde ernst. Wo es anfängt, für andere da zu sein, hört es auf, in uns zu leben.

Schopenhauer,
Parerga und Paralipomena II, 23, § 275

Warum kann der lebendige Geist dem Geist nicht erscheinen?
Spricht die Seele, so spricht, ach!, schon die Seele nicht mehr.

Schiller, Sprache

Unsere Wärterinnen, die unsere Zunge bilden, sind unsere ersten Lehrer der Logik.

Herder

Sprachkunde, lieber Sohn, ist Grundlag' allem Wissen;
derselben sei zuerst und sei zuletzt beflissen!

Rückert,
Die Weisheit des Brahmanen

Wenn man viel selbst denkt, so findet man viel Weisheit in die Sprache eingetragen.

Lichtenberg

Wenn die Begriffe sich verwirren, ist die Welt in Unordnung.

Konfuzius

Zuerst verwirren sich die Worte, dann verwirren sich die Begriffe, und schließlich verwirren sich die Sachen.

Aus China

Wer seine Sprache nicht achtet und liebt, kann auch sein Volk nicht achten und lieben.

Ernst Moritz Arndt,
Entwurf einer Teutschen Gesellschaft

Ein geistigeres und innigeres Element als die Sprache hat ein Volk nicht. Will also ein Volk nicht verlieren, wodurch es Volk ist, will es seine Art mit allen Eigentümlichkeiten bewahren, so hat es auf nichts so sehr zu wachen, als daß ihm seine Sprache nicht verdorben und zerstört werde.

Ernst Moritz Arndt

Alle Sprachen, solange sie gesund sind, haben einen Naturtrieb, das Fremde von sich abzuhalten und, wo sein Eindrang erfolgte, es wieder auszustoßen oder wenigstens mit den heimischen Elementen auszugleichen.

Jacob Grimm

Die Gewalt einer Sprache ist nicht, daß sie das Fremde abweist, sondern daß sie es verschlingt.

Goethe

Wir sind gezwungen, doppelter Sprache zu pflegen, einer für das Buch, einer anderen im Leben.

Jacob Grimm

Die Muttersprache zugleich reinigen und bereichern ist das Geschäft der besten Köpfe.

Goethe

Der Mensch liebt es, von der Stelle zu rücken, was beweglich ist. So prägt jedes Jahrhundert den Sprachen eine Veränderung auf, und derselbe, immer fortbestehende Erfindungsgeist, der sie erschaffen hat, verdirbt sie auch.

Joubert

Ein Volk geht nicht zugrunde durch verlorene Kriege, sondern dadurch, daß es, von innen entkräftet, seine Sprache, die Hochsprache seiner Dichter und Denker aufgibt, also Hochverrat an sich selbst begeht.

Josef Weinheber

Sprachen

Sprachen sind die Stammbäume der Nationen.

Samuel Johnson

Die Verschiedenheit der Sprachen ist nicht eine Verschiedenheit an Schällen und Zeichen, sondern eine Verschiedenheit der Weltansichten.

Wilhelm von Humboldt

Alle Sprachen setzen Gold in Umlauf.

Joubert

Die Sprache bringt doch eine Art von Atmosphäre des Landes mit.

Goethe,
zu Eckermann, 10. 4. 1829

Eine fremde Sprache ist hauptsächlich dann zu beneiden, wenn sie mit einem Worte ausdrücken kann, was die andere umschreiben muß, und hierin steht jede Sprache im Vorteil und Nachteil gegen die andere.

Goethe,
an Riemer, 30. 6. 1813

Wie ist jede – aber auch jede – Sprache schön, wenn in ihr nicht nur geschwätzt, sondern gesagt wird!

Morgenstern, Stufen, Sprachen

Die deutsche Sprache ist die Orgel unter den Sprachen.

Jean Paul

Schön erscheint sie mir nicht, die deutsche Sprache, doch schön ist
auch die französische nicht, nur die italische klingt.
Aber ich finde sie reich wie irgendeine der Völker,
finde den köstlichsten Schatz treffender Wörter gehäuft,
finde unendliche Freiheit, sie so und anders zu stellen,
bis der Gedanke die Form, bis er die Färbung erlangt,
bis er sich leicht verwebt in fremde Gedanken und dennoch
das Gepräge des Ichs, dem er entsprang, nicht verliert.

Hebbel, Die deutsche Sprache

Ohne Mundarten wird der Sprachleib ein Sprachleichnam.

Friedrich Ludwig Jahn

Der Bär brummt nach der Höhle, in der er geboren ist.

Goethe, zu Wilhelm Grimm

Das Wort des Menschen ist sein Wesen.

Aus Japan

Ick liebe dir? Ick liebe dich?
Wie't richtig is, ick weeßet nich,
und't is mich ooch Pomade.
Ick lieb nich uf den dritten Fall,
ick lieb nich uf den vierten Fall,
ick lieb uf alle Fälle!

Verfasser unbekannt

Erst im Auslande lernt man den Reiz des Heimatdialektes genießen.

Gustav Freytag, Soll und Haben

Von den Deutschen haben wir gelernt, die deutsche Sprache zu verachten.

Rivarol

Den Unterschied zwischen den beiden Sprachen empfinde ich derart, als ob ich mich in der französischen auf den wohlgepflegten Wegen eines schönen Parkes erginge, in der deutschen aber mich in einem herrlichen Walde herumtriebe.

Albert Schweitzer,
Aus meinem Leben und Denken 7

Welch eine andere wissenschaftliche Ansicht würde die Welt gewonnen haben, wenn die griechische Sprache lebendig geblieben wäre und sich anstatt des Lateinischen verbreitet hätte. Das Griechische ist durchaus naiver, zu einem natürlichen, heitern, geistreichen, ästhetischen Vortrag glücklicher Naturansichten viel geschickter. Die Art, durch Verba, besonders durch Infinitive und Partizipien zu sprechen, macht jeden Ausdruck läßlich; es wird eigentlich durch das Wort nichts bestimmt, bepfählt und festgesetzt, es ist nur eine Andeutung, um den Gegenstand in der Einbildungskraft hervorzurufen.

Goethe

Alles Lob, das man den alten Sprachen als Bildungsmitteln erteilt, fällt doppelt der Muttersprache anheim, welche noch richtiger die Sprachmutter hieße.

Jean Paul,
Levana 3, 7, 2

Du übersetzt die alten Poeten?
Das heißt wohl recht, Gestorbene töten.

Ephraim Moses Kuh,
Der Übersetzer der Alten

Übersetzungen gleichen den Frauen: Sind sie treu, so sind sie nicht schön, und sind sie schön, so sind sie nicht treu!

Carl Bertrand,
Vorrede zu seiner Danteübersetzung

Traditore tradutore. Der Übersetzer ist ein Täuscher.

Aus Italien

Man kann, wie es mir scheint, nach zweierlei Maximen übersetzen: Einmal, wenn man seiner Nation den reinen Begriff eines fremden Autors überliefern, fremde Zustände derselben anschaulich machen will, wobei man sich denn genau an das Original bindet. Man kann aber auch ein solches fremdes Werk als eine Art Stoff behandeln, indem man es nach eigenen Empfindungen und Überzeugungen dergestalt verändert, daß es unserer Nation nähergebracht und von ihr gleichsam als ein Originalwerk aufgenommen werden könne.

Goethe, an Holcroft, 29. 5. 1801

Was man übersetzen kann, ist des Übersetzens nicht wert.

Jean Paul

Der Geist einer Sprache offenbart sich am deutlichsten in ihren unübersetzbaren Worten.

Ebner-Eschenbach,
Aphorismen

Es geht mit der Übersetzung eines Buches, wie Sie von dem Kopieren eines Gemäldes sagen: Man lernt beide durch die Nachbildung erst recht kennen.

Goethe,
an Johann Heinrich Meyer, 3. 3. 1796

Es liegt in der deutschen Natur, alles Ausländische in seiner Art zu würdigen und sich fremder Eigentümlichkeit zu bequemen. Dieses und die große Fügsamkeit unserer Sprache macht denn die deutschen Übersetzungen durchaus treu und vollkommen.

Goethe, zu Eckermann, 10. 1. 1825

In der übertriebenen Abneigung gegen schlechte Übersetzungen, gegen Übersetzungen überhaupt, liegt eine gewisse Verzärteltheit.

Morgenstern, Stufen, Literatur, 1909

In der Sprache, die man am schlechtesten spricht, kann man am wenigsten lügen.

Hebbel, Tagebücher

Wort

Worte sind Luft. Aber die Luft wird zum Wind, und der Wind macht die Schiffe segeln.

Arthur Koestler

Worte, diese furchtbaren geheimen Oberen der Welt, regieren im Verborgenen.

Börne, Kritiken, Der ewige Jude

Jedes Wort ist ein Wort der Beschwörung. Welcher Geist ruft, ein solcher erscheint.

Novalis, Fragmente

Der Unterschied zwischen dem richtigen Wort und dem beinahe richtigen ist der gleiche wie zwischen einem Blitz und einem Glühwürmchen.

Mark Twain

Jedes Wort ist ein Vorurteil.

Nietzsche

Unsere meisten Ausdrücke sind metaphorisch. Es steckt in denselben die Philosophie unserer Vorfahren.

Lichtenberg

Niemals kann alles gesagt werden.

Aus dem Senegal

Worte sind wie Rettungsringe,
die dem Leben dienen;
auf den tiefen Grund der Dinge
kommst du schwer mit ihnen.

Morgenstern, Worte

Unsere Worte sind Trümmer von einem Tempelbau, der nie zum Abschluß kam.

Fritz Diettrich

Eine Definition ist das Einfassen der Wildnis einer Idee mit einem Wall von Worten.

Samuel Butler

Keiner versteht den anderen ganz, weil keiner bei demselben Wort genau dasselbe denkt wie der andere.

Goethe

Es sollte ein Verfahren geben zum Chemischreinigen und Desinfizieren von Wörtern. Liebe, Reinheit, Güte, Geist – ein Haufen Schmutzwäsche, der auf die Wäscherin wartet.

Aldous Huxley, Geblendet in Gaza

Wir würden viel weniger Streit in der Welt haben, nähme man die Worte für das, was sie sind – lediglich die Zeichen unserer Ideen und nicht die Dinge selbst.

Locke

Das Wort gleicht der Biene: Es hat Honig und Stachel.

Talmud

Es gibt Worte, die gehen in den Kopf wie Splitter ins Fleisch: Man merkt es nicht. Erst nach einer Weile fangen sie an zu schmerzen und zu eitern, und oft hat man seine liebe Not, ehe man sie wieder rauskriegt.

Jeremias Gotthelf

Die Hauptwörterei ist eine geistige Ermüdungserscheinung. Die Menschen sehen die Welt nicht mehr in Bewegung, sondern in Erstarrung.

Ludwig Reiners,
Stilkunst III, Das Zeitwort stirbt

Das Beiwort ist der Feind des Hauptwortes.

Voltaire

Das Beiwort ist ein Flügel an der Schulter des Genies, eine Krücke unter der Achsel des Nichtsers.

Börries von Münchhausen

Bisweilen auch drückt eine fremde Sprache einen Begriff mit einer Nuance aus, welche unsere eigene ihm nicht gibt und mit der wir ihn gerade jetzt denken. Dann wird jeder, dem es um einen genauen Ausdruck seiner Gedanken zu tun ist, das Fremdwort gebrauchen, ohne sich an das Gebelle pedantischer Puristen zu kehren.

Schopenhauer

Sinnreich bist du, die Sprache von gallischen Wörtern zu säubern.
Nun, so sage doch, Freund, wie man Pedant uns verdeutscht!

Goethe und Schiller,
Xenien, Der Purist

Fremdwörter machen das Schreiben bequem und das Verstehen schwer; Erbwörter machen das Schreiben mühsam und das Verstehen leicht.

Ludwig Reiners,
Stilkunst V, Irrwege und Seitenpfade

Unter den Gelehrten sind die Fremdwörter eine Art wissenschaftlicher Freimaurerhändedruck, an dem sich die Eingeweihten erkennen.

Ludwig Reiners, Stilkunst V,
Licht und Schatten der Fremdwörterei

Der Kampf gegen die Fremdwörter ist keine bloße Angelegenheit der Sprachverschönerung, sondern ein Kampf für Genauigkeit des Denkens.

Ludwig Reiners, Stilkunst V,
Licht und Schatten der Fremdwörterei

Es macht in der Gesellschaft nichts lächerlicher, als wenn man ein fremdes, ein Kunstwort falsch anwendet.

Goethe, Die Wahlverwandtschaften I, 4

Das Wort lebt länger als die Tat.

Pindar, Vierter nemeischer Siegesgesang

Das Schlagwort ist eine Idee auf dem Wege zur Phrase.

Rolf Haller

Ein Schlagwort ist eine heruntergekommene Idee.

Ignazio Silone

Es gibt so große leere Worte, daß man darin ganze Völker gefangen halten kann.

Lec, Unfrisierte Gedanken

Stil

Jedes Wort hat fließende Grenzen. Diese Tatsache zu ästhetischer Wirkung auszunützen ist das Geheimnis des Stils.

Arthur Schnitzler

Nur in Wegwerfung des Zufälligen und in dem reinen Ausdruck des Notwendigen liegt der große Stil.

Schiller,
Über Matthissons Gedichte

Stil ist richtiges Weglassen des Unwesentlichen.

Anselm Feuerbach

Der gute Stil, hauptsächlich darauf beruhend, daß man wirklich etwas zu sagen habe, erhält die Schönheit vom Gedanken, dessen Schattenriß er ist.

Schopenhauer

Für gewöhnlich stehen nicht die Worte in der Gewalt der Menschen, sondern die Menschen in der Gewalt der Worte.

Hugo von Hofmannsthal

Am Anfang war das Wort – am Ende die Phrase.

Lec, Unfrisierte Gedanken

Nur wer echte eigene Gedanken hat, hat echten Stil.

Schopenhauer,
an F. A. Brockhaus, 28. 3. 1818

Unter Stil verstehe ich die Fähigkeit, komplizierte Dinge einfach zu sagen – nicht umgekehrt.

Jean Cocteau

Man liebt zu bemänteln allerorten
schwache Gedanken mit starken
Worten.

Paul Heyse, Spruchbüchlein, Politik

Es gibt eine Art von leerem Geschwätz, dem man durch Neuigkeit des Ausdrucks und unerwartete Metaphern das Ansehen von Fülle gibt.

Lichtenberg,
Bemerkungen vermischten Inhalts 11

Feierlichkeit dient fast immer dazu, Dummheit zu verbergen.

La Rochefoucauld

Pathos ist Faulheit der Logik.

Hans Kasper, Nachrichten und Notizen

Je größer die Worte, um so leichter geht man durch sie hindurch.

Martin Kessel, Gegengabe IV

Bei dem einen entsteht der Stil aus den Gedanken, bei dem andern entstehen Gedanken aus dem Stil.

Joubert, Gedanken und Maximen

Ein guter Ausdruck ist so viel wert wie ein guter Gedanke, weil es fast unmöglich ist, sich gut auszudrücken, ohne das Ausgedrückte von einer guten Seite zu zeigen.

Lichtenberg

Die Kraft des Stils liegt in der Überzeugung, und oft werden Unbehilflichkeiten des Ausdrucks zu Schönheiten, weil man merkt, daß der Verfasser den Inhalt lebhaft gefühlt.

Grillparzer, Studien zur Literatur

Es kommt auf ein Wärzchen nicht an, wenn nur der Satz rote Backen hat.

Friedrich Theodor Vischer

Wenn man den natürlichen Stil sieht, ist man erstaunt und entzückt; denn man war darauf gefaßt, einen Autor zu sehen, und man findet einen Menschen.

Pascal, Menschen

Wir haben eine Fülle ausdrucksfähiger Mundarten, kräftige und anmutige, witzige und schalkhafte Kraftquellen lebendigen Lebens, deren Wasser wir viel ungehemmter in das leicht schal werdende Becken der Schriftsprache strömen lassen sollten.

Ludwig Reiners, Stilkunst I, 2

Le style c'est l'homme: Dieses Wort ist so wahr, daß der Schreibende sich am sichersten dort zu verraten pflegt, wo er sich am ängstlichsten zu verstellen trachtete.

Arthur Schnitzler

Der Stil ist die Physiognomie des Geistes.

Schopenhauer

Im ganzen ist der Stil eines Schriftstellers ein treuer Abdruck seines Innern. Will jemand einen klaren Stil schreiben, so sei es ihm zuvor klar in seiner Seele, und will jemand einen großartigen Stil schreiben, so habe er einen großartigen Charakter.

Goethe, zu Eckermann, am 14. 4. 1824

Alle Formen des Stils sind gut, wenn man sie nur geschmackvoll anwendet. Es gibt eine Menge Ausdrücke, die Fehler bei dem einen, Schönheiten bei dem anderen sind.

Joubert, Gedanken und Maximen

Was immer Du schreibst – schreibe kurz, und sie werden es lesen, schreibe klar, und sie werden es verstehen, schreibe bildhaft, und sie werden es im Gedächtnis behalten.

Joseph Pulitzer

Um einen Gedanken knapp und kristallklar zu formulieren, muß man ihn bis zum Ende durchdacht haben; um anschaulich schreiben zu können, muß man die Augen aufgemacht haben; um lebendig zu schildern, muß man lebendig empfunden haben.

Ludwig Reiners, Stilkunst I, 5

Der Papierstil ist der Stil der Halbgebildeten.

Ludwig Reiners, Stilkunst III, Papierstil

Die Grundregel des deutschen Satzbaus ist einfach: Jeder Hauptgedanke erfordert einen Hauptsatz.

Ludwig Reiners, Stilkunst II, Satzbau

Das Indogermanische kannte nur die Beiordnung, also die Anreihung von Hauptsätzen; ähnlich steht es im Altgriechischen und im Latein der Zwölftafelgesetze. Die ältesten isländischen Sagas – die einzige germanische Prosa, die vom Lateinischen unbeeinflußt ist – enthalten kaum Nebensätze. Auch im Althochdeutschen sind Nebensätze selten. Noch um 1500 überwiegt der Hauptsatz.

Ludwig Reiners,
Stilkunst II, Satzbau

Der Bandwurmsatz ist die Nationalkrankheit unseres Prosastils.

Ludwig Reiners, Stilkunst II, Satzbau

Die deutsche Wortfolge soll drei Göttern zugleich dienen: Wir müssen die grammatischen Regeln befolgen, wir müssen die Worte denkbedingt anordnen, und wir müssen schließlich den Satz nach Takt und Rhythmus so gestalten, daß er auch dem Ohr wohlgefällt.

Ludwig Reiners, Stilkunst II, Satzbau

Es ist wichtiger und leichter, Stillaster abzulegen als Stiltugenden zu erlernen.

Ludwig Reiners, Stilkunst I, 5

Durch bloßes Lesen erwirbt man kein Stilgefühl, sowenig wie man durch Spazierengehen in Bildergalerien das Malen lernt.

Ludwig Reiners, Stilkunst I, 5

Alle gute Literatur hat einen Anfang, einen Mittelteil und einen Schluß.

Aristoteles

Wie Vernachlässigung des Anzuges Geringschätzung der Gesellschaft, in die man tritt, verrät, so bezeugt flüchtiger, nachlässiger, schlechter Stil eine beleidigende Geringschätzung des Lesers.

Schopenhauer

Klarheit

Gut zugehauene Steine schließen sich ohne Mörtel aneinander.

Cicero

Rem tene, verba sequentur. Beherrsche die Sache, dann folgen die Worte.

Cato

Hat die Idee die höchste Stufe der Vollkommenheit erreicht, so bricht das Wort auf wie eine Blüte.

Joubert

Wer nachlässig schreibt, legt dadurch zunächst das Bekenntnis ab, daß er selbst seinen Gedanken keinen großen Wert beilegt. Denn nur aus der Überzeugung von der Wahrheit und Wichtigkeit unserer Gedanken entspringt die Begeisterung, welche erfordert ist, um mit unermüdlicher Ausdauer überall auf den deutlichsten, schönsten und kräftigsten Ausdruck bedacht zu sein.

Schopenhauer

Klarheit ist die Höflichkeit des Schriftstellers.

Jules Renard

Man muß die Mutter im Haus, die Kinder auf der Gassen, den gemeinen Mann auf dem Markte drumb fragen und denselbigen auf das Maul sehen, wie sie reden.

Luther

Sprich in Zeitworten, und du sprichst klar, klangvoll und anschaulich.

Ludwig Reiners,
Stilkunst II, Satzbau

Klarheit ist so sicher eines der Attribute der Wahrheit, daß sie oft selbst für die Wahrheit gehalten wird.

Joubert

Dunkelheit und Undeutlichkeit des Ausdrucks ist allemal und überall ein sehr schlimmes Zeichen. Denn in 99 Fällen unter 100 rührt sie her von der Undeutlichkeit des Gedankens.

Schopenhauer

Lernt darum den Kunstgriff üben,
der euch den Erfolg verbriefe:
Müßt das seichte Wasser trüben,
daß man glaubt, es habe Tiefe.

Paul Heyse

Es läßt sich ohne sonderlich viel Witz leicht so schreiben, daß ein anderer sehr viel haben muß, um es zu verstehen.

Lichtenberg, Ästhetisches

Den deutschen Schriftstellern würde durchgängig die Einsicht zustatten kommen, daß man zwar womöglich denken soll wie ein großer Geist, hingegen dieselbe Sprache reden wie jeder andere. Man brauche gewöhnliche Worte und sage ungewöhnliche Dinge. Aber sie machen es umgekehrt. Wir finden sie nämlich bemüht, triviale Begriffe in vornehme Worte zu hüllen und ihre sehr gewöhnlichen Gedanken in die ungewöhnlichsten Ausdrücke.

Schopenhauer

’s ist eben manchen Leuten eigen,
daß ihnen Schlichtes nicht gerät;
sie müssen immer ins Fenster steigen,
auch wenn die Haustür offen steht.

Emanuel Geibel

O hättest du immer „dunkel“ geschrieben,
du wärest ein Symbolist geblieben!
Zum ersten Male schrieb er klar –
da sah man, daß er ein Simpel war.

Otto Ernst, Der Mystikus

Von Jedem, der euch widerspricht,
sagt ihr verachtungsvoll: Der Mann versteht uns nicht!
Könnt ihr nun nicht verständlich schreiben,
so mögt ihr ungelesen bleiben.

Abraham Gotthelf Kästner, Die Unwiderleglichen

Schlechter Ruf wird schlecht beantwortet.

Aus Afrika

In der Sprache muß man immer ein bißchen Genauigkeit der Gefälligkeit opfern.

Samuel Johnson

Try to be precise and you are bound to be metaphorical. Versuche, genau zu sprechen, und du bist gezwungen, bildlich zu sprechen.

Gilbert Murray

Rätsel geben ziemt nur der Gewalt. (Libussa)

Grillparzer, Libussa III

Niemand, der an der Spitze der Geschäfte steht, wünscht immer deutlich zu sein.

Macaulay, Biographien, William Pitt

In einer völlig klaren und einfachen Sprache kann man nichts Schlechtes schreiben.

Tolstoi

Kürze

Tritt frisch auf!
Tu's Maul auf!
Hör bald auf!

Luther

Erzähle mir nicht Geschichten, wenn du mich rufst.

Aus Nigeria

„Wie geht es?" fragte ein Blinder einen Lahmen. „Wie Sie sehen," war die Antwort.

Lichtenberg

Wörter sind wie Blätter. Dort, wo sie sich im Überfluß ausbreiten, können die Früchte des Sinns nur spärlich gedeihen.

Alexander Pope

Was nicht auf einer einzigen Manuskriptseite zusammengefaßt werden kann, ist weder durchdacht noch entscheidungsreif.

Dwight D. Eisenhower

Ein Satz soll nicht länger dauern, als man mit einem Atemzug vortragen kann.

Ludwig Reiners, Stilkunst IV, Klang

Man wird bei allen Menschen von Geist die Neigung finden, sich kurz auszudrücken.

Lichtenberg

Sprachkürze gibt Denkweite.

Jean Paul

Wer die weite Reise zur Nachwelt vorhat, darf keine unnütze Bagage mitschleppen.

Schopenhauer

Ein Hauptnutzen des Studiums der Alten ist, daß es uns vor der Weitschweifigkeit bewahrt, indem die Alten stets bemüht sind, konzis und prägnant zu schreiben.

Schopenhauer,
Die Welt als Wille und Vorstellung II, 1, 12

Wenn einem Autor der Atem ausgeht, werden die Sätze nicht kürzer, sondern länger.

John Steinbeck

Es war einmal eine kleine Idee,
ein armes, schmächtiges Wesen –
da kamen drei Dichter des Weges, o weh,
und haben sie aufgelesen.
Der eine macht' einen Spruch daraus –
das hielt die kleine Idee noch aus,
der zweite eine Ballade;
da wurde sie schwach und malade;
der dritte wollt' sie verwenden
zu einem Roman in zwei Bänden –
dem starb sie unter den Händen!

Otto Sommerstorff

Er soll die Unterhaltung in der Form von Frage und Antwort führen und nicht auf jede Frage hier eine langausgesponnene Rede halten, womit er es ja doch nur auf das Beiseiteschieben der Gründe abgesehen hat. Er will nicht Rechenschaft geben, sondern zieht die Sache nur in die Länge, bis die meisten Zuhörer vergessen haben, wovon eigentlich die Rede war. (Alkibiades)

Platon,
Protagoras 23

Wir sprechen nur deshalb soviel, weil wir uns nicht ausdrücken können.

Rahel Varnhagen von Ense

Wer mit 20 Wörtern sagt, was man auch mit 10 Wörtern sagen kann, der ist auch zu allen anderen Schlechtigkeiten fähig.

Giosuè Carducci

Beredsamkeit

Ein Wort, geredet zu seiner Zeit, ist wie goldene Äpfel in silbernen Schalen.

Sprüche Salomos 25, 11

Ein lebend Wort gilt hundert tote
Zeilen. (Königin)

Grillparzer,
Ein treuer Diener seines Herrn IV

Docere. Delectare. Movere. Belehren. Erfreuen. Bewegen.

Verfasser unbekannt

Beredsamkeit ist die Kunst, so von den Dingen zu sprechen, daß jedermann gern zuhört.

Pascal

Dichtkunst ist ein Spiel der Sinnlichkeit, durch den Verstand geordnet, Beredsamkeit ein Geschäft des Verstandes, durch Sinnlichkeit belebt.

Kant, Anthropologie

Beredsamkeit: Gedanken, die atmen, und Worte, die brennen.

Thomas Gray

Wahre Beredsamkeit aber, finde ich, ist nichts anderes als die ernste und herzliche Liebe zur Wahrheit.

Milton

Die Rede ist die Kunst, Glauben zu erwecken.

Aristoteles

Jede Rede gleicht einer Belagerung der Seele des Hörers.

Chrysostomus

Was ist unsere Rede anderes als eine unsichtbare Hand, wunderbar und vielfach gefingert, mit welcher wir fahren über unserer Mitmenschen Gemüter.

Jeremias Gotthelf

Eine Rede kann die Erde spalten.

Aus Neuguinea

Was ist so großartig, als das Gemüt des Volkes, die Ansicht der Richter, die Erwägungen des Senats durch eine einzige Rede umzuwandeln?

Cicero

Ein beredter Mund
hat oft viel gekunnt,
manchmal zum Verrichten,
manchmal zum Vernichten.

Logau, Sinngedichte, Beredsamkeit

Wer zu den Köpfen redet, muß viele Sprachen verstehen, und man versteht nur eine gut. Wer mit dem Herzen spricht, ist allen verständlich.

Ludwig Börne

Wer zu vielen sprechen will, muß sich zu mäßigen wissen.

Goethe, an Cotta, 17. 10. 1798

Jeder Superlativ reizt zum Widerspruch.

Bismarck

Eifer ist das Salz der Beredsamkeit.

Victor Hugo

Nur die scharfe Zeichnung, die schon die Karikatur streift, macht eine Wirkung.

Fontane

Man würze, wie man will, mit Widerspruch die Rede:
Wird Würze nur nicht Kost und Widerspruch nicht Fehde.

Lessing, Sittenspruch 1779

Wenn ein Mann eine kluge Rede hält, sagt man: „Eine gute Rede." Wenn eine Frau eine gute Rede hält, sagt man: „Eine kluge Frau."

Hans Kasper, Nachrichten und Notizen

Hauptsätze. Hauptsätze. Hauptsätze.

Klare Disposition im Kopf – möglichst wenig auf dem Papier.
Tatsachen oder Appell an das Gefühl. Schleuder oder Harfe. Ein Redner sei kein Lexikon. Das haben die Leute zu Hause.

Der Ton einer einzelnen Sprechstimme ermüdet. Sprich nie länger als vierzig Minuten. Suche keine Effekte zu erzielen, die nicht in deinem Wesen liegen. Ein Podium ist eine unbarmherzige Sache – da steht der Mensch nackter als im Sonnenbad.

Tucholsky,
Ratschläge für einen guten Redner, 1930

Da ist oft ebensoviel Beredsamkeit im Ton der Stimme, in den Augen und in der ganzen Atmosphäre, die ein Redner um sich verbreitet, wie in der Wahl seiner Worte.

La Rochefoucauld

Der Vortrag ist gewissermaßen die Beredsamkeit des Körpers.

Cicero

Wieviel in der Welt auf Vortrag ankommt, kann man schon daraus sehen, daß Kaffee, aus Weingläsern getrunken, ein sehr elendes Getränk ist.

Lichtenberg

Ob die Mathematik Pfennige oder Guineen berechne, die Rhetorik Wahres oder Falsches verteidige, ist beiden vollkommen gleich.

Goethe, Wilhelm Meisters Wanderjahre II,
Betrachtungen im Sinne der Wanderer

Allein der Vortrag macht des Redners Glück. (Wagner)

Goethe, Faust I, Nacht

Es gibt kein Gebiet, worüber der rednerisch Gebildete vor der Menge nicht überzeugender sprechen könnte als irgendein Fachmann. (Gorgias)

Platon,
Gorgias

Wer zwingt, der tut Gewalt. Wer überredet, verführt den Verstand.

Verfasser unbekannt

Es ist ein großer Rednerkunstgriff, die Leute zuweilen bloß zu überreden, wo man sie überzeugen könnte; sie halten sich alsdann oft dafür überzeugt, wo man sie bloß überreden kann.

Lichtenberg

Eine Rede ist wie eine Liebesbeziehung. Jeder Dummkopf kann sie anfangen, aber sie mit Anstand zu Ende zu bringen, das will gekonnt sein.

Lord Mancroft

Eine gute Rede soll das Thema erschöpfen, nicht die Zuhörer.

Winston Churchill

Wenn einer auch nur die kleinste nachträgliche Frage über das Vorgetragene an sie richet, dann gleichen diese Redner den Erzplatten, die, wenn man sie anschlägt, lange noch nachklingen und forttönen. (Sokrates)

Platon, Protagoras 17

Ich mußte einmal nach Premierminister James Callaghan eine Rede halten, der 45 Seiten verlesen hatte. Das erschöpfte Publikum atmete auf, als ich mich ohne Unterlagen in der Hand erhob. Doch ich dämpfte diese Freude mit dem Hinweis, daß, wenn jemand nach einem Konzept spreche, man wenigstens wisse, daß er irgendwann auch wieder aufhöre.

Lord Goodman

Viele Menschen sind zu gut erzogen, um mit vollem Munde zu sprechen. Aber sie haben keine Bedenken, es mit leerem Kopf zu tun.

Oscar Wilde

Wo die Worte gar so leicht und behende dahinfahren, da sei auf deiner Hut; denn die Pferde, die den Wagen mit Gütern hinter sich haben, gehen langsameren Schrittes.

Matthias Claudius,
An meinen Sohn Johannes

Einer Rede von Chamberlain zuzuhören ist wie ein Besuch bei Woolworth: Jedes an seinem Platz und nichts über Sixpence.

Aneurin Bevan

Hab ich doch nie einen Mann gesehn,
dem so wie ihm an allen Tagen
die Worte zu Gebote stehn,
so oft er will was Dummes sagen.

Paul Heyse, N. N.

Wo viele Worte sind, da geht es ohne Sünde nicht ab.

Sprüche Salomos 10, 19

Man bekommt den Korb mit Reden nicht voll.

Aus Afrika

Zwischen Reden und Tun liegt das Meer.

Aus Italien

Wer viel geredet und hält nicht, der ist wie Wolken und Wind ohne Regen.

Sprüche Salomos 25, 14

Je klangvoller Rang und Namen von Rednern sind, desto sicherer kann man sein, daß ihre Reden von Männern ohne Rang und Namen gemacht werden.

Arno Sölter

Gespräch

Was kann die Freude machen,
die Einsamkeit verhehlt?
Das gibt ein doppelt Lachen,
was Freunden wird erzählt;
der kann sein Leid vergessen,
der es von Herzen sagt;
der muß sich selbst auffressen,
der in geheim sich nagt.

Simon Dach, Der Mensch hat nichts so eigen

Gute Unterhaltung schont das Bett.

Aus Abessinien

Die Lippe ist der Wetzstein des Geistes; über die Lippe muß der Gedanke oft hin und her laufen, damit er Glanz, Farbe und Gestalt gewinne.

Ernst Moritz Arndt

Ich höre gern dem Streit der Klugen zu,
wenn um die Kräfte, die des Menschen Brust
so freundlich und so fürchterlich bewegen,
mit Grazie die Rednerlippe spielt.
(Prinzessin)

Goethe,
Torquato Tasso I, 1

Wir Athener betrachten Beratungen nicht als Hindernisse auf dem Wege des Handelns, sondern wir halten sie für notwendige Voraussetzungen weisen Handelns.

Perikles

Was man nicht bespricht, bedenkt man auch nicht recht.

Goethe

In Konferenzen werden keine guten Ideen geboren. Aber viele schlechte sterben.

F. Scott Fitzgerald

Sprechen, das heißt vor sich selbst her-marschieren.

Raymond Queneau

Das Schwierigste am Diskutieren ist nicht, den eigenen Standpunkt zu verteidigen, sondern ihn zu kennen.

André Maurois

Während er nicht wußte, was er sagte, begann er zu ahnen, was er wollte.

Hans Arndt,
Im Visier, Wetterleuchten

Um einen anderen zu überzeugen, muß man seine Angelegenheit ruhig und genau darlegen. Kratzen Sie sich dann am Kopf oder schütteln Sie ihn ein bißchen und sagen Sie dann, daß Sie sich aber möglicherweise auch irren können. Diese Bemerkung hindert Ihren Gesprächspartner daran, Ihnen gleich wütend zu widersprechen. Er wird eher versuchen, Ihnen zu helfen, die Wahrheit zu finden und Zweifel zu überwinden.

Benjamin Franklin,
Lebenserinnerungen II

Sei nicht ungeduldig, wenn man deine Argumente nicht gelten läßt.

Goethe,
Wilhelm Meisters Wanderjahre III,
Aus Makariens Archiv

Sowie etwas ausgesprochen ist, sogleich wird ihm auch widersprochen, wie der Ton gleich sein Echo hat.

Goethe, zu Riemer, 6. 12. 1807

Beim Disputieren ist ein sehr feiner und bitterer Griff, erst die Gründe des Gegners noch viel stärker vorzustellen, als er sie selbst vorzustellen imstande war, und dann alles mit triftigen Gründen aus dem Wege zu räumen.

Lichtenberg

Schlechte Argumente bekämpft man am besten dadurch, daß man ihre Darlegung nicht stört.

Sydney Smith

Man hat einen Menschen noch lange nicht bekehrt, wenn man ihn zum Schweigen gebracht hat.

John Morley

Wie schwierig ist es, dem Urteil eines anderen etwas zu unterbreiten, ohne sein Urteil durch die Weise, wie man es ihm unterbreitet, zu verderben!

Pascal

Ich spreche nicht gern mit Leuten, die stets meiner Meinung sind. Eine Zeitlang macht es Spaß, mit dem Echo zu spielen, auf die Dauer aber ermüdet es.

Thomas Carlyle

Schlagfertige Menschen sind meistens oberflächlich oder sie werden es infolge ihrer Begabung, die ihnen den äußeren Erfolg mühelos erwirbt.

Jakob Boßhart, Bausteine

Erheblich verbessern ließe sich das Niveau der normalen Konversation durch den häufigen Gebrauch der drei Wörter „Ich weiß nicht".

André Maurois

Der Mann ist so beschaffen, daß er dem vernünftigsten Argument eines Mannes widersteht, aber dem unvernünftigsten Blick einer Frau erliegt.

Balzac

Unterhaltung in den Vereinigten Staaten: Ein Wettkampf, bei dem diejenige Person, die zuerst Luft holen muß, in die Rolle des Zuhörers fällt.

Nathan Miller

Gute Unterhaltung besteht nicht darin, daß man etwas Gescheites sagt, sondern daß man etwas Dummes anhören kann.

Wilhelm Busch

Lerne zuhören, und Du wirst auch von denjenigen Nutzen ziehen, die dummes Zeug reden.

Platon

Merke nicht nur auf das, was die Leute sagen, sondern auch darauf, wie sie es sagen. Wenn du einigen Scharfsinn hast, wirst du mehr Wahrheit durch die Augen entdecken als durch die Ohren. Die Leute können sagen, was sie wollen, können sich aber nicht genau eine Miene nach ihrem Willen geben.

Chesterfield,
Briefe an seinen Sohn, 10. 3. 1746

Wer mit den Augen winkt, denkt nichts Gutes.

Sprüche Salomos 16, 30

Zum Palaver bringt man kein Messser mit.

Aus Afrika

Worte können wie winzige Arsendosen sein: Sie werden unbemerkt verschluckt; sie scheinen keine Wirkung zu tun – und nach einiger Zeit ist die Giftwirkung doch da.

Victor Klemperer

Nach manchem Gespräch mit einem Menschen hat man das Verlangen, einen Hund zu streicheln, einem Affen zuzunicken und vor einem Elefanten den Hut zu ziehen.

Maxim Gorki

Gesprächspartner

Zu Verständigen wird ein verständiges Wort
stets finden den Weg. (Athena)

Aischylos, Die Eumeniden 988

Von der besten Gesellschaft sagt man: Ihr Gespräch ist unterrichtend, ihr Schweigen bildend.

Goethe, Maximen und Reflexionen, Aus Kunst und Altertum

Kluge Köpfe sprechen über Ideen, mittelmäßige über Vorgänge und schwache über Menschen.

Aus den USA

Der Langweiler spricht in der ersten Person, der Nachschwätzer in der dritten und der gute Unterhalter in der zweiten.

Verfasser unbekannt

Kluger Sinn in kurzen Worten
fördert uns an allen Orten.

Verfasser unbekannt

Uns wechselseitig einen Überblick der bewohnten und bewohnbaren Welt zu geben ist die angenehmste, höchst belohnende Unterhaltung.

Goethe, Wilhelm Meisters Wanderjahre III, 9

Was man durch einen gleichgesinnten Freund erfährt, ist nahezu, als wenn man es selbst erfahren hätte.

Goethe, an Wilhelm von Humboldt, 26. 5. 1799

Was gibt einer Begebenheit den Reiz? Nicht ihre Wichtigkeit, nicht der Einfluß, den sie hat, sondern die Neuheit. Nur das Neue scheint gewöhnlich wichtig, weil es ohne Zusammenhang Verwunderung errregt und unsere Einbildungskraft einen Augenblick in Bewegung setzt, unser Gefühl nur leicht berührt und unseren Verstand völlig in Ruhe läßt.

Goethe, Unterhaltungen Deutscher Ausgewanderten

Wer als angenehmer Gesellschafter gelten will, muß sich über Dinge belehren lassen, die ihm längst geläufig sind.

Talleyrand

Der Skythe setzt ins Reden keinen Vorzug,
am wenigsten der König. Er, der nur
gewohnt ist, zu befehlen und zu tun,
kennt nicht die Kunst, von weitem ein Gespräch
nach seiner Absicht langsam fein zu lenken. (Arkas)

Goethe, Iphigenie auf Tauris I, 2

Wer immer das letzte Wort haben will, spricht bald mit sich allein.

Aus der Bretagne

Die Lippen des Narren bringen Zank.

Sprüche Salomos 18, 6

Das Recht auf Antwort nur gibt Recht zur Frage. (Primislaus)

Grillparzer, Libussa IV

Wenn zwei Frauen nebeneinander sitzen, zieht es.

Marlene Dietrich

Unterhalten sich zwei Menschen sehr vertieft, so ist einer der Betrogene.

Aus Tunesien

Der Abwesende hat immer unrecht.

Aus England

Das Interesse mancher Leute ist nur dadurch zu gewinnen, daß man mit ihnen über Dinge spricht, die sie nichts angehen.

Verfasser unbekannt

Es gibt Menschen, die reden soviel, daß sie sich auch selbst noch ins Wort fallen.

Lichtenberg, Aphorismen

Wer in einem Restaurant die Paare beobachtet, kann aus der Länge der Gespräche Schlüsse auf die Dauer der gemeinsam verlebten Zeit ziehen. Je kürzer die Konversation, desto länger die Gemeinschaft.

André Maurois

Bedachtsamkeit

Der Weise ist daran zu erkennen, daß ihm das Reden mehr Mühe macht als das Denken.

Lin Yutang

Der berühmte „rechte Fleck", auf dem man sein Herz haben soll, ist jedenfalls nicht die Zunge.

Paul Nikolaus Cossmann, Aphorismen

Wer's Herz auf seiner Zunge führt,
der muß, wenn er die Zunge rührt,
Bedachtsamkeit sich wohl befleißen,
sonst möcht' er sich das Herz abbeißen.

Logau, Das Herz auf der Zunge

Ein volles Herz kann die Worte nicht wägen. (Tellheim)

Lessing, Minna von Barnhelm V, 3

Lieber die schönsten Zähne nicht gezeigt, als alle Augenblicke das Herz darüber springen lassen! (Franziska)

Lessing, Minna von Barnhelm II, 1

Es ist auf Erden kein besser List,
denn wer seiner Zungen ein Meister ist.

Luther

Von der Zunge hängen des Menschen Würde und Glück ab.

Erasmus von Rotterdam

Den alten Gesetzen unseres Junto gemäß enthielt ich mich des Gebrauchs jedes Worts oder Ausdrucks, welcher eine feste Ansicht bedeutete, wie z. B. „gewiß", „unzweifelhaft" usw. und bediente mich statt derselben der Ausdrücke „mich dünkt", „ich fürchte", „ich stelle mir vor, daß "eine Sache so oder so sei, oder „mir erscheint es vorerst so". Wenn ein anderer irgendetwas behauptete, was ich für einen Irrtum hielt, so versagte ich mir das Vergnügen, ihm schroff zu widersprechen und ihm unmittelbar irgendeine Ungereimtheit in seiner Behauptung nachzuweisen. In meiner Antwort begann ich dann mit der Bemerkung, daß in gewissen Fällen oder Umständen seine Ansicht richtig sein würde, daß aber im vorliegenden Falle mir die Sache etwas anders zu liegen „scheine" oder „dünke" usw. Ich erkannte bald den Vorteil dieser meiner veränderten Handlungsweise. Die Unterhaltungen, auf welche ich mich einließ, verliefen angenehmer. Die bescheidene Weise, in welcher ich meine Ansichten geltend machte, verschaffte denselben eine bereitwilligere Aufnahme und weniger Widerspruch; ich hatte weniger Demütigung, wenn sich ergab, daß ich im Unrecht war, und ich bewog andere leichter, ihre Irrtümer aufzugeben und mir beizupflichten.

Benjamin Franklin, Lebenserinnerungen II

Du bist Herr deiner Worte, aber einmal ausgesprochen, beherrschen sie dich.

Aus Schottland

Ein zur Unzeit gesprochenes Wort kann ein ganzes Leben umstürzen.

Menander

Wer antwortet, ehe er hört, dem ist es Narrheit und Schande.

Sprüche Salomos 18, 13

Entwischte Worte sind beleidigte Vertraute. (Domingo)

Schiller, Don Karlos II, 10

Im Menschen sitzt ein Verräter, der „Eitelkeit" heißt und die Geheimnisse gegen Schmeichelei preisgibt.

Paul Valéry

Hüte deine Zunge vor schlechten Reden, damit du keinen Durst bekommst.

Aus Angola

Der Pfeil des Mundes tötet viel Wild.

Aus Zaïre

Das Wort verwundet leichter, als es heilt. (Herzog)

Goethe,
Die natürliche Tochter III, 4

Was heißt „schwätzen“ ? „Schwätzen“ heißt, mit einer unbeschreiblichen Geschäftigkeit von den gemeinsten Dingen, die entweder schon jedermann weiß oder nicht wissen will, so weitläufig sprechen, daß darüber niemand zum Wort kommen kann und jedermann Zeit und Weile lang wird.

Lichtenberg

Was man fortwährend anrührt, wird schmutzig.

Aus Afrika

Os garrulum intricat omnia. Ein geschwätziger Mund verwirrt alles.

Wahlspruch Karls des Dicken

Schwätzen und Lügen sind Bruder und Schwester.

Aus Kenia

Der Schwätzer besiegt den Schweiger.

Aus Afrika

Zuviel plauschen die Weiber erst, wenn sie alt sind. Wenn sie jung sind, verschweigen sie einem zuviel. (Gabriel)

Nestroy,
Der alte Mann mit der jungen Frau II, 7

Schweigen

Im Anfang war das Wort, aber vor dem Wort war das Schweigen.

Siegfried von Vegesack,
Liebe am laufenden Band 6

Das Schweigen ist so tief wie die Ewigkeit, die Rede so flach wie die Zeit.

Thomas Carlyle

Von den Menschen lernen wir reden, von den Göttern schweigen.

Plutarch

Man braucht zwei Jahre, um sprechen zu lernen, und fünfzig, um schweigen zu lernen.

Hemingway

Nur die Vernunft lehrt schweigen. Das Herz lehrt reden.

Jean Paul, Levana

Wenn man einmal weiß, worauf alles ankommt, hört man auf, gesprächig zu sein.

Goethe,
Wilhelm Meisters Wanderjahre II, 9

Den inneren Frieden dir nicht zu stören,
in andrer Achtung stets zu steigen,
habe den Mut, die Wahrheit zu hören,
und die Klugheit, sie zu verschweigen.

Leuthold, Sprüche 28

Längst heißt mir Schweigen alles Grames einz'ger Arzt! (Chorführer)

Aischylos, Agamemnon 548

Wenn man den richtigen Menschen findet, braucht es keiner Worte, um sich auszusprechen.

Horst Wolfram Geißler,
Der seidene Faden

Wer viel einst zu verkünden hat,
schweigt viel in sich hinein.
Wer einst den Blitz zu zünden hat,
muß lange Wolke sein.

Nietzsche,
Sinnsprüche aus dem Nachlaß

Ein weiser Mann schweigt, bis er seine Zeit ersiehet.

Jesus Sirach 20, 7

Geschwister sind ja Schweigen und Verdienst. (Sappho)

Grillparzer, Sappho I, 2

Unheimlich kann auch tiefes Schweigen sein. (Bote)

Sophokles, Antigone VI

Schweigen ist ein Argument, das kaum zu widerlegen ist.

Heinrich Böll

Bei mancher Botschaft nützt ein ungesagtes Wort!

Aischylos,
Die Grabesspenderinnen 773

Wer nicht weise reden kann,
der schweig und heiß' ein weiser Mann!

Freidank,
Bescheidenheit 32, Von den Weisen und Toren

Wenn ich schweige, erfahre ich die Unzulänglichkeiten der anderen und verberge meine eigene.

Zeno

Weiberlippen sind geschaffen
mehr zum Küssen als zum Klaffen.

Logau, Das Weib schweige

Wenn eine Frau die Gabe hat zu schweigen, so besitzt sie Eigenschaften, die sie weit über das Gewöhnliche erheben. (Clito)

Corneille, Der Lügner I, 4

Ein Weib, das schweigen kann, ist eine Gabe Gottes.

Jesus Sirach 26, 17

Ach, selbst das weiseste Sprichwort irrt:
Nicht alles ist Gold, was geschwiegen wird!

Oskar Blumenthal

Schweigen ist die Ehre der Sklaven.

Tacitus

Reue für Schweigen ist besser als Reue für Reden.

Aus Mauretanien

Verschwiegenheit

Wenn Du wünschst, daß ein anderer Dein Geheimnis bewahre, dann bewahre es zuerst selbst.

Seneca

Offenbare nicht eines andern Heimlichkeit.

Sprüche Salomos 25, 9

Ein Plauderer stiftet Haß, pflegt Freundschaft zu zerstören:
Wer nichts verschweigen kann, soll billig auch nichts hören.

Logau, Schwatzhaftigkeit

Häng an die große Glocke nicht,
was jemand im Vertrauen spricht.

Matthias Claudius, Ein silbern ABC

Jeder hat für seine Besonnenheit seine besonderen Gegenstände: Der eine schweigt hierüber, der andere darüber.

Jean Paul

Männer sind verschwiegen in Angelegenheiten des Verstandes, Weiber in denen des Herzens.

Johann Jakob Mohr,
Gedanken über Leben und Kunst

Wie manches regt sich in der Brust der Frauen,
das für das Licht des Tages nicht gemacht. (Prothoe)

Heinrich von Kleist, Penthesilea 13

Immer trägt die Jugend das Geheimnis im Herzen, wie den Vogel in der Hand. (Gertrude)

Heinrich von Kleist,
Die Familie Schroffenstein I, 2

Mangel an Verschwiegenheit entsteht meistens aus Mangel an Redestoff.

Jean Paul

Man lernt Verschwiegenheit am meisten unter Menschen, die keine haben, und Plauderhaftigkeit unter Verschwiegenen.

Jean Paul, Hesperus

Es gibt Situationen, in denen man ein Geheimnis halb preisgeben muß, um den Rest zu bewahren.

Lord Chesterfield

Diskretion ist die Kunst, Geheimnisse so auszuplaudern, daß das Siegel der Verschwiegenheit nicht verletzt wird.

Verfasser unbekannt

Schreiben

Lesen macht vielseitig, Verhandeln geistesgegenwärtig und schreiben genau.

Francis Bacon

Gewöhnen Sie sich, wenn Sie einmal dichten wollen und müssen, ohne Zagen und Wählen niederzuschreiben, was Ihnen zu Mund und Feder fließt.

Goethe,
zu Ferdinand von Biedenfeld, 4. 10. 1815

Man darf den Leser nicht voraussehen lassen, was man ihm sagen will, aber man muß ihn dazu bringen, den Gedanken selbst zu finden; denn dann achtet er uns, weil wir denken wie er, aber später als er.

Vauvenargues,
Nachgelassene Maximen

Nie konnte ich etwas schaffen mit der Feder in der Hand vor einem Tisch und Papier. Auf den Spaziergängen zwischen Feldern und Bäumen, nachts in meinem Bett, während der Schlaf mich flieht, schreibe ich in meinem Gehirn.

Rousseau

Was sich täglich im Dichter von Gedanken und Empfindungen aufdrängt, das will und soll ausgesprochen sein. Hat man aber ein größeres Werk im Kopfe, so kann nichts daneben aufkommen, so werden alle Gedanken zurückgewiesen, und man ist für die Behaglichkeit des Lebens selbst so lange verloren.

Goethe, zu Eckermann, 18. 9. 1823

Gesetzt aber, eines dramatischen Dichters körperliche Konstitution wäre nicht so fest und vortrefflich und er wäre vielmehr häufigen Kränklichkeiten und Schwächlichkeiten unterworfen, so würde die zur täglichen Ausführung seiner Szenen nötige Produktivität sicher sehr häufig stocken und oft wohl tagelang gänzlich mangeln. Wollte er nun, etwa durch geistige Getränke, die mangelnde Produktivität herbeinötigen und die unzulängliche dadurch steigern, so würde das allenfalls auch wohl angehen, allein man würde es allen Szenen, die er auf solche Weise gewissermaßen forciert hätte, zu ihrem großen Nachteil anmerken. Mein Rat ist daher, nichts zu forcieren und alle unproduktiven Tage und Stunden lieber zu vertändeln und zu verschlafen.

Goethe, zu Eckermann, 11. 3. 1828

Als mich vor zehn, zwölf Jahren, in der glücklichen Zeit nach dem Befreiungskriege, die Gedichte des Divan in ihrer Gewalt hatten, war ich produktiv genug, um oft an einem Tage zwei bis drei zu machen, und auf freiem Felde, im Wagen oder im Gasthof; es war mir alles gleich. Jetzt, am zweiten Teil meines Faust, kann ich nur in den frühen Stunden des Tags arbeiten, wo ich mich vom Schlaf erquickt und gestärkt fühle und die Fratzen des täglichen Lebens mich noch nicht verwirrt haben. Und doch, was ist es, das ich ausführe! Im allerglücklichsten Fall eine Seite.

Goethe, zu Eckermann, 11. 3. 1828

Ich habe nun auch das ganze Manuskript des zweiten Teiles (Faust) heute heften lassen, damit es mir als eine sinnliche Masse vor Augen sei. Die Stelle des fehlenden vierten Aktes habe ich mit weißem Papier ausgefüllt, und es ist keine Frage, daß das Fertige anlocket und reizet, um das zu vollenden, was noch zu tun ist. Es liegt in solchen sinnlichen Dingen mehr, als man denkt, und man muß dem Geistigen mit allerlei Künsten zu Hülfe kommen.

Goethe,
zu Eckermann, 17. 2. 1831

Es war nicht Schillers Sache, mit einer gewissen Bewußtlosigkeit und gleichsam instinktmäßig zu verfahren, vielmehr mußte er über jedes, was er tat, reflektieren; woher es auch kam, daß er über seine poetischen Vorsätze nicht unterlassen konnte, sehr viel hin und her zu reden, so daß er alle seine späteren Stücke Szene für Szene mit mir durchgesprochen hat.

Goethe,
zu Eckermann, 14. 11. 1823

Wenn ich in einem Buch eine Lieblingsfigur sterben lassen mußte, bin ich sehr oft in Tränen ausgebrochen. Ich habe dann meist ein Stück Brot mit Gänseschmalz gegessen, um darüber hinwegzukommen. Ein bescheidener Leichenschmaus, der seinen Zweck erfüllt.

Selma Lagerlöf

Demosthenes hat den Thukydides achtmal mit der Hand abgeschrieben, um seinen Stil in sich aufzunehmen. Stendhal pflegte, bevor er schrieb, im Code Napoléon zu lesen. Es ist sicher richtig: Wenn wir eine Stunde in Egmont oder in Hebels Schatzkästlein gelesen haben, werden wir nachher manche banale Wendung, manchen verschnörkelten Ausdruck nicht niederzuschreiben wagen.

Ludwig Reiners,
Stilkunst VI, Ratschläge und Hilfsmittel

Auch Feilen will gelernt sein. Da wir nicht bei einer Durchsicht auf alle Fehler achten können, so müssen wir unsere Entwürfe mehrmals durchgehen und jedesmal etwas anderes im Auge behalten, nämlich 1. inhaltliche Fehler, 2. Knappheit, 3. Zuspitzung und Anschaulichkeit des Ausdrucks, 4. Vermeidung unnötiger Haupt- und Beiwörter, 5. Satzbau, 6. Klang.

Ludwig Reiners,
Stilkunst VI, Ratschläge und Hilfsmittel

Drei Viertel meiner ganzen literarischen Tätigkeit ist überhaupt Korrigieren und Feilen gewesen.

Fontane

Wenige schreiben, wie ein Architekt baut, der zuvor seinen Plan entworfen und bis ins einzelne durchdacht hat, vielmehr die meisten nur so, wie man Domino spielt.

Schopenhauer, Parerga und Paralipomena II

Jeder, der je geschrieben hat, wird gefunden haben, daß Schreiben immer etwas erweckt, was man vorher nicht deutlich erkannte, ob es gleich in uns lag.

Lichtenberg

Niemand lernt schreiben, der nicht sehen gelernt hat.

Ludwig Reiners,
Stilkunst IV, Anschauung

Da mir die sinnliche Anschauung durchaus unentbehrlich ist, so werden mir vorzügliche Menschen durch ihre Handschrift auf eine magische Weise vergegenwärtigt. Solche Dokumente ihres Daseins sind mir, wo nicht ebenso lieb als ein Portrait, doch gewiß als ein wünschenswertes Supplement oder Surrogat desselben.

Goethe,
an Friedrich Heinrich Jacobi, 10. 5. 1812

Viele Schlauköpfe wissen sogar aus Handschriften weit mehr herauszulesen als bloße Buchstaben und mehr als aus Gesichtern. Sie sehen in den vollen runden Buchstaben des Römers seine Manneskraft und Beharrlichkeit, in den Wellenlinien und Schlangenzügen des Griechen seinen Schönheitssinn und seine Verschlagenheit, in der viereckigen Schrift des Germanen seine Geradheit und Festigkeit und in der bilderreichen Schrift des Morgenländers seine regellose Einbildungskraft.

Karl Julius Weber, Demokritos II, 8

Mir tut jeder Mensch leid, der nicht genug Phantasie hat, um ein Wort mal so und mal so zu schreiben.

Mark Twain

Die zwei Weisesten der Menschen, Sokrates und Christus, schrieben keine Zeile.

Karl Julius Weber,
Demokritos, Über Bücher

XL. Kapitel

Das Schöne
Menschliche Schönheit
Frauenschönheit
Häßlichkeit
Anmut

Das Schöne

Das Beste im Leben ist, Verständnis für alles Schöne zu haben.

Menander, Sentenzen in Monostichen

Schönheit ist Gesetzmäßigkeit. Schönheit erscheint, solange die Gesetzmäßigkeit empfunden wird. Sie schwindet, wenn unsere Sinne die Gesetzmäßigkeit nicht mehr erkennen.

Rathenau

Schönheit ist der Sinn der Welt. Schönheit genießen, heißt die Welt verstehen.

Otto Julius Bierbaum

Jeder, der sich die Fähigkeit erhält, Schönes zu erkennen, wird nie alt werden.

Franz Kafka

Wer die Schönheit angeschaut mit Augen,
ist dem Tode schon anheimgegeben,
wird für keinen Dienst auf Erden taugen.

Platen, Tristan

Schön ist, was durch die Vollkommenheit in seiner Art die Idee der Vollkommenheit im allgemeinen erweckt.

Grillparzer, Ästhetische Studien, 1844

Das Schöne ist das Scheinen der Idee durch ein sinnliches Medium (Stein, Farbe, Ton, gebundene Rede), die Wirklichkeit der Idee in der Form begrenzter Erscheinung.

Hegel

Das Schöne ist ein Urphänomen, das zwar nie selber zur Erscheinung kommt, dessen Abglanz aber in tausend verschiedenen Äußerungen des schaffenden Geistes sichtbar wird.

Goethe, zu Eckermann, 18. 4. 1827

Schönheit ist Tiefe der Fläche.

Hebbel

Die Schönheit ist die vollkommene Übereinstimmung des Sinnlichen mit dem Geistigen.

Grillparzer, Ästhetische Studien, 1836

Fragt ihr mich, was das Schöne sei?
Seht zu, ob ich's verfehle.
Ein Gleichnis beut die Liebe mir:
Es geht vom Körper aus, gleich ihr,
und endigt in der Seele.

Grillparzer, Erklärung

Beginnend mit dem sinnlich Schönen hienieden muß man dem Schönen an sich zuliebe immer weiter emporsteigen, als ginge es eine Stufenleiter hinauf, von einem einzelnen schönen Körper zu zweien und von zweien zu allen schönen Körpern, von den schönen Körpern sodann zu den schönen Lebensberufen und von diesen zu den schönen Wissensgebieten, um schließlich von den Wissensgebieten zu jenem Wissen zu gelangen, das nichts anderes zum Gegenstand hat als jenes Schöne an sich. (Diotima)

Platon,
Das Gastmahl 29

Alles Schöne ist ein selbsterleuchtetes, vollendetes Individuum.

Novalis, Fragmente 1798

Was aber schön ist, selig scheint es in ihm selbst.

Mörike, Auf eine Lampe

Schön ist dasjenige, was ohne Interesse gefällt.

Kant

Die Ros ist ohn Warum, sie blühet, weil sie blühet.
Sie acht nicht ihrer selbst, fragt nicht, ob man sie siehet.

Angelus Silesius,
Der Cherubinische Wandersmann,
Ohne Warum

Schönheit ist schweigende Beredsamkeit.

Aus Frankreich

Schönheit ist durch sich selbst gebändigte Kraft.

Schiller, an Körner

Schönheit ist empfundener Rhythmus.

Morgenstern, Stufen, Kunst, 1895

Der Urgrund des Schönen besteht in einem gewissen Zusammenklang der Gegensätze.

Thomas von Aquin

Das einfach Schöne soll der Kenner schätzen.
Verziertes aber spricht der Menge zu.
(Eugenie)

Goethe, Die natürliche Tochter II, 5

Ein Pferd, dem Schweif und Mähne abgeschnitten, ein Hund mit gestutzten Ohren, ein Baum, dem man die mächtigsten Zweige genommen und das übrige kugelförmig geschnitzelt hat, und über alles eine Jungfrau, deren Leib von Jugend auf durch Schnürbrüste verdorben und entstellt worden, alles dieses sind Dinge, von denen sich der gute Geschmack abwendet.

Goethe, zu Eckermann, 18. 4. 1827

Man kann zwar nicht sagen, daß das Vernünftige immer schön sei; allein das Schöne ist doch immer vernünftig.

Goethe, zu Eckermann, 18. 4. 1827

Das Schöne, auch in der Kunst, ist ohne Scham nicht denkbar.

Hugo von Hofmannsthal

Ich bitte die Grazien, daß sie meiner Leidenschaft die innere Güte geben und erhalten mögen, aus der allein die Schönheit entspringt.

Goethe,
an Frau von Stein, 12. 3. 1781

Es gibt vielleicht auf der ganzen Welt kein anderes Mittel, ein Ding oder Wesen schön zu machen, als es zu lieben.

Robert Musil

Die Schönheit führt auf rechte Bahn. (Epimetheus)

Goethe, Pandora

Langsam hatte sie seitdem gelernt, daß schöne Dinge nicht zum Besitzen, sondern zum Betrachten da sind.

Thornton Wilder,
Der achte Schöpfungstag, St. Kitts

Des Schönen sind die Menschen selten fähig, öfter des Guten.

Goethe, Wilhelm Meisters Wanderjahre I, 4

Die Ästhetik vor allem verpön' ich,
sie spielt ein gefährliches Spiel:
Die gute nützt sehr wenig,
die schlechte schadet sehr viel.

Grillparzer (1869)

Privileg des Ästheten: Die Risse in den Wänden rein ornamental zu betrachten.

Hans Kasper

Niemand ist so tölpelhaft wie ein Schöngeist, der ein Weltmann sein möchte.

Vauvenargues

Was aber die Schönheit sei, daß weiß ich nit.

Albrecht Dürer, Nachlaß

Ich weiß nicht, ob das schön, was mir gefällt. (Gyges)

Hebbel, Gyges und sein Ring I, Freier Platz

Laßt mir doch das Wunderbare,
es haben's vor mir schon manche geehrt!
„Doch ist das Menschliche allein das Wahre."
Wahr, aber nicht der Mühe wert.

Grillparzer, Ästhetisch (1862)

Menschliche Schönheit

Vor dir, du schöner Mensch, mag gern ich stehen,
dir, mir zur Lieb nicht, nein, nur Gottes wegen.
Sei irdisch Himmel mir und himmlisch Erde,
daß Freundesdienst ein Gottesdienst mir werde.

Clemens Brentano, An eine schöne Erscheinung am Dreikönigstage

Es gibt zwei Arten von Schönheit: Lieblichkeit und Würde. Lieblichkeit ist die weibliche Form und Würde die männliche.

Cicero, Über die Pflichten

Es muß nämlich, wer den richtigen Weg zu diesem Ziele wählt, als Jüngling fürs erste allerdings den schönen Körpern nachgehen, und zwar zunächst, wenn der Führer ihn richtig leitet, einen solchen Körper lieben und in diesem Menschen den Sinn für das Edle und Schöne wecken. Dann aber muß er zu der Erkenntnis kommen, daß die Schönheit in jedem einzelnen Körper verschwistert ist, und, wenn es gilt, der Schönheit der sichtbaren Gestalt nachzugehen, es einen großen Mangel an Einsicht verraten würde, wenn er nicht die Schönheit in allen Körpern als die eine und gleiche anerkennen wollte. Ist er aber zu dieser Einsicht gelangt, dann muß er alle schönen Körper lieben und nachlassen von der ungestümen Leidenschaft für einen einzelnen. (Diotima)

Platon, Das Gastmahl 28

Jünglingsschönheit verhält sich zu Mädchenschönheit wie Ölmalerei zu Pastell.

Schopenhauer, Neue Paralipomena § 480

Daß man als schön sie preist, laß ich bei Frauen gelten,
den Männern steht es schlecht: Es klingt zu weich und fast wie Schelten.

Walther von der Vogelweide, Das rechte Lob

Wirkliche Schönheit kann ohne Güte nicht existieren; denn es sind nicht die Züge allein, sondern es ist der Ausdruck, der den Zügen ihren übernatürlichen Reiz gibt.

August Strindberg

Es ist nicht genug an dem Hübschsein, man muß sich auch artig betragen. (Oberst)

Schiller, Der Neffe als Onkel I, 14

Seit ich gewahr wurde, wie man sich von innen selbst schmücken könne, komm' ich mir wieder recht schön vor.

Goethe,
Wilhelm Meisters Wanderjahre II, 5

Ein Verborgenes ist sich das Schöne,
und es erschrickt vor seiner eignen Macht. (Don Cesar)

Schiller, Die Braut von Messina II, 2

O wie viel holder blüht die Schönheit doch,
ist ihr der Schmuck der Treue mitgegeben!

Shakespeare, Sonett

Schönheit ist überall ein gar willkommener Gast.

Goethe, Die Wahlverwandtschaften I, 6

Die Schönheit ist nichts als das Versprechen des Glücks.

Stendhal

Aus eines schönen Weibes Antlitz blickt dem Manne, was er ewig sucht und nie findet.

Wilhelm Heinse, Tagebuch

Je später der Abend, desto schöner die Leute.

Sprichwort

Laß dir's zur Warnung dienen: Nahverwandt
den Blumen ist dein Reiz, er zählt nach Stunden;
auch ihn wird eines Nachts der Reif verwunden,
und kaum erblüht, ist er auch schon verbrannt.

Pierre de Ronsard

Schönheit des Körpers hat etwas Tierisches, wenn sie geistlos ist.

Demokrit, Fragmente

Dein Körper ist so reizend,
dein Geist so häßlich! Schade!
Du bist ein schöner Apfel,
dein Geist ist seine Made.

Ephraim Moses Kuh, An Phryne

Schön wie ein Kissen, inwendig Lumpen.

Aus Afrika

Eigentlich sollte Schönheit unschuldig und Unschuld sollte schön sein, aber in der Welt sind es verschiedene Dinge.

Matthias Claudius,
Schönheit und Unschuld

Frauenschönheit

Das höchste aber
von allen Gütern ist der Frauen Schönheit. (Burgund)

Schiller, Die Jungfrau von Orleans III, 3

Wagt doch
der Kaufmann um geringe Güter Schiff
und Mannschaft an ein wildes Element;
es jagt der Held dem Schattenbild des Ruhms
durchs blut'ge Feld des Todes nach, und nur
die Schönheit wär' gefahrlos zu erwerben,
die aller Güter erstes, höchstes ist? (Kalaf)

Schiller, Turandot II, 4

Ein Mädchen, schön geboren, wird verheiratet geboren.

Aus Italien

Schönheit war und ist
so Adelsbrief als Doktorhut den Weibern. (Leon)

Grillparzer, Weh dem, der lügt! II

Wehe der Unglücklichen, die schön geboren wird!

Manuel José, Quintana

Ich war jung und hatte das große Unglück, sehr schön zu sein. Ach, mein Herr, es gibt schier kein größeres Unglück als dieses, weil keine Ruhe, kein Friede möglich ist, weil alles nach einem verlangt.

Clemens Brentano, Die drei Nüsse

Wenn wir schön sind, sind wir ungeputzt am schönsten. (Franziska)

Lessing, Minna von Barnhelm II, 7

Erröten macht die Häßlichen so schön
und sollte Schöne nicht noch schöner machen? (Saladin)

Lessing, Nathan der Weise V, 7

Das Mädel ist schön, schlank, führt einen netten Fuß. Unterm Dach mag's aussehen, wie's will. Darüber guckt man bei euch Weibsleuten weg, wenn's nur der liebe Gott parterre nicht hat fehlen lassen. (Miller)

Schiller, Kabale und Liebe I, 1

Ein mannbares Mädchen, dessen Naturbestimmung ist, Kinder zu gebären und Kinder zu säugen, wäre nicht schön ohne gehörige Breite des Bekkens und ohne gehörige Fülle der Brüste. Doch wäre auch ein Zuviel nicht schön, denn das würde über das Zweckmäßige hinausgehen.

Goethe, zu Eckermann, 18. 4. 1827

Traue niemand, den der Anblick einer schönen weiblichen Brust nicht außer Fassung bringt.

Auguste Renoir

O, stärket
mein Herz, daß mich der Anblick nicht verwirre,
des Geistes Helle nicht mit Nacht umgebe!
Ich fürchte keine als der Schönheit Macht. (Kalaf)

Schiller, Turandot II, 3

Gegenüber sehr attraktiven Frauen ist meist der Mann der Schutzbedürftige.

Oscar Wilde

Die Wahrheit ist vorhanden für den Weisen,
die Schönheit für ein fühlend Herz. Sie beide
gehören füreinander. (Marquis)

Schiller, Don Karlos IV, 21

Selbst die sanftesten, bescheidensten und besten Mädchen sind immer sanfter, bescheidener und besser, wenn sie sich vor dem Spiegel schöner gefunden haben.

Lichtenberg

Ein Mädchen von ihren Jahren hat immer zwei Spiegel zugleich, den wahren und ihren Bewunderer. Die gefällige Geschmeidigkeit des letzteren macht die rauhe Offenherzigkeit des ersteren wieder gut. Der eine rügt eine häßliche Blatternarbe. Weit gefehlt, sagt der andere, es ist ein Grübchen der Grazien. (Lady)

Schiller, Kabale und Liebe IV, 7

Glauben sie mir, der Striptease regt die Frauen auf. Natürlich nicht sexuell, außer sie sind Lesbierinnen. Aber sie werden beunruhigt. Jede Frau wird vom Körper einer anderen Frau beunruhigt, verwirrt.

Alain Bernardin, zu Georg Stefan Troller, in Pariser Gespräche 4

Schönheit sollte besteuert werden, und jede schöne Frau sollte ihre Steuer selbst festsetzen. Eine solche Steuer würde gerne gezahlt und hätte die besten Wirkungen.

Dean Swift

Manch schöne Frau gemahnt mich an den Mai,
wie ihn besingen tausend deutsche Strophen:
Von seiner Lieblichkeit geht ein Geschrei –
in Wahrheit heizt noch jeder seinen Ofen.

Rudolf Presber

Die schönen Weiber werden heutzutage mit unter die Talente ihrer Männer gerechnet.

Lichtenberg,
Lustige und satirische Bemerkungen

Bildschöne Frauen sind selten charmant, weil sie es nicht nötig haben, charmant zu sein.

Boleslaw Barlog

Es spricht die kalte Schönheit auch aus dir,
die nichts erzeugt als ihren eignen Willen,
so schön zu sein, und jeder beuget ihr
den eignen Sinn, ihn mit ihr auszufüllen.
Sie wandelt ewig sich nur schaffend hier,
und nie kann sie die fremde Sehnsucht stillen.
Sie blickt in sich, sich selbst so schön erbauet;
denn sie erlischt, wenn sie ins Leben schauet.

Clemens Brentano,
Stanzen an seine Schwester Sophie

Meistens sind nur schöne Weiber Männern nütze bei der Nacht;
ihre Werke bei dem Tage sind nur Müßiggang und Pracht.

Logau,
Sinngedichte

Große Schönheit ist in der Ehe, meiner Ansicht nach, eher ein Übelstand als wünschenswert. Sie verliert infolge des Besitzes gar schnell an Wert. Nach Verlauf von sechs Wochen hat sie in den Augen des Besitzers keinen Reiz mehr, aber ihre Gefahren dauern, solange sie besteht.

Rousseau, Émile 2, 5

Verlange nicht, daß dein Weib sehr schön sei, denn die meisten Schönen wünschen, sich Liebhaber zu halten.

Buch des Kabus 26

Großen Herren und schönen Frauen,
soll man gern dienen und wenig trauen.

Rollenhagen, Froschmäuseler

Begehre nie ein Glück zu groß
und nie ein Weib zu schön,
sonst könnte dir's in seinem Zorn
der Himmel zugestehn.

Verfasser unbekannt

Wende dein Angesicht von schönen Frauen!

Jesus Sirach 9, 8

Schön oder häßlich, das sind doch nur Ausgangspunkte. Alles kommt darauf an, was man damit macht. Das schöne

Mädel, die redet sich gern ein, das reicht schon – und auf einmal steht sie da und hat einen Mann, der sie nur zum Protzen braucht und fürs Bett.

Shirley MacLaine, zu Georg Stefan Troller, in Pariser Gespräche 5

Fast alle Frauen sind lieber aufregend als schön.

Gino Fratini

Die schönsten Mädchen gehen immer auf der anderen Straßenseite.

Sprichwort

Das niedrig gewachsene, schmalschultrige, breithüftige und kurzbeinige Geschlecht das schöne nennen konnte nur der vom Geschlechtstrieb umnebelte männliche Intellekt.

Schopenhauer, Parerga und Paralipomena II, 27

Häßlichkeit

Überall in der Welt ist das Schöne mit dem Häßlichen gemischt, und jeder trägt seinen Thersites an und in sich.

Kuno Fischer, Akademische Reden, 1862

Häßlich in der Kunst ist das, was keinen Charakter, das heißt weder eine innere noch eine äußere Wahrheit besitzt, ferner das, was, anstatt ausdrucksvoll zu sein, einnehmend oder schön sein möchte, was gekünstelt und gesucht ist, was ohne Grund lächelt, was sich aufdrängt und spreizt.

Auguste Rodin, Die Kunst

Ein häßliches Kind wird nie soviel Liebe erfahren wie ein wohlgestaltetes; es kann sich also in ihm die Liebe auch nicht sammeln und entfalten.

Rosegger, Nixnutzig Volk

„Ich bin nicht schön". So sprach das Mädchen leise
und überwandt im Stillen ihre Qual.
Und als sie nun in ihrer Schwester Kreise
zurücktrat, war sie es zum erstenmal.

Hebbel, Das Mädchen

Ich muß doch die Bemerkung machen, daß die schönen lange nicht so gefährlich sind wie die häßlichen. Denn jene sind gewohnt, daß man ihnen den Hof macht, letztere aber machen jedem Manne die Kur und gewinnen dadurch einen großen Anhang.

Heine, Briefe über Deutschland 1

Auch schmutziges Wasser löscht das Feuer.

Aus Zaïre

Häßlichkeit bei einem Weibe ist schon der halbe Weg zur Tugend.

Heine, Gedanken und Einfälle 6

Phantasie und Witz finden mehr ihre Rechnung, sich mit dem Häßlichen zu beschäftigen als mit dem Schönen. Aus dem Häßlichen läßt sich viel machen, aus dem Schönen nichts.

Goethe, Die guten Weiber

Was in der Natur für häßlich gilt, zeigt oft mehr „Charakter" als das, was man für schön hält, weil in dem nervösen Spiel einer krankhaften Physiognomie, in den tiefen Spuren einer lasterhaften Maske, in jeglicher Mißbildung, in jedem Brandmal die innere Wahrheit viel leichter aufblitzt als auf regelmäßigen und gesunden Zügen.

Auguste Rodin, Die Kunst

Für das Kind ist die Mutter nicht häßlich.

Aus Dahome

Es gibt keine häßlichen Frauen. Es gibt nur Frauen, die nicht imstande sind, sich hübsch zu machen.

A. P. Berryer

Es gibt keine häßlichen Frauen; es gibt nur gleichgültige.

Helena Rubinstein

Anmut

Die Anmut ist ein Widerschein der Liebe auf dem Grunde der Reinheit.

Jules Michelet

Reiz ist Schönheit in Bewegung.

Lessing, Laokoon I, 21

Schönheit ohne Anmut ist ein Angelhaken ohne Köder.

Ninon de Lenclos

Anmut ist eine Schönheit, die nicht von der Natur gegeben, sondern von dem Subjekte selbst hervorgebracht wird.

Schiller, Über Anmut und Würde

Anmut ohne Schönheit ist ein Magnet, der heimlich, aber fest zieht, ein Glanz, der nicht blendet, aber wohltut, ein Zauber, der nicht überrascht, aber beseligt.

Saphir,
Nachtschatten der Zeit und des Lebens

Das Gefühl eigner Anmut macht anmutig.

Goethe,
Wilhelm Meisters Wanderjahre II, 3

Eine gewisse feierliche Grazie bei gewöhnlichen Dingen, eine Art von leichtsinniger Zierlichkeit bei ernsthaften und wichtigen kleidet ihn wohl, weil er sehen läßt, daß er überall im Gleichgewicht steht.

Goethe, Wilhelm Meisters Lehrjahre V, 3

Sie ging mit Schritten, wovon jeder die Absicht zu haben schien, zu besiegen.

Lichtenberg

Wie uns eine Gegend reizender, ja allein reizend vorkommt, wenn sie von der Sonne beschienen wird, so war auch alles in seinen Augen verschönert und verherrlicht, was sie umgab, was sie berührte.

Goethe, Wilhelm Meisters Lehrjahre I, 15

Doch, haben alle Götter sich versammelt,
Geschenke seiner Wiege darzubringen
– die Grazien sind leider ausgeblieben,
und wem die Gaben dieser Holden fehlen,
der kann zwar viel besitzen, vieles geben,
doch läßt sich nie an seinem Busen ruhn. (Tasso)

Goethe, Torquato Tasso II, 1

Charme wächst, wie die Perle, aus einer kleinen Wunde, die sich langsam schließt.

Lilli Palmer

So charmant, wie er ist, kann man nur werden, wenn einige Generationen von Vorfahren ihr Vermögen verspielt und verjubelt haben.

Tomasi di Lampedusa, Der Leopard

XLI. Kapitel

Kunst I

Herr, dies Werk ist nicht von mir in seiner Vollkommenheit; Du hast Dich nur meiner Hände bedienet. Mein ist nichts daran als die Mängel; diese aber decke zu mit dem Mantel Deiner Liebe und lasse sie verschwinden im Geheimnis Deiner Maße.

Clemens Brentano, Aus der Chronika

Kunst ist die reinste Form der Liebe.

Shaw

Der Künstler will zur Welt durch ein Ganzes sprechen; dieses Ganze aber findet er nicht in der Natur, sondern es ist die Frucht seines eigenen Geistes oder, wenn Sie wollen, des Anwehens eines befruchtenden göttlichen Odems.

Goethe, zu Eckermann, 18. 4. 1827

Die Kunst gibt nicht das Sichtbare wieder, sondern macht sichtbar.

Paul Klee

Des Meisters ruhigste Linie ist meisterhaft durch die Unruhe, die sie verbergend verrät. Das gute Kunstwerk stellt nicht etwa Gegensätze nebeneinander, sondern es läßt uns das Gegensätzliche in einem unsichtbaren Hintergrunde ahnen. In dem Leichten ist das Schwere mitgegenwärtig. Das Wesen des Kitsches ist dagegen, daß in ihm das Süße nur süß ist.

Ludwig Reiners, Stilkunst I, 4

Natürlich sein heißt allzu verständlich sein. Und allzu verständlich sein heißt unkünstlerisch sein.

Oscar Wilde

Die Kunst verhält sich zur Natur wie der Wein zur Traube.

Grillparzer,
Ästhetische Studien, 1839

Wenn die Welt klar wäre, gäbe es keine Kunst.

Albert Camus, Der Mythos von Sisyphos

Kunst ist eine Lüge, die uns die Wahrheit erkennen läßt.

Picasso

Kunst ist das, was übrigbleibt, nachdem alles an ihr bis ins Letzte analysiert worden ist.

Martin Kessel, Gegengabe VII

Die erste künstlerische Tat des Menschen war, zu schmücken und vorzüglich seinen eigenen Leib zu schmücken. Im Schmuck, der Erstgeborenen der Künste, finden wir den Keim aller anderen.

Ortega y Gasset,
Triumph des Augenblicks – Glanz der Dauer

Es ist einmal so die Mode in der Welt, daß die Guten durch die Bösen schattiert werden und die Tugend im Kontrast mit dem Laster das lebendigste Kolorit erhält. Wer sich den Zweck vorgezeichnet hat, das Laster zu stürzen und Religion, Moral und bürgerliche Gesetze an ihren Feinden zu rächen, ein solcher muß das Laster in seiner nackten Abscheulichkeit enthüllen.

Schiller,
Die Räuber, Vorrede

Die Kunst ist im Niedergang begriffen, die sich von der Darstellung der Leidenschaft zu der des Lasters wendet.

Ebner-Eschenbach,
Aphorismen

Auch ist ein Mensch, der ganz Bosheit ist, schlechterdings kein Gegenstand der Kunst und äußert eine zurückstoßende Kraft, statt daß er die Aufmerksamkeit der Leser fesseln sollte. Man würde umblättern, wenn er redet. Eine edle Seele erträgt so wenig anhaltende moralische Dissonanzen wie das Ohr das Gekritzel eines Messers auf Glas.

Schiller,
Die Räuber, Vorrede

Was im Leben uns verdrießt,
man im Bilde gern genießt.

Goethe,
Parabolisch, Motto

Nicht was der Mensch soll: Was und wie er's vermag, zeige die Kunst.

Hebbel,
Tagebücher 1838

Ich suche nicht die Schönheit im Sinne der Griechen und der Künstler der Renaissance. Es besteht ein funktioneller Unterschied zwischen der Schönheit des Ausdrucks und der Macht des Ausdrucks. Die erste will gefallen, die zweite will eine geistige Vitalität widerspiegeln.

Henry Moore

Sie stehen jetzt auf dem Punkt, wo Sie notwendig zum eigentlich Hohen und Schweren der Kunst durchbrechen müssen, zur Auffassung des Individuellen. Sie müssen mit Gewalt, damit Sie aus der Idee herauskommen.

Goethe,
zu Eckermann, 29. 10. 1823

Auch müßte jederzeit der Unterschied zwischen philosophischer und poetischer Idee im Auge behalten werden, von denen die erste auf einer Wahrheit beruht, die zweite auf einer Überzeugung. Denn es ist die Aufgabe der Philosophie, die Natur zur Einheit des Geistes zu bringen, das Streben der Kunst, in ihr eine Einheit für das Gemüt herzustellen.

Grillparzer,
Ästhetische Studien, Zur Dramaturgie II

Solange man sich im Allgemeinen hält, kann es uns jeder nachmachen; aber das Besondere macht uns niemand nach. Warum? Weil es die anderen nicht erlebt haben.

Goethe,
zu Eckermann, 29. 10. 1823

Die Kunst ist ein Gefühl, das ein Mensch durchlebt hat und das er durch ein Mittel – Stein, Bronze, Farbe, Worte oder Musik – so auszudrücken vermag, daß es auf andere Menschen übertragen wird.

Andrew Halliday

Man braucht nicht zu fürchten, daß das Besondere keinen Anklang finde. Jeder Charakter, so eigentümlich er sein möge, und jedes Darzustellende, vom Stein herauf bis zum Menschen, hat Allgemeinheit; denn alles wiederholt sich, und es gibt kein Ding in der Welt, das nur ein Mal da wäre.

Goethe,
zu Eckermann, 29. 10. 1823

Ein Kunstwerk ist ein Stück Natur, gesehen durch ein Temperament.

Emile Zola, Mes haines

Im Entwurf, da zeigt sich das Talent, in der Ausführung die Kunst.

Ebner-Eschenbach, Aphorismen

Kunst kommt von Können. Käme es von Wollen, so hieße es Wulst.

Nietzsche

Kunst kommt nicht von Können, sondern von Müssen.

Arnold Schönberg

Kunst entsteht nicht aus der Mühe, sondern aus der Fülle. Der Künstler ringt nicht mit seinem Werk, sondern mit dem, was ihn daran hindert.

Waldemar Bonsels, Aphorismen

Die Kunst ist Entsagung, aber eine Entsagung, die alles empfängt.

Gottfried Benn

In der Kunst ist Aufrichtigkeit keine Frage des Willens, einer moralischen Wahl zwischen Ehrlichkeit und Unaufrichtigkeit. Sie ist hauptsächlich eine Frage der Begabung.

Aldous Huxley

Das Werk ist die Totenmaske der Konzeption.

Walter Benjamin

Die Notwendigkeit schafft die Form.

Wassilij Kandinsky,
Über die Formfrage, „Der blaue Reiter"

Man ist um den Preis Künstler, daß man das, was alle Nicht-Künstler Form nennen, als Inhalt, als die Sache selbst empfindet.

Nietzsche

In jederlei Kunstwerk bildet die augenscheinliche oder verborgene Symmetrie den sichtbaren oder geheimen Grund des Vergnügens, das wir empfinden. Alles Zusammengesetzte bedarf irgendeiner Wiederholung in seinen Teilen, um verstanden zu werden, um im Gedächtnis haften zu bleiben und uns als ein Ganzes zu erscheinen.

Joubert, Gedanken und Maximen

In der Kunst sollte es keine Aufgeregtheit geben. Wahre Kunst ist kalt.

Arnold Schönberg

Vollkommenheit entsteht offensichtlich nicht dann, wenn man nichts mehr hinzuzufügen hat, sondern wenn man nichts mehr wegnehmen kann.

Antoine de Saint-Exupéry

An einem Kunstwerk ist alles verständlich und selbstverständlich außer der Kraft, die es hervorgebracht hat.

Martin Kessel, Gegengabe VII

Es hat doch im Grund niemand einen rechten Begriff von der Schwierigkeit der Kunst als der Künstler selbst.

Goethe, Italienische Reise

Was die Meister der Kunst zu befolgen für gut finden, das sind Regeln.

Lessing

Kunst II

Was der Wissenschaft gefällt,
wird darum der Kunst nicht taugen.
Beide schaun dieselbe Welt,
doch mit ganz verschiednen Augen!

Geibel, Ethisches und Ästhetisches II

Kunst und Wissenschaft werden in jedem Toast am patriotischen Feiertage nebeneinander genannt und sind dem Idioten wohl auch ungefähr dasselbe.

Sie sind Todfeindinnen, und wo die eine ist, da flieht die andere.

Victor Aubertin

Die Kunst erfreut, es nützt die Wissenschaft.
Wo aber ist ein Nutzen ohne Freude,
wo eine Freude, die nicht nützlich ist?

Raupach, Friedrich II. und Gregor V, 3

Alle Kunst ist der Freude gewidmet.

Schiller, Die Braut von Messina, Über den Gebrauch des Chors in der Tragödie

Des echten Künstlers Lehre schließt den Sinn auf.

Goethe, Wilhelm Meisters Lehrjahre VII, 9

Kunst wäscht den Staub des Alltags von der Seele.

Pablo Picasso

Ist doch wahre Kunst, rief er aus, wie gute Gesellschaft: Sie nötigt uns auf die angenehmste Weise, das Maß zu erkennen, nach dem und zu dem unser Innerstes gebildet ist.

Goethe, Wilhelm Meisters Lehrjahre VIII, 3

In Gegenden, wo die Künste geblüht haben, sind auch die schönsten Menschen gezeugt worden.

Winckelmann, Gedanken über die Nachahmungen der griechischen Werke

Was ich ohne dich wäre, ich weiß es
nicht; aber mir grauet,
seh ich, was ohne dich Hundert' und
Tausende sind.

Schiller, Xenien, An die Muse

Die Kunst ist das Gewissen der Menschheit.

Hebbel, Tagebücher 1842

Die große Kunst ist politisch dank ihrer lebensbestimmenden Kraft; sie gibt ein Beispiel, wodurch sie urteils-, gefühls- und geschichtsbildend wirkt.

Martin Kessel, Gegengabe VII

Wenn in dem langen Lauf der Geschichte irgendetwas klar ist, so ist es dies, daß, wo nur eine Regierung die Beschützung der geistigen Arbeiten unternimmt, sie diese fast immer am unrechten Ort beschützen und die unrechten Leute belohnen wird.

Buckle, Geschichte der Zivilisation 11

Eine Kunst, die sich über die von Mir bezeichneten Gesetze und Schranken hinwegsetzt, ist keine Kunst mehr.

Kaiser Wilhelm II.

Bewahr' uns, lieber Herre Gott,
vor Pestilenz und Kriegesnot,
vor Mißwachs, Hagel, Feuersbrunst
und vor der offiziellen Kunst.

Ludwig Fulda, Stoßgebet

Gotik, Renaissance und Barock sind verschiedene Formen der Andacht.

Thomas Niederreuther, Aphorismen

Es geht durch die ganze Kunst eine Filiation. Sieht man einen großen Meister, so findet man immer, daß er das Gute seiner Vorgänger benutzte und daß eben dieses ihn großmachte.

Goethe, zu Eckermann, 4. 1. 1827

Das Klassische nenne ich das Gesunde und das Romantische das Kranke.

Goethe, zu Eckermann, 2. 4. 1829

Man könnte die klassische und romantische Poesie auch als die männliche und weibliche (weibische?) bezeichnen.

Grillparzer, Ästhetische Studien, 1838

Nur die Auktionäre können alle Kunstarten gleichermaßen und unparteiisch bewundern.

Oscar Wilde

Es ist fast unmöglich, heutzutage noch eine Situation zu finden, die durchaus neu wäre. Bloß die Anschauungsweise und die Kunst, sie zu behandeln und darzustellen, können neu sein.

Goethe, zu Soret, 14. 2. 1830

Was heißt moderne Malerei? Es gibt moderne Krawatten, moderne Schuhe, moderne Autos, aber Kunst unterliegt niemals den Ansprüchen auf Mode.

Oskar Kokoschka, im „Spiegel", 44/1966

Eine Kunstrichtung hat sich erst dann durchgesetzt, wenn sie auch von den Schaufensterdekorateuren praktiziert wird.

Pablo Picasso

Wenn es keine lebende Kunst mehr gibt, hat die alte ihren Sinn verloren.

Thomas Niederreuther, Aphorismen

Was in der Zeiten Bildersaal
jemals ist trefflich gewesen,
das wird immer einer einmal
wieder auffrischen und lesen.

Goethe, Sprichwörtlich

Nur diejenigen Kunstwerke haben Anspruch auf Dauer, in denen sich die Nation wiederfindet.

Raabe, Gedanken und Einfälle

Alle im Rückschreiten und in der Auflösung begriffenen Epochen sind subjektiv, dagegen aber haben alle vorschreitenden Epochen eine objektive Richtung. Unsere ganze jetzige Zeit ist eine rückschreitende; denn sie ist eine subjektive. Dieses sehen Sie nicht bloß an der Poesie, sondern auch an der Malerei und vielem anderen. Jedes tüchtige Bestreben dagegen wendet sich aus dem Innern hinaus auf die Welt.

Goethe, zu Eckermann, 29. 1. 1826

Die Kunst stirbt, weil das Abenteuer stirbt.

Victor Aubertin

Die falschen Theorien verderben eigentlich die Kunst nicht; sie kommen erst, wenn sie bereits verdorben ist.

Die Produktion hat eine so überwältigende Macht, daß ästhetisches Gefasel dagegen unwirksam bleibt.

Grillparzer, Die Kunstverderber, 1856

Nur die Künstler verderben die Kunst.

Grillparzer, Die Kunstverderber, 1856

Künstler

Wenn der Körper ausgebildet ist und einen Überfluß enthält, aus dem ein neues Geschöpf sich entwickeln kann, bilden sich die Zeugungsorgane aus. Ebenso erhält die Zeit im Künstler ihr Zeugungsorgan, sobald sie in sich gesättigt ist und Speise für die Nachwelt übrig hat.

Hebbel, Tagebücher 1842

Die Künstler sind wie Sonntagskinder; nur sie sehen Gespenster. Wenn sie aber ihre Erscheinung erzählt haben, so sieht sie jedermann.

Goethe,
zu Karl August Böttiger, 29. 12. 1797

Zweierlei gehört zum Poeten und Künstler: Daß er sich über das Wirkliche erhebt und daß er innerhalb des Sinnlichen stehenbleibt.

Schiller, an Goethe, 14. 9. 1797

Nur ein Teil der Kunst kann gelehrt werden; der Künstler braucht sie ganz. Wer sie halb kennt, ist immer irre und redet viel; wer sie ganz besitzt, mag nur tun und redet selten oder spät.

Goethe, Wilhelm Meisters Lehrjahre VII, 9

Wir bringen wohl Fähigkeiten mit, aber unsere Entwicklung verdanken wir tausend Einwirkungen einer großen Welt, aus der wir uns aneignen, was wir können und was uns gemäß ist. Ich verdanke den Griechen und Franzosen viel, ich bin Shakespeare, Sterne und Goldsmith Unendliches schuldig geworden. Allein damit sind die Quellen meiner Kultur nicht nachgewiesen.

Goethe, zu Eckermann, 16. 12. 1828

Man studiere nicht die Mitgeborenen und Mitstrebenden, sondern große Menschen der Vorzeit, deren Werke seit Jahrhunderten gleichen Wert und gleiches Ansehen behalten haben. Ein wirklich hochbegabter Mensch wird das Bedürfnis dazu ohnedies in sich fühlen.

Goethe, zu Eckermann, 1. 4. 1827

In der wahren Kunst gibt es keine Vorschule, wohl aber Vorbereitungen; die beste jedoch ist die Teilnahme des geringsten Schülers am Geschäft des Meisters. Aus Farbenreibern sind treffliche Maler hervorgegangen.

Goethe, Wilhelm Meisters Wanderjahre II, Betrachtungen im Sinne der Wanderer

Jeder Mensch ohne Ausnahme hat jährlich wenigstens drei Augenblicke der Genialität, und der größte Dichter hat vor keinem unter uns etwas voraus als die häufigere Wiederkehr solcher Augenblicke und die besonnene Auffassung derselben.

Lichtenberg

Man muß etwas sein, um etwas zu machen.

Goethe, zu Eckermann, 20. 10. 1828

Ich habe immer nur dahin getrachtet, mich selbst einsichtiger und besser zu machen, den Gehalt meiner eigenen Persönlichkeit zu steigern und dann immer nur auszusprechen, was ich als gut und wahr erkannt hatte.

Goethe, zu Soret, 20. 10. 1830

Der Charakter, nicht der Geschmack ist zu bilden wünschenswert, da der letzte sich aus dem ersten entwickeln muß.

Goethe, Aufsätze zur Kunst und Literatur, 1808

Die Wahl der Gegenstände zeigt immer, was einer für ein Mann und wes Geistes Kind er ist.

Goethe, zu Soret, 25. 1. 1830

Wer den Stoff nach Vermögen sich auskor,
diesem mangelte nie Ausdruck noch leuchtende Ordnung.

Horaz, Episteln II, 3

Der Künstler muß mit Feuer entwerfen und mit Phlegma ausführen.

Johann Joachim Winckelmann

Nur die heitere, die ruhige Seele gebiert das Vollkommene.

Schiller, Über Bürgers Gedichte

Was man nicht liebt, kann man nicht machen.

Goethe, an Zelter, 30. 7. 1804

Im Augenblick, wo der echte Künstler schafft, hat er weder Weib noch Kind und am allerwenigsten Freunde.

Raabe, Gedanken und Einfälle

Während ich male, lasse ich meinen Körper draußen vor der Tür, wie die Moslems ihre Schuhe vor der Moschee.

Pablo Picasso

Das poetische Talent ist dem Bauern so gut gegeben wie dem Ritter. Es kommt nur darauf an, daß jeder seinen Zustand ergreife und ihn nach Würden behandle.

Goethe, Wilhelm Meisters Wanderjahre III, Aus Makariens Archiv

Die Menschen sind nur solange produktiv in Poesie und Kunst, wie sie noch religiös sind; dann werden sie bloß nachahmend und wiederholend.

Goethe, zu Riemer, Juli 1810

Wer bei seinen Arbeiten nicht schon ganz seinen Lohn dahin hat, ehe das Werk öffentlich erscheint, der ist übel dran.

Goethe, an Carl von Knebel, 15. 3. 1799

Wenn er bemerkt, daß die Welt sehr leicht zu befriedigen ist und selbst nur einen leichten, gefälligen, behaglichen Schein begehrt, so wäre es zu verwundern, wenn nicht Bequemlichkeit und Eigenliebe ihn bei dem Mittelmäßigen festhielten. Es wäre seltsam, wenn er nicht lieber für Modewaren Geld und Lob eintauschen als den rechten Weg wählen sollte, der ihn mehr oder weniger zu einem kümmerlichen Märtyrertum führt.

Goethe, Wilhelm Meisters Lehrjahre VIII, 7

Geringeren Talenten genügt nicht die Kunst als solche. Sie haben während der Ausführung immer nur den Gewinn vor Augen, den sie durch ein fertiges Werk zu erreichen hoffen. Bei so weltlichen Zwecken und Richtungen aber kann nichts Großes zustande kommen.

Goethe, zu Eckermann, 28. 2. 1824

Nicht um die Gunst mehr frein sie der Muse, sie frein um die Mitgift,
und im gemeinen Erwerb stirbt das entweihte Talent.

Geibel, Spätherbstblätter, Distichen aus dem Wintertagebuch

Viele Leute scheinen von der fixen Idee besessen zu sein, daß nicht nur im Zirkus, sondern auch in der Musik, Malerei und Literatur nur noch die Clowns eine Chance haben.

Pablo Casals

Man muß den Leuten nur ein bißchen verrückt vorkommen, dann kommt man schon weiter.

Wilhelm Raabe, Hastenbeck

Sie glauben oft, um ein schöner Geist zu sein, müsse man etwas liederlich leben und gleichsam das Genie mit verdorbenen Sitten fett machen.

Lichtenberg

Die Kunst ist das einzig Seriöse auf der Welt, und der Künstler ist der einzige, der nie seriös wird.

Oscar Wilde

Ein Künstler, der nicht eitel ist, gleicht einem Weibe, das nicht gefallen will. Beide sind langweilig.

Heinrich Laube, Moderne Charakteristiken

Die Menge macht den Künstler irr und scheu. (Tasso)

Goethe, Torquato Tasso I, 3

Unsere jetzigen Talente liegen alle auf dem Präsentierteller der Öffentlichkeit. Die täglich an fünfzig verschiedenen Orten erscheinenden kritischen Blätter und der dadurch im Publikum bewirkte Klatsch lassen nichts Gesundes aufkommen. Wer sich heutzutage nicht ganz davon zurückhält und sich nicht mit Gewalt isoliert, ist verloren.

Goethe, zu Eckermann, 2. 1. 1824

Nichts ist unseren Künstlern so zuwider wie die aufdringliche Verehrung, die ihnen von der großen Masse entgegengebracht wird. Nur eines ist ihnen noch zuwiderer: Wenn ihnen die große Masse keine aufdringliche Verehrung entgegenbringt.

Ephraim Kishon

Für einen Künstler ist es vor allem gefährlich, gelobt zu werden.

Edvard Munch

Ein Künstler sollte reif für die beste Gesellschaft sein, um sie meiden zu können.

John Ruskin

Das Außerordentliche, was solche Menschen leisten, setzt eine sehr zarte Organisation voraus, damit sie seltener Empfindungen fähig sein und die Stimme der Himmlischen vernehmen mögen. Nun ist eine solche Organisation im Konflikt mit der Welt und den Elementen leicht gestört und verletzt, und wer nicht, wie Voltaire, mit großer Sensibilität eine außerordentliche Zäheit verbindet, ist leicht einer fortgesetzten Kränklichkeit unterworfen. Schiller war auch beständig krank. Als ich ihn zuerst kennenlernte, glaubte ich, er lebe keine vier Wochen mehr.

Goethe, zu Eckermann, 20. 12. 1829

Jeder Künstler soll es der Vogelmutter nachmachen, die sich um ihre Brut nicht mehr bekümmert, sobald sie flügge geworden ist.

Ebner-Eschenbach, Aphorismen

Ehemals lobte das Werk den Meister.
In unseren Tagen
ist es anders; denn jetzt lobet der Meister sein Werk.

Fürchtegott Christian Fulda

Über Plagiate sollte man sich nicht ärgern. Sie sind wahrscheinlich die aufrichtigsten aller Komplimente.

Theodor Fontane

Künstler, nie mit Worten, mit Taten
begegne dem Feinde!
Schleudert er Steine nach dir, mache du
Statuen draus!

Hebbel, Richtschnur

Es ist eine so angenehme Empfindung, sich mit etwas zu beschäftigen, was man nur halb kann, daß niemand den Dilettanten schelten sollte, wenn er sich mit einer Kunst abgibt, die er nie lernen wird, noch den Künstler tadeln dürfte, wenn er, über die Grenze seiner Kunst hinaus, in einem benachbarten Felde sich zu ergehen Lust hat.

Goethe, Die Wahlverwandtschaften II, 3

Etwas Mitleid den Künstlern und
Dichtern, welche das Höchste
nicht erreichen, es sagt's ihnen kein
Joseph voraus,
und sie müssen das Leben erst opfern,
um zu erfahren,
daß es vergebens geschieht! Darum
verschont sie mit Spott.

Hebbel, Pietät

Weiber, die fünf Jahre gewartet haben, fangen wieder an, aber Musen, die fünf Jahre nicht gesungen haben, singen nie wieder.

Lichtenberg, an Johann Christian Dieterich, 15. 2. 1775

Dichtung

Schläft ein Lied in allen Dingen,
die da träumen fort und fort,
und die Welt hebt an zu singen,
triffst du nur das Zauberwort.

Eichendorff, Wünschelrute

Als die einfachste und richtigste Definition der Poesie möchte ich diese aufstellen: Daß sie die Kunst ist, durch Worte die Einbildungskraft ins Spiel zu versetzen.

Schopenhauer

Was reif in diesen Zeilen steht,
was lächelnd winkt und sinnend fleht,
das soll kein Kind betrüben;
die Einfalt hat es ausgesät,
die Schwermut hat hindurchgeweht,
die Sehnsucht hat's getrieben.

Clemens Brentano,
Eingang

Der Dichter, auch wenn er die vollkommensten sittlichen Muster vor unsere Augen stellt, hat keinen anderen Zweck und darf keinen anderen haben, als uns durch Betrachtung derselben zu ergötzen.

Schiller,
Über das Pathetische

Dafern nur ein Poete will,
so steht der Himmel nimmer still,
die Sterne müssen tanzen.
Es springen auch die Stein' herfür,
da hüpfen Wälder, Berg' und Tier',
es zittern Wäll' und Schanzen.
Ja, was die schwarze Nacht bedeckt,
wird durch Poeten aufgeweckt.

Johann Rist,
Lob des Poeten

Poesie ist gewiß mehr als gesunder Menschenverstand, aber sie muß auf jeden Fall auch gesunder Menschenverstand sein, so wie ein Palast auch mehr als ein Haus sein muß, aber schließlich auch ein Haus.

Samuel Taylor Coleridge

Das Amt des Dichters ist nicht das Zeigen der Wege, sondern vor allem das Wecken der Sehnsucht.

Hermann Hesse

Ehe noch die Wahrheit ihr siegendes Licht in die Tiefen der Herzen sendet, fängt die Dichtungskraft ihre Strahlen auf, und die Gipfel der Menschheit werden glänzen, wenn noch feuchte Nacht in den Tälern liegt.

Schiller,
Über die ästhetische Erziehung des Menschen 9

Orpheus' Leier hat mehr getan als Herkules' Keule. Sie machte Unmenschen zu Menschen, und daher steht sie auch unter den Sternen.

Karl Julius Weber,
Demokritos, Der Dichter

Das kleinste gediegene Produkt der Feder – kann es nicht auf Jahrhunderte hinaus wirken und auf Millionen Menschen?

Karl Julius Weber,
Demokritos I, 10

Wer der Dichtkunst Stimme nicht vernimmt,
ist ein Barbar, er sei auch, wer er sei.
(Alfons)

Goethe, Torquato Tasso V, 1

Einer Gesellschaft von Freunden harmonische Stimmung zu geben und manches aufzuregen, was bei den Zusammenkünften der besten Menschen oft nur stockt, sollte von Rechts wegen die beste Wirkung der Poesie sein.

Goethe, zu Riemer, November 1803

Der Geist der Poesie ist zusammengesetzt aus dem Tiefsinn des Philosophen und der Freude des Kindes an bunten Bildern.

Grillparzer,
Ästhetische Studien, 1838

Du denkst und denkst! Wir wollen
gern dir's danken,
doch gib dein Denken nicht, nein, gib
Gedanken!

Grillparzer, Der profunde Dichter (1839)

Das Benutzen der Erlebnisse ist mir immer alles gewesen; das Erfinden aus der Luft war nie meine Sache. Ich habe die Welt stets für genialer gehalten als mein Genie.

Goethe,
zu Friedrich August Wolf (?), 1809

Jede Zeit und jeder Ort
wird dir zum Gedichte taugen,
sagst du stets mit eignem Wort,
was du sahst mit eignen Augen.

Paul Heyse,
Spruchbüchlein, Literatur und Kunst

Der Dichter nehme nur soviel von einem Individuum, als notwendig ist, dem Gegenstand Leben und Wahrheit zu geben; das übrige hole er aus sich selbst.

Goethe,
zu Caroline Herder, 8. 2. 1789

Ich schrieb meinen Götz von Berlichingen als junger Mensch von zweiundzwanzig und erstaunte zehn Jahre später über die Wahrheit meiner Darstellung. Erlebt und gesehen hatte ich bekanntlich dergleichen nicht, und ich mußte also die Kenntnis mannigfaltiger menschlicher Zustände durch Antizipation besitzen.

Goethe, zu Eckermann, 26. 2. 1824

Mir sind daher immer die Gelehrten höchst seltsam vorgekommen, welche die Meinung zu haben scheinen, das Dichten geschehe nicht vom Leben zum Gedicht, sondern vom Buch zum Gedicht. Sie sagen immer: Das hat er dorther und das dort! Finden sie zum Beispiel beim Shakespeare Stellen, die bei den Alten auch vorkommen, so soll er es auch von den Alten haben!

Eckermann,
zu Goethe, 18. 1. 1825

Eine notwendige Operation des Dichters ist Idealisierung seines Gegenstandes, ohne welche er aufhört, seinen Namen zu verdienen.

Schiller, Über Bürgers Gedichte

Jede Dichtung ist nichts anderes als eine enthusiastische Freundschaft oder platonische Liebe zu einem Geschöpf unseres Kopfes.

Schiller,
an Christophine, 14. 4. 1783

Uns liebt er nicht – verzeih, daß ich es sage!
Aus allen Sphären trägt er, was er liebt,
auf einen Namen nieder, den wir führen,
und sein Gefühl teilt er uns mit.
(Leonore)

Goethe, Torquato Tasso I, 1

Was hat mehr das Recht, Jahrhunderte zu bleiben und im stillen fortzuwirken, als das Geheimnis einer edlen Liebe, dem holden Lied bescheiden anvertraut? (Tasso)

Goethe, Torquato Tasso II, 1

Mein Sohn hat gesagt: Was einen drückt, das muß man verarbeiten, und wenn er ein Leid gehabt hat, da hat er ein Gedicht daraus gemacht.

Catharina Elisabeth Goethe, 1775

Meine Poesien sind gleichsam Häutungen vorübergehender und vorübergegangener Zustände. Aus solchen Bälgen machen sich die Leute nun Schuhe, Kleider und so weiter und tragen sie ab.

Goethe, zu Riemer, 23. 6. 1809

Der Mensch gebraucht den Dichter, um das auszusprechen, was er selbst nicht auszudrücken vermag. Von einer Erscheinung, von einer Empfindung wird er ergriffen, er sucht nach Worten, seinen eigenen Vorrat findet er unzulänglich, und so muß ihm der Dichter zu Hülfe kommen.

Goethe, zu Eckermann, 14. 9. 1830

Alle große Dichtung ist eine Frucht des Leidens.

Walter Muschg

Es ist ein wahres Glück, daß ich krank geworden bin; denn das Buch wird jetzt viel schöner.

Adalbert Stifter, an Heckenast, 1855

Es ließe sich sehr gut durchführen, daß der Poesie die natürliche Ansicht der Dinge zu Grunde liege, der Prosa aber die gesellschaftliche. Die Poesie würdigt Personen und Zustände nach ihrer Übereinstimmung mit sich selbst oder der ihnen zu Grunde liegenden Idee, die Prosa nach ihrem Zusammenhang mit dem Ganzen.

Grillparzer, Ästhetische Studien, 1841

Die Poesie der Deutschen hat alle die Fehler, die daraus hervorgehen, daß sie gegen den natürlichen Entwicklungsgang erst nach der Wissenschaft entstanden ist. Lauter Sinn, lauter Sinn!

Grillparzer, Ästhetische Studien, 1838

Es liegen in den verschiedenen poetischen Formen geheimnisvolle große Wirkungen. Wenn man den Inhalt meiner Römischen Elegien in den Ton und die Versart von Byrons Don Juan übertragen wollte, so müßte sich das Gesagte ganz verrucht ausnehmen.

Goethe, zu Eckermann, 25. 2. 1824

Die Trilogie ist bei den Modernen überall selten. Es kommt darauf an, daß man einen Stoff finde, der sich naturgemäß in drei Partien behandeln lasse, so daß in der ersten eine Art Exposition, in der zweiten eine Art Katastrophe und in der dritten eine versöhnende Ausgleichung stattfinde.

Goethe, zu Eckermann, 1. 12. 1831

Es war überall eine gute Zeit, als ich mit Merck jung war. Die deutsche Literatur war noch eine reine Tafel, auf die man mit Lust viel Gutes zu malen hoffte. Jetzt ist sie so beschrieben und besudelt, daß man keine Freude hat, sie anzublicken.

Goethe, zu Eckermann, 18. 2. 1829

Es rauschen und brausen die Wasser einher
wie bei der Schöpfung, ein endlos Meer,
und nehmen durch Deutschland ihren Lauf,
doch schwebt nicht Gottes Geist darauf!

Hebbel, Neue Flocken, Deutsche Literatur

Die Poeten schreiben alle, als wären sie krank und die ganze Welt ein Lazarett. Alle sprechen sie von dem Leiden und dem Jammer der Erde und von den Freuden des Jenseits, und unzufrieden, wie schon alle sind, hetzt einer den anderen in noch größere Unzufriedenheit hinein. Das ist ein wahrer Mißbrauch der Poesie, die uns doch eigentlich dazu gegeben ist, um die kleinen Zwiste des Lebens auszugleichen.

Goethe, zu Eckermann, 24. 9. 1827

Die Literatur ist der Ausdruck der Gesellschaft, wie das Wort der Ausdruck des Menschen ist.

Ambrose de Bonald

Eine mit Schlagworten geohrfeigte Zeit produziert eine geschwollene Literatur.

Alfred Polgar

Ich habe eine solche Abneigung von allen literarischen Händeln, daß Raphael mir einen malen und Shakespeare ihn dramatisieren könnte, und ich würde mich kaum dran ergötzen.

Goethe,
an Friedrich Heinrich Jacobi, 5. 5. 1786

Keine Literatur ist abgeschlossen, solange die Sprache noch lebt, in der sie abgefaßt ist.

Henry Wadsworth Longfellow

Dichter

Doch uns gebührt es, unter Gottes Gewittern,
ihr Dichter! mit entblößtem Haupte zu stehen,
des Vaters Strahl, ihn selbst, mit eigner Hand
zu fassen und dem Volk, ins Lied
gehüllt, die himmlische Gabe zu reichen.

Hölderlin, Wie wenn am Feiertage

Sie werden stets bemerken, daß auch das Leben für seine Geschichten nur selten einen ordentlichen Schluß zustande bringt. Mir scheint, es ist sich dieses Mangels an Talent bewußt und hat deshalb die Dichter erfunden, damit sie es besser machen und einen Sinn hineinbringen.

Horst Wolfram Geißler,
Ein schwarzes und ein weißes

Sein Auge weilt auf dieser Erde kaum;
sein Ohr vernimmt den Einklang der Natur;
was die Geschichte reicht, das Leben gibt,
sein Busen nimmt es gleich und willig auf:
Das weit Zerstreute sammelt sein Gemüt,
und sein Gefühl belebt das Unbelebte.
Oft adelt er, was uns gemein erschien,
und das Geschätzte wird vor ihm zu nichts.
In diesem eignen Zauberkreise wandelt
der wunderbare Mann und zieht uns an,
mit ihm zu wandeln. (Leonore)

Goethe, Torquato Tasso I, 1

Der Dichter ist eine Welt, eingeschlossen in einen Menschen.

Victor Hugo

Alfons: Dich führet alles, was du sinnst und treibst,
tief in dich selbst. Es liegt um uns herum
gar mancher Abgrund, den das Schicksal grub;
doch hier in unserm Herzen ist der tiefste,
und reizend ist es, sich hinabzustürzen.
Ich bitte dich, entreiße dich dir selbst!
Der Mensch gewinnt, was der Poet verliert.
Tasso: Ich halte diesen Drang vergebens auf,
der Tag und Nacht in meinem Busen wechselt.
Wenn ich nicht sinnen oder dichten soll,
so ist das Leben mir kein Leben mehr.
Verbiete du dem Seidenwurm zu spinnen,
wenn er sich schon dem Tode näher spinnt:
Das köstliche Geweb entwickelt er
aus seinem Innersten und läßt nicht ab,
bis er in seinen Sarg sich eingeschlossen.

Goethe, Torquato Tasso V, 2

Der Dichter fischt im Strom, der ihn durchfließt.

Stanislaw Jerzy Lec

Frei will ich sein im Denken und im Dichten;
im Handeln schränkt die Welt genug uns ein. (Tasso)

Goethe, Torquato Tasso IV, 2

Das poetische Talent entsteht in lebhaften Seelen aus der Unfähigkeit, etwas verstandesmäßig zu bewältigen.

Joubert

Je mehr ihm das Leben entglitt, desto mehr wurde er Dichter.

Raabe, Gedanken und Einfälle

Du nennst mich Dichter? Ich verdien' es nicht.
Ein andrer sitzt, ich fühl's, und schreibt mein Leben,
und soll die Poesie den Namen geben:
Statt Dichter fühl' ich höchstens mich Gedicht.

Grillparzer, Selbstbekenntnis

Der Dichter ist das Sprachrohr der Ratlosigkeit seiner Zeit.

Marie Luise Kaschnitz

Die Dichter gleichen den einsamen Botenläufern, die morgens in aller Winterfrühe, wenn noch kaum die Hähne gekräht haben, auf den nachts verschütteten Wegen die ersten Fußstapfen wieder eindrücken müssen.

Karl Gutzkow

Zu fragen bin ich da, nicht zu antworten.

Henrik Ibsen

Der Künstler muß seine Jahre bedenken und danach seine Gegenstände wählen. Meine Iphigenie und mein Tasso sind mir gelungen, weil ich jung genug war, um mit meiner Sinnlichkeit das Ideelle des Stoffes durchdringen und beleben zu können. Jetzt, in meinem Alter, wären so ideelle Gegenstände für mich nicht geeignet, und ich tue vielmehr wohl, solche zu wählen, wo eine gewisse Sinnlichkeit bereits im Stoffe liegt.

Goethe,
zu Eckermann, 4. 2. 1829

Nur der Dichter allein weiß, welche Reize er seinem Gegenstande zu geben fähig ist. Man soll daher nie jemanden fragen, wenn man etwas schreiben will. Hätte Schiller mich vor seinem Wallenstein gefragt, ob er ihn schreiben solle, ich hätte ihm sicherlich abgeraten, denn ich hätte nie denken können, daß aus solchem Gegenstande überall ein so treffliches Theaterstück wäre zu machen gewesen.

Goethe,
zu Eckermann, 18. 1. 1827

In dem echten Dichtergeist muß, bevor er etwas ausbilden kann, ein doppelter Prozeß vorgehen: Der gemeine Stoff muß sich in eine Idee auflösen und die Idee sich wieder zur Gestalt verdichten.

Hebbel, Tagebücher 1838

Wenn einer singen lernen will, sind ihm alle diejenigen Töne, die in seiner Kehle liegen, natürlich und leicht. Die anderen aber, die nicht in seiner Kehle liegen, sind ihm anfänglich äußerst schwer. Um aber ein Sänger zu werden, muß er sie überwinden; denn sie müssen ihm alle zu Gebote stehen. Ebenso ist es mit einem Dichter. Solange er bloß seine wenigen subjektiven Empfindungen ausspricht, ist er noch keiner zu nennen; aber sobald er die Welt sich anzueignen und auszusprechen weiß, ist er ein Poet. Und dann ist er unerschöpflich und kann immer neu sein.

Goethe, zu Eckermann, 29. 1. 1826

Linné war liberal genug, auch den Dichter unter denjenigen zu nennen, welche der Wissenschaft förderlich sein könnten.

Goethe, an Neuenhahn, 23. 8. 1798

Die französischen Dichter haben Kenntnisse. Dagegen denken die deutschen Narren, sie verlören ihr Talent, wenn sie sich um Kenntnisse bemühen.

Goethe, zu Eckermann, 4. 1. 1827

Das aber glauben alle Dichter: Daß, wer im Grase oder an einsamen Gehängen liegend die Ohren spitze, etwas von den Dingen erfahre, die zwischen Himmel und Erde sind.

Nietzsche, Zarathustra II, Von den Dichtern

Wirken will der Poet wie der Redner. Aber das Höchste
bleibt ihm die Schönheit doch, die er zu bilden sich sehnt.
Jener behält den Erfolg im Blick stets, dieser erreicht ihn,
wenn er ihn über dem Drang seligen Schaffens vergißt.

Geibel,
Ethisches und Ästhetisches in Distichen 34

Meine Schulden verbittern mir das Leben, und bei dieser Seelenlage ist es ganz und gar um schriftstellerische Tätigkeit getan.

Schiller, an Körner, 5. 1. 1789

Umsonst nicht hat zum Schmuck der Musen Chor
den unfruchtbaren Lorbeer sich erwählt.
Kalt, frucht- und duftlos drücket er das Haupt,
dem er Ersatz versprach für manches Opfer.
Gar ängstlich steht sich's auf der Menschheit Höhn,
und ewig ist die arme Kunst gezwungen,
zu betteln von des Lebens Überfluß!

Grillparzer, Sappho I, 3

Sind denn dir nicht verwandt alle Lebendigen?
Nährt zum Dienste denn nicht selber die Parze dich?
Drum! so wandle nur wehrlos
fort durchs Leben und sorge nicht!

Hölderlin, Dichtermut

Die Poeten sollten immer nur durch Geschenke belohnt, nicht besoldet werden; es ist eine Verwandtschaft zwischen den glücklichen Gedanken und den Gaben des Glücks: Beide fallen vom Himmel.

Schiller, an Goethe, 12. 7. 1799

Nur einen Sommer gönnt, Ihr Gewaltigen,
und einen Herbst zu reifem Gesange mir,
daß williger mein Herz, vom süßen
Spiele gesättigt, dann mir sterbe!

Die Seele, der im Leben ihr göttlich Recht
nicht ward, sie ruht auch drunten im Orkus nicht.
Doch ist mir einst das Heilge, das am
Herzen mir liegt, das Gedicht, gelungen,

willkommen dann, o Stille der Schattenwelt!
Zufrieden bin ich, wenn auch mein Saitenspiel
mich nicht hinabgeleitet. Einmal
lebt ich wie Götter, und mehr bedarf's nicht.

Hölderlin, An die Parzen

Äschylus focht bei Marathon, Sophokles tanzte als Knabe in Salamis am Freiheitsfeste im Chor um die persische Beute, und Euripides wurde in Salamis am Tage der Schlacht geboren. Die Weltgeschichte hat keine Tage mehr wie diese. Die Dichter machten nicht die Zeit, sondern die Zeit machte die Dichter.

Seume, Apokryphen

Wer einen Dichter recht verstehen will, muß seine Heimat kennen.

Eichendorff

Der Dichter wird als Mensch und Bürger sein Vaterland lieben, aber das Vaterland seiner poetischen Kräfte und seines poetischen Wirkens ist das Gute, Edle und Schöne, das an keine besondere Provinz und an kein besonderes Land gebunden ist und das er ergreift und bildet, wo er es findet. Er ist darin dem Adler gleich, der mit freiem Blick über Ländern schwebt und dem es gleichviel ist, ob der Hase, auf den er hinabschießt, in Preußen oder in Sachsen läuft.

Goethe,
zu Eckermann, März 1832

Ein Schwert sollt Ihr mir auf den Sarg legen; denn ich war ein braver Soldat im Befreiungskriege der Menschheit.

Heine,
Reisebilder, Italien 31

Goethe ist der deutschen Nation gar nicht der Dichterei usw. wegen gegeben, sondern daß sie aus seinem Leben einen ganzen vollen Menschen von Anfang bis zum Ende kennenlerne. Keinem anderen Volk ist je ein solches Geschenk von den Himmlischen gemacht worden.

Raabe, Gedanken und Einfälle

Es ist etwas großes für ein Volk, eine vernehmbare Stimme zu erlangen, einen Mann hervorzubringen, der melodisch das ausspricht, was es im Herzen sagen will!

Thomas Carlyle,
The Hero as Poet

Die Deutschen können die Philisterei nicht loswerden. Da quängeln und streiten sie jetzt über verschiedene Distichen, die sich bei Schiller gedruckt finden und auch bei mir, und sie meinen, es wäre von Wichtigkeit, entschieden herauszubringen, welche denn wirklich Schillern gehören und welche mir. Als ob etwas darauf ankäme, als ob etwas damit gewonnen würde und als ob es nicht genug wäre, daß die Sachen da sind! Freunde wie Schiller und ich, jahrelang verbunden, mit gleichen Interessen, in täglicher Berührung und gegenseitigem Austausch, lebten sich ineinander so sehr hinein, daß überhaupt bei einzelnen Gedanken gar nicht die Rede und Frage sein konnte, ob sie dem einen gehörten oder dem andern. Wir haben viele Distichen gemeinschaftlich gemacht; oft hatte ich den Gedanken und Schiller machte die Verse, oft war das Umgekehrte der Fall, und oft machte Schiller den einen Vers und ich den andern.

Goethe, zu Eckermann, 16. 12. 1828

Gegen Goethe bin ich und bleibe ich ein poetischer Lump.

Schiller, an Körner, 27. 6. 1796

So finden sich zum Beispiel im Grafen Platen fast alle Haupterfordernisse eines guten Poeten: Einbildungskraft, Erfindung, Geist, Produktivität besitzt er im hohen Grade. Auch findet sich bei ihm eine vollkommene technische Ausbildung und ein Studium und ein Ernst wie bei wenigen anderen. Allein ihn hindert seine unselige polemische Richtung. Daß er in der großen Umgebung von Neapel und Rom die Erbärmlichkeiten der deutschen Literatur nicht vergessen kann, ist einem so hohen Talent gar nicht zu verzeihen.

Goethe, zu Eckermann, 11. 2. 1831

Wenn noch die bornierte Masse höhere Menschen verfolgte! Nein! Ein Begabter und ein Talent verfolgt das andere. Platen ärgert Heine und Heine Platen, und jeder sucht den andern schlecht und verhaßt zu machen, da doch zu einem friedlichen Hinleben und Hinwirken die Welt groß und weit genug ist, und jeder schon an seinem eigenen Talent einen Feind hat, der ihm hinlänglich zu schaffen macht.

Goethe, zu Eckermann, 14. 3. 1830

Dichtung ist nichts anderes als konzentrierter Einsatz von Leben.

Hermann Kasack

Ein gewisser mittlerer Zustand ist dem Talent bei weitem zuträglicher; weshalb wir denn auch alle großen Künstler und Poeten in den mittleren Ständen finden. Byrons Hang zum Unbegrenzten hätte ihm bei einer geringeren Geburt und niederem Vermögen bei weitem nicht so gefährlich werden können. So aber stand es in seiner Macht, jede Anwandlung in Ausführung zu bringen, und das verstrickte ihn in unzählige Händel.

Goethe, zu Eckermann, 24. 2. 1825

Der Dichter, steht er allzu nah dem Thron, verkümmert.

Byron, Prophezeiung Dantes

Hätte Byron Gelegenheit gehabt, sich alles dessen, was an Opposition in ihm war, durch wiederholte derbe Äußerungen im Parlament zu entledigen, so würde er als Poet weit reiner dastehen. So aber, da er im Parlament kaum zum Reden gekommen ist, hat er alles, was er gegen seine Nation auf dem Herzen hatte, bei sich behalten, und es ist ihm, um sich davon zu befreien, kein anderes Mittel geblieben, als es poetisch zu verarbeiten.

Goethe, zu Eckermann, 25. 12. 1825

Man ward und wird im Dichterstand
durchs Anerkennen anerkannt.

Hebbel, Wie man anerkannt wird

In der schönen Literatur ist es nicht besser. Auch dort sind große Zwecke und echter Sinn für das Wahre und Tüchtige und dessen Verbreitung sehr seltene Erscheinungen. Einer hegt und trägt den anderen, weil er von ihm wieder gehegt und getragen wird, und das wahrhaft Große ist ihnen widerwärtig.

Goethe, zu Eckermann, 15. 10. 1825

Wir haben in der Literatur Poeten, die für sehr produktiv gehalten werden, weil von ihnen ein Band Gedichte nach dem andern erschienen ist. Nach meinem Begriff aber sind diese Leute durchaus unproduktiv zu nennen, denn was sie machten, ist ohne Leben und Dauer.

Goethe, zu Eckermann, 11. 3. 1828

Neuere Poeten tun viel Wasser in die Tinte.

Goethe, Wilhelm Meisters Wanderjahre III, Aus Makariens Archiv

Zu Haus in meiner Träume Welt,
wie hab ich ihn mir vorgestellt!
Doch ach, wie ganz betrog ich mich:
Der Esel sieht ja aus wie ich.

Morgenstern, Dichterbekanntschaft

Hier unter diesem Leichenstein
wiegt Schlummer einen Dichter ein,
den Vater vieler Lieder.
Ihm folget seiner Werke Lohn;
denn jeder Leser sank davon
in süßen Schlummer nieder

Zacharias Werner, Grabschrift

Vielleicht hält ein höheres Geschlecht von Geistern unsere Dichter wie wir die Nachtigallen und Kanarienvögel: Ihr Gesang gefällt ihnen eben deswegen, weil sie keinen Verstand darin finden.

Lichtenberg

Schriftsteller

Ich glaube, daß der Schriftsteller, der sogenannte freie Schriftsteller, eine der letzten Bastionen der Freiheit ist.

Heinrich Böll

Als ich das erstemal schrieb, verspürte ich das erstemal den Geschmack der Freiheit.

Jean Genet

Was will denn der vernünftige Schriftsteller, und was kann er wollen? Nichts anderes, denn eingreifen in das allgemeine und öffentliche Leben und dasselbe nach seinem Bilde gestalten.

Fichte, Reden an die deutsche Nation 12

Ich möchte, daß meine Bücher die Liebe zum Mitmenschen erregen und den Wunsch, aktiv für die Ideale der Menschlichkeit und den Fortschritt der Menschheit zu kämpfen.

Michail Scholochow

Das heiligste Amt des Schriftstellers ist dies, seine Nation zu versammeln und mit ihr über ihre wichtigsten Angelegenheiten zu beratschlagen.

Fichte,
Reden an die deutsche Nation 12

Die Literatur vertritt den Verstand, welcher progressistisch ist; die Regierung vertritt die Ordnung, und die ist stationär.

Buckle, Geschichte der Zivilisation II, 6

Der Schriftsteller behält den Staat kritisch im Blick wie der Dompteur den Tiger und weiß doch, daß er sein Gegenüber nicht zu bändigen vermag.

Stefan Andres

Ich bin immer verwundert, daß die Könige nie erproben, ob Schriftsteller, die große Gedanken haben, nicht auch imstande wären, sie auszuführen. Es kommt wohl daher, daß ihnen die Zeit zum Lesen fehlt.

Vauvenargues, Nachgelassene Maximen

Da sprach in der Karawanserei zu Bagdad der Erzähler zu den Kaufleuten, Kalendern und Kriegern, zu allem übrigen Volk im Kreise: „Ja, siehe, wir gehören auch zu den vornehmen Herren der Erde; denn wie Könige bringen wir die Menschen zum Weinen und zum Lachen".

Raabe, Gedanken und Einfälle

Mit der Feder in der Hand habe ich, mit gutem Erfolg, Schaden erstiegen, von denen andere, mit Schwert und und Bannstrahl bewaffnet, zurückgeschlagen worden sind.

Lichtenberg

Luther hatte es verstanden, als er dem Teufel das Tintenfaß an den Kopf geworfen! Nur vor Tinte fürchtet sich der Teufel; damit allein verjagt man ihn.

Börne, Fragmente und Aphorismen 137

Zunächst ist die Wirksamkeit eines Schriftstellers dadurch bedingt, daß er den Ruf erlangt, man müsse ihn lesen.

Schopenhauer,
Parerga und Paralipomena II, 23

Schriftsteller sind nicht die Ärzte. Sie sind der Schmerz.

Alexander Herzen

Ich bin Schriftsteller geworden aus Liebe zur Welt und den Menschen und nicht, weil ich mich berufen fühle, zu verfluchen und anzuprangern.

Camus, in „Nouvelles Littéraires"

Man findet häufige Proben in der Literatur, wo der Haß das Genie ersetzet und wo geringe Talente bedeutend erscheinen, indem sie als Organ einer Partei auftreten.

Goethe, zu Eckermann, 2. 5. 1831

Unter den Schriftstellern von Profession gibt es auffallend wenig liberale Menschen.

Novalis, Nachlaß

Wenn eines Schriftstellers Ruhm die Zeitläufe überdauert, dann nicht wegen, sondern trotz seiner Überzeugungen.

Alberto Moravia

Viele sind geistreich genug und voller Kenntnisse, allein sie sind zugleich voller Eitelkeit, und um sich von der kurzsichtigen Masse als witzige Köpfe bewundern zu lassen, haben sie keine Scham und Scheu und ist ihnen nichts heilig.

Goethe,
zu Eckermann, 15. 10. 1825

Es ist ein Fehler, den der bloß witzige Schriftsteller mit dem ganz schlechten gemein hat, daß er gemeiniglich seinen Gegenstand eigentlich nicht erleuchtet, sondern ihn nur dazu braucht, sich selbst zu zeigen.

Lichtenberg

Autoren, deren Romane sich wie Flugschriften des Protestes oder der Ablehnung lesen, sind oft völlig gleichgültig gegenüber den Reformen, die sie auslösen. Wenn ein solcher Dichter über die Not anderer weint, dann benützt er ihren Schmerz, um seinen eigenen zu veranschaulichen.

John Le Carré

Der Verfasser soll in seinem Werke sein wie Gott im Weltall: Überall gegenwärtig und nirgends sichtbar.

Flaubert, an Louise Colet, 9. 12. 1852

Man erkennt den Autor aus der Schrift vielleicht deutlicher als aus dem Leben.

Goethe,
an Karl Friedrich von Reinhard, 22. 7. 1810

Wenn daher ein Schriftsteller aus verschiedenen Stufen seines Lebens Denkmale zurückläßt, so kommt es vorzüglich darauf an, daß er ein angeborenes Fundament und Wohlwollen besitze, daß er auf jeder Stufe rein gesehen und empfunden und daß er ohne Nebenzwecke grade und treu gesagt habe, wie er gedacht. Dann wird sein Geschriebenes, wenn es auf der Stufe recht war, wo es entstanden, auch ferner recht bleiben.

Goethe, zu Eckermann, 17. 2. 1831

Ich glaube, man schreibt immer wieder das gleiche Buch.

Françoise Sagan

Wem nicht jeder Satz, den er schreibt, der wichtigste ist, soll das Schreiben lassen.

Raabe, Gedanken und Einfälle

Es ist fast nicht möglich, etwas Gutes zu schreiben, ohne daß man sich dabei jemanden oder auch eine gewisse Auswahl von Menschen denkt, die man anredet.

Lichtenberg

Der gute Schriftsteller, er sei von welcher Gattung er wolle, wenn er nicht bloß schreibt, seinen Witz, seine Gelehrsamkeit zu zeigen, hat immer die Erleuchtetsten und Besten seiner Zeit und seines Landes in Augen, und nur was diesen gefallen, was diese rühren kann, würdigt er zu schreiben.

Lessing,
Hamburgische Dramaturgie

Man trifft auf so schiefe Urteile, daß derjenige sicher das bessere Teil erwählt, der lustig und heiter draufloslebt, als wer sich müht und quält, um etwas zu veröffentlichen, das andern entweder Nutzen oder Vergnügen spenden könnte. Sie rümpfen ja doch nur die Nase.

Thomas More, Utopia, Vorrede

Jede Art zu schreiben ist erlaubt, nur nicht die langweilige.

Voltaire

Niemals etwas, immer über,
über etwas schreib, mein Lieber!
So kommt Eignes zur Entfaltung,
und das Fremde gibt die Haltung.

Grillparzer (1863)

In die Welt zu gehen, ist deswegen für einen Schriftsteller nötig, nicht sowohl damit er viele Situationen sehe, sondern selbst in viele komme.

Lichtenberg

Zum Schreiben brauche ich eine Stadt, in der es innerlich tobt, zum Beispiel New York oder Graz.

Wolfgang Bauer

Wie soll einer (Victor Hugo) nicht schlechter werden und das schönste Talent zugrunderichten, wenn er die Verwegenheit hat, in einem einzigen Jahre zwei Tragödien und einen Roman zu schreiben, und ferner, wenn er nur zu arbeiten scheint, um ungeheure Geldsummen zusammenzuschlagen.

Goethe, zu Eckermann, 1. 12. 1831

Die Notwendigkeit, mit dem Schreiben Geld zu verdienen, führt auf die Dauer stets dazu, daß man unreife Äpfel vom Baum schüttelt, weil man einfach nicht in der Lage ist, ihre Reife abzuwarten. Aber beim Schriftwerk ist es leider anders als beim Obst: Es reift nicht während der Versendung nach.

Adolf Spemann

Er schmierte, wie man Stiefel schmiert
– Vergebt mir diese Trope! –,
und war ein Held an Fruchtbarkeit wie
Calderon und Lope.

Platen, Die verhängnisvolle Gabel II

Nur ein mittelmäßiger Literat ist immer in Höchstform.

Somerset Maugham

Ich mag immer den Mann lieber, der so schreibt, daß es Mode werden kann, als den, der so schreibt, wie es Mode ist.

Lichtenberg

Geistiges möglichst ungeistig, sinnlich, heiter, unscheinbar zu sagen – das bleibt das letzte Ziel eines Schriftstellers.

Alfred Kerr

Jemand, dem das Schreiben zur Gewohnheit geworden ist, schreibt auch ohne Ideen weiter, wie ein alter Arzt namens Bouvard, der, als er in seinen letzten Zügen lag, seinem Lehnstuhl den Puls fühlte.

Rivarol,
Maximen zur Literatur

Es ist wunderbar, daß ein Deutscher immer sich ein wenig schämt, zu sagen, er sei ein Schriftsteller. Zu Leuten aus den unteren Ständen sagt man es am ungernsten, weil diesen gar leicht die Schriftgelehrten und Pharisäer aus der Bibel dabei einfallen. Der Name Schriftsteller ist nicht so eingebürgert bei uns wie das homme de lettres bei den Franzosen.

Clemens Brentano,
Geschichte vom braven Kasperl und dem schönen Annerl

Das ist das Unglück der Deutschen als Schriftsteller, daß keiner sich mit seiner eigenen Natur hervorwagt. Jeder glaubt, er müsse mehr sein, als er selbst ist.

Grillparzer, Aphorismen

Den Deutschen ist im ganzen die philosophische Spekulation hinderlich, die in ihren Stil oft ein unsinnliches, unfaßliches, breites und aufdröselndes Wesen hineinbringt.

Goethe,
zu Eckermann, 14. 4. 1824

Es ist schade, daß man bei Schriftstellern die gelehrten Eingeweide nicht sehen kann, um zu erforschen, was sie gegessen haben.

Lichtenberg, Literarische Bemerkungen

Die Engländer schreiben in der Regel alle gut, als geborene Redner und als praktische, auf das Reale gerichtete Menschen. Die Franzosen verleugnen ihren allgemeinen Charakter auch in ihrem Stil nicht. Sie sind geselliger Natur und vergessen als solche nie das Publikum, zu dem sie reden. Sie bemühen sich, klar zu sein, um ihren Leser zu überzeugen, und anmutig, um ihm zu gefallen.

Goethe, zu Eckermann, 14. 4. 1824

Heutzutage machen drei Pointen und eine Lüge einen Schriftsteller.

Lichtenberg

Was du, Marcus, hast geschrieben,
ist gewiß sehr gut gewesen,
weil die Leute deine Schriften
mit entblößtem Rücken lesen.

Logau, Auf Marcum

Was sind die gewöhnlichen Schriftsteller anderes als Anschlagsäulen, die sich dem Publikum in den Weg pflanzen, mit den Bulletins des Tages an sich – Vergnügungen, verlorenen Hunden und Geldbeuteln?

Raabe, Gedanken und Einfälle

Wieviel Autoren gibt's wohl unter den Schriftstellern? Autor heißt Urheber.

Friedrich Schlegel, Athenaeum 1797

Ich habe öfters gesehen, daß sich, wo die Schweine weiden, Krähen auf sie setzten und acht geben, wenn sie einen Wurm aufwühlen, herabfliegen und ihn holen, alsdann sich wieder an ihre alte Stelle setzen. Ein herrliches Sinnbild von dem Kompilator, der aufwühlt, und dem schlauen Schriftsteller, der es ohne viele Mühe zu seinem Vorteil verwendet.

Lichtenberg

Die originalsten Autoren der neuesten Zeit sind es nicht deswegen, weil sie etwas Neues hervorbringen, sondern allein weil sie fähig sind, dergleichen Dinge zu sagen, als wenn sie vorher niemals wären gesagt gewesen.

Goethe, Wilhelm Meisters Wanderjahre III, Aus Makariens Archiv

Es sind zuverlässig in Deutschland mehr Schriftsteller, als alle vier Weltteile überhaupt zu ihrer Wohlfahrt nötig haben.

Lichtenberg

Gedicht

„Warum sagst du uns das in Versen?"
Die Verse sind wirksam,
spricht man in Prosa zu euch, stopft ihr
die Ohren euch zu.

Goethe und Schiller, Xenien, Das Mittel

Die Welt ist so groß und so reich und das Leben so mannigfaltig, daß es an Anlässen zu Gedichten nie fehlen wird. Aber es müssen alles Gelegenheitsgedichte sein, das heißt, die Wirklichkeit muß die Veranlassung und den Stoff dazu hergeben.

Goethe, zu Eckermann, 18. 9. 1823

Ich nenne Lyrismus den Zustand eines Menschen, der es hinnimmt, von Gott überwunden zu werden.

André Gide, Die Falschmünzer III, 10

Daß aber die wahre Kraft und Wirkung eines Gedichts in der Situation, in den Motiven besteht, daran denkt niemand. Und aus diesem Grunde werden denn auch Tausende von Gedichten gemacht, wo das Motiv durchaus null ist und die bloß durch Empfindungen und klingende Verse eine Art von Existenz vorspiegeln.

Goethe, zu Eckermann, 18. 1. 1825

In manchem Gedicht erhält man stellenweise statt der Darstellung nur eine Überschrift, welche anzeigt, daß hier eigentlich dies oder das dargestellt sein sollte, daß der Künstler aber Verhinderung gehabt habe und ergebenst um gewogene Entschuldigung bittet.

Friedrich Schlegel, Athenaeum 1797

Ich hatte meine Balladen alle schon seit vielen Jahren im Kopf. Sie beschäftigten meinen Geist als anmutige Bilder, als schöne Träume, die kamen und gingen und womit die Phantasie mich spielend beglückte. Ich entschloß mich ungern dazu, diesen mir seit so lange befreundeten glänzenden Erscheinungen ein Lebewohl zu sagen, indem ich ihnen durch das ungenügende dürftige Wort einen Körper verlieh. Als sie auf dem Papiere standen, betrachtete ich sie mit einem Gemisch von Wehmut; es war mir, als sollte ich mich auf immer von einem geliebten Freunde trennen.

Goethe, zu Eckermann, 14. 3. 1830

Lieder der Liebenden, sagte die schöne Frau, mag ich weder vorgelesen, noch vorgesungen. Glückliche Liebende beneidet man, eh' man sich's versieht, und die Unglücklichen machen uns immer Langeweile.

Goethe, Wilhelm Meisters Wanderjahre II, 4

Man kann in Versen nicht galant sein, ohne verliebt zu scheinen.

Goethe, Wilhelm Meisters Wanderjahre II, 4

Warum die Rose besingen, Aristokrat! Besing die demokratische Kartoffel, die das Volk nährt!

Heine,
Aphorismen und Fragmente

Ein politisches Gedicht ist überhaupt im glücklichsten Falle immer nur als Organ einer einzelnen Nation und in den meisten Fällen nur als Organ einer gewissen Partei zu betrachten. Aber von dieser Nation und dieser Partei wird es auch, wenn es gut ist, mit Enthusiasmus ergriffen werden.

Goethe, zu Eckermann, 14. 3. 1830

Zwischen Blumen und Wald hinrieselt
ein Brunnen, das Volkslied.
Dort ins verjüngende Bad taucht sich
die Muse bei Nacht.

Geibel, Distichen

Der Takt kommt aus der poetischen Stimmung, wie unbewußt. Wollte man darüber denken, wenn man ein Gedicht macht, man würde verrückt.

Goethe, zu Eckermann, 6. 4. 1829

In der Poesie lassen sich gewisse Dinge nicht zwingen, und man muß von guten Stunden erwarten, was durch geistigen Willen nicht zu erreichen ist.

Goethe,
zu Eckermann, 21. 3. 1830

Die Reime sind barbarischer Abkunft.

Goethe,
zu Karl August Böttiger, 28. 5. 1795

Das Wortspiel ist in gewissem Sinn dem Reim entgegengesetzt. Beim Reim beruht der Reiz darauf, daß verschiedene Gedanken durch gleiche Klänge ausgedrückt werden, beim Wortspiel darauf, daß gleiche Klänge verschiedene Gedanken ausdrücken.

Hebbel, Tagebücher, 1847

Kennst du die Hölle des Dante nicht,
die schrecklichen Terzetten?
Wen da der Dichter hineingesperrt,
den kann kein Gott mehr retten.

Heine,
Deutschland, ein Wintermärchen XXVII

Die alten Gedichte hatten gar keine Titel. Es ist dies ein Gebrauch der Neuern, von denen auch die Gedichte der Alten erst in einer späteren Zeit Titel erhalten haben.

Goethe, zu Eckermann, 29. 1. 1827

Einen Band Verse veröffentlichen heißt ein Rosenblatt in den Grand Cañon hinabfallen lassen und auf ein Echo warten.

Don Marquis

Es gibt Verse in unserer neuen deutschen Literatur, die selbst dann noch nicht entschuldigt wären, wenn es in den zehn Geboten hieße: Du sollst Verse machen!

Hebbel,
Tagebücher, Rom, 21. 2. 1845

Bei vielen Menschen ist das Versemachen eine Entwicklungskrankheit des Geistes.

Lichtenberg

„Finden Sie selber sie gut?“ So frug ich in Hamburg den Jüngling,
der mir den schwellenden Band seiner Gedichte gebracht.
„Freilich!“ versetzt‘ er mit Ruhe; „denn fänd’ ich sie anders, so hätt ich
sie ja besser gemacht!“ Ist es nicht einzig, dies Wort?

Hebbel, Eine Antwort sondergleichen

In Weimar und in Jena macht man Hexameter wie der;
aber die Pentameter sind doch noch exellenter.

Christian Fürchtegott Fulda,
Trogalien zur Verdauung der Xenien

All deine poetischen Siebensachen,
ich schätze sie nicht ein Pfifferlein.
Nicht sollen die Frauen Gedichte machen,
sie sollen versuchen, Gedichte zu sein.

Blumenthal,
Von der Bank der Spötter, Einer Dichterin

Man kann ein anständiger Mensch sein und doch schlechte Verse machen. (Philinte)

Molière, Der Misanthrop IV, 1

Die Krise der Lyrik hängt auch damit zusammen, daß man sie nicht verfilmen kann.

Peter Rühmkorf

Drama

In dieser Welt, meine Beste, hat niemand eine reichere Ernte als der dramatische Schriftsteller.

Goethe, an Frau von Stein, 1. 6. 1781

Des tragischen Dichters Aufgabe und Tun ist nichts anderes, als ein psychisch-sittliches Phänomen, in einem faßlichen Experiment dargestellt, in der Vergangenheit nachzuweisen.

Goethe, Sprüche in Prosa, Verschiedenes Einzelne über Kunst

Das erste Gesetz der tragischen Kunst war Darstellung der leidenden Natur. Das zweite ist die Darstellung des moralischen Widerstandes gegen das Leiden.

Schiller, Über das Pathetische

Das Publikum fordert unnachsichtig Eines, wodurch es eben zu einer so vortrefflichen Kontrolle für den dramatischen Dichter wird, und dieses Eine ist Leben.

Grillparzer, Ästhetische Studien, 1835

Die Konsequenz der Leidenschaften ist das Höchste, was gewöhnliche Dramatiker zu schildern und gewöhnliche Kunstrichter zu würdigen wissen, aber erst die aus der Natur gegriffenen Inkonsequenzen bringen Leben in das Bild.

Grillparzer, Ästhetische Studien, 1821

Doch euren Augen soll ihn jetzt die Kunst,
auch eurem Herzen menschlich näher bringen.
Denn jedes Äußerste führt sie, die alles begrenzt und bindet, zur Natur zurück,
sie sieht den Menschen in des Lebens Drang
und wälzt die größre Hälfte seiner Schuld
den unglückseligen Gestirnen zu.

Schiller, Wallensteins Lager, Prolog

Im Roman sollen vorzüglich Gesinnungen und Begebenheiten vorgestellt werden, im Drama Charaktere und Taten. Der Roman muß langsam gehen, und die Gesinnungen der Hauptfigur müssen, es sei auf welche Weise es wolle, das Vordringen des Ganzen zur Entwicklung aufhalten. Das Drama soll eilen, und der Charakter der Hauptfigur muß sich nach dem Ende drängen und nur aufgehalten werden.

Goethe, Wilhelm Meisters Lehrjahre V, 7

Ich habe nichts dawider, daß ein dramatischer Dichter eine sittliche Wirkung vor Augen habe; allein wenn es sich darum handelt, seinen Gegenstand klar und wirksam vor den Augen des Zuschauers vorüberzuführen, so können ihm dabei seine sittlichen Endzwecke wenig helfen.

Goethe, zu Eckermann, 28. 3. 1827

Das ist's, worin Sophokles ein Meister ist und worin überhaupt das Leben des Dramatischen besteht. Seine Charaktere besitzen alle eine solche Redegabe und wissen die Motive ihrer Handlungsweise so überzeugend darzulegen, daß der Zuhörer fast immer auf der Seite dessen ist, der zuletzt gesprochen hat.

Goethe, zu Eckermann, 28. 3. 1827

Man kann sagen, der ganze Shakespeare ist weiter nichts als ein Mensch, der sogar wachend tun kann, was wir alle träumend können: Menschen nach ihrem Charakter reden lassen.

Schopenhauer, Neue Paralipomena 15

Personen von großer Macht und Ansehen sind jedoch deswegen zum Trauerspiel die geeignetsten, weil das Unglück, an welchen wir das Schicksal des Menschenlebens erkennen sollen, eine hinreichende Größe haben muß, um dem Zuschauer, wer er auch sei, als furchtbar zu erscheinen.

Schopenhauer,
Die Welt als Wille und Vorstellung II, 3, 37

Stückeschreiben ist wie Schach: Bei der Eröffnung ist man frei; dann bekommt die Partie ihre eigene Logik.

Friedrich Dürrenmatt

Heutzutage will freilich niemand mehr etwas von Exposition wissen. Die Wirkung, die man sonst im dritten Akt erwartete, will man jetzt schon in der ersten Szene haben, und man bedenkt nicht, daß es mit der Poesie wie mit dem Seefahren ist, wo man erst vom Ufer stoßen und erst auf einer gewissen Höhe sein muß, bevor man mit vollen Segeln gehen kann.

Goethe, zu Eckermann, 27. 3. 1831

Ein Dramatiker muß Seiten liefern, die Löcher haben wie ein Emmentaler Käse. Das Publikum denkt diese Löcher schon zu.

Walter Muschg

Das ist der innere Zusammenhang des Drama, daß jede Szene ein Bedürfnis erregen und jede eines befriedigen muß.

Grillparzer, Ästhetische Studien, 1844

Vielleicht beruhen auch die eingeflochtenen heiteren Szenen in den Shakespearischen Trauerspielen auf diesem Gesetz des geforderten Wechsels. Allein auf die höhere Tragödie der Griechen scheint es nicht anwendbar, vielmehr geht bei dieser ein gewisser Grundton durch das Ganze.

Goethe, zu Eckermann, 1. 2. 1827

Die Verse wurden erfunden, um das Gedächtnis zu unterstützen. Später behielt man sie bei, um den Genuß durch den Anblick der überwundenen Schwierigkeit zu vermehren. Sie heute in der dramatischen Kunst beizubehalten, ist ein Rest von Barbarei.

Stendhal, Über die Liebe 2

Monologe sind Atemzüge der Seele.

Hebbel

Der Chor in der alten Tragödie ist ein Vermittelndes, etwas, das die Szene und die Zuschauer zusammenbringt.

Goethe, zu Riemer, 2. 3. 1812

Wenn das Individuum – wie Hebbel sagt – letzten Endes komisch ist – und es ist komisch –, so ist die Tragödie die höchste Form der Komödie.

Morgenstern, Stufen, Kunst

Meine Stücke sind nur Spiel. Erst andere Leute haben daraus Ernst gemacht.

Samuel Beckett

Die Komödie ist eine aus der Vogelperspektive betrachtete Tragödie.

Elbert Hubbard

Der Komödie wahrer allgemeiner Nutzen liegt in dem Lachen selbst, in der Übung unserer Fähigkeit, das Lächerliche zu bemerken.

Lessing, Hamburgische Dramaturgie 29

Die Komödie will durch Lachen bessern, aber nicht eben durch Verlachen.

Lessing, Hamburgische Dramaturgie 29

Ein dramatisches Werk aber kann und soll nur die Blüte eines einzigen Sommers sein.

Schiller, Briefe über Don Karlos I

Nirgends fühlt sich geschwinder das Veraltete und nicht unmittelbar Ansprechende als auf der Bühne.

Goethe, an Zelter, Februar 1811

Theaterstücke haben einen zeitlich begrenzten Nutzen, wie Regenschirme oder Zahnbürsten. Wenn sie ausgedient haben, gehören sie in die Mülltonne.

Peter Handke

Das Drama ist die Kunstform der Monarchie, der Roman die Kunstform der Demokratie. Ein dramatischer Republikaner ist ein Unding und wird sich immer als ein solches ausweisen.

Raabe, Gedanken und Einfälle

Wir bewundern die Tragödien der alten Griechen; allein, recht besehen, sollten wir mehr die Zeit und die Nation bewundern, in der sie möglich waren.

Goethe,
zu Eckermann, 3. 5. 1827

Übrigens ist die Zahl der guten Tragödien bei allen Nationen in der Welt so klein, daß die, welche nicht ganz schlecht sind, noch immer Zuschauer an sich ziehen, wenn sie von guten Akteurs nur aufgestutzt werden.

Lessing, Hamburgische Dramaturgie

Schauspiel

Und bietet aller Bildung nicht die Schauspielkunst
mit hundert Armen, ein phantast'scher Riesengott,
unendlich mannigfalt'ge, reiche Mittel dar? (Merkur)

Goethe,
Was wir bringen, Lauchstädt 16

Überhaupt glaubt man nicht, wie sehr das Theater wenn man so zehn Jahre lang es alle Abende besucht, bildet. Da kommt denn doch alles vor: Welt, Kunst, Moral

Goethe, zu Karl Friedrich
Graf von Reinhard, Juli 1807

Jeder Mensch erwartet von den Künsten der Einbildungskraft eine gewisse Befreiung von den Schranken des Wirklichen. Er will sich an dem Möglichen ergötzen und seiner Phantasie Raum geben. Der am wenigsten erwartet, will doch sein Geschäft, sein gemeines Leben, sein Individuum vergessen; er will sich in außerordentlichen Lagen fühlen, sich an den seltsamen Kombinationen des Zufalls weiden. Er will, wenn er von ernsthafter Natur ist, die moralische Weltregierung, die er im wirklichen Leben vermißt, auf der Schaubühne finden.

Schiller, Die Braut von Messina,
Über den Gebrauch des Chors in der Tragödie

Wenn du das große Spiel der Welt gesehen,
so kehrst du reicher in dich selbst zurück;
denn, wer den Sinn aufs Ganze hält gerichtet,
dem ist der Streit in seiner Brust geschlichtet. (Schauspielkunst)

Schiller, Die Huldigung der Künste

Das ist eben recht, daß man nicht fortkann und gezwungen ist, auch das Schlechte zu hören und zu sehen. Da wird man recht von Haß gegen das Schlechte durchdrungen und kommt dadurch zu einer desto besseren Einsicht des Guten. Beim Lesen ist das nicht so, da wirft man das Buch aus den Händen, wenn es einem nicht gefällt.

Goethe, zu Eckermann, 14. 10. 1823

Die feierlichen und allegorischen Aufzüge von Tugenden und Lastern, Künsten und Wissenschaften, Weltteilen und Jahreszeiten versinnlichten dem Volke eine Menge Begriffe und gaben ihm Ideen entfernter Gegenstände.

Goethe, Wilhelm Meisters Lehrjahre IV, 18

Und was die Bühne künstlich vorgestellt,
erträgt man leichter in der Werkelwelt;
die Toren läßt man durcheinander rennen,
weil wir sie schon genau im Bilde kennen.

Goethe, Prolog zur Eröffnung des Berliner Theaters 1821, I

Das Theater ist weder eine Schulstube noch ein Priesterseminar. Die Leut' sollen entweder lachen oder flennen. Oder beides.

Carl Zuckmayer

Es wird schwer halten, daß das deutsche Publikum zu einer Art von reinem Urteil komme, wie man es etwa in Italien und Frankreich findet. Und zwar ist uns besonders hinderlich, daß auf unseren Bühnen alles durcheinander gegeben wird. An derselbigen Stelle, wo wir gestern Hamlet sahen, sehen wir heute den Staberle, und wo uns morgen die Zauberflöte entzückt, sollen wir übermorgen an den Späßen des Neuen Sonntagskindes Gefallen finden.

Goethe, zu Eckermann, 30. 3. 1824

Von einem Dichter nur mittelmäßig gezeichnete Charaktere werden bei der Theaterdarstellung gewinnen, weil die Schauspieler, als lebendige Menschen, sie zu lebendigen Wesen machen und ihnen zu irgendeiner Art von Individualität verhelfen. Von einem großen Dichter meisterhaft gezeichnete Charaktere dagegen, die schon alle mit einer durchaus scharfen Individualität dastehen, müssen bei der Darstellung notwendig verlieren, weil die Schauspieler in der Regel nicht durchaus passen und die wenigsten ihre eigene Individualität so sehr verleugnen können.

Goethe, zu Eckermann, 29. 10. 1823

Der gebildete Pariser sieht die klassischen Stücke seiner großen Dichter so oft, daß er sie auswendig weiß und für die Betonung einer jeden Silbe ein geübtes Ohr hat. Hier in Weimar hat man mir wohl die Ehre erzeigt, meine Iphigenie und meinen Tasso zu geben; allein wie oft? Kaum alle drei bis vier Jahre einmal. Das Publikum findet sie langweilig. Sehr begreiflich. Die Schauspieler sind nicht geübt, die Stücke zu spielen, und das Publikum ist nicht geübt, sie zu hören. Würden die Schauspieler durch öftere Wiederholung sich in ihre Rollen so hineinspielen, daß die Darstellung ein Leben gewönne, als wäre es nicht eingelernt, sondern als entquölle alles aus ihrem eigenen Herzen, so würde das Publikum sicher auch nicht ohne Interesse und Empfindung bleiben.

Goethe, zu Eckermann, 27. 3. 1825

Ich sah ein, was ich vordem nicht wußte, daß das Spiel in der Maske viel spannender ist als das Zeigen des nackten Gesichts.

Erhart Kästner,
Ölberge, Weinberge; Amphiareion

Maske ist blicklos; aber die leeren Höhlen schreien mehr nach Gesichten als Augen, die von viel Halberblicktem abgenutzt sind.

Erhart Kästner,
Ölberge, Weinberge; Der Maskengott

Goethe erzählte mir neulich, er habe am Hofe der Herzogin Amalie viele seiner damals soeben geschriebenen Stücke von den Hofleuten aufführen lassen, ohne daß irgendeiner mehr als seine eigene Rolle gekannt hätte und das Stück in seinem Zusammenhang allen unbekannt und daher bei der Aufführung auch den Spielenden neu war.

Arthur Schopenhauer, Aufzeichnungen 1814

Von der Tragödie bis zur Posse war mir jedes Genre recht; aber ein Stück mußte etwas sein, um Gnade zu finden. Es mußte groß und tüchtig, heiter und graziös, auf alle Fälle gesund sein und einen gewissen Kern haben. Alles Krankhafte, Schwache, Weinerliche und Sentimentale, so wie alles Schreckliche, Greuelhafte und die gute Sitte Verletzende war ein für allemal ausgeschlossen.

Goethe, zu Eckermann, 22. 3. 1825

Was sie heute auf dem Theater aufführen, sind die „Affären“ kranker Leute. Wie gesund war so ein Othello!

Raabe, Gedanken und Einfälle

Eh‘ noch der Held den Dolch, die Heldin Gift erkohr,
starb schon das Drama selbst den sanften Tod: Erfror.

Abraham Gotthelf Kästner,
Sinngedichte, Tragische Todesarten

Viele Regisseure erfüllen heute den Tatbestand der Verunglimpfung des Andenkens Verstorbener.

Jean-Louis Barrault

Ein Schauspiel, das einen in niedergeschlagener Stimmung nach Hause gehen läßt, gehört nicht der höchsten Gattung an.

Jakob Boßhart, Bausteine

Nichts ist für das Wohl des Theaters gefährlicher, als wenn die Direktion so gestellt ist, daß eine größere oder geringere Einnahme der Kasse sie persönlich nicht weiter berührt.

Goethe,
zu Eckermann, 1. 5. 1825

Wenn mir bei jedem Versehen ein Abzug von meiner Gage in Aussicht steht, so muß mir auch eine Ermunterung in Aussicht stehen, wenn ich mehr tue, als man eigentlich von mir verlangen kann. Dadurch aber, daß alle mehr tun als zu erwarten und zu verlangen, kommt ein Theater in die Höhe.

Goethe, zu Eckermann, 1. 5. 1825

Hätte ich mich in irgendeinen Liebeshandel eingelassen, so würde ich geworden sein wie ein Kompaß, der unmöglich recht zeigen kann, wenn er einen einwirkenden Magneten an seiner Seite hat. Dadurch aber, daß ich mich durchaus rein erhielt und immer Herr meiner selbst blieb, blieb ich auch Herr des Theaters.

Goethe, zu Eckermann, 22. 3. 1825

Schöne Zeit, als mit dem Karren
Thespis fuhr, der Possen Vater!
Schwer ist's, einen Staat regieren,
zehnmal schwerer ein Theater!

Eduard von Bauernfeld,
Reime und Rhythmen

Paradox ist, wenn bei einer Premiere alles, was Rang hat, im Parkett sitzt.

Willy Millowitsch

Schauspieler

Der Schauspieler ist ein Bildhauer, der in Schnee meißelt.

Lawrence Barrett

Schauspielerei ist die Kunst, die Menschen in einem Theater vom Husten abzuhalten.

Ralph Richardson

Man muß daran denken, jeden Abend ein volles Haus zu bekommen. Und da tut ein junger Sänger, eine junge Sängerin, ein tüchtiger Held und eine tüchtige junge Heldin von ausgezeichnetem Talent und einiger Schönheit sehr viel.

Goethe,
zu Eckermann, 27. 3. 1825

Ein guter Schauspieler macht uns bald eine elende unschickliche Dekoration vergessen, dahingegen das schöne Theater den Mangel an guten Schauspielern erst recht fühlbar macht.

Goethe,
Wilhelm Meisters Lehrjahre II, 4

Es ist ein großer Irrtum, wenn man denkt, ein mittelmäßiges Stück auch mit mittelmäßigen Schauspielern besetzen zu können. Ein Stück zweiten, dritten Ranges kann durch Besetzung mit Kräften ersten Ranges unglaublich gehoben und wirklich zu etwas Gutem werden. Wenn ich aber ein Stück zweiten, dritten Ranges auch mit Schauspielern zweiten, dritten Ranges besetze, so wundere man sich nicht, wenn die Wirkung vollkommen null ist. Schauspieler sekundärer Art sind ganz vortrefflich in großen Stücken. Sie wirken dann wie in einem Gemälde, wo die Figuren im Halbschatten ganz herrliche Dienste tun, um diejenigen, welche das volle Licht haben, noch mächtiger erscheinen zu lassen.

Goethe,
zu Eckermann, 14. 4. 1825

Beim Theater gibt es so etwas wie die ideale Fehlbesetzung.

Peter Ustinov

Wer sich nur selbst spielen kann, ist kein Schauspieler.

Goethe,
Wilhelm Meisters Lehrjahre VIII, 5

Der wahre Schauspieler ist von der unbändigen Lust getrieben, sich unaufhörlich in andere Menschen zu verwandeln, um in den anderen am Ende sich selbst zu entdecken.

Max Reinhardt

Ich gefalle mir im Privatleben so wenig, daß es für mich geradezu eine Wohltat ist, so oft jemand ganz anderes sein zu dürfen.

Trevor Howard

Schauspieler sind die einzigen ehrenwerten Heuchler.

William Hazlitt

Das Wort mit seinem Ton und Akzent ist Ihnen wichtig, und wer das Wort zu seinem Rechte bringt, macht wesentlich die Dichtung geltend. Sie sollen an unserem Theater eine Rolle finden.

Goethe,zu E.W. Weber, Juli 1805

Liebesszenen sind vor allem dann besonders schwierig zu spielen, wenn man sich mit dem Partner gut versteht.

Senta Berger

Wenn mir nun sein Äußeres und sein Benehmen gefielen, so ließ ich ihn lesen, um sowohl die Kraft und den Umfang seines Organs als auch die Fähigkeiten seiner Seele zu erfahren. Ich gab ihm etwas Erhabenes eines großen Dichters, um zu sehen, ob er das wirklich Große zu empfinden und auszudrücken fähig ist, dann etwas Leidenschaftliches, Wildes, um seine Kraft zu prüfen. Dann ging ich wohl zu etwas klar Verständigem, Geistreichem, Ironischem, Witzigem über, um zu sehen, wie er sich bei solchen Dingen benehme und ob er hinlängliche Freiheit des Geistes besitze. Dann gab ich ihm etwas, worin der Schmerz eines verwundeten Herzens, das Leiden einer großen Seele dargestellt war, damit ich erführe, ob er auch den Ausdruck des Rührenden in seiner Gewalt habe.

Goethe, zu Eckermann, 14. 4. 1825

Ein Schauspieler sollte eigentlich auch bei einem Bildhauer und Maler in die Lehre gehen. So ist ihm, um einen griechischen Helden darzustellen, durchaus nötig, daß er die auf uns gekommenen antiken Bildwerke wohl studiert und sich die ungesuchte Grazie ihres Sitzens, Stehens und Gehens wohl eingeprägt habe.

Goethe,
zu Eckermann, 1. 4. 1827

Er liebte die Musik sehr und behauptete, daß ein Schauspieler ohne diese Liebe niemals zu einem deutlichen Begriff und Gefühl seiner eigenen Kunst gelangen könne.

Goethe, Wilhelm Meisters Lehrjahre IV, 14

Virtuosität muß von der dramatischen Kunst ferngehalten werden; keine einzelne Stimme darf sich geltend machen; Harmonie muß das Ganze beherrschen.

Goethe, zu Anton Genast, 12. 9. 1807

Wissen Sie, wie ungern die Theaterpersonen Unterricht annehmen? Meist hält sich jeder auf jeder Stufe hinreichend gebildet.

Goethe, an Kirms, 27. 6. 1806

Gewöhnlich, sagte er, ist nichts lustiger, als wenn Schauspieler von Studieren sprechen; es kommt mir eben so vor, als wenn die Freimäurer von Arbeiten reden.

Goethe, Wilhelm Meisters Lehrjahre V, 7

Schauspieler lassen sich nur führen, wenn du in ihnen das Bedürfnis erwekken kannst, dir persönlich zu gefallen. Das erotische Bedürfnis. Das ist meistens die einzige Antenne, die sie haben.

Max Frisch

Das Mitspracherecht des Schauspielers ist der Text.

Fritz Kortner

Warum ist der Kapellmeister seines Orchesters gewisser als der Direktor seines Schauspiels? Weil dort jeder sich seines Mißgriffs, der das äußere Ohr beleidigt, schämen muß. Aber wie selten hab ich einen Schauspieler verzeihliche und unverzeihliche Mißgriffe, durch die das innere Ohr so schnöde beleidigt wird, anerkennen und sich ihrer schämen sehen!

Goethe,
Wilhelm Meisters Lehrjahre IV, 2

Die letzten Worte waren ihm so meisterhaft entflohen, sein Leben schien so wundersam verloschen, der Tod so sichtbar in die Szene eingetreten, daß sich kein Beifall im erstarrten Haus zu rühren wagte. „Un peu de trop", sagte er, starb am nächsten Abend etwas schlechter und hatte achtzehn Vorhänge.

Hans Kasper, Nachrichten und Notizen

Ich verzeihe dem Schauspieler jeden Fehler, der aus dem Selbstbetrug und aus derBegierde zu gefallen entspringt; denn wenn er sich und andern nicht etwas scheint, so ist er nichts

Goethe, Wilhelm Meisters Lehrjahre VII, 3

Prosaformen

Geben sie uns zu Anfang eine Geschichte von wenig Personen und Begebenheiten, die gut erfunden und gedacht ist, wahr, natürlich und nicht gemein, so viel Handlung als unentbehrlich und so viel Gesinnung als nötig; die nicht still steht, sich nicht auf einem Flecke zu langsam bewegt, sich aber auch nicht übereilt; in der die Menschen erscheinen, wie man sie gern mag, nicht vollkommen, aber gut, nicht außerordentlich, aber interessant und liebenswürdig. Ihre Geschichte sei unterhaltend, so lange wir sie hören, befriedigend, wenn sie zu Ende ist, und hinterlasse uns einen stillen Reiz, weiter nachzudenken.

Goethe,
Unterhaltungen Deutscher Ausgewanderten

Ich leugne nicht, daß ich die Geschichten nicht liebe, die unsere Einbildungskraft immer in fremde Länder nötigen. Muß denn alles in Italien und Sizilien, im Orient geschehen? Sind denn Neapel, Palermo und Smyrna die einzigen Orte, wo etwas Interessantes vorgehen kann? Mag man doch den Schauplatz der Feenmärchen nach Samarkand und Ormus versetzen, um unsere Einbildungskraft zu verwirren. Wenn sie aber unseren Geist, unser Herz bilden wollen, so geben Sie uns einheimische, geben Sie uns Familiengemälde.

Goethe, Unterhaltungen Deutscher Ausgewanderten

Jene Erzählungen machen mir keine Freude, bei welchen, nach Weise der Tausendundeinen Nacht, eine Begebenheit in die andere eingeschachtelt, ein Interesse durch das andere verdrängt wird, wo sich der Erzähler genötigt sieht, die Neugierde, die er auf eine leichtsinnige Weise erregt hat, durch Unterbrechung zu reizen, und die Aufmerksamkeit, anstatt sie durch eine vernünftige Folge zu befriedigen, nur durch seltsame und keineswegs lobenswürdige Kunstgriffe aufzuspannen. Ich tadle das Bestreben, aus Geschichten, die sich der Einheit des Gedichts nähern sollen, rhapsodische Rätsel zu machen.

Goethe, Unterhaltungen Deutscher Ausgewanderten

Nur diejenige Erzählung verdient moralisch genannt zu werden, die uns zeigt, daß der Mensch in sich eine Kraft habe, aus Überzeugung eines Bessern, selbst gegen seine Neigung zu handeln.

Goethe, Unterhaltungen Deutscher Ausgewanderten

Ein Roman ist eine veredelte Biographie.

Jean Paul

Bei einem Roman sollte hauptsächlich darauf gesehen werden, die Irrtümer sowohl als die Betrügereien aller Stände und aller menschlichen Alter zu zeigen.

Lichtenberg

Mit den Romanen ist es wie mit den Mahlzeiten: Wenn man sieht, wie sie zubereitet werden, kann einem der Appetit vergehen.

Annette Kolb

Was ist eine Novelle anders als eine sich ereignete unerhörte Begebenheit! Dies ist der eigentliche Begriff, und so vieles, was in Deutschland unter dem Titel Novelle geht, ist gar keine Novelle.

Goethe, zu Eckermann, 29. 1. 1827

Er las eine Folge echter Märchen, die den Menschen aus sich selbst hinausführen, seinen Wünschen schmeicheln und ihn jede Bedingung vergessen machen, zwischen welche wir, selbst in den glücklichsten Momenten, doch immer noch eingeklemmt sind.

Goethe, Wilhelm Meisters Wanderjahre I, 8

Das Porträt wie die Biographie haben ein ganz eigenes Interesse. Der bedeutende Mensch, den man sich ohne Umgebung nicht denken kann, tritt einzeln abgesondert heraus und stellt sich vor uns wie vor einen Spiegel.

Goethe, Wilhelm Meisters Wanderjahre I, 7

Selbstbiographien sind nur dann wahrhaft lehrreich, wenn sie eine große Anzahl von Tatsachen enthalten.

Wilhelm von Humboldt,
Briefe an eine Freundin, 2. 2. 1835

Memoiren werden in der Regel von Leuten geschrieben, die entweder ihr Erinnerungsvermögen verloren oder nichts getan haben, das der Erinnerung wert wäre.

Oscar Wilde

Von Biographien kann man dreist sagen: Die am schlechtesten geschriebenen sind die besten, d. h. wahrsten.

Raabe, Gedanken und Einfälle

Ein Faktum unseres Lebens gilt nicht, insofern es wahr ist, sondern insofern es etwas zu bedeuten hatte.

Goethe, zu Eckermann, 30. 3. 1831

Ein gut beschriebenes Leben ist beinahe so selten wie ein gut gelebtes.

Thomas Carlyle

Jeder führt ein Doppelleben. In Taten und Gedanken. Beide Leben sind wahr. Nur den Tagebüchern darf man nicht glauben.

David Herbert Lawrence

Das, was der Mensch an sich bemerkt und fühlt, scheint mir der geringste Teil seines Daseins. Es fällt ihm mehr auf, was ihm fehlt, als das, was er besitzt. Er bemerkt mehr, was ihn ängstigt, als das, was ihn ergötzt und seine Seele erweitert; denn in allen angenehmen und guten Zuständen verliert die Seele das Bewußtsein ihrer selbst wie der Körper auch und wird nur durch unangenehme Empfindungen wieder an sich erinnert. Und so wird meistenteils, wer über sich selbst und seinen vergangenen Zustand schreibt, das Enge und Schmerzliche aufzeichnen, dadurch denn eine Person, wenn ich so sagen darf, zusammenschrumpft.

Goethe, an Lavater, 4. 10. 1782

Schauspiele und Romane eröffnen uns die glänzenden Züge des menschlichen Herzens; unsere Phantasie wird entzündet; unser Herz bleibt kalt; wenigstens ist die Glut, worin es auf diese Weise versetzt wird, nur augenblicklich und erfriert fürs praktische Leben. . . Wer weiß, ob nicht eben diese gekünstelte Existenz in einer idealistischen Welt unsere Existenz in der wirklichen untergräbt?

Schiller, Eine großmütige Handlung
aus der neuesten Geschichte

Kurzformen

Ein Sprichwort ist ein kurzer Satz, der sich auf lange Erfahrung gründet.

Cervantes, Don Quixote

Alte Worte sind weise Worte.

Aus Afrika

Das Sprichwort ist eines Menschen Witz und aller Menschen Weisheit.

John Russell

Es herrscht Gleichförmigkeit in den Sitten, wenn Sprichwörter mit gleicher Ehrfurcht von allen Ständen der Gesellschaft zitiert werden.

Joubert, Gedanken und Maximen

Zum Lied das Alleluja, zur Unterhaltung das Sprichwort!

Aus Abessinien

Ein Sprichwort ist das Pferd der Unterhaltung: Wenn sie nachläßt, belebt das Sprichwort sie wieder.

Aus Nigeria

Ungebildete Menschen bringen bei jeder Gelegenheit Sprichwörter an; denn solche Gemeinplätze haben den Vorteil, der mangelhaften Bildung der Zuhörer zu entsprechen.

Aristoteles

Sprichwörter sollten nur paarweise abgegeben werden; denn das einzelne enthält nur die halbe Wahrheit.

Aus den USA

Aphoristische Bemerkungen sind oft wie ein farbloser Niederschlag aus lebendigen Wahrnehmungen, die erst demjenigen wieder einen farbigen Inhalt darbieten, der eine eigene Lebenserfahrung hinzubringt.

Berthold Auerbach

Der Aphorismus sei wie eine Primzahl: Unteilbar.

Erhard Blanck

Aphorismen in die Welt senden heißt nach einem Nicken des Einverständnisses fahnden.

Martin Kessel, Gegengabe VII

Will man ein Aphorismenbuch lesen, ohne sich zu langweilen, so soll man es auf gut Glück aufschlagen und es weglegen, wenn man Interessantes gefunden hat, um nachzudenken.

Joseph von Ligne

Als einst der Monsieur Witz die Madam
Unhöflichkeit in die Arme nahm,
entstand daraus das Epigramm.

Castelli, Entstehung des Epigramms

Zitate in meiner Arbeit sind wie Räuber am Weg, die bewaffnet hervorbrechen und dem Müßiggänger die Überzeugung abnehmen.

Walter Benjamin

Die meisten Menschen sprechen nicht, zitieren nur. Man könnte ruhig fast alles, was sie sagen, in Anführungsstriche setzen.

Morgenstern, Stufen, Sprache

Das Zitat, vor allem das geflügelte Wort, hat noch andere Aufgaben: Es kann als eine Art geistiger Kurzschrift dienen.

Ludwig Reiners, Stilkunst VI

Wer ein Buch zusammenstellt mit hilfreicher Weisheit, erdacht von anderen Köpfen, leistet der Menschheit einen größeren Dienst als der Verfasser eines Epos der Verzweiflung.

Ella Wheeler Wilcox

Bücher

Hier sprechen die Stummen und leben die Toten.

Inschrift an einer Bibliothek

Bücher sind nur dickere Briefe an Freunde.

Jean Paul

Jedes Buch ist ein Zwiegespräch zwischen Autor und Leser.

Ludwig Reiners, Stilkunst, Vorwort

Bei manchem Werke eines berühmten Mannes möchte ich lieber lesen, was er weggestrichen hat.

Lichtenberg

In einem guten Buche stehen mehr Wahrheiten, als sein Verfasser hineinzuschreiben meint.

Ebner-Eschenbach, Aphorismen

Es ist am Ende doch nur der Ernst in den Büchern, welcher sie erhält.

Raabe, Gedanken und Einfälle

Die neuesten Bücher sind jene, die nicht altern.

Holbrook Jackson

Ein Buch muß die Axt sein für das gefrorene Meer in uns.

Franz Kafka

Ein Buch ist für mich eine Art Schaufel, mit der ich mich umgrabe.

Martin Walser

Das beste Buch ist das, welches dem Leser seinen eigenen Reichtum fühlbar macht.

Waldemar Bonsels, Menschenwege

Die Bücher machen nicht gut oder schlecht, nur besser oder schlechter.

Jean Paul

Ein Raum ohne Bücher ist ein Körper ohne Seele.

Cicero

Namentlich die ganz guten Bücher, die unbestritten zum unsterblichen Geisteserbe der Menschheit gehören, wo immer möglich, selbst zu besitzen, sollte man sich zur Pflicht und Ehre rechnen, wie man es sich zur Ehre rechnen würde, die besten Menschen seiner Zeit persönlich gekannt zu haben.

Carl Hilty

Er hatte seine Bibliothek verwachsen, so wie man eine Weste verwächst. Bibliotheken können überhaupt der Seele zu enge und zu weit werden.

Lichtenberg

Sage mir, wie groß sein Bücherschrank ist, und ich sage dir, man kann niemandem trauen.

Hans Kasper,
Nachrichten und Notizen

Wer Bücher begehrt, die er nicht liest, gleicht dem Kind, das eine brennende Kerze neben seinem Bett haben will, wenn es schläft.

Henry Peacham,
Der vollkommene Gentleman, 1622

Wie Geld sollten Bücher ständig im Umlauf gehalten werden.

Henry Miller,
Die Kunst des Lesens

Ich bin sehr für geliehene Bücher. Besitzt man das Buch selbst, so glaubt man: Ein andermal!

Theodor Gottlieb von Hippel

Bücher haben Ehrgefühl. Wenn man sie verleiht, kommen sie nicht mehr zurück.

Theodor Fontane

Es geht uns mit den Büchern wie mit den Menschen. Wir machen zwar viele Bekanntschaften, aber wenige erwählen wir zu unseren Freunden.

Ludwig Feuerbach

Gefallen werd ich nicht den Hör' und Lesern allen:
Mir will auch jeder Hör' und Leser nicht gefallen.

Valentin Loeber, An die Leser

Ein Buch, wär's falsch auch, bleibt sich mindstens gleich,
indes der Mensch des Augenblickes Affe. (Mardochai)

Grillparzer, Esther II

Ein Titel muß kein Küchenzettel sein. Je weniger er von dem Inhalte verrät, desto besser ist er.

Lessing, Hamburgische Dramaturgie 21

Bücher mit einem sehr einnehmenden, gut erfundenen Titel taugen selten etwas. Vermutlich ist er vor dem Buche selbst erfunden, vielleicht von einem andern.

Lichtenberg

Nullus est liber tam malus, ut non aliqua parte prosit. Kein Buch ist so schlecht, daß es nicht auch irgendwie nützlich sein könnte.

Plinius Junior, Briefe 3

Wenn dieses Sündflutgewässer verdammter Literatur sich senkt, dann wird sich abheben eine Insel mit schroffen, schwer zugängigen Landungsstellen, zornig und drohend anzusehen; aber im Innern voll von Blumen und Palmen, süßen Stimmen.

Raabe, Gedanken und Einfälle

Wem dreitausend Bücher, die er in dreißig Jahren zusammentrug, in zehn Minuten verbrannt sind, der weiß, falls er's vorher noch nicht gewußt haben sollte, endgültig, was ein Buch bedeutet.

Erich Kästner

Lesen

Ich träumte von den Schmerzen der Dichter; ich weinte mit ihnen ihre schönsten Tränen, ich empfand sie nach bis zum Herzensgrunde; sie ergriffen, zerrissen mich, und zuweilen war mir, als machte mich der Enthusiasmus, den sie mir einflößten, zu ihresgleichen.

Flaubert, November

Schreiben heißt einen Gedanken in Starrkrampf versetzen. Lesen heißt den Starrkrampf lösen.

Hans Kudszus

Wahrlich, ich sage euch, gehet mit dem Lesen etymologisch um: Legere bedeutet auswählen!

Karl Julius Weber,
Demokritos, Über Bücher, Schluß

Um das Gute lesen zu können, ist es Bedingung, daß man das Schlechte nicht lese.

Schopenhauer

Man liest viel zu viel geringe Sachen, womit man die Zeit verdirbt und wovon man weiter nichts hat. Man sollte eigentlich immer nur das lesen, was man bewundert.

Goethe, zu Eckermann, 9. 3. 1831

Die schlechtesten Leser sind die, welche wie plündernde Soldaten verfahren: Sie nehmen sich einiges, was sie brauchen können, heraus, beschmutzen und verwirren das übrige und lästern auf das Ganze.

Nietzsche

Aliud legunt pueri, aliud viri, aliud senes. Anderes lesen Knaben, anderes Männer, anderes Greise.

Grotius

Ein Buch, das nicht wert ist, zweimal wenigstens gelesen zu werden, ist auch nicht wert, daß man es einmal liest.

Karl Julius Weber,
Demokritos I, 21

Manche Darlegung wird erst richtig verständlich aus ihren Folgerungen. Schopenhauer hat im Vorwort zu seinem Hauptwerk hieraus den Schluß gezogen, es sei kein anderer Rat,„ als das Buch zweimal zu lesen, und zwar das erste Mal mit vieler Geduld, welche allein zu schöpfen ist aus dem freiwillig geschenkten Glauben, daß der Anfang das Ende beinahe so sehr voraussetze als das Ende den Anfang."

Ludwig Reiners,
Stilkunst IV, Die Kunst zu lehren

Wenn ich ein Buch zum zweiten Male lese, entdecke ich die Narben der Vorurteile, die es mir beim ersten Male austrieb.

Henry Stendhal

Wiederholen alter Lektüre ist der sicherste Probierstein gewonnener weiterer Bildung.

Hebbel, Tagebücher 1837

Lesen ohne Nachdenken macht stumpf; Nachdenken ohne Lesen geht irre.

Bernhard von Clairvaux

Ich mache den Leser darauf aufmerksam, daß dieses Kapitel bedächtig zu lesen ist. Ich besitze nicht die Kunst, für jemand klar zu sein, der nicht aufmerksam sein will.

Rousseau, Der Gesellschaftsvertrag III, Über die Regierung im allgemeinen

An Zerstreuung läßt es uns die Welt nicht fehlen. Wenn ich lese, will ich mich sammeln.

Goethe

Eine seiner besonderen Eigenheiten, die er jedoch vielleicht mit mehreren Menschen teilt, war die, daß es ihm unerträglich fiel, wenn jemand ihm beim Lesen in das Buch sah.

Goethe, Die Wahlverwandtschaften I, 4

Wie man von jedem Musikus verlange, daß er, bis auf einen gewissen Grad, vom Blatte spielen könne, so solle auch jeder Schauspieler, ja jeder wohlerzogene Mensch sich üben, vom Blatte zu lesen, einem Drama, einem Gedicht, einer Erzählung sogleich ihren Charakter abzugewinnen.

Goethe, Wilhelm Meisters Lehrjahre V, 7

Viel lesen und nicht durchschauen
ist viel essen und nicht verdauen.

Sprichwort

Kultur erwirbt man nicht, indem man viel liest, sondern indem man klug liest. Ebenso wird die Gesundheit nicht dadurch bewahrt, daß man viel ißt, sondern daß man klug ißt.

André Malraux

Bücher sind Brillen, durch welche die Welt betrachtet wird, schwachen Augen freilich nötig, zur Stütze, zur Erhaltung. Aber der freie Blick ins Leben erhält das Auge gesunder.

Ludwig Feuerbach, Schriftsteller und Mensch

Ich würde nie ein Buch lesen, wenn ich die Gelegenheit hätte, mich eine halbe Stunde mit dem Mann zu unterhalten, der es geschrieben hat.

Thomas Woodrow Wilson

Lesen soll man nur, wenn die Quelle der eigenen Gedanken stockt.

Schopenhauer, Parerga und Paralipomena

Ich lernte einsehen, die Bücher würden mich wohl gelehrt, aber nimmermehr zu einem Menschen machen.

Lessing, Briefe

Eine schädliche Folge des allzu vielen Lesens ist, daß sich die Bedeutung der Wörter abnutzt.

Lichtenberg

Es gibt keinen schlimmeren Räuber als ein schlechtes Buch.

Aus Italien

Das viele Lesen hat uns eine gelehrte Barbarei zugezogen.

Lichtenberg

Die Leihbibliotheken studiere, wer den Geist des Volkes kennenlernen will.

Wilhelm Hauff,
Das Buch und die Leserwelt

Was gelesen wird, ist immer charakteristisch für den Zeitgeist, was geschrieben wird, nicht immer.

Friedrich Paulsen

Erst durch Lesen lernt man, wieviel man ungelesen lassen kann.

Raabe, Gedanken und Einfälle

Drei Tage nicht gelesen, und das Gespräch wird schal.

Aus China

Briefe

Menschen, die keine Briefe gewechselt haben, kennen einander nicht.

Konstantin Raudive,
Memoiren des Sylvester Perkons

In der Sphäre, in der ich mich gegenwärtig befinde, bringt man beinahe soviel Zeit zu, seinen Verwandten und Freunden dasjenige mitzuteilen, womit man sich beschäftigt, als man Zeit sich zu beschäftigen hatte.

Goethe,
Wilhelm Meisters Wanderjahre I, 6,
Wilhelm an Natalien

Nähmen wir uns die Mühe, aus den Briefen unserer Freunde eigentümliche Bemerkungen, originelle Ansichten, flüchtige geistreiche Worte auszuzeichnen, so würden wir sehr reich werden. Briefe hebt man auf, um sie nie wieder zu lesen. Man zerstört sie zuletzt einmal aus Diskretion, und so verschwindet der schönste unmittelbare Lebenshauch.

Goethe, Die Wahlverwandtschaften II, 9

Ein Brief errötet nicht. Aber er vergilbt.

Erhard Blanck

Wir haben eine Korrespondenz miteinander über gemischte Materien beschlossen, die eine Quelle von Aufsätzen für die Horen werden soll. Auf diese Art, meint Goethe, bekäme der Fleiß eine bestimmte Richtung, und ohne zu merken, daß man arbeite, bekäme man Materialien zusammen.

Schiller,
an Christian Gottfried Körner, 28. 9. 1794

Wir denken, daß das Briefeschreiben für die nicht erfunden ist, die sich mündlich miteinander unterhalten können, sobald sie wollen. (Franziska)

Lessing, Minna von Barnhelm III, 10

Wenn ich im Zimmer auf- und abgehe, mich mit entfernten Freunden laut unterhalten kann und eine vertraute Feder meine Worte auffängt, so kann etwas in die Ferne gelangen. Mich hinzusetzen und selbst zu schreiben, hat etwas Peinliches und Ängstliches, das mir den guten Humor, ja ich möchte beinah sagen die Vertraulichkeit lähmt.

Goethe,
an Dorothea von Knabenau, 14. 10. 1808

Ich weiß von alters her, daß man entfernten Freunden gar nicht schreibt, wenn man darauf warten will, bis man ihnen etwas zu schreiben hat.

Goethe,
an Wilhelm von Humboldt, 27. 1. 1803

Wenn die Alten ihre Briefe mit den Worten „si vales bene est, ego valeo“ anzufangen pflegten, so täte ich wohl, auch eine solenne Formel über den Eingang meiner Briefe zu setzen, die eine Entschuldigung meines Stillschweigens ausdrückte, zum Beispiel: ignoscas tarde scribenti.

Goethe,
an den Herzog Karl August, 18. 4. 1792

Unter viel Verhaßtem ist mir das Schreiben das Verhaßteste. (Egmont)

Goethe, Egmont II, Egmonts Wohnung

Ich will Dir nächstens, wenn dieser Brief eben so glücklich sein wird als sein Vorgänger, selbst eine Antwort an mich aufsetzen. Du darfst alsdann nur Deinen Namen unterschreiben und ihn so wieder zurückgehen lassen.

Johann Heinrich Kant,
an seinen Bruder Immanuel Kant, 1. 3. 1763

Wenn wir einen Brief, den wir unter gewissen Umständen geschrieben und gesiegelt haben, der aber den Freund, an den er gerichtet war, nicht antrifft, sondern wieder zu uns zurückgebracht wird, nach einiger Zeit eröffnen, überfällt uns eine sonderbare Empfindung, indem wir unser eignes Siegel erbrechen und uns mit unserem veränderten Selbst wie mit einer dritten Person unterhalten.

Goethe, Wilhelm Meisters Lehrjahre II, 2

Musik

Musik, ihr Fraun, Musik! Ich bin nicht ruhig.
Laßt den Gesang erschallen! Macht mich still! (Penthesilea)

Heinrich von Kleist, Penthesilea 14

Wenn ich Musik höre – auch während des Dirigierens –, höre ich oft ganz bestimmte Antworten auf all meine Fragen und bin vollständig klar und sicher. Oder eigentlich, ich empfinde ganz deutlich, daß es gar keine Fragen sind.

Gustav Mahler

Das unaussprechlich Innige aller Musik, vermöge dessen sie als ein so ganz vertrautes und doch ewig fernes Paradies an uns vorüberzieht, so ganz verständlich und doch so unerklärlich ist, beruht darauf, daß sie alle Regungen unseres innersten Wesens wiedergibt, aber ganz ohne die Wirklichkeit und fern von ihrer Qual.

Schopenhauer,
Die Welt als Wille und Vorstellung

Musik ist die Kurzschrift des Gefühls.

Tolstoi

Die Musik drückt das aus, was nicht gesagt werden kann und worüber zu schweigen unmöglich ist.

Victor Hugo

Gleiche Zaubermacht
übt Schönheit wie Musik, die uns so oft
von unbekannten Paradiesen hehres
Geheimnis zu enthüllen scheint.

Giacomo Leopardi, Aspasia

Die Musik ist die Sprache der Engel.

Thomas Carlyle

Was ist die Musik? Sie steht zwischen Gedanken und Erscheinung; als dämmernde Vermittlerin steht sie zwischen Geist und Materie; sie ist beiden verwandt und doch von beiden verschieden; sie ist Geist, aber Geist, welcher eines Zeitmaßes bedarf; sie ist Materie, aber Materie, die des Raumes entbehren kann.

Heine,
Der Salon

Die Poesie will den Geist verkörpern, die Musik das Sinnliche vergeistigen.

Grillparzer,
Ästhetische Studien, Zur Musik, 1825

Der Rhythmus entsteht aus dem Schnellen und Langsamen, indem diese, vorher auseinanderstrebend, weiterhin in Einklang gebracht werden. Zum Einklang aber verhilft all dem, wie dort die Heilkunst, hier die Musik, indem sie gegenseitige Liebe und Eintracht einpflanzt, und so ist denn die

Musik die Kenntnis von den Liebesregungen im Gebiete der Harmonie und des Rhythmus. (Eryximachos)

Platon, Das Gastmahl 12

Musik ist die Poesie der Luft.

Jean Paul

Das Leben eines gebildeten Menschen sollte mit Musik und Nicht-Musik schlechthin so abwechseln wie mit Schlaf und Wachen.

Novalis, Nachlaß

In der Musik zieht die Freude des Daseins bei einem Ohr hinein und beim andern Ohr hinaus.

Otto Stoessl

Die Musik über alles lieben, heißt unglücklich sein.

Paul Klee, Tagebücher

Es gibt keine angenehmere Musik als die Variationen bekannter Melodien.

Joubert, Gedanken und Maximen

Musik im besten Sinne bedarf weniger der Neuheit, ja vielmehr je älter sie ist, je gewohnter man sie ist, desto mehr wirkt sie.

Goethe, Maximen und Reflexionen

„Haben Sie darauf geachtet, daß alles Bemühen der modernen Musik dahin geht, uns gewisse Akkorde, die bisher als disharmonisch galten, nunmehr als erträglich, ja sogar als angenehm erscheinen zu lassen?“ „Ganz recht,“ antwortete ich, „alles muß sich schließlich fügen und bequemen zur Harmonie.“ »Zur Harmonie?“ wiederholte er achselzuckend. „Ich sehe darin nur Anpassung an das Böse, an die Sünde! Abgestumpft ist heutzutage jede Feinfühligkeit; getrübt die Reinheit, zermürbt die Widerstandsfähigkeit. Man duldet, man nimmt hin.“

Gide, Die Falschmünzer I, 18

Musik ist heutzutage oft nur Lärm mit Copyright.

Peter Holl

Der Musiker ist glücklicher als der Maler. Er spendet willkommene Gaben aus, persönlich unmittelbar, anstatt daß der letzte nur gibt, wenn die Gabe sich von ihm absonderte.

Goethe,
Wilhelm Meisters Wanderjahre I, 6

Die Würde des Virtuosen beruht daher lediglich auf der Würde, welche er der schaffenden Kunst zu erhalten weiß: Vermag er mit dieser zu tändeln und zu spielen, so wirft er seine eigene Ehre fort.

Richard Wagner,
Der Virtuose und der Künstler

Orchester machen den Fehler immer an derselben Stelle. Die guten Orchester machen ihn mikroskopisch klein, die schlechten machen ihn groß – aber es ist immer derselbe Fehler.

Herbert von Karajan

Die meisten Dirigenten werden uralt, weil ihre Tätigkeit eine sehr gesunde Mischung von regelmäßiger Gymnastik mit uneingeschränkter Autorität ist.

Kenneth Clarke

Eben so wollte er auch bei Instrumentalmusiken die Orchester soviel als möglich versteckt haben, weil man durch die mechanischen Bemühungen und durch die notdürftigen, immer seltsamen Gebärden der Instrumentenspieler so sehr zerstreut und verwirrt werde.

Goethe,
Wilhelm Meisters Lehrjahre VIII, 5

Wir reproduzieren das ganze Jahr bald diese bald jene Musik, aber wo keine Produktion ist, kann eine Kunst nicht lebendig empfunden werden.

Goethe, an Zelter, 29. 5. 1801

Was ein richtiger Musiker sein will, der muß auch eine Speisekarte komponieren können.

Richard Strauss

„Komposition" ist ein ganz niederträchtiges Wort, das wir den Franzosen zu verdanken haben und das wir sobald wie möglich wieder loszuwerden suchen sollten. Wie kann man sagen, Mozart habe seinen Don Juan „komponiert"! Komposition! Als ob es ein Stück Kuchen oder Biskuit wäre, das man aus Eiern, Mehl und Zucker zusammenrührt!

Goethe,
zu Eckermann, 20. 6. 1831

O, ihr kunsthistorisches Gelichter!
Nennt ihr den Tonsetzer „Tondichter"?
Dann nennt auch, was wir Dichter nannten,
in Zukunft „Wörtermusikanten".

Grillparzer (1861)

Es ist nichts beschränkter als ein mittelmäßiger Artist, besonders ein Musikus, der nur ausführen sollte und verführt wird, selbst zu komponieren.

Goethe,
an Philipp Christoph Kayser, 22. 12. 1785

Ein Dilettant freut sich zu Haus
an seinem eignen Geklimper,
doch treibt seine Kunst in die Welt hinaus,
veredelt er sich zum Stümper.

Grillparzer, Musikalisch

Ein Plagiator ist ein Mann, dessen Lieder schon gesungen wurden, bevor er sie komponiert hatte.

Robert Stolz

Dur ist das handelnde, männliche Prinzip, Moll das leidende, weibliche.

Robert Schumann

Gesang

Ein guter Gesang wischt den Staub vom Herzen.

Lehmann, Politischer Blumengarten

Melodien, Gänge und Läufe ohne Worte und Sinn, scheinen mir Schmetterlingen oder schönen bunten Vögeln ähnlich zu sein, die in der Luft vor unsern Augen herumschweben, die wir allenfalls haschen und uns zueignen möchten; da sich der Gesang dagegen wie ein Genius gen Himmel hebt und das bessere Ich in uns ihn zu begleiten anreizt.

Goethe, Wilhelm Meisters Lehrjahre II, 11

Das Zubehör eines Sängers: Ein großer Brustkorb, ein großer Mund, neunzig Prozent Gedächtnis, zehn Prozent Intelligenz, sehr viel schwere Arbeit und ein gewisses Etwas im Herzen.

Enrico Caruso

Das spezifisch deutsche Tempo ist das Andante.

Wagner

Wenn die Auswanderer alles verlieren, die Liebe zu ihrem Vaterlande, selbst den geläufigen Ausdruck ihrer Muttersprache – die Melodien der Heimat leben unter ihnen länger als alles andere.

Gustav Freytag, Soll und Haben

Alle haben sie Fehler, die Musiker: Unter den Freunden
wollen sie nie anheben ein Lied, durch Bitten beweget;
ohne Geheiß aber singen sie rastlos.

Horaz,
Satiren 1, 3

Eine schöne Stimme ist das allgemeinste, was sich denken läßt, und indem das eingeschränkte Individuum, das sie hervorbringt, sich vors Auge stellt, zerstört es den reinen Effekt jener Allgemeinheit. Ich will jeden sehen, mit dem ich reden soll, denn es ist ein einzelner Mensch, dessen Gestalt und Charakter die Rede wert oder unwert macht; hingegen wer mir singt, soll unsichtbar sein.

Goethe,
Wilhelm Meisters Lehrjahre VIII, 5

Gewöhne dich nicht zur Sängerin, daß sie dich nicht fange mit ihren Reizen.

Jesus Sirach 9, 4

Manche Sängerin hört' ich, doch hat mir nur eine von allen,
wann sie mein Ohr auch vernahm, immer das Herz noch gerührt:
An der Wiege die Mutter, durch schlichte Weisen den Liebling
einzusingen bemüht in den erquickenden Schlaf.

Hebbel, Meine Sängerin

Oper

Was Sie von dem Gange der Oper sagen, finde ich sehr gut. Die Momente sollen nicht so rasch wie im anderen Schauspiele folgen. Der Schritt muß schleichender, ja, an vielen Orten zurückgehalten sein. Die Italiener haben die größten Effekte mit einzelnen Situationen gemacht, die nur so zur Not am allgemeinen Faden des Planes hängen. Man verlangt nicht vom Flecke, weil das Ganze nicht interessiert, weil einem an jedem besondern Platze wohl wird.

Goethe,
an Philipp Christoph Kayser, 5. 5. 1786

Ihr sagt, das Sujet tauge nicht, aber ihr hättet es ignoriert und euch an der trefflichen Musik erfreuet. Ich bewundere wirklich die Einrichtung eurer Natur und wie eure Ohren imstande sind, anmutigen Tönen zu lauschen, während der gewaltigste Sinn, das Auge, von den absurdesten Gegenständen geplagt wird.

Goethe, zu Eckermann, 7. 10. 1828

Der Dichter eines musikalischen Stükkes, wie er es dem Komponisten hingibt, muß es ansehen wie einen Sohn oder Zögling, den er eines neuen Herren Diensten widmet.

Goethe,
an Philipp Christoph Kayser, 5. 5. 1786

In dieser Oper werde ich auch für die Rührung sorgen, welche die Darstellung der Zärtlichkeit so leicht erregt und wonach das gemeine Publikum so sehr sich sehnt. Es ist auch natürlich. Jeder Laffe und jede Läffin sind einmal zärtlich gewesen, und an diesen Saiten ist leicht klimpern. Um höhere Leidenschaften und Geist, Laune und Geschmack mitzuempfinden, muß man ihrer auch fähig sein, sie auch besitzen.

Goethe,
an Philipp Christoph Kayser, 23. 12. 1785

Die deutschen Orchester sind egoistisch und wollen als Orchester sich hervortun und etwas sein. Ein italienisches Orchester dagegen ist diskret. Es weiß recht gut, daß in der Oper der Gesang der menschlichen Stimme die Hauptsache ist.

Goethe, zu Eckermann 28. 5. 1830

Immer, wenn es in der Oper erotisch wird, muß das Cello her. Deshalb ist „Tristan“ die Cello-Oper par excellence.

Siegfried Palm

Tanz

Tanzen ist die Poesie des Fußes.

John Dryden

Doch liebliche Bewegung, wie gesehn,
darf man zu schildern sich nicht unterstehn,
nur der Gesamtblick läßt den Wert empfinden;
der holde Tanz, er muß sich selbst verkünden.

Goethe, Prolog zur Eröffnung des Berliner Theaters 1821, III

Tanz ist ein Telegramm an die Erde mit der Bitte um Aufhebung der Schwerkraft.

Fred Astaire

„Tanzt' ich die Niobe nicht und die Daphne recht nach dem Leben?“
Wahrlich! Jene wie Stein, diese wie starrendes Holz.

Herder, Der Tänzer

Wer der Jugend Kerzen
trägt im frischen Herzen,
hat zu tanzen Lust;
Amor regt ohn Ende
ihm die Füß und Hände
und die junge Brust,
daß er nimmer still kann stehn
und muß wie im Sprunge gehn,
muß den Leib den Meereswellen
ähnlich stellen.

Simon Dach, Brauttanz

Wer gern tanzt, dem ist leicht gegeigt.

Rosegger, Der Älpler

Wie lustig ist's, sich um sich selbst zu drehn!
Mit leichtem Anstand wechseln sie die Glieder,
doch kehrt zum Auge bald das Auge wieder. (Tanzende)

Goethe, Die romantische Poesie

So geht's, wenn die Mädchen zum
Tanzboden gehn,
da muß man bald immer in Sorgen
beistehn.

Des Knaben Wunderhorn, Don Juan

Keine andere Tätigkeit kann soviel Spannung und Aggressivität abbauen wie die in Körperbewegung umgesetzte Musik.

Gerhard Szczesny, Das sogenannte Gute 17

Mädchen – das sind diejenigen, die rückwärts tanzen.

Bob Hope

Verloren sei uns der Tag, wo nicht ein Mal getanzt wurde! Und falsch heiße uns jede Wahrheit, bei der es nicht ein Gelächter gab!

Nietzsche, Zarathustra III, Von alten und neuen Tafeln 23

Architektur

Goethe verlangt von einem schönen Gebäude, daß es nicht bloß auf das Auge berechnet sei, sondern auch einem Menschen, der mit verbundenen Augen hindurchgeführt würde, noch empfindsam sein und ihm gefallen müsse.

Schiller, an Wilhelm von Humboldt, 9. 11. 1795

Denn euretwegen hat der Architekt
mit hohem Geist so edlen Raum be-
zweckt,
das Ebenmaß bedächtig abgezollt,
daß ihr euch selbst geregelt fühlen sollt.

Goethe, Prolog zur Eröffnung des Berliner Theaters 1821, III

Der Bauende soll nicht herumtasten und versuchen. Was stehenbleiben soll, muß recht stehen und wo nicht für die Ewigkeit doch für geraume Zeit genügen. Man mag doch immer Fehler begehen, bauen darf man keine.

Goethe, Wilhelm Meisters Wanderjahre II, 8

Der Arzt kann seine Kunstfehler verbrennen. Der Architekt muß seine Kunden veranlassen, Wein und Efeu zu pflanzen.

Frank Lloyd Wright

Man erhebe den Kasernenstil zur Höhe der Kunst! Man kann es. Man rede nicht ewig von Langweiligkeit! Wenn der Rechte es anfaßt, gibt es keine Langeweile. Was bei dem Mittelmäßigen langweilig wird, wird in der Hand des Genies zur Großartigkeit.

Morgenstern,
Stufen, Politisches, 1905

Die Krankheit unserer heutigen Städte und Siedlungen ist das traurige Resultat unseres Versagens, menschliche Grundbedürfnisse über wirtschaftliche und industrielle Forderungen zu stellen.

Walter Gropius, Architektur

Ich glaube, daß jede Architektur, die sich an den Geist wendet, noch immer das Werk eines einzelnen ist.

Le Corbusier

Bildende Kunst

Die Kunst muß malen, wie sich die plastische Natur – wenn es eine gibt – das Bild dachte: Ohne den Abfall, welchen der widerstrebende Stoff unvermeidlich macht; ohne das Verderb, mit welchem die Zeit dagegen ankämpft. (Conti)

Lessing,
Emilia Galotti I, 4

Claude Lorrain kannte die reale Welt bis ins kleinste Detail auswendig, und er gebrauchte sie als Mittel, um die Welt seiner schönen Seele auszudrükken. Und das ist eben die wahre Idealität, die sich realer Mittel so zu bedienen weiß, daß das erscheinende Wahre eine Täuschung hervorbringt, als sei es wirklich.

Goethe,
zu Eckermann, 10. 4. 1829

Legt man eine Zitrone neben eine Orange, so hören sie auf, Zitrone und Orange zu sein. Sie werden Früchte.

Georges Braque

Führen wir aber einen Unkundigen vor ein Gemälde von einigem Umfang, so werden wir sehen, wie ihn das Ganze unberührt läßt oder verwirrt, wie einzelne Teile ihn anziehen, andere ihn abstoßen, und wie er am Ende bei ihm bekannten, ganz kleinen Dingen stehenbleibt, indem er etwa lobt, wie doch dieser Helm und diese Feder so gut gemacht sei.

Goethe, zu Eckermann, 28. 2. 1831

Wenig Deutsche und vielleicht nur wenige Menschen aller neuer Nationen haben das Gefühl für ein ästhetisches Ganzes; sie loben und tadeln nur stellenweise.

Goethe,
Wilhelm Meisters Lehrjahre V, 4

Es gibt Maler, die die Sonne in einen gelben Fleck verwandeln. Es gibt aber andere, die dank ihrer Kunst und Intelligenz einen gelben Fleck in die Sonne verwandeln.

Picasso

Malen ist nicht schwierig, solange man nichts davon versteht. Wenn man diese Kunst aber begriffen hat, dann wird man gefordert.

Degas

Zeichnen nötigt zur Aufmerksamkeit, und sie ist doch die höchste aller Fertigkeiten.

Goethe,
zu Friedrich von Müller, 30. 11. 1816

Die Seele musiziert, indem sie zeichnet, ein Stück von ihrem innersten Wesen heraus.

Goethe,
zu Johann Daniel Falk, 14. 6. 1809

Heute ist es möglich, in wenigen Sekunden ein Bild auf einer photographischen Platte festzuhalten – genauer und wirklichkeitsgetreuer, als es ein Mensch zeichnen kann. Mit dem Aufkommen der Photographie verschwand in der Kunst die Notwendigkeit exakter Reproduktion.

Henri Matisse

Die menschliche Figur ist von den Alten so durchgearbeitet, daß wir schwerlich eine ganz neue Stellung hervorbringen werden, ohne aus den Grenzen des guten Geschmacks zu schreiten.

Goethe,
an Johann Heinrich Meyer, 27. 4. 1789

Jedes Porträt, das mit innerer Anteilnahme geschaffen wurde, ist das Porträt des Malers, nicht des Modells.

Oscar Wilde

Man ist niemals mit einem Porträt zufrieden von Personen, die man kennt. Deswegen habe ich die Porträtmaler immer bedauert. Man verlangt so selten von den Leuten das Unmögliche, und gerade von diesen fordert man's. Sie sollen einem jeden sein Verhältnis zu den Personen, seine Neigung und Abneigung mit in ihr Bild aufnehmen; sie sollen nicht bloß darstellen, wie sie einen Menschen fassen, sondern wie jeder ihn fassen würde. Es nimmt mich nicht wunder, wenn solche Künstler nach und nach verstockt, gleichgültig und eigensinnig werden.

Goethe, Die Wahlverwandtschaften II, 2

Er zeigt mir sodann einen Christus mit zwölf Aposteln, und wir reden über das Geistlose solcher Figuren als Gegenstände der Darstellung für den Bildhauer. „Der eine Apostel", sagte Goethe, „ist immer ungefähr wie der andere, und die wenigsten haben Leben und Taten hinter sich, um ihnen Charakter und Bedeutung zu geben."

Eckermann,
Gespräche mit Goethe, 16. 3. 1830

Den Faust, dächt' ich, gäben wir ohne Holzschnitte und Bildwerk. Es ist so schwer, daß etwas geleistet werde, was dem Sinne und dem Tone nach zu einem Gedicht paßt. Kupfer und Poesie parodieren sich gewöhnlich wechselweise.

Goethe,
an Cotta, 25. 11. 1805

Bildende Künstler müssen wohnen wie Könige und Götter. Wie wollten sie denn sonst für Könige und Götter bauen und verzieren?

Goethe,
Wilhelm Meisters Wanderjahre II, 8

Malen ist die vollkommene Erholung. Ich kenne nichts, das den Geist vollständiger in Anspruch nimmt, ohne den Körper zu erschöpfen.

Winston Churchill

Im Süden werden die Sinne geschärft. Die Hände werden wendiger, das Auge aufmerksamer und das Denken klarer.

Vincent van Gogh

Meine Arbeit ist meine eigene Psychotherapie, für die ich obendrein noch Geld bekomme.

Paul Flora

Man kann nur in der Ekstase malen oder mit der Pfeife im Maul.

Thomas Niederreuther, Aphorismen

In der Malerei fehlt schon längst die Kenntnis des Generalbasses.

Goethe, zu Riemer, 19. 5. 1807

Nicht jeder, der den Pinsel in die Hand nimmt und Farben verquistet, ist ein Maler.

Lessing,
Hamburgische Dramaturgie 101-104

Mancher wollte Maler werden,
bracht's zum Pinsel nur auf Erden.

Sprichwort

Der Unterschied zwischen mir und einem Verrückten ist der, daß ich nicht verrückt bin.

Salvadore Dali

Ich glaube, daß meine Unterschrift besser ist als die von allen Finanzministern in den Staaten, wo ich gelebt habe.

Oskar Kokoschka, im „Spiegel" 44/1966

Wir kamen auf seine Kupferstichsammlungen zu sprechen, wie er denn auserlesene Blätter daraus alle Sonntagmorgen jenem kunstliebenden Freunde und mir vorzuzeigen und zu erläutern pflegte. „Mir ist der Besitz nötig," äußerte Goethe, „um den richtigen Begriff der Objekte zu bekommen. Frei von den Täuschungen, die die Begierde nach einem Gegenstand unterhält, läßt erst der Besitz mich ruhig und unbefangen urteilen."

Friedrich von Müller, Tagebuchaufzeichnungen, 23. 10. 1812

Wie darf unsereiner seinen Augen trauen? Eigentlich weiß doch nur allein ein Maler, von der Schönheit zu urteilen.

Lessing, Emilia Galotti I, 4

Film, Fernsehen

Bevor ich einen Film mache, sind auch die kleinsten Einzelheiten in meinem Kopf schon fertig. Mir ist dann, als hätte ich den Film schon gesehen, und deshalb mache ich ihn manchmal gar nicht.

Alfred Hitchcock

Film – Was man an Geld hineinsteckt, verliert man an Niveau.

Desmond Young

Wenn das Fernsehen vielen Menschen die Chance gibt, es einmal mit der Oper zu probieren, ohne sich mit Smokingschleife unwohl fühlen zu müssen, dann hat es doch schon eine gewisse Demokratisierung erreicht.

Gerhard Reutter

Das Fernsehen hat feste Regeln. Bei den Western gewinnen immer die Guten, bei den Nachrichten immer die Bösen.

Robert Lembke

Das Fernsehen rettet weit mehr Ehen, als es zerstört, schon allein dadurch, daß die Partner interessiert schweigen, statt sich gegenseitig durch langweilige Konversation anzuöden.

Georges Lacombe

Das beste Mittel, das wir bis jetzt gegen die Bevölkerungsexplosion gefunden haben, sind Sportsendungen im Fernsehen – rund um die Uhr und das ganze Jahr hindurch.

Robert Finch

Publikum

Und wie der Mensch nur sagen kann:
Hier bin ich!
daß Freunde seiner schonend sich erfreuen,
so kann ich auch nur sagen: Nimm es hin! (Tasso)

Goethe, Torquato Tasso I, 3

Empfangt das Schöne, fühlt zugleich das Gute,
eins mit dem andern wird euch einverleibt;
das Schöne flieht vielleicht, das Gute bleibt.
So nach und nach erblühet, leise, leise,
Gefühl und Urteil wirkend wechselweise;
in euerm Innern schlichtet sich der Streit,
und der Geschmack erzeugt Gerechtigkeit.

Goethe, Prolog zur Eröffnung des Berliner Theaters 1821, III

Das echte Kunstwerk bildet uns, indem wir es genießen.

Anselm Feuerbach, Ein Vermächtnis

Was heute wirkt, es wirkt aufs ganze Leben.

Goethe, Prolog zur Eröffnung des Berliner Theaters 1821, III

Was der Künstler tut oder getan hat, setzt uns in die Stimmung, in der er selber war, als er es machte. Eine freie Stimmung des Künstlers macht uns frei, dagegen eine beklommene macht uns bänglich.

Goethe, zu Eckermann, 20. 12. 1829

Die wahre Kunst hat es nicht bloß auf ein vorübergehendes Spiel abgesehen. Es ist ihr ernst damit, den Menschen nicht bloß in einen augenblicklichen Traum von Freiheit zu versetzen, sondern ihn wirklich und in der Tat frei zu machen und dieses dadurch, daß sie eine Kraft in ihm erweckt, übt und ausbildet, die sinnliche Welt, die sonst nur als ein roher Stoff auf uns lastet, als eine blinde Macht auf uns drückt, in eine objektive Ferne zu rücken, in ein freies Werk unseres Geistes zu verwandeln.

Schiller, Die Braut von Messina, Über den Gebrauch des Chors in der Tragödie

Man muß das Publikum zu sich heraufholen; man darf nicht zu ihm hinuntersteigen.

Gustaf Gründgens

Den Geschmack kann man nicht am Mittelgut bilden, sondern nur am Allervorzüglichsten.

Goethe, zu Eckermann, 26. 2. 1824

Die Menschen glauben, die Organe, ein Kunstwerk zu genießen, bildeten sich eben so von selbst aus wie die Zunge und der Gaumen.

Goethe, Wilhelm Meisters Lehrjahre VIII, 7

Erstaunend schwer ist es, sehen zu lernen, ohne selbst Hand anzulegen.

Goethe,
an Charlotte von Stein, 1. 2. 1787, Rom

Nehmen Sie einen recht aufrichtigen Dank für die schönen Zeichnungen, die Sie mir geschickt haben! Mir scheint unmöglich, die Virtuosität höher zu treiben. Ich habe mich sogleich hingesetzt und eine nachgekritzelt. Man sieht die Höhe, die der Künstler erreicht hat, nicht lebhafter, als wenn man versucht, ihm einige Stufen nachzuklettern.

Goethe, an Ferdinand Kobell, 5. 2. 1781

Trotz aller meiner Bestrebungen bin ich freilich kein Künstler geworden, aber indem ich mich in allen Teilen der Kunst versuchte, habe ich gelernt, von jedem Strich Rechenschaft zu geben und das Verdienstliche vom Mangelhaften zu unterscheiden.

Goethe, zu Eckermann, 12. 4. 1829

Der Kopf faßt kein Kunstprodukt als nur in Gesellschaft mit dem Herzen.

Goethe, an Schiller, 19. 11. 1797

Ein Kunstwerk schön finden heißt, den Menschen lieben, der es hervorbrachte.

Morgenstern, Stufen

Mit einem Kunstwerk muß man sich verhalten wie mit einem großen Herrn: Sich davor hinstellen und warten, daß es einem etwas sage.

Schopenhauer,
Neue Paralipomena § 461

Wer einen Dom zehnmal gesehen hat, der hat etwas gesehen. Wer zehn Dome einmal gesehen hat, der hat nur wenig gesehen. Und wer je eine halbe Stunde in hundert Domen verbracht hat, der hat gar nichts gesehen.

Sinclair Lewis

Wie schwer ist es, was so natürlich scheint, eine gute Statue, ein treffliches Gemälde an und für sich zu beschauen, den Gesang um des Gesangs willen zu vernehmen, den Schauspieler im Schauspiel zu bewundern, sich eines Gebäudes um seiner eigenen Harmonie und seiner Dauer willen zu erfreuen.

Goethe,
Wilhelm Meisters Lehrjahre VIII, 7

Was bildet schneller, was muntert reiner und lebhafter auf als freundschaftliche Teilnahme.

Goethe, an Charlotte von Kalb, 26. 4. 1796

Narr, du prahlst, ich befried'ge dich
nicht! Am Mindervollkommnen
sich erfreuen zeigt Geist, nicht am Vortrefflichen, an!

Heinrich von Kleist,
Der Bewunderer des Shakespeare

Jeder Dichter baut sein Werk aus Elementen zusammen, die freilich der eine organischer zu verflechten vermag als der andere, doch kommt es auch viel auf den Beschauer an, von welcher Maxime dieser ausgeht. Ist er zur Trennung geneigt, so zerstört er mehr oder weniger die Einheit, welche der Künstler zu erringen strebt; mag er lieber verbinden, so hilft er dem Künstler nach und vollendet gleichsam dessen Absicht.

Goethe,
an Eichstädt, 15. 9. 1804

Werke von großen Geistern sind Spiegel: Wenn ein Affe hineinguckt, kann kein Apostel heraussehen.

Lichtenberg

Wenn ich so die kleinen Dampfer die riesigen Kähne vorüberschleppen sehe, muß ich immer an den Dichter und das Publikum denken.

Christian Morgenstern

Man darf aber auch nur eine Zeitlang ruhig in einer Galerie verweilen und beobachten, nach welchen Kunstwerken sich die Menge zieht, welche gepriesen und welche vernachlässigt werden, so hat man wenig Lust an der Gegenwart und für die Zukunft wenig Hoffnung.

Goethe, Wilhelm Meisters Lehrjahre VIII, 7

Auf alle Fälle, versetzte Ottilie, wäre es nicht übel, wenn man künftig in das Büchlein von guten Sitten, nach den Kapiteln, wie man sich in Gesellschaft beim Essen und Trinken benehmen soll, ein recht umständliches einschöbe, wie man sich in Kunstsammlungen und Museen zu betragen habe.

Goethe, Die Wahlverwandtschaften II, 6

Weit darf man nicht ins deutsche Publikum hineinhorchen, wenn man Mut zu arbeiten haben will.

Goethe,
an Wilhelm von Humboldt, 3. 12. 1795

Laßt mich mit eurem Publikum
und euren gebildeten Leuten!
Sonst überall sind nur die Dummen dumm,
in Deutschland auch die Gescheiten.

Grillparzer (1856)

Was wäre denn der Künstler, wenn ihn gleich jeder Narr verstünde?

Adalbert Stifter

Es ist die Zeit
von einem guten Werke nicht das Maß;
und wenn die Nachwelt mitgenießen
soll,
so muß des Künstlers Mitwelt sich
vergessen. (Prinzessin)

Goethe, Torquato Tasso I, 2

Denn wer den Besten seiner Zeit genug getan, der hat gelebt für alle Zeiten.

Schiller, Wallensteins Lager, Prolog

Von einem Kunstwerk zu sagen, daß es gut, aber für die meisten Menschen unverständlich ist, das ist so, als ob man von einer Speise sagt, sie sei sehr gut, die meisten Menschen könnten sie aber nicht essen.

Leo Tolstoi

Was den Vortrefflichen gefällt, ist gut. Was allen ohne Unterschied gefällt, ist es noch mehr.

Schiller, Über Bürgers Gedichte

Jeder einzelne im Publikum ist ein Esel, aber alle zusammen sind sie die Stimme Gottes.

Franz Liszt

Man kann die Menschen sehr leicht durch tolle und unschickliche Darstellungen irre machen; aber man lege ihnen das Vernünftige und Schickliche auf eine interessante Weise vor, so werden sie gewiß darnach greifen.

Goethe, Wilhelm Meisters Lehrjahre V, 16

Wenn auch das Publikum nicht der oberste Richter in Kunstsachen ist, so ist es die Jury, die, ohne die Gesetze zu kennen, mit schlichtem Sinn den Fall betrachtet und im allgemeinen sein „Schuldig“ oder „Nichtschuldig“ ausspricht.

Grillparzer, Aphorismen, 1821

Es gibt viele Sänger, die nicht singen, Maler, die nicht malen, Schriftsteller, die nicht schreiben können. Unsere Zeit vergötzt den Dilettanten, der sich zuviel zumutet.

Arthur Bradshaw

Die großen Geister werden recht erkannt
erst, wenn sie tot. Die kommenden Geschlechter
empfinden dann mit hochgequollner Brust,
daß sie verständnisvoller und gerechter.
„Wie konnte man nur jenen großen Alten
die lauteste Bewundrung vorenthalten!
Wie klein sind gegen diese Koryphäen
der Jetztzeit Epigonen und Pygmäen!“
So schwatzen sie und treiben's unverdrossen
nach altem Stil mit ihren Zeitgenossen.

Otto Ernst, Ewig dasselbe

Rezension

Ein guter Kritiker ist jemand, der von den Abenteuern seiner Seele unter den Meisterwerken erzählt.

Anatole France

Es können nur einigermaßen gleiche Naturen in ihrem ganzen Umfang einander erklären und abschätzen.

Morgenstern,
Stufen, Ethisches, 1907

Der Mensch erkennt nur das an und preist nur das, was er selber zu machen fähig ist; und da nun gewisse Leute in dem Mittleren ihre eigentliche Existenz haben, so gebrauchen sie den Pfiff, daß sie das wirklich Tadelnswürdige in der Literatur, was jedoch immer einiges Gute haben mag, durchaus schelten und ganz tief herabsetzen, damit das Mittlere, was sie anpreisen, auf einer desto größeren Höhe erscheine.

Goethe,
zu Eckermann, 18. 3. 1831

Wenn ich Autoren einander aus Leibeskräften ins Angesicht loben höre, so empfinde ich dabei ungefähr die nämliche Bewegung, die mich überkommt, wenn ich die Geheimen Räte eines deutschen Prinzen einander alle Augenblicke die Exzellenz in den Bart werfen höre.

Wieland, an Kant, 1. 2. 1773

Am unbarmherzigsten im Urteil über fremde Kunstleistungen sind die Frauen mittelmäßiger Künstler.

Ebner-Eschenbach, Aphorismen

Ein Kritiker ist ein Leser, der wiederkäut.

Friedrich Schlegel, Athenaeum 1797

Unter die größten Entdeckungen, auf die der menschliche Verstand in den neuesten Zeiten gefallen ist, gehört meiner Meinung nach wohl die Kunst, Bücher zu beurteilen, ohne sie gelesen zu haben.

Lichtenberg

Eine Rezension wird geschrieben, damit ein Buch Leser findet, die gescheiter sind als der Rezensent.

Oswald Spengler,
Gedanken, Streiflichter

Kritiker sind Leute, die ihre Artikel nicht für das Publikum schreiben, sondern für andere Kritiker.

Raf Vallone

Tadeln heißt überhaupt, sein Mißfallen zu erkennen geben. Man kann sich bei diesem Mißfallen entweder auf die bloße Empfindung berufen oder seine

Empfindung mit Gründen unterstützen. Jenes tut der Mann von Geschmack, dieses der Kunstrichter.

Lessing, Hamburgische Dramaturgie

Das Geschmacksurteil postuliert nicht jedermanns Einstimmung (denn das kann nur ein logisch allgemeines, weil es Gründe anführen kann); es sinnt nur jedermann diese Einstimmung an.

Kant, Kritik der Urteilskraft

Man schätzt jeden nach seinen Kräften. Einen elenden Dichter tadelt man gar nicht; mit einem mittelmäßigen verfährt man gelinde; gegen einen großen ist man unerbittlich.

Lessing, Briefe

Mich dünkt immer, die ganz schlechten Schriftsteller sollte man immer in den gelehrten Zeitungen ungeahndet lassen. Die gelehrten Zeitungsschreiber verfallen in den Fehler der Indianer, die den Orang-Utang für ihresgleichen und seine natürliche Stummheit für Eigensinn halten, von welchem sie ihn durch häufige Prügel vergeblich abzubringen suchen.

Lichtenberg

„Ihr Manuskript ist gut und originell. Nur sind die guten Teile nicht originell und die originellen nicht gut."

Samuel Johnson

Ein Kritiker ist eine Henne, die gakkert, wenn andere legen.

Guareschi

Jeder möchte doch schaffen, und da du
nun einmal Gedichte
nicht zu schaffen vermagst, schaffst du
uns Dichter dafür.

Hebbel, Der Kritiker als Demiurg

Kritiker sind wie Lakaien vor der Saaltür bei einem Hofball: Sie können schlechtgekleidete und unberechtigte Leute abweisen und gute einlassen, aber sie selbst, die Türsteher, dürfen nicht hinein.

Heine, Aphorismen und Fragmente

Ich sehe die Rezensionen als eine Art von Kinderkrankheit an, die die neugeborenen Bücher mehr oder weniger befällt. Man hat Exempel, daß die gesundesten daran sterben und die schwächlichsten oft durchkommen.

Lichtenberg, Literarische Bemerkungen

Ein Rezensent, das ist ein Mann,
der alles weiß und gar nichts kann!

Ernst von Wildenbruch

Eine besonders lächerliche Impertinenz solcher anonymer Kritiker ist, daß sie wie die Könige per Wir sprechen, während sie nicht nur im Singular, sondern im Diminutiv, ja im Humilitiv reden sollten: Meine erbärmliche Wenigkeit, meine feige Verschmitztheit, meine verkappte Inkompetenz, meine geringe Lumpazität.

Schopenhauer

Das stolze Wir gebraucht Herr Lilliput,
wenn er zum Rezensieren schreitet.
Der schlaue Mann! Er weiß zu gut,
wie wenig er allein bedeutet.

Johann Christoph Schwab,
Rezensenten-Wir

Ein Kritiker ist ein Mann ohne Beine, der das Laufen lehrt.

Channing Pollock

Der Kritiker ist ein Wegelagerer auf dem Weg zum Ruhm.

Robert Burns

Ein offner Wald am Straßensaume
ist dein Gedicht. Du mußt's ertragen,
reibt sich an seinem schönsten Baume
ein Schwein mit grunzendem Behagen.

Lenau, Ein offener Wald

Er kann die Tinte nicht halten, und wenn es ihm ankommt, jemand zu besudeln, so besudelt er sich gemeiniglich am meisten.

Lichtenberg

Die Kritik ist eine Steuer, die der Neid dem Talent auferlegt.

Gaston Herzog von Lévis

Arme Kritiker! Daß sie immer nur sehen, hören und lesen müssen, was ihnen gar nicht gefällt!

Erhard Blanck

In der Poesie ist die vernichtende Kritik nicht so schädlich. Wolf hat den Homer zerstört, doch dem Gedicht hat er nichts anhaben können; denn dieses Gedicht hat die Wunderkraft wie die Helden Walhallas, die sich des Morgens in Stücke hauen und mittags sich wieder mit heilen Gliedern zu Tisch setzen.

Goethe, zu Eckermann, 1. 2. 1827

Glaubt ihr, es ist mir verhaßt, wenn alle Winde ihn zausen?
Nein, mir gebührt nur das Blatt, was sie ihm lassen, mit Recht.

Hebbel, Mein Lorbeer

XLII. Kapitel

Wissenschaft
Wissenschaftler
Erfindung
Philosophie
Geschichte
Naturwissenschaft
Mathematik
Technik
Medizin
Krankheit
Gesundheit

Wissenschaft

Die Wissenschaft, ihr sollt sie ehren,
all dünkelhaftem Wahne fern!
Denn Gottes sind die, so sie lehren,
und Gottes sind, die sie begehren,
und wer sie preist, der preist den Herrn.

Koran

Bis zu meinem letzten Atemzug werde ich fest glauben, daß die Wissenschaft das Wichtigste, das Schönste und das Notwendigste im menschlichen Leben, daß sie die höchste Offenbarung der Liebe ist.

Anton Tschechow

Wer neben den Wissenschaften noch andere Ergötzungen sucht, muß die wahre Süßigkeit derselben noch nicht geschmeckt haben. (Damis)

Lessing, Der junge Gelehrte I, 2

Es gibt keine trockene Wissenschaft. Es gibt nur trockene Gelehrsamkeit und trockene Gelehrte.

Joseph Unger, Mosaik,
Bunte Betrachtungen und Bemerkungen

Das letzte Ziel aller wissenschaftlichen Erkenntnis besteht darin, das größtmögliche Tatsachengebiet aus der kleinstmöglichen Anzahl von Axiomen und Hypothesen zu erhellen.

Albert Einstein

Alles wissenschaftliche Arbeiten ist nichts anderes, als immer neuen Stoff in allgemeine Gesetze zu bringen.

Wilhelm von Humboldt,
Briefe an eine Freundin, 7. 4. 1833

Eine jede Lehre, wenn sie ein System, d. i. ein nach Prinzipien geordnetes Ganzes der Erkenntnis, sein soll, heißt Wissenschaft.

Kant

Soziologie ist die Kunst, eine Sache, die jeder versteht und die jeden interessiert, so auszudrücken, daß sie keiner mehr versteht und sie keinen mehr interessiert.

Hans-Joachim Schoeps, Ungeflügelte Worte

Aber das ist auch jetzt noch meine Meinung, vielleicht eine irrige: Daß das Ganze Ihres Systems, wenn es wirklich brauchbar werden soll, populärer ausgedrückt werden müsse und, wenn es Wahrheit enthält, auch ausgedrückt werden könne.

Christian Garve, an Kant, 13. 7. 1783

Ich suche nach keiner anderen Wissenschaft als der, welche von der Kenntnis meiner selbst handelt, welche mich lehrt, gut zu leben und gut zu sterben.

Montaigne, Essais II, 10

Wissenschaft hat einen inneren Wert nur als Organ der Weisheit.

Kant

Gewiß ist alle Wissenschaft, die diesen Namen verdient, rational. Aber vernunftgemäß ist Wissenschaft nur, wenn sie vernunftgemäßen Zielen dient.

Georg Picht, Mut zur Utopie

Ich halte dafür, daß das einzige Ziel der Wissenschaft darin besteht, die Mühseligkeiten der menschlichen Existenz zu erleichtern. (Galilei)

Brecht, Leben des Galilei 14

Wissenschaft steht im Dienste eines Ideals oder im Dienste einer herrschenden Gruppe.

Ludwig Marcuse

Ich bin überzeugt, daß die Menschen von den Ergebnissen ihrer Leistungsfähigkeit überfordert werden.

Günter Grass

Das wäre eine armselige Wissenschaft, die die große, tiefe, geheiligte Unendlichkeit des Nichtwissens vor uns verbergen wollte, über welcher alle Wissenschaft wie bloßer oberflächlicher Nebel schwimmt.

Thomas Carlyle

Das tiefste und erhabenste Gefühl, dessen wir fähig sind, ist das Erlebnis des Mystischen. Aus ihm allein keimt wahre Wissenschaft. Wem dieses Gefühl fremd ist, wer sich nicht mehr wundern und in Ehrfurcht verlieren kann, der ist seelisch bereits tot.

Albert Einstein

Die Wissenschaft fängt eigentlich erst da an, interessant zu werden, wo sie aufhört.

Justus von Liebig, Briefe

Der Mensch muß bei dem Glauben verharren, daß das Unbegreifliche begreiflich sei; er würde sonst nicht forschen.

Goethe,
Sprüche in Prosa, Über Naturwissenschaft 4

Hypothesen sind Netze; nur der wird fangen, der auswirft.

Novalis

Wenn man die Probleme des Aristoteles ansieht, so erstaunt man über die Gabe des Bemerkens und für was alles die Griechen Augen gehabt haben. Nur begehen sie den Fehler der Übereilung, da sie von dem Phänomen unmittelbar zur Erklärung schreiten, wodurch denn ganz unzulängliche theoretische Aussprüche zum Vorschein kommen.

Goethe, Wilhelm Meisters Wanderjahre II,
Betrachtungen im Sinne der Wanderer

Theorien sind gewöhnlich Übereilungen eines ungeduldigen Verstandes, der die Phänomene gern lossein möchte und an ihrer Stelle deswegen Bilder, Begriffe, ja oft nur Worte einschiebt.

Goethe, Über Naturwissenschaft 1

Es gibt kein größeres Hindernis des Fortgangs in den Wissenschaften als das Verlangen, den Erfolg davon zu früh verspüren zu wollen.

Lichtenberg,
Vermischte Schriften

Wahre Wissenschaft ist vollendete Anschauung.

Schleiermacher, Reden über die Religion an die Gebildeten unter ihren Verächtern 2

Die Theorie ist eine Vermutung mit Hochschulbildung.

Jimmy Carter

Hypothesen sind Wiegenlieder, womit der Lehrer seine Schüler einlullt.

Goethe,
Wilhelm Meisters Wanderjahre II,
Betrachtungen im Sinne der Wanderer

Der Wille zum System ist ein Mangel an Rechtschaffenheit.

Nietzsche,
Götzendämmerung, Sprüche und Pfeile 26

Das System, das ein großer Mann erfunden hat, können kleine nicht verteidigen.

Jean Paul

Die Tragödie der Wissenschaft – das Erschlagen einer schönen Hypothese durch eine häßliche Tatsache.

Thomas Henry Huxley

Tatsachen sind die wilden Bestien im intellektuellen Gelände.

Oliver Wendell Holmes

Wissenschaft ist ein Friedhof toter Ideen.

Miguel de Unamuno

Die Wissenschaft ist die Geschichte toter Religionen.

Oscar Wilde

Die Wissenschaft von heute ist der Irrtum von morgen.

Jakob von Uexküll

Was ist das Bleibende der großen Denker von heute? Die Schlagworte von morgen.

Hans Krailsheimer

Wissenschaftler

Die Ärzte und besonders die Hof- und Leibärzte, die Sprachforscher und andere öffentliche Bekenner der Wissenschaften sollen zusammen mit ihren Frauen und Kindern und dem Vermögen, das sie in ihren Gemeinden besitzen, von jeder Abgabenerhebung und von sämtlichen privaten und öffentlichen Lasten frei sein.

Konstantin I., Dekret

Innigste Gemeinschaft aller Kenntnisse, scientifische Republik, ist der hohe Zweck der Gelehrten.

Novalis, Fragmente 1798

Wissenschaftler ist jemand, dessen Einsichten größer sind als seine Wirkungsmöglichkeiten. Gegenteil: Politiker.

Helmar Nahr

Kenntnis der Mittel ohne eine eigentliche Anwendung, ja ohne Gabe und Willen, sie anzuwenden, ist, was man jetzt gemeiniglich Gelehrsamkeit nennt.

Lichtenberg, Philosophische Bemerkungen

Eine wirklich endgültige und tüchtige Leistung ist heute stets eine spezialistische Leistung. Wer also nicht die Fähigkeit besitzt, sich einmal sozusagen Scheuklappen anzuziehen und sich hineinzusteigern in die Vorstellung, daß das Schicksal seiner Seele davon abhängt, ob er diese, gerade diese Konjektur an dieser Stelle dieser Handschrift richtig macht, der bleibe der Wissenschaft nur fern. Niemals wird er in sich das durchmachen, was man „Erlebnis" der Wissenschaft nennen kann.

Max Weber,
Wissenschaft als Beruf

Klar liegt am Tag, daß ihr euch nützlich reget:
Sobald ihr Sandkorn stets auf Sandkorn leget,
wird's mit der Zeit ein Hügel schon.
Nur, wenn ihr solch gedeihlich Werk verrichtet,
stellt euch nicht an, als hättet ihr geschichtet
den Ossa auf den Pelion.

Ludwig Fulda, An die Kleinigkeitskrämer

Die Fragen der Wissenschaft sind sehr häufig Fragen der Existenz. Eine einzige Entdeckung kann einen Mann berühmt machen und sein bürgerliches Glück begründen. Deshalb herrscht auch in den Wissenschaften diese große Strenge und dieses Festhalten und diese Eifersucht auf das Aperçu eines anderen.

Goethe,
zu Soret, 30. 12. 1823

Die Fachleute sind immer böse, wenn einem Laien etwas einfällt, was ihnen nicht eingefallen ist.

John Steinbeck

Warum der Mann so hoch geschätzt
und aller Weisen Zier ist?
Er hat aus dem Sanskrit übersetzt,
daß zwei mal zwei gleich vier ist.

Rudolf Presber, Der große Mann

Der Weise ist nicht gelehrt, der Gelehrte ist nicht weise.

Laotse

Gleich einem Wörterbuch hat er, was der gedacht
und der getan und der gewesen,
mit Fleiß und Müh' in seinen Kopf gebracht.
Den eignen Geist nur ließ er außer acht.
Den hat er totgelesen.

Gerhard Anton Gramberg, Der Gelehrte

Im Wort Gelehrter steckt nur der Begriff, daß einem vieles gelehrt ist, aber nicht, daß man auch etwas gelernt hat. Daher sagen die Franzosen sinnreich, wie alles, was von diesem Volke kommt, nicht les enseignés, sondern les savants, und die Engländer nicht the thaught ones, sondern the learned.

Lichtenberg

Der Gelehrte ist wie der Rabe, wenn er seine Jungen füttert und aus seinem Schnabel speit, was er zuvor gegessen hat. Der Denker ist wie der Seidenwurm, welcher keine Maulbeerblätter von sich gibt, sondern Seide.

Lin Yutang

Er war nicht sowohl Eigentümer als Pächter der Wissenschaften, die er vortrug. Denn es gehörte ihm nicht ein Fleckchen davon.

Lichtenberg

Man glaubt nicht, wieviel Totes und Tötendes in der Wissenschaft ist, bis man mit Ernst und Trieb selbst hineinkommt; und durchaus scheint mir die eigentlich wissenschaftlichen Menschen mehr ein sophistischer als ein wahrheitsliebender Geist zu beleben.

Goethe, zu Riemer, November 1803

In Eurem Kopf liegt Wissenschaft und Irrtum
geknetet innig wie ein Teig zusammen;
mit jedem Schnitte gebt Ihr mir von beidem. (Walter)

Kleist, Der zerbrochene Krug 7

Gelehrte sind Menschen, die sich von normalen Sterblichen durch die anerworbene Fähigkeit unterscheiden, sich an weitschweifigen und komplizierten Irrtümern zu ergötzen.

Anatole France

Gelahrtheit, Kind, das heißt:
Mehr sagen, als du weißt.

Wilhelm Müller, Epigramme 3, 40

Ich sah, daß den meisten die Wissenschaft nur etwas ist, insofern sie davon leben, und daß sie sogar den Irrtum vergöttern, wenn sie davon ihre Existenz haben.

Goethe, zu Eckermann, 15. 10. 1825

Die Humanität der Berühmten des Geistes besteht darin, im Verkehr mit Unberühmten auf eine verbindliche Art Unrecht zu behalten.

Nietzsche,
Menschliches Allzumenschliches I, 328

Was bringt denn der Schulgelehrte zu Markte? Menschen, die auf eine gelehrte Art ungereimt und auf eine hochmütige Art dumm sind.

Helvétius, Über den Menschen, Einleitung

Überstrahlst du solche, die sich hochgelehrt
im Geist bedünken, bist du rings ein Ärgernis. (Medeia)

Euripides, Medeia 300

Das Geheimnis des deutschen Gelehrtenstils: Sie verachten die Form, weil sie den Leser verachten.

Ludwig Reiners, Stilkunst I, 3

Er hing noch auf der dortigen Universität wie ein schöner Kronleuchter, auf dem aber seit zwanzig Jahren kein Licht mehr gebrannt hatte.

Lichtenberg

Gelehrte dirigieren ist nicht viel besser als eine Komödiantengruppe unter sich zu haben.

Wilhelm von Humboldt,
an Caroline Humboldt, 16. 11. 1808

Je gelehrter,
je verkehrter.

Sprichwort

Es vergeht bei mir kaum ein Tag, wo ich nicht von durchreisenden Fremden besucht werde. Wenn ich aber sagen sollte, daß ich an den persönlichen Erscheinungen, besonders junger deutscher Gelehrter aus einer gewissen nordöstlichen Richtung, große Freude hätte, so müßte ich lügen. Kurzsichtig, blaß, mit eingefallener Brust, jung ohne Jugend, das ist das Bild der meisten, wie sie sich mir darstellen. Und wie ich mit ihnen mich in ein Gespräch einlasse, habe ich sogleich zu bemerken, daß ihnen dasjenige, woran unsereiner Freude hat, nichtig und trivial erscheint, daß sie ganz in der Idee stekken und nur die höchsten Probleme der Spekulation sie zu interessieren geeignet sind.

Goethe,
zu Eckermann, 12. 3. 1828

Frauen stünde gelehrt sein nicht? Die
Wahrheit zu sagen,
nützlich ist es: Es steht Männern so
wenig wie Fraun.

Heinrich von Kleist,
Eine notwendige Berichtigung

Experten sind Leute, die, damit sie Experten bleiben, sich weigern, etwas hinzuzulernen.

Harry S. Truman

Ich halte es mit der Gelehrsamkeit wie die Fürsten mit der Verräterei: Ich ehre die Gelehrsamkeit und verachte die Gelehrten, die eben nichts als Gelehrte sind.

Grillparzer, Aphorismen, 1849

Mit einem Dutzend ausgezeichneter Köpfe ist Staat und Wissenschaft mehr gedient als mit tausend gelehrten Handwerkern.

Karl Julius Weber, Demokritos II, 15

Die Wissenschaft ist ein erstklassiges Möbelstück für das Oberstübchen eines Mannes, der gesunden Menschenverstand im Erdgeschoß hat.

Oliver Wendell Holmes

Erfindung

Erfinder sind die wahren Wohltäter der Menschheit und verdienen größere Ehre als die, welche beweinenswerte Schlachten lieferten und große Länder eroberten.

Karl Julius Weber,
Demokritos, Die Geschichte

Was ist Originalität? Etwas sehen, das noch keinen Namen trägt, noch nicht genannt werden kann, ob es gleich vor aller Augen liegt. Wie die Menschen gewöhnlich sind, macht ihnen erst der Name ein Ding überhaupt sichtbar.

Nietzsche

Daß Amerika entdeckt wurde, war erstaunlich. Noch erstaunlicher wäre jedoch gewesen, wenn Amerika nicht entdeckt worden wäre.

Mark Twain

Wissenschaftler sind Beamte, die abends um sechs Uhr ihre Probleme vergessen können. Forscher können das nicht.

Adolf Butenandt

Bei Erfindungen ist der Erste immer der Dumme; den Ruhm kassiert der

Zweite, und das Geschäft macht erst der Dritte.

Martin Kessel, Gegengabe I

Nicht mit Erfindungen, sondern mit Verbesserungen macht man Vermögen.

Henry Ford I, Erfolg im Leben

Philosophie

Der Entschluß zu philosophieren ist eine Aufforderung an das wirkliche Ich, daß es sich besinnen, erwachen und Geist sein solle.

Novalis,
Nachlaß

Geben Sie mir doch Mittel an die Hand, die Studenten auf den Universitäten von den Brotkollegien zurückzuhalten und ihnen begreiflich zu machen, daß das Bißchen Richterei, ja selbst Theologie und Arzneigelehrtheit unendlich leichter und in der Anwendung sicherer wird, wenn der Lehrling mehr philosophische Kenntnis hat, da man doch nur wenige Stunden des Tages Richter, Advokat, Prediger, Arzt und in so vielen Mensch ist.

Karl Abraham von Zedlitz,
an Kant, 1. 8. 1778

Wer in dem Elend dieses Lebens keine Philosophie besitzt, gleicht einem Mann, der bloßen Kopfes im Platzregen spazieren geht.

Claude Tillier,
Mein Onkel Benjamin

Zur Aneignung jeder Tugend gibt es eine eigene Disziplin. Die beste Disziplin, um sich Zurückhaltung im Urteil anzueignen, ist die Philosophie.

Russell, Unpopuläre Betrachtungen

Staunen ist der erste Grund der Philosophie.

Aristoteles

Philosophieren heißt zweifeln.

Montaigne

Die Grenzen der menschlichen Vernunft begreifen – das erst ist wahrhaft Philosophie.

Nietzsche

Ich liebe die Philosophie, weil sie meine Leidenschaften mäßigt und mir Gleichgültigkeit gegen meine Auflösung und gegen die Vernichtung meines Geistes gibt.

Friedrich II. von Preußen,
an Voltaire, 27. 6. 1760

Philosophieren heißt sterben lernen.

Montaigne

Durch wahre Philosophie wird die Seele still, zuletzt andächtig.

Friedrich Heinrich Jacobi

Philosophie ist weniger ein Wissen als eine Stimmung: Eine Stimmung der Stille, der Demut, des Staunens, der Ehrfurcht.

Hans Margolius

Die Philosophen haben die Welt nur verschieden interpretiert, es kommt aber darauf an, sie zu verändern.

Karl Marx, Thesen über Feuerbach

Plato meint, die Staaten würden erst dann glücklich, wenn entweder die Philosophen regierten oder die Könige philosophieren.

Thomas More, Utopia I

In der deutschen Philosophie wären noch zwei große Dinge zu tun. Kant hat die Kritik der reinen Vernunft geschrieben, womit unendlich viel geschehen, aber der Kreis nicht abgeschlossen ist. Jetzt müßte ein Fähiger, ein Bedeutender, die Kritik der Sinne und des Menschenverstandes schreiben.

Goethe, zu Eckermann, 17. 2. 1829

Konsequent zu sein ist die größte Obliegenheit eines Philosophen und wird doch am seltensten angetroffen.

Kant

Der Philosoph hat wie der Hausbesitzer immer Reparaturen.

Wilhelm Busch

Die Philosophie hat ihre Schwärmer, die ebenso ungestüm verfolgen und fast noch mehr auf das Proselytenmachen gesteuert sind als die Schwärmer der positiven Religion.

Moses Mendelssohn, an Kant, 16. 10. 1785

Wie fleißig hier die Studenten bei Ihrer „Kritik der reinen Vernunft" sind, können Sie daraus abnehmen, daß vor einigen Wochen sich ein Paar Studenten duelliert haben, weil einer dem anderen gesagt hat, er verstünde Ihr Buch nicht, sondern müßte noch dreißig Jahre studieren, ehe er's verstünde, und dann noch andere dreißig, um Anmerkungen darüber machen zu können.

Christian Gottfried Schütz,
an Kant, Februar 1786

Es wird völlig zu Unrecht gesagt, daß unsere Generation keine Philosophen aufzuweisen habe. In der Tat haben die heutigen Philosophen nur die Fakultät gewechselt, und ihre Namen sind Planck und Einstein.

Adolf von Harnack

Schwerfällige Köpfe erkennen die Philosophie nicht an, wenn die Beredsamkeit sie gemeinverständlich macht. Sie betrachten diesen Glanz des Ausdrucks, der den Beweis großer Gedanken in sich schließt, als oberflächlich.

Vauvenargues

Wundert's dich, daß er noch immer so
faselt? Ich kann es begreifen!
Wenn er sich selbst nicht versteht,
glaubt er, ein Genius spricht.

Hebbel, Philosophus teutonicus

Was die Schreiberei unserer Philosophen so überaus gedankenarm und dadurch marternd langweilig macht, ist zunächst dieses, daß ihr Vortrag sich durchgängig in höchst abstrakten, allgemeinen und überaus weiten Begriffen bewegt, daher auch meistens nur in unbestimmten, schwankenden, verblasenen Ausdrücken einherschreitet. Zu diesem aerobatischen (in der Luft schwebenden) Gange sind sie genötigt, weil sie sich hüten müssen, die Erde zu berühren, als wo sie, auf das Reale, Bestimmte, Einzelne und Klare stoßend, lauter gefährliche Klippen antreffen würden, an denen ihre Wort-Dreimaster scheitern könnten.

Schopenhauer

Der Philosoph ist ein Mensch, der nicht glauben will, was er sieht, weil er zu sehr damit beschäftigt ist, darüber nachzudenken, was er nicht sieht.

Bernard de Fontenelle

So manchem schwindet das Vertrauen,
der nüchtern euer Tun ermißt;
er sieht euch immer Brücken bauen,
wo weit und breit kein Wasser ist.

Rudolf Presber, Philosophie

Verallgemeinerung ist die Philosophie der Primitiven.

M. Y. Ben-Gavriêl

Ethik ist ins Grenzenlose erweiterte Verantwortung gegen alles, was lebt.

Albert Schweitzer

Ethik ist die Lehre vom Schönen in uns, Ästhetik die Lehre vom Schönen um uns.

Coudenhove-Kalergi

Metaphysik ist ein uferloses Meer, in welchem der Fortschritt keine Spur hinterläßt und dessen Horizont kein sichtbares Ziel enthält, an dem, um wieviel man sich ihm genähert habe, wahrgenommen werden könnte.

Kant

Metaphysik: Kinder, die nicht lesen können, halten ernst das Buch vor sich und sagen, was sie wollen, daß darin steht.

Otto Stössl

Er hatte ein paar Stückchen auf der Metaphysik spielen gelernt.

Lichtenberg

Dagegen hat Dich aber auch Gott mit der Metaphysik gestraft und Dir einen Pfahl ins Fleisch gesetzt, mich dagegen mit der Physik gesegnet, damit es mir im Anschauen seiner Werke wohl werde.

Goethe,
an Friedrich Heinrich Jacobi, 5. 5. 1786

Was mir an deinem System am besten gefällt?
Es ist so unverständlich wie die Welt.

Grillparzer, Hegel

Alle Spekulation, vielleicht alles Philosophieren ist nur ein Denken in Spiralen: Wir kommen wohl höher, aber nicht eigentlich weiter, und dem Zentrum der Welt bleiben wir immer gleich fern.

Arthur Schnitzler

Geschichte

Die Welt ist wie ein Strom, der in seinem Bette fortläuft, bald hier, bald da zufällig Sandbänke ansetzt und von diesen wieder zu einem anderen Weg genötigt wird.

Goethe, zu Riemer, Juni 1807

Man kann alles von der Weltgeschichte sagen, alles, was der perversesten Phantasie in den Sinn kommen mag, nur eines nicht: Daß sie vernünftig sei.

Dostojewski,
Aufzeichnungen aus dem Kellerloch I, 8

Als Kain den Abel erschlug, begann die Geschichte der Menschheit.

Thomas Niederreuther, Aphorismen

Die römische Geschichte ist für uns eigentlich nicht mehr an der Zeit. Wir sind zu human geworden, als daß uns die Triumphe des Cäsar nicht widerstehen sollten. So auch die griechische Geschichte bietet wenig Erfreuliches. Wo sich dieses Volk gegen äußere Feinde wendet, ist es zwar groß und glänzend, allein die Zerstückelung der Staaten und der ewige Krieg im Innern, wo der eine Grieche die Waffen gegen den andern kehrt, ist auch desto unerträglicher.

Goethe, zu Eckermann, 24. 11. 1824

Die Geschichte ist aus den schlechten Handlungen außerordentlicher Menschen zusammengesetzt.

Thomas B. Macaulay

Napoleon war ein Naturereignis. Ihn einen großen Schlächter schmähen heißt nichts anderes, als ein Erdbeben groben Unfug schelten oder ein Gewitter öffentliche Ruhestörung.

Morgenstern, Stufen, Politisches, 1909

In der Tat läßt sich die ganze Weisheit der Weltgeschichte in einen einzigen Satz zusammenfassen: Jeder Staat raubt, soviel er kann. Punktum. Mit Verdauungspausen und Ohnmachtsanfällen, welche man „Frieden" nennt.

Spitteler

Nicht jede Zeit findet ihren großen Mann, und nicht jede große Fähigkeit findet ihre Zeit.

Jacob Burckhardt, Weltgeschichtliche Betrachtungen V

Wer die Geschichte versteht, wird nie eine Rolle in ihr spielen.

Théodore Simon Jouffroy

Der Historiker hat die großen Tendenzen der Jahrhunderte auseinanderzunehmen und die ganze Geschichte der Menschheit aufzurollen, welche eben der Komplex dieser verschiedenen Tendenzen ist.

Ranke, Weltgeschichte IX

Geschichte muß doch wohl allein auf Treu und Glauben angenommen werden? Nicht? (Nathan)

Lessing, Nathan der Weise III, 7

Ich zweifle nicht, daß in den menschlichen Dingen, also auch in der Geschichte, ebensogut eine Notwendigkeit ist wie in den Naturdingen. Aber jeder Mensch hat zugleich seine Separatnotwendigkeit, so daß Millionen Richtungen parallel, in krummen und geraden Linien nebeneinander laufen, sich durchkreuzen, fördern, hemmen, vor- und rückwärtsstreben und dadurch für einander den Charakter des Zufalls annehmen und es so, abgerechnet die Einwirkung der Naturereignisse, unmöglich machen, eine durchgreifende, alle umfassende Notwendigkeit des Geschehenden nachzuweisen. Es geht damit wie mit der Witterung, die gewiß so bestimmte Gesetze hat wie der Umlauf der Welten.

Grillparzer, Historische und politische Studien, 1846

Sitzt das kleine Menschenkind,
sammelt flüsternde Gerüchte,
schreibt sie in ein kleines Buch
und darüber „Weltgeschichte".

Georg Ebers, Die Schwestern

Geschichte ist das Muster, das man hinterher in das Chaos webt.

Carlo Levi

Das Prinzip des geschichtlichen Unterrichts ist noch heute überall bei uns in Europa die systematische Entstellung. Indem die eigenen Leistungen immer hervorgehoben, die Errungenschaften der andern verschwiegen oder vertuscht, gewisse Dinge immer ins hellste Licht gestellt, andere im tiefsten Schatten gelassen werden, entsteht ein Gesamtbild, welches in manchen Teilen nur für das subtilste Auge von der nackten Lüge sich unterscheidet.

Chamberlain, Grundlagen des 19. Jahrhunderts I, 1

Geschichte ist die Lüge, auf die man sich geeinigt hat.

Napoleon I.

Die Historiker sind so etwas wie die Schminkmeister des großen Welttheaters.

John Osborne

Ich glaube, daß niemand ein Historiker sein könne im schönsten Sinne des Wortes, dem die schöpferische und dichterische Kraft fehlt; denn er muß ja die Welt der Vergangenheit vor Augen haben, in welcher die Ereignisse stattfanden, die er darstellen will.

Heinrich Luden, zu Goethe, 19. 8. 1806

An die historische Wahrheit kommen eigentlich nur die Dichter heran.

Carl Jakob Burckhardt

Der natürliche Stil der Geschichtsschreibung ist der ironische.

Schopenhauer

Das Beste, was wir von der Geschichte haben, ist der Enthusiasmus, den sie erregt.

Goethe, Wilhelm Meisters Wanderjahre II, Betrachtungen im Sinne der Wanderer

Glücklich das Volk, dessen Geschichte sich langweilig liest.

Montesqieu

Naturwissenschaft

Die ganze Natur ist eigentlich nichts anderes als ein Zusammenhang von Erscheinungen nach Regeln.

Kant

Jedes Naturgesetz, das sich dem Beobachter offenbart, läßt auf ein höheres, noch unerkanntes schließen.

Alexander von Humboldt, Kosmos

Kein Stoff ohne Kraft! Keine Kraft ohne Stoff!

Ludwig Büchner, Kraft und Stoff

Grundlagenforschung betreibe ich dann, wenn ich nicht weiß, was ich tue.

Wernher von Braun

Die Natur gibt sich nicht einem jeden. Sie erweist sich vielmehr gegen viele wie ein neckisches junges Mädchen, das uns durch tausend Reize anlockt, aber in dem Augenblick, wo wir es zu fassen und zu besitzen glauben, unseren Armen entschlüpft.

Goethe, zu Soret, 2. 8. 1831

Wüßt' ich genau, wie dies Blatt aus seinem Zweige herauskam, schwieg ich auf ewige Zeit still; denn ich wüßte genug.

Hofmannsthal

Jedem tiefen Naturforscher muß eine Art religiösen Gefühls naheliegen, weil er sich nicht vorzustellen vermag, daß die ungemein feinen Zusammenhänge, die er erschaut, von ihm zum erstenmal gedacht werden.

Albert Einstein

Es ist erstaunlich, daß sich noch kein kanonischer Autor der Natur bediente, um Gott zu beweisen.

Pascal, Gedanken

Es gibt in der Natur ein Zugängliches und ein Unzugängliches. Dieses unterscheide und bedenke man wohl und habe Respekt.

Goethe,
zu Eckermann, 11. 4. 1827

Der Mensch an sich selbst, insofern er sich seiner gesunden Sinne bedient, ist der größte und genaueste physikalische Apparat, den es geben kann. Und das ist eben das größte Unheil der neuern Physik, daß man die Experimente gleichsam vom Menschen abgesondert hat und bloß in dem, was künstliche Instrumente zeigen, die Natur erkennen, ja was sie leisten kann dadurch beschränken und beweisen will.

Goethe, Wilhelm Meisters Wanderjahre III,
Aus Makariens Archiv

Das Atom ist wie ein Messer. In der Hand des Arztes rettet es Leben, in der Hand von Mördern vernichtet es Leben.

David Sarnoff

Die Entdeckungen der letzten Zeit lassen praktisch alles, was wir viele Jahre für richtig gehalten haben, als falsch oder nur bedingt richtig erscheinen. Meiner Meinung nach kann man heute nur noch eines mit Sicherheit sagen: Die Lichtgeschwindigkeit ist absolut das Schnellste, was es gibt. Möglicherweise.

Edward Teller

Die Antworten auf die letzten Fragen der naturwissenschaftlichen Forschung werden wahrscheinlich sehr einfach sein; denn die Natur ist immer einfach in der Anlage.

Werner Heisenberg

Nur der Naturforscher ist verehrungswert, der uns das Fremdeste, Seltsamste, mit seiner Lokalität, mit aller Nachbarschaft, jedesmal in dem eigensten Elemente zu schildern und darzustellen weiß.

Goethe, Die Wahlverwandtschaften II, 7

Wenn man mit Löwen und Elefanten zu tun hat, wird man gottlob nirgends auf der Welt ernst genommen und darf überallhin.

Bernhard Grzimek

Mathematik

Mathematik ist das Alphabet, mit dessen Hilfe Gott das Universum beschrieben hat.

Galilei

Mathematik ist Religion. Die Mathematiker sind die einzig Glücklichen. Wer ein mathematisches Buch nicht mit Andacht ergreift und es wie Gottes Wort liest, der versteht es nicht.

Novalis

Die Geometrie gab es schon vor der Erschaffung der Welt. Sie ist ewig wie der Geist Gottes.

Johannes Kepler

Mathematik ist die exakteste Wissenschaft, und ihre Schlußfolgerungen sind absolut beweisbar. Das ist jedoch nur deshalb so, weil die Mathematik nicht versucht, absolute Schlußfolgerungen zu ziehen.

Charles P. Steinmetz

Zahlen sind Symbole des Vergänglichen.

Oswald Spengler

Die Mathematik handelt ausschließlich von den Beziehungen der Begriffe zueinander ohne Rücksicht auf deren Bezug zur Erfahrung.

Albert Einstein

In der Mathematik gibt es keinen Eingang für Herrschaften.

Euklid

Nur selten treffen mathematisches Können und leicht faßliche Darstellung zusammen.

Egmont Colerus,
Vom Einmaleins zum Integral, Vorwort

Ich glaube nur an Statistiken, die ich selbst gefälscht habe.

Winston Churchill

Manche Errungenschaften der neuesten Mathematik wirken wie Scherze der Definition. Es ist, als sage man etwa: Die Ebene ist eine Grube von unbegrenzter Flachheit. Oder: Die Gerade ist eine ins Streckbett verbannte Kurve. Oder: Gegenwart entsteht, indem man der Zukunft vorenthält, was man der Vergangenheit wegnimmt.

Martin Kessel,
Gegengabe III

Übrigens wird mir denn doch bei dieser Gelegenheit immer deutlicher, was ich schon lange im stillen weiß, daß diejenige Kultur, welche die Mathematik dem Geiste gibt, äußerst einseitig und beschränkt ist.

Goethe, an Zelter, Februar 1811

Er ist ein Mathematiker und also hartnäckig.

Goethe,
Wilhelm Meisters Wanderjahre III, 15

Technik

Paradoxerweise habe ich in eben derselben Zeit, da unsere Welt im Moralischen zurückstürzte um ein Jahrtausend, dieselbe Menschheit im Technischen und Geistigen sich zu ungeahnten Taten erheben sehen, mit einem Flügelschlag alles in Millionen Jahren Geleistete überholend. Nie bis zu unserer Stunde hat sich die Menschheit als Gesamtheit teuflischer gebärdet und nie so Gottähnliches geleistet.

Stefan Zweig

Technik – das sind auch die aufgespeicherten Resultate der langen Kämpfe gegen die Feinde der Menschen. Insofern ist sie zu preisen.

Ludwig Marcuse

Als Wissenschaftler haben wir die Aufgabe, die technische Entwicklung zu betreiben und dann die Resultate in einfacher und klarer Weise zu erklären. Nachher ist es das Volk oder vielmehr die Regierung, vom Volk gewählt, die die Verantwortung hat, die Entscheidungen zu treffen.

Edward Teller

Eine Maschine kann die Arbeit von fünfzig gewöhnlichen Menschen leisten, aber sie kann nicht einen einzigen außergewöhnlichen ersetzen.

Elbert Hubbard

Ich will nicht sagen, es sei unmöglich, der Maschine intuitive Fähigkeiten zu geben, doch wäre es einfach unwirtschaftlich, sie auf etwas anzusetzen, was der Mensch viel besser kann.

Norbert Wiener

Ein Problem wird nicht im Computer gelöst, sondern in irgendeinem Kopf. Die ganze Apparatur dient nur dazu, diesen Kopf so weit zu drehen, daß er die Dinge richtig und vollständig sieht.

Charles Kettering

Den Computer gibt es nicht, damit Leute weniger zu tun haben, sondern weil Leute Besseres zu tun haben.

Verfasser unbekannt

Der Computer ist die logische Weiterentwicklung des Menschen: Intelligenz ohne Moral.

John Osborn

Sicher können Computer Probleme lösen, Informationen speichern, kombinieren und Spiele spielen – aber es macht ihnen keinen Spaß.

Leo Rosten

Es gibt drei Möglichkeiten, eine Firma zu ruinieren: Mit Frauen, das ist das Angenehmste; mit Spielen, das ist das Schnellste; mit Computern, das ist das Sicherste.

Oswald Dreyer-Eimbcke

Die Rechenautomaten haben etwas von den Zauberern im Märchen. Sie geben einem wohl, was man sich wünscht, doch sagen sie einem nicht, was man sich wünschen soll.

Norbert Wiener

Büromaschinen müssen so schön sein wie elegante Möbel; denn Mensch und Maschine sind zwei feindliche Elemente, die miteinander versöhnt werden müssen.

Adriano Olivetti

Ich gehöre zu der Generation, die noch zwischen Verstand und Vernunft unterscheidet. Von diesem Standpunkt ist die Raumfahrt ein Triumph des Verstandes, aber ein tragisches Versagen der Vernunft!

Max Born

Kratz die Rakete – und die Romantik kommt zum Vorschein!

Hans Kasper,
Expedition nach innen,
Gibt es denn Blumen auf dem Mond?

Die industrielle Tendenz hat uns aus dem Feudalismus befreit, und die ideelle Tendenz wird sich aus der industriellen allmählich entfalten.

Feuchtersleben, Aphorismen

Medizin

Ehre den Arzt mit gebührlicher Verehrung, daß du ihn habest zur Not. Denn der Herr hat ihn geschaffen, und die Arznei kommt von dem Höchsten, und die Könige ehren ihn.

Jesus Sirach 38, 1-2

So wendet voll Vertraun zum Arzte sich
der tief Erkrankte, fleht um Linderung,
fleht um Erhaltung schwer bedrohter Tage.
Als Gott erscheint ihm der erfahrne Mann. (Gerichtsrat)

Goethe, Die natürliche Tochter IV, 2

Die Medizin ist eine Leuchte ins Innere.

Aus Afrika

Wir Ärzte sind Nachtreter der Natur,
und unsre Herrin geht auf dunklen
Pfaden. (Arzt)

Grillparzer,
Ein treuer Diener seines Herrn III

Ein Arzt hat eine Aufgabe, als ob ein Mensch in einem dunklen Zimmer in einem Buche lesen sollte.

Hebbel, Tagebücher

Die Heilkunst ist in der Hauptsache nichts anderes als die Kenntnis der Liebesregungen des Leibes in Bezug auf Füllung und Leerung. (Eryximachos)

Platon, Das Gastmahl 12

Es ist eine alte Tatsache, daß die Kandidaten unserer medizinischen Staatsexamen nach der Prüfung in drei Klassen zerfallen. Die oberste bildet den Stand der Universitätsprofessoren, die mittlere macht die besten Ärzte, und die unterste verdient das meiste Geld.

Joseph H. Peck

Der ist ein Arzt, der das Unsichtbare weiß, das keinen Namen hat, keine Materie und doch seine Wirkung.

Paracelsus

Ein Arzt, der kein Künstler ist, ist auch kein Arzt.

Curt Goetz

Wenn man sieht, was die heutige Medizin fertigbringt, fragt man sich unwillkürlich: Wie viele Etagen hat der Tod?

Jean-Paul Sartre

So muß es mit den Herren Medizinern wohl sein, wie mit den Scharfrichtern. Wenn die zum erstenmale köpfen, so zittern und beben sie; je öfter sie aber den Versuch wiederholen, desto frischer geht es. (Lisette)

Lessing, Der junge Gelehrte II, 8

Ach, wenn Sie wüßten, wie schwer es einem Arzte fällt, einen Kranken richtig zu beurteilen, den er von Herzen lieb hat! (Wangel)

Ibsen, Die Meerfrau IV

Aus den Ärzten ist nichts zu bringen. Man weiß niemals, ob sie etwas geheimhalten oder ob sie selbst nicht wissen, woran sie sind.

Goethe, an Frau von Stein, 19. 11. 1807

Man sollte niemals zu einem Arzt gehen, ohne zu wissen, was dessen Lieblingsdiagnose ist.

Henry Fielding

Ein Internist ist ein Arzt, der einen Leberkranken auf Herz und Nieren prüft.

Werner Mitsch

Die Praxis manches Arztes sollte man lieber Theorie nennen.

Erhard Blanck

Seit ihr so eifrig im Studieren,
muß meine Hoffnung auf Genesung scheitern:
Ihr wollt nicht einen Kranken kurieren,
sondern nur eure Wissenschaft erweitern.

Grillparzer, Unsere Ärzte

Man ist sehr übel dran, daß man den Ärzten nicht recht vertraut und doch ohne sie sich gar nicht zu helfen weiß.

Goethe, zu Riemer, Juni 1807

Die Ärzte glauben, ihrem Patienten sehr viel genützt zu haben, wenn sie seiner Krankheit einen Namen geben.

Kant

Einem Arzt, der nichts verschreibt, zürnen die Kranken. Sie glauben, sie seien von ihm aufgegeben.

Epiktet

Da wir aus Ärzten Kaufleute machen, zwingen wir sie, die Handelskniffe zu erlernen.

Shaw

Der Hausarzt ist verschwunden. Das Arzthaus wird immer größer.

Sigmund Graff

Die Apotheker sind bemüht, ihr kaufmännisches Talent hinter ihrer wissenschaftlichen Vorbildung zu verbergen.

Sigmund Graff

Der Theolog befreit dich von der Sünde, die er selbst erfunden; der Jurist gewinnt dir deinen Prozeß und bringt deinen Gegner, der gleiches Recht hat, an den Bettelstab; der Medikus kuriert dir eine Krankheit weg, die andere herbei. (Breme)

Goethe,
Die Aufgeregten I, 4

Sabinus hat mir zwar das kalte Weh vertrieben,
mich aber durch den Lohn schier wieder aufgerieben,
derhalben sag' ich frei, ich weiß ihm keinen Dank,
vor diesem war mein Leib, jetzt ist mein Beutel krank.

Johann Grob,
Von dem Arzte Sabinus

Es gibt nur eine Heilkraft, und das ist die Natur; in Salben und Pillen steckt keine. Höchstens können sie der Heilkraft der Natur einen Wink geben, wo etwas für sie zu tun ist.

Schopenhauer, Neue Paralipomena § 204

Das Geheimnis der Medizin besteht darin, den Patienten abzulenken, während die Natur sich selber hilft.

Voltaire

Die Ärzte sollten nicht sagen: „Den habe ich geheilt", sondern: „Der ist mir nicht gestorben."

Lichtenberg

Krankheiten sind die Anklagen des Todes wider unser Leben. Die Ärzte sind unsere Advokaten.

Verfasser unbekannt

Ein Mann, der über sechzig Jahre alt ist und dem Arzte noch die Hand hinhält, ist lächerlich.

Kaiser Tiberius

Ärzte sind den Menschen gut, daß für deren Menge
endlich nicht die ganze Welt werde gar zu enge.

Logau, Ärzte

Kranke führen über Ärzte
leichtlich nicht Beschwerden.
Jenen können diese stopfen
fein das Maul mit Erden.

Logau, Sinngedichte

„Ach, niemand ist beglückt vor seinem
Tod zu nennen."
Wie glücklich uns die Ärzte machen
können!

Haug, Hundert Epigramme auf Ärzte, die keine sind

Wenn ein Arzt hinter dem Sarg eines Patienten geht, folgt manchmal tatsächlich die Ursache der Wirkung.

Voltaire

Gottlob, begrub man dieses Jahr,
so häufig das Erkranken war,
vier Kinder nur und einen Greisen;
denn unser Doktor ist auf Reisen.

Haug, Hundert Epigramme auf Ärzte, die keine sind 36

Ärztlicher Kunstfehler: Aeskulapsus.

Thomas Niederreuther, Aphorismen

Was muß wohl unserm Arzt im Kopfe
liegen,
ein Haus so nah' am Kirchhof sich zu
baun?
„Freund, kennst du nicht das Künst-
lern eigene Vergnügen,
stets ihre Werke zu beschaun?"

Johann Friedrich Jünger, Erläuterung

Hier ruht ein Arzt, ein Mann voll Wiß-
begier,
im Studium wollte er nie Ruhe haben,
drum ist er auch nach seinem Tode hier
noch zwischen seinen Werken all
begraben.

Ignaz Franz Castelli

Hier liegt ein Arzt, oh Wanderer,
der Gutes stiftete
und sich vergiftete
statt anderer.

Haug, Epigramme, Burros Grabschrift

Krankheit

Ich glaube, es gibt gewisse Tore, die nur die Krankheit öffnen kann. Es gibt jedenfalls einen Gesundheitszustand, der es uns nicht erlaubt, alles zu verstehen. Vielleicht verschließt uns die Krankheit einige Wahrheiten, ebenso aber verschließt uns die Gesundheit andere oder führt uns davon weg, so daß wir uns nicht mehr darum kümmern. Ich habe unter denen, die sich einer unerschütterlichen Gesundheit erfreuen, noch keinen getroffen, der nicht nach irgendeiner Seite hin ein bißchen beschränkt gewesen wäre – wie solche, die nie gereist sind.

André Gide

Kranksein – das heißt im Advent leben.

Reinhold Schneider

Ein äußerer Schaden, der vor ungefähr dreizehn Jahren, sehr unschuldig scheinend, am rechten Nasenflügel, nicht weit vom Augenwinkel, entstand – der eigentlich nicht Krebs nach allen Symptomen, aber darin völlig krebsartig ist, daß er sich nicht nur nach der Oberfläche, sondern im kubischen Verhältnisse sich erweitert und ebenso tief aushöhlt, als er weit sich ausbreitet, und der endlich allen Heilmitteln widerstand, zu welchen freilich der Nachbarschaft des Auges wegen keine ätzenden Mittel, vielleicht die wirksamsten in solchen Fällen, gebraucht werden konnten – dieser Schaden hat nunmehr das ganze rechte Auge und einen Teil der rechten Wange verzehrt, hat eine ebenso große Höhle in den Kopf gebohrt und Zerstörungen einer seltenen Art angerichtet. Es scheint unmöglich, daß ein Mensch dabei leben könne; es scheint noch unmöglicher, daß er dabei denken und selbst mit einem gewissen Scharfsinn und einer Exaltation des Gemütes denken könne: Und doch ist beides wahr. Dieser unwahrscheinliche aber glückliche Umstand hat mir, der ich von Schwäche und Schmerz wechselweise geplagt und von der menschlichen Gesellschaft entfernt bin, die vorzüglichste Erleichterung und den Trost meines Lebens verschafft. Nie habe ich die Schönheit eines Verses, die Bündigkeit eines Räsonnements und die Annehmlichkeit einer Erzählung deutlicher wahrgenommen und mit mehr Vergnügen empfunden.

Christian Garve, an Kant, September 1798

Ich glaube, daß es im Krankenbette oft besser zugeht als am ersten Platz der königlichen Tafel. Ich habe wenigstens in einer kleinen Kammer als Kranker im Bette zuweilen Augenblicke gehabt, die ich den glücklichsten meines übrigen Lebens ohne Scheu gleichsetze.

Lichtenberg

Die Krankheit von heute ist nur die Überschreitung der Naturgesetze von gestern.

Aus dem Iran

Zusammenbrüche sind die Arme der Engel, die uns vor uns selbst bewahren.

Hans Arndt, Im Visier, Flammende Zonen

Man soll sich seiner Krankheiten schämen und freuen; denn sie sind nichts anderes als eine auszutragende Verschuldung.

Christian Morgenstern

Es gibt Leute, die Magengeschwüre haben, und Leute, die Magengeschwüre verursachen.

Aus den USA

Des gliederlösenden Bacchus, der gliederlösenden Venus
gliederlösendes Kind – Podagra nennen sie mich.

Herder, Antwort

Ich muß frische Luft haben, vielleicht erstes Zeichen von Hydropsie. Kann eigentlich Fremdwörter nicht leiden. Aber mitunter sind sie doch ein Segen. Wenn ich so zwischen Hydropsie und Wassersucht die Wahl habe, bin ich immer für Hydropsie. Wassersucht hat etwas so kolossal Anschauliches.

Fontane, Der Stechlin

Verordne einem Kranken dreimal täglich Manulavanz statt Händewaschen, und er ist zufrieden.

Ludwig Reiners, Stilkunst V, Licht und Schatten der Fremdwörterei

Ein Glückspilz ist, wer irgendein physisches Gebrechen hat, das er für die schwachen Stellen seiner Seele verantwortlich machen kann.

Henry de Montherlant

Des Menschen Leib ist schwächer als sein Geist. (Esther)

Grillparzer, Esther I

Ich habe das Register der Krankheiten angesehen und habe die Sorgen und traurigen Vorstellungen nicht darunter gefunden. Das ist sehr unrecht.

Lichtenberg

Krankheit verstöret das Gehirn und brütet tolle und wunderliche Träume aus. (Franz)

Schiller, Die Räuber V, I

Man kann sich viel leichter krank faulenzen als krank arbeiten.

Rosegger, Heimgärtners Tagebuch

Vor der Entschuldigung „Ich habe nicht die Zeit, krank zu sein" hat jede Krankheit tiefe Achtung. Nur da macht sie Wohnung, wo sie mit aller Bequemlichkeit auf- und angenommen, wo sie gehegt und gepflegt wird.

Hippel, Über die Ehe 5

Ich kann aus meinem eigenen Leben ein Faktum erzählen, wo ich bei einem Faulfieber der Ansteckung unvermeidlich ausgesetzt war und wo ich bloß durch einen entschiedenen Willen die Krankheit von mir abwehrte. Es ist unglaublich, was in solchen Fällen der moralische Wille vermag! Er durchdringt gleichsam den Körper und setzt ihn in einen aktiven Zustand, der alle schädlichen Einflüsse zurückschlägt. Die Furcht dagegen ist ein Zustand träger Schwäche und Empfänglichkeit, wo es jedem Feinde leicht wird, von uns Besitz zu nehmen.

Goethe, zu Eckermann, 7. 4. 1829

Wieviele Krankheiten könnten wir uns nicht aus dem Sinne schlagen oder vergehen, verfasten, verschlafen und verbeißen wie die Soldaten auf der Parade den Husten!

Karl Julius Weber, Demokritos, Die Ärzte

Als Veitin sterbend lag,
sprach Veit anstatt von Leide
von einer zweiten Eh' –
und sie genas vor Neide.

Friedrich Haug, Bestrafte Unklugheit

Es ist gar nicht selbstverständlich, daß der Kranke gesund werden will. Etwas im Kranken steht im heimlichen Komplott mit seiner Krankheit.

Wilhelm Stählin

Es gibt in Rücksicht auf den Körper gewiß wo nicht mehr, doch ebenso viele Kranke in der Einbildung als wirklich Kranke, in Rücksicht auf den Verstand ebenso viele, wo nicht sehr viel mehr Gesunde in der Einbildung als wirklich Gesunde.

Lichtenberg

Man könnte die Hypochondrie die Eitelkeit des Befindens nennen.

Feuchtersleben, Zur Diätetik der Seele 9

Eingebildete Übel gehören zu den unheilbaren.

Ebner-Eschenbach, Aphorismen

Hier ruht mein treuster Genoß' im Land,
Herr Hypochonder zubenannt.
Er starb an frischer Bergesluft,
an Lerchenschlag und Rosenduft.

Anastasius Grün, Der treue Gefährte

Innumerabiles morbos miraris? Medicos numera! Die zahllosen Krankheiten wundern Dich? Zähle die Ärzte!

Heinrich von Kleist,
am Tage vor seinem Tode in das Stammbuch seines Arztes

Eine der größten Krankheitsursachen ist die Polypragmasia medicorum, die Neigung der Ärzte, viel zu verordnen.

August Bier

Oft begrub schon der Kranke den
Arzt, der das Leben ihm kürzlich
abgesprochen.

Goethe, Achilleis 255

Gesundheit

Der Mensch hat die Pflicht, gesund zu sein. Nur so kann er den anderen helfen und wird er ihnen nicht zur Last fallen.

Thomas Garrigue Masaryk

Was nützet mir der Erde Geld?
Kein kranker Mensch genießt die Welt!

Goethe

Freunde, Mäßigkeit und Ruh
schließt dem Arzt die Türe zu.

Logau, Die beste Arznei

Es kommt darauf an, den Körper mit der Seele und die Seele durch den Körper zu heilen.

Oscar Wilde

Gesundheit will bei Armen als Reichen lieber stehn.
Wieso? Sie hasset Prassen und stetes Müßiggehn.

Logau, Sinngedichte, Gesundheit

Das Gefühl von Gesundheit erwirbt man sich nur durch Krankheit.

Lichtenberg,
Beobachtungen über den Menschen

Die Gesundheit ist wie das Salz: Man bemerkt nur, wenn es fehlt.

Aus Italien

Ich will mein noch übriges Leben die Zeit des neuen Bundes nennen und meine ganze Krankheit, so gedrängt voll von Jammer sie auch war, ansehen, wie Sheridan sagt: As the blank leaf between the old and new Testament.

Lichtenberg,
an Johann Georg Forster, 30. 8. 1790

Stichwortverzeichnis

Autorenverzeichnis

Quellen

Bertolt Brecht, Gesammelte Werke. © Suhrkamp Verlag Frankfurt am Main 1967

Wieslaw Brudziński, Die rote Katz, BS 266, ©Suhrkamp Verlag Frankfurt am Main 1970

Marie von Ebner-Eschenbach, Sämtliche Werke, Artemis & Winkler München

André Gide, Die Falschmünzer, Deutsche Verlags-Anstalt GmbH Stuttgart

Erhart Kästner, Ölberge, Weinberge. Ein Griechenlandbuch, © Insel Verlag Frankfurt am Main 1974

Karl Kraus, Werke in 14 Bänden und 3 Supplementbände. Hrsg. von Heinrich Fischer, Kösel-Verlag, München ab 1956

Stanislaw Jerzy Lec, Unfrisierte Gedanken, Carl Hanser Verlag München

Thomas Niederreuther, Aphorismen, Peter Kirchheim Verlag Gauting

Ludwig Reiners, Stilkunst, C.H. Beck'sche Verlagsbuchhandlung München

Peter Rosegger, Werke, L. Staackmann Verlag KG München

Shaw, Bernard, Suhrkamp Verlag Frankfurt am Main

Oswald Spengler, Gedanken, C.H. Beck'sche Verlagsbuchhandlung München

Gerhard Szczesny, Das sogenannte Gute, Rowohlt Verlag GmbH Reinbek 1971

Georg Stefan Troller, Pariser Gespräche, ©Bertelsmann Sachbuchverlag, Gütersloh 1967, 1968

Karl Heinrich Waggerl, Sämtliche Werke, Otto Müller Verlag, Salzburg

Thornton Wilder, Der achte Schöpfungstag, S. Fischer Verlag Frankfurt am Main

Ihre kleine, persönliche Zitatensammlung: